刑事判例の史的展開

内田博文 著

法律文化社

はじめに

■ 刑事訴訟判例史を学ぶ意義

　法科大学院の学習に占める判例実務の比重については，次のような指摘がみられる（笠井治・前田雅英『ケースブック刑事訴訟法〔第3版〕』（弘文堂，2012年）第3版はしがき）。

> 　法科大学院の学習方法もほぼ確立してきている。その中心が，判例の具体的事実を素材に，理解力，判断力を高めることにある点は争いがないといってよい。法科大学院では，法学部教育以上に，細かな事実まできちんと理解し，整理して，法的問題点を示し，結論を分りやすい形で提示する能力が求められている。その能力を育成する訓練の教材として作成されるケースブックは，常に最新の判例を素材とし，現実に問題となっている事象に応じたものとなっていなければならない。

　判例実務を学ぶことの重要性は誰しも異論のないところといえる。しかし，このような比重の高まりによって戦後刑事訴訟法ないし同判例の歴史的分析が促進されることになったかというと，残念ながら，答は否といわざるを得ない。これらの研究はますます脇に追いやられつつある。判例を金科玉条視する傾向が強まっているようにも見受けられる。

　山口進・宮地ゆう『最高裁の暗闇――少数意見が時代を切り開く』（朝日新聞出版，2011年）は，次のように問いかけている。そして，この「変化」に希望を見出そうとしている。

> 　最高裁はここ十年間，さまざまな「変化の兆し」を示し続けてきた。……法律を憲法違反とした判決は，最高裁が始まってから2010年までの63年間で8件出たが，そのうち3件がこの10年に集中している。しかも公職選挙法や国籍法など，国の仕組みの根本にかかわる法律が対象となった。刑事裁判では，下級審の無期懲役の判断を「死刑が相当」と覆したり，逆に自ら無罪を言渡したり，法律問題だけではなく刑の重さや事実認定に踏み込んでいる。……最高裁はどのように変わったのか。それは何が原因なのか。「変化」を象徴するそれぞれの判決に至るまでには，どのような「見えざる闘い」があったのか。何が変わり何が変わっていないのか。変化をどう評価すべきなのか。変化はこれからも続くのか。（4-5頁）

　私たちも，未来に希望を見出したいと思う。しかし，希望は単なる願望ではなく，

確かなものでなければならない。この確かな希望をどのように切り開いていくのか。

　裁判員裁判制度の「生みの親」として，今次の刑事司法制度改革を牽引した現法務省特別顧問の松尾浩也によると，「精密司法」をもって日本の刑事手続の「岩盤」などと喩えられ，この「精密司法」について，次のように説かれている（同「刑事訴訟法の45年」学士会会報803号（1994年））。

　　日本の刑事手続については，「精密司法」の称がある。それは，綿密な取調べに始まり，慎重な起訴を経て，入念な判決に終わる。「事案の真相」を細部まで解明し，また量刑の資料も提供できること，起訴に無駄がなく高い有罪率を確保できること，盗聴，おとり捜査，司法取引などの「不純物」を含まないことがその長所であり，捜査が糾問的な色彩を帯びやすく，国際的な批判の対象にもなること，虚偽の自白など誤判の原因を生じた場合の是正に関係者の多大の労力を要することがその短所である。……取調べの徹底，起訴の厳選という精密司法の特質は，四十五年の運用の凝縮体であるのみならず，萌芽的には江戸時代まで遡ってその形成が認められるものであって，一朝一夕にこれを変化させることはできない。かりに，刑事訴訟法を全面改正してみても，それは徒労と混乱に終わるおそれが大きい。

　今次の刑事司法制度改革についても，松尾によると，現行刑事訴訟法の制定等をはじめとする戦後の刑事司法改革の延長線上にあるもの，いわば戦後改革をより実質化したもので，「『ガラパゴス的状況』からの脱却」ともいうべきものであると位置づけられた上で，更なる改革について，次のように説かれている（松尾浩也「刑事訴訟法の課題」ジュリスト増刊『刑事訴訟法の争点〔新版〕』（1991年）4頁以下，同「刑事訴訟法50年──総括の試み」現代刑事法1巻1号（1999年）34頁以下，同「刑事訴訟の課題」ジュリスト増刊『刑事訴訟法の争点〔第3版〕』（2002年）4頁以下，同「刑事裁判と国民参加」法曹時報60巻9号（2008年）1頁以下等を参照）。

　　現在の日本の刑事手続は，被疑者・被告人の防御権保障については弁護士会の努力等によりある程度の水準にある。しかし，捜査については，国際的にみて取り残された課題が少なくない。たとえば，刑事免責ないし司法取引，おとり捜査，メイル傍受，体液採取，等々がそれである。これらの課題を実現することがさらなる改革の課題となる。戦後の刑事司法改革において，日本は，日本的な伝統とアメリカ法とをうまく融合させた刑事手続を定めた。そして，刑事実務はこの融合をより確かなものにした。日本の洗練された法技術によって，西欧から受け入れた価値観を現実化する「洋魂和才」を実行した。この岩盤の上に，今次の刑事司法制度改革も実現された。刑事裁判への市民参加についても，日本的な精神と国際的なものとの調和が図られた。国際的に取り残された課題である刑事免責ないし司法取引等の導入にあたっても，この調和が図られなければならない。

制定過程から見た現行刑事訴訟法の意義と問題点に詳しい渡辺咲子も，次のように結んでいる（同「制定過程から見た現行刑事訴訟法の意義と問題点」ジュリスト1370号（2009年）46頁）。

制定後50余年を経てその運用も安定し，大きな改正が順次行われ，施行60年を迎えた本年，裁判員制度の開始をもって現行刑事訴訟法はようやく１つの区切りを迎えることとなる。最近の一連の改正点は，国力回復を待っての全面改正において取り入れるべきであると考えられ一応の方向が示されていたものに沿っているといえるものであり，その解釈運用に当たっては，制定時の論議も十分に参考となろう。

このような松尾らの歴史認識は，日本国憲法の見地からみた場合，問題があるといわざるを得ない。というのも，日本的な伝統とアメリカ法との融合による所産と位置づけられる戦後刑事司法改革の内実は，日本国憲法の精神に沿ったものではなく，むしろ反対に，戦時刑事司法体制を温存するものだったからである。戦後の刑事司法実務の流れも，日本国憲法と戦後刑事訴訟法との乖離を，日本国憲法の側からではなく，刑事訴訟法の側から埋めるものでしかなかった。それは今次の刑事司法制度改革の場合も同様で，日本型刑事手続の「岩盤」を護るための市民参加でしかなかった。さらなる改革においても，警察留置場（いわゆる代用監獄）に被疑者を長期間，身柄拘束し，この身柄拘束状態を利用して，連日，長時間にわたる取調べを行い，「自白」を迫るという「人質司法」は依然として「岩盤」とされ続けているのである。

この点で興味深いのは，日弁連「「国民の期待に応える刑事司法の在り方」について」（2000年７月25日）である。そこでは，次のように説かれているからである。

こうした当事者主義の日本的変容をどう理解するかによって，刑事司法改革のあり方も規定されることになる。擬似当事者主義をもたらした戦前から連続する捜査機関及び司法機関の意識を全面的に肯定し，それを日本固有の文化的基盤に由来すると把握するならば，我が国の刑事司法を支えている伝統的思想は父権的な国家による実体的真実の解明にあることになる。その結果は，憲法の刑事司法モデルが明らかに当事者主義の理念を掲げているにもかかわらず，憲法に適合する方向での改革をすべて否定する結論になろう。……現状を全面的に肯定しないまでも，実体的真実の追求を日本文化の不動の本質的部分とみなすならば，改革はそれと抵触しない限度での微調整にとどまることにならざるを得ない。日本の刑事司法の現状を「精密司法」として容認する立場は，この微調整を説く。しかし，果たして日本的特色とされている実体的真実主義は日本人の思想の不動の「岩盤」をなしているのであろうか。……可能な限り「真実」を追求しようとするのは我が国の国民にのみ固有の性向ではなく，いずれの国の国民においても見られる共通の性向である。しかし，当事者主義を採用した国においては，国家による実体的

真実の追求が時には深刻な人権侵害を引き起こす歴史的教訓に学んで適正手続による制約を刑事司法に取り込んだのである。

真の市民参加を実現し，真の刑事司法改革を実現するために，私たちは歴史から学び続けなければならない。「積極的実体的真実主義」および「擬似当事者主義（職権主義）」などによって支えられ，「精密司法」（精密な捜査，精密な起訴，精密な事実認定，高い有罪率など）と称される判例実務が，日本国憲法下であるにもかかわらず，どのようにして形成されたのか。そして，それがどうして今次の刑事司法制度改革においても「聖域」とされ続けたのか。これらの点についての批判的な検討がますます欠かせないものとなっている。

このような問題意識にもとづいて，戦後の刑事判例史（刑事訴訟法）をフォローしようというのが本書を編んだ趣旨である。

■ なぜ長官ごとで区分するのか

一口に判例といっても，大法廷によるもの，小法廷によるものの外，下級審によるものもときには散見される。最高裁によるものと下級審によるものとの関係も多様である。下級審の判断が最高裁でも是認されることによって判例となったもの。あるいは，反対に，最高裁の判断に下級審が従って判例となったもの。さらには，最高裁と下級審の長い対立の中で形成されたもの。多様な形態がみうけられる。そこで，本書では，捜査，公訴，公判，証拠，上訴などの各領域における判決・決定の動きを，大法廷，小法廷，下級審のそれに分けて，整理することにした。

もとより，判例の展開をよりよく理解するためには，その背景となった諸事情をあわせて考察することも必要不可欠である。それは，いわば戦後史の中に刑事判例を織り込んでいく作業だといってもよい。このような観点から，本書では，裁判所関係の動きと刑事法関係の動きとを必要な限りで収録することにした。しかし，それだけではなく，その時々の長官の名を冠して「○○コート」と呼ばれる各コートの特徴的な動きについても，簡単ではあるが，紙幅を割くことにした。最高裁の判決・決定を理解するためには，それを下した合議体を構成する裁判官の人的特性だけではなく，各コートの歴史的な役割という点にも焦点を当てることが必要だと考えられたからである。本書が戦後刑事判例（刑事訴訟法）の展開をコートごとに大別した理由も，この点に存する。

本書は，各コートの動きの叙述に先立って，長官のプロフィールにも触れることにした。たとえ長官の見解であっても法廷では少数説に属する場合も稀ではないところ

はじめに

に最高裁大法廷，小法廷の判決・決定の特徴が存する。それにもかかわらず，長官のプロフィールに触れることにしたのは，どのようなキャリアの人物が最高裁長官に選ばれたのかということは，最高裁と日本国憲法との距離を測る上で極めて重要な兆表だと思われたからである。近時は，最高裁事務総長，東京高裁（ときには大阪高裁などの）長官経験者が，最高裁判事を経て（場合によれば最高裁判事を経ることなく），最高裁長官に就くことが恒例化している。「司法官僚」の頂点に位置するともいうべき，そのような最高裁長官によって「刑事裁判への国民参加」が推進されていることを知ることができるのも，このプロフィールによるところが大きい。

■ **本書の読み方**

そこで，本書を読む場合に留意していただきたいのは，判決・決定を，いわば点として静止状態においてではなく，いわば面および線として動態的に読むということである。たとえば，これを，接見指定の合憲性等について判示した最大判平成11・3・24民集53-3-514（安藤・斎藤事件）を例にとると，この山口コートにおいては，接見交通に関しては，本大法廷判決のほかに，小法廷判決・決定もみられる。このうち，最決平成12・6・13民集54-5-1635は，初回接見は特に重要であるとした上で，この点に配慮を欠いた本件接見指定には国家賠償法上の違法があり，過失も認められるとした。また，最決平成13・2・7判時1737-148は，被告事件についてだけ弁護人に選任された者に対しても刑訴法39条3項の接見等の指定権を行使することができると判示した。いわば面として読んでいただきたいというのは，これらの最高裁判決・決定を一体として考察していただきたいということである。

他方，いわば線として読んでいただきたいというのは，接見交通に関する判決が現われるのは何時頃からで，それが，その後，どのような展開を示し，本最大判平成11・3・24を経て，現在に至るのかということである。接見交通権の確保は弁護人にとって絶対に譲れない生命線だということから，国家賠償請求訴訟を通じて当該接見指定の不当性を争うという方法が弁護人によって開発されることになり，村上コート時代に，これについての下級審の判断が出始め，接見指定制度自体は合憲として認める代わりに，弁護人の意向にも配慮した運用を検察官に求めた神戸地判昭和50・5・30判時789-74なども登場し，接見実務の改善に大きな影響を与えることになった。その後，岡原コート時代には，接見を拒否した捜査官の行為を違法とした原判決は法令の解釈適用を誤り，ひいては審理不尽の違法があるものといわざるをえず，破棄を免れないとした最判昭和53・7・10民集32-5-820（杉山事件）が出され，また，服部コート時代には，前掲・最決平成13・2・7の先駆けとなる最決昭和55・4・28刑集34-3-178が

v

出された。最高裁の態度が変化し始めるのは草場コート時代で，接見指定の方法については捜査機関の合理的な裁量に委ねられており，弁護人等に対する書面（いわゆる接見指定書）の交付による方法も許されるとしつつ，「その方法が著しく合理性を欠き，弁護人等と被疑者との迅速かつ円滑な接見交通が害される結果になるようなときには，それは違法なものとして許されない」として，本件指定方法を違法とした最判平成3・5・10民集45-5-919があらわれることになった。そして，山口コート時代の上記の最高裁判決・決定に至るわけである。本大法廷判決によって頂点を迎えることになった。しかし，その後も，最高裁及び下級審の判決・決定は続いている。町田コート時代には，接見を中断させたことについて「第一審原告の第一審被告人大阪府に対する請求の一部を認容した原審の判断には，判決に影響を及ぼすことが明らかな法令の違反があり，論旨は理由がある。」とした最判平成16・9・7判時1878-88の他方で，いわゆる面会接見という，法に規定のない新たな接見方法を創設した最決平成17・4・19民集59-3-563（定者事件）もでている。考えられないことが起きたことから，「特別な事情がある場合」として裁判官の国賠責任を認めた名古屋高判平成15・12・24LEX/DB28090659（民事）や，ビデオテープを再生しながらの接見を認めなかった大阪拘置所職員の行為について，一部国賠を認容した大阪地判平成16・3・9判時1858-79もみられる。島田コート時代にも，面会接見においても検察官の立会いは特段の事情がない限り許されず，検察官らを立ち会わせない方途について具体的に検討することもないまま漫然とQ検事らを立ち会わせたP検事の行為は検察官の面会接見についての配慮義務に違反し，また，Q検事も上記特段の事情の存否を検討，確認することなく本件面会接見に立ち会ったことは上記配慮義務に違反するとして，原告からの国賠請求を一部容認した名古屋地判平成18・10・27判時1962-133と，この判決中，被告敗訴部分を取り消し，原告の請求を棄却した名古屋高判平成19・7・12TKC28132279がみられる。竹崎コート時代にも，「E検事は，刑訴法39条1項の趣旨を損なうような聴取を控えるべき注意義務に違反したといわざるを得ず，本件聴取行為は，国賠法上違法となるというべきである。」とした福岡高判平成23・7・1判時2127-9がみられる。

接見交通関係の判例の頂点に位置する最大判平成11年3月24日も，このような流れの中で考察していただきたいというのが，いわば線で理解していただきたいということの意味である。

ところで，本最大判平成11・3・24を下した山口コートで注目されるのは，後に詳述するように，山口長官も山口コートも，新自由主義的な観点からの「司法制度改革」の動きに追随しながらも，最高裁，とりわけ最高裁事務総局がこれまで長年にわたっ

はじめに

て醸成してきた「独自の法文化」の温存を図ろうとし、この「独自の法文化」として、「司法運営に当っては、全国的に統一された制度のもとで、等質な司法サービスを提供し、等しく公平な裁判を実現するという点、そして、裁判における法論理及び事実認定についての精密さと紛争や事案の解明（真実の発見）のために裁判所が当事者の活動の不足を補う後見的役割を果たしている点」を挙げているということである。しかし、ここでいう「統一性と等質性」が中央集権的司法官僚性による裁判官統制と裁判内容統制を、また、「後見的役割」が職権主義を意味することは改めて詳述するまでもなかろう。本最大判平成11・3・24も、このような最高裁による「独自の法文化」の温存の動きと関連づけて理解する必要があろう。この「独自の法文化」を象徴するような出来事が山口コート時代には起っている。1998年4月18日、仙台地裁の寺西判事補（当時）が組織的犯罪対策三法案に反対する東京集会に出席したということで、同年5月1日、仙台地裁が仙台高裁に対し寺西判事補の懲戒を申し立てたという、いわゆる寺西判事補懲戒処分問題である。

また、この山口コート時代の刑事法関係の動きとしては、組織犯罪対策三法（通信傍受法、組織的な犯罪の処罰及び犯罪収益の規制等に関する法律、刑事訴訟法の改正）や少年法改正法の成立などが注目される。これによれば、治安強化が図られるなかで、官民が重罰化に走り、弁護活動に対する社会の目がますます厳しさを増す中での本最大判平成11・3・24だということがよく理解できるのではないか。

本最大判平成11・3・24で駆使される論理も看過し得ない。刑事手続に関する日本国憲法の諸規定は、関連する様々な法的利益を利益衡量した上で帰結されたものであり、それ故、国会による立法も司法による法解釈も、このような憲法上の利益衡量の枠組みを前提にして行われなければならない（芦部信喜編『憲法Ⅲ―人権(2)』（有斐閣、1981年）113-114頁等参照）。そして、憲法は、その99条で、「天皇又は摂政及び国務大臣、国会議員、裁判官その他の公務員は、この憲法を尊重し擁護する義務を負ふ。」と規定している。憲法の下した利益衡量の枠組みを立法や判例によって変更すること、とりわけ被疑者・被告人に不利益に変更することは、「この憲法は、国の最高法規であって、その条規に反する法律、命令、詔勅及び国務に関するその他の行為の全部又は一部は、その効力を有しない。」と規定する憲法98条1項に鑑み、許されない。とりわけ、裁判所は、日本国憲法によって「憲法の番人」とされており、憲法81条によって「最高裁判所は、一切の法律、命令、規則又は処分が憲法に適合するかしないかを決定する権限を有する終審裁判所である。」と規定されている。その司法が、法解釈によって憲法上の利益衡量の枠組みを変更することは司法の自殺行為といわざるを得ない。にもかかわらず、裁判所は、しばしば、このような変更を行ってきた。その最たるも

のの一つが本最大判平成11・3・24である。

このような形で本書を読んでいただければ幸いである。とりわけ，法曹の方には，そのことを強くお願いしたい。

■ **法曹・研究者・市民の場合**

国連規約人権委員会の日本政府宛ての勧告（1998年11月19日）によれば，日本の裁判官及び検察官等の人権感覚については，次のように指摘され，勧告されている。

> 32. 委員会は，裁判官，検察官及び行政官に対し，規約上の人権についての教育が何ら用意されていないことに懸念を有する。委員会は，かかる教育が得られるようにすることを強く勧告する。裁判官を規約の規定に習熟させるための司法上の研究会及びセミナーが開催されるべきである。委員会の一般的な性格を有する意見及び選択議定書に基づく通報に関する委員会の見解は，裁判官に提供されるべきである。

裁判官に対しては，「憲法の番人」であるという原点に立ち返って，本書にみられるような戦後刑事判例についての憲法的観点からの厳しい第三者評価を踏まえた上で，刑事判例（刑事訴訟法）の「在るべき姿」を追求することを求めたい。

元検事総長によれば，「精密司法は臨界」（但木敬一『司法改革の時代―検事総長が語る検察40年』（中公新書，2009年）197頁）にあるとされる。それを象徴するかのように，調書捏造など，検察官の不祥事が相次いでいる。このような事態を受けて，法務大臣の指示で設けられた「検察の在り方検討会議」は，「検察の再生に向けて」（2011年3月31日）を法務大臣に提言している。重要なのは，「新たな刑事司法制度の構築に向けた検討を開始する必要性」と題された次のような提言である。

> 本検討会議においては，我が国のこれまでの捜査・公判は取調べと供述調書に大きく依存する構造となっているところ，その背景として，従来の実務において，公判廷での供述の信用性が乏しいと判断されれば，捜査段階の供述調書が事実認定に用いられることが多かったなどの実態があり，そのため，検察官としては，公判廷での供述による立証に重きを置かず，捜査段階の供述調書の作成に注力することとなっていたとの指摘もあった。……また，我が国において捜査機関が取調べを重視せざるを得なかった背景として，犯罪成立要件の主観面等を自白によって立証する必要性が高く，特に特捜部が取り扱う汚職犯罪等においては，供述に頼る度合いが相対的に高かったこと，背景的事情を含めた事実の詳細な解明を求める国民の期待もあって，一連の犯行の全容について詳細な事実認定がなされ，そのためには被告人や関係者の供述を必要としたこと，諸外国で認められているような他の強力な捜査手法の多くが認められていないことなどが影響しているとの指摘もなされた。……しかし，一般の国民が裁判員として刑事裁判に参加

はじめに

するようになったことなどを含め，検察，ひいては刑事司法を取り巻く環境は大きく変化した。人権意識や手続の透明性の要請が高まり，グローバル化，高度情報化や情報公開等が進む21世紀において，「密室」における追及的な取調べと供述調書に過度に依存した捜査・公判を続けることは，もはや，時代の流れとかい離したものと言わざるを得ず，今後，この枠組みの中で刑事司法における事実を解明することは一層困難なものとなり，刑事司法が国民の期待に応えられない事態をも招来しかねない。……そこで，今後，国民の安全・安心を守りつつ，えん罪を生まない捜査・公判を行っていくためには，抜本的・構造的な改革として，追及的な取調べによらずに供述や客観的証拠を収集できる仕組みを早急に整備し，取調べや供述調書に過度に依存した捜査・公判から脱却するよう，その在り方を改めていかなければならないものと考えられる。……本検討会議においては，このような新たな時代の捜査・公判への移行のため必要となるものとして，例えば，供述人に真実の供述をするインセンティブを与える仕組みや虚偽供述に対する制裁を設けてより的確に供述証拠を収集できるようにすること，実体法の見直し，客観的な証拠をより広範に収集する仕組みを設けること，先端科学や心理学等の知見をも活用した捜査の「現代化」などが指摘された。他方，我が国の治安状況に照らして，バランスを失するような強力な捜査手法の導入には，国民の理解が得られないとの指摘もあった。……このような捜査・公判の在り方の検討は，基本法令の大幅な見直し等を伴うことが予想されるものであり，また，国民生活に影響する刑事司法全体の在り方に大きく関わるものであることから，広く国民の声を反映するとともに，関係機関を含めた専門家による立ち入った検討を行う必要があるものであるといえる。……そこで，直ちに，これら国民の声と関係機関を含む専門家の知見とを反映しつつ十分な検討を行うことができる場を設け，具体的な検討を開始することを求めたい。

しかし，これで再生となるのであろうか。再生のためには，検察官自らが日本型刑事手続の「岩盤」にメスを入れるぐらいのことが必要ではないのか。検討の範囲が限定的で，メスの入れ方も不十分だとの印象をぬぐえない。歴史的な観点が弱く，憲法的な議論が不足しているのではないか。

弁護士も例外ではない。司法制度改革問題に詳しい弁護士によれば，司法制度改革に対する日弁連の対応が，次のように総括されている（立松彰「司法改革通信を担当して」法と民主主義398号（2004年）52頁）。

政財界が強力に進めた今般の司法制度改革が弁護士の在り方や弁護士自治そのものを主要なターゲットにし，それらは大きな成果を上げた。」「ことに，司法制度改革の目玉とされる司法支援センター構想は，弁護士会としては重大な危機感，警戒感をもって対応しなければならなかったはずである。しかし，日弁連は，司法支援センター構

想を日弁連が「総力を挙げて取り組んできた運動の成果」とまで評価し、……残念ながら危機感、警戒感は希薄である。

　このように、司法制度改革によって官僚司法が弱体化に向かうどころか、むしろ強化が図られた。にもかかわらず、日弁連には危機感は希薄で、警戒感も少なかったといえる。その理由のかなりの部分は歴史認識の弱さ等に由来するものと思われる。弁護士においても、戦後刑事訴訟法史ないし同判例史を改めて振り返る作業が必要ではないか。

　法曹のみならず、国民・市民の方にも、そのことをお願いしたい。裁判員制度が導入された結果、国民・市民は、刑事裁判に関して、もはや傍観者ではおられなくなったからである。「国民は刑事裁判について、戦後ずっと、「偉い人に任せておけばいい」と思ってきた。だが最近では「そうではいけない」「人ごとではない」と考えるようになった。」（前掲・但木189頁）とされるが、問題は関わり方で、刑事判例についての理解を欠いたままでは、憲法違反に加担し、基本的人権尊重主義を国民・市民自らが窒息させることになりかねない。

　学界も問題である。判例を無批判で受け入れる傾向が強まっているとの指摘もみられるからである。それは学界に求められる判例批評とは明らかに異なる。日本国憲法という「共通の尺度」に基づく客観的な、そして、歴史的な分析を踏まえた科学的な判例批評が指向されなければならないのではないか。

　これらの課題にとって、本書がその一助になれば幸いである。

目　次

はじめに

第1代最高裁長官　三淵　忠彦（1947年8月4日〜1950年3月2日）

- Ⅰ　長官のプロフィール *002*
- Ⅱ　この期の最高裁の動き *003*
- Ⅲ　この期の裁判所関係の動き *004*
- Ⅳ　この期の刑事法関係の動き *006*
- Ⅴ　この期の刑事判例の特徴 *008*
  - 1　刑事司法改革　*008*
  - 2　大法廷判決・決定　*010*
    公平な裁判所に関するもの／弁護人の選任に関するもの／弁護人の立会いに関するもの／黙秘権に関するもの／免訴に関するもの／証人を求める権利に関するもの／証拠採用に関するもの／伝聞法則に関するもの／自白法則に関するもの／補強法則に関するもの／違法な手続に関するもの／訴訟費用の負担に関するもの／上訴に関するもの
  - 3　小法廷判決・決定　*020*
    捜査に関するもの／証人適格に関するもの／証拠採用に関するもの／補強法則に関するもの／違法収集証拠の排除に関するもの／事実認定に関するもの／証拠説明に関するもの／量刑に関するもの
  - 4　下級審判決・決定　*026*

第2代最高裁長官　田中　耕太郎（1950年3月3日〜1960年10月24日）

- Ⅰ　長官のプロフィール *030*
- Ⅱ　この期の最高裁の動き *031*
- Ⅲ　この期の裁判所関係の動き *031*
- Ⅳ　この期の刑事法関係の動き *034*
- Ⅴ　この期の刑事判例の特徴 *036*
  - 1　大法廷判決・決定　*036*
    捜査に関するもの／令状主義に関するもの／公訴に関するもの／陪審制

に関するもの／公平な裁判所の裁判に関するもの／法廷秩序に関するもの／証人を求める権利に関するもの／裁判の公開に関するもの／黙秘権に関するもの／弁護人の選任に関するもの／自白法則に関するもの／補強法則に関するもの／証拠能力に関するもの／証言拒否権に関するもの／量刑に関するもの／上告審に関するもの／二重の危険に関するもの

 2 小法廷判決・決定 *052*

捜査に関するもの／令状に関するもの／管轄に関するもの／公訴に関するもの／裁判官の忌避・除斥に関するもの／訴訟能力に関するもの／訴因変更の要否および可否に関するもの／証拠能力に関するもの／自白法則に関するもの／伝聞法則に関するもの／証拠調べに関するもの／被告人の防御権に関するもの／証拠開示に関するもの／公判の分離・併合に関するもの／法令解釈に関するもの／事実認定に関するもの／判決に関するもの／勾留日数の算入に関するもの／上訴に関するもの／控訴審に関するもの／訴訟費用に関するもの／再審に関するもの／非常上告に関するもの

 3 下級審判決・決定 *093*

捜査に関するもの／令状に関するもの／告訴に関するもの／公訴に関するもの／審判の対象／冒頭陳述に関するもの／訴因変更の要否および可否に関するもの／自白法則に関するもの／伝聞法則に関するもの／証拠調べに関するもの／事実認定に関するもの／判決に関するもの／量刑に関するもの／再審に関するもの

第3代最高裁長官　横田 喜三郎（1960年10月25日～1966年8月5日）

Ⅰ　長官のプロフィール ……………………………………………………… *116*
Ⅱ　この期の最高裁の動き …………………………………………………… *117*
Ⅲ　この期の裁判所関係の動き ……………………………………………… *117*
Ⅳ　この期の刑事法関係の動き ……………………………………………… *118*
Ⅴ　この期の刑事判例の特徴 ………………………………………………… *120*

 1 大法廷判決・決定 *120*

捜査に関するもの／適正手続に関するもの／自己負罪拒否特権に関するもの／公訴に関するもの／訴因変更の要否および可否に関するもの／判決に関するもの／

 2 小法廷判決・決定 *130*

捜査に関するもの／令状に関するもの／告訴に関するもの／公訴に関するもの／訴因変更の要否および可否に関するもの／公知の事実に関するもの／自白法則に関するもの／伝聞法則に関するもの／科学的証拠に関

するもの／簡易公判手続に関するもの
  3 下級審判決・決定 *140*
   捜査に関するもの／令状に関するもの／公訴に関するもの／自己負罪拒否特権に関するもの／訴因変更の要否および可否に関するもの／証拠能力に関するもの／自白法則に関するもの／伝聞法則に関するもの／被告人の防御権に関するもの／再審に関するもの

第4代最高裁長官　横田　正俊（1966年8月6日～1969年1月10日）

 Ⅰ 長官のプロフィール *154*
 Ⅱ この期の最高裁の動き *155*
 Ⅲ この期の裁判所関係の動き *155*
 Ⅳ この期の刑事法関係の動き *156*
 Ⅴ この期の刑事判例の特徴 *157*
  1 大法廷判決・決定 *157*
  2 小法廷判決・決定 *158*
   免訴に関するもの／訴因変更の要否および可否に関するもの／自白法則に関するもの／科学的証拠に関するもの／事実認定に関するもの／上告審に関するもの／訴訟費用に関するもの
  3 下級審判決・決定 *164*
   捜査に関するもの／令状に関するもの／訴因変更の可否に関するもの／伝聞法則に関するもの／科学的証拠に関するもの／事実認定に関するもの

第5代最高裁長官　石田　和外（1969年1月11日～1973年5月19日）

 Ⅰ 長官のプロフィール *178*
 Ⅱ この期の最高裁の動き *179*
 Ⅲ この期の裁判所関係の動き *180*
 Ⅳ この期の刑事法関係の動き *184*
 Ⅴ この期の刑事判例の特徴 *185*
  1 大法廷判決・決定 *185*
   適正手続に関するもの／令状主義に関するもの／裁判官の忌避・除斥に関するもの／迅速な裁判に関するもの／上訴に関するもの
  2 小法廷判決・決定 *191*
   捜査に関するもの／公訴に関するもの／公訴棄却に関するもの／証拠開示に関するもの／訴因変更の要否および可否に関するもの／自己負罪拒否特権に関するもの／自白法則に関するもの／伝聞法則に関するもの／

保釈に関するもの／判決に関するもの／裁判の効力に関するもの／上訴に関するもの／再審に関するもの

 3 下級審判決・決定 *209*

  捜査に関するもの／公訴に関するもの／訴因変更の要否および可否に関するもの／証拠開示に関するもの／証言能力に関するもの／自己負罪拒否特権に関するもの／証拠能力に関するもの／違法収集証拠の排除に関するもの／事実認定に関するもの／上級審の裁判の拘束力に関するもの／再審に関するもの

第6代最高裁長官　村上　朝一（1973年5月21日〜1976年5月24日）

Ⅰ 長官のプロフィール *238*
Ⅱ この期の最高裁の動き *239*
Ⅲ この期の裁判所関係の動き *239*
Ⅳ この期の刑事法関係の動き *241*
Ⅴ この期の刑事判例の特徴 *241*
 1 大法廷判決・決定 *241*
 2 小法廷判決・決定 *242*

  捜査に関するもの／裁判官の忌避・除斥に関するもの／訴因変更の要否および可否に関するもの／迅速裁判に関するもの／自己負罪拒否特権に関するもの／事実認定に関するもの／判決に関するもの／上訴に関するもの／再審に関するもの

 3 下級審判決・決定 *250*

  捜査に関するもの／令状に関するもの／接見交通に関するもの／訴因変更の要否および可否に関するもの／違法収集証拠の排除に関するもの／判決の効力に関するもの／自己負罪拒否特権に関するもの

第7代最高裁長官　藤林　益三（1976年5月25日〜1977年8月25日）

Ⅰ 長官のプロフィール *270*
Ⅱ この期の最高裁の動き *270*
Ⅲ この期の裁判所関係の動き *271*
Ⅳ この期の刑事法関係の動き *272*
Ⅴ この期の刑事判例の特徴 *273*
 1 大法廷判決・決定 *273*
 2 小法廷判決・決定 *273*

  捜査に関するもの／自白法則に関するもの／判決に関するもの／再審に

関するもの
 3 下級審判決・決定 *281*
  捜査に関するもの／被告人の特定／公訴に関するもの／違法収集証拠の排除に関するもの

第8代最高裁長官 岡原 昌男（1997年8月26日～1979年3月31日）

 Ⅰ 長官のプロフィール *292*
 Ⅱ この期の最高裁の動き *293*
 Ⅲ この期の裁判所関係の動き *294*
 Ⅳ この期の刑事法関係の動き *294*
 Ⅴ この期の刑事判例の特徴 *295*
  1 大法廷判決・決定 *295*
  2 小法廷判決・決定 *295*
   捜査に関するもの／接見交通に関するもの／訴因変更の要否および可否に関するもの／違法収集証拠の排除に関するもの／公判の停止に関するもの／迅速裁判に関するもの／判決に関するもの
  3 下級審判決・決定 *304*
   捜査に関するもの／令状に関するもの／訴因変更の要否および可否に関するもの／伝聞法則に関するもの／違法収集証拠の排除に関するもの

第9代最高裁長官 服部 高顯（1979年4月2日～1982年9月30日）

 Ⅰ 長官のプロフィール *312*
 Ⅱ この期の最高裁の動き *313*
 Ⅲ この期の裁判所関係の動き *313*
 Ⅳ この期の刑事法関係の動き *315*
 Ⅴ この期の刑事判例の特徴 *317*
  1 大法廷判決・決定 *317*
  2 小法廷判決・決定 *317*
   捜査に関するもの／令状に関するもの／接見交通に関するもの／公訴に関するもの／訴因変更の要否および可否に関するもの／迅速裁判に関するもの／伝聞法則に関するもの／証拠能力に関するもの／被告人の防御権に関するもの／事実認定に関するもの／判決に関するもの／上訴に関するもの
  3 下級審判決・決定 *330*
   捜査に関するもの／令状に関するもの／公訴に関するもの／訴因変更の

要否および可否に関するもの／伝聞法則に関するもの／補強証拠に関するもの／証拠能力に関するもの／違法収集証拠の排除に関するもの／事実認定に関するもの

第10代最高裁長官　寺田 治郎（1982年10月1日～1985年11月3日）

- I　長官のプロフィール　352
- II　この期の最高裁の動き　353
- III　この期の裁判所関係の動き　354
- IV　この期の刑事法関係の動き　355
- V　この期の刑事判例の特徴　356
  - 1　大法廷判決・決定　356
  - 2　小法廷判決・決定　356
    捜査に関するもの／訴因変更の要否および可否に関するもの／迅速裁判に関するもの／伝聞法則に関するもの／証拠能力に関するもの／証拠調べに関するもの／事実認定に関するもの／判決に関するもの／上訴に関するもの
  - 3　下級審判決・決定　369
    捜査に関するもの／令状に関するもの／訴訟条件の具備に関するもの／証拠開示に関するもの／違法収集証拠の排除に関するもの／証拠能力に関するもの／事実認定に関するもの／判決に関するもの／再審に関するもの

第11代最高裁長官　矢口 洪一（1985年11月5日～1990年2月19日）

- I　長官のプロフィール　390
- II　この期の最高裁の動き　391
- III　この期の裁判所関係の動き　392
- IV　この期の刑事法関係の動き　395
- V　この期の刑事判例の特徴　396
  - 1　大法廷判決・決定　396
    裁判の公開に関するもの／上訴に関するもの
  - 2　小法廷判決・決定　403
    捜査に関するもの／令状に関するもの／確定記録の閲覧に関するもの／公訴に関するもの／訴因変更の要否および可否に関するもの／自白法則に関するもの／伝聞法則に関するもの／証拠能力に関するもの／違法収集証拠の排除に関するもの／証拠調べに関するもの／判決に関するもの

　　　　／上訴に関するもの
　　3　下級審判決・決定　*422*
　　　　捜査に関するもの／令状に関するもの／管轄に関するもの／公訴に関するもの／訴因変更の要否および可否に関するもの／自白法則に関するもの／伝聞法則に関するもの／違法収集証拠の排除に関するもの／被告人の防御権に関するもの／事実認定に関するもの／判決に関するもの／量刑に関するもの／再審に関するもの

第12代最高裁長官　草場　良八（1990年2月20日～1995年11月7日）

Ⅰ　長官のプロフィール ……………………………………………………… *446*
Ⅱ　この期の最高裁の動き …………………………………………………… *447*
Ⅲ　この期の裁判所関係の動き ……………………………………………… *448*
Ⅳ　この期の刑事法関係の動き ……………………………………………… *454*
Ⅴ　この期の刑事判例の特徴 ………………………………………………… *459*
　　1　大法廷判決・決定　*459*
　　　　適正手続の保障に関するもの／伝聞法則に関するもの
　　2　小法廷判決・決定　*461*
　　　　捜査に関するもの／令状に関するもの／接見交通に関するもの／告発に関するもの／勾留理由の開示に関するもの／弁護人の選任に関するもの／訴因変更の要否に関するもの／伝聞法則に関するもの／違法収集証拠に関するもの／公判手続の停止に関するもの／弁護人の在廷に関するもの／準抗告に関するもの／上訴の取り下げに関するもの／再審に関するもの
　　3　下級審判決・決定　*480*
　　　　捜査に関するもの／令状に関するもの／公訴に関するもの／勾留場所に関するもの／接見交通に関するもの／訴因変更の要否および可否に関するもの／伝聞法則に関するもの／自白法則に関するもの／証拠能力に関するもの／違法収集証拠の排除に関するもの／通訳に関するもの／事実認定に関するもの／量刑に関するもの

第13代最高裁長官　三好　達（1995年11月7日～1997年10月30日）

Ⅰ　長官のプロフィール ……………………………………………………… *530*
Ⅱ　この期の最高裁の動き …………………………………………………… *531*
Ⅲ　この期の裁判所関係の動き ……………………………………………… *533*
Ⅳ　この期の刑事法関係の動き ……………………………………………… *537*

- V この期の刑事判例の特徴 ………………………………………………… *540*
  - 1 大法廷判決・決定 *540*
  - 2 小法廷判決・決定 *540*
    - 捜査に関するもの／違法収集証拠の排除に関するもの／再審に関するもの
  - 3 下級審判決・決定 *544*
    - 捜査に関するもの／令状に関するもの／弁護人の選任に関するもの／公判停止に関するもの／訴因変更の要否および可否に関するもの／自白法則に関するもの／証拠能力に関するもの／違法収集証拠の排除に関するもの

第14代最高裁長官　山口　繁（1997年10月31日〜2002年11月3日）

- Ⅰ 長官のプロフィール ……………………………………………………… *556*
- Ⅱ この期の最高裁の動き …………………………………………………… *557*
- Ⅲ この期の裁判所関係の動き ……………………………………………… *561*
- Ⅳ この期の刑事法関係の動き ……………………………………………… *570*
- Ⅴ この期の刑事判例の特徴 ………………………………………………… *576*
  - 1 大法廷判決・決定 *576*
    - 接見交通権に関するもの
  - 2 小法廷判決・決定 *579*
    - 令状に関するもの／接見指定に関するもの／訴因の特定に関するもの／訴因変更の要否および可否に関するもの／伝聞法則に関するもの／訴訟能力に関するもの／証拠能力に関するもの／判決に関するもの／無罪判決後の再度の勾留に関するもの／再審に関するもの
  - 3 下級審判決・決定 *592*
    - 捜査に関するもの／令状に関するもの／訴因変更に関するもの／証拠の関連性に関するもの／証拠能力に関するもの／違法収集証拠の排除に関するもの／免訴に関するもの／事実認定に関するもの／量刑に関するもの

第15代最高裁長官　町田　顕（2002年11月6日〜2006年10月15日）

- Ⅰ 長官のプロフィール ……………………………………………………… *620*
- Ⅱ この期の最高裁の動き …………………………………………………… *622*
- Ⅲ この期の裁判所関係の動き ……………………………………………… *624*
- Ⅳ この期の刑事法関係の動き ……………………………………………… *631*

目　次

 V この期の刑事判例の特徴 ……………………………………………… 636
  1 大法廷判決・決定　636
   審判の対象に関するもの
  2 小法廷判決・決定　637
   黙秘権に関するもの／捜査に関するもの／接見交通に関するもの／公訴に関するもの／訴因変更の要否および可否に関するもの／伝聞法則に関するもの／証人尋問に関するもの／違法収集証拠の排除に関するもの／被告人の防御権に関するもの／量刑に関するもの／判決の効力に関するもの／上訴に関するもの／再審に関するもの
  3 下級審判決・決定　652
   捜査に関するもの／接見交通などに関するもの／管轄に関するもの／公訴に関するもの／証拠開示に関するもの／訴因変更の要否および可否に関するもの／証拠能力に関するもの／違法収集証拠の排除に関するもの／事実認定に関するもの／判決に関するもの

第16代最高裁長官　島田 仁郎（2006年10月16日〜2008年11月21日）

 I 長官のプロフィール ……………………………………………………… 674
 II この期の最高裁の動き …………………………………………………… 676
 III この期の裁判所関係の動き ……………………………………………… 677
 IV この期の刑事法関係の動き ……………………………………………… 682
 V この期の刑事判例の特徴 ………………………………………………… 685
  1 大法廷判決・決定　685
  2 小法廷判決・決定　685
   捜査に関するもの／令状に関するもの／公訴に関するもの／裁判の公開に関するもの／刑事確定訴訟記録の閲覧に関するもの／公訴に関するもの／証拠開示に関するもの／証拠能力に関するもの／伝聞法則に関するもの／事実認定に関するもの／判決に関するもの／無罪判決後の再度の勾留に関するもの／上訴に関するもの／再審に関するもの
  3 下級審判決・決定　699
   逃亡犯罪人の引き渡しに関するもの／接見交通に関するもの／証拠開示に関するもの／訴因変更の要否および可否に関するもの／自白法則に関するもの／伝聞法則に関するもの／証拠調べに関するもの／違法収集証拠の排除に関するもの

第17代最高裁長官　竹崎　博充（2008年11月22日〜現在）

- Ⅰ　長官のプロフィール ……………………………………………… *714*
- Ⅱ　この期の最高裁の動き …………………………………………… *715*
- Ⅲ　この期の裁判所関係の動き ……………………………………… *718*
- Ⅳ　この期の刑事法関係の動き ……………………………………… *725*
- Ⅴ　この期の刑事判例の特徴 ………………………………………… *734*
    1. 大法廷判決・決定　*734*
        裁判員裁判に関するもの
    2. 小法廷判決・決定　*737*
        令状に関するもの／勾留に関するもの／公訴に関するもの／裁判員裁判に関するもの／公訴に関するもの／訴因の特定に関するもの／伝聞法則に関するもの／裁判所の釈明義務に関するもの／保釈に関するもの／事実認定に関するもの／上訴に関するもの／上訴審の構造に関するもの／訴訟費用に関するもの／非常上告に関するもの／再審に関するもの
    3. 下級審判決・決定　*751*
        捜査に関するもの／自己負罪拒否特権に関するもの／接見交通に関するもの／裁判員の選任手続に関するもの／伝聞法則に関するもの／違法収集証拠の排除に関するもの／事実認定に関するもの／裁判員裁判における評議に関するもの／上訴に関するもの／再審に関するもの

判例索引

凡　例

刑録	大審院刑事判決録
刑集	最高裁判所刑事判例集
民集	最高裁判所民事判例集
裁判集刑事	最高裁判所裁判集刑事
裁判集民事	最高裁判所裁判集民事
刑月	刑事裁判月報
高刑集	高等裁判所刑事裁判集
高判特報	高等裁判所刑事判決特報
高裁特報	高等裁判所刑事裁判特報
東高時報	東京高等裁判所（刑事）判決時報
高検速報	高等裁判所刑事裁判速報集
下刑集	下級裁判所刑事裁判例集
一審刑集	第一審刑事裁判例集
裁時	裁判所時報
判時	判例時報
判タ	判例タイムズ
LEX/DB	（株）TKC・判例データベース

第1代
最高裁長官
三淵忠彦

(1947年8月4日～1950年3月2日)

MIBUCHI court
01

第1代長官　三淵忠彦

I ■ 長官のプロフィール

　裁判官出身で元大審院判事。岡山市生まれ。京都帝国大学法学部を卒業し，司法省に入省した。判事に任官後，東京地裁，大審院判事，東京控訴院部長を歴任したが，裁判制度に限界を感じて45歳で一旦，裁判官を退官。民間の信託会社の法律顧問として人脈を広げ，後に総理大臣となる片山哲と知り合い，その推薦で初代の最高裁長官に就任した。

　認証式当日，国民の裁判所，換言すれば，民主的な裁判所の建設，完成に向かって努力し，前進することを誓ったという（最高裁事務総局情報課「最高裁判所十年の回顧」法曹時報9巻9号（1957年）50頁などを参照）。事務総局が優秀であることが，裁判所全体の評価向上につながるというのが信条であった。事務総長・本間喜一，人事課長・石田和外，秘書課長・内藤頼博，会計課長・吉田豊，刑事課長・岸盛一，民事課長・関根小郷，渉外課長・樋口勝，法規課長・角村克己，等の事務局人事を決定したのも三淵であった。

　片山首相によって突如，農相を罷免され，翌年，中央公職適否審査委員会で「公職追放該当者」に決定された平野力三が，この決定を無効として「効力停止の仮処分」を東京地裁に申請し，東京地裁が平野の申請を認める決定を下したところ，GHQから「日本の裁判所には追放について管轄権はない」との異議が出された。この平野問題についても，三淵は，「東京地裁の決定は裁判権のない者について裁判権を行使したもので無効」との談話を発表した。

　病気がちな長官であったが，親の子殺し事件（浦和事件）の刑事裁判に対して，参議院法務委員会が執行猶予付きの懲役3年の刑は軽きに失し当を得ないとして，裁判官の刑事事件不当処理等に関する調査の報告書を出したことについて，裁判所より一段高いところから事実認定や量刑に介入してくるとは憲法を破壊するものだと病床で激怒したという。

　長官不在が国会の裁判官訴追委員会でも問題となったことから，最高裁は事態の収拾のために裁判官会議を開いて協議し，長官の病状は経過順調で遠からず出勤できる状況にあり，裁判官，裁判所職員に関する法律で定められた罷免の理由にならないとの結論をまとめた。しかし，三淵はその後，登庁したものの，再び裁判所内で倒れ，病床で定年を迎えた。（以上のプロフィールについては，野村二郎『最高裁全裁判官――人と判決』（三省堂，1986年）5頁以下，山本祐司『最高裁物語（上巻）』（日本評論社，1994年）75頁以下などを参照）

II ■ この期の最高裁の動き

　この期の最高裁では，第二小法廷が長野県で起きた強盗致死，住居侵入罪等の事件を東京地裁に差し戻した際，刑事訴訟規則施行規則の適用を忘れて判決を言い渡すという，いわゆる誤判問題が起って内部が紛糾した。誤判問題を処理するため，最高裁は裁判官会議を開催したが，この会議では第二小法廷の4名の判事から意見を聞いた後，退席を求めて協議を行った。その結果を三淵が発表したが，「単なる懲戒手続で処理すべきものではなく，関係裁判官が自発的に善処することが最も妥当である。この結果は直ちに4裁判官に示し，その態度を待っていたが，何らの申出もなかったので公表することにした。」という旨のものであった。これに対し，4裁判官は，「責任はあくまでも憲法ならびに法律に従って決せられるべきである」との声明を公表した。4裁判官の抵抗にあって，三淵は苦慮し，病床に臥す身となったこともあって，誤判問題は未処理のままで終わった。次の田中長官の時代に，懲戒申立ての手続がとられ，最高裁裁判官会議による懲戒裁判の結果，過料一万円の処分が決定した。

　また，前述の平野力三農相の追放問題で庄野理一最高裁判事が西尾末広国務相を非難し，西尾から名誉棄損罪で告訴されたほか，国会の裁判官弾劾訴追委員会でも調査され，訴追の可能性が強まったことから，庄野が1年足らずで辞職するなどの事態も起こった。

　浦和事件の刑事裁判に対して，前述のように，参議院法務委員会が執行猶予付きの懲役3年の刑は軽きに失し当を得ないとして，裁判官の刑事事件不当処理等に関する調査の報告書を出したところ，最高裁がこれに猛反発し，参議院法務委員会の事件調査は国政調査権の範囲を逸脱したものであるとの意見書を参議院議長に送付するという事件も発生した。「司法権は憲法上裁判所に専属するものであり，法務委員会が，個々の具体的裁判について事実認定もしくは量刑等の当否を精査批判し，又は司法部に対し指摘勧告する等の目的をもって，前述の如き行動に及んだことは，司法権の独立を侵害し，まさに憲法上国会に許された国政に関する調査，いわゆる国政調査権の範囲を逸脱する措置といわねばならない」という最高裁の抗議に対して，参議院法務委員会は「国会は，国権の最高機関で，国の唯一の立法機関である。国政調査権は単に立法準備のためのみでなく，国政の一部門である司法の運営に関し調査批判する等，国政の全般にわたって調査できる独立の権能である。司法権の独立とは，裁判官が具体的事件を裁判するにあたって，他の容かい干渉を受けないことで，したがって，現に裁判所に係属中の訴訟事件の調査は問題があるとしても，すでに確定判決を経て，裁

第1代長官　三淵忠彦

判所の手を離れた事件の調査のようなものは，司法権の独立を侵害するものではない」という声明を発表した。

　三淵時代の最高裁は，いわば草創の時代であり，特徴的な判例の流れはいまだみられない。わずかに死刑の合憲判断，プラカード事件判決などが人々の関心を集めたくらいである。死刑問題では，「生命は尊貴である。1人の生命は全地球より重い」としながらも，死刑制度そのものについては憲法の禁止する「残虐な刑罰」には当らないとし，合憲とした。全体的に「公共の福祉」を重視する立場を明確にした。そして，それは次第に最高裁判例の基調となっていくことになる。(野村二郎『最高裁全裁判官─人と判決─』(三省堂，1986年) 5頁以下などを参照)

III ■ この期の裁判所関係の動き

1945年	8月14日	ポツダム宣言受諾を連合国側に通知。
	8月15日	鈴木貫太郎内閣が総辞職し，8月17日，東久邇宮稔彦王を第43代首相に任命
	8月30日	マッカーサー連合国軍最高司令が厚木飛行場に到着。
	9月 2日	ミズーリー号で降式調印式。
	10月 9日	東久邇宮内閣が総辞職。(幣原喜重郎を第44代首相に任命)
	10月24日	国際連合が発足。
	11月16日	閣議決定により司法制度改正審議会が発足。
	12月18日	司法制度改正審議会小委員会，司法省存置などを決議。
	12月 5日	GHQ，戦争犯罪被告人裁判規則を制定。
	12月20日	裁判所構成法戦時特例法を廃止。
1946年	1月 1日	天皇が人間宣言。
	5月15日	司法研修所が発足。(旧司法研究所を改称)
	5月22日	幣原内閣が総辞職。(吉田茂を第45代首相に任命)
	7月 3日	内閣に臨時司法制度調査会，司法省に司法制度審議会を設置。(司法制度審議会，司法制度等改正法律要綱を決定)
	9月20日	司法省，弁護士法改正準備委員会を設置。(12月15日，同委員会答申)
	10月26日	内閣臨時法制調査会，裁判所法改正法案要綱につき答申。
	11月 3日	日本国憲法を公布。

Ⅲ　この期の裁判所関係の動き

1947年	1月25日	全国司法部職員労働組合を結成。
	4月16日	裁判官指名諮問委員会規則を制定。(同諮問委員会, 同日発足)
	5月3日	日本国憲法及び裁判所法(法律第59号)の施行により, 大審院が廃止され, 最高裁判所の下に, 高等裁判所, 地方裁判所, 簡易裁判所が設置された。(家庭裁判所は1949年1月1日に発足)
	5月24日	第1次吉田内閣が総辞職。(片山哲を第46代首相に指名)
	7月28日	任命委員会, 最高裁長官候補3名と最高裁判事候補30名を首相に答申。
	8月4日	最高裁判所が発足し, 初代長官に三淵忠彦が就任。
	9月19日	簡易裁判所判事選考規則を制定。
	10月15日	三淵最高裁長官, 第1回高裁長官会同で,「敗戦の淵に深く沈んで, 無秩序, 国家存立の危機とも申すべき, この憂うべき世相に直面して, 祖国の再建を思いますとき, 裁判官にその人を得ることは, まさに喫緊の事と申さねばなりません。」等と訓示(裁時1号1頁)。
	11月1日	最高裁判所裁判事務処理規則を制定。
	12月1日	最高裁判所事務局規則, 司法研修所規則を制定。
	12月9日	三淵最高裁長官, 第1回全国高裁長官・地裁所長会同で,「人権擁護と憲法防衛が司法権の使命」等と訓示(裁時2号4頁)。
	12月16日	三淵長官, 第1回全国刑事裁判官会同で,「道義秩序の回復こそが今日興亡の岐路に立つ我国が直面する緊急事」等と訓示(裁時3号8頁)。(審理促進に関する「対策についての決議事項」として, アレインメント類似の制度, 公判調書の簡易化などを盛り込む)
1948年	1月1日	裁判所法の改正法を公布。(簡易裁判所の事物管轄及び科刑権を拡張し, 窃盗罪およびその未遂罪も管轄)
	2月4日	GHQ民政局長, 公職追放に日本の裁判所は関与し得ずの覚書。
	2月6日	最高裁事務総長,「公職追放の行政処分に関する法律上の争訟について」の通達を発出。
	3月10日	片山内閣が総辞職。(芦田均を第47代首相に指名)
	5月27日	三淵最高裁長官, 長官所長会同で,「想うに新憲法は, 外に対しては, 公正と信義とに基づく諸国民との協和を念願し, 内に対しては, 国民の基本的人権を擁護して, あまねく自由のもたらす恵沢を, われわれとわれわれの子孫のため永久に確保せんことを宣言したのであります。」等と訓示(裁時11号7頁)。
	6月10日	三淵長官, 民事裁判官会同で,「民事事件は, 今や激増と複雑化の一途をたどりつつありますが, そのうちには, 政治, 経済, 思想など各般に亘る対立抗争をその根底に残し, その真の解決は, 至難なものが少なくないのであります。」等と訓示(裁時13号)。
	7月9日	日本弁護士連合会が発足。

第1代長官　三淵忠彦

7月29日	三淵最高裁長官，刑事裁判官会同で，「日常の刑事事件の処理にあたっては，法律的見地のみから事案を観て能事了れりとすることなく，宜しく視野を大にし，あらゆる角度からその事案の社会的意義を究明し，それに対する的確な価値判断を下すよう心がけなければなりませぬ。」等と訓示（裁時19号）。
8月 4日	三淵最高裁長官，最高裁創立一周年にあたって，「過去一年間，マッカーサー元帥並連合国総司令部の寄せられたる好意と援助に対しては，特に深甚なる感謝の意を表する。」等の談話（裁時16号2頁）。
8月18日	下級裁判所事務処理規則を制定。
9月21日	人身保護規則を制定。
10月15日	芦田内閣が総辞職。（吉田茂を再び首相に指名）
12月 1日	刑事訴訟規則を制定。
12月10日	国連総会，世界人権宣言を採択。
1949年 1月 1日	家庭裁判所が発足。
1月23日	第1回最高裁判所裁判官国民審査。
2月25日	経済労働関係刑事裁判官会同。
3月29日	労働関係民事裁判官会同。
5月20日	最高裁判所，参議院法務委員会の浦和事件調査に関する国政調査権の範囲逸脱とする意見書を参議院議長に送付。
10月17日	最高裁判官会議，第二小法廷の刑事訴訟規則施行規則適用逸脱問題で4判事に自発的善処を求める決定。

Ⅳ ■ この期の刑事法関係の動き

　松尾浩也教授によれば，1949年〜1963年における犯罪の発生とその処理状況，法運用の推移発展が次のように概観されている（松尾浩也「刑事訴訟法の45年」学士会803号，1994年）。

　第一期は，戦後の激動ないし混乱と，その沈静の過程である。前半期には，平事件，メーデー事件，吹田事件，大須事件などの集団事件が発生し，また，下山事件，三鷹事件，松川事件など謎めいた事件も多発して，社会の緊張を高めた。風俗の変化を示すチャタレー事件，構造汚職の原点と言われる造船疑獄事件，多数の被害者を出した保全経済会事件なども，昭和二〇年代に集中している。……しかし，これらの著名事件の処理もさることながら，当時の刑事司法に重い負担を強いたのは，一般的な犯罪の著増であった。物資の不足や生活の窮迫を背景として，窃盗，強盗，臓物故買，食糧管理法違反などが

Ⅳ　この期の刑事法関係の動き

急激に増え，関係者はその対応に忙殺された。新たに刑を受ける者も数を増し，刑務所人口は収容定員をはるかに超えて，いわゆる過剰拘禁の状態が続いた。……後半期には，犯罪の発生件数は――増加一方の道路交通関係を別として――落ち着きを見せ，過剰拘禁は徐々に解消され始めた。六〇年安保の前後，ハガティ事件，国会突入事件，浅沼社会党委員長刺殺事件などが続発したが，しかし所得倍増政策が軌道に乗るにつれて，社会の関心は「政治」から「経済」へ移った。裁判所は，前半期に生じていた難事件の処理に全力を傾けた。その頂点に位置したのが松川，八海の両事件で，前者は二回の上告を経て二十名の全員無罪が確定し（一九六三年），後者は三回の上告審がくり返された後，共犯とされていた四名が無罪となった（一九六八年）。「裁判批判」をめぐる激しい論争を誘発したのも，この両事件であった。……第一期の出発点をなす「刑事訴訟法」は，検察・被告両者の攻防を軸とし，裁判所を中立化するアメリカ法系の公判像を提示し，断然たる新鮮さを誇った。しかし，日本には綿密な捜査と慎重な起訴を重視する伝統が存在したから，その間の調和は新たな問題であった。昭和二〇年代，厖大な事件数と格闘し，訴訟の遅延を防ぐことに腐心していた裁判所は，やや余裕を取りもどした昭和三〇年代にこの問題を取り上げ，準備の徹底，審理の充実をスローガンとする「集中審理方式」を打ち出した。もっとも，それが「伝統」の超克を志向するものか，それとも伝統の維持に傾くものかは明瞭でなかった。……新方式の構築は，もっぱら裁判所部内の理論家集団によって行われ，やがてその成果は，公判へ向けた当事者の事前準備や，公判に出廷した証人に対する交互尋問を規律する刑事訴訟規則の改正となって定着した（刑事訴訟法そのものの改正は行われなかった。実際，この四十五年間，刑事訴訟法は一度も重要な改正を経ておらず，社会の変動への対応は，ほとんどすべて法の「運用」によってまかなわれているのである）。

このように概観されているが，この期の刑事法関係の動きとしては，以下のようなものがみられる。

1945年	9月24日	横浜地裁，治安維持法違反で元中央公論社社員らに執行猶予付有罪判決。
	10月15日	治安維持法が廃止。
1946年	11月 2日	東京地裁，食料メーデー・プラカード事件に不敬罪を適用せず，名誉棄損で懲役8月の有罪判決。
1947年	4月16日	裁判所法，検察庁法を公布。
	4月19日	日本国憲法の施行に伴う刑事訴訟法の応急的措置に関する法律（刑事訴訟応急措置法）を公布。（5月3日，施行）
	6月17日	検察官適格審査委員会が発足。（1973年9月16日，検察官適格審査官制を廃止して，検察官適格審査会令を公布）
	6月28日	東京高裁，プラカード事件で不敬罪を有効とするも大赦令で免訴の判決。

第 1 代長官　三淵忠彦

	10月26日	刑法の一部改正法を公布。(11月15日，施行)。
1948年	1月26日	銀行の行員12人毒殺の帝銀事件が発生。
	2月27日	福岡地裁，福岡事件につき2名の被告人に死刑判決。
	3月12日	最高裁大法廷，死刑について合憲判決。
	同日	メーデー・プラカード事件につき大法廷判決。
	5月 1日	軽犯罪法を公布。(同月2日，施行)。
	5月19日	参議院法務委員会，浦和事件調査の決議。
	6月23日	昭電事件で昭和電工社長を贈賄容疑で逮捕。
	7月10日	現行刑事訴訟法を公布。(1949年1月1日，施行)
	7月12日	検察審査会法，警職法を公布。
	11月22日	大阪地裁，山田興業事件につき労働組合による生産管理を適法な争議行為と認め，無罪判決。
	12月 7日	昭電事件で芦田前首相を逮捕。
1949年	4月 4日	団体等規制法を公布。
	5月18日	最高裁大法廷，言論の自由保障は公共の福祉の範囲内でとし，食糧緊急措置令の扇動罪規定は合憲と判示。
	6月30日	弾圧に抗議する労働者が福島県平警察署を占拠する平事件が発生。
	7月 5日	下山定則国鉄総裁が行方不明になり，翌6日に死体を発見（下山事件）
	7月15日	三鷹駅で無人電車が暴走する三鷹事件が発生。
	8月17日	東北本線で列車転覆事故，3人が死亡する松川事件が発生。
1950年	1月 1日	刑事補償法を公布。
	1月 9日	福岡地裁飯塚支部，尊属殺重罰規定につき違憲判決。

V ■ この期の刑事判例の特徴

1　刑事司法改革

　日本国憲法は，司法制度についても抜本的な改革を行った。明治憲法の下では，判事・検事の人事を始め，司法行政の監督権は司法大臣に属していたため，司法権の独立は制度的には必ずしも十分に保障されていなかった。また，大審院を頂点とする司法裁判所は，民事事件と刑事事件についての裁判権だけをもち，行政事件の裁判権は

別系統の行政裁判所に委ねられていた。これに対し，日本国憲法は，最高裁判所を頂点とする司法裁判所を行政部から完全に切り離し，司法省を廃止して，裁判所と検察庁も分離し，最高裁判所に「訴訟に関する手続，弁護士，裁判所の内部規律及び司法事務処理に関する事項について，規則を定める権限」（憲法77条1項），すなわち，規則制定権や独自の司法行政権を与えた。また，通常の司法裁判所に，行政事件をも含めて一切の法律上の争訟を裁判する権限が与えられた。従来の行政裁判所は廃止され，行政機関による終審裁判は禁止された（憲法76条2項）。司法権の独立が強化されることになった。そして，この裁判所に，「一切の法律，命令，規則又は処分が憲法に適合するかしないかを決定する権限」である違憲立法審査権が認められた（憲法81条）。立法，行政に対する司法の地位が飛躍的に高められた。

この最高裁判所に対しては，日本国憲法および新刑事訴訟法の下での刑事手続のあり方とはどのようなものかを，それぞれの論点ごとに具体的に示すことが求められることになった。それでは，最高裁判所が示した刑事手続の具体像とはどのようなものだったのであろうか。

刑事手続を巡っては，日本国憲法の規定と刑事訴訟法の規定との間に早くから「ねじれ」が存した。日本国憲法は1948年5月3日に施行されたものの，この新憲法に対応する刑事訴訟法の策定が間に合わず，しばらくは刑事訴訟応急措置法と旧刑事訴訟法が並存して適用されたからである。

全面改正された戦後の新刑事訴訟法は，1948年7月10日に公布され，1949年1月1日から施行された。日本国憲法の下で制定された法律であるから，日本国憲法の国民主権，平和主義，基本的人権の尊重の理念に沿ったものでなければならなかった。しかし，そうはならなかった。国は，治安対策のために，戦前でも帝国議会などの反対で実現を見なかった刑事司法制度改革を，この新しい刑事訴訟法の中に盛り込んだからである。この刑事司法制度改革の特徴は，検察官の権限を飛躍的に強化しようとしたことにあった。「軍備撤廃ニ伴フ軍警備力ノ欠缺ヲ補ヒ，治安維持ニ万全ヲ期スルト共ニ，各種ノ悪質犯罪ノ検挙ヲ撤底セシメテ道義ノ顕揚及民生ノ安定ヲ図ル為検察機構ヲ整備スル」（「検察機構ノ整備ニ関スル件」（1945年10月22日）井上正仁ほか編著『刑事訴訟法制定資料全集・昭和刑事訴訟法編（1）』（2001年）12—13頁）というのが政府の基本方針であった。国家刑罰権を積極的に活用して敗戦によって大きく傷ついた日本的道義を再び揺るぎないものとする。このようなモラル刑法の擁護者というのも検察官に期待された役割であった。刑事訴訟法の運用・解釈にあたっては，憲法との矛盾をどう埋めるかが問題になった。矛盾を日本国憲法の規定に沿う方向で解決するのか，それとも刑事訴訟法の規定に沿う方向で解決するのかという問題であった。憲法98条は「こ

の憲法は，国の最高法規であつて，その条規に反する法律，命令，詔勅及び国務に関するその他の行為の全部又は一部は，その効力を有しない。」と定めている。この憲法の最高法規性からすれば，矛盾を日本国憲法の規定に沿う方向で解決することが憲法の番人たる裁判所等には要請された。しかし，最高裁判所が現実にとった方向はこれとは大きく異なっていた。刑事訴訟応急措置法の下での憲法判例もこれには大きな影響を与えた。

この期の無罪率は，1948年は1.05％，1949年は1.76％，1950年は1.70％で，戦前に比べると低いものの，以降に比べると比較的高率であった。

2　大法廷判決・決定

三淵コートは，3年弱と短かったが，注目すべき判決・決定が出された。それらは憲法判断に関するものである。もっとも，それらの判決・決定は，憲法規定を直截に適用することを回避し，憲法規定をプログラム規定としたもの，あるいは，その射程を制限するものでしかなかった。

■ 公平な裁判所に関するもの

憲法37条1項にいわゆる「公平な裁判所の裁判」の意義について，**最大判昭和23・5・26刑集2-5-511**（応急）は，次のように判示した。

> 憲法第三七条第一項にいわゆる「公平な裁判所の裁判」とは偏頗や不公平のおそれのない組織と構成を持った裁判所による裁判を意味するものであって，個々の事件につきその内容実質が公正妥当なる裁判を指すものではない。従つて所論のように同規定を以て刑の言い渡しが甚だしく苛酷であるとか事実の認定が間違っている場合にこれを憲法上新たに上告理由となすことができるとした趣旨の規定であると解することはできない。

もっとも，GHQの間接統治を受けていたことから，たとえ裁判所であっても占領軍の命令に服すことは当然とされた。**最大判昭和24・6・13刑集3-7-974**（応急）は，次のように判示した。

> 論旨……は，裁判官が何物をも怖るべきでないことを説いている。裁判官たるものが自己の良心と法律とに従う外は，何者にも屈従せず，常に毅然たる態度を持すべきことは，まことに所論の通りである。然し連合国側の正当な要求に従うべきことはポツダム宣言の受諾にもとづく当然の法的要請である。

■ 弁護人の選任に関するもの

刑事応急措置法4条が定める官選弁護人の選任に関して，**最大判昭和24・11・2刑集3-11-1737**（応急）は，次のように判示した。

> 弁護人を選任することは原則として被告人の自由意思に委せられているのであつて，被告人が貧困その他の事由の有無に拘らず弁護人を選任する意思のない場合には，刑訴法上いわゆる強制弁護の場合を除いては，国が積極的に被告人のために弁護人を選任する必要はないのである。従つて被告人が貧困その他の事由で弁護人を依頼できないときでも国に対して弁護人の選任を請求する者に対して弁護人を附すれば足るのであるのみならず，被告人が自ら弁護人を依頼できない事由があるかどうかは，被告人側に存する事由で国には判らないのであるから，被告人の請求によつて弁護人を附することにすることが相当である。

ただし，本最大判昭和24・11・2は，「本件は刑訴施行法第二条により旧刑訴及び刑訴応急措置法の適用される事件である」ため，新刑訴法272条の適用はないと判示した。

最大判昭和24・11・30刑集3-11-1857（応急）も，同様に，次のように判示した。

> 所論憲法上の権利は被告人が自ら行使すべきもので裁判所，検察官等は被告人がこの権利を行使する機会を与え，その行使を妨げなければいいのである。記録を精査すると被告人は逮捕された日（昭和二二年九月三〇日）に司法警察官の訊問を受けその際「今回の事件で弁護人を選任することができる」旨を告げられてをり更に同年一〇月二日附検事の訊問調書に論旨摘録の如き問答があるばかりでなく，判事の勾留訊問の際にも弁護人を選任し得ることが告げられている，されば被告人は逮捕直後勾留前に弁護人を依頼する機会を十分与えられたことを認むるに足り裁判所がこれを妨げた事実は毫も認められないし，被告人から国選弁護人選任の請求があつた事跡もない，しかして法は所論のようなことを特に被告人に告げる義務を裁判所に負わせているものではないから原判決には所論のような違法はなく論旨は理由がない。

この論旨は，後に**最大判昭和28・4・1刑集7-4-713**において，新刑訴法の下でも「既に当裁判所の判例としているところであり，今これを変更する必要はない」と判示されることになった。

■ 弁護人の立会いに関するもの

刑事応急措置法は必要的弁護事件について何ら規定することはなかった。そこで，**最大判昭和25・2・1刑集4-2-100**（応急）は，次のように判示した。

第1代長官　三淵忠彦

　按ずるに如何なる被告事件を所謂必要的弁護事件となすべきかは専ら刑訴法によつて決すべきものであつて所論のように憲法第三一条，同第三七条第三項によつて定まるものではない。論旨は右憲法の規定により窃盗被告事件は必要的弁護事件となつたものであると主張するが何等首肯すべき根拠のない独断にすぎない。従つて新刑訴施行以前に行われた本窃盗被告事件の審理において弁護人の立会なくして審理したとしても所論のような違法はなく，論旨は理由がない。

　この論旨も，後に**最大判昭和28・4・1刑集7-4-713**によって，新刑訴法の下でも判例として確認されることになった。

■ 黙秘権に関するもの

　憲法38条1項の意義について，**最大判昭和23・7・14刑集2-8-846**（応急）は，次のように判示した。

　憲法はその第三八条第一項において「何人も自己に不利益な供述を強要されない」と規定して，被告人にいわゆる黙秘の権利あることを認めているが，所論のごとく裁判所に対し，訊問の事前にその権利あることを被告人に告知理解せしめ置かねばならぬ手続上の義務を命じていないのである。それ故かような手続を執らないで訊問したからと言つて所論のように被告人の供述を強要し又は裁判手続に違憲ありと言い得ない。

　同様に，**最大判昭和24・2・9刑集3-2-146**（応急）も，次のように判示した。

　論旨は，原審公判に於て，裁判所が被告人に対してその陳述を求めるに先だち，自己に不利益な答弁をする義務がない旨を説示しなかつたのは，憲法第三八条第一項及び刑訴応急措置法第一〇条第一項にいわゆる，自己に不利益な供述を強要したものであるから，違法であると主張している。しかし右の法条は，威力その他特別の手段を用いて，供述する意思のない被告人に供述を余儀なくすることを禁ずる趣旨であつて，前記のような説示をすることを要求しているのではないから，裁判所がそのような説示をしなかつたからとて，これを違法とすることはできない。

■ 免訴に関するもの

　大赦の場合に無罪を主張して実体裁判の審理を要求できるかに関して，**最大判昭和23・5・26刑集2-6-529**（応急・プラカード事件）は，要求できないとし，次のように判示した。

　大赦の場合には，裁判所としては免訴の判決をする一途であり，被告人の側でも，無罪を主張して，実体の審理を要求することはできないのであるから，原審がした免訴の判決に対して無罪を主張して上訴することもまた違法であるといわなければならない。

V　この期の刑事判例の特徴

■ 証人を求める権利に関するもの

証人を求める権利に関しても，**最大判昭和23・6・23刑集2-7-734**（応急）は，次のように判示した。

> 憲法上，裁判所が，当事者から申請のあつた証人は総て取調べなければならないかどうか，という問題について考えてみよう。まず事案に関係のないと認められる証人を調べることが不必要であるは勿論，事案に関係あるとしても其間おのずから軽重，親疎，濃淡，遠近，直接間接の差は存するのであるから，健全な合理性に反しない限り，裁判所は一般に自由裁量の範囲で適当に証人申請の取捨選択をすることができると言わねばならぬ。所論の憲法第三七条第二項に，「刑事被告人は，公費で自己のために強制手続により証人を求める権利を有する」というのは，裁判所がその必要を認めて訊問を許可した証人について規定しているものと解すべきである。この規定を根拠として，裁判所は被告人側の申請にかかる証人の総てを取調ぶべきだとする論旨には，到底賛同することができない。

■ 証拠採用に関するもの

証拠採用に関して，**最大判昭和24・2・9刑集3-2-130**（応急）は，次のように判示した。

> ……証人の警察における供述が強要によるものであるという証拠と，それを否定する証拠がある場合にその何れを採るか，又証人の警察における供述が公判廷における供述と相反する場合にその何れを採るかは一に裁判官の自由心証に委ねられているのである。公判廷の供述であるからと云つて必ずこれを採用しなければならないという法則はないのである

■ 伝聞法則に関するもの

一般に伝聞法則は反対尋問のテストを経ていない証拠を排除するが，**最大判昭和24・5・18刑集3-6-789**（応急）は，弁護人が，証拠とされた検事聴取書は被告人の反対訊問の機会を与えず作成された書面であると主張した事案について，次のように判示した。

> ……憲法第三七条第二項に，刑事被告人はすべての証人に対し審問の機会を充分に与えられると規定しているのは，裁判所の職権により，又は訴訟当事者の請求により喚問した証人につき，反対訊問の機会を充分に与えなければならないと言うのであつて，被告人に反対訊問の機会を与えない証人其他の者（被告人を除く。）の供述を録取した書類は，絶対に証拠とすることは許されないと言う意味をふくむものではない。

第1代長官　三淵忠彦

■ 自白法則に関するもの

最大判昭和23・8・11裁判集刑事3-595（応急）は，司法警察官の聴取書に関して，次のように判示した。

> 記録によると成程被告人等は司法警察官の取調に対してはいずれも本件犯行を自白していたが公判の取調においては「警察における取調に際しては刑事から殴られたので已むなく虚偽の自白をしたもので被告人は本件強盗に関係していなかつたものである。」旨供述するに至つたことは所論の通りであるが，裁判所は第一審公判廷で被告人等の取調に当つた司法警察官A，及び取調に立会つた巡査Bを証人として訊問した結果，証人Aは「被告人等の取調に際し部下が被告人等を殴つたようなことは絶対にない」旨，又証人Bは「被告人等の取調に際し少々大きな声で怒鳴つたことはあつたかも知れないが殴つたりしたことは絶対にない」旨供述したことが明かである。そこで原審は被告人等の警察における自白を任意に出でたものと認めてその聴取書の供述記載を証拠として採用したものと認められる。ところで証拠の取捨撰択は事実審裁判所の専権に属することで被告人の公判廷における供述と警察における供述とが矛盾する場合にいずれを信用するかはその自由な心証によつて之を定めることができるのであるから，原審が被告人等の公判廷における供述を採用しなかつたからと言つて之を非難するわけにはゆかないし又右の公判廷における証人Bの証言を以てしても，未だ所論のように被告人の警察における供述が日本国憲法の施行に伴う刑事訴訟法の応急的措置に関する法律第十条第二項（日本国憲法第三十八条第二項）に言う強制又は脅迫によるものとは認められない。その他記録を精査しても所論のような事実を窺うに足る証跡がないから被告人等に対する司法警察官の聴取書中の供述記載を証拠に採用した原判決には何等所論のような違法はない。論旨は理由がない。

最大判昭和23・12・27刑集2-14-1944（応急）も，検察官の聴取書に関して，次のように判示した。

> 論旨前段は，原判決において検事の聴取書を証拠に引用したのは憲法第三八条第二項並びに刑訴応急措置法第一〇条第二項に違反したものであるというのであるが，記録に徴するに，右検事の聴取書が強制拷問もしくは脅迫によつて作成された形跡は認められないし，右検事聴取書は，被告人が警察署に任意に出頭した日より一五日を経た昭和二二年五月六日に作成されたものであるが，被告人が勾留されたのは，同年同月二日であるから，勾留された日から四日の後に作成されたのであり，右検事聴取書記載の被告人の供述は，不当に長く拘禁された後の自白であるということは当を得ない。

旧法時代の任意性判断が戦後も継承されたといえようか。

この期においては，「不当長期拘禁」の判断において，当時の捜査上の事情が勘案

V　この期の刑事判例の特徴

された事例も見られる。**最大判昭和23・2・6刑集2-2-17**（応急）は，次のように判示した。

> 右の自白が不当に長く拘禁された後の自白であるかどうかを判断するに，本件犯罪がわずか三個の窃盗行為に過ぎないことから見れば，これを肯定すべきが如くであるが，被告人は最初昭和二十一年十二月十一日に警察官の取調べに対して自白して以来，翌二十二年二月十三日の第一審公判廷及び同年六月三日の第二審公判廷においても終始一貫して自白していること，本件には被告人の外に数名の共犯者があつてその取調べに相当の日時を要したこと，第二審公判期日が被告人又は弁護人の不出頭等のために変更された後前記六月三日の公判期日に到つて公判が初めて開廷審理されたこと（以上は記録上明かな事実である），ならびに，現時の種々な悪条件の下の制約殊に本件処理の当時下級審裁判所には刑事々件が輻輳したのに反して職員に欠員の多かつたこと（以上は裁判所に顕著な事実である）等の事情を参酌すると，被告人が拘禁されてから原審公判で保釈されたまでの期間は，これら特殊な情態の下においては本件の審理に必要であつたものと認められるのであつて，所論の自白は不当に長く拘禁された後の自白に該当するものということはできない。

最大判昭和23・6・23刑集2-7-715（応急）も，次のように判示した。

> 憲法第三八条第二項において「不当に長く抑留若しくは拘禁された後の自白はこれを証拠とすることができない」と規定している趣旨は，単に自白の時期が不当に長い抑留又は拘禁の後に行われた一切の場合を包含するというように形式的，機械的に解すべきものではなくして，自白と不当に長い抑留又は拘禁との間の因果関係を考慮に加えて妥当な解釈を下すべきものと考える。

これに対し，「不当長期拘禁」と認めた判例もみられる。**最大判昭和23・7・19刑集2-8-944**は，被害者が食肉店の軒先に自転車を置いて，店内で主人と雑談していた間に，その自転車のハンドルに吊しておいた肩掛鞄一個を何者かに窃取されたという事案（被告人は公判をはさんで前後109日拘禁された。）について，次のように判示した。

> ……事実は単純であり，数は一回，被害者も被疑者も各々一人で，被害金品は全部被害後直ちに回復せられて，現に証拠品として押収せられているほとんど現行犯事件といつてもよいほどの事件で，被告人の弁解も終始一貫している。被告人が果して，本件窃盗の真犯人であるかどうかはしばらくおいて，事件の筋としては，極めて簡単である。被告人が勾留を釈かれたからといつて，特に罪証湮滅のおそれのある事件とも考えられない。又，被告人は……一定の住居と生業とを有し，その住居には，母及び妻子の六人の家族があり，尚，相当の資産をもつていることは，記録の上で十分にうかがゞわれる。年齢も既に四十六歳である。かような情況から考えて，被告人が逃亡する危険もまづない

と考えなければならぬ。とすれば、ほかに、特段の事情のうかゞわれない本件においては、被告人に対して、あれ程長く拘禁しておかなければならぬ必要は、どこにもないのではないか。たゞ被告人が犯行を否認しているばかりに、――言葉をかえていえば被告人に自白を強要せんがために、勾留をつゞけたものと批難せられても、弁解の辞に苦しむのではなからうか。以上各般の事情を綜合して、本件の拘禁は、不当に長い拘禁であると、断ぜざるを得ない。しかして、第二審裁判所が、この拘禁の後に、はじめてした被告人の自白を証拠として、被告人に対し、有罪の判決をしたことは、前に述べたとおりであるが、不当に長い拘禁の後の自白を証拠にとることは、憲法第三十八条第二項の厳に禁ずるところである。

■ 補強法則に関するもの

憲法38条3項にいう「本人の自白」に公判廷自白が含まれるかについて、**最大判昭和23・7・29刑集2-9-1012**は、次のように判示した。

> 公判廷における被告人の自白は、身体の拘束をうけず、又強制、拷問、脅迫その他不当な干渉を受けることなく、自由の状態において供述されるものである。しかも、憲法第三十八条第一項によれば、「何人も自己に不利益な供述を強要されない」ことになつている。それ故、公判廷において被告人は、自己の真意に反してまで軽々しく自白し、真実にあらざる自己に不利益な供述をするようなことはないと見るのが相当であろう。又新憲法の下においては、被告人はいつでも弁護士を附け得られる建前になつているから、若し被告人が虚偽の自白をしたと認められる場合には、その弁護士は直ちに再訊問の方法によつてこれを訂正せしめることもできるであろう。なお、公判廷の自白は、裁判所の直接審理に基くものである。従つて、裁判所の面前でなされる自白は、被告人の発言、挙動、顔色、態度並びにこれらの変化等からも、その真実に合するか、否か、又、自発的な任意のものであるか、否かは、多くの場合において裁判所が他の証拠を待つまでもなく、自ら判断し得るものと言わなければならない。又、公判廷外の自白は、それ自身既に完結している自白であつて、果していかなる状態において、いかなる事情の下に、いかなる動機から、いかにして供述が形成されたかの経路は全く不明であるが、公判廷の自白は、裁判所の面前で親しくつぎつぎに供述が展開されて行くものであるから、現行法の下では裁判所はその心証が得られるまで種々の面と観点から被告人を根堀り葉堀り十分訊問することもできるのである。そして、若し裁判所が心証を得なければ自白は固より証拠価値がなく、裁判所が心証を得たときに初めて自白は証拠として役立つのである。従つて、公判廷における被告人の自白が、裁判所の自由心証によつて真実に合するものと認められる場合には、公判廷外における被告人の自白とは異り、更に他の補強証拠を要せずして犯罪事実の認定ができると解するのが相当である。すなわち、前記法条のいわゆる「本人の自白」には、公判廷における被告人の自白を含まないと解釈する

を相当とする。

本最大判昭和23・7・29は，7対5の評決によるものだったが，井上登裁判官の次のような少数意見が付された。

多数説の背後には次のような実際上の理由が潜在して居るのではなかろうか。即ち真の犯人が捕えられ，自白までして居るに拘わらず補強証拠がないと，それだけで無罪にされ釈放されてしまう。これは兇悪犯人の非常に多い我が国現今の社会状勢上甚だ憂慮すべきではないかということである。これは全く重大なことで，非常に考えさせられるところである。戦後急激に増加した犯罪の数に対し，科学的捜査に関する施設は勿論警察検察陣営の量においても，決して充分とはいえない我が国の現状において，犯人検挙の任に当る人々の労苦は誠に言語に絶するものがあるであろう。そして数多き犯罪について，一々自白の外に必要な補強証拠を揃えるということは，実に容易ならぬことであろう。

最大判昭和24・4・6刑集3-4-445も，次のように判示した。

「公判廷における被告人の自白」とはその自白を断罪の証拠に採つた，その裁判所の公判廷における被告人の自白を指すのであつて，従つて，右裁判所以外の裁判所の公判廷における被告人の自白は，仮令それが第一審裁判所のものであつても，之を包含せしむる趣旨ではない。

また，共犯者の自白について，**最大判昭和23・7・14刑集2-8-876**は，次のように判示した。

自白を補強する証拠は，それによつて自白の真実であることが肯認され得るものであることを要するが，補強証拠の種類については法定の制限はない。共同被告人の供述といえども，右の要件を具えるかぎり補強証拠として役立つものである。そして，共同被告人の供述が右の要件を具えるかどうかは事実審たる裁判所の自由心証によつて定まる問題である。

最大判昭和24・5・18刑集3-6-734も，次のように判示し，共同被告人でない共犯者の供述は独立の証拠価値を有し，共同被告人たる共犯者の供述は相互に補強しあうとした。

共同審理を受けていない単なる共犯者の供述は，各具体的事件について自由心証上の証拠価値の評価判断の異るべきは当然であるが，ただ共犯者たるの一事をもつて完全な独立の証拠能力を欠くものと認むべき何等実質上の理由はない。また，かく解すべき何等法令上の根拠も存在しないのである。……次に，共同審理を受けた共同被告人の供述は，それぞれ被告人の供述たる性質を有するものであつてそれだけでは完全な独立の証拠能力を有しない。いわば半証拠能力（ハーフ・プルーフ）を有するに過ぎざるもので，他

の補強証拠を待つてこゝにはじめて完全な独立の証拠能力を具有するに至るのである。しかし，その補強証拠は，必ずしも常に完全な独立の証拠能力を有するものだけに限る必要はない。半証拠能力の証拠を補強するに半証拠能力の証拠をもつてし，合せてこゝに完全な独立の証拠能力を形成することも許されていいわけである。されば，ある被告人の供述（自白）を共同被告人の供述（自白）をもつて補強しても，完全な独立の証拠能力を認め得ると言わねばならぬ。

■ 違法な手続に関するもの

捜査の過程でなされた違法な手続に関し，**最大判昭和23・7・14刑集2-8-872**（応急）は，次のように判示した。

> 仮に所論がすべて肯認すべきもので被告人が勾引状及び勾留状によらないで違法に勾引勾留せられ，その儘違法に保釈の日迄勾留を継続せられたとしても，夫は別な救済の方法によるべきことであつて，右の各違法は本件に於ては第二審判決に影響を及ぼさないことは明白である。

最大判昭和23・12・1刑集2-13-1679も，次のように判示した。

> 若し，本件が現行犯ないし準現行犯であるならば，逮捕は適法であるが，又若し弁護人のいうようにこれらに当らないとすれば，逮捕は違法違憲であると言わなければならない。しかし，よしや仮りにかかる違法があるとしても，本件では即日適法に勾留状が発せられているばかりでなく，逮捕の違法そのものは原判決に影響を及ぼさざることは，明白であるから，これを上告の理由となすことを得ない。ただ逮捕の違法に対しては，別の救済方法によるべきものである。

このように，違法な手続であってもその救済は別の救済方法によるものであって，判決の正統性には影響を及ぼさないというのが最高裁の基本的な考え方であった。

■ 訴訟費用の負担に関するもの

訴訟費用の負担に関しても，**最大判昭和23・12・27刑集2-14-1934**は，次のように判示した。

> 憲法第三七条第二項は「刑事被告人は，すべての証人に対して審問する機会を充分に与えられ，又公費で自己のために強制的手続により証人を求める権利を有する」と規定している。右規定の公費で自己のために，証人を求める権利を有するという意義は，刑事被告人は，裁判所に対して証人の喚問を請求するには，何等財産上の出捐を必要としない，証人訊問に要する費用，すなわち，証人の旅費，日当等は，すべて国家がこれを支給するのであつて，訴訟進行の過程において，被告人にこれを支弁せしむることはしな

い。被告人の無資産などの事情のために，充分に証人の喚問を請求する自由が妨げられてはならないという趣旨であつて，もつぱら刑事被告人をして，訴訟上の防禦を遺憾なく行使せしめんとする法意にもとずくものである。しかしながら，それは，要するに，被告人をして，訴訟の当事者たる地位にある限度において，その防禦権を充分に行使せしめんとするのであつて，その被告人が，判決において有罪の言渡を受けた場合にも，なおかつその被告人に訴訟費用の負担を命じてはならないという趣意の規定ではない。すなわち，論旨のいうように，訴訟に要する費用は，すべてこれを公費として国家において負担することとし，有罪の宣告を受けた刑事被告人にも訴訟費用を負担せしめてはならないという趣意の規定ではないのである。裁判確定の上で，その訴訟に要した費用を何人に負担せしめるかという問題は，右憲法の規定の関知しないところであつて，これは，法律をもつて，適当に規定し得る事柄である。刑事訴訟法は，訴訟費用は刑の言渡を受けた被告人をして負担せしめることを原則とし，また，刑事訴訟費用法は，証人の喚問に要する費用をもつて公訴に関する訴訟費用とする旨を規定しているのであるが，これらの規定は何ら右憲法の条項に違反するところはないのである。

■ 上訴に関するもの

上訴に関して，**最大判昭和23・2・6刑集2-2-23**は，次のように判示した。

三審制を採用する裁判制度において上告審をもつて純然たる法律審即ち法令違反を理由とするときに限り上告をなすことを得るものとするか又は法令違反の外に量刑不当若しくは事実誤認を理由とする上告を認め事実審理の権限をも上告審に与えるかは一に諸般の事情を勘案して決定せらるる立法政策の問題である。言いかえればこれをいづれに定めるかは立法上の当否の問題ではあるが憲法上の適否の問題ではあり得ない。憲法には特にこれを制限する何等の規定もないのであるからこれを孰れに決定するも国民の基本的人権を侵害するものであると言うことはできない。果して然らば旧憲法時代において刑事訴訟法第四百十二条の規定により量刑不当をもつて上告の理由となすことを許しておつたに拘わらず日本国憲法の施行に伴ふ刑事訴訟法の応急的措置に関する法律第十三条第二項の規定により前示刑事訴訟法の規定の適用を排除し刑の量定甚しく不当なりと思料すべき顕著なる事由があるときでも上告の理由となすことができないと定めても毫も国民の基本的人権を侵害することにはならない。従つて国民の基本的人権を侵害することを理由として右規定を憲法違反なりとする論旨は理由がない。

また，**最大判昭和23・3・10刑集2-3-175**（応急）は，事実認定ないし刑の量定に対する非難を上告の理由として認めるか否かについて，次のように判示した。

……上告審において原審の事実認定の可否を判断するには自ら事実審査をしなければならない。これはいう迄もないことだが刑の量定の当否を判断するにもやはり事実審査を

しなければならない。蓋刑の軽重は犯況，情状等に付き詳細の審査をしなければ之れを定めることが出来ないものだからである。故に原審の事実認定乃至刑の量定に対する批難を上告の理由として認めるか否かは上告審においても事実審査をすることにするかどうかの問題となり結局審級制度の問題に帰着する。日本国憲法の施行に伴う刑事訴訟法の応急的措置に関する法律第十三条第二項が刑事訴訟法第四百十二条乃至第四百十四条の規定を適用しない旨を定めたのは畢竟審級制度の問題として実体上の事実審査は第二審を以て打切り上告審においてはこれをしないことにする趣旨に出たものである。而して憲法は審級制度を如何にすべきかに付ては第八十一条において「最高裁判所は，一切の法律，命令，規則又は処分が憲法に適合するかしないかを決定する権限を有する終審裁判所である」旨を定めて居る以外何等規定する処がないから此の点以外の審級制度は立法を以て適宜に之れを定むべきものである。

こうして，判例によれば，審級制度には憲法81条以外の制約は存在しないと説かれることになった。

3　小法廷判決・決定

小法廷判決・決定も，大法廷の場合と同様，重要なものがみられる。たとえば，**最判昭和23・10・30刑集2-11-1435**は，弁護人の立会いの意義に関して，次のように判示した。

> 刑事訴訟法が重罪事件について，弁護人の立会を必要とする理由は一面において，被告人の利益を擁護するためであることは勿論であるが，また一面においては，公判審理の適正を所期し，ひいては国家刑罰権の公正なる行使を確保せんがためでもあるのであるから，たとえ，被告人がこれを辞退した場合でも，裁判長はそれにかゝわらず，職権をもつて弁護人を付するを要するものと解しなければならない。しからば，原審は，刑事訴訟法第四一〇条第一〇号にいわゆる法律に依り弁護人を要する事件につき，弁護人なくして審理をなしたるときに該当するのであつて論旨は理由あり，原判決は破毀を免れない。

弁護人の立会いをもって「国家刑罰権の公正なる行使を確保せんがためでもある」としている点に留意する必要があろう。

■ 捜査に関するもの

捜査に関する判例は少ないが，現行犯の意義に関して次のように判示した**最判昭和23・12・14刑集2-13-1751**（応急）がみられる。

> ……現行犯とは現に罪を行い，又は現に罪を行い終った際発覚したものをいうのであり，

そして，現に罪を行いというのは，犯罪行為実行中のことであり，現に罪を行い終った際とは，犯罪行為の実行々為の終つた瞬間はもとより，その後多少の時間のへだたりがあつても，犯罪行為の行はれた痕跡がまだ明瞭な状態にある場合を指すのであつて，必ずしも犯人が其場所に在ることを要しないものである。原審の認定した事実によれば，原審相被告人Fは同Kと共に昭和二二年六月二六日午後八時頃新潟市の東宝劇場において開催中の諏訪根自子のヴアイオリン演奏会を妨害したので，同人等逮捕の為出張した新潟警察署勤務刑事係巡査石川竹井，同倉又喜代三の為に同日午後八時三〇分頃右劇場前において逮捕されたというのであるが，判文上明らかなる通り右妨害行為の時より逮捕の時までの間は僅か三〇分であり，且つ逮捕の場所は妨害行為の行はれた劇場前である等の点に鑑み，原審において右両巡査が現行犯人逮捕の手続により右Fを逮捕したことは適法なる職務執行であると判定したものであつて，其判定は違法とはいえない。従つて両巡査の右逮捕に際し両巡査を脅迫して，右Fの逮捕を妨害した被告人に対し，公務執行妨害罪として処断したことは当然であるから，論旨は理由がない。

この判例については，「判例を考察する場合，旧法と現行法では，同じ「現行犯」のことばを使っていても異質のものと理解しなければならないから，旧法下のそれは参考にならない。」「このことは，たとえ最高裁の判決でも同様である。したがって，次の判決〔上記判例—引用者〕ももう指導力はない。」（田宮裕「強制捜査」判例叢書（16）104頁）との評釈もみられる。しかし，後にみるように，現行法の下でも現行犯性は柔軟に解されていくことになる。

■ 証人適格に関するもの

最判昭和23・4・17刑集2-4-364は，証人適格について，次のように判示した。

原審証人Iが原審における取調べを受けた当時十一年（昭和十二年三月生）の小学児童であつたことは同証人訊問調書の記載から明かであるが，この程度の年齢の者は絶対に証人たる資格がないとはいえないのであつて，同調書記載の同証人の供述内容から見ても同人は本件強盗の被害当時の状況について，詳細に記憶しているその実験事実を順序良く訊問に答へて陳述報告しているのであつて，事理を弁識する能力を備えていた者と認めるべく，かゝる年齢の証人の供述を証拠として採用するか否かは事実審たる原審の自由になし得るところであるから，原審が同証人の右証言を判断の資料に供したとて無効の証拠を罪証に供した違法があるということはできない。

同じく，**最判昭和23・12・24刑集2-14-1883**も，次のように判示した。

精神病者であつても症状によりその精神状態は時に普通人と異ならない場合もあるのであるから，その際における証言を採用することは何ら採証法則に反するものではなく，

第1代長官　三淵忠彦

　要は事実審の自由な判断によつてその採否を決すべきものである。されば，仮りに被告人Mの精神状態に異状があつたとしても原審がその供述を措信することができるものと判断してこれを証拠に引用したからとて違法ではない。

　事実認定などの用に供するために広く証人適格を認めるという方針に基づくものであろう。

■ 証拠採用に関するもの

　証拠採否の判断においては，裁判官の自由心証が支配するため，証拠採否の理由を示すことは不要というのが裁判所の考えであった。たとえば，**最判昭和24・4・14刑集3-4-530**（応急）は，これについて，次のように詳細に判示した。

　論旨は，被告人等の公判廷における供述と，公判廷外において官憲の録取した書類に表示されている供述とが，相違している場合において，その何れを採るかは，裁判所の自由心証に依るべきであるが，前者を排し後者を信じて採る場合には，その理由を示すべきだと主張するのである。同じ被告人の供述でも，犯行時に近いものが正確で，だんだん時の経つにつれて記憶が薄らぎ供述の正確性を失っていくという事例もあり，また犯行直後には素直に真実を語つているが，事件の進行する過程において，意識的に罪責を逃れ又は軽からしめようとする心理の動くがままに，時として様様に歪曲せられた虚偽の陳述が加わつていくという事例もあり，さらにまたこれらの反対の事例もその他多種多様の事例もあるであろう。これら玉石の混じりあつた供述の中から，その珠玉を拾い出し，その何れをより真実と認め，より多く措信するかは，実に裁判官に課せられた重い任務であつて，裁判官の聰明と苦心とは常にこの点に傾注せられており又傾注せられなければならない。これが真の意味における自由心証主義の精髄であり中核をなすものであると考える。この自由は，飽くまで真実を発見するためどこからも制御を受けない意味における自由であり，かりそめにも専恣や我儘や安易や怠慢を許す自由であつてはならぬことは，言うまでもないところである。されば，自由心証の形成には，聰明な裁判官の彫琢の努力による具体的の事情に即した極めて高度の評価作用を必要とする。かかる自由心証形成の過程における心理的作用は，まことに複雑多岐であり，極めて繊細微妙な問題である。そこで，論旨のいうように所論の場合に自由心証の形成されるに至つた理由を判決に示すべしとすることは，甚だ難きを裁判官に強うる嫌があるばかりでなく，却つて真の自由心証の形成のためにむしろ害があると言わなければならぬ。採証について裁判官に一任することができない問題については，法定証拠の制度を設けるがよい。しかし，すでに法定証拠主義をとらずして裁判官の自由心証にまかされた問題については，特別の明文がない限りすべからく裁判官の聰明と苦心とに信頼し，徹底的にその自由裁量にまかすことの方が，より忠実に練磨と洗練を加えしめることとなり，

V この期の刑事判例の特徴

自由心証主義の長所と美点を十全に発揮せしめるゆえんである。又法律のいずこにおいても，所論のような理由開示を要請していると認められる箇所はないのである。さて，原審公判廷における被告人等の供述をみると，被告人等がすべて判示事実の細部に亘つて詳細に自白している訳ではないから，原審はむしろ被告人等の検察又は司法警察官代理に対する自白を証拠として採つたことが窺知される。だから，原判決が，所論の自由心証形成について理由を示さなかつたことは，別段違法ではなく，論旨は採用することができない。

■ 補強法則に関するもの

憲法38条3項の「何人も，自己に不利益な唯一の証拠が本人の自白である場合には，有罪とされ，又は刑罰を科せられない。」という補強法則についても，その適用範囲を大きく制限した一群の判例がみられる。最判昭和23・2・27刑集2-2-120もその一つで，次のように判示した。

> 按ずるに，検事に対する被告人の陳述と共同被告人の陳述とは，別個に取あつかわれるべきものであつて，共同被告人の検事に対する供述は被告人の裁判外の自白と同一視すべき性質のものでないから，共同被告人に対する検事の聴取書並びに前記各証言等を引用して判示事実を認定した原判決に対し，被告人の自白のみによつて事実を認定した非難は当を得ないものである。そして原判決の挙示した各証拠を総合して判断すれば判示事実を認めるに充分であり，且つ原審がこれ等証拠を採用したことについては何等採証法則違背があつたことは認められないし，検事聴取書に対する信憑性についての論旨は畢竟事実誤認を主張することに帰し上告理由として採用することはできないものである。

最判昭和24・4・7刑集3-4-489も，次のように判示した。

> 被告人の自白と補強証拠と相待つて，犯罪構成要件足る事実を相対的に認定することができれば，それで十分事足るのである。犯罪構成要件たる各事実毎に，被告人の自白の外にその裏付けとして常に補強証拠を要するというものではない。そもそも，被告人の自白の外に補強証拠を要するとされる主な趣旨は，ただ被告人の主観的な自白だけによって，客観的には架空な，空中楼閣な事実が犯罪としてでつち上げられる危険——例えば，客観的にはどこにも殺人がなかつたのに被告人の自白だけで殺人犯が作られるたぐい——を防止するにあると考える。だから，自白以外の補強証拠によつて，すでに犯罪の客観的事実が認められ得る場合においては，なかんずく犯意とか知情とかいう犯罪の主観的側面については，自白が唯一の証拠であつても差支えないものと言い得るのである。

最判昭和24・4・30刑集3-5-691も，次のように判示した。

自白を補強すべき証拠は必ずしも自白にかかる犯罪構成事実の全部に亘つてもれなくこれを裏付けするものであることを要しないのであつて，自白にかかる事実の真実性を保障し得るものであれば足りるのである。而して本件において前示聴取書の記載は本件犯罪構成事実の一部を証するものであつても，被告人の自白にかかる事実の真実性を十分に保障し得るものであるから，原判決は被告人の自白のみによつて判示事実を認定したものということはできないのである。

最判昭和24・7・19刑集3-8-1348も，同様に，次のように判示した。

いわゆる自白の補強証拠というものは，被告人の自白した犯罪が架空のものではなく，現実に行われたものであることを証するものであれば足りるのであつて，その犯罪が被告人によつて行われたという犯罪と被告人との結びつきまでをも証するものであることを要するものではない。所論の強盗盗難被害届によれば，現実に強盗罪が行われたことが証せられるのであるから，たといその犯人が被告人であることまでがこれによつて判らなくても補強証拠として役立つのである。それゆえ，原判決は被告人の自白を唯一の証拠として有罪を認定したものではないから所論は理由がない。

これらの判例を含めて，証拠法関係の判例が目立つのも，この期の小法廷判決・決定の特徴である。

■ 違法収集証拠の排除に関するもの

違法収集証拠の排除についても，これを否定した**最判昭和24・12・12裁判集刑事15-349**がみられる。次のように判示した。

たとえ押収手続に所論の様な違法があつたとしても押収物件につき公判迄において適法の証拠調が為されてある以上（此のことは記録によつて明である）これによつて事実の認定をした原審の措置を違法とすることは出来ない。押収物は押収手続が違法であつても物其自体の性質，形状に変異を来す筈がないから其形状等に関する証拠たる価値に変わりはない。其故裁判所の自由心証によつて，これを罪証に供すると否とは其専権に属する。

■ 事実認定に関するもの

事実認定についても，一群の判決が出されている。**最判昭和23・8・5刑集2-9-1123**もその一つで，訴訟上の証明の意味について，次のように判示した。

元来訴訟上の証明は，自然科学者の用ひるような実験に基く所謂論理的証明ではなくして，いわゆる歴史的証明である。論理的証明は「真実」そのものを目標とするに反し，歴史的証明は「真実の高度な蓋然性」をもって満足する。言いかえれば，通常人ならだ

れでも疑を差し挟まない程度に真実らしいとの確信を得ることで証明ができたとするものである。

最判昭和24・2・10刑集3-2-155も，概括的認定について，次のように判示した。

刑法第一八五条所定の賭博罪並びに身分に因るその加重犯たる同法第一八六条第一項所定の常習賭博罪における各賭博の犯罪構成要件は「偶然の勝敗に関す財物を以て博戯又は賭事を為す」のであるから，これに該当する具体的事実を判示するには，当該所為が右構成要件に該当するか否かを判定するに足る程度に具体的であり，従って同条を適用する事実上の根拠を確認し得れば，差支えないものといわねばならぬ。そして，原判決は，……「被告人等は外数名と共に花札を使用し，金銭を賭け俗にコイ々々又は後先と称する賭博を為したものである。」と判示したのであるから，その判示は，当該行為が同罪の構成要素たる「財物」に該当する金銭であること並びに他の構成要素たる「偶然の勝敗を決すべき博戯」に該当する俗にコイ々々又は後先と称する数名の当事者が花札を使用して勝敗を争う博戯であることを明白にしているものと言うべく，従ってその判示を以て前示法条を適用する事実上の根拠を確認せしめるに足るものとするに妨げない。されば，それ以上に更に財物なる金銭の種類，数額若しくは所論のように，その博戯の手段方法等を一層精密に判示しなかつたからと言つて賭博の判示の理由に不備の違法はないものといわねばならぬ。

犯罪の日時の特定についても，**最判昭和23・12・16刑集2-13-1816**は，次のように判示した。

犯罪の日時は，法律上別段の定め（例えば日出前又は夜間においてというごとき）のない限り，主として犯行の同一性を特定する事項たるに止り，罪となるべき事実に該当しないものであるから，判決書にこれを表示するには犯行の同一性を特定するに足る程度を以て足り，必ずしも数学的の正確を要するものではなく，また，必ずしも常にその証拠を判決書中に挙示せねばならぬものでもない。従つて判決書に表示された犯行の日時に多少の正確を欠き若しくはその挙示された証拠に多少の不備があつても，判決を破棄するに足る欠点とすることはできない。

■ 証拠説明に関するもの

証拠説明に関して，**最判昭和23・3・9刑集2-3-140**は，次のように判示した。

判決において罪となるべき事実につき証拠説明をするにはその推理判断の生じた所以を明かにするために犯罪事実の記載と相俟つて証拠の内容を知ることができる程度にその説明をすれば足りるものでそれ以上に詳細にそして又引用した各証拠の適法な証拠である理由について迄一々説明を加えることは必要ではない……。

■ 量刑に関するもの

　刑の執行を猶予すべき情状の有無に関する理由についても，**最判昭和24・2・22刑集3-2-221**は，次のように判示した。

> 刑の執行を猶予すべき情状の有無に関する理由は判決にその判断を示すことを要する事項ではなく，またその証拠理由を示す必要もないところであるが，刑の執行を猶予すべき情状の有無と雖も，必ず適法なる証拠にもとずいて，判断しなければならぬことは所論のとおりである。ただこの情状に属する事項の判断については，犯罪を構成する事実に関する判断と異り，必ずしも刑事訴訟法に定められた一定の法式に従い証拠調を経た証拠にのみよる必要はない。たとえば公判において旧刑事訴訟法第三四〇条の手続を履践しない上申書の類のごときものでも，これを採つて，或は被告人の素行性格等を認め，或は被害弁償の事実を認定して，これを，刑の執行を猶予すべき情状ありや否やの判断に資することは毫も差しつかえないところである。原判決がこの点に関し「執行猶予を言渡さない理由に関する説明が，刑事訴訟法上適法な証拠を伴わない判断を包含しているとしても，これを以て，その判決を破毀すべき理由にはならない。」と説示したのは，その措辞において，明確を缺く憾みはないとはいえないけれども，その趣意とするところは前段説明するところと同旨であつて，その「刑事訴訟法上，適法な証拠云々」というのは，同法に制定せられた特段な証拠調を経ない証拠でも採ることができるという意味に解するのが適当である。

　このように，この期の最高裁判例においては，検察官による有罪立証を容易にすることに加えて，裁判官の負担を軽減することも図られている。戦時刑事特別手続との連続性を看取することが可能であろう。

4　下級審判決・決定

　下級審判決でも重要なものがみられる。**東京高判昭和25・1・14高刑集3-1-5**がそれで，次のように判示した。

> 記録によると原審の第二回公判期日は昭和二十四年三月十五日に指定せられ，被告人にはその旨の召喚状が送達せられ弁護人は請書を差出している。然るに右期日は突如変更せられその前日である三月十四日に第二回公判が開かれているがその間刑事訴訟法第二百七十六条所定の適式の手続を履践していないことは論旨指摘の通りである。しかしながら同条規定の手続を履践させることは専ら訴訟関係人の利害を考慮して定められたもので公益には関係のないことであるから仮令右手続に違背するところがあつても，訴訟関係人が変更せられた期日に出頭し異議なく訴訟を進めた以上は右違背は何等事に害なく責問権の放棄で右違背は救済せられたものと見るべきである。而して右第二回公判はその調書によると公開せられたことになつておる。右期日変更手続に関する違背の故に

同公判の裁判は公開の裁判たり得ず延いて憲法第三十七条に違反すとなす論旨は首肯し難く論旨いずれも理由なきものとする。

このように，期日変更手続に関する違背の故に同公判の裁判は公開の裁判たり得ないとし，憲法37条に違反するとした弁護人の主張が，「責問権の放棄」という論理によって退けられている。新刑訴法がその基軸に据えたとされる「当事者主義」を裁判所がどのように理解しているかがうかがい知れよう。

第2代
最高裁長官
田中耕太郎

(1950年3月3日～1960年10月24日)

TANAKA court

02

第2代長官　田中耕太郎

I ■ 長官のプロフィール

　大学教授出身。佐賀県出身で福岡の修猷館高校から一高に進学。東京帝国大学法学部を主席で卒業し，内務省官僚となるが，やがて同法学部で商法や国際法，法哲学を研究。1923年に同学部教授に就いた。戦後の1945年10月には文部省学校教育局長に転じ，翌年5月，第1次吉田内閣では文部大臣として入閣した。貴族院議員を経て，参議院議員にも当選し，日本国憲法公布時には文部大臣を務めていた。その後も文相として教育基本法の制定に尽力した。1950年に第3次吉田内閣の推薦により，参議院議員を辞職して最高裁長官に就任した。吉田茂が田中耕太郎長官に固執したのが大きかった。史上唯一，国会議員出身で閣僚経験者の最高裁長官で，就任時には新聞号外も出た。

　敬虔なカソリック教徒で保守派。長官就任直後には，「私は国家の番犬になる。」「法と秩序は国家生活において，ことに現在のような変革期では最低限の要請である。無秩序を克服することが基本的人権を尊重することになる。」と述べた。また，1952年の「新年の辞」では，「エセ哲学，偽科学によって粉飾された権力主義と独裁主義は，人間の奴隷化においてファシズムに勝るとも劣らない。赤色インペリアリズムは世界制覇の野望を露骨に顕わし始めた。」(裁時97号1頁)と述べ，裁判官の立場としては尋常でないほど革新陣営への敵意を剥き出しにした。

　1955年の高裁長官・地家裁所長会同では，「最近，一部の有識者が現在係属中の事件(松山事件)に関し，裁判の実質に立ち入って当否を問題にし，その結果，裁判そのもの，あるいは裁判官の能力や識見に疑いを抱かせ，ひいては裁判に対する国民の信頼に影響を及ぼすおそれがあるような文章を発表していることは非常に残念である。裁判官としては世間の雑音には耳を貸さず，流行の風潮におもねらず，道徳的勇気をもって適正敏速に裁判事件の処理に最善の努力を払われたい」(裁時184号1頁)との訓示を行い，猛烈な批判を浴びた。

　裁判官の多数意見をまとめるのに苦労したのか，国会の法務委員会で「大法廷に15人の裁判官は多すぎる」と思わず本音を吐露。数々の無罪判決が続出していたこの時代に，10年間の最高裁生活の中で，田中判事が書いた無罪判決や無罪意見は皆無。「駐留米軍は憲法9条2項違反で，被告人は無罪」とした原審を破棄し，「自衛権は何ら否定されたものではなく，わが憲法の平和主義は無防備・無抵抗を定めたものではない」と判断した砂川事件大法廷判決では，「安保条約が日本の防衛・世界平和と不可分な，極東の平和と安全の維持に必要である以上，米軍の駐留は憲法に反しない」

との補足意見を述べた。松川事件第1次上告審でも、「多数意見は共同謀議を窮屈に解釈しすぎている。合意は黙示的でよい」とし、上告棄却し有罪を確定すべきとする反対意見を述べた。「(被告人の)氏名黙秘は、不利益供述拒否権の濫用どころか、もはや権利として認められない」というのが田中の持論であった。

長官退官後は、オランダ・ハーグ国際司法裁判所の判事を務めた。(以上のプロフィールについては、野村二郎『最高裁全裁判官—人と判決—』(三省堂、1986年) 51頁以下、山本祐司『最高裁物語 (上巻)』(日本評論社、1994年) 115頁以下などを参照)

II ■ この期の最高裁の動き

田中コート時代においては、重要事件が相次いで上告され、15裁判官の活発な意見が展開された。刑法の尊属殺重罰規定、猥褻罪のチャタレイ事件、公安条例事件、砂川事件等について憲法判断が下され、係属した全事件について合憲の判決が示されたが、少数意見の表明もあり、最高裁の特色がみられた。平事件、三鷹事件、松川事件等の著名な事件等も大法廷の評議にかけられた。これらの公安事件では、事実認定の評価をめぐり、大激論が闘わされた。裁判論争というよりはイデオロギーの闘いという様相が濃厚であった。そのような中、公安条例の判決の直前に、60年安保反対闘争が発生し、大法廷判決の「デモ暴徒論」を導き出す誘因となった。

この田中コート時代には、秩序重視、保守に硬直の最高裁の基本路線が確立された。メーデー事件等の裁判では「荒れる法廷」が現出し、これに対処するために「法廷等の秩序維持に関する法律」が制定された。(野村二郎『最高裁全裁判官——人と判決』(三省堂、1986年) 51頁以下などを参照)

III ■ この期の裁判所関係の動き

1950年 3月 3日	田中耕太郎、最高裁長官に就任。
3月26日	田中長官、見解「司法の職業倫理」を発出 (裁時55号1頁)。
6月24日	最高裁裁判官会議、刑訴規則適用遺脱の小法廷判事4名に懲戒裁判で過料処分を決定。
7月25日	最高裁事務総長、アカハタ発行停止のGHQ指令は公職追放と同様に日本に裁判権なしとの通知。
10月30日	最高裁判所、全下級裁判所宛に審理促進に関する通達を発出。
12月 2日	田中最高裁長官、高裁長官・地家裁所長会同 (以下、「長官所長会同」という。) で、訴訟の迅速処理の研究はまだ十分に成果を上げるに至っていない等と訓示 (裁時72号1頁)。

第2代長官　田中耕太郎

	12月18日	GHQ法務局のアップルトン，法務局・民間情報教育局の連合記者会見において民刑事件の審理の促進に関し所信を表明（裁時77号1頁）。
	12月20日	裁判所法の改正法を公布。（簡易裁判所の事物管轄及び科刑権を拡張し，常習賭博罪，単純横領罪，贓物罪等も管轄）
1951年	1月1日	田中最高裁長官，「年頭の辞」で，「我々が対立する二つの世界の何れに所属すべきかは極めて明瞭である。……自由は力を意味しなければならぬ。去勢された自由主義こそは悪と不正の温床である。……これこそ我々が切望する講和えの真の準備である。」等と述べる（裁時73号1頁）。
	3月	下級裁判所裁判官会議の権限の常置委員会への委譲が始まる。
	3月18日	東京地裁常置委員会代表者会議，所長代行制度の新設を決定。
	6月6日	法廷等秩序維持で高裁長官・地家裁所長会同を開催。
	9月8日	吉田茂首席全権，サンフランシスコ平和条約および日米安保条約に署名。（11月18日に国会で批准，翌1952年4月28日に発効・公布）
	9月20日	全国少年係裁判官会議を開催。
	10月2日	一審裁判所の充実・強化をテーマに長官所長会同を開催。
1952年	1月21日	日弁連に法律扶助協会が設立。
	4月25日	最高裁，日弁連，法務府により日本法律家協会が設立。
	5月19日	田中最高裁長官，講和条約発効後の司法運用をテーマにした長官所長会同で，「独立後の日本にとって最も緊急かつ最も重要なのは，法秩序の維持」等と訓示（裁時107号1頁）。
	7月21日	法廷等の秩序維持法の運用をテーマにして刑事裁判官会同を開催。
	7月31日	法廷等の秩序維持法を公布。（裁判闘争に対する規制が始まる）
1953年	1月19日	最高裁判所裁判事務処理規則改正規則を制定。（大小両法廷の機能分担を明確化等）
	6月9日	司法修習生の規律等に関する規程を制定。
	9月28日	最高裁，吹田事件の公判審理に関し，「法廷の威信について」という通達（裁時142号）を発出。
1954年	3月20日	日弁連，法曹一元要綱を発表。
	4月24日	青年法律家協会が創立。（憲法を擁護し，平和と民主主義を守ることをめざす）
	6月1日	大法廷首席書記官等に関する規則を制定。
	9月15日	交通事件即決裁判手続規則を制定。
	9月25日	最高裁裁判官会議，機構改革に関する意見を発表。（一般法令違反については別に上告裁判所を設置等）
	12月10日	第5次吉田内閣が総辞職。（鳩山一郎を第5代首相に指名）
1955年	3月30日	日弁連，弁護士倫理規則を制定。

Ⅲ　この期の裁判所関係の動き

	5月26日	田中最高裁長官，長官所長会同で，「雑音に耳をかすな」等と訓示（裁時184号1頁）。
	11月17日	下級裁判所事務処理規則改正規則を制定。（総括判事指名権を各裁判所裁判官会議から長官裁判官に移転）
1956年		この頃から人事考課調書を利用した裁判官の勤務評定を開始。
	1月	最高裁，八海事件映画「真昼の暗黒」の上映禁止を映倫に要請。（製作段階から司法界の圧力がかかり，完成してからも大手映画配給会社からは扱ってもらえず，自主上映会という形で全国展開）
	2月25日	最高裁裁判官会議，外国人を司法修習生に採用せずと決定。
	4月9日	大阪地裁裁判官会議，下級裁判所事務処理規則改正規則に抗議決議。
	7月6日	最高裁長官，「一審強化方策の実施について」を通達（裁時211号1頁以下）。
	12月18日	日本，国際連合に加盟。（80番目の加入国として国際社会に復帰）
	12月23日	鳩山内閣が総辞職。（石橋湛山を第55代首相に指名）
1957年	2月25日	石橋内閣が総辞職。（岸信介を第56代首相に指名）
	6月13日	田中最高裁長官，長官所長会同で，「裁判官の適格性について周到な調査を」等と訓示（裁時233号1頁）。
	10月1日	最高裁発足10周年記念式典を開催。
	10月14日	最高裁，初の再任期を迎えて全国下級裁判官472名の再任・退官・任官代えを行う。
1958年	6月12日	第2次岸内閣が総辞職。（池田勇人を第58代首相に指名）
	7月10日	田中最高裁長官，刑事裁判官会同で，「裁判遅延についての世論の批判には謙虚に耳を傾けるべき」と挨拶（裁時259頁6頁）。
	9月	最高裁裁判官会議，石坂判事による松川事件上告審回避申立てを許可。
1959年	4月24日	田中最高裁長官，砂川事件について，マッカーサー米駐日大使と密談。（一審判決破棄のために直ちに最高裁に跳躍上告すること，最高裁は事件を最優先処理し，年内を目途に破棄判決を出すことで合意）
	7月9日	田中最高裁長官，刑事裁判官会同で，「新法の解釈と運用は一応軌道に乗って来た観がある」等と挨拶（裁時283号9頁）。
	7月22日	最高裁，一審強化と審理促進を全国高裁長官に通達。
	10月1日	東京地裁，公判での証言のみによる「集中審理方式」を実施。
	10月1日	田中最高裁長官，長官所長会同で，「あらゆる裁判批判からの裁判所の威信確保を」等と訓示（裁時290号1頁）。
1960年	1月22日	田中最高裁長官，高裁・地裁刑事担当上席及び家裁上席裁判官会同で，公安事件での法廷秩序維持と庁舎管理権の確保につき訓示（裁時298号10頁）。
	10月19日	東京地裁，朝日訴訟で生活保護基準の違憲性を認める判決。

第2代長官　田中耕太郎

Ⅳ ■ この期の刑事法関係の動き

　刑事法関係では，以下のような動きがみられる。検察は1953年までに公安労働事件に対する検察内部の取締り体制を整備・強化した。1953年〜54年頃から岸盛一・横川敏夫を中心とする東京地裁の裁判官グループによる「集中審理」方式の採用とこれによる「訴訟の効率化」が図られた。1954年からの国民的な「裁判批判」とこれに対する「世間の雑音」論がみられ，司法官僚機構の整備・強化が目ざされた。この期の無罪率は，1952年は1.25％，1955年は0.75％，1960年は0.49％で，一貫して低下傾向にある。

1950年	3月23日	熊本地裁で免田事件につき死刑判決。
	9月27日	最高裁大法廷，戸別訪問禁止に対し合憲判決。
	10月11日	最高裁大法廷，尊属傷害致死重罰規定につき合憲判決。
	10月25日	最高裁大法廷，尊属殺重罰規定につき合憲判決。
	12月6日	福島地裁，松川事件で5名に死刑判決。
	12月20日	刑訴法の一部改正法を公布。（訴訟促進のための諸措置を新たに規定）
1951年	1月24日	山口県で老夫婦惨殺の八海事件が発生。
	4月24日	国電桜木町事件で死者106人。
	10月26日	京都地裁，事前許可制を求める市公安条例は違憲無効と判示。
1952年	1月21日	札幌で白鳥一雄警部が射殺される白鳥事件が発生。
	2月20日	東大学生が学内の劇団公演に潜入の警官を摘発するという東大ポポロ劇団事件が発生。
	4月28日	東京地裁，メーデーの皇居前広場使用禁止は憲法21条違反と判示。
	5月1日	メーデーでデモ隊と警官隊が乱闘し，2人射殺，1230人検挙されるメーデー事件が発生。
	5月9日	警官500人，早大に突入する早大事件が発生。
	6月2日	大分県菅生で交番が爆破される菅生事件が発生。
	6月24日〜25日	吹田市でデモ隊と警官隊が衝突し，60人が検挙される吹田事件が発生。
	7月6日	名古屋でデモ隊と警官隊が衝突する大須事件が発生。
	7月21日	破壊活動防止法を公布。

Ⅳ この期の刑事法関係の動き

	7月29日	大阪地裁の吹田事件の公判で被告人らが黙とうする吹田黙とう事件が発生。
	7月31日	法廷等の秩序維持に関する法律を公布。（平事件, メーデー事件, 吹田事件, 大須事件等の騒擾事件等での「法廷闘争」を抑圧するため）
	8月6日	最高裁大法廷, 石井記者事件で取材源の記者の証言拒否権を否定。
	8月7日	最高裁, 裁判官訴追委員会の吹田事件調査は審理中の事件への裁判干渉のおそれありと申し入れ。
	9月1日	法廷等の秩序維持に関する規則, 裁判所傍聴規則を制定。
	9月26日	最高裁, 吹田黙とう事件で「法廷の威信について」を下級裁判所に通達。
	10月8日	最高裁大法廷, 警察予備隊違憲訴訟で抽象的な違憲審査権は裁判所にないと原告の訴えを却下。
1953年	2月10日	最高裁第一小法廷, 弘前大教授夫人殺害事件で上告棄却の有罪確定判決。
	4月8日	最高裁大法廷, 国鉄弘前機関区事件で政令201号は合憲との判決。
	7月30日	被疑者・被告人の権利の制限, 検察官の警察官に対する一般的指示権の強化, 簡易公判手続の新設を内容とする刑事訴訟法の一部改正法を制定。（11月5日施行）
	8月25日	熊本地裁特設法廷（菊池医療刑務支所内会議室）, 菊池事件（殺人被告事件）につき死刑判決。
	12月23日	最高裁大法廷, 皇居前広場使用不許可処分事件につき訴えの利益なしと判示。
1954年	2月17日	東京地検特捜部, 保全会理事長を詐欺罪で起訴。（理事長は後に有罪となり, 懲役10年の刑が確定）
	4月21日	犬養健法相, 造船疑獄事件について重要法案（防衛庁設置法案と自衛隊法案）の審議中を理由に検察庁法14条による指揮権を発動。（佐藤藤佐検事総長に逮捕中止と任意捜査を指示）
	5月11日	東京地裁, ポポロ事件で学生も自治の担い手として無罪判決。
	11月24日	最高裁大法廷, 新潟県公安条例で限定許可制合憲の判決。
	12月23日	最高裁第一小法廷, 人民電車事件で正当争議行為を逸脱と上告棄却判決。
1955年	4月6日	最高裁大法廷, 全員一致で帝銀事件につき上告棄却の判決。（死刑確定）
	5月24日	売春防止法を公布。（1958年4月1日, 施行）
1956年	6月	最高裁が設置した第一審強化方策協議会, 「第一審強化方策要綱」を決定し答申。（最高裁裁判官会議は同答申を全面的に採択）
	6月6日	最高裁長官通達「第一審強化方策の実施について」を発出。
	11月30日	最高裁第二小法廷, 国賠法の「公務員の職務行為」は外形性で足りると判示。

第2代長官　田中耕太郎

	12月11日	最高裁第三小法廷，裁判所の組織・権限・審級は立法政策事項と判示。
1957年	3月13日	最高裁大法廷，翻訳「チャタレイ夫人の恋人」をわいせつ文書とする有罪判決。
1958年	4月 1日	売春防止法を施行。
	5月 6日	東京地裁，都公安条例違反（蒲田事件）につき適用違憲の判決。
	8月20日	大阪地裁，監獄法の新聞閲読の自由制限は違憲と判示。
	10月15日	最高裁大法廷，法廷等秩序維持法による監置決定と拘束は合憲と判示。
1959年	3月30日	東京地裁，砂川事件につき「米軍の日本駐留は違憲」として無罪判決（伊達判決）。
	8月 8日	東京地裁，全学連無届デモ事件で都公安条例違憲判決。
	8月10日	最高裁大法廷，松川事件で有罪判決を破棄・差戻しの判決。
	12月16日	最高裁大法廷，砂川事件につき安保条約は政治部門の裁量として原判決を破棄・差戻しの判決。（本大法廷の4カ月以上前に，田中最高裁長官が，レンバート駐日米首席公使に対して，米軍駐留を違憲として被告人全員を無罪とした一審の東京地裁判決を，最高裁判事の全員一致で破棄させたい旨の意向を伝えていたとの駐日米大使館から国務長官宛ての1959年8月3日付の公電）
1960年	2月 4日	松川事件弁護団，田中最高裁長官の罷免を求める訴追請求を裁判官訴追委員会に提出。
	4月30日	東京地裁，都公安条例を違憲として拘置請求を却下。
	5月16日	東京世田谷で雅樹ちゃん誘拐事件が発生。（19日に死体発見，7月17日に犯人逮捕）
	6月10日	アメリカのアイゼンハワー大統領の訪日日程を協議するため来日した大統領報道官が羽田空港周辺に詰め掛けたデモ隊に包囲され，アメリカ海兵隊のヘリコプターで救助されるというハガチー事件が発生。
	7月11日	東京地裁，ハガチー事件の勾留理由開示裁判で弁護士に法廷等秩序維持法を適用し，過料処分に処す決定。
	7月20日	最高裁大法廷，都公安条例は実質的に届出制として合憲判決。
	10月12日	浅沼社会党委員長刺殺事件が発生。

V ■ この期の刑事判例の特徴

1　大法廷判決・決定

田中コートは，10年以上にも及んだということから，多くの判例が出されている。

大法廷判決・決定も多くみられる。合憲の判決ないし決定が目立つ。

■ 捜査に関するもの

　捜査に関する憲法判断が出始めたのも、この期の新規性である。勾留下の別件取調べに関する**最大判昭和30・4・6刑集9-4-663**（帝銀事件）もその一つで、同取調べは憲法38条1項の禁止する「不利益な供述の強要」に当らないとし、次のように判示した。

　　所論は検事が前記のように被告人に対し日本堂事件の勾留を利用し、さらに帝銀事件の被疑者として昭和二三年九月四日より一〇月一二日までの約三九日間連続約五〇回にわたり右勾留中の被告人の取調を行い、その間に被告人が帝銀事件につき自白をするに至つたことは、被告人に不利益な供述を強要したことにほかならないと主張するが、この勾留中に帝銀事件を取り調べたこと自体が違法でなく、またこのことが直ちに不利益な供述を強要したことにならないことは前記説明のとおりであるのみならず、刑事事件の捜査において、その取調の期間回数は、事件の内容によつてその程度に差異を生ずることは当然であるから、期間回数のみによつて直ちに所論のように「強要」の理由とすることはできない。そしてまた本件被告人に対する検事の取調の経過において、被告人に不利益な供述を強要したような事実は認められないから、論旨はいずれも採用することはできない。

　緊急逮捕の合憲性に関する**最大判昭和30・12・14刑集9-13-2760**もその一つで、合憲とし、次のように判示した。

　　刑訴二一〇条は、死刑又は無期若しくは長期三年以上の懲役若しくは禁錮にあたる罪を犯したことを疑うに足る充分な理由がある場合で、且つ急速を要し、裁判官の逮捕状を求めることができないときは、その理由を告げて被疑者を逮捕することができるとし、そしてこの場合捜査官憲は直ちに裁判官の逮捕状を求める手続を為し、若し逮捕状が発せられないときは直ちに被疑者を釈放すべきことを定めている。かような厳格な制約の下に、罪状の重い一定の犯罪のみについて、緊急已むを得ない場合に限り、逮捕後直ちに裁判官の審査を受けて逮捕状の発行を求めることを条件とし、被疑者の逮捕を認めることは、憲法三三条規定の趣旨に反するものではない。されば所論違憲の論旨は理由がない。

　現行犯逮捕の合憲性に関しても、**最決昭和31・10・25刑集10-10-1439**は、「原審が適法に確定した事実関係の下においては、平尾巡査が被告人を本件犯罪の現行犯人として逮捕したものであるとした原判示は、これを是認することができる。」と判示した。

第2代長官　田中耕太郎

■ 令状主義に関するもの

令状主義についても，最高裁判所の判断が示され始めている。**最大判昭和27・3・19刑集6-3-502**もその一つで，捜索許可と押収許可を一通の令状に記載することについて，次のように判示した。

> 令状に「甲野英雄」とあるのは，明らかに「甲野茂雄」の誤記であると認めることができる。それゆえ，令状の捜索すべき場所は，A郡B町甲野茂雄方土蔵であり，現実に捜索押収した場所もこれに合致している。従つて，本件令状による捜索押収は適法であつて，原判示はなんら憲法の解釈を誤つた違法はなく，論旨は理由がない。……本件の令状が，捜索差押状という名義をもつて，捜索と押収とを一通に記載してあることは所論のとおりである。しかし，憲法三五条二項の趣旨は，捜索と押収とについて，各別の許可が記載されていれば足り，これを一通の令状に記載することを妨げないものと解するを相当とする。従つて本件令状による押収は適法であり論旨は理由がない。

捜索押収令状に適用条文まで記載することを要するかに関しても，**最大決昭和33・7・29刑集12-12-2776**は，次のように判示した。

> 憲法三五条は，捜索，押収については，その令状に，捜索する場所及び押収するものを明示することを要求しているにとどまり，その令状が正当な理由に基づいて発せられたことを明示することまで要求していないものと解すべきである。されば，捜索差押許可状に被疑事件の罪名を，適用条文を示して記載することは憲法の要請するところではなく，捜索する場所及び押収する物以外の記載事項はすべて刑訴法の規定するところに委ねており，刑訴二一九条一項により右許可状に罪名を記載するに当つては，適用条文まで示す必要はないものと解する。

これらによれば，最高裁判所が令状主義をどのように理解しているかがうかがい知れよう。

■ 公訴に関するもの

二重起訴についても，**最大判昭和28・12・9刑集7-12-2415**は，次のように判示した。

> 本件が昭和二五年一〇月六日大阪簡易裁判所において公訴棄却となつた事件につきその後検察官が再度公訴を提起したものであることは所論のとおりであるが，右大阪簡易裁判所の公訴棄却の判決は，その理由とするところは，起訴状によれば上告人Tに対しても公訴が提起されていることは明らかであるが，同人に対する公訴事実の記載が欠缺しているから，右公訴提起の手続がその規定に違反したため無効である場合に該当するものであるというにあつて，刑訴三三八条四号によりなされたものである。所論は，憲法三九条は二重処罰のほか，二重起訴をも禁じた趣旨であり，何人も裁判所により放免せ

られたると，処罰されたるとを問わず，同一犯罪について再び審判せられることのない旨を保障したものと解すべきであるとし，従つて本件再度の公訴提起は憲法三九条違反であり，同九七条及び刑訴三四〇条の趣旨からも破棄を免れないと主張するのである。しかし，憲法三九条は，本件のように，起訴状に公訴事実の記載が欠除していることを理由として公訴棄却の判決のなされた場合において，同一事件につき再度公訴を提起することを禁ずる趣旨を包含するものではないと解するのを相当とするのであつて，所論は理由がない。

公訴権や裁判権が回復された後に占領下の犯罪を起訴し，裁判することが憲法39条の禁止する事後立法に当るかどうかに関しても大法廷の判断が示されている。**最大判昭和30・6・1刑集9-7-1103**がそれで，39条に反しないとし，次のように判示した。

わが国は，被占領当時においても統治権を喪失したものでなく，わが刑法は当時日本国内において罪を犯した者に対しては，内外人たるを問わず，その効力を及ぼしたのであつて，ただ前記の期間内は，連合国最高司令官の覚書によつて，一時，連合国人に対し，公訴権並びに裁判権の行使を停止せられていたに過ぎないのである。すなわち，右期間内といえども，連合国人に対するわが刑法の効力は何ら害されることなく，これに対する公訴権，裁判権も，単に，一時的な制限を受けたにとどまり，潜在的には，その存在を失わなかつたものと解すべきである。……であるから，本件犯行のごとく，右の期間内に連合国人によつて犯された犯罪であつても，これに対し，右期間経過後において，すなわち，かかる犯行についてのわが国公訴権，裁判権に対する障害が除去され，わが国が完全に，その公訴権，裁判権を回復した後において，これを起訴審判することは，毫も，事後立法禁止に関する憲法三九条の規定に違反するものではないのである。

いわゆる起訴状一本主義についても，最高裁判所の判断が出されている。**最大判昭和27・3・5刑集6-3-351**がそれで，前科の記載に関して次のように判示し，適法とした。

詐欺の公訴について，詐欺の前科を記載することは，両者の関係からいって，公訴犯罪事実につき，裁判官に予断を生ぜしめるおそれのある事項にあたると解しなければならない。……もつとも被告人の前科であつても，それが，公訴犯罪事実の構成要件となっている場合（例えば常習累犯窃盗）又は公訴犯罪事実の内容となっている場合（例えば前科の事実を手段として恐喝）等は，公訴犯罪事実を示すのに必要であって，これを一般の前科と同様に解することはできないからこれを記載することはもとより適法である。

■ 陪審制に関するもの

現行刑訴法は，国力の回復をまって将来，全面改正することを前提として策定され，

第2代長官　田中耕太郎

全面改正の際には陪審制に移行することを前提として制定された。しかし，**最大判昭和25・10・25刑集4-10-2166**は，弁護人の主張に対して，「所論の憲法三七条及び憲法前文は陪審による裁判を保障するものではない。その他民主主義国家であるからといつて，必らずしも陪審制度を採用しなければならぬという理由はない。」と判示し，日本国憲法のもとでは陪審による裁判は保障されていないとした。

■ 公平な裁判所の裁判に関するもの

この期においても，公平な裁判所の裁判に関する大法廷判決がみられる。**最大判昭和25・4・12刑集4-4-535**がそれで，同判決は，次のように判示し，起訴前の強制処分に関与し且つ，起訴後第一回公判期日までの間に保護請求却下の決定をした判事が第一審の審理判決をしても憲法37条1項に違反しないとした。

> 倉吉簡易裁判所判事として所論のような起訴前の強制処分に関与し且つ，起訴後第一回公判期日までの間に鳥取地方裁判所倉吉支部判事として保護請求却下の決定をした福浦判事が，同支部判事として第一審の審理判決をしたことは，所論の通りであるが，そのために同判事が職務から除斥されることがないことは勿論，忌避の理由があるものとも認められないから，第一審の判決が憲法第三七条第一項に違反するとはいえない。論旨は理由がない。

■ 法廷秩序に関するもの

法廷等の秩序維持に関する法律は，昭和27年7月31日に公布された。**最大判昭和33・10・15刑集12-14-3291**は，以下のように判示し，同法2条による監置決定は憲法32条，33条，34条，37条に違反しないとした。

> そもそも本法の目的とするところが，法廷等の秩序を維持し，裁判の威信を保持することに存し，そしてこのことが民主社会における法の権威確保のために必要であることは，本法一条によつて明らかにされているところである。日本国憲法の理念とする民主主義は，恣意と暴力を排斥して社会における法の支配を確立することによつて，はじめてその実現を期待することができる。法の支配こそは民主主義の程度を卜知する尺度であるというも過言ではない。この故に民主主義の発達したいずれの社会においても，法の権威が大に尊重され，法を実現する裁判の威信が周到に擁護され，とくに一部の国々においては久しきにわたる伝統として，裁判所の権威を失墜させ，司法の正常な運営を阻害するようないわゆる「裁判所侮辱」の行為に対して，厳重な制裁を科してきたのである。……本法が制定された趣旨も要するに以上述べたところに帰着する。これと趣旨を同じくする制度はわが国においてもかつて存在しなかつたわけではないが（裁判所構成法一〇九条参照），旧制度に比して，司法の地位を著しく高めた日本国憲法の下において本

V　この期の刑事判例の特徴

法の制定を見たのはきわめて当然だといわなければならない。……この法によって裁判所に属する権限は，直接憲法の精神，つまり司法の使命とその正常，適正な運営の必要に由来するものである。それはいわば司法の自己保存，正当防衛のために司法に内在する権限，司法の概念から当然に演繹される権限と認めることができる。従ってそれを厳格適正に行使することは，裁判官の権限たると同時に，その職務上の義務に属するのである。……この権限は上述のごとく直接憲法の精神に基礎を有するものであり，そのいずれかの法条に根拠をおくものではない。それは法廷等の秩序を維持し，裁判の威信を保持し，以て民主社会における法の権威を確保することが，最も重要な公共の福祉の要請の一であることに由来するものである。……本法による制裁は従来の刑事的行政的処罰のいずれの範疇にも属しないところの，本法によって設定された特殊の処罰である。そして本法は，裁判所または裁判官の面前その他直接に知ることができる場所における言動つまり現行犯的行為に対し裁判所または裁判官自体によって適用されるものである。従ってこの場合は令状の発付，勾留理由の開示，訴追，弁護人依頼権等刑事裁判に関し憲法の要求する諸手続の範囲外にあるのみならず，またつねに証拠調を要求されていることもないのである。かような手続による処罰は事実や法律の問題が簡単明瞭であるためであり，これによって被処罰者に関し憲法の保障する人権が侵害されるおそれがない。なお損われた裁判の威信の回復は迅速になされなければ十分実効を挙げ得ないから，かような手続は迅速性の要求にも適うものである。

本大法廷判決によれば，「法の支配こそは民主主義の程度を卜知する尺度である」と説かれているが，問題はそこにいう「法の支配」の意味で，「国家権力から国民の自由と権利を守る」という本来の用語においてではなく，「国ないし社会の秩序を維持する」という独特な意味において用いられていることに注意しなければならない。

■ 証人を求める権利に関するもの

証人を求める権利に関しても，**最大判昭和25・6・7刑集4-6-966**は，国選弁護人の費用を事後に負担させても違憲ではないと判示した。

■ 裁判の公開に関するもの

公判廷における写真撮影の制限が公開裁判に反しないかに関しても，**最大決昭和33・2・17刑集12-2-253**（北海タイムス事件）は，次のように判示し，合憲とした。

憲法が国民に保障する自由であつても，国民はこれを濫用してはならず，常に公共の福祉のためにこれを利用する責任を負うのであるから（憲法一二条），その自由も無制限であるということはできない。そして，憲法が裁判の対審及び判決を公開法廷で行うことを規定しているのは，手続を一般に公開してその審判が公正に行われることを保障す

る趣旨にほかならないのであるから，たとい公判廷の状況を一般に報道するための取材活動であつても，その活動が公判廷における審判の秩序を乱し被告人その他訴訟関係人の正当な利益を不当に害するがごときものは，もとより許されないところであるといわなければならない。ところで，公判廷における写真の撮影等は，その行われる時，場所等のいかんによつては，前記のような好ましくない結果を生ずる恐れがあるので，刑事訴訟規則二一五条は写真撮影の許可等を裁判所の裁量に委ね，その許可に従わないかぎりこれらの行為をすることができないことを明らかにしたのであつて，右規則は憲法に違反するものではない。

最大判昭和31・12・26刑集10-12-1746 も，裁判の公開に関するもので，次のように判示した。

所論は，本件第一，二審の審理は，裁判公開の原則を侵すものであつて，憲法八二条に違反すると主張する。記録によれば，第一審裁判所は，被告人，弁護人の出頭した公開の公判廷で審理を行い，被告人は犯罪事実をすべて自認し，弁護人同意の下に第一審判決挙示の証拠書類について適法に証拠調を終つた上，弁論を終結して有罪の判決を宣告したものであり，原審もまた公開した公判廷において出頭した弁護人の控訴趣意書に基く弁論並びにこれに対する検察官の意見をきいた上結審して，控訴を理由ないものとして棄却する旨の判決を宣告したことが明らかである。されば本件の審判は，公開の法廷で行われたこと論をまたないのであるから，憲法八二条に違反するところはない。

■ 黙秘権に関するもの

黙秘権に関しても注目すべき判断が示されている。**最大判昭和32・2・20刑集11-2-802** がそれで，次のように判示した。

所論は要するに被告人等が憲法三八条一項に基づきその氏名を黙秘し，監房番号の自署，拇印等により自己を表示し弁護人が署名押印した弁護人選任届を適法な弁護人選任届でないとしてこれを却下し結局自己の氏名を裁判所に開示しなければならないようにした第一審の訴訟手続及びこれを認容した原判決は憲法三八条一項の解釈を誤り，且つ同三七条三項に違反するものであるというに帰着する。……しかし，被告人甲を除くその余の被告人等については，いずれも第一審第一回公判期日以降その私選弁護人立会の下に審理が行われているのであり，また……第二回公判期日以降はその私選弁護人立会の下に証拠調をはじめその他すべての弁論が行われているのであり，しかも，所論弁護人選任届却下決定に対して被告人の一部からなされた特別抗告も取下げられ，この点については爾後別段の異議もなく訴訟は進行され第一審の手続を了えたのであつて，被告人等においてその弁護権の行使を妨げられたとは認められない。それ故憲法三七条三項違反の所論は採るを得ない。（昭和二四年一一月三〇日大法廷判決，判例集三巻一一号八語

七頁以下参照)。

■ **弁護人の選任に関するもの**

弁護人の選任に関してはすでに前期に注目すべき判決が出されていた。この期では，次のように判示した**最大判昭和28・4・1刑集7-4-713**が注目される。

> 憲法三七条三項前段所定の弁護人を依頼する権利は被告人が自ら行使すべきもので，裁判所は被告人にこの権利を行使する機会を与え，その行使を妨げなければ足るものであること，同条項後段の規定は被告人が貧困その他の事由で弁護人を依頼できないときは国に対して弁護人の選任を請求できるのであり，国はこれに対して弁護人を附すれば足るものであること及び同条項は被告人に対し弁護人の選任を請求し得る旨を告知すべき義務を裁判所に負わせているものでないことは，既に当裁判所の判例としているところであり，今これを変更する必要はない（昭和二四年……一一月三〇日大法廷判決，昭和二四年……一一月二日大法廷判決参照）。また刑訴規則一七八条は所論のいわゆる弁護人選任の照会手続について規定しているが，前示憲法の条項が裁判所にかかる照会手続をする義務を課したものでないことは，前示判例の趣旨から自ら明かである。次にいわゆる必要的弁護事件は，弁護権につき憲法上の保障がなかつた旧刑訴法時代にも規定されていたものであり，それは職権で強制的に弁護人を選任するのであるから，必要的弁護事件を如何に定めるかは刑訴法上の問題で憲法三七条三項の関知するところでないことは当裁判所の判例の示すとおりである。（昭和……二五年二月一日大法廷判決参照）従つて必要的弁護事件において裁判所が被告人の意思の如何にかかわりなく強制的に職権で弁護人を選任することは刑訴法上の問題で憲法問題ではないのである。しかし憲法はすべての刑事事件について前記の如く弁護権を保障しているのであるから，必要的弁護事件についても憲法上の保障があるのであつて，被告人が貧困その他の事由で弁護人を依頼できないときは国に対して弁護人の選任を請求できるのであり，国はこれに対して弁護人を選任する義務を負うのである，従つてこの場合における弁護人の選任は憲法問題である。それゆえに必要的弁護事件については弁護人の国選に刑訴二八九条によるものと，憲法三七条三項後段刑訴三六条によるものとの二の場合があるのであつて，前者は純然たる刑訴法上の問題であり，後者は憲法問題となるのである，従つてもし必要的弁護事件の控訴審において被告人が控訴趣意書提出期間内に国選弁護人をして控訴趣意書を作成提出させることができるような適当な時期に弁護人の選任を請求したにかかわらず，裁判所が故なくその選任を遅滞し，控訴趣意書提出期間経過後にこれを選任し，為に弁護人をして控訴趣意書を提出せしめる機会を失わしめたような場合は，被告人の憲法三七条三項によつて保障された権利の行使を妨げたものとして憲法違反の問題を生ずるのであるが，被告人がその責に帰すべき事由により控訴趣意書提出期間内に控訴趣意書を提出できるような適当な時期に弁護人選任の請求をしなかつたような場合は裁判

所が控訴趣意書提出期間経過後に弁護人を選任しても，毫も被告人の憲法上の権利の行使を妨げたものではないから憲法違反ということはできないのであつて，右のような場合に裁判所は控訴趣意書提出最終日の指定替をして，弁護人に改めて控訴趣意書提出の機会を与えなければならない憲法上の義務を負うものではない。

こうして，新刑訴法の下でも，応急措置法時代の憲法解釈が踏襲されることになった。しかし，本最大判昭和28・4・1には，真野毅裁判官の次のような辛辣な反対意見が付されている。

わたしは，原判決は違憲だと思う。……真先に考えなければならないことは，刑訴二八九条（旧刑訴三三四条）の定める必要的弁護（又は強制弁護）の制度と憲法三七条三項の定める国附弁護の制度は，第一義的趣旨においては相異るものであることを深く認識しなければならぬということである。従来もこの両者を混同した議論が，到る処に飽きあきするほど行われている。……本件は，必要的弁護事件であると同時に，被告人から弁護人選任の請求のあつた国附弁護事件でもある。両者の意義の軽重・重要性について考えると，前者は訴訟法の認めた制度であり，訴訟法上の権利に関するものに過ぎないが，後者は憲法の認めた制度であり，憲法上の基本的人権に関するものである。それ故に，後者の方がより重要な意義を有することは，多言を要しないところである。……多数意見は……憲法違反はない，と極めてアツサリ片付けている。しかしながら，この問題はそう軽々に取扱わるべきものではないように考えられる。……多数意見のように（控訴趣意書提出期間内に控訴趣意書を提出できるような適当な時期）に弁護人選任の請求をしなければならないものとすれば，憲法上の権利の行使の期限の標準としては，あまりに漠然とした曖昧なものになつてしまう。こんなボンヤリした標準に従つて，憲法上の権利の行使の適否を決定するのは，国民に難きを強うる酷なものがあるではないか？こんな捉えどころの判然としない標準で，被告人の重要な基本的人権の一つである弁護人選任の請求により弁護人の弁護を受ける権利の行使の適否を判断するのは，被告人に比較的高度の法律的理解力の存在を要求するものではないか？……被告人の場合の憲法上の権利行使は，もつともつと尊重されるのでなければ，憲法の所期する基本的人権の保障はついに空々寂々とした憐れなものになつてしまうおそれがある。

しかし，この正論ともいうべき反対意見は大法廷の多数を占めるには至らなかった。そして，**最大判昭和32・7・17刑集11-7-1842**は，次のように判示した。

……国選弁護人選任については，被告人の理由を付した選任請求があることを要し，その選任するや否やは裁判所が理由について，被告人が自ら弁護人を依頼することができない事情があるかどうかを判断して，その選任を決定するのである。かくの如く国選弁護人選任について被告人の理由を付した選任請求のあることを要するものとした右刑訴法および刑訴規則の規定は右憲法の趣旨に合致するものといわねばならぬ（昭和二四年

……一一月二日大法廷判決，判例集三巻一一号一七三七頁，昭和二五年（あ）第二一五三号，同二八年四月一日大法廷判決，判例集七巻四号七一三頁参照）。然らば，単に「弁護人を私選しない」旨の被告人の前記意思表示は，国選弁護人選任請求の意思も表示されておらず，また，何ら理由も付されていないのであるから，これを以つて直ちに憲法の要請するところの国選弁護人選任の請求とみることは到底できないものと断ぜざるを得ない。もつとも本件は必要的弁護事件であり，弁護人を私選しないときは，裁判所で弁護人を選任しなければならないのであるが，だからといつて，右弁護人を私選しない旨の意思表示を以つて，憲法問題である国選弁護人選任の請求とみることはできない。けだし，必要的弁護事件における弁護人選任は純然たる刑訴法上の問題に過ぎないのであつて，彼此混同を許されないからである（前掲昭和二五年（あ）第二一五三号事件判決参照）。

これによれば，弁護人選任の問題をできる限り憲法問題にしないようにしたいという態度が明らかである。

■ 自白法則に関するもの

自白法則についても，前期に引き続いて，最高裁判所の憲法判断，それも適用範囲を限定する解釈が示されている。憲法38条3項にいう「本人の自白」の意義に関する**最大判昭和25・10・11刑集4-10-2000**もその一つで，次のように判示した。

> 被告人の当該判決裁判所の公判廷における供述が憲法三八条三項にいわゆる本人の自白に含まれないで完全な証拠能力を有することは，しばしば当裁判所の判例に示されているとおりである。本件の場合においては，被告人の公判廷外における自白と公判廷における供述と相俟つて判示事実を認定することができるのであるから，原判決には所論のように憲法三八条三項に違反するものではない。論旨は理由がない。

自白の任意性・信用性につき，「強制」などの事情があつても，さらに虚偽のおそれがないかどうかを調査すべきで，調査していないのは審理不尽だと判示した**最大判昭和26・8・1刑集5-9-1684**（判決文は47頁）も注目される。

また，不当長期拘禁による自白の一事例として，次のように判示した前掲・**最大判昭和30・4・6刑集9-4-663**（帝銀事件）も，注目される。

> ……ここに至るまでの取調は，事案の複雑をきわめた内容に加えるに，被告人の著しい特異性格から生ずる虚言癖……に煩わされ，取調はむしろこれによつて日時を要するに至つたことが十分に観取される。そしてまたこの間検事は相当の証人参考人を取り調べたことは記録上明らかである。さればかかる事情の下におけるかかる事案の取調が，起訴前の処分から計算しても約一月約三〇数回を要したからといつて，これをもつて不当

に長いとは認めることはできず，まして日本堂事件による起訴勾留後における約二二日の期間と約二四回ないし二八回の取調回数をもって所論のように不当長期拘禁と認めることはできない。なお右に挙げた被告人の供述……の後，一〇月九日まで約一四日間約二三回にわたる取調が行われているが，すべてすでにあった自白に基づき，その手段も被害者も特異で複雑な本件事案につき，自白がさらに具体的に詳細に進展していったのに過ぎないほか，被告人の独特な感想をくりかえしたのであって，この間における被告人の自白は，それまでの勾留の期間取調の回数によって特に生じたものでないこと明らかであるのみならず，この期間回数を合せて考えてみても，これを不当長期拘禁ということはできない。

すでに前期において，戦後混乱期に伴う捜査体制の不備などを理由に「不当長期拘禁」が柔軟に解されていたが，この期になると，治安維持の必要性から「不要長期拘禁」が柔軟に解釈されていることが看取される。

■ 補強法則に関するもの

自白の補強に関しても，**最大判昭和25・11・29刑集4-11-2402**は，次のように判示した。

> 殊に，贓物罪において，犯人が贓物たるの情を知っていたかどうかというがごとき，いわゆる犯罪の主観的要件に属するものについては，その直接の証拠は当該公判廷外の被告人の自白（本件においては第一審公判調書中被告人の供述記載）のみであっても，その客観的構成要件たる事実（本件においては，被告人がＭ某から依頼を受けて，昭和二三年一月中五回に亘って，連合国占領軍所属財産たるガソリンを預った事実）について他に確証があって，右被告人の自白の真実性が保障せられると認められる以上，それ等の各証拠を綜合して，犯罪事実の全体を認定することは適法であるといわなければならない。

また，**最大判昭和30・6・22刑集9-8-1189（三鷹事件）**は，次のように判示した。

> 同被告人の自白以外の証拠によれば，右事実の肯認を含めた同被告人の本件犯行の自白（同被告人は控訴趣意で，第一審判決の同被告人の自白どおりの事実認定は正しいものであると述べているところである）については，その自白の真実性を裏付けるに足る補強証拠を認め得られるのであって，従って被告人が犯罪の実行者であると推断するに足る直接の補強証拠が欠けていても，その他の点について補強証拠が備わり，それと被告人の自白とを綜合して本件犯罪事実を認定するに足る以上，憲法三八条三項の違反があるものということはできない。

共犯者の自白は憲法38条3項にいう「本人の自白」に当らないと判示した**最大判**

昭和33・5・28刑集12-8-1718（練馬事件判決）も注目される。共謀については厳格証明が必要だとしつつも，謀議の行われた日時，場所またはその内容の詳細，すなわち実行の方法，各人の行為の分担役割等についていちいち具体的に判示することを要するものではないとし，次のように判示した。

> （憲法三八条三項は―引用者）わが刑訴三一八条（旧刑訴三三七条）で採用している証拠の証明力に対する自由心証主義に対する例外規定としてこれを厳格に解釈すべきであって，共犯者の自白をいわゆる「本人の自白」と同一視し又はこれに準ずるものとすることはできない。けだし共同審理を受けていない単なる共犯者は勿論，共同審理を受けている共犯者（共同被告人）であっても，被告人本人との関係においては，被告人以外の者であって，被害者その他の純然たる証人とその本質を異にするものではないからである。されば，かかる共犯者又は共同被告人の犯罪事実に関する供述は，憲法三八条二項の如き証拠能力を有しないものでない限り，自由心証に委ねられるべき独立，完全な証明力を有するものといわざるを得ない。……「共謀」の事実が厳格な証明によつて認められ，その証拠が判決に挙示されている以上，共謀の判示は，前示の趣旨において成立したことが明らかにされれば足り，さらに進んで，謀議の行われた日時，場所またはその内容の詳細，すなわち実行の方法，各人の行為の分担役割等についていちいち具体的に判示することを要するものではない

これによれば，通常は憲法が原則で，刑訴法が例外という関係が，自由心証主義については逆転していることは明らかであろう。

■ 証拠能力に関するもの

反対尋問を経ない証人書面の証拠能力についても，前期に出された前掲・最大判昭和24・5・18を基点として，合憲で適法との判断が相次いで示されている。

まず，321条1項1号後段書面に関して，**最大決昭和25・10・4刑集4-10-1866**は，次のように判示し，その証拠能力を認めた。

> 憲法三七条二項に，刑事被告人は，すべての証人に対して審問する機会を充分に与えられると規定しているのは，裁判所の職権により又は訴訟当事者の請求により喚問した証人につき，反対尋問の機会を充分に与えなければならないというのであつて，反対尋問の機会を与えない証人その他の者（被告人を除く）の供述を録取した書類は絶対に証拠とすることは許されないという意味をふくむものでないことは当裁判所の判例とするところである。（昭和……二四年五月一八日大法廷判決）。

次に，321条1項2号前段書面について，**最大判昭和27・4・9刑集6-4-584**は，次のように判示した。

第2代長官　田中耕太郎

憲法三七条二項は、裁判所が尋問すべきすべての証人に対して被告人にこれを審問する機会を充分に与えなければならないことを規定したものであつて、被告人にかかる審問の機会を与えない証人の供述には絶対的に証拠能力を認めないとの法意を含むものではない（昭和二三年（れ）八三三号同二四年五月一八日大法廷判決判例集三巻六号七八九頁以下参照）。されば被告人のため反対尋問の機会を与えていない証人の供述又はその供述を録取した書類であつても、現にやむことを得ない事由があつて、その供述者を裁判所において尋問することが妨げられ、このために被告人に反対尋問の機会を与え得ないような場合にあつては、これを裁判上証拠となし得べきものと解したからとて、必ずしも前記憲法の規定に背反するものではない。刑訴三二一条一項二号が、検察官の面前における被告人以外の者の供述を録取した書面について、その供述者が死亡、精神若しくは身体の故障、所在不明、若しくは国外にあるため、公判準備若しくは公判期日において供述することができないときは、これを証拠とすることができる旨規定し、その供述について既に被告人のため反対尋問の機会を与えたか否かを問わないのも、全く右と同一見地に出た立法ということができる。そしてこの規定にいわゆる「供述者が……供述することができないとき」としてその事由を掲記しているのは、もとよりその供述者を裁判所において証人として尋問することを妨ぐべき障碍事由を示したものに外ならないのであるから、これと同様又はそれ以上の事由の存する場合において同条所定の書面に証拠能力を認めることを妨ぐるものではない。

■ 証言拒否権に関するもの

新聞記者である証人の証言拒否権について、注目すべき判決が出されている。次のように判示した**最大判昭和27・8・6刑集6-8-974**（石井記者事件）が、それである。

一般国民の証言義務は国民の重大な義務である点に鑑み、証言拒絶権を認められる場合は極めて例外に属するのであり、また制限的である。従つて、前示例外規定は限定的列挙であつて、これを他の場合に類推適用すべきものでないことは勿論である。新聞記者に取材源につき証言拒絶権を認めるか否かは立法政策上考慮の余地のある問題であり、新聞記者に証言拒絶権を認めた立法例もあるのであるが、わが現行刑訴法は新聞記者を証言拒絶権あるものとして列挙していないのであるから、刑訴一四九条に列挙する医師等と比較して新聞記者に右規定を類推適用することのできないことはいうまでもないところである。それゆえ、わが現行刑訴法は勿論旧刑訴法においても、新聞記者に証言拒絶権を与えなかつたものであることは解釈上疑を容れないところである。

憲法を擁護するという感覚は、ここでも乏しい。

■ 量刑に関するもの

量刑に関しても、注目すべき判断が示されている。**最大決昭和33・2・26刑集12-2**

-316 がそれで，前科の認定について，次のように判示した。

> 思うに，累犯加重の理由となる前科は，刑訴三三五条にいわゆる「罪となるべき事実」ではないが，かかる前科の事実は，刑の法定加重の理由となる事実であつて，実質において犯罪構成事実に準ずるものであるから，これを認定するには，証拠によらなければならないことは勿論，これが証拠書類は刑訴三〇五条による取調をなすことを要するものと解すべきである。従つて，原審が適法な証拠調をしない証拠を前科認定の資料としたことは，違法であるが，原審は前科認定の証拠として，右書類のほかに，第一審で適法に証拠調のなされている被告人の指紋照会回答書をも，引用しており，……記録によればこれのみでも，被告人に対し再犯による刑の加重をなし得るものである。そして三犯による刑の加重も，再犯による刑の加重も，その加重の法律上の限度は同じであり，原判決に前記の如き違法があつても，本件においては原判決を破棄しなければ著しく正義に反するとは認められない。それゆえ刑訴四一一条を適用しない。

勾留日数の算入についても，柔軟な判断を示した**最大決昭和31・12・24刑集10-12-1692**がみられる。同判決によれば，次のように判示された。

> 検察官が同一被告人に対し数個の被疑事実につき公訴を提起した場合，それが一個の起訴によると，またはいわゆる追起訴によると，さらにまた各別個の起訴によるとを問わず，そのうち一つの公訴事実についてすでに正当に勾留が認められているときは，検察官は他の公訴事実について勾留の要件を具備していることを認めても，それについてさらに勾留の請求をしないことがあるのは，すでに存する勾留によつて拘束の目的は達せられているからであつて，このような場合，数個の公訴事実について併合審理をするかぎり，一つの公訴事実による適法な勾留の効果が，被告人の身柄につき他の公訴事実についても及ぶことは当然であるから裁判所が同一被告人に対する数個の公訴事実を併合して審理する場合には，無罪とした公訴事実による適法な勾留日数は他の有罪とした公訴事実の勾留日数として計算できるものと解するを相当とする。

■ 上訴審に関するもの

ここでは，情交関係を結んでいたＡ女の夫を被告人が殺害し，Ａ女に暴行を加えて傷害を負わせたという事案に関して，原審の有罪事実認定は経験則に違反し，審理不尽の違法があるとして破棄・差戻しをした**最大判昭和26・8・1刑集5-9-1684**が注目される。被告人の取調べに当たった警察官自身が，被告人の取調べは被告人に手錠をはめたままで行われたこと，午前2時頃まで取り調べたこと，警察官が4人がかりで被告人を取調べたこと，警察官の1人が被告人を殴ったことを認めているなど，本件においては被告人の警察署における供述が強制もしくは拷問による自白であること

第2代長官　田中耕太郎

を推認させるような幾多の証人の供述が存在するにもかかわらず、原審がこれを排斥するに足る納得すべき事由もなく、たやすく被告人の警察における供述を証拠として本件犯罪事実を認定したことは経験則の違反もしくは審理不尽の違法があると、次のように判示した。

　本件記録中には、被告人の警察署における供述が強制若しくは拷問による自白であることを推認させるような幾多の証人の供述が存在するのである。殊に、直接、取調の衝に当つた警察官自身が被告人の取調は被告人に手錠をはめたままで行われたこと、午前二時頃まで取調べたこと、警察官が四人がかりで被告人を取調べたこと、警察官の一人が被告人を殴つたことのあることを認めていることは前述のとおりである。もとより、これらの証拠をいかに判断して、被告人の警察における自白が任意にいでたものであるかどうか、従つて、その自白に証拠能力があるかどうかを決定することは事実審たる原審の自由裁量に委ねられているところではあるが、その自由裁量たるや、合理的判断にもとずくものでなければならず、経験則に反するものであつてはならないことは勿論である。原審は果して右のごとき警察官の証言をいかに判断したのであろうか。……本件において記録を精査しても右各供述の真実性を疑うに足りるような資料は存在しないのであるから、原審が若し右各警察官自身の以上のごとき供述を以て、措信するに足らないものとしたのであるならば、それは原審のいわれなき独断であつて、経験則に反する判断といわなければならない。又、若し、真実、以上のようなことが行われたにしても、それについて何らか斟酌すべき事情があると思われるならば、原審としてこれを証拠にとる以上、その間の事情を十分に審理しなければなるまい（たとえば、被告人が自殺を企てるおそれがあつて、これを阻止する必要上、やむなく、手錠をはめたまま取調をしたというような事情があつたかどうかのごとき。尤も被告人が自殺を図つたことは記録上窺われるけれども、そのおそれのために特に手錠を用いたという事情は見られない）。しかるに、原審がかかる事情について、特段の審理をした形跡もない。特段の事情の斟酌すべきものもなく、以上各証人の供述するようなことが真実行われたものとするならば、かかる状況の下になされた被告人の警察における供述は、強制、拷問によるものであることを思わせる十分の理由があるものといわなければならない。要するに原審が右のごときいろいろの証人の供述があるにかかわらず、これを排斥するに足る納得すべき事由もなく、たやすく被告人の警察における供述を証拠として本件犯罪事実を認定したことは前に述べたような経験則の違反若しくは審理不尽の違法あるものと断ぜざるを得ない。そして原判決は、右被告人に対する司法警察官の聴取書を他の証拠と綜合して本件犯罪事実を認定しているのであつて、右の違法は判決に影響を及ぼさないこと明かだとはいえないから、原判決はこの点において破棄を免れないのである。

　ただし、これには、裁判官沢田竹治郎、同井上登、同斎藤悠輔及び同岩松三郎の少

数意見が付せられていた。いずれも、「証拠の取捨、判断は、原裁判所の裁量に属するばかりでなく、その取捨、選沢の理由のごときは、これを判決書に示さなければならないことは訴訟法上少しも要請されていないのである。従つて、原判決が被告人に対する検事並びに司法警察署の聴取書中の供述記載を証拠として挙示した以上、所論摘示の被告人並びに証人の供述記載を措信しないで、却つて、右被告人の聴取書中の供述記載は、強制、拷問、脅迫その他不任意にされたものでないものと認めたものといわなければならないし、そして、かく認めたことについては経験則に違背した違法等は毫も認められない。」等とするものであった。

上告審でいわゆる「諏訪メモ」の提出命令を出すことができるとした**最大判昭和34・8・10刑集13-9-1419**（松川事件第一次上告審）も注目される。

■ 二重の危険に関するもの

いわゆる「二重の危険」の法理の意義についても、検察官上訴を合憲とすべく、大法廷判決が出されている。**最大判昭和25・9・27刑集4-9-1805**がそれで、次のように判示した。

> 元来一事不再理の原則は、何人も同じ犯行について、二度以上罪の有無に関する裁判を受ける危険に曝さるべきものではないという、根本思想に基くことは言うをまたぬ。そして、その危険とは、同一の事件においては、訴訟手続の開始から終末に至るまでの一つの継続的状態と見るを相当とする。されば、一審の手続も控訴審の手続もまた、上告審のそれも同じ事件においては、継続せる一つの危険の各部分たるにすぎないのである。従つて同じ事件においては、いかなる段階においても唯一の危険があるのみであつて、そこには二重危険（ダブル，ジェパーデイ）ないし二度危険（トワイス，ジェパーデイ）というものは存在しない。それ故に、下級審における無罪又は有罪判決に対し、検察官が上訴をなし有罪又はより重き刑の判決を求めることは、被告人を二重の危険に曝すものでもなく、従つてまた憲法三九条に違反して重ねて刑事上の責任を問うものでもないと言わなければならぬ。従つて論旨は、採用することを得ない。

同じく、**最大判昭和25・11・8刑集4-11-2221**でも、次のように判示された。

> 同一事件においては、訴訟のいかなる段階においても唯一の危険があるのみであつて、そこには二重危険というものは存在しないのであるから下級審における無罪又は有罪判決に対し、検察官が上訴をなし有罪又はより重き刑の判決を求めることは、被告人を二重の危険に曝すものでもなく、従つてまた憲法三九条に違反して重ねて刑事上の責任を問うものでないことは当裁判所の判例（昭和二四年新（れ）第二二号同二五年九月二七日大法廷判決参照）とするところであるから本件において検事が附帯控訴をしたこと及

第2代長官　田中耕太郎

び第一審で無罪となつた事実を原判決が有罪としたことは，いずれも憲法三九条に違反するものであるということはできないのである。

控訴取下げ後の控訴審判決（当然無効の判決）に対する一事不再理効の適用についても，**最大判昭和27・11・19刑集6-10-1217**は，次のように判示し，これを否定した。

一件記録によれば，被告人Hは，昭和二五年五月三〇日津地方裁判所木本支部において同庁昭和二五年（わ）第一〇号窃盗等被告事件につき懲役一年に処する旨（無罪の言渡等あるも省略する）の判決を受け，即日同判決中有罪の部分に対し名古屋高等裁判所に控訴の申立をなした。よつて同裁判所は該控訴事件につき審理を遂げ，同年一〇月三〇日「原判決中有罪部分を破棄する。被告人を懲役一年に処する。但本判決確定の日から五年間右刑の執行を猶予する。原審における訴訟費用中証人〇〇及同〇〇に各支給した分並当審に於ける訴訟費用は全部被告人の負担とする。」との判決を言渡したのである。しかるに，これより先同月二七日当時田辺拘置支所に勾留されていた被告人は同支所長に対し右事件の控訴取下申立書を差出していたことが認められる。それ故，刑訴三六七条，三六六条一項の規定により，この控訴取下の申立は，裁判所がその申立のあつたことを知ると否とにかかわらず直ちに取下の効力を生じ控訴は終了し，前掲第一審判決の確定により事件は完結するに至つたのである。従つて，その後に名古屋高等裁判所が第二審判決を言渡した当時にあつては客観的には当該被告事件は同高等裁判所に係属存在していなかつたものであり，同裁判所としては，その裁判権を発動すべき余地は全然なかつたものといわなければならない。それ故，所論の原判決は当然無効の判決であつてその内容に副う効力を生ずべきものとは認められない。……さて，非常上告の制度は，「判決が確定した後その事件の審判が法令に違反したこと」を事由として認められているのである。……「有効な確定した判決」が存在しない場合にはたとい当該事件の訴訟手続に法令の違反があつても，非常上告は許されないわけである。言い換えれば，確定判決又はこれに先行する訴訟手続が，法令に違反した場合に限つて非常上告は許されるのである。しかるに，本件においては，前述のごとく名古屋高等裁判所の第二審判決は当然無効のものであつて確定判決とは認められないから，前掲控訴取下後の審判は法令に違反するものではあるが，これを事由とする非常上告は不適法として棄却するを相当とする。

このように，この期の大法廷の判決・決定においても，前期の刑事判例と同様，戦時刑事手続との連続性が看取される。

2　小法廷判決・決定

■ 捜査に関するもの

この期の小法廷判決・決定は数が多いだけではなく，判示事項も刑事手続の全般に

広がっている。捜査のうち，職務質問に関しても，次のようなものがみられる。

その一つは**最決昭和29・7・15刑集8-7-1137**で，職務質問中，駐在所から突然逃げ出した者を約130メートル追跡し，背後から腕に手をかけて「どうして逃げるのだ」といって引きとめた事案について，任意に応じない者を停止させるためにこの程度の実力を行使しても適法だと判示した。

最決昭和29・12・27刑集8-13-2435も，職務質問に伴う有形力の行使に関するものである。次のように判示し，適法とした。

> 原判決は，「本件山口，寒河江両巡査が被告人に対し，職務質問をするに至つた経緯は，前記山口証人の供述する如くであつて，被告人の服装，年令，態度，携帯品などから推して当時戸塚署管内に頻発していた窃盗事件に関係がありはしないかとの疑を抱いたことは警察吏員としてはまさに当然であり，更にその所持に係る風呂敷包みの内容について呈示を求められるや俄かに歩きはじめ更に逃げ出す等の異常な態度を示すに至つたため両巡査において益々犯行を犯した者でないかとの疑念を強くし停止を求めるためにその跡を追いかけたことは極めて当然の成行であり，追跡という行動は単に逃走する相手方の位置に接近する手段として必要な自然な行動であつて，かかる手段をもつて強制又は強制的手段とは認められないことは勿論であり，また，これを以て逮捕行為と目すこともできない。」旨並びに「本件訴訟記録全体を精査しても前顕両巡査が被告人に対しその所持品の呈示を強要したと認められるような証拠はなく，あくまで任意の呈示を求めたに過ぎないこと明らかである」旨を判示している。されば，所論違憲の主張は，その前提を欠き刑訴四〇五条の上告理由に当らない。また，原判決の認定した事実関係の下における法令解釈に関する判示は正当であると認められるから，刑訴四一一条を適用すべきものとも思われない。

現行犯逮捕に関しても，**最決昭和31・10・25刑集10-10-1439**は，犯行後，わずか30～40分で，犯行現場から20メートルの近距離であったという事実関係のもとでは，「平尾巡査が被告人を本件犯罪の現行犯人として逮捕したものであるとした原判示は，これを是認することができる。」と判示した。

緊急逮捕の要件を満たすかどうかに関しても小法廷判決がみられる。**最判昭和32・5・28刑集11-5-1548**がそれで，要件を満たすとし，次にように判示した。

> 原判示によれば，第一審判示の日午前一一時四〇分頃，判示司法警察職員等は，相当数の朝鮮人青年の一部が判示窒素工場構内に侵入し共同して脅迫暴行をした事実を認めその集団犯人達が誰であるかは数名の司法警察職員が人相，体格，服装等を見れば識別することができたのであるが，その氏名，住所は判明しないのに，犯行後間もなく彼等は同所を退去し判示解放救援会事務所に引き揚げそこで他の多数朝鮮人と混在し結成大会

を開いていたというのであるから，司法警察職員が同日逮捕状を得て逮捕するにしても緊急逮捕をするにしても右大会の現場に赴き被疑者に接近対面してこれが逮捕を全うするには周囲を警戒し妨害を排除し平穏裡に職務を執行し得るだけの多数の警察職員の応援を要すると考えられ，そのためには事前に右会場における被疑者その他の多数朝鮮人の動向を探知し，応援警察職員を手配し，その状況に応じて逮捕は後日逮捕状を得てなすべきか或は即日逮捕の方法によるべきかを協議検討しなければならず，このためには宇部市警察当局が右犯行を知つた後即日逮捕を決定するまでに二時間余を要したとしてもやむを得ないところといわなければならない。そして，また，当時の事態が判示のようなものであつた以上，司法警察職員が窒素工場における集団犯行の被疑者として確認した各人につきたとえその人相，体格等被疑者を特定するに足りる事項と被疑事実の要旨とを記載し資料をととのえて裁判所に赴き逮捕状請求手続をし，若干時間後これを得て帰り逮捕に赴いても，被疑者達が判示解放救援会事務所内外より立ち去り若しくは服装を変へ或は同所で警察職員に対する反抗態勢を愈々強化するような虞があることは考えられるところであり，従つて，司法警察職員が逮捕状を得て逮捕に赴いても逮捕の実を挙げ得る可能性は甚だ乏しかつたものといわねばならず，これがため緊急逮捕の方法によるべきことの決定に到達したものと考え得るのである。してみれば，判示のような状況の下においては，司法警察職員は逮捕状を得る余裕なく緊急逮捕の方法によることができる事情であつたというほかない。原判決のこの点に関する説示は相当である。

　これらは，いずれも捜査官の行為を適法としたものである。なお，おとり捜査が行われても，犯人の訴追・処罰には何の影響もないと判示した**最決昭和28・3・5刑集7-3-482，最判昭和29・11・5刑集8-11-1715**もみられるが，これは後の**最決平成16・7・12刑集58-5-333**により先例性を失っている。

■ 令状に関するもの

　令状に関しても，当該表示は適法とした**最決昭和30・11・22刑集9-12-2484**がみられる。次のように判示した。

> なお所論について考えてみるに，刑訴法所定の差押令状又は捜索令状における押収又は捜索すべき場所の表示は，合理的に解釈してその場所を特定し得る程度に記載することを必要とするとともに，その程度の記載があれば足りると解するを相当とする。本件について，記録により押収にかかる捜索差押許可状（証第二号）の内容をみると，被疑者の氏名として「不詳，年令三十才位の女」と，捜索すべき場所身体又は物として「京都市下京区三の宮通り七条上る下〇〇町〇〇，通称大家ことY方家屋内並附属建物全般」と記載してあることは所論のとおりである。しかし記録によつて調べてみるとYは被告人の実母Kの内縁の夫であつて，Y夫婦は二階に，被告人夫婦は階下に居住し，いわゆ

る同居の関係にあつたこと，及び大家というのは，右Yの俗称であつて，前記場所によつて大家ことY方家屋といえば，本件令状記載の家屋を指すこと明らかである。……従つて被告人が本件家屋の世帯主であり，仮りに所論Y夫婦が，本件の捜索差押の日から一ケ月前に他に転居していたとしても，本件令状記載の差押又は捜索すべき場所は特定していると認めるのを相当とする。従つて所論刑訴法違反の主張も理由がない。

■ 管轄に関するもの

管轄に関しても，幾つかの判決がみられる。**最判昭和28・3・20刑集7-3-597**もその一つで，次のように判示した。

簡易裁判所の事物管轄に属する刑事事件が簡易裁判所に起訴された後，検察官においてその訴因罰条の変更を請求し，同裁判所がこれを許可したためその事件が簡易裁判所の事物管轄に属しないこととなつた場合においても，同裁判所が刑訴三三二条により事件を管轄地方裁判所に移送することを妨げないと解すべきである。（ただしかかる場合においては，簡易裁判所が訴因罰条変更請求の許可の決定を留保したまま移送するを可とする。）

「現在地」の意味についても，**最判昭和33・5・24刑集12-8-1535**は，次のように判示した。

刑訴二条によれば，"裁判所の土地管轄は，犯罪地又は被告人の住所，居所若しくは現在地による"と定めている現在地とは，公訴提起の当時被告人が任意もしくは適法な強制により現実に在る地域を指すものと解すべく，現実にその地域に在る事由のいかんは問うことを要しないものというべきである。被告人が検察官の呼出を受けて任意に出頭した場合においては，その場所は被告人の現在地であり，該地域を管轄する裁判所は刑訴二条の土地管轄を有するわけである。ただ被告人が自己の意思によらず違法な強制により現在せしめられている場所のごときは，本条の現在地ということはできない。……そして，本件において被告人は，検察官の呼出に応じて任意出頭し退去することなく東京において取調を受け，その結果東京地方裁判所に起訴されたものであるから，東京が右刑訴二条の現在地に当るものというべく，従つて，東京地方裁判所が第一審として土地管轄を有することは明らかである。されば，所論のように本件裁判が管轄の規定を無視して，刑罰を科したものということはできない。それ故，違憲の論旨は全く前提を欠くものである。（判例集一一巻四号一五〇二頁参照）。

■ 公訴に関するもの

公訴に関しても，かなりの判決・決定が出されている。たとえば，被告人の経歴・性格等も，それが予断を招く事項に当るかどうかは，構成要件要素となっている場合

第2代長官　田中耕太郎

や犯罪事実の内容になっている場合には，訴因明示に必要であるから，起訴状に記載してもよいが，それ以外は必要ではないという基準によると判示した**最判昭和26・12・18刑集5-13-2527**もその一つである。

　裁判所に提出する送達不能の証明資料に関しても，**最判昭和30・3・25刑集9-3-519**は，次のように判示した。

> 所論にかかる，被告人の妻Tの検察官に対する供述調書記載の供述は，被告人が近頃自宅に不在であることについての若干の事情を述べているに過ぎないものであつて，かかる調書が，所論のように裁判官に事件につき予断を生ぜしめる虞のある書類に当るものということはできない。されば検察官が被告人に対する公訴提起後，起訴状謄本の送達不能の証明資料としてかかる調書を裁判所に提出しても，刑訴二五六条六項に違反するものでないことは明らかである。そして原判決も同じく右調書が同項の書類に当らない旨判示しているのであるから，同項に当る書類に関する所論判例に違反する旨の主張は，その前提を欠くものであつて，上告適法の理由とならない（なお論旨は，右調書提出の時機が刑訴規則一六六条に違反していることを主張するが，検察官が起訴当時所在不明であることの明らかな被告人に対し公訴を提起した場合，その起訴状謄本の送達が不能になるのをまたないで，送達不能の証明資料を裁判所に提出することは，刑訴規則一六六条の禁ずるところではないと解するを相当とする）。

　告訴に関する**最決昭和30・11・1刑集9-12-2353**も注目される。次のように判示した。

> 間接国税犯則事件において，当該官吏の告発は公訴提起の有効条件であるけれども（昭和二八年（あ）一六号同年九月二四日第一小法廷判決，集七巻九号一八二五頁参照），一個の犯罪事実の一部に対する告発は，その全部について効力を生ずるものと解すべきである。そして本件の犯則事件である物品税逋脱行為は，各月分ごとに一個の逋脱罪を構成するのであるから（昭和二七年（あ）五〇四号同二九年三月二日第三小法廷判決，集八巻三号二一七頁参照），起訴状の公訴事実が，告発書に記載された各月の逋脱行為とその数額を異にするだけで，決して告発の対象となつた各月の逋脱罪以外にわたるものでない以上，本件公訴を不適法とすべき理由はない。

　再起訴に関しても，「検察官が一旦不起訴にした犯罪を後日になつて起訴しても同条に違反するものでないことは，当裁判所の判例の趣旨に照らして明らかである。（昭和二六年一二月五日大法廷判決，集五巻一三号二四七一頁）」とした**最判昭和32・5・24刑集11-5-1540**がみられる。

　訴因の特定に関しても，次のように判示した**最判昭和33・1・23刑集12-1-34**がみられる。

V　この期の刑事判例の特徴

　同第二点は，原判決は昭和二五年三月四日の東京高等裁判所の判例に違反すると主張する。なるほど原判決は，所論引用の判例には違反するかどがある。しかし，右判例は，その後同一の一二部において改められ，訴因の記載が明確でない場合には，検察官の釈明を求め，もしこれを明確にしないときにこそ，訴因が特定しないものとして公訴を棄却すべきものであると判示するに至つた（高裁判例集五巻二号一三二頁）。そして，刑訴二五六条の解釈としては，この後の判決の説明を当裁判所においても是認するのである。それ故，判例違反の論旨は理由がない。

　注目されるのは**最判昭和33・5・20刑集12-7-1398**である。予断排除に関して，次のように判示した。

　一般に，起訴状には，裁判官に事件につき予断を生ぜしめる虞のある書類その他の物を添付し，又はその内容を引用してはならないこと刑訴二五六条六項の明定するところであるから，本件起訴状において郵送脅迫書翰の記載内容を表示するには例えば第一審判決事実認定の部においてなされているように少しでもこれを要約して摘記すべきである。しかし，起訴状には訴因を明示して公訴事実を記載すべく，訴因を明示するにはできる限り犯罪の方法をも特定して記載しなければならないことも刑訴二五六条の規定するところであり，そして起訴状における公訴事実の記載は具体的になすべく，恐喝罪においては，被告人が財物の交付を受ける意図をもつて他人に対し害を加えるべきことの通告をした事実は犯罪構成事実に属するから，具体的にこれを記載しなければならないというまでもない。本件公訴事実によればいわゆる郵送脅迫文書は加害の通告の主要な方法であるとみられるのに，その趣旨は婉曲暗示的であつて，被告人の右書状郵送が財産的利得の意図からの加害の通告に当るか或は単に平穏な社交的質問書に過ぎないかは主としてその書翰の記載内容の解釈によつて判定されるという微妙な関係のあることを窺うことができる。かような関係があつて，起訴状に脅迫文書の内容を具体的に真実に適合するように要約摘示しても相当詳細にわたるのでなければその文書の趣旨が判明し難いような場合には，起訴状に脅迫文書の全文と殆んど同様の記載をしたとしても，それは要約摘示と大差なく，被告人の防禦に実質的な不利益を生ずる虞もなく，刑訴二五六条六項に従い「裁判官に事件につき予断を生ぜしめる虞のある書類その他の物の内容を引用し」たものとして起訴を無効ならしめるものと解すべきではない。されば原審が本上告趣意と同旨の控訴趣意を原判示のように排斥したのは結局相当である。この点についても，同弁護人の論旨は違憲をいい，被告人本人の論旨は判例違反をいうが，いずれも右記載が裁判官に予断を生ぜしめる虞のあることを前提とするから上記の理由により前提を欠くものというべく，また引用の判例は事案を異にし本件に適切でなく，論旨はすべて採用できない。

　これらの判決・決定はいずれも検察官の判断を適法としている。ただし，公訴時効

が完成しているとして，次のように判示し，有罪の原判決を破棄した**最判昭和31・4・12刑集10-4-540**がみられる。

> 職権で調査すると，原判決は被告人に対し刑法二三〇条の名誉毀損の事実を認定しないで，侮辱の事実を認定した上，被告人の右所為を同法二三一条に問擬していることが，その判文上明らかであるところ，刑法第二三一条の所為は，拘留又は科料に該当する罪であるから，犯罪行為の終つた時から一年の期間を経過することにより，公訴の時効は完成するものである。記録によると，被告人が本件の所為をなしてより一年一月余を経過した昭和二七年一〇月一一日に，検察官から公訴の提起があつたことは起訴状により明らかであつて，たとえ，起訴状記載の訴因及び罪名が名誉毀損であるにしても，原判決は名誉毀損の事実を認めなかつたこと前示のとおりであるから，右起訴の当時すでに本件所為につき公訴の時効は完成したものというべきである。されば本件の場合においては，刑訴四〇四条，三三七条四号により，被告人に対し免訴の言渡をなすべきものであるのに，原判決が前示刑法二三一条に問擬し，有罪の言渡を為したのは違法であり，原判決を破棄しなければ著しく正義に反するものと認められる。

■ 裁判官の忌避・除斥に関するもの

裁判官の忌避・除斥についても，数少ないが，小法廷判決・決定がみられる。**最判昭和28・10・6刑集7-10-1888**もその一つで，忌避に関して，次のように判示した。

> 被告人は共犯者F外一名と共に共同被告人として起訴されたところ，第一審第一回公判期日に被告人の弁護人が出頭しなかつたため，被告人に対する弁論は分離され他の二人の共同被告人についてのみ証拠調を終り結審されたが，本件被告人については第二回公判期日に審理が行われたこと所論のとおりである。しかし，第一審の裁判官が前記共犯者等の公判審理により被告人に対する本件事件の内容に関し知識を得たからとて，そのこと自体は裁判官を被告人に対する本件事件審判の職務の執行から除斥するものでないこと刑訴二〇条各号の規定により明らかであると共に，第一審の裁判官が事前に事件の知識を有した一事をもつて不公平な裁判をする虞があつたものと速断することはできず従つてその一事をもつて忌避の理由があつたものとすることもできない（本件につき検察官はもとより被告人又は弁護人からも忌避は申立てられなかつた）。そして，判決裁判所の裁判官がその職務の執行から除斥されず且つ忌避の理由もない場合には，その裁判官のした審理判決を目して憲法三七条一項にいわゆる公平な裁判所の裁判でないということのできないことは，当裁判所大法廷判決の趣旨とするところである（昭和二四年新（れ）第一〇四号同年四月一二日大法廷判決判例集四巻四号五三五頁参照）。それ故，論旨は採用できない。

最決昭和28・11・27刑集7-11-2294（二俣事件）も，「前審の審判に関与した裁判官

が上級審において、ただ判決の宣告にのみ関与した場合は、その判決の宣告に関与することは刑訴二〇条にいわゆる「除斥される」べき「職務の執行」に該当しないものと解するを相当とする(昭和一〇年二月七日言渡大審院判決、刑集一四巻六八頁。)」と判示した。

除斥に関しても小法廷決定がみられる。**最決昭和29・2・26刑集8-2-198**がそれで、次のように判示した。

> 被告人に対する家庭裁判所の少年審判事件に関与し、事件を検察官へ送致する決定をした花岡裁判官が同被告事件の第一審第二回公判期日に事件担当の裁判官として証人K外一名を取調べたこと及びその後更迭した裁判官が右証人らの供述記載を第一審判決の証拠に引用したことは所論のとおりであるけれども、家庭裁判所の少年審判事件に関与し事件を検察官へ送致する決定をした裁判官が、後にその被告事件の審判に関与しても刑訴二〇条七号にいう前審の裁判に関与したものというを得ないから除斥せらるべきいわれなく、従つて所論第二回公判調書中の証人の供述記載が後の裁判官によつて事実認定の証拠に供せられたからといつて所論のような違法もない。

■ 訴訟能力に関するもの

訴訟能力に関して、**最決昭和29・7・30刑集8-7-1231**は、次のように判示した。ゆるやかな運用が図られている。

> 刑法上心神喪失者であるというのはその犯行の当時において行為の違法性を意識することができず又はこれに従つて行為をすることができなかつたような無能力者を指し、訴訟能力というのは、一定の訴訟行為をなすに当り、その行為の意義を理解し、自己の権利を守る能力を指すのであるから両者必ずしも一致するものではない。右Tは汽車顛覆未遂被告事件において責任無能力者であつた旨の鑑定の存することは記録上明らかであるが、それだからといつて訴訟無能力者とはいえないばかりでなく、本件執行異議申立事件の記録に徴しても訴訟能力ありとした原々審及び原審の判断を誤りとする理由を発見できない。所論はその内容においても理由なきものである。

また、「たとえ、右被害者が昭和一六年一〇月三〇日生れで、中学二年生であつたとしても、告訴の訴訟能力を有していたものと認めるのが相当である。」と判示した**最判昭和32・9・26刑集11-9-2376**もみられる。

■ 訴因変更の要否および可否に関するもの

この期の数多い小法廷判決・決定の中でも目立つのは、新刑訴法で導入された訴因に関するもの、なかでも訴因変更の要否および可否に関するものである。判決・決定が相次いで出されている。

第2代長官　田中耕太郎

最判昭和25・6・17刑集4-6-1013は，次のように判示した。

騒擾罪は，多衆聚合して暴行又は脅迫をなし，一地方の静謐を害することによつて成立するものであるから，社会通念上同一事実と認められる範囲内においてその日時，場所，方法に追加変更を生じたところで常に必ずしも訴因の変更を要するものでなく，況んや公訴事実の同一性を害するものではない。本件においては検察官は，前記三被告人については，刑法第一〇六条第三号にあたるものとして，訴因，罰条を明示していたのをその後の取調の結果同条第二号にあたる所為があつたものとして訴因，罰条の追加変更をしたものであるから，これを許可した原決定は，正当である。本件抗告は名を憲法違反に藉りて刑訴法三一二条に独自の解釈を施してその違反を主張しようとするものに過ぎないから理由がない。

最判昭和25・9・21刑集4-9-1728も，次のように判示した。

記録を精査するに，検事が恐喝として起訴した事実と原判示第二の事実との間には金員の提供者，収受者，収受の日時，場所，金員の額のいずれもが同一であつて，ただ，金員の収受者が提供者を恐喝して金員を交付せしめたのか，単に職務に関し提供された金員を収受したのかの点においておのおのその認定を異にするだけである。されば，起訴事実と原判示事実との間には基本たる事実関係を同じくするものと認められるから，原判示事実は起訴事実と同一性を失わないものといわなければならぬ。従つて起訴事実の罪名と罪質とが原判示事実の罪名と罪質とに一致しないからといつて，原判決には審判の請求を受けない事件について判決をしたものとはいうことはできない。

最判昭和26・6・15刑集5-7-1277も，次のように判示した。

原判決は第一審判決を破棄し自ら判決を為すに当り，公訴事実中強盗の点につき，訴因罰条の変更手続を経ることなく，恐喝の事実を認定していること所論の通りであるが，元来，訴因又は罰条の変更につき，一定の手続が要請される所以は，裁判所が勝手に，訴因又は罰条を異にした事実を認定することに因つて，被告人に不当な不意打を加え，その防禦権の行使を徒労に終らしめることを防止するに在るから，かかる虞れのない場合，例えば，強盗の起訴に対し恐喝を認定する場合の如く，裁判所がその態様及び限度において訴因たる事実よりもいわば縮少された事実を認定するについては，敢えて訴因罰条の変更手続を経る必要がないものと解するのが相当である。そして，論旨が引用している札幌高等裁判所の判決（昭和二四年新（を）第一〇二，一〇三，一〇四号，同年一二月三日判決，高等裁判所判例集第二巻第三号二八二頁所載）も亦，強姦致傷の起訴に対し強姦を認定する場合につき，この理を明らかにしたものと考うべきである。従つて，原判決はむしろ，右判例と同旨に出でたものというべく，これと相反する判断をしたものとは考えられない。論旨は理由がない。

最判昭和26・6・28刑集5-7-1303も，次のように判示した。

公訴事実の同一性は，犯罪の性質，態様，被害数量等が異つていても基礎たる事実が同一であればこれを認めても差支えないものであるから，原判決には所論のような誤解又は誤認は認められない。次に，審理の範囲，程度等は事実審の裁量に属することはいうを待たないし，また，訴因を予備的に（すなわち当初の訴因が否定される場合の予備として）追加又は変更し得べきことは刑訴二五六条五項，三一二条により明白であり，且つ，公訴事実の同一性を害しない限度における訴因の追加（新たな訴因を附加すること）と変更（同一訴因の態様を変更すること）とは，その法律上の効果を異にしないから，追加を変更と誤認しても判決に影響なきは勿論第一審においてした訴因の変更又は追加を第二審において更らに改めて追加又は変更する手続を執る必要はなくまた，有罪，無罪は公訴事実に対しなさるべきものであるから，公訴事実が同一である以上その範囲内の追加又は変更前の訴因でこれを否定すべきものについては主文において無罪を言渡すべきではない。従つて，原判決には結局所論の違法又は不当が認められないから，刑訴四一一条を適用すべきものとも思われない。

最判昭和27・10・30刑集6-9-1122も，次のように判示した。

弁護人吉原利郎の上告趣意は憲法違反を云為するけれどその実質は単なる訴訟法違反の主張を出でないものであり刑訴四〇五条の上告適法の理由に当らない。（本件が当初窃盗として起訴され，後に贓物運搬として訴因の変更せられたことは所論のとおりである。しかし，その公訴事実としては被告人が昭和二五年一二月二日頃Ｍと共謀して堺市鳳中町〇〇丁目〇〇番地Ｎ方で自転車一台及びアメ一瓶を窃取したとの事実が，右窃盗はＭ単独の犯行ではあるが，被告人は同日右Ｎ方附近までＭと同行し同人の依頼により贓品たる自転車等をその情を知りながら大阪市西成区山上町〇丁目〇番地附近まで運搬したと変更されたに過ぎないのである。さればその事実関係は出来事の推移につき多少の異同あるに止まりその同一性を失わないものであることは多言を要しないところである（昭和二五年（れ）二七二号同年五月一六日第三小法廷判決，判例集四巻五号八一八頁以下参照）。また被告本人の上告趣意は結局事実誤認の主張を出でないものである。尤も原審が事実認定の資料とした「被告人の司法警察員に対する第七回供述調書」記載の自白が強要に因るものである旨主張するのであるが，それは当審においてはじめて主張するところであり，しかも記録上かかる事実を認むべき何等の証跡もない。（被告人は第一審公判において特に窃盗の共犯でないことを主張し，贓物運搬の事実は尽くこれを自認しているのである。のみならず所論の供述調書についても第一審裁判長の再度に亘る注意にも拘わらず被告人もまた弁護人もこれを証拠とすることに同意しかつ証拠調をなすことに異議ない旨陳述しているのである。）されば所論は刑訴四〇五条の上告適法の理由に当らない。そして記録を精査しても同四一一条を適用すべきものとは認めら

第2代長官　田中耕太郎

れない。

最決昭和28・3・5刑集7-3-443も，次のように判示した。

記録によれば，本件訴因と第一審判決の認定した事実との間の差異は，前者は所論会社の業務妨害であり，後者はS工場長の送電設備状況監視の業務妨害であるという点に存するのみであつて，しかも右工場長は所論会社の工場の長で，会社の業務を職務として執行するものに外ならず，第一審判決の認定した右工場長の業務を妨害した行為は，すなわち右会社の業務を妨害した行為に外ならないことが認められる。してみれば，第一審判決の認定した事実と，起訴状記載の事実との間には，犯罪の客体の判示につきいささか表現を異にしただけでその同一性につき欠けるところはなく，従つて，第一審判決のなした事実認定及びこれを肯認した原審判決には何等の違法はない。所論の判例は，訴因と裁判所の認定した事実との間に，犯罪の態様，犯罪地，被害者等において相異る場合に関するものであつて，本件とその前提を異にし，本件に適切でなく，所論は刑訴四〇五条の上告理由に当らない。記録を調べても同四一一条を適用すべきものとは認められない。

最判昭和28・5・8刑集7-5-965も，次のように判示した。

論旨は高等裁判所の判例違反を主張するけれども，この判例は本件には適切でなく，要するに原判決の法令違反を主張するに帰するから適法の上告理由にあたらない。(本件起訴状によれば検察官は被告人Nに対する訴因を背任とし，罰条として刑法第二四七条を掲げたけれども，第一審第一回公判において，同被告人に対する訴因を詐欺，罰条を刑法二四六条とそれぞれ変更し，その後第一審第二回公判において更に右の訴因罰条を起訴状のとおりに変更することを請求し，弁護人はこれについて被告人Nの所為は詐欺であつても背任ではないと異議を述べたが，第一審は検察官の右変更請求を許しその請求のとおり訴因と罰条が変更されたことは記録上明らかである。そして第一審判決は背任の事実を認定し，これに対して背任罪の規定を適用しているのであるが，他人の委託によりその事務を処理する者が，その事務処理上任務に背き本人に対し欺罔行為を行い同人を錯誤に陥れ，よつて財物を交付せしめた場合には詐欺罪を構成し，たとい背任罪の成立要件を具備する場合でも別に背任罪を構成するものではないと解すべきであるから，第一審判決が本件起訴状に基いて背任の事実を認定しこれに対して背任罪の規定を適用してもそれは詐欺の事実が確定されているものといわねばならない。従つて第一審判決は詐欺の事実を認定しながら背任の法条を適用した誤があるものといわねばならないから原審が第一審判決を破棄した上適条の誤を正したのは正当であり，右のような場合には訴因の変更を必要とするものではない。)

最判昭和28・5・29刑集7-5-1158も，次のように判示した。

V　この期の刑事判例の特徴

論旨は，本件において，主たる詐欺の訴因と，予備的に追加せられた横領の訴因と，原判決が認定した遺失物横領の事実とは，犯罪の日時，場所及び方法を異にし，その間公訴事実の同一性を認め得ないから，引用の判例に違反し，且つ審判の請求を受けない事件について判決をした違法があると主張する。しかるところ，右詐欺の基本事実は被告人が大垣信用組合においてＩに支払うべき預金払戻金三万五千円を不法に領得したとの事実であり，これと原審が認定した占有離脱物横領の事実とは，犯罪の日時，場所において近接し，しかも同一財物，同一被害者に対するいずれも領得罪であつて，その基本事実関係において異なるところがない。それ故，第一審が訴因の変更手続を経て横領と認定し，原審がこれを占有離脱物横領と認定しても公訴事実の同一性に欠くるところはない。論旨引用の当裁判所判例及び札幌高等裁判所判例はいずれも公訴事実の同一性は基本的事実関係が同一であるか否かによつて決すべきものというにあり，その趣旨において右と相反する判断を示したものではない。次に原判決は第一審判決を破棄して自ら判決をなすに当り，訴因，罰条の変更手続を経ることなく一審の横領の認定を変じて占有離脱物横領としたことは所論のとおりであるが，本件被害金員を被告人が占有する関係を前者は委託に基づくものと観るに対し，後者はこれを占有離脱物の占有と観るに外ならず，すなわち，同一事実に対する法律的評価を異にするに過ぎないもので固より両者訴因を異にするものというを得ない。かくして問題は罰条の記載の点であるが，一審における各罰条の記載と原審の適用した罰条とが違つていることが被告人の防禦に実質的な不利益を生ずる虞があるか否かについて考えると，原審において弁護人は第一審判決がした横領の事実認定を非難し自ら占有離脱物横領と認定すべき旨主張していること並びに横領罪と占有離脱物横領罪との刑の軽重等を考慮すれば，右罰条の記載の誤りは被告人の防禦に実質的な不利益を生ずる虞があつたものとは認められない（昭和二六年（あ）第七八号，同年六月一五日第二小法廷判決参照）。以上の理由により原審の判例違反並びに訴訟法違反を主張する論旨は採用できない。

最決昭和28・9・30刑集7-9-1868 も，次のように判示した。

所論はいずれも判例違反の主張であるが，引用の判例はすべて本件に適切でないから適法な上告理由とならない。（本件において殺人の起訴に対し原判示の事由により刑法三八条二項を適用し同意殺人の責任を認めたからといつて訴因，罰条の変更を必要とするものでないことは明らかであるし，又論旨第二点主張の各事由は刑訴三三五条二項所定の事由にあたらない。）

最判昭和28・11・10刑集7-11-2089 も，次のように判示した。

論旨は，第一審判決が詐欺の単独犯として起訴された被告人の所為を，訴因変更の手続を経ることなくして，詐欺の共同正犯とし，原判決もこれを維持したことを以て判例に違反するものと主張する。しかしこのことは控訴趣意として主張されず，従つて原審の

第2代長官　田中耕太郎

判断を経ていない事項に関する主張であるから上告適法の理由とならない。のみならず，本件のような場合には，単独犯として起訴されたものを共同正犯としても，そのことによつて被告人に不当な不意打を加え，その防禦権の行使に不利益を与えるおそれはないのであるから，訴因変更の手続を必要としないものと解することが相当である。（最高裁判所昭和二六年（あ）七八号同年六月一五日第二小法廷判決参照）。従つて原判決にはこの点に関して所論のような法令違反もない。

最決昭和28・11・20刑集7-11-2275 も，次のように判示した。

弁護人小倉金吾及び同井手諦一郎の各上告趣意第一点は本件殺人未遂の起訴に対して訴因罰条の変更手続を経ないで傷害を認定することを是認した原判決を非難するのであるが，この点に関する原審判断は正当であつて所論の理由なきこと当裁判所の判例の趣旨とするところである。（昭和二六年（あ）第七八号同年六月一五日第二小法廷判決参照）。しかして同第二点は量刑不当の主張に帰し刑訴四〇五条の上告理由に当らない。また記録を調べても同四一一条を適用すべきものとは認められない。

最判昭和29・1・21刑集8-1-71 も，次のように判示した。

昭和二六年四月一二日宣告の原判決が，「法が訴因及びその変更手続の規定を定めた趣旨は審理の対象，範囲を明確にして被告人の利益を保護する目的にあるのであるから，被告人の防禦に実質的な不利益を生ずるおそれがないときは，公訴事実の同一性を害しない限り，訴因の変更手続をしなくても訴因と異る事実を認定してもさしつかえがないものと解するのを相当とする」として，訴因変更の手続をとらずに窃盗の共同正犯を同幇助と認定した第一審判決を維持したこと，並びに，同二四年五月二日宣告の名古屋高等裁判所の判決（高等裁判所刑事判決特報第一号六頁以下参照）が，「仮令公訴事実の同一性を害さぬ場合でも法定の手続による追加，撤回，変更がなされぬ限り，起訴状に訴因を以て明示されていない事実は，それが被告人に実質的に不利益を与えると否とを問わず審判の対象とすることを禁止し当事者に対して不測の事実認定を受けないことを保障し当事者をして安んじて起訴状の又はその後の法定の手続によつて審判の対象とされている当該訴因に攻撃防禦を集中せしめる趣旨であつて，訴因の別異は劃一的に且厳格に判定すべきものと思われる」として，訴因変更の手続をとらずに共謀による窃盗行為自体をその幇助行為と認定した第一審判決を刑訴三七八条三号に該当する不法のものとしたことは所論のとおりである。従つて，原判決は，右名古屋高等裁判所の判例と相反する判断をしたものといわなければならない。そして，刑訴二五六条は，公訴事実は，訴因を明示してこれを記載しなければならないことを命じている。しかし，同三一二条によれば，起訴状に記載された訴因の変更は，公訴事実の同一性を害しない限度において許されるものであり，また裁判所は，審理の経過に鑑み適当と認めるときは，訴因の変更を命ずることができるものであり（従つて適当と認めないときは，変更を命じなく

V　この期の刑事判例の特徴

てもよい。）．さらに，裁判所は，訴因の変更により被告人の防禦に実質的な不利益を生ずる虞があると認めるときは，被告人又は弁護人の請求により，決定で，被告人に充分な防禦の準備をさせるため必要な期間公判手続を停止しなければならない（従つて，実質的な不利益を生ずる虞があると認めないとき，又は，認めても被告人等が請求しないときは，停止決定をする必要もない。）ものとされている。されば，法が訴因及びその変更手続を定めた趣旨は，原判決説示のごとく，審理の対象，範囲を明確にして，被告人の防禦に不利益を与えないためであると認められるから，裁判所は，審理の経過に鑑み被告人の防禦に実質的な不利益を生ずる虞れがないものと認めるときは，公訴事実の同一性を害しない限度において，訴因変更手続をしないで，訴因と異る事実を認定しても差支えないものと解するのを相当とする。本件において被告人は，第一審公判廷で，窃盗共同正犯の訴因に対し，これを否認し，第一審判決認定の窃盗幇助の事実を以て弁解しており，本件公訴事実の範囲内に属するものと認められる窃盗幇助の防禦に実質的な不利益を生ずる虞れはないのである。それ故，当裁判所は，刑訴四一〇条二項に従い，前記名古屋高等裁判所の判例を変更して原判決を維持するを相当とする。されば，論旨は，結局その理由がない。

最判昭和29・3・2刑集8-3-217も，次のように判示した。

起訴状には，別表として犯罪一覧表が添付され，これによつて，物品の各移出毎に日時，数量，価格等が明確となつており，原判決は，そのとおりの事実関係（ただし各月にまとめて）を認定したうえで，各月分毎に一罪が成立するものとしただけであるから，訴因変更がなくても，違法とはいえない。

最判昭和29・5・14刑集8-5-676も，次のように判示した。

論旨引用の札幌高等裁判所の判決の趣旨とするところは，この判決に対する検事上告を棄却した当裁判所第三小法廷判決（昭和二五年（あ）第一八五一号同二六年二月六日宣告）が説示するように「窃盗と贓物牙保とは常に公訴事実の同一性がないとか或は犯罪の日時場所が隔つている場合には公訴事実の同一性がないとか判断したのではなく，基本的事実関係が同一でないから，公訴事実の同一性がないと判断したに止まる」のである。ところで，本件において，原判決は起訴状記載の窃盗の訴因と予備的に追加された贓物牙保の訴因とはその基本たる事実が同一であると認め，所論のような程度の相異は未だ公訴事実の同一性を失わしめるに至らないと判断しているのであつて，両者が基本的事実関係を異にするものであると認めながら，公訴事実の同一性を認めた訳でないことは，判文上極めて明らかである。従つて，原判決は何ら論旨引用の判例と相反する判断をしたものではないから，論旨は理由がない。

最決昭和29・7・14刑集8-7-1100も，次のように判示した。

第2代長官　田中耕太郎

　訴因罰条の変更によつて起訴状記載の公訴事実の同一性に何等消長を来たすことのない本件においては，本件起訴の時を基準として公訴時効完成の有無を判断すべきであつて，所論の如く訴因罰条の変更の時を基準とすべきでないと解するのが相当である。

　最判昭和29・8・20刑集8-8-1249も，次のように判示し，行為の公然性について何ら明示するところなく，単に被告人甲乙両名はS方2畳の間において，M女に対し暴行を加え，それぞれ猥褻の行為をしたとの強制猥褻の訴因に対し，訴因の変更または追加の手続をなすことなく，飲食店S方において右S及び同店の客T外2名の面前でM女に対し被告人甲乙両名それぞれ公然猥褻の行為をしたとの事実を認定した有罪判決は，審判の請求を受けない事件について判決をした違法があるとした。

　職権を以つて調査するに，本件起訴状には公訴事実として「被告人両名は飲酒酩酊の上昭和二十五年三月十七日午後十時三十分頃大阪府南河内郡a字bの街路を歩行中通行中のA（当二十二年）を認むるや被告人Bは矢庭に同女の肩に手を掛け猥褻の振舞をせんとしたので同女が同所c番地C方に馳込て逸れるのを両名共之を追跡し，同家二畳の間に於て同女を仰向けに押倒した上夫々馬乗りとなり被告人Dは強いて同女の陰部に自己の手を挿入する等の暴行を加へ被告人両名共夫々猥褻の行為をしたものである」と記載され，罪名及び適条としてそれぞれ「強制猥褻刑法一七六条」と掲記されている。即ち，本件は強制猥褻の訴因を以つて起訴されたものである。ところで，第一審判決は右犯罪の証明がないとして被告人両名に対して無罪を言渡し，これに対して検察官から事実誤認を理由として控訴を申立てたところ，原判決は「案ずるに本件公訴事実について左記のとおり被告人等の犯罪行為が認められるに拘らず原審が犯罪の証明ないものとして無罪の言渡をしたのは事実を誤認したものというべく論旨は理由あるに帰し，原判決は破棄を免れない」として，自判して被告人等を公然猥褻罪に問擬した。即ち，原判決は「被告人両名は飲酒酩酊の上」起訴状記載の日時，街路を通行中「たまたま通りかかつた予てから馴染の仲である同市内の喫茶店E方の女給A（当二二年）に遭うや相前後して同町d番地飲食店C方に立入つた際被告人Bは右C及び同店の客F外二名の面前において同家二畳の間の上り端に腰かけている右Aにその前方から抱き付き同女が仰向けに畳の上に倒れるや更に同女の上に乗りかゝつてゆき被告人Dも亦被告人Bの背後に接着して同女の上に乗りかゝつてゆき以て被告人両名それぞれ公然猥褻の行為をしたものである」との事実を認定し，刑法一七四条を適用して被告人等を各罰金三千円に処した。しかし，本件起訴状記載の公訴事実は前記のとおりであつて，原判決の認定したような「飲食店C方」において「右C及び同店の客F外二名の面前において」という本件行為の公然性を認めるに足る事実は何ら記載されていないばかりでなく，起訴状記載の罪名及び罰条に徴しても，原判決の認定したような公然猥褻の点は本件においては訴因として起訴されなかつたものと解するのが相当である。なお，記録を精査しても，本件にお

いて訴因または罰条につき，追加変更の手続が適法になされたと認むべき資料はない。して見れば，原判決は結局，審判の請求を受けない事件について判決をした違法があるものといわなければならないのであつて（昭和二五年（あ）第一〇四号，同年六月八日第一小法廷判決「集四巻六号九七二頁」参照），若し審判の請求を受けた強制猥褻被告事件について犯罪の証明がなかつたのであるならば，判決で無罪の言渡をしなければならなかつた筈である（刑訴三三六条）。従つて，右の違法は明らかに判決に影響を及ぼすべきものであり且つ原判決を破棄しなければ著しく正義に反するものと認められるから，刑訴四一一条一号，四一三条本文に則り主文のとおり判決する。

最判昭和29・8・24刑集8-8-1426 も，次のように判示した。

所論は原審認定詐欺の事実と本件公訴事実との間に同一性がないと主張するのであるが，所論本件公訴事実は一審判決認定事実に示されるように第一，被告人はＮ，Ｙ等と共謀して昭和二二年四月九日川崎市所在浜川崎駅構内で領得の意思で荷送人〇〇電工株式会社荷受人〇〇県農業会硫酸アンモニア三百十九叺（一叺四五瓩入）積込同県矢本駅行の貨車ワム第九〇〇八号の車票を密かに差し換え情を知らない当該鉄道係員をしてこれを山形県羽前山辺駅に転送させ，第二，被告人はＳ，Ｎ，Ｈ，Ｙ等と共謀して同年五月一三日前記浜川崎駅構内で領得の意思で荷送人同会社荷受人〇〇県農業会硫酸アンモニア三百十九叺（一叺四五瓩入）積込同県六分駅行の貨車スム第三二〇二号の車票を窃かに差し換え情を知らない当該鉄道係員をしてこれを茨城県三妻駅に転送させ，各〇〇公団所有の硫酸アンモニアを窃取したという趣旨のものであり，これに対応する原審認定事実の要旨は第一，被告人は肥料積載の貨車の車票を差し換えて他の駅に転送させ，係員を欺罔してこれを入手売却しようと企てＮ，Ｙ等と共謀の上昭和二二年四月九日車票用紙に線名左沢線，着駅羽前山辺駅，荷受人駅長，品名省用品，発駅安善等と記入し，浜川崎駅構内で，組成貨物列車の中，〇〇電工株式会社製造に係る当時〇〇肥料株式会社（後の〇〇公団）所有の〇〇県農業会宛硫酸アンモニア一叺四十五瓩入三百十九叺を積載した扇町駅発宮城県矢本駅行ワム第九〇〇八号貨車の車票を抜き取り，前記虚偽の車票と差し換え，同貨車をそのまま発送させ同月一一日山形県羽前山辺駅に到着させ，翌一二日Ｓと共に山辺駅に到り駅長〇〇に対し，自分は国鉄労組総連合会厚生部員〇〇の名刺を出し，Ｓは〇〇電工株式会社労働組合の代表者Ｔと名乗り，前記ワム第九〇〇八号貨車に積載した肥料は，〇〇電工株式会社において資金獲得のため，正式ルート以外に〇〇県の農業会に売却するため送付したものであるから，引渡して貰いたいと虚構の事実を申し向け同人を欺罔してこれを騙取しようとしたが，同人がその引渡を拒絶したためその目的を遂げず，第二，被告人は前同様の方法で硫酸アンモニアを積載した貨車を転送し，保管関係者を欺罔して騙取しようと企て，Ｎ，Ｙ，Ｈ等と共謀の上，予めＹが，茨城県結城郡〇〇村村長〇〇に対し，自分は〇〇電工株式会社の社員であるが，同会社では従業員の生活突破資金を作るため硫酸アンモニアを売却することになつたか

第 2 代長官　田中耕太郎

ら買つて貰いたいと虚言を弄して買受の承諾を得ておき，Sをして貸車車票用紙に，発駅安善，着駅三妻，真荷送人昭電，荷受人（ツ）真荷受人○○農業会等と記入させ，同年五月一三日浜川崎駅構内で，組成貨物列車の中，昭和電工株式会社製造に係る当時○○肥料株式会社（後の○○公団）所有の○○県農業会宛硫酸アンモニア一吠四十五瓩入のもの三百十九吠を積載した新潟県六分駅行スム第三二○二号貨車の車票を抜き取り，前記虚偽の車票と差し換え，そのまま同貨車を発送させ，同月一五日，これを前記三妻駅に到着させたので，同駅長○○は，右貨物の荷受人は車票記載のとおり（ツ）即ち○○こと○○合同通運株式会社○○出張所であると誤信して右出張所に交付し，同出張所係員も同貨物の真の荷受人は車票記載のとおり○○村農業会であると誤信し同農業会に引き渡し，同農業会は配給用として県当局より送付されたものと思料して同会倉庫に保管中，前記 Y, H 等において同月一六日前記三妻村 A 方で同人に対し右硫酸アンモニア三百十九吠を代金三十八万二千八百円で売却し，同月一八日頃右 A より，右肥料は同人が○○電工株式会社より全部買受けたものと告げられ，これを真実と誤信した前記○○村農業会役員をして，右硫酸アンモニア全部を右 S に交付させてこれを騙取したというのである。……してみれば，所論の本件公訴事実と原審認定事実とは基本的事実関係としては，いずれも同一物件について車票の差換による不法領得という同一行為に関するものであつて，一は所論の日時場所における貨車の転送をもつて窃盗既遂と断じ他は然らずとしたのは単に占有関係の法的価値評価を異にした結果にすぎない。それ故原審認定事実と公訴事実は同一性を失うものではなく所論は理由がない。

最判昭和 29・9・7 刑集 8-9-1447 も，次のように判示した。

「某日某所路上で，A 所有の自転車を窃取した」という窃盗の訴因と，「某日某所路上で，B より A の自転車を，盗品と知りながら預かった」という盗品保管の訴因とを比較すると，両者は，「接近した日時・場所において不法に領得された自転車に関与した」という基本となる事実は同じなので，同一性は肯定される。

最決昭和 29・9・8 刑集 8-9-1471 も，次のように判示した。

本件公訴にかかる窃盗の事実が，刑法二四四条一項後段の親告罪であるか否かは，最終的には，裁判所により事実審理の結果をまつて，判定さるべきものであり，必ずしも起訴状記載の訴因に拘束されるものではない。従つて，本件のように，事実審理の過程において起訴状に記載された訴因事実が前示の親告罪にあたることが明らかになつた場合にも，適法な告訴がないからといつて，所論のようにその起訴手続を直ちに無効であると断定すべきではない。尤も，かように訴因について訴訟条件を欠くことが明らかとなつたときは，裁判所は，もはや，この訴因について実体的訴訟関係を進展させることを得ないから，訴訟条件の欠缺が治癒または補正されない以上，その起訴手続は不適法，無効なものとして，公訴棄却の形式的裁判を以つて，その訴訟手続を終結せざるを得な

いことはいうまでもない（刑訴三三八条四号）。しかし，本来の訴因が右の如く訴訟条件を欠くからといつて，現行法上，それだけで訴因の変更，追加を絶対に許さないとする理由は何ら存しない（親告罪と否とにより，直ちに控訴事実の同一性を失うものではない）。そして，本件においては，本来の訴因事実の一部について，訴因変更の手続が適法になされているのであつて，刑法二四四条の適用のない新しい訴因事実が裁判所により認定され，確定されたのであるから，その部分に関する限り本件被告事件は，本来，親告罪でなかつた訳であり，従つてこの点に関する本件起訴手続は，告訴がなくても，もともと有効であつて無効でなかつたことに帰するのである。原判決には所論のような法令違反もない

最判昭和29・12・17刑集8-13-2147も，次のように判示した。

所論は，本件につき強盗致死罪の訴因に対し訴因罰条の変更の手続を経ないで傷害致死罪を認定した一審判決を是認した原審の判決は高等裁判所の判例に背反するというのであるが，元来訴因又は罰条の変更につき一定の手続が要請される所以は裁判所が訴因又は罰条を異にした事実を認定することによつて被告人の防禦権行使の機会を失わしめ又はこれを徒労に終らしめることを防止するにあるところ，本件において強盗致死罪の訴因に対し，財物奪取の点を除きその余の部分について訴因に包含されている事実を認定し，これを傷害致死罪として処断しても右のような虞れはないと考えるから，この点に関する原審の判断は正当である。論旨引用の各判例はいずれも本件に適切でなく所論は採用できない（昭和二六年（あ）第七八号同年六月一五日第二小法廷判決，集五巻七号一二七七頁参照）。

最決昭和30・10・19刑集9-11-2268も，次のように判示した。

原判決は第一審判決を破棄し自ら判決をなすに当り，公訴事実中傷害の点につき訴因罰条の変更手続を経ることなく暴行の事実を認定していることは所論のとおりであるが，この点に関する原審の判断は正当であつて所論の理由なきこと，当裁判所の判例（昭和二六年（あ）第七八号，同年六月一五日第二小法廷判決参照）の趣旨とするところである。

最判昭和32・10・8刑集11-10-2487も，次のように判示した。

原判決の肯認した第一審判決は訴因の追加変更若くは訂正をすることなく，……論旨引用のとおりの各窃盗の事実を認定したこと記録上明白であるが，これによれば，被告人が判示の月下旬頃他人と共謀の上判示倉庫において落綿一一俵を窃取したとの基本的事実関係においては公訴事実と一審判決認定事実との間に同一性があるということができ，そして，一審判決は，被告人が右窃盗のほか，別に，起訴状の公訴事実第二に基き，第二事実として，被告人が〇〇倉庫において焼綿一八俵を窃取した事実をも認定していることまた記録上明らかであるから，同判決が所論起訴状第一の（二）の事実を二個の

第2代長官　田中耕太郎

窃盗と認めても，これを一個の窃盗と認めた場合と同様，これらは右別個の一八俵の窃盗及び一審判決示第一の暴行と相まつて刑法四五条前段の併合罪を構成し，しかも窃盗罪の刑に併合罪の加重を施した刑期範囲をもつて本件量刑の法律上の範囲とすることに変りはないから，同判決が前記のように……各窃盗を認定しても，被告人の防禦に実質的不利益を生ずる虞がないということができる。してみれば，結局原判決には所論のような判例違反若くは判決に影響を及ぼすべき法令違反はなく，論旨は採用できない。

最判昭和33・5・20刑集12-7-1416も，次のように判示した。

原審の認定したように，本件株式一万株に関する事実関係は，被告人Nが本件会社の社長として会社のために右株式を取得し，右株式は会社の所有に帰したと認めるのが相当であり，したがつて右株式の対価としてSに支払つた金五〇万円は，事実，会社の資金がそのまま使用されたと認めるべきであつて，この事実は，本件の五〇万円を被告人Nに対する貸付金とした等の被告人らの事後の処理方法によつて変るものではない。されば本件五〇万円が会社資金中から支出された金員であることは両者異なることなく，またこの金員の支出が，被告人N個人の株式取得のためになされた業務上横領行為であるか，あるいは商法四八九条二号前段に違反する会社の自己株取得のためになされた支出行為であるかは，いずれも被告人Nの会社社長としての行為に関するものである以上，同一事実の表裏をなすものにほかならない。それゆえ本来の訴因と追加請求の訴因とは択一的関係にあつて公訴事実の同一性を害するものでないとした原審の判断は相当である。……次に訴因の追加を許すことによつて被告人Nが防禦に実質的な不利益を受ける虞があるかどうかを考えてみるに，記録によつて審理の経過を逐一検討してみると，訴因の追加請求の前後にわたり十分に審理がつくされていることが認められる。すなわち第一審第三回公判期日，同第六回公判期日における各証人の尋問（……），前示訴因に関する経過における書類の送達の関係および同第九回公判期日と同第一〇回公判期日における検察官，副主任弁護人の各陳述と裁判長の許可の関係（……），右株式関係について被告人Nおよび副主任弁護人の意見の陳述（……），同第一二回公判期日における検察官の質問に対する同被告人の供述（……），等を照合するときは，被告人弁護人ともに追加請求の訴因についても実質上は十分に防禦の方法をつくしていると認めなければならない。ここにおいても原審の判断は正当である。

最判昭和34・12・11刑集13-13-3195も，次のように判示した。

所論は，第一次第一審における被告人は家畜商として馬二頭の売却方を依頼せられその売却代金中三万円を着服横領したものであるという業務上横領の訴因と，第二次第一審において別件として公訴を提起された被告人は右の馬二頭を窃取したものであるという窃盗の訴因とは，事実の同一性があるから，本件窃盗の公訴は既に公訴の提起があつた事件につき更に同一裁判所に公訴が提起されたときにあたり，刑訴三三八条三号に違反

し，引いて憲法三九条後段の一事不再理の原則に違反するというにある。……よってこの点を考えてみるに，第一次第一審における当初の訴因である「被告人は家畜商を営んでいるものであるが，昭和二五年七月二五日頃北海道空知郡上富良野町市街地家畜商甲より同人所有の馬四頭の売却方を依頼せられ，同月二九日うち二頭を新潟県西蒲原郡巻町Sに代金六万円で売却し，これを業務上保管中，同月三〇日同郡曽根町〇〇旅館において，甲に右代金を引渡す際ほしいままに，馬二頭を一二万円で売つたが日曜日で銀行もなく，買主より三万円だけ内金として受取つた旨嘘のことを申し向け，その場において残金三万円を着服して横領したものである」という業務上横領の訴因と，その後第一次第一審の新潟地方裁判所相川支部が事実の同一性があるとして訴因変更を許可し変更された訴因について有罪を言渡し，第一次第二審の東京高等裁判所が右は同一性がないとしてこれを破棄し新潟地方裁判所に移送したため，検察官から同裁判所に別件として公訴を提起せられた窃盗の訴因即ち「被告人は昭和二五年七月三〇日新潟県西蒲原郡鎧郷村〇〇Ａ方から同人が一時北海道空知郡上富良野町市街地乙より預つていた乙の父甲所有の牝馬鹿毛及び青毛各一頭（価格合計一二万円相当）を窃取したものである」とは，前者が馬の売却代金の着服横領であるのに対し，後者は馬そのものの窃盗である点並びに犯行の場所や行為の態様において多少の差異はあるけれども，いずれも同一被害者に対する一定の物とその換価代金を中心とする不法領得行為であつて，一方が有罪となれば他方がその不可罰行為として不処罰となる関係にあり，その間基本的事実関係の同一を肯認することができるから，両者は公訴事実の同一性を有するものと解すべく，従つて第一次第二審の判決がその同一性を欠くものと判断したのは誤りであるといわなければならない。かように第一次の控訴審が第一審判決の法令解釈に誤りがあるとしてこれを破棄，差戻し，第二次の第一審及び控訴審がその判決に従つた場合において，上告審たる最高裁判所は右第一次の控訴審の法律判断に拘束されるものでないことは，すでに当裁判所の判例とするところである（昭和二九年（あ）第四四九号，同三二年一〇月九日大法廷判決，集一一巻一〇号二五二〇頁）。しかして第二次第一審における窃盗の公訴提起は第一次第二審の差戻判決の判断に従つて行われたものであるとの経緯にかんがみれば，右判断にして誤りであること前示のごとくである以上，右公訴の提起は実質において訴因変更の趣旨と解することができるのであつて，従つて二重起訴ではないといわなければならない（そして第二次第一審が窃盗の訴因につき有罪を認定し業務上横領の訴因はその不可罰的事後行為と認めて無罪を言渡したのに対してなされた本件控訴の申立の効果は，右有罪部分と不可分の関係にある業務上横領にも及ぶものというべきであるから，すでに確定裁判を経たものとして免訴の裁判をなすべき場合にも当らない）。従つて原判決が窃盗の公訴を棄却すべしとの論旨を排斥して第一審判決を支持したのは結局正当であつて，訴訟法違反並びにこれを前提とする憲法違反の論旨は採るをえないものである。

第2代長官　田中耕太郎

最決昭和35・2・11刑集14-2-126も，次のように判示した。

（起訴状に於ては訴因を明確ならしむべく，之が変更は公訴事実の同一性を害しない程度に於て検察官に於て之をなすか，裁判所に於て変更を命じうることは刑事訴訟法に明定するところであり訴因の同一性如何については貴庁に於て従来多数の判断を経たものであり，結局之が判断の基準としては罰条の同一であるやを問わず，被告人の防禦に実質的不利益を及ぼすや否やを以て第一とすべきものである。（昭二六年（あ）第七八号事件判決，刑集五ノ七，三七七頁）然るに原判決は右判例に違反して訴因の変更乃至変更命令なきままに漫然摘示の如き判断をなしたのは明かに違法であつて破棄を免れない。尚本件については第二点として記載するところより無罪とせられるべきことは記録上明かであるから無罪の旨自判せられたいという―引用者）坂志麿夫，同松本重敏の上告趣意第一点は，判例違反をいうが引用の判例は事案を異にし本件には適切でなく所論は前提を欠き（所論訴訟法違反の認められないことは，原判示のとおりである），同第二点は，事実誤認，単なる訴訟法違反の主張であつて，いずれも，刑訴四〇五条の上告理由に当らない。

最判昭和35・7・15刑集14-9-1152も，次のように判示した。

所論は要するに，被告人Mに対する本件現住建造物放火幇助の公訴事実につき，既に確定裁判を経たものとして刑訴三三七条一号に則り同被告人に対して免訴の言渡をした第一審判決を支持した原判決は，公訴事実の同一性の有無につき，又既判力の範囲につき，法令の解釈適用を誤つた違法があるというにある。……しかし，右放火幇助の公訴事実の要旨をみるに，本犯である原審相被告人Kは愛知県幡豆郡〇〇町〇〇番地〇〇株式会社取締役社長，同S及び被告人Mは同会社の工員であるところ，同会社は昭和二三年九月設立以来前記場所に工場を置き，農家及び〇〇公団より委託された菜種の搾油事業を営んでいたが，同年一〇月上旬頃より多量の保有菜種油を横流し，農家及び〇〇公団への還元油の不足を生じ次第に経営困難を来たしたので，右Kはこれが措置に苦慮した結果，放火により工場を全焼させてその使途を糊塗すると共に保険金を騙取して会社の窮状を打開しようと企て，同年一一月九日当時共栄火災海上保険相互会社と契約していた保険金一五〇万円に加えて，別途に安田火災海上保険株式会社と保険金四〇〇万円の新火災保険契約を締結してこれが準備を整えた後，同年一二月一日頃前記Sに会社工場放火の決意を打ち明けてその承諾を求め，ここに右K及びSの両名は共謀の上，Sにおいてその実行を担当し，同年同月三日午前零時頃，Kの指図に従い，かねて右会社の事務所並びに宿直室に一部を使用していた北側工場内北西隅の空叺の堆積してある個所に，油のしみたボロ布二〇〇匁位を置き，これにマッチを以て点火し右空叺に燃え移らしめて，人の居住する建造物に放火し因つて右工場全部並びに隣接の右Kの家族居住の住宅一棟及びボイラー室一棟を焼燬したものであり，被告人Mは同月二日夜同工場

宿直員であつたのであるが，同日右Kから当夜の放火の計画を打ち明けられ，情を知らない他の宿直員Aを放火現場である同工場より誘い出して遊興するよう命ぜられるや，これに応じて右Aを伴つて同夜工場を抜け出し前記Sの放火を容易ならしめて以て幇助したものであるというにある。……他方，被告人Mに対する失火罪の公訴事実の要旨は，「被告人M，同Iの両名は，いずれも幡豆郡〇〇町大字〇〇字〇〇番地〇〇株式会社の工員であつて，昭和二三年一二月二日夜共同して宿直勤務中，右会社工場事務室において，同夜九時頃から煉炭火鉢（口径，高さ，各一尺五寸位）に多量の木炭を使用して暖をとつていたのであるが，その際数回飛火した事例もあり，且つ現場はその火鉢に接近して菜種入叺，書類，用紙，帳簿，ボロ布，菜種油充満の無蓋ドラム罐，油等各種多量の可燃物が存置してあり，かかる場所においては火気の使用について飛火等防止のため適切な措置を講じ，以て火災を未然に防止すべき注意義務があつたのにかかわらず，右両名は不注意にも同夜一〇時頃右火鉢の火気を始末せず，そのまま放置して外出したため，同残火の飛火により同夜一二時頃前記可燃物に燃え移り発火するところとなり，右会社所有の木造杉皮葺平家建工場四棟（九八坪の建物）を焼燬したものである」というにあり，被告人Mは右公訴事実につき西尾簡易裁判所において昭和二四年一二月八日附略式命令により罰金一〇〇〇円に処せられ，該罰金刑は同年同月二七日確定したものであること記録に徴し明らかである。……されば右放火幇助と失火との両公訴事実は，同一被告人に対する同一日時場所における同一客体の焼燬に関するものであり，正に社会的，歴史的事実は同一であつて，すなわち基本的事実関係を同じくするものであり，両者間には公訴事実の同一性があること疑を容れる余地がない。従つて本件工場の焼燬について，被告人Mが既に失火罪により罰金刑に処せられ，その罰金刑が確定している以上，重ねて同被告人を放火幇助罪に問擬し，これを処罰することはできないことは当然である。原審がこれと同旨に出で被告人Mに対し免訴の言渡をなしたのは正当であつて，論旨は理由がない。

　これらの判決・決定では，いずれも原審の訴因変更制度の運用が是認されている。無謀操縦と業務上過失致死についても，**最判昭和33・3・17刑集12-4-581**は，「所論は単なる法令違反の主張であつて，適法な上告理由にあたらないのみならず，本件無謀操縦と業務上過失致死の各事実は，公訴事実としては別個の事実であつて，所論の如く公訴事実の同一性を認むべきものではなく，また，右両者は，独立別個の犯罪を構成し，右両者の間に牽連関係乃至一所為数法の関係を認むべきものではない。」と判示した。

　ただし，例外的に，破棄したものも見られる。**最判昭和33・2・21刑集12-2-288**（帝国化学工業事件）がそれで，その理由は次のようなものであった。

　職権により調査すると，本件公訴事実は，「被告人は昭和二七年一二月三〇日頃の午後

第2代長官　田中耕太郎

一一時半頃肩書自宅において，Ｙが川崎市宿河原〇〇番地〇〇化学工業株式会社工場内より同工場長〇〇の管理にかかる銅製艶付板三二枚（価格九万六千円相当）を窃取するに際し，同人より「例の銅板を会社から持出すからリヤカーを貸して呉れ」との依頼を受けこれを承諾し，同人にこれを貸与しよつて同人の犯行を容易ならしめ以つて窃盗の幇助をしたものである」というのであり，検察官は第一審第二回公判廷において，「被告人は昭和二七年一二月三一日頃肩書自宅において，Ｙから同人が他より窃取して来たものであることの情を知りながら，銅製艶付板三二枚（価格九万六千円相当）を金三万円で買受け以つて贓物の故買をしたものである」との事実を予備的訴因として追加を請求し，第一審は被告人および弁護人の同意を得た上検察官の右追加請求を許可したけれども，審理の結果，右本位的訴因を有罪と認定し被告人を懲役一〇月に処したのであるが，原審は，第一審判決の右事実認定は証拠の価値判断を誤り事実誤認に出でたものであるとして被告人の控訴申立を理由ありとし，第一審判決を破棄自判の上，前記予備的訴因の贓物故買の事実を有罪と認定し被告人を懲役八月及び罰金二万円に処したことが認められる。……そして，訴因の追加変更は公訴事実の同一性を害しない限度においてのみ許容されること，刑訴三一二条一項の明定するところであるから，原審が右の措置に出でたのは，右予備的訴因の事実が前記本位的訴因の事実と公訴事実の同一性を害しないものと解した結果であると認める外はない。……しかし，窃盗の幇助をした者が，正犯の盗取した財物を，その贓物たるの情を知りながら買受けた場合においては，窃盗幇助罪の外贓物故買罪が別個に成立し両者は併合罪の関係にあるものと解すべきである（昭和二四年（れ）第一五〇六号同年一〇月一日第二小法廷判決刑集三巻一〇号一六二九頁，昭和二四年（れ）第三六四号同年七月三〇日第二小法廷判決刑集三巻八号一四一八頁参照）から，右窃盗幇助と贓物故買の各事実はその間に公訴事実の同一性を欠くものといわねばならない。そして本件における前記本位的訴因，予備的訴因の両事実も，右説明のように，本来併合罪の関係にある別個の事実であり従つて公訴事実の同一性を欠くものであるから，前記贓物故買の事実を予備的訴因として追加することは許容されないところといわねばならない。しかるに，第一審裁判所が検察官の前記追加請求を許可したのは刑訴三一二条一項違背の違法があり，この違法は相手方当事者の同意によつてなんらの影響をも受けるものではない。それ故，原審が，前記本位的訴因については第一審判決の有罪認定を事実誤認ありとしながら，これにつき，主文において無罪の言渡をなさず，却つて，第一審の右違法の許可に基づき，本件公訴事実と同一性を欠く前記予備的訴因の事実について審理判決をしたのは，刑訴三七八条三号にいわゆる「審判の請求を受けない事件」について判決をした違法があるものといわねばならない。……従つて，弁護人の上告趣意に対し判断をするまでもなく，原判決の右違法は，これを破棄しなければ著しく正義に反するものと認める。

V　この期の刑事判例の特徴

■ 証拠能力に関するもの

大法廷でも証拠能力に関する重要な判決・決定が出されていたが，**最判昭和30・11・29刑集9-12-2524**は，法321条1項2号後段書面に関して，次のように判示した。

> ……憲法三七条二項が，刑事被告人は，すべての証人に対して審問する機会を充分に与えられると規定しているのは，裁判所の職権により又は当事者の請求により喚問した証人につき，反対尋問の機会を充分に与えなければならないという趣旨であつて，被告人に反対尋問の機会を与えない証人その他の者の供述を録取した書類を絶対に証拠とすることを許さない意味をふくむものではなく，従つて，法律においてこれらの書類はその供述者を公判期日において尋問する機会を被告人に与えれば，これを証拠とすることができる旨を規定したからといつて，憲法三七条二項に反するものでないことは，当裁判所大法廷の判例が示すところであるから（昭和……二四年五月一八日宣告，集三巻六号七八九頁），刑訴三二一条一項二号後段の規定が違憲でないことはおのずから明らかである。そして，本件において，第一審裁判所は，所論 N，S を公判廷において証人として尋問し……，被告人及び弁護人に反対尋問の機会を与えた上その各証言と共に右両名の検察官に対する各供述調書を被告人の証拠とすることの同意を得て……，証拠に採用しているのであるから，これを是認した原判決には所論のような違憲はなく，論旨は理由がない。

こうして，この期においては，伝聞例外規定の証拠能力についての最高裁の解釈がほぼ固まった。「応急措置法の解釈が現行刑事訴訟法の解釈として引き継がれ……，やがてこの最高裁の見解は，刑訴321条各号の伝聞法則の例外規定をすべて合憲と認める判例理論に導く端緒となったのである」（『総合判例研究叢書・刑訴（5）』(1958) 5頁）と指摘される所以である。

また，**最決昭和35・3・24刑集14-4-462**は，録音テープについて「所論録音は本人不知の間になされ，従つて，何等本人の表現の自由を侵害したといえないというまでもない適法な証拠であつて，記録によれば，第一審裁判所はその用法に従つて，証拠調をしたことが明らかであるから右録音の存在及びその内容を証拠に採用したことに所論の違法ありというを得ない。」と判示し，その証拠能力を認めた。

■ 自白法則に関するもの

証拠法に関するものも多岐にわたっているが，その一つは狭義の自白法則に関するものである。

最判昭和28・10・27刑集7-10-1971は，次のように判示した。

> 共犯者たる共同被告人の供述であるからといつて全く証拠能力を欠くものではないこと

は当裁判所の判例の趣旨に徴して明らかである。(昭和二三年(れ)七号、同二四年五月一八日大法廷判決、判例集三巻六号七三四頁以下、昭和二六年(れ)一三三号、同年六月に旧日第二小法廷判決、判例集五巻七号一三四四頁以下参照)。被告人及び弁護人は刑訴三一一条三項により共同被告人に対し任意の供述を求めうる機会が与えられているのであつて、所論は未だ共同被告人の公判廷における供述の証拠能力を当然に否定すべき事由となるものではない(昭和二六年(あ)一九一五号、同二八年七月一〇日第二小法廷判決参照)。

最判昭和35・3・4刑集14-3-288も、次のように判示した。

所論は原判決の憲法第三八条、刑訴三一九条違反を主張する。しかし、憲法三八条二項または刑訴三一九条一項にいう「不当に長く抑留若しくは拘禁された後の自白」か否かは、唯だ拘束の期間の長短によつて抽象的に判断さるべきことではなく、犯罪の個数、種類、性質、共犯者その他関係人の数、事件の繁簡、取調の難易等諸般の事情を考慮して、具体的に、これを決すべきものであることは、既に、当裁判所大法廷判例の趣旨とするところである(昭和二二年(れ)第三〇号、同二三年二月六日大法廷判決、集二巻二号一七頁、昭和二二年(れ)第一四二号、同二三年二月六日大法廷判決、集二巻二号三二頁、昭和二六年(れ)第二五一八号、同三〇年四月六日大法廷判決、集九巻四号六六二頁、等参照)。記録によると、本件は犯行後かなり年月が経つてから逐次発覚したもので、犯罪の数も多く、関係者の数も少からず、事案の性質からみても、その取調は容易でなかつたことが窺われる。このように複雑な事件にあつては、たとえ被告人らの自白がその逮捕または勾留後所論のような日数を経た後になされたものであつても、これをもつて直ちに不当に長く抑留若しくは拘禁された後の自白であるということはできない。また、検察官が或る事件について起訴勾留の手続をとつた後、右勾留中の被告人を他の事件の被疑者として取調べたとしても、検察官において初めからその事件の取調に利用する目的または意図をもつて、ことさらに或る事件を起訴し、かつ不当に勾留を請求したものと認められない場合には、右取調をもつて、直ちに自白を強制し、不利益な供述を強要したものということができないことは、当裁判所大法廷の判例とするところであり(前示昭和二六年(れ)第二五一八号事件の判決)、本件取調が右のような不当なものでなかつたことはもちろん、記録を調べても、被告人らの自白の任意性に疑をはさむべき証跡は、何ら存しない。従つて、所論違憲、違法の主張は採用できない。

最判昭和28・7・10刑集7-7-1474も、次のように判示した。

刑訴三〇条一項において被疑者は被告人と同様何時でも弁護人を選任することができる旨を規定し又同三九条一項及び三項は身体の拘束を受けている被疑者は弁護人と立会人なくして接見し又は書類若しくは物の授受をすることができる旨を規定すると同時に特定の場合に限り検察官検察事務官又は司法警察職員(司法警察員及び司法巡査)が右接

見又は授受に関しその日時，場所及び時間を指定し得ることについて規定している。但し右日時その他を指定する場合であつても被疑者が防禦の準備をする権利を不当に制限するようなものであつてはならないと厳にその行過ぎを戒しめている。被告人Мが被疑者として警察にその身柄の拘束を受けていた間に同人とその弁護人との面接時間が所論のように二分ないし三分と指定されたとすれば当時かかる時間的制限を加える理由があつたとしてもその指定が被疑者に権利として認められた防禦準備のためには余りにも短時間に過ぎかかる措置の不当であることは一応これを認めることができる。しかし右不当な措置に対する救済の途は別に刑訴四三〇条四三一条に規定しており又所論のように右弁護人の面接の際，警察官が立会つていた事実があつたとしてもただそれ等不当な措置が採られたことから直ちに同被告人の検事に対してなした自白まで任意にされたものでない疑があるとは断定し得ないところであつてすべからく右任意性の有無はそれ等の事由とはかかわりなくその自白をした当時の情況に照らしてこれを判断すべきである。

最判昭和28・10・9刑集7-10-1904も，次のように判示した。

第一審第三回公判期日において検察官が，被告人に対する検察官の第二回供述調書の取調べを請求したのに対し，被告人及び弁護人は，右は，検事の威嚇にもとずく供述調書で証拠能力がないと思考するからこれを証拠とすることに異議があると述べたこと，裁判官は右異議にかかわらずこれにつき証拠調べを施行したこと，第一審判決は右供述調書を有罪事実認定の証拠としたことは明らかであるが，右調書の任意性について，第一審裁判所が特段の証拠調をした形跡のないことも所論のとおりである。……所論はかくのごとき場合，右供述の任意性について検事の立証を待たずして，その供述調書を証拠とすることは憲法三八条，刑訴三一九条に違反するというのであるが，右のごとき供述調書の任意性を被告人が争つたからといつて，必ず検察官をして，その供述の任意性について立証せしめなければならないものでなく，裁判所が適当の方法によつて，調査の結果その任意性について心証を得た以上これを証拠とすることは妨げないのであり，これが調査の方法についても格別の制限はなく，また，その調査の事実を必ず調書に記載しなければならないものではない。かつ，当該供述調書における供述者の署名，捺印のみならずその記載内容すなわちその供述調書にあらわれた供述の内容それ自体もまたこれが調査の一資料たるを失わないものと云わなければならない。

前期と同様に，自白法則を制限的に解釈適用しているのが特徴である。

ただし，これらの中にあって，**最判昭和32・7・19刑集11-7-1882**（八丈島事件）は注目される。自白の任意性については疑いを懐かざるを得ないとし，次のように判示した。

原判決は前記のように同被告人に対する起訴前の強制処分による予審判事の訊問調書及び検事の聴取書を証拠としている。なるほど，同被告人が右予審判事及び検事の取調を

受けたのは八丈島警察署ではなく，身柄が東京に移されてから後であり，かつ，警察の取調を受けおわつてから相当の日数を経過した後のことでもあり，同被告人もまた原審公判において，検事からも予審判事からも直接強制を加えられなかつたと供述していることでもあるから，警察における自白に任意性を認め得ないからといつて，直ちに右予審判事及び検事に対してなした自白までも任意性を欠いたものとすることは勿論できないのである。しかしながら，被告人は強制処分としての適法な勾留がなされる直前まで，相当長期間に亘り令状によらない警察留置を受けていたばかりでなく，その間に前叙の如く自白を強要されていたものである以上は，たとえ，予審判事及び検事において被告人の取調にあたり細心の注意を払つたものとしても，被告人が予審判事による勾留訊問の際になした自白及びその直後に検事に対しなした自白が，その直前まで継続していた警察の不法留置とその間の自白の強要から何等の影響も受けずになされた任意の自白であると断定することは到底できないものというべく，その他，予審判事及び検事が取調をなした時期が終戦の翌年のことであつて，未だ刑訴応急措置法さえ制定されていなかつた昭和二一年九月当時のことであるという本件の特殊事情等をも併せ勘案するならば，その自白の任意性については，疑を懐かざるを得ないものといわなければならないのである。

　これらのほか，補強法則に関するものも見受けられる。補強証拠適格を充たせば，人証でも物証，書証でもかまわないし，直接証拠でも間接証拠でもよいと判示した**最判昭和26・4・5刑集5-5-809**が，それである。

■ 伝聞法則に関するもの

　この期でより多くみられるのは伝聞法則に関するものである。たとえば，**最判昭和27・5・6刑集6-5-736**は，次のように判示した。

> 書面が，証拠書類（刑訴三〇五条）であるか又は証拠物たる書面（三〇六条，三〇七条）であるかの区別は，その書面の内容のみが証拠となるか（前者），又は書面そのものの存在又は，状態等が証拠となるか（後者）によるのであつて，その書面の作成された人，場所又は手続等によるのではない。（例えば誣告罪において虚偽の事実を記載した申告状の如き，その書面の存在そのものが証拠となると同時に如何なる事項が記載されてあるかが証拠となるのであつて，かかる書面が刑訴三〇七条の書面であり，ただ書面の内容を証明する目的を有する書面は証拠書類である。）従つて所論のように，裁判官の面前における供述を記載した書面のみが証拠書類であるとはいえない。この意味において，本件の場合原審が，司法警察員の天野健太郎に対する供述調書を証拠書類としたことは，なんら違法でなく，また刑訴三三五条違反もない。論旨はこの点において理由がない。

　また，**最決昭和27・12・11刑集6-11-1297**は，次のように判示した。

第一審判決が証拠とした所論相被告人Ｆの検察官に対する供述調書は，被告に対する関係においては刑訴三二一条一項二号の書面と見るべく，しかも，相被告人は公判期日において前の供述と異つた供述をしており，且つ，審理の経過に照し前の供述を信用すべき特別の情況の存すること明らかであり，そして，相被告人自己に対する関係においては他の証拠が取り調べられた後に取り調べたものであるから，証拠としても少しも違法ではない。

最判昭和28・2・19刑集7-2-305 も，次のように判示した。

鑑定は裁判所が裁判上必要な実験則等に関する知識経験の不足を補給する目的でその指示する事項につき第三者をして新たに調査をなさしめて法則そのもの又はこれを適用して得た具体的事実判断等を報告せしめるものである。人類の知識経験は人類の共有すべき資産である。他人の発見した自然法則と雖もその人の示教又は著書等によりこれを自己の知識とすることができる。鑑定人がいわゆる鑑定事項の調査をなすに際して特別な知識経験を必要とする場合その知識経験は必ずしも鑑定人その人が自らその直接経験により体得したもののみに限定すべきいわれはない。鑑定人は他人の著書等によるとその他如何なる方法によるとを問わず，必要な知識を会得した上，これを利用して鑑定をなすに何等の妨げもない。されば所論の確率論が本来小松勇作教授の調査になるものであつたとしても，本件において古畑鑑定人はその確率論を理解承認し自己の知識としてこれを応用し，所論両個の人血痕が，その血液型の同一なることその附着した時期の時間的に間隔を認め得ないこと等に徴し，確率上同一人の血液であると考えても差支ない旨鑑定したものであること明白であるから，原判決が所論の鑑定を事実認定の資料に供したとてこれを目して違法ということはできない。されば論旨第一点の所論は単なる訴訟法違反の主張としても理由はないのである。

最判昭和28・10・15刑集7-10-1934 も，捜査機関の嘱託に基く鑑定書（刑訴法223条）には，裁判所が命じた鑑定人の作成した書面に関する同法321条4項を準用すべきであると判示した。

最判昭和29・4・15刑集8-4-471 も，次のように判示した。

鑑定は経験則の存否及びこれが適用に関する鑑定人の意見をその内容とするものであり，その証拠力は鑑定人の意見が客観的に真実に合するか否かに係わるに過ぎない。また刑訴一六八条の規定は当該強制処分の対象となる者のためにその基本的人権の保護を完からしむるために設けられたものに過ぎないものであるから，かかる者から異議がなされた場合は格別，かかる異議がなされない場合においてはたとえ同条所定の裁判所の許可を受けないでなされた鑑定であつても唯それだけの事由で鑑定そのものの証拠力及び証拠能力を否定すべきいわれはない。それ故本件血液の鑑定に際し鑑定人が血液の附

第2代長官　田中耕太郎

着したズボンの小部分を切取つたことが物を破壊したことに該当しその破壊につき裁判所の許可がなかつたとしてもただそれだけの理由で所論の鑑定を無効なりとする論旨は，採用に値しない。）

最決昭和29・7・29刑集8-7-1217も，次のように判示した。

原審判示のように，証人が，記憶喪失を理由として証言を拒む場合が，刑訴三二一条一項三号の場合に該当することは，当裁判所の判例の趣旨とするところである――昭和二六年（あ）二三五七号，同二七年四月九日大法廷判決，集六巻四号五八四頁参照。しかして，記録によれば，所論証人〇〇に対しては，一，二審裁判所とも，被告人に対し審問の機会を与えたものであること及び一，二審裁判所の審判が公開されたものであることは明瞭であり原審裁判官が良心に従い独立してその職権を行わなかつたと認むべき証左は何ら存在しない。

最決昭和29・11・25刑集8-11-1888も，供述書は原供述者が作成した書面であることが分かればよいので，特別に署名などは必要でないと判示した。

最判昭和30・1・11刑集9-1-14も，次のように判示した。

刑訴三二一条一項二号は，伝聞証拠排斥に関する同三二〇条の例外規定の一つであつて，このような供述調書を証拠とする必要性とその証拠について反対尋問を経ないでも充分の信用性ある情況の存在をその理由とするものである。そして証人が検察官の面前調書と異つた供述をしたことによりその必要性は充たされるし，また必ずしも外部的な特別の事情でなくても，その供述の内容自体によつてそれが信用性ある情況の存在を推知せしめる事由となると解すべきものである。このことは既に当裁判所再三の判例の趣旨とするところであり（昭和二六年……年一一月一五日第一小法廷判決・刑集五巻一二号二三九三頁），原判決の判断もこれと同趣旨に出るものであるから，原判決には何ら理由の不備又は判断の遺脱なく，所論は理由がない。

最判昭和31・7・17刑集10-8-1193も，次のように判示した。

刑訴三二一条一項二号の書面として証拠調べを請求するには，供述調書の原本を提出することを要し，その謄本を原本に代えて提出することは原則として許されないものと解しなければならない。……本件において弁護人は謄本につき原本の存在並びにその成立を認めると述べており，原本自体を法廷に顕出しなければ証拠調べの目的を達し難い理由等については何ら陳述していないのであるから，かかる場合には謄本自体に原本に準ずる証拠能力を認めてこれについて証拠調べの請求並びに証拠調べをすることも法の許容するところと解するを相当とする。

最判昭和32・1・22刑集11-1-103も，次のように判示した。

所論は被告人Ｉの検察官に対する供述調書中の被告人Ｙから同人外三名がＳ方に火焔瓶を投げつけて来たということを聞いたとの被告人Ｉの供述は，伝聞の供述であるから刑訴三二一条一項二号により証拠とすることはできず，又公判期日において反対尋問を経たものではないから，同三二四条によっても証拠とすることはできない。然るにこれを証拠とすることは憲法三七条二項に違反するというに帰する。……しかし，原審が弁護人の論旨第六点に対する判断において説示する理由によって，刑訴三二一条一項二号及び同三二四条により右供述調書中の所論の部分についての証拠能力を認めたことは正当である。そして，これが反対尋問を経ない被告人Ｉの供述の録取書であるからという理由で，憲法三七条二項によって証拠とすることが許されないものではないことは当裁判所の判例の趣旨に徴して明らかである（昭和二三年（れ）第八三三号同二四年五月一八日言渡大法廷判決，刑集三巻六号七八九頁，昭和二三年（れ）第一〇六九号同二五年九月二七日言渡大法廷判決，刑集四巻九号一七七五頁参照）。又右伝聞の供述の原供述者に対する反対尋問権について考えるに，この場合反対尋問をなすべき地位にある者は被告人Ｙであり，反対尋問をされるべき地位にある原供述者もまた被告人Ｙであるから，結局被告人Ｙには憲法三七条二項の規定による原供述者に対する反対尋問権はないわけである。従ってその権利の侵害ということもありえないことは明白である（被告人Ｙは，欲すれば，任意の供述によってその自白とされる供述について否定なり弁明なりすることができるのであるから，それによって自らを反対尋問すると同一の効果をあげることができるのである）。

最決昭和32・9・30刑集11-9-2403も，次のように判示した。

所論Ｙの捜査機関に対する供述調書（否認）は刑訴三二二条に該当しないとはいえないし（本件が犯罪によるものであることは否定しているが本件船舶沈没事故があつたという外形的事実を自認した点では不利益であり，且つ任意性は争われていない。），その他相被告人の供述調書は，公判廷における夫々の供述と大綱においては一致しているが，供述調書の方が詳細であつて，全く実質的に異らないものとはいえないのであるから，同三二一条一項二号の要件をも満たしているということができるから，刑訴法上の違反も存しない。

最決昭和32・11・2刑集11-12-3047も，次のように判示した。

所論未収金控帳は原判決説示の如く，被告人が犯罪の嫌疑を受ける前にこれと関係なく，自らその販売未収金関係を備忘のため，闇米と配給米とを問わず，その都度記入したものと認められ，その記載内容は被告人の自白と目すべきものではなく，右帳面はこれを刑訴三二三条二号の書面として証拠能力を有し，被告人の第一審公判廷の自白に対する補強証拠たりうるものと認めるべきである。従つて所論違憲の主張及刑訴法違反の主張は前提を欠くものといわねばならない。

最判昭和35・9・8刑集14-11-1437も，次のように判示した。

　刑訴三二一条三項所定の書面には捜査機関が任意処分として行う検証の結果を記載したいわゆる実況見分調書も包含するものと解するを相当とし，かく解したからといつて同条項の規定が憲法三七条二項前段に違反するものでないことは当裁判所大法廷判例（昭和二四年五月一八日宣告，刑集三巻六号七八九頁参照）に照らし明かであるから，原判決には所論憲法の解釈を誤つた瑕疵ありとは云えず，所論は採用できない。

　これらの判決・決定においては，いずれも被告人側からの主張が退けられている。「捜査機関の嘱託に基く鑑定書」や「捜査機関が任意処分として行う検証の結果を記載したいわゆる実況見分調書」などについても，法の掲げるそれに準じて，証拠能力が認められており，法の認める広範な伝聞例外が判例の解釈によってさらに拡大されていることは明らかであろう。この期の刑事判例の特徴の一つである。

　ただし，他方で，次のような判決・決定もみられる。

最決昭和28・2・17刑集7-2-237は，次のように判示した。

　なお第一審判決はMの司法警察員に対する第一，二回各供述調書を有罪の証拠としているが，右は所論のとおり被告人において証拠とすることに同意しなかつた書類であつて，検察官は同公判廷における証人Mの供述に対しその信憑力を争う為の証拠として刑訴三二八条に基いて提出したものである。従つて，第一審判決がこれを有罪判決の直接の証拠としたことは違法であるが，右証拠を除外してその余の第一審判決挙示の証拠のみによつても被告人に対する判示犯罪事実は優にこれを認定しうるのであるから，右の違法は刑訴四一一条に該当しないものというべきである。

最判昭和30・12・9刑集9-13-2699も，次のように判示した。

　第一審判決は，被告人は「かねてＹ子と情を通じたいとの野心を持つていた」ことを本件犯行の動機として掲げ，その証拠として証人Ｍの証言を対応させていることは明らかである。そして原判決は，同証言は「Ｙ子が，同女に対する被告人の野心にもとずく異常な言動に対し，嫌悪の感情を有する旨告白した事実に関するものであり，これを目して伝聞証拠であるとするのは当らない」と説示するけれども，同証言が右要証事実（犯行自体の間接事実たる動機の認定）との関係において伝聞証拠であることは明らかである。従つて右供述に証拠能力を認めるためには刑訴三二四条二項，三二一条一項三号に則り，その必要性並びに信用性の情況保障について調査するを要する。殊に本件にあつては，証人○○はＹ子の死の前日まで情交関係があり且つ本件犯罪の被疑者として取調べを受けた事実があるにかんがみ，右供述の信用性については慎重な調査を期すべきもので，これを伝聞証拠でないとして当然証拠能力を認める原判決は伝聞証拠法則を誤り，引いて事実認定に影響を及ぼすものといわなければならない。……以上要するに，第一

V この期の刑事判例の特徴

審判決が，被告人に本件強姦致死の犯行を認めたことが正当であるかどうかは疑問であり，第一審判決にはその判決に影響を及ぼすべき重大な事実の誤認を疑うに足る顕著な事由があつて，同判決及びこれを維持した原判決を破棄しなければ著しく正義に反するものといわなければならない。

最判昭和32・7・25刑集11-7-2025も，次のように判示した。

この点（「判決に影響を及ぼす法令の違反がある。原判決は，弁護人の控訴の理由第一点である訴訟手続の法令違反の主張に対し，「医師の作成した診断書には正規の鑑定人の作成した書面に関する刑事訴訟法第三二一条第四項が準用されるから診断書の作成者が公判期日（審理更新前の公判期日でも差支えない）において証人として尋問を受けその真正に作成されたものであることを供述したときは証拠能力をもつようになる。」として，第一審に於て被告人又は弁護人の同意がなかつた医師の診断書に，証拠能力を与えているが，刑事訴訟法の各条項は，被告人の不利益に準用されるものではないから，原判決が，同法第三二一条第四項を被告人に不利益に準用して，診断書に証拠能力を与え，これを断罪の資に供しても違法ではないと判断したのは，明らかに法令の解釈を，又適用を誤つたものといわなければならない。而して右診断書がなければ，本件は致傷罪とは認定されないものであるから，右法令の違反は判決に影響を及ぼすことが明らかである。」という上告趣意の第三点─引用者）に関する原判決の判示は正当である。

これらの判決・決定はいずれも伝聞法則の基本的な理解に関わるものである。最高裁判所が下級審に対して伝聞法則についての基本的な理解，それも最高裁判所が解するところの理解の周知を求めたものといえようか。

■ 証拠調べに関するもの

証拠調べについても，注目すべき判決が出されている。次のように判示した**最判昭和33・2・13刑集12-2-218**が，それである。

わが刑事訴訟法上裁判所は，原則として，職権で証拠調をしなければならない義務又は検察官に対して立証を促がさなければならない義務があるものということはできない。しかし，原判決の説示するがごとく，本件のように被告事件と被告人の共犯者又は必要的共犯の関係に立つ他の共同被告人に対する事件とがしばしば併合又は分離されながら同一裁判所の審理を受けた上，他の事件につき有罪の判決を言い渡され，その有罪判決の証拠となつた判示多数の供述調書が他の被告事件の証拠として提出されたが，検察官の不注意によつて被告事件に対してはこれを証拠として提出することを遺脱したことが明白なような場合には，裁判所は少くとも検察官に対しその提出を促がす義務あるものと解するを相当とする。従つて，被告事件につきかかる立証を促がすことなく，直ちに

第2代長官　田中耕太郎

公訴事実を認めるに足る十分な証拠がないとして無罪を言い渡したときは，審理不尽に基く理由の不備又は事実の誤認があつて，その不備又は誤認が判決に影響を及ぼすことが明らかであるとしなければならない。されば，原判決は，結局正当であつて，所論違憲の主張はその前提を欠き，その余の主張はその理由がなく，すべて，採ることができない。

最高裁判所の「必罰主義」的な傾向がうかがい知れよう。

■ 被告人の防御権に関するもの

その反面，被告人の防御権については，これを制限的に理解する判決・決定が出ている。たとえば，黙秘権の告知に関する**最判昭和25・11・21刑集4-11-2359**がそれで，次のように判示した。

憲法第三八条は，裁判所が被告人を訊問するに当り予め被告人にいわゆる黙秘の権利あることを告知理解させなければならない手続上の義務を規定したものではなく，従つてかような手続をとらないで訊問したからとて，その手続は違憲とは言い得ず，刑訴応急措置法第一〇条に違反するものでないことについては，当裁判所の判例とするところである（昭和二三年七月一四日大法廷判決）。そして，この理は捜査官の聴取書作成についても異るところのないことは右判例の趣旨から窺われる。されば，原審並びに検察事務官がその取調に際し被告人に黙秘権のあることを告知しなかつたからとて所論のような違法はなく，またこれらの取調に基く被告人の供述が任意性を欠くものと速断することもできない。

その他のものとしては，次のような判決・決定が見られる。
最判昭和29・9・24刑集8-9-1534は，次のように判示した。

第一審裁判所が公判廷外の証人尋問において尋問事項書を被告人に送達することなしに証人を尋問し，また記録上特段の事情がうかがわれないのに恐喝の被害者等の証人をその裁判所において公判期日外で尋問したことは認められるが，右証人尋問期日には被告人も弁護人も立ち会つておりながら何らの異議を述べることなく尋問を終了し，また後に公判において右証人尋問調書の証拠調が施行せられた際にも被告人，弁護人が異議を述べた形跡のない本件においては，尋問事項書不送達の瑕疵及び特段の理由なしにその裁判所において公判期日外の証人尋問をした手続に対しては，これを違法として上訴することはできないものと解するのが相当である。……従つて所論違憲論も亦その前提を欠くものといわなければならない。

最決昭和33・5・6刑集12-7-1327も，次のように判示した。

V　この期の刑事判例の特徴

弁護人所論第一点並びに被告人の所論は，原審が病気のため出頭できないとして所定の診断書を添附して公判期日の変更を求めている私選弁護人佐藤菅人の求めに応じないで，第一回公判期日を開き，その当日弁護人を国選して先に提出されている控訴趣意書に基いて弁論させ結審したのは被告人の弁護権を奪つたもので憲法三七条三項に違反するというのである。……しかし，記録によると原審弁護人佐藤菅人は昭和三〇年八月頃から乳糜病のため全身衰弱が甚しいというのに漸く原審の第一回公判期日（同年一一月一八日）の三日前に公判期日の変更申請をしたに止まり（右公判期日の通知は二ケ月余りの余裕を以て右弁護人になされている。），添附の診断書によればなお二ケ月の安静加療を要するものとされている。控訴審において弁護人は控訴趣意書に基いて弁論をするものであるが，佐藤弁護人の控訴趣意書には量刑不当の主張があるに止まり，事実の点については争がないのである。その控訴趣意書には被告人の名誉職就任についての数種の証明書が添附されているが，それについて事実の取調の請求があつたものとは解することができない。これらの被告人の地位については既に一審で弁論の対象とされており，一審で証拠調の請求ができなかつたという何らの疎明もないところである。その上被告人は判決言渡期日には出頭しておりながら右の原審第一回公判期日の手続につき何ら異議を述べることもなく，また佐藤弁護人からも書面による異議の申立もされなかつたのである。このような事情の下では原審の手続は違法とはいえず違憲の主張はその前提を欠くものである。

■ 証拠開示に関するもの

検察官手持ち証拠の開示についても，**最決昭和34・12・26刑集13-13-3372**は，冒頭手続前の全面開示命令は違法と判示した。また，**最決昭和35・2・9判時219-34**は，検察官には，取調べ請求の証拠について，あらかじめ進んでこれを開示する「義務」はなく，被告人側にもこれに対応する「請求権」はないと判示した。

■ 公判の分離・併合に関するもの

相被同被告人の公判を分離して，原公判で証人として尋問し，その（自白）供述を得て，これをもって共同被告人の有罪証拠とする手法についても，**最決昭和35・9・9刑集14-11-1477**は，次のように判示し，これを適法とした。同決定も看過できない。

> 所論は原判決の憲法三八条一項違反を主張する。……共同被告人を分離して証人として尋問しても，同証人は自己に不利益な証言を拒むことができ，これを強要されるものではないこと（昭和……二九年六月三日第一小法廷決定，集八巻六号八〇二頁参照）及び共同被告人でも事件が分離された後，他の共同被告人の証人として証言することは差支えなく，また他の事件の証人としての証言が自己の犯罪に対しても証拠となること（……

第2代長官　田中耕太郎

昭和……三一年一二月一三日第一小法廷決定，集一〇巻一二号一六二九頁参照）もまた当裁判所の判例とするところであるから，所論違憲の主張は採用できない。

■ **法令解釈に関するもの**

最判昭和31・6・26刑集10-6-874は，次のように判示し，原審には法令解釈の誤りがあるとして破棄差戻した。

> 職権をもつて調査するに，原判決は，控訴趣意第二点の判断において，被告人Aは，「前記の事実を良く知りながら本件不動産の占有者である被告人Bと共謀して擅に本件不動産につき自己に所有権移転登記をしたことを認め得るのであるから被告人Aにも共謀による横領罪が成立するものといわねばならない」と判示している。しかしながら同第四点について判示するところと第一審判決の判示によれば，被告人Aは，被告人Bに対する元金二万八千円の債権に基きその代物弁済として昭和二四年二月五日本件不動産の所有権移転登記を受けその所有権を取得したというのであるから代物弁済という民法上の原因によつて本件不動産所有権を適法に取得したのであつて，被告人Bの横領行為とは法律上別個独立の関係である。されば本件においてたとい被告人Aが「前記の事実を良く知りながら」右所有権の移転登記を受けたとしても，これをもつて直ちに横領の共犯と認めることはできないのである。原判決はこの点において刑法の解釈適用を誤つた違法あるに帰する。……さらに原判決は，控訴趣意第四点の判断において，「被告人Bが……昭和二十三年九月六日右元金合計二万八千円の担保として本件不動産に二番抵当権の設定登記をしたことは明らかであるが，右二番抵当権設定登記は昭和二十四年二月四日抹消され被告人Bは本件不動産につきCのためにまたその占有を始めたのであるから被告人両名が本件不動産につき更に判示の如く所有権移転登記をした以上その所為はまた横領罪に該当するものというべく……」と判示している。しかしながら仮りに判示のように横領罪の成立を認むべきものとすれば，被告人Bにおいて不動産所有権がCにあることを知りながら，被告人Aのために二番抵当権を設定することは，それだけで横領罪が成立するものと認めなければならない。判示によれば，昭和二四年二月四日右二番抵当権登記は抹消されたというが，第一審判決の認定によれば，その翌日二月五日代物弁済により被告人Aに所有権移転登記をしたというのであつて，記録によれば，右二番抵当権登記の抹消は所有権移転登記の準備たるに過ぎなかつたことを認めるに十分である。されば原判決がことさらに被告人Bが右二月四日一日だけCのため本件不動産の占有を始めたという説明によつて右所有権移転登記の時に横領罪が成立すると判断したことは，刑法の解釈を誤つた違法があるに帰する。……以上の理由により，所論について一々判断することを省略し，刑訴四一一条一号により原判決を破棄し原審に差し戻すを相当とし同四一三条に則り裁判官全員一致の意見で主文のとおり判決する。

V　この期の刑事判例の特徴

■ 事実認定に関するもの

　数少ないが，事実認定に関しても，小法廷決定がみられる。**最決昭和33・7・22刑集12-12-2712**がそれで，その特定に重要性を持つ基幹部分については選択的認定が許されないとした上で，法定刑に違いがある場合もこの基幹部分に当ると判示した。

■ 判決に関するもの

　ここでも，幾つかの判決が出されている。
　最判昭和25・9・19刑集4-9-1695は，次のように判示した。

> 本件第一審判決は証拠の標目を一括挙示しているけれども，従つて判文上は証拠と事実との関連性は明かでないが記録と照らし合せて見れば，どの証拠によつてどの事実が認定されたか極めて明白である。しかも第一の事実と第二の事実とは発展的に遂行されたものであつて，証拠も共通のものが多いばかりでなく，一方の事実に関する証拠は間接に他の事実についても情況証拠になつているとも見られないことはない。従つて本件においては一と第二の事実につき一括して証拠を挙示することがむしろ自然であると思われるのであつて……原判決の証拠の標目挙示は刑訴法第三一七条および第三三五条第一項の趣旨に反するものでないと思う。

　最判昭和25・11・17刑集4-11-2328も，次のように判示した。

> もとより判決は，その宣告するところと判決書に記載するところと異るようなことがないように，判決宣告の際に判決書の作成せられていることが望ましいことであり，殊に本件のように判決宣告後四〇日を経て判決書が作成せられるようなことは，妥当とはいえないが，それだからといつて直ちに右判決を違法であるということはできない。そしてこの見解は，大審院の判例とするところであるが（大正一三年（れ）第一二三一号同年一一月二〇日判決），当裁判所も右とその見解を一つにするものである。論旨は理由がない。

　最判昭和28・12・15刑集7-12-2444は，法条の羅列を適法とし，次のように判示した。

> 法令の適用については，如何なる法令を適用して主文の判断をするに至つたかが判るならば，法条の羅列も違法でないと解すべきところ，第一審判決の適条によつて十分に第一審判決の法令上の根拠を知り得るのであるから，この点についての違憲論も亦前提を欠く（昭和二六年（あ）第四五六一号同二七年一〇月二日第一小法廷決定，判例集六巻九号一一〇〇頁参照）。

　いずれの判決においても，裁判官の負担の軽減が図られている。そのほかのものと

第2代長官　田中耕太郎

しては，判決の宣告については通訳人をつけるべきだと判示した**最判昭和30・2・15刑集9-2-282**もみられる。

■ 勾留日数の算入に関するもの

　勾留日数の算入に関しても，次のように判示した**最判昭和30・12・26刑集9-14-2996**がみられる。

　　所論の要旨は，原判決は被告人を懲役二年に処し，第一審の未決勾留日数中百日を右本刑に算入すると言い渡したのであるが，未決勾留は，原判決が無罪とした詐欺の公訴事実を原由とするものであるから，この日数を勾留の原由となつていない他の公訴事実により有罪とされた本刑に算入することは，大審院判例に違反するというにある。よつて記録を調べてみると，検察官は被告人に対する四個の詐欺及び一個の横領の各事実につき昭和二七年七月一二日静岡地方裁判所に公訴を提起し，さらに被告人に対する一個の横領の事実につき同年九月三〇日同地方裁判所に公訴を提起し，同地方裁判所は，右六個の公訴事実を併合審理した上，昭和二八年一月三〇日右各事実全部を有罪と認め被告人を懲役三年に処する旨の判決を言い渡し，これに対し被告人は翌三一日東京高等裁判所に控訴を申し立て，同高等裁判所は同年八月一七日第一審判決を破棄し，前記四個の詐欺事実中三個の詐欺事実及び二個の横領事実を有罪と認め，前示のような判決を言い渡すとともに，その理由において残り一個の詐欺事実すなわち被告人が○○を欺罔して同人から砲金八貫七百匁位を騙取したとの点については，結局犯罪の証明が十分でないことに帰するとして，主文において無罪を言い渡したことが認められる。そして未決勾留については，被告人は第一次の公訴提起前の昭和二七年七月四日静岡地方裁判所裁判官早田福蔵発付にかかる勾留状によつて勾留され，その後この勾留は一二回更新され，原判決の宣言の日にまで及んだのであるが，右勾留状に記載する被疑事実の要旨は前記無罪の言渡を受けた一個の公訴事実と同旨の事実だけであること，及び原判決が有罪の認定をした被告人に対する前記三個の詐欺及び二個の横領の各事実については，勾留状が発付されていないこと所論のとおりである。ところで検察官が同一被告人に対し数個の被疑事実につき公訴を提起した場合，それが一個の起訴によると，またはいわゆる追起訴によると，さらにまた各別個の起訴によるとを問わず，そのうち一つの公訴事実についてすでに正当に勾留が認められているときは，検察官は他の公訴事実について勾留の要件を具備していることを認めても，それについてさらに勾留の請求をしないことがあるのは，すでに存する勾留によつて拘束の目的は達せられているからであつて，このような場合，数個の公訴事実について併合審理をするかぎり，一つの公訴事実による適法な勾留の効果が，被告人の身柄につき他の公訴事実についても及ぶことは当然であるから裁判所が同一被告人に対する数個の公訴事実を併合して審理する場合には，無罪とした公訴事実による適法な勾留日数は他の有罪とした公訴事実の勾留日数として計算で

きるものと解するを相当とする。されば本件において原判決が無罪とした公訴事実につき発せられた勾留状の執行により生じた未決勾留日数の一部を他の有罪の言渡をした公訴事実の本刑に算入する旨言い渡したことをもつて違法ということはできない。所論引用の大審院判例は前示の趣旨に反する限り変更すべきものであるから所論は採用できない。

本最判昭和30・12・26は，また，裁判所が同一被告人に対する数個の公訴事実を併合して審理する場合には，無罪とした公訴事実による適法な勾留日数は他の有罪とした公訴事実の勾留日数として計算できるものとし，無罪とした公訴事実につき発せられた勾留状の執行により生じた未決勾留日数の一部を他の有罪の言渡をした公訴事実の本刑に算入する旨言い渡したことをもって違法ということはできないと判示した。

■ 上訴に関するもの

　上訴についても，幾つかの判決・決定がみられる。**最判昭和26・9・6刑集5-10-1901**は，次のように判示した。

> 現行法上控訴審はいわゆる事後審として認められているのであって控訴審における事実の取調は，第一審判決の当否を判断するに必要な範囲にかぎられるのであり，その必要の有無は刑訴三九三条一項但書の場合を除き裁判所の裁量に委ねられているのである。……そして裁判の審級制度については，憲法上同八一条の場合以外は法律を以て適当に定め得るものと解すべきことは，当裁判所判例の屡々示したところである。されば現行刑訴法が控訴審を覆審とせず事後審とし，前示の如く規定したからとて，これを目して違憲であるということはできない。

最判昭和30・12・26刑集9-14-3011も，次のように判示した。

> 控訴審が一審判決の当否を判断するため事実の取調を進めるにつれ，検察官から訴因変更の申出がある場合に，控訴裁判所は審理の経過に鑑み，訴訟記録並びに原裁判所及び控訴裁判所において取り調べた証拠によつて原判決を破棄し自判しても被告人の実質的利益を害しないと認められるような場合においては，訴因変更を許すべきものと解するのが相当である。

最判昭和31・3・30刑集10-3-422も，忌避申し立ての簡易却下に対する即時抗告には執行停止の効力はなく，刑訴法425条は同24条により却下決定には適用されないと判示した。

■ 控訴審に関するもの

　最判昭和31・7・18刑集10-7-1147は，事実を確定しないで無罪とした原判決を破

第2代長官　田中耕太郎

棄して有罪とするときは，必ず事実の取調べが必要だとし，次のように判示した。

　　第一審判決が公訴事実の存在を確定していないのに，原審が何ら事実の取調をすることなく，刑訴四〇〇条但書にもとづき訴訟記録及び第一審裁判所において取り調べた証拠だけで書面審理によつて公訴事実の存在を確定し有罪の判決を言渡すことが適法か否かについて按ずるに，刑訴法における控訴裁判所は当事者の申立により又は職権によつて，第一審判決に，同法三七七条乃至三八二条及び三八三条に規定する事由，即ち破棄事由があるかどうかを調査する事後審査の裁判所であつて，右の調査をするについて必要があるときは，控訴裁判所は自ら事実の取調をすることができるのであり，又同法三九三条一項但書の場合は必ず事実の取調をしなければならないのである。そして右事実の取調を含めた右調査の結果，第一審判決に破棄事由があると思料した場合には，控訴裁判所は，原判決を破棄し，被告事件を管轄裁判所に移送するか若しくは，原裁判所に差し戻し，又は原裁判所と同等の他の裁判所に移送し，第一審裁判所をして被告事件について再審理させるのを原則とするのである。刑訴四〇〇条但書は，この原則に対し，右調査の結果，第一審判決に破棄事由があると思料した場合でも，訴訟記録並びに第一審裁判所において取り調べた証拠のみにより，又は，これと，前記破棄事由が存するか否かを調査するため控訴裁判所が事実の取調をしたときは，その取り調べた証拠と相俟つて，被告事件について判決をするに熟している場合は例外として控訴裁判所自ら被告事件について判決をすることを許した規定と解すべきである。しかるに本件においては，第一審判決は被告人等がそれぞれ判示船舶を輸出しようと企てたとの公訴事実は，確定していないのであり，且つ被告人等には右旧関税法七六条の罪の罪責なしと判決しているのであるから，右判決に対し検察官から控訴の申立があり，事件が控訴審に係属しても被告人等は，憲法三一条，三七条の保障する権利は有しており，その審判は第一審の場合と同様の公判廷における直接審理主義，口頭弁論主義の原則の適用を受けるものといわなければならない。従つて被告人等は公開の法廷において，その面前で，適法な証拠調の手続が行われ，被告人等がこれに対する意見弁解を述べる機会を与えられた上でなければ，犯罪事実を確定され有罪の判決を言渡されることのない権利を保有するものといわなければならない。それゆえ本件の如く第一審判決が被告人の犯罪事実の存在を確定せず無罪を言渡した場合に，控訴裁判所が第一審判決を破棄し，訴訟記録並びに第一審裁判所において取り調べた証拠のみによつて，直ちに被告事件について犯罪事実の存在を確定し有罪の判決をすることは，被告人の前記憲法上の権利を害し，直接審理主義，口頭弁論主義の原則を害することになるから，かかる場合には刑訴四〇〇条但書の規定によることは許されないものと解さなければならない。してみれば，本件第一審判決は被告人の犯罪事実を確定しないでただ法令の解釈として罪とならないとしているのであるから原審が右第一審判決の法令解釈に誤があると思料したときは，第一審判決を破棄し被告事件を第一審裁判所に差戻し若しくは移送するか，または自ら事実の取調をすべ

きに拘らず原審は何ら事実の取調をしないで直ちに訴訟記録及び第一審で取り調べた証拠のみにより被告事件につき有罪の判決をしたのは違法であつて，原判決はこの点においても破棄しなければ著しく正義に反するものと認むべきである。……そして刑訴四〇〇条但書に関する従来の判例は右解釈に反する限度においてこれを変更するものである。……よつて被告人A，同Bを除くその余の被告人等に対しては刑訴四一一条に従い原判決及び第一審判決を破棄し，本件は原判決後の法令により，刑の廃止があつた場合にあたるから，刑訴四一四条，三三七条二号によりそれぞれ免訴の言渡をなすべく，被告人A，同Bに対しては，刑訴四一一条に従い原判決を破棄し，本件公訴事実中，昭和二一年勅令三一一号違反の点は原判決後の法令により刑の廃止があつた場合にあたるけれども，右は本件公訴事実中旧関税法違反の公訴事実と，一個の行為で二個の罪名に触れるものと解すべきところ，右旧関税法違反の点については，原判決に影響を及ぼすこと明らかな訴訟手続の法令違反があること前記のとおりであるから，刑訴四一三条により，右被告人両名に対する本件全体を，第一審裁判所に差し戻すべきものとし主文のとおり判決する。

最判昭和31・12・13刑集10-12-1633も，次のように判示した。

上訴審において訴訟費用の裁判を是正すべき場合は単に本案の裁判に対し上訴の申立があつただけでは足らずその上訴が適法であり且つ理由があり本案についても下級審の判決が取消される場合に限るものといわなければならない

最決昭和26・4・13刑集5-5-902も注目される。刑訴法上，特別抗告（法433条1項）の理由は法405条（憲法違反・判例違反）に規定する事由に限られているが，「本件のような場合に原決定を破棄しなければ著しく正義に反するものと認められるのである。そして最高裁判所が正義を維持するために発動する職権破棄権は本件のような場合には当然これを保有するものというべきであるから，本件特別抗告については，刑訴四一一条の準用があるものと解するのが正当である。」と判示した。

その他，**最決昭和35・2・27刑集14-2-206**も，「昭和三四年一二月二一日東京高等裁判所が云渡した判決に対し，被告人両名の原審弁護人松木明から電報による上告の申立があつたが，電報は刑訴四一四条，三七五条にいう申立書に該当しないから，本件上告の申立は不適法である（昭和二五年（あ）第二八三〇号，同年一二月五日第三小法廷決定，集四巻一二号二四八九頁参照）。」と判示した。

■ **訴訟費用に関するもの**

訴訟費用の負担についても，**最判昭和30・1・14刑集9-1-52**がみられる。次のように判示した。

第２代長官　田中耕太郎

原判決は訴訟費用中第一審証人Ｋに支給した分（昭和二五年七月三日支給）を被告人の負担としているが，右費用は本件公訴事実中原審において無罪の言渡のあつた点に関する証人尋問について生じたものであつて，しかも被告人の責に帰すべき事由によつて生じた費用とも認められないから，右訴訟費用を被告人に負担せしめたことは違法であるといわねばならない。そして右の違法は判決に影響を及ぼすべきこと勿論であり，著しく正義に反するものと認められるから刑訴四一一条一号により原判決を破棄すべきものとし同四一三条但書に従い更に判決すべきものとする。……よつて原判決の認定した事実に対し法令を適用すると，判示詐欺の点は刑法二四六条一項六〇条に，業務上横領の点は同法二五三条六五条一項六〇条に，窃盗の点は同法二三五条六〇条に各該当するところ，右業務上横領の点は身分により刑の軽重がある場合であつて，被告人は身分のない者であるから同法六五条二項により通常の刑である同法二五二条一項の刑を以て処断すべく，以上の各所為は同法四五条前段の併合罪であるから同法四七条本文一〇条により犯情最も重いと認める第一審判決判示第三（四）の窃盗の罪の刑に法定の加重をした刑期範囲内で被告人を懲役一年六月に処し，同法二一条に従い第一審における未決勾留日数中五〇日を右本刑に算入すべく押収に係るランニングシヤツ三枚……は押収した贓物で被害者に還付すべき理由明白であるから刑訴三四七条一項によりこれを被害者に還付することとし，主文表示の訴訟費用は同法一八一条一項により被告人の負担たるべきものとする。……よつて主文の通り判決する。

■ 再審に関するもの

再審に関しても，**最決昭和29・10・19刑集8-10-1610**がみられる。次のように判示し，刑訴法435条6号の「明らかな証拠」には当らないとした。

右大審院決定を調べてみると，その案件は第一審判決に服罪したために有罪に確定した再審請求人が，控訴をして無罪を言渡された共犯者に対する控訴審における証人尋問調書等を援用した場合であつて，本件の場合とは事案を異にするので判例として適切でなく，原裁判所の決定は所論大審院決定に反するところはない。（刑訴四三五条六号の「明らかな証拠」であるかどうかは各事案によつて異るのであるから所論判例における証拠が再審請求の要件に当ると判断されたからといつて，本件における再審請求書添附の証拠が右の要件に当ると即断し得ないことはいうまでもない。そして，本件再審請求書添附の各書面はその内容自体必ずしも明白ではないので「明らかな証拠」といえないばかりでなく，原審の確定した事実によれば，抗告人はその援用にかかる証拠があることを知りながら且つこれを提出することができたのに，他人の罪を背負うためことさらこれを提出しないで判決確定後再審の請求をするに際し始めてこれを主張し提出したのであるから，本件の場合は「証拠をあらたに発見したとき」に該当するものでないこと原決定の説明するとおりである。そればかりでなく，本件犯行当時の食糧管理法によれば，

買受，売渡，運搬の行為はいずれも同法九条一項の規定による命令に違反する行為として法定刑を同じくする同法三一条の罰則の適用を受けるものであるから，仮に所論の証拠が「あらたに発見」されたるものに当るとしても，確定判決の第二犯罪事実たる抗告人が玄小麦を運搬した事実が確定しており，本件再審請求書によれば，抗告人は確定判決の第一犯罪事実たる抗告人が玄小麦を買受けた事実及び同第三犯罪事実たる抗告人が玄小麦を売渡した事実については，その買受，売渡の事実を否認し，真実は単に運搬したにすぎないのであると主張するのであるから，仮に右の主張事実を認めても，前記法条の適用を受けることを免かれない以上，本件の場合が刑訴四三五条六号の「原判決において認めた罪より軽い罪を認めるべき」等の場合に当らないこと明白である。）

■ 非常上告に関するもの

窃盗被告事件について被告人に対し，少年法を適用し不定期刑を言渡し，当該判決が確定するに至ったところ，右確定判決は，裁判時において既に青年に達していた被告人に対し少年法を適用したことになるとした非常上告に対し，**最判昭和26・7・6刑集5-8-14**は，次のように判示し，非常上告を棄却した。

和歌山簡易裁判所が昭和二四年一一月九日所論窃盗被告事件について被告人に対し少年法を適用し一〇月以上二年以下の懲役及び未決通算二〇日の判決を言渡し該判決が当時確定するに至つたのであるが右は被告人が同裁判所においてAと偽名すると共にその生年月日を昭和六年一一月一五日と偽つていたためであること及び右判決確定後被告人の本名はBであつてその生年月日も昭和四年七月二五日であることが判明したことは一件記録により明らかであるから右確定判決は裁判時において既に成年に達していた被告人に対し少年法を適用したことにはなるがそれは同裁判所が前記のように被告人が生年月日を偽つていたために被告人が成年であつたにかかわらずこれを少年と誤認したことに基因するのである，而して非常上告は抽象的に法規適用の誤を正すことを目的とするものであつて個々の裁判の事実認定等の誤を是正することを目的とするものではないから（昭和二五年（さ）第三六号同年一一月八日大法廷判決参照）本件のように確定判決の事実認定を争いその事実認定非難を前提としてその審判が法令に違反したものとして非常上告をすることはこれを許さないものと云わなければならない，従つて論旨は非常上告適法の理由とならないものである。

3 下級審判決・決定

■ 捜査に関するもの

職務質問に伴う有形力の行使について，適法とした**仙台高判昭和30・10・13高裁特報2-19-998**がみられる。その理由について，次のように判示した。

およそ停止させるということは，単に言語のみによるべきであつて物理的方法によることはすべて許されないと解すべきではなく，言語による場合でも語調や態度の如何によつては許されないことがあり得ると同時に，物理的方法であつても，少なくとも注意を促し又は翻意を求めるために単に身体に手をかける程度のことは，それが強制にわたらない限り許されるものと解するのが相当である。同法条第三項はその意に反する連行の許されないことを明らかにしているが，相手に同行を求める事情を告げて納得させ翻意を求めるために相手を停止させる措置をとることも，右に述べた限界を逸脱しない限り，右（警職法第二条—引用者）第三項の趣旨に反するものではないと解すべきである。

おとり捜査と憲法の関係を説いた判決もみられる。たとえば，**東京高判昭和26・11・26高刑集4-13-1933**は，次のように判示した。

惟うに警察官は国民の生命身体，財産の保護に任じ犯罪の捜査，被疑者の逮捕及び公安の維持に当ることを以て責務とし，その活動は厳に法律の定むる所に従い右責務の範囲に限られるべきで，その犯罪捜査に当つてもいやしくも日本国憲法の保障する個人の自由及び権利の干渉にわたる等その機能を濫用することは許されない（警察法第一条）ものであることは論を要せない所であるから，如何なる事由があるにせよ警察官が国民に対し犯罪実行の機会を与えるようなことは犯罪捜査の手段としては適当でなく，殊に無辜の国民をして犯罪を犯さしめるようなことは絶対に許されないのであるが，本件のような麻薬事件においては，麻薬の不正な使用は人の健康に有害なばかりでなくその害毒は容易に社会の各層に伝播する特性があつて，国民の健全な社会生活を破壊し，公共の福祉に重大な悪影響を及ぼすことが明らかであるから，もしこの種事犯が発生した場合には迅速に，しかも徹底的にその犯罪を捜査し，犯人を検挙してその犯罪の根源を絶滅しなければならないにも拘らずその犯行は通常極めて隠密的に行われ，その数量は微量であり，且これを授受する者の間には普通犯におけるような被害者という者がないため，この種犯罪の捜査には格別の困難の存することは明らかである。されば麻薬取締法第五十三条は麻薬取締員は麻薬に関する違反の捜査にあたり厚生大臣の許可を受けてこの法律の規定に拘らず，何人からも麻薬を譲り受けることができる旨を規定しているのである。勿論この規定は一般の警察官には直接適用はないが，右説述する如き麻薬取締法の特殊性に鑑みるときは，前段叙説するような現に犯罪が行はれておる際に警察官がこれを探知し，その犯人を捜索逮捕するに当つて前記程度の手段を用いたことは違法とするには当らない。少くとも本件においてはこれを以て被告人Yの個人としての尊厳を犯して憲法の精神に違背したものと断ずることは正当でない。

本東京高判昭和26・11・26と異なり，「憲法前文並びに第一三条に牴触するが故に，結局かような行為（一引用者）は罪とならないものと解すべき」と判示した**横浜地判昭和26・10・17刑集8-11-1722**（判文によれば，この事例は占領下の特殊事情として連合国軍所属

の機関によって行われたものとされる。）などもみられた。ただし，すでにみたように，その上告審である前掲・最判昭和29・11・5は，これを適法とした。

他方，**東京高決昭和28・7・17判時9-3**（十日町事件）は，捜査機関による盗聴行為に関して，次のように判示した。

> 日本国において，主権は国民に存し，国民の住居，言論，集会，結社及び政治的活動等に関する基本的人権については最大の尊重を必要とすることは所論の通りであるが，同時に日本国民は何人も常に公共の福祉のために此等の基本権を利用すべき責任を負うから，此等基本権の行使は無制限なものでなく，公共の福祉の維持と調和するに必要な限度内にとどまるべき関係にある。而して凡そ犯罪の嫌疑がある場合には，その種類及び被害程度等の如何にかかわらず，その捜査に努むべきは当該司法警察職員の職権並に職務に属しその捜査の方法に関しては，特に強制的処分に渉らず，また法の規制するところに従う限り，その捜査目的の達成に必要な処分をなすを妨げない。従つて此の処分の対象となる者は被疑者本人に限らず，当該事件の真相を探知して捜査目的を達成するに必要な関係に在る第三者も亦これに包含せられるものと解すべきである。……これを本件について見るに，本件聴取の行われた時より相当以前から，いわゆる日本共産党八幹部については団体等規正令違反の嫌疑があるにかかわらず，同人等の所在は久しく不明であり，そのため全国的に捜査手続が進められつつあつたところ，前記Tも同党員であつて，同人方にはUその他若干名の同党関係者が屡々出入して集会することもあり，且つ昭和二六年一一月頃になつてからは，同人等の会談内容等によつては右八幹部の動静等も探知し得る様な情勢も見えたため，当時同方面の犯罪捜査を担当していた五十嵐警部補はかねて一般的に犯罪捜査用として設楽署長から交付せられていた本件増幅器を使用して，前記の様に聴取するに至つたもので，即ち本件聴取の目的は専ら右八幹部の前記被疑事件に関する捜査に在り，その聴取器の取付け及び使用のためT方に出入するについては，同家屋管理者たる同人の承諾を受けたのであるが，同器はTの居室の外側近くに取付けられたにすぎず，之によつて同室内の外観，音響等の利用形態には何等の影響をも来さなかつたことはいずれも記録上明白である。また右聴取が所論の様に日本共産党の合法的政治活動を弾圧する準備に資する目的を以てなされたものであるとの事跡は記録上これを発見し得ない。而して右聴取器の取付け及び使用は聴取せられるT等に対しては穏密裡になされたものではあるが，却つてそのために前叙の様に，同人等の居室の内外に亘つてこれを附着せしめて使用したものでもなくまた右取付及び使用については家屋管理者の承諾を得たものであるから，捜査当局は此の聴取を以て敢て強制的処分と謂うに当らないものと考えていたことは記録によつて明白である。かくして右聴取は，右捜査目的を達成するに必要な範囲と限度とにおいて行われた限においては，たといその為に前記T等の所論基本権等の行使に軽度の悪影響が与えられたとしても，それは右聴取行為に必然的に伴う結果であつてこれを目して職権を濫用するものであるとす

ることはできない。何となれば，右の範囲と限度内における聴取は合法的な捜査行為として公共の福祉を図る所以であるから右Ｔ等は所論基本権等を右の公共の福祉のために利用すべき責任を有するからである。尤も右聴取の遂行過程において，右捜査目的の達成には直接資するところのない談話内容等が当該司法警察職員の聴覚に触れることはあり得るが，本件においてかかる事実が実在し，そのために所論Ｔ等が国民として有する住居，言論，結社等の自由に関する基本的人権が脅威又は侵害を受けたとの事実を疑うに足る十分な根拠は記録上存在しない。しかしまた右の様な脅威又は侵害を伴つた聴取事実が本件において絶対に発生しなかつたとの事実はこれを十分に証明し得ない関係にある。従つて若し右秘聴行為に際して右の脅威を伴いその結果所論基本的人権が一般的に侵害せられたことがあるとすれば，それは畢竟職権行使の限度を超えたものとして，その濫用に該当するに外ならないと謂わなければならない。しかし，本件において抗告人が問題としている刑法第百九十三条の職権濫用罪が成立するためには，公務員がその職権を濫用して人をして義務のないことを行わしめ又は行うべき権利を妨害したことを要するところ，本件においては右聴取のため何人も義務のないことを行わしめられた事実はないばかりでなく，又何人も行うべき権利を妨害せられていないことは記録に徴して明瞭である。何となれば，同条にいわゆる行うべき権利を妨害するとは，一定の権利が具体化し，それを現実に行使し得る具体的条件の備わつた場合において，公務員が，その職務執行の具体的条件が備わらないにかかわらず，現実に右の権利行使を妨害することを意味するのであつて，前示Ｔ等の基本的人権に抽象的に脅威若くは侵害を与えるにすぎない行為は未だ以て右権利行使の妨害に該当することができないからである。加之右の職権濫用罪が成立するがためには，行為者において職権濫用の認識があることを要するところ，本件において右聴取者に右の認識がなかつたことは，右聴取行為の目的について前述したところ並びに記録に徴し明白であるから，たとい右脅威乃至侵害行為が右権利行使の妨害に該当するとしても，本件においては右職権濫用罪は，その主観的構成事実を欠くことのために，成立しないものと謂わなければならない。

■ 令状に関するもの

差押令状における罪名特定に関して，**東京地決昭和33・6・12一審刑集1・追録2367**は，次のように判示した。

差押は物の占有の取得を目的とする強制処分であつて，相手方の財産権を侵害するものであるところから，人の物の所持の安全を図るため，憲法第三十五条は捜査機関が差押をなすには，同法第三十三条の場合を除いては，押収するものを明示する司法官憲の令状に基くことを要するものとし，かつ刑事訴訟法第二百十九条は右令状には罪名を記載すべきことを要求している。しかして右令状中に罪名の記載が要求せられている理由は，同条によつて要求せられている被疑者の氏名の記載と相まつて，いかなる被疑事件につ

いて差押がなさるべきであるかということを明らかにしこれを特定するとともに，令状が捜査機関によつて恣に右特定事件以外の他の被疑事件の捜査に流用せられることを防止し，もつて相手方の財産権を保護するとともに，被疑者を不法なる探索的差押からまもる趣旨に出たものであることは否定できない。しかし，かような差押処分に際する相手方及び被疑者の保護は，むしろ憲法第三十五条及び刑事訴訟法第二百十九条によつて要求せられる令状中における差押物件の特定によつてはじめてこれを全うすることができるものであつて，単なる罪名の記載のみによつて十分に右の目的を達成することの困難であることはいうまでもないことであるから，法は，捜査機関の差押の濫用防止の機能は主として令状中における差押物件の特定によつてこれを贖うべきものとし，罪名の記載による人権保障的機能については極めて軽い意義しか認めていないものと解して差支ないものというべきである。なおまた，法が令状中における差押物件の明示の外に，被疑事件を特定することによつて完全に令状の濫用を防止しようとするならば，逮捕状の場合のように，罪名の外被疑事実の記載をも要求すべき筈であるにかかわらず，差押令状については，被疑事実の記載を求めず，被疑者の氏名の外罪名の記載のみをもつて被疑事件の特定性を明らかにしようとしているに止まつていることによつても右の法理を推知するに十分である。してみれば，差押令状に記載すべき罪名は，公職選挙法違反のように，幾種類もの犯罪構成要件を規定する法律の違反事件の場合においては，被疑事実が該当する具体的な法条を記載する等の方法により，他の同法違反の罪と区別し得るように，その罪名を記載することがのぞましいことは勿論であるが，単に公職選挙法違反と記載したとしてもこれを目してあながち違法であるということはできないものと解すべきである。従つて本件許可状には，所論のごとき瑕疵はなく，この点に関する申立代理人の主張は理由がない。

■ 告訴に関するもの

告訴の効力についても，告訴の追完は認めるべきではないと判示した**名古屋高判昭和25・12・25高判特報14-115**のほか，「告訴不可分の原則により右司法警察員に対する土壌窃盗の告訴の効力は之と一罪の関係にある玉蜀黍の損壊にも及ぶものと認むべきであるから，原判決認定の第一事実については総て適法な告訴があつたものと謂うべく，所論のように親告罪につき告訴なくして審理判決した違法はなく，論旨は理由がない。」と判示した**東京高判昭和33・5・31高刑集11-5-257**がみられる。

■ 公訴に関するもの

公訴についても，幾つかの判決がみられる。起訴状謄本の被告人への送達の遅延に関して，**東京高判昭和26・3・13高刑集4-6-569**は，次のように判示した。

第2代長官　田中耕太郎

被告人が昭和二十五年四月二十八日詐欺，横領罪によつて原裁判所に起訴されたこと，同年五月九日右被告事件の起訴状謄本が被告人の肩書住居に送達されたが当時被告人は千葉刑務所に勾留されていたため，右謄本を受領披見することができなかつたこと及び公訴の提起があつた日から未だ被告人において起訴状謄本を受け取つていないこと，をそれぞれ認めることができる。しかし，刑事訴訟法第二百七十一条第一項及び刑事訴訟規則第百七十六条第一項に定められた起訴状の謄本を遅滞なく被告人に送達すべき旨の各規定は，事件につき，被告人の権利防護の必要上定められたものであることは疑のないところであるから，右手続上の瑕疵について，被告人及び弁護人から何等の異議がなく，且つ公訴の提起があつた日から二箇月以内に被告人及び弁護人において右権利防護の機会が与えられることによつて右瑕疵が補正されるものと解すべきである。記録によれば，被告人及び弁護人江幡清は，右公訴の提起があつた日から二箇月以内である同年六月十五日の原審第二回公判期日に出頭し，検察官の起訴状朗読後，裁判所から右被告事件について陳述すべき機会を与えられた際，いずれも該起訴状謄本の送達を受けなかつたことについて何等の異議を止めることなく起訴状記載の被告事件について陳述しているのみならず，裁判所は，右公判廷において弁護人の申請を容れその権利防護のため，公判期日の続行を許可して次回公判期日を指定告知し，さらに，その後の公判期日においても被告人及び弁護人に対し，しばしばその権利防護の機会を与えているのであるから，右手続上の瑕疵は，これによつて補正されたものというべきである。……従つて，該手続上の法令違背は以上説示の事由によつて治癒された結果，原審の訴訟手続には，いわゆる判決に影響を及ぼすべき違法があるということはできない。論旨は結局理由なきものである。

　また，**札幌高判昭和28・11・19高刑集6-12-1730**は，常習累犯窃盗事件の公訴の効力及び判決の確定力の時的限界は，事実審理の可能性のある最後の時，すなわち，刑訴法第313条第1項の法意よりして，判決言渡の時を標準とすべきであつて，それまでに行われた窃取行為については公訴の効力及び判決の既判力が及ぶとした。

■ **審判の対象**

　ここでは，原判決を破棄した**東京高判昭和30・4・23高刑集8-4-522**が注目される。破棄の理由について，次のように判示した。

　一個の行為により，同時に数人を恐喝して財物を交付させようとして遂げなかつた所為が，一所為数法にあたる場合において，その罪が，右数人の各告訴を待つて論ずべきときは，該所為を起訴した被告事件につき，裁判所は，右数人のうち告訴をしない者に対する部分については，事件の実体について審判することができないものと解すべきところ，記録を調査するに，原判決がその判示犯罪事実（二）に引用する昭和二十九年三月

四日附起訴状記載の公訴事実第三の恐喝未遂の事実が，Y及びその娘Hの両名を恐喝の相手方としたものであつて，一個の行為で二個の恐喝未遂罪に触れる場合にあたるものと認められること，及び，該恐喝未遂の事実が，被告人と同居していない親族に対する犯罪であつて，右Y及びH両名の各告訴を待つてその罪を論ずべき場合にあたること，並びに該犯罪事実について，右Yより告訴のあつた事実は認められるけれども，前記Hから告訴のあつた事実が記録上認めえられないことは，いずれも所論指摘のとおりであるから，該恐喝未遂の事実について検察官のした本件起訴はもとより適法であるけれども，原裁判所としては，右起訴にかかる前示恐喝未遂の事実中，告訴のなかつた前掲Hに対する恐喝未遂の部分については，訴訟条件を欠くため，事件の実体につき審判することができないものといわなければならない。しかるに原判決書及びこれに引用する前示昭和二十九年三月四日附起訴状の各記載並びに原審公判調書の記載に徴するときは，原裁判所においては，被告人の右恐喝未遂の事実につき，告訴のあつたYに対する犯罪事実の部分のみに止まらず，告訴のなかつたHに対する部分についてまでも，事件の実体につき審理した結果，有罪の判決をしたものであることが認められるのであるから，原判決には，この点につき審判することのできない事件の実体について審判をした違法があるものといわなければならない。しかして右の違法は判決に影響を及ぼすことが明らかであると認められるから，原判決は，この点において到底破棄を免れないものというべく，論旨は結局理由があることに帰する。

■ 冒頭陳述に関するもの

刑訴法296条但書にいう「予断を生ぜしめる虞のある事項」に関する下級審判決としては，東京高判昭和35・4・21高刑集13-4-271が注目される。次のように判示し，本件冒頭陳述を適法とした。

> 所論は，検察官は原審証拠調の冒頭において冒頭陳述要旨と題する書面を提出し，これに基き，その第一項において，被告人に本件と同種の非行歴があるとして「強姦罪によつて東北中等少年院に収容された」ものである旨，又その第五項において，「被害者は旅館から逃げだし直ちに所轄警察署に届出た」旨陳述しているけれども，暴行脅迫によつて婦女を姦淫したことを起訴事実とし，しかも被告人がその強姦なる点を否認している本件において，被告人に強姦の非行歴の存することを冒頭において明らかにすることは，正しく予断排除の原則に反し，又前記の「直ちに」との記載は証拠により証明しえない事実に基いた陳述であるから，刑事訴訟法第二百九十六条但書に違反するものであり，これらの違法は，検察官が弁護人の異議申立後裁判所の指示に従つて前記第一項の部分を削除し，同第五項の部分は「一旦勤務先のS方に戻つた後直ちに」と訂正したことによつては治癒されないのみならず，一度このような予断又は偏見を持つに至つた原裁判所は憲法第三十七条第一項にいう公平な裁判所ということはできず，従つてその訴

第2代長官　田中耕太郎

訟手続は同法条項に違反するものである，と主張する。よつて按ずるに，原審第一回公判期日において，検察官が冒頭陳述要旨と題する書面に基いて所論のような陳述をしたことは記録上明白であるが，所論陳述中第一項の部分は，検察官が，被告人には家庭裁判所において強姦罪により中等少年院に送致の決定を受けた事実あることを本件の情状を立証する意図の下に陳述したものと解するのを相当とするところ，刑事訴訟法第二百九十六条の規定する検察官が証拠調のはじめに証拠により証明すべき事実を明らかにするいわゆる冒頭陳述の手続は，起訴状の場合とは異り既に証拠調の段階に入つているのであるから，一切の予断の排除を要求しているものではない。のみならず証拠により証明すべき事実は，単に罪となるべき事実だけに限るわけではなく，情状に関する事項も当然これに含まれるものと解すべきである。検察官が冒頭陳述において前記のような非行歴を情状立証のため明らかにしたからといつて証拠とすることができず，又は証拠としてその取調を請求する意思のない資料に基いて陳述したものでないことが記録上明らかな本件において，これを目して直ちに同法第二百九十六条但書に違反するものということはできない。

■　訴因変更の要否および可否に関するもの

訴因変更の要否および可否に関して，最高裁だけではなく，下級審でも多くの判例がみられる。その中には，原判決の判断を支持したものも存する。たとえば，次のように判示した**東京高判昭和28・2・21高刑集6-1-143**が，それである。

> 刑法第二三八条は窃盗罪を犯したもの或は犯そうとしてこれを遂げなかつた者が，その後において，一定の目的をもつて他人に暴行或は脅迫を加えたときは財物強取の意思のなかつたときでも強盗としてその罪を論ずるというのであつて，その基本的事実関係は窃盗犯人が当該窃盗行為後に他人に暴行，脅迫を加えることにあるのであるから，その目的が得た財物の取還を拒くにあるか，又は逮捕を免れる目的にあるか，はたまた罪跡湮滅の目的にあるかということの差違だけでは公訴事実の同一性には何等影響のないことである。従つて原判決が前述のように罪跡湮滅の為という公訴事実に対し，逮捕を免れる為と認定しても爾余の点に相違がなければ所論のように起訴されない事実を認定した違法の存するものとは認めることはできない。……しからば更に右の如く変更する場合に刑事訴訟法第三一二条の訴因変更の手続を履践する要があるか否かについて考えてみるに原判決の証拠に掲げられている被告人の検察官に対する供述調書には本件暴行の動機に関し「時間がたてばすぐ判ると思つて気が気でなかつた，又，S子と打ち合せた時間に遅れるということが頭にあつて少しも早く出たいと思つているところえ電車が相原駅に進行して入つて来たことが判つたので咄嗟に奥さんを突き飛ばして逃げる気になりました，その電車に乗りそこなうと四十分待たなければならず待ち時間中には捕まると思つたから何んでもその電車に乗ろうと考えたのでした……」の記載があり，右被告

人の供述に現はれた事実によつて検察官は本件暴行が罪跡を湮滅するために出たものと認めたのに対し原判決は逮捕を免るゝ目的でなされたものと判断したにすぎないのである。即ち起訴状と判決との間には何等事実に変更はなく単に評価を異にするにすぎないのである。元より被告人の防禦には何等実質的な不利益を与えるものではないのであるから本件においては訴因変更の手続も要しないものといわねばならぬ。よつて論旨は結局理由のないものと認める。

　しかし，他方で，原判決を破棄したものも存する。**東京高判昭和26・12・28高判特報25-141**は，次のように判示した。

　　一般に犯罪の日時は公訴事実の基本的要素ではないから，日時の多少の相違については敢えて訴因変更の手続きを経る必要がないものと考えられるが，犯罪の日時が犯罪の成否に重大な関係を持つような場合には被告人の防禦に実質的な不利益を生ずる虞があるものとして訴因変更の手続きを経且つ若し必要があるときはその防禦に必要な準備の期間を置かなければならない。……本件について見ると，……訴因変更手続に関する法令の違背があるものというべく，右違背は判決に影響を及ぼすことが明らかであるから，原判決は……破棄を免れない。

　大阪高判昭和31・4・26高刑集9-4-373も，次のように判示した。

　　刑事訴訟法第二百五十六条第三項において「公訴事実は，訴因を明示してこれを記載しなければならない」と定めているのは，公訴犯罪事実が法律的にどのような形に構成せられて審判せられるかという具体的構成要件事実を示すことによつて，裁判所に対しては審判の対象に限界をつけるとともに，訴訟当事者に対しては攻撃防禦の目標と範囲とを限定するためにほかならないから，訴因の追加変更手続の目的は，訴訟の発展段階における審判の対象としての訴因の変化を明示し，よつて訴因の拘束力をその変化に順応させるとともに，訴訟当事者に新たな攻撃防禦の機会を与えるにあるといわなければならない。従つて，訴因の横領を詐欺と変更するように，犯罪の抽象的構成要件すなわち各罰条の類型的構成要件に変更を来す場合には，訴訟当事者の攻撃防禦に実質的な不利益を及ぼすか否かにかかわらず訴因の追加変更を要するし，右の場合に当らなくても，訴因の追加変更が訴訟当事者の攻撃防禦（主として被告人の防禦であるが，裁判所が検察官の思いがけない方向に訴因を変更する場合をも含めて解釈する必要がある）に実質的な影響を及ぼすおそれのあるときには，訴訟当事者にあらかじめ警告を与えなければならないから，ひとしく訴因の追加変更の手続を採ることを要すると解するべきである。結局その要否の標準は，刑事訴訟におけるフェアープレーの原理の要請するところに従つて判定せられなければならないと考える。……本件起訴状によれば，第一事実として「被告人は，昭和二十九年九月七日頃，京都府与謝郡伊根町字本庄上〇〇番地K……方において，同人よりM外約二十名に対する立木売却代金支払のため，現金十九万円，

第2代長官　田中耕太郎

又Yより立木伐採搬出に要する諸道具の借賃として現金五万円をいずれも預り保管中、同年四月十三日頃、大阪市西成区津守町東〇〇丁目〇〇番地飲食店〇〇方その他において、遊興飲食費その他自己の用途に充当するため、内金九万円をほしいままに着服して横領し」との訴因が記載せられていて、審判の対象は、（一）Kから預つた山林立木代金十九万円と（二）Yから預つた伐採搬出の諸道具借賃金五万円の二口合計金二十四万円中九万円を九月十三日頃大阪市において着服横領した事実である。これは、被告人が三重県下へ行く汽車中において金二十四万円中十五万円を盗まれたのちにおいて領得の意思を生じたという弁解に基き残額九万円の着服横領として起訴したものである。これに対し、原判決は「昭和二十九年九月九日ごろ、京都府与謝郡伊根町字本庄上〇〇番地の住居で、二、三日前から、Kの依頼にしたがい、同字に住むMに渡すため、金一九万円を預つていたのをよいことに、同住居から他の府県に出向くにさいし、ほしいままに全額をたずさえかいたいした」と判示し、山林立木代金全額につき、九月九日頃被告人の住居から他府県へ出向くとき拐帯横領したと認定したのである。右の判文を起訴状と対照すると、同じ横領罪の構成要件の範囲内に属することは相違ないが、その内容実質において、金員委託者二名を一名とし、従つて委託金二口を一口とし、領得意思発現の態様を着服横領から拐帯横領に、従つてその日時場所を変更したのみならず、横領金額九万円を十九万円に拡張したのであつて、かような変更は抽象的構成要件には変更がなくても、被告人の防禦権の行使に実質的な影響を及ぼすものといわなければならない。従つて、原判決が刑事訴訟法第三百十二条に定める訴因変更の手続を採らないで、いきなり判決において前記のように訴因と異る認定をしたのは違法であるといわなければならない。しかし、所論の同法第三百七十八条第三号にいわゆる「事件」とは、訴因によつて代表せられる公訴犯罪事実を指すのであるから、起訴にかかる事実と、判決の認定する事実とが同一性を失わないかぎり、訴因の変更又は撤回の手続をしなければならないのにこれをしないで審理判決しても、審判の請求を受けた事件について判決をせず、又は審判の請求を受けない事件について判決をしたことにならないのである。本件において、起訴状記載の、被告人がYから預つた伐採搬出に要する諸道具の借賃」の一部横領の点は、被告人がKから預つた山林立木代金の一部横領と包括一罪又は想像的競合罪の関係にあるものとして起訴せられているので、その点を無罪としても公訴事実の同一性は害せられないから、原判決が右の点については横領が成立しないものと認めながら、主文において無罪の言渡をせずかつ理由中において特にその趣旨の説明をしなくても、審判の請求を受けた事件について判決をしなかつたことにはならない。また山林立木代金の全額について横領罪の成立を認定しても、被害金額の増額に過ぎず、公訴事実はもとより同一であるから、審判の請求を受けない事件について判決をしたことにはならない。これを要するに、原裁判所が訴因変更の手続をしなければならないのに、これをしないで審理判決をしたのは、訴訟手続上の法令違反であり、その違反が判決に影響を及ぼすことが明らかであるから、この点において論旨は理由があり、原判決は破棄を免れ

V　この期の刑事判例の特徴

ない。

東京高判昭和31・2・22高刑集9-1-103も，次のように判示した。

記録に徴せば，「被告人は昭和三十年五月七日より同年六月五日迄の間約六十二回に亘り肩書住居において当時十八歳に満たないＡ女をして氏名不詳者約六十二名と対価を得て情交せしめ以て児童に淫行させたものである。」という起訴に対し，原判決は，何ら訴因変更乃至追加の手続を経由することなく，「被告人は肩書住居においてＫという料理店を営む者であるが，当時十八歳に満たないＡ女（昭和十三年三月五日生）の年令を確認せず，また同女の十八歳である旨の言を聞いただけで，第一，昭和三十年五月七日頃から同月九日頃までの間，前後五回位に亘り，同所において同女をして，氏名不詳の数名と報酬をえて情交させ，第二，同月十日頃から同年六月五日頃までの間，前後五十七回に亘り同所において同女をして，氏名不詳の多数者と報酬をえて情交をさせ以て児童に各淫行をさせたものである。」という児童福祉法第三四条第一項第六号違反の犯罪事実を認定判示していること洵に所論のとおりである。而して児童福祉法第三四条第一項第六号違反の罪は，同一の社会的基礎の上において単一又は継続した意思によつて犯される限り，その淫行をさせた回数において多数回に亘つていても各児童毎に包括的に観察して一罪を構成するものと解するのが相当であるところ，原審が被告人の所為を二個の併合罪の関係にある犯罪とした所以のものは，おそらくは，原審公判廷における被告人の供述に従い，被告人がその所属する組合に対し右Ａ女を雇い入れたことを正式に届け出でた日時を境にして前後の二個の犯罪に区別したものと推察されるのである。然しながら，右被告人の供述その他の証拠に徴せば，被告人において右Ａ女を雇い入れ同女に淫行をさせるという意思を有したことは右届出の有無にかかわらず実質上当初より継続していることが窺われ，その届出によつて被告人の意思の継続が中断されたとか，更新されたとかいう事情は少しも認められないのであるから，被告人の本件所為は，起訴のとおり一罪を構成するものと認むべきものであつたわけである。従つて原審がこれを二罪と判断して併合罪の規定を適用処断したことは法令の適用を誤つたものといわなければならない。……次に訴因制度を採用している現行法の下において包括一罪として起訴されたものを訴因変更乃至追加の手続を経由しないで併合罪と認定することは，本件のような同一構成要件に属する数罪の認定の場合であつても，被告人の側の実質的な利益乃至防禦という見地からすれば，不当な不意打を加えその防禦に実質的な不利益を与えることを免れないのであるから，原審が前記認定について訴因変更乃至追加の手続を採らなかつたことは判決に影響を及ぼすことの明らかな訴訟手続上の法令違背が存するものといわなければならない。論旨はいずれも理由がある。

これらの判決は最高裁判例にはみられないところのものである。新刑訴法で新たに導入された「訴因」概念を下級審で定着させるための，いわば試行錯誤といえようか。

第2代長官　田中耕太郎

■ 自白法則に関するもの

　自白法則に関しても興味深い判決が出されている。それらは，自白の任意性に疑問を呈し，かかる自白を以て罪証に供することは採証法則に反するとしたものである。たとえば，**大阪高判昭和35・5・26下刑集2-5=6-676**は，次のように判示した。

　　論旨は，原判示第一の事実（原判決引用の起訴状記載の公訴事実中一の事実）について知情の点を否認し，被告人の司法警察職員に対する昭和三十四年八月二十五日付供述調書は，黒山警察署の警察官が被告人の指定した奈良弁護士会所属弁護士白井源喜に対する選任の通知を拒否し，被告人の意思に反して本犯のFの供述調書に合致するような供述を強制して作成したものであつて任意性を欠き，かつ憲法第三十七条第三項，刑事訴訟法第七十八条の規定に違反して作成された無効のものであり，右供述調書を前提とする被告人の検察官に対する供述調書の記載内容も真実に反するものであるのにかかわらず，これらの供述調書を証拠として原判示第一の事実につき有罪を認定した原判決には事実誤認の違法がある，と主張する（但し，前記供述調書を無効とする点は弁護人のみ主張する）。……よつて調査するに，原審第一回公判調書の記載によれば，被告人が原判示第一の事実につき知情の点を争つていることは明らかであるが，原判決の挙示する被告人の司法警察職員に対する昭和三十四年八月二十五日付供述調書及び被告人の検察官に対する供述調書には，いずれも，昭和三十四年七月二十七日頃Fから自転車の売却を依頼されたが，それは同人が他から盗んだ自転車を売る意味であることが直ちに判つたという趣旨の供述記載がある。そこで，右司法警察職員に対する供述調書作成の経過について証拠を検討すると，司法巡査山本正治作成の被告人に対する通常逮捕手続書によれば被告人が本件贓物牙保の嫌疑で逮捕されたのは昭和三十四年八月二十五日午後三時三十分であり，当審証人Rの証言によれば右逮捕令状は，それより数日前すでに発せられていたが被告人がそれまで警察に対して多少協力的であつたため不拘束のまま取り調べる方針であつたところ，被告人の供述があいまいであり，かつその供述が変転して証拠いん滅のおそれもあるので逮捕したが，その際被告人は自分は本当のことを述べているのだし，又逃げかくれもしない，間違いなく出頭するから逮捕しないでくれと刑事に頼んでいた，逮捕後は逮捕前とは異なり被告人はほぼ真実に近いと思われる供述をするに至つた，その際被告人の取調に当つたのは前記供述調書の作成者である司法巡査山本正治であつた，ということである。……さらに，当審証人Mの証言によれば，被告人は捜査係主任の自分に対して，逮捕されるのであれば，高田市か桜井といつたように記憶するがシラスカとかいう弁護士に連絡してくれといつたので，自分はすぐに電話で大和高田市の警察へ連絡してもらうように頼んだところ自分が席をはずしていたときに同署から連絡があつて「高田市のシラスカだけでははつきりしない。もう少し詳しく調べてくれ」といつているということなので，すでに留置場へ入れられていた被告人にも「もう少しよく考えておけ。高田市のシラスカだけではわからないと向うがいつている

からもう一度よく考えてみて，思い出したら係長に連絡しろ」といつたが，被告人は「そんなことはない，前にも頼んだことがあるのだからわからない筈はない，もう一度連絡してくれ」，といつていた，自分はその旨を係長に連絡しておいた，弁護士の氏名はシラスカと聞いたと思うが現在では断言できない，ということである．そして，前記R証人の証言においても被告人は捜査係主任の宮下巡査に弁護士を頼みたいから連絡してほしいということをいつていたように思う，名は覚えていないがその弁護士には前にも世話になつて非常に心易い間柄だというようにいつていたと思う，そして，それは前に頼んだ事件で非常によくやつてもらつたという意味であつたと思う，その翌日かにシラスカとかシライとかいう名で連絡したらわかる筈だということで連絡したが結局わからなかつたというようなことを主任から聞いた記憶がある，というのである．ところで，右弁護士の氏名について被告人は当審公判廷において，白井弁護士は昭和二八年頃から知つており，昭和二十八年と昭和三十二年の二回に世話になり同弁護士の宅へも何回も行つたことがあつて，黒山警察署で弁護士を頼みたいといつたときには高田市の白井源喜弁護士と名前まではつきりいつた，と供述しているのである．……以上の証拠から考えると，被告人が捜査主任宮下実に弁護士の依頼を申し出たときに大和高田市の白井弁護士といつたであろうことはおよそ明らかであつて，右宮下が高田警察署に電話した際に仮りに誤つて弁護士の氏名をシラスカと伝えたとしても，高田警察署から前記のごとき連絡があつた後に被告人にその旨を伝えたとすれば，被告人はその際白井弁護士と答えたであろうこともまた明らかであり，右申し出により宮下において再度高田警察署に連絡したならばそれ程弁護士の数の多くない高田市のことであるから，警察署は容易に同弁護士に伝達することができたはずであるが同人はその連絡をしていないのである．そうだとすると，右宮下が被告人の依頼を受けて高田警察署に電話連絡をしたことについてはいささか疑問があり，少くとも再度の連絡をしなかつた点においては同人に重大な過失があつたものと認めざるをえない．そもそも憲法第三十四条によつて保障される弁護人に依頼することのできる権利は，刑事訴訟法第二百三条第一項，第二百四条第一項，第二百九条，第七十八条により逮捕の場合においては司法警察員又は検察官が被疑者の指定した弁護士にその選任の通知をすることによつて確保せられるものであるところ，前記の経緯から判断して本件の場合この点において被告人の権利は全く無視されたものといつても過言ではない．さらに，被告人の逮捕の理由の一つは証拠いん滅のおそれということであるが，当審証人Y，前記R証人の各証言によれば被告人の逮捕より数日前に本犯であるFは逮捕されているのであり，同人の司法警察職員に対する供述調書二通，K及びLの司法警察職員に対する各供述調書によればその当時被告人に対する関係においても一応取調はなされているのであつて，証拠いん滅のおそれは考えられず，むしろ前記のごとく捜査官において被告人の供述があいまいであると考えたために，捜査官の真実と考えるところを供述させる目的から，すでに逮捕令状は発せられていたが不拘束のまま取調を行つていた当初の方針を変更して，逮捕するに至つたものと認められる．

第2代長官　田中耕太郎

しかも，前記のごとく右逮捕後の取調において被告人は逮捕前とは異なり，ほぼ真実に近いものを供述したというのであり，その取調に当つたのが前記山本正治巡査であるところから推して前記八月二十五日付の供述調書が右逮捕後の供述に該当すると認められるのであつて，前記通常逮捕手続書によれば被告人は右供述後の同月二十七日には早くも釈放されているのである。右のごとく前記供述調書は，被告人の憲法により保障された権利を侵害し，かつ被告人の自白を得ることを唯一の目的とする身体の拘束の下に作成されたものであつて，その取調の過程において被告人が不当に心理的な影響を受けるおそれのあつたことが十分に推察されるのであり右供述調書の任意性については疑いを抱かざるをえないのである。したがつて，右供述調書に対してはその証拠能力を認めることができない。もつとも，被告人の検察官に対する供述調書においても前記のごとく知情の点を認めているのではあるが，前記司法警察職員に対する供述調書の任意性が疑われる以上，同調書の記載内容と同趣旨で，かつ更に簡略な右検察官調書の記載内容の真実性についても疑問がもたれるばかりではなく，被告人は原審第一回公判において原判示第二，第三の事実については卒直に自白しているのに反して，原判示第一の事実については本犯のFが田舎に月賦で買つた自転車があるが売つてくれないかと前からいつていたので，盗んできた物とは知らなかつたと供述しているのであつて，このような供述を全く仮空のものとして直に排斥することはできないのである。なお前記Fの司法警察職員に対する昭和三十四年八月二十一日付供述調書及び同人の検察官に対する供述調書には被告人に対して最初から自転車を盗んでくることを打ち明けてあるという趣旨の供述記載があるが，前記Y証人及びR証人の各証言によつて認められるごとく，右Fが逮捕せられたのは被告人が捜査官に協力したことによるものであるから，あるいは同人が被告人に対して反感を抱き，殊更に被告人に不利益な供述をすることも考えられるのであつて，右供述を直ちに信用することはできないのである。そして，右に述べた各証拠を除いては，原判示第一事実の知情の点を証明する証拠は存在しないのである。以上の理由により原判示第一事実の知情の点については疑問があり，結局右贓物牙保の事実についてはその証明が十分でないものといわなければならない。原審の事実認定はこの点において誤りがあり，かつ右の事実誤認は判決に影響を及ぼすことが明らかであるから原判決は破棄を免れない。論旨は理由がある。

福岡高判昭和29・3・10高判特報26-71も，次のように判示した。

検察官の不起訴処分に附する旨の約束に基く自白は任意になされたものでない疑のある自白と解すべきでこれを任意になされたものと解することは到底是認し得ない。従って，かかる自白を以て罪証に供することは採証則に反するものといわなければならない。

これらの下級審判決については，違法性の程度が強いということにもよるが，憲法感覚について最高裁判所との間にスタンスの差も感じられる。

V　この期の刑事判例の特徴

■ 伝聞法則に関するもの

伝聞法則に関しても，下級審判例がみられる。福岡高判昭和28・8・21高刑集6-8-1070は，次のように判示した。自白法則の扱いとの間に差が感じられる。

> 所論の証人Aの証言は公判準備における供述（原裁判所の現場検証の際における証言）であつて第三者の供述をその内容の一部として含むこと原審が右伝聞部分に付，排除決定をなすことなく該供述調書の全部を証拠として採用したこと記録によつて明である。しかしながら右調書及記録を通読すると右の第三者はその氏名，所在不明であつて公判期日に喚問することができず且その供述（前記伝聞部分）が犯罪事実の存否の証明に欠くことのできないものであり，なおその供述者（前同）は本件事故を起した自動車の直ぐ後に続いて事故現場を自転車に乗り通り蒐つた者であり，その場においては被害者の同伴者である右Aに対し前記自動車はKのものだと告げたことをその内容とするものであるから特に信用すべき情況の下になされたものと解するを相当とする。そうだとすれば刑事訴訟法第三百二十四条第二項により準用される同法第三百二十一条第一項第三号の条件を充足するものとし前示伝聞の部分に付いても証拠能力を認むるを相当とする。されば該伝聞部分をも証拠として採用した原判決には所論のような違法はない。仮に右と反対の見解をとり右伝聞部分は証拠能力がなく従つてこれを証拠として採用したことが違法だとしても前記自動車がKのものであること（従つて犯人は被告人であること）は原判決挙示の原審公判準備……におけるN，Tの各証人尋問調書（尤も右供述中被害者Sがやられたやられた，Kと言つたとの部分は伝聞証言ではあるが事故により死に瀕している者の該事故に関する発言を内容とするものであるから，右伝聞に証拠能力を認むべきものと解するを相当とする）により優にこれを認め得るからして前顕の違法は未だ判決に影響あるものとは言えない。従つて本論旨は理由がない。

また，新聞記事が伝聞証拠かが争われた事案について，大阪高判昭和30・7・15高裁特報2-15-782は，次のように判示した。

> 新聞，雑誌等は，市場価格，市場報告等特別の場合を除き，原則としてその記載内容に添う事実を認定する証拠に供することはできないが，本件において原判決が所論の新聞紙を証拠に掲げたのは，その日附当時新聞紙上において，近く国会解散が行われると予想されていたこと，Tが一般人から立候補を予想される人としてその氏名が発表されたこと自体を証明し，これを間接証拠として，被告人等及び同人等から饗応を受けた関係者の認識を推理しようとしたものであると解するべきであるから，原審の措置は採証上違法とは言えない。

札幌高函館支判昭和26・7・30高刑集4-7-936も，次のように判示した。

> 強姦若しくは之に類似の事件につき法廷において被害者である婦人殊に年若い婦人を尋

第 2 代長官　田中耕太郎

問するときには泣きくずれて取調べに非常な困難を感ずることはしばしば経験することであつて，この場合簡単に尋問を抛棄して直ちにその供述調書につき刑事訴訟法第三二一条第一項第二，三号の適用を求めることは正しくないけれども色々と手段を尽して供述を得るよう努力してもなおその供述を得られないときには右法条にいはゆる精神若しくは身体の故障のため供述することができない場合に該当するものとして訴訟関係人の同意がなくてもその供述調書を証拠にすることができると解すべきである。本件においては証人 N 子は満十八歳の婦人であつて前記のように，裁判所は公開を停止して供述し易いふん囲気を作り，検察官は証人の昂奮の静まるのを待つて再三尋問したけれども遂に供述を得られなかつたというのであるから，尋問の方法につき多大の苦心を払つていることが推測されるので，原審が右の場合を前記法条に該当するものとして本件供述調書を証拠に採用したのは正当である。

裁判官の個性によるところが大きいが，自白法則と伝聞法則とではその扱いに差があるということにもよるのであろうか。

■ 証拠調べに関するもの

共同被告人の証人尋問についても，興味深い判決がみられる。「共同審理を受けている共犯者（共同被告人）であつても，被告人本人との関係においては，被告人以外の者であつて，被害者その他の純然たる証人とその本質を異にするものではない」とし，「かかる共犯者又は共同被告人の犯罪事実に関する供述は，憲法三八条二項の如き証拠能力を有しないものでない限り，自由心証に委ねられるべき独立，完全な証明力を有するものといわざるを得ない。」と判示した**最大判昭和33・5・28刑集12-8-1718（練馬事件判決）**に先立って出された**大阪高判昭和27・7・18高刑集5-7-1170**が，それである。次のように判示した。

刑事訴訟法第三九二条第二項により職権で調査するに，凡そ被告人は訴訟の当事者として供述の義務なくいわゆる黙否権を有するに反し，証人は当該事件の第三者たることをその資格要件とし宣誓をなした上真実を証言する義務を有するものであるから，被告人をその儘当該事件の証人として尋問することを得ないこと勿論であつて，このことは被告人が数名ある場合に該被告人相互間においても同一である。すなわち，共同被告人は事件を分離し当該訴訟における被告人たる地位から脱退せしめない限り，たとえその被告人には全然関係なく他の共同被告人のみに関する事項についてもなおその被告人を証人として尋問することは許容されないものと解するを相当とする。然るに，原審第三回乃至第六回各公判調書並びに原判決によると，原審は被告人両名に対する各商法違反，公正証書原本不実記載，同行使並びに詐欺被告事件及び原審相被告人 A に対する商法違反，公正証書原本不実記載，同行使並びに貸金業等の取締に関する法律違反被告事件

を併合審理し，第三回公判期日において右被告人等三名をそれぞれ他の被告人の公訴事実に関する事項につき証人として尋問する旨決定をなし，いずれも事件を分離することなく第四回及び第五回公判期日において右相被告人Aを，第五回公判期日において被告人Yを，第六回公判期日において被告人Mをそれぞれ宣誓させた上証人として尋問し，その証言中証人Aの証言を採つて原判示第一の被告人Yの商法違反の事実及び同第四の被告人Mの商法違反の事実の証拠に供するとともに証人A及び同Yの各証言を採つて原判示第九の被告人Mの公正証書原本不実記載並びに同行使の事実の証拠に供していることが明らかであるから，右各証人尋問は違法であつて，その証言は証拠能力を欠き，従つて原判決がそのうち前掲各証人の証言を被告人等の断罪の資料に供したのも亦違法である。そして右各訴訟手続の違法は判決に影響を及ぼすこと明らかであるから，原判決中被告人Yに関する部分及び被告人Mに対し有罪を言渡した部分は到底破棄を免れない。

本判決によれば，相共同被告人の証人尋問については，事件を分離して，宣誓させた上，証人として尋問しなければならないとされることになった。

高松高判昭和30・10・11高裁特報2-21-1103 も，起訴されていない犯罪事実に対する証拠調について，次のように判示した。

> 起訴せられない犯罪事実についての証拠調は被告人の防禦の範囲を拡張することは免れないけれどもその立証事項が起訴事実と関連があり，且これを取調べることによつて起訴事実につき偏見または予断を生ぜしめる虞れのない場合はその証拠調を違法とすることができないものと解すべきである。……本件において……究極の立証とするところは……殺人未遂事件と起訴にかかる本件強盗致死事件を関連ある一連の行為として前者を証明することによつて後者の犯意と情状特にその計画性を立証しようとしたものと認めるのが相当である。

■ 事実認定に関するもの

第一審であるが，厳格証明がないとして，無罪とする判決も出されている。**東京地判昭和25・8・11刑集9-8-1378** がそれで，「以上の通り被告人T_1を除く被告人らに対する本件公訴事実は結局犯罪の証明がないので，刑事訴訟法第三百三十六条後段によつて被告人I，同S，同T_2，同Y，同T_3，同M，同I_2，同K及び同S_2に対してはいずれも無罪の言渡をすべきである。」と判示した。

より注目されるのは，裁判所が当事者の立証趣旨に拘束されるということはないとし，弁護人請求の情状を証するための証拠をもって罪となるべき事実を認定することも適法だとし，原有罪判決を支持した**東京高判昭和27・11・15高刑集5-12-2201** である。次のように判示した。

第2代長官　田中耕太郎

　原判決の挙示する証拠のうち被告人作成のU宛「お願い」と題する書面の控は原審第三回公判期日に弁護人からその取調を請求したものであつて，右の証拠と証明すべき事実との関係（いわゆる立証趣旨）は公判調書の記載からは明らかでないが，該書面の内容と当時の被告人側の主張とを対比してみれば，所論のように被告人の情状を立証するために取調を求めたものと推測するのが相当である。論旨は，かくのごとく情状を証するための証拠をもつて罪となるべき事実を認定することは違法であると主張し，その一つの論拠として，罪となるべき事実についてはいわゆる厳格な証明を必要とするのに反しそれ以外の事実についてはその必要がないということを挙げている。しかしながら，論旨の引用する右の原則は，情状に関する事実のように罪となるべき事実以外の事実については，証拠能力がありかつ適法な証拠調を経た証拠以外のなんらかの証拠によつてもこれを認定することができるということを意味するだけであつて，そのことから直ちに，情状に関して取り調べられた証拠はすべて罪となるべき事実認定の資料としてはならない，という結論は出てこない。かかる証拠であつても，それが証拠能力を有しかつ適法な証拠調を経たものであれば，これによつて罪となるべき事実を認定しても，前述した原則との関係だけからいえば，少しも差支えないのである。……次に，論旨は立証趣旨という点からしても右の証拠を罪となるべき事実認定の資料に供することは許されないと主張する。これは，ことばをかえていえば，裁判所は証拠の立証趣旨に拘束されるかという問題にほかならない。そこで，この点につき考究するのに，極端な当事者主義の原則を貫ぬくならばあるいは論旨の結論を正当なりとしなければならないかもしれないがわが刑事訴訟法は周知のごとく当事者主義をかなり強く採り入れてはいるもののなお職権による証拠調の制度を認めていること等からしても当事者主義のみに徹底しているものとは考えられない。そのような点を併せ考えると，刑事訴訟規則第百八十九条が証拠調の請求にあたり証拠と証明すべき事実との関係（立証趣旨）を明らかにすることを要求しているのは，さしあたり裁判所がその請求の採否の決定をするについてはその参考とするためであると解すべきであつて（このことは同条第四項に立証趣旨を明らかにしない証拠調の請求を却下することができる旨の規定があることからも窺うことができる。）立証趣旨なるものにそれ以上の強い効力を認めることは，法の精神とするところではないと解するのを妥当とする。いいかえれば，ある証拠調を請求した者は，その証拠が立証趣旨に従つて自己の側に有利に判断されることある反面，いやしくもこれが採用された限り自己の不利益にも使用されることのあるのを予期すべきものなのであつて，この解釈は，あたかも被告人の公判廷における任意の供述が自己の不利益な証拠ともなりうること（刑事訴訟規則第百九十七条第一項参照）とも照応するのである。ただ，強いていえば，次の二点には注意する必要があるであろう。第一は，当事者が証拠を刑事訴訟法第三百二十八条のいわゆる反証として提出した場合で，この場合は証拠調の請求者が自らその証拠能力を限定したことになるから，これをもつて完全な証拠能力あるものとして罪となるべき事実を認定することは許されない。第二には，いわゆる伝聞法

則との関係において，立証趣意のいかんによりその書証に対する同意の意味が異なる場合があり，また証人に対する反対尋問の範囲に相違を生ずることが考えられるので，それらの場合に証明すべき事実との関係で証拠能力の認められないことがありうる。しかし，これらはいずれも証拠能力の問題に帰着するのであつて，厳密にいうと裁判所が当事者の立証趣旨に拘束されたということはないのである。ところで，本件においては，前記「お願い」と題する書面は，もとより弁護人がいわゆる反証として提出したものではない。また，右の書面を証拠とすることに検察官が同意したのは，なんら留保を附せず無条件に同意しているのであるから，同意との関係において証拠能力を欠くともいえないわけであつて，以上説明したところからすれば，右の書証はその立証趣旨のいかんにかかわらず，被告人の罪となるべき事実認定の資料とすることになんら妨がないというべきであるから，原判決がこれを証拠として挙示したことは別段違法の点はなく，論旨は理由がない。

新刑訴法は当事者主義のみを徹底しているものとは考えられないという理解は，最高裁判所のみならず，下級審においても広範な支持を得ていることがうかがえる。

■ 判決に関するもの

既判力に関しても，高裁判例が出されている。当該公訴事実についてまで被告人に免訴を言渡した原判決には法令の解釈適用を誤った違法があり，この違法は判決に影響を及ぼすとした**大阪高判昭和27・9・16高刑集5-10-1695**がそれで，次のように判示した。

　原審は，右各事実につき，公判審理をつくした上，外国人登録令附則第二項，昭和二十四年政令第三八一号による改正同令第十二条第二号違反の所為は，外国人が所定の登録申請を為すべき義務に違反し，登録申請をしないことを内容とするもので，いわゆる不作為犯に関するものであり，同令施行の日から三十日以内に登録申請をしなかつたことにより，その期間経過と同時に登録義務違反罪が成立し，その後その登録申請をするか，又は，本邦を退去するまでの間，その義務違反は継続するものと解すべきであるから，それは，いわゆる継続犯であり，しかも，その登録申請義務は，一回の行為により果し得る単一のもので，その義務違反は，不可分的に継続し，同一外国人について数個の登録申請義務を認めたり，継続する時の流れを分割して，それぞれについて，別個の義務違反を考えたりする余地はないから，これを，本来数個の犯罪の組成であり，元来分割可能な改正前刑法第五十五条の継続や，牽連犯，慣行犯等，いわゆる集合的犯罪の場合と同一に解することはできない。従つて，本件起訴事実及び追起訴事実並びに前記確定判決により認定された事実は，それぞれ別個独立の登録申請義務違反罪を構成するのではなくて，それは，被告人の一個の継続する登録申請義務違反行為の各一部分即ち，

第2代長官　田中耕太郎

一罪の各一部分に過ぎないから、その一部につき、叙上の如き、確定判決のあつた以上、その判決の既判力は、その判決において認定されている事実についてはもちろんのこと、本件起訴事実及び追起訴事実の全部にも及ぶものであるとして、本件につき、刑事訴訟法第三百三十七条第一号を適用の上、免訴の言渡をした。……よつて按ずるに、昭和二十二年政令第二〇七号外国人登録令附則第二項第三項は、昭和二十二年五月二日右勅令施行の際、現に本邦内に在留する外国人は、その勅令施行の日から三十日以内に、同令第四条の規定に準じ、その居住地市町村長に対し、外国人登録申請を行うべきものとし、若し、右期間内に申請を行わなかつた時は、同令第四条違反の場合と同様、同令第十二条第二号により処罰すべきことを定めているのであるが、右申請義務は、その申請義務者において現実に申請を行うまでの間存続し、従つてその登録不申請罪は、不申請のまま上記法定期間を徒過することにより直ちに既遂となるが、その既遂状態は、その者において、所定の申請を行うか或いは又国外へ退去するまでの間引続き継続するいわゆる継続犯であると解すべきである。（大阪高等裁判所昭和二十六年六月一日言渡判決、札幌高等裁判所同年五月二十四日言渡判決各参照）。ところで、右の如き継続犯を構成する事件につき判決の為されたときは、その判決の既判力（実質的確定力）の及ぶ範囲は、事件の単一且つ同一である限り、その全部にわたることはもちろんではあるが、若し、継続犯がその判決の前後にまたがり行われた場合には、その既判力の範囲は、原則として、事実審理の可能性ある最後の時、すなわち、第一審判決言渡の当時（例外として、上訴審における破棄自判の場合の判決言渡当時）を限界とし、それまでに行われた行為については既判力が及ぶが、その時以後に行われた行為については既判力は及ばないものと解するのが訴訟法の理念と刑事政策の見地からして最も合理的であると考えられ、従つて、その判決言渡後に行われた行為に対しては、更に新たなる公訴の提起が許されるばかりでなく、又それは実体法的にも社会通念上、判決言渡前の行為とは別個独立の犯罪を構成するものと解するのが相当である。（大審院昭和八年三月四日言渡判決、同昭和九年三月十三日言渡判決、最高裁判所昭和二十四年五月十八日言渡判決各参照）もつとも、原審は、継続犯は元来分割不可能な単一行動であるから、右の様な場合、これを判決言渡の前後に分割し、独立別個の犯罪と認めることは、事実上不可能であり、従つて、判決の既判力も、判決言渡の前後を問わずその全部に及ぶ旨判示するのであるが、既判力の範囲をどの程度に認めるかということは、結局叙上の如く訴訟法の理念と刑事政策の見地から合目的に決めらるべき訴訟法上の問題である点に注目すれば、以上の如き解釈の可能であるばかりでなく、より合理的であることが容易に了解できよう。原判示の如き判決言渡後の行為にして、事実上審判の対象となり得ない事実にまで既判力を及ぼし、不当に犯人に利益を与えることは刑事訴訟法を支配している正義の許さないところというのほかはない。よつて、これを本件について見ると、被告人は、既に、昭和二十三年五月二十九日大阪地方裁判所において法定の除外事由なく、外国人登録令施行の日から三十日以内に登録申請しなかつた事実につき、罰金五百円の判決言渡を受け、

その判決は確定しているから，昭和二十二年五月二日以降右判決言渡の日までの登録不申請罪については，既に右確定判決の既判力が及び，……従つて，本件起訴にかかる昭和二十二年五月二日以降昭和二十三年四月頃までの被告人の登録不申請罪については，既にその確定判決があつたものと見られるから，右起訴事実については，刑事訴訟法第三百三十七条第一号により被告人に対し免訴の言渡を為すべきこともちろんではあるが，本件追起訴にかかる右判決言渡後，昭和二十五年十一月二十八日までの被告人の登録不申請の事実については，右確定判決のあつた事実とは別個独立の事実と見られるから，これに対し更にその実体的判決の為さるべきは当然であり，この事実についてまで被告人に免訴を言渡した原判決には，法令の解釈適用を誤つた違法があり，この違法が判決に影響を及ぼすこともちろんである。論旨は理由があり，原判決は破棄を免れない。

広島高判昭和30・1・26高刑集8-1-31も，証拠説明に関して，次のように判示した。

なるほど原判決が殺意を認定するについて証拠の標目を摘記していないことは，まさに所論の通りである。……（しかし―引用者）例えば証拠により適法に認定した事実を以つて更に他の事実を認めるような場合にはその旨の説明をなせば足り，重ねて証拠の標目を摘示する要なきものと解すべきである。……原判決は殺意を除くその余の判示事実認定の資料として各種証拠の標目を挙示し，之等を綜合して同事実を認定しこの認定された事実，即ち被告人が本件事犯をなすに至つた動機経過，その当時の雰囲気，被告人の心理状態，使用した兇器の種類性状，各被害者に加えた打撃の方法程度並びにその部位等諸般の事情を綜合して殺意を認定説示しているのである。してみれば，殺意を除く判示事実認定の際証拠の標目を示しているのであるから，この認定された事実を引用して殺意を認定するには重ねてその標目を摘示する必要はない。

■ 量刑に関するもの

黙秘権と量刑に関しても，注目すべき下級審判決がみられる。一つは**高松高判昭和25・5・3高判特報10-160**で，次のように判示した。

犯罪事実を自白し改悛を誓う場合の被告人と犯罪事実が認められる証拠乃至情況があるのに犯行を否認し，しかもその否認に合理的な理由がないような場合の被告人とは量刑上処遇を異にするのは刑の目的上当然のことである。……量刑の少しでも軽いのを願う被告人の心裡に影響を与えひいては自白をするに至る結果となり間接に自白の強要となる又は新刑訴の認めている黙秘権を犯す違法があると云う諸論は当を得ない。

もう一つは**東京高判昭和28・12・14特報39-221**で，「被告人等においていわゆる黙秘権を行使したからといつて，量刑上被告人のため不利益に考慮すべき資料たり得ないことは洵に所論の通りである。」と判示した。

第2代長官　田中耕太郎

■ 再審に関するもの

　東京高決昭和32・3・12判タ69-86は，刑訴法435条6号の法意について，次のように判示した。

　おもうに，刑事訴訟法第四三五条第六号にいう無罪を言い渡すべき明らかな証拠を新たに発見したときとは確定判決につき再審請求人申立に係る証拠のみによっても再審裁判所をして右有罪の認定を覆して無罪の認定をなすべき理由明白なりと首肯せしめるに足る証拠にして同確定判決事件の審理中証拠調のなされざりしものが覚知された場合を指称するものと解するを相当とする。……故に，本件抗告申立人としての主張にかかる前記ズボン等は，これらのみによって右申立人が右確定判決摘示の右犯罪に無関係なりしものとして無罪を言い渡すべき明らかな証拠とは到底認めることができない。

第3代
最高裁長官
横田喜三郎

(1960年10月25日〜1966年8月5日)

YOKOTA court

03

第3代長官　横田喜三郎

I ■ 長官のプロフィール

　大学教授出身。愛知県の貧しい呉服商兼農家の三男として生を受ける。第一次世界大戦をきっかけに国際問題に興味を持ち，学生，教官として東京帝国大学法学部で国際法，主に海洋法を研究。1930年に同学部教授に就く。戦時中は，「満州事件は日本の自衛権の発動ではなく侵略戦争」とか「大東亜戦争は国際法上，正しい戦争とはいえない」と述べたため，「反軍教授」，「学府に巣くう国賊」のレッテルを貼られ，右翼や軍部からの攻撃にさらされた。しかし，戦後は，東京裁判を正当化する論文を発表し，「今の時点で国連に頼りきるのは現実には無理。まだまだ武力がモノを決める。集団自衛の方法が現実と理想を調和させたやり方」とも述べた。また，アメリカのシカゴでの講演の際，砂川事件最高裁判決について，「日米安保は絶対必要。いまなお無防備・無抵抗を説く人がいるが，到底信じられない。日米安保は日米間の友好と協力の基礎を築いた。」と発言したため，革新陣営から「変節した」「裏切り者」と酷評された。「人は変わったというが，ボクは変わらない。ずっと自由主義者だったし，国際協調主義者だった。」と弁明した。「多数に誤りがあれば，時間をかけて正してゆく。そして，多数には従う。それが民主主義だ。」とも話し，安保闘争の座り込みや暴力的デモに釘を刺した。

　第1次池田内閣の下で最高裁長官に就任。田中前長官の強い推薦によるもので，長官就任に際し，「はじめは引き受けないつもりだった。今でも後ろ髪を引かれる気持がするな」と，率直な感想を述べた。右翼の少年が中央公論社社長宅を襲って，お手伝いを殺害した事件を受けて，地裁の拘置部にいた田中前長官の実弟の飯守重任氏が「こうした事件が起きるのは左翼活動が激しいから」と発言した騒動について，「今は何も申し上げられない。とにかく裁判官は誤解を生ずるような発言は避けるべきだ」とコメントした。

　在任中の大きな裁判は東大ポポロ事件ぐらい。上告件数の急増に伴い，法廷の秩序維持とともに「裁判の促進」を目標に掲げた。最高裁の係属件数を60％減らすという目覚ましい成果を残して退官した。定年退官直前の「サヨナラ会見」では，「私の在任中は，東京オリンピックもあって，社会が落ち着きを取り戻した安定期でした。大事件は少なくて，この時期に長官だったことを幸せに思います。」と締めくくった。退官後，横田はILO委員会委員を務めた。（以上のプロフィールについては，野村二郎『最高裁全裁判官――人と判決』（三省堂，1986年）91頁以下，山本祐司『最高裁物語（上巻）』（日本評論社，1994年）215頁以下などを参照）

II ■ この期の最高裁の動き

　この期，最高裁は大きな曲がり角をまわろうとしていた。戦後の激動期は遠ざかっていた。裁判所の場合は，田中コートの終焉とともに「戦後」は終わったともいわれた。横田コート時代の最高裁では，それほど重要な憲法判断はみられない。学問の自由と大学の自治が論点となった東大ポポロ事件くらいである。大法廷判決は，「この事件の集会は学問研究発表のためのものではなく，公開の政治的社会的活動」と認定し，一，二審の無罪判決を破棄して，裁判のやり直しを命じた。この頃から柔軟性を持った裁判官が最高裁判事に任命され始め，公務員の労働基本権をめぐる解釈では，争議行為についての従来の刑事罰からの解放を指向して，国際的な視野に立つ判例づくりが試みられた。

　退官後，横田はILO委員会委員を務めた。(野村二郎『最高裁全裁判官——人と判決』(三省堂，1986年)89頁以下などを参照)

III ■ この期の裁判所関係の動き

1960年10月25日		横田喜一郎，最高裁長官に就任。
	11月27日	日米安保条約反対のデモ隊による国会突入事件が発生。
1961年 1月 1日		横田最高裁長官，「新年の言葉」で，「ハガチー事件で，担当の裁判官がきぜんとした態度で秩序の維持に努力したことは，やがて東京地方裁判所の裁判官一同の総意をもりあげ，弁護士倫理の確立を日本弁護士会に要請することになりました。」等と挨拶(裁時320号1頁)。
	2月24日	東京地裁飯守重任判事，「風流夢譚」の作者は皇室の名誉毀損で告訴すべきだ等と表明。
	3月 1日	最高裁緊急裁判官会議，飯守重任判事の注意処分を決定。
	10月 1日	横田最高裁長官，「法の日」記念式典で，「わたしたちは，あくまで暴力を排し，法の支配を徹底させることが必要であります。」等と式辞(裁時338号1頁)。
	10月 3日	横田長官，長官所長会同で，「裁判にとって最も肝要である裁判の威信と独立に関して，現在の状態は，率直にいいますれば，遺憾な点が少なくないと思います。」等と訓示(裁時339号1頁)。
1962年 1月 1日		東京地裁民事部に交通専門部を設置。
	5月11日	臨時司法制度調査会設置法を公布。(9月1日，臨時司法制度調査会が発足)

第3代長官　横田喜三郎

	9月27日	横田最高裁長官，刑事裁判官会同で，「司法のガンである訴訟の遅延を解消することが緊急な必要事」等と挨拶し，臨時司法制度調査会に期待感を表明（裁時363号1頁以下）。
1964年	7月 3日	憲法調査会，最終報告書を内閣へ提出。
	8月28日	臨時司法制度調査会が答申。（意見書を内閣に提出）
	11月 9日	池田内閣が総辞職。（佐藤栄作を第61代首相に指名）
	12月19日	日弁連臨時総会，臨時司法制度調査会答申の簡裁判事と副検事への弁護士資格の付与と簡裁管轄権の拡大に反対決議。
1965年	1月 1日	横田最高裁長官，「新年のことば」で，「去年の八月に，臨時司法制度調査会の答申が出ましたから，各方面の協力をえて，できるだけすみやかに，答申された改善を実現したいとおもいます。」等と挨拶（416号1頁）。
	3月21日	裁判所法の改正法を公布。（書記官補の廃止等）
	12月25日	司法修習運営諮問委員規則を制定。
1966年	1月20日	最高裁と日弁連とで裁判所・弁護士会連絡協議会が発足。
	3月31日	裁判所法の改正法を公布。（地裁に工業所有権と税法の調査官を設置）
	6月 1日	最高裁裁判官会議，事務総局に少年法改正問題協議会の設置を決定。
	6月15日	国民祝日法の改正法を公布。（「建国記念の日」を設けることとし，佐藤内閣は「建国記念の日は，二月十一日とする。」とした「建国記念の日となる日を定める政令」（昭和41年政令第376号）を制定・公布し，即日施行）
	7月 1日	執行官法を公布。（地裁に執行官を設置）

Ⅳ ■ この期の刑事法関係の動き

　松尾浩也によれば，1964年〜1978年における犯罪の発生とその処理状況，法運用の推移発展が，次のように概観されている（松尾浩也「刑事訴訟法の45年」学士会803号，1994年）。

　第二期は，新幹線の開業や東京オリンピックの開催（いずれも一九六四年）が象徴するとおり，日本の経済力の興隆とともに始まった。しかし，刑事司法の歩みが平穏だったわけではない。昭和四〇年代前半の学生運動は，行動性を強めて羽田事件，新宿騒擾事件などを生み，また，全国規模の大学紛争をもたらした。さらに，昭和四〇年代後半には，一部のグループが過激化して，連合赤軍事件や連続企業爆破事件を引き起こした。一方，第一期の終わり頃に生じていた公務員労働や学校教育の分野での行政と組合との対立は，公労法違反事件や学力テスト事件として刑事訴訟となり，裁判所を苦悩させた。

Ⅳ この期の刑事法関係の動き

……第二期の後半には、経済活動の分野では石油カルテル事件が発生し、独占禁止法違反に対する刑事罰の問題が現実化した。公害関連では、熊本水俣病事件の責任者に対する刑事訴追が行われた。また、政治の領域ではロッキード事件が発覚して、国政を揺がした。いずれも刑事手続は長期にわたり、次の第三期に入ることになる。なお、事実誤認に対する救済として、再審手続が急浮上した。昭和五〇年代初頭の白鳥事件最高裁決定を画期として、弘前、加藤、青森の三事件が再審無罪となる。この流れも、次の第三期に続き、さらに加速するのである。……第二期における事件処理のもう一つの特色は、道路交通事件への対応で、質的には比較的軽微な事件であるが、量的なインパクトはこの時期激烈なまでに大きかった。道路交通法違反者の起訴は、一九六五年、四百万人の大台に乗ったし、業務上過失致死傷罪、すなわち人身事故で起訴された者は、一九七〇年に四十五万人を超えた。検察庁および裁判所は、略式手続をフルに活用する方針をとり、さらに道路交通法違反の一部については交通反則金による司法外処理の方途が導入されて（一九六七年道路交通法改正）、事態はようやく収拾に向かった。……刑事司法が、第二期において多くの波瀾に見舞われたことは、前に述べたとおりである。集団事件の被告人は、裁判自体に対してしばしば拒否的な態度をとり、「荒れる法廷」を現出させた。検察官と被告人との「対立」は訴訟法の予定するところであるが、裁判所と被告人・弁護人との間に対立が生まれたのは不幸なことであった。審理の遷延を憂慮する声が高まり、俗称「弁護人抜き法案」が国会に上程されたが、やがて法曹三者の協議が成立し、事態は平静に復した。……しかし、刑事手続の運用は、なお「岐路」に立っていた。第二期の前半、アメリカ合衆国最高裁判所はウォレン長官に率いられ、刑事被告人の人権擁護を核心とする適正手続論を展開し、日本へも影響を及ぼした。しかし一方、裁判所は──「荒れる法廷」を克服した後──集中審理の実践によって、審理期間の目覚ましい短縮に成功し、また長期未済事件を減少させた。そしてそれは、捜査段階における真相解明の結果を尊重する伝統的手法に親しむものであることが、次第に明らかになってきた。

このうち、1960年10月25日─1966年8月5日における刑事法関係の動きとしては、以下のようなものがみられる。

この期も無罪率は低下し続け、1965年は0.45％となった。なお、1964年8月、訴訟促進のための裁判官不足問題を解決するという課題を掲げて設置された臨時司法制度調査会は、意見書を内閣に提出し、法曹一元制度による解決を排斥し、裁判官・検察官の増員や司法試験制度の改善などとともに、裁判手続の合理化により訴訟促進を果たすことを求めた。

1960年12月18日	最高裁第一小法廷、平事件で上告棄却の判決。（騒擾罪の有罪確定）
1961年 2月 1日	右翼少年が中央公論社・嶋中社長宅を襲い家人2人を殺傷（嶋中事件）。

第3代長官　横田喜三郎

	6月 1日	刑事訴訟規則の改正規則を制定。(「集中審理」方式の制度化を図る)
	7月19日	最高裁大法廷，死刑執行方法で太政官布告の有効性を容認。
	8月 8日	仙台高裁，松川事件差戻し審で全員に無罪判決。(12月21日，検察側再上告)
	12月12日	旧軍人らによる内閣要人暗殺計画（三無事件）が発覚し，13人を逮捕。
	12月20日	最高裁大法廷，団体等規制令は合憲，講和条約後も有効と判示。
1962年	5月 2日	最高裁大法廷，交通事故報告義務は黙秘権保障に違反せずと判示。
	5月 3日	常磐線三河島駅構内で列車が二重衝突し，160人が死亡するという三河島事故が発生。
	7月12日	刑事事件における第三者所有物没収手続応急措置法を公布。
	10月30日	最高裁，吉田石松事件の再審を決定。
	11月28日	最高裁大法廷，関税法による第三者所有物没収は違憲と判示。
	12月11日	陸上自衛隊北海道松島実弾演習場で演習中，地元民が電話線を切断するという恵庭事件が発生。
1963年	3月31日	吉展ちゃん誘拐殺人事件が発生。
	5月22日	最高裁大法廷，東大ポポロ事件で学生は自治の主体ではないと判決。
	9月12日	最高裁で松川事件の被告全員の無罪が確定。
1964年	1月 3日	連続殺人犯を逮捕。
	2月30日	東京地裁，三鷹事件で破防法初適用の有罪判決。
	3月 4日	大阪府警曽根崎警察署の警察官，停車命令を無視したドライバーを射殺。
	4月 7日	千葉大付属病院医局員を人体実験容疑で逮捕（千葉大チフス事件）。
	6月24日	暴力行為等処罰法の改正法を公布。（常習傷害罪の新設等）
1966年	1月28日	最高裁第二小法廷，小繁事件につき有罪判決。
	3月24日	最高裁第一小法廷，青梅事件で破棄差戻し判決。

V ■ この期の刑事判例の特徴

1　大法廷判決・決定

■ 捜査に関するもの

捜査に関しても，注目すべき大法廷判決が出されている。最大判昭和36・6・7刑

集15-6-915がそれである。刑訴220条1項後段の規定によって行う捜索，差押は，緊急逮捕に着手した後に開始することを要し，緊急逮捕に着手しないで捜索，差押を先に行なうことは許されないとするとともに，緊急逮捕の現場でする捜索，差押であっても，その対象となるべき証拠物件の範囲はその逮捕の基礎である被疑事実に関するものに限られるべきものであって，他の犯罪に関するものにまで及ばないとし，かかる違法の手続によって押収された右麻薬及びその捜索差押調書等は証拠としてこれを利用することは禁止されるものと解すべきであるとした原判決を破棄した。破棄の理由について，次のように判示した。

　職権により調査するに，憲法三五条は，同三三条の場合には令状によることなくして捜索，押収をすることができるものとしているところ，いわゆる緊急逮捕を認めた刑訴二一〇条の規定が右憲法三三条の趣旨に反しないことは，当裁判所の判例（昭和三〇年一月一四日大法廷判決，刑集九巻一三号六〇頁）とするところである。同三五条が右の如く捜索，押収につき令状主義の例外を認めているのは，この場合には，令状によることなくその逮捕に関連して必要な捜索，押収等の強制処分を行なうことを認めても，人権の保障上格別の弊害もなく，且つ，捜査上の便益にも適うことが考慮されたによるものと解されるのであって，刑訴二二〇条が被疑者を緊急逮捕する場合において必要があるときは，逮捕の現場で捜索，差押等をすることができるものとし，且つ，これらの処分をするには令状を必要としない旨を規定するのは，緊急逮捕の場合について憲法三五条の趣旨を具体的に明確化したものに外ならない。……もっとも，右刑訴の規定について解明を要するのは，「逮捕する場合において」と「逮捕の現場で」の意義であるが，前者は，単なる時点よりも幅のある逮捕する際をいうのであり，後者は，場所的同一性を意味するにとどまるものと解するを相当とし，なお，前者の場合は，逮捕との時間的接着を必要とするけれども，逮捕着手時の前後関係は，これを問わないものと解すべきであって，このことは，同条一項一号の規定の趣旨からも窺うことができるのである。従って，例えば，緊急逮捕のため被疑者方に赴いたところ，被疑者がたまたま他出不在であっても，帰宅次第緊急逮捕する態勢の下に捜索，差押がなされ，且つ，これと時間的に接着して逮捕がなされる限り，その捜索，差押は，なお，緊急逮捕する場合その現場でなされたとするのを妨げるものではない。……そして緊急逮捕の現場での捜索，差押は，当該逮捕の原由たる被疑事実に関する証拠物件を収集保全するためになされ，且つ，その目的の範囲内と認められるものである以上，同条一項後段のいわゆる「被疑者を逮捕する場合において必要があるとき」の要件に適合するものと解すべきである。……ところで，本件捜索，差押の経緯に徴すると，麻薬取締官等四名は，昭和三〇年一〇月一一日午後八時三〇分頃路上において職務質問により麻薬を所持していたSを現行犯として逮捕し，同人を連行の上麻薬の入手先である被疑者A宅に同人を緊急逮捕す

第3代長官　横田喜三郎

べく午後九時三〇分頃赴いたところ，同人が他出中であつたが，帰宅次第逮捕する態勢にあつた麻薬取締官等は，同人宅の捜索を開始し，第一審判決の判示第一の（一）の麻薬の包紙に関係ある雑誌及び同（二）の麻薬を押収し，捜索の殆んど終る頃同人が帰つて来たので，午後九時五〇分頃同人を適式に緊急逮捕すると共に，直ちに裁判官の逮捕状を求める手続をとり，逮捕状が発せられていることが明らかである。……してみると，本件は緊急逮捕の場合であり，また，捜索，差押は，緊急逮捕に先行したとはいえ，時間的にはこれに接着し，場所的にも逮捕の現場と同一であるから，逮捕する際に逮捕の現場でなされたものというに妨げなく，右麻薬の捜索，差押は，緊急逮捕する場合の必要の限度内のものと認められるのであるから，右いずれの点からみても，違憲違法とする理由はないものといわなければならない。……しかるに，原判決は，刑訴二二〇条一項後段の規定によつて行なう捜索，差押は，緊急逮捕に着手した後に開始することを要し，緊急逮捕に着手しないで捜索，差押を先に行なうことは許されないとすると共に，緊急逮捕の現場でする捜索，差押であつても，その対象となるべき証拠物件の範囲は，その逮捕の基礎である被疑事実に関するものに限られるべきものであつて，他の犯罪に関するものにまで及ばないとし，第一審判決の判示第一の（二）の麻薬は，麻薬取締官等が被疑者Aを緊急逮捕すべく同人宅に赴いたところ，たまたま同人の不在のためその緊急逮捕に着手しないうちに同人宅の捜索を開始して差押えたものであり，その捜索，差押が殆んど終る頃になつて帰宅した同人を逮捕したことが明らかであるから，かかる捜索，差押は違法といわなければならず，且つ，右被疑者につきその被疑事実とは別の麻薬所持なる余罪の証拠保全のためになされたものと解するのほかなき本件の捜索，差押は，この点においても違法たるを免れないところであつて，要するに，本件捜索差押は，同条一項後段の規定に適合せず，且つ，令状によらない違法の捜索，差押であるから，憲法三五条に違反するものといわなければならず，かかる違法の手続によつて押収された右麻薬及びその捜索差押調書等は，証拠としてこれを利用することは禁止されるものと解すべきものとする。しかし，右は，憲法及び刑訴法の解釈を誤つた違法があるものというべく，その違法は，判決に影響を及ぼすことが明らかであるから，原判決は破棄を免れない。……のみならず，第一審判決の判示第一の（二）の事実（昭和三〇年一〇月一一日被告人宅における麻薬の所時）に関する被告人の自白の補強証拠に供した麻薬取締官作成の昭和三〇年一〇月一一日付捜索差押調書及び右麻薬を鑑定した厚生技官中川雄三作成の昭和三〇年一〇月一七日付鑑定書は，第一審第一回公判廷において，いずれも被告人及び弁護人がこれを証拠とすることに同意し，異議なく適法な証拠調を経たものであることは，右公判調書の記載によつて明らかであるから，右各書面は，捜索，差押手続の違法であつたかどうかにかかわらず証拠能力を有するものであつて，この点から見ても，これを証拠に採用した第一審判決には，何ら違法を認めることができない。されば原判決は，この点においても違法であつて，破棄を免れない。

V　この期の刑事判例の特徴

　このように，同判決は，刑訴法220条1項にいう「逮捕する場合において」とは，逮捕との時間的接着を必要とするけれども，逮捕着手時の前後関係はこれを問わないものと解すべきであるとした。また，同項2号にいう「逮捕の現場で」の捜索・差押も，「対象となるべき証拠物件の範囲はその逮捕の基礎である被疑事実に関するものに限られる」とした原判決の理解を退け，場所的同一性を意味するにとどまるものと解するのを相当とした。そして，さらに，本件捜索差押調書及びこれによって押収された麻薬を鑑定した厚生技官作成の本件鑑定書をもって，いずれも被告人及び弁護人が第一審第一回公判廷においてこれを証拠とすることに同意し，異議なく適法な証拠調を経たものであることから，右各書面は捜索，差押手続の違法であったかどうかにかかわらず証拠能力を有するとした。この大法廷判決が捜査実務に与えた影響の甚大さについては，改めて詳述するまでもない。

■ 適正手続に関するもの

　最大判昭和37・11・28刑集16-11-1577は，次のように判示し，旧関税法83条1項の規定による没収を違憲とした。

　旧関税法（昭和二九年法律第六一号による改正前の関税法をいう。以下同じ。）八三条一項の規定による没収は，同項所定の犯罪に関係ある船舶，貨物等で犯人の所有または占有するものにつき，その所有権を剥奪して国庫に帰属せしめる処分であつて，被告人以外の第三者が所有者である場合においても，被告人に対する附加刑としての没収の言渡により，当該第三者の所有権剥奪の効果を生ずる趣旨であると解するのが相当である。……しかし，第三者の所有物を没収する場合において，その没収に関して当該所有者に対し，何ら告知，弁解，防禦の機会を与えることなく，その所有権を奪うことは，著しく不合理であつて，憲法の容認しないところであるといわなければならない。けだし，憲法二九条一項は，財産権は，これを侵してはならないと規定し，また同三一条は，何人も，法律の定める手続によらなければ，その生命若しくは自由を奪われ，又はその他の刑罰を科せられないと規定しているが，前記第三者の所有物の没収は，被告人に対する附加刑として言い渡され，その刑事処分の効果が第三者に及ぶものであるから，所有物を没収せられる第三者についても，告知，弁解，防禦の機会を与えることが必要であつて，これなくして第三者の所有物を没収することは，適正な法律手続によらないで，財産権を侵害する制裁を科するに外ならないからである。そして，このことは，右第三者に，事後においていかなる権利救済の方法が認められるかということとは，別個の問題である。然るに，旧関税法八三条一項は，同項所定の犯罪に関係ある船舶，貨物等が被告人以外の第三者の所有に属する場合においてもこれを没収する旨規定しながら，その所有者たる第三者に対し，告知，弁解，防禦の機会を与えるべきことを定めておらず，

第3代長官　横田喜三郎

また刑訴法その他の法令においても，何らかかる手続に関する規定を設けていないのである。従つて，前記旧関税法八三条一項によつて第三者の所有物を没収することは，憲法三一条，二九条に違反するものと断ぜざるをえない。……そして，かかる没収の言渡を受けた被告人は，たとえ第三者の所有物に関する場合であつても，被告人に対する附加刑である以上，没収の裁判の違憲を理由として上告をなしうることは当然である。のみならず，被告人としても没収に係る物の占有権を剥奪され，またはこれが使用，収益をなしえない状態におかれ，更には所有権を剥奪された第三者から賠償請求権等を行使される危険に曝される等，利害関係を有することが明らかであるから，上告によりこれが救済を求めることができるものと解すべきである。これと矛盾する昭和二八年（あ）第三〇二六号，同二九年（あ）第三六五五号，各同三五年一〇月一九日当裁判所大法廷言渡の判例は，これを変更するを相当と認める。

■ **自己負罪拒否特権に関するもの**

　行政上の取締目的のために一定の「法律上の記帳義務・報告義務」を科すことが自己負罪拒否特権の侵害にならないかについても，**最大判昭和37・5・2刑集16-5-495は**，次のように判示した。

道路交通取締法（以下法と略称する）は，道路における危険防止及びその他交通の安全を図ることを目的とするものであり，法二四条一項は，その目的を達成するため，車馬又は軌道車の交通に因り人の殺傷等，事故の発生した場合において右交通機関の操縦者又は乗務員その他の従業者の講ずべき必要な措置に関する事項を命令の定めるところに委任し，その委任に基づき，同法施行令（以下令と略称する）六七条は，これ等操縦者，乗務員その他の従業者に対し，その一項において，右の場合直ちに被害者の救護又は道路における危険防止その他交通の安全を図るため，必要な措置を講じ，警察官が現場にいるときは，その指示を受くべきことを命じ，その二項において，前項の措置を終つた際警察官が現場にいないときは，直ちに事故の内容及び前項の規定により講じた措置を当該事故の発生地を管轄する警察署の警察官に報告し，かつその後の行動につき警察官の指示を受くべきことを命じているものであり，要するに，交通事故発生の場合において，右操縦者，乗務員その他の従業者の講ずべき応急措置を定めているに過ぎない。法の目的に鑑みるときは，令同条は，警察署をして，速に，交通事故の発生を知り，被害者の救護，交通秩序の回復につき適切な措置を執らしめ，以つて道路における危険とこれによる被害の増大とを防止し，交通の安全を図る等のため必要かつ合理的な規定として是認せられねばならない。しかも，同条二項掲記の「事故の内容」とは，その発生した日時，場所，死傷者の数及び負傷の程度並に物の損壊及びその程度等，交通事故の態様に関する事項を指すものと解すべきである。したがつて，右操縦者，乗務員その他の従業者は，警察官が交通事故に対する前叙の処理をなすにつき必要な限度においてのみ，

V この期の刑事判例の特徴

右報告義務を負担するのであつて，それ以上，所論の如くに，刑事責任を問われる虞のある事故の原因その他の事項までも右報告義務ある事項中に含まれるものとは，解せられない。また，いわゆる黙秘権を規定した憲法三八条一項の法意は，何人も自己が刑事上の責任を問われる虞ある事項について供述を強要されないことを保障したものと解すべきことは，既に当裁判所の判例（昭和二七年（あ）第八三八号，同三二年二月二〇日，大法廷判決，集一一巻二号八〇二頁）とするところである。したがつて，令六七条二項により前叙の報告を命ずることは，憲法三八条一項にいう自己に不利益な供述の強要に当らない。……されば，令六七条二項に，所論の如き違憲のかどはないのであつて，論旨は，すべて採るを得ない。

■ 公訴に関するもの

公訴に関しても，注目すべき大法廷判決が出されている。**最大判昭和40・4・28刑集19-3-240**がそれである。本件道路交通取締法違反の事実につき，家庭裁判所で審判不開始決定のあったことをもって確定判決を経たものと解し，刑訴法337条1号を準用して免訴の言渡をした第一審判決およびこれを是認した原判決を破棄した。破棄の理由について，次のように判示した。

少年法一九条一項に基づく審判不開始の決定は，調査の結果，審判に付することができず，又は審判に付するのが相当でないと認める場合になされるもので，審判に入る前段階の措置ではあるが，これが少年事件に関する終局処分の一つであることはいうまでもない。そして，対象者の死亡，長期疾病，所在不明等審判手続上の障がいを理由とする場合は別として，かかる障がいの存在しないときにこの処分が行なわれるについては，対象とされた非行事実の不存在，犯罪の不成立，要保護性の不存在等事案の実体に関する事実上又は法律上の判断がなされうることも，同条の法意からみて当然である。しかしながら，この場合になされる事実上又は法律上の判断は，他の少年法上の処分が行なわれる場合と同様に，終局において，少年法の所期する少年審判の目的達成のためになされるものであつて，刑事法の所期する刑事裁判の目的達成のためになされるものではない。したがつて，同じく事実又は法律に関する判断であつても，刑事訴訟において，対審公開の原則の下に，当事者が攻撃防禦を尽くし，厳格な証拠調を経た上で，刑罰権の存否を決定するためになされる事実認定又は法律判断とは，その手続を異にする。それ故，本件の如く，審判不開始の決定が事案の罪とならないことを理由とするものであつても，これを刑事訴訟における無罪の判決と同視すべきではなく，これに対する不服申立の方法がないからといつて，その判断に刑事訴訟におけるいわゆる既判力が生ずることはないものといわなければならない。また，憲法三九条前段にいう「無罪とされた行為」とは，刑事訴訟における確定裁判によつて無罪の判断を受けた行為を指すものと解すべきであるから，右の解釈が憲法のこの条項に牴触するものでないことも明らかで

第3代長官　横田喜三郎

ある。……もつとも，少年法四六条は，罪を犯した少年に対して同法二四条一項の保護処分がなされたときは，その審判を経た事件について刑事訴追をし，又は審判に付することができない旨規定しているが，右は，保護処分が身体の自由を制約する場合がある点において刑罰類似の性質を有することや，対象となつた犯罪事実が特定されていること等を考慮して特別に設けられた規定であつて，一般に少年法上の終局処分が刑事訴訟における既判力を生ずべきことを当然の前提とし，単に注意的に起訴，付審判の禁止を規定した趣旨のものとは解されない。すなわち，少年法四六条は，同法二四条一項の保護処分がなされた場合にかぎり適用される規定であつて，その他の少年法上の処分にも同様の効力があると解する根拠にはなりえないものというべきである。……もちろん，家庭裁判所において審判不開始決定がなされた事実について，その少年が成人に達する前に公訴を提起することは許されないが，それは少年法二〇条の規定による検察官送致決定がなされていないためであつて，対象者が成年に達した後は，かかる少年法による手続上の制限は存しないから，検察官はその事実につき適法に公訴を提起しうること，一般の刑事事件と異なるところはないものと解するのが正当である。そして，このような場合における起訴については，検察官に対し，家庭裁判所が少年事件についてした要保護性の存否に関する判断を十分考慮した上適切妥当な裁量をするように期待すべきである。……以上の理由により，本件旭川家庭裁判所における審判不開始の決定は，その判断に既判力を生ずべき刑事訴訟における確定判決と解することはできず，その他これに一事不再理の効力を認めるべき法律上の根拠は存在しない。それ故，本件道路交通取締法違反の事実につき，右決定のあつたことをもつて確定判決を経たものと解し，刑訴法三三七条一号を準用して免訴の言渡をした第一審判決およびこれを是認した原判決には，法令の解釈適用を誤つた違法があるとともに，右判断をするについて憲法三九条をもその根拠の一つとしている点は右憲法の法条の解釈を誤つているものというべきであり，この違法および憲法解釈の誤が判決に影響を及ぼすことは明らかである。……よつて，刑訴法四一〇条一項本文により，第一審判決中，道路交通取締法違反被告事件に関する部分および原判決中これに対する控訴を棄却した部分を破棄し，さらに審理を遂げさせるため本件を第一審裁判所である旭川地方裁判所に差し戻すべきものとし，同四一三条本文により主文のとおり判決する。

これによれば，家庭裁判所において審判不開始決定がなされた事実であっても，その少年が成人に達した後は，検察官はその事実につき適法に公訴を提起することが許されることになった。

訴因の特定についても，これを緩やかに解する大法廷判決が出されている。**最大判昭和37・11・28刑集16-11-1633**（白山丸事件）がそれで，次のように判示した。

本件起訴状記載の公訴事実は，「被告人は，昭和二七年四月頃より同三三年六月下旬ま

V　この期の刑事判例の特徴

での間に，有効な旅券に出国の証印を受けないで，本邦より本邦外の地域たる中国に出国したものである」というにあつて，犯罪の日時を表示するに六年余の期間内とし，場所を単に本邦よりとし，その方法につき具体的な表示をしていないことは，所論のとおりである。……しかし，刑訴二五六条三項において，公訴事実は訴因を明示してこれを記載しなければならない，訴因を明示するには，できる限り日時，場所及び方法を以て罪となるべき事実を特定してこれをしなければならないと規定する所以のものは，裁判所に対し審判の対象を限定するとともに，被告人に対し防禦の範囲を示すことを目的とするものと解されるところ，犯罪の日時，場所及び方法は，これら事項が，犯罪を構成する要素になつている場合を除き，本来は，罪となるべき事実そのものではなく，ただ訴因を特定する一手段として，できる限り具体的に表示すべきことを要請されているのであるから，犯罪の種類，性質等の如何により，これを詳らかにすることができない特殊事情がある場合には，前記法の目的を害さないかぎりの幅のある表示をしても，その一事のみを以て，罪となるべき事実を特定しない違法があるということはできない。……これを本件についてみるのに，検察官は，本件第一審第一回公判においての冒頭陳述において，証拠により証明すべき事実として，（一）昭和三三年七月八日被告人は中国から白山丸に乗船し，同月一三日本邦に帰国した事実，（二）同二七年四月頃まで被告人は水俣市に居住していたが，その後所在が分らなくなつた事実及び（三）被告人は出国の証印を受けていなかつた事実を挙げており，これによれば検察官は，被告人が昭和二七年四月頃までは本邦に在住していたが，その後所在不明となつてから，日時は詳らかでないが中国に向けて不法に出国し，引き続いて本邦外にあり，同三三年七月八日白山丸に乗船して帰国したものであるとして，右不法出国の事実を起訴したものとみるべきである。そして，本件密出国のように，本邦をひそかに出国してわが国と未だ国交を回復せず，外交関係を維持していない国に赴いた場合は，その出国の具体的顛末ついてこれを確認することが極めて困難であつて，まさに上述の特殊事情のある場合に当るものというべく，たとえその出国の日時，場所及び方法を詳しく具体的に表示しなくても，起訴状及び右第一審第一回公判の冒頭陳述によつて本件公訴が裁判所に対し審判を求めようとする対象は，おのずから明らかであり，被告人の防禦の範囲もおのずから限定されているというべきであるから，被告人の防禦に実質的な障碍を与えるおそれはない。それゆえ，所論刑訴二五六条三項違反の主張は，採ることを得ない。

なお，この期においては，正式裁判の請求に関して，次のように判示した**最大決昭和40・9・29刑集19-6-749**もみられる。

被告人らは，右略式命令謄本の送達は受けてはいないけれども，その謄本が検察官又は一部の共同被告人に送達されており，裁判所として，もはやその内容を変更することのできない状態に達していたのである。従つてこの裁判に対し不服を申し立てることは，将来如何なる裁判があるか不明なのに敢えて不服申立をするという不当もなく，ただ，

第3代長官　横田喜三郎

被告人らに対しては裁判の告知が遅れた結果，正式裁判の請求が，その請求権発生前になされた点で不適法となるに過ぎないから，右正式裁判の請求を受けた裁判所が未だこれを不適法として棄却しない間に，被告人らに対する略式命令謄本の送達が完了すれば，不適法な請求も，その瑕疵が治癒されると解するのが相当である。……そして，本件では墨田簡易裁判所が正式裁判請求を棄却する前に，被告人らに対する謄本の送達が行われていることが明らかであるから，申立時には不適法であつた本件正式裁判請求も，その瑕疵が治癒されたとして，同簡易裁判所の決定を取消した原決定は結局正当であつたというべきである。

■ 訴因変更の要否および可否に関するもの

訴因変更の要否についても，原判決を破棄した**最大判昭和40・4・28刑集19-3-270**がみられる。次のように判示した。

職権により調査するに，被告人Tに対する関係において，第一審は，衆議院議員総選挙に立候補の決意を有するSに当選を得しめる目的でYが被告人Aほか四名に対し金三，〇〇〇円宛を供与した際，T被告人は，その情を知りながら右Yを案内し，受供与者に紹介し，更に受供与を勧める等その犯行を容易ならしめてこれを幇助したとして，公職選挙法二二一条一項一号違反の幇助罪としての起訴に対し，検察官の訴因変更がないのに，被告人Tが右Yと共謀の上，被告人Aほか四名に対し前同趣旨で現金三，〇〇〇円宛を供与したという共同正犯の事実を認定し，原審も，右の如き幇助犯としての起訴事実を，第一審判決の如く共同正犯と認定しても，被告人の防禦権の行使に実質的な不利益を与えるものでないから，訴因変更の手続を要しない旨判示して，第一審判決を是認している。しかし右のように共同正犯を認めるためには，幇助の訴因には含まれていない共謀の事実を新たに認定しなければならず，また法定刑も重くなる場合であるから，被告人の防禦権に影響を及ぼすことは明らかであつて，当然訴因変更を要するものといわなければならない。この点に関する原審の法律判断は誤りであるといわざるを得ない。……尤も記録によれば，第一審は，第五回公判期日において共同正犯に訴因を変更すべきことを命じ，検察官から訴因変更の請求がないのに，裁判所の命令により訴因が変更されたものとしてその後の手続を進めたことが認められる。しかし検察官が裁判所の訴因変更命令に従わないのに，裁判所の訴因変更命令により訴因が変更されたものとすることは，裁判所に直接訴因を動かす権限を認めることになり，かくては，訴因の変更を検察官の権限としている刑訴法の基本的構造に反するから，訴因変更命令に右のような効力を認めることは到底できないものといわなければならない。そうすると，裁判所から右命令を受けた検察官は訴因を変更すべきであるけれども，検察官がこれに応じないのに，共同正犯の事実を認定した一審判決は違法であつて，同判決および結果に於てこれを是認した原判決はこれを破棄しなければ著しく正義に反するものと認められる。

……よつて刑訴法四一一条一号により原判決および第一審判決中被告人Tに関する部分を破棄し，同四一三条本文に則り本件を下妻簡易裁判所に差戻し，同被告人を除くその余の被告人四名の上告は，同四一四条，三九六条によりこれを棄却すべきものとし，主文のとおり判決する。

これによれば，破棄理由は二つである。一つは，当該訴因変更は被告人の防禦権に影響を及ぼすことは明らかであって，当然訴因変更を要するものといわなければならないにもかかわらず，原審は誤って被告人の防禦権の行使に実質的な不利益を与えるものでないとし，訴因変更の手続を要しない旨判示したという点である。しかし，より重要な理由は，検察官の裁量にかかわる。すなわち，検察官が裁判所の訴因変更命令に従わないのに，裁判所の訴因変更命令により訴因が変更されたものとすることは，裁判所に直接訴因を動かす権限を認めることになり，訴因の変更を検察官の権限としている刑訴法の基本的構造に反するから，訴因変更命令にそのような効力を認めることは到底できないという点である。

■ 判決に関するもの

余罪についても，これを量刑のための一事情として考慮することを認めた大法廷判決が出されている。**最大判昭和41・7・13刑集20-6-609**がそれで，次のように判示した。

刑事裁判において，起訴された犯罪事実のほかに，起訴されていない犯罪事実をいわゆる余罪として認定し，実質上これを処罰する趣旨で量刑の資料に考慮し，これがため被告人を重く処罰することは許されないものと解すべきである。けだし，……刑事訴訟法の基本原理である不告不理の原則に反し，憲法三一条にいう，法律に定める手続によらずして刑罰を科することになるのみならず，刑訴法三一七条に定める証拠裁判主義に反し，かつ，自白と補強証拠に関する憲法三八条三項，刑訴法三一九条二項，三項の制約を免れることとなるおそれがあり，さらに……若しその余罪について再び起訴され有罪の判決を受けた場合は，……憲法三九条にも反することになるからである。……しかし，他面刑事裁判における量刑は，被告人の性格，経歴および犯罪の動機，目的，方法等すべての事情を考慮して，裁判所が法定刑の範囲内において，適当に決定すべきものであるから，その量刑のための一事情として，いわゆる余罪をも考慮することは，必ずしも禁ぜられるところではない（もとより，これを考慮する程度は，個々の事案ごとに合理的に検討して必要な限度にとどめるべきであり，従ってその点の証拠調べにあたつても，みだりに必要な限度を超えることのないよう注意しなければならない。）。……犯罪事実として余罪を認定し，これを処罰しようとするものではないから，これについて公訴の提起を必要とするものではない。余罪を単に，被告人の性格，経歴および犯罪の動機，

目的，方法等の情状を推知するために資料として考慮することは，犯罪事実として認定し，これを処罰する趣旨で刑を重くするのとは異なるから，事実審裁判所としては，両者を混淆することのないよう慎重に留意すべきは当然である。……本件についてこれを見るに，……右判示は，余罪である窃盗の回数およびその窃取した金額を具体的に判示していないのみならず，犯罪の成立自体に関係のない窃盗金員の使途について比較的詳細に判示しているなど，その他前後の判文とも合わせ熟読するときは，右は本件起訴にかかる窃盗の動機，目的および被告人の性格等を推知する一情状として考慮したものであつて，余罪を犯罪事実として認定し，これを処罰する趣旨で重く量刑したものではないと解するのが相当である。従つて，所論違憲の主張は前提を欠き採るを得ない。

2　小法廷判決・決定

■ 捜査に関するもの

小法廷判決・決定も，数は多くないが，重要なものが出されている。捜査について，起訴後の取調べも認めた**最決昭和36・11・21刑集15-10-1764**もその一つである。次のように判示した。

> 刑訴一九七条は，捜査については，その目的を達するため必要な取調をすることができる旨を規定しており，同条は捜査官の任意捜査について何ら制限をしていないから，同法一九八条の「被疑者」という文字にかかわりなく，起訴後においても，捜査官はその公訴を維持するために必要な取調を行うことができるものといわなければならない。なるほど起訴後においては被告人の当事者たる地位にかんがみ，捜査官が当該公訴事実について被告人を取り調べることはなるべく避けなければならないところであるが，これによつて直ちにその取調を違法とし，その取調の上作成された供述調書の証拠能力を否定すべきいわれはなく，また，勾留中の取調べであるのゆえをもつて，直ちにその供述が強制されたものであるということもできない。本件において，第一審判決が証拠に採用している所論被告人の検察官に対する昭和三五年九月六日付供述調書は，起訴後同年九月七日の第一回公判期日前に取調がなされて作成されたものであり，しかも，右供述調書は，第一審公判において，被告人およびその弁護人がこれを証拠とすることに同意している。したがつて，原判決には所論のような違法は認められない。

■ 令状に関するもの

令状請求に関しても，請求が過誤であるとして国家賠償法1条1項にいう「過失」を認めることができる場合について，次のように判示した**最判昭和37・7・3民集16-7-1408**が出されている。

> 刑訴二〇八条二項は，裁判官は，やむを得ない事由があると認めるときは，検察官の請

求により、通算一〇日を超えない範囲内で被疑者の勾留期間を延長することができる旨規定する。右の「やむを得ない事由があると認めるとき」とは、事件の複雑困難（被疑者もしくは被疑事実多数のほか、計算複雑、被疑者関係人らの供述又はその他の証拠のくいちがいが少からず、あるいは取調を必要と見込まれる関係人、証拠物等多数の場合等）、あるいは証拠蒐集の遅延若しくは困難（重要と思料される参考人の病気、旅行、所在不明もしくは鑑定等に多くの日時を要すること）等により勾留期間を延長して更に取調をするのでなければ起訴もしくは不起訴の決定をすることが困難な場合をいうものと解するのが相当である（なお、この「やむを得ない事由」の存否の判断には当該事件と牽連ある他の事件との関係も相当な限度で考慮にいれることを妨げるものではない）。そして勾留期間延長の請求をする検察官又は請求を受けた裁判官が勾留期間の延長を相当とするには、すでに得られた諸資料のほかに更に検察官において証拠の蒐集取調をするのでなければみだりに起訴もしくは不起訴の決定をなしえないとの判断に立脚しなければならないところ、この判断は一の法律上の価値判断に帰する。かかる価値判断の過誤については、その過誤であることが明白である場合、換言すれば、通常の検察官又は裁判官であれば当時の状況下において当該被疑事件又は勾留期間延長請求事件の取調ないし決定判断に当つては何人も当時の勾留延長請求の資料に基づいては勾留延長の請求又はこれを認容する裁判をしなかつたであろうと考えられる場合に限り国家賠償法一条一項にいう過失を認めることができるものと解するのを相当とする。

この大法廷判決については、国賠に道を開いたものというよりは、道を限定したものとみるべきであろう。

■ 告訴に関するもの

告訴に関しては、「本件被害者の法定代理人は告訴権の放棄をすることはできず、従つて同人の検察官に対する告訴は有効であるとする原判示は相当である。」と判示した**最決昭和37・6・26判時313-22**が出されている。

■ 公訴に関するもの

公訴に関しても、注目すべき小法廷判決が出されている。**最判昭和35・12・23刑集14-14-2213**もその一つである。次のように判示した。

> 関税法違反または物品税法違反の如き国税犯則事件についての税関長または収税官吏等の告発は単に該違反罪に対する訴追条件にすぎないと同時に、司法警察員は犯罪があると思料するときは犯人及び証拠を捜査するものとせられ、検察官は必要と認めるときは自ら犯罪を捜査することができ、しかも捜査については、その目的を達するため必要な取調をすることができ、法律の定めに従い強制の処分をすることもできるのであるから、

該違反罪につき税関長等の告発前においても被疑者を逮捕，勾留し，取り調べることができるのであつて，その逮捕，勾留または取調が右の告発前になされたからといつて，ただそれだけの理由でこれを違法とすべきものではなく，所論の点についての原判示は正当である。なおまた被告人Kの司法警察員及び検察官に対する供述調書につき，その供述の任意性を疑わせるに足るような事由は少しも認められない。

最判昭和41・4・21刑集20-4-275も，公訴時効に関して，括弧書きにおいてではあるが，次のように判示した。

刑法五四条一項前段のいわゆる観念的競合は，一個の行為が数個の罪名に触れる場合に，科刑上一罪として取り扱うものであるから，公訴の時効期間算定については，各別に論ずることなく，これを一体として観察し，その最も重い罪の刑につき定めた時効期間によるを相当とする。

さらに，**最判昭和41・7・21刑集20-6-696**（ウイプラッシュ傷害事件）は，次のように判示した。

本件逮捕の手続に所論の違法があつたとしても本件公訴提起の手続が憲法三一条に反し無効となるものといえないことは，当裁判所の判例……の趣旨に徴し明らかであるから，本件公訴の提起を有効であるとした原判決は，正当であり，所論違憲の主張は理由がない。

当該手続の違法と手続の無効とを峻別する考え方が，ここでも打ち出されている。

■ 訴因変更の要否および可否に関するもの

この期の小法廷判決・決定でも，訴因変更の要否および可否に関するものは多い。ただ，その中には，訴因変更の手続を要しないとし，原審の判断を支持したものと，訴因変更の手続を経ることが必要だったとし，その訴訟手続の違法の故に原判決を破棄しなければ著しく正義に反するとしたものとが混在している。前者に属するものとしては，次のように判示した**最決昭和35・11・15刑集14-13-1677**がみられる。

被告人K，同Tの弁護人福井盛太，同宮沢邦夫の上告趣意第一点は，単なる法令違反の主張であり（併合罪として追起訴された事実を前に起訴された事実と併合審理した結果，両者を単純一罪と認定して処断するには，公訴棄却の言渡や，訴因変更の手続を要しない），同第二点は，事実誤認，単なる法令違反の主張であり，同第三点は，原判示に副わない事実を前提とする単なる法令違反の主張であり，同第四点は，量刑不当の主張であつて，いずれも刑訴四〇五条の上告理由に当らない。

最決昭和40・4・21刑集19-3-166も同様である。次のように判示した。

V　この期の刑事判例の特徴

　弁護人藪下益治の上告趣意第一点は，事実誤認，単なる法令違反の主張であり（本件につき，業務上過失致死の訴因に対し訴因罰条の変更の手続を経ないで重過失致死罪を認定した一審判決を是認した原審の判断は正当である），同第二点は，量刑不当の主張であつて，いずれも刑訴法四〇五条の上告理由に当らない。また記録を調べても同四一一条を適用すべきものとは認められない。

　他方，後者としては，次のようなものが存する。**最判昭和36・6・13刑集15-6-961**は，次のように判示した。

　　職権をもつて調査するに，本件起訴状には公訴事実として「被告人は，H（新潟県南蒲原郡〇〇町長として同町の工事の請負契約の締結，金銭出納命令等の権限を有するもの）と共謀の上」，「（一）　昭和二九年一一月二五日頃，新潟市西堀前通〇〇町の〇〇工営株式会社事務所より同市〇〇通り〇〇町料理屋〇〇に赴く自動車内で，右会社の取締役社長Ｎから，〇〇町中学校体育館の建築工事を右会社に請負わしめることに対する謝礼の趣旨であることを了知し乍ら，現金三〇万円の交付を受け」，「（二）　同年一二月七日右会社事務所において，右会社の専務取締役Ｋから，右体育館の工事請負につき右会社と契約を締結したことに対する謝礼の趣旨であることを了知し乍ら，現金三〇万円の交付を受け」，「以て右Ｈの職務に関し賄賂を収受した。」旨記載され，罪名及び罰条として，それぞれ「収賄，刑法一九七条一項」と掲記されている。即ち，本件起訴状記載の訴因は，被告人が〇〇町長Ｈと共謀の上，同町長の職務に関し，二回に亘つて賄賂金合計六〇万円を収受したという収賄の事実である。しかるに，原判決は，第一審判決が右公訴事実を収賄と認定したことが事実の誤認であるとして，これを破棄自判するに当り，訴因罰条の変更手続を履まずに，「被告人は，前記Ｎと共謀の上，前記〇〇町長Ｈに対し，その職務に関し，〇〇町中学校体育館新設工事請負契約の締結につき，便宜の取計いをして呉れたことの謝礼として金員を供与しようと企て」，「（一）　昭和二九年一一月二五日頃，前記〇〇工営株式会社事務所から前記料亭〇〇へ赴く自動車内で，同人に対し，右工事請負の仮契約をして呉れたことの謝礼として現金三〇万円を交付し」，「（二）　同年一二月七日頃右会社事務所において，同人に対し，右工事請負の本契約を締結して呉れたことの謝礼として，現金三〇万円を交付し」，「以て右Ｈの職務に関し賄賂を供与したものである。」旨の事実を認定し，刑法一九八条を適用した。即ち，原判決認定の事実は，被告人がＮと共謀の上，〇〇町長Ｈに対し，同町長の職務に関し，二回に亘つて賄賂金合計六〇万円を供与したという贈賄の事実である。ところで，本件公訴事実と原判決認定の事実とは，基本的事実関係においては，同一であると認められるけれども，もともと収賄と贈賄とは，犯罪構成要件を異にするばかりでなく，一方は賄賂の収受であり，他方は賄賂の供与であつて，行為の態様が全く相反する犯罪であるから，収賄の犯行に加功したという訴因に対し，訴因罰条の変更手続を履まずに，贈賄の犯行に加功したという事実を認定することは，被告人に不当な不意打を加え，その防禦に実質的な不利益

を与える虞れがあるといわなければならない。従つて，本件の場合に，原審が訴因罰条の変更手続を履まずに，右のような判決をしたことは，その訴訟手続が違法であることを免れない。そして右の違法は，被告人に対する訴因の全部に関しているのであるから，明らかに判決に影響を及ぼすべきものであり，且つ，原判決を破棄しなければ著しく正義に反するものと認められる。よつて刑訴四一一条一号，四一三条本文により，裁判官全員一致の意見で主文のとおり判決する。

最決昭和40・12・24刑集19-9-829 も，次のように判示した。

記録によれば，第一審判決は，本件は脱所得の内容として，検察官の主張しなかつた仮払金一七五万円，貸付金五万円を新たに認定し，また，検察官の主張した借入金七五万円を削除して認定しており，原判決は，訴因変更手続を経由することなく右のごとく認定した第一審判決が違法であるとはいえないと判示しているが，かような認定は，被告人側の防御に実質的な不利益を与えることもありうるのであるから，訴因変更の手続を要するものというべく，これに反する第一，二審判決は，訴訟の解釈適用を誤つたものといわなければならない。しかし，被告人側が，第一審において，検察官主張の公訴事実を争わず，もつぱら情状に関する事実を主張，立証して来た本件訴訟の経過に徴すれば，原判決を破棄しなくとも，著しく正義に反するとはいえない。また，記録を調べても，刑訴法四一一条を適用すべきものとは認められない。

最判昭和41・7・26刑集20-6-711 も，次のように判示した。

本件において，一審で当初起訴にかかる業務上横領の訴因につき被告人に防禦の機会が与えられていたとしても，既に特別背任の訴因に変更されている以上，爾後における被告人側の防禦は専ら同訴因についてなされていたものとみるべきであるから，これを再び業務上横領と認定するためには，更に訴因罰条の変更ないし追加手続をとり，改めて業務上横領の訴因につき防禦の機会を与える必要があるといわなければならない。従つて，原審がこの手続をとらないで判決したことは違法であつて，刑訴法411条1号により破棄を免れない。

これに対し，中間に位置する判例もみられる。**最決昭和40・12・24刑集19-9-827** がそれで，法人税法違反の勘定科目の増減に関わる事例について，訴因変更が必要だとし，次のように判示した。

記録によれば，第一審判決は，本件逋脱所得の内容として，検察官の主張しなかつた仮払金一七五万円，貸付金五万円を新たに認定し，また，検察官の主張した借入金七五万円を削除して認定しており，原判決は，訴因変更手続を経由することなく右のごとく認定した第一審判決が違法であるとはいえないと判示しているが，かような認定は，被告人側の防御に実質的な不利益を与えることもありうるのであるから，訴因変更の手続を

要するものというべく，これに反する第一，二審判決は，訴訟の解釈適用を誤つたものといわなければならない。しかし，被告人側が，第一審において，検察官主張の公訴事実を争わず，もつぱら情状に関する事実を主張，立証して来た本件訴訟の経過に徴すれば，原判決を破棄しなくとも，著しく正義に反するとはいえない。また，記録を調べても，刑訴法四一一条を適用すべきものとは認められない。

■ 公知の事実に関するもの

この期においては，公知の事実について，次のように判示した**最決昭和41・6・10刑集20-5-365**もみられる。

> 東京都内においては，東京都道路交通規則——原判決の法令適用欄に東京都道路規則とあるのは誤記と認める——六条により，原則として普通自動車の最高速度が四〇キロメートル毎時と定められており，右規制が東京都公安委員会の設置する道路標識によつて行われていることは，公知の事実ということができるから，その認定につき，必ずしも証拠を要しないと解すべきである。

■ 自白法則に関するもの

手錠を施されたままの取調べについても，供述の任意性を認めるに足りる特段の事情が存するとした**最判昭和38・9・13刑集17-8-1703**が出されている。その理由について，次のように判示した。

> 弁護人小林正基の上告趣意第一点は，憲法三八条二項違反を主張する。すでに勾留されている被疑者が，捜査官から取り調べられるさいに，さらに手錠を施されたまゝであるときは，その心身になんらかの圧迫を受け，任意の供述は期待できないものと推定せられ，反証のない限りその供述の任意性につき一応の疑いをさしはさむべきであると解するのが相当である。しかし，本件においては，原判決は証拠に基づき，検察官は被告人らに手錠を施したまゝ取調を行つたけれども，終始おだやかな雰囲気のうちに取調を進め，被告人らの検察官に対する供述は，すべて任意になされたものであることが明らかであると認定しているのである。したがつて所論の被告人らの自白は，任意であることの反証が立証されているものというべく，所論違憲の主張は，その前提を欠き，その余は単なる法令違反の主張にすぎない。

ここでも，被告人らの同意を理由として，当該取調べの有する重大な違法性の減殺を図り，任意性を肯定しうる特段の事情の一つとするという伝統的な手法が採用されている。

最決昭和39・6・1刑集18-5-177は，ポリグラフ検査の後にとられた自白の証拠能

力について，括弧書きにおいてではあるが，次のように判示した。

　記録によつて本件捜査中における最初の自白がなされた経過をみると，当初否認していた被告人に対し，その承諾のもとに，鑑識の専門係員によつてポリグラフ検査を行ない，その後の取調にあたつて，取調官が右検査の結果を告げ，真実を述べるように話したところ，被告人はしばらく沈黙していたが，やがて関係者に内密してくれるよう頼んでから，本件犯行をすべて自白するにいたつたというもので，その間には取調官が自白を強要したと認めるべき事跡は見当らず，その自白の任意性を疑うべき事情も窺われない。

　最判昭和41・7・1刑集20-6-537も，当該自白は任意性に疑いがあり，証拠能力を欠くものと解するのが相当であるとしつつも，原判決を維持している。その理由は次のようなものである。

　論旨は，原判決が，被告人の司法警察員および検察官に対する各供述調書の任意性の有無について，被告人に賄賂を贈つたＫの弁護人である弁護士岡崎耕三が，「昭和三六年八月二八日岡山地方検察庁において本件の担当検察官である三笠検事に面談した際，被告人のため陳弁したところ，同検事より，被告人が見えすいた虚構の弁解をやめて素直に金品収受の犯意を自供して改悛の情を示せば，検挙前金品をそのまま返還しているとのことであるから起訴猶予処分も十分考えられる案件である旨内意を打ち明けられ，且つ被告人に対し無益な否認をやめ卒直に真相を自供するよう勧告したらどうかという趣旨の示唆を受けたので，被告人の弁護人である弁護士楠朝男を伴つて児島警察署へ赴き留置中の被告人に面接し，「検事は君が見えすいた嘘を言つていると思つているが，改悛の情を示せば起訴猶予にしてやると言つているから，真実貰つたものなら正直に述べたがよい。馬鹿なことを言つて身体を損ねるより，早く言うて楽にした方がよかろう。」と勧告したところ，被告人は，同弁護士の言を信じ起訴猶予になることを期待した結果，その後の取調べ即ち同日第二回目の取調べから順次金品を貰い受ける意図のあつたことおよび金銭の使途等について自白するに至つたものである。」旨の事実を認定したうえ，「自白の動機が右のような原因によるものとしても，捜査官の取調べそれ自体に違法が認められない本件においては，前記各供述調書の任意性を否定することはできない。」と判示したのが，所論引用の昭和二九年三月一〇日福岡高等裁判所判例（高等刑事判決特報二六号七一頁）に相反するというのである。……よつて案ずるに，右福岡高等裁判所の判決は，所論の点について，「検察官の不起訴処分に附する旨の約束に基く自白は任意になされたものでない疑のある自白と解すべきでこれを任意になされたものと解することは到底是認し得ない。従つて，かかる自白を採つて以て罪証に供することは採証則に違反するものといわなければならない。」と判示しているのであるから，原判決は，右福岡高等裁判所の判例と相反する判断をしたこととなり，刑訴法四〇五条三号後段に規定する，最高裁判所の判例がない場合に控訴裁判所である高等裁判所の判例と相反す

る判断をしたことに当るものといわなければならない。そして，本件のように，被疑者が，起訴不起訴の決定権をもつ検察官の，自白をすれば起訴猶予にする旨のことばを信じ，起訴猶予になることを期待してした自白は，任意性に疑いがあるものとして，証拠能力を欠くものと解するのが相当である。……しかしながら，右被告人の司法警察員および検察官に対する各供述調書を除外しても，第一審判決の挙示するその余の各証拠によって，同判決の判示する犯罪事実をゆうに認定することができるから，前記判例違反の事由は，同四一〇条一項但書にいう判決に影響を及ぼさないことが明らかな場合に当り，原判決を破棄する事由にはならない。

■ 伝聞法則に関するもの

伝聞法則に関するものは，この期の小法廷判決でも相変わらず多い。

最判昭和36・3・9刑集15-3-500は，次のように判示した。

> 証人が外国旅行中であつて，これに対する反対尋問の機会が被告人に与えることができない場合であつても，その証人の供述録取書を証拠として採用することが憲法三七条二項の規定に違反するものでないことは当裁判所昭和二四年五月一八日，同二五年九月二七日，同年一〇月四日，同二七年四月九日，同二三年七月一九日の各大法廷判決の趣旨に徴し明かであるから所論違憲の主張は採用し難い。

最判昭和36・5・26刑集15-5-893も，次のように判示した。

> 捜査機関が任意処分として行う検証の結果を記載したいわゆる実況見分調書も刑訴三二一条三項所定の書面に包含されるものと解するを相当とすることは昭和三五年九月八日第一小法廷判決（刑集一四巻一一号一四三七頁）の判示するところである。従つて，かかる実況見分調書は，たとえ被告人側においてこれを証拠とすることに同意しなくても，検証調書について刑訴三二一条三項に規定するところと同一の条件の下に，すなわち実況見分調書の作成者が公判期日において証人として尋問を受け，その真正に作成されたものであることを供述したときは，これを証拠とすることができるのであるから，これと同旨に出た原判示（控訴趣意第一点についての判断前段）は正当である。

白鳥事件についても，**最判昭和38・10・17刑集17-10-1795**は，次のように判示し，当該伝聞証拠に証拠能力を認めた。

> 共謀共同正犯を認定するにつき，謀議の行なわれた日時，場所またはその内容の詳細についてまでいちいち具体的に判示することを要しないことは，前記大法廷判決の示すところである。そして，原判決が，本件殺人事件につき，刑訴の規定により証拠能力を有し，かつ適法な取調を経た証拠を綜合して判示する程度に謀議の行なわれた日時，場所，その内容を認定し得る以上，前記判例の趣旨に照らし，これを違法とすべき理由はない。

……伝聞供述となるかどうかは，要証事実と当該供述者の知覚との関係により決せられるものと解すべきである。被告人Мが，○○社宅で行われた幹部教育の席上「白鳥はもう殺してもいいやつだな」と言つた旨のSの検察官に対する供述調書における供述記載……は，被告人Мが右のような内容の発言をしたこと自体を要証事実としているものと解せられるが，被告人Мが右のような内容の発言をしたことは，Sの自ら直接知覚したところであり，伝聞供述であるとは言えず，同証拠は刑訴三二一条一項二号によつて証拠能力がある旨の原判示は是認できる。次に，被告人МがKの家の二階かTの下宿かで，「白鳥課長に対する攻撃は拳銃をもつてやるが，相手が警察官であるだけに慎重に計画をし，まず白鳥課長の行動を出勤退庁の時間とか乗物だとかを調査し慎重に計画を立てチヤンスをねらう」と言つた旨の証人Kの第一審第三八回公判における供述……，被告人МがNの寄寓先で「共産党を名乗つて堂々と白鳥を襲撃しようか」と述べた旨の証人Nの第一審第四〇回公判における供述……等は，いずれも被告人Мが右のような内容の発言をしたこと自体を要証事実としているものと解せられるが，被告人Мが右のような内容の発言をしたことは，各供述者の自ら直接知覚したところであり伝聞供述に当らないとした原判示も是認できる。次に，Yが一月二二日S宅を訪問した際，Sが白鳥課長を射殺したのは自分であると打ち明けた旨の証人Yの第一審第三六回公判における供述……は，Sが白鳥課長を射殺したことを要証事実としているものと解せられ，この要証事実自体は供述者たるYにおいて直接知覚していないところであるから，伝聞供述であると言うべきであり，原判決がこれを伝聞供述でないと判示したのは誤りであるが，右供述は刑訴三二四条二項，三二一条一項三号による要件を具備していることが記録上認められ，従つて右刑訴の規定により証拠能力を有することは明らかであるから，原判決がこれを証拠としたことは，結局違法とは認められない。また，同じ機会に，Sが「М委員長が二，三日ならいてもいい，二，三日なら安全だから」と言つた旨の証人Yの供述……は，被告人МがSに対し右の如き発言をしたこと自体を要証事実としているものと解せられ，供述者たるYは原供述者Sよりこれを聞知しているのであるから，伝聞供述であるが，刑訴三二四条二項，三二一条一項三号所定の要件を具備し，従つて証拠能力を有するものと認められることは，原判示のとおりである。次に，証人Tの第一審第三八回公判における供述……中，円山の警察官射撃場における拳銃の射撃訓練に関する部分は，X，Zらが円山の警察官射撃場で拳銃の射撃訓練をしたことを要証事実としているものと解せられるが，供述者Тは，自ら体験せずXまたはZから聞知した事実を述べているのであるから伝聞供述であり，しかも原供述者が二者択一的であることは所論のとおりである。しかしながら，原供述者が二者択一的であつても，原供述者の範囲が特定の両者に限定されている以上，所在不明等の事由さえなければ証人として各これを尋問し，反対尋問を行なうことができるのであるから，伝聞供述の原供述者が二者択一的であるというだけの理由で，その供述が証拠能力を有しないものとはいえない。しかして，右伝聞供述が刑訴三二四条二項，三二一条一項三号所定の要件を

具備し，従つて証拠能力を有するものと認められることは，原判示のとおりである。

■ 科学的証拠に関するもの

いわゆる科学的証拠について，その証拠能力を認めた小法廷決定が出始めたのも，この期の新規性である。筆跡鑑定について，次のように判示した**最決昭和41・2・21判時450-60**が，それである。

> いわゆる伝統的筆跡鑑定方法は，多分に鑑定人の経験と感に頼るところがあり，ことの性質上，その証明力には自ら限界があるとしても，そのことから直ちに，この鑑定方法が非科学的で，不合理であるということはできないのであつて，筆跡鑑定におけるこれまでの経験の集積と，その経験によつて裏付けられた判断は，鑑定人の単なる主観にすぎないものといえないことはもちろんである。したがつて，事実審裁判所の自由心証によつて，これを罪証に供すると否とは，その専権に属することがらであるといわなければならない。……原判決が，E鑑定を採用せず，前記四鑑定人の各鑑定およびその他一審判決が掲げた各証拠を綜合して本件犯罪事実を認定し得るとしたことは，なんら採証法則に違反するものではない。

■ 簡易公判手続に関するもの

最判昭和37・2・22刑集16-2-203は，次のように判示し，簡易公判手続を合憲とした。

> 弁護人H，同Tの上告趣意第一点中第一審判決のなした簡易公判手続は，憲法三七条二項に違反するというが，同条項は，裁判所の喚問した証人につき反対尋問の機会を十分に与えなければならないというのであつて，反対尋問の機会を与えない証人その他の者の供述を録取した書類は絶対に証拠としてはならないという意味のものでないことは，当裁判所大法廷の判例（判例集三巻六号七八九頁以下，同四巻一〇号一八八六頁以下参照）とするところ，原一審手続では，証人は喚問されず，また，証拠書類に対し何等異議を申述べた形跡もないのであるから，同条項違反の主張は採ることができない。次に，簡易公判手続は，所論比較的軽微な事件について被告人が有罪である旨陳述したときのみに限り訴訟の合理的運営を図る目的をもつて（伝聞の証拠書類に対し証拠とすることに異議を述べたときにはこれを証拠とすることができないとする）合理的な法律上認められた訴訟手続に過ぎないから，当裁判所大法廷判例（判例集七巻六号一三六六頁以下，同二巻五号五一七頁以下）の趣旨により，その余の違憲の主張も採ることができない。

第３代長官　横田喜三郎

3　下級審判決・決定

■ 捜査に関するもの

　この期の下級審判決・決定は，量的にはそれほど多くはないが，質的には重要なものが散見される。捜査に関し，次のように判示した**東京高判昭和41・6・28判タ195-125**も，その一つである。

> 客観的資料に基づく知識を有しない通常人には現行犯であるということは認知できない場合であつても，警察官はそれらの資料に基づく知識によつて容易に現行犯の存在を認知し得る場合があるということを理解すべきであり……そのような活動によつて得た知識を活用して犯人を逮捕するということも，固より当然の捜査活動であるといわなければならない。

　捜査官による現場裁量を認めた判例といえよう。これによれば，当該現行犯逮捕について違法性が認められる場合が大幅に制限されることになった。
　しかし，これにも増して重要なのは，**大阪高判昭和38・9・6高刑集16-7-526**である。同判決は，自動車社会の到来により，その適法性が問題となっていた自動車検問について，自動車検問の法的根拠を警職法2条に求め得るとし，職務質問の要件に準じる限り，許されるとしたからである。そして，次のように判示し，本件巡査らの行った当該自動車検問は法的根拠を欠き不適法であるとし，公務執行妨害罪の成立を否定し，単純暴行罪の成立を認めるにとどめた原判決を破棄した。

> 原判決は横路克則巡査の行なつた本件自動車の検問は警察官職務執行法（以下警職法と略称する）第二条第一項の要件を欠く違法な職務執行であるから，被告人Ｋが同巡査に暴行を加えたことによつて公務執行妨害罪は成立しないと判示する。……よつて先ず一般的に自動車検問が適法か否かについて考察を加えると当審における事実取調の結果を参酌して記録を精査するに，いわゆる自動車検問の実態は警察官が自動車盗犯その他重要な犯罪の予防，検挙のため，一般通行中の自動車を停車させて，運転者に対し，更に必要な場合には乗客に対し必要な二，三の質問をすることをいい，警察内部の訓令，通達等によつて一つの制度的なものとして行われていることは原判示のとおりである。……さて警職法第二条第一項をみると警察官は異常な挙動その他周囲の事情から合理的に判断して何らかの犯罪を犯し，若しくは犯そうとしていると疑うに足りる相当な理由のある者又は既に行われた犯罪について，若しくは犯罪が行われようとしていることについて知つていると認められる者を停止させて質問することができると規定している。一般の歩行者であれば警察官はその挙動，態度を注視することによつて，同条の職務質問の要件の存否を判断することができるが，高速度で疾走する自動車に乗車している者

V この期の刑事判例の特徴

に対しては停車しなければ職務質問の要件の存否の判断をすることはもとよりかりに自動車に乗車している者に職務質問の要件を具えた者がいたとしても職務質問を行うことは事実上不可能である。そもそも同条の職務質問は、かかる高速度の交通機関を利用する者に対しては行わないという前提のもとに立法されたものであろうか。警察官に職務質問の権限を認めた理由は同条に定める要件の存する場合、警察官が質問をしてその疑念をはらし、或は犯罪捜査又は犯罪防止の手段を講じる手掛りを得させようとするにあり、それが公共の安全と秩序を維持するために必要であると考えられているからである。しかるに文明の発達と共に自動車を犯罪の手段または隠蔽の方法として利用する者が（以下単に自動車を利用する犯罪という）激増する事態を招き、高速交通機関を利用する者に対しても同条一項の要件をみたす限り警察官の職務質問の権限を認むべき実質的理由があるのである。しかも同条第一項は相当な理由のある者、知っていると認められる者とのみ規定し、職務質問の対象となる者について自動車を利用する者を除外するものでないことは文理上からも明らかである。従って、自動車を利用する者に対しても同条第一項は警察官に対し職務質問の権限を与えているものと解すべきであり、徐行しているオープンカーの如き場合を除き職務質問の要件の存否を確認するため自動車利用者に停車を求める権限をも合わせて与えたものといわなければならない。さらに運転者や乗客に職務質問の前提要件の存否を確かめるため二、三の質問をすることも相手方の任意の応答を期待できる限度において許容されていると解するのが妥当である。しかしながら自動車の停車を求める権限が無制限のものとは到底考えられない。……先ず第一に同条の職務質問が強制力を伴わない任意の手段であることを考えると、その前提として認められる自動車の停止を求める行為もまた任意の手段でなければならないから、道路に障碍物を置く等の物理的に停車を強制する方法によることは許されない。……第二に、犯罪を犯し、若しくは犯そうとしている者が自動車を利用しているという蓋然性のある場合でなければならない。警職法第二条は犯罪を犯し若しくは犯そうとしていると疑うに足る相当な理由のあることを職務質問の要件としている。人権擁護の見地から職務質問のできる場合を制限したものである。職務質問の前提として自動車の停止を求め得る場合は、人権擁護の見地から職務質問の要件に準じ、犯罪を犯し、若しくは犯そうとしている者が自動車を利用しているという蓋然性のあるときに限定するのが相当である。この蓋然性は警察官が主観的に思料したのみでは足らず、客観性を持たなければならない。例えばある種の重要犯罪が発生し、犯人が自動車を利用して逃走したが、その自動車を特定し得ないような場合（特定し得れば、現行犯人と認めうるか、すくなくとも緊急逮捕の要件を具備している場合が多いであろうから強制的に自動車を停止させ、犯人を逮捕することができることとなるが、これは警職法第二条の前提としての自動車検問の問題ではない）犯人が利用したと思われる種類の自動車に対しては自動車検問が許される。ある種の自動車を利用する重要犯罪が続発し、将来においても同種犯罪の発生の蓋然性の高いときも同様である。……第三に、自動車の停止を求めることが公共の

第3代長官　横田喜三郎

　安全と秩序の維持のために自動車利用者の自由を制限しても已むを得ないものとして是認される場合でなければならない。職務質問の要件の存否を確認するため停車を求め得るものとすれば，当然職務質問を受ける対象者に該当しない者に対しても停車を求めることとなり，これらの者の行動の自由を制限するばかりでなく，これらの者が常に自動車の停止に同意を与えているとは限らない。停止している時間が短時間であつても，先を急いでいる搭乗者のうちには自動車の停止を求められることを迷惑と感ずる者もあろうし，停止を求められた者のうち職務質問を受ける対象者に該当しない者の数の方が大部分を占めるであろうということも考慮しなければならない。自動車検問は職務質問の前提として認められるとしても，自動車検問によつて得られる公共の安全と秩序の維持という利益のために，職務質問を受ける対象者に該当しない者の自由を制限しても已むを得ないと是認される場合でなければならない。このことは警察法第二条第二項が警察の活動は厳格に前項の責務の範囲に限らるべきであつて，その責務の遂行にあたつては，……いやしくも日本国憲法の保障する個人の権利及び自由の干渉にわたる等その権限を濫用することがあつてはならないと規定し，警察目的と責務の面から，警職法第一条第二項がこの法律に規定する手段は前項の目的のため必要な最小の限度において用いるべきであつて，いやしくもその濫用にわたるようなことがあつてはならないと規定し，警察手段の面から強く濫用を戒めていることから明らかである。これを詳説すれば，（イ）自動車検問が許されるのは自動車を利用する重要犯罪に限られる。職務質問の対象者に該当しない多数の者の自由を制限しても已むを得ないと認められる程度の重要犯罪にかかわる場合でなければならない。（ロ）自動車検問の必要性のある場合でなければならない。自動車検問をしなければ犯罪の予防，検挙が困難であると認められる場合であることを必要とする。（ハ）自動車検問が犯罪の予防，検挙の手段として適切なものでなければならない。何ら効果のないことが明らかな場合に自動車検問を許容すべき理由はない。（ニ）自動車利用者の自由の制限は最小限度に止めなければならない。自動車の停止はできる限り短時間に止めなければならないし，一台の自動車を数回に亘つて停車させることも厳に慎しまなければならない。これらの諸点を考慮して公共の利益のために自動車利用者の自由を制限しても已むを得ないものと認められることを要するのである。これを要するに前示第一乃至第三の制限のもとにおいて，初めて職務質問の前提として自動車の停止を求めることが許容され，適法であるということができるのである。さて前説示の基準に照らし本件の自動車検問が適法であるか否かを具体的に検討しなければならない。昭和三六年九月一一日警ら部長，刑事部長発信各警察署長宛の自動車検問実施についてと題する書面によれば，最近自動車強盗（乗客を装つてタクシーに乗車し，隙を見て運転者に暴行脅迫を加え金品を強奪する罪）が増加する傾向があるので同日より同月二五日（午後九時から午前三時まで）まで自動車検問を実施する旨の依命通達により実施されたものであるが，同月二五日に至つてもなお自動車強盗が続発しているので更に一五日間延長された期間中（同月二六日午前〇時二〇分頃）に本件公務執行

妨害被告事件が発生していること，前記依命通達によれば同年九月上旬だけでも自動車強盗が十件も発生していることが認められ，Ｊの原審における証言，Ｎの当審における証言によればタクシー業者の団体である大阪旅客自動車協会から自動車強盗の予防に関し積極的な要望があり，警察として自動車強盗の予防，検挙を計る具体的必要性があつたと認められること，自動車検問が自動車強盗の予防，検挙に有効適切なものであるか否かの点に疑があるが，Ｎ証人もいう如く自動車検問を受けて警察官に顔を見られた者は自動車強盗を思い止まるのが通常であろうし，自動車検問実施中に銃砲刀剣類等の兇器を所持している者を現行犯人として検挙しているので，自動車強盗の予防措置として効果のないものとは思われないこと，本件の自動車検問を受けた当該自動車を運転していたタクシーの運転者Ｉは原審公判廷において勤め先の○○タクシー株式会社の営業部長より自動車検問を受けた場合は，これに協力するよう指示を受けていた旨証言し，少なくともタクシーの運転者との間には協力を期待できる関係にあつたこと，同証人及び，Ｙ，Ｍ等の原審公判廷における証言によれば，本件の自動車検問の方法は赤ランプを振り，警笛を吹鳴する等の方法によつたもので，物理的に停車を強制するという方法によつたものではないこと，中川巡査が赤色灯を廻して停車の合図をした際Ｈが停車しなかつたのは同運転者が自分の車に対する停車の合図とは思わなかつたためであること，同証人らの証言によれば，横路巡査はＨ運転手に対しどこから来たのかと尋ね，次いで，被告人Ｋに対しては酔つておられるのですかと聞いたのみで強要的な質問は一切していないことをそれぞれ認めることができる。本件の自動車検問の特色は停車を求められた者がタクシーの運転者であり，停止を求められればこれに応ずるであろうことが予め予想されていたという点にある。しこうして，タクシーの場合自動車の運転は運転者にまかされているものであるから，乗客の意思を問題とする必要はないとも考えられるのであつて，これらの点に考慮をはらい，以上認定の諸事情を前記自動車検問の許容されるための前記第一乃至第三の条件にあてはめて考えてみると，すべてこれらの条件をみたしているものということができ，本件の自動車検問は適法であるといわなければならない。原判決が自動車検問は全く法的根拠を欠くものであると判示したのは前示に照らし誤であることが明白である。しこうして自動車検問の法的根拠を警職法第二条に求め得る以上検察官所論のように警察法第二条にさかのぼつて論議する必要もない。……原判決が本件横路克則巡査らの行つた自動車検問は不適法であるとして公務執行妨害罪の成立を否定し単純暴行罪の成立を認めたのは法令の解釈適用を誤つた結果事実を誤認したものであり，その誤が判決に影響を及ぼすこと明らかであるから，原判決中被告人Ｋに関する部分は破棄を免れない。

このようにして，判例によれば，自動車検問の適法性に道が開かれることになった。そして，この道は，その後，職務質問の要件の緩和に照応して，より広げられることになる。

他方，現行犯性に一定の限定をかけた判例もみられる。**大阪高判昭和40・11・8下刑集7-11-1947**は，公然猥褻に関して，次のように判示した。

> （被害者―引用者）Aは昭和三八年八月三〇日午後八時四〇分頃……映画館「〇〇座」において判示の様な（わいせつ行為―引用者）被害を受けた後同映画館を立出で，近くにある自宅に帰り夫に右事実を話し，相共に右映画館に引返し，犯人が未だ館内に居ることを確かめた上係員に勧められて警察に通報し，右通報により同映画館に赴いた繁山巡査が，折柄同映画館より出て来た被告人を，Aの指示により，午後九時四十五分頃現行犯人として逮捕したことが認められる。この様な状況の下に行われた右現行犯逮捕は刑事訴訟法二一二条一項又は二項各号の要件を充足したものとは考えられないし，又緊急逮捕をしうる案件でもないから，右現行犯逮捕は違法というべきである（丸括弧内引用者）。

同判決は，上記違法逮捕により獲得された被告人の司法警察員面前調書を違法収集証拠として排除した。ただし，被害者の証言などによって犯罪事実は「優にこれを肯認することができる」とした点に注意しなければならない。

■ 令状に関するもの

令状に関しては，次のように判示した**東京地決昭和39・10・15下刑集6-9=10-1185**が特筆される。

> 右の各法条（刑訴法二〇四条ないし二〇七条の規定―引用者）は単に被疑者を逮捕し又は逮捕された被疑者を受取つた検察官の義務を規定したに止まらず，進んで適法な勾留請求の存在が勾留の一要件をなすものであることをも規定しているものと解される。……以上，要するに，勾留状発付が適法であるためには，まず第一に適法な勾留請求が存在しなければならず，請求が適法であるためには，逮捕手続が適法でなければならない。本件においては，逮捕手続が違法であるから勾留請求が不適法であり，従つて勾留状発付も不適法というべきである。

ただし，これも，逮捕前置主義をとり，逮捕令状の発付については準抗告が認められていない現行法の下では，当然の解釈・運用といえようか。

■ 公訴に関するもの

公訴については，交通事故の身代わり犯人が業務上過失致死傷罪で有罪とされた場合，後に犯人隠避罪で起訴することができないかについて，起訴することができるとした**東京高判昭和40・7・8高刑集18-5-491**が，まず目につく。次のように判示した。

被告人両名に対する本件各公訴事実の要旨は、「一、被告人Ｓは将来運転免許を得る目的で練習のため反復して自動車を運転していたものであるが、(一)、昭和三九年五月一二日午後三時一五分頃、浜松市富塚町四、四〇五番地先道路において普通貨物自動車を無免許で運転し、(二)、前同時刻頃、右貨物自動車を運転して時速約四〇粁の速度で前同所を北進通過するに際し、同所が幅員約五・五米の、右カーヴとなつている山沿いの道路で、前方の見とおしの利かない状況にあつたのに拘らず、自車の前方を注視しないで漫然従前の速度のまま進行を続けた過失により、折柄同所を対向進行して来たＫ（当四五年）運転の軽自動車を約一五米に迫つて初めて発見し、直ちに停止避譲の措置をとつたが及ばず、自車の右前部を右Ｋの自動車の前部に衝突させ、その際の衝激により同人に全治まで約一ケ月を要する左胸部挫傷等の傷害を負わせ、二、被告人Ｙは右Ｓの雇主であるが、同人から右事故を起した旨の報告を受けるや、同人が罰金以上の刑に該る前記業務上過失傷害等の罰を犯した者であることの情を知りながら、同日右事故において、担当警察官に対して自己が右犯罪を犯したものである旨申立てて真犯人たる右Ｓを隠避せしめた」というのであり、これに対し原審は右各訴因事実を全面的に認容したうえ被告人両名にそれぞれ有罪の言渡をなしたものであるが、一方被告人Ｙは、右一の(二)の業務上過失傷害事故の所謂身替り犯人となつて、本件公訴提起に先立つ昭和三九年七月一八日浜松簡易裁判所において略式命令により罰金一万五千円に処せられ、右裁判はそのまま確定するに至つたことが明らかである。従つて本件において被告人Ｓは、既に被告人Ｙが犯人として処罰を受けた罪と同一の罪につき改めてその犯人として公訴の提起を受けて有罪を言渡され、また被告人Ｙは、既に自己が犯人として処罰された罪と同一の罪につきさらにその犯人（被告人Ｓ）隠避の罪責を問われるという一見奇異な事態を生じていることは所論の指摘するとおりであつて、かかる事態は、それが被告人Ｙ等の、司直を欺いて憚らない悪質、不埒な所為に帰因するとはいえ、たしかに矛盾であり、混乱であつて、法的安定性の見地からしても、或いは刑事司法の運営上からみても決して望ましい現象ではなく、前記確定裁判は再審手続により速みやかに是正されて然るべきものである。然しながら被告人Ｙに対する右確定裁判はもともとその効力を被告人Ｓに及ぼし得ない筋合のものであり、また、右確定裁判を経た業務上過失傷害の罪と被告人Ｙに対する本件犯人隠避の罪とは、なるほどその一方が認められるときは、他方がその成立する余地を失う関係にあることを否定し得ないけれども、両者はその罪質、被害法益、行為の客体及び態様等その主要な犯罪構成要素を全く異にし、その間に所論のいうような公訴事実の同一性は到底認めることはできないから、被告人Ｙに対する本件公訴もまた右確定裁判の既判力の影響を受け得ないものであつて、所論のいうように右確定裁判について再審による取消を経たのちでなければ本件公訴の提起並びにこれに対する有罪の言渡をなし得ないと解すべきいわれは毫も存しない。原判決には何等所論主張の違法はなく、論旨は排斥を免れない。

検察官の起訴裁量に配慮したものといえよう。
　これに対し，起訴裁量に切り込んだという点で注目されるのが，**大森簡判昭和40・4・5下刑集7-4-596**である。次のように判示した。

> 捜査活動中の官憲の故意の犯罪行為の上に公訴が行われるという如きことは，法治国として我慢のできないところであり，また本件の場合の如く，刑の最高限が懲役六月又は罰金五万円という程度の法定犯を取締るために，その捜査担当官が長期七年の懲役に当る自然犯（逮捕に当つた官憲の暴行陵虐の意—引用者）を犯すというような事態は到底認容されるべきではなく，このような場合こそ憲法三一条の運用が期待される典型的な事例であると考える。

　ただ，これも，極限的な事情が存したが故の事例判決といえないこともない。
　この他，親告罪である強姦または強制わいせつにつき告訴がない場合にその構成部分である単純暴行の事実のみを訴因とする公訴は許されないと判示した**東京地判昭和38・12・21下刑集5-11=12-1184**もみられる。被害者に配慮したものである。

■ 自己負罪拒否特権に関するもの

　大阪高判昭和40・8・26下刑集7-8-1563は，刑訴法146条にいう「自己が刑事訴追を受ける虞のある」の意義について，次のように判示した。

> 刑事訴訟法一四六条に「自己が刑事訴追を受ける虞のある」場合に証言を拒否し得るという規定は，憲法三八条一項……をうけたものであつて，一般に「自己負罪の特権」と称せられているものである。元来，証人として法廷に出廷し証言することはその証人個人に対しては多大の犠牲を強いるものであるが，法が証人にかかる犠牲を強いる根拠は，実体的真実の発見によつて法の適正な実現を期することが司法裁判の使命であり，証人の証言を強制することがその使命の達成に不可欠なものであるからである。従て一般国民の証言義務は国民が司法裁判の適正な行使に協力すべき重大な義務といわねばならない（最高裁判所大法廷昭和二七年八月六日判決参照）のにかかわらず，真実発見を目的とする刑事訴訟法の本質と相容れないようなかかる特権が認容されるにいたつた理由は，人が自己保存の本能を克服して，自己を進んで刑罰に服させるのは，崇高な善であり道徳的義務であるとしても，それだからといつて，積極的に自己を有罪に導く行為をとることを法律的に強制することは，個人の人格の尊厳を冒すことになるからであり，かかる内容の証言については，法は個人の人格の尊厳に対して譲歩し，かかる証言を拒否する権利を認めたものである。……然しながら，かかる証言拒否権は国民一般に科された証人の真実を供述すべき義務に対する特例であり，またこれが特権である以上濫用されてはならないことは当然であるから，この特権の要件である「刑事訴追を受ける虞」

の範囲についてはみだりに拡張して解釈すべきものではなく，客観性と合理性をもち，何人にももっともと考えられるものであることが必要である。さればこの「刑事訴追を受ける虞ある」証言とは，その証言の内容自体に自己の刑事責任に帰する犯罪の構成要件事実の全部又は一部を含む場合，及びその内容自体にはかかる犯罪の構成要件は含まなくても，通常犯罪事実を推測させる基礎となる密接な干連事実を包含する場合を指称するものと解するのが相当であり，単に犯罪発覚の端緒となるに過ぎないような事項，訴追される危険性が稀薄な事項，証人個人の単なる危惧のような客観性と合理性を欠く事実等までも，この「刑事訴追を受ける虞ある証言」に含ませることは妥当でないといわねばならない。また，その虞ありや否やの判断については，尋問事項と問題となっている被疑事件の性質，内容，その事件に対する証人の干係，尋問当時における諸般の情況を考慮に入れて具体的に判断しなくてはならないと解するのが相当である。

また，ポリグラフ検査と自己負罪拒否特権の関係について，**東京高決昭和41・6・30高刑集19-4-447**は，次のように判示した。

　証人……の供述によれば，ポリグラフ検査とは，一般に人間が意識的に真実を蔽い隠そうと努力する場合には，それに伴つて非常に微妙な精神的動揺が発生し，相伴つて人体の内部に生理的変化ないし身体的反応を惹起することに着眼し，そのうち比較的記録し易い呼吸波運動，皮膚電気反射（皮膚電気反応ともいう）及び血圧と脈搏の変化（心脈波という）をポリグラフ（同時記録器）を以て同時に記録する方法により，検査者は被検者に対して諸々の質問を発し，質問を受けた被検者の呼吸波運動，皮膚電気反射及び心脈波の記録を検討し，被検者が意識的に真実を蔽い隠そうと努力しているかどうかを検定する一種の心理検査若しくは心理鑑定であつて，被検者が検査者の質問に対して答弁をすることは検査上必要なことではなく，たとい答弁をした場合においても，これをそのまま該答弁内容の真実性を証明するための供述証拠として使用するのではなく，その際の心理検査の結果を非供述証拠として使用するに過ぎないものと認められるから，ポリグラフ検査を行うことそれ自体が直ちに被疑者たる被検者の供述拒否権を侵害し，憲法第三十八条第一項の趣旨に反し，刑事訴訟法第百九十八条第二項に違反するものとはにわかに断じ難く，……ポリグラフ検査書は，ポリグラフ検査を実施した者がその検査の経過及び結果を記載して作成した書面であつて，被検者の供述を録取した書面でないことは明白であるから，該検査書の証拠能力の有無を判定するに当つて，被検者とされた被告人に対し検査状況につき本人質問を行い，その供述の任意性の有無を確かめることは全く筋違いであり，むしろ当該検査がそれに使用された器具の性能，操作技術等の諸点からみて信頼度の高いものと認められること，当該検査者が検査に必要な技術と経験とを有する適格者であること，被検者が当該検査を受けることに同意したこと，当該検査書は検査者が自ら実施した検査の経過及び結果を忠実に記載して作成したものであること等の諸点を証拠によつて確かめたうえ，叙上の諸要件を備えていると認められ

たときは，刑事訴訟法第三百二十一条第四項に則りこれに証拠能力を付与しても敢えて違法ではないと解すべきところ，前顕証人仁瓶康の供述によれば，本件ポリグラフ検査書二通は叙上の諸要件を備えていないものとは必ずしも認め難い。

■ 訴因変更の要否および可否に関するもの

訴因変更の要否については，次のように判示した**秋田地判昭和37・4・24判タ131-166**がみられる。

> 惟うに過失犯が成立するためには注意義務の範囲とこれに違反する行為，及び右行為と結果との間に因果関係の存在することが必要であるけれども右因果関係の発展は必ずしも一義的に確定されなければならないものではない。……本件出火は上来説示のとおり被告人自らの行為か，さもなければ他の両者いずれかの行為によるものであり若し後者であるとすれば被告人は監督懈怠という不作為による過失責任を免れないのであるから被告人には作為，不作為いずれかの行為により出火せしめたという二者択一の帰責事由があるというべきで，かかる場合は両行為の選択的な事実認定の下に被告人の責任を追求することが法理論上可能であり又社会正義にも合致する所以であると考える。……然してかかる場合若し両過失の間に過失の程度に軽重があるとすれば被告人の利益に従い軽い方の過失責任を認めるべきであることはいうまでもない。……被告人の右監督者としての過失の程度は，末だ刑法上の重過失には至らず，単なる軽過失にとどまるものと解するが相当である。……以上判示した通り，本件火災は被告人の軽過失に基くものと認められる。そして右認定した注意義務違反の内容は，本件重失火の訴因に示されたものと同一であり，単にその法的評価を異にするのみであるから，訴因変更の手続を必要とせずに判決することができるわけである。

■ 証拠能力に関するもの

静岡地判昭和40・4・22下刑集7-4-623は，先行した窃盗の犯罪事実と，後行の窃盗未遂の事実（現行犯逮捕されたため証明は十分）に関して，次のように判示した。

> （先行の）窃盗の事実は……（後行の）窃盗未遂の事実と時間的にも，場所的にも共に接着し，その犯行の方法と態様も同類であつて，両罪事実は互に密接かつ一連の関係にあるものと見られるから，そうであれば，……（後行の）窃盗未遂の事実が証明された場合には，この事実は……（先行の）窃盗の事実との関係において，同事実の存在を必然的に推理する蓋然性があり，右窃盗の事実も被告人等の犯行であるとする関連性が認められるし，またそれは情況証拠として，高い証明価値があるものとして許容することができるのである。勿論，一般的には，窃盗犯人が，以前に他の窃盗をした事実があるということは，起訴にかかる窃盗も，その人の犯行であるとすることは，刑事司法上の

政策及び公正の立場から排除されなければならないが，この他の犯罪証拠排斥の原則は，前述の通り，両犯行が密接に連結して相互に補足する関係にある本件の場合には適用がないのである。……思うに，刑事裁判における犯罪事実の認定においては，証拠が適法なものであるならば，証拠を評価し，かつそれから推理するについては，一定不動の法則というものはないのであつて，事件の個々の性格，特色に応じて常識と叡智によって秤量判定しなければならないところ，近時スリ窃盗による被害が多発しているにもかかわらず，この種の犯罪は，現行犯逮捕による以外には犯人の発見は困難であり，しかも，組織的，計画的集団犯罪事件において，被告人等は，通常，犯罪事実を否認するから，自白の獲得は，他の一般事件に比し困難である実情に鑑みると，斯る事件の裁判に当つては，実体的真実を発見し，公共の福祉を維持する重要な使命を具現するために，犯罪事実の証明の有無の判断と証拠の価値の秤量とにつき単に被告人等の供述の些細な矛盾不統一に拘泥することなく，よろしく事件の有つ特色を考慮し，直接証拠は勿論，あらゆる情状証拠を活用して，その心証を形成しなければならないのであり，またいわゆる疑わしきは被告人の利益に解するという刑事裁判上の実践はあるとしても，軽々るしく，これが隠れ蓑に逃避してはならないのである。……要するに，本件列車内の集団スリという本件事件の特殊的性格に対応して，前記各証拠をあれこれ総合して考えると判示全事実はすべてその証明があるというべきである。（丸括弧内引用者）。

■ 自白法則に関するもの

他方，集団毒殺事件という重大事件にもかかわらず，自白の信用性を否定した事例も散見される。たとえば，津地判昭和39・12・23下刑集6-11=12-1426（名張事件第一審）がそれである。

■ 伝聞法則に関するもの

伝聞証拠の証拠能力についても，東京地決昭和36・4・26下刑集3-3=4-393は，次のように判示した。

> 証人が外国旅行中であつて，これに対する反対尋問の機会が被告人に与えることができない場合であつても，その証人の供述録取書を証拠として採用することが憲法三七条二項の規定に違反するものでないことは当裁判所昭和二四年五月一八日，同二五年九月二七日，同年一〇月四日，同二七年四月九日，同二三年七月一の各大法廷判決の趣旨に徴し明かであるから所論違憲の主張は採用し難い。

■ 被告人の防御権に関するもの

弁護人の活動については，岐阜地決昭和38・6・1下刑集5-5=6-635が注目される。

第3代長官　横田喜三郎

同決定は，被告人らが甲事実により身柄拘束のまま起訴されたのち，余罪の乙事実により更に逮捕・勾留され，乙事実につき接見指定処分がなされた事案につき，次のように判示した。

　一般的な接見等に関する指示書及び拘置所長に対する指示の性質について考えると，……右指示は検察官において右指定処分を相当とする被疑事件につき，弁護人より被疑者を現に拘置している拘置所長に対し，被疑者との接見申入があつた際，右指定処分を遅滞なく適正に行うために，予め右拘置所長に対し，該被疑事件は指定処分相当の事件であるから，右接見申込があつた際は接見に先立つて直ちに検察官に対し右接見申込があつたことを連絡すると共に，該弁護人に対し，該被疑事件については検察官において接見の日時，場所の指定をなす意向である旨表示することを依頼したにとどまるものと解すべく，右一般的な接見等に関する指定書は右拘置所長が弁護人に右依頼事実を表明するための参考として呈示するに過ぎない証拠書類に過ぎないものと解すべきである……右指定処分は元来勾留の基礎となつている特定の事件につきなされるべきものであつて，余罪につき右指定処分がなされない限りは，右余罪につき弁護人又は弁護人となろうとするものの接見交通権は刑事訴訟法第三十九条第一項の原則に従い自由に行使し得るところであり本件指定処分が前記認定のごとく本件被疑者らに関し乙事実につきなされたものであることが明らかである以上，それが法律上，当然，甲事実についての接見交通権の行使に何らかの制限を加えるということは到底考え得ないところである。……しかして公訴提起前の同法第三九条第三項に規定する接見等の指定処分は，捜査の密行性と，起訴前の勾留期間の制限からくる事件の迅速処理の必要上，弁護人の接見交通権との調和を図るために設けられたものであろうが，その指定はあくまで被疑者の防禦の準備を不当に制限するものであつてはならない（同条第三項但書）ことが要請されている。右のごとく接見等の指定処分をなし得る場合においてすら被疑者の防禦の準備を不当に制限することを禁止した刑事訴訟のもとにおいて，元来ならば右接見等の指定処分さえなし得ない事件につき，弁護人及び被告人にとり最も重要な権利の一つと考えられる自由な接見交通権を何らかの理由で事実上制限しうることが許されるものとは到底解し難いところである。検察官の主張するように弁護人と被告人又は被疑者との接見内容は何人をも知ることができない，従つて本件について言えば本件申立人が甲事実についての接見の機会を利用して乙事実についての接見をするかもしれないという懸念は畢竟するに弁護人又は弁護人になろうとする者に対する不信の念を基にした懸念であるという外はないのであるが，刑事訴訟法は前述のごとく弁護人の良識に対する強い信頼のもとに被告人又は被疑者との秘密接見交通権を認めたのであるから，右の如き懸念がある故をもつて，右自由な秘密接見交通権に何らかの制限を加えようという考え方は右法の精神に背馳するものというべきであろう。

V この期の刑事判例の特徴

また，**東京地判昭和38・11・28下民集14-11-2336**も注目される。次のように判示し，当該弁護人について，弁護義務違反を認め，損害賠償を命じた。

> 国選弁護人は，裁判所から任命されるものではあるが，いつたん選任されれば，被告人に対する関係においてもその正当な利益を擁護するために法の許容する範囲内において十分な弁護活動をする義務を負うにいたるのであつて，その義務の範囲および内容は，私選弁護の場合となんら異なるものではなく，国選弁護人が右の義務を故意または過失によつて懈怠したときは，これによつて生じた被告人の損害を賠償すべき責任を負うものである。ところで有罪判決に対する控訴事件における被告人の弁護人が尽すべき義務は，被告の利益となるべき適切な控訴理由の有無をまず原審訴訟記録について調査するはもちろん，必要があれば右訴記録外の資料についても調査すべく，少なくとも被告人本人について事情を確かめ，その不服とする理由を聴取し，控訴理由の発見に努むべきものであり，万一これらの調査によつても全く控訴理由となるべきものを発見しえなかつた場合には，被告人にその旨を告げ，被告人をしてみずから控訴趣意書を作成提出する機会を与えるべきものである。これらの義務の範囲および内容は具体的にはそれぞれの事件によつて多少の広狭はあるであろうが，死刑判決に対する控訴事件のごときにあつては，結果の重大性にかんがみ，弁護人の尽すべき弁護活動は十全のものであらねばならない。……これを本件についてみるに，被告は前記のように，単に原審の訴訟記録を閲読したのみで，他に何らの調査手段を講ずることなく，原告の手紙による要請にもかかわらず，面接その他の方法によつて原告から事情および不服理由を聴取することもなく，卒然として控訴理由なきものと判断し，原告の控訴権を否定するに等しい控訴理由なき旨の控訴趣意書を作成提出したのであつて，すでにその点において故意または過失に基づく弁護人としての義務違背が存するのみならず，仮に被告の本件について控訴理由なしとする判断がそれ自体としては，やむをえないものであつたとしても，かかる趣旨の控訴趣意書の提出が原告の期待を裏切ることになるのは明らかであるから，当然その旨を原告に告げて原告自身の善処を求め，かつこれを援助すべきであるのに，かかる挙に出ることなく，原告をして被告が原告に利益となるような控訴趣意書を提出してくれるものとの期待を抱かせたままこれに反する上記のごとき内容の控訴趣意書を提出し，原告をしてその主張提出の機会を失わせたのであるから，この点においても前同様の義務違背の責をまぬかれない。……しかして原告は，被告の右義務違背により前記刑事事件につき第二審の東京高等裁判所において自己の不服につき審理を受ける機会を失わしめられ，これによつて精神上重大な打撃を受けたものであり，この慰藉料の額は金一〇〇万円を相当とする。

新憲法の下に新たな刑事手続がスタートして約15年が経過したが，この新たな刑事手続の一方を担う弁護人の弁護活動については，いまだ理念と現実との間に大きな

第3代長官　横田喜三郎

溝が存したといえようか。

■ 再審に関するもの

千葉地決昭和39・11・25下刑集6-11=12-1584は，鑑定と435条6号にいうところの新規性について，次のように判示した。

> およそある鑑定が新規性ある鑑定と看做される為には鑑定の代替性の故にその鑑定がある問題点について原判決の基礎となつた鑑定と結論において相異なる鑑定であることのみではいまだ十分ではなく，その鑑定が従前の鑑定結果を覆すに足る新たな基礎資料又はこれまで規準的と看做されている経験法則を動揺せしめるに足る新たなる経験法則を有することを要すると解すべきである。……八十島教授意見書によれば，同教授が有し適用すべき経験法則は創傷，骨折と兇器に関し比較的医学的見地に立つた一般的法医学的経験則に他ならず，従前の宮内助教授，古畑教授，上野（佐）教授の有し適用したる経験法則と同一でありこれまで規準的と看做されている経験法則を動揺せしめるに足る新たなる経験法則は何も認めることはできないと言う他はない。果たして然らば八十島教授の鑑定はいかなる意味においても新規性ある鑑定に該当しないという他はない。

科学的証拠の台頭に伴い，この科学的証拠が再審請求の面で活用されることに対して予防線が張られたものといえようか。

第4代
最高裁長官
横田正俊

(1966年8月6日～1969年1月10日)

YOKOTA court

04

第4代長官　横田正俊

I ■ 長官のプロフィール

　裁判官出身で初の最高裁長官。父親も大審院長を務めた。弟は一橋大学教授で労働法の権威の吾妻光俊氏。母方の弟は元最高裁判事の霜山精一氏。一高時代は剣道部に所属。戦前は民事裁判官として他の追随を許さぬほどの実力を発揮し、45歳の若さで甲府地裁所長に就任。戦後は司法省臨時企画部長を経て、商法の知識をかわれ、公正取引委員会委員、同委員長として、11年間活躍した。再び裁判所に戻る際、公取委の部下から帽子と背広をプレゼントされるほどの慕われぶりだったとか。当時の田中耕太郎長官から最高裁事務総長に抜擢され、そして、東京高裁長官から順当に最高裁入りした。第1次佐藤改造内閣の下で、キャリア裁判官出身者として初めて長官に任命された。

　長官就任の記者会見では「訴訟のスピードアップを図りたい。」「国民の批判があれば襟を正して聞くべきで、独善に陥らないようにしなければならない。国民の役に立つ裁判がしたい」と述べた。就任時に約3000件あった事件が、退官時には2500件に減少した。また、20周年の憲法記念日の記者会見では、「いまの憲法の制定にはいろいろきさつがあったが、内容的にきわめてすぐれている。制定後、わずか20年の経験で、軽々しく改正問題を口にしない方がよい。」「進歩的な学者の中には、最高裁が憲法判断に消極的だという批判をする人もいるが、最高裁が違憲問題を扱う態度としては、慎重で控えめな方がいい。現在の最高裁のあり方は正しいと考えています」と話した。青年法律家協会問題についても、「少なくとも裁判官については、そう神経質になる問題ではない」と発言した。

　就任わずか3ヶ月後に、全逓東京中郵事件大法廷判決（1966年）の裁判長を務めた。親しい知人に、「ああいう判決を出したから、ぼくも自民党にはにらまれている」とこぼしたという。東京都教組事件でも、破棄自判の無罪判決に同調した。翻訳書「悪徳の栄え」わいせつ事件で、上告棄却の有罪とした多数意見に対し、「思想性や芸術性が重要な部分を占めており、可罰性がない」とし、無罪にすべきとの反対意見を述べた。

　ただ、定年退官を間近に控えた頃の忘年パーティーでは、記者から「法廷に座るときは何を考えるのでしょう」と問われ、「天皇陛下のことです。今でも法廷では陛下を思って身体がシャンとします」と答えている。

　退官後、石田長官の下で保守勢力が大勢を占めた状況をみて、「最高裁にはもはや言うべき言葉がない」とつぶやいたという。（以上のプロフィールについては、野村二郎『最

高裁全裁判官——人と判決』(三省堂, 1986年) 99頁以下, 山本祐司『最高裁物語 (上巻)』(日本評論社, 1994年) 259頁以下などを参照)

II ■ この期の最高裁の動き

　横田が最高裁入りした頃, いわゆるハト派の裁判官が増え始めた。官公労働者の労働基本権の解釈が大きく変わり, 一律刑事罰からの解放が指向された。1966年10月の全逓中郵事件判決がその典型で, 最高裁の「雪解け時代」と革新・労働陣営からは好感をもたれた。こうした傾向は1969年4月の東京都教組事件判決へと引き継がれたが, 保守派を強く刺激し, 自民党の「偏向判決批判」となって反撃されることになった。これまでの歴史の中で最も柔軟性のある判例がみられた時代であった。多数意見の中核となったのは, 横田のほか, 田中二郎, 松田二郎, 岩田誠, 関根小郷, 色川幸太郎, 大偶健一郎らであった。横田コートは積極的で, 借地法の改正で借地をめぐるトラブル防止のために「非訟手続による裁判制度」がスタートすると, 全国の高裁・地裁の裁判官代表57名を集めて,「"大岡裁き"をもっと積極的に」と長官意見を述べた。

　下級審でも柔軟性のある判断が示された。学生事件では拘置請求が次々に却下される等, いわゆるタカ派の治安グループの神経を逆なでするような裁判がみられた。このような路線は, 次の石田長官時代になって逆戻りした。(野村二郎『最高裁全裁判官——人と判決』(三省堂, 1986年) 99頁以下, 山本祐司『最高裁物語 (上巻)』(日本評論社, 1994年) 259頁以下などを参照)

III ■ この期の裁判所関係の動き

1966年	8月 6日	横田正俊, 最高裁長官に就任。
	10月18日	最高裁事務総局, 少年法改正の必要性なしとの意見書を発表。
	11月28日	横田最高裁長官, 長官所長会同で,「司法の円滑な運営には弁護士の協力を得ることが特に重要」等と訓示 (裁時462号1頁)。
	12月16日	国連総会で,「市民的及び政治的権利に関する国際規約」(自由権規約) を採択。
1967年	1月 1日	横田最高裁長官,「新年のことば」で,「この新しい年には, いろいろなことが期待されます。その一つは, 弁護士会と裁判所の関係の改善であります。」等と述べる (裁時464号1頁)。
	3月16日	横田長官, 刑事裁判官会同で,「交通事故による業務上過失致死事件が憂慮すべき事態」等と挨拶 (裁時470号2頁)。

第4代長官　横田正俊

3月29日	札幌地裁，恵庭事件に自衛隊法についての憲法判断を回避して無罪判決を言渡す。
5月22日	横田最高裁長官，刑事裁判官会同で，「公職選挙法違反事件の審理が著しく遅延し世間の厳しい批判を受けている」等と訓辞（裁時474号10頁以下）。
5月24日	最高裁大法廷，朝日訴訟の上告を棄却。
5月27日	日弁連総会，公害防止対策推進を決議。
同日	日弁連，「臨時司法制度調査会意見書批判」を採択。
6月9日	内閣総理大臣，東京都公安条例による許可条件を変更した東京地裁決定（杉本決定）に対し異議を申立て。（東京地裁は決定を取消し）
7月10日	東京地裁，再度，東京都公安条例による許可条件の変更決定。
7月21日	内閣総理大臣，前日の東京地裁決定に対し異議を申立て。（東京地裁は決定を取消し）
9月上旬以降	「全貌」等の雑誌等で，憲法に則った労働・公安・行政関係事件判決や却下率の高い勾留裁判等に対し，「偏向」判決攻撃，反青法協キャンペーンが一斉にはじまる。
10月上旬	最高裁，「全貌」10月号を170冊購入し，各地の裁判所に配布。
1968年6月15日	最高裁，「裁判所の庁舎の管理に関する規程」を制定。（裁判所内での傍聴人の行動を規制）
8月7日	自民党機関誌「自由新報」，「偏向」判決・青法協攻撃を開始。
9月10日	新日本協議会，全裁判官に「法廷秩序維持についての意見書」を送付。
同日	横田最高裁長官，刑事裁判官会同で，「交通事故の絶滅を期することは焦眉の国家的課題」等と挨拶（裁時505号4頁）。
12月2日	最高裁，最高裁首席調査官等に関する規則を制定。
1969年1月1日	横田最高裁長官，「新年のことば」で「最近の若い裁判官の裁判には，被告人，被疑者，左翼的傾向の人々などに対し余りに同情的なものがあるとの裁判批判が寄せられている」等と述べる（裁時512号1頁）。

Ⅳ ■ この期の刑事法関係の動き

刑事法関係では，以下のような動きがみられる。この期も無罪率は低下し続けた。

1966年10月26日	最高裁大法廷，全逓東京中郵事件につき刑事免責を認める判決。
1967年2月23日	京都地裁，京都市公安条例は違憲との判決。
1967年3月29日	札幌地裁，恵庭事件につき憲法判断を回避して無罪の判決。（検察官が上訴をせずに確定）
3月31日	政府，恵庭事件札幌地裁判決を受けて自衛隊合憲の統一見解を発表。

	5月10日	東京地裁，都公安条例は違憲との判決。
	6月 9日	内閣総理大臣，国会周辺デモ許可の東京地裁決定に対し異議を申立て。
	8月 1日	道路交通法の改正法を公布。(交通反則金制度の新設等)
	10月 8日	新左翼各派がそれぞれの拠点校から出撃し，羽田空港に侵入しようとして機動隊と衝突(第一次羽田事件)。
	11月30日	徳島地裁，市公安条例は違憲との判決。
1968年	2月12日	警視庁，大学の要請なくとも紛争処理のために大学内に出動する学内出勤基準を決定。
	2月21日	前日に静岡県清水市で暴力団2人を殺害した犯人が人質を取り，寸又峡温泉の旅館に88時間にわたり立て籠もるという金嬉老事件が発生。
	3月25日	旭川地裁，国家公務員の政治活動制限の現業への適用は違憲との判決(猿払事件第一次判決)。
	4月	社会党(当時)の神近市子議員ら，「死刑の確定判決を受けた者に対する再審の臨時特例に関する法律案」(再審特例法案)を国会に提出。
	5月21日	刑法の改正法を公布。(業務上過失致死傷罪の法定刑引き上げ)
	6月29日	横浜地裁，神奈川県公安条例は違憲との判決。
	10月20日	国家公安委員長，学生事件での低い勾留率を非難し，裁判所の協力を要請。(その後，勾留率が急上昇)
	10月21日	国際反戦デーで新宿駅を学生が占拠した新宿騒擾事件につき騒乱罪が適用。
	12月10日	東京都府中市で3億円強奪事件が発生。
	12月18日	最高裁大法廷，ビラ貼布規制の屋外広告物条例は合憲と判示。

V ■ この期の刑事判例の特徴

　横田正俊コートは2年弱と期間が短いために，大法廷判決・決定，小法廷判決・決定，下級審判決・決定は，いずれもその数は少ない。

1　大法廷判決・決定

　大法廷判決では，原審の量刑に関して，次のように判示した**最大判昭和42・7・5刑集21-6-748**がみられる。

　本件について，これを見るに，……この判示は，本件公訴事実のほかに，起訴されていない犯罪事実をいわゆる余罪として認定し，これをも実質上処罰する趣旨のもとに，被

告人に重い刑を科したものと認めざるを得ない。したがって、第一審判決は、……憲法三一条に違反するのみでなく、右余罪の事実中には、被告人の郵政監察官および検察官に対する自供のみによつて認定したものもあることは記録上明らかであるから、その実質において自己に不利益な唯一の証拠が本人の自白であるのにこれに刑罰を科したことになり、同三八条三項にも違反するものといわざるを得ない。……そうすると、原判決は、この点を理由として第一審判決を破棄すべきであつたにかかわらずこれを破棄することなく、右判示を目して、……「証拠の裏付けのないため訴追することができない不確実な事実を量刑上の資料とした違法がある」旨の被告人の主張を斥けたことは、第一審裁判所が違憲を看過し、これを認容したもので、結局において、憲法三八条三項に違反する判断をしたことに帰する。……しかしながら、原判決は、結論において、第一審判決の量刑は重きに失するとして、これを破棄して、改めて被告人を懲役一〇月に処しているのであつて、その際、余罪を犯罪事実として認定しこれを処罰する趣旨をも含めて量刑したものでないことは、原判文上明らかであるから、右憲法違反は、刑訴法四一〇条一項但書にいう判決に影響を及ぼさないことが明らかの場合にあたり、原判決を破棄する理由とはならない。

前期において、「刑事裁判において、起訴された犯罪事実のほかに、起訴されていない犯罪事実をいわゆる余罪として認定し、実質上これを処罰する趣旨で量刑の資料に考慮し、これがため被告人を重く処罰することは許されない」と判示した**最大判昭和41・7・13刑集20-6-609**が出されていることは既にみたところである(129-130頁参照)。しかし、まだ十分に浸透していない部分もあることから、改めて、その周知徹底を図ったものといえようか。

2 小法廷判決・決定

■ 免訴に関するもの

小法廷判決では、免訴に関して、次のように判示した**最判昭和43・3・29刑集22-3-153**が、まず目につく。

> なお、所論の一、二点にかんがみ職権をもつて調査するに、本件記録によれば、被告人の本件各所為すなわち（一）昭和四〇年六月四日柳川市A時計店における腕時計二四七個等の窃取、（二）同四一年一二月一二日延岡市S時計店における腕時計四一九個等の窃取、（三）同日同市B堂における黒皮手堤鞄二個等の窃取、（四）昭和四二年一月二八日熊本市M株式会社における現金三万一〇一一円等の窃取、（五）同日同市T時計店における腕時計六二一個等の窃取、以上の点は、包括して盗犯等の防止及び処分に関する法律三条に該当する常習累犯窃盗の一罪として起訴され、第一審判決もこれをそのまま有罪と認定し、被告人に懲役五年の刑を言渡したものであることが明らかであるが、

被告人はまた右（一）と（二）の各犯行の中間である昭和四一年二月五日大牟田市のスーパー〇〇ほか一か所において角砂糖等食品六点などを窃取した事実により，同年六月二四日大牟田簡易裁判所において窃盗罪として懲役一〇月の判決言渡をうけ，右判決は同年一〇月二六日確定したことも記録上明らかである。そして右大牟田市における各窃盗犯行の態様と本件第一審判決が罪となるべき事実の冒頭に掲記している被告人の各前科受刑の事実（盗犯等の防止及び処分に関する法律三条にいう「此等ノ罪」には同法二条に掲記された刑法各条の罪の従犯をも含むものと解すべきであり，この点を消極に解し，第一審判決の掲記する右前科のうち窃盗幇助等の罪によるものは右法律三条の予定する前科にあたらないとした原判決は失当である。）とを総合すれば，右大牟田市における各窃盗も盗犯等の防止及び処分に関する法律三条所定の常習累犯窃盗に該当するものとみるべきであり，また前記の本件（一）の所為も右確定判決前の犯行であるから，右大牟田市における各窃盗犯行と共に一個の常習累犯窃盗罪を構成すべきものであつたといわなければならない。しからば，右一罪の一部について既に確定判決があつた以上，本件における前記（一）の所為については免訴されるべきであり，この点を看過し前記のように右（一）の所為をも本件の有罪事実に含めた第一審判決ならびにこれを認容した原判決には法令の解釈適用を誤つた違法があることになる。……しかしながら，右（一）の所為を除く前記（二）ないし（五）の所為についてみても，第一審判決の掲記している前記各前科受刑の事実（窃盗幇助等の罪による前科も含まれること前記のとおりである。）との関係において，盗犯等の防止及び処分に関する法律三条該当の常習累犯窃盗罪の構成すべきことに変りがなく，また右（二）ないし（五）の各犯行の態様，被害額，被告人の前科等によつて考えれば，原判決の認容する第一審判決が被告人を懲役五年に処した点が甚だしく不当であるともいい得ない。これらの点からすれば，原判決の前記違法については，いまだ原判決を破棄しなければ著しく正義に反するものとは認められない。

この判決で気になるのは，免訴にすべきだとしながらも，第一審判決の懲役5年は甚だしく不当だとはいえないとしている点である。上告審が法律審だということによるものであろうか。

■ 訴因変更の要否および可否に関するもの

訴因変更の要否および可否に関しても，いくつかの小法廷判決・決定がみられる。これらのなかでも重要なのは，**最決昭和43・11・26刑集22-12-1352**である。訴因変更を促したり命令したりする義務に関して，次のように判示した。

　裁判所は，原則として，自らすすんで検察官に対し，訴因変更手続を促しまたはこれを命ずべき義務はないのである（昭和三三年五月二〇日第三小法廷判決，刑集一二巻七号

第4代長官　横田正俊

一四一六頁参照）が，本件のように，起訴状に記載された殺人の訴因についてはその犯意に関する証明が充分でないため無罪とするほかなくても，審理の経過にかんがみ，これを重過失致死の訴因に変更すれば有罪であることが証拠上明らかであり，しかも，その罪が重過失によつて人命を奪うという相当重大なものであるような場合には，例外的に，検察官に対し，訴因変更手続を促しまたはこれを命ずべき義務があるものと解するのが相当である。したがつて原判決が，本件のような事案のもとで，裁判所が検察官の意向を単に打診したにとどまり，積極的に訴因変更手続を促しまたはこれを命ずることなく，殺人の訴因のみについて審理し，ただちに被告人を無罪とした第一審判決には審理不尽の違法があるとしてこれを破棄し，あらためて，原審で予備的に追加された重過失致死の訴因について自判し，被告人を有罪としたことは，違法とはいえない。

　本決定は，例外的に裁判所が検察官に対して訴因変更を命じなければならない場合とはどういう場合か，その具体例を最高裁が示したものである。ここでも，検察官の不注意によって有罪とすべき者を誤って無罪とするようなことがあってはならないという最高裁判所の必罰主義の傾向を垣間見ることができる。

　訴因変更の要否および可否に関するもう一つの小法廷判決は，**最判昭和42・8・31刑集21-7-879**である。上記の最決昭和43・11・26が，検察官が訴因変更を請求しなかったケースについての判示であるのに対して，本判決は，検察官が訴因変更を請求したケースについての判示である。次のように判示した。

　　職権により調査するに，本件記録に徴すれば，本件起訴状には罪名，罰条として売春防止法違反，同法第一二条と記載し，原判決摘示のような公訴事実が記載されていたところ，第一審第五回公判期日に，検察官から罰条を売春防止法第六条第一項とし公訴事実を原判決摘示のような売春周旋の事実とした訴因，罰条変更の請求がなされ，第一審裁判所は右検察官の請求を許した事実を認めることができる。……原判決は，これに対し，第一審における検察官提出の証拠によれば，むしろ起訴状記載の公訴事実がうかがわれるとして，右の如き検察官の訴因，罰条変更請求に対しては，たとえ，それが公訴事実の同一性を害さない場合であつても，実体的真実の発見を旨とする裁判所の職責上これを許可すべき限りではなく，第一審裁判所が検察官の右訴因，罰条の変更を許したのは違法であるとして第一審判決を破棄すべきものとしているのである。……しかし，刑訴法三一二条一項は，「裁判所は，検察官の請求があるときは，公訴事実の同一性を害しない限度において，起訴状に記載された訴因又は罰条の追加，撤回又は変更を許さなければならない。」と規定しており，また，わが刑訴法が起訴便宜主義を採用し（刑訴法二四八条），検察官に公訴の取消を認めている（同二五七条）ことにかんがみれば，仮に起訴状記載の訴因について有罪の判決が得られる場合であつても，第一審において検察官から，訴因，罰条の追加，撤回または変更の請求があれば，公訴事実の同一性を害

しない限り、これを許可しなければならないものと解すべきである。

二つの小法廷判例は一見、矛盾するようにみえるかも知れない。しかし、そうではない。というのも、本判決が、第一審裁判所が検察官の当該訴因、罰条の変更を許したのは違法であるとした原判決に対して、「仮に起訴状記載の訴因について有罪の判決が得られる場合であつても、第一審において検察官から、訴因、罰条の追加、撤回または変更の請求があれば、公訴事実の同一性を害しない限り、これを許可しなければならないものと解すべきである」としているのは、あくまでも、本件が訴因変更を許可しても有罪判決を維持できる場合だからである。必罰主義という観点から両判例を理解する必要があろう。

■ 自白法則に関するもの

自白法則については、**最判昭和42・12・21刑集21-10-1476**によって、公判法廷における被告人の自白が憲法38条3項にいう「本人の自白」に該当しないとした**最大判昭和23・7・29刑集2-9-1012**（16-17頁）等が改めて最高裁判例として確認されている。次のように判示した。

> 判決裁判所の公判廷における被告人の自白が、同条項にいわゆる「本人の自白」に含まれないことは、当裁判所大法廷判決（昭和二三年（れ）第一六八号同年七月二九日、集二巻九号一〇一二頁、昭和二六年（れ）第二四九五号同二七年六月二五日、集六巻六号八〇六頁）の明らかにするところであり、本件においては、第一審公判廷において被告人が自白しているのであるから、所論は理由がない。

公判廷の自白に補強証拠が要らないというのは最高裁判所が採用する不動の立場で、日本型刑事手続の核心的部分にあたるともいえる。しかし、周知のように、氷見事件においては、捜査段階の虚偽自白が公判でも維持されたことから有罪判決が下されたが、後に真犯人があらわれたために、再審で無罪が確定している。最高裁の不動の立場というのは、公判廷で被告人が虚偽の自白をすることはあり得ないという「神話」の上に成り立つものといえようか。

■ 科学的証拠に関するもの

科学的証拠についても、前期に引き続いて小法廷決定がみられる。ポリグラフ検査の証拠能力を認めた**最決昭和43・2・8刑集22-2-55**がそれで、次のように判示した。

> ポリグラフの検査結果を、被検査者の供述の信用性の有無の判断資料に供することは慎重な考慮を要するけれども、原審が、刑訴法三二六条一項の同意のあつた警視庁科学検

第4代長官　横田正俊

査所長作成の昭和三九年四月一三日付ポリグラフ検査結果回答についてと題する書面〔鈴木貞夫作成の検査結果回答書添付のもの〕および警視庁科学検査所長作成の昭和三九年四月一四日付鑑定結果回答についてと題する書面〔鈴木貞夫作成のポリグラフ検査結果報告についてと題する書面添付のもの〕について，その作成されたときの情況等を考慮したうえ，相当と認めて，証拠能力を肯定したのは正当である。

この判例も，自白偏重主義を是正するという観点からのものではなく，ポリグラフ検査を自白の補強証拠として利用したいという捜査官からの要請に応えたものだという点に留意が必要であろう。

■ 事実認定に関するもの

事実認定に関しても，注目すべき小法廷判決が出されている。**最判昭和43・10・25刑集22-11-961**（八海事件）がそれである。「疑わしきは被告人の有利に」の原則に関して，次のように判示した。

> 当審は，三次上告審として序論において述べたような立場から原判決を審査した結果，本論において述べたようにその事実認定に不合理な点の存することを認めたのである。しかも，その不合理は，被告人らと本件犯行とが結びつくか否かを証拠によつて認定する点にかかわるものである。その認定の如何は，被告人らを有罪とすべきか無罪とすべきかの判断につながるのであり，原判決には，判決に影響を及ぼすべき重大な事実誤認の疑があることに帰し，これを破棄しなければ著しく正義に反すると認められる場合であるといわなければならない。……ところで，本件は犯行から一七年有余，一審判決から一六年有余を経過し，しかも二次の上告審，三次の控訴審を経由して今日に至つているのであり，既に証拠は出し尽くされ，事実点は論じ尽くされた感があるのである。本件を差戻して事実審に委ねても，今後あらたな証拠の出現は望まれえず，従つて事案の真相が解明されることも期待し難い。当審は，自判によつて本件に終止符を打つのを相当と考えるのである。……本件記録中には，既述のとおりAの着衣に人血の附着が認められること，Sの創傷の態様，殺害手段の一様，殺害後の室内の状況等，本件が被告人らを含む多数犯行によるものではなかろうかとの払拭し切れない疑惑を生ぜしめる種々の資料が存するのであるが，さりとて，被告人らと本件犯行との結びつきについて，疑をさし挟む余地のない程度に確信を生ぜしめるような資料を見出すことができないことも，また叙上のとおりである。結局，疑わしきは被告人の利益の原理に従い，被告人らに無罪の宣告をする次第である。

同判決の他方で，**最決昭和41・11・22刑集20-9-1035**もみられる。故意についての検察官の立証責任を緩和し，次のように判示した。

V　この期の刑事判例の特徴

犯罪の客観的要素が他の証拠によつて認められる本件事案の下において，被告人の詐欺の故意の如き犯罪の主観的要素を，被告人の同種前科の内容によつて認定した原判決には所論の違法は認められない。

■ 上告審に関するもの

上告審に関しても，注目すべき小法廷判決が出されている。上告審における事実の取調べの範囲に関する**最判昭和41・12・9刑集20-10-1107**がそれで，自白調書の任意性に関する原判断の当否を判断する資料の取調べに関して，次のように判示した。

> 弁護人側は，当審において，第一審相被告人Yの公判における被告人等の証言を記載した証言速記録謄本を含む書面の取調を求めた。右書面は，当裁判所において公判にこれを顕出したのみであり，事実審におけるがごとき証拠調べの方法は採つていないが，被告人等の捜査官に対する自白調書の任意性に関する原判断の当否を判断する資料に供することは許されるものと解すべきところ……右証言速記録謄本によれば，被告人X，同V，同W，同S，第一審相被告人Yは，いずれも警察署における取調に際しては，手錠をかけられ，正座をさせられ，その他各般の不当な処遇を受けたというのである。……勾留されている被疑者が，捜査官から取り調べられる際に，手錠を施されたままであるときは，特段の事情がないかぎり，その供述の任意性につき一応の疑いをさしはさむべきであるとすることは，当裁判所の判例（昭和二五年（れ）第六二二号同二六年八月一日大法廷判決，刑集五巻九号一六八四頁，昭和三七年（あ）第二二〇六号同三八年九月一三日第二小法廷判決，刑集一七巻八号一七〇三頁参照）とするところである。従つて，本件において，被告人等の取調に際し，捜査官が手錠を施したままであつたか否か，並びにこれを施用したままであつたとしても，その供述の任意性を肯定すべき特段の事情が存したか否かの点その他被告人等の自白調書の任意性の有無については，なお審理を尽くすべき必要があると認められる。

控訴審の構造についても，小法廷判決が出されている。**最判昭和42・5・25刑集21-4-705**がそれで，次のように判示した。

> 現行刑事訴訟法上の控訴審は，刑訴法三九三条二項等の場合を除き，本来その性格は，第一審判決になんらの過誤があるか否かを審査するいわゆる事後審査をする裁判所である……。然るに本件において原審は，一審当時の訴因罰条に一審判決にはなんら誤りは認められないとしながら，新たに追加された訴因，罰条について犯罪の成立が認められるが故に一審判決に誤りがあるとしてこれを破棄しているのであつて，原判決は，判決に影響を及ぼすべき法令の違反があり，これを破棄しなければ著しく正義に反するものと認められる。

問題は，この事後審論が現実に果たした役割である。刑事裁判の無罪率が年々，低下していくような状況の下では，事後審論が果たした役割は，このますます低下していく無罪率を追認するものでしかない。そして，この数少ない無罪判決が控訴審で破棄されたケースも少なくなかった。

■ 訴訟費用に関するもの

最判昭和46・4・27刑集25-3-534は，次のように判示し，原判決中，原審における訴訟費用について，「証人Ａ，同Ｂに支給した分は被告人Ｃの負担とし」とある部分を破棄するとした。

> 原判決は，原審における訴訟費用中，証人Ａ，同Ｂに支給した分を被告人の負担としているが，右費用は，原審相被告人Ｄの第一審判決判示第六，一の事実のみに関する原審証人右両名の尋問について生じたものであるから，右Ｄに負担させることは格別，これを右の事実になんら関係のない被告人に負担させたことは，刑訴法一八一条一項本文の適用を誤つたものであり，原判決中，被告人に対し右訴訟費用の負担を命じた部分は刑訴法四一一条一号により破棄を免れない。

3　下級審判決・決定

■ 捜査に関するもの

代用監獄への被疑者の長期間の身柄拘束と，これを利用した被疑者の取調べ，そして，自白の獲得というのは，日本の刑事手続の「岩盤」ともいうべきものである。それでは，この「岩盤」についての下級審の認識とはどのようなものだったのであろうか。最高裁判所のそれとの間に差異がみられるのであろうか。これをうかがい知ることができる下級審決定が出されている。勾留延長の際の「やむを得ない事由」に関するもので，公選法違反事件について「関係人の取調未了」を理由に勾留延長の請求がなされ，勾留延長が認められたことに対する準抗告について，**横浜地決昭和42・2・2下刑集9-2-161**は，次のように判示した。

> 一件記録によれば被疑者両名が本件犯罪を犯したことを疑うに足りる相当な理由があり，かつ……逮捕された際，警察官に対し犯行を否認し，……単なる署名活動をしたまでである旨弁解し，……勾留質問に際しても……これを否認したこと，一方本件犯行は署名活動に名を借りた巧妙な個別訪問で，しかも被疑者両名は労働組合の指導的地位にあつていわゆる組織利用の一端を担つての行為であることが認められ，これらの事情からするならば被疑者両名にはいまだ刑事訴訟法第六〇条第一項第二号に該当する事由があるということができる。

V この期の刑事判例の特徴

もっとも，本決定は，勾留延長時点においてすでに相当程度の裏づけ捜査がなされ得たことなどを勘案して，10日間の勾留延長は長きに失するとして，4日間の勾留延長を認めた。

また，福岡高決昭和42・3・24高刑集20-2-114も，勾留について，次のように判示した。

　原裁判所の標榜する一罪一勾留の原則から検討するに，勾留の対象は逮捕とともに現実に犯された個々の犯罪事実を対象とするものと解するのが相当である。したがつて，被告人或いは被疑者が或る犯罪事実についてすでに勾留されていたとしても，さらに他の犯罪事実について同一被告人或いは被疑者を勾留することが可能であつて，その場合に右各事実がそれぞれ事件の同一性を欠き刑法第四五条前段の併合罪の関係にあることを要しない。それらの各事実が包括的に一罪を構成するに止まる場合であつても，個々の事実自体の間に同一性が認められないときには，刑事訴訟法第六〇条所定の理由があるかぎり各事実毎に勾留することも許されると解するのが相当である。けだし，勾留は主として被告人或いは被疑者の逃亡，罪証隠滅を防止するために行われるものであつて，その理由の存否は現実に犯された個々の犯罪事実毎に検討することが必要であるからである（刑事訴訟法第六〇条第一項参照）。もつとも，同一被告人或いは被疑者に対し数個の犯罪事実ごとに当初から判明している数個の犯罪事実についてことさらに順次勾留をくり返すことは不当に被告人或いは被疑者の権利を侵害するおそれがあり，その運用についてはとくに慎重を期さなければならないことはいうまでもない。しかし本件においては，すでに説示した経過に徴し，再度勾留にかかる傷害事犯は最初の勾留時は勿論起訴当時においても予測できなかつた新たな犯罪行為であるから，たとえそれが最初の勾留又は起訴にかかる傷害事犯とも包括して暴力行為等処罰に関する法律第一条の三の常習傷害罪の一罪を構成するに止まるとしても，これについて再び勾留する理由ないし必要性があるかぎり，本件再度の勾留は必ずしも不当とはいえない。右と異る原裁判所の見解には賛同し難い。なお，原裁判所は，本件抗告に対する意見のなかで，包括一罪について既判力の関係で一罪性を認め，勾留に関する関係では個々の犯罪事実が対象となるものとして一罪性を否定することは恣意的に一罪を分断し包括一罪を認めた趣旨を没却するものであるという。しかしながら，公訴の提起の効力及び既判力が一罪の全てに及ぶ（刑事訴訟法第二五六条，第三一二条，第三三七条第一号）とされるのは同一の犯罪について重ねて刑事上の責任を問われないいわゆる一事不再理の原則（憲法第三九条）に基く法的安定性の強い要請によるものであるのに対し，他方勾留は主として被告人或いは被疑者の逃亡，罪証隠滅を防止するというきわめて現実的な要請によるものであり，それとこれとはそれぞれ制度本来の趣旨を異にするものであつて，必ずしも直接関連するものではなく，いわゆる常習一罪ないし包括一罪の関係で，既判力の及ぶ範囲と勾留の効力の及ぶ範囲とが時にその限界を異にするばあいがあつても，けだしやむを

第4代長官　横田正俊

えないところである。原裁判所の右意見には必ずしも賛同し難い。

　下級審といえども、「岩盤」についての理解はこのようなものであった。観念的な理解に基づいて、観念的な議論が披歴されている。

　もっとも、その他方で、これとは異なる方向を示した判決もみられる。

　神戸地決昭和43・7・9判時531-89は、勾留請求却下の裁判に対する準抗告において、勾留請求が刑訴法205条所定の被疑者の身体拘束時間を越えてなされたことについて、次のように判示し、準抗告を棄却した。

　　認定事実によれば、葺合警察署の担当警察官において被疑者に対し強制捜査の必要を認めて右逮捕状の発付を得、爾来被疑者を直ちに通常逮捕なしうべき態勢にあつたものであるところ、右のように被疑者をその住居より葺合警察署まで連行した際、令状請求当時不明であるとしていた被疑者の住居が一応判明したことを除いては、なお強制捜査の必要につきさしたる事情の変更があつたとは窺われず、また他に特段の事情が存在した証拠も窺われないのに、あえて右逮捕状を執行することなく、被疑者に対し「警察まで一寸来てくれ」と申し向けたのみで、行先も告げないまま、居合わせた警察官らにおいて被疑者を取り囲んだ状態でその居宅から連れ出し、更にタクシーに同乗させて葺合警察署まで連行したうえ、引き続き同警察署で被疑者の取調べを開始しているのであつて、なるほど外形的には施錠その他被疑者の身体の自由を直接的に拘束するための手段はとられていないけれども、右連行の態様やその前後の状況等に照らしこれを実質的にみるならば、右連行によつてすでに本件捜査のため被疑者の身体の自由が拘束されるに至つたものというべく、右関係捜査官の主観はいかようにあれ客観的には右連行の際に被疑者に対する逮捕行為が開始されたものと認めるのが相当である（なお、検察官は逮捕状の執行が六月二九日午後三時四〇分となつたのは、被疑者が身体の拘束に耐えられるか否かにつき被疑者の従前かかつていた……Y病院に照会するなどしていたためである旨主張しているが、右照会の時期が不明である許りか、右照会は電話によるものでこれに長時間を要した形跡も存せず、却つて被疑者が神経病を理由におそるおそる暗に身体拘束よりの自由を望んだ際、右電話照会をしたともみうるから寧ろ被疑者が前記連行後は任意捜査の本質たる身体拘束に対する拒否の自由を奪われていた実情を示す資料となる余地すらある。）

　また、**大阪地判昭和43・9・20判タ228-229**は、職務質問に関して、次のように判示した。

　　被告人が逃げ出したのに対し「止まらなければ逮捕する」とか「逃げると撃つぞ」などと威嚇しながら約一五〇米も追尾し、もつて一種の強制力を行使して停止させようとし、かつ、追いつめられて立ち止つていた被告人の肩に手をかけた松田巡査の行為は……警

V この期の刑事判例の特徴

察官の職務行為としては著しくその範囲を逸脱しており違法な職務行為といわなければならないから，これに対し被告人が前記認定のような暴行を加えても公務執行妨害罪が成立する余地はない。……被告人の右行為は正当防衛行為として傷害罪も成立しない。

事例によるところが大きいが，職務質問の要件の緩和に釘を刺したことの意味は少なくなかった。

大阪高判昭和43・12・9判時574-83 も，被告人の取調べに関して，次のように判示した。

案ずるに，刑事訴訟法一九七条は，捜査についてはその目的を達するため必要な取調をすることができる旨を規定しており，同条は捜査官の任意捜査について何ら時期的制限をもうけていないし，現行刑事訴訟法は当事者主義的，弾劾主義的訴訟構造を基盤としながらも，捜査に関してはなお多分に糺問主義を残しており，刑事訴訟法一九八条は捜査官に犯罪捜査のために必要があるときは，相手方当事者となるべき被疑者の取調をする権限を与えている。しかしながら，捜査官が起訴後にも被告人の取調をすることができるか否かについては規定がないので，この点については，現行刑事訴訟法の全体系ないし訴訟構造に立脚して考究するほかはない。ところで，検察官が治安の責に任ずる者として公益的性格を有し，さらに公訴を提起し，その維持にあたる国家機関であることはもちろんであるが，他方，現行刑事訴訟法は当事者主義，弾劾主義を基調としており，検察官も一方の訴訟当事者としての性格を有する以上，任意捜査の時期，方法にもおのずから一定の限界があるのであつて，起訴後の被告人を被疑者のときと全く同様に取り調べることができると解することはできない。元来，検察官としては公訴を維持するに足る証拠があるとの確信がなければ，公訴を提起することは許されないのであるから，検察官が公訴を提起した以上，原則としてさらに捜査をする必要がなく，せいぜい，より一層公訴の維持を確実ならしめるために必要な補充的捜査をなせば足りる筈である。また，検察官によつて起訴された被告人は，被訴追者として単なる被疑者よりも不利益な立場に立たされると同時に，明確に一方の訴訟当事者として検察官と対等の地位に浮び上るのであるから，第一回公判期日以前といえども，早速，検察官による弾劾に対して自己を防禦する準備活動にとりかからねばならない。検察官（ないし捜査官）が，公訴を提起した後，なおも，このような性格を帯びた相手方当事者たる被告人を証拠資料獲得の手段とし，被告人に対して当該公訴事実に関する取調に応ずることを要求し，被告人自身に不利益な供述を引き出そうとするがごときことは，本来必要性に乏しいうえ，刑事訴訟法の当事者主義的，弾劾主義的訴訟構造に反するだけではなく，被告人の訴訟当事者としての防禦権を侵害するものであつて，裁判の公正を害するおそれがあるといわねばならない。たゞ，当事者主義，弾劾主義といえども，被告人が自らその防禦権を放棄することまでも禁止するものではないと解するので，被告人が全く任意（自発的に

第4代長官　横田正俊

近い程度に）に検察官（ないし捜査官）のもとに出頭してその取調に応ずる場合にかぎつて，これを取り調べることが許されるものと解するのが相当である。従つて，検察官（ないし捜査官）が起訴後において被告人を当該公訴事実に関して取り調べうるのは，被告人が自ら供述する旨を申し出て取調を求めたか，あるいは，取調のための呼出に対し，被告人が取調室への出頭を拒み，または出頭後いつでも取調室から退去することができることを十分に知つたうえで，出頭し，取調に応じた場合にかぎられるのであつて，このことは，被告人がたとえ勾留されている場合においても異なるところはない。そうだとすれば，検察官（ないし捜査官）が起訴後に被告人を当該公訴事実に関して取調べようとするときは，被告人が，取調室への出頭を拒み，または出頭後いつでも取調室から退去することができる旨を十分に知つていたことを認めうる特段の事情がないかぎり，あらかじめ，被告人に対してその旨を告知することを要するものと解すべきである（もつとも，刑事訴訟法にはこのような告知義務を定めた規定はないが，捜査官が起訴後に被告人を取り調べることができる旨を定めた規定もないのであるから，現行刑事訴訟法の全体系ないし訴訟構造をとおして考究するほかはなく，その結果，このように解すべき必然性があると考える）。そして，以上に述べたところに違反する被告人の取調は違法であり，これによつて作成された供述調書は，現行刑事訴訟法の訴訟構造に反し，かつ被告人の防禦権を侵害するものであつて，法の適正な手続を保障する憲法三一条に違反するものであるから，証拠能力を有しないものと解すべきである。そこで，本件記録を調査するに，原判示各事実について昭和三九年九月二八日公訴の提起があつたことは明白であるところ，原判決は，被告人の司法警察職員に対する供述調書全部を証拠として採用しているが，そのなかには起訴後に作成された昭和三九年九月二九日付，同月三〇日付，同年一〇月一日付，同月五日付，同月六日付及び同月七日付（二通）の計七通の供述調書が含まれていることは，所論指摘のとおりである。しかるに，記録を精査しても，司法警察職員が起訴後に被告人を取り調べるにあたり，被告人が取調室への出頭を拒み，または出頭後いつでも取調室から退去することができる旨を十分に知つていたことを認めうる特段の事情が認められないのにかかわらず，あらかじめ，被告人に対してその旨を告知し，被告人がその旨を十分承知のうえで，取調室に出頭してその取調に応じたことは，これを認めがたいので，右各供述調書は証拠能力を有しないものというほかはなく，これを証拠として採用した原裁判所の訴訟手続には法令の違反があるといわなければならない。しかしながら，後段説示のごとく，右各供述調書を除外しても，事実認定に影響を及ぼさないものと考えられるので，右訴訟手続の法令違反は，判決に影響を及ぼすことが明らかであるとは考えられない。

■ 令状に関するもの

佐賀地決昭和41・11・19下刑集8-11-1489は，次のように判示し，捜索場所の特定

に関して，憲法35条2項の趣旨から，その管理権者を単位とした思考方法を打ち出した。

　取寄せにかかる資料によると，佐賀地方裁判所裁判官池田久次は，佐賀県警察本部司法警察員西村勝の請求により，昭和四一年一〇月二〇日付をもつて，申立人に対する地方公務員法違反被疑事件について，捜索すべき場所を「佐賀市松原町五八の三佐賀県教育会館内佐教組佐賀市支部事務局が使用している場所及び差押え物件が隠匿保管されていると思料される場所」と記載し，有効期間を同月二七日までとした捜索差押許可状（以下本件令状という。）を発付し，佐賀警察署司法警察員久富功一郎が，右令状に基づき，その有効期間内である同月二二日，「佐賀市松原町五八の三佐賀県教育会館内佐教組佐賀市支部事務局内」を捜索し，同所において「年次有給休暇届，一〇・二一ストのビラ，市教組分会一覧表，休暇届封筒」を差押えたことが明らかである。……申立人らは，本件令状の捜索すべき場所として記載されている「差押え物件が隠匿保管されていると思料される場所」という表示が抽象的であり特定されていないから，本件令状による捜索差押許可の裁判は違憲，違法であり取消されるべきものである，と主張するのでこの点について判断する。……捜索または差押の令状に捜索または差押すべき場所を明示すべきことは，憲法第三五条によつて要求されるところであるが，それが要求されるゆえんは，人の場所に対する管理（住居）権を保障することにある。すなわち，令状上，捜索または差押すべき場所を明確に特定しておくことにより，捜査機関の捜索，差押の権限の行使を場所的に制限し，いやしくも強制力による捜査が濫用にわたることなきを期しているのである。そして，その令状の執行の公正を担保するため，刑事訴訟法第二二二条，第一一〇条，第一一四条は，令状を被処分者に示し，かつ，住居主等を立会わせるべきことを要求しているから，右被処分者ないし住居主等は，令状に記載された捜索差押の場所を知ることにより，捜査機関がその許可された場所以外において不法な執行をすることがないよう監視することができるのである。したがつて，令状の場所の表示は，令状請求者または発付者において明らかであるというのみならず，通常人が見ても，それが具体的にどの場所を指しているのか，容易に理解できる程度に特定されていなければならないというべきである。しかして，その特定は，ただ場所的範囲を明確にするというだけでなく，その範囲は，犯罪捜査に必要最少限度に限定すべきであることは当然であり，また，憲法第三五条第二項の趣旨からは，少なくとも管理（住居）権者を単位として特定しなければならないものである。……そこで，右のような見地から，本件令状に記載されている捜索および差押すべき場所の特定性について検討する。まず「佐教組佐賀市支部事務局が使用している場所」なる表示は，客観的に確定され，かつ，管理権を異にする場所と区別された場所を指しているから，その特定において欠けるところはない。ところが，「及び」としてその次に記載されている「差押え物件が隠匿保管されていると思料される場所」とは，具体的にどういう場所を指すのであろうか。かりに，

第4代長官　横田正俊

　およそ一通の令状に記載されている捜索，差押すべき場所に管理権を異にする場所を含む筈がないという前提に立つならば，あるいは，「佐教組佐賀市支部事務局が使用している場所」とあるのを同事務局が専用的に使用している部室と解し，「差押え物件が隠匿保管されていると思料される場所」というのを右事務局の附属的場所ないし事務局が他の管理権者と共用的に使用している場所と解しうる余地が全くないわけではない。しかし，令状上の記載はその文言自体から客観的に解釈すべきものであつて，右に述べたような前提に立つて解釈することは到底許されないところである。……そこで，この令状の記載自体から見ると，「差押え物件が隠匿保管されていると思料される場所」が佐賀県教育会館内の場所であることは明らかであるとしても，同会館内のどの場所を指しているのか全く明らかでない。しかも，取寄せにかかる資料によると，同会館内には佐教組本部，佐教組佐賀郡支部，佐賀県高等学校教職組，佐賀県教育公務員弘済会等管理権を異にする団体の事務所があるが，これらの場所も，捜査機関の判断により，「差押え物件が隠匿保管されていると思料される場所」として捜索および差押すべき場所となりうるのである。かくては，憲法の禁止する一般的探険的捜索差押を許す結果とならざるをえない。それを防止するためにこそ場所の特定が要求されているのであるから，「差押え物件が隠匿保管されていると思料される場所」があるというのならば，その場所が具体的にどこであるかを明示しなければならないのである。したがつて，右のような場所の記載はその特定を欠く違憲，違法なものといわなければならない。……結局，本件令状の捜索差押すべき場所の表示としては，「佐教組佐賀市支部事務局が使用している場所」の記載部分が，特定の要件を充たし，「差押え物件が隠匿保管されていると思料される場所」の記載部分が，その要件を欠いているわけであるが，かかる場合の令状の効力をどうみるかが問題である。捜索，差押すべき場所の記載の重要性にかんがみ，いやしくも一部分にしろ特定を欠く場所の記載がある以上，その令状全部が無効であるとの厳格な解釈もありえようが，特定を欠く場所の記載部分があることにより場所に関する記載全部が特定を欠いているとしか解釈できない場合は格別，本件令状のごとく，特定を欠く場所の記載が附加されていても，「佐教組佐賀市支部事務局が使用している場所」という記載部分の特定性に何ら影響がないと認められる場合には，少くとも右特定されて記載された部分はなお有効であると解すべきである。したがつて，本件令状は全部が無効ではなく，「差押え物件が隠匿保管されていると思料される場所」なる記載部分のみが無効なのである。もつとも，右無効な記載部分は無意味な記載であるというにとどまらず，有害な記載である。けだし，無効部分であつても令状に記載がある以上，捜査機関がこれをよりどころとして不法な強制力の行使をするおそれがないとはいえないからである。したがつて，そのようなおそれがあるかぎり，それを排除する方法として本件令状による裁判の取消を求めることができると解すべきである。……そこで，本件令状による裁判を取消すべきかどうかを，その実益の点から考えるに，同一令状による執行は一回にかぎつて許されるところ，本件令状はすでに執行されており，その有効

期間もすでに経過しているので，今後右無効な記載部分について不法な執行がなされるおそれはないものである。されば，本件令状による捜索差押許可の裁判は，捜索差押すべき場所の表示の一部に無効な部分を含んでいるが，すでに取消すべき実益がなくなっているといわなければならない。

■ 訴因変更の可否に関するもの

訴因変更の可否に関しては，公訴提起後7年余を経過して結審した事件において，検察官の弁論再開請求ならびに予備的訴因・罰条の追加請求を刑訴法規，ことに規則1条の精神に違背するとして却下した**横浜地小田原支決昭和43・10・9下刑集10-10-1030**がみられる。訴因変更に，公訴事実の同一性以外に，制約する基準があることを肯定した最初の判例として注目される。

■ 伝聞法則に関するもの

山口地萩支判昭和41・10・19下刑集8-10-1368は，強制わいせつを受けたとされる6歳余りの被害者A子の供述，およびその供述に関する被害者の母親Mの証言について，次のように判示した。

証人Mは直接被害現場を体験したわけではないが，その手塩にかけてきた生みの母親の体験として，被害直後ならびにその後二，三日のA子の言動を，児童としての衝撃，恐怖の心理の起伏，その後暫く恐ろしがっていた事実をふくめて如実に伝えている。……ところで弁護人は右証言中A子から聞いた被害事実の内容は生存している同人からの伝聞であり刑事訴訟法第三二四条，第三二一条第一項の例外に当らないから証拠能力がないと主張する。……しかしながら六年五月の児童に対する，知的プロセスや被害者の行為の媒介を伴わない，直接，端的な肉体への侵害行為の場合においては，いまだ警察の捜査その他目的的な意識の介入をさしはさまない，直後母親が児童から感得した言動は，大部分は所謂再構成を経た観念の伝達ではなくて，被害に対する児童の原始的身体的な反応の持続そのものの母親の体験であり，その限りにおいてはA子から感得した言動は伝聞に当らないものである。……また一部伝聞に当るとしても，既に被害時から四ヶ月を経，その間に……二日にわたる犬探しと，供述調書作成，見分調書作成の三度にわたる警察官の取調の介入，医師の診察，触診の経験，推測される周囲家族の被害事実についての重なる話題の繰返し，四月から小学校に入学して新たに知的な訓育生活に入るという児童にとつて最も大きな生活上の変化が加わつている，といつた諸事情がある場合には，被害事実の犯罪としての定型的部分については，暗示，誘導などに基く加工，歪曲，錯誤，とりちがえ，もしくは起訴事実への迎合が十分危惧され，こうした場合には右事項の限度において刑事訴訟法三二一条第一項第三号に規定する「精神も

しくは身体の故障」に該当するものとして，伝聞採用の必要がある（この点児童等が被害者乃至見聞者であるときの証拠力確保のため，その捜査の際，捜査官や被害意識の生々しい母親などを除いた，保母，教師，医師，など児童心理に対する洞察をもった第三者の付添，立会が必要であろうし，さらに司法手続の時間的な経過を考慮して刑事訴訟法第二二七条の要件を緩和した捜査側における証拠保全を立法的に考慮するのも一方法ではなかろうか。）……そして，その信用すべき情況的保障も左の通り十分確認できるので，3，4（検証調書，司法警察員作成の実況見分調書の意―引用者）とともに被害事実を証明することができる。

また，この期においては，伝聞例外にいう「信用性の情況保障」に関して，下級審の判断が示されはじめている。**大阪高判昭和42・9・28高刑集20-5-611**がそれで，次のように判示した。

刑事訴訟法は右憲法三七条二項に基づき，刑事訴訟法三二〇条一項において，伝聞証拠の性質を有する供述および書面を原則として証拠とすることを禁止したのであるが，真実発見という刑事訴訟法本来の目的を達するため，その例外を認め，刑事訴訟法三二一条一項各号は，伝聞証拠の性質を有する被告人以外の者の供述書および供述を録取した書面について，当該伝聞供述の内容となつているもとの供述をした者から重ねて公判準備または公判期日において証言を得ようとしても，やむことを得ない事由があつて，それができず，そのために被告人に反対尋問の機会を与えることができない場合には，その供述について，反対尋問を欠いても公正な手続に反せず，書面の性質上不信用の危険がないという信用性の情況保障がある場合に限り，これを証拠とすることができることとしたのである。刑事訴訟法三二一条一項二号前段の規定を右のように解するにおいては，右規定は憲法三七条二項に違反するものではない。そして刑事訴訟法三二一条一項各号は被告人以外の者の供述書および供述調書についてその証拠能力を認めるに当り，その必要性と信用性の情況保証との軽重の程度をにらみ合わせてその条件を定めている。すなわち，検察官の面前における供述を録取した書面について，刑事訴訟法三二一条一項二号前段は，必要性を「その供述者が死亡，精神若しくは身体の故障，所在不明若しくは国外にいるため公判準備若しくは公判期日において供述することができないとき」と定め，次に，信用性の情況保障に関しては，同条一項二号が，その後段の「公判準備若しくは公判期日において前の供述と相反するか，若しくは実質的に異つた供述をしたとき」には，同号但書に規定する「特に信用すべき情況」の存在を必要としているけれども，その前段の場合には，右但書の規定の適用がないことにしている。従つて，同号前段の書面に関する信用性の情況保障については，証拠法の一般的標準から考えて，その調書の形式，内容ならびに刑事訴訟法三二五条による任意性の調査と相まち，不信用の危険のないものであるかどうかを判定することになるのである。そして同法三二一条一項二号前段はその供述者が裁判所において証人として供述することができないとき

を例示的に列挙したものであるから，これと同様またはそれ以上の事由の存する場合も，これに含まれるものと解する。本件におけるように，Sが原審法廷に証人として喚問されながら，尋問事項について記憶ないと述べ，記憶喚起のための尋問に対しても記憶がない旨繰り返すのみであつた場合は，被告人に反対尋問の機会を与えることができないことにおいては，右規定にいわゆる供述者の死亡，精神若しくは身体の故障の場合と何ら選ぶところがないから，前記公判期日において供述することができないときに該当するものと認める。次に，所論の書証は，検察官の面前において供述拒否権を告知したうえで供述を録取し，これを読み聞かせたうえ供述者が相違ないことを認めて署名押印したものであつて，その内容においても自然な供述がなされており，かつ，さきに控訴趣意第一点に対する判断の際説示したように任意性について疑をさしはさむ余地のないものであるから，その供述が不信用の危険がない情況下に作成されたものであると認められる。したがつて，原審が所論の書証を証拠として採用し，これを判決に援用したことについては何ら所論のような違法はない。論旨は理由がない。

最高裁判所の解釈・運用が下級審にも浸透しつつあることがうかがえよう。

■ 科学的証拠に関するもの

ポリグラフ検査に関して，**東京高判昭和42・7・26高刑集20-4-471**は直接的にその証拠能力の問題に立ち入ることを回避し，次のように判示した。

> 所論は，原判決が右各ポリグラフ検査の経過及び結果に関する証拠を罪証に供したことを非難するので考察するに，ポリグラフ検査は，ポリグラフ（同時記録器）を使用し，検査者の発する質問に反応して被検者の示す呼吸波運動，皮膚電気反射及び心脈波を同時に記録し，その結果を検討して被検者の有罪意識の有無乃至供述の真偽を判定する一種の心理検査若しくは心理鑑定であり，ポリグラフ検査回答書は，ポリグラフ検査を実施した者が，その検査の経過及び結果を記載して作成する書面であつて，刑事訴訟法第三二一条第四項所定の書面（鑑定の経過及び結果を記載した書面で鑑定人の作成したもの）に類似する性質のものであるが，ポリグラフ検査結果の確実性は，未だ科学的に承認されたものということはできず，その正確性に対する（第三者の）判定もまた困難であるから，軽々にこれに証拠能力を認めるのは相当でないと同時に，わが国における刑事裁判が陪審制によつていないこと，ポリグラフ器械の規格化及び検査技術の統一と向上に伴い，ポリグラフ検査結果がその検定確率の上昇を示しつつあることなどにかんがみると，一概にこれが証拠能力を否定することも相当でない。そして，これを本件について見るに，原判決が証拠に引用している所論（一）のS作成の検査回答書及び同（二）のS作成のポリグラフ検査結果報告についてと題する書面は，それぞれ検査者Sの実施した被検者A（被告人）及び関係者Iに対するポリグラフ検査の経過及び結果を右検査

者が記載して作成した報告文書であるが，これらは，いずれも原審において検察官が，刑事訴訟法第三二一条第四項所定の書面としてその取調を請求し，被告人側において，これを証拠とすることに同意したものであり，且つ所論（三）の証拠すなわち，原審証人Ｓの供述に徴し，各書面はいずれも検査者が自ら実施した各ポリグラフ検査の経過及び結果を忠実に記載して作成したものであること，検査者は検査に必要な技術と経験とを有する適格者であつたこと，各検査に使用された器具の性能及び操作技術から見て，その検査結果は信頼性あるものであることが窺われ，これによつて各書面が作成されたときの情況に徴し，所論各ポリグラフ検査施行状況の録音テープの取調をなすまでもなく，これを証拠とするに妨げがないものと認められるので，同法第三二六条第一項所定の書面として証拠能力があり，しかもその内容において前掲被告人の自白及び証人Ｉの各供述の信憑性を裏付け，前掲（四）乃至（一七）の証拠と相いまつて，原判示事実を肯定するに足りるから，原判決が，これらポリグラフ検査の経過及び結果に関する各証拠を事実認定の資料に供したのは毫も違法ではない。

この時点では，ポリグラフ検査の証拠能力について，下級審にやや「とまどい」がみられたが，前掲・最決昭和43・2・8によりお墨付きが与えられることになった。

■ 事実認定に関するもの

東京高判昭和41・9・30高刑集19-6-683は，名誉毀損に関する「事実の証明」の程度に関して，次のように判示した。

> 論旨は，要するに，名誉毀損罪における事実の証明は自由な証明の方法によることができるうえに，罪となるべき事実を認定する場合のように高度の確信に至ることを必要とせず，証拠が有力であれば足りる，という前提のもとに，本件においては真実の証明があるのに原判決がその証明なしとしたのは，法令に違反し事実を誤認したものだ，というのである。……思うに，刑法第二三〇条ノ二にいう「真実ナルコトノ証明」というのが被告人の罪となるべき事実の認定に必要な程度の証明を指すのかともそれよりも弱い程度のもので足りるのか，換言すればいわゆる「合理的な疑いをいれない」程度の証明を必要とするのかいわゆる「証拠の優越」の程度で足りると解すべきかは，一つの問題だということができよう。しかしながら，人の名誉を毀損する事実の中でも，本件で摘示されているような犯罪にあたる人の非行事実についていえば，本来それは国がその存否を確定し処罰すべき性質のものであるが，その場合にはいうまでもなく合理的な疑いをいれない程度にその事実の存在が証明されることを必要とする。しかるに，もし私人が，それほどの十分な証明をすることができず，たかだか「証拠の優越」と呼ばれる程度の証明しかすることのできないようなこの種の事実を一般に公表・流布しても，それが許されるとすれば，結果において，国の裁判によつては犯罪者と断定することの

できない者に対しても事実上犯罪者としてのらく印を押し，その事項の性質上その者を社会的に葬り去つて，あたかも刑罰を科せられたのに似た状態に置くことも可能となるであろう。この場合，その者が真に犯罪者であればまだしもであるが，証明の程度が右のように比較的弱くても足りるとすると，犯罪者でない者が犯罪者とされる危険性もおのずから相当程度存在するわけで，かくては不当に名誉を侵害された者がそのまま泣き寝入りをしなければならない場合をある程度認めることとなり，名誉の保護の観点からいえばいちじるしく不完全となるといわざるをえない。もとより強制捜査の権限をもたない私人の側で合理的な疑いをいれない程度にそれを証明することがかなり困難であることは所論のとおりだといえよう。しかし，特に摘示事実が他人の犯罪行為である場合には，その名誉侵害の度のきわめて高いことにかんがみ，証明の困難を理由として証明の程度が比較的低くてもよいとすることにはやはり重大な疑問があるとしなければならない。そして，この理は，その摘示者が報道機関である場合においても異なるところはなく，むしろ一般的にいえば，報道機関であればこそこの種の事項を公表するには一層慎重な態度で確実な根拠に基づくことを要するともいえるのである。

第5代
最高裁長官
石田和外

(1969年1月11日〜1973年5月19日)

ISHIDA court
05

第5代長官　石田和外

I ■ 長官のプロフィール

　東京高裁長官の経験者。福井県出身で11人兄弟の次男。県庁職員だった父が中学生時代に死去したため，東京帝国大医学部生の長男を頼って一家で上京。一高時代は横田前長官と同様，剣道部に所属し，剣道師範の佐々木保蔵に出会う。東京帝大法学部生時代は佐々木家に同居した。
　一貫した保守派。大変な自信家で，戦前の東京地裁判事時代には主任として帝人事件の無罪判決（昭和12年12月16日）の判決文執筆を任され，検察の起訴事実を「水中に月影を掬するが如し」と断じた。若い頃から将来を嘱望され，司法の中枢部を駆け上がり，司法大臣官房人事課長を経て，最高裁の初代人事課長に抜擢された。最高裁人事局長も務めた。東京地裁所長時代には，法務省が国会に上程した裁判官報酬の改正案（検察官報酬と同水準に引き下げ）に激怒し，同改正案を引っ込めさせたこともあった。その後，最高裁事務総長，東京高裁長官を経て，最高裁判事に。
　第2次佐藤第2次改造内閣の下で最高裁長官に就任した。佐藤栄作がリベラル派の田中二郎を排して保守派の大物，石田和外を登用したのであった。就任の辞では，「最近の社会の変化は激しく，学生がいろいろと騒いでいるのも，そういうところに原因があると考えられるが，そのために平和な社会の秩序が壊されるのを認めるわけにはいかない。」「裁判所は自らの姿勢を正して，激流の中に毅然として突っ立つ巌のような姿勢を堅持して，司法の機能を確保するのでなければ，国民の信頼をつなぐことはできない。」「強くというのは，裁判の独立をおびやかすものに対してである。」と述べた。
　最高裁長官在任中は，民事局（当時の民事局長は矢口洪一氏。）を中心に，公害訴訟のあり方について研究を重ね，後に「新々過失論」や「疫学的因果関係」などの新理論として花開くこととなった。
　全逓東京中郵事件や東京都教組事件の有罪破棄差戻し判決や無罪判決がきっかけで，自民党の田中角栄幹事長（当時）が自民党内に「裁判制度に関する調査特別委員会」の設置を呼びかけ，3ヶ月後に「司法制度調査委員会」が設置された。このような外部からの裁判所批判が一因となって，石田長官は，定年退官するリベラル派判事の代わりに保守派の人物を最高裁判事にスカウトし続けた。石田はもともと官公労働者の争議行為の刑事罰からの解放には反対の立場であった。その結果，全農林警職法事件では，公務員の労働基本権の制約を再び正当化した大法廷判決が現われることになった。石田が裁判長を務めた八幡製鉄事件大法廷判決でも，「企業や団体からの政治献

金は社会的有用行為であり，会社の権利能力の範囲内。株主の利益も害されない」と判示された。

東大闘争について，「裁判官が公安事件に寛大すぎた。若い人々には母親のような態度で接してきた。その手ぬるさに気づき，父親のような厳しさで臨むようになったのは大変良いことだ。問題なのは弁護士の態度だ。弁護人は法廷で被告人以上に戦闘的な態度を採るべきではない。これを直すのは，世界で最も進歩した制裁措置を持つ日本の弁護士会の責務であると思う」とコメントした。

極端な国家主義者，無政府主義者，はっきりした共産主義者の裁判官は，道義上好ましくない」との石田の発言が契機となって，青年法律家協会員を裁判官，特に最高裁事務総局内の裁判官から追放する動きが現出した。司法修習を修了し，裁判官志望の青法協会員6名，そのシンパ1名の任官が最高裁人事局により拒否される事態も起こった。石田コートの裁判官の思想調査・選別の姿勢に対しては激しい反発が巻き起こった。

他方，長沼ナイキ事件につき自衛隊違憲の判決（1973年9月7日）を下した札幌地裁の福島重雄裁判長に対し，同地裁の平賀健太所長が事前に「憲法判断に触れないように」との手紙（平賀書簡）を出していたことが明らかになり，裁判への干渉が問題となった平賀書簡事件では，石田は懸命に事態の幕引きを図ろうとした。

退官間際の高田事件（愛知県瑞穂警察署高田巡査派出所等を襲撃，破壊したと起訴されたが，起訴以来，一審結審まで17年もかかった事件）の大法廷判決では，憲法37条1項の「迅速な裁判を受ける権利」を根拠に超法規的免訴とした一審判決を支持した法廷意見に与した。これにより刑法200条が1995年に廃止されることになった尊属殺重罰規定違憲判決でも，「尊属に対する尊重報恩の道義は刑法上の保護に値するが，尊属殺の法定刑はあまりにも厳しく，合理的根拠に基づく差別的取扱いとして正当化することはとうていできず，憲法14条1項に違反する」とした多数意見に同調した。

退官後は，全国剣道連盟の会長や，「英霊にこたえる会」の会長に就任した。（以上のプロフィールについては，野村二郎『最高裁全裁判官——人と判決』（三省堂，1986年）99頁以下，山本祐司『最高裁物語（上巻）』（日本評論社，1994年）115頁以下，同287頁以下，同『最高裁物語（下巻）』（日本評論社，1994年）3頁以下などを参照）

II ■ この期の最高裁の動き

この期，裁判所をめぐる情勢は厳しさをみせ始めた。石田が長官に就任する前後から，右翼系雑誌等が「左翼偏向」として裁判所攻撃を開始し，国家公安委員長が検挙

第5代長官　石田和外

したデモ参加学生の保釈を認める裁判所の姿勢を非難し，法相が東京都公安条例違反事件の無罪判決に対して「何らかの歯止めが必要」と裁判所非難の発言をし，さらに，与党の自民党内では具体的判決内容を調査し，政府・与党の力を以て裁判官の人事を通じ，裁判所の「左翼偏向」傾向を是正せんとの目的で裁判制度調査特別委員会が設置されたからである。これらの動きに対し，最高裁事務総局は，一応は，「自民党の委員会は裁判所の独立を侵すおそれがある」と反論した。しかし，青年法律家協会に加入している裁判官たちの態度が問題視されると，最高裁事務総局は，一転，「政治的色彩のある団体に裁判官が加入することは好ましくない」との見解を表明し，この後，青法協から脱退する裁判官が現われることになった。

　こうした中，平賀書簡問題のほか，鹿児島地裁所長の飯守重任の同地裁判官に対する天皇制についての公開質問問題も発生し，最高裁事務総局は事態の収拾に苦慮した。裁判所が大揺れに揺れた時代であった。

　石田の長官就任後，定年による最高裁判事の後任人事で次第に強硬派色を強めた最高裁は，1973年4月25日の全農林警職法事件で再び刑事罰を科するという態度に逆戻りすることになった。しかし，その他方で，富山のイタイイタイ病，新潟県の阿賀野川水銀中毒等の公害訴訟で原告被害者救済の一，二審判決が示されたのも石田コートの特徴であった。高田事件の免訴判決や，八海事件の無罪判決等，刑事手続面での人権保障に配慮した判決も出されている。（野村二郎『最高裁全裁判官――人と判決』（三省堂，1986年）151頁以下，山本祐司『最高裁物語（上巻）』（日本評論社，1994年）115頁以下，同287頁以下，同『最高裁物語（下巻）』（日本評論社，1994年）3頁以下などを参照）

III ■ この期の裁判所関係の動き

1969年	1月11日	石田和外，最高裁長官に就任。
	3月25日	法務大臣，「あそこ（裁判所―引用者）だけは手が出せないが，もはや何らかの歯止めが必要になった」と発言。
	5月13日	自民党，「偏向判決」対策検討のため司法制度調査会を設置。
	5月28日	最高裁裁判官会議，長谷川茂治広島地裁判事を転任拒否で不再任の決定。
	7月7日	農林省，北海道長沼町野馬道山保安林の指定解除を決定告知。（長沼町民，札幌地裁に「保安林の指定解除の取消し請求」と「指定解除処分の執行停止」を申請）
	8月4日	札幌地裁平賀健太郎所長，「平賀メモ」を民事所長代行に交付。
	8月8日	福島重雄裁判長，執行停止決定の起案を終了し，書記官に交付。（決定送付は8月12日を予定）

Ⅲ　この期の裁判所関係の動き

8月11日		国，補充意見書を急遽，提出。（決定送達を延期）
8月14日		平賀所長，長沼ナイキ訴訟担当の札幌地裁福島裁判長の自宅宛てに書簡を送付。
8月22日		札幌地裁，長沼訴訟で執行停止を認める決定。
8月26日		国，決定に対し，札幌高裁に即時抗告。
9月13日		札幌地裁臨時裁判官会議が札幌高裁分室研修所において開催され，平賀所長に対し，公式の措置として厳重注意にする旨を決議。
9月14日		メディアで「平賀書簡問題」が報道。
9月20日		最高裁臨時裁判官会議，平賀所長を注意処分にし，東京高裁への異動を発令。
10月 1日		飯守重任鹿児島地裁所長，平賀擁護・福島非難・青法協攻撃の論稿を自民党機関誌に投稿。
10月10日		新日本協議会，平賀擁護・福島非難・青法協攻撃の書簡を全裁判官に送付。
10月13日		朝日新聞，裁判官の青法協加入に批判的な社説を掲載。
10月中旬以降		飯守論文に同調する雑誌論文が発表。
10月16日		石田最高裁長官，刑事裁判官会同で，「刑事裁判は，現在，かつてないほどの異常かつ困難な事態を迎え，重大な試練に直面しているといっても過言ではありません。」等と訓示（裁時532号11頁）
11月 5日		自民党機関誌，飯守論文に同調。全貌社，『恐るべき裁判』を出版。
11月下旬		最高裁，事務総局付青法協会員判事補に退会勧告。
11月21日		日米共同声明。（沖縄施政権の返還等）
11月23日		福島裁判官に対する訴追の申立て。
1970年 1月14日		最高裁事務総局付判事補10名，青法協へ退会届。
2月 8日		自民党，昭和45年度運動方針案で初めて青法協を名指しで攻撃。
4月 1日		最高裁，青法協会員修習生2名と女性1名の任官拒否を決定。
4月 8日		最高裁岸盛一事務総長，「政治的色彩を帯びる団体に加入することは慎むべき」との最高裁公式見解を発表。
4月18日		国が福島裁判長の訴追を申立て。
4月22日		自民党，都教組事件判決等が偏向判決として委員会設置を決定。
5月 2日		石田最高裁長官，軍国主義者や共産主義者等は裁判官として好ましくないと記者会見で談話。（国会の裁判官訴追委員会による裁判官パージも「あり得る」と発言）
5月 7日		札幌地裁，福島裁判長の忌避申立てを却下。
7月10日		札幌高裁，国の即時抗告を却下。

181

第5代長官　石田和外

	7月12日	青法協会員裁判官213名に対する訴追の申立て。
	7月17日	東京地裁，教科書検定は違憲として検定不合格処分を取消す判決。
	8月 7日	大学運営臨時措置法を公布。
	10月19日	裁判官訴追委員会，平賀判事を不訴追，福島判事を訴追猶予と決定。
	10月24日	裁判官訴追委員会，裁判官2213名に対し，青法協加入の有無を回答させる照会状を発送。
	10月28日	札幌高裁，福島判事に注意処分。(福島判事は辞表提出，後に撤回)
	11月 7日	札幌地裁，福島判事に注意処分。
	12月15日	公害健康被害救特別措置法を公布。
1971年	1月 1日	石田最高裁長官，「新年のことば」で，「裁判官の思想の自由，裁判の独立をことさら強調し，逆に裁判所に対し，政治干渉があるとか，独立に危機があるとか，事態を粉飾して全くいわれのない非難，誹謗の論議が横行しはじめ，裁判所に対する国民の信頼が揺らぐような懸念を生じつつあることはまことに遺憾に堪えない。」等と挨拶（裁時560号1頁）。
	1月21日	自民党，昭和46年度運動方針で裁判官の青法協加入を激しく攻撃。
	1月22日・26日	最高裁，秘密裏に司法行政事務協議会を開催し，青法協加入裁判官対策を協議。
	3月 5日	再・新任拒否に反対する弁護士3545名の署名が最高裁に提出。
	3月31日	最高裁裁判官会議，熊本地裁の宮本判事補を再任拒否。23期修習生の7名（うち6名は青法協会員）の任官拒否。
	4月 5日	宮本判事補の再任拒否の報告を受けて，熊本地裁で裁判官集会。（集会参加者は最高裁への要望書に署名）
	4月 5日	最高裁臨時裁判官会議，司法研修所23期修了式で発言を求めた修習生の罷免を決定。
	4月13日	宮本判事補の再任拒否が確定。
	4月15日	法学者600名余りが最高裁に再任拒否撤回を要望。
	5月 8日	日弁連臨時総会で，再任拒否，任官拒否に抗議。
	5月14日	名古屋高裁，津地鎮祭事件につき政教分離原則違反の判決。
	6月22日	政府，安保条約の自動延長を声明。
	6月30日	富山地裁，イタイイタイ病で三井金属に損害賠償を命じる判決。
	7月15日	裁判官訴追委員会，文化人らによる石田長官の訴追請求を却下。
	9月11日	最高裁，宮本判事補からの異議申立てを却下。
	9月11日	司法の独立と民主主義を守る国民連絡会議が発足。

Ⅲ　この期の裁判所関係の動き

10月 2日	司法の独立と再任問題で裁判官200名余りが東京で集会。
11月 1日	東京地裁，全逓プラカード事件で懲戒処分違憲の判決。
12月25日	飯守重任鹿児島地裁所長は，平賀書簡事件が起こると，平賀を擁護し，福島裁判官こそが青法協のリーダーであるという文書を自民党の外郭団体の国民協会に投稿。これに対し，福岡高裁は飯守所長に厳重注意を与えた。ところが，青法協攻撃が強まるなかで，飯守は，1970年12月23日，同地裁の判事15人中9人に対し，青法協加入の是非等思想信条にかかわる4点の公開質問状を発し，記者会見を行った。最高裁は12月25日，飯守に対し東京高裁へ転任を命じ，拒否されるや，所長を解任し，飯守は辞職（ブルーパージ事件）。
1972年 2月27日	第2回裁判官懇話会が大阪で開催。（255名の現職裁判官が参加）
3月 6日	金野俊雄名古屋地家裁判事，再任願を撤回。（実質的再任拒否）
4月 1日	新任判事補研鑽制度を実施。（東京地裁で4カ月の集中研鑽）
4月 5日	最高裁裁判官会議，24期修習生のうち青法協会員2名を含む3名につき任官を拒否。
5月10日	東京高裁，反戦プレート着用に対する懲戒処分無効の判決。
6月 8日	石田最高裁長官，長官所長会同で，「わが国の司法の伝統にそって後進育成をすべき」等と訓示（裁時595号1頁）。（那覇地裁所長，家裁所長が会同にはじめて参加
7月 7日	佐藤内閣が総辞職。（田中角栄を第64代首相に指名）
7月24日	津地裁，四日市公害訴訟で企業の共同不法行為を認める判決。
9月18日	地方裁判所における審理に判事補の参与を認める規則を制定。
9月20日	神戸地裁，堀木訴訟で併給制限違憲の判決。
10月22日	第3回裁判官懇話会が東京で開催。（166名の現職裁判官が参加）
11月14日	中央選挙管理委員会，石田最高裁長官の国民審査を不要とする決定。
1973年 1月 1日	石田最高裁長官，「新年のことば」で，「わが国の司法制度はいまや諸外国のそれに勝るとも決して劣ることのない優れたものになった」等と述べる（裁時608号1頁）。
1月31日	最高裁裁判官会議，坂口元修習生の再採用を決定。
2月 2日	内閣，日弁連推薦名簿を無視し，色川幸太郎判事の後任に大塚喜一郎判事を任命。
2月19日	田中二郎判事，辞表を提出。（4月4日，後任に高辻正巳判事を任命）
3月14日	最高裁，15期裁判官の全員を再任指名。
3月14日	宮本判事補，辞表を提出。

第 5 代長官　石田和外

	3月20日	熊本地裁，水俣病でチッソに損害賠償を認める判決。
	4月 4日	最高裁裁判官会議，25期修習生 2 名（青法協会員）の裁判官任官を拒否。

IV ■ この期の刑事法関係の動き

　刑事法関係では，以下のような動きがみられる。この期は無罪率が少し上昇し，1970年には0.82％になった。ただし，翌1971年からはまた低下し始める。

1969年	1月18日	東大安田講堂事件が発生。
	4月 2日	最高裁大法廷，都教組事件につき無罪判決。
	4月11日	福岡地裁，博多駅事件につき警察側の過剰警備を認定。
	7月 8日	西郷法相，衆議院法務委員会で占領下時代に起訴した 6 事件 7 人の死刑囚について恩赦を検討することを表明。（1968年 4 月に神近市子衆議院議員らが国会に提出した「死刑の確定判決を受けた者に対する再審の臨時特例に関する法律案」は廃案に）
1970年	1月28日	東京地裁がメーデー事件につき被告人93名有罪，110名無罪の判決。
	6月17日	最高裁大法廷，ビラ貼り規制の軽犯罪法規定を合憲とする判決。
	6月24日	最高裁大法廷，八幡製鉄政治献金問題で献金は合法の判決。
1971年	2月15日	東京高裁，具体的危険性のない無届デモは可罰的違法性なしと判示。
	3月30日	高松高裁，徳島市公安条例を違憲とする判決。
	5月18日	ハイジャック防止法を公布。
1971年	5月14日	群馬県で 8 人の女性を暴行殺害し，山中に埋めた被疑者を逮捕。
	12月18日	土田警視庁警務部長宅に小包爆弾。（夫人即死，四男重傷）
1972年	2月19日	連合赤軍の 5 人が軽井沢の浅間山荘に籠城するという浅間山荘事件が発生。（28日，警官隊突入，人質救出，犯人逮捕，警官 2 人死亡）
	3月 7日	連合赤軍の妙義山中大量リンチ事件が発覚し，17人を逮捕。（12人の遺体発見）
	5月13日	大阪・千日デパートビルで火災が発生し，118人が死亡。
1973年	4月 4日	最高裁大法廷，尊属殺重罰規定に違憲判決。
	4月25日	最高裁大法廷，全農林警職法事件で上告棄却の判決。（有罪確定）
	5月18日	閣議，尊属殺重罰規定の削除を決定。

V ■ この期の刑事判例の特徴

1 大法廷判決・決定

　この期の大法廷判決・決定は，数はそれほど多くないが，注目すべき憲法判断がみられる。その中には，刑事訴訟法に規定がない事柄について憲法規定を直截に事案に適用して問題の処理を図ったもの，あるいは，憲法規定の適用範囲を拡大したものが含まれている反面，公正な裁判を実現するための報道機関の取材の自由の制限を認めたものや，警察官による個人の容貌等の無令状による撮影を許容したものも存する。もっとも，前者の判例はやや理念的なものであって，実務に与えた影響は後者が圧倒的であったことはいうまでもない。

■ 適正手続に関するもの

　適正手続に関しては，憲法35条は，刑事手続に限らず，すべての国家行為，特に行政手続にも適用があると判示した**最大判昭和47・11・22刑集26-9-554**（川崎民商事件）が出されている。

■ 令状主義に関するもの

　令状主義に関して注目されるのは，**最大決昭和44・11・26刑集23-11-1490**（博多駅事件）である。次のように判示し，報道機関の撮影した本件フイルムを付審判請求事件の証拠として使用するために本件提出命令を発したことを適法とした。

　　本件において，提出命令の対象とされたのは，すでに放映されたフイルムを含む放映のために準備された取材フイルムである。それは報道機関の取材活動の結果すでに得られたものであるから，その提出を命ずることは，右フイルムの取材活動そのものとは直接関係がない。もつとも，報道機関がその取材活動によつて得たフイルムは，報道機関が報道の目的に役立たせるためのものであつて，このような目的をもつて取材されたフイルムが，他の目的，すなわち，本件におけるように刑事裁判の証拠のために使用されるような場合には，報道機関の将来における取材活動の自由を妨げることになるおそれがないわけではない。……しかし，取材の自由といつても，もとより何らの制約を受けないものではなく，たとえば公正な裁判の実現というような憲法上の要請があるときは，ある程度の制約を受けることのあることも否定することができない。……本件では，まさに，公正な刑事裁判の実現のために，取材の自由に対する制約が許されるかどうかが

第5代長官　石田和外

問題となるのであるが，公正な刑事裁判を実現することは，国家の基本的要請であり，刑事裁判においては，実体的真実の発見が強く要請されることもいうまでもない。このような公正な刑事裁判の実現を保障するために，報道機関の取材活動によつて得られたものが，証拠として必要と認められるような場合には，取材の自由がある程度の制約を蒙ることとなつてもやむを得ないところというべきである。しかしながら，このような場合においても，一面において，審判の対象とされている犯罪の性質，態様，軽重および取材したものの証拠としての価値，ひいては，公正な刑事裁判を実現するにあたつての必要性の有無を考慮するとともに，他面において取材したものを証拠として提出させられることによつて報道機関の取材の自由が妨げられる程度およびこれが報道の自由に及ぼす影響の度合その他諸般の事情を比較衡量して決せられるべきであり，これを刑事裁判の証拠として使用することがやむを得ないと認められる場合においても，それによつて受ける報道機関の不利益が必要な限度をこえないように配慮されなければならない。……以上の見地に立つて本件についてみるに，本件の付審判請求事件の審理の対象は，多数の機動隊等と学生との間の衝突に際して行なわれたとされる機動隊員等の公務員職権乱用罪，特別公務員暴行陵虐罪の成否にある。その審理は，現在において，被疑者および被害者の特定すら困難な状態であつて，事件発生後二年ちかくを経過した現在，第三者の新たな証言はもはや期待することができず，したがつて，当時，右の現場を中立的な立場から撮影した報道機関の本件フイルムが証拠ときわめて重要な価値を有し，被疑者らの罪責の有無を判定するうえに，ほとんど必須のものと認められる状況にある。他方，本件フイルムは，すでに放映されたものを含む放映のために準備されたものであり，それが証拠として使用されることによつて報道機関が蒙る不利益は，報道の自由そのものではなく，将来の取材の自由が妨げられるおそれがあるというにとどまるものと解されるのであつて，付審判請求事件とはいえ，本件の刑事裁判が公正に行なわれることを期するためには，この程度の不利益は，報道機関の立場を十分尊重すべきものとの見地に立つても，なお忍受されなければならない程度のものというべきである。また，本件提出命令を発した福岡地方裁判所は，本件フイルムにつき，一たん押収した後においても，時機に応じた仮還付などの措置により，報道機関のフイルム使用に支障をきたさないよう配慮すべき旨を表明している。以上の諸点その他各般の事情をあわせ考慮するときは，本件フイルムを付審判請求事件の証拠として使用するために本件提出命令を発したことは，まことにやむを得ないものがあると認められるのである。……前叙のように考えると，本件フイルムの提出命令は，憲法二一条に違反するものでないことはもちろん，その趣旨に牴触するものでもなく，これを正当として維持した原判断は相当であり，所論は理由がない。

このような最高裁判所の考え方は，**最大判昭和44・12・24刑集23-12-1625**（京都府学連事件）でも示されている。次のように判示し，本件警察官による個人の容貌等の

無令状による撮影を許容した。

> 身体の拘束を受けている被疑者の写真撮影を規定した刑訴法二一八条二項のような場合のほか，次のような場合には，撮影される本人の同意がなく，また裁判官の令状がなくても，警察官による個人の容ぼう等の撮影が許容されるものと解すべきである。すなわち，現に犯罪が行われたのち間がないと認められる場合であつて，しかも証拠保全の必要性および緊急性があり，かつその撮影が一般的に許容される程度を超えない相当な方法をもつて行われるときである。このような場合に行われる警察官による写真撮影は，その対象の中に，犯人の容ぼう等のほか，犯人の身辺または被写体とされた物件の近くにいたためこれを除外できない状況にある第三者である個人の容ぼう等を含むことになつても，憲法一三条に違反しないものと解すべきである。……これを本件についてみると，……秋月巡査の右写真撮影は，現に犯罪が行われていると認められる場合になされたものであつて，しかも多数の者が参加し刻々と状況が変化する集団行動の性質からいつて，証拠保全の必要性および緊急性が認められ，その方法も一般的に許容される程度を超えない相当なものであつたと認められるから，たとえそれが被告人ら集団行進者の同意もなく，その意思に反して行われたとしても，適法な職務執行行為であつたといわなければならない。

■ 裁判官の忌避・除斥に関するもの

判検交流に伴って生じる刑訴法20条6号にいう「裁判官が事件について検察官または司法警察員の職務を行つたとき」の意義についても，大法廷決定によって，限定解釈が打ち出されている。**最大決昭和47・7・1刑集26-6-355**がそれで，同決定は，次のように判示し，裁判官に対する忌避申し立てを却下した。

> 刑訴法二〇条六号にいう「裁判官が事件について検察官の職務を行つたとき」とは，裁判官がその任官前に，当該事件について，検察官として，ある具体的な職務行為をした場合をいうものと解すべきである。……本件につき不公平な裁判をする虞れがあると疑うべき事由があるとすることもできない。

■ 迅速な裁判に関するもの

この期においては，刑事訴訟法に規定がない事柄について憲法規定を直截に事案に適用して問題の処理を図ったものがみられると前述したが，それが，この**最大判昭和47・12・20刑集26-10-631**（高田事件）である。次のように判示し，本被告事件について，憲法37条1項の規定する「迅速な裁判」の保障に違反するとして，免訴を言渡した。

> 当裁判所は，憲法三七条一項の保障する迅速な裁判をうける権利は，憲法の保障する基

本的な人権の一つであり，右条項は，単に迅速な裁判を一般的に保障するために必要な立法上および司法行政上の措置をとるべきことを要請するにとどまらず，さらに個々の刑事事件について，現実に右の保障に明らかに反し，審理の著しい遅延の結果，迅速な裁判をうける被告人の権利が害せられたと認められる異常な事態が生じた場合には，これに対処すべき具体的規定がなくても，もはや当該被告人に対する手続の続行を許さず，その審理を打ち切るという非常救済手段がとられるべきことをも認めている趣旨の規定であると解する。……刑事事件について審理が著しく遅延するときは，被告人としては長期間罪責の有無未定のまま放置されることにより，ひとり有形無形の社会的不利益を受けるばかりでなく，当該手続においても，被告人または証人の記憶の減退・喪失，関係人の死亡，証拠物の滅失などをきたし，ために被告人の防禦権の行使に種々の障害を生ずることをまぬがれず，ひいては，刑事司法の理念である，事案の真相を明らかにし，罪なき者を罰せず罪ある者を逸せず，刑罰法令を適正かつ迅速に適用実現するという目的を達することができないこととともなるのである。上記憲法の迅速な裁判の保障条項は，かかる弊害発生の防止をその趣旨とするものにほかならない。……もっとも，「迅速な裁判」とは，具体的な事件ごとに諸々の条件との関連において決定されるべき相対的な観念であるから，憲法の右保障条項の趣旨を十分に活かすためには，具体的な補充立法の措置を講じて問題の解決をはかることが望ましいのであるが，かかる立法措置を欠く場合においても，あらゆる点からみて明らかに右保障条項に反すると認められる異常な事態が生じたときに，単に，これに対処すべき補充立法の措置がないことを理由として，救済の途がないとするがごときは，右保障条項の趣旨を全うするゆえんではないのである。……それであるから，審理の著しい遅延の結果，迅速な裁判の保障条項によって憲法がまもろうとしている被告人の諸利益が著しく害せられると認められる異常な事態が生ずるに至つた場合には，さらに審理をすすめても真実の発見ははなはだしく困難で，もはや公正な裁判を期待することはできず，いたずらに被告人らの個人的および社会的不利益を増大させる結果となるばかりであつて，これ以上実体的審理を進めることは適当でないから，その手続をこの段階において打ち切るという非常の救済手段を用いることが憲法上要請されるものと解すべきである。……翻つて本件をみるに，原判決は，「たとえ当初弁護人側から本件審理中断の要請があり，その後訴訟関係人から審理促進の申出がなかつたにせよ，一五年余の間全く本件の審理を行なわないで放置し，これがため本件の裁判を著しく遅延させる事態を招いたのは，まさにこの憲法によつて保障された本件被告人らの迅速な裁判を受ける権利を侵害したものといわざるを得ない。」という前提に立ちながら，「刑事被告人の迅速な裁判を受ける憲法上の権利を現実に保障するためには，いわゆる補充立法により，裁判の遅延から被告人を救済する方法が具体的に定められていることが先決である。ところが，現行法制のもとにおいては，未だかような補充立法がされているものとは認められないから，裁判所としては救済の仕様がないのである。」との見解のもとに，公訴時効が完成した場合に準じ刑訴法三三七条四号に

より被告人らを免訴すべきものとした第一審判決を破棄し，本件を第一審裁判所に差し戻すこととしたものであり，原判決の判断は，この点において憲法三七条一項の迅速な裁判の保障条項の解釈を誤つたものといわなければならない。……そこで，本件において，審理の著しい遅延により憲法の定める迅速な裁判の保障条項に反する異常な事態が生じているかどうかを，次に審案する。……そもそも，具体的刑事事件における審理の遅延が右の保障条項に反する事態に至つているか否かは，遅延の期間のみによって一律に判断されるべきではなく，遅延の原因と理由などを勘案して，それ遅延がやむをえないものと認められないかどうか，これにより右の保障条項がまもろうとしている諸利益がどの程度実際に害せられているかなど諸般の情況を総合的に判断して決せられなければならないのであつて，たとえば，事件の複雑なために，結果として審理に長年月を要した場合などはこれに該当しないこともちろんであり，さらに被告人の逃亡，出廷拒否または審理引延しなど遅延の主たる原因が被告人側にあつた場合には，被告人が迅速な裁判をうける権利を自ら放棄したものと認めるべきであつて，たとえその審理に長年月を要したとしても，迅速な裁判をうける被告人の権利が侵害されたということはできない。……ところで，公訴提起により訴訟係属が生じた以上は，裁判所として，これを放置しておくことが許されないことはいうまでもないが，当事者主義を高度にとりいれた現行刑事訴訟法の訴訟構造のもとにおいては，検察官および被告人側にも積極的な訴訟活動が要請されるのである。しかし，少なくとも検察官の立証がおわるまでの間に訴訟進行の措置が採られなかつた場合において，被告人側が積極的に期日指定の申立をするなど審理を促す挙に出なかつたとしても，その一事をもつて，被告人が迅速な裁判をうける権利を放棄したと推定することは許されないのである

憲法的再審事由の存否等，この高田事件判決が学界に与えた理論的な影響は甚大なものがあった。しかしながら，実務に与えた影響は必ずしもそうではなかった。その後，裁判所によって迅速裁判違反を理由として免訴が言渡されるということはなかったからである。

■ 上訴に関するもの

上訴の申立てによる移審の効力に関しても大法廷決定が出されている。**最大決昭和46・3・24刑集25-2-293**（新島ミサイル事件）がそれで，次のように判示した。

第一審判決がその理由中において無罪の判断を示した点は，牽連犯ないし包括一罪として起訴された事実の一部なのであるから，右第一審判決に対する控訴提起の効力は，それが被告人だけからの控訴であっても，公訴事実の全部に及び，右の無罪部分を含めたそのすべてが控訴審に移審係属すると解すべきである。そうとすれば，控訴裁判所は右起訴事実の全部の範囲にわたつて職権調査を加えることが可能であるとみられないでも

第5代長官　石田和外

ない。しかしながら，控訴審が第一審判決について職権調査をするにあたり，いかなる限度においてその職権を行使すべきかについては，更に慎重な検討を要するところである。いうまでもなく，現行刑事訴訟法においては，いわゆる当事者主義が基本原則とされ，職権主義はその補充的，後見的なものとされているのである。……控訴審は，第一審と同じ立場で事件そのものを審理するのではなく，前記のような当事者の訴訟活動を基礎として形成された第一審判決を対象とし，これに事後的な審査を加えるべきものなのである。そして，その事後審査も当事者の申し立てた控訴趣意を中心としてこれをなすのが建前であつて，職権調査はあくまで補充的なものとして理解されなければならない。けだし，前記の第一審における当事者主義と職権主義との関係は，控訴審においても同様に考えられるべきだからである。……これを本件についてみるに，本件公訴事実中第一審判決において有罪とされた部分と無罪とされた部分とは牽連犯ないし包括一罪を構成するものであるにしても，その各部分は，それぞれ一個の犯罪構成要件を充足し得るものであり，訴因としても独立し得たものなのである。そして，右のうち無罪とされた部分については，被告人から不服を申し立てる利益がなく，検察官からの控訴申立もないのであるから，当事者間においては攻防の対象からはずされたものとみることができる。このような部分について，それが理論上は控訴審に移審係属しているからといつて，事後審たる控訴審が職権により調査を加え有罪の自判をすることは，被告人控訴だけの場合刑訴法四〇二条により第一審判決の刑より重い刑を言い渡されないことが被告人に保障されているとはいつても，被告人に不意打ちを与えることであるから，前記のような現行刑事訴訟法の基本構造，ことに現行控訴審の性格にかんがみるときは，職権の発動として許される限度を超えたものであつて，違法なものといわなければならない。……以上説示したところによれば，原判決には法令違反のかどがあり，その違法は判決に影響を及ぼすことが明らかである。しかしながら，原判決が被告人らの控訴を理由がないものとしている点にはなんら違法がなく，さらに進んで職権調査を加え破棄自判をした点だけが違法と考えられるのであるから，原審がすべきであつた裁判は控訴棄却であつたといえる。そうすると，その結果は第一審判決が維持されるべきであつたということになるが，第一審判決が被告人らに言い渡した刑と原判決が被告人らに言い渡した刑とは全く同一である。この点を考えれば，原判決の違法は，未だもつてこれを破棄しなければ著しく正義に反するものとは認められない。

同大法廷決定によれば，「事後審査も当事者の申し立てた控訴趣意を中心としてこれをなすのが建前であつて，職権調査はあくまで補充的なものとして理解されなければならない」とされている点が注目される。なお，この決定については，最高裁判所は，審判の対象設定権が当事者たる検察官にあるという観点から，当事者主義を根拠とした特別の攻防対象限定論ともいうべき判例理論を創出したものと考えるべきであろうとの指摘（香城敏麿「審判の対象」判例百選・刑事訴訟法（第5版）（有斐閣，1986年）232頁

190

等を参照）もみられる。もっとも，最高裁は，後に，**最決平成元・5・1刑集43-5-323**により，本位的訴因と予備的訴因との間では，攻防対象論は働かないとした。

2 小法廷判決・決定

■ 捜査に関するもの

　小法廷判例では，検察官等による差押の不服審査に関して，**最決昭和44・3・18刑集23-3-153**（国学院大学映研フィルム事件）が出されている。注目されるのは，次のように判示し，刑事訴訟法430条の規定により不服の申立を受けた裁判所は差押の必要性の有無についても審査することができるとした点である。

> 刑訴法二一八条一項によると，検察官もしくは検察事務官または司法警察職員は「犯罪の捜査をするについて必要があるとき」に差押をすることができるのであるから，検察官等のした差押に関する処分に対して，同法四三〇条の規定により不服の申立を受けた裁判所は，差押の必要性の有無についても審査することができるものと解するのが相当である。そして，差押は「証拠物または没収すべきものと思料するもの」について行われることは，刑訴法二二二条一項により準用される同法九九条一項に規定するところであり，差押物が証拠物または没収すべき物と思料されるものである場合においては，差押の必要性が認められることが多いであろう。しかし，差押物が右のようなものである場合であつても，犯罪の態様，軽重，差押物の証拠としての価値，重要性，差押物が隠滅毀損されるおそれの有無，差押によつて受ける被差押者の不利益の程度その他の諸般の事情に照らし明らかに差押の必要がないと認められるときにまで，差押を是認しなければならない理由はない。したがつて，原裁判所が差押の必要性について審査できることを前提として差押処分の当否を判断したことは何ら違法でない。

　令状主義による事前チェックに加えて，当該令状執行について不服申立を受けた裁判所による事後チェックの必要性をも認めたものといえよう。

　捜査に長期の日時を要したため，家庭裁判所に送致して審判を受ける機会が失われた場合における当該捜査の適法性についても，小法廷判例が出されている。違法とした原判示を退けた**最判昭和44・12・5刑集23-12-1583**がそれで，次のように判示し，右捜査を適法とした。

> 少年の被疑事件について，家庭裁判所に送致するためには，司法警察員または検察官において，犯罪の嫌疑があると認め得る程度に証拠を収集し，捜査を遂げる必要があり，このことは少年法四一条，四二条の明定するところである。したがつて，捜査機関，捜査官の捜査能力，事件の輻輳の程度，被疑事件の難易等の事情に左右されるとはいえ，その捜査にそれ相応の日時を要することはいうまでもなく，捜査に長期の日時を要した

第5代長官　石田和外

ため，家庭裁判所に送致して審判を受ける機会が失われたとしても，それのみをもつて少年法の趣旨に反し，捜査手続を違法であると速断することのできないことも，また，多言を要しない。……もつとも，捜査官において，家庭裁判所の審判の機会を失わせる意図をもつてことさら捜査を遅らせ，あるいは，特段の事情もなくいたずらに事件の処理を放置しそのため手続を設けた制度の趣旨が失われる程度に著しく捜査の遅延をみる等，極めて重大な職務違反が認められる場合においては，捜査官の措置は，制度を設けた趣旨に反するものとして，違法となることがあると解すべきである。……しかし，本件において，原判決の確定した事実関係のもとにおいては，捜査に従事した警察官には，いまだ，前示のごとき極めて重大な職務違反があるとは認めがたいから，その捜査手続は，これを違法とすることはできない。これに反する原判示は，法令の解釈適用を誤まつたものである。

　問題は，当該捜査が違法となる場合であるが，捜査が違法であつても，検察官の広範な裁量に係る公訴提起の性質にかんがみて，公訴は適法というのが同判決の立場であつた。

■ 公訴に関するもの

　公訴に関してもいくつかの小法廷判例が出されている。その一つは，起訴状における文章原文の引用に関する**最決昭和44・10・2刑集23-10-1199**で，次のように判示した。

> 本件起訴状における……と題する文章原文の引用は，罪となるべき事実のうち犯罪の方法に関する部分をできる限り具体的に特定しようとしたものであつて，刑訴法二五六条三項に従つて本件訴因を明示するための方法として不当とは認められず，また，これをもつて同条六項にいう裁判官に事件につき予断を生ぜしめるおそれのある書類の内容を引用したものというにはあたらない。

　もう一つは，公訴時効の起算点に関するもので，**最判昭和47・5・30民集26-4-826**は，次のように判示し，牽連犯については，時効の起算点は，目的行為が手段行為の時効期間満了前に実行されたときに限り，両者は不可分的に最も重い刑を標準に最終行為の時より起算する，という時効的連鎖説によるとした。

> 本件甲一号証および同二号証の私文書偽造とこれを行使して犯された本件公正証書原本不実記載・同行使の各所為は，いわゆる牽連犯であつて科刑上一罪の関係にあると解すべきである。そして，かかる牽連犯において，目的行為たる公正証書原本不実記載・同行使の各罪につき起訴があつた場合には，検察官は，その手段行為たる私文書偽造（同行使）の罪につき訴因の追加をなしうるが，かかる訴因の追加がなされなかつたとして

も，私文書偽造（同行使）の罪が犯されたことを前提に公正証書原本不実記載・同行使の各罪につき有罪の判決がなされてこれが確定し，この確定判決の既判力が私文書偽造の罪に及び，この罪につき公訴の提起をなしえなくなつたときは，私文書偽造行為につき民訴法四二〇条二項後段所定の証拠欠缺外の理由により有罪の確定判決をうること能わざるときに当たると解するのが相当である。したがつて，本件において，上告人の甲一号証および同二号証の偽造行為を前提とする上告人に対する本件公正証書原本不実記載・同行使の各罪につき有罪の判決が確定したときは，甲一号証および同二号証の偽造につき民訴法四二〇条二項後段の要件が充足されたものというべきであり，これと同趣旨の原判決は正当として是認することができる。

■ 公訴棄却に関するもの

反則行為についての公訴に関する小法廷判決もみられる。**最判昭和48・3・15刑集27-2-128**がそれで，次のように判示し，反則行為に罰金刑を科した原判決を破棄した。

職権で調査すると，第一審判決が，公訴事実のとおり，「被告人は，昭和四六年七月九日午後一〇時一九分ころ東京都墨田区立川一丁目一八番三号附近道路において，法定の最高速度（六〇キロメートル毎時）をこえる一〇〇キロメートル毎時の速度で普通乗用自動車を運転したものである。」との事実を認定したのに対し，原判決は，超過速度の点を争う弁護人の事実誤認の主張を容れ，第一審判決を破棄したうえ，「被告人は，昭和四六年七月九日（「六日」とあるは，「九日」の誤記と認める。）午後一〇時一九分ころ，東京都墨田区立川一丁目一八番三号付近道路において，法定の最高速度である六〇キロメートル毎時をこえる八〇キロメート毎時の速度で普通乗用自動車を運転したものである。」との事実を認定し，法令を適用して被告人を罰金二万円に処したものである。……原判決の適法に確定した被告人の右所為は，道路交通法一一八条一項三号（昭和四六年法律第九八号による改正前のもの）の罪にあたる行為であるから，同法一二五条一項，別表（昭和四六年法律第九六号による改正前のもの）により，同法九章（一二五条ないし一三二条）にいう「反則行為」に該当し，かつ，記録によれば，被告人は，同法一二五条二項各号に掲げる例外事由がないと認められるから，同章にいう「反則者」に該当するものといわなければならない。……ところで同法一三〇条は，反則者は，同条各号に掲げる場合を除いて，当該反則行為について法一二七条一項または二項後段の規定による反則金の納付の通告を受け，かつ，同法一二八条一項に規定する期間が経過した後でなければ，当該反則行為について，公訴を提起されないと規定しているから，もしかかる手続を経ないで公訴が提起されたときは，裁判所は，公訴提起の手続がその規定に違反したものとして，刑訴法三三八条四号により，判決で公訴を棄却しなければならないものである。そして，このことは，反則金を納付した者は，当該通告の理由となつた行為について，公訴を提起されないと定めている道路交通法一二八条二項の趣旨を

考慮にいれるときは，本件のように，起訴状の公訴事実によれば反則行為に該当しないが，公判審理の結果反則行為に該当することが判明した場合についても同様であると解すべきである。記録によれば，本件について同法一三〇条各号の場合でないのに，同条に掲記されている手続が行なわれていないことは明らかである。そうすると，原審が，被告人は法定の最高速度を二〇キロメートル毎時こえる速度で運転したものと認定した以上は，第一審判決を破棄して，公訴を棄却すべきであつたにもかかわらず，審理をすすめて被告人に罰金刑を科したのは，法令の適用を誤つたものであり，この誤りは判決に影響を及ぼし，原判決を破棄しなければ著しく正義に反するものと認める。

公訴棄却に関しても小法廷判決がみられる。**最判昭和45・7・2刑集24-7-412**がそれで，次のように判示した。

> 刑訴法は，公訴棄却の裁判の申立権を認めていないのであるから，公訴棄却を求める申立は，職権の発動を促す意味をもつに過ぎず，したがつて，これに対して申立棄却の裁判をする義務はないものと解するのが相当である。

■ 証拠開示に関するもの

証拠開示についても，重要な小法廷判例が出されている。その一つは**最決昭和44・4・25刑集23-4-248**で，原審の証拠開示命令を追認した後，括弧書きにおいてではあるが，次のように判示した。

> 裁判所は，その訴訟上の地位にかんがみ，法規の明文ないし訴訟の基本構造に違背しないかぎり，適切な裁量により公正な訴訟指揮を行ない，訴訟の合目的的進行をはかるべき権限と職責を有するものであるから，本件のように証拠調の段階に入つた後，弁護人から，具体的必要性を示して，一定の証拠を弁護人に閲覧させるよう検察官に命ぜられたい旨の申出がなされた場合，事案の性質，審理の状況，閲覧を求める証拠の種類および内容，閲覧の時期，程度および方法，その他諸般の事情を勘案し，その閲覧が被告人の防禦のため特に重要であり，かつこれにより罪証隠滅，証人威迫等の弊害を招来するおそれがなく，相当と認めるときは，その訴訟指揮権に基づき，検察官に対し，その所持する証拠を弁護人に閲覧させるよう命ずることができるものと解すべきである。そうして，本件の具体的事情のもとで，右と同趣旨の見解を前提とし，所論証人尋問調書閲覧に関する命令を維持した原裁判所の判断は，検察官においてこれに従わないときはただちに公訴棄却の措置をとることができるとするかのごとき点を除き，是認することができる。

ただ，最高裁判所が課した要件は厳しいもので，この要件に反して，安易に証拠開示命令を出すことは，最高裁判所が厳しく戒めるところであった。この厳しい態度を

示したのが**最決昭和44・4・25刑集23-4-275**で，次のように判示し，弁護人に本件各証拠を閲覧させることを命じた原裁判所の決定を破棄した。

　　裁判所は，その訴訟上の地位にかんがみ，法規の明文ないし訴訟の基本構造に違背しないかぎり，適切な裁量により公正な訴訟指揮を行ない，訴訟の合目的的進行をはかるべき権限と職責を有するものであるから，本件のように証拠調の段階に入つた後，弁護人から，具体的必要性を示して，一定の証拠を弁護人に閲覧させるよう検察官に命ぜられたい旨の申出がなされた場合，事案の性質，審理の状況，閲覧を求める証拠の種類および内容，閲覧の時期，程度および方法，その他諸般の事情を勘案し，その閲覧が被告人の防禦のため特に重要であり，かつ，これにより罪証隠滅，証人威迫等の弊害を招来するおそれがなく，相当と認めるときは，その訴訟指揮権に基づき，検察官に対し，その所持する証拠を弁護人に閲覧させることを命ずることができるものと解すべきである。……しかし，これを本件について考えると，以下に述べるとおり，いまだ右のごとき要件をそなえるに充分であるということはできない。……原決定およびその維持する本件各調書を閲覧させるべきことを命じた決定が，閲覧の必要性について判示するところは，当該証人に対する証人尋問は，起訴の時から数えてすら四年近い日時を経過した時点で行なわれるのであつて，証人において記憶喪失，思い違いの生じていることが容易に推察でき，そのため，その尋問も捜査当時における当該証人らの供述調書，なかんづく検察官に対するそれに依拠するところが大きいと予想され，ひいては，その証言がこれら調書と実質的に相違して，刑訴法三二一条一項二号あるいは同法三〇〇条により，右調書そのものが取調べられるにいたることもあり得るから，これら調書の証拠としての重要性は無視できず，弁護人において適切有効な反対尋問をして，実体真実発見に資し，被告人の防禦を全うするためには，主尋問終了後反対尋問前に，当該証人の検察官に対する各供述調書を閲覧しておくことが必要不可欠であるというのである。しかしながら，右決定は，前記のごとく，検察官の証人申請に対して，いまだその採否の決定のない段階で発せられたものであるから，もし証人が採用されなければ反対尋問ということはあり得ないし，採用のうえ主尋問が行なわれたとしても，その結果如何によつては，反対尋問の必要のない場合も予想されるところである。とすればこのような場合には，反対尋問のための閲覧の必要性はその前提を欠くことになる。また，主尋問の結果，調書自体の取調請求がなされることも予想されないではないが，この場合は，主尋問を実施したうえ，調書の取調請求を必要とする気配が生じた時にこれを閲覧することができれば，通常の場合，被告人の防禦に欠けるところはないと思われるし，それが当事者間の公平にも合致するものといわなければならない。このような観点からすると，他に特段の事情のない本件において，証人の採用決定もない現段階で，反対尋問のため必要であるとの理由をもつてしては，本件各調書の閲覧は，たとえその閲覧の時期を主尋問終了後反対尋問前と指定したとしても，いまだ被告人の防禦のため特に重要であるとするに足り

ない。……また閲覧による弊害の有無について，原決定およびその維持する本件各調書を閲覧させるべき旨を命じた決定は，閲覧の時期を主尋問終了後反対尋問前とすれば，証人威迫，罪証隠滅のおそれもほとんど杞憂にすぎない，としているが，証人採用決定もなくしたがつて主尋問も実施されていない現段階で，このように弊害がないと判断することは，時期尚早といわなければならない。このような弊害の有無は，証人を採用し主尋問の行なわれた段階で，閲覧の必要性を判断するに際し，あわせて考慮すべきものというべきである。……以上のほか，記録によつてうかがわれる本件事案の性質，審理の状況等諸般の事情を勘案すれば，検察官に対し，前示のように弁護人に本件各調書を閲覧させるべきことを命じた昭和四三年一二月一一日の原裁判所の決定は，現段階においては違法なものといわなければならず，これを維持した原決定も違法であり，これらを取り消さなければ著しく正義に反するものと認める。

また，**最決昭和48・4・12判時703-12**も，次のように判示し，弁護人に本件各証拠を閲覧させることを命じた原裁判所の決定を破棄した。

所論にかんがみ職権をもつて調査すると，記録によれば，原裁判所が被告人Ｆほか二名に対する公務執行妨害等被告事件の審理中，検察官の起訴状朗読につづいて弁護人の被告事件に対する陳述がされた際，弁護人から，本件において，愛知県警察本部の命を受けた同県警察機動隊警察官川本直彦らは，「沖縄入管国会爆砕名古屋総力戦人民集会」を弾圧するため，現行犯逮捕に名をかりた令状無しの無差別逮捕，令状無しの所持品検査等憲法の定めるデュープロセスの保障に反する違法かつ過剰の警備実施をしたものであり，かかる違法捜査手続に基づく本件の各公訴提起は，刑訴法三三八条四号に該当し無効であるから，被告人らに対する各公訴は棄却されるべきものである旨の陳述がされ，つづいて右違法捜査手続の立証を準備するため，検察官に対し，右警察官三名の作成した各警備実施状況報告書等一件記録を弁護人に閲覧させるよう命ぜられたい旨の申出があり，これにより原裁判所は，その訴訟指揮権を行使して，検察官の冒頭陳述終了後の昭和四七年一〇月三〇日，公判廷外において，右警察官三名の各警備実施状況報告書三通にかぎってこれを弁護人に閲覧させるべきことを命じ，さらに検察官のこれに対する異議をも棄却したことが明らかである。……しかしながら，記録によつてうかがわれる本件事案の性質，審理の状況等諸般の事情のもとにおいては，検察官の冒頭陳述が終了したとはいえ，単に被告人側の被告事件に対する意見陳述を聴いただけの段階で，しかも，本件のように警察当局の，違法かつ過剰な警備実施による違法捜査手続を理由とする公訴権の濫用が問題であるとされている事案につき，検察官に対し，その手持ち証拠の閲覧を命じた原裁判所の右措置は，いまだ，真実，被告人の防禦のため特に重要であるということができず，結局，いわゆる証拠開示命令の趣旨にかんがみ，訴訟指揮権行使の適正かつ公平な範囲を逸脱したものといわねばならない。それゆえ，検察官に対し，実体の審理に先きだつて，弁護人に本件各証拠を閲覧させることを命じた昭和四七年一

V この期の刑事判例の特徴

〇月三〇日の原裁判所の決定およびこれを維持した原決定は，違法なものというべきであり，これを取り消さなければ著しく正義に反するものと認める。

裁判所の職権による証拠開示命令は依然として「開かずの扉」という性格が強かった。

■ 訴因変更の要否および可否に関するもの

この期においても，訴因変更の要否および可否に関して，いくつかの小法廷判決・決定が出されている。その一つは，訴因変更の要否に関する**最判昭和46・6・22刑集25-4-588**である。訴因変更手続をとらずに，起訴状に訴因として明示された態様の過失以外の過失を認定したことについて，次のように判示し，違法だとして，原判決を破棄した。

所論にかんがみ職権をもつて調査すると，記録によれば，本件起訴状記載の公訴事実第一は，「被告人は，自動車の運転業務に従事しているものであるが，昭和四十二年十月二日午後三時三十五分頃普通乗用自動車を運転し，江見町方面から天津方面に向つて進行し，千葉県安房郡鴨川町横渚九〇五番地先路上に差掛つた際，前方交差点の停止信号で自車前方を同方向に向つて一時停止中のK（当三十四年）運転の普通乗用自動車の後方約〇・七五米の地点に一時停止中前車の先行車の発進するのを見て自車も発進しようとしたものであるが，かゝる場合自動車運転者としては前車の動静に十分注意し，かつ発進に当つてはハンドル，ブレーキ等を確実に操作し，もつて事故の発生を未然に防止すべき業務上の注意義務があるのに，前車の前の車両が発進したのを見て自車を発進させるべくアクセルとクラッチペダルを踏んだ際当時雨天で濡れた靴をよく拭かずに履いていたため足を滑らせてクラッチペダルから左足を踏みはずした過失により自車を暴進させ未だ停止中の前車後部に自車を追突させ，因つて前記Kに全治約二週間を要する鞭打ち症，同車に同乗していたT（当四十四年）に全治約三週間を要する鞭打ち症の各傷害を負わせた。」旨の事実であつたところ，第一審は，訴因変更の手続を経ないで，罪となるべき事実の第一として「被告人は，自動車の運転業務に従事している者であるが，昭和四二年一〇月二日午後三時三五分頃普通乗用自動車を運転し，江見町方面から天津方面に向つて進行し，安房郡鴨川町横渚九〇五番地先路上に差しかかつた際，自車の前に数台の自動車が一列になつて一時停止して前方交差点の信号が進行になるのを待つていたのであるが，この様な場合はハンドル，ブレーキ等を確実に操作し事故の発生を未然に防止すべき業務上の注意義務があるのに，これを怠り，ブレーキをかけるのを遅れた過失により自車をその直前に一時停止中のK（当三四年）運転の普通乗用自動車に追突させ，よつて，右Kに対し全治二週間を要する鞭打ち症の，同車の助手席に同乗していたT（当四四年）に対し全治約三週間を要する鞭打ち症の各傷害を負わせた。」旨の

第５代長官　石田和外

事実を認定判示した。……そして，原審弁護人が，本件においては起訴事実と認定事実との間で被告人の過失の態様に関する記載が全く相異なるから訴因変更の手続を必要とする旨の主張をしたのに対し，原判決は，その差は同一の社会的事実につき同一の業務上注意義務のある場合における被告人の過失の具体的行為の差異に過ぎず，本件においてはこのような事実関係の変更により被告人の防禦に何ら実質的不利益を生じたものとは認められないから，第一審が訴因変更の手続を経ないで訴因と異なる事実を認定したことは何ら不法ではない旨の判断を示して，原審弁護人の前記主張をしりぞけ，第一審判決を維持しているのである。……しかしながら，前述のように，本件起訴状に訴因として明示された被告人の過失は，濡れた靴をよく拭かずに履いていたため，一時停止の状態から発進するにあたりアクセルとクラッチペダルを踏んだ際足を滑らせてクラッチペダルから左足を踏みはずした過失であるとされているのに対し，第一審判決に判示された被告人の過失は，交差点前で一時停止中の他車の後に進行接近する際ブレーキをかけるのを遅れた過失であるとされているのであつて，両者は明らかに過失の態様を異にしており，このように，起訴状に訴因として明示された態様の過失を認めず，それとは別の態様の過失を認定するには，被告人に防禦の機会を与えるため訴因の変更手続を要するものといわなければならない。……してみれば，第一審がこの手続をとらないで判決したことは違法であり，これを是認した原判決には法令の解釈を誤つた違法がある。そして，この違法は判決に影響を及ぼすことが明らかであり，これを破棄しなければいちじるしく正義に反するものといわなければならない。

もう一つは，訴因変更の可否に関する最決昭和47・7・25刑集26-6-366である。多数意見は，次のように判示し，当該訴因変更を適法として，上告を棄却した。

本件起訴状記載の第六および第一二の詐欺の各事実と，予備的訴因追加申立書掲記の金沢市金銭物品等の寄附募集に関する条例違反または小松市寄附金品取締条例違反の各事実との間には，それぞれ，公訴事実の同一性があるとの原審の判断は正当である。……事実審の確定した事実関係の下においては，被告人の本件行為が前記各条例にいわゆる寄附募集にあたると認定したことに所論の違法は認められない。

注目されるのは田中二郎裁判官の次のような反対意見である。

本件の原判決には種々の問題が包含されているが，当裁判所の多数意見は，上告趣意を排斥し，本件上告を棄却すべきものとしている。しかし，私は，右の多数意見には賛成することができず，結論においても，上告趣意を容れ，原判決を破棄すべきものと考える。本件における諸論点および多数意見に対し私の賛成しえない理由は，次のとおりである。……第一の問題は，本件の詐欺の本位的訴因と各条例違反の予備的訴因との間に公訴事実の同一性があるかどうかの点である。詐欺罪は，「人ヲ欺罔シテ財物ヲ騙取」することによつて成立する刑法犯であるのに対し，本件各条例違反は，許可又は届出な

くして寄附募集をすることの禁止に違反して寄附募集をすることによつて成立する行政的取締法規違反にすぎない。いずれも，結果的に財物を取得するという点において，両者には共通するところがあるとはいえるけれども，単に財物を取得するというだけでは犯罪を構成する事実とはいえず，前者は，「人ヲ欺罔シテ」財物を「騙取」するところに犯罪性が認められるものであるのに対し，後者は，「許可又は届出なくして」「寄附募集」という形式で財物を取得するところに各条例違反が成立するのであつて，両者は，その罪名・罪質を全く異にするのみならず，構成要件的事実の共通性又は類似性を全く欠くものといわなければならない。そうであるとすれば，「本件起訴状の第六および第一二の詐欺の事実と，予備的訴因追加申立書掲記の金沢市金銭物品等の寄附募集に関する条例違反または小松市寄附金品取締条例違反の各事実との間には，それぞれ，公訴事実の同一性がある」旨の原審の判断およびこれを支持する多数意見は，法律の解釈を誤つたものというほかなく，とうてい，これに賛成することができない。……もつとも，公訴事実の同一性の有無の判断については，従来から，見解の分かれるところであるが，かりに，基本的事実同一説の立場に立ち，公訴事実の同一性の範囲を緩やかに解すべきであるとしても，刑訴法三一二条の精神からすれば，訴因の追加又は変更により被告人の防禦に実質的な不利益を生ずるようなことがあつてはならないはずである。ところが，本件第一審においては，九年二か月余の長きにわたり，五三回の公判期日を経ながら，その間，条例違反の点については全く触れるところがなく，第五四回の公判期日にいたり，突如として予備的訴因の追加をさせ，これに対し弁護人らが異議を述べたのにかかわらず刑訴法三一二条にもとづく充分な防禦の機会を与えず，しかも，自ら明示の決定をすることもなく，そのまま，結審し，第五五回の判決公判期日において，右予備的訴因である本件各条例違反について有罪の判決をするにいたつたもので，被告人および弁護人らに対し，実質的に充分な防禦をする権利に不意討ちの打撃を与えたものとして，とうてい，是認することができない。それにもかかわらず，原判決は，公訴事実の同一性を認め，第一審において被告人に予備的訴因に対する陳述を求めるなどただちに次の訴訟手続に進んでいることを理由に，特に異議申立について許否の決定をしていなくても，右異議申立についてはこれを却下し，右予備的訴因追加の請求についてはこれを許可する旨の黙示的な決定があつたものと認められるとして，この点に関する第一審判決を是認している。しかも，弁護人らの異議申立は，証拠調その他裁判長の処分に対してではなく，明らかに検察官の予備的訴因追加の請求に対してされているものと解されるにかかわらず，原審は，被告人側としては，反証の取調，あるいは，その準備のため公判の続行を求め，進んでは必要な期間公判手続の休止を求めることもできるのに，このような方途を取らなかつたとして，弁護人らの所論を排斥しているのである。……しかし，右のような形式的な処理の仕方で果して実質的に被告人側に充分な防禦の機会を与えたといえるであろうか。また，被告人側を納得させるに足りる手続を踏んだといえるであろうか。刑訴法三一二条は，一方において，検察官に訴因等の追加・変更等を請

第5代長官　石田和外

求する権利を認めるとともに、他方において、被告人の防禦がそれによつて実質的に不利益を蒙ることがないことを期し、その間の調整を図つているのであつて、第一審における本件の処理の仕方は、検察官の請求を偏重し、被告人側に防禦の機会を与えることの必要性を軽視したものというほかなく、被告人側を納得させるに足りる公正な手続を踏んだものとはいいがたい。……右のとおりだとすると、前示両訴因の間に明らかに公訴事実の同一性が認められないのにかかわらず、刑訴法三一二条の規定に違反して本件の予備的訴因の追加請求を許容した第一審判決およびこれを支持した原判決は、本件条例等の解釈を誤り、かつ、訴因の追加・変更に関する訴訟手続法令に違反したものであり、これを破棄しなければ著しく正義に反するものといわざるをえない。……第二の問題は、上告趣意第三点にいう本件各条例違反の罪について公訴時効が完成しているかどうかの点である。本件詐欺の公訴事実と各条例違反の公訴事実との間に同一性が認められるとすれば、詐欺の事実について公訴の提起があつたときは、各条例違反の事実についても、公訴時効が完成しないというのも、たしかに一つの理屈といつてよいであろう。しかし、この点については、私は、さきに述べたように、多数意見と見解を異にし、公訴事実の同一性を否定すべきものと考えるのであつて、この見地からすれば、本件各条例違反の罪については、本件予備的訴因の追加請求のあつた昭和三九年一一月二六日の時点で、すでに公訴時効が完成していたものとみなければならない。しかし、一歩譲つて、かりに、公訴事実の同一性を肯定する見地に立つた場合においても、本件の各条例違反の罪は、本位的訴因たる詐欺の罪と併合罪の関係にあるものではなく、互いに科刑上一罪たる観念的競合の関係に立つものと解するのが相当である。そして、このような科刑上一罪については、各個の犯罪事実につき、それぞれ、独立に時効が進行するものと考えるべきである。けだし、科刑上一罪は、本来は、別罪なのであり、公訴時効は、各罪の客観的な事実状態が基礎となつているものであるからである。その理由づけはともかく、右の考え方は、わが国の学説上通説とされており、また、ドイツにおいても実務・判例上当然視されているところであり、私も、この通説を正当と考える（反対趣旨の判決として、最高裁昭和四〇年（あ）第一三一八号同四一年四月二一日小法廷判決・刑集二〇巻四号二七五頁があるが、賛成しがたい。）。この見地からいつて、本件各条例違反の罪については、すでに公訴時効が完成しているものとみるべきであつて、これを否定した原判決は、公訴時効に関する規定の解釈を誤つたものというべく、論旨は理由があり、原判決は、この点においても、破棄を免れない。……さらに、一言、附け加えておきたい。かりに、本件詐欺の公訴事実と各条例違反の公訴事実との間に同一性が認められるとしても、そうだからといつて、詐欺罪による起訴があつてから九年二か月余も経過した後になつて予備的訴因の追加を認め、本件各条例違反の罪について公訴時効の完成を否定し、これに有罪の判断を下した第一審判決およびこれを支持した原判決は、ことをきわめて形式的に処理したものというべく、理論上、前叙のような種々の問題を有するのみならず、実際上も、果たして正義の要請に合し、信頼の原則に則つたものとい

えるかどうか，すこぶる疑わしく，とうてい，われわれの社会常識に合するものとはいいがたいように思われるのである。……第三の問題は，本件被告人の行為が本件各条例にいう「寄附募集」にあたるか，それとも，取締りの対象から除外されている「喜捨」にあたるかの点である，原審は，両者の区別の要点を，前者は，義務がないのに一定の目的のために対価を与えないで多数人に対し財産上の出捐を促す行為であり，後者は，原則として，「特定の目的を指向しない」出捐者の自発的納金と解すべきであるとし，本件被告人の指示にもとづいてその外交員らが不特定多数の人々に「盆の法要を営むので，御志をいただきたい」旨を述べて第一審判示の金銭の交付を受けた事実は，右の寄附募集にあたると断定している。両者の区別の標準をどこに求めるべきかの点についても問題なしとしないが，かりに，原判決の基本的な考え方に従うとしても，宗教法人たる寺院が，その本堂の建築等一定の目的を定めて相当額の金員等の出捐を求める場合には，条例にいう寄附募集に該当するものと解すべきであろうが，寺院等が祭典・法要等の一時的行事にあたり少額の寄進を求める行為のごときものまでがすべて本件各条例にいう寄附募集に該当するものと解するのは相当ではない。本件で各条例違反として訴因の追加をされた事実は，第一は，一〇〇円（四名），二〇〇円（一名），合計六〇〇円，第二は，三〇円（一一名），四〇円（一名），五〇円（二名），一〇〇円（三名），合計七七〇円の出捐を受けたというにすぎない。この程度の出捐を受けた事実をもって，本件各条例による取締りの対象とされている特定の目的をもった「寄附募集」に該当するものとみることが妥当であるかどうかは，すこぶる疑わしく，むしろ，本件事実のごときは，本件各条例により取締りの対象から除外されている「喜捨」にあたるとみるのが相当であると考える。かりに，右の点について解釈上に疑問の余地があるとしても，僧侶たる被告人の判示事実の程度の行為は，社会的相当行為として，刑法三五条により，その違法性が阻却されるものと解するのが相当であろう。この点についても，原判決およびこれを支持する多数意見には賛成しがたい。……以上の諸点のいずれについても，本件原判決には納得しがたく，原判決を支持する多数意見には賛成することができない。

この反対意見を契機に，学説でも，公訴事実の同一性以外の訴因変更を制約する基準について自覚的に論じるようになった。

■ 自己負罪拒否特権に関するもの

最判昭和45・7・28刑集24-7-569は，すでに道路交通取締法の下で出されていた大法廷判決を援用し，次のように判示し，道路交通法119条1項10号についても憲法38条1項に違反しないとした。

道路交通法一一九条一項一〇号が憲法三八条一項に違反するものでないとした原判決の判断は，原判決の引用する当裁判所昭和三七年五月二日大法廷判決（刑集一六巻五号四

九五頁）の趣旨に照らして相当であるから，所論は，理由がない。

■ 自白法則に関するもの

この期においては，自白法則に関して，興味深い小法廷決定が出されている。**最決昭和45・11・25刑集24-12-1670**がそれで，自白の任意性について，次のように判示し，任意性を認めて当該自白を証拠として被告人を有罪とした第一審判決を破棄した。

> 捜査官が被疑者を取り調べるに当たり偽計を用いて被疑者を錯誤に陥れ自白を獲得するような尋問方法を厳に避けるべきであることはいうまでもないところであるが，もしも偽計によつて被疑者が心理的強制を受け，その結果虚偽の自白が誘発されるおそれのある場合には，右の自白はその任意性に疑いのあるものとして，証拠能力を否定すべきであり，このような自白を証拠に採用することは，刑訴法三一九条一項の規定に違反し，ひいては憲法三八条二項にも違反するものといわなければならない。……これを本件についてみると，原判決が認定した前記事実のほかに，増田検察官が，被告人の取調に当たり，「奥さんは自供している。誰がみても奥さんが独断で買わん。参考人の供述もある。こんな事で二人共処罰される事はない。男らしく云うたらどうか。」と説得した事実のあることが記録上うかがわれ，すでに妻が自己の単独犯行である旨を述べている本件被疑事実につき，同検察官は被告人に対し，前示のような偽計を用いたうえ，もし被告人が共謀の点を認めれば被告人のみが処罰され妻は処罰を免れることがあるかも知れない旨を暗示した疑いがある。要するに，本件においては前記のような偽計によつて被疑者が心理的強制を受け，虚偽の自白が誘発されるおそれのある疑いが濃厚であり，もしそうであるとするならば，前記尋問によつて得られた被告人の検察官に対する自白およびその影響下に作成された司法警察員に対する自白調書は，いずれも任意性に疑いがあるものといわなければならない。……しかるに，原判決は，これらの点を検討することなく，たやすく，本件においては虚偽の自白を誘導するおそれのある事情が何ら認められないとして，被告人の前記各自白の任意性を認め，被告人の司法警察員に対する供述調書を証拠として被告人を有罪とした第一審判決を是認しているのであるから，審理不尽の違法があり，これを破棄しなければいちじるしく正義に反するものというべきである。

事案によるところが大きいが，それを割り引いたとしても，最高裁段階で，自白の任意性が否定されたことの意味は大きなものがあった。この期の刑事判例の特徴の一つといえよう。

■ 伝聞法則に関するもの

この期においても，伝聞例外に関して，いくつかの小法廷判例がみられる。いずれも，伝聞例外として，証拠能力を認めたものである。その一つは，**最決昭和44・**

12・4刑集23-12-1546で，例外要件の供述不能について，次のように判示した。

証人が公判期日に証言を拒んだときは，刑訴法三二一条一項一号前段にいう公判期日において供述することができないときにあたるものと解すべきである〔昭和二七年四月九日大法廷判決・刑集六巻四号八四頁参照〕。

もう一つは**最判昭和47・6・2刑集26-5-317**で，いわゆる酒酔い鑑識カードについて，次のように判示し，その証拠能力を認めた。

所論は，原判決が本件「酒酔い鑑識カード」(別紙参照。以下「鑑識カード」という。)の証拠能力を認めた点は，憲法三七条二項に違反するというのである。……本件「鑑識カード」を見るに，まず，被疑者の氏名，年令欄に本件被告人の氏名，年令の記載があり，その下の「化学判定」欄は，赤羽警察署巡査神戸賢三が被疑者の呼気を通した飲酒検知管の着色度を観察して比色表と対照した検査結果を検知管の示度として記入したものであり，また，被疑者の外部的状態に関する記載のある欄は，同巡査が被疑者の言語，動作，酒臭，外貌，態度等の外部的状態に関する所定の項目につき観察した結果を所定の評語に印をつける方法によつて記入したものであつて，本件「鑑識カード」のうち以上の部分は，同巡査が，被疑者の酒酔いの程度を判断するための資料として，被疑者の状態につき右のような検査，観察により認識した結果を記載したものであるから，紙面下段の調査の日時の記載，同巡査の記名押印と相まつて，刑訴法三二一条三項にいう「検証の結果を記載した書面」にあたるものと解するのが相当である。つぎに，本件「鑑識カード」のうち「外観による判定」欄の記載も，同巡査が被疑者の外部的状態を観察した結果を記載したものであるから，右と同様に，検証の結果を記載したものと認められる（もつとも，同欄には，本来は「酒酔い」，「酒気帯び」その他の判定自体が記載されるべきものであろう。もしその趣旨における記載がなされた場合には，その証拠能力は，別に論ぜられなければならない。)。しかし，本件「鑑識カード」のうち被疑者との問答の記載のある欄は，同巡査が所定の項目につき質問をしてこれに対する被疑者の応答を簡単に記載したものであり，必ずしも検証の結果を記載したものということはできず，また，紙面最下段の「事故事件の場合」の題下の「飲酒日時」および「飲酒動機」の両欄の記載は，以上の調査の際に同巡査が聴取した事項の報告であつて，検証の結果の記載ではなく，以上の部分は，いずれも同巡査作成の捜査報告書たる性質のものとして，刑訴法三二一条一項三号の書面にあたるものと解するのが相当である。……以上のごとく，本件「鑑識カード」は，被疑者との問答の記載のある欄ならびに「飲酒日時」および「飲酒動機」の両欄の記述部分を除いて，刑訴法三二一条三項にいう「検証の結果を記載した書面」にあたるものと解するのが相当であり，また，このように解しても憲法三七条二項に違反するものではないことは，当裁判所昭和二三年（れ）第八三三号同二四年五月一八日大法廷判決（刑集三巻六号七八九頁）の趣旨に徴して明らかである（なお，当

第5代長官　石田和外

裁判所昭和三五年（あ）第八八七号同年九月八日第一小法廷判決・刑集一四巻一一号一四三七頁参照）。それゆえ，第一審裁判所が，本件「鑑識カード」を証拠とするにつき弁護人の同意がなかつたので，検察官の請求に基づき，公判期日において作成者神戸巡査を証人として尋問し，それが真正に成立したことについての供述を得たうえ，本件「鑑識カード」を取り調べ，かつ，判決において犯罪事実認定の証拠に供し，原判決がこれを是認したことは，そのうち被疑者との問答の記載のある欄ならびに「飲酒日時」および「飲酒動機」の両欄の記載部分を除いて，その結論においては，正当といわなければならない。……つぎに，本件「鑑識カード」のうち被疑者との問答の記載のある欄ならびに「飲酒日時」および「飲酒動機」の両欄の記載部分は，前示のとおり，刑訴法三二一条一項三号の書面にあたるものと解するのが相当であるから，第一審裁判所が同号所定の事由がないのに右部分を取り調べて証拠に掲げたのは，右部分に関するかぎり刑訴法三二〇条一項に違反したものであり，原判決も，これを是正しなかつたものである。しかし，右部分自体は，本件の争点に直接関係のある証拠ではなく，かつ，第一審において作成者神戸巡査が証人として尋問され，もし被告人または弁護人において右記載部分について不服があれば反対尋問を行なう機会が与えられたことにかんがみれば，第一審および原審の右措置は，いまだ憲法三七条二項に違反するものとは認められないこと，前示当裁判所昭和二四年五月一八日大法廷判決の趣旨に徴して明らかである（なお，第一審および原審の右法令違反は，いまだ各判決に影響を及ぼすものとは認められない。）。

　伝聞法則についても，例外を拡大させる傾向が続くことになった。

■ 保釈に関するもの

　保釈に関する小法廷決定がみられるのも，この期の特徴である。裁量保釈の適否に関する**最決昭和44・7・14刑集23-8-1057**がそれで，次のように判示した。

　被告人が甲，乙，丙の三個の公訴事実について起訴され，そのうち甲事実のみについて勾留状が発せられている場合において，裁判所は，甲事実が刑訴法八九条三号に該当し，従つて，権利保釈は認められないとしたうえ，なお，同法九〇条により保釈が適当であるかどうかを審査するにあたつては，甲事実の事案の内容や性質，あるいは被告人の経歴，行状，性格等の事情をも考察することが必要であり，そのための一資料として，勾留状の発せられていない乙，丙各事実をも考慮することを禁ずべき理由はない。原決定も，この趣旨を判示したものと認められる。所論引用の高松高等裁判所昭和四一年一〇月二〇日決定（下級裁判所刑事裁判例集八巻一〇号一三四六頁）は，勾留状の発せられている起訴事実について裁量保釈が適当と認められる場合には，勾留状の発せられていない追起訴事実の審理のために被告人の身柄拘束の継続が必要であることを理由として保釈を拒否すべきではない旨を判示したものであつて，本件と事案，論点を異にし，適

204

切ではないから，所論のうち判例違反の論旨は，前提を欠くことに帰する。その余は，単なる法令違反の主張であつて，結局，所論は，すべて刑訴法四三三条一項の抗告理由にあたらない。

■ 判決に関するもの

判決に関しては，次のように判示し，主文の朗読し直しを適法とした**最判昭和47・6・15刑集26-5-341**がみられる。

> 当審が職権により調査したところによれば，原審の裁判長河村澄夫は，被告人両名およびその弁護人の在廷する法廷において原判決主文の宣告にあたり，「被告人Wを懲役一年六月に処する。」と朗読すべきところを，誤つて「被告人Wを懲役一年二月に処する。」と朗読し，次いで判決の理由の要旨を告げ，上訴期間等の告知を行ない，席を立ちかけたところ，弁護人から所論のような質問があつたので，同裁判長は，即座にその場で同被告人の刑は懲役一年六月である旨および今一度主文を朗読する旨を告げ，直ちに主文を朗読し直したことが明らかであるから，同被告人に対する宣告刑は懲役一年六月としてその効力を生じたものと解すべきである。

■ 裁判の効力に関するもの

科刑上一罪の関係にある公正証書原本不実記載・同行使の各罪につき有罪の判決がなされてこれが確定した場合，この確定判決の既判力はその手段行為たる私文書偽造・同行使の各罪にも及ぶのか。この点について最高裁判所の判断を示したのが**最判昭和47・5・30民集26-4-826**で，次のように判示し，私文書偽造・同行使の各罪について訴因の追加がなされなかったとしても既判力は及ぶとした。

> 本件甲一号証および同二号証の私文書偽造とこれを行使して犯された本件公正証書原本不実記載・同行使の各所為は，いわゆる牽連犯であつて科刑上一罪の関係にあると解すべきである。そして，かかる牽連犯において，目的行為たる公正証書原本不実記載・同行使の各罪につき起訴があつた場合には，検察官は，その手段行為たる私文書偽造（同行使）の罪につき訴因の追加をなしうるが，かかる訴因の追加がなされなかったとしても，私文書偽造（同行使）の罪が犯されたことを前提に公正証書原本不実記載・同行使の各罪につき有罪の判決がなされてこれが確定し，この確定判決の既判力が私文書偽造の罪に及び，この罪につき公訴の提起をなしえなくなつたときは，私文書偽造行為につき民訴法四二〇条二項後段所定の証拠欠缺外の理由により有罪の確定判決をうること能わざるときに当たると解するのが相当である。したがつて，本件において，上告人の甲一号証および同二号証の偽造行為を前提とする上告人に対する本件公正証書原本不実記載・同行使の各罪につき有罪の判決が確定したときは，甲一号証および同二号証の偽造

につき民訴法四二〇条二項後段の要件が充足されたものというべきであり、これと同趣旨の原判決は正当として是認することができる。

■ 上訴に関するもの

控訴申立てについても、**最決昭和45・9・24刑集24-10-1399**によれば、次のように判示し、弁護士の瑕疵ある控訴申立てについて追完を認めなかった。

> 原決定が適法に確定した事実関係のもとにおいては、弁護人飯田幸光が申し立てた所論控訴申立は、無権限者のしたものとして不適法であり、控訴提起期間経過後に同弁護士を弁護人に選任する旨の届出が追加提出されたとしても、これにより右控訴申立が適法有効なものとなるものではないとした原決定の判断は正当である。

上訴の申立てによる移審の効力に関しても小法廷決定が出されている。**最判昭和47・3・9刑集26-2-102**（大信実業事件）がそれである。

第一審判決は、被告人らが共謀の上、薬品を輸出するにあたり31回にわたり所轄神戸税関において税関吏に対し実際に輸出しようとする薬品の輸出申告をしないで他の薬品の輸出申告をして右の薬品に対する輸出の免許もしくは許可を受け、また、輸出の免許もしくは許可を受けた薬品に他の薬品を混合する方法により同税関の免許または許可を受けないで31回にわたり神戸港に入港していたカンファー号等に薬品を積載し台湾に向け出港させて輸出した関税法違反の事案について、税関の輸出免許または許可は、抽象的に申告書に記載された品目に対してなされるものでなく、具体的に税関に呈示された貨物自体に対してなされるものと解すべきであり、その際外見上他の貨物と誤認させるに足りるような偽装が施してある場合は無免許または無許可輸出罪が成立するが、そのような偽装が施されていない場合は無免許または無許可輸出罪は成立しないとの法令解釈のもとに、上記3回の各事実については、輸出貨物が税関の検査に呈示されなかったとして被告人に有罪を言い渡したが、残りの各事実については、輸出貨物に右のような偽装が施されているとの証拠はなく、結局犯罪の証明がないとして同被告人に無罪の言渡をした。

また、控訴審は31回に亘る輸出貨物のうち、輸出貿易管理令1条により通商産業大臣の承認を必要とする品目については同被告人に無承認輸出につき犯意の認められるかぎり外国為替及び外国貿易管理法による無承認輸出罪が成立するのであるから、原審が無免許又は無許可輸出罪の成立を否定するかぎり、検察官に釈明を促しこれらの罪に訴因を変更するか否かを確かめたうえ適宜な措置を採るべきであったと考え、原審に差し戻す決定をした。

V この期の刑事判例の特徴

この事案について，上記の最判昭和47・3・9は，次のように判示した。

よつて按ずるに，関税法一一一条一項所定の無許可輸出罪と同法一一三条の二所定の虚偽申告罪とは併合罪の関係にあるものと解すべきであり，本件起訴状には，被告人Ａに対する公訴事実中前記のように，税関吏に対し実際に輸出しようとする薬品の輸出申告をしないで他の薬品の輸出申告をした旨が記載されてはいるが，罪名は単に関税法違反と記載され，罰条としては……関税法一一一条一項のみが示されているにすぎないのであつて，このような場合虚偽申告の点は起訴されなかつたものとみるのが相当である……。してみれば，検察官が……虚偽申告罪として追起訴しないかぎり，裁判所は同罪の成否につき審判することができないのであるから，原判決が，右事実につき訴因変更すれば虚偽申告罪として同被告人を有罪にしうるとの見解のもとに，第一審の訴訟手続に審理不尽の違法があるとしたのは，法令の解釈を誤つたものといわなければならない。……また，裁判所は，起訴状記載の訴因が実体にそぐわないとみられる場合であつても，原則として検察官に訴因変更を促すべき義務を負うものではないから，たとい第一審が……各事実につき，無免許または無許可輸出罪は成立しないが，外国為替及び外国貿易管理法上の無承認輸出罪は成立する余地があるとみたとしても，検察官に釈明を促し同罪に訴因を変更するか否かを確かめるべき義務はないものといわなければならず（最高裁判所昭和四六年三月二四日大法廷決定・刑集二五巻二号二九三頁参照），したがつて，そのような義務があることを前提として，原判決が第一審の訴訟手続に審理不尽の違法があるとしたのは，これまた法令の解釈を誤つたものといわなければならない。そして，原判決の以上の違法はいずれも判決に影響を及ぼすことが明らかであり，これを破棄しなければいちじるしく正義に反するものと認められる。……ただ，同被告人に対し無罪を言い渡した事実については，元来輸出の免許または許可の効力は，輸出申告書に記載された貨物と同一か，少なくともこれと同一性の認められる貨物に及ぶだけであつて，それ以外の貨物には及ばないものと解すべきである……から，第一審判決および原判決が，前記のように，輸出の免許または許可は申告書記載の品目に対してなされるものでなく，具体的に税関に呈示された貨物に対しなされるものと解すべきで，その際他の貨物と誤認させるに足りるような偽装が施されていない場合には無免許または無許可輸出罪が成立しないとの解釈のもとに……無免許または無許可輸出罪の成立を否定したのは，いずれも法令の解釈を誤つたものというべきであるが，右無免許または無許可輸出罪の訴因については，第一審判決において無罪とされ，検察官が控訴したが，原判決においても同じく犯罪は成立しないとされたので，原判決に対しては同被告人からこの点について不服を申し立てる利益がなく，検察官からの上告申立もなかつたのであり，ただ原判決が前示のように右各事実は無承認輸出罪を構成する余地があるとして第一審判決を破棄し差戻したことを違法として同被告人だけから上告申立のあつた現段階においては，現行刑訴法の基本的構造にかんがみ，もはや無免許または無許可輸出罪の成否の

点は当事者間において攻防の対象からはずされたものとみるのが相当であり，当審が職権により調査を加え，これを有罪とすべきものとして破棄差し戻し，もしくはみずから有罪の裁判をすることは許されないものといわなければならない（前記昭和四六年三月二四日大法廷決定参照）。してみれば，当審としては，前記各訴因につき同被告人を無罪とした第一審判決を維持するほかないのである。

なお，本判決には，裁判官岸盛一の次のような少数意見が付された。

多数意見は，新島ミサイル事件決定を引用し，第一審が無罪とした二八個の無許可輸出の事実について検察官から控訴申立があつたところ原審は犯罪は成立しないと判決したのであるから被告人は不服を申し立てる利益はなく，また，検察官からの上告申立もなかつたので，無許可輸出罪の訴因は現段階においてはもはや当事者間においては攻防の対象からはずされたものであるから当審としては職権による調査を加えることはできないという前提のもとに，当審としては右訴因につき被告人を無罪とした第一審判決を維持するほかないとして，検察官の控訴を棄却する旨の自判をしているのである。……私は，新島ミサイル事件決定の多数意見について，ここで深くたちいることをひかえるが，右多数意見は，現行刑訴法の当事者主義化を強調するあまり，「刑事訴訟法の民事訴訟法化」の限界を超えて刑事訴訟に民訴法の当事者処分権主義を導入したものとして反対の意見をもつものである。……ところで，現行刑訴法のもとでは，法律問題も弁論の対象となるのであつて，裁判所は，訴因として明示された法律判断によらないで有罪の判決をすることは許されないが，法令の解釈適用は窮極的には裁判所の専権に属することであつて，裁判所は当事者の法律見解に拘束されるものでないことはいうまでもない。……多数意見は，新島ミサイル事件決定の論理を，同決定と事案を異にする本件に適用したため，上告審が正しい法解釈のもとで原判決の当否を審査することができない結果となつたものであつて，私としては賛成することができないのである。

■ 再審に関するもの

最判昭和45・6・19刑集24-6-299は，身代わり犯人について，刑事訴訟法435条6号にいう「有罪の言渡を受けた者に対して無罪を言い渡すべき明らかな証拠をあらたに発見した」場合に該当するとして，次のように判示し，同法411条4号により，原判決を破棄した。

公訴事実のように昭和四二年九月七日軽四輪自動車（六横浜な六〇五九号）を運転して過失により死亡事故を発生させるに至つたのは，被告人ではなくKであつたこと，被告人は当時右軽四輪自動車の助手席に乗つていたものであること，Kは，右のように事故をひき起した直後，自分が無免許であるため重く処罰されることを恐れ，運転免許を有する被告人に身代り犯人となつてくれるよう依頼し，被告人においてこれを結局承諾し，

そのころ事故現場において警察官に対し事故を起した犯人は自分である旨虚偽の申立をしたこと，その後，被告人は，前記（一）のように起訴され，第一審で有罪の判決をうけ，控訴も棄却されたため，受刑する覚悟を決め，服役中の家族の生活のことなどについて実兄に相談したところ，同人から身代りとなつたことについて叱責をうけるに至り，その結果，右実兄の努力もあつて，前記（二）のようにKの自首などがなされたこと，以上の諸事実を明らかに認めることができる（なお，Kは前記のように控訴中であるが，その控訴趣意は，自己の過失と被害者の死亡との因果関係を争い，あるいは量刑不当をいうなどするものであつて，自己の運転行為を否定するものではない）。……以上の諸点によつて考えると，本件被告人については，原判決後において，刑訴四三五条六号にいわゆる「有罪の言渡を受けた者に対して無罪を言い渡すべき明らかな証拠をあらたに発見した」場合に該当するものといわなければならない。とすれば，本件については，同法四一一条四号にいわゆる再審の請求をすることができる場合にあたる事由のあることになり，かつ原判決を破棄しなければ著しく正義に反するものと認められるから，原判決ならびにその認容する第一審判決はともに破棄を免れない。そして，本件については，訴訟記録ならびに当審において取調べた証拠によつて直ちに判決をすることができるものと認められるから，同法四一三条但書により被告事件についてさらに判決をすることにし，同法四一四条，四〇四条，三三六条により，裁判官全員一致の意見で，主文のとおり判決する。

「開かずの扉」とされてきた再審についての最高裁判所の態度に，変化が現われはじめたということであろうか。

3　下級審判決・決定

■ 捜査に関するもの

この期の下級審判例は数多いが，なかでも目立つのは，捜査，令状，違法収集証拠に関するものである。当該捜査を違法捜査とし，その捜査の下で得られた証拠の証拠能力を否定した判決も出始めている。

起訴後も勾留され，取調べを受けていた被告人が「弁護士さんを入れてもらえんでしようか」と申し出たが，「たとえ弁護士を入れても職権でもつて弁護士と君との面会はさせへん」と机をたたいて，これを諦めさせ，自白の供述を引き出した事案について，「右のごとき経緯のもとにすすめられたXの取調は，その手続において重要な瑕疵が存するものというべきであり，したがつて……捜査官に対する各供述調書は事実認定の証拠となし得ないものと言わなければならない。」とした**大阪地判昭和44・5・1判タ240-291**が，それである。この期の下級審判例の特徴である。

しかし，それはあくまでも一部で，多くは当該捜査を適法としたものである。刑事

第5代長官　石田和外

訴訟法220条1項2号にいう「逮捕の現場」を緩やかに解した**東京高判昭和44・6・20高刑集22-3-352**もその一つで，次のように判示した。

> 刑事訴訟法第二二〇条第一項第二号が，被疑者を逮捕する場合，その現場でなら，令状によらないで，捜索押収をすることができるとしているのは，逮捕の場所には，被疑事実と関連する証拠物が存在する蓋然性が極めて強く，その捜索差押が適法な逮捕に随伴するものである限り，捜索押収令状が発付される要件をほとんど充足しているばかりでなく，逮捕者らの身体の安全を図り，証拠の散逸や破壊を防ぐ急速の必要があるからである。従つて，同号にいう「逮捕の現場」の意味は，……右の如き理由の認められる時間的・場所的且つ合理的な範囲に限られるものと解するのが相当である。……これを右……の大麻たばこ七本に関する捜索押収についてみると，成る程，Ａの逮捕と……捜索場所との間には，……時間的には約三五分ないし六〇分の間隔があり場所的には，……甲ホテル五階の，なかば公開的な待合所と同ホテル七階の，宿泊客にとつては個人の城塞ともいうべき七一四号室との差異のほかに若干の隔たりもあり，また若し……大麻たばこ七本がＡ独りのものであつたとするならば，いくらＡが大麻取締法違反の現行犯として逮捕されたとはいえ，……同たばこに対する捜索押収が果たして適法であつたか否かについては疑いの余地が全くないわけではないけれども，既に見て来たような本件捜査の端緒，被告人とＡとの関係，殊に二人が飛行機の中で知り合い，その後行動を共にし，且つ同室もしたこと，右のような関係から同たばこについても或るいは二人の共同所持ではないかとの疑いもないわけではないこと，Ａの逮捕と同たばこの捜索差押との間には時間的，場所的な隔たりがあるといつてもそれはさしたるものではなく，また逮捕後自ら司法警察員らを引き続き自己と被告人の投宿している相部屋の右七一四号室に案内していること，同たばこの捜索差押後被告人も一時間二〇分ないし一時間四五分位のうちには同室に帰つて来て本件で緊急逮捕されていることおよび本件が検挙が困難で，罪質も良くない大麻取締法違反の事案であることなどからすると，この大麻たばこ七本の捜索差押をもつて，直ちに刑事訴訟法第二二〇条第一項第二号にいう「逮捕の現場」から時間的・場所的かつ合理的な範囲を超えた違法なものであると断定し去ることはできない。

東京高判昭和45・10・21高刑集23-4-749も，捜査官が押収した本件フィルムを現像したことについて，次のように判示し，これを適法とした。

> 所論は，まず原判決がその理由中の「証拠」の項で，押収してあるフイルム一本は「捜査官において現像したもの」と説示した点につき，これを明かにする資料はない旨主張するので検討するのに，原記録および証拠物によれば，司法警察員巡査部長山崎節は昭和四五年二月二三日被告人方居宅に赴き，東京簡易裁判所裁判官の発した同月二二日付捜索差押許可状を被告人に示して，室内にあつた現像されていないフイルム一本（以下，

「本件フイルム」という。)、カメラなどを押収したこと、および原審第一回公判において検察官が証拠物として右フイルム一本の取調を請求し、裁判所がその取調をした際には、本件フイルムは現像されていたことが認められる。従つて、右の事実に徴すれば、捜査官において本件フイルムを押収した後、これを現像したことを窺知しうるのであるから、原判決の前記説示は正当であり、なお当審における事実取調の結果によれば、このことは更に明確に肯定されうるのである。……次に所論は、原判決が適正手続によらず、本件フイルムに化学的変更を加えたものを証拠として挙示したのは、憲法三一条に違反するか、ないし理由に喰い違いがあると主張するのでまず、捜査官が押収した本件フイルムを現像したことが適法であつたかどうかを検討してみるのに、捜査官が本件フイルムを捜索差押するに至つた経緯については、原記録によれば、本件犯行の当日たる昭和四五年二月二一日警視庁赤坂警察署において司法警察員警部補大橋徹が被害者Iから被告人の強姦などの犯行、即ち「被告人が原審相被告人Mと共謀のうえ、昭和四五年二月二一日正午すぎごろ居室内においてI（当二三才）に対し登山用ナイフを突きつけて脅迫し、無理に同女を全裸にしてこれに暴行を加え、その反抗を抑圧したうえ、被告人、Mの順に姦淫し、右犯行の際、被告人らは交互にIとの情交場面などの写真を撮影したが、同日午後二時すぎごろ同室内において被告人は同女に対し「いま写した写真を焼増ししてお前の友達に送ろうか」などといいながら、同女の所持するハンドバツグの中味を調べて、両名は同女が前記犯行により畏怖して抵抗を断念しているのに乗じ、その所有する金品を取上げた」事実の申告をうけ、翌二二日Iから強姦罪に関する告訴状が提出された結果、同月二三日前示のごとく巡査部長山崎節が右犯行に関する捜索押収のため被告人居宅に臨んだところ、被告人は「このカメラを使用し、フイルムもこれです」と申し立てたので、本件フイルムなどを証拠品として押収したことを認めることができる。……ところで、司法警察員が刑事訴訟法二一八条一項の定めるところによつて、裁判官の発する令状により捜索差押をする場合には、同法二二二条一項により一一一条が準用され、司法警察員は押収物について同条二項により一項の処分、すなわち「錠をはずし、封を開き、その他必要な処分をすることができる」ことが明らかであり、そして、右にいう「必要な処分」とは、押収の目的を達するため合理的に必要な範囲内の処分を指すものであつて、必ずしもその態様を問わないものと解するのが相当である。これを本件フイルムについてみると、それは、前示のごとく被告人らが被害者女性との性交の姿態などを写した物で、これをもとにして被害者から金品を得ようとしたというのであるから、右の犯行を証明する重要な証拠物であるが、これをその証明の用に供するためには、本件の場合未現像のままでは意味がなく、そのフイルムがいかなる対象を写したものであるかが明らかにされることによつてはじめて証拠としての効用を発揮するものといわなければならない。従つて、司法警察員として、果たして右が真に本件犯行と関係ある証拠物であるかどうかを確かめ、かつ裁判所において直ちに証拠として使用しうる状態に置くために、本件フイルムを現像して、その影像を明かにしたことは、

当該押収物の性質上，これに対する「必要な処分」であつたということができる。……なお所論は，フイルムを現像するには，別に裁判官の命によりその権限を付与されるべきであつたと主張するけれども，本件フイルムのように撮影ずみのフイルムを現像することは，用法に従いフイルムに一種の加工を施して既存の画像を現わす作業にすぎないのであつて，これを破壊するわけでもなく，押収者において前に引用した刑事訴訟法一一一条二項の「必要な処分」として当然なしうるところであるから，別に刑事訴訟法二二二条一項，二一八条一項により裁判官の発する検証許可状による必要はないと解すべきである。……以上を要するに，本件において司法警察員が捜索差押許可状をえて捜索差押をなし，本件フイルムを押収し，これを現像したことについて，何らの手続上の違法がない以上，これを採証した原判決は正当というべく，その違法であることを前提として憲法違反ないし理由の喰い違いを主張する所論は，いずれも採用することができない。論旨は理由がない。

それは，東京高判昭和46・3・8高刑集24-1-183の場合も同様である。道路交通法違反の現行犯としての逮捕に際して，警察官が現行犯逮捕に付随して差し押さえたうえで警察署中庭まで自ら運転してきた普通乗用車の助手席ポケットの下の台の上に乗っていた匕首を差し押さえたことについても，被告人が任意に提出したものと認めることができるから適法だとし，次のように判示した。

被告人は，……道路交通法違反の現行犯として逮捕されたものであり，刑事訴訟法第二二〇条第一項第二号で逮捕に付随して令状なしに捜索し，差し押さえることのできるものは右犯罪の証拠物等に限られるから，付随的な強制処分として全く別個の犯罪である銃砲刀剣類所持等取締法違反の証拠物の捜索，差押をすることは許されないものといわなければならない。しかしながら前記中尾巡査の原審証言によれば，匕首は同巡査らが現行犯逮捕に付随して差し押さえた上警察署中庭まで自ら運転してきた普通乗用車の助手席ポケットの下の台の上に乗つていたというのであつて，既に同巡査の占有下にある自動車内に放置されていたもので，新たに被告人の占有を侵して探し出して来たものではないから捜索をしたということには当らない。そして同巡査が右匕首を蒲田警察署中庭に停車させた自動車内から取り出し，同署事務室まで携えたのは，被告人が既に同所で取調べを受けており，匕首についての所有者，所持者を被告人に確かめるためになしたものであり，被告人の原審公判廷における供述によれば，被告人は警察署において短刀（匕首）は要らないから処分してくれと本心から警察官に述べたので，この気持ちは今日でも変わらないというのであつて，これらを総合すると中尾巡査が匕首を自動車内で発見し，これを事務室まで運んだとしても，なお被告人が任意に提出したものと認めることができ，全体として刑事訴訟法第二二一条の領置と解せられる。

さらに，東京高判昭和47・10・13刑月4-10-1651によれば，違法だが違法収集証拠

V この期の刑事判例の特徴

として排除するまでの重大な違法はないという論法が採用されている。「逮捕の現場で」という要件を欠いた差押について，それは手続上の瑕疵にとどまり，当該証拠物の証拠能力を否定しなければならないほどの違憲な措置とまではいえないとし，次のように判示した。

> これらの特殊事情を踏まえて考察すれば，前記各物件の差押は，逮捕の現場においてという要件を欠いた瑕疵はあつても，前記四名を準現行犯として逮捕するに際して，いわば逮捕の現場の延長とも目すべき機会に差押手続がとられたといい得るものであつて，刑事訴訟法二二〇条一項二号には反しても，憲法三五条の令状主義に反する違憲な措置とまではいえないのであり，本件における右手続上の瑕疵は，未だもつてその差押の効力を無効ならしめ，その差押によって得られた証拠物の証拠能力を否定しなければならないほど重大なものとは解せられない。

逮捕・勾留に関しても，数多くの下級審判決・決定が出されている。この中には，当該逮捕，あるいは勾留を違法としたもの，更には，勾留中に得られた供述調書の証拠能力を否定したものもみられる。

現行犯逮捕の時点で現行犯の実体的要件は具備していなかった事案につき，**京都地決昭44・11・5判時629-103**は，次のように判示した。

> 司法巡査が被害者の供述に基づいて被疑者を「現行犯逮捕」した時点においては，被疑者について緊急逮捕をなしうる実体的要件は具備されていたと認められるけれども，現行犯逮捕ないしは準現行犯逮捕をなしうるまでの実体的要件が具備されていたとは認められないといわなければならない。……このような場合にあっては，司法警察職員がその時点で被疑者を逮捕したこと自体には違法の点はないとしても，直ちに事後的措置として裁判官に対して緊急逮捕状の発付請求の手続をとり，右逮捕についての裁判官の司法審査を受けるべきであったというべく，従って，そのような手続をとらずに漫然と被疑者の逮捕を継続したという点において，本件逮捕手続には重大な違法があるといわなければならない。……本件の如き違法な逮捕手続に引続く勾留請求を受けた裁判官とすれば，……当該勾留請求を却下するほかなきものと解される。

捜索・差押えに際して，鍵の提供を無視して，錠を破壊して立ち入った行為を違法と判示した**東京地判昭和44・12・16判時579-29**，あるいは，次のように判示し，別件取調べを違法とした**旭川地決昭和48・2・3刑月5-2-166**（旭川土木作業員殺人事件）もみられる。

> 以上のような事実を総合すれば，本件の捜査方法は，Mに対する殺人未遂事件での身柄拘束状態を利用して，いまだ適法に令状の発付を求めて身柄を拘束するにいたるだけの

資料を収集し得ていないT殺害事件について、実質的に右事件について令状が発付されているのと同様な被告人の取調べを行ない、その自白を得ようとしたものと言わざるを得ず、右のような態様での被告人に対する取調べは違法、不当なものであり、それ故右勾留期間中に作成された被告人の司法警察員に対する昭和四七年三月一二日付、同月一七日付、同月一九日付（二通）および同月二〇日付（二通）各供述調書はいずれも違法に収集された証拠であつて証拠能力を欠くものと言わざるをえない。……さらに、本件各供述調書等のうち、被告人がT殺害事件について逮捕、勾留された後に作成された各供述調書等の証拠能力について考えると、右T殺害事件についての被告人の逮捕、勾留は専ら前記のように収集過程に違法があるため司法審査の資料として用いることが許されない被告人の司法警察員に対する前記各供述調書を被告人の犯罪の嫌疑を疎明するための資料として用いることによつてなされたものと認められるから、右の逮捕、勾留はいずれも違法な身柄の拘束にあたるものであり、しかも、後記の各供述調書等は、その間にMに対する殺人未遂被疑事件での勾留中に作成された前記各供述調書に基づきこれを利用して、あるいはその影響下においてなされた陳述について作成されたものと認められるから、被告人の司法警察員および検察官に対する昭和四七年三月二二日付各弁解録取書、裁判官に対する同日付被疑者陳述録取調書、司法警察員に対する同月二二日付、同月二三日付、同月二七日付、同年四月三日付、同月七日付および同月九日付各供述調書ならびに検察官に対する同年三月二二日付、同月二八日付、同月二九日付、同年四月五日付、同月六日付、同月七日付および同月一〇日付各供述調書もまた、いずれも証拠能力を欠くものと解すべきである。

同一事実に基づく再逮捕に関しても、次のように判示し、本件勾留は許されないとした**浦和地決昭和48・4・21刑月5-4-874**も存する。

検察官または司法警察員は同一の犯罪事実につき二度以上に亘つて逮捕状の請求をすることができ（刑事訴訟法一九九条三項）、したがつて裁判官も二度以上に亘つて逮捕状を発付することができる。しかし、同一事実に基づく再逮捕は無制限に許されるものではない。けだし、これを無制限に許すならば捜査段階における被疑者の身柄の拘束につき厳格な時間的制約を設けた法の趣旨は全く没却されてしまうからである。それゆえ同一事実に基づく再逮捕は合理的な理由の存する場合でなければ許されない、というべきである。そこで緊急逮捕に基づく逮捕状の請求が「直ちに」の要件を欠くとして却下された場合に通常逮捕が許されるか否か、また許されるとすれば、いかなる要件が必要かについて考えてみるに、逮捕状請求却下の裁判に対して、捜査機関に何ら不服申立の手段が認められていない現行法上、緊急逮捕に基づく逮捕状請求が「直ちに」の要件を欠くとして却下された後の通常逮捕が一切許されないとすることは、犯罪が社会の治安に及ぼす影響に鑑み、公共の福祉をも一の目的とする刑事訴訟法の趣旨に照し、到底採り得ないところといわざるを得ない。また、他方緊急逮捕に基づき直ちに逮捕状の請求が

V この期の刑事判例の特徴

なされず，時間的に遅れた逮捕状の請求が却下された場合にも，その後一律に通常逮捕状の請求が許されるとすることは，緊急逮捕の要件が緩やかに解され，運用上大きな弊害の生ずることも考えられ，ひいては憲法の保障とする令状主義の趣旨が没却されることにもなるので妥当ではないといわなければならない。しかし緊急逮捕に基づく逮捕状の請求が「直ちに」の要件を欠くとして却下された後，特別の事情変更が存しなければ通常逮捕が許されないと解することも妥当ではない。けだし，右における逮捕状の請求は却下されたがなお逮捕の理由と必要性の存する場合，一旦釈放した被疑者が逃亡するなどの事情変更が生じなければ通常逮捕状の請求が許されないとすれば，犯罪捜査上重大な支障を来し，結局は前記のような刑事訴訟法の趣旨に反するものと考えられるからである。よつて，勘案するに，緊急逮捕に基づく逮捕状の請求が「直ちに」の要件を欠くものとして却下されたもののなお逮捕の理由と必要性の存する場合には「直ちに」といえると考えられる合理的な時間を超過した時間が比較的僅少であり，しかも右の時間超過に相当の合理的理由が存し，しかも事案が重大であつて治安上社会に及ぼす影響が大きいと考えられる限り，右逮捕状請求が，却下された後，特別の事情変更が存しなくとも，なお前記した再逮捕を許すべき合理的な理由が，存するというべく，通常逮捕状に基づく再逮捕が許されるものといわなければならない。……そこで本件につき検討するに，前記認定事実および前掲各資料によれば，被疑者が緊急逮捕されて加須署に引致されたのが四月一六日午後三時三〇分，浦和地方裁判所への逮捕状請求が同日午後九時で，その間五時間三〇分であるが，加須，浦和間の距離的関係に加えて本件事案の重大性，性質等に鑑みれば，本件の緊急逮捕に基づく逮捕状発付の請求が「直ちに」されたものでないとしてもその超過時間は比較的僅少であると認められ，またその間被疑者は逃亡中の他の共犯者を緊急に逮捕するべくその割り出しのための取調べを受けていたものであつて，捜査機関には制限時間の趣旨を潜脱する意思は勿論なく，右時間超過には一応の合理的理由の存したことが窺われる。しかも，本件は五人の共犯者による四人の被害者に対する強盗致傷の事案で重大であり，社会に及ぼす影響も大きいと考えられる。然れば，本件通常逮捕状の発付は適法というべく，この点に関する原裁判の理由は失当というべきである。……次に，原裁判は，その趣旨必ずしも明らかではないが，本件緊急逮捕に基づく逮捕状請求が却下された段階で被疑者が真に釈放されたか否か疑問が存し，ひいてはその後の逮捕状に基づく通常逮捕の違法を来たし，結局本件勾留請求は却下されるべきである旨をいうようであるので，以下この点について検討を加えることとする。……そこで，本件における被疑者の釈放手続についてみるに，当裁判所裁判官の被疑者に対する質問調書および前記検察官作成の電話録取書等によれば，被疑者は，四月一七日午前一時三〇分ごろ，留置場より出されて手錠をはずされ，警察署の電話室の長椅子に宿直用毛布を与えられて宿泊したことは認められるが，その際警察官より「釈放する」旨を告げられたことはなく，被疑者において自由に帰宅する状態になつたことを認識していることは窺われず，結局，本件においては被疑者が「直ちに」釈放された

ものとは認められない。また，以後，被疑者が通常逮捕されるまでの間にも被疑者が釈放されたとは認められない。……よつて考えるに，緊急逮捕に基づく逮捕状の請求が却下された場合には，被疑者は「直ちに」釈放されなければならないのであり（刑事訴訟法二一〇条），右手続に違背し，しかも以後も被疑者の身柄を釈放せずに通常逮捕状に基づき被疑者の身柄を拘束することは許されず，その瑕疵は重大であつて，右通常逮捕に基づく勾留は認められないといわなければならない。したがつて，前記したように，被疑者を釈放しないままの通常逮捕状による再逮捕を基礎とする本件勾留は許されないものといわざるを得ない。

他方で，福岡地小倉支判昭和46・6・16刑月3-6-783は，次のように判示し，別件逮捕・勾留は違法としたが，その違法は逮捕後の自白の証拠能力には影響がないとした。

いわゆる別件逮捕が許されるか否か，また，許されないとした場合，別件逮捕（勾留）が被疑者の自供にいかなる影響を及ぼすと考えるべきかについては議論の存するところであるが，当裁判所は，一般的に言つて，捜査官においてはじめから別件についての取調の意図がなく，専ら本来の目的とする事件（本件という）の捜査の必要上被疑者の身柄拘束状態を利用する目的または意図をもつて殊更に名を別件に藉りて逮捕状を請求，執行したものであることが取調状況等から客観的に認められるような場合は，かかる捜査方法は，憲法及び刑事訴訟法に定める令状主義に反し違法というべく，これによつて得られた本件についての自供調書は，本来厳格な手続規制により正義の実現を企図すべき刑事訴訟手続において事実認定の用に供し得ないもの，すなわち証拠能力を欠くものとして排除さるべきものと考える。そして右のことは，捜査官が形式的或いは名目的に別件についての取調を併せ行つたとしても，その一事によつて左右されるものではないと言うべきである。けだし，別件逮捕（勾留）による身柄拘束の大半を本件の追及に費しながら，別件に関する僅かな取調，一片の調書作成によつてすべてが正当化されるとするときは，結果的に司法的事前抑制の理念が潜脱されることに少しも変りはないからである。……右の見解に立つて考えると，被告人両名に対する各別件逮捕は，該逮捕に至るまでの前記認定のような経緯，各別件の内容・性質（概して，比較的軽微な事案といい得よう），逮捕後の取調状況（Hについては別件取調の部分も少なくないが，これとても主たる理由は同人の本件自供までに多少の時間を要したためともみられ，このことは，例えば同人の司法警察員に対する昭和四三年一月一八日付供述調書冒頭に，「私一人が責任をかぶつていくつもりでしたので今まで話ができなかつたのでありますが到底かくしおおせることではないと思いましたので云々」とあることなどからも窺うことができる。）等に照らし，別件につき強制捜査に踏み切るべき緊急の必要性が存しないのに捜査官が専ら本件殺人及び詐欺未遂被疑事件についての自供を獲得するためにしたものであることが客観的にも明らかと認められるから，右各別件逮捕中に作成された本

件についての被告人Ｋの司法警察員に対する昭和四三年一月一六日付，同月一七日付（二通）各供述調書，被告人Ｈの司法警察員に対する同月一八日付，同月一九日付各供述調書はいずれも証拠能力を欠くものとして採用できない。……しかしながら，進んで別件逮捕（勾留）による取調の後，引き続き本件についても逮捕（勾留）手続がとられた場合，本件逮捕後の自供をも同様証拠能力なしとして排除すべきか否かは，事案によって結論を異にすべき問題であると考える。この点につき，強制捜査の手続は全体として連続し一体をなす故に，別件逮捕による違法は右一体としての手続全体に及ぶとの見解があるけれども，本件について新たに逮捕状を請求してその発付を得，これを執行することは，新たな司法的判断を経由したという意味で実質的な消長はとも角（この点は後に検討する），手続の形式上は別件による逮捕とは別個独立の手続であつて，これがない同一令状による拘置継続の場合との差を無視することはできないし，また，別件逮捕（勾留）中に得られた自供は違法であり右違法な証拠を資料としてなされた本件逮捕（勾留）も違法である故に爾後の取調における自供も違法証拠となるとの見解があり，傾聴すべきものを含んでいるが，それは各種のニュアンスを具有するすべての事件につき一概に妥当すべきものとは考えられず，即ち捜査が捜査官の主観にのみ依存し所謂見込捜査の程度が高く本件逮捕（勾留）の疎明資料として被疑者の自供以外にみるべきものがない場合には本件逮捕（勾留）中における取調は違法な別件逮捕（勾留）中における取調べの全くの写像というべく彼此の取調に全くの合一性，連続性を認めて然るべきであるから，かかる場合右の見解が妥当するとしても，捜査が捜査官の主観に依存することなく現段階における客観的資料が相当揃い被疑者の自供以外にも本件たる犯罪を犯したことを疑うに足りる第三者の供述証拠や状況証拠があつて，自供のみを主たる手がかりとしなくとも逮捕状発付がなされ得たであろうような場合には，右別件逮捕（勾留）中の自供が本件の逮捕（勾留）および爾後の取調に重要な契機或は影響を与えたものとはなしがたく，彼此のそれには連続性すら認めがたいので，右の見解は必ずしもあたらないであろう。……このように考えると，結局この問題については，証拠能力の有無を必ずしも一義的に断定することはできず，諸般の情況を勘案して決するほかないが，一応の指標としては，別件逮捕（勾留）が捜査官の主観において終始専ら本件の取調に利用することを目的または意図し，客観的にも捜査の全段階を通じて本件の取調ことに自供の獲得に全力を挙げこれに捜査の大半が費され，全体として一連の強制捜査権濫用の状態（捜査が甚だしく信義誠実を欠く状態と言つてもよいであろう。）が認められる場合には，自供調書の証拠能力を排除すべく，またこれをもつて足りるというべきである。……これを，右指標にそつて，その具体的かつ客観的基準を定立するならば，（１）別件逮捕（勾留）による身体拘束が相当期間にわたるものか否か，およびその間本件逮捕状の請求及び発付もなされなかつたのか否か，（２）別件逮捕中の本件取調の程度が詳細にわたり，大綱において自供を獲得しおおせてしまつたものとみられるか否か，（３）被疑者と事件（本件）との結びつきが客観的に薄弱であり，したがつて自供に対する依存度が高く，

いわゆる見込捜査の色彩が強いか否か，殊に身柄拘束前の捜査が犯人の割出しに難航していたか否か，さらに（4）（別件逮捕特有の問題ではないが）逮捕（勾留）中の取調べで，強制・偽計・利益誘導等の著しく不当な取調方法が用いられたか否か，（5）本件逮捕（勾留）状請求の資料として別件逮捕（勾留）中の自供が極めて重要なものとして挙げられていたか否か，および（6）別件に強制捜査の必要性がなかつたか否か，とくに被疑者との結びつきが少なく，あるいは軽微な事案であつたか否か等を考慮し，これらの全部または多くが積極的に認められる場合は，本件逮捕後の自供調書もまた別件逮捕勾留の違法の影響を免れず，証拠能力を有しないものと解するのが相当である。……これを本件についてみるに，本件逮捕状執行に先立つ別件逮捕・勾留の期間は六日間（なお本件逮捕状請求及び発付の日までは三日間）であり，被告人両名の供述調書の通数も前記のとおり本件逮捕後のものが圧倒的に多い。これを内容的にみると，被告人Kの別件逮捕中の供述調書は，偶発的なけんかの上の殺人であるかのように述べるに止まり，（とくに最初はKの単独犯と述べている），本件の動機ことに保険契約の関係，現場に至るまでの経緯，共謀の状況，実行行為の態様等本件の核心となる重要な諸点については詳細にふれるところがなく，これらはすべて本件逮捕後になつて詳細かつ具体的な供述をみるに至つたものである。また，被告人Hのそれについては，一月一八日付調書ではKと同様けんかによる偶発的な犯行を認めるに止まり，次いで同月一九日付調書において動機その他を含め本件犯行の大筋を述べるに至つたけれども，これとても共犯者たるKの供述状況が右のとおりであつてこれと綿密に比較対照しつつ取調べた結果とはみられないから，その内容になお不安定な要素を含むと言えなくもないし，また右調書作成の日が本件逮捕状請求，発付と同日であること（ちなみに，本件逮捕状請求書には右調書は疎明資料として掲げられていない）も無視することができない。また，本件においては，前述のとおり，別件逮捕に至る以前の入念な捜査により，もしYが人為により死亡したものとすれば被告人らに最も嫌疑が向けられるべき状況がすでに判明していたもの，すなわち事件と被告人らとの結びつきが相当程度強いものであつたと言い得るのであつて，前段所述のように，本件当初の捜査においては，犯人の偽装工作が或程度奏功したものか，死因が溺死であることや事故現場の状況から一見して人為を想定できうる事案ではなく，被害者に殺害の契機となる顕著な原因が認められないかぎり他殺の可能性の少ないところ，一般通常の捜査では右原因を発見することができないものであつたから（因みに本件保険加入の全貌は当時遺族の知るところではなかつた），転落溺死という死因と事故前の飲酒とが何のわだかまりもなく，たやすく結合できたというのであつて，いま右の点すなわち保険関係を捨去してみても，若し当日のYの帰路等につき疑念が残り従つて事故前の飲酒に捜査の重点が掛けられなかつたなら，当然の帰結として事故直前まで行動を共にし重要な知人と目せられる被告人Kらに第一次の嫌疑のかけられることは必定であつたろうし，況んや本件保険加入状況（とくに死亡受取人の名義変更や保険料支払状況）が判明し犯人の生活状況等に捜査が及ぶときは，被告人ら

V　この期の刑事判例の特徴

に対し，その取調べをまつまでもなく，十分な嫌疑のかかること社会通念経験則に徴し自明の理であるというべく，この点多数容疑者のうちからさしたる根拠もなくさしあたり一，二の者を身柄拘束して追及するというような意味でのいわゆる見込捜査とは性質を異にするものがある。なおまた，拘束後の本件の取調方法自体に強制その他著しく不当な手段が用いられたと認めるべき証拠はない（この点は自供の任意性に関する判断として後にもふれる）。なおまた本件逮捕状請求の資料中に被告人Kの一部自供調書が加えられているが，右に詳述した諸事情とくに他の資料から十分犯罪の嫌疑を推断できうることや右自供の内容程度からみて，右請求の審査に当り自供が重要な資料となつたものとは一概に断じがたいところである（むしろ自供調書がなくとも令状発布が不可能ではなかつたとも推察されうる。）最後に別件被疑事実につき考えるに，証拠によるとその外形的事実は概ね認められるうえ，被告人らはその犯意を争つているが，犯意の存したことを窺わせる事情も全くないとはいえず（却つて被告人Kについてはこの点の嫌疑相当ともみられる），別件が被告人らに関係のない或は客観的に不確実な事実を想定して捜査を開始したものとは到底認められないし，また別件の被害金額はいずれも相当多額にのぼり，犯罪発生時期もさして過去に遡るものではなくかつまたいわゆる知能犯として内容が若干込み入つた関係にあり，その他犯罪の手段方法ならびに態様などからすると，直ちに不問に付しうるほど軽微な案件とは做しがたいものと考えられる。……これら一切の状況からみて，前記説示のとおり，別件逮捕（勾留）の違法性は本件逮捕後の自供にまで影響を及ぼすものではなく，したがつてその後の自供は証拠能力を否定されないものと判断するから，弁護人の前記主張は本件逮捕後の自供に関しては採ることができない。

同一事実による再度の勾留が認められた**東京地決昭和47・4・4判時665-103**も存する。先行勾留期間の長短，その期間中の捜査経過，身柄釈放後の事情変更の内容，事案の軽重，検察官の意図，その他諸般の事情を考慮し，社会通念上捜査機関に強制捜査を断念させることが首肯し難く，拘束の不当な蒸し返しでないと認められる場合に限って，例外的に，同一事実による再度の勾留が許容されると判示した。

勾留場所についても，一連の決定がみられる。被疑者を勾留する場合，勾留場所は原則として拘置監たる監獄とすべきであるとした決定もみられる。**大阪地決昭和46・12・7判時675-112**がそれで，次のように判示した。

被疑者を勾留する場合，勾留場所は原則として拘置監たる監獄とすべきものであり，特段の事由が認められる場合に限って例外的に代用監獄たる警察署付属の留置場を指定しうるものと解すべきであるから，本件につき右特段の事由が認められるか否かについて判断するに，一件記録によると，本件窃盗事件については，原裁判時すでに被害者および贓品質受者の取調べが終わり，贓品も押収され，被告人（当時被疑者）も全面的に事

実を認めていたもので、被害付けのため被告人を現場に連行する必要も存しなかったものと認められ、検察官の主張する余罪捜査の必要性は未だもって勾留場所を代用監獄に指定するための特段の事由とは認め難いうえに、その余罪も、原裁判時においては、他に三、四件の盗みをしている旨の被告人の自供がなされていたのみであり、この程度では被害付けのための現場同行等の必要があるか否かさえも明らかでなく、又、当時、具体的に大阪拘置所における設備等の関係から被告人の収容ないし取調べが不可能又は著しく困難であったと認めるべき確たる証左もない。……してみると、原裁判中勾留場所を大阪府大淀警察署と指定した部分は、違法であるから、刑事訴訟法四三二条、四二六条二項により主文のとおり決定する。

被疑者の勾留場所を拘置所とするか代用監獄とするかは裁判官の裁量によるとした決定もみられる。勾留場所を鳥取刑務所とする勾留決定に対し検察官が準抗告したのに対し、**鳥取地決昭和44・11・6判時591-104**は、次のように判示し、準抗告を棄却した。

右裁判で指定した勾留すべき場所における勾留が、前記勾留の本来の目的に添わず、実質的に右勾留請求を却下したに等しいというような特別の場合を除き、検察官（被疑者又は被告人側は格別として）は、原則として右勾留の裁判で指定された勾留場所を不服として右勾留の裁判に対し準抗告の申し立てをすることができないと解すべきである。

勾留場所を代用監獄と指定した勾留の裁判に対する準抗告を棄却した**東京地決昭和47・12・1刑月4-12-2030**もみられる。

捜索場所を「A大学内研究室」というような記載をした令状の適法性について判断したのが**東京地決昭和45・3・9判時589-28**で、次のように判示し、適法とした。

結果的には差押物件は研究室棟三階の一部に存在したにすぎなかったが、本件令状請求の際提供された資料によると、昭和四四年一〇月ごろには、研究室棟がその本来あるべき姿から大きく逸脱し一部の過激学生らによって大学当局の意思を無視して自由に寝泊まりや集会などに使用され、そこで本件各被疑事実に関する計画や準備（改造拳銃による研究室の扉を利用した射撃訓練まで）が行われていたと認められる状況があって、捜索を是非とも必要とする合理的な理由があり、しかも三階の特定の研究室とか三階だけというように捜索の場所を限定することは困難であったと認められるので……、本件の各具体的事情のもとでは、「東京都町田市……A大学内研究室棟」という場所の表示もあえて特定を欠くものということはできない。

適法とする理由として、「三階の特定の研究室とか三階だけというように捜索の場所を限定することは困難であつたと認められる」という点が挙げられているのが注目される。事前審査という令状審査の性質上、厳密に特定性を要求することはできない

V この期の刑事判例の特徴

ということであろうか。

他方，**仙台高判昭和44・2・18判時561-87**は，次のように判示し，公訴棄却した原判決を支持した。

> 刑事訴訟法第二四六条によれば，「司法警察員は，犯罪の捜査をしたときは，……速やかに書類及び証拠物とともに事件を検察官に送致しなければならない。」とされている法意に徴しても，前記（1）ないし（3）で認定した捜査の経過，とくに捜査着手後最終的に久慈警察署に一件書類が進達されるまでに六ケ月余を要していることは，被告人にかかる被疑事件の事案の内容がさほど複雑でもなく，不備個所として指摘された実況見分調書及び捜査申報書の訂正も質的にいっても量的にいっても比較的容易なものであったことにかんがみると，当時における佐々木徳巡査の事務負担量，事務処理の優先度及び事務処理能力を斟酌しても，必要やむを得ない限度を越え，遅きに失するものといわなければならない。ましてや，本件は少年にかかる被疑事件であって，被告人が昭和四三年一月二〇日に成年に達することはその捜査当初より判明していたわけであるのに，成年に達する六ケ月前である同四二年七月下旬ごろに至っても，いわゆる「年令切迫」による優先処理の方針がとられないまま，同年一二月一五日になってようやく司法警察員より検察官に対する事件送致がなされたのであり，当審における事実取調の結果に徴すると，もし，高橋巡査部長及び佐々木巡査において，実況見分調書及び捜査申報書の返送を受けたのち遅滞なく……訂正事務に着手しさえすれば，遅くとも同年一〇月中旬までには司法警察員より検察官に対する事件送致がなされ，年内に少年事件として家庭裁判所に送致されることが十分に可能であったものと認めることができる。してみると，……認定した事実関係に徴すると，本件は，警察官がその捜査に必要やむを得ない限度を越えて日時を徒過し，そのために家庭裁判所における審判の機会を失わせるに至らせたものにほかならず，保護処分優先主義，家庭裁判所先議主義をとる現行少年法制の趣意に照らして，警察官による右事件送致に至るまでの捜査手続はまさに違法なものであるといわなければならない。原判決が，昭和四〇年から同四三年に至る間の久慈警察署及び二戸警察署管内に発生した犯時少年の業務上過失傷害事件の処理状況にもとづき，少年の業務上過失傷害事件について，「当該事件の捜査を困難ならしめる特別の事情が存しない限り，警察官及び検察官を通じて捜査に必要な期間は大体四ケ月で，この期間内に捜査を遂げ当該事件を家庭裁判所に送致することができるものと考えられる」旨を判示していることは所論のとおりであり，右判示が事案の具体的な内容，捜査官の執務体勢，事務負担量及び事務処理能力等を検討しないままに，統計数字だけをもととして早急に捜査所要期間を算出することができるとする点において当を得ないことはいうまでもないけれども，右は警察官が捜査に必要やむを得ない限度を越えて日時を徒過し，そのために家庭裁判所における審判の機会を失わせるに至らせたものとする原判決の結論を左右するに足りるものではない。……ところで，一般に，捜査段階におけ

る違法がすべてその後の公訴提起の手続を当然に無効とするものでないことは所論のとおりであるけれども，当該捜査手続の違法が重大なものであり，かつ，その違法な手続を前提としてはじめて公訴提起の手続が可能であったという意味で両者が密接不可分の関係を有する場合には，公訴の提起自体がどのように法定の手続を践んでなされていても，公訴提起前の捜査手続における違法は公訴提起そのものにも違法性を帯有させ，公訴の提起を違法としなければならない実質上の理由が存するものとして，公訴提起の効力に影響を及ぼし，これを無効ならしめるものと解するのが相当である。……本件において，公訴提起の手続がそれ自体としては格別違法な点の存しないことは所論のとおりであるけれども，警察官による捜査手続の違法は，前説示のように，少年の被疑事件について家庭裁判所における審判の機会を失わせるに至らせたという現行少年法制のもとにおけるもっとも重要な原則を破るものであり，前記（4）及び（6）に認定したように，右違法が存したことによりまさしく被告人が成年に達したのちにおける公訴の提起を可能としたものということができるのであるから，捜査手続の違法が公訴提起の手続を無効ならしめるものとして，本件公訴の提起は，結局刑事訴訟法第三三八条第四号にかかげる場合にあたるものであるというほかはない。……してみると，原判決が，本件公訴提起の手続は無効であるとしてこれを棄却したことは，結局正当であつて，原判決には所論のような不法に公訴を棄却した違法は何ら存しない。

しかし，このような論理は，捜査が違法であっても，検察官の広範な裁量に係る公訴提起の性質にかんがみて，公訴は適法とした前掲・最判昭和44・12・5により破棄されることとなった。

■ 公訴に関するもの

強制わいせつについて告訴があったものの，捜査過程で発覚したわいせつ誘拐の被疑事実については告訴がなかった事案について，**東京高判昭和45・12・3刑月2-12-1257** は，次のように判示した。

被害者の父親Bの作成した所論の告訴状を調査すると，同人が同告訴状において告訴している事実の内容は，告訴人の長女が昭和四五年六月三日午後四時五〇分木更津市〇〇付近路上において，犯人から一〇〇円やるから学校まで行つてくれといわれ，その犯人の車にのせられ，誘拐されたというものであつて，これを本件起訴状記載の公訴事実と照合すると，同公訴事実の第一と被害者も，誘拐にあつた日時も，場所も，またその態様も全く同じであり，ただ告訴状においては，犯人が誘拐にあたり意図した目的の点について，触れるところがないけれども，そのことは同公訴事実との間に事実の同一性があると認めることを妨げるものではないから，たとえ告訴状が提出されたのち，犯人が猥褻を目的として誘拐したものであることが判明したため，その告訴にかかる事実につ

いて猥褻誘拐の罪名のもとに公訴が提起されたとしても，さきになされた告訴の効力はのちに起訴されたその公訴事実に及んでいるものと解せられるのである。そして本件の公訴事実に現われているように，強制猥褻の犯行が，猥褻の目的をもつて誘い出したその場所において行われている場合には，原判決が（弁護人の意見について）と題する項において，適切に説示をしているように，その猥褻誘拐と強制猥褻とは通常手段，結果の関係にあり，従つて刑法第五四条第一項後段で規定する牽連犯の関係にあるものと解せられるので，告訴不可分の原則により，前記告訴の効力は強制猥褻の事実にも及んでいるものと考えられるのであり，またそのように考えても，所論のように，被害者の意思を無視したり，親告罪を設けた立法の趣旨を没却することにはならないのである。以上のとおりであるから，猥褻誘拐と強制猥褻の両公訴事実について適法な告訴があつたものと解し，同公訴事実に基いて実体審理を遂げ，公訴事実とほぼ同一の事実を認定して処断した原裁判所の措置は，まことに相当であり，所論の非違はごうも存しない。論旨は，理由がない。

■ 訴因変更の要否および可否に関するもの
　公訴事実の同一性のない予備的訴因を追加することの可否について，注目される下級審判決が出されている。**東京高判昭和47・3・27高刑集25-1-42**（江戸川区バッタ撒き賭博事件）がそれで，次のように判示し，これを許容した原判決を破棄した。

　　両者（賭博開帳図利罪と常習賭博罪―引用者）の間には，公訴事実の同一性がないから，前記のような予備的訴因の追加は，許容することができないものといわなければならない。……してみると，原審は前記予備的訴因の追加を許容することなく，前記本位的訴因たる事実について，無罪の言渡をすべきであつたのに，かかる措置に出なかつたのは，訴訟手続に法令の違反があつて，その違反が判決に影響を及ぼすことが明らかであるから，原判決は破棄を免れず，論旨は理由がある。

■ 証拠開示に関するもの
　証拠開示に関しては，証人採用決定のあった検察官側申請証人の主尋問の10日前までに，その者の検面調書を弁護人に開示すべきことを命じた**東京地決昭和45・3・7判時588-35**が出されており，注目される。

■ 証言能力に関するもの
　幼児の証言能力について，**東京高判昭和46・10・20判時657-93**は，次のように判示し，一概に証言能力を否定すべきではないとした。

　　所論は，原判決が証拠とした証人Ｔの公判準備における供述およびＭの検察官に対す

る供述はいずれも証言能力のない者の供述であるに加え，後者は刑訴法三二一条一項二号の要件を具備しない証拠能力のない証拠を有罪認定の証拠とした点において，判決に影響を及ぼすことの明らかな法令違反があるというので考えてみるのに，記録によれば証人Tは本件事故を目撃した当時満四才，証言時満五才の幼児であり，同Mは本件事故の当時において満五才に一五日満たず，検察官に対する供述時において満五才七か月，証言時において満五才九か月の幼児であることが認められるところ，かかる幼児の供述であっても供述事項によっては一概に証言能力を否定すべき理由はなく，簡単な事柄についてはかなりの程度の理解ならびに表現の能力があり，記憶力もあると解されるところ，証人Tは原判示の日時，場所において友達のMら四人と一緒に遊んでいた際，Mが原判示場所で倒れて起きあがろうとしたとき，たまたま後退してきた被告人運転の米屋〇〇の車がバックしてきてMにあたって同人がまた倒れたところを目撃した体験にもとづき，約半年後に現場付近において行なわれた裁判官の尋問に際し供述しているのであって，その証言能力に欠けるところはなく，また，Mの証言能力についても同様に解されるところ，原判決が証拠とした同人の検察官に対する供述調書によれば，同人は，原判示の日時，場所においてTら四人の友達と遊んでいた際，駆けてきたところを友達に押されてうつむきに転んで起きあがったところへ前記の自動車が後退してきたので「止めて止めて」といったがそのまま車の煙の出るところ（マフラーのこと）がぶつかつて上向きに倒れた旨供述しているのであるが，これに対し，同人の公判準備としての証言は，その内容に前後くいちがう供述部分などがあることからみると，幼児である同人がその場の雰囲気に影響されて十分な供述ができなかったような事情も窺われるから，直接同証人の供述を聴いた原裁判所が，検察官に対する供述を公判準備における供述よりも信用すべき特別の情況があるとして採用したことも首肯することができる。それゆえ，原判決が右検察官に対する供述調書に証拠能力を認めたことも正当であるから，論旨はいずれも理由がない。

■ 自己負罪拒否特権に関するもの

宮崎地決昭和45・7・24刑月2-7-783は，鑑定人が裁判官の発した命令による接見交通の制限がないにもかかわらず，被疑者を「面会謝絶」の状況下におき，また，被疑者が極力反対していたにもかかわらず，いわゆるイソミタール面接による問診などを行った事案について，次のように判示した。

思うに，勾留されている被疑者に対する接見交通の制限は，刑事訴訟法二〇七条一項，八一条により，被疑者が逃亡し又は罪証を隠滅すると疑うに足りる相当な理由があるときに限り，検察官の請求に基づき裁判官の発する命令によつて行なわれるべきもので，裁判官であつても，右以外の事由，たとえば鑑定人の被疑者に対する行動観察や精神状態観察を容易ならしめる目的で，被疑者に対する接見交通の制限の命令を発することは

許されないものというべく，況して，鑑定人が独断でかかる制限の処置を行うことは個人の人権を侵犯し到底許されるべきものではないといわなければならない．さらに，イソミタール面接は，近時医療行為として患者に対する精神療法のため麻酔分析として多く利用されているところであるが，たとえ本人（患者）が明確に反対の意思を表わしている場合でもそれが適法とされるのは，その施用者が単に医者であるとの理由からだけでなく，医療行為であるとの理由があるからに外ならない．しかし，たとえ医者であつても本人の承諾がない限り，それが明示的であると黙示的であるとを問わず，医療目的以外にイソミタールの施用は許されないものといわなければならない．従つて刑事訴訟法二二三条一項により鑑定の嘱託を受けた医師たる鑑定人が鑑定目的達成のために被疑者に対しイソミタール面接を施用する場合，本人の承諾がない限り，刑事訴訟法二二五条，一六八条一項により検察官，検察事務官又は司法警察員からの請求に基づき裁判官の発する身体検査許可令状を必要とするものと解するのが相当である．かように考え来ると，鑑定人矢野正敏の採つた被疑者に対する接見交通の制限たる面会謝絶の措置および被疑者の明示の反対の意思を無視して強制的に施用したイソミタール面接は，いずれも明らかに前記刑事訴訟法の規定に違反して行なわれた違法な措置と断ぜざるを得ない．この瑕疵は，只に刑事訴訟法の規定に違反するというばかりでなく，人権の侵犯を伴う違法な手段によりしゆう集された証拠という廉で憲法三一条の規定の精神に反する極めて重大なものであつて，しかも前記の如く，鑑定人の望診，問診および精神検査，科学的検査の各所見は前記鑑定の重要な基礎をなすものであることに徴し，右鑑定を無効ならしめるものといわなければならない．

京都地決昭和47・8・17判時688-105 も，勾留の裁判に対する準抗告への決定の中で，法が被疑者に黙秘権等を認めた趣旨について，次のように判示した．

被疑者は，刑事訴訟法上いわゆる黙秘権，供述拒否権が認められている．これは憲法第三八条に由来し，被疑者は，自己の利益不利益を問わず，終始沈黙または個々の質問に対し供述を拒否することができるものとされているのである．……しかしながら，被疑者が自己の犯罪事実等について，終始黙秘または供述を拒否する態度を示したときは，その供述態度等が，他の証拠と相俟つて，ときに罪証隠滅の存否を決するうえでの判断資料となりうる場合のあることは免れ難いところである．そして，これをその資料に供したからといつて，弁護人が主張するように，法が被疑者にいわゆる黙秘権等を認めた趣旨にもとるものとは解せられない．

札幌高判昭和47・12・19判タ289-295 も，次のように判示し，反証を提出しないという被告人，弁護人らの消極的行為ないし態度によって事実上の推定がそのまま維持され，あるいは一層強められることになったとしても，被告人らの供述を強要するものではないから憲法三八条，刑事訴訟法三一一条に触れるものでもないとした．

原判決は，「被告人らの共謀に基づく放火によるとの証拠はない」旨の弁護人の主張に対し……証拠によれば次の諸事実が認められるとして……諸事実を摘示したうえ，「その他，被告人，弁護人らから，以上の諸点について何んの反証も提出されておらず，これらの各事実その他本件各証拠に現われた一切の情況に照らすと，被告人らとＡの五名全員の共同意思に基づいて三階両階段のバリケードに対し火炎びんを投擲するなどの方法によつて放火したと認定するに十分である」と説示しているが，右説示中の「被告人，弁護人らから，以上の諸点について何んの反証も提出されておらず」との部分は，単に「以上の諸点についてはなんの反証もない」旨を述べているにすぎず，反証を提出しないという被告人らの消極的行為ないし態度そのものを積極的に総合認定の資料とした趣旨とは認め難いから，右の説示部分をとらえて，所論の如く挙証責任分配の原則に反するとか，黙秘権を認めた憲法三八条，刑訴三一一条に違反するとなすのは当らない。もつとも，本件の場合において原裁判所が，心証形成に際し，反証を提出しないという被告人，弁護人らの消極的行為ないし態度になんら影響されていないとは断定できないが，本件のように，本館に立てこもつた被告人ら五名が共謀してこれに放火したものではないかと事実上推定させる証拠が，検察官から数多く提出されており，しかも，建物内における被告人らの行動は弁護人の被告人に対する質問の方法によつてこれを明らかにすることが容易である場合において，被告人らがあえてこれを明らかにしようとしないときには，右の事実上の推定がそのまま維持され，あるいは一層強められることになつたとしても，それは，心証の働きとしてむしろ自然なことといえる。そして，このことは，いわゆる自由心証の分野に属する問題であつて，所論の如く挙証責任分配の原則に反するものでないことはもちろん，被告人らの供述を強要するものではないから憲法三八条，刑事訴訟法三一一条に触れるものでもない。

■ 証拠能力に関するもの

証拠能力に関して注目されるのは**大阪地決昭和48・4・16判時710-112**である。次のように判示し，犯罪行為を撮影したとされているテレビフィルムの証拠能力を否定した。

かように犯罪行為を撮影したとされているテレビフィルムの証拠能力については，刑訴法に直接の規定がないので，その証拠としての性質を検討し，関係規定の趣旨に照らして，その証拠能力の要件を定めなければならない。テレビフィルムの作成過程のうち，レンズによる結像，フィルムの感光，その現像等の光学的化学的過程は，高度の科学的正確性を備え，もとより人の供述過程ではなく，かような光学的化学的過程そのものについての反対尋問のあり得ないことは勿論である。しかし，その作成過程を全体としてみれば，撮影者により観察された事象の再現，報告という性質を有し，必ず撮影者の価値判断にもとづく被写体の選択および撮影条件の設定ならびに編集者の取捨選択にもと

V この期の刑事判例の特徴

づく編集等の過程を伴ない，光学的化学的過程の高度の科学的正確性にもとづく事実再現の正確性もこれらの撮影編集過程の如何に依存し，撮影条件の如何により，あるいは撮影者編集者の主観的意図の介在等により，事実を正確に再現し得なくなる危険の存在することが明らかである。かようにテレビフィルムの作成過程は，それに含まれる光学的化学的過程の高度の正確性にもかかわらず，一面において目撃証人の供述と極めて類似した性質を有し，撮影者編集者に対する反対尋問による吟味の必要性を否定することができない。光学的化学的過程の高度の科学的正確性のみに着目し，かようなテレビフィルムの作成過程を単なる非供述過程と解し，要証事実との関連性の立証のみで証拠能力を肯定しようとする見解は，前記のごとき危険性を軽視し，作成者に対する反対尋問の重要性を看過した見解であるというほかない。しかしながら，テレビフィルム作成の光学的科学的過程の高度の科学的正確性に注目すれば，かようなテレビフィルムを刑訴法三二一条一項三号の書面に準ずるものと解するのは相当でなく，同法三二一条三項を類推適用し，同法三二六条一項による証拠とすることの同意のない限り，撮影者および編集者が公判廷において証人として尋問を受け，撮影および編集の過程について供述したときに限って証拠能力を認めるべきものであると解する。また，テレビフィルムは，事件と関係のない中立的第三者である報道機関に所属する撮影者編集者が報道の目的で作成したものであるけれども，前記のごとき危険性と反対尋問の必要性の存在を否定すべき理由はなく，この場合に例外を認めるのは相当でない。……本件において，検察官は，右ビデオテープおよび原テレビフィルムを単なる非供述証拠と解し，右ビデオテープの一コマの複製写真と現場での押収物件その他の証拠とを対比し，右ビデオテープに録画されている場面が，公訴事実第二の犯行場面であることを立証する等の方法により，要証事実との関連性を明らかにしようとしただけで，原テレビフィルムの撮影者編集者の証人尋問を請求しない。そこで，当裁判所は，職権で，Cテレビ放送株式会社に対し，右テレビフィルムの撮影者および編集者の氏名等を照会したが，その氏名その他これを特定するに足りる事項を明らかにすることができず，従って右テレビフィルムの撮影者および編集者を証人として尋問し得ないので，右ビデオテープを刑訴法三二一条三項によって，証拠として採用するに由なく（撮影者編集者不明であるから同法三二一条一項三号準用の余地もない），他にその証拠能力を認めるべき根拠はない。……別紙第二の証拠は，別紙第一のビデオテープの一部の複製写真およびその複製経過の報告書であるから，右ビデオテープの証拠能力が否定される以上，その証拠能力を否定しなければならない。……別紙第三の各証拠は，別紙第一および第二の各証拠について，要証事実との関連性を立証しようとする証拠であるから，別紙第一および第二の各証拠について前記の理由によりその証拠能力を否定する以上，証拠としての必要性がないことが明らかである。……よって，別紙第一ないし第三記載の各証拠についての検察官の証拠調の請求は，すべてこれを却下することとして主文のとおり決定する。

第5代長官　石田和外

■ 違法収集証拠の排除に関するもの

　違法収集証拠の排除に関するものも，この期の下級審判決の特徴である。**東京地判昭和45・2・26刑月2-2-137**（東京麻布放火事件）もその一つで，次のように判示し，第二次逮捕・勾留による身柄拘束期間中に獲得された各自白調書もまた適法な証拠としての能力，真実発見の手段としての資格を欠如するものといわなければならないとした。

　　憲法三一条（法定手続の保障の規定）および刑事訴訟法一条（刑事訴訟法は，その冒頭において「公共の福祉の維持と個人の基本的人権の保障とを全うしつつ事案の真相を明らかにする」ことをその目的として規定することによつて，基本的人権の保障のためには，真実発見という訴訟法的要請のための手段も制限されることのあるべきことを表明している。なお刑事訴訟規則一条一項参照）は，実体的真実発見の追求は公正な手続という軌道に従つて遂行されるべきことを明示しているのである。……そして，憲法および刑事訴訟法が，合法的な国家権力―犯罪捜査のための強制権限―の発動のために令状等について詳細かつ厳格な規定を設け，その方途を十分に用意していることから考えても，それ以外の手段方法によつて得られた証拠が利用されるというようなことは，法の全く予想していないことである。……ところで，本件の第一次逮捕に引き続く勾留による身柄拘束は，憲法三三条，三四条の規定そのものの要請に違背するような違法，不当な捜査権の行使に該当することは前記のとおりであるから，この第一次勾留による身柄拘束期間中に獲得された証拠であるところの被告人の各自白調書は，真実発見のための手段として用いることは許されないものといわなければならない。……つぎに，第二次逮捕・勾留（起訴後の勾留も含めて）――第二次の逮捕・勾留は，前記のとおり第一次の違法な別件勾留のもとにおいて獲得された自白に基づいて得られたものである――による身柄拘束期間中に作成された各自白調書についてみても，その実質は，第一次の別件勾留中になされた自白の繰り返し，ないしはそれをふえんしたものにすぎないと認められ，また，第二次の逮捕・勾留は，形式的には，第一次の逮捕・勾留とは別個の手続によつてなされているけれども，実質的にはこれと不可分一体の関係にあり，両者あいまつて，一つの捜査手段を構成しているものというべきで，その全体が違法，不当な捜査権の行使――全体として憲法三三条，三四条の各規定の要請に違背するような重大な瑕疵を有する捜査手続――であるとしなければならない。したがつて，第二次逮捕・勾留による身柄拘束期間中に獲得された各自白調書もまた適法な証拠としての能力――真実発見の手段としての資格――を欠如するものといわなければならない。もし，（本件を例にとつて考えれば）第二次の逮捕・勾留中に収集した自白調書を，それが第一次の勾留と別の手続（第二次の逮捕・勾留は，形式的には別個の手続であるが，実質的には逮捕・勾留の蒸し返しである）において収集されたものであることを理由に，証拠として許容するにおいては，違法な別件逮捕・勾留中に収集し得た証拠は犠牲にしてでも

第二次の逮捕・勾留中に獲得する証拠を利用する目的で，なお違法，不当な別件逮捕・勾留という捜査方法を続けるということも生じ得るのである。このような違法，不当な別件逮捕・勾留を抑制し，目的のためには手段を選ばないというような捜査方法は現行法のもとにおいて許されないことを明らかにし，憲法および刑事訴訟法における公正な手続の保障という法の精神を貫くためには，本件において，別件勾留による拘束期間中に収集された自白調書はもちろんのこと第二次の逮捕・勾留以後に作成された自白調書を含め，これら一連の自白調書全部は，前記のように全体として違法，不当な捜査権の行使によって獲得された証拠として許容すべきでないと考えるのである。しかも，これらの自白調書は，そのもととなった取調べ当時，前記第五のとおり被告人の防禦能力，供述能力にも著しい障害があったと推認される状況下において録取作成されたものである。以上の諸点に鑑みれば，結局，検察官から本件各放火・放火未遂被告事件を立証するための証拠として取調べ請求のなされた被告人の司法警察官に対する供述調書二二通，検察官に対する供述調書六通（いずれも，いわゆる自白調書）は証拠能力（証拠の許容性）を有しないものといわなければならないので，これらの供述調書は，すべて犯罪事実認定のための証拠とはしない。……冒頭（第二）に判示したとおり，本件各放火・放火未遂被告事件において，被告人をその犯人であると認むべき証拠がなく，ただ被告人の捜査段階における自白のみが被告人と各犯罪事実とを関連づけ得る証拠であるところ，その自白調書は，叙上のとおり，すべて証拠能力（証拠の許容性）を否定されるべきものであるから，結局本件各公訴事実は，いずれも犯罪の証明がないことに帰するので，刑事訴訟法三三六条により，被告人に対し無罪の言渡をすることとする。（なお，弁護人から，前記一被告人および弁護人の主張第二一のように，公訴権濫用に基づく公訴提起であることを理由として公訴棄却の判決がなされるべきである旨の主張がされているのであるが，本件については，すでに実体審理に入り，相当回数の公判において証拠調べを了し，実体判決をするに熟していることに鑑み〔公訴権濫用を理由とする公訴棄却を認めるか否かについては，なお解明されなければならない問題点がある〕，被告人のため無罪判決をすることとし，弁護人の公訴棄却の主張に対しては特に判断を示さない。）

　このような姿勢は，仙台高判昭和47・1・25刑月4-1-14でもみられるところである。そこでも，次のように判示し，証拠排除した。

　所論は，仮に医師芳賀次郎が承諾も令状もなくして注射器で中静脈から採血した方法が違法であったとしてもその故に血液の性質成分に変異を来たす筈はなく血中アルコール濃度についての測定結果に対する影響はさらにありえない理であるから殊更に証拠能力の有無を論議する余地はない筈であり，仮に違法収集証拠物を排除すべき場合があるとする考え方によっても本件手続の違法は重大なものではなく本件の事案における法益均衡にかんがみれば証拠能力を否定すべきでないこと明白で，いわんや鑑定資料採取のい

第5代長官　石田和外

きさつを知る由もない鑑定人Mの測定した鑑定結果の証拠能力に影響を及ぼすものと解すべきいわれは全くないという。所論指摘の昭和二四年一二月一三日最高裁判所第一小法廷判決（最高裁刑事判決特報二三号三七頁，裁判集一五巻三五〇頁）以下の少なからざる裁判例が収集手続の違法が証拠能力に及ぼす影響につき供述証拠における場合と非供述証拠における場合とを別異に考えるべきものとした考え方は，収集手続の違法が事の真相からの遊離すなわち虚偽や過誤を誘発する虞れと結びつくかどうか換言すれば実体的真実発見への有効性に重点を置く限りもとより当然の合理的な視角ではあるが，右裁判例は，単に証拠の信憑性ないし証明力との関係でのいわゆる狭義の証拠能力の側面からの判断を示したにとどまり，いわゆる証拠の許容性すなわち証拠収集手続の瑕疵の程度態様の如何によつては証拠物にあつてもなお証拠禁止のありうることまでも否定し去つたものとは解されない。のみならず，所論指摘の判例における証拠収集手続の瑕疵はいずれも本件の如き令状主義違背という刑事訴訟法の基本原則に関するものとは類を異にする比較的軽微な手続違背であるばかりでなく，純然たる物の捜索差押と生身の人体の血管からの血液の採取とは同列に論じ難いもののあることも否み難く，畢竟事案を異にするが故に本件に適切でないといわざるをえない。そして採血行為自体は人の身体に対する傷害を伴うもので重大な人権にかかわるものであり，本件採血行為は令状主義に反し重大な手続違背を犯してなされたものといわなければならないこと原判決のいうとおりである。すすんで実体的真実の故に適正手続の要請を閑却することなく両者の調和をはかるように配慮しつつ所論諸般の法益の均衡を考察するとき，酩酊運転が極めて悪質な犯罪であつて事故を惹起した運転者の挙措顔貌臭匂に飲酒の確実な徴憑があり早急に検査するに非ざれば寸刻の経過とともに身体に保有するアルコール濃度が急速に消失して了うこと明らかな事態のもとで病院における治療の際に心得のある看護婦の手で通常の医学的手法により危険でも苦痛でもない微量の採血がなされたにとどまり，加えて前認定のとおり，当審における事実取調の結果によると別段に故意にたくまれたとは窺えず不注意のゆえと思われるにせよ鑑定嘱託書に事の真相に合致しない採血経緯の記載がなされたこともあつて鑑定受託者門伝亀久郎は鑑定資料の収集過程に違法の節があるなどとは毛頭知る由もなかつたと認められることよりすれば，同人作成の鑑定書および同人の供述中の血中アルコール濃度に関する部分に至るまで排除しなければならない程のことはなくそれらの証拠能力がいずれも認容されて然るべきが如く思はしめるものがないわけではない。しかしながら，血液採取のために身体検査令状を要すると解するにせよ鑑定処分許可状を要すると解するにせよ孰れにしても憲法および刑事訴訟法上の基本的な令状主義にかかわる問題であり，従前より道路交通法上の取締につき厳格化の一途を辿つた酒酔運転におけるアルコール保有程度の調査も実務上北川式検知器による呼気検査を一般とし，本件事故の直後から施行された道路交通法第六七条第二項，第一二〇条第一項第一一号の三同法施行令第二六条の二も風船による呼気採取という検査方法を定めるにとどめその例外としての採血に論及していない立法形式にかんがみて

も，血液採取についての令状主義の原則は尚厳格に遵守されるべき法のたてまえであると解するほかないのである。なるほど違法収集の問題が捜査官の故意に基づくことは殆どありえず多くは稀有例外の事態における状況判断の誤りや手続の過誤に基因するものであることを思うと証拠排除による違法収集に対する予防効果を政策的に期待することが一見いかにも筋違いであるように見えるとともに眼前の有罪者をみすみす免がれさせることに対する正義感情に副わざるもののあることは否み難いにしても，法の侵犯者としての被告人を処罰すべき立場にある裁判所が捜査機関の本件の場合のような違法の証拠収集手続を不問にすることは自ら法を破るにも等しく，国家が自ら作つた法を守らず法の支配に背くことが根本的に悖理であること多言を要せず，諸般の政策的見地にかんがみても微視的にはいかにも筋違いで的外れのやぶにらみであるかの如くであるにせよ巨視的には捜査における違法行為の抑制にまで配慮を行き届かせた適正手続を確保することこそ公平な裁判と人権の保障に遺漏なき究極の正義にかなうゆえんであることを想うべきであるから，本件の場合における重大な違法収集証拠の罪証に供すべからざることとまことに原判決のいうとおりであるとともに，所論の如き当該収集物件自体から離隔と認識の断絶の故に救済的解釈を一旦容れるときは捜査官において関知しなかつたという言辞にかくれて違法収集に走るに至るが如き弊を招来する虞れなしとせず，ひいては実体的真実のためには手続の適正と司法の廉潔とを蹂躙して顧りみない方向に途を開くことになる懼れなしとしないことに思いを致すならば，眼前の取締の必要便宜に目を奪われることなく，違法収集証拠の有効な防遏のために連鎖する限りのすべての証拠を排除することこそがまさに刑事司法の究極の目標に合致するところで，本件事案においてはなんら所論法益の均衡を破るものではないといわざるをえないのである。……さらに所論は，原審において鑑定受託者Ｍおよびその作成にかかる鑑定書の証拠調を異議なく了えた以上証拠禁止の憲法上の特権を放棄したものとみることができ，採血手続の違法の如何にかかわらず証拠能力ありと解すべきであるという。なるほど本件記録を精査すると，原審において弁護人は採血手続の違法を主張したことはなく専ら鑑定資料に供された血液が果して被告人の血液であつたかどうかに疑を挟みその故に鑑定書を証拠とすることに刑事訴訟法第三二六条の同意をしなかつたと窺われるのであるが，左様な心意であつたにせよ現に同意のなかつたことは明白である。また原審に於てなされた同法第三二一条第四項による証拠調の際に異議がとどめられなかつたからといつて，本件のような重大な違法の存する場合は明示の意思表示による憲法上の保障の放棄のない限り所論のように権利の放棄により適正手続確保の必要性がなくなつたものと速断することは相当でないというべく，いわんや，所論引用の昭和三六年六月七日最高裁判所大法廷判決（刑集一五巻六号九一五頁）は緊急逮捕に先行する麻薬の捜索差押を適法とした事案に関するものであるのみならず，その麻薬の捜索差押調書および鑑定書が同意のうえ異議なく適法な証拠調がなされたという事案に関するものであつて本件に適切でない。むしろ右大法廷判決を仔細に考察するときは，緊急逮捕着手の時点に先行しても接着す

るが故に適法な捜索差押であると判断しながら尚同意と異議なき証拠調を経たが故に証拠能力を有する旨の傍論を判示したことは，同意がなく証拠調に異議ある違法収集証拠は排除されるとの考え方を前提としたものと解されないでもないのである。……その他所論のすべてにつき仔細に検討しても本件採血は重大な違法というほかなくこれを鑑定資料とした鑑定結果は証拠として許容されるべきでないこと原判決のいうとおりであり，結局被告人が本件事故当時昭和四五年政令第二二七号による改正前の道路交通法施行令第二六条の二所定の数値のアルコールを身体に保有していたと認めるに足りる証拠無きに帰し，酒酔い運転の罪はこれを認めるに由ないのである……以上の次第で原判決にはなんら所論の如き法令解釈の誤，訴訟手続の法令違反ないし事実誤認の違法はなく論旨は理由がないので刑事訴訟法第三九六条に則り本件控訴を棄却すべきであるから，主文のとおり判断する。

金沢地七尾支判昭和44・6・3刑月1-6-657も，次のように判示した。

第一次逮捕・勾留中に作成された本件殺人・死体遺棄事件についての被告人の司法警察員に対する供述調書（昭和四〇年九月六日付，同月七日付のもの。）及びこれらを証拠資料とした第二次逮捕・勾留（その延長期間を含む。）中に作成された被告人の司法警察員に対する供述調書一一通，被告人の司法警察員に対する供述を録取した録音テープ一巻，被告人の検察官に対する供述調書一一通，被告人の裁判官に対する陳述調書（同月一一日付のもの。）は，いずれも憲法三三条・三四条の規定に違背する重大な瑕疵を有する手続において収集された自白であつて証拠能力を有さないものと言わなければならない。（裁判官に対する陳述調書は，勾留質問の際，裁判官に対してなされた自白を記載したものであるが，実質的に見て第一次逮捕による身柄拘束中になされたものと認むべきものであるから，その証拠能力を別異に解すべき理由はないものと考える。）

これらの判決によれば，下級審レベルでは，「押収物は押収手続きが違法であったとしても物自体の性質，形状に変異を来す筈がないから其形状等に関する証拠たる価値に変わりはない。」として，違法収集証拠の排除を否定した**最判昭和24・12・12裁判集刑事15-349**（24頁）からの乖離が生じ始めていることがうかがい知れよう。

■ 事実認定に関するもの

このような姿勢は，事実認定でもみられるところである。**大阪地判昭和46・9・9判時662-101**は，現行刑事訴訟法上の挙証責任の法則に忠実である限り，本位的訴因および予備的訴因の二者のうちいずれか一方の訴因が成立することは間違いないものとして択一的に，あるいは被告人に有利な訴因につき有罪の認定をなすことは許されないと判示し，無罪を言い渡した。

「被告人は，昭和四五年四月二七日午後九時ごろ，判示鋼管野積場において，右Ｈ子の死体を放置して立ち去り，もって同死体を遺棄したものである。」との本位的訴因および「被告人は，右日時場所において瀕死の重傷を負った同児に対し，父親としてこれを保護し，救護の措置を講ずべき責任があるのにかかわらず，何ら救護の措置をとることなく，同児をその場に置き去り，もってこれを遺棄したものである。」との予備的訴因につき，……検討するに，前掲各証拠によると，右両訴因に共通の外形的事実，即ち，被告人が昭和四五年四月二七日午後九時ごろ，Ｈ子を前記鋼管野積場に放置して立ち去った事実は明らかにこれを認めることができるが，右両訴因の罪が成立するには，さらに本位的訴因についてはその際同児が死亡していたこと，予備的訴因については生存していたことを要するので，この点につきさらに検討するに，《証拠略》によれば，被告人が前掲ほ乳瓶で同児を強打した後も同児は目をキョロキョロさせながら首を左右に動かしており，右野積場に至った際，再び泣き出したので同児を上下に二，三回ゆさぶったところ同児は泣きやんでぐったりとなったので，被告人は，同児を付近の地上に置いて立ち去ったことが認められるが，右のように同児がぐったりとなった際，同児が死亡していたものかそれとも仮死状態にとどまっていたかはにわかに解明し得ず，従ってまた，被告人が同児を地上に置いて立ち去るまでの間の同児の生死も明らかでなく，この点は《証拠略》によるもこれを明らかにし得ないし，同児を置き去りにした際同児が生存していた旨の被告人の当公判廷における供述も《証拠略》に照らしにわかに措信することができない。従って，右各訴因の犯罪時における同児の生死は不明ということにならざるを得ないが，このような場合，右両訴因につきいずれも証明が十分でないものとして無罪の言渡をすべきものか，それとも，二者のうちいずれか一方の訴因が成立することは間違いないものとして択一的に或いは被告人に有利な訴因につき有罪の認定をなすべきかは困難な問題であるが，現行刑事訴訟法上の挙証責任の法則に忠実である限り，後者のような認定は許されないものと解すべきであるから（平野龍一外一名編実例法学全集刑事訴訟法四五八頁以下参照），右各訴因についてはいずれも証明が十分でないものとして無罪の言渡をするほかはない。

■ 上級審の裁判の拘束力に関するもの

ここでは，**大阪高決昭和47・11・30高刑集25-6-914**が注目される。被告人の公判期日への不出頭は正当な理由によるものでないとして保釈を取り消す旨の判断をした原決定は，先の抗告審決定に反し，違法であるとし，次のように判示した

> 所論は，原裁判所が右（一）の理由で前記各保釈を取り消したことは上級審の裁判の拘束力を規定した裁判所法四条に違反すると主張するので，まずこの点について案ずるのに，……同条は，審級制度を前提とする規定であって，上級審裁判所がある事件についてした下級審裁判所の裁判を不当として破棄または取り消してその事件を下級審裁判所

に差し戻しまたは移送をした場合において，その差戻しまたは移送を受けた下級審裁判所は，当該事件に関するかぎり，上級審裁判所の示した判断に拘束され，これと異なる判断をすることができない旨を定めたに過ぎないから，本件のように，差戻しまたは移送された事件にかかるものではなく，第一次保釈取消決定およびこれについての抗告審の決定とは別個独立になされた保釈取消決定については，たとえ同一事項を判断の対象とするものであつても，同条の適用はなく，原裁判所は，原決定をするにあたり，同条によつては右抗告審の決定に示された判断に拘束されるものではないと解すべきである。したがつて，同条違反をいう所論はこれを採用しがたい。しかし，だからといつて，さきの抗告審の決定になんらの拘束性もないと解するのは早計である。……一般に，裁判が通常の方法で不服申立ができない状態（形式的確定）になつた場合，その裁判の判断内容である一定の法律関係は確定し（内容的確定），その内容的確定力により，その後においては同一事項について異なつた判断内容の裁判をすることはできないと解するのが相当である。けだし，ある裁判で一定の判断がなされその裁判が形式的に確定したのに，その後になつてその判断が誤りであつたとしてこれと異なる判断内容の裁判をなすことを許すとすれば，判断対象たる法律関係はいつまでも確定せず，法的安定性は遂に得られないこととなるからである。そして，このように裁判が形式的に確定した場合に内容的確定力を生ずることは，その裁判が終局裁判であるときは言をまたないところであるが，それが終局前の裁判であつても，たとえば訴訟指揮に関する裁判のように，それ自体独立の意味を有するものではなく，もつぱら訴訟の適正円滑な進行を図るためのものであり，それ故に訴訟の進行状況によつては適宜変更することも予想され，ひいてその判断内容自体確定的であるとはいえない種類のものは別として，そうでないかぎり，異なるところはないというべきである。これを本件のごとき保釈に関する裁判についてみると，それは訴訟指揮に関する裁判等と異なり，単に訴訟の進行にのみ奉仕するものではなく，むしろ被告人の拘禁よりの解放に関する事項を内容とするものとして，それ自体独立の意味を有するものというべく，したがつてこれについては，裁判一般の例に従い，それが形式的に確定することによつて内容的確定力を生じ，その後に生じた事情を理由とする場合のほかは，さきになされた裁判と異なる判断内容の裁判をすることはできないと解するのが相当である。そして，このことは，たとえさきの裁判がその後発見された資料によつて誤りであることが明らかになつた場合であつても異なるところではない。けだし，このような場合には，資料こそ新たに発見されたものであるとはいえ，その資料によつて証明しようとする事実自体はさきの裁判の際に存在したものであるから，その裁判の際に調査を尽くし誤りを是正しておくべきであつたのであり，これをしないで，その裁判が形式的に確定した後に，新たな資料を発見したことを理由に，同一事項についてさきの裁判と異なる判断内容の裁判をするがごときは，いたずらに（すなわち，公訴取消後の再起訴に関する刑事訴訟法三四〇条，再審に関する同法四三五条に類する規定もないのに）さきの裁判の内容的確定力を否定するものであつて，とうて

い認めがたいところである。……そこで，本件についてこれをみるに，第一次保釈取消決定に対する抗告審の決定が，被告人が前記六月一日午後一時の公判期日に出頭しなかつたのはやむを得ない事由によるもので，刑事訴訟法九六条一項一号にいう正当な理由がなく出頭しなかつた場合にあたらないと判断したことは前叙のとおりであるから，右判断内容は，右抗告審の決定の形式的確定とともに内容的にも確定し，その内容的確定力により，その後において同じ公判期日への不出頭を理由に抗告審決定に反する決定をすることはできないといわなければならない。……そして，右抗告審決定において資料とされた前記証明書および被告人の陳述内容が虚偽であり，ひいて被告人の不出頭が正当な理由によるものでないことがその後に判明したとしても，それによつて右内容的確定力を否定することができないことはさきに説示したとおりであるから，このことを看過し，被告人の右不出頭が正当な理由によるものでないとして保釈を取り消す旨さきの抗告審決定に反する判断をした原決定は違法であるといわなければならない。

■ **再審に関するもの**

再審については，白鳥事件の再審請求を棄却した**札幌高決昭和44・6・18判時558-14**と，この決定に対する異議の申し立てを棄却した**札幌高決昭和46・7・16判時637-3**がみられる。

第6代
最高裁長官
村上朝一

(1973年5月21日〜1976年5月24日)

MURAKAMI court
06

第6代長官　村上朝一

I ■ 長官のプロフィール

　前々期，前期と同様，東京高裁長官の経験者。父と兄は医者。東京帝国大学法学部を卒業し，司法省に入省。戦時中は陸軍司政官になり，ジャカルタで敗戦を迎える。抑留され，復員後は司法省で民法や商法の改正作業に携わった。法務省民事局長を経て，最高検察庁公判部長に就任し，八海事件や松川事件等を担当し，有罪論を組み立てた。その後，裁判官に転じ，横浜地裁所長，仙台高裁長官，東京高裁長官を経て，最高裁判事に。「安定した裁判所づくり」を心がけた。

　第2次田中内閣の下で最高裁長官に就任した。初めての記者会見では，「世にいわれるような司法の危機が存在しないことはいうまでもない。司法問題で建設的な意見を内部で交えることは必要だが，裁判所職員が一部の働きかけに動じるようなことがあってはならない」と話した。1973年及び1974年の長官所長会同では，「若い判事補の指導，育成につとめてほしい」とも訓示した（裁時620号1頁及び644号1頁）。

　長官として最も重視した課題は「迅速な裁判」の徹底で，就任時点で25件あった大法廷事件を6件に，7000件以上あった小法廷の案件を2000件あまりにまで減らした。村上の発案で，評議の際に小委員会をつくり，小委員会が問題点を整理し，大法廷裁判長の村上は最大公約数の多数意見をまとめ，多少の意見の違いは補足意見を書く等して，審理のスピード・アップを図ったことが大きかったとされる。「洗練された仕事師」として畏怖された。村上は，若手裁判官（判事補）の問題を司法行政の最重点課題として取り組み，裁判長クラスには判事補との人間的なつながりを構築するように呼び掛けた。

　長官在任中，二つの違憲判断を行った。一つは，薬局新設の際の距離制限を定めた薬事法について違憲としたことである。経済的自由とその規制について始めての判断基準を示した。もう一つは衆議院議員定数配分不均衡問題について違憲の判断を示したことで，この違憲判決が契機になって，その後，次々に各審級で違憲判決が出されることになった。しかし，選挙そのものについては，事情判決の法理により無効としなかった。この違憲判決について，村上は後に「勇気を要した」と述懐した。

　退官のとき，最高裁の「右寄り路線」について聞かれたとき，「左から見れば右，右から見れば左にも見える。真正面から見てほしい」とコメントした。(以上のプロフィールについては，野村二郎『最高裁全裁判官──人と判決』(三省堂，1986年) 147頁以下，山本祐司『最高裁物語（下巻）』(日本評論社，1994年) 133頁以下などを参照)

II ■ この期の最高裁の動き

　村上コートは，全農林判決や猿払事件など，思想がからむ公安・労働事件に対しては依然として厳しかった。人間らしさが問われたことから「人間裁判」といわれた全国的な教育裁判・学力テストでも，二審では無罪判決だったのに，最高裁大法廷では有罪となった。それは三菱樹脂訴訟判決等でも同様で，石田路線の継承，その仕上げが図られた。その一方で，政治色のない事件では，薬事法や衆議院議員定数配分については違憲の判断を示し，柔軟性を見せた。第一小法廷が刑事再審について白鳥決定を下したのも，この村上コートの時代であった。

　この時期，最高裁の新庁舎が完成した。1974年5月23日の記念式典で首相として祝辞を述べたのは田中角栄であった（裁時642号1頁参照）。周知のように，田中は後にロッキード事件で長年にわたって被告人席に座らせられることになる。（野村二郎『最高裁全裁判官――人と判決』（三省堂，1986年）147頁以下，山本祐司『最高裁物語（下巻）』（日本評論社，1994年）133頁以下などを参照）

III ■ この期の裁判所関係の動き

1973年 5月21日		村上朝一，最高裁長官に就任。
	6月19日	村上長官，長官所長会同で，「効率化要求」を訓示（裁時620号1頁）。
	9月7日	札幌地裁，長沼事件に自衛隊違憲の判決。
	9月11日	長沼訴訟判決が漏れた疑いがあるとして札幌地裁に調査委員会を設置。
	9月12日	国，長沼判決を不服として札幌高裁に控訴。
	12月12日	最高裁大法廷，三菱樹脂事件で思想信条による採用拒否に認容判決。
1974年 1月1日		村上最高裁長官，「新年のことば」で，「裁判所の進むべき道には，まことに厳しいものがある。これらの社会的利害の対立をよく調整することが現代司法に課された重大な課題であることはいうまでもないが，……この種の事案の解決は決して容易ではない。」等と述べる（裁時632号1頁）。
	1月22日	判事補の参与を認める規則の改正規則を制定。（参与判事補を全地域に）
	1月24日	26期修習生，任官拒否反対署名を最高裁に提出。（最高裁，回答拒否を通告）

第6代長官　村上朝一

	2月10日	第4回裁判官懇話会が「全国裁判官懇話会」と称して開催。(209名の現職裁判官が参加)
	2月27日	大阪地裁，大阪空港騒音公害訴訟で国に損害賠償を命じる判決。
	3月28日	最高裁と法務省，判事と検事の人事交流「判検交流」に合意。
	4月 1日	福島判事，東京地裁への異動命令。
	5月23日	最高裁新庁舎の落成式。
	6月12日	村上最高裁長官，長官所長会同で，昨年に引続き，「今後も引き続き訴訟促進の成果がありますよう各位の一層の努力を願ってやみません。」等と訓示するとともに，司法修習生の指導に格段の配慮を要望（裁時644号1頁）。
	7月13日	民事調停委員及び家事調停委員規則を制定。
	7月19日	最高裁第三小法廷，昭和女子大事件で学生の政治的表現活動制限を認容。
	9月26日	最高裁第一小法廷，尊属傷害重罰規定に合憲判決。
	10月26日	田中首相，金脈問題で辞意表明。
	11月 6日	最高裁大法廷，猿払等三事件で公務員の政治的行為の制限に合憲判決。
	12月 9日	札幌地裁小樽支部，身障者の在宅投票制廃止に違憲判決。
	同日	田中内閣が総辞職。（三木武夫を第66代首相に指名）
1975年	3月12日	社会党，最高裁裁判官任命諮問委員会設置法案を国会に提出。
	3月24日	最高裁，法務省，日弁連による「法曹三者協議会」が発足。
	4月 7日	最高裁臨時裁判官会議，研修所弁護教官人選で弁護士会推薦者の不採用を決定。27期修習生4名（2名は青法協会員）の任官拒否を決定。
	4月30日	最高裁大法廷，薬事法に違憲判決。
	7月15日	公職選挙法の改正法を公布。（衆議院議員定数511名にして，各戸配布等のビラ活動を規制）
	9月10日	最高裁大法廷，徳島市公安条例に合憲判決。
	11月27日	大阪高裁，空港騒音に人格権侵害を認める判決。
1976年	1月 1日	村上最高裁長官，「新年のことば」で，「我が国の法制度は，その文化に根付いた独自性をもつものとして定着しつつあるように見受けられる。」等と述べる（裁時680号1頁）。
	2月19日	大阪地裁，大東水害訴訟で国と府の河川管理瑕疵を認める判決。
	3月24日	法務省，米当局とのロッキード事件資料提供の取決めに調印。
	4月 1日	司法研修所，「修習生心得」を配布。

	4月14日	最高裁大法廷，衆議院議員の定数配分に違憲判決。
	5月1日	最高裁，裁判官の毎月事件処理報告制度を導入。
	5月21日	最高裁大法廷，旭川・岩手両学力テスト事件で学テ適法の判決。

Ⅳ ■ この期の刑事法関係の動き

　刑事法関係では，以下のような動きがみられる。この期も無罪率の低下は続き，1975年には0.46％になった。

1973年	10月21日	滋賀銀行山科支店の9億円横領事件で女子行員を逮捕。(25日，共犯の愛人逮捕)。
	11月29日	熊本・大洋デパートで火災が発生し，130人が死亡。
1974年	1月31日	東京地裁，沖縄密約漏えい事件で毎日新聞記者に無罪判決。
	5月29日	法制審議会，改正刑法草案を答申。
	8月30日	東京の丸の内で三菱重工ビル爆破事件が発生し，8人が死亡，376人が負傷（連続企業爆破事件）。
1975年	2月22日	新潟地裁，小西反戦自衛官事件で無罪判決。
	5月20日	白鳥事件最高裁決定。
1976年	2月5日	米上院外交委多国籍企業小委員会でロッキード事件が発覚。
	3月2日	札幌の北海道庁ロビーで時限爆弾が爆発し，2人が死亡。
	5月4日	熊本地検，熊本水俣病事件につき，新日本窒素肥料株式会社代表取締役社長と工場長を刑事訴追。
	5月15日	神戸まつりで暴走族と見物人10000人が合流，暴動化し，1人が死亡。
	5月21日	最高裁大法廷，旭川学力テスト事件につき，学テは合憲であるとし，その実施を妨害した被告人に公務執行妨害罪の成立を認め，原判決および第1審判決を破棄して執行猶予付き有罪判決を自判し，被告人側の上告を棄却。

Ⅴ ■ この期の刑事判例の特徴

1　大法廷判決・決定

　この期に入ると，格別の大法廷判決・決定はみられないようになる。とりあえずの論点については然るべき憲法判断を提示したので，問題は一応片づいた。最高裁判所

によれば，こう考えられたことによるものであろうか。刑事判例の中心は大法廷から小法廷に移ることになった。

2　小法廷判決・決定

■ 捜査に関するもの

　この期においては，捜査における有形力の行使について，最高裁判所の判断が相次いで示されることになった。その一つは現行犯逮捕に伴う有形力の行使に関してで，**最決昭和50・4・3刑集29-4-132**は，次のように判示し，適法とした。

> 現行犯逮捕をしようとする場合において，現行犯人から抵抗を受けたときは，逮捕をしようとする者は，警察官であると私人であるとをとわず，その際の状況からみて社会通念上逮捕のために必要かつ相当であると認められる限度内の実力を行使することが許され，たとえその実力の行使が刑罰法令に触れることがあるとしても，刑法三五条により罰せられないものと解すべきである。これを本件についてみるに，……被告人は，Bらを現行犯逮捕しようとし，同人らから抵抗を受けたため，これを排除しようとして前記の行為に及んだことが明らかであり，かつ，右の行為は，社会通念上逮捕をしようとするために必要かつ相当な限度内にとどまるものと認められるから，被告人の行為は，刑法三五条により罰せられないものというべきである。

　もう一つは任意捜査における有形力の行使に関してで，これも，**最決昭和51・3・16刑集30-2-187**は，次のように判示し，適法とした。

> 原判決の事実認定のもとにおいて法律上問題となるのは，出入り口の方へ向かつた被告人の左斜め前に立ち，両手でその左手首を掴んだ加藤巡査の行為が，任意捜査において許容されるものかどうか，である。……捜査において強制手段を用いることは，法律の根拠規定がある場合に限り許容されるものである。しかしながら，ここにいう強制手段とは，有形力の行使を伴う手段を意味するものではなく，個人の意思を制圧し，身体，住居，財産等に制約を加えて強制的に捜査目的を実現する行為など，特別の根拠規定がなければ許容することが相当でない手段を意味するものであつて，右の程度に至らない有形力の行使は，任意捜査においても許容される場合があるといわなければならない。ただ，強制手段に当たらない有形力の行使であつても，何らかの法益を侵害し又は侵害するおそれがあるのであるから，状況のいかんを問わず常に許容されるものと解するのは相当でなく，必要性，緊急性なども考慮したうえ，具体的状況のもとで相当と認められる限度において許容されるものと解すべきである。……これを本件についてみると，加藤巡査の前記行為は，呼気検査に応じるよう被告人を説得するために行われたものであり，その程度もさほど強いものではないというのであるから，これをもつて性質上当然に逮捕その他の強制手段にあたるものと判断することはできない。また，右の行為は，

酒酔い運転の罪の疑いが濃厚な被告人をその同意を得て警察署に任意同行して，被告人の父を呼び呼気検査に応じるよう説得をつづけるうちに，被告人の母が警察署に来ればこれに応じる旨を述べたのでその連絡を被告人の父に依頼して母の来所を待つていたところ，被告人が急に退室しようとしたため，さらに説得のためにとられた抑制の措置であつて，その程度もさほど強いものではないというのであるから，これをもつて捜査活動として許容される範囲を超えた不相当な行為ということはできず，公務の適法性を否定することができない。したがつて，原判決が，右の行為を含めて加藤巡査の公務の適法性を肯定し，被告人につき公務執行妨害罪の成立を認めたのは，正当というべきである。

　このように，最高裁判所によれば，捜査機関が任意処分の名において強制処分の一部を行うことが許容されることになった。強制手段とは，「有形力の行使を伴う手段」を意味するものではなく，「個人の意思を制圧し，身体，住居，財産等に制約を加えて強制的に捜査目的を実現する行為など，特別の根拠規定がなければ許容することが相当でない手段」を意味するものであって，右の程度に至らない有形力の行使は，任意捜査においても許容される場合があり，「必要性，緊急性なども考慮したうえ，具体的状況のもとで相当と認められる限度において許容される」ものと解すべきであるとされたからである。この最高裁決定は，先例として，この後，捜査実務に多大の影響を及ぼすことになった。

■ 裁判官の忌避・除斥に関するもの

　裁判長の訴訟指揮権，法廷警察権の行使に対する不服を理由とする裁判官の忌避の申立を簡易却下したことについての準抗告を受けて，右簡易却下を不相当とした原決定についても，最高裁判所の判断が示されている。**最決昭和48・10・8刑集27-9-1415**がそれで，次のように判示した。

> 　元来，裁判官の忌避の制度は，裁判官がその担当する事件の当事者と特別な関係にあるとか，訴訟手続外においてすでに事件につき一定の判断を形成しているとかの，当該事件の手続外の要因により，当該裁判官によつては，その事件について公平で客観性のある審判を期待することができない場合に，当該裁判官をその事件の審判から排除し，裁判の公正および信頼を確保することを目的とするものであつて，その手続内における審理の方法，態度などは，それだけでは直ちに忌避の理由となしえないものであり，これらに対しては異議，上訴などの不服申立方法によつて救済を求めるべきであるといわなければならない。したがつて，訴訟手続内における審理の方法，態度に対する不服を理由とする忌避申立は，しょせん受け容れられる可能性は全くないものであつて，それによつてもたらされる結果は，訴訟の遅延と裁判の権威の失墜以外にはありえず，これらのことは法曹一般に周知のことがらである。……本件忌避申立の理由は，本件被告事件

についての，公判期日前の打合せから第一回公判期日終了までの本件裁判長による訴訟指揮権，法廷警察権の行使の不当，なかんづく，第一回公判期日において，被告人および弁護人が，裁判長の在廷命令をあえて無視して退廷したのち，入廷しようとしたのを許可しなかつたことおよび必要的弁護事件である本件被告事件について弁護人が在廷しないまま審理を進めたことをとらえて，同裁判長は，予断と偏見にみち不公平な裁判をするおそれがあるとするものであるところ，これらはまさに，同裁判長の訴訟指揮権，法廷警察権の行使に対する不服を理由とするものにほかならず，かかる理由による忌避申立の許されないことは前記のとおりであり，それによつてもたらされるものが訴訟の遅延と裁判の権威の失墜以外にはない本件においては，右のごとき忌避申立は，訴訟遅延のみを目的とするものとして，同法二四条により却下すべきものである。……しかるに，原決定が，本来忌避理由となしえない本件裁判長の訴訟指揮権，法廷警察権の行使の当否について判断を加えて，本件簡易却下を不相当としたのは，忌避理由についての法律の解釈適用を誤り，ひいては事実誤認をきたしたものであつて，これを取り消さなければ著しく正義に反するものと認める。

　この決定によれば，「訴訟の遅延と裁判の権威の失墜以外にはない」本件忌避の申し立てに対する，そして，それを認めた原決定に対する最高裁判所の怒りにも似た厳しい態度が容易に窺いしれる。最高裁判所の「かかる理由による忌避申立は許されない」という姿勢はその後，下級審を縛ることになった。

■ 訴因変更の要否および可否に関するもの

　準起訴裁判における訴因変更および事実認定についても，最高裁判所の判断が示されている。**最決昭和49・4・1刑集28-3-17**がそれで，次のように判示した。

　所論第三は，原判決には準起訴手続によつて審判に付された事件において準起訴事件以外の事実を認定し有罪とした違法があるというものであるが，準起訴裁判所が，相当な嫌疑のもとに刑訴法二六二条一項に掲げる罪が成立すると判断し公訴提起すべきものとして審判に付した以上，その後の審理の結果それ以外の罪の成立が認められるにすぎないことになつたとしても，これが審判に付された事件と公訴事実の同一性が認められるかぎり，この事実を認定し処断することが許されないわけではない。なぜならば，準起訴裁判の制度は，同法二六二条一項に掲げる罪が成立する相当な嫌疑があり起訴すべき場合であると認められるのにかかわらず，検察官が公訴を提起しないことの是正を目的とするものであるから，準起訴裁判所が，相当な嫌疑のもとに右の罪が成立すると判断し起訴すべき場合であるとして審判に付した以上，検察官の公訴提起と同じく，その後の訴因の変更，事実認定等について差異がないと解すべきであるからである。

V　この期の刑事判例の特徴

■ 迅速裁判に関するもの

「荒れる裁判」に関わって，この期においては，迅速裁判に関して，いくつかの小法廷判決が出されている。

最判昭和48・7・20刑集27-7-1322 もその一つで，次のように判示した。

> 右審理中断は，もつぱら被告人側の責に帰すべきものであり，かつ，記録上，被告人側が右のごとき審理中断により訴訟上の不利益を蒙つたものと認める特段の事情も窺われない本件においては，いまだ憲法三七条一項に定める迅速な裁判の保障条項に反する異常な事態に立ち至つたものとすべきでないことは，当裁判所の判例……の趣旨に照らして明らかである。

最判昭和49・5・31判時745-104 も，次のように判示した。

> 以上のように，第三次控訴審において約七年間の審理中断が生じたことについては，各訴訟関係者に反省すべき点があるものと認められるけれども，それが事後審である控訴審において生じたこと，右控訴は有罪の第一審判決に対する被告人からの控訴であって，被告人側が審理促進を求めるべき段階にあったのにこれに則した積極的な態度を示したことが窺われないこと，審理中断により被告人が不利益を蒙ったとみるべき格別の事情もないことを合わせ考えると，本件においてはいまだ憲法三七条一項に定める迅速な裁判の保障条項に反する異常な事態に立ち至ったものとすべきでないことは，所論引用の当裁判所判例の趣旨に照らして明らかである。……それゆえ，違憲の主張は理由がなく，また，所論判例違反の主張も理由がない。

最判昭和50・8・6刑集29-7-393 も，次のように判示した。

> そもそも具体的刑事事件における審理の遅延が右の保障条項に反する事態に至っているか否かは，遅延の期間のみによって一律に判断されるべきでなく，遅延の原因と理由などを勘案して，その遅延がやむをえないものと認められないかどうか，これにより右の保障条項がまもろうとしている諸利益がどの程度実際に害せられているかなど諸般の情況を総合的に判断して決せられなければならないのであって，事件の複雑なために，結果として審理に長年月を要した場合などはこれに該当しないものであることは，すでに当裁判所の判例（昭和四五年（あ）第一七〇〇号同四七年一二月二〇日大法廷判決・刑集二六巻一〇号六三一頁参照）の示すところである。……もとより，訴訟遅延の責めは窮極的には裁判所が負うべきものでこれを当事者に転嫁することは許されないところであるとはいえ，当事者主義を基調とする訴訟構造のもとでは，両当事者の積極的な協力がなくては迅速な審理を望みえないこともまた疑うべくもないのである。したがって，本件におけるように被告人が第一審判決を不服として控訴を申し立てた場合に，審理が遅延していると考えるならば，被告人側としても漫然と権利の上に眠ることなく，裁判

第6代長官　村上朝一

所に対しその迅速な処理を促すこともできるのであり，審理促進に対する当事者の態度もまた前述の諸般の情況に加味することはあながち不当ではないと解されるし，一方，裁判所が当時置かれていた審理の促進を阻害するような現実的な特殊情況も，これを全く無視することができず，形式的に審理に要した期間の長短だけをとらえて論議することは妥当でないと考えられる。……このような見地にたつて本件をみると，本件は起訴後第二次控訴審の判決まで約一六年を要しているけれども，前述のとおり，第一次上告審を経て，あらためて第二次の第一審からの審理が繰り返されたものであり，右の審理経過及び本件が多くの論点を含んでいることに徴すれば，第一次控訴審及び第二次控訴審における控訴趣意書提出後第一回公判期日までの四年及び三年七箇月を除いた年月は，審理に必要な期間としてやむをえないものと認めることができるが，右の四年及び三年七箇月の審理中断についてはなお検討を要するものがある。控訴審は，その訴訟手続構造上，控訴趣意書が提出されてから，記録の精査，第一審判決の瑕疵の有無についての検討，審理計画の樹立等をまつてはじめて公判期日の指定が可能であり，これに要する期間は当然審理に必要な期間として考慮されなければならないとはいえ，前記の如く控訴趣意書提出後第一回公判期日までに要した四年及び三年七箇月の期間は，本件事案の内容等に照らし，通常の状態における審理に必要な期間として是認することは，いささか困難といわざるをえない。しかしながら，本件については，第一次，第二次控訴審ともその配填をうけた裁判所の構成の変更がきわめて頻繁であり，第一次控訴審において，控訴趣意書提出後第一回公判期日までに同一裁判官三名の構成によつて部を構成することができた期間は，昭和三七年四月一〇日以降昭和三八年七月二五日までの一年三箇月が最長で，そのほかはいずれも一年未満にすぎないうえに，控訴趣意書提出後本件が大阪高等裁判所第三刑事部から第六刑事部に配填替えになつた昭和三九年六月一日までの間における同高等裁判所の一部当り月間新受件数は二九件ないし五八件，その平均は四一件に及び，今日とは比較にならないほどの負担過重であつたことが認められ，本件とともに第三刑事部から第六刑事部へ配填替えになつた事件の中には，本件以上に第一回公判期日の指定が遅れていた事件が多数あつたことがうかがえるのである。また本件が第二次控訴審に係属していた当時の事情もこれと大同小異であつて，控訴趣意書の提出された昭和四四年一一月五日から第一回公判の開かれた昭和四八年六月二六日までの間の大阪高等裁判所における一部あたりの月間新受件数は，平均二四件までに減少したとはいえ，本件が同高等裁判所第五刑事部に係属してからの三年の間，同一裁判官三名の構成によつて部を構成することができた期間はいずれも九箇月未満で，昭和四七年一〇月二七日以降は，比較的に部の構成が安定したとはいえ，その構成員に変更がなかつたのは，その後の一年一箇月が最長であつて，しかも本件よりさきに第五刑事部に係属しながら本件以上に長期化していた事件が相当数あり，その処理に忙殺されていたために，本件の審理を開始することが容易ではなかつたことがうかがわれるのである。そして，なお，このような状況下にある裁判所としては，いきおい身柄拘束事件の審理

を先行させるのもまたやむをえなかつたものといわなければならない。……本件において、右にみたような裁判所側の事情によつて審理が遅延した結果、被告人らを長期間不安定な状態に置いたことはまことに遺憾といわざるをえないのであるが、本件は、第一次・第二次控訴審とも被告人の控訴によるものであるのに、被告人側が審理促進を求める積極的な態度を示したことをうかがうに足る証跡がないこと、本件の二回にわたる中断が事実取調のほとんど終了した控訴審段階において生じたもので、被告人の防禦権の行使に特に障害を生じたものとも認められないこと等を総合勘案すれば、当裁判所が前記昭和四七年一二月二〇日大法廷判決において示したほどに異常な事態に立ち至つたといえないことは右判例の趣旨に照らして明らかであり、裁判所全体としてはさらに審理の促進に工夫をこらすべきものがあるとはいえ、本件の場合は、前記諸般の事情に照らし、この段階においてその審理を打ち切ることは適当とはいえず、結局、所論違憲の主張は理由がないことに帰する。

これらの小法廷判決では、いずれも、「審理中断により被告人が不利益を蒙つたとみるべき格別の事情もない」とか、「大法廷判決において示したほどに異常な事態に立ち至つたといえない」とかの理由によって、迅速裁判違反という被告人側の主張は退けられている。裁判所主導の下で「迅速裁判」を強力に進めるが、被告人・弁護人側からの「迅速裁判」違反を理由とする不服申立ては認めないということであろうか。誰にとっての「迅速裁判」かが容易にうかがい知れよう。

■ 自己負罪拒否特権に関するもの

最判昭和50・1・21刑集29-1-1は、前期の判例に引き続き、次のように判示した。

道路交通法七二条一項後段のいわゆる事故報告義務の規定が憲法三八条一項に違反するものではないことは、当裁判所の判例（昭和……三七年五月二日大法廷判決・刑集一六巻五号四九五頁）の趣旨に徴して明らかである。……ところで、原判決の維持する第一審判決の認定する事実によると、被告人は、普通乗用車を運転中、酒気帯び運転と認められてK巡査運転の白バイの追跡を受けるや、白バイの進路を妨害しその追抜きを阻止して逃走するため、故意にハンドルを切つて自車を白バイの進路上に進出接近させる暴行を加えた結果、自車に白バイを接触転倒させ、同人を死亡するに至らしめながら、そのまま逃走した、というものであつて、このように、自動車運転者が逃走の過程で暴行の犯意のもとに車両の交通により人の死傷の結果を発生させた場合であつても、道路交通法七二条一項後段所定の各事項の報告義務を免れないものとした原判決の判断は正当であり、右判断が憲法三八条一項に違反し前示大法廷判例の趣旨にそわないものとは解されないから、論旨は理由がない。

第6代長官　村上朝一

■ 事実認定に関するもの

　事実認定に関しても注目される小法廷判決が出されている。一つは情況証拠による事実認定に関するもので，**最判昭和48・12・13判時725-104**は，次のように判示した。

　「疑わしきは被告人の利益に」という原則は，刑事裁判における鉄則であることはいうまでもないが，事実認定の困難な問題の解決について，決断力を欠き安易な懐疑に逃避するようなことがあれば，それは，この原則の濫用であるといわなければならない。そして，このことは，情況証拠によって要証事実を推断する場合でも，なんら異なるところがない。けだし，情況証拠によって要証事実を推断する場合に，いささか疑惑が残るとして犯罪の証明がないとするならば，情況証拠による犯罪事実の認定は，およそ，不可能といわなければならないからである。ところで，裁判上の事実認定は，自然科学の世界におけるそれとは異なり，相対的な歴史的真実を探究する作業なのであるから，刑事裁判において「犯罪の証明がある」ということは「高度の蓋然性」が認められる場合をいうものと解される。しかし，「蓋然性」は，反対事実の存在の可能性を否定するものではないのであるから，思考上の単なる蓋然性に安住するならば，思わぬ誤判におちいる危険のあることに戒心しなければならない。したがって，右にいう「高度の蓋然性」とは，反対事実の存在の可能性を許さないほどの確実性を志向したうえでの「犯罪の証明は十分」であるという確信的な判断に基づくものでなければならない。この理は，本件の場合のように，もっぱら情況証拠による間接事実から推論して，犯罪事実を認定する場合においては，より一層強調されなければならない。ところで，本件の証拠関係にそくしてみるに，前記のように本件放火の態様が起訴状にいう犯行の動機にそぐわないものがあるうえに，原判決が挙示するもろもろの間接事実は，既に検討したように，これを総合しても被告人の犯罪事実を認定するには，なお，相当程度の疑問の余地が残されているのである。換言すれば，被告人が争わない前記間接事実をそのままうけいれるとしても，証明力が薄いかまたは十分でない情況証拠を量的に積み重ねるだけであって，それによってその証明力が質的に増大するものではないのであるから，起訴にかかる犯罪事実と被告人との結びつきは，いまだ十分であるとすることはできず，被告人を本件放火の犯人と断定する推断の過程には合理性を欠くものがあるといわなければならない。

　合理的な疑いが残るとしている点が注目される。

　もう一つは憲法38条3項違反という上告理由に関するもので，**最判昭和51・2・19裁判集刑事199-251**は，次のように判示した。

　弁護人大橋茹の上告趣意及び追加上告趣意第一点のうち，憲法三八条三項違反をいう点は，原判決の是認する第一審判決摘示の犯罪事実が被告人の自白のみによって認定されたものでないことは同判決記載の証拠標目上明らかであるから，所論は前提を欠き，判例違反をいう点は，引用の判例は本件とは事案を異にし適切でなく，その余の点は，事

実誤認，単なる法令違反の主張であり，同第二点は，単なる法令違反，量刑不当の主張であつて，刑訴法四〇五条の上告理由にあたらない。

判決記載の証拠標目から，「第一審判決摘示の犯罪事実が被告人の自白のみによつて認定されたものでない」とされている点が注目される。

■ 判決に関するもの

略式命令の効力に関して，「原判示の事実関係のもとで被告人が他人の氏名を冒用して交付を受けた略式命令は冒用者である被告人に効力を生じないとした原判決の判断は，正当である。」と判示した**最決昭和50・5・30刑集29-5-360**がみられる。被告人が他人の氏名を冒用した場合，被告人が誰かについては，周知のように表示説，行動説，意思説などがみられるが，被告人が逮捕されていない略式手続である第三者即日処理方式の場合には，行動説や，意思説などを採用する余地がないことから，表示説によったものと考えられる。

■ 上訴に関するもの

上訴については，審理方式自体を対象に不服申し立てをすることは許されないとした**最決昭和49・3・13刑集28-2-1**が出されている。次のように判示した。

> 本来，審理方式なるものは，裁判所が当該事件について審理に関する方針を宣明するにすぎないのが一般であつて，審理方式中，これを関係人に告知することにより一定の訴訟法上の効果を生じさせる裁判の性質を有する部分を除き，審理方式自体を対象に不服申立をすることは，不適法として許されない。このような観点に立つて本件審理方式をみるに，わずかにその第一項の請求人代理人らに本件捜査記録等の閲覧謄写を許可する部分が，当該関係人に閲覧謄写権を付与する具体的裁判の性質を有するものと解されるほかは，原裁判所が，単に審理に関する方針を宣明し，関係人の協力を要請したものにすぎず，これによつて直ちに一定の訴訟法上の効果を生ずるものとは認めがたいのであつて，このことは，右方式の前文但書の定め及び各項目の記載の仕方に照らし明らかである。したがつて，この部分について不服申立をすることは許されず，これについての異議申立棄却決定に対する本件抗告もまた不適法というべきである。

ここでも，効率的な公判審理を目指す最高裁判所の強い姿勢を垣間見ることができる。

■ 再審に関するもの

再審に関しては，それまでの「開かずの扉」を開いた**最決昭和50・5・20刑集29-5**

-177（白鳥決定）が特筆される。次のように判示した。

> 同法四三五条六号にいう「無罪を言い渡すべき明らかな証拠」とは，確定判決における事実認定につき合理的な疑いをいだかせ，その認定を覆すに足りる蓋然性のある証拠をいうものと解すべきであるが，右の明らかな証拠であるかどうかは，もし当の証拠が確定判決を下した裁判所の審理中に提出されていたとするならば，はたしてその確定判決においてなされたような事実認定に到達したであろうかどうかという観点から，当の証拠と他の全証拠とを総合的に評価して判断すべきであり，この判断に際しても，再審開始のためには確定判決における事実認定につき合理的な疑いを生ぜしめれば足りるという意味において，「疑わしいときは被告人の利益に」という刑事裁判における鉄則が適用されるものと解すべきである。

　最高裁による「法創造」に道を開いたともいえるが，同決定については，効率的な公判審理を強く打ち出した村上コートの下での小法廷決定だという注意が必要であろう。効率的な公判審理を進めるためには，再審の「開かずの扉」を開ける必要があったということであろうか。最高裁による「法創造」はその後もみられるが，中心となっていくのは新たな捜査手法を許容するための「法創造」である。

3　下級審判決・決定

　この期の判例で何よりも注目されるのは下級審のものである。「闘う弁護人」の影響がまず下級審の判決・決定に現われ始めた。

■　捜査に関するもの

　捜査に関してもそれは同様で，捜査実務が進展する中で，当該職務質問，採尿，血液採取，令状によらない捜索，勾留を違法とする弁護人の申立てについて，裁判所の判断は大きく分かれることになった。違法としたのは**東京簡判昭和49・9・20刑月6-9-971**で，両手で被告人の両手をつかみ，停止している自動車から，その意思に反して，無理矢理に，被告人を車外にひきおろそうとした行為の適法性について，次のように判示した。

> 本件において，八田巡査が，その両手で被告人の両手をつかみ，車両の交通ひんぱんな道路上の中央線近くに停止しているその自動車から，その意思に反して，無理矢理に，被告人を車外に引きおろそうとした行為は，……警察官の適法な職務執行行為としての域を超えて，社会的にもその妥当性ないし要保護性を肯定し難いものとみるのほかはなく，また，本件における具体的状況に徴し，職務質問を実効的なものとするための付随的な実力行使として許容しなければならないほどの緊急性も認められない。そうだとす

ると，……被告人が，防衛のために，その上半身を二回くらいふり動かした行為が，公務執行妨害罪に該当するものでないことはもちろん，……暴行罪についての違法性も阻却されるものと解せざるを得ないから，……過剰防衛行為として，傷害罪に問擬することはできない。

　この判決で注目されるのは，「本件における具体的状況に徴し，職務質問を実効的なものとするための付随的な実力行使として許容しなければならないほどの緊急性も認められない」とされている点である。

　仙台地決昭和49・5・16判夕319-300 も，常習賭博に係る勾留に関して，次のように判示し，勾留の取消を決定した。

　本件常習賭博は，昭和四八年五月一九日になされたものであり，前記起訴にかかる常習賭博と一罪をなすものであり，その逮捕勾留中に同時に捜査を遂げうる可能性が存したのである。（本件は昭和四九年一月四日に塩釜警察署に認知されており，直ちに捜査を行えば本件被疑者を割り出すことは充分可能であつたのであり，事件自体が全く認知されていなかつた場合とは異なるのである。）従つて本件逮捕勾留は，同時処理の可能性のある常習一罪の一部についての逮捕勾留であるから，一罪一勾留の原則を適用すべきである。検察官の主張は一理あり，同時処理の可能性がない場合には妥当するものであるが，その可能性の存する場合には人権保護の見地から右原則を採用すべきであり，当裁判所は検察官の見解を採用しない。……右のごとく本件逮捕勾留は一罪一勾留の原則により適法視しえないものであるが，本件は常習賭博中の一部の事件である関係上，一個の犯罪事実につき再度の逮捕勾留がなされた場合に該当すると思料されるので，再逮捕勾留の適否が問題となる。刑訴法一九九条三項，刑訴規則一四二条一項八号は，同一犯罪事実につき前に逮捕状の請求又は発付のあつた場合にはその事実および更に逮捕状を請求する事由を逮捕状請求書に記載することを義務づけている。右は不当な逮捕のむし返しを防ぐという司法抑制の実効性を確保するための措置であり，この記載を欠くことにより裁判官の判断を誤まらせる虞れを生じさせるものであるから，右記載を欠く逮捕状請求にもとづく逮捕状は違法無効であり，逮捕の前置を欠くことになるのでその勾留も違法とすべきである。同一の犯罪事実とは公訴事実の単一性および同一性がある犯罪事実であり本件においてもその単一性があり同一犯罪事実であるところ，前記認定のごとく前掲起訴にかかる常習賭博につき逮捕状の発付があつた事実の記載を欠き，違法というべきである。……本件において実質的に再逮捕状の発付につきその司法審査を誤る可能性が存したかどうかであるが前記認定のごとく被疑者は保釈後，本件と一罪をなす常習賭博事件中，未取調の事件につき任意捜査に応じて取調を受けているのであり，本件につき一般的な逮捕要件としては格別，再逮捕の必要性が存するかどうかについては多大な疑問が残り，又，逮捕状発付当時以前に逮捕勾留がなされたことを窺わせる資

料も存しなかつたのであつて前掲記載を欠いたことにより実質的に司法審査を誤る可能性は十分存したといわざるを得ない。……以上のごとく本件逮捕勾留は，検察官の見解を前提にすれば適法であるが，当裁判所はその見解を採用せず，本件逮捕勾留は，一罪一勾留の原則に反して違法であるとともに，再逮捕と解釈してもその手続上および実質上の要件を欠き違法無効なものであり，逮捕前置主義の原則からその勾留請求は却下されるべきであつたのであり勾留の存続を是認しえないから，本件勾留はこれを取消すべきである。

これに対し，捜査を適法とした判決も存する。東京高判昭和49・9・30刑月6-9-960は，被告人を停止させ職務質問を続行するため，被告人の右手首を掴んだ行為について，次のように判示した。

いうまでもなく，警察官職務執行法二条一項の警察官の質問はもつぱら犯罪予防または鎮圧のために認められる任意手段であり，同条項にいう「停止させる」行為も質問のため本人を静止状態におく手段であつて，口頭で呼びかけ若しくは説得的に立ち止まることを求め或いは口頭の要求に添えて本人に注意を促す程度の有形的動作に止まるべきで，威嚇的に呼び止め或いは本人に静止を余儀なくさせるような有形的動作等の強制にわたる行為は許されないものと解され，同条二項もこの趣旨から特に規定されたものというべきである。これを本件についてみると，前記のとおり，小幡巡査は，歩いて立ち去ろうとする被告人の背後から「待ちなさい。」という言葉に添えて，右手で被告人の右手首を掴んだもので，その強さは必ずしも力を入れたという程ではなく，それは被告人の注意を促す程度の有形的な動作であると認めることができる。証人小幡の原審及び当審公判における供述によると，右の当時はすでに当初の職務質問の開始から一〇分近く過ぎており，その間小幡巡査の被告人に対する質問は前記のとおりであつて，被告人の住所，年令，職業等の質問はせず，被告人が日本人ではないなと感じながら，外国人登録証明書の呈示も求めていないのである。そこでこのような職務質問の推移及び小幡巡査が被告人に対し抱いた前記の疑念の程度から考えると，小幡巡査が右のような有形的動作によつて被告人を停止させて質問を続行する必要があつたかどうか，同巡査は応答を拒否して少なくとも三度までもその場から歩いて立ち去ろうとした被告人に対しその翻意を求め，説得する意思であつたのかどうかについて若干疑問があり，具体的な犯罪による被害事実があつたことを念頭にして被告人に対し疑念を抱いたわけでもない小幡巡査としては，この段階において職務質問を中止するのが妥当であつたというべきで，執拗に質問を続行しようとした同巡査の行為は行過ぎの謗を免れない。しかし，前記のとおり，同巡査の行為が職務質問の続行のための停止にあたるという点で，当時の客観的状況をもとに考えると，いまだ正当な職務執行の範囲を逸脱したものとまではいえないので，小幡巡査の前記職務執行行為は適法であると考えることができる。

V この期の刑事判例の特徴

　東京高判昭和49・11・26高刑集27-7-653も，アルコールを検出する資料とすることを被疑者に告げずに，被疑者が自然排尿した尿をその資料に供した事案について，次のように判示した。

　　本件尿の採取行為の適法性及びY鑑定書の証拠能力の有無について考えてみるに，被告人が現行犯逮捕の現場においても，玉川警察署に連行されたのちにおいてもその呼気検査を拒否し続けていたことは前段認定のとおりであるが……尿の採取経過によつてみれば，本件尿の採取は，酒酔い運転の罪の容疑によつて身柄を拘束されていた被告人が，自然的生理現象として尿意をもよおした結果，自ら排尿の申出をしたうえ，看守係巡査が房内に差し入れた便器内に任意に排尿し，これを任意に右巡査に引渡したことに帰するものであつて，この採取行為を違法というべき理由を発見することはできない。……もつとも，看守係の矢崎巡査が，被告人の尿がその中に含まれているアルコール度検出のための資料とされることを知りながら，そのことを告げないで便器を差し入れたことは……認定のとおりであり，原判決も，被告人の原審公判廷における供述を根拠として，「被告人は自己の尿中にあるアルコールの程度を検査する意図であることを知つたならば，尿の排泄を断念するか，あるいは排泄した尿を任意に捜査官に引き渡さなかつたものと推認できる」とし，右の点においても被告人を錯誤に陥し入れたことになるものとしていると解せられるが，本件被告人のように，酒酔い運転の罪の容疑によつて身柄を拘束されている被疑者が自然的生理現象の結果として自ら排尿の申出をして排泄した尿を採取するような場合，法律上いわゆる黙秘権が保障されている被疑者本人の供述を求める場合とは異なり，右尿をアルコール度検査の資料とすることを被疑者に告知してその同意を求める義務が捜査官にあるとは解せられないのであるから，右のことを告知して同意を求めなかつたことをもつてその採取行為を違法とする理由の一とすることには賛同できない。特に本件被告人の場合は，容疑事実を否認していたことは別としても，呼気検査を拒否したばかりか，逮捕後大量の水を飲み体内のアルコール度の稀薄化を意図していたと認められるのであるから，尚更である。……本件のように，酒酔い運転の罪の容疑により身柄を拘束されている被疑者が，自然的生理現象の結果として自ら排尿方を申し出て担当看守者が房内に差し入れた便器内に排尿した場合に，担当看守者が尿中のアルコール度を検定する資料とする意図をもつて右便器内の尿を保存採取することは，たとえ右担当看守者が房内に便器を差し入れ被疑者をしてこれに排尿させる際当該尿を右検定の資料とする意図があることを告知しなかつた場合であつても，憲法及び刑訴法の規定する令状主義の原則及び適正手続に違反する無効の証拠収集であるということはできない（原判決が引用する仙台高等裁判所の判決は，採血に関するものであり，本件とは事案を異にし，適切ではない。）。

　血液採取に関する福岡高判昭和50・3・11刑月7-3-143もその一つで，次のように判示した。

第6代長官　村上朝一

　被告人の血液の採取は，法定の令状も被告人の承諾もなしに行われたものであるから，一応問題の余地はあるが，……陳内巡査において，手術担当の主治医の承諾の下に，手術中の被告人の体から流れ出る血液を押さえていたガーゼから看護婦に少量の血液を採取してもらつたものであることが認められるので，右採血は被告人の身体に何らの障害も苦痛も与えるものではなく，たとえ意識不明の被告人やその家族の同意を得ていなかつたとしても，右のような状況の下でなされた被告人の採血は適法なものと……認めるのが相当である。

　さらに，令状によらない捜索に関して，**大阪高判昭和50・7・15判時798-102**は，被告人の手をつかむなどして連行し，数分後約120メートル離れた駅派出所で被告人のレインコート，背広上位を脱がせ，本件の鉄棒等を被告人の肩からはずしてとりあげたことについて，「本件鉄棒等の捜索は勿論，押収についても，刑事訴訟法二二〇条一項にいうところの，現行犯人逮捕の場合に逮捕の現場でなされた捜索，押収にあたるものと解するのが相当である。」と判示した。

　このように下級審の判断は大きく分かれた。ある種の緊張関係がみられたといえないこともない。しかし，全体としてみれば，当該処分の必要性，緊急性，相当性については当該現場警察官の判断を基本的に尊重するという方針の下に，本件においては「裁量権を濫用した」といえるほどの事情は認められないから，違法とまでは結論することができないという形で，捜査実務の進展にお墨付きを与えた結果，捜査実務がさらに進展するという構図が次第に形成されていくことになった。注目すべき下級審判決・決定もこの流れの中に埋没していった。

■　**令状に関するもの**

　令状に関しても，捜査に一定の制約を課した事例が見られる。**京都地決昭和48・12・11刑月5-12-1679**は，令状による捜索の範囲について，次のように判示した。

　　一般に，人の住所等ある特定の場所についての捜索状を執行するに当つては，たまたまその場に居合わせた第三者の占有物と認められる物を除くほか，その場所にある物についても捜索できるものと解すべきであるが，その場所にいる人の身体について捜索することは，その者がその場所にあつた捜索の目的物を身体に隠匿していると認めるに足りる客観的な状況が存在するなどの特段の事情のない限り，原則として許されないものと解するのが相当である。……けだし，通常「場所」という概念にはそこにいる人は含まれないと解されるのみならず，身体の捜索により侵害される利益（人身の自由）は場所の捜索によるそれ（住居権）には包含されないと考えられるからである。……（建物を対象とした前記捜索差押状では—引用者）被疑者らが所持していた前記手提鞄とショル

ダーバックは，右の地下室にある物として前記令状に基づく捜索の対象となり得るものというべく……これをもつて違法な違法な措置ということはできない。……一般に，捜索差押状の執行に際し，その場に居合わせた者を退去させるに当つて，証拠物の散逸を防止し右捜索差押の実効を確保するため，それらの者に対し，その所持品について質問し，これを取り出して呈示することを求め，あるいはその承諾を得て着衣の上から手を触れることなどは，捜査官に当然許された措置ということができるけれども，右の範囲を越えて，本人の意思に反して身体に手を触れあるいはポケットに手を差入れるなどの実質的に強制処分である捜索に当る行為は，前記のような特段の事情の存しない限り許されないものというべきところ，本件において……久世は同被疑者の承諾を得ることなくその着衣の上から手を触れるなどしたうえで初めて前記鉛塊一四個の存在に気がついたとの疑いが濃厚であり，しかも右の時点において，このような捜索が許されるような特段の事情が存したことを認めるに足りる資料はないから……右物件を発見するに至つた右久世の行為は，令状に基づかない身体の捜索として違法の評価を免れない。そうすると，右違法な手続によりもたらされた右物件の発見を端緒にしてなされた同被疑者に対する現行犯逮捕ならびにこれに付随する本件差押もまた違法といわざるを得ない。

大阪高判昭和49・3・29高刑集27-1-84も，差押の目的物として「本件に関係ある一，暴力団を標章する状，バッチ，メモ等，二，けん銃，ハトロン紙包の現金，三，銃砲刀剣類等」と記載された捜索差押許可状をもって，別の被疑事実に関係のある「メモ写し」を差押できるかについて，次のように判示した。

記録に編綴されている右メモ写しを見てもわかるように，右メモが賭博の状況ないし寺銭等の計算関係を記録した賭博特有のメモであることは一見して明らかであるところ，右メモは，前記捜索差押許可状請求書記載の被疑事実から窺われるような恐喝被疑事件に関係があるものとはとうてい認められず，また「暴力団を標章する状，バッチ，メモ等」に該当するとも考えられないから，右メモの差押は，令状に差押の目的物として記載されていない物に対してなされた違法な措置であるといわざるをえず，その違法の程度も憲法三五条および刑事訴訟法二一九条一項所定の令状主義に違反するものであるから決して軽微であるとはいえず，そのうえ，弁護人は右メモ写しの証拠調につき異議を述べていたのであるから，かかる証拠を罪証に供することは刑事訴訟における適正手続を保障した憲法三一条の趣旨に照らし許されないものと解すべきである。

もっとも，同判決は，のちに**最判昭和51・11・18判時837-104**（273-276頁参照）により破棄されることとなった。

■ 接見交通に関するもの

接見交通権の確保は弁護人にとって絶対に譲れない生命線だということから，当該

接見指定の不当性を，国家賠償請求訴訟を通じて争うという方法が弁護人によって開発されることになった。この期においては，これについての下級審の判断が出始めた。違法な接見指定だとしたものも現れた。たとえば，**神戸地判昭和50・5・30判時789-74**などで，次のように判示した。

> 原告の接見要求の事実を知らされた渡部検事としては，当然取調の状況や戒護体制をとりうるか否かを調査して適切な接見時刻及び時間を指定すべき職務上の義務があるのにこれをしなかった……点で，その職務を行うについて違法に原告に損害を加えたものといわなければならない。

同判決によれば，賠償請求自体は故意・過失がないとして棄却されたものの，検察官には「適切な接見時刻及び時間を指定すべき職務上の義務がある」とされた。接見指定制度自体は合憲として認める代わりに，弁護人の意向にも配慮した運用を検察官に求めたものといえよう。そして，接見実務の改善に大きな影響を与えることになった。

■ 訴因変更の要否および可否に関するもの

訴因変更の要否および可否に関しても，**福岡高那覇支判昭和51・4・5判タ345-321（沖縄ゼネスト事件）**がみられる。結審段階になっての訴因の追加的変更請求を不許可にした原審裁判所の措置は訴訟手続の法令違反に当たらないとしたもので，次のように判示した。

> 所論は，要するに，検察官は，原審第一八回公判期日において，被告人の分担した殺人の実行行為として「Ｙの腰部付近を足げにし路上に転倒させたうえ」を追加し，被告人の実行行為を「Ｙの腰部付近を足げにし路上に転倒させたうえ，炎の中から炎に包まれているＹの肩をつかまえて引きずり出し，顔を二度踏みつけ，脇腹を一度蹴つた行為」とする訴因の追加的変更請求をしたのに，右請求を結審段階にあるとの理由から不許可にした原審裁判所の措置は刑訴法三一二条一項に違反し，判決に影響を及ぼすことの明らかな訴訟手続の法令違反があるというものである。……よつて，所論にかんがみ，当裁判所は，本件記録を精査，審案したところ，所論訴訟手続の法令違反は存しないとの結論に達した。……このような観点に立つて本件を案ずるに，検察官の前記訴因変更の請求は，成程公訴事実の同一性を害しない限度ではあるが，前示（一）及び（二）の経緯が明らかに示すとおり，検察官が弁護人の求釈明によつて自ら明瞭に訴因から除外することを確認した事実をあらためて復活させるに等しく（本件においてはこの事実即ち前記足蹴り行為が訴因にのせられるにおいては，被告人にとつては，本件殺人の点につきあらたな防禦範囲の拡大を強いられるのみならず，暴行，傷害，傷害致死等の実行行

為としても独立に評価され，処断される危険にさらされることに留意すべきである），しかも約二年六箇月の攻防を経て一貫して維持してきた訴因，即ち本件問題の行為が殺害行為そのものであるとの事実の証明が成り立ち難い情勢となつた結審段階のことであつてみれば，そうしてまた，被告人としては，右足蹴り行為につき，それまで明確に審判の対象から外され，従つて防禦の範囲外の事実として何ら防禦活動らしい活動をしてこなかつたことの反面，右問題の行為が，殺害行為どころか救助行為としての消火行為であるとの一貫した主張がようやく成功したかにみえる段階であつたことをも考えあわせてみれば，それはまさに，不意打ちであるのみならず，誠実な訴訟上の権利の行使（刑訴規則一条二項）とは言い難いうえに，右事実をあらたに争点とするにおいては，たとえば，Y新聞掲載の写真の撮影者等の証人喚問，フイルムの提出命令等の事態が十分予想され，被告人としても，これらに対するあらたな防禦活動が必然的に要請され，裁判所もまた十分にその機会を与えなければならないから，訴訟はなお相当期間継続するものと考えられ，迅速裁判の趣旨（刑訴規則一条一項）に反して被告人をながく不安定な地位に置くことによつて，被告人の防禦に実質的な著しい不利益を生ぜしめ，延いて公平な裁判の保障を損なうおそれが顕著であるといわなければならない。……以上審案したところによつてみれば，原審裁判所が，検察官の前記訴因の変更を許さなかつたことは，さきに示した例外的な場合に該当して結局相当というべく，刑訴法三一二条一項の解釈適用を誤つたものとすることはできず，訴訟手続の法令違反は存しない。論旨は理由がない。

本判決によれば，「迅速裁判の趣旨（刑訴規則一条一項）に反して被告人をながく不安定な地位に置くことによつて，被告人の防禦に実質的な著しい不利益を生ぜしめ，延いて公平な裁判の保障を損なうおそれが顕著であるといわなければならない。」とされている点も注目されよう。「被告人の不安定な地位」という観点から迅速裁判の趣旨が理解されている。

訴因の特定に関して，次のように判示した**大阪高判昭和50・8・27高刑集28-3-310**も注目される。

刑訴法二五六条三項が訴因の特定明示を要求しているのは，検察官に対する関係では公訴提起の対象即ち攻撃の目標を明らかにし，裁判所に対しては審判の対象，範囲を明確にし，被告人に対しては防禦の範囲を示すことを目的とするものであるから，被害者ごとに一罪が成立する本件犯罪においては，必ずしも氏名による特定を要しないとしても何らかの方法で被害者を特定することが要求されるわけではあるが，被害者とされている者の全員が被害を受けたことが明白な事案においては，訴因において被害者を特定することの実質的必要性は，もつぱらそれ以外の者と区別することに眼目があると思われるので，被害者らの集団の範囲が確定されている限り，その集団の内部における個々の

被害者の特定に不充分な点があつたとしても、起訴状における訴因の明示としては、一応その目的を達しているものと解されないではない。……しかしながら、記録によれば、本件において被害者とされている反帝学評系の学生ら約五〇名のうち三〇名位が竹竿をもつて被告人らの属する革マル派の集団と叩き合いをしたというだけで、その時間もKの検察官調書によれば数秒間、Yの検察官調書によれば瞬間で勝負がつき自分らは負けて敗走したというほどの短時間であつて、右両名及びGは、いずれも竹竿で叩き合つただけで自分の竹竿は相手の体に当らず相手の竹竿も自分の体には当らなかつたと述べていることを考えると、少くとも、竹竿も持たず、これらの集団の後方にいた者については、暴行を受けた事実すら認めがたい状況下にあるのである。……このように、被害者らの集団にいた者が全て被害を受けたとは断定できない場合には、単に起訴状に、反帝学評系の学生ら約五〇名に共同して暴行を加えたと記載し、被害者らの集団を確定してそれ以外の者と区別するだけではなく、さらにその集団内部において被害を受けた者を氏名その他の方法で特定しない限り、審判及び防禦に支障を来たし、訴因の特定明示を要求する刑訴法二五六条三項の趣旨に反し適法なものということはできない。

■ 違法収集証拠の排除に関するもの

この期の下級審判決・決定の中で抜きん出て数が多いのは違法収集証拠の排除に関するものである。弁護人が当該捜査は違法だとし、そのような違法捜査の下で得られた違法収集証拠は証拠排除すべきだと厳しく争った結果、このような活況がもたらされたものである。これらの判決・決定の中には、証拠排除を認めたものも相当数含まれている。

たとえば、**大阪高判昭和49・7・18判時755-118**は、次のように判示した。

本件においては、司法警察員による……起訴後の取調には弁護人の立会がなかつたのは勿論、当時被告人にはいまだ弁護人が選任されていなかつたことが窺われることなどにかんがみると、右起訴後の取調は違法であり、その結果作成された右供述調書は、……その証拠能力に疑いがあるものといわなければならない。

大阪高判昭和49・11・5判タ329-290も、次のように判示し、爆竹および爆竹についての鑑定書を証拠排除した。

右爆竹を曽根崎警察署に至つてから捜索差押をしたことが、刑事訴訟法二二〇条一項二号の逮捕の現場における捜索差押として、合理的範囲においてなされたものとはいえず、右爆竹は憲法三五条、刑事訴訟法二二〇条一項二号に違反する手続によつて収集された証拠物であるといわざるをえない。

東京地決昭和50・1・29刑月7-1-63も、次のように判示した。

V　この期の刑事判例の特徴

被告人Ｔの当公判廷における供述および本件記録によれば，本件供述調書は，被告人に対して兇器準備集合罪，公務執行妨害罪により公訴が提起された日である昭和四七年六月三日以降のいまだ弁護人が選任されていない段階での取調によつて作成されたものであることが認められる。ところで，現行刑訴法には，被告人を当該起訴事実について取り調べることを禁止した明文はないが，そのことをもつてただちに，いわゆる起訴後の取調が起訴前の被疑者の取調と同じ要件の下で許容されると解することはできない。けだし現行刑訴法は，当事者主義を基調としているところ，公訴の提起によつて，被告人は訴訟の当事者としての主体的な地位にたつのであつて，その変化に伴い，ことがらの性質上，刑訴法一九七条一項本文の認める捜査官の任意捜査の方法時期等も一定の制約をうけることは避けられないというべきである。……そこで，その方法について検討すると，被告人は，公判廷においては，当事者として弁護人の立会のもとで供述する権利があり，かつこの権利は当事者としての地位にとつて基本的なものというべく（憲法三七条三項参照)，したがつて，被告人である以上は被疑者段階とは異なり，右権利の保障は原則として公判廷外での捜査官による任意捜査についても及ぶものと解するのが相当である。すなわち，被告人が任意に取調に応ずる場合でも，本件のように，任意的弁護事件でいまだ弁護人が選任されていない場合は，捜査官が被告人に対して弁護人選任権を告知したのみでは十分でなく，さらに，弁護人の選任を希望するならば弁護人の選任がなされた後その立会の下で取調を受ける権利があることをも告知する必要があり，そのうえで，被告人が弁護人の立会は必要でない旨を明示して取調に応じた場合等の特別の事情のない限り，捜査官が弁護人を立ち会わせることなく当該被告事件について取調をすることは，訴訟の当事者としての被告人の本質的権利である，弁護人の弁護を受ける権利を奪うことになり，被告人に対する任意捜査の方法として許されないものというべきである。……したがつて，捜査官にとつては本件事案の性質・態様に照らし被告人の供述調書を作成する必要性が全くなかつたとはいえないにしても，本件供述調書の作成に際して，弁護人の立会がなかつたのはもちろんのこと，被告人が取調に際して弁護人の立会は必要でない旨明示的に表示したこと等前記特別の事情の存在を認めるに足る証拠もないから，結局本件供述調書は違法な取調によつて作成された疑いが強く，公判において証拠とすることに同意されていないことにも照らすと，証拠能力に疑問があり採用することができないので，本件請求を却下することとする。

大阪地判昭和51・4・17判タ341-331も，爆発物取締罰則違反（製造・隠匿所持）について，本件爆弾その他の証拠物等は任意性の疑いのある自白からの派生証拠であって，証拠として使用することは許されず，従って，右事実については，法廷における被告人の自白以外に他の補強証拠がないことに帰し，有罪を認定することはできないと判示し，被告人を無罪とした。

これらの判決・決定においては，違法捜査の是正にかける下級審裁判官の強い意欲

第 6 代長官　村上朝一

が感じられる。別件（窃盗）の逮捕・勾留自体は違法ではないが，その間の本件（放火）の取調べが強制捜査としての取調べの実体を有し違法であるとして，別件逮捕・勾留中に作成された被告人の警察官に対する供述調書の証拠能力を否定するとともに，右別件逮捕勾留に引き続く本件逮捕勾留中に作成された被告人の警察官に対する全供述調書及び勾留執行停止前の検察官に対する供述調書については，違法が受継されるとして証拠能力を否定し，勾留執行停止期間満了後の検察官に対する供述調書については，違法の継続を遮断すべき特段の事情があるとして証拠能力を肯定した**東京地決昭和49・12・9判時763-16**（富士高校放火事件証拠決定）も，このような観点から位置づけることが許されようか。

しかしながら，その他方で，証拠排除を認めなかった判決・決定も少なくない。

東京高判昭和49・2・15判時742-142は，次のように判示した。

原判示のように，同月五日午後八時ころないし午後九時ころ以降本件逮捕当日の午前零時ころまでの間における凶器準備集合罪の成立することが肯定される以上，前記のような本件逮捕の違法が本件各勾留の効力に当然には影響を及ぼすものとはいい難い。……勾留の裁判は，これを当然無効とすべき特別の事情がある場合は格別，準抗告の手続により取り消されない限り，その有効性を否定されるべきいわれはないというべきである。従って，本件各勾留が違法であることを前提として所論の各検察官調書を違法収集証拠であるとする主張は失当で採用できない。

福岡高那覇支判昭和49・5・13判時763-110も，次のように判示した。

思うに，憲法三三条および三四条が基本的人権として何人も，現行犯として逮捕される場合を除いては，権限を有する司法官憲が発し，且つ理由となっている犯罪を明示する令状によらなければ，逮捕されないこと，何人も，理由を直ちに告げられ，且つ，直ちに弁護人に依頼する権利を与えられなければ，抑留又は拘禁されないこと，および何人も，正当な理由がなければ，拘禁されず，要求があれば，その理由は直ちに本人及びその弁護人の出席する公開の法廷で示されることを定め，またこれを承けて刑事訴訟法上に身柄の拘束に関しては，いわゆる令状主義をはじめとする詳細，かつ，厳格な手続的規定が設けられている趣旨にかんがみれば，捜査官が違法な身柄の拘束を意図的に利用したと認められるとき，身柄拘束の要件がないことが一見明白であるときのように身柄の拘束の違法性が著しく，右の憲法およびこれを承けた刑事訴訟法上の規定の精神を全く没却するに至るほどに重大であると認められる場合には，その身柄拘束中の供述がたとえ任意になされたとしても，その供述の証拠としての許容性を否定すべきものと解するのが相当であるが，その違法が右の程度に至らない瑕疵に止まる場合においては，その供述の証拠としての許容性は違法拘束中になされたことの一事をもって直ちに否定さ

れるものではないと解するのが相当である。

東京地判昭和50・11・7判時811-118も，次のように判示した。

ホテル全体を捜索する必要がある場合に，捜索場所がその旨明らかにされていれば，各客室の番号を捜索差押許可状に表示することは必要ではない。……しかし，……宿泊客の占有する客室は，経営者および宿泊客の二重の管理・占有の下にあるから，そのような客室の捜索を許可するのは，押収すべき物がその客室に存在することを認めるに足りる状況のある場合でなければならない（刑事訴訟法一〇二条二項，二二二条）。宿泊客がいる場合にはその客の平穏な占有やプライバシーを侵害してまで捜索をする必要があるかどうかが十分に考慮されなければならないのである。……従って，客が在室している場合でも捜索を許す趣旨で許可状を発付する場合は，一室につき一通を発付するか一通の許可状に捜索対象となる各室の番号を表示するのが憲法三五条二項に照らして厳格であろうが，少なくとも，右の趣旨が明示されていることを要すると解され，本件の捜索差押許可状のような，単に捜索場所「ホテル甲内」との記載では，無条件に宿泊客のいる客室の捜索を許可したものと解することはできない。……しかし，本件捜索に当たっては，三〇二号室の客であった被告人に，捜索の趣旨を説明し，一応その同意を得ているものと認められるので，同客室内を捜索したことは違法でないと解される。……次に，右許可状により，宿泊客の右のような同意を得て客室を捜索する場合においては捜索対象は同室の備品に限られ，客個人の持物を捜索することはその権限を超えることになる。……従って，本件においては，被告人の持物であることが明らかな小銭入れを開けて内容物を見ることは，右許可状に基づく捜索としては許されなかったのである。……ただ単に被告人が異議を述べなかったということで適法性を取得するものと解することは，令状主義の趣旨に反し許されないことは明らかである……しかし，ひるがえって考えてみるに，前記のように証拠物が次々と発見されたこと及び，その時の被告人の態度からみると，被告人が，同室内において覚せい剤を自己施用した嫌疑，覚せい剤を所持していた嫌疑は，かなり濃くなっていたことが認められ，緊急逮捕の要件である「十分な嫌疑」にはあと一歩という段階であったから，小銭入れの内容物を見ることの同意を得るか，もしこれが得られない場合は，注射針，血のついたちり紙，空の「パケ」等について被告人に質問し，任意に腕に注射跡があるか否かの見分を求めるなどすれば，緊急逮捕の要件が備わる可能性が十分にあったと考えられ，緊急逮捕した上で被告人の持物を調べ，証拠物を差押えるならば，問題はなかったのである。……このようにみてくると，前記のとおり，本件現行犯逮捕に至る経緯には，必要な手続を省略し，あるいは手続の順序を誤った違法があることは見逃せないが，その違法の程度は右のようなものであって，本件差押調書及び証拠物の証拠能力を否定する必要があるほどに大きいものとは解されない。

第6代長官　村上朝一

大阪高判昭和50・11・19判時813-102も，次のように判示した。

本件は，現行犯人にはあたらない被告人を逮捕状によらずして逮捕拘禁していることになるのであるから，その違法性の程度は大きく，少なくともこれを前提とする勾留の請求は却下されなければならなかったのであり，この点の判断を誤った勾留の裁判は，起訴前の段階にある限り準抗告によって取消を免れ得ない命運にあったものとみることができる。かかる意味で被告人に対してとられた勾留の裁判は違法であり，その限度においてその勾留状による起訴前の拘禁状態は不適法なものであったということを妨げない。……しかし，勾留請求の前提となる逮捕状態の違法の有無およびその程度の大小は，必ずしもその逮捕に続く勾留中の被疑者取調による供述獲得過程（証拠収集過程）の違法の有無，大小とは軌を一にしない。なぜならば，そこには，憲法および刑事訴訟法上捜査官憲とは別個独自の使命，職責と権能を有する裁判官が，逮捕手続における違法の有無を審査するとともに，将来に向って被疑者の身柄拘束を続けるか否かを審査したうえでこれを許容することを宣明した勾留の裁判が介在しているのであり，たとえその勾留の裁判における判断に誤りがあつたとしても，勾留状そのものは有効であり，その後の拘禁はこの勾留状にもとづくものになるからである。そして，その勾留の裁判における勾留状の発付が憲法，刑事訴訟法の解釈，運用の実情に照らし，適正な判断基準を大きく逸脱している場合，あるいは，請求者側が逮捕状態の違法性の判断を誤らしめるような虚偽の申述をなしもしくは虚偽の資料を提出し，あるいは右判断に資するべき事項について申述を隠秘しもしくはその種の資料を隠秘するなどして裁判官の右判断を誤らしめたような場合でない限り，たとえ捜査官憲が自らの手で違法な逮捕拘禁の状態を惹起させていたとしても，勾留状が発付された後は，勾留の裁判は適法になされているものとの推定のもとにこれを信頼し，その勾留状による拘禁を前提にしてその後の被疑者の取調べ等を行うことを強く非難することは相当でなく，このようにして被疑者を取調べ，これによって得られた供述（供述調書）を当該被疑事実につきその者を有罪に認定する証拠として提出すること自体をもつて訴追側がクリーンハンドに反しているとまでは言い難いものがある。むしろ，このような場合においてなおも右供述（供述調書）の獲得過程に違法があるものとしてこれを理由にその証拠としての許容性を排斥することは，かかる方途によって捜査官憲による違法な証拠収集を抑圧しようとする目的の範囲を超えるとともに，手続の発展的性格を無視することにもなるのである。したがって，前記のごとく勾留状が適正な判断基準を大きく逸脱して発布せられた場合や，請求者側に不正のあった場合でない限り，違法な逮捕状態に続く勾留の場合であっても，勾留状にもとづく拘禁中の被疑者の取調べによって得られた供述（供述調書）をその者の有罪認定の証拠に供することの許容性を，逮捕の違法を理由にして排斥し，その証拠能力を否定することは相当でなく，このように解しても憲法三一条の精神である適正手続条項に背反しないと考える。……これを本件についてみるに，いまだ前記のごとく裁判官が

勾留状の発付にあたり適正な判断基準を大きく逸脱している場合にあたるとはいえないし,「直ちに」裁判官の逮捕状を求める手続がなされているか否かの適正な判断は,その時間的関係等だけからしてすでに裁判官にとって十分に可能であり,その点について請求者側に不正があったとも認められない(逮捕状を求める手続をする前に被告人を被疑者として実況見分に立会わせあるいはこれを被疑者として取調べた事実は勾留の請求に際し必ずしも明らかにされていなかったかもしれないが,この点は,もはや「直ちに」の判断に直接関係がなく,かつ,逮捕状によらない逮捕拘禁という違法性の上にさらに違法性を附加するものでもない)から,勾留中の取調べにかかる前記その余の各供述調書の証拠能力の有無は,本来の意味での任意性の観点からのみ論じ得るに過ぎないのである。

いずれも,違法だが証拠排除すべき程の重大な違法は認められないといった論理に基づいて証拠能力が肯定されている。この他にも,不任意の自白に基づいて発見押収された証拠物に関する書証の証拠能力につき,「派生的第二次証拠が重大な法益を侵害するような犯罪行為の解明にとって必要不可欠な証拠である場合には,これに対しては証拠排除の波及効は及ばないと解するのが相当である」と判示した**大阪高判昭和52・6・28判タ357-337**も存する。これらの判決・決定は,やがて最高裁判所の採用するところとなり,判例の主流を形成していくことになる。

■ 判決の効力に関するもの

判決の効力に関してもいくつかの判決がみられる。酒気帯び運転の罪についての確定略式命令の既判力は無免許運転の罪には及ばないとした**東京地判昭和49・4・2判時739-131**もその一つである。その理由について,次のように判示した。

> 被告人は,判示第二の本件無免許運転をした際に呼気一リットルにつき〇・二五ミリグラム以上のアルコールを身体に保有していたが,警察官に検挙され,取調を受けた際に,所持していたTの運転免許証(判示第一の横領にかかるもの)を呈示し,Tと偽称したため,無免許運転の点は発覚を免れ,Tの氏名で酒気帯び運転の罪についてだけいわゆる交通切符によって立件され,同罪について昭和四八年三月二七日墨田簡易裁判所において罰金二万円に処するとの略式命令を受け,その略式命令は,同年四月一一日確定したものであって,このことは証拠上明らかである。そこで,もし本件無免許運転の罪と右酒気帯び運転の罪とが実体法的に一個の行為で二個の罪名に触れる場合(刑法五四条一項),すなわちいわゆる観念的競合の関係にあると解するとすれば,右確定略式命令の既判力は本件無免許運転の罪にも及んでおり,同罪については被告人に対し免訴の言渡(刑事訴訟法三三七条一号)をすべきでないかどうかという問題が生ずる。……思うに,本件無免許運転の罪と右酒気帯び運転の罪とは,その実行行為が時間的,場所的に

相当程度以上に重なり合つているものであるから，観念的競合の関係にあるものと解すべきである（なお，この罪数問題を論点とする事件が現在最高裁判所大法廷に係属中であるが，本件は，その事犯の内容等に徴して被告人に対して実刑を科するのを相当とする事案であり，当審としては，最高裁判所において見解が示されるのを待つことなく，早期の処理を必要とするものである。）。そうすると，右酒気帯び運転の罪の公訴（略式命令請求）手続における公訴事実中には潜在的に本件無免許運転の罪も含まれていたものと解すべきことになる。……しかしながら，このように単一の公訴事実に属する数罪中の一部の罪についての確定裁判の既判力は他の罪についても及ぶのを原則とすべきではあるけれども，絶対に例外を許さないとするのは相当ではなく，その一部の罪についての裁判手続において他の罪について現実に審判するのが極めて困難であつたという事情が認められる場合には，合理的な例外として，その一部の罪についての確定裁判の既判力は他の罪については及ばないと解すべきであつて，このことは，すでに一部の学説において説かれているところである（斎藤朔郎著「刑事訴訟論集」一四一頁，青柳文雄著「新訂刑事訴訟法通論」七九一頁参照）。その例外的な場合を一般的に厳密に限定することはさておき，さしあたり本件の事案に即して考えるとき，本件のように，刑法五四条一項のいわゆる処断上の一罪の関係にある数罪に関して，確定裁判を経た一部の罪が簡易迅速な処理を旨とするいわゆる交通切符制度の適用を受けたうえ，正式の裁判手続でない略式手続によって処理されたものであり，かつ，被告人が他の罪の罪責を免れるため氏名を詐称する等，検察官において他の罪をも探知して同一手続で訴追することが著しく困難であつたという事実が立証されている場合においては，一部の罪についての確定裁判の既判力は，他の罪については及ばないと解するのが相当である（その他，このように既判力が及ばない例外的な場合がいかなる場合であるかは，今後事案ごとに裁判例によって明らかにされて行くのが相当であろう。）……以上の理由により，本件において，酒気帯び運転の罪についての確定略式命令の既判力は無免許運転の罪には及ばないと解するものである。

他方，死亡診断書を偽造する等，自己の死亡を偽装して公訴棄却の決定を得た被告人に対し，同一事実について再起訴がなされ，有罪が言い渡された事例がみられる。大阪地判昭和49・5・2刑月6-5-583がそれで，同判決は，被告人が生きていたことの証拠は明白であるから死亡判断に拘束されないと判示した。ただ，これには，学説から，それでは拘束力制度の全面的否定になるので，むしろ，この場合は，被告人の重大な偽装工作が，被告人の拘束力の要求を失わせたものと解すべきとの批評が加えられている。

大阪高判昭和50・8・27高刑集28-3-321も注目される。起訴されていない公訴事実の同一性外の余罪について一事不再理効が及ぶ場合があるかについて，「量刑のため

V この期の刑事判例の特徴

の一情状として考慮されたというよりはむしろ概括的であるにせよ実質上これを処罰する趣旨で認定され量刑の資料として考慮され特に執行を猶予すべからざる事情として参酌されて重い刑を科された」場合には，一事不再理の効力が認められるとし，次のように判示した。

所論は原判決は既に確定判決を経た犯罪について刑罰を科したもので憲法三九条後段違反により破棄を免がれないというが，前記のとおり大阪地方裁判所における確定判決を経た罪となるべき事実は無許可で廃棄物収集業を営んだ所為と指定数量以上の危険物を貯蔵した所為とであるのに対し京都地方裁判所の原判決認定の罪となるべき事実は廃棄物不法投棄と器物損壊の所為であつて，前者と後者とは別個の犯罪事実で併合罪の関係に立つべきものであるから，前者について為された確定判決の既判力ないし一事不再理の効力が後者にまで及ぶいわれはなく，従つて所論憲法三九条後段違反の主張はその前提において既にその理由がないといわざるを得ない（最高裁判所昭和二七年（あ）第二四一六号同年九月一二日第二小法廷判決，集六巻八号一〇七一頁参照）ものの如くである。……しかしながら，前記のとおり，右確定判決の審理においてはその公訴犯罪事実たる無免許の廃棄物収集業を営んだ事実及び危険物貯蔵の事実についての証拠のほかに犯情の証拠として前後八回の不法投棄の具体的事実を認めるに足る自供調書と補強証拠とが取り調べられたうえ前摘録の如き量刑欄の説示となつたことに徴すると，大阪地方裁判所に起訴されなかつた前後八回の不法投棄の事実が量刑のための一情状として考慮されたというよりはむしろ概括的であるにせよ実質上これを処罰する趣旨で認定され量刑の資料として考慮され特に執行を猶予すべからざる事情として参酌されて重い刑を科されたというほかはなく（最高裁判所昭和四〇年（あ）第八七八号同四一年七月一三日大法廷判決，集二〇巻六号六〇九頁，同裁判所昭和四〇年（あ）第二六一一号同四二年七月五日大法廷判決，集二一巻六号七四八頁参照），かかる場合には右大阪地方裁判所の確定判決の既判力はとも角として被告人のための二重の危険の禁止としての一事不再理の効力は廃棄物不法投棄の事実にも及ぶと解するのが相当である。而して，右確定判決の一事不再理の効力が及ぶと解すべき廃油不法投棄のうちの一部である原判示水道管敷設溝への不法投棄の所為がまさにその廃油による上水道管二五本の汚染による損壊の所為と観念的競合の関係にある以上，科刑上一罪と認められる原判示犯罪事実全体にまで右一事不再理の効力が及ぶと解する余地があるものの如くである。しかしながら，既判力ないし一事不再理の効力は同時審判の可能性の故に訴因を超えて公訴事実全体に及ぶと解される丈のことであるから，偶々確定裁判において余罪として認定され量刑に考慮された事実にも一事不再理の効力が及ぶと解すべき場合であつても，その事実と科刑上一罪の関係にある事実でも凡そ同時審判の可能性はありえない以上これにまで一事不再理の効力が及ぶと解すべき根拠はなくその可罰的評価までも不問に付されて然るべき理はさらに無い筈である。従つて，確定判決の一事不再理の効力は結局原判決認定の本

件公訴事実のうち廃棄物不法投棄の点には及んでいると解すべきであるが、器物損壊の点には及んでいないと解すべきである。……しからば、原判決が廃棄物不法投棄の点について更に有罪の言渡をしたのは刑事訴訟法三三七条一号に違反しその違反が判決に影響を及ぼすこと明らかであるとともに憲法三九条後段に違反したものというほかなく、論旨はこの限度で理由がある。……よつて刑事訴訟法三九七条一項、三八〇条に従つて原判決を破棄し同法四〇〇条但書により更に判決する。

■ 自己負罪拒否特権に関するもの

国賠訴訟に関する**札幌地判昭和49・4・19判時757-97**は、原告が同じスリ仲間が被告人Yとなっている窃盗事件の証人として呼出を受け、検察官からYらとバスに乗ろうとしたお客からお金をすり取ったことはないかという尋問に対して、「それについてはぼくいいたくありません」といったことについて、次のように判示した。

> 検察官がした前記尋問自体からみて、原告が証言を拒絶したのは、一見、原告自身が刑事訴追をうけまたは有罪判決をうけることをおそれたためであるとも推認しえないではないが、成立に争いのない甲第二号証の八（乙第三号証）によれば、原告は、証言を拒絶するにあたり、刑事訴訟規則一二二条一項所定の証言を拒む事由を示さなかつたことが認められるから、証言を拒絶した際の原告の意図が右推認のとおりであつたかは必ずしも明らかではないうえ、たとえ、証人が客観的には自己の犯罪事実につき刑事訴追をうけあるいは有罪判決をうけるおそれがある場合であっても、実際にはこのようなおそれを考慮することなく、もっぱら、訴訟当事者その他の第三者の刑事上の不利益を防止するというような目的なり意図をもって証言を拒絶したときには、適法な証言拒絶権の行使があつたとはいえないものと解するのが相当である。けだし、証言拒絶権は、黙秘権とは異なり、司法の適正な運用のために要求される一般的な証言義務の例外として一定の事由がある場合にのみ限定的に認められたものであるばかりでなく（刑事訴訟法一四六条が「何人も、自己が刑事訴追を受け、又は有罪判決を受ける虞のある証言を拒むことができる」とし、同規則一二二条一項が「証言を拒む者は、これを拒む事由を示さなければならない」と定めているのも、証言拒絶権が黙秘権とは異なることを示すものである）、証言拒絶権の根拠である自己負罪拒否の特権自体があくまでも自己の刑事上の不利益の原因となるような供述を拒否できる権利として権利者個人の利益のために認められたものだからである。しかも、本件では、裁判官が……証言を要求したことが、証言の強制にわたる違法なものとして国家賠償法一条の要件を充足するか否かが問題なのであるから、原告がいかなる目的なり意図をもって証言を拒絶したかは、証言拒絶の際にあらわれていた資料のみではなく、本件の口頭弁論終結時までにあらわれた一切の資料を総合して決定すべきものであることはいうまでもないところである。」

そして，本判決は，当時の状況などから，原告は「Yに対する気兼ねないし同人の不利益になることはいいたくないということのみで自分が訴追されることをおそれたことをうかがいうる事情は何一つ存在しない」と判断し，請求を棄却した。

第7代
最高裁長官
藤林益三

(1976年5月25日〜1977年8月25日)

FUJIBAYASHI court
07

第7代長官　藤林益三

I ■ 長官のプロフィール

　初の弁護士出身の最高裁長官。3歳で父を亡くし，幼い頃から京都の醤油屋で母と住み込みで働いたという。郷里の篤志家の援助で三高，東京帝大法学部を出て，弁護士になる。陽気でおしゃべり，気さくな人柄。熱心な無教会主義のクリスチャンとしてしられる。

　企業法務の弁護士として活躍し，第一東京弁護士会副会長などを務めた後，石田コート時代に最高裁判事となった。最高裁入りのとき，「エロスの愛ではなく，アガペー。汝の敵を愛す神の愛。裁判官でもアガペーをもって考えるのが基本だと思う。」と挨拶した。公舎の畑で作った大根を裁判所の職員等にも配っていたとか。

　最高裁判事時代は，石田，村上らの保守派に属し，その後も一貫して変わることはなかった。官公労働者の労働基本権問題については刑事罰を科す立場をとった。

　ロッキード事件のさなか，三木内閣の下で最高裁長官に就任した。石田，村上色に染め上げられた最高裁に新風を吹き込んで，組織を活性化させようという意図のもとに，村上が強く推薦した。藤林コートになって，最高裁の空気は明らかに変わった。「少なくとも部内が明るくなったことは間違いない」といわれる。しかし，それも保守派が制した中での明るさでしかなかった。

　津地鎮祭事件について，法廷意見（10名）は神社行事である地鎮祭への公金支出は政教分離原則に反しないとした。団藤重光裁判官など，5名は違憲とした。藤林は長官としては異例の追加反対意見を述べ，「国家と宗教が結びつけば，宗教の自由が侵害される。少数者の宗教や良心は，多数決をもっても侵犯されない。」とした。藤林は，この判決の執筆に力を入れ，後に，「自らの法律家としての人生は，まさに，この判決のためにあったようなもの」だと述懐している。退官の記者会見でも，「在任中の思い出はやはり津地鎮祭訴訟と労働基本権問題」と満足そうに話した。

　鬼頭史郎判事補の検事総長へのニセ電話・録音テープ事件等がみられたのも藤林コートにおいてであった。（以上のプロフィールについては，野村二郎『最高裁全裁判官――人と判決』（三省堂，1986年）157頁以下，山本祐司『最高裁物語（下巻）』（日本評論社，1994年）173頁以下などを参照）

II ■ この期の最高裁の動き

　藤林コートは，国内では前首相の田中角栄ら，関係者の逮捕・起訴が相次ぎ，政局

が大きく揺れ、騒然とする中で船出した。そのようななかで、三木武夫首相に布施健検事総長の名を騙って電話をかけ、ニセ電話と気づかない三木首相に対し、三木のロッキード事件への政治介入の言質を聞き出そうとして、ロッキード事件捜査への指揮権発動を求め、この会話を秘密録音し、この録音テープを報道関係者に公開するというニセ電話事件が発生した。鬼頭史郎京都地裁判事補の事件への関与が明らかになり、最高裁は裁判官訴追委員会に罷免の手続をとった。ただ、長官の藤林は事務総局任せの形だった。

鬼頭は、司法修習生時代から青年法律家協会を攻撃するなど保守的な言動で知られ、京都地裁在任中に宮本顕治日本共産党書記長の身分帳を網走刑務所で閲覧し、そのコピーを自民党の有力派閥の許へ持ち込んだことが発覚し、公務員職権濫用罪で起訴され有罪判決を受けるなどしていた。ニセ電話事件で訴追を受けた弾劾裁判所は、鬼頭本人が出席しないまま罷免判決を下した。これにより鬼頭は法曹資格を失った。鬼頭はこのニセ電話事件で官職詐称の罪で起訴され、拘留29日の有罪判決を受けた。

藤林コートでは、ロッキード事件の不起訴宣明書問題も起っている。検察当局はロッキード事件でロッキード社元副会長らから証言を得るため「不起訴宣明（刑事免責）」を出して米国裁判所に証人尋問を嘱託した。米国裁判所からの要請を受けて、最高裁判官会議も検察官の不起訴宣明を保証する不起訴宣明書をとりまとめ、「不起訴確認は守られる」との宣明書が長官名で発出された。これにより、ロサンゼルス地裁で行われた嘱託尋問調書は米国から日本に引き渡されることになった。

この期は、名古屋中郵便事件判決にみられるように、最高裁のタカ派路線が再び固まった時期でもあった。（野村二郎『最高裁全裁判官――人と判決』（三省堂、1986年）209頁以下、山本祐司『最高裁物語（下巻）』（日本評論社、1994年）173頁以下などを参照）

III ■ この期の裁判所関係の動き

1976年	5月25日	藤林益三、最高裁長官に就任。
	6月10日	藤林長官、長官所長会同で、「近時、各種の新しい類型の事件をはじめとして、その処理に相当の時間と労力を要する事件が増加しております。」等と訓示（裁時691号1頁）。
	7月 2日	ロサンゼルス地裁のファーガソン判事、日本の最高裁に対して刑事免責の保証を求める裁定。
	7月24日	最高裁臨時裁判官会議、ロッキード事件についての米裁判所の嘱託証人尋問に刑事免責を保証。
	7月27日	ロッキード事件で田中角栄元首相を逮捕。

第7代長官　藤林益三

	8月 4日	三木武夫首相に指揮権発動を促したニセ電話事件が発覚。
	9月17日	東京高裁判事が襲撃される事件が発生。
	11月13日	参議院法務委員会・ロッキード特別委員会，宣誓拒否の鬼頭判事補を最高検に告発。
	11月19日	最高裁臨時裁判官会議，鬼頭判事補の訴追請求を決定。
	12月24日	三木内閣が総辞職。（福田越夫を第67代首相に指名）
1977年	1月 1日	藤林最高裁長官，「新年のことば」で，「最近における政治的・経済的・社会的諸情勢は，これまでにも増して厳しいものがある。」「このような状況の中にあって，裁判所のみが，独り，社会情勢に孤立無援で存立し得るものではない。」等と述べる（裁時704号1頁）。
	1月15日	第6回全国裁判官懇話会を開催。（300名の現職裁判官が参加）
	2月17日	水戸地裁，百里基地訴訟につき「自衛隊の違憲性は裁判所の審査対象とすることはできない」との統治行為論を採用し，自衛隊の違憲性を求めた基地建設反対派の住民に対し敗訴の判決。
	3月23日	裁判官弾劾裁判所，ニセ電話事件の鬼頭判事補を罷免する判決。
	3月23日	最高裁裁判官会議，外国籍の司法修習生の採用を決定。（9月21日，司法修正採用選考要綱を改正）
	4月19日	最高裁第三小法廷，軍事費の削減廃止請求は法律上の争いとはいえないとの判決。
	5月 4日	最高裁大法廷，全逓名古屋中郵事件で争議行為禁止は合憲との判決。
	6月14日	東京高裁，水俣病川本事件につき公訴権濫用として公訴棄却の判決。
	7月13日	最高裁大法廷，津地鎮祭訴訟で地鎮祭は宗教活動に該当せずと判示。

Ⅳ ■ この期の刑事法関係の動き

　刑事法関係では，以下のような動きがみられる。ロッキード事件のほか，弘前大学教授夫人殺害事件，加藤老事件，米谷事件での再審開始決定や加藤老事件についての再審無罪判決など，再審関係の動きも注目される。白鳥決定の影響が早くも現れ出している。

1976年	6月22日	ロッキード事件で初の逮捕者。（丸紅前専務，全日空専務ら5人）
	7月 8日	ロッキード事件で全日空社長を逮捕。
	7月13日	ロッキード事件で丸紅前会長を逮捕。

同日	仙台高裁,弘前大学教授夫人殺害事件で再審開始を決定。
7月27日	ロッキード事件で田中角栄前首相を逮捕。(8月16日,起訴)
9月18日	広島高裁,加藤老事件で再審開始を決定。
10月30日	仙台高裁,米谷事件で再審開始を決定。
1977年 1月27日	東京地裁でロッキード事件丸紅ルートの初公判。
1月31日	ロッキード事件全日空ルートの初公判。
6月 2日	ロッキード事件児玉ルートの初公判。
7月 7日	広島高裁,加藤老事件について再審無罪の判決。
7月21日	ロッキード事件小佐野ルートの初公判。
8月 9日	最高裁,狭山事件の上告を棄却。

V ■ この期の刑事判例の特徴

1 大法廷判決・決定

この期も格別の大法廷判決・決定はみられない。主な舞台は小法廷である。

2 小法廷判決・決定

■ 捜査に関するもの

　小法廷判決・決定で目立つのは余罪の捜査に関するものである。いずれも,当該捜査は違法だという被告人・弁護人側の主張を退け,当該捜査は適法だとしたものである。藤林コートに変わっても,最高裁判所の姿勢に変化はみられない。

　恐喝事件を被疑事実とする捜索差押許可状による捜索・差押えにおいて,別罪の賭博場開帳および賭博を記録したメモ8枚を含むメモ196枚も差し押さえられ,このメモなどを証拠として賭博開帳図利および賭博の罪で起訴され有罪が言渡された事案について,当該メモの差押えを適法とした**最判昭和51・11・18判時837-104**もその一つである。次のように判示した。

　　原裁判所は,被告人の控訴を容れ,第一審判決には判決に影響を及ぼすことが明らかな訴訟手続に関する法令違反があるとして,これを破棄し,被告人を無罪とした。その理由の要旨は,次のとおりである。……第一審判決が証拠として挙示しているメモ写し(司法警察員作成の「暴力団X連合組員を主体とした手本引博奕開張の資料入手について復

命」と題する書面に添付されているもの。以下「本件メモ写し」という。）の原物であるメモは、いわゆる暴力団であるＸ連合Ｘ組の組員である被告人らが、昭和四六年四月二四日ころから同年六月一七日ころまでの間、連日のように賭博場を開張し、俗にいう手本引博奕をした際、開張日ごとに、寺師や胴師の名前、張り客のうちいわゆる側乗りした者の名前、寺銭その他の計算関係等を記録したものであつて、本件とは別の恐喝被疑事件の捜索差押許可状に基づき差し押えられたものであるが、その差押は、同許可状に差押の目的物として記載されていない物に対してされた違法なものである。すなわち、（イ）昭和四七年二月八日奈良県天理警察署司法警察員は、ＩことＢに対する恐喝被疑事件につき、奈良簡易裁判所に対し捜索差押許可状の発付を請求し、その請求書に、被疑事実の要旨として、「暴力団Ｘ連合Ｘ組の若者頭補佐であるＢ及び同組と親交のあるＴが共謀のうえ、右Ｂにおいて、昭和四七年二月二日午前八時ころ、奈良県天理市兵庫町○○番地の県会議員Ｍ方に赴き、同人に対し「俺とお前の友達のＦとは昔からの友人や。Ｆは今金がなくて生きるか死ぬかの境目や。Ｆを助けるために現金二、○○○万円をすぐ準備せよ。俺は生命をかけて来た。」と申し向けて所携の拳銃を同人の胸元に突きつけ、さらに「金ができるのかどうか二つに一つの返事や。金ができんのならＦも死ぬやろう。俺も死ぬ。お前も死んでもらう。」と申し向け、右要求に応じなければ射殺する勢を示して脅迫し、よって同日同所で同人から現金一、○○○万円の交付を受けてこれを喝取した。」旨を記載していた。（ロ）同日同簡易裁判所裁判官は、捜索すべき場所を「大阪市南区西櫓町○○番地Ｘ連合Ｘ組事務所及び附属建物一切」、差し押えるべき物を「本件に関係ある、……一、暴力団を標章する状、バッチ、メモ等、二、拳銃、ハトロン紙包みの現金、三、銃砲刀剣類等」と記載した捜索差押許可状を発付した。（ハ）天理警察署及び奈良県警察本部の司法警察職員は、右許可状に基づき、同年二月一〇日前記Ｘ組事務所において、同組組長Ｚの立会のもとに、Ｘ連合名入りの腕章、ハッピ及び組員名簿等とともに本件メモ写しの原物であるメモ一九六枚を差し押えた。（ニ）同年四月ころ、奈良県警察本部は、右メモ一九六枚の写しを作成し、これをＸ組組員による賭博ないし賭博場開張図利の容疑事実の資料として所轄の大阪府警察本部に送付し、同府警及び大阪地方検察庁において右メモ写しに基づいて捜査を遂げ、同年一〇月一八日本件公訴が提起されたものであって、右メモ一九六枚中に本件公訴事実の賭博場開張及び賭博を記録した八枚が含まれていたのである。これは、賭博の状況ないし寺銭等の計算関係を記録した賭博特有のメモであることが一見して明らかであり、前記許可状請求書記載の被疑事実から窺われるような恐喝被疑事件に関係があるものとはとうてい認められず、また「暴力団を標章する状、バッチ、メモ等」に該当するものとも考えられないから、その差押は、許可状に差押の目的物として記載されていない物に対してされた違法なものといわざるをえない。……右の違法の程度は、憲法三五条及び刑訴法二一九条一項所定の令状主義に違反するものであるから、決して軽微なものとはいえない。……そのうえ、弁護人は、本件メモ写しの証拠調につき異議を述べていた。……こ

V　この期の刑事判例の特徴

のような証拠を罪証に供することは、刑事訴訟における適正手続を保障した憲法三一条の趣旨に照らし許されない。……第一審判決の挙示する被告人の司法警察員及び検察官に対する各供述調書の記載は、形式的には本件メモ写しとは独立した自白であるが、内容においてはその説明に過ぎないものと認められるので、これもまた証拠として利用することが許されない。……第一審判決が挙示し又は第一審において取り調べたその余の証拠によっては本件公訴事実を認定することはできない。……本件メモ写しの原物であるメモが前記捜索差押許可状の目的物に含まれるかどうかが、上告趣意全体の前提となる論点であるから、まずこの点につき職権により検討すると、右メモが右許可状の目的物に含まれていないのでその差押は違法であつたとする原判断は、法令に違反したものというべきである。……すなわち、右捜索差押許可状には、前記恐喝被疑事件に関係のある「暴力団を標章する状、バッチ、メモ等」が、差し押えるべき物のひとつとして記載されている。この記載物件は、右恐喝被疑事件が暴力団であるX連合X組に所属し又はこれと親交のある被疑者らによりその事実を背景として行われたというものであることを考慮するときは、X組の性格、被疑者らと同組との関係、事件の組織的背景などを解明するために必要な証拠として掲げられたものであることが、十分に認められる。そして、本件メモ写しの原物であるメモには、X組の組員らによる常習的な賭博場開張の模様が克明に記録されており、これにより被疑者であるBと同組との関係を知りうるばかりでなく、X組の組織内容と暴力団的性格を知ることができ、右被疑事件の証拠となるものであると認められる。してみれば、右メモは前記許可状記載の差押の目的物にあたると解するのが、相当である。……憲法三五条一項及びこれを受けた刑訴法二一八条一項、二一九条一項は、差押は差し押えるべき物を明示した令状によらなければすることができない旨を定めているが、その趣旨からすると、令状に明示されていない物の差押が禁止されるばかりでなく、捜査機関が専ら別罪の証拠に利用する目的で差押許可状に明示された物を差し押えることも禁止されるものというべきである。そこで、さらに、この点から本件メモの差押の適法性を検討すると、それは、別罪である賭博被疑事件の直接の証拠となるものではあるが、前記のとおり、同時に恐喝被疑事件の証拠となりうるものであり、X連合名入りの腕章・ハッピ、組員名簿等とともに差し押えられているから、同被疑事件に関係のある「暴力団を標章する状、バッチ、メモ等」の一部として差し押えられたものと推認することができ、記録を調査しても、捜査機関が専ら別罪である賭博被疑事件の証拠に利用する目的でこれを差し押えたとみるべき証跡は、存在しない。……以上の次第であって、右メモの差押には、原判決の指摘するような違法はないものというべきであるから、これと異なる原判決の判断は法令に違反するものというほかなく、その違反は原判決に影響を及ぼしており、これを破棄しなければ著しく正義に反するものと認められる。……そこで、上告趣意に対し判断をするまでもなく原判決は刑訴法四一一条一号により破棄を免れず、なお、第一審判決は正当であって被告人の控訴は理由がないと認めて同法四一三条但書、四一四条、三九六条によりこれを棄

却するのが相当である。

　同判決によれば，令状による捜索の範囲を，一定の場合には，令状発付の基礎となった被疑事件以外の余罪に関するものにも広げることが認められることになった。捜査実務に与えた影響の大きさは容易に想像できよう。注目されるのは適法とする論拠で，「別罪である賭博被疑事件の直接の証拠となるものではあるが，……同時に恐喝被疑事件の証拠となりうるものであり，X連合名入りの腕章・ハッピ，組員名簿等とともに差し押えられているから，同被疑事件に関係のある「暴力団を標章する状，バッチ，メモ等」の一部として差し押えられたものと推認することができ」るという点に加えて，「記録を調査しても，捜査機関が専ら別罪である賭博被疑事件の証拠に利用する目的でこれを差し押えたとみるべき証跡は，存在しない」という点が挙げられている。捜査官の現場裁量に逸脱を示す証跡を発見できなかったから適法という伝統的な論法がここでも採用されている。

　最決昭和52・8・9刑集31-5-821（狭山事件）も余罪の取調べに関するものである。窃盗，暴行，恐喝未遂被疑事件による第一次逮捕・勾留中に，強盗強姦殺人および死体遺棄事件についての取調べが実施され，そこで得られた捜査結果に基づき，強盗強姦殺人および死体遺棄事件についての令状により第二次逮捕・勾留がなされ，第二次勾留期間満了の日に，検察官が強盗強姦，強盗殺人，死体遺棄の事実と，処分保留のままとなっていた恐喝未遂の事実とについて公訴を提起したという事案について，被告人・弁護人は，第二次逮捕・勾留は，すでに別件の逮捕・勾留によって取調べをした被疑事実を同一の被疑事実である「本件」について再び逮捕・勾留したものであるから，第二次逮捕・勾留の際に行われた取調べ等の捜査は違法である旨を主張した。これについて最高裁の判断を示したのが上記・最決昭和52・8・9である。次のように判示し，第一次逮捕・勾留，第二次逮捕・勾留はいずれも適法であり，一連の身柄拘束中の被告人に対する「本件」および「別件」の取調べについても違法の点はないとした原判決の判断は正当であるとした。

　　第一次逮捕・勾留は，その基礎となつた被疑事実について逮捕・勾留の理由と必要性があつたことは明らかである。そして，「別件」（窃盗，暴行，恐喝未遂被疑事件―引用者）中の恐喝未遂と「本件」（強盗強姦事件，死体遺棄事件―引用者）とは社会的事実として一連の密接な関連があり，「別件」の捜査として事件当時の被告人の行動状況について被告人を取調べることは，他面においては「本件」の捜査ともなるのであるから，第一次逮捕・勾留中に「別件」のみならず「本件」についても被告人を取調べているとしても，それは，専ら「本件」のためにする取調べというべきではなく，「別件」について当然しなければならない取調べをしたものにほかならない。それ故，第一次逮捕・勾

留は，専ら，いまだ証拠の揃つていない「本件」について被告人を取調べる目的で，証拠の揃つている「別件」の逮捕・勾留に名を借り，その身柄の拘束を利用して，「本件」について逮捕勾留して取調べるのと同様な効果を得ることをねらいとしたものである，とすることはできない。……更に，「別件」中の恐喝未遂と「本件」とは，社会的事実として一連の密接な関連があるとはいえ，両者は併合罪の関係にあり，各事件ごとに身柄拘束の理由と必要性につき司法審査を受けるべきものであるから，一般に各別の事件として逮捕・勾留の請求が許されるのである。しかも，第一次逮捕・勾留当時「本件」について逮捕・勾留するだけの証拠が揃つておらず，その後に発見，収集した証拠を併せて事実を解明することによつて，初めて「本件」について逮捕・勾留の理由と必要性を明らかにして，第二次逮捕・勾留を請求することができるに至つたものと認められるのであるから，「別件」と「本件」とについて同時に逮捕・勾留して捜査することができるのに，専ら，逮捕・勾留の期間の制限を免れるため罪名を小出しにして逮捕・勾留を繰り返す意図のもとに，各別に請求したものとすることはできない。また，「別件」についての第一次逮捕・勾留中の捜査が，専ら「本件」の被疑事実に利用されたものでないことはすでに述べたとおりであるから，第二次逮捕・勾留が第一次逮捕・勾留の被疑事実と実質的に同一の被疑事実について再逮捕・再勾留したものではないことは明らかである。……それ故，……第一次逮捕・勾留とこれに続く……第二次逮捕・勾留は，いずれも適法であり，右一連の身柄の拘束中の被告人に対する「本件」及び「別件」の取調について違法の点はないとした原判決の判断は，正当として是認することができる。

ここでも注目されるのは，最高裁が原判決の判断を正当とした理由である。第一次逮捕・勾留当時「本件」について逮捕・勾留するだけの証拠が揃っていなかったが，「別件」中の恐喝未遂と「本件」とは併合罪の関係にあり，各事件毎に身柄拘束の理由と必要性につき司法審査を受けるべきものではあるものの，両者は社会的事実として一連の密接な関連があり，「別件」逮捕・勾留中に「別件」のみならず「本件」についても被告人を取調べているとしても，それは，専ら「本件」のためにする取調べというべきではなく，その後に発見，収集した証拠を併せて事実を解明することによって，「本件」逮捕・勾留を請求することができるに至ったものと認められる。このように説示されている点である。これによれば，「別件」逮捕・勾留を活用した「本件」取調べと，この取調べ等で得られた証拠に基づく「本件」逮捕・勾留，そして，「本件」起訴という捜査手法に最高裁の「お墨付き」が与えられることになった。

■ 自白法則に関するもの

自白法則に関しても，**最判昭和51・10・28刑集30-9-1859**がみられる。ただ，これは，**最大判昭和23・7・14刑集2-8-876**（17頁）に従ったもので，次のように判示した。

第7代長官　藤林益三

　当裁判所大法廷判決（昭和二三年……七月一四日・刑集二巻八号八七六頁，昭和二三年……七月一九日・刑集二巻八号九五二頁，……昭和三三年五月二八日・刑集一二巻八号一七一八頁）の趣旨に徴すると，共犯者三名の自白によつて本件の被告人を有罪と認定したことは，違憲ではない。のみならず，原判決がその基礎とした第一審判決の証拠の標目によると，共犯者らの自白のみによつて被告人の犯罪事実を認定したものでないことも，明らかである。

　共犯者の自白は憲法38条3項にいう「自白」に該当せず，これを証拠として相共犯者を有罪としても憲法38条3項に違反することはないというのは，まさに最高裁にとって，共謀共同正犯の有罪立証に欠かせない，変わることのない刑事裁判の「岩盤」とも喩えられるべき鉄則とされていることが窺われる。もっとも，「原判決がその基礎とした第一審判決の証拠の標目によると，共犯者らの自白のみによつて被告人の犯罪事実を認定したものでないことも，明らかである」とされている点は注目される。鉄則は鉄則として，その枠内においては，補強法則に一定の配慮は実際にはしているということであろうか。

■　判決に関するもの

　判決の効力に関しても**最判昭和51・11・4刑集30-10-1887**がみられる。次のように判示し，判決は宣告のための公判期日が終了して初めて当の裁判所によっても変更することができない状態となるものであり，それまでの間は，判決書又はその原稿の朗読を誤った場合にこれを訂正することはもとより，一旦宣告した判決の内容を変更してあらためてこれを宣告することも，違法ではないとした。

　判決は，公判廷において宣告によりこれを告知し（刑訴法三四二条），宣告によりその内容に対応した一定の効果が生ずるものと定められている（刑訴法三四二条ないし三四六条）。そうして，判決の宣告は，必ずしもあらかじめ判決書を作成したうえこれに基づいて行うべきものとは定められていない（最高裁昭和二五年（れ）第四五六号同年一一月一七日第二小法廷判決・刑集四巻一一号二三二八頁，刑訴規則二一九条参照）。これらを考えあわせると，判決は，宣告により，宣告された内容どおりのものとして効力を生じ，たとい宣告された内容が判決書の内容と異なるときでも，上訴において，判決書の内容及び宣告された内容の双方を含む意味での判決の全体が法令違反として破棄されることがあるにとどまると解するのが，相当である。……また，決定については一定の限度で原裁判所の再度の考案による更正が認められているのに対し（刑訴法四二三条二項），判決については，上告裁判所の判決に限り，一定の限度でその内容の訂正が認められているだけであつて（刑訴法四一五条），第一審及び控訴審の裁判所の判決については，判決の訂正の制度が設けられていない。このことは，第一審及び控訴審の裁判

所の判決は、その宣告により、もはや当の裁判所によつても内容そのものの変更が許されないものとなることを意味する。……ところで、判決の宣告は、裁判長（一人制の裁判所の場合には、これを構成する裁判官）が判決の主文及び理由を朗読し、又は主文の朗読と同時に理由の要旨を告げることによつて行うものであるが（刑訴規則三五条）、裁判長がいつたんこれらの行為をすれば直ちに宣告手続が終了し、以後は宣告をし直すことが一切許されなくなるものと解すべきではない。判決の宣告は、全体として一個の手続であつて、宣告のための公判期日が終了するまでは、完了するものではない。また、判決は、事件に対する裁判所の最終的な判断であつて、宣告のための公判期日が終了するまでは、終局的なものとはならない。そうしてみると、判決は、宣告のための公判期日が終了して初めて当の裁判所によつても変更することができない状態となるものであり、それまでの間は、判決書又はその原稿の朗読を誤つた場合にこれを訂正することはもとより（最高裁昭和四五年（あ）第二二七四号同四七年六月一五日第一小法廷判決・刑集二六巻五号三四頁参照）、本件のようにいつたん宣告した判決の内容を変更してあらためてこれを宣告することも、違法ではないと解するのが相当である。このように解することの妨げとなる法令の定めのないことはいうまでもなく、また、このように解することにより被告人その他の当事者に不当な不利益を与えたり、手続の明確性・安定性を害するものでもない。……本件についてみると、第一審裁判所の裁判官は、いつたん保護観察付き刑の執行猶予の判決を宣告した後、その内容を変更して実刑の判決を宣告したが、その変更は、判決宣告のための公判期日が終了する以前にこれを行つたことが明らかであるから、変更後の判決が第一審裁判所の終局的な判断であつて、その内容どおりの判決が効力を生じたものというべきであり、かつ、変更後の判決内容にそつた判決書が作成されているのであるから、第一審判決及びこれを是認した原判決にはなんら法令の違反はない。

この判決については、補足が必要であろう。というのも、同判決は、このように変更自体には何ら法令の違反はないとしつつも、変更後の量刑は甚だしく不当なものというべきで、第一審裁判官が当初に宣告した刑をもって被告人に臨むのが正義にかなうものというべきであるとし、次のように判示したからである。

しかしながら、第一審裁判所の量刑は、本件の諸般の事情、ことに第一審の裁判官がいつたん宣告した主文を変更するに至つた経過を考慮するときは、甚しく不当なものというべきであつて、同判決及びこれを是認した原判決を破棄しなければ著しく正義に反するものと認められる。……すなわち、（一）被告人には、前記のとおり、保護観察付き刑の執行猶予の懲役刑の前刑があつたが、第一審の判決宣告期日以前に執行猶予期間が経過し、刑の言渡しが効力を失つていたため、本件において被告人に対し刑の執行猶予を言い渡すことには法律上の支障はなかつた（最高裁昭和四八年（あ）第一三四九号同年一〇月二三日第三小法廷決定・刑集二七巻九号一四三五頁参照）。……（二）前記の

経過に照らすと、第一審裁判官が保護観察付き刑の執行猶予を実刑に変更したのは、前者が実質的にみて妥当でないとの判断に基づくものではなく、前刑の保護観察中に犯した犯行であるため法律上執行猶予とすることが許されないとの誤解に基づくものと解するほかはない。……(三)被告人には、前刑の保護観察期間中に同種の犯行を繰り返したことなど責められるべき点があるが、他面、第一審判決において最も重いとされている同判決の判示第三の罪を含む犯行の手口が特に悪質なものではないこと、被害品はすべて被害者に返還されていること、兄が被告人の監督を誓つていることなどの情状もあり、これらと犯行の動機、被告人の年齢・生活歴・性格、共犯者の量刑など諸般の事情をあわせて考慮するときは、第一審裁判官が当初被告人に対して宣告した保護観察付き刑の執行猶予が必ずしも不当なものであるとはいいがたい。……(四)被告人は、原裁判所においては量刑不当の主張をしなかつたため量刑についての判断を受ける機会を失したが、上述した事件の経過からすると、右の主張をしなかつたことについて被告人を責めるのは妥当ではない。これらの諸点を総合して考察するときは、第一審裁判官が当初に宣告した刑をもつて被告人に臨むのが正義にかなうものというべきであり、第一審判決及び原判決はいずれも破棄を免れない。

■ 再審に関するもの

前期の白鳥決定に沿った小法廷決定が出されている。**最決昭和51・10・12刑集30-9-1673**(財田川事件)がそれで、刑訴法435条6号にいう「無罪を言い渡すべき明らかな証拠」の意義とその判断方法について、次のように判示した。

所論にかんがみ職権をもつて調査すると、後に詳述する理由によつて、原決定及び原原決定は、同法四一一条一号により取消しを免れない。……本件記録を精査し、職権により原決定及び原原決定の当否を審査すると、当裁判所は、原決定には、本件再審請求の理由として、刑訴法四三五条六号に該当する事由があると解すべきであるのにこれを看過し、かつ原原審が申立人の請求を棄却しながらも、本件確定判決の事実認定における証拠判断につき、前記のような数々の疑問を提起し上級審の批判的解明を求めるという異例の措置に出ているにもかかわらず、たやすく原原決定を是認した審理不尽の違法があり、原原決定にも、審理不尽の違法があると考えるものである。……同号にいう「無罪を言い渡すべき明らかな証拠」とは、確定判決における事実認定につき合理的な疑いをいだかせ、その認定を覆すに足りる蓋然性のある証拠をいうものと解すべきであり、右の明らかな証拠であるかどうかは、もし当の証拠が確定判決を下した裁判所の審理中に提出されていたとするならば、はたしてその確定判決においてされたような事実認定に到達したであろうかどうかという観点から、当の証拠と他の全証拠とを総合的に評価して判断すべきであり、この判断に際しても、再審開始のためには確定判決における事実認定につき合理的疑いを生ぜしめれば足りるという意味において「疑わしいときは被

告人の利益に」という刑事裁判における鉄則が適用されるものである（当裁判所昭和五〇年五月二〇日第一小法廷決定・刑集九巻五号一七頁）。そして、この原則を具体的に適用するにあたつては、確定判決が認定した犯罪事実の不存在が確実であるとの心証を得ることを必要とするものではなく、確定判決における事実認定の正当性についての疑いが合理的な理由に基づくものであることを必要とし、かつ、これをもつて足りると解すべきであるから、犯罪の証明が十分でないことが明らかになつた場合にも右の原則があてはまるのである。そのことは、単なる思考上の推理による可能性にとどまることをもつて足れりとするものでもなく、また、再審請求をうけた裁判所が、特段の事情もないのに、みだりに判決裁判所の心証形成に介入することを是とするものでもないことは勿論である。……右のように、申立人の自白の内容に前記のようないくつかの重大な、しかも、たやすく強盗殺人の事実を認定するにつき妨げとなるような疑点があるとすれば、新証拠である高村鑑定を既存の全証拠と総合的に評価するときは、確定判決の証拠判断の当否に影響を及ぼすことは明らかであり、したがつて原審及び原原審が少くとも高村鑑定の証明力の正確性につき、あるいは手記の筆跡の同一性について、更にその道の専門家の鑑定を求めるとか、又は鑑定の条件を変えて再鑑定を高村鑑定人に求めるとかして審理を尽すならば、再審請求の事由の存在を認めることとなり、確定判決の事実認定を動揺させる蓋然性もありえたものと思われる。そうだとすると、原決定は、申立人の請求が、刑訴法四三五条六号所定の事由をも主張するものであることに想いをいたさず、かつ、原原審が申立人の請求を棄却しながらも、本件確定判決の事実認定における証拠判断につき、前記のような数々の疑問を提起し上級審の批判的解明を求めるという異例の措置に出ているにもかかわらず、たやすく原原決定を是認したことは審理不尽の違法があるというほかなく、それが原決定に影響を及ぼすことは明らかであり、かつ、原決定及び原原決定を取り消さなければ著しく正義に反するものと認める。

　同決定は、「疑わしいときは被告人の利益に」という観点から、いわゆる総合評価説に基づいて、確定判決における事実認定の正当性についての疑いが合理的な理由に基づくものであるか否かを判断し、合理的な疑いが生じた場合には再審を開始すべきだとしたものである。再審開始を認めなかった原々決定、原決定を破棄したという点も含めて、その後の再審実務に与えた影響は甚大なものがあった。

3　下級審判決・決定

　この期の下級審判決・決定も、最高裁のそれと同様に、量的にはそれほど多くはない。ただ、質的には重要なものがみられる。

第7代長官　藤林益三

■ 捜査に関するもの

　捜査に関しても注目される判決が出されている。**名古屋高金沢支判昭和52・6・30判時878-118**がそれで，次のように判示し，盗難車を運転する者に対して職務質問をなすために，盗難車の前後にある程度の間隔を置いて捜査用自動車を一時的に接近停止せしめること（「挟み打ち」検問）も，職務質問を行うための通常の手段として，当然許されるものと解すべきだとした。

　　右の具体的事情の下では，警察官としては盗難車を現に運転する被告人に対し職務質問をなすことは，犯罪捜査上重要なかつ緊急を要する事項と認められるのに加え，予想される犯罪の重大性及び高速で疾走することが可能な自動車の機動性を考慮に入れれば，かかる場合，職務質問の実効を期するため，本件のごとく，盗難車の前後に或程度の間隔を置いて捜査用自動車を一時的に接近停止せしめることは，職務質問を行うための通常の手段として，当然許されるものと解すべきものと考える。

　これによれば，職務質問のための自動車検問に大きく道が開かれることになった。職務質問を定めた警察官職務執行法2条について，要件緩和のための「法創造」，事実上の法改正が裁判所の手でなされたといっても過言ではなかった。

■ 被告人の特定

　被告人の特定に関しても下級審判決がみられる。いわゆる三者即日処理方式による略式手続の場合，被告人は誰かについては，既に前期において，最高裁によって判断が示されていた。**最決昭和50・5・30刑集29-5-360**（249頁）は，表示説によって問題を処理すべきだと判示した。この期では，逮捕中待命方式による略式手続の場合が問題とされることになった。そして，**大阪高決昭和52・3・17判時850-13**は，この場合は，被告人は被冒用者ではなくて冒用者である被逮捕者であり，この者が被告人として被冒用者名義の略式命令の謄本の交付を受けたときは，原則として略式命令の効力は冒用者である被逮捕者に生ずるものと解するのが相当であるとした。その理由について，次のように判示した。

　　被告人を定めるについては，通常起訴状にあらわれた被告人の表示，検察官の意思，被告人としての挙動等を基準として具体的な事例において，当該訴訟手続の段階，形態，経過等にかんがみ合理的に確定すべきであるが，簡易迅速を旨とする略式手続においては，裁判所の事件受理から略式命令を発するまでの裁判形成の過程において原則として，検察官が関与せず，また被告人が被告人として現実に行為する場面はないこと，略式命令は専ら起訴状に基づき証拠書類等を審査して発するもので起訴状と略式命令の間には密接不離の対応関係があることなどからいって，略式命令における被告人が誰であるか

V この期の刑事判例の特徴

は，起訴状の被告人の表示，検察官の起訴における客観的意思，これらと関係づけられた略式命令書の表示および裁判所の客観的意思等を具体的な事例において，当該略式手続の形態，経過等に照らし合理的に確定すべきであると解する。……ところで，いわゆる三者即日処理方式による略式手続，すなわち交通切符適用事件において，警察官が検挙現場等で違反者の免許証を保管し，違反者に対して四枚一組の交通切符の一枚目を交付し，出頭すべき日時，場所を告知したうえ，指定の日時，場所において，出頭した違反者に対し警察の手続，略式命令請求までの検察庁の手続，略式命令の発付および告知の裁判所の手続，さらに罰金等の仮納付の手続などを一連の流れ作業として行うが，身柄拘束がされていない略式手続においては，違反者が実在の他人の氏名を冒用し，捜査官に対し被疑者として行動し，かつ裁判所で被疑者として被冒用者名義の略式命令の謄本の交付を受けて即時罰金を仮納付する事実があったからといって，略式命令の効力が違反者である冒用者に生じたものとすることはできない，とされている（最高裁判所昭和五〇年五月三〇日決定，刑集二九巻五号三六〇頁参照）。……一方，前記一において認定の如き，逮捕中待命方式による略式手続の場合は，右の三者即日処理方式の場合と異なり，（イ），起訴状に「逮捕中待命」なる旨が記載され，被告人は氏名等の記載をもって表示されているが，その被告人は逮捕中の者である旨の被告人についての実質的表示があるといえること，（ロ），被疑者犯人は捜査から起訴にわたって逮捕中であり，検察官の起訴における意思が逮捕中の被疑者その者を被告人となしたといえる客観的情況があること，（ハ），逮捕は被疑者が誰であったか後のちまで明らかな被疑者写真票，一〇指指紋等の指紋原紙および指紋票により裏打ちされており，また府県警察本部鑑識課あるいは警察庁鑑識課の指紋対照により早期に偽名等が発覚し本名の発見が期待される実質を内包していること，（ニ），三者即日処理方式においては被検挙者以外の者が指定日時場所に出頭して一連の手続により略式命令の告知手続を受ける余地があるが逮捕中の場合はかかる虞れが全くないこと，（ホ），略式命令には「逮捕中」なる旨など身柄関係の表示はないが，通常の場合裁判所は起訴状の「逮捕中待命」の表示に即応し，差し出された逮捕状または現行犯人逮捕手続書等により身柄関係制限時間を点検し，略式命令を逮捕中待命者に告知すべく迅速に略式命令を発し，裁判所書記官，廷吏等において逮捕中待命者に略式命令謄本の送達をしており，裁判所の意思は起訴状の「逮捕中待命」の表示に対応し，同待命者を指向しており，原則として起訴状の表示および検察官の客観的意思との間に乖離がないこと，そして略式命令はこの裁判所の意思の発現したものであることなど，起訴状における「逮捕中待命」なる被告人に関する実質的表示，逮捕中なる事実および写真，指紋に裏打ちされた検察官の起訴における客観的意思，これらと対応関係にある略式命令における裁判所の客観的意思等にかんがみると，逮捕中待命方式において，「逮捕」された被逮捕者が実在の他人の氏名を冒用し，起訴状に被冒用者名義であるが「逮捕中待命」と表示されて逮捕中の略式命令請求の起訴をされたときは，特段の事由のない限り，起訴における被告人は被冒用者ではなくて冒用者である被

逮捕者であり、この者が被告人として被冒用者名義の略式命令の謄本の交付を受けたときは、原則として略式命令の効力は冒用者である被逮捕者に生ずるものと解するのが相当である。……本件についてこれをみると、前記一認定の如く（イ）起訴状に「逮捕中待命」と明記され、被告人の氏名等が被冒用者である実弟Kの氏名、年令、住居等で表示されているが、その被告人は逮捕中の者である旨の表示があること、（ロ）被疑者犯人Yは、昭和五一年八月一六日午前一一時三五分現行犯人として逮捕され、同月一八日午前九時五〇分ころ大阪簡易裁判所に公訴を提起して略式命令を請求する起訴状が受理されるまで逮捕中であり、起訴した大阪区検察庁検察官事務取扱検察事務官の起訴における意思は逮捕中である、Kと自称するYその者を被告人として起訴したと認められる客観的情況があること、（ハ）逮捕されたYの写真および一〇指指紋等が即日（同年八月一六日）とられるとともに、その被疑者写真票、指紋原紙、指紋票が作成され、翌一七日指紋票等の送付をうけた大阪府警察本部鑑識課における保管指紋票との対照により早くもYの偽名使用の疑いが発見されていること、（ニ）Kと自称するY以外の者に略式命令謄本が送達される虞がないこと、（ホ）同月一八日大阪簡易裁判所が発した本件略式命令には、「逮捕中」なる旨の記載はなく別紙の第二の如くKの氏名等が表示されているが、同命令は同日午前九時五〇分ころ受理された本件略式命令請求の起訴について、起訴状の「逮捕中待命」の表示に即応し、差し出された現行犯人逮捕手続書、および検察官が身柄を受け取った時刻、留置期間等を明らかにする留置書により身柄についての二四時間の制限時間は同日午後一時三〇分まであることを点検し、略式命令を逮捕中待命者に告知すべく迅速に証拠書類等により審理をして略式命令を発し、起訴状受理より僅か約一時間二五分後である同日午前一一時一五分大阪地方・区検察庁庁舎内執行徴収課室内において、廷吏が待命者であるKと自称するYに対し略式命令謄本を送達しており、裁判所の客観的意思は、略式命令の氏名等の表示にかかわらず、起訴状の「逮捕中待命」の表示に密接に即応し、逮捕中起訴された待命者を指向しているといえることなどが認められ、これらを総合すると、本件起訴における被告人は、無免許運転で現行犯人として逮捕されたYが、実弟Kの氏名等を自称冒用し、そのため起訴をなした検察官事務取扱検察事務官により実弟のK名義に表示されたが、同時に「逮捕中待命」と表示され、かつ、逮捕中に起訴されたのであるから、実弟名を自称冒用した被逮捕者その者、すなわちKことYであって、氏名を冒用されたKでないというべく、右起訴に対応する本件略式命令の効力は、逮捕に引続く待命中に被告人としてK名義の略式命令謄本の交付を受けたKことYに生じたものと認められる。……してみると、本件起訴および略式命令における被告人はKではなく、同人名を自称冒用したKことYであり、略式命令の効力が同人に生じているのにかかわらず、被告人を被冒用者のKであると解し、同人に略式命令がその請求のあった日から四か月以内に告知されなかった理由をもって「昭和五一年八月一八日付大阪簡易裁判所の発した略式命令はこれを取消す。本件公訴はこれを棄却する」とした原決定には、被告人の特定および略式命令の

告知に関する刑訴法二五六条二項一号および同規則一六四条並びに同法四六三条の二第一項の解釈適用を誤った違法があるといわなければならない。論旨は理由がある。

■ 公訴に関するもの

公訴に関しては，公訴権濫用を認め，被告人を有罪とした原判決を破棄して公訴を棄却した**東京高判昭和52・6・14高刑集30-3-341**（チッソ水俣病川本事件）が注目される。その理由について，次のように詳細に判示した。

　思うに，公訴の提起は検察官の専権に属し，しかも公訴を提起するかどうかは検察官の裁量にゆだねられている。検察官の起訴，不起訴の処分は，刑訴法二四八条が例示する諸事項を基礎に，種々の政策，理念を考慮してなされる合目的的判断であるから，その権限の行使にあたつては相当広範囲の裁量が予定されている。他方，右の処分は，関係者の利害と深刻に結びついた重要な訴訟行為であり，しかも国家を代表し正義の顕現につとめるべき検察官の行為であるから，そこにはおのずから一定の制約があることも否定できない。そして，裁量による権限の行使である以上，その濫用はあり得るし，場合により権限の濫用が甚だしく，とくに不当な起訴処分によつて被告人の法の下の平等の権利をはじめ基本的人権を侵害し，これを是正しなければ著しく正義に反するとき，右の侵害が刑事事件として係属することによつて現実化している以上，裁判所としてもこの状態を黙過することは許されず，当該裁判手続内において司法による救済を図るのが妥当である。従つて，公訴権濫用の問題は，刑事司法に内在し，裁判所の権限に属する判断事項というべきで，このことは，検察官の処分も憲法八一条の「処分」に該当し，司法による審査，抑制の対象となると解されることからも肯定されよう。検察官の不起訴処分に対しては，準起訴手続や検察審査会の制度があり，これによつて不当な不起訴処分は是正されようが，起訴処分に対しては，予審や大陪審の制度もない現行刑訴法のもとでは，直接これを控制する刑事手続上の制度は存しない。従つて，公訴権濫用に対する救済の方法は，起訴処分に対する応答の形式を定めた刑訴法三二九条以下の条文に依拠して決められるが，訴追裁量を著るしく逸脱した公訴の提起は直接には起訴便宜主義を定めた刑訴法二四八条に違反するものであるから，同法三三八条四号にいう公訴提起の手続の規定に違反したものとして，同条による公訴棄却の判決がなさるべきであると考える。そこで，以下において，本件が公訴棄却を招来すべき公訴権の濫用にあたるかどうかを検討することとなるが，本件で特有なことは，所論の骨子をなす差別の問題が，同種他事件あるいは同一事件内の被疑者相互の比較というのではなく，公害を契機に対立する当事者，すなわち公害のいわば加害者側と被害者側との間の取扱い上の差別ということであり，そこには今日の社会における宿命的矛盾ともいうべき公害の問題が介在している点に二重の特徴を有している。なお，公訴権濫用の問題は，不当な訴追から被告人を救済することにあるから，検察官において，意図的に，又は，著しい怠慢に

より，法の下の平等に反する偏頗な公訴の提起がなされたような場合は，右の処分は無効というべきであるけれども，そこには，やはり，検察官の故意又は重大な過失という主観的要素が必要とされることは，いわゆる権利濫用の一般原則から考えて，やむを得ないことであろう。しかし，検察官の公訴提起の処分は，強大，かつ，密行性の公機関が行使する捜査権を背景とするものであるから，かかる主観的要素は，背景となる客観的事実の集積から，これを推認する以外にはなく，かかる客観的外部的事実に照らし，公訴提起の偏頗性が合理的裁量基準を超え，しかもその程度が，憲法上の平等の原則に牴触する程度に達していると判断される場合には，事実上の推定に基づき，検察官の故意又は重大な過失の存在が証明されたといつて妨げない。……すべて司法権は，最高裁判所及び法律の定めるところにより設置する下級裁判所に属する（憲法七六条一項）。具体的事件を通じて，一切の法律，命令，規則又は処分が憲法に適合するかしないかを決定するのは裁判所を措いてほかにない（同法八一条）。しかして司法権が発動して司法的抑制機能を発揮するためには，検察官によつて公訴が提起されることが当然の前提となる（不告不理）。わが国の制度では公訴提起の権能は検察官が独占し，そのうえいわゆる起訴便宜主義がとられていて，検察官は，犯人の性格，年令及び境遇，犯罪の軽重及び情状，並びに犯罪後の情況により訴追を必要としないときは，公訴を提起しないことができる（刑訴法二四八条）ことになつている。検察官が事件を起訴することも，しないこともできるということは，被疑者に対していわば生殺与奪の権能をもつことを意味し，これほど大きな権能を一手に掌握するのは世界の法制度としてみてもほとんど類例がない。検察官の不起訴処分に対してはさきに指摘したように，限られた事件につき準起訴手続があり，また，検察審査会の制度があつて，不十分ながら民意を反映する道が拓かれているのに対し，検察官の公訴提起については，公訴提起後の審理を通じて司法の抑制が加えられることとなつている。……刑事事件にあつては，その本質上，被告人を訴追する政府（直接には検察権の行使）もまた，正義，公平が実現されることを見守るべき義務を有するのであるから，いわゆる必罰主義は右憲法上の要請（適正手続）の前に譲歩を迫られるべき例外的な場合があることを肯定し，公訴提起を差し控えるべき義務がある場合があり，もしあえて公訴が提起され，それが濫用にわたると考えられる場合は，裁判所において公訴の提起そのものに対してその価値を否定することが許されなければならない。……本件において重要なのは客観的事実そのものに重点を指向し，それによつて差別起訴であるか否かを判断すべきもので，その根拠としては，憲法一四条一項の平等保護条項がこれに当たるが，何が合理的差別で何が不合理な差別なのかを解明する決め手となるのは，当然他との比較衡量である。同一事件に関与した被疑者の間にあつて，ある者は起訴され，他の者は不起訴ないし起訴猶予となつた場合のように，単に平面的に比較するのではなく，比較の対象が対向関係にあつて，平面的，微視的な観察では足りず，立体的，巨視的な観点に立つて比較衡量することを要する場合のあることに留意しなければならない。本件はまさにその場合であるといつてよい。……およ

V この期の刑事判例の特徴

そ，検察官がある事件を立件し刑事処罰を求めるに当たつては，当該犯罪の動機，原因，背景的事実を捨象して現象面のみを見ることは皮相であり，刑訴法二四八条に照らして，むしろ不可能であるとすらいえる。すでに上述し以下にも詳述するとおり，水俣病の被害という比較を絶する背景事実があり，自主交渉という長い時間と空間のさなかに発生した片々たる一こまの傷害行為を，被告人らが自主交渉に至らざるを得なかつた経緯と切り離して取り出しそれに法的評価を加えるのは，事の本質を見誤るおそれがあつて相当でない。……水俣病の被害は公害史上最大のものといわれ，今なお，多くの者が有効な治療法が見出せない状況のもとで，病苦に身を苛まれている。当裁判所は原審及び当審において提出された書物，写真，フイルムを通して水俣病に苦しむ患者の姿の一端を見る機会を得たが，この悲惨さに対するとき，我々は語るべき言葉を持たない。胎児性水俣病患者の仕草の一つ，四肢を硬直させ痙れん発作を起こした患者の姿は水俣病のすべてを物語つているといえよう。公害は，民事判決も指摘しているように，一方的に惹起され，一方的に被害を与えるものであり，しかも土地を離れないかぎり逃れるすべがないばかりか，しらずしらずのうちに身体がおかされ，原因が明らかにされた時にはすでに手遅れの場合もある。そして，被害は多数の住民に及び地域全体に深刻な影響を与えるとともに家族全員が犠牲になることも少なくない。水俣病はこの典型であり，被告人自身患者である本件においては右の特殊性が十分考慮される必要があろう。……さて，水俣病の前に水俣病はないといわれ，その原因究明に年月を要した水俣病であるが，はたしてこれを防ぐ手だてはなかつたであろうか。先に「水俣病究明の過程」で指摘した事項をみるとき，患者が続発し，胎児性患者まであらわれている状況のもとで，当初奇病といわれた段階から一五年間も水銀廃液が排出されている状態を放置しておかなければならない理由は見出せない。熊大研究班による地道にして科学的な原因究明が行われた経過の中で，熊本県警察本部も熊本地方検察庁検察官もその気がありさえすれば……各種の取締法令を発動することによつて，加害者を処罰するとともに被害の拡大を防止することができたであろうと考えられるのに，何らそのような措置に出た事績がみられないのは，まことに残念であり，行政，検察の怠慢として非難されてもやむを得ないし，この意味において，国，県は水俣病に対して一半の責任があるといつても過言ではない。のみならず，チッソの水銀廃液の放流の原因となつたアセトアルデヒドの製造は国家によつて容認されていたのであるから，被害民の立場からすれば，チッソと異なる意味で国家もまた加害者であるといえよう。チッソ幹部に対する業務上過失致死傷罪による起訴は，昭和三三年七月ころから昭和三五年八月ころまで工場廃液を排出した行為が過失の内容となつているのであるから，当時速やかにこのような起訴がなされあるいはこれを前提とした捜査がなされていたなら，その後の一〇年に近い排出とこれにともなう水銀汚染が防げていたであろうことを考えると，時機を失した検察権の発動が惜しまれるのである。これにひきかえ，排出の中止を求めて抗議行動に立ち上つた漁民達に対する刑事訴追と処罰が迅速，峻烈であつたことは先に指摘したとおりである。……自主交渉

第7代長官　藤林益三

派のリーダーである被告人に対し起訴がなされたことにより，自主交渉派の患者に少なからぬ打撃を与えたものと認められ，意図するとしないとにかかわらず本件起訴が対立する当事者の一方に加担する結果をもたらしたことは否定できない。……しかし何の落度もなく一方的に被害を被つた患者達のチッソに対する感情には容易に抜き難いものがあり，患者に対するこれまでのチッソの対応の仕方をも考慮すると，チッソとしては相当程度我慢しなければならないし，被告人らに行き過ぎがあつたとしても，これに対して直ちに刑罰で臨むのは妥当を欠くといわなければならない。……被告人の行為を，水俣病に苦しむ多くの患者とりわけ言わぬあるいは物言えぬ患者の抗議であると思えば，被告人に対する感情の何程かは減じるのではあるまいか。……検察官は，こと検察事務に関して，一人ひとりが独立の官庁として，その権限と責任において事を処理するものであり，検察官は，その良心と法令の命ずるところに従つて事務を処理すべきものである。しかし，他面において，検察権も行政権の一作用であるから，検察権の行使が全国的に均斉になされることは，事が国民の基本的権利義務に関する事柄であるだけに，極めて重要である。このような要請を満たす上に最も適切な方途の一つとして認められているのが検察官同一体の原則である（検察庁法一条，四条，一一条，一二条参照）。担当の検察官として，本件公訴を提起するに当たつては，現地熊本地方検察庁と密接な連絡をとり，水俣病をめぐつて起こつた紛争に関する刑事事件の処理状況について適確な情報を得たうえで本事件を処理すべきであつたと考える。……当代の検察権は，すべからく時代のすう勢を達観し何が重要で，何が重要でないか，活眼を開いてその指向すべき方向を見定め，常に清新にして溌らつ真に国民の希求する検察の遂行を期することこそ肝要である。決して弱い者いじめに堕することがあつてはならないのである。

■ 違法収集証拠の排除に関するもの

違法収集証拠の排除については，この期も，前期に引き続いて，下級審の葛藤がみられる。たとえば，**福岡高判昭和52・5・30判時861-125**は，次のように判示し，本件自白調書の証拠能力は否定すべきものであって，原判決がこれと同旨の判断をしたことは正当であるとした。

> 一般に甲事実（別件）による逮捕中の被疑者を乙事実（本件）について取調べることの適否について考えてみるに，令状主義を保障する憲法三三条及びその理念に基づく刑事訴訟法一九九条二項，同規則一四二条一項，一四三条，一四三条の二の諸規定を合理的に解釈すれば，本来逮捕について令状主義は各被疑事実について運用されるべきことが原則であると解せられ，これを厳格に適用すれば，甲事実について逮捕中の被疑者を乙事実について取調べることは許されないことになる。しかしながら，この原則をしかく厳格に貫ぬくと被疑事実ごとに逮捕をくり返さねばならなくなり，却って身柄拘束期間の長期化を招き，また一方捜査の流動的，発展的な機能を著しく阻害することにもなる

V この期の刑事判例の特徴

ので，現実の運用面においては，令状主義の基本理念に立ちつつも，事件単位の考え方を緩和する必要が生ずる。従って，現実には，甲事実について逮捕中の被疑者を乙事実について取調べることが許される場合があるのであって，その適否は一概に断じ難く，具体的事案に即して前記の矛盾する要請の調和の中において，その限界を求め，適否の検討がなされねばならないが，乙事実についての取調べが許されるためには少くとも甲事実についての逮捕自体が実質的な要件，即ち逮捕の理由及び必要性を具備していることが要請されることは当然の帰結であるといわなければならない。……このことを本件の場合に即して考察すれば，被告人に対する別件逮捕の必要性は，日本刀が本件成傷器たる可能性があるという意味での本件との関連性にのみ依存しているものであるところ，右関連性が極めて稀薄であることは，前叙のとおりであること，しかも右関連性は，別件逮捕時に近接して，日本刀に対するルミノール反応が陰性である旨の検査結果が顕われて，一応否定されたにもかかわらず，なお右逮捕は継続され，逮捕期間中，形式的には別件についての取調べがなされたとはいえ，実質的には，その殆んどが本件についての取調べに利用されていること，さらには，別件逮捕の端緒となった本件捜索は，被害者Mの命日を期して，事実上被告人を真犯人と目して，その裏付資料を得るために，強力に開始された一斉捜査の一環として行われたものであるとみられないでもないことからすると，別件逮捕は，本件の取調べに利用する意図のもとになされ，これを覆うために日本刀の本件成傷器としての極めて稀薄な可能性を過大評価して表面上の理由にかかげたものと推断されても止むを得ないものというべく，従って，別件逮捕は必要性の点でその実質的要件を欠いた違法のそしりを免れず，このような違法な逮捕による身体の拘束下において，これを利用して本件についての取調べをすることは，別件について取調べることとともに違法なものといわざるを得ない。……以上のとおりで，本件自白調書は違法な逮捕下における違法な取調べによって得られたものとなるので，その証拠能力を刑事訴訟法三一九条とも関連させて検討するに，同条の適用が問題となる場合の殆んどは，適法な拘禁下における違法又は不当な取調べ方法自体にかかわるものであると考えられ，現行法上，極めて厳格な規制のもとに逮捕，勾留が許され，これにかなった身体拘束下に適法な取調方法により得られた自白が証拠能力を認められていることからみれば，その場合は身体の拘束自体がもたらす固有の苦痛が被拘禁者の自白に及ぼす影響については，不当な長期拘禁の場合を除き，任意性の判断としては捨象されているものと解せられる。……このような観点から，身体の自由という最も基本的な人権について，憲法三三条が定めた令状主義を直截に受けとめ，違法な逮捕や勾留による人権の侵害に対する刑事訴訟手続外における救済の現実が法制度のもとでは極めて迂遠であり且つ実効を帰し難い現実面に思いを致すとき，また令状主義を徹底せんがため刑事訴訟法及び同規則が身体の拘束に関して極めて厳格な規制をもって臨んでいる法意に照らせば，憲法が保障しようとする理念をより実質的に運用実践の面において反映させ，効果あらしめるためには，違法な逮捕という手段によって得られた自白は，その直接的取調

べの方法如何を問わず，その証拠能力を否定することによって，司法的審査の資料とすることを排斥することが最も端的且つ実効的な方法であると考える。特に別件逮捕が違法な場合，その間に得られた本件に関する自白は，それが任意捜査としての諸要件を備えた取調べによることが明らかにされない限り，令状主義を潜脱するものとして，証拠能力を否定されるのが至当であると考えられ，その限りにおいて真実発見の要請も捜査の利益も適正手続の要請に一歩を譲る結果となっても止むを得ないものと考えられる。……叙上の理に照らせば，本件自白調書の証拠能力は否定すべきものであるから，原判決がこれと同旨の判断をしたことは正当であって，論旨の非難は当らない。

これに対して，大阪高判昭和52・6・28刑月9-5=6-334は，不任意の自白に基づいて発見押収された証拠物に関する書証の証拠能力につき，「派生的第二次証拠が重大な法益を侵害するような犯罪行為の解明にとって必要不可欠な証拠である場合には，これに対しては証拠排除の波及効は及ばないと解するのが相当である」と判示した。

第8代
最高裁長官
岡原昌男

(1997年8月26日～1979年3月31日)

OKAHARA court
08

第8代長官　岡原昌男

I ■ 長官のプロフィール

　純粋の検察官出身で初の最高裁長官。岩手県出身で，先祖は自称「下級武士」。旧制の小学校・中学校を飛び級で進学し，東京大学帝国大学法学部に入学。在学中に司法試験に合格し，20歳で司法官試補。検察官として公安検事のエリートコースを突き進んだ。司法省刑事課長，人事課長，会計課長を歴任したが，思想課長などのポストについていなかったために，公職追放を免れた。戦後も法務省の要職を歴任したが，検察内部における派閥争いの激化のために，法務省刑事局長から千葉地検検事正に左遷された。その後，札幌高検検事長，福岡高検検事長を経て，大阪高検検事長に就任した。

　岡原が司法省人事課長だったときの最高裁人事課長で旧知の間柄であった石田最高裁長官から，最高裁判事への就任依頼の電話を受ける。最高裁判事就任の際，「私は検察の利益代弁者ではない」と述べたというが，最高裁判事になっても治安維持を重視する意見を表明し続けた。

　最高裁では，岡原は常に多数意見の中にいた。保守派優位の最高裁で常に主流派であったことが長官抜擢の決定的要因になった。もっとも，1976年4月の衆院定数訴訟大法廷判決では，1972年に実施された総選挙の議員定数配分規定について，違憲だが選挙は無効としないとした多数意見に対し，配分規定は訴訟が起こされた選挙区についてだけ違憲で，選挙でやり直すべきだとする反対意見を展開した。

　福田内閣の下で，弁護士出身の藤林長官の後を受けて最高裁長官に就任した。長官就任の挨拶でも，判事就任のときと同じく，「私は検察の利益代表ではない」という言葉を繰り返した。ただし，ショートリリーフで，任期は1年7か月であった。

　過激派事件で荒れる法廷が続出した時期であったことから，1978年5月2日の憲法記念日前日の記者会見で，当時国会で審議中の「弁護士抜き裁判特例法案」の必要性を述べたために，野党などから，三権分立の憲法原理に違反するとして，国会の裁判官訴追委員会に訴追請求がなされたことがあった。日弁連も「憲法感覚を疑う」との会長談話を発表した。しかし，岡原は，その後の長官所長会同でも，審理妨害を非難し，「適切な措置をとるよう」にと訓示した（裁時739号1頁）。

　長官退官後も政治倫理の確立に情熱を燃やし，政治腐敗防止法の制定などを積極的に提唱した。1993年11月2日，衆議院政治改革特別委員会で，参考人として出席した岡原は，「（企業から政治家に）何千万円も何億円も入ってくるなんて悪だ。法律的に理屈は通らない。あり得べからざることだ」と企業・団体の政治献金を痛烈に批判し，

八幡製鉄献金合法判決は政治的配慮の判決だと述べた。ロッキード事件の嘱託尋問調書をめぐっても重要な役割を果たした。1992年の東京佐川急便事件に際し，金丸信自民党副総裁が略式起訴されるや，「検察ファッショの声におびえて，真相追求を怠ってはならない」と，当時の後藤田正晴法務大臣に直訴し，検察再奮起のきっかけとなった。

（以上のプロフィールについては，野村二郎『最高裁全裁判官——人と判決』（三省堂，1986年）160頁以下，山本祐司『最高裁物語（下巻）』（日本評論社，1994年）207頁以下などを参照）

II ■ この期の最高裁の動き

各地の裁判所では，過激派被告人・弁護団が裁判官の訴訟指揮に抗議し，トラブルが続出し，審理の遅れが目立った。このため，法務省は，「弁護人抜き裁判特例法案」を作成し，日弁連はこれに強く反対した。そのようななか，岡原長官は，憲法記念日を前に同法案の必要性を強調し，物議をかもした。岡原は，同法案問題を最高裁裁判官会議に諮らずに独断専行した。また，連合赤軍事件や連続企業爆破事件の公判のあり方も問題にし，「具体的な係属事件には触れない」という裁判の独立・公正の原則を侵す発言をした。

岡原の言動には，在野の弁護士といえども勝手なことは許されないという強い思いが伏在していた。「司法の激動」の後遺症が残っているときは，弁護士会との修復も重要な問題であったが，最高裁の保守化が完成したこの段階では，弁護士会に何の遠慮もいらない。弁護士会に対して思い切った態度を示した方が最高裁のイメージを高めることにもなる。このように考えての言動であった。

岡原は長官就任以来，「国民感情」を旗印にした。しかし，岡原が意識する「国民感情」とは，東京中郵便事件等のリベラル派の判例を葬り去った最高裁に拍手した「国民感情」であり，岡原と同様に，リベラルな裁判官を思慮不足と非難する「国民感情」であった。

岡原コートの本質は，保守政権によるところの現状を肯定するというものであり，たとえ政治色のない庶民が裁判所にすがってきても，「行政を窮地に追い込む判決はすべきでない」というものであった。国家に被害者救済を命じる場合でも，現在進行形の行政までストップさせてはならないというのが岡原コートの特徴であった。大阪空港訴訟を大法廷に回付させたのもこのような観点からであった。ただし，判決のメドも立たないうちに，岡原は定年を迎えた。そのこともあって，岡原コートの裁判では特にとりあげるべきものはみられなかった。

第 8 代長官　岡原昌男

　この頃，最高裁判事は明治生まれが姿を消し，岡原在任の終わり頃には，大正生まれが過半数に達しようとしていた。それでも，平均年齢は66歳の高齢であった。
　(野村二郎『最高裁全裁判官──人と判決』(三省堂，1986年) 160頁以下，山本祐司『最高裁物語 (下巻，1994年)』(日本評論社) 207頁以下などを参照)

III ■ この期の裁判所関係の動き

1977年	8月26日	岡原昌男，最高裁長官に就任。
	11月 8日	裁判官訴追員委員会，司法研修所 4 教官の女性差別発言で不穏当と付記した上で不訴追決定。
1978年	1月 1日	岡原長官，「新年のことば」で，「法の運用は国民の常識にかなうものでなければならない」等と述べる (裁時728号 1 頁)。
	3月 7日	閣議で「弁護人抜き裁判特例法案」(刑事事件の公判の開廷についての暫定的特例法案) を決定。
	4月 上旬	最高裁裁判官会議，30期修習生 2 名 (うち 1 名は青法協会員) の裁判官任官を拒否。
	5月 2日	岡原最高裁長官，記者会見において国会で審議中の「弁護人抜き裁判特例法案」の必要性を強調。
	5月 9日	日弁連臨時総会，「岡原最高裁判所長官の不当な発言に厳重に抗議し，直ちに撤回することを求める」声明を採択。
	6月 8日	岡原最高裁長官，長官所長会同で，「近時，常軌を逸した暴力の伴う集団犯罪がしばしば生起しております。この種事件の法廷においては，独自の主張を貫徹しようとして秩序を乱し，審理を妨害する者が少なくないことも憂慮に堪えないところであります。このような事態を放置することは，裁判の無視ひいては法の支配そのものの否定につながると申しても過言ではありません。」等と訓示 (裁時739号 1 頁)。
	10月15日	横川敏雄札幌高裁長官，法律紙上で最高裁のあり方を批判。
	12月 7日	福田内閣が総辞職。(大平正芳を第69代首相に指名)
1979年	3月12日	司法研修所教官，31期任官志望者に内容証明で青法協脱会を勧告。
	3月30日	法曹三者協議会，国選弁護人の推薦と弁護士懲戒で合意書。
	3月22日	山口地裁，殉職自衛官の合祀は政教分離原則に違反と判示。

IV ■ この期の刑事法関係の動き

　刑事法関係では，以下のような動きがみられる。前期に続いて，再審関係の動きが

294

注目される。

1977年	2月15日	仙台高裁，弘前大学教授殺害事件につき再審無罪の判決。
	9月28日	日本赤軍，日航機をハイジャックし，ダッカ空港で同志の釈放と身代金を要求。（日本政府，「超法規的措置」で要求を受諾）
1978年	6月 9日	渋谷簡裁，鬼頭元判事補に拘留の有罪判決。
	6月28日	最高裁第一小法廷，東大安田講堂事件で被告人不在の審理につき適法の決定。
	7月11日	暴力団山口組の田岡組長，狙撃され，重傷を負う。（暴力団の抗争激化）
	7月31日	青森地裁，青森事件につき再審無罪の判決。
	10月30日	最高裁庁舎に火炎瓶が投げ込まれる。
	11月11日	無限連鎖講（ネズミ講）防止法を公布。
	11月25日	ハイジャック防止法の改正法が成立。
1979年	1月24日	松江地裁出雲支部，戸別訪問禁止規定を違憲と判示。
	1月26日	大阪の三菱銀行北畠支店で猟銃による人質事件が発生。
	2月 9日	東京地裁，傍聴人のヤジに対し7日間の監置処分。

V ■ この期の刑事判例の特徴

1 大法廷判決・決定

この期も格別の大法廷判決・決定はみられない。最高裁の主な舞台は前々期および前期と同様，小法廷である。

2 小法廷判決・決定

■ 捜査に関するもの

捜査に関しても，重要な小法廷判決・決定が出されている。所持品検査に関する**最判昭和53・6・20刑集32-4-670（米子銀行事件）**がそれである。所持品検査は任意手段である職務質問の附随行為として許容されるとした上で，所持人の承諾のない限り所持品検査は一切許容されないと解するのは相当でなく，強制にわたらない限り，捜索に至らない程度の行為は所持品検査においても許容される場合があると解すべきであるとされた。問題は，捜索に至らない程度の行為が許容されるための要件とは何かである。この点についても，所持品検査の必要性，緊急性，これによって害される個人

第 8 代長官　岡原昌男

の法益と保護されるべき公共の利益との権衡などを考慮し，具体的状況のもとで相当と認められる限度においてのみ，許容されるものと解すべきであるとされた。そして，この要件に鑑み，本件所持品検査は適法とし，次のように判示した。

> 警職法は，その二条一項において同項所定の者を停止させて質問することができると規定するのみで，所持品の検査については明文の規定を設けていないが，所持品の検査は，口頭による質問と密接に関連し，かつ，職務質問の効果をあげるうえで必要性，有効性の認められる行為であるから，同条項による職務質問に附随してこれを行うことができる場合があると解するのが，相当である。所持品検査は，任意手段である職務質問の附随行為として許容されるのであるから，所持人の承諾を得て，その限定においてこれを行うのが原則であることはいうまでもない。しかしながら，職務質問ないし所持品検査は，犯罪の予防，鎮圧等を目的とする行政警察上の作用であつて，流動する各般の警察事象に対応して迅速適正にこれを処理すべき行政警察の責務にかんがみるときは，所持人の承諾のない限り所持品検査は一切許容されないと解するのは相当でなく，捜索に至らない程度の行為は，強制にわたらない限り，所持品検査においても許容される場合があると解すべきである。もつとも，所持品検査には種々の態様のものがあるので，その許容限度を一般的に定めることは困難であるが，所持品について捜索及び押収を受けることのない権利は憲法三五条の保障するところであり，捜索に至らない程度の行為であつてもこれを受ける者の権利を害するものであるから，状況のいかんを問わず常にかかる行為が許容されるものと解すべきでないことはもちろんであつて，かかる行為は，限定的な場合において，所持品検査の必要性，緊急性，これによつて害される個人の法益と保護されるべき公共の利益との権衡などを考慮し，具体的状況のもとで相当と認められる限度においてのみ，許容されるものと解すべきである。……これを本件についてみると，所論の赤沢巡査長の行為は，猟銃及び登山用ナイフを使用しての銀行強盗という重大な犯罪が発生し犯人の検挙が緊急の警察責務とされていた状況の下において，深夜に検問の現場を通りかかつた K 及び被告人の両名が，右犯人としての濃厚な容疑が存在し，かつ，兇器を所持している疑いもあつたのに，警察官の職務質問に対し黙秘したうえ再三にわたる所持品の開披要求を拒否するなどの不審な挙動をとり続けたため，右両名の容疑を確める緊急の必要上されたものであつて，所持品検査の緊急性，必要性が強かつた反面，所持品検査の態様は携行中の所持品であるバッグの施錠されていないチヤックを開披し内部を一べつしたにすぎないものであるから，これによる法益の侵害はさほど大きいものではなく，上述の経過に照らせば相当と認めうる行為であるから，これを警職法二条一項の職務質問に附随する行為として許容されるとした原判決の判断は正当である。

強制処分と任意処分の限界に関して，**最決昭和51・3・16刑集30-2-187**が打ち出した基準，すなわち，「右の程度（特別の根拠規定がなければ許容することが相当でない—引用者）

に至らない有形力の行使は，任意捜査においても許容される場合があるといわなければならない。ただ，強制手段に当たらない有形力の行使であつても，何らかの法益を侵害し又は侵害するおそれがあるのであるから，状況のいかんを問わず常に許容されるものと解するのは相当でなく，必要性，緊急性なども考慮したうえ，具体的状況のもとで相当と認められる限度において許容されるものと解すべきである」という基準がここでも援用されている。職務質問に伴う所持品検査については，警察官職務執行法を改正して根拠規定を新設しようとした政府の試みが挫折したという経緯に鑑みると，最高裁が新たな「法創造」を行ったとみることも可能であろう。職務質問のための自動車検問を適法として許容した**名古屋高金沢支判昭和52・6・30判時878-118**（282頁）と相まって，職務質問の射程は飛躍的に拡大されることになった。捜査の端緒という性格だけにとどまらず，本来的な捜査方法という性格をも帯びることになった。

最決昭和53・9・22刑集32-6-1774も，このような拡大の流れの中に位置づけられる。次のように判示し，エンジンキーを回転してスイッチを切った行為は職務質問を行うため停止させる方法として必要かつ相当な行為であるとした。

> 右のような原判示の事実関係のもとでは，大下巡査が窓から手を差し入れ，エンジンキーを回転してスイッチを切つた行為は，警察官職務執行法二条一項の規定に基づく職務質問を行うため停止させる方法として必要かつ相当な行為であるのみならず，道路交通法六七条三項の規定に基づき，自動車の運転手が酒気帯び運転をするおそれがあるときに，交通の危険を防止するためにとつた，必要な応急の措置にあたるから，刑法九五条一項にいう職務の執行として適法なものであるというべきである。

■ 接見交通に関するもの

接見交通に関しても重要な小法廷判決が出されている。接見を拒否した捜査官の行為を違法とした原判決は法令の解釈適用を誤り，ひいては審理不尽の違法があるものといわざるをえず，破棄を免れないとした**最判昭和53・7・10民集32-5-820**（杉山事件）がそれで，次のように判示した。

> 憲法三四条前段は，何人も直ちに弁護人に依頼する権利を与えられなければ抑留・拘禁されることがないことを規定し，刑訴法三九条一項は，この趣旨にのつとり，身体の拘束を受けている被疑者・被告人は，弁護人又は弁護人となろうとする者（以下「弁護人等」という。）と立会人なしに接見し，書類や物の授受をすることができると規定する。この弁護人等との接見交通権は，身体を拘束された被疑者が弁護人の授助を受けることができるための刑事手続上最も重要な基本的権利に属するものであるとともに，弁護人からいえばその固有権の最も重要なものの一つであることはいうまでもない。身体を拘束

された被疑者の取調べについては時間的制約があることからして，弁護人等と被疑者との接見交通権と捜査の必要との調整を図るため，刑訴法三九条三項は，捜査のため必要があるときは，右の接見等に関してその日時・場所・時間を指定することができると規定するが，弁護人等の接見交通権が前記のように憲法の保障に由来するものであることにかんがみれば，捜査機関のする右の接見等の日時等の指定は，あくまで必要やむをえない例外的措置であつて，被疑者が防禦の準備をする権利を不当に制限することは許されるべきではない。（同項但書）。捜査機関は，弁護人等から被疑者との接見の申出があつたときは，原則として何時でも接見の機会を与えなければならないのであり，現に被疑者を取調中であるとか，実況見分，検証等に立ち会わせる必要がある等捜査の中断による支障が顕著な場合には，弁護人等と協議してできる限り速やかな接見のための日時等を指定し，被疑者が防禦のため弁護人等と打ち合せることのできるような措置をとるべきである。……これを本件についてみると，原審の確定した前記事実関係によれば，被上告人が午後四時三〇分ごろ布施署を訪れ，警察官友田に対し被疑者Hとの接見を申し入れた際には，友田は現に同人を取調中であり，また，当該被疑事件は，枚岡署に置かれた捜査本部が統一的に捜査を指揮し，内部的には，捜査本部の捜査主任官高井及びこれを補佐する宮里が接見の日時等についての指定権を与えられていて，布施署においてHの取調べを担当していた友田にはこれが制限されていたというのであるから，かような場合における接見の日時等の指定は，それが前記の見地から見て合理的なものである限り，捜査主任官高井又は補佐官宮里の権限に委ねられていたものであつて，友田が被上告人に対し直接捜査主任官又は補佐官の指定を受けるよう求めたことは，被上告人にとつても権限ある宮里と直接協議して接見の日時等の打合せをすることができる便宜があり，また，これに伴う被上告人の負担は電話連絡の機会もあつたことであるから一挙手一投足の労ですんだものといわなければならない。そして前記の経過からすれば，友田は，被上告人に対し自分には指定の権限がなく自分の一存では決しかねると告げ，当初は指定書ということを口にしたが，すぐに捜査主任官の指定を受けてもらうか又は指定書を持つてきてもらいたいと言い直し，再度その旨を繰り返えして説明したのに，被上告人は終始指定書のことに拘泥して友田の言に耳を傾けず，宮里と被上告人との間でも両名が直接電話による対話の機会が二度もあつたにもかかわらず，両者間の感情が対立して無用の問答に終始し，宮里も被上告人がHとの接見を要求していることを知りながら，被上告人と具体的な日時の協議をするにいたらなかつた。そして，被上告人は，友田に対しあくまで直ちに接見させるよう要求し，強引な実力行使の行動に出たものであつて，被上告人の右行為も紛争を深刻ならしめ，相当の時間を空費することとなつたことの一因であるといわなければならない（なお，被上告人は，Hとの接見まで約四時間を要したが，右時間のうちには，被上告人がいつたん布施署を退出して午後六時すぎごろ再び布施署に立ち戻るまでの時間も含まれている。）。また，当時，被疑者と弁護人等との接見をあらかじめ一般的に禁止して許可にかからしめ，しかも被上告人の接見要

求に対して速やかに日時等の指定をしなかつた捜査本部の宮里の措置は違法といわざるをえないが，友田は原判決のいうとおり指定権の行使が制限されていたのであり，同人が再三再四宮里に電話で連絡したこと……は，まさに，被上告人の接見を求める強い要請を宮里に伝達したことにもなるのであつて，友田に接見指定の手続をとる意思が全くなかつた旨の原審の判断は相当でない。そうすると，友田が捜査主任官の指定のないことを理由に接見を拒んだとしても，この友田の行為を違法と評価することは相当でなく，友田の行為の違法を前提として，上告人に対して金一〇万円の支払を命じた原判決には法令の解釈適用を誤り，ひいて審理不尽の違法があるものといわざるをえず，右違法は原判決中右部分の結論に影響を及ぼすことが明らかであるから，その余の点についてふれるまでもなく論旨は理由があり，原判決中上告人敗訴部分は破棄を免れない。そして更に審理を尽くさせる必要があるから，右部分につき本件を原審に差し戻すのが相当である。

■ 訴因変更の要否および可否に関するもの

罰条変更の手続に関しても重要な小法廷決定が出されている。**最決昭和53・2・16刑集32-1-47**がそれである。次のように判示し，罰条変更の手続を経ないで，起訴状に記載されていない罰条であってもこれを適用することができるとした。

> 起訴状における罰条の記載は，訴因をより一層特定させて被告人の防禦に遺憾のないようにするため法律上要請されているものであり，裁判所による法令の適用をその範囲内に拘束するためのものではないと解すべきである。それ故，裁判所は，訴因により公訴事実が十分に明確にされていて被告人の防禦に実質的な不利益が生じない限りは，罰条変更の手続を経ないで，起訴状に記載されていない罰条であつてもこれを適用することができるものというべきである。……本件の場合，暴力行為等処罰に関する法律一条の罪にあたる事実が訴因によつて十分に明示されているから，原審が，起訴状に記載された刑法二〇八条の罰条を変更させる手続を経ないで，右法律一条を適用したからといつて，被告人の防禦に実質的な不利益が生じたものとはいえない。したがつて，原判決の判断は，この点でも正当である。

枉法収賄の訴因と贈賄の訴因との間に公訴事実の同一性を認めた原判断は正当であるとした**最決昭和53・3・6刑集32-2-218**も注目される。次のように判示した。

> 所論にかんがみ，職権により判断するに，「被告人甲は，公務員乙と共謀のうえ，乙の職務上の不正行為に対する謝礼の趣旨で，丙から賄賂を収受した」という枉法収賄の訴因と，「被告人甲は，丙と共謀のうえ，右と同じ趣旨で，公務員乙に対して賄賂を供与した」という贈賄の訴因とは，収受したとされる賄賂と供与したとされる賄賂との間に事実上の共通性がある場合には，両立しない関係にあり，かつ，一連の同一事象に対す

る法的評価を異にするに過ぎないものであつて，基本的事実関係においては同一であるということができる。したがつて，右の二つの訴因の間に公訴事実の同一性を認めた原判断は，正当である。

周知のように，判例は，公訴事実の同一性の基準に関して，古くから，基本的事実の同一というフォーミュラを採用してきたが，これだけでは漠然としすぎるので，処罰の択一関係という考慮を加えた例も出てきた。たとえば，窃盗の訴因と盗品処分のあっせん訴因とは同一の背広に関わり，罪質上も密接な関係があり，また，日時・場所が近接していることに鑑みると，一方の犯罪が認められるときは他方の犯罪の成立は認め得ない関係があるので，同一性があると判示した**最判昭和29・5・14刑集8-5-676**（63頁）や，馬の売却代金の着服横領と馬そのものの窃盗との関係について，いずれも同一被害者に対する一定の物とその換価代金を中心とする不法領得行為であり，一方が有罪となれば他方はその不可罰的事後行為として不処罰となる関係にあり，同一性があると判示した**最判昭和34・12・11刑集13-13-3195**（67頁）などがそれである。

本最決昭和53・3・6も，その延長線上に，「公務員乙と共謀の上，乙の職務上の不正行為に対する謝礼の趣旨で，丙から賄賂を収受した」という枉法収賄の訴因と，「丙と共謀のうえ，右の趣旨で，公務員乙に対し賄賂を供与した」という贈賄の訴因とは，授受された賄賂に事実上の共通性があるので，両立しない関係にあり，同一性を肯定できると判示した。

■ 違法収集証拠の排除に関するもの

違法収集証拠の排除に関しても，重要な小法廷判決が出されている。**最判昭和53・9・7刑集32-6-1672**（大阪覚せい剤事件）がそれである。原審及び第一審裁判所は，被告人側の申立てを認めて，「右違法の程度は，憲法三五条及び刑訴法二一八条一項所定の令状主義に違反する極めて重大なものであるうえ，弁護人は，本件証拠物を証拠とすることにつき異議をのべているのであるから，かかる証拠物を証拠として利用することは許されない。」とし，覚せい剤不法所持の点については無罪を認定した。しかし，本最判昭和53・9・7は，次のように判示し，無罪判決を破棄し，差し戻した。

　一般的に，警察官が職務質問に際し異常な箇所につき着衣の外部から触れる程度のことは，事案の具体的状況下においては職務質問の附随的行為として許容される場合があるが，さらにこれを超えてその者から所持品を提示させ，あるいはその者の着衣の内側ポケットに手を入れてその所持品を検査することは，相手方の人権に重大なかかわりのあることであるから，前記着衣の外部から触れることなどによつて，人の生命，身体又は財産に危害を及ぼす危険物を所持し，かつ，具体的状況からして，急迫した状況にある

V この期の刑事判例の特徴

ため全法律秩序からみて許容されると考えられる特別の事情のある場合を除いては，その提示が相手方の任意な意思に基づくか，あるいはその所持品検査が相手方の明示又は黙示の承諾を得たものでない限り許されない。……これを本件についてみると，……被告人の承諾がないのに，その上衣左側内ポケットに手を差し入れて所持品を取り出したうえ検査した同巡査の行為は，一般にプライバシー侵害の程度の高い行為であり，かつ，その態様において捜索に類するものであるから，上記のような本件の具体的な状況のもとにおいては，相当な行為とは認めがたいところであつて，職務質問に附随する所持品検査の許容限度を逸脱したものと解するのが相当である。してみると，右違法な所持品検査及びこれに続いて行われた試薬検査によってはじめて覚せい剤所持の事実が明らかになつた結果，被告人を覚せい剤取締法違反被疑事実で現行犯逮捕する要件が整つた本件事案においては，右逮捕に伴い行われた本件証拠物の差押え手続は違法といわざるをえないものである。……押収手続に違法があるとして直ちにその証拠能力を否定することは，事案の真相の究明に資するゆえんではなく，相当でないというべきである。しかし，……証拠物の押収等の手続に憲法三五条及びこれを受けた刑訴法二一八条一項等の所期する令状主義の精神を没却するような重大な違法があり，これを証拠として許容することが，将来における違法な捜査の抑制の見地からして相当でないと認められる場合においては，その証拠能力は否定されるものと解すべきである。……これを本件についてみると，……垣田巡査の行為は，……所持品検査として許容される限度をわずかに超えて行われたに過ぎないものであつて，もとより同巡査において令状主義に関する諸規定を潜脱しようとの意図があつたものではなく，また，他に右所持品検査に際し強制等のされた事跡も認められないので，本件証拠物の押収手続の違法は必ずしも重大であるとはいえないのであり，これを被告人の罪証に供することが，違法な捜査の抑制の見地に立つてみても相当と認めがたいから，本件証拠物の証拠能力はこれを肯定すべきである。

本判決においては，証拠排除すべきか否かの判断要素として，①違反した法規の重大性，②違反の態様の悪辣性，③被告人の利益を直接侵害した程度，④捜査官の法軽視の態度の程度，⑤当該捜査方法が将来繰り返される確率，⑥当該事案の重大性とその証拠構造における当該証拠の重大性，⑦手続の違法と収集証拠との因果性の程度，などがあげられている。これらによれば，証拠排除される場合は極めて限られることになったといえよう。令状主義に関する諸規定を潜脱しようとの意図が当該捜査官にあり，かつ，当該違法捜査方法が繰り返されると認定しうる場合というのは通常の捜査では考えられないからである。下級審判決・決定がそれまで積み重ねてきた違法収集証拠の排除による違法捜査の抑制という流れは，本判決によって堰き止められることになった。

第8代長官　岡原昌男

■ 公判の停止に関するもの

　公判の停止に関しても、注目すべき小法廷判決が出されている。被告人が心神喪失の状態にあるときは、無罪、免訴、刑の免除又は公訴棄却の裁判をすべきことが明らかな場合を除き、公判手続を停止しなければならない旨を定めた刑訴法314条1項の規定は同法404条により控訴審の手続にも準用されるとし、原判決を破棄した**最判昭和53・2・28刑集32-1-83**がそれである。次のように判示した。

　　刑訴法三一四条一項は、第一審の公判手続に関し、被告人が心神喪失の状態にあるときは、無罪、免訴、刑の免除又は公訴棄却の裁判をすべきことが明らかな場合を除き、公判手続を停止しなければならない旨を定めており、この規定が被告人の訴訟における防禦権を全うさせるうえで基本的な重要性を有するものであり、被告人の防禦権は控訴審においても保障されるべきものであることを考えると、右規定は、同法四〇四条により控訴審の手続にも準用されるものと解するのが相当である。そして、前記医師の診断結果によると、被告人は、原審当時、前記のような重篤な精神異常の状態にあつたもので、これが右法条にいう心神喪失の状態にあたると解すべきことが明らかであるから、原審においては公判手続を停止すべきものであつたといわなければならない。してみると、このような措置に出ることなく、公判手続を進め、前記のとおり有罪判決を言い渡した原審の訴訟手続には、同法四〇四条、三一四条一項の解釈適用を誤つた違法があり、しかも前記の経過に照らすと、この誤りは判決に影響を及ぼすべきものであつて、これを破棄しなければ著しく正義に反するものと認められる。……なお、被告人は現在も心神喪失の状態にあることが認められるが、このことは、前記の事由により原判決を破棄するための当審における公判手続の進行を妨げる事由にあたるものではない。……よつて、同法四一一条一号により原判決を破棄し、同法四一三条本文に従い、本件を原審である大阪高等裁判所に差し戻すこととし、裁判官全員一致の意見で、主文のとおり判決する。

■ 迅速裁判に関するもの

　迅速裁判に関しても小法廷決定が出されている。次のように判示した**最決昭和53・9・4刑集32-6-1077**がそれで、極めて抑制的な運用を行うという最高裁の方針がここでも踏襲されている。

　　具体的刑事事件における審理の遅延が憲法三七条一項の保障条項に反する事態に立ち至つているか否かは、遅延の期間のみによつて一律に判断されるべきではなく、遅延の原因と理由などを勘案して、その遅延がやむをえないものと認められないかどうか、これにより右の保障条項がまもろうとしている諸利益がどの程度実際に害せられているかなど諸般の情況を総合的に判断して決せられなければならないものであることは、すでに当裁判所の判例（昭和四五年（あ）第一七〇〇号同四七年一二月二〇日大法廷判決・刑

V　この期の刑事判例の特徴

集二六巻一〇号六三一頁参照）とするところである。……そこで，本件の審理が右のごとく長期化したことの原因と理由を考えてみるのに，まずその第一は，本件の主たる訴因が規模の大きい騒擾という犯罪であつて，その内容が複雑困難な事案であり，取調を要する証拠も厖大で，しかも被告人が一五〇名もの多数であつたことである。もとよりこれら被告人を相応の人数に分離して審理し，審理の迅速を図ることは法律上可能ではあるが，集団犯罪である騒擾罪の性格，本件事案の内容などにかんがみると，第一審裁判所が被告人らを併合審理したうえで判決の宣告をしたことは，まことにやむをえないところであつたというべきである。すなわち，第一審裁判所は，昭和二七年九月一六日に第一回公判を開廷して以来，七九三回の公判を開き，一〇五回の公判期日外の証拠調，六回の検証，六二回の準備手続を行い，その間，延八一六名の証人を取り調べ，延一五六名の被告人質問を実施したほか，多数の書証，証拠物の取調をしており，原審においても，一〇五回の公判が開かれ，延一〇〇名の証人尋問，延三七名の被告人質問を実施し，書証，証拠物の取調をしている。このような審理状況にかんがみると，本件においては相当程度の審理の長期化は肯認されるべきであるが，さらにそれに加えて，被告人らにおいて執拗ないわゆる法廷闘争を展開したことも審理長期化の一因をなしていると認められるのである。すなわち，被告人らは第一審において五回，原審において二回裁判官に対する忌避申立をしており，その理由は，訴訟指揮，証拠の採否等に関連して不公平な裁判をするおそれがあるというものであるが，記録によれば，もともと忌避理由とはなしえないような事由をことさら申立てたものと認められるから，右申立による審理遅延の責は被告人らに帰せられるべきものである。また，被告人らは，意見陳述，釈明要求等を執拗にくり返し，前記第一審における公判のうち相当回数はこれに費されており，証人に対する尋問も詳細を極め，同一証人が何回にもわたつて出廷し，幾人もの弁護人，被告人から尋問を受けている。もとより被告人の防禦権は尊重されるべきであるから，詳細な証人尋問もいちがいに非難することは相当でないけれども，すくなくとも，被告人らのこれら訴訟行為が審理遅延の原因のひとつとなつたことが認められる。以上の諸事由によつて審理が長期化した本件の場合について，迅速裁判の要請に反するものとして免訴の裁判をすべきであるとは到底考えられないところである。それゆえ，本件においては，いまだ憲法三七条一項に定める迅速な裁判の保障条項に反する異常な事態に立ち至つたものとすべきでないことは明らかであり，所論違憲の主張は前提を欠き，その余は単なる法令違反の主張であつて，いずれも適法な上告理由にあたらない。

　最高裁のいう「異常な事態」というのはどのような場合であろうか。観念的にはともかく，現実には想定することが困難であろう。

■ 判決に関するもの

　判決に関しても，無罪判決が確定した場合には特別の場合を除き捜査，訴追は違法であったと判定されるべきであるという主張を退けた原審の判断を正当とした**最判昭和53・10・20民集32-7-1367**がみられる。次のように判示した。

> 所論は，無罪判決が確定した場合には，判決時と捜査，公訴の提起・追行時で特に事情を異にする特別の場合を除き，捜査，訴追は違法であつたと判定されるべきである，というのである。……しかし，刑事事件において無罪の判決が確定したというだけで直ちに起訴前の逮捕・勾留，公訴の提起・追行，起訴後の勾留が違法となるということはない。けだし，逮捕・勾留はその時点において犯罪の嫌疑について相当な理由があり，かつ，必要性が認められるかぎりは適法であり，公訴の提起は，検察官が裁判所に対して犯罪の成否，刑罰権の存否につき審判を求める意思表示にほかならないのであるから，起訴時あるいは公訴追行時における検察官の心証は，その性質上，判決時における裁判官の心証と異なり，起訴時あるいは公訴追行時における各種の証拠資料を総合勘案して合理的な判断過程により有罪と認められる嫌疑があれば足りるものと解するのが相当であるからである。……所論の点に関する原審の判断は，原審の適法に確定した事実関係のもとにおいて正当として是認することができ，その過程に所論の違法はない。論旨は，独自の見解であつて採用することができない。

　当然のこととはいえ，起訴時あるいは公訴追行時における検察官の心証はその性質上，判決時における裁判官の心証と異なり，有罪と認められる嫌疑があれば足りるとされている点が注目される。

3　下級審判決・決定

　この期の下級審判決・決定で目立つのは，捜査側の主張に沿ったものが多いという点である。前期などでみられた「動揺」が収まってきたということであろうか。

■ 捜査に関するもの

　逮捕後，現場近くの警察署に連行し，警察署で証拠物を捜索し，差し押さえることが刑訴法220条1項にいう逮捕に伴う「逮捕の現場」での捜索・差押えにあたるかについて，すでに**大阪高判昭和49・11・5判タ329-290**（258頁）や**大阪高判昭和50・7・15判時798-102**（254頁）があたるとしていた。**東京高判昭和53・11・15高刑集31-3-265**も，次のように判示し，あたるとした。

> 逮捕現場が群衆に取り囲まれていて同所で逮捕者について着衣や所持品等を捜索押収す

ることが，混乱を防止し，被疑者の名誉を保護するうえで適当でないと認められる場合，当該現場から自動車で数分，距離約数百メートル程度離れた警察署等適当な場所で捜索押収手続をとることは刑訴法二二〇条一項二号にいう逮捕の現場で差押する場合にあたると解すべきであるから，本件押収も右法条による適法な手続というべきである。

■ 令状に関するもの

千葉地決昭和53・5・8判夕362-193は，成田空港開港阻止闘争拠点であるいわゆる「横堀第二要塞」に対する差押処分に関して，次のように判示した。

本件建物のごとき可動性をもたない巨大な不動産については，それがどのような犯行についての証拠物であつて，その証拠価値がいかに高かろうとも，直接公判に顕出することはできず，検証等を経て書証等に転換されて初めて証拠調の対象となるので，一般にいつて，その保全のためには検証等を十分にしておけばよく，そのような物を公判に備えて差押えておくまでの必要性のある場合はごく稀であると考えられる。……このことを本件建物についてみるならば，前記犯行は，周囲に何らさえぎるもののない本件建物内において，警察部隊が取囲み，地上，そして空中からも採証専門の係員が活動する中で，長時間にわたり敢行されたものであり，犯行状況そのものについてすら，現認者にこと欠かず，種々の角度から多数の写真が撮影されるなどもしているうえ，その直後本件建物の内外から，犯行の用に直接間接使われた兇器その他の物件がこれもまたきわめて多数押収されていることが明らかであるから，本件建物の本体がさほど重要な証拠価値をもつものかはそもそも疑問であるばかりでなく，本件建物については，その構造が簡明なものであるのに，犯行終了間もなくから数次に及んで捜索，差押，検証等が繰り返され，その細部に至るまで解明し尽されているといつて過言でない。……検察官は，公判段階において犯行場所を再現立証することが必要となる趣旨を強調する。しかし，そうであるならば，検察官において右で述べた警察段階での検証等に加えて，独自の検証等を行つた形跡のないことが何故なのか，まずもつて問われなければならず，このことは別にしてみても，前記犯行中最も重大で，かつ最も微妙な立証が求められるのは殺人未遂の点であるが，その犯行場所であつて，犯行そのものに利用されもした前記鉄塔は（差押許可状の被疑事実は別紙（三）のとおりであるが，起訴状によると，起訴にかかる殺人未遂の公訴事実は鉄塔上の行為に限定されている。)，本件差押の以前に行われた別個の差押によりすでに本件建物から除去されていて，それを再建することは不可能に近いし，さらに，本件建物の内部も本件差押を含む三回の差押を経て，可動物件がほとんどすべて搬出されたほか，造作まで取りこわされるなどして，犯行時の状態を回復するのはきわめて困難な現状にある。再現立証なるものが公判段階で必要となるのか，疑いをさしはさむ余地が少なからずあるうえ，本件建物を差押により保全しておいても，実効性のある再現立証が可能となるとはにわかには考えがたい。……もつとも，公判段

階において本件建物の検証を行うことが全くありえないこととまではいえないが，本件建物は縦横各一一メートル余，高さ約一〇メートル，わずかの通風口，間仕切り，配管等のほか付帯設備の一切ない，部厚いコンクリートを打ち放しただけの，きわめて堅ろうな完成ずみの建築物であつてみれば，悪意による移動や毀滅が不可能なのはもとより，毀損や加工も原型に痕跡を残さずに行うことは困難であり，たとえ証拠隠滅をはかる者らによつてどのように手が加えられようとも，本件建物について通常の検証が実施しえなくなるとは想像することができない。……このように考えて来ると，本件建物は証拠として重要性をもつものか疑わしいばかりか，公判段階での証拠調を予定して差押により現状を保全しておくほどの必要性のある証拠物であるとはとうてい思われない。……そしてさらに，本件建物は，通常の住居や事務所として使用するには適さないため，取引価値などはないにせよ，長年にわたりB空港建設に反対する運動を推進して来た申立人の側においては，その構成員や同調者の心の支えないし右反対運動のシンボルとして，場合によれば広報活動の手段や場所，集会の場所等として，法令の許容する範囲内でもそれなりの有用性を有するものであることも全く否定しさることはできない。……以上の諸事情を総合するときは，前記犯行が法秩序に対するあらわな挑戦ともいうべき意味合いを有し，その態様等も軽視できないものであること，本件建物が前記犯行のごとき事象の起ることを予定して建設されたとみられないでもなく，約一か月半以前にも同種犯行の場となつていることなどを考慮してもなお，本件建物に対する差押は刑事手続における証拠保全の必要性の枠を明らかにこえたものと断ぜざるをえない。

■ 訴因変更の要否および可否に関するもの

　訴因変更の要否に関しても判断が示されている。訴因変更の手続をとることなく審理を終結して判決した原判決を破棄して差し戻した**東京高判昭和52・12・20高刑集30-4-423**がそれで，次のように判示した。

　所論は要するに，本件においては原判示の被告人の全所為を包括一罪として公訴が提起されていることが明らかであるのに，原判決がなんら訴因変更等の手続を経ることなく原判示第二の一，二及び三の各事実を併合罪と認定したのは審判の請求を受けない事件について判決した違法があるというのである。……そこで一件記録を精査検討してみると，本件の訴因は当初，（一）被告人は昭和五一年一一月六日ころから昭和五二年四月一日までの間大阪市内の喫茶店「B」店内及び和歌山県勝浦町のT方等においてけん銃（ワルサー三二口径）一丁及び実包一七発を所持した，というのであつたところ，その後訴因変更手続を経て，（二）被告人は昭和五一年一一月六日ころから同年一二月二八日ころまでの間前記喫茶店「B」店内及び和歌山県田辺市のE方等においてけん銃（ワルサー三二口径）一丁及び実包一〇発を所持したこと及び（三）被告人は昭和五一年一一月六日ころから同月一二日ころまでの間前記喫茶店「B」店内及び和歌山県白浜町の飲食店

「H」店内等においてけん銃（ミクロス二五口径）一丁及び実包一五発を所持したことが追加され，右各事実は包括一罪を構成するものとして審判の対象となつたことが明らかである。ところが証拠調べの結果，原裁判所としては，被告人は右けん銃等の不法所持期間の中途に，すなわち昭和五一年一一月一五日ころから同年一二月中旬ころまでの間，さきに被告人にけん銃等の売却を依頼しこれを手交した原審相被告人M子に対し前記（一）及び（二）のけん銃二丁と実包二七発を返却している事実が明らかとなり，同女から再度受領した同年一二月中旬以降の所持は返却前の所持とは別個独立の新たな所持（なお，このけん銃二丁及び実包二七発の所持は二罪を構成し，右二罪が併合罪の関係にあるとする原判決の判断は誤りであつて，返却前の所持けん銃三丁及び実包四二発の所持と同様，処断上の一罪を構成するに過ぎないと考えられる。）と認めるのが相当であると判断するにいたつたものであることが認められる。かように，当初は包括一罪として審判の対象とされたものが証拠調べの結果，単に事実に対する法的評価の範囲を超えて訴因事実そのものに変動が生じ，そのため数個の併合罪と認定するのが相当であると判断されるにいたつたのであるから，原裁判所としてはその段階で検察官に釈明を求めて，所持に中断があつたことのもつ意味や罪数の関係等について検察官の主張を明確にし，場合により罪数補正を伴う訴因変更手続をうながすなどして，もつて被告人・弁護人にそれに対応する防禦の機会を与えるべき訴訟法上の義務があるものというべきである。しかるに原裁判所がこのような手続を経ることなく，そのまゝ審理を終結して判決をしたのは訴訟手続に法令の違反があり，その違反が判決に影響を及ぼすことが明らかだといわなければならないから，論旨は理由があり，この点において破棄を免れない。

■ 伝聞法則に関するもの

伝聞法則に関しても幾つかの判決・決定がみられる。一つは321条1項2号の「特別の情況」に関する**東京地決昭和53・6・29判時893-8**で，次のように判示した。

> 一般に，被告人以外の者の検察官面前調書はその者の公判廷供述よりも先に作成され，調書録取と公判廷供述との間に相当の日時に経過があるのが捜査，公判の過程における通常の姿であるから，単に日時の経過した事実のみを捉えて記憶の新鮮な時点における供述の方が特信性があるというのでは，法が証拠能力の要件として特信性を要求している趣旨が没却されるものといわなければならず，前の供述を信用すべき特別の情況を肯認するためには，より具体的な特段の事情の存することが必要であると解すべきである。……これを本件についてみると，……検察官面前調書中の供述を信用すべき特別の情況が存するものと認めるに十分である。

> 検察官面前調書の録取から約2年2ヶ月の経過により記憶が不鮮明になったとしても，公判廷において証人が，単に前の供述した事項を記憶していないと述べているに

第8代長官　岡原昌男

過ぎないこと。このような記憶の不鮮明化は日常経験上怪しい点はないこと。上記検察官面前調書作成時の方が記憶は鮮明で，記憶に基づいて正確に供述するようにしたつもりであったこと。証人に意識して事実を歪曲する態度は見られないこと。これらの事情を総合すれば，検察官面前調書中の供述を信用すべき特別の事情があると認められるとされた。

　もう一つはロッキード事件におけるいわゆる不起訴宣明のもとになされた嘱託証人尋問調書の証拠能力に関するもので，**東京地決昭和53・9・21判時904-14**（ロッキード事件）および**東京地決昭和53・12・20刑月10-11=12-1514**（ロッキード事件丸紅ルート）によれば，「本件各証言調書は，刑訴法三二一条一項三号所定の要件を充たすものと認められるので，進んで同法三二五条によりその任意性を調査するに，下記の理由により，同調書に記載された供述はいずれも任意にされたものと認めることができる。」などとして，刑訴法321条1項3号の書面にあたるとされた。

　もう一つは刑訴法328条にいう弾劾証拠の意義に関するもので，**東京高判昭和54・2・7判時940-138**は，証明力減殺のためのものに限定する必要はないとし，次のように判示した。

　　論旨は，検察官請求にかかる甲野花子の司法警察員に対する昭和五二年一一月二四日付供述調書を刑訴法三二八条の書面として取り調べた原審の措置には，訴訟手続の法令違反がある，というのである。……よって検討するに，記録によれば，前記甲野花子作成の弁護人宛の供述書が刑訴法三二八条書面として取り調べられた後の公判期日において，検察官から，右供述書の後に作成された所論指摘の供述調書を右同条の書面として取調請求し，原審はその取調をしたこと，右供述調書には，弁護人提出の右供述書の作成経過等に関し，「原審で証言した後丙山弁護人から上申書を書いて欲しいとの申出があり，喫茶店で同弁護人と会い同人が自分の話を聞きながら作成した供述書に署名した。その中には事実と違うことがかなり書かれていて，自分の本心と全く異なる内容の供述書であり，自分は同弁護人に対し偽証罪になると困ると言ったが，同弁護人が，「これは私が裁判のときにあなたに質問するメモにする，公には絶対に出さないんだ」と言うので，早く裁判が終ってほしいという願いもあって，右供述書に署名した。自分が公判廷で証言したことは真実である。」との趣旨の記載があること，が認められる。……右によれば，検察官請求の右供述調書は，弁護人請求の供述書によって一旦減殺された甲野花子の原審証言の証明力を回復する内容のものであり，検察官もその趣旨のもとに同供述調書の取調を請求したものであることは公判調書の記載上明らかである。……ところで刑訴法三二八条の弾劾証拠とは，供述証拠の証明力を減殺するためのもののみでなく，弾劾証拠により減殺された供述証拠の証明力を回復するためのものをも含むものと解するのが相当である。けだし，同法三二八条には「……証明力を争うためには，これを証

拠とすることができる。」とあり，規定の文言上証明力回復のための証拠を除外すべき根拠に乏しいばかりでなく，右のように解することがすなわち攻撃防禦に関する当事者対等・公平という刑訴法の原則，さらに真実の究明という同法の理念にもよく適合するからである。同条の弾劾証拠を証明力減殺のためのものに限定する所論の見解には賛同できない。

このような考え方は**名古屋高判昭和54・2・14判タ383-156**でも打ちだされ，弾劾証拠とは，供述証拠の証明力を減殺するためのもののみでなく，減殺された証明力を回復するものも含むとされた。検察官が刑訴法328条を活用することが認められたものといえよう。

■ 違法収集証拠の排除に関するもの

被告人から録取した供述調書の大半について証拠能力を否定し，無罪を言い渡した第一審判決に対して，検察官が控訴した事件について，**東京高判昭和53・3・29判時892-29**（富士高校放火事件）は，次のように判示し，違法収集証拠の排除を認めなかった。

> 原決定が第一次逮捕・勾留中の放火事件の取調が違法となる理由として挙げた諸点のうち，実質的に本件取調の適否に関連のあるものとしては，捜査当局が別件逮捕の当初から本件取調の意図をもっていた点と，別件取調の時間の長さに比較して，圧倒的に本件取調の時間が長いことの二点に帰することとなる。しかし，これらの点を総合して考慮してみても，捜査当局が，専ら本件取調の目的をもって別件の逮捕勾留に名を借り，実質的に令状主義を潜脱したものとまでは認めることはできない……また，右のとおり第一次逮捕・勾留中の放火事件の取調が違法と認められない以上，その違法が第二次逮捕・勾留中の取調に引き継がれることもあり得ないことは明らかである。……してみると，別件逮捕・勾留中の放火事件の取調が違法であることを理由して，放火被疑事件の供述調書の証拠能力を否定した原決定の見解には，当裁判所として同調することはできない。」

令状主義を潜脱したものとまでは認められないというのが排除しない理由とされた。ちなみに，この東京高判昭和53・3・29から半年後に，前掲・**最判昭和53・9・7**（大阪覚せい剤事件）（300-301頁）が出されることになる。

第9代
最高裁長官
服部高顯

(1979年4月2日～1982年9月30日)

HATTORI court
09

第9代長官　服部高顯

I ■ 長官のプロフィール

　裁判官出身。東京帝国大学法学部を卒業し，その後，司法官試補となる。戦時中は陸軍に召集され，下士官で除隊。英語が堪能で，戦後は司法省大臣官房終戦連絡部でGHQとの折衝にあたった。最高裁民事局では，家事審判規則の制定に関与した。米ハーバード大学，ミシガン大学，スタンフォード大学への留学経験もある。性格は温厚で控えめで，裁判所の部内では「コウケンさん」と呼ばれて親しまれた。
　津地家裁所長，東京高裁判事，福岡高裁長官，大阪高裁長官を経て，最高裁判事に就任。最高裁判事になるまで，あまり法曹界で名を知られておらず，「私は最も平凡な裁判官で，最も地味な生活をしてきた。」と就任挨拶した。最高裁の基本路線である秩序維持，公益優先の立場に立ったが，1977年7月13日の津地鎮祭訴訟大法廷判決では，違憲とする反対意見を述べた。
　第1次大平内閣の下で最高裁長官に就任した。就任の記者会見では，「裁判の迅速と適正を心がけたい」と話した。現職裁判官の不祥事が相次ぎ，全国の高裁長官を集めた1980年10月27日の臨時の会議では，「国民の信頼回復につとめよ」との異例の訓示を行った（裁時796号5頁）。
　服部が最高裁長官を務めた時期は，最高裁が日本史上に残る重要訴訟を立て続けに担当した時期に当たる。大阪国際空港夜間飛行禁止等請求事件では，長官として大法廷の裁判長を務めた。1981年12月16日の判決では，国営空港には国の航空行政権が及ぶために民事訴訟の対象にならないとし，また，将来の損害については程度の確定が困難であり，損害賠償の請求は認められないとして，夜間の空港使用の差止めと将来の損害賠償を認めた原判決をいずれも破棄した。憲法25条の生存権は国民に具体的な請求権を保障したものではなく，「憲法25条の規定の趣旨にこたえて具体的にどのような立法措置を講ずるかの選択決定は，立法府の広い裁量にゆだねられており，それが著しく合理性を欠き明らかに裁量の逸脱・濫用と見ざるをえないような場合を除き，裁判所が審査判断するのに適しない事柄であるといわなければならない。」とした1982年7月7日の堀木訴訟大法廷判決の裁判長も務めた。
　定年退官の記者会見では，「複雑な気持ちになる。あの大阪空港訴訟の結論がよくまとまったと思う。あんな難しい裁判は将来もないのではないか。」と語った。裁判官不祥事については「国民の裁判官に対する信頼の回復は，裁判に対する信頼の基本になっています。在任中は残念でしたが，その点を若い裁判官は考えてほしいのです。」と率直に述べた。(以上のプロフィールについては，野村二郎『最高裁裁判官——人と判決』(三省堂，

312

1986年）201頁以下，山本祐司『最高裁物語（下巻）』（日本評論社，1994年）237頁以下などを参照）

II ■ この期の最高裁の動き

　国際的には，イギリスでサッチャー保守党内閣が誕生し，ソ連軍のアフガン介入が開始される等の出来事が発生した。国内では，強い反対をよそに元号法が施行されるなどした。それ以外では，それほど目立つ事件，事故はみられなかった。
　服部コート時代，現職裁判官の不祥事が相次いだ。女性被告人との交際問題，酔っ払い暴行事件問題，破産管財人との癒着問題など，裁判官としては考えられないような不祥事だった。最高裁はその収拾に追われた。この後，最高裁は，若い裁判官と先輩裁判官との対話，研修の強化等を決め，実行に移した。
　服部コートでは，最高裁へ上告してきた3000件のうち，大法廷が裁いた事件は3件にまで落ち込んでいた。このうち，「100年に一度の重大裁判」といわれた大阪国際空港夜間飛行禁止等請求訴訟（同空港騒音訴訟）では，1981年12月16日の判決で，夜間の空港使用の差止めと将来の損害賠償を認めた原判決をいずれも破棄したものの，「過去の損害賠償は認める」との法廷意見が示された。また，1982年7月7日の堀木訴訟でも，「公的年金と児童扶養手当の併給禁止は合憲」との判断が示された。
　前期の岡原コートと同じく，服部コートの本質も，保守政権によるところの現状を肯定するというものであり，たとえ政治色のない庶民が裁判所にすがってきても，「行政を窮地に追い込む判決はすべきでない」というものであった。国家に被害者救済を命じる場合でも，現在進行形の行政までストップさせてはならないという点も岡原コートと同様であった。（野村二郎『最高裁全裁判官──人と判決』（三省堂，1986年）201頁以下，山本祐司『最高裁物語（下巻）』（日本評論社，1994年）237頁以下などを参照）

III ■ この期の裁判所関係の動き

1979年	4月 2日	服部高顯，最高裁長官に就任。
	6月13日	最高裁第二小法廷，参与判事補は裁判構成員ではないとして合憲の決定。
	6月14日	服部最高裁長官，長官所長会同で，「先般来，最高裁判所，法務省及び日本弁護士連合会の間において，一部の刑事事件の審理に見られる異常な事態に対処する方策について協議が重ねられ，その結果，国選弁護人の推薦方法の改善と不当な訴訟活動を行った弁護士に対する懲戒手続の整備を骨子とする合意が成立したことは，喜ばしいことであります。」等と訓示（裁時764号1頁）。

第9代長官　服部高顯

	6月22日	元号法を公布。
	9月 7日	福岡地裁柳川支部，戸別訪問による演説会告知の禁止規定は違憲と判示。
	9月21日	国際人権規約A・B両規約が発効。
1980年 1月 1日		服部最高裁長官，「新年のことば」で，「さらに見識を高め，視野を広くして，新しい事態に適切に対処するための不断の研さんを怠ってはならない。」等と述べる（裁時776号1頁）。
	3月25日	盛岡地裁遠野支部，戸別訪問禁止規定に違憲の判決。
	同日	札幌地裁，郵便内容物の税関検査は検閲に当ると処分取消しの判決。
	4月18日	広島高裁松江支部，戸別訪問禁止規定に違憲の判決。
	6月12日	服部最高裁長官，長官所長会同で，「昨年法曹三者の間に成立した刑事裁判に関する協議の内容が，逐次具体化されつつあることは，誠に意義深いこと考えます。」等と訓示（裁時788号1頁）。
	6月12日	大平首相が死亡。（伊藤正義が臨時首相代理に就任）
	7月17日	鈴木善幸を第70代首相に指名。
	9月 5日	小倉簡易裁判所・安川判事の女性被告人に対する交際強要事件が発覚。
	9月11日	名古屋地裁，東海道新幹線訴訟で差止請求を棄却するも，過去の損害賠償を認め，国鉄に賠償命令。
	10月17日	旭川地裁判事の泥酔暴行事件が発覚。
	10月27日	服部長官，全国高裁長官臨時事務打合せ会で，安川判事事件等で裁判官の綱紀粛正を求める訓示（裁時796号5頁）。
1981年 1月 1日		服部最高裁長官，「新年のことば」で，適正迅速な裁判の達成を目指して真剣な努力を続けられることを要望したい等と述べる（裁時800号1頁）。
	3月24日	最高裁第三小法廷，日産自動車男女格差定年制につき違法無効の判決。
	3月26日	最高裁首席調査官規則の改正規則を制定。（最高裁上席調査官を新設）
	3月30日	東京地裁，父系優先の国籍法は合理性もあり合憲と判示。
	4月16日	最高裁第一小法廷，月刊ペン事件で「公共の利害」に該当するとして破棄差戻しの判決。
	4月21日	東京地検，梓ゴルフ破産事件で東京地裁判事補を収賄容疑で逮捕。
	5月17日	ライシャワー元米大使，米艦船の日本核持込み寄港を証言。
	6月 5日	裁判官弾劾法の改正法を公布。（訴追請求中の裁判官の公職立候補は辞職したものとみなす）
	7月10日	最高裁裁判官会議，梓ゴルフ破産事件で板垣山形地裁判事を分限裁判。

	7月20日	勝俣東京地裁所長，梓ゴルフ破産事件で引責辞任。
	10月2日	最高裁第二小法廷，北方ジャーナル事件で発売差止めを認容。
	10月15日	難民の地位に関する条約を批准。
	11月6日	裁判官弾劾裁判所，東京地裁判事補に罷免の判決。
	12月16日	最高裁大法廷，大阪国際空港夜間飛行禁止等請求訴訟で離着陸差止め請求不適法の判決。
1982年	2月15日	裁判官訴追委員会，梓ゴルフ事件の板垣判事に不訴追の決定。
	2月17日	最高裁裁判官会議，裁判官不祥事対策を決定。（研修所での裁判官研修と専属教官の配置，中堅判事研修，新任判事の地裁配属研修等）
	2月17日	大阪高裁，3・95対1の衆議院定数格差に違憲の判決。
	3月24日	大阪地裁，箕面市忠魂碑は宗教施設で市有地無償貸与は違憲と判示。
	4月8日	最高裁第一小法廷，教科書検定訴訟で訴えの利益の有無を再審理として検定差止めの判決。
	6月10日	服部長官，長官所長会同で，一連の不祥事に鑑み，「裁判官は研鑽修養によって優れた人格を養うよう努力すべき」等と訓示（裁時836号1頁）。
	7月7日	最高裁大法廷，堀木訴訟で福祉政策は立法裁量事項として上告棄却の判決。
	8月24日	公職選挙法の改正法を公布。（参議院議員選挙に比例代表制を一部導入）
	9月9日	最高裁第一小法廷，長沼ナイキ訴訟で訴えの利益消滅の原判決を支持し上告棄却の判決。
	9月13日	新聞社派遣等の中堅判事研修を実施。

Ⅳ ■ この期の刑事法関係の動き

　松尾浩也によれば，1979年〜1994年における犯罪の発生とその処理状況，法運用の推移発展が，次のように概観されている（松尾浩也「刑事訴訟法の45年」学士会803号，1994年）。

　第三期は，日本が経済大国としての地位を確立するとともに，国際社会との協調を初め，情報化の進展，大量消費社会の運営など，新たな局面への取組みが求められた時期である。一九七九年，東京サミットが開かれ，また国際人権規約の批准が行われたことは，国際化が歩を進めたことを意味していた。日本への入国者，すなわち来日外国人の数は年々増え，第三期初めの年間約百万人強から三倍以上にもなった。それに伴って外国人の犯罪が増加することも避け難いが，とくに顕在化したのは第三期後半以降で，通訳・翻訳の必要ともからんで問題を意識させた。外国への犯罪人引渡しの例は少数にとどま

るが, 中国民航機ハイジャック事件 (一九九〇年) など, 大きな波紋を投じた事件もある。……薬物事犯もまた国際的関心の高い犯罪類型である。日本は, ヘロイン等の事犯が少ない反面, 覚せい剤事犯がきわめて多い。終戦直後, ヒロポンの名で乱用された覚せい剤は, いったんほぼ完全に押さえ込まれた後, 第二期の後半から急増し, 第三期には大きな問題となった。最近やや頭打ちの傾向が見られるとはいえ, 年間の起訴は一万七千人にも及び (一九九二年), また, 暴力団との関連でも困難をもたらしている。……政治との関係では, 第三期にも, リクルート事件を初め, 政治資金の清潔さを疑わせる幾つかの事件が発生した。裁判が終了するまで犯罪の成否は未確定であるが, かつての事件では金品収受の方法が単純だったのに対し, 未公開株式が登場したり, 利益供与の基礎に指名入札制度があるなど, 経済活動との複雑な相関が見られるようになった。……最後に, 第二期から引き継がれた再審の問題は, 免田, 財田川, 松山, 島田の順で, 死刑四事件が無罪とされた。再審請求人は, 原判決の確定から二十年ないし三十年を死刑囚として過した後, 自由の身となったのである。……第三期が国際化の時代の始まりであったこともすでに述べた。アメリカ的ないし西欧的価値基準と日本の伝統に立つ思考様式との調整は, 多分に痛みを伴う。刑事手続については, 最高裁判所が, 適正手続のある部分——違法なやりかたで収集した証拠は排除すべし——を理論上受容した (一九七八年)。しかし, 基本的に完成したのは, 捜査段階における関係人, とくに被疑者の取調べに重点を置く日本型の刑事手続であった。むろん公判の段階では, ほとんどすべての事件に弁護人がつき, 防禦活動を行っている。それでもなお, 公判廷での対決が捜査の成果よりも著しく重視されているとはとうてい言い難い。そしてこの点で, 欧米型司法との間には明らかな違いが見られるのである。

このうち, 服部コートにおける刑事法関係の動きとしては, 以下のようなものがみられる。

この期も無罪率の低下は続いており, 1980年にはついに0.23％となった。死刑確定事件について再審開始決定が出される他方で, ロッキード事件の判決が出始める。被害者保護も問題とされた。

  1979年　6月14日　俗称「弁護人抜き法案」が廃案に。

      6月 7日　高松地裁, 財田川事件の再審開始を決定。

  1980年　1月18日　自衛隊スパイ事件でソ連大使館員に情報提供の元陸将補と現役警官2人を逮捕。

      4月 2日　自民党安保調査会特別小委員会, スパイ防止法案要綱を立案。

      5月 1日　犯罪被害者等給付金支給法を公布。

      5月29日　国際捜査共助法を公布。

      7月24日　航空機疑惑事件で, 日商岩井の海部被告に有罪判決。

	9月18日	最高裁，国際捜査共助規則を制定。
	11月13日	法制審議会，監獄法改正要綱を答申。
	11月20日	栃木県川治温泉の川治プリンスホテルで火災が発生し，45人が焼死。
	11月29日	川崎市で予備校生の少年が就寝中の両親を金属バットで撲殺。
	12月12日	最高裁，免田事件の再審開始を決定。
	12月13日	徳島地裁，徳島ラジオ商殺し事件の再審開始を決定。
1981年	6月17日	深川通り魔殺人事件が発生。
1982年	1月26日	東京地裁，ロッキード事件全日空ルートで同社幹部6人に執行猶予付き有罪判決。
	2月8日	東京赤坂のホテル・ニュージャパンで火災が発生し，33人が死亡。
	6月22日	東京地裁，ロッキード事件で橋本登美三郎元運輸相らに有罪判決。（ロッキード事件で政治家被告人に初の判決）

V ■ この期の刑事判例の特徴

1 大法廷判決・決定

この期も格別の大法廷判決・決定はみられない。主な舞台は小法廷である。

2 小法廷判決・決定

■ 捜査に関するもの

自動車検問の適法性に関しても，小法廷決定が出されている。**最決昭和55・9・22刑集34-5-272**がそれで，次のように判示した。

> 所論にかんがみ職権によつて本件自動車検問の適否について判断する。警察法二条一項が「交通の取締」を警察の責務として定めていることに照らすと，交通の安全及び交通秩序の維持などに必要な警察の諸活動は，強制力を伴わない任意手段による限り，一般的に許容されるべきものであるが，それが国民の権利，自由の干渉にわたるおそれのある事項にかかわる場合には，任意手段によるからといつて無制限に許されるべきものでないことも同条二項及び警察官職務執行法一条などの趣旨にかんがみ明らかである。しかしながら，自動車の運転者は，公道において自動車を利用することを許されていることに伴う当然の負担として，合理的に必要な限度で行われる交通の取締に協力すべきものであること，その他実施時における交通違反，交通事故の状況などをも考慮すると，警察官が，交通取締の一環として交通違反の多発する地域等の適当な場所において，交通

違反の予防，検挙のための自動車検問を実施し，同所を通過する自動車に対して走行の外観上の不審な点の有無にかかわりなく短時分の停止を求めて，運転者などに対し必要な事項についての質問などをすることは，それが相手方の任意の協力を求める形で行われ，自動車の利用者の自由を不当に制約することにならない方法，態様で行われる限り，適法なものと解すべきである。原判決の是認する第一審判決の認定事実によると，本件自動車検問は，右に述べた範囲を越えない方法と態様によって実施されており，これを適法であるとした原判断は正当である。

同決定によれば，警察法2条1項を根拠として，①交通違反の多発する地域等の適当な場所において，②同所を通過する自動車に対して走行の外観上の不審な点の有無にかかわりなく短時分の停止を求めて，③運転者などに対し必要な事項についての質問などをすること，は適法とされた。これも最高裁による「法創造」といえようか。

道路交通法違反の現行犯逮捕に伴って別罪の証拠物たる匕首を警察官が蒲田警察署中庭に停車させた被告人の自動車内から発見し，これを警察署内事務室まで運んだ警察官の行為の適法性に関しても，小法廷の判断が示されている。**最決昭和55・10・23刑集34-5-300**がそれで，次のように判示した。

> 被告人は，……道路交通法違反の現行犯として逮捕されたものであり，刑事訴訟法第二二〇条第一項第二号で逮捕に付随して令状なしに捜索し，差し押さえることのできるものは右犯罪の証拠物等に限られるから，付随的な強制処分として全く別個の犯罪である銃砲刀剣類所持等取締法違反の証拠物の捜索，差押をすることは許されないものといわなければならない。しかしながら前記宮本巡査の原審証言によれば，匕首は同巡査らが現行犯逮捕に付随して差し押さえた上警察署中庭まで自ら運転してきた普通乗用車の助手席ポケットの下の台の上に乗っていたというのであって，既に同巡査の占有下にある自動車内に放置されていたもので，新たに被告人の占有を侵して探し出して来たものではないから捜索をしたということには当たらない。そして同巡査が右匕首を蒲田警察署中庭に停車させた自動車内から取り出し，同署事務室まで携えたのは，被告人が既に同所で取調べを受けており，匕首についての所有者，所持者を被告人に確かめるためになしたものであり，被告人の原審公判廷における供述によれば，被告人は警察署において短刀（匕首）は要らないから処分してくれと本心から警察官に述べたので，この気持ちは今日でも変わらないというのであって，これらを総合すると宮本巡査が匕首を自動車内で発見し，これを事務室まで運んだとしても，なお被告人が任意に提出したものと認めることができ，全体として刑事訴訟法第二二一条の領置と解せられる。

適法性の根拠が「被告人が任意に提出したもの」の領置に求められている点が注目される。

V この期の刑事判例の特徴

■ 令状に関するもの

　令状に関しても小法廷決定がみられる。上記の**最決昭和55・10・23刑集34-5-300**もその一つである。同決定は，強制採尿に関しても，次のように判示した。

> 被疑者に対する右のような方法による強制採尿が捜査手続上の強制手段として絶対に許されないとすべき理由はなく，被疑事件の重大性，嫌疑の存在，当該証拠の重大性とその取得の必要性，適当な代替手段の不存在等の事情に照らし，犯罪の捜査上真にやむをえないと認められる場合には，最終的手段として，適切な法律上の手続を経てこれを行うことも許されてしかるべきであり，ただ，その実施にあたつては，被疑者の身体の安全とその人格の保護のため十分な配慮が施されるべきものと解するのが相当である。……そこで，右の適切な法律上の手続について考えるのに，……捜査機関がこれを実施するには捜索差押令状を必要とすると解すべきである。ただし，右行為は人権の侵害にわたるおそれがある点では，一般の捜索・差押と異なり，検証の方法としての身体検査と共通の性質を有しているので，身体検査令状に関する刑訴法二一八条五項が右捜索・差押令状に準用されるべきであつて，令状の記載要件として，強制採尿は医師をして医学的に相当と認められる方法により行わせなければならない旨の条件の記載が不可欠であると解さなければならない。……これを本件についてみるのに，……本件採尿の過程は，令状の種類及び形式の点については問題があるけれども，それ以外の点では，法の要求する前記の要件をすべて充足していることが明らかである。……令状の種類及び形式の点では，本来は前記の適切な条件を付した捜索差押令状が用いられるべきであるが，本件のように従来の実務の大勢に従い，身体検査令状と鑑定処分許可状の両者を取得している場合には，医師により適切な方法で採尿が実施されている以上，法の実質的な要請は十分充たされており，この点の不一致は技術的な形式的不備であつて，本件採尿の適法性をそこなうものではない。

　このように，最高裁が「最終的手段」たる強制処分として強制採尿を位置づけ，これまでのような身体検査令状と鑑定処分許可状の併用に基づいてではなく，捜索差押令状に基づき，かつ，令状の記載要件として，強制採尿は医師をして医学的に相当と認められる方法により行わせなければならない旨の条件の記載が不可欠であるとした結果，令状実務にも影響が現われることになった。ただし，本決定では，強制処分に係るもう一つの制約である強制処分法定主義の問題についてはまったく言及がない。裁判所が，強制処分について，その要件の軸足を法定主義から令状主義に移す傾向にあり，この傾向が本決定にも投影されているといえようか。裁判所による「法創造」によって，強制処分法定主義を実質的に充たしうるということであろうか。

　他方，**最決昭和55・11・18刑集34-6-421**は，押収の請求を却下する裁判は刑訴法429条1項2号にいう「押収に関する裁判」に含まれ，準抗告の対象となるとしつつ，

第9代長官　服部高顯

「記録を検討しても，申立人が押収を求める物件については，その検証の必要性があるかどうかは別として，これを押収するのでなければ証拠保全の目的を達することができないとまでは認められないから，本件押収請求却下の裁判に対する準抗告を棄却した原決定は，その結論において正当である。」と判示した。

■ 接見交通に関するもの

接見交通に関しても，次のように判示した**最決昭和55・4・28刑集34-3-178**がみられる。

同一人につき被告事件の勾留とその余罪である被疑事件の逮捕，勾留とが競合している場合，検察官等は，被告事件について防禦権の不当な制限にわたらない限り，刑訴法三九条三項の接見等の指定権を行使することができるものと解すべきであつて，これと同旨の原判断は相当である。

■ 公訴に関するもの

公訴時効に関しても，次のように判示した**最判昭和55・5・12刑集34-3-185**がみられる。

刑訴法二五四条一項の規定は，起訴状の謄本が同法二七一条二項所定の期間内に被告人に送達されなかつたため，同法三三九条一項一号の規定に従い決定で公訴が棄却される場合にも適用があり，公訴の提起により進行を停止していた公訴時効は，右公訴棄却決定の確定したときから再びその進行を始めると解するのが相当であり，これと同趣旨の原判断は相当である。

最決昭和56・7・14刑集35-5-497も，公訴時効に関するものである。起訴状の公訴事実の記載に不備があつて，実体審理を継続するのに十分な程度に訴因が特定していない場合であつても，それが特定の事実について検察官が訴追意思を表明したものと認められるときは，右事実と公訴事実を同一にする範囲において，公訴時効の進行を停止する効力を有すると解するのが相当であるとし，次のように判示した。

刑訴法二五四条が，公訴時効の停止を検察官の公訴提起にかからしめている趣旨は，これによつて，特定の罪となるべき事実に関する検察官の訴追意思が裁判所に明示されるのを重視した点にあると解されるから，起訴状の公訴事実の記載に不備があつて，実体審理を継続するのに十分な程度に訴因が特定していない場合であつても，それが特定の事実について検察官が訴追意思を表明したものと認められるときは，右事実と公訴事実を同一にする範囲において，公訴時効の進行を停止する効力を有すると解するのが相当

である。本件についてこれをみると，旧起訴状公訴事実中には，本件公訴事実第一を特定するうえで重要な「表示登記」という文言が一度も使用されておらず，かえつて，同第二を特定するうえで重要な「保存登記」という文言がくり返し使用されていて，そのいずれについてなされた公訴提起であるのか一見まぎらわしく，訴因の特定が十分でないことは否定することができないけれども，右起訴状公訴事実に記載された犯行の日時，場所，方法及び不実登記の対象となる建物は，すべて本件公訴事実第一のそれと同一であること，その結果としてなされた不実登記の内容も，建物の所有名義を偽るという点で両者は共通していること，さらに，旧起訴審において，検察官が，公訴事実中「保存登記」とあるのは「表示登記」の誤記であるとの釈明をし，その旨の訴因補正の申立をしていることなどを総合考察すると，旧起訴によつて検察官が本件公訴事実第一と同一性を有する事実につき公訴を提起する趣旨であつたと認めるに十分であるから，これにより右事実に関する公訴時効の進行が停止されたとする原審の判断は，正当である。

検察官の訴追裁量権を尊重したものである。

この面からみてより重要なのは，公訴権の濫用に関する**最決昭和55・12・17刑集34-7-672**（チッソ川本事件）である。次のように判示した。

> 検察官は，現行制の下では，公訴を提起するかしないかについて広範な裁量権を認められているのであつて，公訴の提起が検察官の裁量権の逸脱によるものであつたからといつて直ちに無効となるものでないことは明らかである。たしかに，右裁量権の行使については種々の考慮事項が刑訴法に列挙されていること（刑訴法二四八条），検察官は公益の代表者として公訴権を行使すべきものとされていること（検察庁法四条），さらに，刑訴法上の権限は公共の福祉の維持と個人の基本的人権の保障とを全うしつつ誠実にこれを行使すべく濫用にわたつてはならないものとされていること（刑訴法一条，刑訴規則一条二項）等を総合して考えると，検察官の裁量権の逸脱が公訴の提起を無効ならしめる場合のありうることを否定することはできないが，それはたとえば公訴の提起自体が職務犯罪を構成するような極限的な場合に限られるものというべきである。……いま本件についてみるのに，原判決の認定によれば，本件犯罪事実の違法性及び有責性の評価については被告人に有利に参酌されるべき幾多の事情が存在することが認められるが，犯行そのものの態様はかならずしも軽微なものとはいえないのであつて，当然に検察官の本件公訴提起と不当とすることはできない。

検察官の裁量権の逸脱が公訴の提起を無効ならしめる場合をもって，「たとえば公訴の提起自体が職務犯罪を構成するような極限的な場合に限られる」とした点に本決定の意義が存する。これにより，公訴権濫用論は，実務上は舞台からほぼ姿を消すことになった。翌年に出された**最判昭和56・6・26刑集35-4-426**（赤崎町長選挙違反事件）も，上記の基準に則って，次のように判示し，当該公訴提起を有効とした。

かりに，原判決の認定するように，当該被疑事実につき被告人と対向的な共犯関係に立つ疑いのある者の一部が，警察段階の捜査において不当に有利な取扱いを受け，事実上刑事訴追を免れるという事実があつたとしても……，そのために，被告人自身に対する捜査手続が憲法一四条に違反することになるものでないことは，……明らかである。なお，原判決によると，本件公訴提起を含む検察段階の措置には，被告人に対する不当な差別や裁量権の逸脱等はなかつたというのであるから，これと対向的な共犯関係に立つ疑いのある者の一部が，警察段階の捜査において前記のような不当に有利な取扱いを受けたことがあつたとしても，被告人に対する公訴提起の効力が否定されるべきいわれはない……。

起訴状への公訴事実の記載に関しても小法廷決定がみられる。**最決昭和56・4・25刑集35-3-116**（吉田町覚せい剤事件）がそれで，次のように判示した。

職権により判断すると，「被告人は，法定の除外事由がないのに，昭和五四年九月二六日ころから同年一〇月三日までの間，広島県高田郡吉田町内及びその周辺において，覚せい剤であるフェニルメチルアミノプロパン塩類を含有するもの若干量を自己の身体に注射又は服用して施用し，もつて覚せい剤を使用したものである。」との本件公訴事実の記載は，日時，場所の表示にある程度の幅があり，かつ，使用量，使用方法の表示にも明確を欠くところがあるとしても，検察官において起訴当時の証拠に基づきできる限り特定したものである以上，覚せい剤使用罪の訴因の特定に欠けるところはないというべきである。

検察官において起訴当時の証拠に基づきできる限り特定したものであれば訴因の特定に欠けるところはないとされたが，ここでも検察官の訴追裁量に対する配慮を垣間見ることができる。

■ 訴因変更の要否および可否に関するもの

訴因変更の要否に関しても小法廷決定が出されている。**最決昭和55・3・4刑集34-3-89**がそれで，次のように判示し，酒酔い運転の訴因について訴因変更の手続をとらずに酒気帯び運転の罪を認定したことについて違法はないとした。

道路交通法一一七条の二第一号の酒酔い運転も同法一一九条一項七号の二の酒気帯び運転も基本的には同法六五条一項違反の行為である点で共通し，前者に対する被告人の防禦は通常の場合後者のそれを包含し，もとよりその法定刑も後者は前者より軽く，しかも本件においては運転開始前の飲酒量，飲酒の状況等ひいて運転当時の身体内のアルコール保有量の点につき被告人の防禦は尽されていることが記録上明らかであるから，前者の訴因に対し原判決が訴因変更の手続を経ずに後者の罪を認定したからといつて，

これにより被告人の実質的防禦権を不当に制限したものとは認められず，原判決には所論のような違法はない。

■ 迅速裁判に関するもの

迅速裁判に関しても小法廷判決がみられる。**最判昭和55・2・7刑集34-2-15**がそれで，次のように判示し，**最大判昭和47・12・20刑集26-10-631**（187-189頁＝高田事件）において示された「異常な事態」が生じているとまではいえないとした。

> 具体的事件における審理の遅延が憲法の迅速裁判の保障条項に反する事態に至っているか否かは，遅延の期間のみによつて一律に判断されるべきでなく，遅延の原因と理由などを勘案して，その遅延がやむをえないものと認められないかどうか，これにより右の保障条項がまもろうとしている諸利益がどの程度実際に害せられているかなど諸般の情況を総合的に判断して決せられなければならないことは，すでに当裁判所の判例（昭和四五年（あ）第一七〇〇号同四七年一二月二〇日大法廷判決・刑集二六巻一〇号六三一頁）の示すところである。このような見地にたつて本件をみると，まず，本件第一，二審の約二五年の審理期間のうち，第一審における当初の約三年は，被告人の病気を理由とするやむをえないものであり，控訴審における約一〇年も，おおむねこれと同様であつたと認められる。つぎに，第一審における審理期間のうち被告人の病気が回復した後の約一二年についてみると，右のうち，検察官の申出により審理が中断した約五年を除くその余の期間中には，さほど顕著な審理の中断もなく実質審理が継続されていたものであるうえ，右約五年の審理中断期間についても，検察官がその後，右中断中に示された共犯者の事件に関する上級審の判断に従つて訴因の変更をしたり，上級審における証人尋問調書を書証として提出するなど，関連事件の審理の結果を本件の審理に反映させていることからみて，右の期間が本件の審理にとって全く無意味に経過したものとは断じ難い。以上の諸点のほか，被告人の第一，二審における弁護人は，横領の共犯者の弁護人としてその上級審の公判においては，同事件の証人に対し反対尋問権を行使しており，しかも，右証人尋問調書は本件の公判にも顕出されているので，右審理中断によつて被告人が防禦上重大な不利益を受けたとは認め難いこと，他方，本件第一，二審の全審理期間を通じ，被告人側から訴訟の促進について格別の申出等もされた形跡がないことなどの事情を総合勘案すれば，本件の第一，二審とくに第一審における訴訟の進め方にはなお批判を免れない点が少なくないとはいえ，その審理の遅延の結果，前記大法廷判決において示されたほど異常な事態を生じているとまではいえないから，本件につき，この段階で審理を打ち切るのは適当でなく，結局，所論違憲の主張は理由がないことに帰着する。

もっとも，本判決には，「さして複雑ともおもわれない事案の審理に一，二審にお

いて合計約25年もの長年月が費されているのであつて，私見によれば，これは，まさしく，高田事件の大法廷判決（昭和四七年一二月二〇日大法廷判決・刑集二六巻一〇号六三一頁）のいわゆる「異常な事態」である。」という裁判官団藤重光の反対意見が付されていたことを忘れてはならない。

■ 伝聞法則に関するもの

刑訴法325条にいう「供述の任意性の調査」に関しても小法廷決定がみられる。**最決昭和54・10・16刑集33-6-633**がそれで，右調査は必ずしも証拠調べの前にされなければならないわけのものではなく，裁判所が右書面又は供述の証拠調後にその証明力を評価するにあたつてその調査をしたとしても差し支えないとし，次のように判示した。

> 所論にかんがみ，職権により判断すると，刑訴法三二五条の規定は，裁判所が，同法三二一条ないし三二四条の規定により証拠能力の認められる書面又は供述についても，さらにその書面に記載された供述又は公判準備若しくは公判期日における供述の内容となつた他の者の供述の任意性を適当と認める方法によつて調査することにより（最高裁昭和二六年（あ）第一六五七号同二八年二月一二日第一小法廷判決・刑集七巻二号二〇四頁，同二六年（あ）第一二九五号同二八年一〇月九日第二小法廷判決・刑集七巻一〇号一九〇四頁参照），任意性の程度が低いため証明力が乏しいか若しくは任意性がないため証拠能力あるいは証明力を欠く書面又は供述を証拠として取り調べて不当な心証を形成することをできる限り防止しようとする趣旨のものと解される。したがつて，刑訴法三二五条にいう任意性の調査は，任意性が証拠能力にも関係することがあるところから，通常当該書面又は供述の証拠調べに先立つて同法三二一条ないし三二四条による証拠能力の要件を調査するに際しあわせて行われることが多いと考えられるが，必ずしも右の場合のようにその証拠調べの前にされなければならないわけのものではなく，裁判所が右書面又は供述の証拠調後にその証明力を評価するにあたつてその調査をしたとしても差し支えないものと解すべきであり，これと同趣旨に帰する原審の判断は相当である。

これによれば，証明力を評価した後で任意性を判断することも許容されることになった。

■ 証拠能力に関するもの

録音テープの証拠能力に関しても小法廷決定がみられる。**最決昭和56・11・20刑集35-8-797**がそれで，対話者の一方が相手方の同意を得ないで会話やその場の状況を録音することは違法ではないとし，次のように判示した。

V この期の刑事判例の特徴

前者の録音テープは、被告人が新聞紙による報道を目的として新聞記者に聞かせた前示偽電話テープの再生音と再生前に同テープに関して被告人と同記者との間で交わされた会話を、同記者において取材の結果を正確に記録しておくために録音したものであり、後者の録音テープ（被告人の家人との対話部分を除く。）は、未必的にではあるが録音されることを認容していた被告人と新聞記者との間で右の偽電話に関連して交わされた電話による会話を、同記者において同様の目的のもとに録音したものであると認められる。このように、対話者の一方が右のような事情のもとに会話やその場の状況を録音することは、たとえそれが相手方の同意を得ないで行われたものであつても、違法ではないと解すべきである。したがつて、録音が違法であることを理由にそれらの録音テープの証拠能力を争う所論は、すでにこの点において前提を欠くものといわなければならない。

■ 被告人の防御権に関するもの

国選弁護人の再選任請求の却下の是非および国選弁護人の辞任の申出の効果に関しても小法廷判決が出されている。1968・4・28沖縄デー事件上告審の**最判昭和54・7・24刑集33-5-416**は、次のように判示した。

> 訴訟法上の権利は誠実にこれを行使し濫用してはならないものであることは刑事訴訟規則一条二項の明定するところであり、被告人がその権利を濫用するときは、それが憲法に規定されている権利を行使する形をとるものであつても、その効力を認めないことができるものであることは、当裁判所の判例の趣旨とするところであるから（最高裁昭和三一年七月四日大法廷判決・民集一〇巻七号七八五頁、……参照）、第一審が被告人らの国選弁護人の再選任請求を却下したのは相当である。このように解釈しても、被告人が改めて誠実に国選弁護人の選任を請求すれば裁判所はその選任をすることになるのであり、なんら被告人の国選弁護人選任請求権の正当な行使を実質的に制限するものではない。したがつて、第一審の右措置が憲法三七条三項に違反するものでないことは右判例の趣旨に照らして明らかである。論旨は、理由がない。……国選弁護人は、裁判所が解任しない限りその地位を失うものではなく、したがつて、国選弁護人が辞任の申出をした場合であつても、裁判所が辞任の申出について正当な理由があると認めて解任しない限り、弁護人の地位を失うものではないというべきであるから、辞任の申出を受けた裁判所は、国選弁護人を解任すべき事由の有無を判断するに必要な限度において、相当と認める方法により、事実の取調をすることができるもの、と解するので相当である。

同判決によれば、被告人がその権利を濫用するときは、それが憲法に規定されている権利を行使する形をとるものであっても、その効力を認めないことができるとされている点、また、国選弁護人が辞任の申出をした場合であっても、裁判所が辞任の申

出について正当な理由があると認めて解任しない限り，弁護人の地位を失うものではないとされている点が注目される。いずれも被告人および弁護人による訴訟遅延を封じるための措置といえる。

■ **事実認定に関するもの**

事実認定に関しても注目される小法廷決定が出されている。次のように詳細に判示した**最決昭和57・5・25判時1046-15**（千葉大チフス菌事件）がそれで，事実認定についていわゆる疫学的証明を認めた。

> 本件は細菌を犯罪に使用した事件で，事実の認定について細菌学の知識が要求されるばかりでなく，菌の摂取と発症との関係についても病理学上多くの問題点が含まれ，そのうえ被告人の犯行について合理的な動機が見出せないという特異性を有する事件であって，一三の訴因の全部につき第一審判決無罪，原判決有罪という極めて対照的な結論に達しているので，以下，職権をもって原判決の認定判断の当否につき，主として第一審判決のそれと対比しつつ検討を加えることにする。……まず，第一審判決は，本件被害者とされている者の中に，被告人から贈られたバナナを食べるなどして菌を体内に摂取したかどうか，摂取したとしても当該の発病前に摂取したかどうか，さらに腸チフス又は赤痢に罹患したかどうかの各点につき疑問のある者がいるという。しかし，第一審裁判所及び原裁判所の取り調べた各証拠（以下，単に証拠という。）によれば，原判決の認定するとおり，本件の被害者とされている者は，すべて被告人が菌を付着若しくは混入させた物を飲食し，又は医療行為を装った被告人の行為により菌を体内に摂取したのちに（第二次感染者を除く。），腸チフス又は赤痢に罹患したと認定するのが相当である。右罹患の点についていえば，原判決が各患者の症状，各種の検査結果及び第二次感染者を除く全員が菌の検出された者を含み同時発病していることなどを考慮し，なお臨床の専門家である平石浩ら作成の鑑定書並びに同人及び谷茂岡洋の各証言なども参酌して，全員の罹患を認めたことは相当であり，記録を精査しても，以上の各事実の認定につき原判決に誤認のかどは認められない。……次に，第一審判決が，本件被害者とされている者の中に，被告人の行為が原因であるとすればその潜伏期が医学上ありえない短期のものとなるような腸チフス又は赤痢患者があり，被告人の菌投与とこれらの者の発病との間に因果関係を認め難いとしているのに対し，原判決は，腸チフス又は赤痢について第一審判決が疑問を抱いたような短い潜伏期も病理学上ありうるとしている。……この点については，赤痢は，ショーネシーらの実験によれば，数時間という短時間で発病することがあり，腸チフスは，ホーニックらの実験によれば，その潜伏期は三日が標準的限界であるとされている。しかし，通常の自然感染ではみられない大量のチフス菌又は赤痢菌が投与され体内に摂取された場合には，固有の腸チフス又は赤痢の発症するまえ

に，菌体内毒素（エンドトキシン）によって，より短時間内に急性胃腸炎様又は食中毒様の症状を呈する可能性があることは，相当数の信頼すべき医学者の肯定するところであり（第一審鑑定人牛場大蔵，原審鑑定人兼証人山中太木，同菅沼惇，同川名林治に対する各尋問調書，秋葉朝一郎作成の鑑定書など），現に，本件と同様にチフス菌を使用した犯罪の場合において，菌摂取後二四時間以内に発熱，吐気，腹部膨脹などの症状を発した事例がみられるのである（右秋葉鑑定書参照）。……したがって，本件について，短期発症の腸チフス及び赤痢をエンドトキシン論の採用により説明しうるとした原審の判断は，首肯することができるものといわなければならない。……次に，第一審判決は，被告人の自白した方法による腸チフス又は赤痢の犯行供用菌数を推定し，その菌数では，本件の高い発病率（被告人の行為が原因であるとした場合，これにより菌を摂取した者の大部分が発病したことになる。）及び短い潜伏期の説明ができないとしているのに対し，原判決は，菌を直接食品に穿刺したという被告人の司法警察員に対する自白を採用し，右説明は可能であるとしている。……まず，菌数と発病率及び潜伏期に関するホーニックらの実験結果が普遍的な妥当性と一義的な法則性を有するものでないことは，多くの専門学者の一致して説くところであり（第一審鑑定人牛場大蔵，原審鑑定人兼証人山中太木，同菅沼惇，同川名林治に対する各尋問調書，秋葉朝一郎作成の鑑定書など），また，菌数の鑑定についても，菌の増減の全体的傾向は把握することができるとしても，個々の数値は浮動的であって，どのように実験の精度を高めても，正確な菌数を推定することが困難であることは，第一審判決の依拠した中谷，善養寺両鑑定を担当した中谷林太郎，善養寺浩のほか多くの学者の一致した意見である（第一審で取り調べた坂崎利一ら著「腸炎」二四頁ないし二六頁，秋葉朝一郎作成の鑑定書，原審鑑定人兼証人山中太木，同菅沼惇，同川名林治に対する各尋問調書など）。そのうえ，本件の場合は，被告人が医学的検査目的のため厳格な実験条件を付して菌を培養し，かつ，これを食品などに付着又は混入させたものではなく，恣意的に菌を採取したものであることは，記録上明らかであるから，菌数の鑑定の基礎自体が極めて不確実である。したがって，第一審判決がホーニックらの実験結果に菌数の鑑定結果をあてはめ，これにより算出された発病率，潜伏期をもって機械的に事実認定の基礎としたことは，相当でないといわなければならない。……なお，第一審判決は，原判示第一の千葉大学カステラ事件（以下，カステラ事件という。）について，中谷，善養寺両鑑定を採用し，千葉県衛生研究所の鑑定を菌数の大部分が定量的に表現されていないことなどを理由に菌数の鑑定としてはほとんど無価値であるとし，右中谷，善養寺両鑑定によれば，カステラに付着した赤痢菌は著明な減少傾向を示し，赤痢を発病させるに足りないものであるとして，これを無罪の一理由としている。しかし，右千葉県衛生研究所の鑑定がカステラに付着した菌数の変化については定量的にこれを表示していることは，同鑑定書の記載内容に徴し明らかである。また，右中谷，善養寺両鑑定がチクロ使用禁止後の昭和四七年度中に製造されたカステラを使用しているのに対し，右千葉県衛生研究所の鑑定は，チクロの使用が認

められていた昭和四一年当時のカステラを使用していて，本件犯行（昭和三九年）に使用したとされているカステラにより近似した物を実験の対象としているという点で，対象物により即した価値を有するとみられるものであり，記録によっても，右鑑定結果を排斥すべき事情，換言すれば，原審がこれを採用したことを不当とすべき事情は認められない。そして，右鑑定によれば，カステラにふりかけられた赤痢菌は，四八時間経過後も十分生きており，増加傾向を示す場合すらあるのである。その生残菌数は，中谷，善養寺両鑑定に比して遥かに多く，優に赤痢を発症させるに足りるものと認められる。……それ故，以上の点についての原判決の認定判断は，首肯することができるものというべきである。……次に，第一審判決が本件起訴事実のうちのチフス菌による事件（原判示第四のH方事件を除く。）について自然感染の疑いがあるとしているのに対し，原判決はこれらをすべて被告人の犯行による人為感染であるとしているので，以下，この点について判断する。……右事件のうちには，千葉大学のバナナ（原判示第一〇事実），焼蛤（同第七事実），みかん（同第一二事実）及び三島病院のバリューム（同第一二事実），舌圧子（同第一三事実）各事件のように，その周辺に腸チフス患者又はその疑いのある者が発生している事例があるが，そのうち，千葉大学の場合は，罹患を疑われる者及び菌陽性者が被告人の勤務していた第一内科の医師にだけ集中的に多発し，しかも，右菌陽性者の大部分がほとんど無症状であったことから，伝染病学的にみて自然流行の可能性は考えられない場合であり（第一審公判調書中の証人福永和雄の供述部分及び原審の同証人に対する尋問調書），また，三島病院の場合も，当該患者の発生当時，赤痢，腸チフスの発生防止のため消毒を続けていたのに，被告人が当時執務していた内科の関係者にだけ腸チフス患者が続発していること（第一審公判調書中証人宮崎五郎の供述部分）からして，これを自然流行とみることには疑問がある場合である。……S方事件（原判示第六事実）と三島バナナ事件（同第九事実）については，S方事件は小田原市で，三島バナナ事件はその翌日三島市で，いずれも被告人からバナナをもらって食べた者が全員（全員喫食の事実については原判決の認定を支持することができる。）ほぼ同時に発病した事件である。当時両市に腸チフスの流行のなかったことは記録上明らかであり，また，腸チフスの発生率は極めて低いのであるから，相隔った両市において，なんらの脈絡なく一二名の者がほとんど同時に発病する蓋然性は極めて小さいといえる。そうすると，右両事件はいずれも人為感染によるものであることは推認するについて両者は相互に補強しあう関係にあると原判決が判断したことは，相当と認められる。……本件一一のチフス菌による事件のうち，被害者から菌が検出され鑑定の行われた九事件については，その菌のファージ型がいずれもD2型であり（もっとも，第一審判決のいうとおり，D2型の発生頻度は，チフス菌の各型のうちで最も高いが，それにしても，全体の発症からみれば，その約五分の一の頻度に過ぎない。），薬剤感受性値もいずれも一致しているのであって，このことは，右九件が自然流行として起こりうる可能性がほとんどないことを意味するものである。しかも，これらが被告人の保存培養していた菌のそれ

とも一致していることは，被告人の保存培養していた菌が右各犯行に使用された蓋然性が高いことを示すものである。そうすると，原判決が右ファージ型及び薬剤感受性値が一致した事実をもって極めて重視すべきものであるとしたことは相当である。……本件チフス菌による事件の被害者は，同一家族又は同一職場に極めて高い率をもって集中的に発生し，しかも，発病が各事件ごとに全員同時期であることからして順次感染の可能性は否定されるというべきである。……以上の次第であるから，本件チフス菌による事件が自然感染によるものであることを否定し，人為感染によるものであると認定した原審の判断は，首肯することができるのである。

当然のことながら，この疫学的証明についても「合理的な疑いを容れない程度」の証明がなされなければならないとされていることに注意しなければならない。

■ 判決に関するもの

第二審が言い渡した刑が「重い刑」にあたるかに関しても小法廷決定がみられる。**最決昭和55・12・4刑集34-7-499**がそれで，刑の執行猶予の言渡しの有無も含めて実質的に考察すべきだとし，次のように判示した。

> 所論引用の当審判例（昭和二四年（れ）第二四三七号同二五年三月三日第二小法廷判決・刑集四巻三号三〇五頁）は，第一審が懲役一〇月の判決を言い渡したのに対し，第二審が懲役一年，四年間執行猶予の判決を言い渡した事案について，第二審において第一審の懲役刑よりも長い懲役刑に処したときは，たとえ右刑の執行を猶予する旨の言渡をした場合でも，原判決の刑より重い刑を言い渡したことに該当する旨判示している。……しかしながら，当裁判所昭和二五年（あ）第二五六七号同二六年八月一日大法廷判決（刑集五巻九号一七一五頁）は，第一審，第二審各判決の刑の軽重を判断するにあたつては，各判決の具体的な刑を総体的に比較して実質的に考察すべきであり，その際，刑の執行猶予の言渡の有無も当然に考慮すべきであるとし，その理由として，刑の執行を猶予する旨の言渡は，刑そのものの言渡ではなく，単に刑の執行に関する形態の言渡であるとはいえ，それが取り消されない限りは現実に刑の執行を受ける必要がなく，しかも，その猶予の期間を経過したときには，刑の言渡そのものが効力を失うのであり，実質的には執行猶予のもつ法律的社会的価値判断は実際において高く評価されており又さるべきものであるからである旨判示している。右判旨に照らすと，所論引用の判例は，刑の執行猶予の言渡の有無を考慮していない点において，右大法廷判例の趣旨に反することが明らかであり，すでに右判例によつて変更されたものと認めるのが相当である（当裁判所昭和二九年（あ）第二六四九号同三〇年四月五日第三小法廷判決・刑集九巻四号六五二頁，同三四年（あ）第二一八二号同三七年六月一八日第二小法廷決定・刑集一六巻七号一二六五頁，同三八年（あ）第一六五七号同三九年五月七日第一小法廷決定・刑集一

八巻四号一三六頁，同三九年（あ）第二三七〇号同四〇年二月二六日第二小法廷決定・刑集一九巻一号五九頁，同四三年（あ）第九二一号同年一一月一四日第一小法廷決定・刑集二二巻一二号一三四三頁等参照）。……そうしてみると，所論引用の判例は，刑訴法四〇五条二号の判例とはいえないから，所論判例違反の主張は，前提を欠き，適法な上告理由にあたらない。

■ 上訴に関するもの

　上訴に関しても，「被告人本人の上告趣意書は，原判決に不服である旨記載するのみで，上告理由の具体的な明示を欠くから不適法である。」とした**最決昭和54・6・29刑集33-4-389**のほか，「逮捕に関する裁判及びこれに基づく処分は，刑訴法四二九条一項各号の準抗告の対象となる裁判に含まれないと解するのが相当であるから，本件準抗告棄却決定に対する特別抗告は，不適法である。」と判示した**最決昭和57・8・27刑集36-6-726**がみられる。

3　下級審判決・決定

■ 捜査に関するもの

　職務質問に関して，**東京高判昭和54・7・9判時948-126**が注目される。同判決は，次のように判示し，職務質問の適法性を認めた。

> 原判決挙示の証拠によれば，次のような各事実が認められる。すなわち，横浜国立大学では従来からいわゆる革マル派と中核派による勢力争いが行われてきており，本件当日に行われる寮祭の前夜祭，翌日から翌々日にかけて行われる寮祭をめぐっても，両派が互いに，他の介入を許さないといがみ合っており，本件当日朝には両派の活動家達が学内にはいったという情勢のもとで，両派による暴力抗争事件が発生する恐れがあるとの警備情報に基づき，総勢約四〇名の警察官が同大学周辺で警戒勤務についていたこと，大堂警部補が同大学の正門付近にパトロールカーを止めて待機していたところ，当日午後三時五〇分ころ，革マル派の使用車両と目される被告人運転の普通貨物自動車が正門から出てきてすぐ右折し，同警部補らの車両の横を通過した直後に，突然車内から白い粉末を噴射し，次いで二度，三度と，被告人運転車両が見えなくなってしまうほどに白い粉末を噴射しながら走っていったので，同警部補はとつさに，被告人運転車両にはいわゆる内ゲバ用の兇器か火炎びんのような物でも積んであって，被告人ないし被告人運転車両の同乗者が検問回避のために劇薬類の入つた右粉末を噴射したのではないかと疑い，直ちにパトロールカーで追いかけたこと，約一二〇数メートル進行した地点で道路端に消火器が投棄されているのが見つかつたので，先ほどの白い粉末が消火薬であったらしいことがわかつたが，依然，白い粉末の噴射，消火器の投棄のいずれについても道

路交通法違反の疑いは残るし，更に被告人らが前記のような異常な行為を行ったことから，被告人らはいわゆる内ゲバに関連して何らかの犯罪を犯し，若くは犯そうとしているのではないかと疑い，引き続き被告人運転車両を追跡したこと，同警部補は被告人運転車両が原判示暴行地点から三〇メートル余り手前の地点で前車に続いて停止したのを認め，パトロールカーを降り，駆けて被告人運転車両の運転席横に至り，「警察の者だ。車を止めろ。」と言って呼び止め，職務質問を開始しようとしたが，被告人はこれを無視してその運転車両を発進させてしまったこと，被告人運転車両はそれから約三〇メートル余り進行し，原判示場所に至ったところで信号待ちのため再度停止したので，同警部補は再び駆けて被告人運転車両の運転席横に至り，「止まらんか。エンジンを止めて降りてこい。」と言って職務質問のため停止を求めたが，被告人及び同乗者らは，「法的根拠は何だ。そんなものに従う必要はない。」と言ってこれに応ずる風がなかったところ，応援に駆けつけた砂原巡査が運転席側のドアを開いたので，同警部補は開いたドアと車体の間に体を入れ，「何で消火器を噴射したり，消火器の本体を投げたりしたのか。」と言って職務質問を開始したが，被告人及び同乗者らは質問には答えず，被告人において車を発進させそうな気配が感じられたので，同警部補がとりあえず被告人運転車両のエンジンを切ろうとしてエンジンキーの方に左手を延ばしたところ，被告人の右手拳で手首の辺りを二回くらい殴打されたり，払われたりし，被告人及び助手席に同乗していたＵにエンジンキーを押さえられ，車を発進させられてしまったので，やむなく同車を道路左端に寄せようとして左手でハンドルをつかんだところ，被告人に前腕部を手拳で殴打されたうえ，約一〇数メートル引きずられ，車の速度も時速一五キロメートルくらいにまで上がってきて危険な状態になったので，手を放したこと，以上の事実を認めることができる。……右に認定したような大堂警部補が被告人らに対する職務質問を開始するに至るまでの事実経過に徴すると，同警部補が被告人らに対する職務質問を行おうとした主眼が那辺にあつたかはともかく，同警部補が被告人又は被告人運転車両の同乗者が走行中の車内から消火器を投棄するという道路交通法違反を犯した疑いを持って職務質問に着手したことは否定できないところであって，原判決に所論のような事実誤認はなく，右職務質問に着手するまでの事実経過に照らし，職務質問開始の要件に欠けるところはなかったものといわなければならない。そして，前記認定のような事実関係，殊に職務質問に際し被告人らが示した前記のような態度のもとでは，大堂警部補が，被告人らを停止させるため，左手を車内に差入れてエンジンのスイッチを切ろうとしたり，発進した自動車のハンドルを左手でつかんで自動車を路端に寄せようと試みた行為は，警察官職務執行法二条一項の規定に基づく職務質問を行うため相手を停止させる方法として必要かつ相当な行為にあたるから，刑法九五条一項にいう職務の執行として適法なものというべきである。

函館地決昭和55・1・9刑月12-1=2-50も，警察官らが，逮捕状がでていない被告人

と，すでに逮捕状がでている者とが一緒に宿泊しているホテルの一室を捜索した際，被告人に対する捜索が許されるかが問題となった事案につき，次のように判示した。

> 同室内の捜索対象は，紙袋一個，脱いである被告人の着衣，被告人の寝ているふとん及び被告人の着ている着衣（U首シヤツ，ステテコ，腹巻）のみであつた。……山田らは，右紙袋と脱いである着衣を捜索したが，押収物は発見されなかつた。そこで次に，被告人の寝ているふとんと着ている着衣を捜索しようとしたが，被告人はふとんをかぶつてえびのように丸く横になり，両腕を腹のあたりにあてて，任意の捜索を拒否する態度を示していた。山田らは被告人の右の挙動等から，被告人が覚せい剤を隠し持つているとの疑いを強め，一〇分位任意提出を説得したが，被告人はこれに応じなかつた。……そこでついに，ふとんをはぎ，丸くうつ伏せになつている被告人の両腕あたりを二名の警察官がそれぞれ左右から持つて引き起こし，いわゆる正座に近い状態にした。そのとき柴田は，胸まで引上げられた被告人の手から，シヤツの中の腹の辺へ何か黒いものが落ちるのを認めたので，左右からおさえられたままの被告人の背後よりシヤツの中へ手を入れ，その黒つぽいもの（小銭入れ）をつかみ出した。山田がこれを開いたところ本件証拠物と注射器が出てきたので，直ちに被告人を，覚せい剤所持の現行犯として逮捕した。……右の事実に照らすと，被告人のふとんをはぐ行為まではともかく，うずくまつている被告人を左右から引き起こし，その背後よりシヤツの中に手を入れて腹のあたりにある物を取り出す行為は，明らかに被告人の着衣身体に対する強制力を伴う捜索である。……したがつて，いわゆる職務質問に伴う所持品検査の限界を越えており，警職法二条一項を根拠とする限り違法な捜索といわざるをえない。……右の如き強制捜索が被告人に対する令状なしに許されるのは，刑訴法二一八条，二二二条，一〇二条二項の趣旨にかんがみ，押収すべき物（Xの逮捕事実と関連しているものでなければならないことはもちろんである。）を被告人が所持していると認めるに足りる状況が，客観的に存在している場合に限られる。……この点を本件についてみると，（1）捜索の場所は，被告人名で投宿しているホテルの一室であり，被告人とX以外には他の同室者はいなかつたこと，（2）山田ら捜査官が次のように認定したこと即ち，被告人が覚せい剤を広く取扱つている暴力団……幹部であり，Xも同様覚せい剤を取扱つている……組員であつて，両名が……幹部の葬儀に出席後右一室に投宿していると認定したことには，相当の根拠があること，（3）X逮捕後に被告人の捜索に着手しようとした際，被告人はふとんから外に出ず体をまるめて両手を前に組み，腹の辺りに何か隠しているが如き挙動に出ていたこと，証拠により認められる右の事実を総合すると，被告人はXと共謀してか，あるいは，Xとの間に譲受関係のある覚せい剤を所持していると認めるに足りる状況は十分存在していたというべきである（なお，結果的にXとの関係が否定されても，右の「状況の存在」自体に影響を及ぼすものではない。）。したがつて，山田らの被告人の身体に対する捜索は，Xの現行犯逮捕に伴う捜索として適法である。

V　この期の刑事判例の特徴

　呼気検査に関する注目すべき下級審判決として，**福井地判昭和56・6・10刑月13-6=7-461**があげられる。警察官が，被告人が収容された病院の救急室において，意識不明の状態で救急台に横たわっていた被告人の呼気から酒臭を感じて，酒酔い運転の疑いをもち，医師の了解を得たうえ，風船による呼気採取ができないため，呼気採取器の先に飲酒検知管を取り付け，その先端を被告人の口先三センチメートル位のところにおいて，被告人の排出する呼気一リットルを右検知管を通して吸入採取したという事案について，本件呼気検査は道路交通法所定の呼気検査として許容されるものとは認め難いことは弁護人の主張のとおりというべきであるとしつつも，本件呼気採取は任意捜査として許される範囲内のものと認めるのが相当と考えられるとし，次のように判示した。

　弁護人は，判示第一の酒気帯び運転の罪について，司法巡査谷口（以下谷口巡査という）作成の酒気帯び検知表は，右谷口巡査が病院の寝台に意識不明の状態で寝ていた被告人の口もとから，その承諾を得ることなく，直接飲酒検知管を通して呼気を吸入採取するという方法によつて作成したものであつて，右呼気採取は，引き続き車両を運転するおそれのある者に対してのみ適用される道路交通法六七条二項，一二〇条一項一一号の呼気検査の規定を，右の要件を欠いた被告人に対して適用して強制的に行つたものであるうえ，同条項による呼気採取は呼気を風船に吹き込ませる方法によつて行なうと定めた同法施行令二六条の二にも違反しており，右のような違法な呼気採取に基づく前記酒気帯び検知表は憲法三一条，刑事訴訟法一条の趣旨に照らして証拠能力を欠くものと解すべきであり，他に被告人の酒気帯びの程度を立証すべき証拠もないから，結局被告人は右酒気帯び運転の公訴事実については無罪であると主張する。……そこで検討するに，第三回公判調書中の証人谷口の供述部分によれば，右谷口巡査は本件事故当日の昭和五五年一月六日午前三時一五分ころ，被告人が収容されたE病院の救急室において，意識不明の状態で救急台に横たわつていた被告人の呼気から酒臭を感じて，酒酔い運転の疑いをもち，医師の了解を得たうえ，被告人の呼気検査を実施することにし，風船による呼気採取ができないため，呼気採取器の先に飲酒検知管を取り付け，その先端を被告人の口先三センチメートル位のところにおいて，被告人の排出する呼気一リットルを右検知管を通して吸入採取したことが認められる。……これによれば，右呼気検査が前記道路交通法所定の呼気検査として許容されるものとは認め難いこと弁護人主張のとおりというべきである。しかしながら，道路交通法の右規定は，警察官において酒気を帯びた者が車両等を運転するおそれのある状態を認めた場合に，危険防止のための応急措置をとるについて，その判断資料を得る必要上設けられているものであつて（同法六七条二項，三項参照），酒酔い運転や酒気帯び運転の犯罪捜査について，その捜査方法を限定する趣旨を含むものではないのであるから，本件については，別に右呼気検査が犯罪

捜査一般において認められる任意捜査の枠内のものといえるか否かを検討する必要がある。……そこで，本件呼気検査の経緯及びその方法についての前記認定の事実によってみると，右の呼気採取は被告人の酒臭によって生じた酒酔い運転の罪の嫌疑に基づいて行なわれ，医師の了解のもと，被告人の自然の呼吸にともなって排出される呼気を短時間採取したというものであつて，その間，被告人の身体に有形力が加えられたり，医師の治療行為が阻害されたことはなく，これによって被告人の健康状態に何らの悪影響を及ぼすおそれがないのは勿論，被告人の名誉を侵害するような形態をともなうものでもなかつたこと，本件事故発生時から呼気採取時までには既に一時間三〇分以上の時間が経過しており，被告人の体内のアルコール濃度は時間の経過とともに急速に消失していくおそれがあるため，早急に検査を実施する必要があつたこと，本件の呼気採取方法は，風船によるものに比して，呼気以外の外気が混入しやすいため，呼気中アルコール濃度がより低く判定される可能性はあつても，高く判定される可能性は通常存しないものと考えられるので，その結果が被告人にとつて不利に働く危険性はないといえること，以上の諸点が明らかであり，これらを総合勘案してみると本件呼気採取は，任意捜査として許される範囲内のものと認めるのが相当と考えられる。そうすると，前記の酒気帯び検知表は何ら違法に収集された資料に基づくものではなく，証拠能力に欠けるところはないものというべきであるから，その余の点について判断するまでもなく，弁護人の前記主張は採用できない。

ちなみに，**最決昭和51・3・16刑集30-2-187**は，任意捜査において強制に至らない程度の有形力を行使することは許される場合があるとし，その要件として，①必要性，②緊急性，③相当性，を挙げていた。本福井地判昭和56・6・10もこれに従ったものといえる。すなわち，本件呼気採取は被告人の酒臭によって生じた酒酔い運転の罪の嫌疑に基づいて行なわれたことから，①の必要性は認められる。また，本件事故発生時から呼気採取時までには既に1時間30分以上の時間が経過しており，被告人の体内のアルコール濃度は時間の経過とともに急速に消失していくおそれがあるため，早急に検査を実施する必要があったことから，②の緊急性も認められる。問題は③の相当性であるが，これも，医師の了解のもと，被告人の自然の呼吸にともなって排出される呼気を短時間採取したというものであって，その間，被告人の身体に有形力が加えられたり，医師の治療行為が阻害されたことはなく，これによって被告人の健康状態に何らの悪影響を及ぼすおそれがないのは勿論，被告人の名誉を侵害するような形態をともなうものでもなかったことなどから，相当性に欠けるとはいえない。このように判断されている。裁判所によれば，必要性，緊急性，相当性という3要件が独り歩きし，任意捜査全般の許容要件として用いられていることがうかがい知れよう。

いわゆるおとり捜査に関しても注目すべき判決がみられる。抜き取り犯人検挙のた

め仮睡者を装って横臥していた巡査から同巡査所有の財布を抜き取った事案について，弁護人が本件においては右財布に対して同巡査の管理支配の意思が全くなかった旨を主張して争ったところ，同巡査において積極的に被告人の窃取行為を誘発したり，あるいは，自ら皮財布を差し出すなど，皮財布に対する占有を放棄したとみられる事実が全く認められない本件においては，犯人検挙のためであるとの一事をもって所持品に対する占有の意思を否定するいわれはないとし，次のように判示した**広島高判昭和57・5・25判タ476-232**がそれである。

被告人は，原判示Nと相謀り，仮睡者から金品を抜き取ることを企て，適当な仮睡者を物色しながら原判示日時ころに同判示場所にさしかかり，横臥していた森友巡査を発見して，まず，被告人が同巡査に近寄つて同巡査が眠つているかどうか及び金品を所持しているかどうかを確かめ，次いで，Nが同巡査に近づいてそのズボン左前ポケットを拡げ，ポケット内に手を差入れて同巡査所有の原判示現金在中の皮財布一個を抜き取つたところ，同巡査及び同所付近に張り込んでいた岡村巡査に現行犯人として逮捕され，その現場で右手に所持していた右皮財布を差押えられたこと，以上の事実が認められる。もつとも，被告人の検察官及び司法巡査に対する各供述調書の供述記載並びに原審公判廷における供述中右認定に反する部分は措信し難い。右事実関係によれば，被告人はNと共謀のうえ，森友巡査から，その管理する前記皮財布一個を抜き取り窃取したといわざるを得ない。……所論は，森友には右皮財布に対する管理支配の意思が全くなかつた旨主張する。しかし，森友巡査が，前記皮財布を自己のズボン左前ポケットに納めてこれを所持していたことは前認定のところであつて，このような占有の状態からみても，同巡査に皮財布を管理する意思があつたことは明らかである。もつとも，森友巡査が抜き取り犯人検挙のため仮睡者を装つて横臥していたことは所論のとおりであるが，同巡査において積極的に被告人の窃取行為を誘発したり，又は自ら皮財布を差し出すなど，皮財布に対する占有を放棄したとみられる事実が全く認められない本件においては，犯人検挙のためであるとの一事をもって所持品に対する占有の意思を否定するいわれはない。所論は採るを得ない。……所論は，また，被告人の本件犯行は未遂にとどまる旨主張する。しかし，本件の如く屋外の道路に隣接する銀行の玄関前階段に横臥している仮睡者の着衣のなかから金品を抜き取る場合には，犯人が被害者の着衣の中から金品を抜き出して所持した段階において，被害者の金品に対する占有を侵害してこれを自己の支配下に移したものというべきところ，被告人の共犯者Nが森友巡査のズボンのポケットから皮財布一個を抜き出してこれを手に持っていたことは前認定のとおりであるから，本件が既遂であることは明らかである。もつとも，森友巡査は，仮睡者を装い，共犯者Nの挙動を監視しながら，同人を逮捕する機会を窺つていたもので，皮財布が自己の着衣内からNの手に移る経過を十分認識していたと認められるけれども，このように，被害者の監視が継続していたとしても，皮財布に対する占有が客観的にみて，被害者から

窃盗犯人に移転した段階において窃取行為が既遂となることは明らかである。所論は採るを得ない。……以上の次第で，被告人に窃盗罪の成立を認めた原判決には，所論のような事実誤認はなく，論旨は理由がない。

本判決はおとり捜査に関して真正面からその適否を論じたものではないが，「同巡査において積極的に被告人の窃取行為を誘発したり」していないなどと指摘されており，その後の判例による「犯意誘発型か機会提供型か」という判断枠組みの萌芽がみられ，注目される。

■ 令状に関するもの

令状主義に関しても重要な決定がいくつか出されている。その一つは富山地決昭和54・7・26判時946-137である。事実上の監視付きの長時間の深夜にまで及ぶ取調べについて，仮に被疑者から帰宅ないし退室について明示の申出がなされなかったとしても，任意の取調べであるとする他の特段の事情が認められない限り，任意の取調べとは認められず，少なくとも夕食時である午後7時以降の取調べは実質的には逮捕状によらない違法な逮捕であったというほかはないとし，次のように判示した。

> 同行後の警察署における取調は，昼，夕食時など数回の休憩時間を除き同日午前八時ころから翌二四日午前零時頃までの長時間にわたり断続的に続けられ，しかも夕食時である午後七時ころからの取調は夜間にはいり，被疑者としては，通常は遅くとも夕食時には帰宅したいとの意向をもつと推察されるにもかかわらず，被疑者にその意思を確認したり，自由に退室したり外部に連絡をとったりする機会を与えたと認めるに足りる資料はない。……右のような事実上の看視付きの長時間の深夜にまで及ぶ取調は，仮に被疑者から帰宅ないし退室について明示の申出がなされなかったとしても，任意の取調であるとする他の特段の事情が認められない限り任意の取調とは認められないものというべきである。従って，本件においては，少なくとも夕食時である午後七時以降の取調は実質的には逮捕状によらない違法な逮捕であったというほかはない。……本件においては逮捕状執行から勾留請求までの手続きは速やかになされており実質逮捕の時点から計算しても制限時間不遵守の問題は生じないけれども，約五時間にも及ぶ逮捕状によらない逮捕という令状主義違反の違法は，それ自体重大な瑕疵であって，制限時間遵守によりその違法性が治ゆされるものとは解されない。けだし，このようなことが容認されるならば，捜査側が令状なくして終日被疑者を事実上拘束状態におき，その罪証隠滅工作を防止しつつ，いわばフリーハンドで捜査を続行することが可能となり，令状主義の基本を害する結果となるからである。

もう一つは東京地決昭和55・8・13判時972-136で，宿泊を伴う取調べについて，

本件においては実質的には逮捕と同視すべき状況下にあったものといってよいとし，検察官の勾留請求を認めなかった原審の判断に誤りはないとして，次のように判示し，検察官からの準抗告の申立てを棄却した。

> 検察官は，捜査官との同宿は，むしろ被疑者の望むところであったとして，そのことの故に任意捜査の限界を逸脱するものではないと主張するが，行先のない被疑者に宿泊先を斡旋することは差支えないとしても問題はその態様であり，本件宿泊に用いたホテルの客室は，六畳間が二間続いた構造で玄関は一つしかなく，被疑者はその奥の方に捜査官二名と就寝し，玄関に近い方の間には捜査官四名が雑魚寝するという状況であったのであるから，被疑者が取調からの解放を求めて任意に同ホテルを立去ることなど思いも寄らず，又，取調室までの往復には捜査官の運転する乗用車が用いられ，警視庁本部においては，捜査官の好意によるとはいえ，食事まで庁内の食堂で給付され，食事のための外出機会もないまま終日取調を受けたのである。従って，この間の被疑者の状況は，手錠その他の戒具等こそ用いられてはいないものの，実質的には逮捕と同視すべき状況下にあったものと言ってよく，これと同旨に出た原裁判官の事実認定及び判断に所論の誤りはない。……本件勾留請求を違法とした原裁判官の判断に誤りはなく，本件準抗告の申立は理由がない。

このように，この期においては，警察官による深夜にまで及ぶ取調べや宿泊を伴う取調べについて，令状主義に違反するとの下級審の判断が示されている。しかし，周知のように，この判断はその後，**最決昭和59・2・29刑集38-3-479**（356-357頁＝高輪グリーンマンション事件）などによって大きく修正されることになる。

■ 公訴に関するもの

起訴状一本主義に関しても高裁の判断が示されている。被告人Ａが傷害の罪で起訴された事案において，起訴状の冒頭に「被告人Ａは暴力団〇〇会系〇〇組の若頭補佐であるが」という記述があったことから，弁護人は，控訴趣意において，この記述は起訴状一本主義を定めた刑訴法256条6項に違反し，本件公訴提起は違法・無効であるにもかかわらず，これを看過して，本件被告事件について実体判決をなした原判決は刑訴法378条2号にいう「不法に公訴を受理したとき」に該当するので，原判決を破棄したうえ，本件公訴を棄却する旨の判決をされたいと主張した。これに対して，**大阪高判昭和57・9・27判タ481-146**は，次のように判示し，弁護人の主張を退けた。

> 本件は被告人を含む共犯者三名が一通の起訴状で一括して公訴を提起せられた傷害被告事件であつて，被告人が単独で本件傷害事件を惹起したとされる案件ではない。このよ

うな案件の場合には、起訴状の中になされた所論のような記載は、被告人と共犯者の関係を明らかにすることによつて共謀の態様を明示し、公訴事実を特定するためのものであるとも解せられ、いまだ刑事訴訟法二五六条六項の規定に違反するものとはみられない。従つて、本件公訴の提起が違法、無効であるとはいえない。

周知のように、起訴状に被告人の前科・経歴・性格等を記載することの適法性については、それが、①常習累犯窃盗のように構成要件となっている場合や、②前科で恐喝するなどのように犯罪事実の内容となっている場合、は訴因明示に必要だから許されるが、それ以外は必要ではなく、予断を招く事項にあたるというのが**最大判昭和27・3・5刑集6-3-351**、**最判昭和26・12・18刑集5-13-2527**、**最判昭和31・3・13刑集10-3-345**等が提示した判断枠組みである。本高裁判決もこれによったものといえよう。

この期においては、差別捜査であることを理由に公訴を棄却した**広島高松江支判昭和55・2・4判時963-3**もみられる。同判決は、その理由について、次のように詳細に判示した。

> 本件における問題点は、被告人の自首を受けてなされた警察段階でのＳとの関係における差別捜査が、本件公訴提起の効力にどのような影響を及ぼすかという点に尽きることになる。……そもそも憲法一四条が「すべて国民は法の下に平等であって、人種、信条、性別、社会的身分又は門地により、政治的、経済的又は社会的関係において、差別されない。」と規定したのは、人格の価値がすべての人間について平等であり、社会的身分等の差異に基づいて、あるいは特権を有し、あるいは特別に不利益な待遇を与えられてはならないとの大原則を示したものであり、合理的な理由なくして差別されないことが、個人の尊厳に立脚する民主的な社会を確立するための不可欠の要件であるとの考慮によるものと解される。従って、平等に法を執行すべき捜査機関が一方に対しては厳格に法を執行しながら、社会的身分の高い他方に対してはことさらに著しく寛容な態度に出るようなことは、右の平等原則に違反するものとして許されないことは明らかである。もとより、本件において被告人は、当初Ｓ側の選挙運動に従事し、後にその反対派に転じたものであるから、捜査官が、被告人の自首の動機について留意し、ある程度慎重な態度で捜査に臨むこと、あるいはＳが町の要職にあることから、同人に対する捜査をすることの社会的な影響を慮って慎重に行動することなどは何ら非難されるべきことではないが、前認定の事実関係によれば、八橋署においては、右の限度を越え、何ら合理的理由がないのに、社会的身分の高いＳを被告人に比して有利に取り扱う意図のもとに差別捜査を行ったものであって、このような捜査が前記の平等原則に反することは明白である。本件において、Ｓに対する捜査が適正に行われたとしても、被告人が起訴されることを免れなかったことは明らかであるけれども、憲法一四条の前記の趣旨に照らせば、

V この期の刑事判例の特徴

被告人が他の者よりも不利益に差別された場合と，本件のように被告人よりも他の者が利益に扱われた場合とでは，被告人が差別された点において選ぶところがなく，右両場合とも差別されたこと自体をもって被告人が不利益を蒙ったものと言わなければならない。……ところで，（１）捜査手続に違法があっても公訴提起そのものが形式上適法になされておれば，右の違法は公訴提起の効力に何ら影響を及ぼすものではないとの考え，あるいは，……（２）罪を犯した者が他に罪を免れている者の存在を理由に平等原則違反を主張することは，いわゆるクリーンハンドの原則に照らして許されないとの考えがあるので，これらについてここで検討する。……まず，右（１）のような見解をとると，捜査手続に如何に著しい違法があり，かつ，これを救済する適当な方途が他になくても，このことを無視して被告人に対し有罪の宣告をするほかないことになる。もとより，捜査手続上の違法行為すべてについて，公訴提起された当該被告人に対する刑事事件の手続内でこれに対する救済を図ろうとすることは，裁判所としての職責を逸脱する場合があることに思いを致す必要がある。しかしながら，「刑罰法令を適正に適用実現し，公の秩序を維持することは，刑事訴訟の重要な任務であり，そのためには事案の真相をできる限り明らかにすることが必要であることはいうまでもないところ，……他面において，事案の真相の究明も，個人の基本的人権の保障を全うしつつ，適正な手続のもとでなされなければならないものであり，……証拠物の押収等の手続に，憲法三五条及びこれを受けた刑訴法二一八条一項等の所期する令状主義の精神を没却するような重大な違法があり，これを証拠として許容することが，将来における違法な捜査の抑制の見地からして相当でないと認められる場合においては，その証拠能力は否定されるものと解すべきである。」（最高裁昭和五三年九月七日判決刑集三二巻六号一六七二頁）として，捜査手続に違法があった場合に，単に違法行為をした当該捜査官個人に対する行政上あるいは民事上の責任を問うだけでなく，刑事訴訟手続内において，法律には直接規定されていない救済方法を採りうる場合があることが，最高裁判所によって示唆されている。また，捜査手続の違法に関してではないが，最高裁判所が「憲法三七条一項の保障する迅速な裁判をうける権利は，憲法の保障する基本的な人権の一つであり，右条項は，単に迅速な裁判を一般的に保障するために必要な立法上および司法行政上の措置をとるべきことを要請するにとどまらず，さらに個々の刑事事件について，現実に右の保障に明らかに反し，審理の著しい遅延の結果，迅速な裁判をうける被告人の権利が害せられたと認められる異常な事態が生じた場合には，これに対処すべき具体的規定がなくても，もはや当該被告人に対する手続の続行を許さず，その審理を打ち切るという非常救済手段がとられるべきことをも認めている趣旨の規定であると解する。」（昭和四七年一二月二〇日判決刑集二六巻一〇号六三一頁）と説示しているのは，刑事被告人に関する憲法上の権利保障規定が単にいわゆるプログラム規定にとどまるものではなく，非常救済手段をも認める趣旨の規定であることを明言するものとして，本件の解決にあたっても決して無視することができないところである。このようにみてくると，捜査手続上に憲法

の基本的人権の保障規定の趣旨を没却するような重大な違法がある場合には，たとえ公訴提起そのものが形式上適法になされ，かつ，法律にこれに対する直接の救済規定がなくとも，適正手続の保障を貫徹するため刑事訴訟手続内でその救済を図ることは決して裁判所としての職責を逸脱するものではないと言うべきである。してみると，前記（１）の見解は憲法の解釈上採ることができない。……次に，前記（２）の見解についてみるに，一般的に，罪を犯した者が他にも同様に罪を犯した者があり，かつ，その者が訴追を免れていることを理由として平等原則違反を言うことは，捜査機関等に物理的な不能を強いる結果となるし（いわゆる一罰百戒的な効果を期待するため，無作為に一部の者に対して捜査を集中することも捜査機関等の限られた能力の合理的な運用として許されよう。），別事件間においてその軽重等を比較することも決して容易なことではない（殊に捜査機関が異なる場合にはなおさらのことである。）ことに照らして，原則として許されないと解されるけれども，本件においては，同一事案内における対向関係にある者の間における意図された差別捜査が問題とされているのであって，右の一般論は直ちには妥当しないし，被告人自身が罪を犯した者であるということも，差別が問題になっている本件では必ずしも重要でないと言うべきである。……そこで当裁判所は，憲法一四条違反の差別捜査に基づいて，差別された一方だけに対して公訴提起した場合にも同法三一条の適正手続条項に違反するものであるから，差別の程度，犯罪の軽重等を総合的に考慮して，これを放置することが憲法の人権保障規定の趣旨に照らして容認し難く，他にこれを救済するための適切な方途がない場合には，憲法三一条の適正手続の保障を貫徹するため，刑訴法三三八条四号を準用ないし類推適用して公訴棄却の判決をするのが相当であると考える。……前記のとおり，平等原則違反は民主的社会の根幹に触れるものであり，しかも本件において有利に取り扱われたＳに対する容疑事実は，民主主義社会を運営するための基盤をなす選挙の公正を害することの著しい供与・饗応者としての行為であるのに対し，本件公訴提起にかかる被告人の行為は，同じく選挙の公正を害するもので必ずしも軽微であるとは言えないけれども，これに対応するＳの右容疑事実に比すれば，その違法性は軽度であると言うことができる。そうすると，町長という社会的身分のあるＳを被告人よりも有利に差別した本件捜査の違法性は極めて著しいものと言うべく，本件犯罪の重大さとの比較においても，捜査手続の違法性はより重大であるとみるべきである。そして，このような差別的取扱いを放置することは，憲法一四条，三一条の規定を空文化するものであって，憲法の精神に照らして容認し難く，しかも，これに対する救済方法として行政上，民事上の救済手段によるだけでは十分でないし，また，これが証拠の収集と直接結びつかない点における違法であるため，違法収集証拠を排斥するという手段に依ることもできない。被告人が罪を犯したのに，その刑責を免れてよいのかという素朴な疑問は，本件の場合，不合理な差別を禁止し，適正手続を保障した憲法の精神に道を譲って然るべきである。従って，右のような差別的取扱いから被告人を救済するには，本件公訴を棄却するのが相当である。

しかし，同判決の法理は，後に前述の最判昭和56・6・26により否定されることになった。

■ 訴因変更の要否および可否に関するもの

訴因変更の可否に関しては重要な下級審判決が出されている。**大阪高判昭和56・11・24判タ464-170**がそれである。次のように判示し，変更後の訴因では無罪となるような場合は訴因変更を単純に許可すべきではないとし，直ちに無罪の判決をした原判決を破棄した。

> 原則的には，当初の訴因について有罪の判断が得られるような場合であつても，検察官から訴因変更の請求があれば公訴事実の同一性を害しない限りこれを許可しなければならないが，……本件のように，変更後の訴因では無罪となるような場合には，これを単純に許可すべきではない。また許可後においても本件にあつては，検察官は，原審の論告において，削除したはずの一時停止義務違反を本件事故の原因たる過失として主張しているのであるから，原裁判所としては，よろしくその趣旨につき釈明を求めるべきであつた。……直ちに無罪の判決をしたのは，審理不尽の違法があり，その訴訟手続の法令違反は判決に影響を及ぼすことが明らかである。……原判決は全部破棄を免れない。

裁判所の考えている「当事者主義」の意味を理解する上でも重要な判決といえよう。

■ 伝聞法則に関するもの

ロッキード事件に関わって，刑訴法323条2号及び3号の定める書面の意義に関する決定がみられる。**東京地決昭和56・1・22判時992-3**がそれで，次のように判示し，領収書は2号書面にも3号書面にも該当しないが，外国送金受領証のうち少なくとも「会計用」および「保存用」のものは2号書面に該当するとした。

> 右各領収書（児玉領収書の意—引用者）が法三二三条三号所定の書面に該当するとは到底認められない。蓋し，領収書の如きは，たとえ本人の業務に関連して発行される場合であっても，業務の通常の過程で自己の業務施行の基礎として順序を追い継続的に作成されるものではなく，その交付を受ける相手方のために個々的にその都度作成されるものであるから，それが他の商業帳簿類たとえば入金伝票と同時に同一内容の複写として作成されるような特段の事情がある場合を除いては，法三二三条二号所定の業務課程文書に該当しないのはもとよりのこと，書面自体の性質上これらと同程度に類型的に信憑性の高い文書として，同条三号により証拠能力を認めるに理ないものだからである。……（ただし法三二一条一項三号に基づき非供述証拠として採用する。）……少なくとも「会計用」及び「保存用」は，商業帳簿類似の書面であって，法三二三条二号所定の

業務過程文書に該当するものと解するのが相当である。

この期においては、共謀共同正犯の事実認定に厳格化の傾向がみえはじめるが、その反面、証拠採否の局面では、共謀に関係する証拠を緩やかに認める傾向が看取される。**大阪高判昭和57・3・16判時1046-146**も、次のように判示し、共謀にかかる「襲撃メモ」を非供述証拠として採用した。

> およそ伝聞証拠か否かは、要証事実の如何により異なってくるものと解されるところ、右余事部分を除く本件メモ紙の表面の記載は、右の如く本件犯行についての事前の共謀にあたって、その計画の内容を具体化するため記載した書面であると認められ、その要証事実も、右の記載に相応する事前共謀の存在さらには原判決が右メモ紙は事前の計画書として証拠価値を有するとしたうえで、原審で取調べた各証拠によって認められる、他の外形的事実と本件メモの記載とを総合して、被告人が右メモ紙にＡとして与えられた役割を実行したものと認めていることに照らし、被告人の本件への関与の事実も含むものと解される。……そうすると、本件メモ紙の表面の右余事部分を除く記載部分は、右の要証事実との関連から、伝聞証拠（伝聞供述）というべきであると思料されるのであるが、およそ供述とは心理的過程を経た特定の事項に関する言語的表現であり、それには表意者の知覚、記憶の心理的過程を経た過去の体験的事実の場合と、右のような知覚、記憶の過程を伴わない、表現、叙述のみが問題となるところの、表意者の表現時における精神的状態に関する供述（計画意図、動機等）の場合とがあって、本件の事前共謀に関するメモは、その時点における本件犯行に関する計画という形で有していた一定の意図を具体化した精神的状態に関する供述と考えられる。……そして、右の精神的状態に関する供述については、その伝聞証拠としての正確性のテストとして、その性質上必ずしも反対尋問の方法による必要はなく、その表現、叙述に真し性が認められる限り、伝聞法則の適用例外として、その証拠能力を認めるのが相当であると解されるところ、原審で取調べた各証拠によって認められる本件メモ紙の押収時の状況、右メモ紙が組織活動の過程において作成されていること、その記載内容である計画そのものが現に実行されていること等から、その記載の真し性は十分これを認めることができる。……したがって、本件メモ紙の表面の記載のうち、右余事部分を除く記載部分は、前述の如く伝聞法則の適用を受けないものであり、また本件メモ紙の表面の右余事部分及び裏面の記載部分は、その記載内容の真実性を要証事実とするのではなく、そのような記載のあること自体を、本件犯行の計画者等において、右犯行に強い関心を有していたという点で要証事実とするに過ぎないものであるから、それは非供述証拠（非伝聞証拠）として、伝聞法則の適用がないものというべきである。

東京高判昭和57・9・7高刑集35-2-126も、騒擾罪の事案について、次のように判示し、当該「現場写真」は非供述証拠であるとした。

現場写真の証拠能力を検討するに，これらの写真は検証調書等の説明的供述部分を補完する趣旨の添付写真とは異なり，独立の証拠としてまさに，写真の映像自体が見る人に過去の犯行状況等の一場面を写実的に感得させる機能を営むものであり，被写体を印画紙に映像するまでの全過程の基本部分は，通常，精度の高い光学器械，感光材料，化学薬品などの自動的作用により行われるものであつて，その科学的正確性の点においては，証言などの供述証拠と対比し，質的に格段の相異があり，右のような写真の科学的特性にかんがみれば，現場写真は非供述証拠に属し，事件との関連性を認め得る限り証拠能力を具備するものであつて，必ずしも撮影者らに現場写真の作成過程ないし事件との関連性を証言させることを要するというものではないと解するのが相当である。たしかに，写真の撮影・現像・焼付・仕上げといつた作成過程にはそれぞれ人間の意識的・技術的な関与があり，芸術写真に限らず報道・記録等を目的とする実用写真の分野に属する現場写真についても，合成・トリック，修正などといつた写真技法を利用して現実の犯行状況等と異なる情景を印画紙に映像させることは可能であるし，その危険性が全くないというわけではない。したがつて，その種の作為が加えられた疑いのある写真については，現場の情景をありのままに映像するという現場写真の本質を損うものであるから，非供述証拠としての証拠能力はこれを否定すべきである。……これに対し，写真の色彩，濃淡，遠近感などの面における客観的現実との差異や，本件のように動的かつ広範な場面における撮影位置，角度，構図などの面における限定性及び連続性の欠如といつた現場写真の技術的限界の存在は，それが写真を見る人によつて異なつた印象・認識を生む可能性は否定できないとしても，それらのことは現場写真の要証事実との関係における証明力の問題に止まるものと解すべきである。

この法理は，後に**最決昭和59・12・21刑集38-12-3071**（364頁＝新宿騒乱事件）により追認されることになつた。

■ 補強証拠に関するもの

東京高判昭和56・6・29判時1020-136は，次のように判示し，覚せい剤の所持，譲渡，使用罪にいう「法定の除外事由がない」点については，自白のみで足りるとした。

この点の立証方法としてはこの種の証拠に限定されるものではなく，被告人の自白によって右事由の不存在を認定することもまた許されるものといわなければならない。被告人の司法警察員及び検察官に対する各供述調書によると，被告人は，覚せい剤を所持し，使用し，また譲り渡すことはいずれも法律で定められた場合以外は一律に禁止されていることについて認識があり，かつ，被告人としても自分のしていることが悪いことであることはわかっていた旨供述していることが認められ，原審公判廷における被告人の供述もこれと趣旨を異にするものとは解されない。これによれば，被告人は，自己が

覚せい剤取締法所定の医師,研究者等の各種資格のいずれをも有するものでないことはもちろん,同法所定の除外事由のいずれにも該当しないことを承認し,かつ,これを当然の前提として自己の各犯行について供述しているわけであって,同法が人に対し覚せい剤の乱用を厳しく規制する必要上,一般的禁止の形で不作為義務を課し,その除外事由を極めて限定的に列挙していることに徴すれば,一般には法定の除外事由の不存在について事実上の推定が強く働く場合であるから,この点の証拠としては,なお被告人の右程度の自白をもって足りるというべきである。そして,原判決はこのような被告人の供述調書ならびに公判廷における供述を証拠として挙示していることが判文に徴し明らかである。

■ 証拠能力に関するもの

声紋鑑定の証拠能力について判示したのが**東京高判昭和55・2・1判時960-8**である。同判決によれば,検査の実施者が必要な技術と経験を有する適格者であり,使用した器具の性能,作動も正確で,検査結果が信頼性あるものと認められるときは,その証明力の程度は別にして,その検査の経過および結果についての忠実な報告に証拠能力を認めることを妨げないとされた。

相手方の承諾を得ない,いわゆる秘密録音についても注目すべき判決が見られる。**松江地判昭和57・2・2判時1051-162**は,次のように判示し,その録音テープの証拠能力を認めた。

> 二本の録音テープであるが,Mテープは主としてA証言の弾劾のため,リビドーテープは専らA証言の弾劾のため,それぞれ証拠として提出されたのであって,犯罪事実認定の証拠とはなり得ないから,その意味での証拠能力は問題とならないけれども,右各テープの収集手続に重大な違法があれば,弾劾証拠としても許容されないと考えられるので,以下その証拠能力について判断する。本件各録音テープは,いずれも対話の一方当事者が相手方の同意のないまま対話を録音したものであるところ,かような手段による録音が明らかにされることによって,同意しなかった対話者の人格権がある程度侵害されるおそれが生ずることはいなめないが,いわゆる盗聴の場合とは異なり,対話者は相手方に対する関係では自己の供述を聞かれることを認めているのであって,その証拠としての許容性はこれを一律に否定すべきではなく,録音の目的,対象,方法等の諸事情を総合し,その手続に重大な違法があるか否かを考慮して決定するのが相当である。これを本件についてみるに,前記認定のとおりMテープは,一般人であるAが自己の判断で被告人との山中でのB子殺害に関する会話を録音したもの,リビドーテープは,前記Sが本件に関係があると思料されるテープをAが売り込んできたため,後日問題が生じた場合に備えて同人との喫茶店での会話を録音したものであり,いずれもその対

象は犯罪に関したいわば公共の利害にかかわる事実であるうえ，本件各録音テープの内容に照らしても，録音者においてことさら相手方をおとし入れたり，誘導等により虚偽の供述を引き出そうとするなどの不当な目的を持っていたとは認められず，これに加えて，録音の場所，方法についても社会通念上格別非難されるようなものとは言えないことをも勘案すれば，本件各録音テープの録音の過程にその証拠能力を否定しなければならないほどの違法な点は存しないというべきである。なおMテープについて付言すると，同テープは前認定のとおりAにより一部消去されており，いわゆる編集されたテープというべく，そのため前後の脈絡をかえられて会話内容が作出されたおそれもあるが，一部消去された事実をもって直ちに証拠能力を否定すべき重大な違法があるとはいいがたい。……そこで，さらに進んで，Mテープと前記認定の捜査協力費五万円との関係を考察する。一般的に，捜査機関が捜査協力費の提供を条件に犯罪に関する情報や証拠を入手することは好ましいことではないが，すべての人が捜査に協力的であるともいえないことは事実であるから，捜査機関が証拠の提供を受けた後，その提供者に捜査協力費を交付した場合，それによって得られた証拠の証拠能力については，捜査の段階，進展状況，捜査協力費の額，金員授受の状況及び経緯，証拠の種類等の諸事情を総合し，金員授受に捜査の公正を疑わせるに足るほど重大な違法があったかどうかによって決するのが相当と考える。ところで本件では，前認定の経過で右テープがAから任意提出され，その後五万円が右テープ提供に対する協力費として交付されたものであり，右五万円自体捜査協力費として社会通念上やや高額と思われるものの，前認定のとおり，Aにおいて執拗に高額の金員を要求したため松江警察署においてやむなくこれに応じたことは既に述べたところで，前記（8）で認定した当時の被告人に対する捜査状況，本件事案の特異性及び重大性，Mテープの証拠としての重要性並びにAの売り込みという特殊事情を考慮すれば，右金員交付は捜査遂行上やむを得ない措置として是認され，従ってMテープの入手過程に違法の点はなく，右テープの証拠能力に欠ける点はない。

■ 違法収集証拠の排除に関するもの

違法収集証拠の排除に関しては，この期も注目すべき下級審判決・決定がみられる。その一つは**東京高判昭和54・8・14刑月11-7=8-787**である。そこでも，**最判昭和53・9・7刑集32-6-1672**（300-301頁＝大阪覚せい剤事件）に則って，違法だが重大な違法ではないので，違法収集証拠として排除することは相当ではないという論法が採用されている。この論法に則って，違法な逮捕に続く勾留とこの勾留中に作成された被告人の供述調書について，同東京高判は，次のように判示した。

少なくとも同駐在所から飯山署に向かうべく被告人をいわゆる覆面パトカーに乗せてからの動向は，……その場所・方法・態様・時刻・同行後の状況等からして，逮捕と同一

視できる程度の強制力を加えられていたもので，実質的には逮捕行為に当たる違法なものといわざるをえない。しかし，……前記の諸般の事情，特に，買物袋窃取の犯人が乗つて逃走した自動車をその二，三時間後に被告人が運転しており，しかも警察官の停止合図を無視して逃走したこと，約一週間前に刑務所を出所したばかりで，しかも運転免許証をもたない被告人が数時間前に盗まれた自動車を運転していたことなどからすると，右実質逮捕の時点において緊急逮捕の理由と必要性はあつたと認めるのが相当であり，他方，右実質逮捕の約三時間後には逮捕令状による通常逮捕の手続が取られていること，右実質逮捕の時から四八時間以内に検察官への送致手続がとられており，勾留請求の時期についても違法の点は認められないことを合わせ考えると，右実質逮捕の違法性の程度はその後になされた勾留を違法ならしめるほど重大なものではないと考えられる。また他に右勾留を違法無効とするような事情は記録上何ら認められない。したがつて，逮捕の違法を理由として右勾留中に作成された被告人の供述調書（所論指摘の自白調書）を違法収集証拠であるとする所論は失当である。

もう一つは排除を申立てる適格に関する**東京地決昭和55・3・26判時968-28**である。次のように判示し，第三者の権利が侵害されたことを理由に被告人が異議を申し立てることは許されないとした。

> 法令により特に禁止された場合以外は，テレビニュースとして一般に放映されたものを，何人が受信し，録画しようとも，なんら違法視される筋合いのものではなく，捜査機関においてテレビニュース等を録画すること，それ自体が報道の自由や取材の自由を侵害するとは考えられないし，さらに，本件テレビニュースが著作権法上の著作物に該当するとしても，捜査機関が捜査の目的又は刑事裁判に使用する証拠を収集する目的等でそれを録画することは，同法四二条により許されているものと解されるから，……本件ビデオテープが違法に収集されたものであるとは言い難い。また，仮に違法収集証拠であるとしても，被告人らにはその排除を申し立てる適格がないと考えられる。なぜなら，……第三者の権利が侵害されたことを理由に異議を申し立てることは許されないと解されるからである。

同決定については，違法収集証拠の排除法則の論拠を矮小化するものと評さざるをえない。同法則を誕生せしめ，発展せしめたアメリカにおいては，その論拠として，違法捜査の防圧という「抑止効」と，裁判所が違法な捜査に加担しないという「司法の廉潔性」の二つが強調されているからである。これらを論拠とするならば，第三者の権利が侵害された場合であっても，被告人に異議を申し立てることを許すことに特段の問題はないはずだといえよう。

このような中にあって，違法収集証拠だとして証拠排除を認めた**東京地決昭和56・11・18判時1027-3**は特筆されるものがある。本件自白調書は起訴後の余罪取調

べ及び起訴後の被告人取調べとして許される限度を超えた違法な取調べに基づくもので，任意性に疑いがあるために，当該供述者である被告人に対してばかりでなく，共犯者である共同被告人らに対しても，刑訴法321条又は同328条の書面としての証拠能力がないとされたからである。

■ 事実認定に関するもの

　事実認定に関しても注目される高裁判決が出されている。被告人が本件の罪を犯したとの疑いは極めて強いが，さりとて，右の点について疑いをさし挾む余地のない程度の確信を生ぜしめるような認拠もない事案について，原審が有罪を認定したところ，控訴審の**広島高判昭和56・11・26判時1047-162**は，次のように判示し，原審は合理的な疑いの程度を超える証明がないのに右の事実を認定したものであって，事実を誤認し，右の誤認が判決に影響を及ぼすことが明らかであるので，破棄を免かれないとした。

　　所論は，「原判決は，被告人が昭和五一年九月二七日午後四時四五分ころから同日午後九時過ぎころまでの間に○○工業株式会社呉支店事務所から原判示の各場所を経て原判示の当時の被告人方に至るまでの間及びその周辺地域において，同会社のため業務上預り保管中の従業員の給料合計六九万二八一六円をほしいままに着服横領した旨の事実を判示した。しかし，着服横領したと認定するからには，横領の意思の発現である外部行為を具体的に，日時，場所を特定して判示しなければならないところ，原判決には着服の外部的行為が具体的に判示されておらず，着服行為のなされた日時，場所も具体的に特定されていないから，理由不備の違法がある。」というのである。……原判決が本件業務上横領の事実を判示するに当り，所論指摘のとおり犯行の時刻，場所について相当幅のある認定をしたうえ，着服横領に該ると判示していることは判文に照らし明らかであるが，本件記録によれば，本件は，被告人が原判示会社の作業主任として，夜勤従業員の給料合計六九万二八一六円を業務上預り保管中，右会社から被告人方に帰宅する間に紛失したとして，即日呉警察署に盗難被害の申告をし，以後，捜査段階及び原審公判を通じ一貫して自己の業務上横領の犯行を否認している特異な事案であるところ，原判決が着服横領したと判示した趣旨は，隠匿横領したとの趣旨に理解すべきであり，また，右にのべたような本件の特異性を考慮すると，着服ないし隠匿の横領行為の日時，場所，方法の判示が原判示の程度の概括的な認定になっても，これをもって刑事訴訟法三七八条四号にいう理由不備にあたるとはいえない（なお，所論の引用する大阪高等裁判所昭和二四年一二月一九日判決，高等裁判所刑事判決特報三号六九頁，東京高等裁判所昭和三三年七月八日判決，高等裁判所刑事裁判特報五巻八号三一七頁は本件と事案を異にし，本件に適切ではない。）から論旨は理由がない（なお，阿波弁護人のその余の控訴趣意，

第9代長官　服部高顕

藤堂弁護人ほか三名の控訴趣意中にも理由の不備，そごをいう部分があるが，右は結局，後記第三において判断を示すところの事実誤認の主張に帰着するものである。）。……叙上認定の事実から明らかなように，被告人のいう手持金についての弁解は不自然，不合理なものであって，通常人としてこれを理解するに著しく困難なものであるが，さりとて，被告人の弁解するようなことも全く有り得ないとまでいうことはできず，ほかに被告人が本件の罪を犯したことを窺わしめるかのような情況証拠もあるが，それらについてはあながち不合理であるとはいい難い弁解がなされていて，結局有力な情況証拠とはいえず，記録を検査しても右の認定を左右するに足りる証拠はない。以上の諸点を考慮すると，被告人が本件の罪を犯したとの疑いは極めて強いが，さりとて，右の点について疑いをさし挾む余地のない程度の確信を生ぜしめるような証拠もないというほかはないのである。従って，原判決は，被告人が本件の罪を犯したとの点について合理的な疑いの程度を超える証明がないのに右の事実を認定したものであって，事実を誤認し，右の誤認が判決に影響を及ぼすことが明らかであるので破棄を免れない。論旨は理由がある。……よって，刑事訴訟法三九七条一項，三八二条により，原判決を破棄し，訴訟記録及び原審において取り調べた証拠により直ちに判決をすることができるものと認められるから同法四〇〇条但書により，当裁判所において更に自ら次のとおり判決する。

ただ，本判決でも，弁護人の違法収集証拠排除の主張については，**最判昭和53・9・7刑集32-6-1672**（300-301頁＝大阪覚せい剤事件）に則って，主張が退けられている点を忘れてはならない。次のように判示し，任意に提出されたものを領置したものであるから，その押収手続に令状主義の精神を没却するような重大な違法があるとまではいえず，その証拠能力を否定すべきものではないとした。

所論は，「警察当局は，本件についての証拠を収集する目的のみで，別件のモーターボート競走法違反被疑事件について請求，発付された捜索差押許可状によって被告人方を捜索し，その際，右の許可状は被告人の所持品検査を許していないのに，強制的にこれを行い，被告人の着衣の下の普通預金通帳三冊，現金二一万円などの証拠物を押収した。本件公訴提起は，右の違法な捜査に基づくものであるから，公訴権を濫用したものとして公訴棄却されるべきである。また，右の違法な押収による証拠物は，右の押収手続に令状主義の精神を没却するような重大な違法があり，これを証拠として許容することが将来における違法な捜査の抑制の見地からして相当でないから，その証拠能力は否定されるべきで，右の証拠能力を認めた原判決には判決に影響を及ぼすことが明らかな訴訟手続の法令違反がある。」というのである。……よって，検討すると，《証拠略》によれば，次の事実が認められる。……昭和五一年八月末ころから〇〇工業の下請け〇〇工業の作業員Ｘらが中心となって〇〇工業の従業員など約五〇名を相手方として競艇レースののみ行為をしていたことが発覚し，Ｘらが逮捕，起訴されたが，被告人も右ののみ行為の

V　この期の刑事判例の特徴

相手方となっていたことが右捜査の過程で遅くとも同年九月五日ころまでに警察当局に判明していたが，本件の給料紛失事件が発生するまで被告人の取調べはなされていなかったこと，……被告人は，同年九月二七日に本件給料紛失事故を呉警察署に申告した後，被告人が右給料を横領したのではないかとの疑いをいだいていた同署警察官城戸司より，被害状況と併せて被告人の借金，預金等について取調べを受けていたが，同月三〇日ころ同警察官に対し二〇〇万円くらいの手持金があるから明日でも持参する旨供述したところ，同警察官に自分の目で直接確認したいから持参するには及ばないといわれて拒否されたこと，……呉警察署司法警察員警部岡谷昭は，同年一〇月一一日広島地方裁判所呉支部裁判官に対し，被告人を被疑者とする「昭和五〇年九月二三日施行の丸亀市競艇事業局主催の競艇第七レースの競走に関しＸがいわゆるのみ行為をして利益を図った際，その情を知りながら勝舟を予想指定して舟券代相当金額一〇〇円を一口とした金銭一，〇〇〇円を提供して申込み，もって勝舟投票類似行為の相手方となった。」との趣旨のモーターボート競走法違反の被疑事件について，捜索すべき場所を「呉市寺本町……〇〇アパートＹ方居室」，差押えるべき物を「本件を立証するメモ，ノート類，日記帳，通信文，預金通帳，スポーツ新聞」とする捜索差押許可状を請求し，同日同趣旨の許可状の発布を得たうえ，翌一二日同警察署員七名が右令状に基づいて被告人方に赴き捜索を行ったこと，……問題のモーターボート競走法違反被疑事件は，被告人に対する被疑事実の内容，被告人の関与の態様，程度，当時の捜査状況からみて，多数関係者のうち特に被告人方だけを捜索する必要性が果してあったものかどうか，記録を検討してみてもすこぶる疑問であるばかりでなく，後に認定するように，右捜索に際し，被告人が預金通帳三冊を所持しているのを発見したが，これが右被疑事件を立証する物とは認めなかった（したがって前記捜索差押調書の捜索差押の経過欄には，「室内を捜索したが，目的物を発見するに至らなかった。」旨記載されている。）のに，これをその場で被告人より提出させて領置していること，被告人は右被疑事件について逮捕，勾留されたが起訴されなかったことなどを併せ考えると，右被告人方の捜索は警察当局において，本件業務上横領事件の証拠を発見するため，ことさら被告人方を捜索する必要性に乏しい別件の軽微なモーターボート競走法違反事件を利用して，捜索差押令状を得て右捜索をしたもので，違法の疑いが強いといわざるを得ず，この点に関する原判決の判断には左袒することはできない。……次に所論指摘の本件証拠物（預金通帳三冊，印鑑一ケ，現金二一万円，以下預金通帳等という。）の押収の経緯について検討すると，この点に関する原審証人Ｗの供述と，被告人の原審公判廷における供述との間にくいちがいがみられるが，前記関係証拠を総合すると，右捜索に際し，被告人が背広，スボン姿で幼児を長時間抱えているのに不審を抱いた警察官渡辺一二が被告人に対し，持ち物の提示を求めたこと，その際同警察官は被告人の着衣，シャツの上から手で被告人の体に触れて所持品の有無を確かめたことはあったが，着衣，シャツの内側に無理に手を差入れるなど強制にわたる行為はなかったこと，被告人は同警察官から所持品を確認され，

349

渋々右預金通帳等を自ら提出し，領置されたことが認められ，右認定に反する被告人の原審公判廷における供述は措信することはできず，他に右認定を左右するに足りる証拠は存しない。右の事実に，捜索差押令状に基づく捜索の場に被疑者が居合わせた場合，差押えるべき物を被疑者が所持している疑いがある以上，限度を超えない限り被疑者の所持品検査を行うことができることを考慮すると，本件捜索が前記認定のとおり違法の疑いが強く，右預金通帳等の押収が右捜索の際に行われたものであることを考慮しても，右押収は，叙上認定のような経緯で任意に提出されたものを領置したものであるから，その押収手続に令状主義の精神を没却するような重大な違法があるとまではいえず，その証拠能力を否定すべきものではなく，もとより本件の公訴提起が公訴権を濫用したものとして公訴を棄却すべきものとはいえない。論旨は理由がない。

第10代
最高裁長官
寺田治郎

(1982年10月1日～1985年11月3日)

TERADA court
10

第10代長官　寺田治郎

I ■ 長官のプロフィール

　裁判官出身で東京高裁長官の経験者。父も裁判官で，寺田の幼少時代は父の転勤が多かったという。東京帝国大学法学部では，日本民法学の権威の我妻栄の門下にいた。「自分では理科系の方が性に合っている気がするが，半分は父の強要で裁判官になった」と話す。大日本帝国陸軍に召集され，法務大尉として終戦を迎えた。戦後は最高裁民事一課長，二課長，大阪地裁判事，最高裁総務局長，大津地裁所長，東京高裁判事，最高裁事務総長，名古屋高裁長官，東京高裁長官を経て，最高裁判事に就任した。
　最高裁判事就任時には，「いくら理屈が立派でも，結論が実態と懸け離れていてはダメ。裁判は人にある。」と話した。健康の秘訣は1日に自転車漕ぎ15キロ，青竹踏み1000回を行うことで，趣味の麻雀歴も半世紀以上とか。
　第三小法廷では，男女別定年制は民法90条の公序良俗に違反し無効であるとした1981年3月24日の日産自動車事件第三小法廷判決において，また，「市区町村長が漫然と弁護士会の照会に応じ，犯罪の種類，軽重を問わず，前科等のすべてを報告することは，公権力の違法な行使にあたると解するのが相当である。」として，京都市に対する損害賠償を認めた原判決を是認した1981年4月14日の前科照会事件第三小法廷判決において，裁判長を務めた。また，交通取締まり目的の自動車検問について，「相手の任意の協力を求める形で行われ，自動車利用者の自由を不当に制約しない方法で行われる限り」適法と判断した1980年9月22日の第三小法廷決定でも裁判長を務めた。
　しかし，大法廷では，服部長官とともに多数意見形成の役割を果たした。1981年12月16日の大阪空港夜間飛行禁止等請求事件上告審大法廷判決においても，1982年7月7日の堀木訴訟大法廷判決においても国よりの意見を述べた。
　そのこともあって，鈴木改造内閣の下で最高裁長官に就任した。長官就任時の記者会見では，「裁判は人にある。信頼できる裁判官でなければ，裁判に対する国民の信頼は得られない。できる限り後輩裁判官の育成につとめたい」と話した。
　寺田が長官として裁判長を務めた代表的な大法廷判決として，東京拘置所「よど号ハイジャック記事」抹消事件，ポルノ税関検査事件，福岡県淫行条例事件，サラリーマン税金訴訟などがある。（以上のプロフィールについては，野村二郎『最高裁全裁判官——人と判決』（三省堂，1986年）201頁以下，山本祐司『最高裁物語（下巻）』（日本評論社，1994年）263頁以下などを参照）

II ■ この期の最高裁の動き

　寺田コートでは，寺田・矢口という司法官僚コンビで，当時の司法界の大問題であった鬼頭事件やロッキード事件嘱託尋問問題の処理に当った。岡原長官が日弁連との間で引き起こした「弁護人抜き裁判特例法案」問題の後始末をしたのも，牧圭次事務総長が加わったこの司法官僚コンビであった。「弁護人抜き裁判特例法案」問題は，結局，弁護士会が法廷を乱した弁護士の懲罰規定を改定して解決を図った。これを契機に，寺田・矢口コンビは法曹三者の緊密さをことあるごとに強調するようになった。司法官僚の独壇場であった。

　寺田は，長官談話のなかで，最高裁の違憲審査について，「一般論だが，法律の合憲性に条件を付けたり，制限解釈することで，将来の立法に発展することもありうる」と明確に述べた。その言葉通り，小法廷に埋もれていた事件を積極的に掘り起こして大法廷に上げていくというのが寺田コートの特徴であった。大法廷が乗り出していく事件が一挙に7件に増えた。その意図は，いうまでもなく，「違憲」の疑いのある条項や法の運用を次々に取り上げて，「限定解釈」という独特な法解釈により，合憲という最高裁のお墨付きを与えて「一件落着」とするところにあった。たとえば，東京拘置所新聞黒塗り事件に関する1983年6月22日の大法廷判決，ポルノフィルム税関検査事件に関する1984年12月12日の大法廷判決，青少年条例淫行違反事件に関する1985年10月23日の大法廷判決などがそれであった。これには，事件を担当した弁護士から，「合理的どころか限定解釈そのものが違憲ではないか。」「限定解釈は新しい立法ではないか。立法の分野を侵しているようで何とも恐ろしい」などという痛烈な批判が最高裁に浴びせられた。

　保守派が最高裁の内部を完全に制圧して以来，最高裁をめぐる対立は根本から様変わりした。最高裁のリベラル派は崩壊したが，その空白に最高裁にとって「警戒すべき勢力」として登場してきたのが政府・与党自民党であった。政府が最高裁を軽視して有効な手を打たないうちに，衆議院議員の定数格差は1985年には4.4倍にまで跳ね上がっていたからである。そこで，寺田，矢口らは，1985年7月17日の大法廷判決の補足意見の中で，政府・与党自民党の最高裁軽視に対して「最後通告」を突き付けた。政府の受けた衝撃は大きく，その日の午前中に，中曽根首相は，「次の国会では早急に定数是正を実現するように政府としても最大限の努力をしてまいりたい。」という談話を発表した。司法官僚の自負がうかがわれる出来事であった。（野村二郎『最高裁全裁判官――人と判決』（三省堂，1986年）240頁以下，山本祐司『最高裁物語（下巻）』（日本評

第10代長官　寺田治郎

論社，1994年）263頁以下などを参照）

III ■ この期の裁判所関係の動き

1982年10月 1日		寺田治朗，最高裁長官に就任。
11月27日		鈴木内閣が総辞職。（中曽根康弘を第71代首相に指名）
1983年 1月 1日		寺田長官，「新年のことば」で，「時代は激しく動いているため，事件処理に難渋することなく，社会の変化に対応しなければならない」等と述べる（裁時849号1頁）。
3月14日		臨時行政調査会の最終答申。
4月 6日		最高裁裁判官会議，35期修習生5名の任官拒否。
4月27日		最高裁大法廷，参議院議員定数格差に参議院の特殊性によると合憲判決。
5月31日		任官拒否の35期修習生4名，最高裁に行政不服審査法による異議申立て。
6月 9日		寺田最高裁長官，長官所長会同で，「我が国は，戦後の経済復興と繁栄の時代から新たな時代への転機を迎えつつある」等と訓示（裁時860号1頁）。
7月25日		東京高裁，都議会定数格差は違法と判決。
9月 1日		大韓航空機撃墜事件が発生。
12月 2日		国家行政組織法の改正法を公布。（部局設置と権限事務を政令事項に）
12月 2日		総務庁設置法を公布。
12月20日		行政事務簡素合理化及び整理に関する法律を公布。
1984年 1月		最高裁，法曹三者協議会に「裁判所の適正配置」を提起。
1月23日		青法協裁判官部会（J・J会），青法協から分離独立。
1月26日		最高裁第一小法廷，大東水害訴訟で河川管理につき国の裁量を認める。
2月 9日		最高裁の裁判統計データベースシステムが運用開始。
3月19日		岡山県議会，全国初の拡声器等騒音規制条例を可決。
5月25日		国籍法・戸籍法の改正法を公布。（父母両系主義と国籍選択制度を採用）
8月 8日		臨時教育審議会設置法を公布。
8月10日		日本たばこ産業株式会社法を公布。（専売公社の民営化）
8月14日		風俗営業法の改正法を公布。（規制権限と規制対象の拡大）

	11月11日	米軍住宅建設反対の住民グループ候補が逗子市長に当選。
	12月13日	少年事件担当裁判官協議会，少年事件処理の指針を最高裁事務総長に提示。
	12月12日	最高裁大法廷，ポルノフィルムの税関検閲は事前規制に当らずと判示。
1985年	3月13日	ゴルバチョフがソ連書記長に。
	3月22日	厚生省，国内エイズ患者発生を確認と発表。
	3月27日	最高裁大法廷，サラリーマン税金訴訟で所得税法の課税規定は給与所得者差別に当らず合憲として上告棄却の判決。
	4月 6日	裁判官弾劾裁判所，鬼頭元判事補の法曹資格回復の評決。
	6月 1日	男女雇用機会均等法を公布。
	7月17日	最高裁大法廷，衆議院議員の定数格差は違憲との判決。
	8月12日	日航ジャンボ機墜落事故が発生。
	8月15日	中曽根首相と閣僚全員，靖国神社公式参拝を初実施。
	8月24日	元青法協裁判官部会（J・J会），名称を「きさらぎ会」と変更。
	9月 5日	毎日新聞大阪版，1976年・1977年の裁判官協議会で最高裁が環境権否定の見解を提示した旨を報道。
	9月18日	閣議，中期防衛力整備計画を決定。（GNP比1.038％で防衛費1％枠を突破）
	10月23日	最高裁大法廷，福岡県青少年保護育成条例は不明確ではなく合憲と判示。

Ⅳ ■ この期の刑事法関係の動き

　刑事法関係では，以下のような動きがみられる。無罪率の低下は続いており，1985年には0.14％となった。死刑確定事件について再審無罪判決が出される他方で，ロッキード事件の有罪判決が出揃う。

1982年12月12日		戸塚ヨットスクールで訓練中の中学生が死亡。（15日，愛知県警が同校を捜索）
1983年 2月12日		横浜市内で浮浪者を襲った中学生ら10人を逮捕。
	3月12日	徳島地裁，徳島ラジオ商殺し事件につき初めての死後再審開始の決定。（確定）
	5月19日	東京地裁，ピース缶爆弾事件で自白の信用性が乏しいと無罪判決。
	7月15日	熊本地裁，初の死刑再審の免田事件につき無罪判決。（確定）

第10代長官　寺田治郎

	10月12日	東京地裁，ロッキード事件丸紅ルートの判決公判で田中元首相に懲役4年，追徴金5億円の実刑判決。他4名についても有罪判決。（被告人は控訴）。
1984年	3月12日	高松地裁，財田川事件につき再審無罪判決。
	3月18日	江崎グリコ社長誘拐事件が発生。
	6月14日	横浜地裁，外国人指紋押捺制度は立法政策に委ねられるとし，押捺拒否につき有罪判決。
	7月11日	仙台地裁，松山事件につき再審無罪判決。
	9月12日	森永製菓に脅迫状。（25日，報道機関に「かい人21面相」の挑戦状。グリコ事件と同一犯と断定）
	10月5日	最高検，庁内に極秘の再審無罪事件検討委員会を設置し，免田事件，財田川事件，松山事件を検証。（後に「再審無罪事件検討結果報告」をまとめる）
	10月7日	「かい人21面相」から森永製品に青酸混入予告の脅迫状。（京阪神で毒入り表示の毒入り菓子10個を発見）
1985年	3月23日	川崎市，外国人指紋押捺拒否者の不告発を決定。
	6月6日	自民党，国家機密法案を国会に提出。（12月20日，廃案に）
	6月18日	豊田商事会長，自室玄関前にマスコミ取材班が集まる中，マンション内で刺殺される（豊田商事会長刺殺事件）。
	7月9日	徳島地裁，徳島ラジオ商殺し事件につき再審無罪判決。
	9月11日	アメリカのロサンゼルスで起った邦人銃殺・傷害事件（ロス事件）で容疑者を逮捕。

V ■ この期の刑事判例の特徴

1　大法廷判決・決定

この期も格別の大法廷判決・決定はみられない。主な舞台は小法廷である。

2　小法廷判決・決定

■ 捜査に関するもの

　宿泊を伴う取調べに関しては，重要な小法廷決定が出されている。**最決昭和59・2・29刑集38-3-479**（高輪グリーンマンション事件）がそれである。法廷意見は，**最決昭和51・3・16刑集30-2-187**（242-243頁，296頁，334頁）に則って，次のように判示し，任意捜査として許容される限界を超えた違法なものであったとまでは断じ難いというべきであるとした。

356

V　この期の刑事判例の特徴

任意捜査の一環としての被疑者に対する取調べは、……事案の性質、被疑者に対する容疑の程度、被疑者の態度等諸般の事情を勘案して、社会通念上相当と認められる方法ないし態様及び限度において、許容されるものと解すべきである。……被告人に対する右のような取調べは、宿泊の点など任意捜査の方法として必ずしも妥当とはいい難いところがあるものの、被告人が任意に応じていたものと認められるばかりでなく、事案の性質上、速やかに被告人から詳細な事情及び弁解を聴取する必要があつたものと認められるなどの本件における具体的状況を総合すると、結局、社会通念上やむをえなかつたものというべく、任意捜査として許容される限界を超えた違法なものであつたとまでは断じ難いというべきである。……したがつて、右任意取調べの過程で作成された被告人の答申書、司法警察員に対する供述調書中の自白については、記録上他に特段の任意性を疑う事情も認め難いのであるから、その任意性を肯定し、証拠能力があるものとした第一審判決を是認した原判断は、結論において相当である。

もっとも、このような法廷意見に対しては、2名の裁判官による次のような反対意見もみられた。

（木下忠良裁判官、大橋進裁判官の意見）このような取調方法は、いかに被告人に対する容疑が重大で、容疑の程度も強く、捜査官としては速やかに被告人から詳細な事情及び弁解を聴取し、事案の真相に迫る必要性があつたとしても、また、これが被告人を実質的に逮捕し身柄を拘束した状態においてなされたものとまでは直ちにいい難いとしても、任意捜査としてその手段・方法が著しく不当で、許容限度を超える違法なものというべきであり、この間の被告人の供述については、その任意性に当然に影響があるものとみるべきである。……さらに、われわれは、被告人に対する本件のような取調方法も任意捜査として違法とまではいえないことになると、捜査官が、事案の性質等により、そのような取調方法も一般的に許容されるものと解し、常態化させることを深く危惧するものであり、このような捜査方法を抑止する見地からも、本件任意捜査段階における被告人の供述は、違法な取調べに基づく、任意性に疑いがあるものとして、その証拠能力を否定すべきであり、これが憲法三一条等の精神にそうゆえんのものであると考えるものである。

上記の小法廷決定が3対2の僅差で出されており、かつ、少数意見が、本件のような取調べ方法が常態化されることに対して深い危惧を表明している点が注目される。

職務質問にも動きが見られる。**最決昭和59・2・13刑集38-3-295**は、次のように判示し、警察官が犯人検挙の面割りのため、集団を停止させた行為を適法とした。

犯人が路上の集団の中にまぎれ込んだ場合において、警察官が、その集団の中から犯人を探索してこれを検挙するため、その集団全体の移動を停止させるときは、これによつ

357

て犯罪にかかわりのない多数の第三者の自由をも制約することとなるのであるから、かかる停止が警察官の職務執行として軽々に許されるべきものでないことはいうまでもない。しかし、本件の場合、前記経緯のとおり、外国大使館に抗議に押しかけた集団の一員が同所の警備に従事中の警察官である後藤巡査に対し暴行を加えてその職務の執行を妨害するとともに加療約一〇日間を要する傷害を与えるという犯罪が発生したのであつて、その犯罪の内容は決して軽微といえないこと、犯行後犯人は右抗議集団の中にまぎれ込んだため直ちにこれを検挙することができなかつたが、犯罪が発生してから間がなく、右集団の動き等からみて犯人がいまだ右集団の中にいる蓋然性が高いと認められ、かつ、被害者の後藤巡査が犯行を現認して犯人の人相特徴を明確に記憶していたのであるから、同巡査において右集団の者を見分すれば、その集団の中から犯人を発見して検挙できる可能性がきわめて高い状況にあつたと認められること、集団が移動するままの状態において同巡査が犯人を発見することは、集団の規模、状況等に照らして困難な状態であり、しかも、右集団は抗議行動を終えて漸次四散する直前の状況にあつたから、犯人検挙の目的を実現するためには、直ちに右集団の移動を停止させてその四散を防止する緊急の必要があり、そのためには、前記のごとき停止の方法をとる以外に有効適切な方法がなかつたと認められること、右のとおり停止を求めた際に、警察官の身体や楯が集団の先頭部分にいた者の身体に接触する程度のことがあつたが、それ以上の実力行使はなされておらず、あらかじめ停止を求める発言があつたことなどと併せると、右行為は集団の者に対し停止を求めるための説得の手段の域にとどまるものと認めることができないわけではなく、また、停止させられた時間もせいぜい六、七分の短時間にすぎなかつたのであるから、本件警察官の措置によつて右集団の者が受けた不利益の内容程度もさして大きいものといえないこと、岡安巡査部長が被告人に対し停止を求めて肩に手をかけた行為も、前記集団に対する停止措置の一環としてとられたものであつて、その有形力行使の程度も説得の手段の域にとどまることなどの事情が認められるのであつて、これらの事情を総合勘案すると、本件の具体的状況のもとにおいては、岡安巡査部長が他の機動隊の警察官とともに行つた本件路上集団に対する前記の停止措置は、被告人に対する行為を含め、犯人検挙のための捜査活動として許容される限度を超えた行為とまではいうことができず、適法な職務執行にあたると認めるのが相当である。したがつて、原判決が岡安巡査部長の職務執行の適法性を肯定して公務執行妨害罪の成立を認めたのは、その結論において正当である。

上記の二つの決定は同一の合議体によるものであるが、職務質問については比較的寛容な姿勢がみてとれる。

■ 訴因変更の要否および可否に関するもの

訴因変更の要否に関しても、小法廷決定がみられる。**最判昭和58・9・6刑集37-7-**

930(日大闘争事件)もその一つである。同判決は，訴因変更を命ずる義務があるにもかかわらず，これをしなかったことについて第一審の訴訟手続には審理を尽くさなかつた違法があると認めた原判決には，訴因変更命令義務に関する法律の解釈適用を誤った違法があるとし，次のように判示した。

> 思うに，まず，被告人Sを除くその余の被告人らに対する関係では，前記のような審理の経過にかんがみ，乙事実の現場共謀に基づく犯行の訴因につき事前共謀に基づく犯行を認定するには訴因変更の手続が必要であるとした原判断は相当である。そこで，進んで，第一審裁判所には検察官に対し訴因変更を命ずる等の原判示の義務があつたか否かの点につき検討すると，第一審において右被告人らが無罪とされた乙事実又はその一部が警察官一名に対する傷害致死を含む重大な罪にかかるものであり，また，同事実に関する現場共謀の訴因を事前共謀の訴因に変更することにより右被告人らに対し右無罪とされた事実について共謀共同正犯としての罪責を問いうる余地のあることは原判示のとおりであるにしても，記録に現われた前示の経緯，とくに，本件においては，検察官は，約八年半に及ぶ第一審の審理の全過程を通じ一貫して乙事実はいわゆる現場共謀に基づく犯行であつて事前共謀に基づく甲事実の犯行とは別個のものであるとの主張をしていたのみならず，審理の最終段階における裁判長の求釈明に対しても従前の主張を変更する意思はない旨明確かつ断定的な釈明をしていたこと，第一審における右被告人らの防禦活動は右検察官の主張を前提としてなされたことなどのほか，本件においては，乙事実の犯行の現場にいたことの証拠がない者に対しては，甲事実における主謀者と目される者を含め，いずれも乙事実につき公訴を提起されておらず，右被告人らに対してのみ乙事実全部につき共謀共同正犯としての罪責を問うときは右被告人らと他の者との間で著しい処分上の不均衡が生ずることが明らかであること，本件事案の性質・内容及び右被告人らの本件犯行への関与の程度など記録上明らかな諸般の事情に照らして考察すると，第一審裁判所としては，検察官に対し前記のような求釈明によって事実上訴因変更を促したことによりその訴訟法上の義務を尽くしたものというべきであり，さらに進んで，検察官に対し，訴因変更を命じ又はこれを積極的に促すなどの措置に出るまでの義務を有するものではないと解するのが相当である。……そうすると，これと異なり，第一審裁判所に右のような訴因変更を命じ又はこれを積極的に促す義務があることを前提として第一審の訴訟手続には審理を尽くさなかつた違法があると認めた原判決には，訴因変更命令義務に関する法律の解釈適用を誤つた違法があるというべきであり，右違法は判決に影響を及ぼし，原判決を破棄しなければ著しく正義に反するものと認める。

本件は，検察官が約8年半に及ぶ第一審の審理の全過程を通じ一貫して，乙事実はいわゆる現場共謀に基づく犯行であって，事前共謀に基づく甲事実の犯行とは別個のものであるとの主張をしていたこと，そして，審理の最終段階における裁判長の求釈

明に対しても従前の主張を変更する意思はない旨明確かつ断定的な釈明をしていたことなどが結論に大きく与った事案といえる。

最決昭和59・1・27刑集38-1-136も訴因変更の要否および可否に関するもので、次のように判示した。

> 選挙運動者たる乙に対し、甲が公職選挙法二二一条一項一号所定の目的をもつて金銭等を交付したと認められるときは、たとえ、甲乙間で右金銭等を第三者に供与することの共謀があり乙が右共謀の趣旨に従いこれを第三者に供与した疑いがあつたとしても、検察官は、立証の難易等諸般の事情を考慮して、甲を交付罪のみで起訴することが許されるのであつて、このような場合、裁判所としては、訴因の制約のもとにおいて、甲についての交付罪の成否を判断すれば足り、訴因として掲げられていない乙との共謀による供与罪の成否につき審理したり、検察官に対し、右供与罪の訴因の追加・変更を促したりする義務はないというべきである。従つて、これと同旨の見解のもとに、被告人に対し交付罪の成立を認めた原判断は、正当である。

結論自体は誰しも異論のないところといえるが、それが検察官の訴追裁量を尊重するという観点から導かれている点が注目される。

なお、この期においては、訴因変更までは要求されないとしても、検察官の釈明等により争点として顕在化する措置をとるべきであるとした**最判昭和58・12・13刑集37-10-1581**（よど号ハイジャック事件）が出されている。次のように判示し、原審の訴訟手続は違法だとした。

> 三月一二日夜喫茶店「S」及びホテル「A」において被告人がX、Yらと顔を合わせた際に、これらの者の間で本件ハイジャックに関する謀議が行われたという事実は、第一審の検察官も最終的には主張せず、第一審判決によつても認定されていないのであり、右一二日の謀議が存在したか否かについては、前述のとおり、原審においても検察官が特段の主張・立証を行わず、その結果として被告人・弁護人も何らの防禦活動を行つていないのである。したがつて、前述のような基本的認識に立つ原審が、第一審判決の認めた一三日夜の第一次協議の存在に疑問をもち、右協議が現実には一二日夜に行われたとの事実を認定しようとするのであれば、少なくとも、一二日夜の謀議の存否の点を控訴審における争点として顕在化させたうえで十分の審理を遂げる必要があると解されるのであつて、このような措置をとることなく、一三日夜の第一次協議に関する被告人のアリバイの成立を認めながら、率然として、右第一次協議の日を一二日夜であると認めてこれに対する被告人の関与を肯定した原審の訴訟手続は、本件事案の性質、審理の経過等にかんがみると、被告人に対し不意打ちを与え、その防禦権を不当に侵害するものであつて違法であるといわなければならない。

V　この期の刑事判例の特徴

■ 迅速裁判に関するもの

　この期においても,「異常な事態」にまでは至っていないとして,迅速裁判違反の主張を退けた小法廷判決がみられる。**最判昭和58・5・27刑集37-4-474**がそれで,次のように判示した。

> 具体的事件における審理の遅延が憲法の迅速裁判の保障条項に反する事態に至っているか否かは,遅延の期間のみによって一律に判断されるべきでなく,遅延の原因と理由などを勘案して,その遅延がやむをえないものと認められないかどうか,これにより右の保障条項がまもろうとしている諸利益がどの程度実際に害せられているかなど諸般の情況を総合的に判断して決せられなければならないことは,すでに当裁判所の判例(昭和四五年(あ)第一七〇〇号同四七年一二月二〇日大法廷判決・刑集二六巻一〇号六三一頁)の示すところである。このような見地にたって本件をみると,まず,記録によれば,本件の公判審理がかくも長期に及んだ主たる原因は,捜査段階における被告人側の積極的な罪証隠滅行為や被告人及び甲の供述の大幅な変遷(なお,被告人らの右各供述の変遷が,捜査官の不当な取調べに起因するものであるとは認められない。)等によって,事案の真相の解明に困難を生じた点にあると認められるのであって,第一審裁判所の審理にやや円滑を欠いたきらいのある点を別とすれば,検察官の訴訟活動及び裁判所の審理の方法にとくに問題とされるべき点があったとはいえず,右審理の遅延は,ある程度やむをえないものであったといわざるをえない。次に,本件については,すでに,被告人の弁解の聴取及び関係証人の取調べ等の点を含め,詳細な実体審理が遂げられており,これを第一審に差し戻すこととしても,そのために今後審理が格段に長期化するとか,被告人が防禦上著しい不利益を受けるおそれがあるとまでは認め難いというべきである。さらに,原審が慎重な事実調べののち改めて事件を第一審に差し戻すこととした措置には前記のような批判の余地がありうるとしても,第一審判決後本件殺人の共同正犯者として起訴された甲が,原審公判廷において,被告人と共同して本件殺人の実行行為を行った旨従前の供述を大幅に変更する新たな供述をするに至ったなどの事態にかんがみると,原審の右措置は,第一審に係属中の同人の事件との併合審理によって本件事案の真相の解明と事実認定の統一を図ろうとしたものとして,合理性がないとはいえない。……以上のほか,記録に現われた諸般の事情を総合して考察すると,原判決によって憲法三七条一項の迅速裁判の保障条項に反する異常な事態を生じていると認められないことは,前記大法廷判例の趣旨に徴して明らかであるというべきであり,所論は理由がないことに帰着する。

■ 伝聞法則に関するもの

　この期においては,すでに公判期日において証人として尋問された者に対し,捜査機関が同一事項につき再度の取調べを行い,供述調書を作成した後,右証人が公判準

第10代長官　寺田治郎

備若しくは公判期日においてあらためて尋問を受け，右供述調書の内容と相反するか実質的に異なった供述をした場合，右供述調書が刑訴法321条1項2号にいう「前の供述」の要件を欠くことになるかについて，小法廷の判断が示されている。**最決昭和58・6・30刑集37-5-592**がそれで，次のように判示した。

> 記録によれば，昭和五六年一一月四日の原審第三回公判期日において本件詐欺の被害事実につきＴの証人尋問が行われたのち，昭和五七年一月九日検察官が同人を右事実につき取り調べて供述調書を作成し，同年六月一日の第八回公判期日及び同年七月一三日の第九回公判期日において再び同人を右事実につき証人として尋問したところ，右検察官に対する供述調書の記載と異なる供述をしたため，検察官が刑訴法三二一条一項二号の書面として右調書の取調を請求し，原審はこれを採用して取り調べた事実が認められる。このように，すでに公判期日において証人として尋問された者に対し，捜査機関が，その作成する供述調書をのちの公判期日に提出することを予定して，同一事項につき取調を行うことは，現行刑訴法の趣旨とする公判中心主義の見地から好ましいことではなく，できるだけ避けるべきではあるが，右証人が，供述調書の作成されたのち，公判準備若しくは公判期日においてあらためて尋問を受け，供述調書の内容と相反するか実質的に異なつた供述をした以上，同人が右供述調書の作成される以前に同一事項について証言をしたことがあるからといつて，右供述調書が刑訴法三二一条一項二号にいう「前の供述」の要件を欠くことになるものではないと解するのが相当である（ただし，その作成の経過にかんがみ，同号所定のいわゆる特信情況について慎重な吟味が要請されることは，いうまでもない。）。したがつて，Ｔの検察官に対する供述調書は，同号にいう「前の供述」の要件を欠くものではない。

すでに公判期日において証人として尋問された者に対し，捜査機関が，その作成する供述調書をのちの公判期日に提出することを予定して，同一事項につき取調べを行うことは，現行刑訴法の趣旨とする公判中心主義の見地から好ましいことではなく，できるだけ避けるべきではあるとしつつも，この取調べで得られた供述調書を刑訴法321条1項2号により証拠とすることができるとした点に，本決定の特徴が存する。

■ 証拠能力に関するもの

証拠能力についても，いくつかの重要な小法廷判決・決定が出されている。**最判昭和58・7・12刑集37-6-791**もその一つで，勾留質問に対する被疑者の陳述を録取した調書の証拠能力，そして，勾留中の被疑者に対してなされた消防法32条1項による質問調査に対する被疑者の供述を録取した調書の証拠能力について，次のように各判示した。

V この期の刑事判例の特徴

　勾留質問は，捜査官とは別個独立の機関である裁判官によつて行われ，しかも，右手続は，勾留の理由及び必要の有無の審査に慎重を期する目的で，被疑者に対し被疑事件を告げこれに対する自由な弁解の機会を与え，もつて被疑者の権利保護に資するものであるから，違法な別件逮捕中における自白を資料として本件について逮捕状が発付され，これによる逮捕中に本件についての勾留請求が行われるなど，勾留請求に先き立つ捜査手続に違法のある場合でも，被疑者に対する勾留質問を違法とすべき理由はなく，他に特段の事情のない限り，右質問に対する被疑者の陳述を録取した調書の証拠能力を否定すべきものではない。……また，消防法三二条一項による質問調査は，捜査官とは別個独立の機関である消防署長等によつて行われ，しかも消防に関する資料収集という犯罪捜査とは異なる目的で行われるものであるから，違法な別件逮捕中における自白を資料として本件について勾留状が発付され，これによる勾留中に被疑者に対し右質問調査が行われた場合でも，その質問を違法とすべき理由はなく，消防職員が捜査機関による捜査の違法を知つてこれに協力するなど特段の事情のない限り，右質問に対する被疑者の供述を録取した調書の証拠能力を否定すべきものではない。……したがつて，原判決認定の事情のもとで作成された裁判官の勾留質問調書及び消防職員の質問調書の証拠能力を肯定した原判決の判断は相当である。

　問題は証拠能力を認める論拠で，前者については，「勾留質問は，捜査官とは別個独立の機関である裁判官によつて行われ，しかも，右手続は，勾留の理由及び必要の有無の審査に慎重を期する目的で，被疑者に対し被疑事件を告げこれに対する自由な弁解の機会を与え，もつて被疑者の権利保護に資するものである」という点が挙げられている。そして，そこから，「違法な別件逮捕中における自白を資料として本件について逮捕状が発付され，これによる逮捕中に本件についての勾留請求が行われるなど，勾留請求に先き立つ捜査手続に違法のある場合でも，被疑者に対する勾留質問を違法とすべき理由はな」いとされている。また，後者についても，「消防法三二条一項による質問調査は，捜査官とは別個独立の機関である消防署長等によつて行われ，しかも消防に関する資料収集という犯罪捜査とは異なる目的で行われるものである」という点が挙げられている。そして，そこから，「違法な別件逮捕中における自白を資料として本件について勾留状が発付され，これによる勾留中に被疑者に対し右質問調査が行われた場合でも，その質問を違法とすべき理由はな」いとされている。しかし，本判示は，勾留請求の却下率等に鑑みて，あまりにも実態とかけ離れた議論だといわざるを得ない。

　この期の小法廷決定では，「犯行の状況等を撮影したいわゆる現場写真は，非供述証拠に属し，当該写真自体又はその他の証拠により事件との関連性を認めうる限り証拠能力を具備するものであつて，これを証拠として採用するためには，必ずしも撮影

者らに現場写真の作成過程ないし事件との関連性を証言させることを要するものではない。」と判示した**最決昭和59・12・21刑集38-12-3071**（新宿騒乱事件）も注目される。学説では供述証拠説も存するが，判例は非供述証拠説によることを宣明したものである。写真の問題は，間違いのない対象を正確に撮影しているかどうかであるが，これは関連性の問題にほかならず，そうであれば，必ずしも撮影者らを証人として喚問する必要はなく，その他の方法で右の関連性を確認できればよいということから，非供述証拠説が採用されたものといえよう。

■ 証拠調べに関するもの

証拠調べに関するものとしては，**最決昭和58・12・19刑集37-10-1753**がみられる。訴訟法的事実についてはいわゆる自由な証明で足りるとし，次のように判示した。

> なお，原審が刑訴法三二三条三号に該当する書面として取り調べた水海道電報電話局長作成にかかる取手警察署宛昭和五七年五月一一日付回答書は，弁護人申請にかかる送付嘱託の対象物（守谷局○○番の加入電話へ架電された電話についての逆探知資料）は存在しないという事実を立証趣旨とするものであつて，原審が右逆探知資料の送付嘱託を行うことの当否又は右逆探知に関する証人申請の採否等を判断するための資料にすぎないところ，右のような訴訟法的事実については，いわゆる自由な証明で足りるから，右回答書が刑訴法三二三条三号の書面に該当すると否とにかかわらず，これを取り調べた原審の措置に違法はないというべきである。また記録を調べても，第一審判決の事実認定を肯認した原判決に誤りがあるとは認められない。

■ 事実認定に関するもの

事実認定に関しても注目すべき小法廷判決が幾つか出されている。一つは**最判昭和58・2・24判時1070-5**で，原判決が被告人の未必的認識を認定し，有罪を言い渡したことについて，証拠の評価を誤り，判決に影響を及ぼすべき重大な事実誤認を犯したものといわざるをえず，原判決を破棄しなければ著しく正義に反すると認められるとし，次のように判示した。

> 原判決が右に指摘する諸事実のうち，まず（イ）（ロ）の事実は，それ自体としては直ちに被告人の未必的認識を推認させるようなものとは考えられない。次に，（ニ）（ホ）（ヘ）（ト）の事実についてみると，このように被告人が当初本件物品をAから預ったことを秘匿したり，また，被告人が右物品を預った際それが賍品であることを知っていたのではないかと疑われることに対する強い警戒心を有していたことをうかがわせる供述態度を示していることは，これらについての被告人の弁解内容と相俟って，被告人の

意識にやましさがあったこと，ひいては本件物品の贓物性について少なくとも未必的認識があったことを推認させるひとつの徴憑となりえないものではなく，(ハ)(チ)(リ)の事実も，被告人は，本件物品を担保とするAの金銭借用依頼の理由の説明を必ずしもそのまま信用してはいなかったのではないか，少なくともこれらの点についてあまり関心がなかったのではないか，また，Aが借用金を返還して本件物品を取り戻しに来ることなどはあまりあてにしてはいなかったのではないか等の疑いを生ぜしめるものであり，ひいては同じく被告人の贓物性の未必的認識の肯定につながる可能性をもつ徴憑であることを全く否定することはできない。しかしながら，以上の各事実は，いずれもそれだけでは，あるいは被告人に右未必的認識があったかもしれないとの推測を生ぜしめる程度の証明力しかもつものではなく，他に被告人とAとの従来の関係，Aの人物や素行についての被告人の認識，本件物品の性状及びその対価の額，この種の物の売買や収受に関する被告人の従前の行動等の点においてさらに右の推認を強める特段の事情が認められない限り，右の事実だけでは未だもって被告人に本件物品の贓物性について未必的認識があったとの推断を下さしめるには足りないといわねばならない。……しかるに，本件において，盗品をめぐるAと被告人との交渉に関するAの供述の信用性が否定され，本件物品を被告人が所持するに至った経緯についてもAの供述が排斥されて被告人の弁解が採用される以上（この点に関する原判断は，記録に照らして相当と認められる。），盗品をめぐる両者の交渉としては本件物品の授受が最初で唯一のものであったとせざるをえず，かつ，右のようにAの前記供述部分の信用性が否定され，ひいてそれ以外の被告人に関係のある供述部分についても，全体としてその信用性が失われる結果，これを証拠として，Aが盗みなどの非行をしたり，あるいはこれをしかねない少年であることを被告人が知っていたか，又は容易に知りうる状況であったことを認めることができず，他にこれを認めさせるような証拠は存在しないのである。また，本件物品はいずれも，この種の物としては特に高価な品というわけではなく，通常の家庭の主婦が持っていても格別不審に思われるようなものではないし，合計時価約六万四〇〇〇円相当の物を預って二万円を貸与したことについても，対価が贓物性の未必的認識を推測させるほど低いものであるともいえない。さらに被告人が従来利得目的で貴金属類の売買等を反復して行っていたとの事実を示すような証拠も見あたらず，要するに右に挙げたような特段の事情の存在については，その証明がないのである。なお，原判決は，前記（イ）ないし（リ）の諸事実のほかに被告人方とA方の双方の家庭事情など証拠により認められる諸般の事情をも総合して被告人の未必的認識を認定しているが，そこにいう双方の家庭事情や諸般の事情が何を指すのか必ずしも明らかでないのみならず，記録を検討しても，これまで述べた点以上にかかる未必的認識を推認せしめる根拠となるような事実を見出すことはできない。……以上の点に加え，被告人が二三年間にわたり自衛官として勤務してきた前科のない者であることなどを考慮すると，本件において，被告人に本件物品が盗品であることについての未必的認識があったものと認定するに足

第10代長官　寺田治郎

りる十分な証拠があるとは，とうていいうことができない。……そうすると，原判決が，前示のような理由のみをもって右認識の存在を認め，被告人に有罪を言い渡したことは，証拠の評価を誤り，判決に影響を及ぼすべき重大な事実誤認を犯したものといわざるをえず，原判決を破棄しなければ著しく正義に反すると認められる。

　法律審である最高裁が下級審の事実認定を重大な事実誤認だとしている点が注目される。下級審の事実認定に何らかの変化が現われはじめたということであろうか。
　もう一つの小法廷判決は，**最判昭和58・12・13刑集37-10-1581**（よど号ハイジャック事件）である。第一審と異なり，「一三日夜喫茶店「〇〇」において第一次協議が行われたとされる時間帯における被告人のアリバイの成立を認めながら，同夜の協議は現実には一二日夜に同喫茶店において行われたもので，被告人もこれに加わつており，さらに，一三日昼，一四日にも被告人を含めた顔ぶれで右協議が続行されているとして，被告人に対し本件ハイジャックの共謀共同正犯の成立を肯定した」原審の訴訟手続は，「本件事案の性質，審理の経過等にかんがみると，被告人に対し不意打ちを与え，その防禦権を不当に侵害するものであつて違法であるといわなければならない」としつつも，「原判示第一次協議の存否及びこれに対する被告人の出席の有無にかかわりなく，ほぼ検察官の主張及び一，二審判決認定の事実の範囲内で，結局，被告人の謀議への関与を肯定することができるから，原判決を破棄しなければ著しく正義に反するとまでは認められない」とし，次のように判示した。

　原審は，第一審と異なり，一三日夜喫茶店「S」において第一次協議が行われたとされる時間帯における被告人のアリバイの成立を認めながら，同夜の協議は現実には一二日夜に同喫茶店において行われたもので，被告人もこれに加わつており，さらに，一三日昼，一四日にも被告人を含めた顔ぶれで右協議が続行されているとして，被告人に対し本件ハイジャックの共謀共同正犯の成立を肯定したのである。……しかし，三月一二日夜喫茶店「S」及びホテル「A」において被告人がX，Yらと顔を合わせた際に，これらの者の間で本件ハイジャックに関する謀議が行われたという事実は，第一審の検察官も最終的には主張せず，第一審判決によつても認定されていないのであり，右一二日の謀議が存在したか否かについては，前述のとおり，原審においても検察官が特段の主張・立証を行わず，その結果として被告人・弁護人も何らの防禦活動を行つていないのである。したがつて，前述のような基本的認識に立つ原審が，第一審判決の認めた一三日夜の第一次協議の存在に疑問をもち，右協議が現実には一二日夜に行われたとの事実を認定しようとするのであれば，少なくとも，一二日夜の謀議の存否の点を控訴審における争点として顕在化させたうえで十分の審理を遂げる必要があると解されるのであつて，このような措置をとることなく，一三日夜の第一次協議に関する被告人のアリバイの成立を認めながら，率然として，右第一次協議の日を一二日夜であると認めてこれに対す

V この期の刑事判例の特徴

る被告人の関与を肯定した原審の訴訟手続は、本件事案の性質、審理の経過等にかんがみると、被告人に対し不意打ちを与え、その防禦権を不当に侵害するものであつて違法であるといわなければならない。……しかしながら、さらに検討すると、記録によれば、赤軍派内部においては、昭和四五年一月以降、海外における国際根拠地の設定の手段としてのハイジヤツク計画（いわゆるフエニツクス作戦）並びにこれを実現するうえで必要な武器調達作戦（いわゆるアンタツチヤブル作戦）及び資金獲得作戦（いわゆるマフィア作戦）が存在し、被告人は、国外派遣要員の母体たる「長征軍」の隊長として、武器調達及び資金獲得の両作戦の遂行上重要な役割を果たしていたこと、同年三月九日ころには、XからYに対し、調査委員会で収集した資料等に基づき、旅客機をハイジヤツクして北朝鮮に行く予定であること及び右ハイジヤツク実行の具体的方法等について詳しい説明を行つていることなどの点は、第一審判決が詳細に認定しているとおりであると認められるところ、右事実を前提として三月一二日以降一五日に至る被告人らの行動（とくに、三月一二日夜被告人らとともにホテル「A」に投宿した上Hが、XないしYに命ぜられて、翌一三日千歳空港へ機内及び空港周辺の状況等の調査に赴き、一四日に帰京してXらにその結果を報告していること、同月一三日午前中、Yに命ぜられた被告人が、実父に対し、国外脱出用の資金三〇万円を無心する手紙を書いていること、同日、Xに依頼された被告人が、Xによる国外派遣要員の面接の直後、その合格者に対しXから指示された注意事項を伝達していること、翌一四日、被告人の示唆によりXの面接を受けたZに対し、Yは、被告人の同室する喫茶店「S」内においてその海外渡航の意思を確認したが、その際、「玄海灘の藻屑と消えるかもしれない。」旨ハイジヤツクを暗示するかのような発言をしたこと、同日夜には、被告人はXとともにK方に投宿していることなどの行動。なお、これらの事実は、一、二審判決がほぼ共通して認定しており、証拠上も明らかであると認められる。）、及び被告人らが逮捕されたのち本件ハイジヤツク実行に至るまでのY、Jらの動き（とくに、被告人らが逮捕された三月一五日夜、Y、J及びTらがいち早く協議を遂げて、「既定方針どおり、ハイジヤツクを敢行して北朝鮮へ行く。」旨の意思を統一し、翌一六日以降、右の基本方針に従つて本件ハイジヤツクの具体的準備を進め、同月三一日その実行に至つたこと、三月一三日に行われたXの面接に合格し被告人による注意事項の伝達を受けた者は、すべて「長征軍」の隊員であり、その全員が右ハイジヤツクの実行に加わつていること。なお、この点に関する第一審判決の認定も、証拠上十分是認することができる。）、さらには、Yらによつて現に実行された本件ハイジヤツクの方法が、XとYとの間で三月九日に話し合われたそれと基本的に同一であり、また、被告人が調達した武器（日本刀）が現に右犯行の用に供せられていること等記録上明らかな諸般の事実を総合すれば、同月一二日に上京してきた被告人においても、逮捕前日の同月一四日までの間に、すでに本件ハイジヤツクの実行に関する具体的な謀議を遂げていたX、Yらのいずれかから、ハイジヤツク計画の具体的方法等について聞かされてこれに賛同し、その実現に向けて自己の役割を遂行していた

367

ことを推認するに十分であつて、原判示第一次協議の存否及びこれに対する被告人の出席の有無にかかわりなく、ほぼ検察官の主張及び一、二審判決認定の事実の範囲内で、結局、被告人の謀議への関与を肯定することができるから、原判決を破棄しなければ著しく正義に反するとまでは認められない。

第一次共謀の存在及び被告人の出席については事実誤認の可能性を認めたもので、ここでも下級審の事実認定に黄色信号が灯されている。法律審たる最高裁が下級審段階ではみられなかった独自の事実認定を行い、有罪判決を導き出している点も注目される。

■ 判決に関するもの

判決中の罪となるべき事実の摘示に関しても小法廷決定がみられる。**最決昭和58・5・6刑集37-4-375**がそれである。殺人未遂罪の構成要件に該当すべき具体的事実の摘示について、被告人がどのようにして被害者の身体を右屋上から道路に落下させたのか、その手段・方法については単に「有形力を行使して」とするのみで、それ以上具体的に摘示していない場合であっても、右構成要件に該当するかどうかを判定するに足りる程度に具体的に明白にしているものというべきだとし、次のように判示した。

> 弁護人梶川俊吉の上告趣意のうち、判例違反をいう点は、第一審判決は、罪となるべき事実中の被告人の本件行為として、被告人が、未必の殺意をもつて、「被害者の身体を、有形力を行使して、被告人方屋上の高さ約〇・八メートルの転落防護壁の手摺り越しに約七・三メートル下方のコンクリート舗装の被告人方北側路上に落下させて、路面に激突させた」旨判示し、被告人がどのようにして被害者の身体を右屋上から道路に落下させたのか、その手段・方法については、単に「有形力を行使して」とするのみで、それ以上具体的に摘示していないことは、所論のとおりであるが、前記程度の判示であつても、被告人の犯罪行為としては具体的に特定しており、第一審判決の罪となるべき事実の判示は、被告人の本件犯行について、殺人未遂罪の構成要件に該当すべき具体的事実を、右構成要件に該当するかどうかを判定するに足りる程度に具体的に明白にしているものというべきであり、これと同旨の原判断は相当であるから、所論は前提を欠き、その余は、事実誤認、単なる法令違反の主張であつて、いずれも刑訴法四〇五条の上告理由にあたらない。

本小法廷決定においては、判決を下す裁判官の側の事情から専ら問題が論じられており、判決を下された被告人の不服申立権をいかに実質的に保障するか、あるいは第三者による事後検証性をいかに確保するかといった視点は感じられない。

■ 上訴に関するもの

この期においては，控訴審における事実の取調べの可能な範囲に関しても小法廷決定が出されている。**最決昭和59・9・20刑集38-9-2810** がそれで，次のように判示した。

> 同項（刑訴法393条1項―引用者）本文は，第一審判決以前に存在した事実に関する限り，第一審で取調ないし取調請求されていない新たな証拠につき，右「やむを得ない事由」の疎明がないなど同項但書の要件を欠く場合であつても，控訴裁判所が第一審判決の当否を判断するにつき必要と認めるときは裁量によつてその取調をすることができる旨定めていると解すべきであるから（最高裁昭和二六年（あ）第九二号同二七年一月一七日第一小法廷決定・刑集六巻一号一〇頁，同昭和四二年（あ）第一二七号同年八月三一日第二小法廷決定・裁判集刑事一六四号七七頁参照），原審が前記前科調書等を取り調べたからといつて，所論のようにこれを違法ということはできない。

周知のように，上の取調べ可能な範囲については，学説では，①法の定める383条，393条1項但書，同条2項の場合を除き，原判決以前の事実であっても，原裁判所の取調べた証拠に限るという制限説，②自由に新証拠の取調べをし得るとする無制限説，③被告人に有利な方向でのみ自由に新証拠の取調べをし得るとする片面的構成説，等が存したが，実務では無制限説による運用が重みられてきた。本小法廷決定はこれを支持することを宣明したものである。制限説は現実的ではなく，また，検察官上訴を認めた以上，片面的構成説は採用し得ないということであろうか。ただし，この無制限説の実態は検察官にとって有利な，逆片面的構成説に近いことに注意する必要があろう。

3　下級審判決・決定

■ 捜査に関するもの

おとり捜査の適法性に関して真正面から判示した高裁判決が出ている。**東京高判昭和57・10・15判時1095-155** もその一つで，次のように判示した。

> 今回の場合もAの譲り受けの申込みは，覚せい剤所持の犯意のなかった者にその犯意を誘発せしめたというものではなくかねてからよい客があれば覚せい剤を売ろうとして所持の犯意を有していた者に，その現実化及び対外的行動化の機会を与えたに過ぎないというべきである。……また前記認定のような捜査方法の当否については，覚せい剤の弊害が大きく，その密売ルートの検挙の必要性が高いのに，検挙は通常「物」が存在しないと困難である実情にも鑑みると，立川署の捜査員が取調べ中のAの自発的申し出に基づき，Aの供述の裏づけをとる一方で，Aとつながる密売ルートの相手方の検挙の端緒を得ようとしたことは当該状況下においては捜査上必要な措置であったと認めら

第10代長官　寺田治郎

れ，これが公訴提起手続を無効にするほど，適正手続等の条項に違反した，違法ないしは著しく不当な捜査方法であったとは認められない。

　本判決によれば，本件おとり捜査は，覚せい剤所持の犯意のなかった者にその犯意を誘発せしめたというものではなく，かねてからよい客があれば覚せい剤を売ろうとして所持の犯意を有していた者にその現実化及び対外的行動化の機会を与えたに過ぎない点をもって適法とする論拠とされている。

　これに対し，東京高判昭和60・10・18刑月17-10-927は，ややニュアンスを異にしている。本件おとり捜査をもって同じく適法だとしたものの，その論拠について，次のように判示したからである。

　　まず，おとり捜査の点について考えるに，関係証拠によれば，本件の検挙にあたつておとり捜査が行われた疑いはあるが，覚せい剤等の薬物事犯は，その授受が関係者の間で極秘になされるのが通例であり，直接の被害者もいないことが多いため，通常の方法による捜査では証拠の取得，保全及び犯人の検挙が著しく困難であり，かつ，覚せい剤等が社会に甚大な害悪を及ぼすものであることを考慮すると，この種の事犯の捜査においては捜査官あるいはその協力者が覚せい剤等の取引に関与していると目ぼしを付けた者に近づき，覚せい剤等の入手を申込み，それに応じて取引が行われるときその関係者を逮捕するいわゆるおとり捜査の方法を利用することも一定の限度で容認されるものというべきであり，本件において，捜査官は本件取引に先立ち被告人が覚せい剤を所持し，その取引にも関与しているとの情報をあらかじめ入手していたものであること，被告人はＹ某からの覚せい剤入手の求めに応じてこの話をかねてから覚せい剤を扱つていると聞いていた原審相被告人Ｎにもちかけ，同人がこれを更にいわゆるネタ元に通した結果本件取引が行われるにいたつたものであるが，被告人らの本件覚せい剤取引に関する行動はその正常かつ自由な意思決定に基づいて行われたものであること，その他本件取引の経過並びに被告人らが逮捕されるに至つた経緯など関係証拠により認められる諸般の事情を総合して判断すると，右Ｙ某が捜査官の協力者である疑いが残り，本件において前記のとおりおとり捜査が行われた疑いはあるものの，そのおとり捜査が容認されるべき限度を越えたものとは考えられない。したがつて，……右限度を越えたことを前提とする訴訟手続の法令違反をいう所論は採用できず，……本件捜査が重大な違法を含むものであるとは認められないから，右捜査によつて得られた証拠は違法収集証拠として排除すべきものではなく，これによつて本件事実を認定した原判決に所論の指摘する事実の誤認があるとは認められず，……他人の誘惑により犯意を生じ，またはこれを強化された者が犯罪を実行した場合に，誘惑者が捜査機関あるいはその協力者であるとしても，その一事をもつて犯罪実行者の違法性または責任を阻却するものではない（最高裁判所昭和二八年三月五日第一小法廷決定・刑集七巻三号四八二頁，同昭和二九年九月二四日

第二小法廷決定・裁判集刑事九八号七三九頁参照）から，本件においておとり捜査が行われた疑いがあるからといつて被告人の本件所為の違法性，責任が阻却されるものではなく，本件事実について被告人を有罪とした原判決に所論の指摘する事実の誤認があるとは認められない。次に，被告人の加功の程度について考えるに，関係証拠によれば，本件において被告人は覚せい剤の買主になろうとしたのではないが，買主となるY某らと本件譲受けの犯意を通じ合つたうえ，買主側の立場において売主（いわゆるネタ元）側の立場にあるNとの間で本件取引の日時，場所，目的物，価格，決済方法等を取り決め，右Yらと共に取引の場に赴き，取引の成立のために重要，不可欠な役割を積極的に分担したことが認められる。したがつて，……被告人の本件所為は覚せい剤の譲渡と譲受けとの周旋あるいは譲受けの幇助に止まるものではなくて，譲受けの共同正犯というべきであるから，本件について被告人がYらと共謀のうえ営利の目的で覚せい剤を譲り受けようとしたが未遂に終つた事実を認定した原判決に所論の事実誤認があるとは認められない。……結局，各論旨はいずれも理由がない。

　本判決によれば，このように，本件おとり捜査を適法とする論拠の一つとして，「他人の誘惑により犯意を生じ，またはこれを強化された者が犯罪を実行した場合に，誘惑者が捜査機関あるいはその協力者であるとしても，その一事をもつて犯罪実行者の違法性または責任を阻却するものではない（最高裁判所昭和二八年三月五日第一小法廷決定・刑集七巻三号四八二頁，同昭和二九年九月二四日第二小法廷決定・裁判集刑事九八号七三九頁参照）から，本件においておとり捜査が行われた疑いがあるからといつて被告人の本件所為の違法性，責任が阻却されるものではなく，本件事実について被告人を有罪とした原判決に所論の指摘する事実の誤認があるとは認められない。」という点が掲げられている。いわゆる犯意誘発型のおとり捜査についても，適法として許容される余地を残している点が注目される。

　ただし，その後，町田コートになって，**最決平成16・7・12刑集58-5-333**（639頁）がおとり捜査を許容する要件の一つに「機会があれば犯罪を行う意思があると疑われる者」を対象に行うことという点を挙げたことは改めて詳述するまでもなかろう。

　東京高判昭和58・10・20高刑集36-3-285も，おとり捜査に関するものといってもよいかもしれない。被疑者の足跡を採取し，これを有罪証拠とするために，靴底裏面に切傷をつけたズック靴を靴店の協力を得て被疑者に販売し，後にこれを回収したというものである。ただ，この場合は，任意処分に関する一般の適法性基準を適用して，右捜査方法は任意捜査として許容される限度にとどまるとし，次のように判示した。

　　所論は，警察官がひそかに切傷をつけた靴を靴店で被疑者に販売してその行動を監視する捜査方法は，国民の行動の自由を害し，任意捜査としては許容されないと主張する。

第10代長官　寺田治郎

しかし，足跡によつて人の行動を観察して証拠とすることが可能であるとしても，それは，実際問題として，犯罪現場に残された足跡を事後的に収集する以外は，単に観念上可能であると認められるだけであるから，事後的な観察を可能とするため特殊な足跡を残すような工作を靴に施したからといつて，人の居宅に立入るなど通常許されない方法でその行動を直接観察する場合と同視するのは相当でない。また，そのような工作による捜査が，直ちに人に対し強制処分に準じるような身体的又は精神的な負担を課し，行動の自由を奪うものとも認められない。したがつて，捜査の目的を達するため相当と認められる限り，足跡を採取するため靴に一定の工作を施すことも，任意捜査として許されると解される。本件についてみると，前記のとおり，多数の窃盗事件の被疑者と目すべき事情があり，その捜査が困難で他にこれにかわる有効適切な捜査方法が見当らず，しかもその態様が靴底裏面に切傷をつけたズツク靴を靴店の協力を得て被告人に販売し後に回収したというだけであるから，右の捜査方法は任意捜査として許容される限度にとどまるものであるということができる。そうすると，所論指摘の各証拠の証拠能力を否定すべきいわれはないから，所論は採用できない。論旨は，理由がない。

■ 令状に関するもの

令状の事前呈示に関しても，緊急の場合，捜索・差押の実効を確保するために必要な処置をとることができると解されるので，処分を受ける者らの行動など，状況によっては，捜索場所に立入る前や立入った直後に令状を呈示することができなくてもやむを得ない場合があり，令状を呈示し，立会人の立会を求める以前でも証拠の隠滅を防止する等のため必要な処置をとっても直ちに違法となるものではないとした**東京高判昭和58・3・29刑月15-3-247**が出されている。次のように判示した。

> 所論は，原判決が本件令状によつて着衣の捜索も許され被告人は令状の呈示を受ける権利を放棄したもので令状の呈示はなされたものとみなし警察官の行為を適法であると判断したのは，法令の適用を誤つていると主張する。刑訴法は，司法警察職員が捜索差押令状に基づき捜索差押をする際に，その処分を受ける者に令状を示し，住居主等を立ち会わせなければならないと規定している（二二二条一項，第一一〇条，一一四条二項）。その立法趣旨は手続の公正を保持し執行を受ける者の利益を尊重するためであるから，捜索差押の開始前に令状を呈示し立会を求めるのが原則であることはいうまでもない。しかし，司法警察職員は右令状の効果として捜索場所に立ち入ることができるものであり，令状を呈示するにしろ立会を求めるにしろ相手方にそれなりの受忍的協力的態度に出ることを期待しているものであり，また司法警察職員は捜索差押の開始前といえども証拠隠滅等の行為が行われるのを黙視しなければならない道理はなく，緊急の場合捜索差押の実効を確保するために必要な処置をとることができると解されるので，処分を受ける者らの行動など状況によつては，捜索場所に立入る前や立入つた直後に令状を呈示

することができなくてもやむを得ない場合があり、令状を呈示し立会人の立会を求める以前でも証拠の隠滅を防止する等のため必要な処置をとっても直ちに違法となるものではないと解するのが相当である。……そこで、本件についてみると、本件の罪質及び被告人が覚せい剤取締法違反を含む多数の前科を有する経歴等に照らすと、千葉巡査が身分を隠して戸を開けさせて玄関の中へ入り、被告人に本件令状を示すいとまもなく被告人が二階へ駆け上つたのをみて、同巡査ら警察官が被告人らに罪証隠滅のおそれがあると判断したのは相当であつて、これを防止するために被告人方に立入りその行動を監視する緊急の必要性があつたと認められ、しかも被告人が屋外に逃走するまでに本件令状を呈示できる状況になかつたことは前記のとおりであるが、被告人の応待いかんによっては二階などにおいても捜索差押に来た旨を説明するなど被告人に令状を呈示し説得して立会に応じさせるようにすることも可能であつたのであるから、千葉巡査ら警察官の行為に違法と目すべき点はない。従つて、その後被告人が屋外に逃走したからといつて、茂田巡査らが引き続き屋内にとどまることが直ちに違法となるいわれはないのみならず、本件の場合は二階に氏名や被告人との間柄など一切の事情が判明しなかつた女性がいたので罪証隠滅の防止や事情聴取のために同巡査らが同所にとどまる必要性もあつたのであるから、茂田巡査らの行為に何ら違法な点はない。なお屋外に逃走した被告人を追つた警察官の行為についても、被告人が和服を着用して屋外に逃走したので罪証隠滅を防止し捜索差押に立会うことを説得する必要性もあつたから違法であるとは認められないのであるが、この点は茂田巡査の職務行為の適法性に関する判断に何ら影響を及ぼすものではない。所論が原判決の法令適用を誤りであると主張するところは、いずれも茂田巡査に対する本件公務執行妨害罪の成否を左右するものではない。……そうすると、茂田巡査の職務行為の適法性を肯認した原判決は結局正当であつて、論旨はすべて理由がない。

本判決によれば、令状呈示前の捜索場所への立ち入りのみならず、屋外に逃走した被告人を追った警察官の行為についても、「被告人が和服を着用して屋外に逃走したので罪証隠滅を防止し捜索・差押に立会うことを説得する必要性もあつたから違法であるとは認められない」とされており、併せて注目される。令状の事後呈示を許容しつつ、捜索・差押えに立ち会うことを説得するための有形力の行使も認めるというのは論理的に整合するのであろうか。

■ 訴訟条件の具備に関するもの

訴訟条件の具備に関しても、東京地判昭和58・9・30判時1091-159は、次のように判示した。

当初から検察官が告訴がないにもかかわらず敢えてあるいはそれを見過ごして親告罪の

第10代長官　寺田治郎

訴因で起訴したのとは全く異なり、本件のように、訴訟の進展に伴い訴因変更手続等によって親告罪として審判すべき事態に至ったときは、その時点で初めて告訴が必要となったにすぎないのであるから、現行法下の訴因制度のもとでは、右時点において有効な告訴があれば訴訟条件の具備につきなんら問題はなく実体裁判をすることができると解する。

■ 証拠開示に関するもの

　この期においては、その後の判例の動きを先取りするような証拠開示に関する地裁決定が出されている。裁判所は、証拠調べの段階に入った後、弁護人から、具体的必要性を示して、一定の証拠を弁護人に閲覧させるよう検察官に命ぜられたい旨の申出がなされた場合、事案の性質、審理の状況、閲覧を求める証拠の種類および内容、閲覧の時期、程度および方法、その他諸般の事情を勘案し、その閲覧が被告人の防禦のため特に重要であり、かつ、これにより罪証隠滅、証人威迫等の弊害を招来するおそれがなく、相当と認めるときは、その訴訟指揮権に基づき、検察官に対し、その所持する証拠を弁護人に閲覧させるよう命ずることができるものと解すべきことは、**最決昭和44・4・25刑集23-4-248**（195-196頁）が判示しているとおりであるとし、証拠開示を命じた**浦和地決昭和58・5・4判時1101-139**がそれである。次のように判示した。

> 検察官は、弁護人に対し、Kが、本件犯行並びにそれに先立って敢行した米軍グラントハイツ強盗予備事件及び七軒町派出所強盗予備事件について、司法警察職員及び検察官に対してなした供述を録取した書面並びに右各事件について同人が作成して司法警察職員及び検察官に提出した上申書、図面など総ての書面（ただし、Kに対する強盗殺人等被告事件の確定記録中に編綴されているものを除く。）を閲覧させなければならない。……裁判所は、証拠調の段階に入った後、弁護人から、具体的必要性を示して、一定の証拠を弁護人に閲覧させるよう検察官に命ぜられたい旨の申出がなされた場合、事案の性質、審理の状況、閲覧を求める証拠の種類及び内容、閲覧の時期、程度及び方法、その他諸般の事情を勘案し、その閲覧が被告人の防禦のため特に重要であり、かつこれにより罪証隠滅、証人威迫等の弊害を招来するおそれがなく、相当と認めるときは、その訴訟指揮権に基づき、検察官に対し、その所持する証拠を弁護人に閲覧させるよう命ずることができるものと解すべきことは、最高裁判所昭和四三年（れ）第六八号、同四四年四月二五日第二小法廷決定（刑集第二三巻第四号二四八頁）が判示しているとおりである。……そこで、右の基準に則って、弁護人が検察官に対して開示を求めている書面のうち、Kが、本件犯行並びにそれに先立って敢行した米軍グラントハイツ強盗予備事件及び七軒町派出所強盗予備事件について、司法警察職員及び検察官に対してなした供述を録取した書面並びに右各事件について同人が作成して司法警察職員及び検察官に

374

提出した上申書，図面などの書面の閲覧が被告人の防禦のために特に重要といえるか否かについてまず検討する。……本件公訴事実の要旨は，被告人がK，M，Sと共謀の上，埼玉県和光市所在の陸上自衛隊朝霞駐とん地内に侵入し，包丁等の凶器を用いて警衛勤務中の陸上自衛官の反抗を抑圧し，同駐とん地内の弾薬庫等から銃器，弾薬を強取しようと企て，右M及びSが実行行為者となり，同駐とん地内において，勤務中の陸上自衛官一名からその所携のライフル銃を強取すべく右自衛官を柳刃包丁で突き刺す等の暴行を加え，よって同自衛官を同所付近において死亡するに至らしめたというものであるが，検察官の冒頭陳述によれば，被告人と本件強盗致死等の犯罪を結びつけるものは，被告人とKの間で行われた謀議に過ぎないから，Kの証言が被告人の有罪無罪を決するうえで最も重要な証拠であることは明らかである。ところで，証人Kに対する検察側の主尋問は，昭和五八年三月二二日の第九回公判期日において総て終了したが，右主尋問において，同人は，被告人と知り合った経緯から本件犯行に関する被告人との謀議の態様及その内容の謀議に基づく本件犯行並びにそれに先立って敢行された米軍グラントハイツ強盗予備事件及び七軒町派出所強盗予備事件について，検察官の冒頭陳述に符節の合った詳細かつ具体的な証言をしているところ，同人と被告人との間の本件犯行についての謀議と同人の前記証言との間に一一年以上の歳月が経過していることを考慮すると，Kの前記証言に対して適切に反対尋問をさせ，その証言の信憑性を確かめるためには，本件犯行の約三か月後に逮捕されたKが，未だ新鮮な記憶を保持していたと認められる右の時点において，捜査官に対してどのような供述をしていたのか，その後その供述に変化は生じていないのか，変化が生じているとすればその内容及びその変化の原因は奈辺にあるのか，捜査段階における同人の供述と前記証言の内容は一致しているのかなどの諸点について，弁護人をして事前に検討させる必要があると認められるのであって，前記のようにKの証言が本件における最も重要な証拠であることを併せて考えると，同人に対する主尋問終了後反対尋問開始前に前記書面を弁護人に閲覧させることは，被告人の防禦のために特に重要であるといわなければならない。

主尋問終了後反対尋問開始前に当該書面を弁護人に閲覧させることは，被告人の防禦のために特に重要であるといわなければならないとされている点が注目される。

■ **違法収集証拠の排除に関するもの**

この期においても，違法収集証拠の排除に関する下級審判決がみられる。本件覚せい剤粉末は違法な捜索の過程中に発見，収集された証拠物であるとの評価は免れないとしつつも，右覚せい剤粉末及びこれに関連して作成された本件証拠書類の証拠能力については，これを否定することは相当でないとした**札幌高判昭和58・12・26判時1111-143**がそれである。次のように判示した。

第10代長官　寺田治郎

　刑事訴訟法二二〇条一項二号は、司法警察職員が被疑者を逮捕する場合において必要があるときは、逮捕の現場で捜索、差押をすることができる旨定めているが、その捜索、差押は、逮捕の原因たる被疑事実に関する証拠物の発見、収集、及びその場の状況からみて逮捕者の身体に危険を及ぼす可能性のある凶器等の発見、保全等に必要な範囲で行われなければならず、この範囲を超え、余罪の証拠の発見、収集などのために行うことが許されないことは他言を要しないところであるから、前述のとおり、警察官らが右覚せい剤粉末を発見した後、被告人を覚せい剤所持の現行犯として逮捕し、かつ、右被疑事件に関する証拠物として覚せい剤粉末を差押えたとしても、それは違法な捜索の過程中に発見、収集された証拠物であるとの評価を受けることは免れないといわなければならない。……そこで、更に進んで、右覚せい剤粉末及びこれに関連して作成された所論の証拠書類の証拠能力について考えてみると、右覚せい剤粉末に関する捜索は、違法のものではあるが、まったくの無権限で開始されたものではなく、形式的には前記暴行被疑事実による逮捕に伴う強制処分として適法に開始されたものであること、また、差押を受けた覚せい剤粉末に限定していうならば、右は被告人が直前まで寝ていた布団の枕元の木箱の中にあったものであるから、警察官らにおいて右暴行被疑事実により被告人を逮捕する際、これに伴う必要最小限の強制処分として被告人の身体にごく近接する範囲内を一通り捜索しただけで容易に発見することができたものであることなどを考えると、右覚せい剤粉末及びこれに関連して作成された証拠書類の証拠能力を否定することは相当でないというべきである。

　最判昭和53・9・7刑集32-6-1672（300-301頁＝大阪覚せい剤事件）の示した考え方が下級審においても定着していっていることを示すものといえよう。
　これに対し、タクシー襲撃事件についての逮捕・勾留中にその身柄拘束を利用し、あたかも本件殺人の事実について司法審査を受け逮捕状・勾留状の発付を受けたと同様の状態のもとで、ことに殺意に関する不利益事実の供述を追求し、加えて、この逮捕勾留に続いて、本件殺人の事実等に基づく逮捕状・勾留状の請求、発付が行われ、実質的な逮捕・勾留の蒸し返しが行われた事案について、違法収集証拠の排除を認めた下級審判決として**大阪高判昭和59・4・19高刑集37-1-98**（神戸まつり事件）がみられる。次のように判示した。

　　その各期間中の取調時間の大半が用いられた被告人両名に対する本件殺人の事実についての取調べは、これを実質的にみれば、もっぱらいまだ逮捕・勾留状の発付を請求しうるだけの証拠の揃っていない本件殺人の事実について被告人両名を取り調べる目的で、すでにこのような証拠の揃つていた右各逮捕・勾留事実について逮捕状・勾留状の発付を受け、同事実に基づく逮捕・勾留に名を借りて、その身柄拘束状態を利用し、あたかも本件殺人の事実について司法審査を受け逮捕状・勾留状の発付を受けたと同様の

状態のもとで，同事実ことにその殺意に関する不利益事実の供述を追求したものであるということができる。これに加えて，被告人Tについては，第一次逮捕・勾留に続いて，本件殺人の事実等に基づく逮捕状・勾留状の請求発付がなされ（第二次逮捕・勾留），実質的な逮捕・勾留のむし返しが行われた……こと，被告人Fについては，その取調べに際し捜査官の意図を察知されないようにするため，あたかも本件殺人の事実については，殺人罪として処理することを目的とした取調べをしないかのような詐言が用いられ，同被告人の防禦権行使が妨げられた疑いが濃厚である事等の諸事情をも併せ考えると，右逮捕・勾留期間中における被告人両名に対する本件殺人の事実に対する取調べは，具体的状況に照らし，実質的に憲法及び刑事訴訟法の保障する令状主義を潜脱するものであつて，違法で許容されないものといわなければならない。

もっとも，同判決が拠って立つのは，取調べにも事件単位の原則による規制が及び，余罪の取調べは原則としてできないとする事件単位説ではない。「一般に甲事実について逮捕・勾留した被疑者に対し，捜査官が甲事実のみでなく余罪である乙事実についても取調べを行うことは，これを禁止する訴訟法上の明文もなく，また逮捕・勾留を被疑事実ごとに繰り返していたずらに被疑者の身柄拘束期間を長期化させる弊害を防止する利点もあり，一概にこれを禁止すべきでないことはいうまでもない。」としているところからも明らかなように，依って立つのは，余罪の取調べ自体はよいが，具体的状況の下で令状主義を潜脱するような殊更な取調べだけが禁止されるという令状潜脱説である。それは，最高裁判例，特に**最決昭和52・8・9刑集31-5-821**（276-277頁＝狭山事件）に最も親和性のある立場であるとされる。ただし，実際には事件単位説と令状主義潜脱説との間でそれほどの開きがあるわけではない。

■ 証拠能力に関するもの

証拠能力に関しても注目すべき下級審判決・決定が出されている。その一つは数人共謀にかかる犯行計画を記載したメモの証拠能力に関して判示した**東京高判昭和58・1・27判時1097-146**である。控訴趣意で，弁護人は，次のように主張した。

第一審判決が事前共謀認定の一根拠としたKメモの立証趣旨は，同メモの存在というに過ぎないところ，証拠物でも書面の意義が証拠となる場合は，証拠書類に準じて証拠能力の存否を判断すべきであるが，同メモは単に心覚えのために書き留められたメモであるから，刑訴法三二三条三号の要件を具備した書面とは認められず，原審証人Kが作成したものであるから，同法三二一条一項三号の供述者死亡などの要件に該当しない。さらに，同メモ中の「しゃ罪といしゃ料」なる記載部分は，XからKが戦術会議の結果を聞いてこれをメモしたもので，再伝聞証拠であるから，同メモの恐喝の事前共謀の事

第10代長官　寺田治郎

　実認定に関する証拠能力を判断するためには，XとK間の伝聞性につき吟味を必要とするところ，Xが死亡等により公判廷で供述しえないとする証拠及び特信情況についての証拠が存在しないから，伝聞証拠である同メモの証拠能力は否定されるのに拘わらず，金員喝取の共謀を認定する証拠とした原判決は採証法則を誤ったもので，判決に影響を及ぼすことの明らかな訴訟手続の法令違反がある。

　これに対し，本**東京高判昭和58・1・27**は，弁護人の主張を退け，次のように判示した。

　　人の意思，計画を記載したメモについては，その意思，計画を立証するためには，伝聞禁止の法則の適用はないと解することが可能である。それは，知覚，記憶，表現，叙述を前提とする伝聞証拠と異なり，知覚，記憶を欠落するものであるから，その作成が真摯になされたことが証明されれば，必ずしも原供述者を証人として尋問し，反対尋問によりその信用性をテストする必要はないと解されるからである。ただ，この場合においてはその犯行計画を記載したメモについては，それが最終的に共犯者全員の共謀の意思の合致するところとして確認されたものであることが前提とならなければならないのである……確認されたと認定することができないわけではない。したがって，確認されたものとすれば，Kメモに記載された右の点に証拠能力を認めるべきは当然であろう。のみならず，確認されなかったとしても，Kメモに記載された右の点は，以下の理由によって，その証拠能力を取得するものと考える。……この点を被告人らの共謀の証拠として使用するためには，当然に弁護人の同意を必要とする場合であったのである。しかしながら，右のKメモについては，前記のように，原審第五回公判期日において，検察官の証拠調べ請求に対し，弁護人は異議がない旨の意見を述べており，更に，原審第一三回公判期日において，Kメモ中の右の記載部分が再伝聞供述であることが明らかになった時点においても，弁護人は先の証拠調べに異議がない旨の意見の変更を申し出ることなく，あるいは，右証拠の排除を申し出ることもなく，また，Xを証人として申請し，その供述の正確性を吟味することもしていないのである。このような訴訟の経過をみるときは，Kメモの記載部分については，弁護人としてはXに対する反対尋問権を放棄したものと解されてもけだしやむを得ない。

　メモ等について，供述証拠だが伝聞法則は適用されないとして，伝聞例外を拡大しつつ，弁護人の同意によってこの拡大を根拠づけるという戦前以来の伝統的な手法がここでも顔を見せている。

　他方，**東京高判昭和58・7・13高刑集36-2-86**は，テレビフイルムないしはこれを放映したテレビ映像の証拠能力について判示したものである。これらは非供述証拠と解するのが相当であり，その撮影者又は編集者を証人として取調べるまでもなく，要証事実との間に関連性を認め得る限り，その証拠能力を肯認して妨げないとされ，次

V　この期の刑事判例の特徴

のように判示した。

　テレビフイルムないしはこれを放映したテレビ映像については，供述代用書面の場合におけると同様，その収録内容（撮影対象）自体及びその収録，再生過程（撮影，現像，放映）のそれぞれにつき，伝聞証拠性の有無を検討すべきである。……テレビフイルムの撮影対象は千差万別であつて，それが，口頭又は文書図画等による人の供述である場合と，非供述的な物，場所，事象（自然現象などのほか，人の動作，行動をも含む。）などである場合とが考えられる。本件テレビフイルムの場合，その撮影対象は後記のとおり明らかに非供述的な事象であるから（但し，字幕及び音声による説明部分を除く。これについては後述する。），これが伝聞的要素を含むものでないことは言うまでもない。……次に，テレビフイルムへの収録，再生過程を検討すると，これらはすべて光学的，化学的原理に基づき機械的に処理されているのであつて，そこに人為的な操作ないし過誤を容れる余地はなく，伝聞的要素の含まれない非供述過程と認めるのが相当である。所論〔イ〕……は，撮影者及び編集者の主観的意図に基づく選択の介入を云々する。たしかに，長時間，広範囲に亘つて生起した一連の事象を細大洩らさず撮影し，これをすべて放映することは，テレビニュースの性格に照らし不可能に近く，撮影対象の選択，撮影済みフイルムから放映すべき画面の選択，構成などに際し，撮影者及び編集者の主観的判断の働く余地がないとは言えない。しかし，そのことと，放映された特定のテレビ映像の収録，再生過程に伝聞的，供述的要素が含まれないこととは，別個の次元に属することである。もし，長時間，広範囲に亘つて生起した一連の事象の一部の映像によつて，放映されなかつた部分を含む当該事象の全貌を立証しようとするのであれば（そのような立証趣旨は，当該映像の証明力の及ぶ範囲を逸脱するものである点は別論としても），撮影，編集に際しての選択が適切になされたか否かをテストする必要があるものと言い得よう。しかし，放映された映像を，当該画面に映し出されている限りの事象の存在，態様等の立証に用いる限り（本件は，まさにその場合である。），映されている映像は現実の忠実な再現であり，その収録，再生過程の伝聞性は否定される。もとより，かかる映像といえども，特殊な効果を意図して画面に加工したり，ことさらに時間的順序を逆に編集したりする可能性が絶無であるとは言い難い。しかし，正確な報道を目的とするニュース番組においては，そのような可能性は一般に考えられないところであり，証拠調べの結果疑義を生じた場合に，撮影者又は編集者を喚問すれば足りることである（本件ビデオテープを精査しても，右のような疑義は生じない。）。……以上のとおり，本件テレビフイルムないしはこれを放映したテレビ映像は，その撮影対象，収録，再生過程のいずれの面からしても，非供述証拠と解するのが相当であり，その撮影者又は編集者を証人として取り調べるまでもなく，要証事実との間に関連性を認め得る限り，その証拠能力を肯認して妨げないものである。そして，本件映像が要証事実との間に関連性を有するものであることは，後記写真帳に収録された部分からも明らかと言わなけれ

第10代長官　寺田治郎

　ばならない。……本件ビデオテープはテレビ映像の写しであり，写真帳は，ビデオテープの映像の一部を収録したものであつて，原本たるテレビ映像の写しの写しとしての性格を有することが明らかである。……原本たるテレビ映像の証拠能力については，（一）で詳論したところであるから，ここでは，原本に代え，写しを証拠として提出することの許容性について検討する。問題は，〔イ〕写し一般（その作成過程に伝聞的要素を含むものを除く。以下同じ。）の許容性と，〔ロ〕テレビニュースの映像の写しであることに伴う特殊な論点（所論〔ロ〕の冒頭部分は前者，同〔a〕〔b〕は後者に属する。）とに分けられる。……まず，〔イ〕写し一般を許容すべき基準としては，〔a〕原本が存在すること（さらに厳密に言えば，写しを作成し，原本と相違のないことを確認する時点で存在すれば足り，写しを証拠として申請する時点まで存在することは不可欠の要件ではない。テレビ映像の如きは，放映とともに消滅する。），〔b〕写しが原本を忠実に再現したものであること（原本の完全な複製である必要はなく，立証事項との関連において，その必要な性状が忠実に再現されていれば足りる。），〔c〕写しによつては再現し得ない原本の性状（たとえば，材質，凹凸，透し紋様の有無，重量など）が立証事項とされていないことを挙げることができる。以上に反し，〔d〕原本の提出が不可能又は著しく困難であることを，写しの許容性の基準に数える必要はない。蓋し，それは，最良証拠の法則ないしは写し提出の必要性の問題であるに過ぎないからである。……本件ビデオテープ及び写真帳は，前示作成経過及び作成に用いられた機器の性質に鑑み，右〔a〕〔b〕の要件を充たすものであることは明らかであり，また，その立証事項が右〔c〕掲記のような原本の性状に亘るものでないことも当然である。従つて，テレビフイルムないしはこれを放映したテレビ映像の写しとして，これらを提出することは，写し一般の許容基準に合致するものであり，そのことを目して，原本の提出に伴う諸種の困難を回避するための姑息な手段と極めつける所論（前記所論〔ロ〕の冒頭部分）は，いわれのない非難をなすものと言わざるを得ない。」

　ここでは，非供述証拠とすることによって伝聞法則の適用を回避するという手法が採用されている。

　なお，本件については，弁護人の方から，博多駅事件に関する最高裁大法廷決定を援用して，本件テレビ映像が本件の立証上唯一無二の証拠ではないのに，その写したる本件ビデオテープ等を取調べることは，右決定に示された限度を逸脱して，憲法21条の保障の下にある報道の自由ないしこれと密接な関連を有する取材の自由を侵害することとなるとの主張が存した。この点についても，次のように判示した。

　「所論大法廷決定は，裁判所において，報道機関に対し，一部未放映の分を含むテレビフイルム原本の提出命令を発する場合における許容基準について判示したものであつて，捜査機関において，放映されたテレビニュースの映像を録画したビデオテープ及びこれ

V　この期の刑事判例の特徴

に基づいて作成した写真帳の取調べ請求がなされた本件とは，全く事案を異にする。判例の事案においては，未放映分を含むテレビフイルム原本の強制的取得が，報道の自由等との牴触の契機を含むものであるが故に，両者の調整が問題となつているのであるが，本件の場合，偶々テレビフイルム原本を入手したと同様の立証上の効果があつたとしても，それは写しの性格に由来するものであり，入手の方法に強制の要素はいささかも含まれていない。また，放送事業者において，撮影対象者との関係を含め，放映による得失を十分検討したうえで，何人が，如何なる目的で視聴するものであるかを問わず，広く公衆に直接受信させる目的で映像を放映したものである以上，これを受信した側において限られた目的の範囲でその録画を使用したとしても，そのことにより，将来の取材の自由が妨げられ，ひいて報道の自由が侵害される結果を招来するものでないことも，多言の要を見ない。叙上の如く，本件ビデオテープ等の取調べが所論報道の自由等と牴触する虞れはなく，従つて，その取調べを，他に適切な証拠がないような場合に限つて許される，補充的なものと解すべきいわれはない（ちなみに，所論は，ビデオテープの証拠能力を認めて採用決定をしながら，敢えてこれを事実認定の用に供しなかつた下級審の裁判例のあることを指摘し，原審にはかかる配慮すら欠けていると論難するが，適法に証拠調べをした証拠を事実認定の用に供すると否とは，事実審裁判所に委ねられた自由心証の問題であるから，適法な訴訟手続の法令違反の主張と見るに由ないところである。）。

各放送会社に無断で録画することは，著作権法に違反するものという弁護人の主張についても，次のように判示した。

> 所論は，何人の，如何なる著作権法上の権利を侵害することになるのか明言するところがないが，テレビニュースのためのテレビフイルムが思想又は感情を創作的に表現した著作物に当たらないことは当然であるから（著作権法二条一項一号，一〇条），これにつき著作者人格権及び著作権（同法一七条一項）を認めるに由なく，著作隣接権としての放送事業者の権利（同法九条，九八条ないし一〇〇条）が問題となり得るのみである。放送事業者は，同法九八条により，「その放送に係る音又は影像を録音し，録画し，又は写真その他これに類似する方法により複製する権利を専有する」ものとされているが，その権利は，同法一〇二条，四二条によつて制限され，「裁判手続のために必要と認められる場合（中略）には，その必要と認められる限度において，複製することができる」ものとされているのであつて，本件テレビニュースの映像を録画し，写真によつて複製したことは，右の「必要と認められる限度」をこえるものでないことはもとより，前記のように本件映像が既に広く公衆に直接受信されたものであること並びに複製の部数及び態様に照らし，同法四二条ただし書所定の，放送事業者の「利益を不当に害することとなる場合」にも当たるものでないことは明らかである。従つて，本件ビデオテープ等の作成が，放送事業者の著作権法上の権利を侵害するものとは言い得ない。

第10代長官　寺田治郎

　犯罪の「国際化」に即した事例も見られる。**大阪高判昭和60・3・19判タ562-197**がそれで，強制送還された者の以前の供述が「供述不能」に該当するとし，次のように判示した。

> 思うに同法三二一条一項二号前段が憲法三七条二項前段による被告人の証人審問権の保障の例外を規定したものであることにかんがみると，その規定する供述不能の要件の存否の判断が慎重になされなければならないのはいうまでもなく，国外滞在についても，供述者が「国外にいるため公判準備若しくは公判期日において供述することができない」場合であれば，その「国外にいる」に至つた事由の如何を一切問うことなく，すべて供述不能の要件をみたすものと解することはできないと考えられる。しかしながら，出入国管理及び難民認定法による本邦からの退去強制は，本邦に入国し，又は本邦から出国するすべての人の出入国の公正な管理を図ることを目的として，出入国管理当局が，独自の権限に基づき同法の要件に従つてこれを行うものであるから，出入国管理当局により供述者が法定の手続に従つて退去強制され「国外にいる」に至つた場合であつて，とり得る手段を尽くしても公判準備ないし公判期日にこれを出頭させることができない以上，原則として刑事訴訟法三二一条一項二号前段所定の供述不能の要件にあたるものと解される。もつとも，捜査官が，被告人の証人審問権を妨害する目的で，出入国管理当局に意見を申入れ，あるいは供述者に不服申立権の不行使を働きかけるなどして，故意に供述者の退去強制の時期を早めさせた場合，あるいは事件の重大性，供述者の証拠方法としての重要性その他当該事件の証拠関係等に照らし，被告人の証人審問権保障のため公判準備ないし公判期日における出頭確保がとくに必要である供述者であつて，出入国管理当局の裁量権の範囲内において容易に相当期間本邦内に滞留させうる者について，捜査官がその職責上要請される連絡や意見の申入れを出入国管理当局に対して行うことを怠つた結果，退去強制によりその供述者を公判準備ないし公判期日に出頭させる機会を失わせた場合など，特別の事情の認められる場合には，同号前段所定の供述不能の要件をみたすものとは解しがたいけれども，本件について，A・Cには在留資格外活動，Rには在留期間経過の事実のあることが明白であること，検察官が，A・B・Cの取調べをした段階において，被告人は，すでに原判示各事実を自白しており，その自白を補強するに足る甲，乙，丙らの司法警察員に対する各供述調書も作成されていたことを踏まえ，記録を精査すると，右のような特別の事情のないことは明らかであつて，右Aら三名の検察官に対する所論指摘の供述調書五通を同法三二一条一項二号前段該当書面としてその証拠能力を認め，これを罪証に供した原判決の措置は正当であると解され，所論の訴訟手続の法令違反は認められない。

　また，捜査の「国際化」に伴って，わが国には存在しない刑事免責の制度によって採られた嘱託尋問調書の証拠能力を肯定した先駆的な事例もみられる。**東京地決昭和**

53・12・20刑月10-11=12-1514（ロッキード事件丸紅ルート）（判決については，東京地判昭和58・10・12刑月15-10-521を参照），**東京高判昭和59・4・27高刑集37-2-153**（ロッキード事件小佐野ルート）がそれである。前者については後に**最大判平成7・2・22刑集49-2-1**（460-461頁＝ロッキード事件丸紅ルート）によってその証拠能力が否定された。後者は後に被告人死亡により終了した。

■ 事実認定に関するもの

この期においては，択一的認定に関する下級審判決がみられる。まず，覚せい剤使用の事実について，原審が択一的認定をしたことを「審判の請求を受けない事件について判決をした」場合に該当するとした**札幌高判昭和58・5・24高刑集36-2-67**が注目される。次のように判示した。

> 本件起訴状に記載された公訴事実は，「被告人は，法定の除外事由がないのに，昭和五七年一月三〇日ころから同年二月二日ころまでの間，札幌市内において，覚せい剤であるフエニルメチルアミノプロパンを含有する水溶液若干量を自己の腕部に注射し，もつて覚せい剤を使用したものである。」というのであるが，これに対し，原判決は，「罪となるべき事実」として，「被告人は，法定の除外事由がないのに，昭和五七年一月三〇日ころから同年二月二日ころまでの間，札幌市内において，覚せい剤であるフエニルメチルアミノプロパンを含有するもの若干量を自己の身体に注射又は服用し，もつて覚せい剤を使用したものである。」旨認定し，このような選択的（択一的）認定をした理由を「補足説明二」において詳細に判示している。これによると，原判決は，要するに，（一）本件公訴事実は，右起訴状の記載にかかわらず，昭和五七年一月三〇日ころから同年二月二日ころまでの間における被告人の注射又は嚥下（服用）の方法による，最後の覚せい剤使用の事実であると解すべきであるとしたうえ，（二）証拠によれば，右期間内における被告人の注射による覚せい剤使用の事実の存在を疑うことができるがこれを断定することができないとするとともに，被告人が逮捕以来公判終結にいたるまで一貫して「警察官が周辺で見張つているものと感じてビニール袋入りのまま覚せい剤を嚥下した」旨供述していること等に照らすと，被告人は右期間内に注射による使用をしていなければ嚥下による覚せい剤の使用の事実を認めることができ，しかも，「注射，嚥下による使用は互いに他を排斥する関係にあるとはいえない」もので，右期間内に両者が並存した可能性もあるがその先後関係は不明であり，（三）このような事実関係の下では，「罪となるべき事実」として前記のとおりの選択的認定をすべきである，と判断したものと解される。……しかしながら，本件起訴状の「公訴事実」において覚せい剤使用の方法を注射によると明示されていること，被告人の前掲嚥下による覚せい剤使用の弁解について，検察官は，原審公判を通じ終始，右弁解は虚偽であり注射による使用

第10代長官　寺田治郎

の事実は明白である旨主張立証し，論告求刑もこれを前提としていることに徴すると，検察官が本件公訴提起の対象としている事実は，被告人が弁解しているような嚥下による覚せい剤使用の事実ではなく，注射による使用の事実であり，「公訴事実」記載の期間内において注射使用の事実が数個ある場合にはその最後の事実を訴追しているものと解するのほかはない。ことに，被告人の弁解する嚥下による覚せい剤使用の態様，状況は特異なものであり，これと検察官の主張する注射による覚せい剤使用とはその基本的事実関係を異にし，それぞれ別個の公訴事実に属することはいうまでもないが，検察官がこのような別個の公訴事実を選択的に公訴提起の対象としているとは考えられない。……要するに，本件公訴事実は，前記の期間内における最後の注射による覚せい剤使用の事実であり，訴因として表示されているところも右に尽きるものである。したがつて，原審としては，右期間内における注射使用の事実を認めることができるかどうかについて審理し，これを認めることができなければ無罪を言い渡し，一回又は二回以上の注射使用の事実を認めることができるならば，その一個又は最後の注射使用の事実について有罪を言い渡すべきものであり，注射使用の事実を認めることができない場合これに代えて別個の公訴事実である被告人の前掲弁解に現われている嚥下による使用の事実を認定することは許されないというべきである。原判決は，結局，本件公訴事実だけでなく，公訴事実以外の事実をも審判の対象とし，本件公訴事実が認められないならば他の事実について有罪を言い渡すべきものとしたことに帰するものであり，刑事訴訟法三七八条三号後段にいう「審判の請求を受けない事件について判決をした」場合に該当し，原判決は破棄を免れない。

大阪高判昭和59・9・19判タ548-282も，次のように判示した。

原判決のように，玉入箱を煉炭コンロの上に置くという放火の実行行為をなした者が被告人Ｃであるかまたは同被告人の指示を受けた他の者であるかどちらかであるというような事実を認定すること（いわゆる択一的認定）が許されるかどうかについて考究することにする。右の場合，実行行為をなした者が被告人Ｃであるという事実と同被告人の指示を受けた第三者であるという事実は両立しえない排他的な関係にあることは所論指摘のとおりである。そして，そのような排他的な関係にある両事実はともに他方の事実の可能性を否定しえない関係にあることが明らかである。そうすると，右両事実はそれぞれ確信にまで至つていないということができるのであつて，このような確信にいたらない事実，換言すると十分に証明されていない事実に基づいて刑を科するということは許されないといわなければならない。しかしながら右両事実のどちらかであつて，それ以外の事実の可能性はないという確信に到達した場合には，その限度では十分に証明されたと言うこともできるのでないかと解する余地もあるので，進んで本件の場合両事実のどちらかであつて，それ以外の事実の可能性はないとの確信に到達しうるか否かについて検討するに，実行行為者が被告人Ｃである場合には問題がないとしても他の一方の

V この期の刑事判例の特徴

実行行為者については，まず，証拠上特定しえない誰れかわからない第三者であるということ，さらにその者と被告人Ｃとの関係は共犯者なのか，あるいは被告人に操つられた道具に過ぎない者なのか，原判決が法令の適用において刑法六〇条を適用していないところからすると後者のようにも考えられるが事柄の性質上共犯であるということも十分に考えられるところで必ずしも明確であるとはいいえずこのように他の一方の実行行為者については問題があるといわなければならない。そうだとすれば，本件の場合両事実のどちらかであつてそれ以外の事実の可能性がないという確信に到達するということはありえないものと考えられるのである。したがつて，結局原判決のように放火の実行行為者が被告人Ｃであるか同被告人の指示をうけた他の者かどちらかであるという如き認定は許されないものということができ，原判決の判示する罪となるべき事実には理由不備の違法があり破棄を免れない。論旨は理由がある。

このように，本判決によれば，原判決のように放火の実行行為者が被告人Ｃであるか同被告人の指示をうけた他の者かどちらかであるという如き認定は許されないものとされ，原判決が破棄されている。「疑わしきは被告人の有利に」の原則に徹した注目すべき判決といえよう。

■ 判決に関するもの

35回にわたる窃盗を行った被告人について，大阪地方裁判所岸和田支部は，Ｋ方での窃盗１件及び有印私文書偽造，同行使，道交法違反の各罪により懲役１年８月を言い渡した。右判決は確定したが，残り34回の窃盗について公訴が提起された。弁護人は，「右確定判決の窃盗行為も盗犯等防止法２条の常習特殊窃盗に該当し，確定判決前の本件窃盗行為と共に一罪を構成すべきものである。従って，本件所為については，一罪の一部について既に確定判決があったことになるのであるから，免訴とされるべき」であると主張した。これに対して，検察官は，「本件起訴にかかる各窃盗行為は常習特殊窃盗にいう常習性を備えておらず単純窃盗とみるべきである」，「単純窃盗として確定した判決は，たとえそれが事後的にみて常習窃盗の一部とみられても，既判力は他の部分に及ばず，事実上同時審判の可能性がなかった場合にも既判力が及ぶとすることは，訴訟の実際からみて是認できず，犯人を不当に利することになる」，「本件は単純窃盗として起訴されており，訴因を動かす権限のない裁判所としては，右訴因の範囲において審判すべきであり，これを超えて常習特殊窃盗を認定することはできない」と主張した。これについて次のように判示したのが**高松高判昭和59・1・24判時1136-158**である。

被告人には前記のとおり昭和五六年一〇月二二日言渡の確定判決が存し，右確定判決に

385

は本件起訴の窃盗行為とともに常習特殊窃盗の一罪を構成する窃盗行為が含まれており，しかも本件起訴の窃盗行為については，一罪の一部につき既に確定判決を受けていることになるから，免訴さるべき筋合である。……もっとも，この結論に対しては，検察官の主張の如く二つの問題がある。一つは，確定判決が単純窃盗であるという点である。……後に起訴された事件について確定判決を経ているか否かということは，その事件の公訴事実の全部又は一部について既に判決がなされているかどうかの問題であって，判決の罪名等その判断内容とは関係がなく，従って確定判決の拘束力を問題とする余地はない。これを本件についていえば，……確定判決を経ていることになるのである。……次に第二の問題は，本件の各窃盗が単純窃盗として起訴されていることである。……訴因制度の趣旨，目的等に照らすと，裁判所は訴因を超えて事実を認定し有罪判決をすることは許されないが，免訴や公訴棄却といった形式的裁判をする場合には訴因に拘束されないと解すべきである。

これによれば，検察官の主張がいずれも退けられて，免訴が言い渡されている。

■ 再審に関するもの

この期においては，最決昭和50・5・20刑集29-5-177（249-250頁＝白鳥決定），最決昭和51・10・12刑集30-9-1673（280-281頁＝財田川決定）を受けて，再審開始決定された死刑事件について，無罪判決が言い渡されている。

熊本地八代支判昭和58・7・15判時1090-21（免田事件）は，次のように判示し，無罪を言渡した。

以上のように，被告人には本件につきアリバイが成立し，被告人に対する昭和二四年一月二八日付起訴状記載の公訴事実（原第一審判決判示第三の事実）は犯罪の証明がないことに帰するから，刑事訴訟法三三六条により被告人に対し無罪の言渡をなすべきものである。

本判決は，住居侵入・強盗殺人・同未遂罪につき，死刑が確定した者に対してなされた再審の審判において，証拠によれば，被告人にはアリバイが認められるとし，かつ，アリバイの成否と裏腹の関係にある，被告人の自白及び兇器とされる鉈に付着した血痕の血液型等の鑑定結果等の各信用性も否定されるとした。

高松地判昭和59・3・12判時1107-13（財田川事件）も，次のように判示した。

以上のとおり，被告人の自白はその真実性に疑いがあり直ちにこれを有罪の証拠とすることができない。被告人の手記五通についてもまた同様である。証二〇号国防色ズボンに被害者の血液型と同じＯ型の血痕が僅かに付着していた事実は，先に述べたとおり，被告人の自白の真実性を保障するものではないのみならず，被告人が本事件の当日同ズ

ボンを着用し本件犯行に及んだ事実を間接に推認せしめるに足りない。そして，本件において他に被告人を犯人と推断するに足る証拠はないのである。なるほど，被告人は，Ａと共謀のうえ，昭和二三年一一月ころの午後一〇時ころＴ方で玄米六斗を窃取し（起訴猶予），Ｉと共謀のうえ，昭和二四年一月二四日午前三時ころＮ方を襲い金品を強取しようとしたが未遂に終り（懲役二年六月・五年間刑執行猶予，二七・三・一八右猶予取消・五九・三・八刑執行終了），Ａと共謀のうえ，昭和二四年七月中旬ころ本件被害者Ｋ方で現金一万円，黒色ズボン一枚及び木綿地褌一枚を窃取し（起訴猶予），Ｉと共謀のうえ，昭和二五年四月一日午前零時三〇分ころ神田農協強盗傷人事件を犯し（懲役三年六月・三〇・六・一五刑執行終了），当時未成年ながらすでに犯罪の常習者であり，ことに本件被害者方をねらった窃盗事件は，既述のとおり，夜半にみかんの木を登って二階の窓から屋内に侵入したうえ，一階の床下にもぐって夜を明かし，被害者が所用で家をあけた隙に屋内を物色し，畳の下から現金一万円（当時国家公務員給与ベース月額六三〇七円）を盗んだものであって，被告人にとり被害者宅は勝手を知った他人の家にほかならなかったのである。そして，本件は，被告人が公訴事実記載の犯行を自白し，「再審開始に至る経緯」の項で説明した経過により，原第一審の宣告した有罪判決が確定している被告事件である。今をさかのぼる三十余年前自白に対する法的な制約のなかった旧刑訴法の画期的改正後間もないころに発生した犯罪であり，現行法の運用に習熟したいま現在の感覚をもって当時行われた本件捜査のあり方をいうことは結果論のきらいがないとはいえない。自白の任意性や補強証拠の制約は旧法にはみられなかったものである。しかし，自白の証明力があらためて問題とされる限り，過去の捜査に不十分な点があれば，証拠の評価に際しあらゆる可能性の指摘を容易ならしめ，自白をめぐりその真実性の疑問は後日いくらでも提出できるのである。このことは本件再審請求棄却決定及びこれを是認した抗告審の決定を取消し本件を当審に差し戻した特別抗告審の前記決定の理由をみれば明らかであろう。もっとも，当審は，再審裁判所として，被告事件の審判にあたり，証拠の判断等に関し，右決定及び再審開始決定に表示せられた理由に拘束されない。要するに，当裁判所は，旧証拠に再審公判で取調べたあらたな証拠を総合して考察した結果，本件公訴事実中，被害者Ｘが昭和二五年二月二八日午前二時ころ何者かに殺害されたことは明らかであるけれども，先に述べた理由により，本件犯罪が被告人によって行われた事実を疑いをさしはさむ余地のない程度に確信するに至らないのである。してみれば，本件は，金員奪取の点につき補強証拠の有無を論ずるまでもなく，被告事件について犯罪の証明がないことに帰するから，刑事訴訟法三三六条に則り被告人に対し無罪の言渡をすることとする。」

仙台地判昭和59・7・11判時1127-34（松山事件）も，次のように判示した。

以上の次第であって，被告人の自白は，客観的証拠に符合する事実が多く含まれているものの，容易に信用しがたく，また，本件犯行当時被告人が使用していたとされる掛布

第10代長官　寺田治郎

　団の襟当てに多数の斑痕が付着し，これらから被告人方家族に由来するものではなく，被害者家族に由来すると考えて矛盾のないＡ型人血が検出された事実が認められるが，捜査員が押収したときすでに鑑定時のように付着していたかについて疑問の余地があるばかりか，その付着状況は被告人の自白から窺われる付着経緯にそわず，むしろこれと矛盾していると思われ，これをもって本件犯行と被告人を結びつけることはできず，かえって，本件犯行態様から犯人の着衣には相当多量の血液が付着したと推認されるにもかかわらず，犯行当夜被告人が着用していた蓋然性の高いジャンパー，ズボンからはこれにみあう血痕は検出されず，当初から付着していなかったかなり高度の蓋然性が認められるのである。……したがって，本件犯行が被告人によって行われた事実はこれを認めるに十分な証拠がなく，本件公訴事実については犯罪の証明がないことに帰するから，刑事訴訟法三三六条に則り被告人に対し無罪の言渡しをすることとする。

　再審開始決定からこれらの無罪判決までにはかなりの時間を要している。免田事件の場合は約３年６カ月，財田川事件の場合は約４年９カ月，松山事件の場合は約４年７カ月となっている。検察官が開始決定に異議を申し立てて，激しく争ったためである。

第11代
最高裁長官
矢口洪一

(1985年11月5日〜1990年2月19日)

YAGUCHI court
11

第11代長官　矢口洪一

I ■ 長官のプロフィール

　第4代の横田正俊，第5代の石田和外，第6代の村上朝一，そして，第10代の寺田治郎に続いて，裁判官出身で東京高裁長官の経験者。父も裁判官。180センチの長身でスポーツ万能。学生時代はトランプ遊びに明け暮れたという。京都帝国大学法学部を卒業と同時に海軍の法務見習尉官に。海軍法務大尉として終戦を迎え，戦後は裁判官に転じた。

　若いときから裁判所のエースと目され，裁判官2年目にして最高裁の事務総局に呼ばれる大抜擢を受けた。最高裁判事になるまでの36年間の裁判官生活のうち25年間は最高裁事務総局にいた。それも人事局長，事務次長，事務総長と枢要なポストばかり。人事局長時代は，青法協問題や裁判官再任拒否問題等で最高裁は大きく揺れたが，たじろぐようなことはなかった。事務総長のときは裁判官の不祥事などもあったが，国会答弁なども上手く切り抜けた。行政手腕に優れ，「ミスター司法行政」の異名を持った。事務総局のほか，浦和地裁所長，東京家裁所長も務めた。

　「裁判をしない裁判官」として有名だったが，横浜地裁で担当した鎌倉社長殺人事件の有罪判決では，シンプルな判決文を心がけ，罪となるべき事実を僅か5行にまとめてみせ，注目を集めた。熊本水俣病，新潟水俣病，イタイイタイ病，四日市ぜんそくの4大公害訴訟が提訴されたときは，最高裁民事局長として，原告被害者の立証の難しさを緩和する理論を提唱し，訴訟の早期解決に尽力した。

　最高裁事務総長の後は，東京高裁長官を経て，最高裁判事に就任した。法曹界の一部には，「またも司法官僚の最高裁入り」と冷たい見方をする者もいた。就任後の記者会見では，「最後のご奉公。一つひとつの事件を通じて社会正義の実現と人権擁護に尽くします。」と無難な挨拶を行った。「最高裁が反動化しているとの見方もあるが」と聞かれると，「そうは思わない」ときっぱり言い切った。あるべき裁判官像について，「ちょっぴり法律知識を持つ円満な社会人」と語るが，矢口自身は規律に厳しく，守衛に対して「(自分に対する)敬礼の仕方がなっていない」と秘書官を通して注意したという話もある。

　第2次中曽根改造内閣の下で最高裁長官に就任した。就任時の記者会見では，「違憲立法審査権はやみくもに行使するのではなく，必要とあらば躊躇なく，毅然として行使する。その重要な使命は常に念頭にあり，それを表わさないことで司法省消極主義と理解しないでほしい」と話した。「司法は本来，謙抑的であるべきだ」というのが矢口の基本的な立場であった。

長官として、法廷の傍聴席でどの傍聴人もメモをとることを認めた大法廷判決の裁判長を務めた。判決当日に直ちに全国の裁判所へファックスで判決文を送り、周知徹底を図った。

長官退官後は、病気治療で何度も手術を受けるなどしたが、旺盛な活動は衰えることなく、他の最高裁長官には見られない影響力を退官後も行使した。1998年3月には大阪弁護士会で法曹一元についての講演も行った。（以上のプロフィールについては、野村二郎『最高裁全裁判官――人と判決』（三省堂、1986年）263頁以下、山本祐司『最高裁物語（下巻）』（日本評論社、1994年）287頁以下などを参照）

II ■ この期の最高裁の動き

5年弱の期間にもかかわらず、矢口コートでは、冷戦の終結、バブル経済の絶頂およびその崩壊という政治的・社会経済的な激震を背景として、大法廷でも小法廷でも、そして、下級審でも重要な判決・決定が数多く出されている。

矢口は長官就任時、前述したように、「必要とあれば違憲立法審査権を毅然として行使します」と挨拶した。この「公約」通り、矢口が裁判長を務めた最高裁大法廷は、森林法事件について、14裁判官の全員一致で、一審、二審判決を覆す逆転違憲判決を下した。「森林法が共有者の過半数の賛成による分割は認め、二分の一以下の共有者の分割請求は認めないのは、森林を分割しても直ちに細分化をきたすものといえないことからすると合理性、必要性を肯定できない。森林法186条は憲法29条2項に違反し無効というべきである」と判示し、事件を東京高裁に差戻した。判例変更し、有責配偶者からの離婚請求を認める大法廷判決も出された。これには、最高裁が政府や国会の立場を考えるあまり大胆な判決を出さない状況を「司法消極主義」と揶揄してきた学界サイドからも、「最高裁の一歩前進」と評価する声が高まった。

しかし、学会の評価が再び凍りつくような大法廷判決が下されることになった。靖国神社に対する閣僚の参拝が恒例化し、憲法の政教分離原則の空洞化が進む中で下された殉職自衛官靖国合祀許否事件上告審判決がそれであった。一審の山口地裁も、二審の広島高裁も、「国は元自衛官の妻に100万円を支払え」と連続して原告勝訴の判決を言い渡していたので、「国家と宗教」をめぐる裁判は大きく展開するようにみえた。しかし、矢口の最高裁は下級審の勝訴判決をあっさりと破棄した上で、合祀を合憲と宣言した。この多数意見に14人の裁判官が与した。反対意見を書いたのは東大教授から転じた伊藤正己だけであった。殉職自衛官の妻側の主張はことごとく退けられた。

矢口コートでは、「司法改革」の総仕上げがめざされた。最初に手掛けられたのは「戦

第11代長官　矢口洪一

争直後の司法改革以来，最大の制度改革」といわれた簡易裁判所の統廃合であった。続いて，地・家裁の統廃合も進められた。裁判所の統廃合で外形的な足場を固めた矢口コートが次に向かったのは，裁判制度そのものを根本から変革する陪審制，参審制への本格的な取組みであった。「究極において司法制度のあり方を決めるのは国民」という観点から，法律に素人の市民を裁判に参加させる制度を日本でも実現させようという壮大な計画であった。1988年に竹崎博允判事（当時46歳，後に最高裁長官）を米国に，1989年に山室恵判事（当時42歳，後に東京地裁部総括）を米国に，1990年に白木勇判事（当時45歳，後に最高裁判事）を英国に各派遣し，陪審制や参審制の調査も行わせた。ただし，陪審制ないし参審制の導入を既定の方針とするのではなく，あくまでも長期的な検討課題の一つに位置づけられた。そして，矢口の壮大な計画は裁判員裁判の実施という形で実現することになった。弁護士任官制度の整備なども行われた。

　矢口コートでは，下級審裁判官に対する最高裁事務総局の管理が強まった。最高裁事務総局が水害訴訟についての見解を裁判官協議会で下級審裁判官に提示していたことも報道されるところとなった。下級審の保守化が顕著となったのもこの期のことである。（野村二郎『最高裁全裁判官——人と判決』（三省堂，1986年）275頁以下，山本祐司『最高裁物語（下巻）』（日本評論社，1994年）287頁以下などを参照）

III ■ この期の裁判所関係の動き

1985年11月 5日		矢口洪一，最高裁長官に就任。
	11月 7日	最高裁，簡裁統合の基準案を法務省と日弁連に提示。
	12月 9日	日弁連臨時総会，外国人弁護士の受け入れを条件付きで承認。
	12月27日	政府，対米武器技術供与協定に調印。
1986年 1月 1日		矢口最高裁長官，「新年のことば」で，裁判所の適正配置の早期実現について本年も更に関係各位の理解と協力を得るよう努めていきたい等と述べる（裁時921号1頁）
	1月 4日	中曽根首相，記者会見で司法にオーバーランはないかと発言。
	3月19日	東京高裁，第一次教科書検定訴訟で検定制度につき合憲の判決。
	4月 9日	東京高裁，厚木基地騒音公害訴訟で基地の高度の公共性を理由に差止め請求を棄却する判決。
	4月13日	法務省，司法試験改革案を公表。
	4月26日	ソ連でチェルノブイリ原発事故が発生。
	5月23日	公職選挙法の改正法を公布。（衆議院議員定数を8増7減）

III この期の裁判所関係の動き

	5月27日	安全保障会議設置法を公布。
	6月10日	行革推進審議会が最終答申。
	6月11日	最高裁大法廷，北方ジャーナル事件で発行事前停止につき合憲の判決。
	6月12日	矢口最高裁長官，長官所長会同で，事件処理につき，迅速を急ぐあまり適切な判断をおろそかにすべきでないとして「迅速よりも適正重視」等と訓示（裁時932号1頁）。
	7月14日	最高裁第二小法廷，東亜ペイント事件で単身赴任拒否につき解雇有効の判決。
	9月19日	法制審議会，簡易裁判所の適正配置について答申。
	10月6日	中央公害対策審議会，大気汚染指定解除と新患者認定中止を答申。
	12月4日	国有鉄道改革法・鉄道事業法を公布。（国鉄の6分割と民営化）
1987年	1月1日	東京家裁，弁護士会の反対にもかかわらず，少年事件処理要領を実施。（最高裁判所少年事件処理要領モデル試案に準拠）
	2月17日	最高裁第三小法廷，都議会議員の定数配分格差につき違法の判決。
	2月28日	最高裁裁判官会議，民間企業等への若手判事補の長期研修派遣制度の実施を決定。
	3月5日	盛岡地裁，玉ぐし料公費支出は政教分離原則違反にあたらずと判示。
	4月22日	最高裁大法廷，共有物分割制限の森林法規定は違憲無効だとして，原判決を破棄・差戻す判決。
	4月24日	最高裁第二小法廷，反論権は新聞の表現の自由を侵すと否定の判決。
	4月27日	法務省，司法試験改革等を目的に法務省内に法相の私的懇談会「法曹基本問題懇談会」を設置。（初会合）
	6月30日	米上院，ココム違反で東芝製品輸入禁止の法案を可決。
	7月22日	日本政府，アメリカの戦略防衛構想SDIへの研究参加の日米政府間協定に調印。
	8月7日	臨時教育審議会が答申。
	9月2日	最高裁大法廷，有責配偶者からの離婚請求を認める判例変更の判決。
	9月10日	大学審議会設置法を公布。
	9月11日	下級裁判所の設立及び管轄区域に関する法律の改正法を公布。（簡裁123庁の廃止等）
	9月26日	外国人登録法の改正法を公布。
	9月26日	精神衛生法の改正法を公布。
	11月6日	中曽根内閣が総辞職。（竹下登を第74代首相に指名）

第11代長官　矢口洪一

11月 8日	朝日新聞，最高裁事務総局が水害訴訟についての見解を裁判官協議会で提示した旨を報道。
1988年 1月25日	最高裁，日弁連と共同で，弁護士からの裁判官採用選考要領を定める。（弁護任官を促進）
1月26日	法務省法曹基本問題懇談会，司法試験の受験回数制限方針を打ち出す。（4月14日，同省，第一次試案を発表）
2月16日	最高裁第二小法廷，テレビ放送のニュース番組で在日韓国人の氏名をその意思に反して日本語読みによって呼称した行為につき，氏名は人格権の一内容を構成するとしつつも，そのような慣用的な方法が是認されていた社会的な状況の下では違法とはいえないと判示。
2月19日	厚生省エイズ動向委員会，国内感染者が1000人を超えたと発表。
3月 5日	法務省，摘発された外国人不法就労者の数が10000人を超えたと発表。
5月15日	ソ連軍，アフガンからの撤退を開始。
6月 1日	最高裁大法廷，殉職自衛官靖国神社合祀は政教分離原則に反しないと判示。
7月15日	最高裁第二小法廷，麹町中学校内申書事件につき内申書は思想，信条そのものを記載したものではないとし，学習権が侵害されたとする原告の訴えを棄却。
8月10日	米国，第二次世界大戦中の日系人強制収容に対する保障法を制定。
11月	弁護士からの判事任官5名が確定。
11月17日	千葉地裁，川鉄公害訴訟で損害賠償を認めるも差止めは却下。
12月23日	裁判所の休日に関する法律を公布。（土曜閉庁等）
1989年 1月 1日	矢口最高裁長官，「新年のことば」で，「司法制度と運営に不断の検討・改善を」等と表明（裁時993号1頁）。
1月 7日	昭和天皇が逝去。
2月10日	文部省，新学習指導要領を発表。（日の丸掲揚，君が代斉唱の義務化等）
3月 8日	最高裁大法廷，法廷での傍聴メモは原則自由と判示。
3月17日	松山地裁，愛媛玉ぐし料訴訟で政教分離原則違反の判決。
4月 1日	弁護士2名が東京高裁判事に任官。
6月 3日	竹下内閣が総辞職。（宇野宗佑を第75代首相に指名）
6月 4日	中国で天安門事件が起る。
6月20日	最高裁第一小法廷，百里基地訴訟で憲法判断せずに上告棄却。
8月10日	宇野内閣が総辞職。（海部俊樹を第76代首相に指名）

11月 9日	ベルリンの壁が崩壊。
11月15日	出入国管理法の改正法を公布。（外国人による不法就労の取締強化等）
11月20日	米軍，パナマに侵攻。
11月22日	ルーマニアのチャウシェスク政権が崩壊。(25日，大統領夫妻を処刑)
12月 8日	最高裁第一小法廷，鶴岡灯油訴訟で消費者原告からの上告を棄却。
12月28日	地方裁判所及び家庭裁判所支部設置規則及び家庭裁判所出張所設置規則の改正規則を制定。（全国41支部等を廃止）
1990年 1月 1日	矢口長官，「新年のことば」で，簡裁及び地裁支部等の配置見直しを「戦争直後の司法改革以来，最大の制度改革」と自賛（裁時1017号1頁）。
1月11日	ソ連，ハンガリーからのソ連軍撤退に合意。
1月18日	最高裁第一小法廷，伝習館訴訟につき教師側全面敗訴の原判決を是認し，教師側の上告を棄却する判決。
2月18日	社会党，第39回衆議院総選挙において土井ブームで大幅議席増。

Ⅳ ■ この期の刑事法関係の動き

　刑事法関係では，以下のような動きがみられる。無罪率の低下は続いており，1987年は0.13％となった。この期においても，死刑確定事件について再審無罪が出されている。テロ事件も発生している。

1986年	8月27日	釧路地裁，梅田事件で再審無罪の判決。
1987年	5月 3日	朝日新聞社阪神支局襲撃事件（赤報隊事件）が発生。
	5月10日	帝銀事件の平沢貞通死刑囚が獄死。
	6月 2日	刑法の一部改正法を公布。（コンピューター犯罪処罰規定を整備）
	6月 2日	刑事確定訴訟記録法を公布。
	11月25日	三菱銀行有楽町支店の現金輸送車が襲われ，3億3000万円が強奪されるという事件が発生。
	11月29日	大韓航空機爆破事件が発生。
1988年	7月23日	海上自衛隊の潜水艦「なだしお」が遊漁船「第一富士丸」と衝突。(死者30名，負傷者17名)
	11月10日	東京地検，リクルート事件につき捜査開始を宣言。
1989年	1月31日	静岡地裁，島田事件につき再審無罪の判決。
	2月 8日	閣議，天皇逝去に伴う特別恩赦を決定。

第11代長官　矢口洪一

	2月13日	リクルート事件でリクルート創業者・元会長を逮捕。
	3月21日	東京地裁，東芝機械ココム違反事件につき東芝機械幹部2人に有罪判決。
	3月29日	女子高生コンクリート詰め殺人事件が発覚。(16歳～18歳の少年の犯行で社会に大きな衝撃)
	5月2日	朝日新聞，最高裁が陪審・参審制度の研究に着手と報道。
	6月22日	最高裁第一小法廷，山中温泉事件で原審死刑判決を破棄差戻し。(後に無罪確定)
	8月9日	猥褻容疑で逮捕された宮崎勤容疑者，東京・埼玉での連続幼女誘拐殺人事件の自供開始。(後に死刑判決が確定)
	10月19日	東京地検，リクルート社を捜索。(12月9日，宮沢喜一蔵相が辞任)
	11月4日	オウム真理教による坂本堤弁護士一家殺害事件が発生。
	12月15日	国連総会，死刑廃止国際条約（自由権規約の第二選択議定書）を採択。(1991年7月11日に発効)
1990年	1月18日	長崎市の本島等市長が地元右翼団体の幹部に拳銃で撃たれ重傷を負う事件が発生。

V ■ この期の刑事判例の特徴

1　大法廷判決・決定

　刑事手続は，この期を境に大きく変容したといってもよい。あくまでも少数にとどまるが，新たな蠢動もみられる。大法廷でも，**最大判昭和47・12・20刑集26-10-631** (187-189頁＝高田事件) 以来，約15年ぶりに注目される判決・決定が出されている。裁判の公開に関する**最大判平成元・3・8民集43-2-89** (レペタ訴訟)，上訴に関する**最大決昭和63・2・17刑集42-2-299** (402頁) が，それである。

■　裁判の公開に関するもの

　上告人（原告）は，米国ワシントン州弁護士の資格を有する者で，国際交流基金の特別研究生として日本における証券市場及びこれに関する法的規制の研究に従事し，右研究の一環として，1982年10月以来，東京地方裁判所における被告人甲に対する所得税法違反被告事件の各公判期日における公判を傍聴した。右事件を担当する裁判長は，各公判期日において傍聴人がメモをとることをあらかじめ一般的に禁止していたので，上告人は，各公判期日に先立ちその許可を求めたが，裁判長はこれを許さなかった。しかし，裁判長は，司法記者クラブ所属の報道機関の記者に対しては，各公

判期日においてメモをとることを許可していた。原告は、メモ不許可決定に対し、本件事件の公判期日におけるメモ採取の憲法上の権利が侵害され、これとともにこれら公判期日における公判内容を十分に記録することができないことから、所期していた研究をも阻害されることになり、多大の精神的損害を被ったとして、国家賠償を求めた。原審が、本件措置には裁量権を逸脱した違法を認めることはできないとして、本件不許可決定には違法性がないとしたため、原告が上告した。これに対し、**最大判平成元・3・8民集43-2-89**（レペタ訴訟）は、次のように詳細に判示した。

　憲法八二条一項の規定は、裁判の対審及び判決が公開の法廷で行われるべきことを定めているが、その趣旨は、裁判を一般に公開して裁判が公正に行われることを制度として保障し、ひいては裁判に対する国民の信頼を確保しようとすることにある。……裁判の公開が制度として保障されていることに伴い、各人は、裁判を傍聴することができることとなるが、右規定は、各人が裁判所に対して傍聴することを権利として要求できることまでを認めたものでないことはもとより、傍聴人に対して法廷においてメモを取ることを権利として保障しているものではないことも、いうまでもないところである。……憲法二一条一項の規定は、表現の自由を保障している。そうして、各人が自由にさまざまな意見、知識、情報に接し、これを摂取する機会をもつことは、その者が個人として自己の思想及び人格を形成、発展させ、社会生活の中にこれを反映させていく上において欠くことのできないものであり、民主主義社会における思想及び情報の自由な伝達、交流の確保という基本的原理を真に実効あるものたらしめるためにも必要であつて、このような情報等に接し、これを摂取する自由は、右規定の趣旨、目的から、いわばその派生原理として当然に導かれるところである（最高裁昭和五二年（オ）第九二七号同五八年六月二二日大法廷判決・民集三七巻五号七九三頁参照）。市民的及び政治的権利に関する国際規約（以下「人権規約」という。）一九条二項の規定も、同様の趣旨にほかならない。……筆記行為は、一般的には人の生活活動の一つであり、生活のさまざまな場面において行われ、極めて広い範囲に及んでいるから、そのすべてが憲法の保障する自由に関係するものということはできないが、さまざまな意見、知識、情報に接し、これを摂取することを補助するものとしてなされる限り、筆記行為の自由は、憲法二一条一項の規定の精神に照らして尊重されるべきであるといわなければならない。……裁判の公開が制度として保障されていることに伴い、傍聴人は法廷における裁判を見聞することができるのであるから、傍聴人が法廷においてメモを取ることは、その見聞する裁判を認識、記憶するためになされるものである限り、尊重に値し、故なく妨げられてはならないものというべきである。……もつとも、情報等の摂取を補助するためにする筆記行為の自由といえども、他者の人権と衝突する場合にはそれとの調整を図る上において、又はこれに優越する公共の利益が存在する場合にはそれを確保する必要から、一定

の合理的制限を受けることがあることはやむを得ないところである。しかも、右の筆記行為の自由は、憲法二一条一項の規定によって直接保障されている表現の自由そのものとは異なるものであるから、その制限又は禁止には、表現の自由に制約を加える場合に一般に必要とされる厳格な基準が要求されるものではないというべきである。……これを傍聴人のメモを取る行為についていえば、法廷は、事件を審理、裁判する場、すなわち、事実を審究し、法律を適用して、適正かつ迅速な裁判を実現すべく、裁判官及び訴訟関係人が全神経を集中すべき場であって、そこにおいて最も尊重されなければならないのは、適正かつ迅速な裁判を実現することである。傍聴人は、裁判官及び訴訟関係人と異なり、その活動を見聞する者であって、裁判に関与して何らかの積極的な活動をすることを予定されている者ではない。したがって、公正かつ円滑な訴訟の運営は、傍聴人がメモを取ることに比べれば、はるかに優越する法益であることは多言を要しないところである。してみれば、そのメモを取る行為がいささかでも法廷における公正かつ円滑な訴訟の運営を妨げる場合には、それが制限又は禁止されるべきことは当然であるというべきである。適正な裁判の実現のためには、傍聴それ自体をも制限することができるとされているところでもある（刑訴規則二〇二条、一二三条二項参照）。……メモを取る行為が意を通じた傍聴人によって一斉に行われるなど、それがデモンストレーションの様相を呈する場合などは論外としても、当該事件の内容、証人、被告人の年齢や性格、傍聴人と事件との関係等の諸事情によっては、メモを取る行為そのものが、審理、裁判の場にふさわしくない雰囲気を醸し出したり、証人、被告人に不当な心理的圧迫などの影響を及ぼしたりすることがあり、ひいては公正かつ円滑な訴訟の運営が妨げられるおそれが生ずる場合のあり得ることは否定できない。……しかしながら、それにもかかわらず、傍聴人のメモを取る行為が公正かつ円滑な訴訟の運営を妨げるに至ることは、通常はあり得ないのであって、特段の事情のない限り、これを傍聴人の自由に任せるべきであり、それが憲法二一条一項の規定の精神に合致するものということができる。……法廷を主宰する裁判長（開廷をした一人の裁判官を含む。以下同じ。）には、裁判所の職務の執行を妨げ、又は不当な行状をする者に対して、法廷の秩序を維持するため相当な処分をする権限が付与されている（裁判所法七一条、刑訴法二八八条二項）。右の法廷警察権は、法廷における訴訟の運営に対する傍聴人等の妨害を抑制、排除し、適正かつ迅速な裁判の実現という憲法上の要請を満たすために裁判長に付与された権限である。しかも、裁判所の職務の執行を妨げたり、法廷の秩序を乱したりする行為は、裁判の各場面においてさまざまな形で現れ得るものであり、法廷警察権は、右の各場面において、その都度、これに即応して適切に行使されなければならないことにかんがみれば、その行使は、当該法廷の状況等を最も的確に把握し得る立場にあり、かつ、訴訟の進行に全責任をもつ裁判長の広範な裁量に委ねられて然るべきものというべきであるから、その行使の要否、執るべき措置についての裁判長の判断は、最大限に尊重されなければならないのである。……裁判所法七一条、刑訴法二八八条二項の各規定により、法廷に

おいて裁判所の職務の執行を妨げ，又は不当な行状をする者に対し，裁判長が法廷の秩序を維持するため相当な処分をすることが認められている以上，裁判長は，傍聴人のメモを取る行為といえども，公正かつ円滑な訴訟の運営の妨げとなるおそれがある場合は，この権限に基づいて，当然これを禁止又は規制する措置を執ることができるものと解するのが相当であるから，実定法上，法廷において傍聴人に対してメモを取る行為を禁止する根拠となる規定が存在しないということはできない。……また，人権規約一九条三項の規定は，情報等の受領等の自由を含む表現の自由についての権利の行使に制限を課するには法律の定めを要することをいうものであるから，前示の各法律の規定に基づく法廷警察権による傍聴人のメモを取る行為の制限は，何ら人権規約の右規定に違反するものではない。……裁判長は傍聴人がメモを取ることをその自由に任せるべきであり，それが憲法二一条一項の規定の精神に合致するものであることは，前示のとおりである。裁判長としては，特に具体的に公正かつ円滑な訴訟の運営の妨げとなるおそれがある場合においてのみ，法廷警察権によりこれを制限又は禁止するという取扱いをすることが望ましいといわなければならないが，事件の内容，傍聴人の状況その他当該法廷の具体的状況によつては，傍聴人がメモを取ることをあらかじめ一般的に禁止し，状況に応じて個別的にこれを許可するという取扱いも，傍聴人がメモを取ることを故なく妨げることとならない限り，裁判長の裁量の範囲内の措置として許容されるものというべきである。……本件裁判長が，各公判期日において，上告人に対してはメモを取ることを禁止しながら，司法記者クラブ所属の報道機関の記者に対してはこれを許可していたことは，前示のとおりである。……憲法一四条一項の規定は，各人に対し絶対的な平等を保障したものではなく，合理的理由なくして差別することを禁止する趣旨であつて，それぞれの事実上の差異に相応して法的取扱いを区別することは，その区別が合理性を有する限り，何ら右規定に違反するものではないと解すべきである（最高裁昭和五五年（ツ）第一五号同六〇年三月二七日大法廷判決・民集三九巻二号二四七頁等参照）とともに，報道機関の報道は，民主主義社会において，国民が国政に関与するにつき，重要な判断の資料を提供するものであつて，事実の報道の自由は，表現の自由を定めた憲法二一条一項の規定の保障の下にあることはいうまでもなく，このような報道機関の報道が正しい内容をもつためには，報道のための取材の自由も，憲法二一条の規定の精神に照らし，十分尊重に値するものである（最高裁昭和四四年（し）第六八号同年一一月二六日大法廷決定・刑集二三巻一一号一四九〇頁）。……そうであつてみれば，以上の趣旨が法廷警察権の行使に当たつて配慮されることがあつても，裁判の報道の重要性に照らせば当然であり，報道の公共性，ひいては報道のための取材の自由に対する配慮に基づき，司法記者クラブ所属の報道機関の記者に対してのみ法廷においてメモを取ることを許可することも，合理性を欠く措置ということはできないというべきである。……本件裁判長において執つた右の措置は，このような配慮に基づくものと思料されるから，合理性を欠くとまでいうことはできず，憲法一四条一項の規定に違反するものではない。……原

第11代長官　矢口洪一

審の確定した前示事実関係の下においては，本件裁判長が法廷警察権に基づき傍聴人に対してあらかじめ一般的にメモを取ることを禁止した上，上告人に対しこれを許可しなかつた措置（以下「本件措置」という。）は，これを妥当なものとして積極的に肯認し得る事由を見出すことができない。上告人がメモを取ることが，法廷内の秩序や静穏を乱したり，審理，裁判の場にふさわしくない雰囲気を醸し出したり，あるいは証人，被告人に不当な影響を与えたりするなど公正かつ円滑な訴訟の運営の妨げとなるおそれがあつたとはいえないのであるから，本件措置は，合理的根拠を欠いた法廷警察権の行使であるというべきである。……過去においていわゆる公安関係の事件が裁判所に多数係属し，荒れる法廷が日常であつた当時には，これらの裁判の円滑な進行を図るため，各法廷において一般的にメモを取ることを禁止する措置を執らざるを得なかつたことがあり，全国における相当数の裁判所において，今日でもそのような措置を必要とするとの見解の下に，本件措置と同様の措置が執られてきていることは，当裁判所に顕著な事実である。しかし，本件措置が執られた当時においては，既に大多数の国民の裁判所に対する理解は深まり，法廷において傍聴人が裁判所による訴訟の運営を妨害するという事態は，ほとんど影をひそめるに至つていたこともまた，当裁判所に顕著な事実である。……裁判所としては，今日においては，傍聴人のメモに関し配慮を欠くに至つていることを率直に認め，今後は，傍聴人のメモを取る行為に対し配慮をすることが要請されることを認めなければならない。……もつとも，このことは，法廷の秩序や静穏を害したり，公正かつ円滑な訴訟の運営に支障を来したりすることのないことを前提とするものであることは当然であつて，裁判長は，傍聴人のいかなる行為であつても，いやしくもそれが右のような事態を招くものであると認めるときには，厳正かつ果断に法廷警察権を行使すべき職務と責任を有していることも，忘れられてはならないであろう。……法廷警察権は，裁判所法七一条，刑訴法二八八条二項の各規定に従つて行使されなければならないことはいうまでもないが，前示のような法廷警察権の趣旨，目的，更に遡つて法の支配の精神に照らせば，その行使に当たつての裁判長の判断は，最大限に尊重されなければならない。したがつて，それに基づく裁判長の措置は，それが法廷警察権の目的，範囲を著しく逸脱し，又はその方法が甚だしく不当であるなどの特段の事情のない限り，国家賠償法一条一項の規定にいう違法な公権力の行使ということはできないものと解するのが相当である。このことは，前示のような法廷における傍聴人の立場にかんがみるとき，傍聴人のメモを取る行為に対する法廷警察権の行使についても妥当するものといわなければならない。……本件措置が執られた当時には，法廷警察権に基づき傍聴人がメモを取ることを一般的に禁止して開廷するのが相当であるとの見解も広く採用され，相当数の裁判所において同様の措置が執られていたことは前示のとおりであり，本件措置には前示のような特段の事情があるとまではいえないから，本件措置が配慮を欠いていたことが認められるにもかかわらず，これが国家賠償法一条一項の規定にいう違法な公権力の行使に当たるとまでは，断ずることはできない。……以上説示したとこ

ろと同旨に帰する原審の判断は，結局これを是認することができる。原判決に所論の違憲，違法はなく，論旨は，いずれも採用することができない。

このように，本判決によれば，傍聴人のメモが認められることになった。しかし，メモについての最高裁の本質的な理解は少しも変わっていないことに注意が必要であろう。本判決は，他方で，概要，次のように判示したからである。

①憲法82条1項の規定は，各人が裁判所に対し裁判を傍聴することを権利として要求できることまでも認めたものでないことはもとより，傍聴人に対して法廷においてメモを取ることを権利として保障しているものではない。②筆記行為の自由は，憲法21条1項の規定によって直接保障されている表現の自由そのものとは異なるものであるから，その制限又は禁止には，表現の自由に制約を加える場合に一般に必要とされる厳格な基準が要求されるものではない。③公正かつ円滑な訴訟の運営は，傍聴人がメモを取ることに比べれば，はるかに優越する法益であることは多言を要しないところであり，メモを取る行為がいささかでも法廷における公正かつ円滑な訴訟の運営を妨げる場合には，それが制限又は禁止されるべきことは当然である。④当該事件の内容，証人，被告人の年齢や性格，傍聴人と事件との関係等の諸事情によっては，メモを取る行為そのものが，審理，裁判の場にふさわしくない雰囲気を醸し出したり，証人，被告人に不当な心理的圧迫などの影響を及ぼしたりすることがあり，ひいては公正かつ円滑な訴訟の運営が妨げられるおそれが生ずる場合のあり得ることは否定できない。⑤裁判所法71条，刑訴法288条2項の各規定により，法廷において裁判所の職務の執行を妨げ，又は不当な行状をする者に対し，裁判長が法廷の秩序を維持するため相当な処分をすることが認められている以上，裁判長は，傍聴人のメモを取る行為といえども，公正かつ円滑な訴訟の運営の妨げとなるおそれがある場合は，この権限に基づいて，当然これを禁止又は規制する措置を執ることができるものと解するのが相当であるから，実定法上，法廷において傍聴人に対してメモを取る行為を禁止する根拠となる規定が存在しないということはできない。⑥右規定に基づく法廷警察権による傍聴人のメモを取る行為の制限は，何ら人権規約の規定に違反するものではない。⑦事件の内容，傍聴人の状況その他当該法廷の具体的状況によっては，傍聴人がメモを取ることをあらかじめ一般的に禁止し，状況に応じて個別的にこれを許可するという取扱いも，傍聴人がメモを取ることを故なく妨げることとならない限り，裁判長の裁量の範囲内の措置として許容されるものというべきである。⑧本件裁判長において執った右の一般的禁止措置は，このような配慮に基づくものと思料されるから，合理性を欠くとまでいうことはできず，憲法14条1項の規定に違反するものではない。

第11代長官　矢口洪一

したがって，本判決では，傍聴人にメモを認める理由も専ら事情変更に求められている。すなわち，「過去においていわゆる公安関係の事件が裁判所に多数係属し，荒れる法廷が日常であつた当時には，これらの裁判の円滑な進行を図るため，各法廷において一般的にメモを取ることを禁止する措置を執らざるを得なかつたことがあり，全国における相当数の裁判所において，今日でもそのような措置を必要とするとの見解の下に，本件措置と同様の措置が執られてきていることは，当裁判所に顕著な事実である。しかし，本件措置が執られた当時においては，既に大多数の国民の裁判所に対する理解は深まり，法廷において傍聴人が裁判所による訴訟の運営を妨害するという事態は，ほとんど影をひそめるに至つていたこともまた，当裁判所に顕著な事実である。」「裁判所としては，今日においては，傍聴人のメモに関し配慮を欠くに至つていることを率直に認め，今後は，傍聴人のメモを取る行為に対し配慮をすることが要請されることを認めなければならない。」とされている点がそれである。その背景には冷戦の終結による左翼運動，あるいは労働運動等の退潮傾向が伏在しているが，本判決によれば，かつてのように，「法廷において傍聴人が裁判所による訴訟の運営を妨害する」というような事態が発生すれば，傍聴人にメモ禁止の措置をとることが留保されていることは明らかであろう。

■ 上訴に関するもの

最大決昭和63・2・17刑集42-2-299も，判例を変更したものである。原判決後，被告人のために上訴をする権限を有しない選任権者によって選任された弁護人には被告人のため上訴申立をする権限がないとした**最決昭和44・9・4刑集23-9-1085**を変更し，右弁護人も刑訴法351条1項による被告人の上訴申立を代理して行うことができると解するのが相当であるとし，その理由について，次のように判示した。

被告人は昭和六一年一二月一一日Bとの婚姻の届出をしており，これによつて成年に達したものとみなされ（民法七五三条参照），母Aは右弁護人選任当時すでに被告人の法定代理人たる地位を喪失し，被告人のために上訴をする権限を有しない者であつたこと，原原審である大阪高等裁判所は，右弁護人には被告人のために控訴申立をする権限がなく，本件控訴申立は法令上の方式に違反することが明らかであるとして，刑訴法三八五条により決定で控訴を棄却し，右決定に対する抗告に代わる異議の申立を受けた原審大阪高等裁判所も，原原決定を支持して異議の申立を棄却したことが明らかである。……しかし，およそ弁護人は，被告人のなし得る訴訟行為について，その性質上許されないものを除いては，個別的な特別の授権がなくても，被告人の意思に反しない限り，これを代理して行うことができるのであり，このことは，その選任者が被告人本人であるか

402

刑訴法三〇条二項所定の被告人以外の選任権者であるかによつて，何ら変わりはないというべきであり，上訴の申立をその例外としなければならない理由も認められないから，原判決後被告人のために上訴をする権限を有しない選任権者によつて選任された弁護人も，同法三五一条一項による被告人の上訴申立を代理して行うことができると解するのが相当である。これと異なり，このような弁護人には，被告人のため上訴申立をする権限がないとした当裁判所の判例（昭和四四年九月四日第一小法廷決定・刑集二三巻九号一〇八五頁……等）は，いずれもこれを変更すべきものである。……したがつて，前記野村弁護人に控訴申立をする権限がないとした原原決定及びこれを維持した原決定には，刑訴法の解釈を誤つた違法があり，他に本件控訴申立を不適法とすべき理由も見当たらないから，これを取り消さなければ著しく正義に反するといわなければならない。

最高裁が弁護人のいわゆる包括的代理権を認めた点が注目される。裁判所が推進しようとする迅速裁判，そして，司法改革にとって弁護人の存在と協力は必要不可欠だということからであろうか。

2 小法廷判決・決定

小法廷でも注目される判決・決定は数多い。しかも，それらは多方面に及んでいる。従前の大法廷判決・決定を「不動の基準」として，これに則って判断したものも目立つ。

■ 捜査に関するもの

速度違反車両の自動撮影を行う本件自動速度監視装置による運転者及び同乗者の容ぼうの写真撮影を許容した**最判昭和61・2・14刑集40-1-48**もその一つである。許容する理由について，次のように判示した。

> 弁護人高山俊吉の上告趣意第一のうち，憲法一三条，二一条違反をいう点は，速度違反車両の自動撮影を行う本件自動速度監視装置による運転者の容ぼうの写真撮影は，現に犯罪が行われている場合になされ，犯罪の性質，態様からいつて緊急に証拠保全をする必要性があり，その方法も一般的に許容される限度を超えない相当なものであるから，憲法一三条に違反せず，また，右写真撮影の際，運転者の近くにいるため除外できない状況にある同乗者の容ぼうを撮影することになつても，憲法一三条，二一条に違反しないことは，当裁判所昭和四四年一二月二四日大法廷判決（刑集二三巻一二号一六二五頁）の趣旨に徴して明らかであるから，所論は理由がなく，憲法一四条，三一条，三五条，三七条違反をいう点は，本件装置による速度違反車両の取締りは，所論のごとく，不当な差別をもたらし，違反者の防禦権を侵害しあるいは囮捜査に類似する不合理な捜査方

法とは認められないから，所論はいずれも前提を欠き，適法な上告理由に当たらない。

最決昭和51・3・16刑集30-2-187が提示した任意捜査の許容性についての一般基準に則って，警察官による個人の容貌等の無令状による撮影を許容した**最大判昭和44・12・24刑集23-12-1625**（186-187頁＝京都府学連事件）が根拠判例とされていることは明らかであろう。ここでも，自動速度監視装置による速度違反車両という新たな捜査方法に最高裁のお墨付きが与えられることになった。

最決平成元・9・26判時1357-147も，次のように判示し，職務質問するために相手方の胸元をつかみ歩道上に押し上げようとした警察官の行為を適法とした。

原判決の認定する罪となるべき事実は，「被告人は，昭和六一年一月一六日午後八時四八分ころ，大阪府八尾市安中町八丁目一五番一三号安中老人福祉センター前路上において，被告人の吐いたつばが折から交通整理等の職務に当たっていた大阪府八尾警察署所属の巡査藤田真澄（当時二五歳）にかかったことから，故意につばを吐きかけたものと認識した同巡査が，被告人に何らかの罪を犯そうとしている者として職務質問するため，その胸元をつかみ歩道上に押し上げようとしたのに対し，『じゃかましいわい』『放せや』などと叫びながら，同巡査の左膝を数回足蹴にし，更に顔面に殴りかかるなどの暴行を加え，もって同巡査の右職務質問の職務の執行を妨害したものである。」というのである。原判決は，右認定の理由として，「同巡査の証言する当時の状況を考慮すると，被告人が故意につばを吐きかけてきたと認識した藤田巡査は，更に自己に向かって暴行あるいは公務執行妨害等の犯罪行為に出るのでないかと考えて，被告人に質問するため，「なにをする」と言いながら，その胸元をつかみ歩道上に押し上げたものと推認するのが相当であり，そうした行為は警察官として警察官職務執行法二条により当然認められる職務の執行と解されるのである。」と判示している。当時の相互の距離関係等の具体的な状況を考えれば，通行人から突然つばを吐きかけられた者としては，一般私人の立場であっても，その理由を問い質すのは当然であって，まして前記のような職務に従事していた制服の警察官に対してかかる行為に出た以上，同警察官としては何らかの意図で更に暴行あるいは公務執行妨害等の犯罪行為に出るのではないかと考えることは無理からぬところである。そうであれば，同警察官として被告人に対し職務質問を行うことができることは当然であり，そのために右の程度の行動をとることは，職務質問に付随する有形力の行使として当然許されるというべきである。したがって，原判決の右判断は正当である。

この法廷意見には，次のような反対意見が付された。

（裁判官島谷六郎の反対意見は，つぎのとおりである。）本件は，被告人に故意につばを吐きかけられたと認識した警察官が，被告人の胸元をつかんで歩道上に押し上げようと

V　この期の刑事判例の特徴

したため，被告人が警察官の左膝を数回足蹴にし，さらに顔面に殴りかかるなどの暴行を加えたという事案であるが，これが警察官の公務執行を妨害する行為にあたるか否か，疑問をもたざるをえない。……被告人が警察官に対して「故意に」つばを吐きかけたものか，あるいは被告人の吐いたつばが偶然警察官の着衣にかかったものか，疑問がないわけではないが，それはしばらく措くとして，原審の認定によれば，「故意につばを吐きかけたものと認識した」警察官が，「被告人に何らかの罪を犯そうとしている者として職務質問するため，その胸元をつかみ歩道上に押し上げようとした」というのである。警察官職務執行法二条一項には，警察官は，異常な挙動その他周囲の事情から合理的に判断して何らかの犯罪を犯し，若しくは犯そうとしていると疑うに足りる相当な理由のある者に対して，質問することができることと定められているが，本件の場合同条同項の要件を具備しているか否か，かならずしも明らかではない。しかし，仮にその要件を具備しているものとしても，原審の認定によれば，警察官は，被告人につばを吐きかけられたと認識して，「なにをする」と言いながら，その胸元をつかみ歩道上に押し上げた，というのであり，「なにをする」という言葉が示すように，これは被告人につばを吐きかけられたと認識した警察官の瞬間的な反応であるに過ぎず，職務質問のための公務の執行であると評価することができるか否か疑問を抱かざるをえない。もし職務質問をしようというのであれば，警察官としては，被告人に対し，端的に質問すればよいのであって，質問をしないで，いきなり被告人の胸元をつかむというのは，職務質問として適法な行為ではあるまい。なるほど，前記法条には，「停止させて」質問することができると定められているが，原判決及び訴訟記録からは，被告人がその場から逃げ出そうとしたような様子は全く窺うことができないのであって，警察官として，職務質問のために被告人の胸元をつかむという行動に出る必要はなかったはずであり，違法な行為であるといわざるをえない。被告人は，これに対し，『じゃかましいわい』『放せや』などと叫びながら，警察官の左膝を数回足蹴にし，更に顔面に殴りかかるなどの暴行を加えた，というのであるが，これは警察官にいきなり胸元をつかまれたことに対する被告人の反撥的な行動であるとみるべきものである。……つばを吐きかけられたと認識した警察官としては，いささか激することがあったとしても，本件のような性急な行動はとるべきでないのであって，警察官の行為は適法な職務執行であるということはできず，適法な職務行為でない以上，被告人には公務執行妨害罪は成立しないと思料する。……よって，原判決には法令の解釈適用を誤った違法があり，その違法は判決に影響を及ぼし，原判決を破棄しなければ著しく正義に反するものと認められる。

　法廷意見が違法な捜査を安易に適法とすることに一石を投じたものといえよう。それが少数にとどまるところに最高裁の体質がうかがい知れよう。

第11代長官　矢口洪一

■ 令状に関するもの

　報道機関が撮影したビデオテープを捜索・差押許可状に基づいて捜査官が差し押え，有罪証拠として利用することが許されるか。憲法21条の保障する「表現の自由」の射程内にある報道機関の報道の自由に関わるだけに，その判断は微妙なものがある。既に**最大決昭和44・11・26刑集23-11-1490**（博多駅事件）は，この点について，次のように判示していた。

> 公正な刑事裁判の実現を保障するために，報道機関の取材活動によつて得られたものが，証拠として必要と認められるような場合には，取材の自由がある程度の制約を蒙ることとなつてもやむを得ないところというべきである。しかしながら，このような場合においても，一面において，審判の対象とされている犯罪の性質，態様，軽重および取材したものの証拠としての価値，ひいては，公正な刑事裁判を実現するにあたつての必要性の有無を考慮するとともに，他面において取材したものを証拠として提出させられることによつて報道機関の取材の自由が妨げられる程度およびこれが報道の自由に及ぼす影響の度合その他諸般の事情を比較衡量して決せられるべきであり，これを刑事裁判の証拠として使用することがやむを得ないと認められる場合においても，それによつて受ける報道機関の不利益が必要な限度をこえないように配慮されなければならない。

　この期においても同種の問題が発生したことから，上記最大決昭和44・11・26の提示した基準に則って判断したのが**最決平成元・1・30刑集43-1-19**（日本テレビ事件）である。衆議院議員Yは，リクルートコスモス社の社長室長兼監査室長Xから，いわゆるリクルート疑惑に関する国政調査権の行使等に手心を加えてもらいたいなどの趣旨で多額の現金供与の申込みを受けた際，Yは日本テレビ記者に依頼し，Xによる申込時の状況を撮影させた。検察官は，本件贈賄事件の捜査で，撮影したビデオテープを保有する日本テレビに対する捜索差押許可状の発付を受け，同ビデオテープ4本を差し押さえた。これに対し，日本テレビ側は，本件差押処分の取消しを求めて準抗告し，さらに最高裁に特別抗告を申し立てた。これに対し，最高裁は，次のように判示し，本件差押えを適法とした。

> 差押当日までにこれを放映しているのであつて，本件差押処分により申立人の受ける不利益は，……将来の取材の自由が妨げられるおそれがあるという不利益にとどまる。右のほか，本件ビデオテープは，その取材経緯が証拠の保全を意図したAからの情報提供と依頼に基づく特殊なものであること，当のAが本件贈賄被疑事件を告発するに当たり重要な証拠資料として本件ビデオテープの存在を挙げていること，差押に先立ち検察官が報道機関としての立場に配慮した事前折衝を申立人との間で行つていること，その他諸般の事情を総合して考えれば，報道機関の報道の自由，取材の自由が十分これを

V この期の刑事判例の特徴

尊重すべきものであるとしても，前記不利益は，適正迅速な捜査を遂げるためになお受忍されなければならないものというべきであり，本件差押処分はやむを得ないものと認められる。……以上のとおり，所論は，博多駅事件決定の趣旨に徴して理由がなく，これと同旨の原決定は相当である。

もっとも，本最決平成元・1・30においては，最大決昭和44・11・26と異なり，適法とされる理由の一つに，「本件ビデオテープは，その取材経緯が証拠の保全を意図したYからの情報提供と依頼に基づく特殊なものであること，当のYが本件贈賄被疑事件を告発するに当たり重要な証拠資料として本件ビデオテープの存在を挙げていること，差押に先立ち検察官が報道機関の立場に配慮した事前折衝を申立人との間で行っていること」が挙げられている。しかし，それはあくまでも副次的なもので，理由として大きかったのは，「すでに放映されたものを含む放映のために準備されたもの」ということから「証拠として使用されることによって報道機関が蒙る不利益は，報道の自由そのものではなく，将来の取材の自由が妨げられるおそれがあるというにとどまる」とした最大決昭和44・11・26の場合と同様，本件においても，「差押当日までに既に放映されている」ことから，「本件差押処分により申立人の受ける不利益は，本件ビデオテープの放映が不可能となり報道の機会が奪われるという不利益ではなく，将来の取材の自由が妨げられるおそれがあるという不利益にとどまる」という点だと考えられる。報道の自由そのものの侵害については慎重な姿勢が窺われる。

■ 確定記録の閲覧に関するもの

最大決昭和33・2・17刑集12-2-253（41-42頁＝北海タイムズ事件）では，法廷の写真撮影・録音・テレビ放映等を原則として禁止し，裁判官の裁量により例外的に許すとした刑事訴訟規則215条は憲法21条，82条に違反しないとされた。この期においては，再審請求等との関係もあって，「保管検察官は，保管記録が刑事訴訟法第五十三条第三項に規定する事件のものである場合を除き，次に掲げる場合には，保管記録を閲覧させないものとする。」とした刑事確定訴訟記録法4条2項が憲法21条，82条に違反しないかが争われた。これについて，**最決平成2・2・16判時1340-145**は，上記・最大決昭和33・2・17を援用し，「憲法の右の各規定が刑事確定訴訟記録の閲覧を権利として要求できることまでを認めたものでないことは，当裁判所大法廷判例（昭和二九年（秩ち）第一号同三三年二月一七日決定・刑集一二巻二号二五三頁，昭和六三年（オ）第四三六号平成元年三月八日判決・民集四三巻二号八九頁）の趣旨に徴して明らかであるから，所論は理由がなく，判例違反をいう点は，所論引用の各判例はすべて本件とは事案を異にするので適切でなく，刑訴法四三三条の抗告理由に当たらない。」と判示し，弁護人の

訴えを退けた。これによれば，刑事確定訴訟記録の閲覧も，法廷の写真撮影・録音・テレビ放映等と同様に，立法裁量に委ねられるべき問題とされることになった。憲法の規定を「プログラム規定」と解し，内容の具体は立法裁量に委ねるという最高裁に特有の憲法解釈がここでも顔を見せている。

■ 公訴に関するもの

無罪判決が確定した場合，当該公訴の提起が適法であったかどうかに関わって，適法性の判断基準および判断資料が問題となる。この判断基準および判断資料について判示したのが**最判平成元・6・29民集43-6-664**である。無罪を勝ち取った弁護人が争い，原審がこれを認めたことから，最高裁が判断を示したものである。次のように判示した。

> 原審の右判断は是認することができない。その理由は，次のとおりである。……刑事事件において無罪の判決が確定したというだけで直ちに公訴の提起が違法となるということはなく，公訴提起時の検察官の心証は，その性質上，判決時における裁判官の心証と異なり，右提起時における各種の証拠資料を総合勘案して合理的な判断過程により有罪と認められる嫌疑があれば足りるものと解するのが当裁判所の判例（最高裁昭和四九年（オ）第四一九号同五三年一〇月二〇日第二小法廷判決・民集三二巻七号一三六七頁）であるところ，公訴の提起時において，検察官が現に収集した証拠資料及び通常要求される捜査を遂行すれば収集し得た証拠資料を総合勘案して合理的な判断過程により有罪と認められる嫌疑があれば，右公訴の提起は違法性を欠くものと解するのが相当である。したがつて，公訴の提起後その追行時に公判廷に初めて現れた証拠資料であつて，通常の捜査を遂行しても公訴の提起前に収集することができなかつたと認められる証拠資料をもつて公訴提起の違法性の有無を判断する資料とすることは許されないものというべきである。

最判昭和53・10・20民集32-7-1367（304頁）に則って，「公訴の提起時において，検察官が現に収集した証拠資料及び通常要求される捜査を遂行すれば収集し得た証拠資料を総合勘案して合理的な判断過程により有罪と認められる嫌疑があれば，右公訴の提起は違法性を欠くものと解するのが相当である」とされている点は，ある意味では，当然のことといえよう。問題は判断資料である。「公訴の提起後その追行時に公判廷に初めて現れた証拠資料であつて，通常の捜査を遂行しても公訴の提起前に収集することができなかつたと認められる証拠資料」は「公訴提起の違法性の有無を判断する資料とすることは許されない」とされている点が注目される。これによれば，無罪判決が確定しても，当該公訴の提起が違法とされる場合はあまり考えられないとい

うことになろう。

　公訴時効の起算点に関しても注目すべき小法廷決定がみられる。**最決昭和63・2・29刑集42-2-314**（熊本水俣病事件）がそれで，刑訴法253条1項は「時効（公訴時効の意―引用者）は，犯罪行為が終つた時から進行する。」と規定するが，ここにいう「犯罪行為」とは結果を含む広い意味であるとし，次のように判示した。

　一，二審判決の認定によれば，Xの出生は昭和三五年八月二八日であり，その死亡は昭和四八年六月一〇日であつて，出生から死亡までの間に一二年九か月という長年月が経過している。しかし，公訴時効の起算点に関する刑訴法二五三条一項にいう「犯罪行為」とは，刑法各本条所定の結果をも含む趣旨と解するのが相当であるから，Xを被害者とする業務上過失致死罪の公訴時効は，当該犯罪の終了時である同人死亡の時点から進行を開始するのであつて，出生時に同人を被害者とする業務上過失傷害罪が成立したか否か，そして，その後同罪の公訴時効期間が経過したか否かは，前記業務上過失致死罪の公訴時効完成の有無を判定するに当たつては，格別の意義を有しないものというべきである。したがつて，同人死亡の時点から起算して公訴時効期間が満了する前の昭和五一年五月四日に公訴が提起されている前記業務上過失致死罪につき，その公訴時効の完成を否定した原判断の結論は，正当である。……次に，本件公訴事実によれば，本件における各死傷の結果発生の時期は，それぞれ昭和三四年七月（A死亡），同年九月（B傷害），同年一一月（C，D各死亡），同年一二月（E死亡），昭和四六年一二月（F死亡），昭和四八年六月（G死亡）であつて，相当の時間的な広がりがあつたものとされてはいるが，一，二審判決の認定によれば，これらの結果は，昭和三三年九月初旬から昭和三五年六月末ころまでの間に行われた継続的な一個の過失行為によって引き起こされたというのである。以上の前提のもとにおいて，原判決は，各罪が観念的競合の関係にある場合において，一つの罪の公訴時効期間内に他の罪の結果が発生するときは，時効的連鎖があるものとし，これらを一体的に観察して公訴時効完成の有無を判定すべきであるが，時効的連鎖が認められないときは，それぞれを分割して各別に公訴時効完成の有無を判定すべきであるとの解釈を示した上，個別的にみて公訴時効が完成していないXを被害者とする業務上過失致死罪との間で時効的連鎖が認められるのは，Eを被害者とする業務上過失致死罪のみであり，右二名を被害者とする各業務上過失致死罪とその余の五名を被害者とする各業務上過失致死傷罪との間には，時効的連鎖が存在しないとして，後者につき公訴時効の完成を肯定する判断を示しているのである。しかし，前記前提のもとにおいても，観念的競合の関係にある各罪の公訴時効完成の有無を判定するに当たつては，その全部を一体として観察すべきものと解するのが相当であるから（最高裁昭和四一年四月二一日第一小法廷判決・刑集二〇巻四号二七五頁参照），Xの死亡時から起算して業務上過失致死罪の公訴時効期間が経過していない以上，本件各業務上過失致死傷罪の全体について，その公訴時効はいまだ完成していないものというべきである。し

がつて、原判決がX及びEを被害者とする各業務上過失致死罪について公訴時効の完成を否定した点は、その結論において正当であり、他方、右二名以外の五名を被害者とする各業務上過失致死傷罪について公訴時効の完成を肯定した点は、法令の解釈適用を誤つたものであるが、その部分については、第一審判決の理由中において公訴時効完成による免訴の判断が示され、同判決に対しては検察官による控訴の申立がなかつたものであつて、右部分は、原審当時既に当事者間においては攻防の対象からはずされていたものとみることができるから（最高裁昭和四六年三月二四日大法廷決定・刑集二五巻二号二九三頁……参照）、結局、原判決の右誤りは、判決に影響を及ぼさない。

■ 訴因変更の要否および可否に関するもの

訴因変更の要否に関しても小法廷決定が出されている。一つは過失犯に関する**最決昭和63・10・24刑集42-8-1079**で、被告人に速度調節という注意義務を課す根拠となる具体的事実と考えられる「石灰の粉塵の路面への堆積凝固という事実」が一旦は公訴事実中に記載され、その後、訴因変更の手続を経て撤回されたが、「降雨による路面の湿潤」という事実のみでなく、「石灰の粉塵の路面への堆積凝固」という事実をも併せ考慮した上で、事実誤認を理由に第一審判決を破棄し、有罪判決をした原判決の適法性が争われたものである。次のように判示し、原判決を適法とした。

　　過失犯に関し、一定の注意義務を課す根拠となる具体的事実については、たとえそれが公訴事実中に記載されたとしても、訴因としての拘束力が認められるものではないから、右事実が公訴事実中に一旦は記載されながらその後訴因変更の手続を経て撤回されたとしても、被告人の防禦権を不当に侵害するものでない限り、右事実を認定することに違法はないものと解される。……本件において、降雨によつて路面が湿潤したという事実と、石灰の粉塵が路面に堆積凝固したところに折からの降雨で路面が湿潤したという事実は、いずれも路面の滑りやすい原因と程度に関するものであつて、被告人に速度調節という注意義務を課す根拠となる具体的事実と考えられる。それらのうち、石灰の粉塵の路面への堆積凝固という事実は、前記のように、公訴事実中に一旦は記載され、その後訴因変更の手続を経て撤回されたものではあるが、そのことによつて右事実の認定が許されなくなるわけではない。また、本件においては、前記のとおり、右事実を含む予備的訴因が原審において追加され、右事実の存否とそれに対する被告人の認識の有無等についての証拠調がされており、被告人の防禦権が侵害されたとは認められない。したがつて、原判決が、降雨による路面の湿潤という事実のみでなく、石灰の粉塵の路面への堆積凝固という事実をも併せ考慮したうえ、事実誤認を理由に第一審判決を破棄し有罪判決をしたことに違法はない。

問題は適法性の根拠である。「過失犯に関し、一定の注意義務を課す根拠となる具

体的事実については，たとえそれが公訴事実中に記載されたとしても，訴因としての拘束力が認められるものではない」とされた点が注目される。拘束力を認めて無罪判決を出すことは相当ではないということであろうか。

もう一つは**最決昭和63・10・25刑集42-8-1100**で，刑訴法312条1項にいう「公訴事実の同一性」に関するものである。同決定は，次のように判示し，同一性を認めた。

> なお，所論にかんがみ職権により判断すると，本件昭和六〇年一一月八日付起訴状記載の訴因は，「被告人は，「Ａちやん」ことＢ某と共謀の上，法定の除外事由がないのに，昭和六〇年一〇月二六日午後五時三〇分ころ，栃木県芳賀郡〇〇町〇〇番地の被告人方において，右Ｂをして自己の左腕部に覚せい剤であるフェニルメチルアミノプロパン約〇・〇四グラムを含有する水溶液約〇・二五ミリリットルを注射させ，もつて，覚せい剤を使用した」というものであり，また，検察官が第一審裁判所において変更を請求した訴因は，「被告人は，法定の除外事由がないのに，昭和六〇年一〇月二六日午後六時三〇分ころ，茨城県下館市〇〇番地の〇〇所在スナック〇〇店舗内において，覚せい剤であるフェニルメチルアミノプロパン約〇・〇四グラムを含有する水溶液約〇・二五ミリリットルを自己の左腕部に注射し，もつて，覚せい剤を使用した」というものである。そして，記録によれば，検察官は，昭和六〇年一〇月二八日に任意提出された被告人の尿中から覚せい剤が検出されたことと捜査段階での被告人の供述に基づき，前記起訴状記載の訴因のとおりに覚せい剤の使用日時，場所，方法等を特定して本件公訴を提起したが，その後被告人がその使用時間，場所，方法に関する供述を変更し，これが信用できると考えたことから，新供述にそつて訴因の変更を請求するに至つたというのである。そうすると，両訴因は，その間に覚せい剤の使用時間，場所，方法において多少の差異があるものの，いずれも被告人の尿中から検出された同一覚せい剤の使用行為に関するものであつて，事実上の共通性があり，両立しない関係にあると認められるから，基本的事実関係において同一であるということができる。したがつて，右両訴因間に公訴事実の同一性を認めた原判断は正当である。

最決昭和53・3・6刑集32-2-218（299-300頁）は，周知のように，「公務員乙と共謀の上，乙の職務上の不正行為に対する謝礼の趣旨で，丙から賄賂を収受した」という枉法収賄の訴因と，「丙と共謀のうえ，右の趣旨で，公務員乙に対し賄賂を供与した」という贈賄の訴因とは，授受された賄賂に事実上の共通性があるので，両立しない関係にあり，同一性を肯定できると判示した。本最決昭和63・10・25も，この判断枠組みに従ったものである。

最判昭和62・12・3刑集41-8-323も，次のように判示し，第一審裁判所が公訴事実の同一性がない事実につき誤って訴因の追加を許可した場合，その後，取消し決定を

第11代長官　矢口洪一

することができるとした。

　なお，第一審裁判所は，誤つて元の訴因の事実とは併合罪関係にあり公訴事実の同一性がない事実につき訴因追加を許可し，その追加された訴因の事実についての証拠を取り調べた後に，右誤りを是正するため，まず右訴因追加の許可を取り消す決定をし，次いで右証拠の採用決定を取り消す決定をしたうえ，改めて追起訴された右追加訴因と同一の事実をも含めて，更に審理を重ね，判決に至つているが，右各取消決定について刑訴法にこれを認める明文がないからといつて，このような決定をすることが許されないと解すべき理由はなく，これと同旨の理由により右第一審訴訟手続を適法とした原判決の判断は正当である。

■ 自白法則に関するもの

　この期には，久しぶりに，自白の任意性に関する小法廷決定がみられる。**最決平成元・1・23判時1301-155**がそれで，「右自白は下山田弁護人が接見した直後になされたものであるうえ，同日以前には弁護人四名が同被告人と接見し，関谷弁護人も前日に接見していたのであるから，接見交通権の制限を含めて検討しても，右自白の任意性に疑いがないとした原判断は相当と認められる。」と判示した。弁護人と接見できない状態の下での自白であっても，そのことだけで自白の任意性に疑いを抱くことは相当でないとしつつ，弁護人が接見した直後の自白だということをもって，自白の任意性に疑いがない理由に挙げられている点が注目される。

　自白等の信用性に関する小法廷判決・決定が数多く出されているのも，この期の特徴である。**最判平成元・4・21裁判集刑事251-657**（遠藤事件）もその一つで，次のように判示し，捜査段階の被告人供述等の信用性を認めたのは疑問だとして，有罪の原判決を破棄し，差戻した。

> 原審がその説示するような理由で，E証言並びにF，C及び被告人の捜査段階における各供述の信用性を認め，有罪の第一審判決を是認した判断はこのままでは支持しがたいものである。そうすると，原判決にはいまだ審理を尽くさず，証拠の価値判断を誤り，ひいて重大な事実を誤認した疑いがあるというべきであって，これが判決に影響を及ぼすことは明らかであり，原判決を破棄しなければ著しく正義に反するものと認められる。……よって，刑訴法四一一条一号，三号により原判決を破棄し，同法四一三条本文に従い，さらに審理を尽くさせるため，本件を原審である大阪高等裁判所に差し戻すこととし，裁判官全員一致の意見で，主文のとおり判決する。

　最判平成元・6・22刑集43-6-427（山中事件）も同様である。次のように判示し，捜査段階の被告人供述の信用性を認めたのは疑問だとして，有罪の原判決を破棄し，差

し戻した。

　以上のとおり，本件第一の犯行においては，被告人と犯行とを結びつける唯一の直接証拠であるK（共犯者—引用者）供述の信用性について幾多の疑問がある。したがつて，これらの疑問点を解明することなく，一，二審において取り調べられた証拠のみによつて同犯行につき被告人を有罪と認めることは許されないというべきであつて，原審が，その説示するような理由で右犯行に関するKの供述に信用性があるものと認め，本件第一の犯行につき被告人を有罪とした判断は，支持し難いものといわなければならない。そうすると，原判決には，いまだ審理を尽くさず，証拠の価値判断を誤り，ひいては重大な事実誤認をした疑いが顕著であつて，これが判決に影響を及ぼすことは明らかであり，原判決を破棄しなければ著しく正義に反するものと認められる。

最決平成元・10・26判時1331-145（板橋事件）も，次のように判示し，捜査段階の被告人供述等の信用性を認めたのは疑問だとして，有罪の原判決を破棄し，差戻した。

　以上のとおり，A子及びBの供述と被告人の捜査段階の自白は，その信用性に疑いを容れる余地があり，被告人を犯人と断定するについてはなお合理的な疑いが残るというべきである。そうすると，被告人を有罪とした原判決は，証拠の評価を誤り，判決に影響を及ぼすべき重大な事実誤認を犯したものといわざるをえず，これを破棄しなければ著しく正義に反するものと認められる。そして，本件については，既に第一，二審において，必要と思われる事実審理はつくされており，今後，A子及びBに対し更にその供述を求めても，事柄の性質上，その各供述に関する前記のような疑問点が解消することは期待できないと考えられるから，本件は，当審において自判するのが相当である。……よって，刑訴法四一一条三号により原判決を破棄し，被告人を無罪とした第一審判決は相当であり，これを維持すべきものであって，検察官の控訴は理由がないから，同法四一三条但書，四一四条，三九六条によりこれを棄却することとし，裁判官全員一致の意見で，主文のとおり判決する。

　これらは，いずれも，捜査段階の被告人供述の信用性を安易に認め，これに依りかかって被告人に有罪を下している下級審の現状に対して最高裁が強い危惧感をもっていることを示したものといえよう。ただ，それも最高裁が自白法則を緩和し続けたために自ら招いた結果といえなくもない。

■ 伝聞法則に関するもの

　伝聞法則に関しても注目すべき小法廷決定がみられる。**最決昭和61・3・3刑集40-2-175**もその一つで，原本たる受信記録が滅失した場合，その謄本が原本と同様の証拠能力をもつかについて判断したものである。本最決昭和61・3・3は，次のように

判示し，右謄本も刑訴法323条2号にいう「業務の通常の過程において作成された書面」にあたるとした。

　所論にかんがみ，本件QRY受信用紙（以下，「本件受信記録」という。）の謄本の証拠能力について検討すると，以下のとおりである。まず，本件受信記録の原本は，それ自体だけからでは刑訴法三二三条二号にいう「業務の通常の過程において作成された書面」であることが必ずしも明らかではないけれども，その作成者の証言等関係証拠をも併せて検討すると，「北海いかつり船団」所属の各漁船は，同船団の事前の取決めにより，洋上操業中，毎日定時に操業位置，操業状況，漁獲高等を暗号表等を用いて相互に無線電話で通信し合い，その通信内容を所定の受信用紙に記載することになつていたものであるところ，本件受信記録は，右船団所属の第二一福聚丸の乗組員が，右取決めに従い，洋上操業中の同船内において，通信業務担当者として，他船の乗組員が通常の業務として発する定時通信を受信した都度その内容を所定の受信用紙に機械的に記入したものであることが認められるから，本件受信記録自体は，船団所属の漁船の操業位置等を認定するための証拠として，「業務の通常の過程において作成された書面」に該当すると認めるのが相当である。そして，本件受信記録の謄本は，司法警察員が他の被疑事件の証拠として，本件受信記録をIから押収し，その押収中に電子コピー機を使用して正確にこれを複写し，これに謄本である旨の認証文を付して作成したものであり，その後右原本がIに還付され同人のもとで滅失したことが認められるから，所論がいうように，たとえ検察官において後に本件で証拠調べを請求するに至るであろうことについての配慮を欠いて，右原本を前記他の事件についての略式命令が確定した後にIに還付してしまつたという事情があつたとしても，本件受信記録の謄本の証拠能力が否定されるものではないと解すべきであり，これと同旨の原判断は相当である。

　司法警察員が電子コピー機を使用して正確に原本を複写し，これに謄本である旨の認証文を付して作成したということから，右謄本は原本と同様の証拠能力を有するとされている点が注目される。

■ 証拠能力に関するもの

　証拠能力に関しても小法廷決定がみられる。**最決昭和62・3・3刑集41-2-60**がそれで，次のように判示し，警察犬による臭気選別の結果は刑訴法321条3項により証拠能力が付与され，有罪認定の用に供することができるとした。

　　所論にかんがみ，警察犬による本件各臭気選別の結果を有罪認定の用に供した原判決の当否について検討するに，記録によると，右の各臭気選別は，右選別につき専門的な知識と経験を有する指導手が，臭気選別能力が優れ，選別時において体調等も良好でその能力がよく保持されている警察犬を使用して実施したものであるとともに，臭気の採取，

保管の過程や臭気選別の方法に不適切な点のないことが認められるから，本件各臭気選別の結果を有罪認定の用に供しうるとした原判断は正当である（右の各臭気選別の経過及び結果を記載した本件各報告書は，右選別に立ち会つた司法警察員らが臭気選別の経過と結果を正確に記載したものであることが，右司法警察員らの証言によつて明らかであるから，刑訴法三二一条三項により証拠能力が付与されるものと解するのが相当である。）。

このように，警察犬による臭気選別の結果を捜査の用に供するだけではなく，有罪認定の用にも供し得るとするところに，日本型刑事手続の特徴が存する。

■ 違法収集証拠の排除に関するもの

違法収集証拠の排除に関する小法廷判決・決定のうち，二つは強制採尿に基づく尿の鑑定書に関するもので，例の如く，違法だが重大な違法ではないとして，証拠排除は認められないとしたものである。すなわち，**最判昭和61・4・25刑集40-3-215**は，次のように判示した。

> 採尿手続前に行われた前記一連の手続には，被告人宅の寝室まで承諾なく立ち入つていること，被告人宅からの任意同行に際して明確な承諾を得ていないこと，被告人の退去の申出に応ぜず警察署に留め置いたことなど，任意捜査の域を逸脱した違法が存することを考慮すると，これに引き続いて行われた本件採尿手続も違法性を帯びるものと評価せざるを得ない。しかし，……採尿手続自体は，何ら強制を加えられることなく，被告人の自由な意思での応諾に基づき行われていることなどの事情が認められるのであつて，これらの点に徴すると，本件採尿手続の帯有する違法の程度は，いまだ重大であるとはいえず，本件尿の鑑定書を被告人の罪証に供することが，違法捜査の抑制の見地から相当でないとは認められないから，本件尿の鑑定書の証拠能力は否定されるべきではない。

最決昭和63・9・16刑集42-7-1051も，次のように判示した。

> 警察官の捜査活動の適否についてみるに，……浅草署への被告人の同行は……被告人の抵抗状況に徴すれば，同行について承諾があつたものとは認められない。……本件所持品検査は，被告人の承諾なく，かつ，違法な連行の影響下でそれを直接利用してなされたものであり，しかもその態様が被告人の左足首付近の靴下の膨らんだ部分から当該物件を取り出したものであることからすれば，違法な所持品検査といわざるを得ない。……採尿手続自体は，被告人の承諾があつたと認められるが，前記一連の違法な手続によりもたらされた状態を直接利用して，これに引き続いて行われたものであるから，違法性を帯びるものと評価せざるを得ない（最高裁昭和六〇年（あ）第四二七号同六一年

四月二五日第二小法廷判決・刑集四〇巻三号二一五頁）。……所持品検査及び採尿手続が違法であると認められる場合であつても，違法手続によつて得られた証拠の証拠能力が直ちに否定されると解すべきではなく，その違法の程度が令状主義の精神を没却するような重大なものであり，証拠として許容することが，将来における違法な捜査の抑制という見地からして相当でないと認められるときに，その証拠能力が否定されるというべきである（最高裁昭和五一年（あ）第八六五号同五三年九月七日第一小法廷判決・刑集三二巻六号一六七二頁）。……これを本件についてみると，……実質的には，この時点で被告人を右覚せい剤所持の現行犯人として逮捕するか，少なくとも緊急逮捕することが許されたといえるのであるから，警察官において，法の執行方法の選択ないし捜査の手順を誤つたものにすぎず，法規からの逸脱の程度が実質的に大きいとはいえないこと，警察官らの有形力の行使には暴力的な点がなく，被告人の抵抗を排するためにやむを得ずとられた措置であること，警察官において令状主義に関する諸規定を潜脱する意図があつたとはいえないこと，採尿手続自体は何ら強制も加えられることなく，被告人の自由な意思での応諾に基づいて行われていることなどの事情が認められる。これらの点に徴すると，本件所持品検査及び採尿手続の違法は，未だ重大な違法であるとはいえず，右手続により得られた証拠を被告人の罪証に供することが，違法捜査抑制の見地から相当でないと認められないから，右証拠の証拠能力を肯定することができる。

しかしながら，このように「重大な違法ではない」とする点については，最高裁でも意見が分かれている点に注意しなければならない。上記の最決昭和63・9・16では，5名のうち2人の裁判官が，次のような反対意見を述べて，かかる態様の捜査について，単にこれを違法とするだけで，その結果得られた証拠の証拠能力を認めることは，違法な捜査を抑制するという見地からして，相当ではないとしているからである。

（反対意見二名）本件は，被告人をその意思に反して警察署に連行したうえ，被告人をその支配下においた状況を直接利用して，違法な所持品検査を行い，引き続き一連の行為として違法と評価される採尿手続により尿を提出させたという事案であつて，最も典型的な違法捜査というべきものである。特に，警察署への意に反する本件連行は，いかに被告人が抵抗していたとはいえ，警察官職務執行法二条三項によつて厳に禁じられているところであり，まさに逮捕に類するものというべきであつて，その違法性はまことに重大である。このように違法な連行に引き続き，かつ，これを直接利用してなされた本件所持品検査及び採尿手続の違法も重大なものといわなければならない。かかる態様の捜査について，単にこれを違法とするだけで，その結果得られた証拠の証拠能力を認めることは，違法な捜査を抑制するという見地からして，相当ではない。けだし，このような違法捜査は，警察官において職務熱心の余り偶々なされる類のものであるとしても，構造的に再発する危険をはらむ事象であるから，警察官職務執行法二条三項は，そ

のきつかけとなる警察署への意に反する連行を例外を許さず禁じているのである。したがつて，本件のような違法収集証拠の証拠能力を否定することが，かかる違法捜査を抑制する上で肝要であるといわざるをえない。……多数意見が証拠能力を肯定する根拠として挙げている点のうち，本件を捜査手順の誤りとする前提として，(4)の時点について，被告人が落とした紙包みの中味が覚せい剤であり，これを所持する被告人を現行犯逮捕又は緊急逮捕することが許されたとする点については，疑問がある。すなわち，覚せい剤であることの確認について，もとより必ず予試験の実施が必要である訳ではないが，判例等において，予試験を経ずに覚せい剤であると確認しうるとされた事案を見れば，例えば，身近に注射器等が散在するといつたより具体的に覚せい剤の所持を疑わせる客観的状況が認められる場合であつても，本件程度の状況で現行犯逮捕ないし緊急逮捕が許されるとなしうるか疑問が残るといわざるをえない。そうであるからこそ，宮澤巡査部長もその時点での逮捕に踏み切らなかつたのであつて，これを単なる捜査手順の誤りとみるのは，相当でない。また，現に捜査実務ではより慎重を期して予試験による結果を待つて，覚せい剤であることの確認を得て，現行犯逮捕に移つているのが一般であると思われるから，多数意見のような判断は，この妥当な実務の扱いを弛緩させるおそれがあり，問題である。……その他多数意見が挙げる諸点を考慮しても，本件連行とそれに引き続く所持品検査及び採尿手続には令状主義の精神を没却するような重大な違法があるといわざるをえず，本件証拠を証拠として許容することは，将来における違法な捜査の抑制の見地から相当でなく，その証拠能力は否定されるべきである。

　本少数意見が法廷意見を論難する点，すなわち，①警察署への意に反する連行というのは逮捕に類するもので，警察官職務執行法2条3項が例外を許さず禁じているものであること，②このような違法捜査は構造的に再発する危険をはらむ事象であること，③本件程度の状況で現行犯逮捕ないし緊急逮捕が許されるとなしうるか疑問が残るといわざるをえず，そうであるからこそ，巡査部長もその時点での逮捕に踏み切らなかつたのであつて，これを単なる捜査手順の誤りとみるのは相当でないこと，④現に捜査実務ではより慎重を期して予試験による結果を待って覚せい剤であることの確認を得て，現行犯逮捕に移っているのが一般であると思われるから，多数意見のような判断は，この妥当な実務の扱いを弛緩させるおそれがあること，といった点は極めて説得的である。上記の最決昭和63・9・16については，このような反対意見を3対2の僅差で抑えて帰結されたものだという留意が必要であろう。

　他方，**最決平成元・7・4刑集43-7-581**（平塚事件）は，徹夜の取調べで得られた自白の証拠能力に関するものである。ここでも，次のように判示し，本件取調べは社会通念上任意捜査として許容される限度を逸脱したものであったとまでは断ずることができないとして，その証拠能力を認めた。

第11代長官　矢口洪一

　右の事実関係のもとにおいて、昭和五八年二月一日午後一一時過ぎに被告人を平塚警察署に任意同行した後翌二日午後九時二五分に逮捕するまでの間になされた被告人に対する取調べは、刑訴法一九八条に基づく任意捜査として行われたものと認められるところ、任意捜査の一環としての被疑者に対する取調べは、事案の性質、被疑者に対する容疑の程度、被疑者の態度等諸般の事情を勘案して、社会通念上相当と認められる方法ないし態様及び限度において、許容されるものである（最高裁昭和五七年（あ）第三〇一号同五九年二月二九日第二小法廷決定・刑集三八巻三号四七九頁参照）。……右の見地から本件任意取調べの適否について勘案するのに、本件任意取調べは、被告人に一睡もさせずに徹夜で行われ、更に被告人が一応の自白をした後もほぼ半日にわたり継続してなされたものであつて、一般的に、このような長時間にわたる被疑者に対する取調べは、たとえ任意捜査としてなされるものであつても、被疑者の心身に多大の苦痛、疲労を与えるものであるから、特段の事情がない限り、容易にこれを是認できるものではなく、ことに本件においては、被告人が被害者を殺害したことを認める自白をした段階で速やかに必要な裏付け捜査をしたうえ逮捕手続をとつて取調べを中断するなど他にとりうる方途もあつたと考えられるのであるから、その適法性を肯認するには慎重を期さなければならない。そして、もし本件取調べが被告人の供述の任意性に疑いを生じさせるようなものであつたときには、その取調べを違法とし、その間になされた自白の証拠能力を否定すべきものである。……そこで本件任意取調べについて更に検討するのに、次のような特殊な事情のあつたことはこれを認めなければならない。……すなわち、前述のとおり、警察官は、被害者の生前の生活状況等をよく知る参考人として被告人から事情を聴取するため本件取調べを始めたものであり、冒頭被告人から進んで取調べを願う旨の承諾を得ていた。……また、被告人が被害者を殺害した旨の自白を始めたのは、翌朝午前九時半過ぎころであり、その後取調べが長時間に及んだのも、警察官において、逮捕に必要な資料を得る意図のもとに強盗の犯意について自白を強要するため取調べを続け、あるいは逮捕の際の時間制限を免れる意図のもとに任意取調べを装つて取調べを続けた結果ではなく、それまでの捜査により既に逮捕に必要な資料はこれを得ていたものの、殺人と窃盗に及んだ旨の被告人の自白が客観的状況と相応せず、虚偽を含んでいると判断されたため、真相は強盗殺人ではないかとの容疑を抱いて取調べを続けた結果であると認められる。……さらに、本件の任意の取調べを通じて、被告人が取調べを拒否して帰宅しようとしたり、休息させてほしいと申し出た形跡はなく、本件の任意の取調べ及びその後の取調べにおいて、警察官の追及を受けながらなお前記郵便貯金の払戻時期など重要な点につき虚偽の供述や弁解を続けるなどの態度を示しており、所論がいうように当時被告人が風邪や眠気のため意識がもうろうとしていたなどの状態にあつたものとは認め難い。……以上の事情に加え、本件事案の性質、重大性を総合勘案すると、本件取調べは、社会通念上任意捜査として許容される限度を逸脱したものであつたとまでは断ずることができず、その際になされた被告人の自白の任意性に疑いを生じさせるよう

なものであつたとも認められない。……したがつて，本件の任意取調べの際に作成された被告人の上申書，その後の取調べの過程で作成された被告人の上申書，司法警察員及び検察官に対する各供述調書の任意性を肯定し，その証拠能力を認めた第一審判決を是認した原判決に違法があるとはいえない。

問題は，本決定が徹夜であつてもなお任意の取調べだとした論拠である。本件においては，①被告人から進んで取調べを願う旨の承諾を得ていたこと，②被告人が取調べを拒否して帰宅しようとしたり，休息させてほしいと申し出た形跡はないこと，③当時被告人が風邪や眠気のため意識がもうろうとしていたなどの状態にあったものとは認め難いこと，といった特殊事情が存することなどから，なお任意にとどまるとされている。「特殊事情」という表現が使われていることから，本決定の射程は限定されており，徹夜での取調べを一般的に許容したものではない。任意の取調べと判断する理由の主なものとして被疑者側の事情，その承諾ないし同意を挙げるという最高裁に伝統的な手法がここでも用いられている。

■ 証拠調べに関するもの

刑訴法382条の2第1項によれば，「やむを得ない事由によつて第一審の弁論終結前に取調を請求することができなかつた証拠によつて証明することのできる事実であつて前二条に規定する控訴申立の理由があることを信ずるに足りるものは，訴訟記録及び原裁判所において取り調べた証拠に現われている事実以外の事実であつても，控訴趣意書にこれを援用することができる。」と規定されている。この期の小法廷では，この「やむを得ない事由」にあたるかどうかに関わって，同法393条1項との関係が問題とされている。**最決昭和62・10・30刑集41-7-309**がそれで，次のように判示した。

右弁護人主張のような事情があつたとしても，そのような事情は刑訴法382条の2にいうところの「やむを得ない事由」に当らないとの原判決の判示は正当であるから，このような証拠は同法393条1項但書によりその取調が義務付けられているものではなく，ただ同項本文により取り調べるかどうかが裁量に任されているものであつて，右原審の却下等の措置は，控訴審裁判所に認められた裁量の範囲を逸脱していないことが明らかであるから，相当というべきである。

ここでも，裁判所の裁量を最大限に確保するということであろうか。

■ 判決に関するもの

被告人の特定に関しても小法廷決定がみられる。**最決昭和60・11・29刑集39-7-532**がそれである。

第11代長官　矢口洪一

　本名を名乗れば，前科の関係から実刑になることは必至と考えたXは，先の服役中に知り合いになったYの氏名を冒用して実刑を免れようと考え，Yの氏名を詐称して取調べを受けたが，取調べに当った警察官らは被告人の述べる氏名，身上関係等に何ら不信を抱かず，指紋照合は行わなかった。そして，身柄付きで検察庁に送致され，検察官は住居侵入，窃盗未遂の被疑事実でYを被告人として大阪簡易裁判所に逮捕中求令状起訴した。同簡易裁判所はYに対し懲役10月執行猶予3年を言い渡し，同判決は確定した。別件の住居侵入，窃盗の被疑事実で緊急逮捕されたXはここでも知人のZの氏名を詐称したが，不信を抱いた担当警察官が念のために指紋照合を行った結果，Xの氏名が確認され，その後の取り調べで，Xが他人の氏名を冒用して審理，判決を受けたことが判明した。そこで，検察官は神戸地方裁判所に対し，大阪簡易裁判所において言い渡された刑の執行猶予言渡取消請求を行ったが，被請求人であるXの代理人は本件請求は違法である旨を主張した。右判決の表示は氏名Yとあり，被告人の特定については，いわゆる表示説によるべきであり，略式命令に関して**最決昭和50・5・30刑集29-5-360**（249頁）の決定は表示説をとっているというのがその理由であった。

　これに対し，神戸地裁は，「検察官の意思は，起訴当時被疑者として逮捕中の被請求人を被告人にしたものであることは明らかということができ，その後判決に至るまで終始被告人として挙動したのも被請求人に外ならないことを考えると，……右事件の被告人が被請求人ではないとするのは正当ではないと考えられる。また，代理人の引用する判例は，書面審理を中心とする略式命令の被告人の特定に関するもので，本件の場合には必ずしも適切ではない。してみると，右事件の被告人は被請求人であると解するのが相当である。」として，刑の執行猶予を取消す旨の決定をなした。Xは即時抗告したが，大阪高裁は，「被告人の特定については，起訴状あるいは判決書の表示によってではなく，公訴を提起した検察官の意思や，現実に審理の過程において被告人として行動し，取扱われた者が誰であるかをも併せ考えて決定すべきであると考えられるところ，……同事件において，現実に逮捕，勾留（その後保釈され），審理，判決を受けたのは被請求人であることからすれば，右事件の被告人は被請求人以外の何者でもなく，従つて右判決の効力は当然被請求人にも及ぶものというべきであり，このことによつて法的安定性が害されるとは考えられない。」として，これを棄却した。Xは最高裁に対し特別抗告した。これに対する最高裁の決定が本最決昭和60・11・29である。同決定によれば，抗告が棄却されたが，理由は「本件取消し請求の対象である執行猶予の判決の効力が申立人に及ぶとした原審の判断は正当である。」というものであった。略式手続による場合であっても，身柄拘束のまま略式命令を受ける

逮捕中待命方式の場合は，表示説によるのではなく，意思説ないし挙動説によって，身柄拘束されたまま略式命令を受けた者を被告人とすべきだとされたものである。

なお，上記最高裁決定によれば，「原決定も表示するとおり，右事件の量刑において最も重要と思われる犯行の動機，態様，結果等については被請求人の行為そのものが，評価の対象とされており，また生活状況等については被請求人のため情状証人の取調べもなされているほか，前科前歴等について被請求人は，他人の氏名を詐称することにより，本名を名乗るよりもむしろ有利な資料により右判決を得たものであることが窺え，右判決の効力が被請求人に及ぶことが被請求人にとつて特に不利益になるとは認められず，また，これが不相当とも考えられない。」とされている点も重要であろう。

他方，**最決昭和61・10・28刑集40-6-509**は，有罪判決の理由中「罪となるべき事実」の表示に関するものである。次のように判示した。

> 原判決は，罪となるべき事実として，被告人が賭博遊技機を設置した遊技場の所在地，右遊技場の営業継続期間，遊技機の種類・台数，賭博の態様を摘示したうえ，被告人が，「Xと共謀のうえ，右期間中，常習として，乙ほか不特定多数の賭客を相手とし，多数回にわたり，右遊技機を使用して賭博をした」旨判示している。このように，多数の賭博遊技機を設置した遊技場を経営する者が，不特定多数の遊技客との賭博を反履継続した場合につき，右遊技場の営業継続期間の全般にわたつて行われた各賭博行為を包括した一個の常習賭博罪と認定する際に，右の程度の判示で常習賭博罪の罪となるべき事実の具体的摘示として欠けるところはない。

先に，**最大判昭和33・5・28刑集12-8-1718**（47頁＝練馬事件）は，共謀共同正犯における「共謀」は罪となるべき事実に入るが，謀議の日時・場所等の詳細までいちいち判示する必要はないと判示していた。本最決昭和61・10・28も，この考え方を継承したものである。常習賭博罪についての「罪となるべき事実」の表示においては，「Xと共謀のうえ，右期間中，常習として，乙ほか不特定多数の賭客を相手とし，多数回にわたり，右遊技機を使用して賭博をした」旨の判示も許されるとした。有罪判決を下すに当たっての裁判官の負担を軽減し，簡易迅速な有罪判決を可能とした戦時刑事特別手続の考え方が，戦後も一貫して採用されていることを垣間見ることができる。

■ **上訴に関するもの**

この期においては，控訴審における職権調査の限界に関する小法廷決定がみられる。**最決平成元・5・1刑集43-5-323**がそれである。周知のように，判例は，審判の対象設定権が当事者たる検察官にあることを強調し，包括一罪や科刑上一罪のように一罪

であっても数個の事実で構成されている場合，その一部たるA事実が有罪，他の部分たるB事実が無罪とされ，A事実について被告人だけが上訴したときは，B事実は攻防の対象から外され，裁判所は刑訴法392条2項の職権調査権をB事実に及ぼし得ないとした（最大決昭和46・3・24刑集25-2-293（新島ミサイル事件），最決昭和47・3・9刑集26-2-102（大信実業事件）参照）。もっとも，両事実が有罪の場合は，被告人が有罪を争い，検察官が上訴しない場合でも，上訴されない部分が攻防の対象から外されるわけではなかろう。それでは，単純一罪の場合はいかがであろうか。この点について判示したのが本最決平成元・5・1である。すなわち，第一審が過失犯の態様について予備的訴因に添う事実を認定し，有罪としたときは，被告人のみが控訴した場合であっても，本位的訴因が攻防の対象から外されたとみるべきではないとしたものである。そして，そこから，右原判決が破棄・差戻しされた場合，第二次第一審裁判所は本位的訴因について審理し，有罪判決をすることは適法であるとし，次のように判示した。

> 本件の場合，本位的訴因の犯罪事実も予備的訴因の犯罪事実も同一の被害者に対する同一の交通事故に係るものであり，過失の態様についての証拠関係上本位的訴因と予備的訴因が構成されたものと認められるから，予備的訴因に添う事実を認定した第一審判決に対し被告人のみが控訴したからといって，検察官が本位的訴因の訴訟追行を断念して，本位的訴因が当事者間の攻撃防御の対象から外れたとみる余地はない。したがって，第二次第一審裁判所が本位的訴因について審理，判決した点に違法はなく，これと同旨の原判断は正当である。

予備的訴因について有罪が認定されたにもかかわらず，検察官が本位的訴因について有罪を求めて上訴することはできない以上，検察官が本位的訴因を攻防の対象から外したとみる余地はないとされたものである。したがって，本決定からいえば，単純一罪でも，検察官が上訴して争い得るにもかかわらず，争わなかった場合，たとえば，既遂を未遂に縮小認定して有罪とされた場合に，検察官が既遂について上訴して争わなかったときは，既遂は攻防の対象から外されるということになろうか。

3　下級審判決・決定

■ 捜査に関するもの

現行犯逮捕に関して注目すべき下級審判決が出されている。**大阪高判昭和60・12・18判時1201-93**がそれで，次のように判示した。

> 交通法令違反事件は，日常生活に直結する問題であり，かつ，その罪質も軽微であることが少なくないのであるから，逃亡その他特別の事情のある場合のほか，現行犯逮捕を

行わないようにすべきであることは，犯罪捜査規範にも規定されているところである。……比較的閑散な道路における取締りにおいて，違反者が逃亡や罪証を隠滅するなどの行為を何らなしておらず，単に警察官の指摘した違反事実を否認し，免許証の提示を拒否したことのみをもって，住所，氏名を質すこともなく，他に人定質問の確認手段をとらないまま，直ちに現行犯として逮捕することは，逮捕の必要性の要件を満たしていないといわざるを得ない。

現行犯逮捕の安易な運用に警鐘を鳴らしたものといえる。**大阪高判平成2・2・6判タ741-238** も同様の観点から位置づけることが可能であろう。所持品検査をするには法律を必要とし，集会参加者に対してなされた警察官による検問につき，警職法2条1項に基づく職務質問に付随する所持品検査としては違法であるとした原判決について，次のように判示し，原判決の判断は正当であるとした。

本件で行われた相手方の承諾のない所持品検査のように，相手方の意思に反して，国民の権利を制限し，これに義務を課す場合には，その権限を定めた法律が必要であり，同法（警察法）二条一項の規定によつてこれを基礎づけることはできないと解せられる。そうだとすると，本件所持品検査の適法性の要件を，もつぱら警職法二条一項に基づいて判断し，所論のいうように警職法二条一項を根拠としてその要件をより緩和することを考慮しなかつた原判決の判断は正当であつて，原判決に所論のいう法令の解釈適用の誤りはない。

次のように判示し，採尿手続の違法により証拠を排除して無罪を言渡した**東京地判昭和62・11・25判時1261-138** もみられる。

採尿手続に，憲法三五条及びこれを受けた刑事訴訟法二一八条一項等の所期する令状主義の精神を没却するような重大な違法があり，採取された尿の鑑定書を証拠として許容することが，将来における違法な捜査の抑制の見地からして相当でないと認められる場合においては，右鑑定書は証拠として許容されないと解すべきであるところ，本件のように，捜査官が，被告人宅の捜索差押許可状が発付されていることを利用し，尿を差押目的物とする捜索差押許可状が存在するかのような発言をして被告人を欺罔し，その旨誤信した被告人から尿の提出を受けた事案においては，右尿の鑑定書は証拠として許容されないというべきである。……本件覚せい剤取締法違反事件において，尿の鑑定書を証拠とすることが許されないとすると，被告人が使用したとされる注射液中に覚せい剤が含有していたことを証明するに足りる証拠がないから，その余の点について判断するまでもなく，右公訴事実についてはその証明がなく，刑事訴訟法三三六条により，被告人に対し無罪の言渡しをする。

このような下級審判決の他方で，捜査実務を追認した下級審判決もみられる。承諾

第11代長官　矢口洪一

なしの写真撮影に関する**東京高判昭和63・4・1判時1278-152**（山谷テレビカメラ監視事件）がそれで，次のように判示し，当該写真撮影を適法として，右撮影から得られたビデオカセットテープの証拠能力を認めた。

> 所論は，原審取調べにかかるビデオカセットテープ一巻は，最高裁昭和四四年一二月二四日判決・刑集二三巻一二号一六二五頁の要求している写真撮影の要件を具備していない条件のもとで撮影，録画されたものであるから，憲法一三条の保障する，何人もその承諾なしにみだりにその容貌等を撮影されない自由を不法に侵害して収集された，いわゆる違法収集証拠に他ならず，証拠能力を認めるに由ないものであるにもかかわらず，かかる証拠に証拠能力を認めて事実認定の用に供した原審の措置は，判決に影響を及ぼすことの明らかな訴訟手続の法令違反があるというのである。……たしかに，その承諾なくしてみだりにその容貌等を写真撮影されない自由は，いわゆるプライバシーの権利の一コロラリーとして憲法一三条の保障するところというべきであるけれども，右最高裁判例は，その具体的事案に即して警察官の写真撮影が許容されるための要件を判示したものにすぎず，この要件を具備しないかぎり，いかなる場合においても，犯罪捜査のための写真撮影が許容されないとする趣旨まで包含するものではないと解するのが相当であって，当該現場において犯罪が発生する相当高度の蓋然性が認められる場合であり，あらかじめ証拠保全の手段，方法をとっておく必要性及び緊急性があり，かつ，その撮影，録画が社会通念に照らして相当と認められる方法でもって行われるときには，現に犯罪が行われる時点以前から犯罪の発生が予測される場所を継続的，自動的に撮影，録画することも許されると解すべきであり，本件ビデオカセットテープの撮影，録画された際の具体的事実関係がかかる諸要件を具備しているものであることは，原判決ならびに原判決の援用する原審の昭和六二年二月二〇日付証拠採用決定が適切に説示しているとおりといわなければならない。したがって，弁護人のその余の主張につき按ずるまでもなく，原審が本件ビデオカセットテープの証拠能力を肯認してこれを事実認定の用に供したのはもとより正当というべく，所論は採用の限りではない。論旨は理由がない。

本判決によれば，「当該現場において犯罪が発生する相当高度の蓋然性が認められる場合であり，あらかじめ証拠保全の手段，方法をとっておく必要性及び緊急性があり，かつ，その撮影，録画が社会通念に照らして相当と認められる方法でもって行われるときには，現に犯罪が行われる時点以前から犯罪の発生が予測される場所を継続的，自動的に撮影，録画することも許される」とされている。最大判昭和44・12・24が提示した「現に犯罪が行われもしくは行われたのち間がないと認められる場合であつて，しかも証拠保全の必要性および緊急性があり，かつその撮影が一般的に許容される限度を超えない相当な方法をもつて行なわれるとき」と比べると，「現に犯罪が行なわれもしくは行なわれたのち間がないと認められる場合」が「当該現場にお

いて犯罪が発生する相当高度の蓋然性が認められる場合」に拡大され、そこから、「証拠保全の必要性および緊急性」が「あらかじめ証拠保全の手段、方法をとつておく必要性及び緊急性」に拡大されている。捜査機関等による監視カメラ等の普及の動き等に対応して、判例変更が、事実上行われたといえる。これによって、最大判昭和44・12・24が提示した、現認性に関わる「緊急性」という要件が空洞化されることになる結果、「相当性」という要件の名の下で行なわれる「裸の利益衡量」のみが正当化根拠とされる傾向が強まることになった。

東京地判平成元・3・15判時1310-158（上智大学内ゲバ事件）も承諾なしの写真撮影に関するものであるが、こちらは、犯罪発生前の写真撮影ではなく、「既に行われた犯罪の犯人を特定するために行う容疑者の容ぼう等の写真撮影」についてのものである。次のように判示し、本件写真撮影を適法として、得られた写真を違法収集証拠として排除を求めた弁護人の主張を退けた。

> 警察官が犯罪捜査の必要上被撮影者の承諾なく写真を撮影することも、一定の要件の下には許容されることがあると解すべきである。そして、この犯罪捜査の必要上被撮影者の承諾なくその容ぼう等の写真撮影が許容されるのは、……現に犯罪が行われている場合ないしはこれに準ずる場合に限定されると解すべきではなく、すでに行われた犯罪の犯人特定のため容疑者の容ぼう等の写真を撮影することも、その事案が重大であって、被撮影者がその犯罪を行ったことを疑わせる相当な理由がある者に限定される場合で、写真撮影以外の方法では捜査の目的を達することができず、証拠保全の必要性、緊急性があり、かつ、その撮影が相当な方法をもって行われているときには、適法な捜査として許されるものと解すべきである。……本件写真撮影は殺人及び凶器準備集合・傷害という重大事件の捜査のため、その対象を事件への関与を疑わせる相当な理由のある者に限定して行われたもので、捜査方法として代替性がなく、証拠保全の必要性、緊急性もあり、手段の相当性も認められるのであるから、適法な捜査として許されるものと解すべきであって、違法収集証拠に関する弁護人の主張は採用できない。

本判決では、既に行われた犯罪の犯人を特定するためのものということから、「その事案が重大であって、写真撮影以外の方法では捜査の目的を達することができず、証拠保全の必要性、緊急性があり、かつ、その撮影が相当な方法をもって行われているとき」という通常の要件に加えて、「被撮影者がその犯罪を行ったことを疑わせる相当な理由がある者に限定される場合」という要件も付け加えられている。しかし、この当然の要件も場合によっては緩和される可能性が留保されているといえよう。

おとり捜査に関して、**大阪高判昭和63・4・22高刑集41-1-123**は、次のように判示した。

第11代長官　矢口洪一

　本件において，尼崎中央署保安係が，風俗営業等取締法違反の嫌疑のあるＭ店に，証拠収集の手段として捜査協力者を送り込んで，ホステスから同法違反にあたる接待を受けさせたうえ，その供述を得，これに基づき被告人らを検挙した捜査方法は，いわゆるおとり捜査に該当するところ，本件事案が，客の自由に出入りできる店内で半ば公然と行われている比較的軽微な犯罪であることなどからすれば，おとり捜査の方法を採らなければならない必要性は当然には認めがたいものの，本件事犯が，半ば公然と常態的に行われていて，必ずしも犯罪を誘発したとは言えないこと，客自身犯罪に問われる性質のものではないにしろ，客がホステスから受けた接待の内容が他聞をはばかるものであることから，その供述を得ることが必ずしも容易でないことを考慮すると，おとり捜査の方法を採つたことは，相当性を欠いたものであるが，違法とまではいえない。

　もっとも，この事例においては，警察官が客の供述調書の一部または全部を捏造したと認定されている。

■ 令状に関するもの

　任意性を欠くとか，取調手続に違法があるとかの理由により，供述者本人に対する関係では，少なくとも公判での事実認定の用に供することが許されない供述調書を強制捜査令状発付の資料とすることは許されるか。この点について判示したのが**東京地判昭和62・3・24判時1233-155**である。次のように判示し，資料とすることは何ら妨げられないとした。

　　任意性を欠くとか取調手続に違法があるとかの理由により，供述者本人に対する関係では少なくとも公判での事実認定の用に供することを許されない供述調書といえども，差し当たって，当の供述者本人以外の者との関係でこれを捜査資料として利用し若しくは強制捜査令状発付の資料に供することは，なんら妨げられるものではないと解される。このように解すべき根拠の一つは，憲法三八条二項又は刑訴法三一九条一項の「自白」に該当する供述調書でさえも，供述者本人以外の者に対する関係では「自白」ではなくて，従って絶対的に事実認定の証拠となりえないというものではなくて，将来の公判では被告人以外の者の供述を録取した書面として相応の要件のもとに事実認定の用に供される可能性を一般的に残すものなのである以上，そのような供述調書が公判に先立つ捜査段階で既にその利用を一切許されないとしては全く不合理な結果となるからである……。

　令状主義を潜脱するとし，違法収集証拠として排除された供述調書であっても，令状発付の資料とすることは何ら問題ではなく，これに基づいて発付された強制捜査令状も有効だということであろうが，このような令状主義についての裁判所の態度は自

己否定といえないのであろうか。

■ 管轄に関するもの

　管轄違いに関する下級審判決として**東京地判昭和61・3・12判時1229-160**がみられる。同判決は、「被告人の本件所為は罰金以下の刑にあたる罪であって、これは簡易裁判所の専属管轄に属し、当地方裁判所の管轄に属しないから、刑事訴訟法三二九条本文により、本件について管轄違の言渡をすることとする。」と判示した。

■ 公訴に関するもの

　本件公訴の提起に先立って、いずれも本件公訴事実と同一の公訴事実により、前後26回にわたって公訴の提起を繰り返し、その都度、起訴状謄本が所定の期間内に被告人に対して送達されなかったことにより公訴棄却の決定がなされた後、本件公訴を提起するに至ったこと、そして、本件公訴提起前の各公訴の提起に当たって、捜査官が被告人を取り調べてその弁解を聴く手続を経ていないことから、弁護人は本件公訴の提起は公訴権の濫用に当ると主張した。この訴えについて、次のように判示したのが**仙台高判昭和60・12・16判時1195-153**である。本件公訴は公訴権の濫用ではないとした。

　　所論は、要するに、検察官は、被告人を取り調べてその弁解を聴くこともなく、一片の受供与者の供述を頼りに、専ら公訴時効を中断し、マスコミと世論の非難を回避し、A派に対する見せしめとするために昭和五四年一一月五日公訴を提起したのをはじめとして二七回も公訴提起を繰り返した後に本件公訴を提起したのであり、かかる公訴の提起は検察官の合理的な訴追裁量の範囲を逸脱し、公訴権を濫用したものであるから、これに対しては公訴棄却の裁判がなされるべきであるのに、本件公訴提起が適法なものとして被告人に対し有罪の言渡しをした原判決は、刑事訴訟法二四七条、二四八条の解釈適用を誤ったものである、というのである。……しかしながら、記録によれば、本件公訴の提起は適式に行われていることが明らかであるところ、検察官が、本件公訴の提起に先立って、いずれも本件公訴事実と同一の公訴事実により、昭和五四年一一月五日に公訴を提起したのをはじめとして、昭和五九年六月一〇日までの間に前後二六回にわたって公訴の提起を繰り返し、その都度起訴状謄本が所定の期間内に被告人に対して送達されなかったことにより公訴棄却の決定がなされた後、同年八月一七日に本件公訴を提起するに至ったこと、そして、本件公訴提起前の各公訴の提起に当たって、捜査官が被告人を取り調べてその弁解を聴く手続を経ていないことは所論指摘のとおりであるが、被告人が後記のように約八年間もの長期間にわたって逃げ隠れしていたという異例の事態に対処した、まことにやむを得ない、むしろ当然の措置であって、これをもって直ちに

第11代長官　矢口洪一

訴追裁量の範囲を逸脱したものということはできず，また，本件公訴の提起を含む各公訴の提起は，いずれも受供与・受交付者である原判示Yの捜査官に対する各供述調書を含めて多数の関係者らの各供述調書等により本件公訴事実を認めるに足りる必要にして十分な嫌疑に基づいてなされていることが証拠上明らかであり，右各公訴の提起にあたって検察官に公訴時効を停止する意図があったにしても，それ自体は何ら違法，不当ではなく，記録及び証拠物を精査し，当審における事実の取調べの結果を併せて検討しても，検察官が所論のように専らマスコミと世論の非難を回避し，A派に対する見せしめとする意図をもって本件公訴提起を含む一連の各公訴の提起をしたものと推認すべき点は認められない。……以上の次第で，本件公訴の提起が検察官の合理的な訴追裁量の範囲を著しく逸脱し，公訴権を濫用したものであるとはいえず，まして本件公訴提起自体が職務犯罪を構成するような極限的な場合に当たるものとは到底いえないから，原裁判所が，本件公訴の提起が適法なものとして，被告人に対し有罪の判決を言い渡したのはまことに正当であり，原判決には所論指摘の各法条の解釈適用を誤った違法はない。論旨は理由がない。

　この判示で注目されるのは，右各公訴の提起にあたって検察官に公訴時効を停止する意図があったにしても，それ自体は何ら違法，不当ではないとされている点である。公訴時効の完成を阻止するために，公訴提起→起訴状の未送達→公訴棄却→再起訴を26回も繰り返しても違法，不当ではないのであろうか。「被告人が約八年間もの長期間にわたって逃げ隠れしていたという異例の事態に対処した，まことにやむを得ない，むしろ当然の措置」だとされているが，刑訴法255条1項によれば，「犯人が逃げ隠れているために有効に起訴状の謄本の送達ができなかった場合には，時効は，その逃げ隠れしている期間その進行を停止する。」と規定されており，本件の場合，被告人が逃げ隠れしていたことから，時効停止のために，公訴提起→起訴状の未送達→公訴棄却→再起訴を26回も繰り返す必要はなかったのではないか。

　なお，本仙台高判昭和60・12・16は，公訴時効の進行についても，次のように判示しており，注目される。

被告人の本件公訴事実についての公訴時効の進行は，刑事訴訟法二五五条一項により，被告人が逃げ隠れしていた期間，すなわち逃亡した日の翌日である昭和五一年一二月一七日から福島地方検察庁に出頭した日の前日である昭和五九年一〇月一〇日までの間停止していたことになるのであり，したがって，被告人の本件公訴事実に対する公訴時効は，本件公訴が提起された昭和五九年八月一七日までにはいまだ完成していないことが明らかであるから，原裁判所が被告人に対し免訴の判決をすることなく，有罪の判決を言い渡したのはまことに正当であり，原判決に所論のような訴訟手続の法令違反はない。

■ 訴因変更の要否および可否に関するもの

　訴因変更の可否に関しても下級審判決がみられる。**東京高判平成元・6・1判タ709-272**がそれで，弁論の終結後，判決宣告期日が指定された後に，公判期日外に書面でなされた訴因等変更請求が認められるかどうかについて判断したものである。刑訴法は弁論終結後，弁論再開前における訴因変更請求をも許容していると解するのが相当であるとし，次のように判示した。主位的訴因と予備的訴因との間には公訴事実の同一性がないという弁護人の主張も退けられた。

　　所論は，要するに，検察官は昭和六三年一〇月四日，同日付訴因・罰条の追加，変更請求書により訴因・罰条の予備的変更を請求しているところ（以下「本件訴因等変更請求」ともいう。），（1）右請求は，弁論の終結後になされたものであり，（2）主位的訴因である職業安定法四四条，六四条四号該当の訴因と，予備的訴因である労働者派遣事業の適正な運営の確保及び派遣労働者の就業条件の整備等に関する法律（以下「労働者派遣法」という。）四条三項，五九条一号該当の訴因とは，公訴事実の同一性がなく，（3）検察官は，弁護人が原審第一回公判から，公訴事実記載の各女性は職業安定法にいう労働者に当らず，仮にそうでないとしても，被告人らの行為は同法の労働者供給には当らない旨，無罪を主張していたうえ，その後公判が長期間にわたり多数回を重ねているのに，何らの検討もせず，弁論が終結し判決宣告期日が指定されたのちに，ようやく本件訴因等変更請求をするに至つたのであつて，これは権利の濫用であるといわざるをえないから，いずれにしても本件訴因等変更請求は許されず，予備的訴因・罰条に基づき被告人を有罪とした原判決には，判決に影響を及ぼすことが明らかな訴訟手続の法令違反がある，というのである。……本件訴因等変更請求は，右で明らかなとおり，弁論の終結後に公判期日外に書面でなされたものであるところ，弁論の終結後には，判決宣告が行われるのを待つのみであつて，そのままの状態で，当事者から新たな攻撃防御方法としての主張や証拠を提出することはできないというほかはないが，弁論が再開されることを条件にして，あらかじめそのための請求をしておくことについては，これを禁ずる明文の規定がないうえ，弁論の再開前に事前に，一方の当事者に右請求をする意思があることやその請求内容を知ることは，裁判所及び相手方当事者にとつても訴訟準備の都合上極めて便宜であつて，実益のあることと認められるとともに，右請求を許すことによって手続の確実性や迅速性が損なわれるなどの弊害があるとも思われないので，法は，そのような弁論再開前における請求をも許容していると解するのが相当である。……そうすると，本件訴因等変更請求はそれ自体として不適法であるとはいえず，その後弁論が再開されたうえ，右請求に基づき訴因・罰条の変更手続が行われているのであるから，本件訴因・罰条の変更は適法に行われたものということができる。……本件の主位的訴因及び予備的訴因の各内容は，既に述べたとおりであつて，両者はともに，被告人らが特定の期間特定の飲食店で本件フィリピン女性を働くようにした事実に関する

限り，全く同様であり，両者が異なるのは，それが飲食店経営者との労働者供給契約に基づくものとするか（主位的訴因），飲食店経営者に対する労働者派遣によるものとするか（予備的訴因）にすぎないから，両者の基本的な事実関係が同一であることには，疑問の余地がない。……したがつて，主位的訴因と予備的訴因との間には公訴事実の同一性があり，これが欠けることを理由にして，本件訴因等変更請求が許されないとすることはできない。

もっとも，弁護人は訴因変更を認めるべきでない理由として，「弁護人は原審第一回公判から主位的訴因について無罪を主張していたのに，検察官はその後，公判が多数回重ねているのに，何らの検討もせずに，主位的訴因を維持し，弁論が終結したこと」を挙げていた。しかし，この点について本判決が説くところはない。積極的実体的真実発見主義を優先した判決といえようか。

■ 自白法則に関するもの

この期においては，自白の任意性を否定した下級審判決がみられる。**東京地判昭和62・12・16判時1275-35**がそれで，「許されざる偽計を用いたものとして，その影響下になされた被告人の自白調書等はすべてその任意性を肯定できないと解すべきところ，加うるに，その余の既述の苛烈な取調方法をも併せ考えると，とうていその任意性などはこれを認めることができない。」と判示した。当然の判決とはいえ，特筆される。

■ 伝聞法則に関するもの

事実上の証言拒否も刑訴法321条1項2号前段にいう「供述者が死亡，精神若しくは身体の故障，所在不明若しくは国外にいるため」に当たるのであろうか。この点は同規定を制限列挙と解するか例示列挙と解するかに関わる。この点に関する判断を示したのが**東京高判昭和63・11・10東高時報39-9=12-36**である。当たるとされたが，その理由について，次のように判示した。

> 刑訴法三二一条一項二号前段に「供述者が死亡，精神若しくは身体の故障，所在不明若しくは国外にいるため」というのは証人として尋問することができない事由を例示したもので，右の供述不能の事由が供述者の意思にかかわらない場合に限定すべきいわれはなく，現にやむことを得ない事由があつて，その供述者を裁判所において尋問することが妨げられる場合には，これがために被告人に反対尋問の機会を与え得ないとしてもなおその供述者の検面調書に証拠能力が付与されるものと解され，事実上の証言拒否にあつても，その供述拒否の決意が堅く，翻意して尋問に応ずることはないものと判断され

る場合には，当該の供述拒否が立証者側の証人との通謀或は証人に対する教唆等により作為的に行われたことを疑わせる事情がない以上，証拠能力を付与するに妨げないというべきである。これを本件についてみるに，証人Y尋問調書には，前示のとおり宣誓等を拒否した理由について，裁判所の説得の過程で一部供述し，また検察官の説得の際もこれを供述した形跡が窺われるだけで，これが明示されておらず，原審証人Kの供述によると，検察官の取り調べ当時，Yはその所属していた党派組織からの報復を極度に恐れていたというので，これが一つの理由であろうと推測され，所論がいうような被告人に対する敵意によるものと窺われる状況はなく，また，検察官側が作為的に同人に宣誓等を拒否させたものとも認められない。また刑訴法三二一条一項二号前段の書面については，その供述を信用すべき特別の情況が在することがこれを証拠とするための積極的な要件とされていないことは条文上明らかである。したがつて，証人の検察官の面前における供述情況及びその供述内容の真実性につき慎重な配慮を要することは当然として，前示のような証人の宣誓等の拒否を刑訴法三二一条一項二号前段の供述不能の事由に当たるとしても，Yの検面調書には信用性の情況的保障がないから証拠能力を付与しえないとの所論は採用できない。

これによれば，ただでさえ条文上広い伝聞例外が判例の解釈を通じてさらに拡大されることになった。なお，同2号書面についても解釈上特信性の要件を付加すべきかについて，周知のように，判例は付加の必要はなく，付加しなくても合憲との立場をとってきた（最判昭和36・3・9刑集15-3-500）。本判決も，これに従い，「刑訴法三二一条一項二号前段の書面については，その供述を信用すべき特別の情況が在することがこれを証拠とするための積極的な要件とされていないことは条文上明らかである。」と判示した。検察官の主張に沿ったものであろうが，反対尋問に代わる「特信性」がないのに証拠としても，誤判につながる危険性は回避し得るというのであろうか。その担保は何であろうか。

大阪高判平成元・11・10判タ729-249も，次のように判示し，「国外強制退去」の場合にも2号前段に当るとした。

> 刑訴法三二一条一項二号前段には，同条一項二号後段や同条一項三号のように「信用すべき特別の情況の存するとき」あるいは「特に信用すべき情況のもとにされたものであるとき」という制限が付されていないから，供述者が，「国外にいるため公判準備若しくは公判期日において供述できない」という要件を充たせば直ちに証拠能力を取得すると解するのが相当で，……検察官がその供述者を意図的に本邦から出国させようとしていた場合など，故意に被告人の反対尋問の機会を失わせようとしたことが窺われるような場合は，本条項の前記消極的要件とみるまでもなく，被告人の反対尋問権及び訴訟手続の適正を不当に害するものとして，いわゆる証拠禁止の見地から証拠能力が否定され

るものと解すれば足り，供述が「信用できない状況でなされた疑い」のある場合を，刑訴法三二一条一項二号前段の消極的要件と解するのは明文に反し相当でなく，所論のような情況は，検察官面前調書の信用性を判断する際の事情にすぎないと解するのが相当である。

■ 違法収集証拠の排除に関するもの

違法収集証拠の排除に関しては，この期も注目すべき下級審判決が出されている。福岡高判昭和61・4・28刑月18-4-294（鹿児島夫婦殺し事件）もその一つで，次のように判示し，証拠排除を認めた。

> 原審判決が有罪認定の証拠として掲げる被告人の司法警察員に対する各供述調書……のうち別件逮捕・勾留中……の供述調書が作成されたときの取調は，任意捜査の限度を超えた違法であるにとどまらず，憲法及び刑事訴訟法の保障する令状主義を実質的に潜脱するものであり，捜査官が事案の真相を究明すべく職務に精励したことを認めるにやぶさかでないが，かかる取調のもとで作成された右被告人の供述調書七通は司法の廉潔性の保持及び将来における同様の違法な取調の制御という見地から違法収集証拠としてその証拠能力は否定されるべきである。

東京高判昭和62・12・24判時1270-57（富士高校放火事件国賠訴訟）も，証拠排除に関するものである。東京高判昭和53・3・29判時892-29（309頁＝富士高校放火事件）で無罪が確定したXは，本件で行われた別件逮捕・勾留が違法であったとして国家賠償請求訴訟を提起した。東京地裁は原告の請求を一部認容したので，東京都が控訴し，Xも附帯控訴した。これに対する判決が本東京高判昭和62・12・24である。周知のように，放火事件の第一審の東京地裁は，被告人から録取した供述調書の大半について違法収集証拠として証拠能力を否定したが，上記・東京高判昭和53・3・29は，被告人の自白には任意性が認められないとして検察官控訴を棄却したものの，「別件逮捕・勾留中の放火事件の取調が違法であることを理由として，放火被疑事件の供述調書の証拠能力を否定した原決定の見解には，当裁判所としては同調することはできない。」とした。これに対して，本東京高判昭和62・12・24は，次のように判示した。

> 連日自供を求めて激しく追及し，その結果同月二〇日漸く自白調書作成の運びとなったこと……をも合わせ考慮すると，別件逮捕，勾留中の本件放火の取調べは，別件での身柄拘束を本件に流用した上でなされたことは明らかであり，先に述べた余罪取調べとしての限度を超えた違法なものであるにとどまらず，憲法及び刑訴法の保障する令状主義を実質的に潜脱する違法をも有するものといわなければならない。

V この期の刑事判例の特徴

東京高裁の民事部と刑事部で異なる見解が示されることになった。刑事部が重大な違法でないとしているのに対して,民事部が重大な違法だとしている点が注目される。

同じく東京高裁の判決であるが,おとり捜査によって得られた証拠を排除するかどうかについて判断を示した**東京高判昭和62・12・16判タ667-269**がみられる。いわゆる機会提供型のおとり捜査にとどまる適法なものであるから,証拠排除は認められないとして,次のように判示した。

所論は,要するに,本件においては,捜査機関がおとり捜査により被告人の犯意を誘発,強化させたものであるから,違法,不当な捜査がなされたものであり,その捜査によって収集した証拠は違法収集証拠として証拠能力がないというべきであるのに,これを採用して有罪の事実認定をした原判決には,判決に影響を及ぼすことの明らかな訴訟手続の法令違反があるというのである。……そこで,原審記録及び証拠物を調査して検討すると,被告人らが検挙されるに至つた事情は,原判決が弁護人らの主張に対する判断の一で認定しているとおりであり,その検挙に至る過程においておとり捜査がなされたことは否定することができない。しかし,原判決が説示しているように,被告人は,昭和五八年一〇月ころから,捜査機関の関係者と接触したりするうち,覚せい剤を日本で密売しようと企てるに至つたものであり,当初の覚せい剤取引の話が流れた後も,原審相被告人B（以下単にBという）らとの間で覚せい剤取引の交渉を何度もくり返したうえ,本件犯行に至つたものであつて,その間捜査関係者らと接触したことにより覚せい剤取引に関する犯意が持続,強化された面はあるにしても,捜査関係者によつて犯意を誘発,惹起されたものとは決して認められない。この点をさらに補足して説明すると,本件覚せい剤取引の犯行は,以前からの経過はさておき,直接的には,原判決が前記判断の一の1（四）で認定しているように,昭和五九年一二月二〇日ころ被告人,BおよびXの三名が新宿のホテルで話し合つたことから始まつたものであるが,その際捜査機関の協力者であるXが,何回も話が流れてしまつて社長に対し面子がないよなどと言つたことは原判示のとおりである。しかし,右Xの言葉は,それまでの経過からして極く自然の発言とみられ,それが被告人やBに対する覚せい剤取引の強要に当るものということはできない。Bは原審の公判において,右の話し合いの際,Xと被告人の両名から,どうしても必ずやるように責められたと供述しているのであるが,Bの原審における供述は,自己の立場を受動的,消極的なものとして述べようとの態度が顕著にみられるものであり,被告人の原審における供述とも対比し,にわかに信用することができない。そして,関係各証拠により認められる昭和五九年四月以降の被告人とBとの覚せい剤取引に関する行動状況,すなわち,右両名とも,日本に多量の覚せい剤を持込み,これを密売して多額の利益を得ようとし,日本と韓国あるいは台湾との間を再三往来していたことなどからすれば,前記一二月二〇日ころの話し合いの席において,Bは自己の任意の意思により昭和六〇年一月中に覚せい剤を日本に持込むことにし,被告人もBの企てに加担す

433

ることにしたものと認めるのが相当である。また，その後，前記Ｘ及び原判示の「社長」らが，捜査機関と連絡をとりながら，Ｂや被告人らと種々折衝を重ねたうえ，覚せい剤一〇キログラムを買取ることにし，「見せ金」である現金をも持参して売手側に見せ，結局原判示の覚せい剤所持の犯行に至らせた点についても，原判示のとおり，覚せい剤所持の犯意を新たに誘発させたものではなく，従前からその犯意を有していた者にその現実化，行動化の機会を与えたにすぎないものというべきであり，本件事案の特殊性，重大性からして，著しく不公正な捜査方法であるということはできない。……以上を要するに，本件被告人らの検挙に至る過程において，おとり捜査がなされたことは明らかであるが，それによつて，被告人らの覚せい剤取引に関する犯意が誘発，惹起されたものでなく，当初からあつた犯意が持続，強化されたにすぎないというべきであり，本件事案の重大性，特殊性をも考慮すれば，右のおとり捜査は，捜査として許される限度を越えた違法なものとはいえず，著しく不当であるともいえないとみるのが相当である。従つて，本件のおとり捜査が違法，不当なものであることを前提にし，原判決が違法収集証拠によつて事実認定をしたものであるとの所論は，前提を欠き失当であるというほかなく，原審の訴訟手続に所論のような法令違反はないから，論旨は理由がない。

大阪高判昭和63・2・17高刑集41-1-62も特筆される。次のように詳細に判示した。

被告人に対する天神橋四丁目派出所及び曽根崎警察署における取調べが，任意捜査として許容される限度内のものであるか否かについて検討するのに，任意捜査の一環としての被疑者に対する取調べは，単に，強制手段によることができないというだけでなく，更に，事案の性質，被疑者に対する容疑の程度，被疑者の態度等諸般の事情を勘案して，社会通念上相当と認められる方法ないし態様及び限度において，許容されるべきものである（最高裁判所昭和五九年二月二九日第二小法廷決定・刑集三八巻三号四七九頁参照）。ところで，原判決の認定によれば，本件において，警察官は，五月九日午後九時二〇分ころ，扇町公園内で被告人に対し職務質問を開始したのち，被告人を最寄りの天神橋四丁目派出所へ任意同行して，所持品検査を行う一方，所持していたウイスキーの出所を追及し，被告人が，スーパーマーケット前の自転車の荷台上にあつたのを持つていつた旨供述したのに，更に，所持品中の鍵の用途に関する供述の真否を確定するため，深夜，パトカーに被告人を乗せて，その供述する二か所の寺院のロッカーへ案内させるという「引当り」をし，午前二時ころ，派出所に戻つてからは，再びウイスキーの出所の追及を行い，午前三時前ころには，身柄を曽根崎警察署に移し，その間，仮眠や休けいの時間を与えずに，ほぼ間断なく徹夜で取調べを続け，午前四時ころ，ついに，被告人をして確定的に自白させるに至つたというのである。このように，被疑者を徹夜で追及して自白させるような取調べ方法は，逮捕・勾留中の被疑者に対する場合であつても，これを必要とする特段の事情があつて相当と認められない限り，許容されないと解すべきであつて，まして，任意捜査の名のもとに行われたそのような取調べが，当然に是認され

V　この期の刑事判例の特徴

るとは，にわかに考え難いといわなければならない。しかも，本件において，被告人に向けられた犯罪の嫌疑は，たかだか時価約三〇〇〇円相当のウイスキー一本の窃取であつて，右は，被告人の窃盗の前科との関係で常習累犯窃盗罪を構成する可能性があつたことを考慮に容れても，重大な法益侵害を伴う事案ではないし，また，被告人は，かりに自ら積極的に取調べを拒否して立ち去る態度を示してはいなかつたにしても（被告人は，取調べの途中帰らせて欲しい旨希望を述べたと供述しているところであるが，それを措信しないとしても），少なくとも，自ら徹夜の取調べを積極的に希望していたものでないことは明らかであり，結局，取調べを拒否して立ち去ろうとすれば嫌疑をいつそう深める結果となることを懸念して，警察官の執ような取調べに対しやむを得ず応じていたにすぎないというほかはない。このようにみてくると，本件において警察官が被告人に対して行つた，五月九日夜から翌一〇日早朝に至る徹夜の取調べは，派出所内での取調べ開始後間もなく，被告人が，最終的な自白の内容とは異なるにせよ，ウイスキーの窃取を認める趣旨の供述をしていて，右窃盗の嫌疑がかなり濃厚になつていたことを考慮に容れても，任意捜査として許容される社会通念上相当な限度を逸脱し違法であると認めざるを得ない。……確かに，本件においては，当初，警察官から職務質問を受けた際及びその前後の被告人の態度・応答に，多分に不審な点があつたこと，被告人が住居不定の浮浪者であつて，いつたん立ち去ることを許せば，ウイスキー窃取の嫌疑のある被告人に対しその追及をすることが事実上不可能になると思われることなど，捜査の必要性の存したことは，これを理解することができないわけではない。従つて，警察官において，被告人に派出所への任意同行を求め，その承諾を得て所持品検査を行い，ある程度の時間，ウイスキーの入手経路について供述を求める程度のことは，前示の基準に照らし，任意捜査として許容される限度内のものというべきであろう。しかし，任意捜査としての取調べに，おのずから限界の存することは，前示のとおりであつて，捜査の必要性があるからといつて，本来許されるべきでない捜査方法が許されることになつてはならない。特に，本件においては，被告人は，派出所における取調べ開始後それほど遅くない段階で，最終的な自白の内容とは異なるにせよ，ウイスキー窃取の事実を認める趣旨の供述をしていたのであるから，警察官において，被告人の身柄を確保してウイスキー窃取の事実を追及する必要があると考えたのであれば，右自白に関する最少限度の裏付け捜査を遂げた上，被告人を緊急逮捕し，直ちに逮捕状の請求をすべきものであつて，このような手段に出ることなく，任意捜査の名のもとに，被告人を事実上派出所内及び警察署内に更に留め置いて，徹夜でウイスキーの出所を追及するような捜査方法は，その衝に当たつた警察官の主観的意図が奈辺にあつたにせよ，結果的には，令状主義を潜脱して，強制捜査としても当然には許されない取調べを任意捜査に藉口して行つたとの非難を免れ難いものというべきである。……なお，付言するに，前示の最高裁判所の決定は，被疑者を四夜にわたりホテル等に宿泊させて連日長時間取り調べたことが，任意捜査の限界を越えるものでない旨判示している。しかし，右事案は，殺人とい

435

う重罪の容疑の強い被疑者が，自ら，寮に帰るのはいやなのでどこかの旅館に泊めていただきたい旨の答申書を提出している特殊な事案に関するものである上，右事案では，警察官も被疑者に対し夜間の睡眠時間はこれを与えているのであつて，これらの点において，本件とは明らかに事案を異にすると考えられるばかりでなく，右決定は，これに二名の裁判官の実質的な反対意見が付せられていることからも窺われるように，まさに限界的な事案に関するものと考えられるので，右判旨の結論を具体的事情を異にする他の事案へ安易に推及することは，厳に慎しまなければならない。……以上のとおりであるから，当裁判所は，被告人に対する五月九日から一〇日にかけての警察官の取調べが，任意捜査として許容される限度を超えていないとする原判断には，賛同することができない。……次に，右のような取調べの結果作成された被告人の供述調書等の任意性の存否について検討する。……本件のように，警察官が，午後九時二〇分ころ被疑者に対し職務質問を行つたのち，最寄りの派出所に任意同行を求め，その後，パトカーによる寺院二か所への引回りをはさみ，翌朝午前四時ころに至るまで，右派出所及び警察署において，その所持するウイスキーの出所又はその余の所持品の用途等について，途中，仮睡や休けい時間を与えずに，ほぼ間断なく取調べを続けるときは，そのこと自体が，被疑者の身心に著しい苦痛をもたらすと考えられる上，前示のように，それが任意捜査として許容される限度を逸脱した違法な取調べである場合には，その後に得られた被疑者の自白については，たやすく任意性を肯定し得ず，むしろ，このような自白には，他に，かかる違法な取調べの影響の遮断された状況で自白が得られたこと等特段の事情の存しない限り，任意性に疑いがあり，証拠能力がないものと解するのが相当である。

　この判示で注目されるのは，違法収集証拠として証拠排除されるための要件たる「令状主義の潜脱」は，当該捜査に当った警察官の主観に従ってではなく，客観的な状況に則って判断されるべきだとされ，「任意捜査の名のもとに，被告人を事実上派出所内及び警察署内に更に留め置いて，徹夜でウイスキーの出所を追及するような捜査方法は，その衝に当たつた警察官の主観的意図が奈辺にあつたにせよ，結果的には，令状主義を潜脱して，強制捜査としても当然には許されない取調べを任意捜査に藉口して行つたとの非難を免れ難いものというべきである」とされている点である。注目される点のもう一つは，**最決昭和59・2・29刑集38-3-479**（356-357頁＝高輪グリーンマンション事件）の射程に関わる。同決定は「二名の裁判官の実質的な反対意見が付せられていることからも窺われるように，まさに限界的な事案に関するものと考えられるので，右判旨の結論を具体的事情を異にする他の事案へ安易に推及することは，厳に慎しまなければならない」とされている点がそれである。文字通り特筆される。

V この期の刑事判例の特徴

■ 被告人の防御権に関するもの

　通訳を要すべき事項の範囲に関しても下級審の判断が示されている。**岡山地判昭和62・11・12判時1255-39**がそれである。通訳を要すべき事項の範囲はその者が利害関係を有すると認められる事項のすべてに及ぶとし，次のように判示した。

　同条（刑訴法一七五条の意—引用者）の趣旨は，通訳により裁判手続に関与する者の間の意思疎通を図ることによって裁判の実質的審理を担保し，と同時に，訴訟関係者に攻撃防禦を十分に尽させることによって裁判の公正を確保するところにある。……とすれば，国語に通じない者が裁判手続に関与している場合において，通訳する方法，程度はその者の攻撃防禦を損なわない限度で裁判所の裁量によるとしても，通訳を要すべき事項の範囲は，その者が利害関係を有すると認められる事項のすべてに及ぶというべきである。それと同時に，その趣旨が理解できる程度に通訳される必要があることは当然である。……これを国語に通じていない被告人の場合についていえば，原則として，その手続で行われたすべての事項について理解し得る言語に通訳する必要がある。というのは，被告人については，当然のこととして，その手続で行われるすべての事項について利害関係を有するからである。……そのことはまた，最高裁判所昭和三〇年二月一五日第三小法廷判決（刑集九巻二号二八二頁）が「刑訴法一七五条の規定は，公判廷で被告人に供述を求め証人等を尋問する場合に適用されるほか，裁判等の趣旨を了解させるためにも通訳人を用いなければならない趣旨を含むものと解すべきである」と判示しているところからも，首肯できると思う。……現に実務では，そのような理解に即して運用されているのが実情ではないかと思う。……このような観点から本件における通訳の実態を視察するとき，刑訴法が求めている通訳の本来の役割を果し得ているとはおよそ評価することができない。……それはどうしてかといえば，被告人に対する通訳の手段は，ほとんど身振り手振りの動作に限られているからである。それゆえに，通訳人がいかなる努力を払っても，被告人には抽象的言葉や仮定的話法などの通訳はまったくといってよいほど不可能である。卒直ないい方をすれば，通訳人はおそらく匙を投げたい思いではなかったかと推察する。それほど，本件では通訳の有効性が極度に制約されているのである。……それに加えて，特に注意を要するのは，仮に被告人に通訳し得たと思われる事柄があったとしても，それが身振り手振りの動作を手段とするいわば通訳人のパントマイムによる以上，当然ながら正確性の保障を確保し得ないということである。この点を，見落すことは許されない。語の用法がきっちり決まっている外国語の通訳などとは比べようもないものである。すなわち，本件の通訳は，たとえば被告人に陳述を求める場合，通訳人の身振り手振りを通じて発問を伝達し，これに対する被告人の首を縦に振るといったごく単純な反応を手掛りにし，通訳人が自己の判断に基づき被告人の真意なりを推測しこれを日本語として訴訟関係人らに伝えるというものである。そのような通訳に，正確性の保障を見出すことは，所詮無理である。このことは，パントマイムを

437

当てるゲームをした経験を有する者であれば誰でも，納得できるはずである。……ともあれ，こうした点を誤解がないように，以下，例証しておきたい。……まず第一に無視し得ないのは，被告人に対し，この刑事裁判において黙秘権を行使し得るという訴訟手続事項を理解させる手段がなかったということである。いいかえれば，被告人には通訳を介しての黙秘権の告知が不可能であったということである。……そのことは，通訳人Xが，第三回公判期日において，被告人は「黙りなさい」ということはわかるのですが，「黙っていてもいいですよ」「答えなくてもよろしい」とか，「黙っていたければ，ずっと黙っていてもよろしい」というようなことは通じないようですと供述し，さらにまた，通訳人Yも，第四六回公判期日で，被告人は「言いなさい」「黙りなさい」ということはわかりますが，「言いたくなければ」ということはわかりにくいと思いますと述べているところからして，明らかである。……このことからもわかるように，被告人に対しては，自己の意思に反して供述する必要がないなどといった抽象的な概念を，より具体的にかみ砕いた言葉に置き換えても，身振り手振りで伝えることは無理なのである。にもかかわらず，通訳を試みるとすれば，それは手続保障として当然に要請されるにしても，現実にはこのうえもない不可能を強いる結果を招いていることは紛れもない。……それにしても，被告人に対し黙秘権の告知が伝わらなかったという事実は，黙秘権及びその告知を法的にどのように位置づけるにせよ，少なくとも，被告人がこの刑事裁判において黙秘権を行使し得るということを知っているとは認め難い状況が明らかに存在する以上，これを単に，黙秘権の告知に努めたけれども伝えられなかったとしてのみ済ますわけにはいかない重要な事柄である。

　この判示に加えて，同判決が，通訳の方法としてはその趣旨が理解できる程度に通訳される必要があるが，本件被告人は「いんあ者」であって，公判廷における手続のもつ意味を全く理解することができない状態で，「本件のような極限的事例においては，被告人に対する訴追の維持ないし追行は救い難い影響を受けているというほかはない。それはまた同時に，刑訴法が公訴の適法要件として本来当然に要求する訴追の正当性が失われているということである。したがって，本件公訴については，刑訴法三三八条四号を使って，公訴提起の手続自体が不適法であった場合に準じ，公訴棄却するのが相当である。それ以外に解決する手段を見出すことはできない。」と判示している点も注目される。

■ 事実認定に関するもの

　事実認定に関しても注目される下級審判決が出されている。東京高判昭和60・12・13刑月17-12-1208（日石・土田邸事件）がそれで，被告人を本事件の犯人であるとすることについては合理的な疑いを入れる余地があるとした原判決の原判示は誤りと

V　この期の刑事判例の特徴

することはできないとし，次のように判示した。

　以上，所論が原審における取調請求却下決定等を違法とし取調の必要性を主張するP1，P24及びP15の各検面の内容に立入り，その重要部分につき信用性の有無を検討したが，その結果，いずれの部分についても信用性を肯認することは困難というべきである。特に，P11爆弾及びP12邸爆弾とも，その郵便局への搬送という，犯行に密接する重要経過に関する自白が前者については搬送者とされているP13，後者については差出人とされているP27につきアリバイないしその可能性が認められることにより，虚偽もしくはその可能性が大きいと断ぜざるを得なくなり，所論ですら右経過に関する具体的事実関係を主張し得ないということは，右各検面の信用性を著しく低下させるものというほかない。したがつて，右各検面を採用したとしても，被告人らがP11，P12邸事件の犯人であることにつき合理的な疑いを容れる余地があるとする原判示認定を誤りとすることはできないということに帰する。

札幌高判昭和61・3・24高刑集39-1-8も，事実認定に関するものである。重過失致死ないし保護責任者遺棄致死か死体遺棄かのどちらかであることは確実だが，被害者の生死が不明なために，どちらかを特定できないときに，利益原則の適用に従って死体遺棄の事実を認定することが許されるか。この点についての下級審の判断を示したのが本札幌高判昭和61・3・24である。認定することが許されるとし，次のように判示した。

　ところで，前記死亡推定時刻は，あくまでも死体解剖所見のみに基づく厳密な法医学的判断にとどまるから，刑事裁判における事実認定としては，同判断に加えて，行為時における具体的諸状況を総合し，社会通念と，被告人に対し死体遺棄罪という刑事責任を問い得るかどうかという法的観点をふまえて，X子が死亡したと認定できるか否かを考察すべきである。……本件において，仮に遺棄当時X子がまだ死亡に至らず，生存していたとすると，被告人は，凍死に至る過程を進行中であつた同女を何ら手当てせずに寒冷の戸外に遺棄して死亡するに至らしめたことになり，同女の死期を早めたことは確実であると認められるところ，自ら惹起した不慮の事故により雪中に埋没させてしまつた同女を掘り出しながら，死亡したものと誤信し，直ちに医師による治療を受けさす等の救護措置を講ずることなく，右のように死期を早める行為に及ぶということは，刑法二一一条後段の重過失致死罪に該当するものというべく，その法定刑は五年以下の懲役もしくは禁錮又は二〇万円以下の罰金であるから，被告人は，法定刑が三年以下の懲役である死体遺棄罪に比べ重い罪を犯したことになつて，より不利益な刑事責任に問われることになる。また，被告人の主観を離れて客観的側面からみると，X子が生存していたとすれば，被告人は保護責任者遺棄罪を犯したことになるが，同罪も死体遺棄罪より法定刑が重い罪である。本件では，X子は生きていたか死んでいたかのいずれか以外には

第11代長官　矢口洪一

ないところ，重い罪に当たる生存事実が確定できないのであるから，軽い罪である死体遺棄罪の成否を判断するに際し死亡事実が存在するものとみることも合理的な事実認定として許されてよいものと思われる。……以上の諸点を総合考察すると，本件においては被告人の遺棄行為当時Ｘ子は死亡していたものと認定するのが相当である。……したがつて，原判決の判示第二の事実については，事実の誤認があり，これが判決に影響を及ぼすことが明らかであるから，控訴趣意について判断するまでもなく，原判決は破棄を免れないところ，原判決は，判示第二の事実を同第一の事実と合わせて刑法四五条前段の併合罪として一個の刑を科しているので，原判決は結局全部を破棄すべきである。……そこで，刑事訴訟法三九七条一項，三八二条により，原判決を破棄し，同法四〇〇条但書により，被告事件について更に次のとおり判決する。……被告人の判示第一の所為は，道路交通法一一八条一項一号，六四条に，判示第二の所為は，刑法一九〇条にそれぞれ該当するところ，判示第一の罪につき懲役刑を選択し，以上は，刑法四五条前段の併合罪であるから，同法四七条本文，一〇条により，重い判示第二の罪の刑に同法四七条但書の制限内で法定の加重をした刑期の範囲内において，被告人を懲役一年六月に処し，情状により同法二五条一項を適用して，被告人に対し，この裁判確定の日から三年間右刑の執行を猶予することとし，刑事訴訟法一八一条一項本文を適用して，原審及び当審における訴訟費用中原審分を被告人に負担させることとする。

他方，**名古屋高判昭和62・9・7判タ653-228**は，被害者が死亡した場合，業務上過失致傷の訴因に対して業務上過失致死を認定することが許されるかに関するもので，訴因制度の趣旨に鑑み，許されないとし，次のように判示した。

刑法二一一条前段がその構成要件を「業務上必要ナル注意ヲ怠リ因テ人ヲ死傷ニ致シタル者ハ」と定めるとともに，致死であるか致傷であるかによつて法定刑に差異を設けていないことなどにかんがみると，刑法二一一条前段は，その保護法益を人の生命・身体の安全として統一的に把えるとともに，その法益侵害の結果である人の死亡と傷害とを構成要件上同等の要素をなすものとしていることが明らかであるところ，人の死亡と傷害との間には法益侵害の程度に重大な差異があるとはいえ，必ずしも両者は常に論理必然的に相矛盾し排斥し合う関係にあるわけではないから，人がその負つた傷害に因つて死亡するに至つた場合であつても，傷害の点が常に定型的に死亡の事実に吸収され，ために構成要件的評価の対象たり得なくなるに至るものと解すべきいわれはないものというべきである。……そして，専権的に訴追権限を有する検察官が，審判の直接的対象である訴因を構成・設定するにあたつて，被告人の業務上の過失行為と被害者の死亡との間の因果関係の立証の難易や訴訟経済等の諸般の事情を総合的に考慮して，合理的裁量に基づき，現に生じた法益侵害のいわば部分的結果である傷害の事実のみを摘出して，これを構成要件要素として訴因を構成して訴追し，その限度において審判を求めることも，なんら法の禁ずるところではないし，審判を求められた裁判所としては，検察官が

設定し提起した訴因に拘束され，その訴因についてのみ審判すべき権限と義務を有するにすぎないのであるから，その審理の過程において，取り調べた証拠によつて訴因の範囲を越える被害者が死亡した事実および被告人の過失行為と被害者の死亡との間に因果関係の存することが判明するに至つたとしても，裁判所の訴因変更命令ないし勧告にもかかわらず，検察官において訴因変更の措置を講ぜず，なお従前からの業務上過失傷害の訴因を維持する以上，裁判所は，右訴因の範囲内において審判すべきは当然であつて，右訴因として提起された業務上過失傷害の公訴事実が証拠上肯認し得るのであるならば，違法性ないし有責性を阻却すべき事由があれば格別，しからざる限り，右公訴事実（訴因）につき被告人にその刑責を問うべきは勿論である。……そうとすると，前叙の如き原判決の説示する理由によつては，本件公訴事実（訴因）である被害者の傷害が証明がないことに帰着すべきいわれはなんらないものというべきであるから，前叙のとおり，一方では本件公訴事実（訴因）に沿う傷害の事実を認定説示しながら（なお，要加療期間の点は，傷害の程度を示すものにすぎず，業務上過失傷害罪における構成要件要素をなすものでないことは勿論である。），他方では「公訴事実記載の……傷害を認めることができない」と説示する原判決には，その理由にくいちがいがあるものと言うほかなく，従つて，原判決は，所論に対する判断をまつまでもなく，この点において破棄を免れない。

■ 判決に関するもの

有罪判決における「罪となるべき事実」の表示に関する下級審判決もみられる。次のように判示した**東京高判昭和62・1・28判時1228-136**がそれである。原判決の原判示のようなものであっても理由不備の違法があるとはいえないとし，弁護人の主張を退けた。

所論は，原判示第三の事実につき，原判決は犯罪行為の態様として単に死体の脳摘出解剖を行ったとのみ判示しているが，死体解剖保存法二条違反の罪となるべき事実を判示するには，東京高裁昭和二九年六月八日判決（高裁刑集七巻五号七八四頁）の示すように，死体解剖の目的，損傷を加えた部位，態様を記載する必要があると解すべきであるから，原判決には理由不備の違法がある，というのである。……よって，判断するに，有罪の判決における罪となるべき事実の判示としては，刑罰法令各本条の構成要件に該当すべき具体的事実をその構成要件に該当するかどうかを判定するに足りる程度に具体的に明白にし，その各本条を適用する事実上の根拠を確認しうるようにするをもって足りると解されるところ，原判決は，被告人が医療業務に従事していた旨本件が医学研究の目的でなされたことを窺わせる判示をするほか，死体の脳摘出解剖を行った旨判示しており，これが死体の頭皮を切り開き，頭蓋内から脳を摘出した事実を示した趣旨であることは明らかであって，所論引用の高裁判例の趣旨に反するところはなく，且つ，前

第11代長官　矢口洪一

示罪となるべき事実の判示方法に関する要請は満たされているものと認められるから、原判決に所論の理由不備の違法があるということはできない。論旨は理由がない。

本判決においても、「罪となるべき事実」の判示に関する判例が戦時刑事特別法の考え方を継承したものだというような問題意識はうかがえない。

■ 量刑に関するもの

量刑に関しても注目すべき下級審理判決がみられる。**浦和地判平成元・12・21判タ723-257**がそれである。「本件強制採尿は、捜査官において、その必要性に関する判断を誤った結果、嫌がる被告人の抵抗を排除して強行した点で、違法であるというほかない」が、「本件強制採尿は、何ら必要性がないのに実施されたものではないことなどの諸点に照らすと、強制採尿の必要性に関する前記のような捜査官の判断の誤りは、いまだ、このことの故に、尿の鑑定書の証拠能力を否定しなければならない程重大なものであるとはいえない。」としたものの、この違法な捜査によって被告人が本来法の予定する以上の苦痛を受けた事実を広義の「犯行後の状況」の一つとして量刑に反映させるべきであるとし、「被告人に対しその刑の執行を猶予するのが相当であるとは認められないが、その刑期を定めるにあたっては、右の点をも相当程度考慮に容れる必要があると考えられる。」と判示した。

手続の違法を宣言するだけで、捜査機関に何らの不利益を負わせないのでは、捜査機関は何らの痛痒を感じないおそれがある。しかし、さりとて、違法収集を理由に証拠能力の否定にまで行くことになると、有罪の犯罪者をみすみす取り逃がす結果になるために、裁判所は、証拠排除の判断についてはどうしても慎重になりがちであった。本判決の見解は、このような実務のジレンマを打開するために考案された、すぐれて実務的な解決方法であると評価されている。

■ 再審に関するもの

再審に関しても**静岡地判平成元・1・31判時1316-21**（島田事件）がみられる。次のように判示し、島田事件に関して再審無罪を言渡した。

以上の次第であって、本件では、被告人の自白調書以外に犯行と被告人を直接結び付けるに足る証拠がなく、被告人の自白調書も、その変遷が少なくなく、不自然あるいは客観的事実に反すると思われる供述が含まれているばかりか、再審公判における検察官の補充立証にもかかわらず、本件石を成傷用器とするには、なお幾多の疑問が残り、被告人の自白に基づいて本件石が発見されたとしても、自白の信用性を高め得る「秘密の暴露」があるとみることができず、また、被害者の死体にみられる特異な所見と整合する

V この期の刑事判例の特徴

という一次ショックの臨床症状が被告人の自白と符合しているともいうこともできず，そのうえ，被告人の資質上の特性を考慮すると，被告人が捜査官らに示した犯人であることを窺わせる言動も重大視することができないのであって，他に自白の信用性を裏付ける確実な事情が認められない限り，被告人の自白が虚偽ではないかとの疑いを拭いきれず，被告人の自白は信用性に乏しいと判断される。したがって，被告人に対する本件公訴事実については，その証明が不十分であって，犯罪の証明がないことに帰着するから，刑事訴訟法三三六条により無罪の言い渡しをする。

第12代
最高裁長官
草場良八

(1990年2月20日～1995年11月7日)

KUSABA court
12

第12代長官　草場良八

I ■ 長官のプロフィール

　裁判官出身。第10代の寺田治郎以降，3期連続で東京高裁長官経験者が最高裁長官を占める。福岡県立福岡中学校（現・福岡県立福岡高等学校）を卒業後，東京大学法学部に入学。同学部を卒業後，司法修習を終えて，判事補に任官。刑事裁判官の道を歩む。著名な裁判を担当しなかったが，手堅さには定評があった。

　任官7年目に最高裁刑事局付判事補に。その後，2年ほど釧路地家裁にいたが，最高裁人事局任用課長に就任してからはエリートコースに乗り，最高裁秘書課長，最高裁経理局長，東京高裁判事（部総括），最高裁事務総長，東京高裁長官を経て，矢口の直系として最高裁判事に就任した。

　最高裁判事になって僅か3ヵ月で12代長官に抜擢された。そのため，小法廷の審理は担当しなかった。草場の長官就任は第1次海部内閣の下でだが，長官人事をリードしたのは前長官の矢口であった。最高裁判事15人の中で2番目に若い草場良八が後任に選ばれ，「13人飛び抜き人事」といわれた。参議院を野党に落とされ，次は衆議院が狙われている危機的状況のなかで，矢口がとるべき手段は，後任の最高裁長官に何としても任期の長い人物をあてることによって，自民党政権の崩壊の影響が直ちには最高裁に及ばないようにすることであった。

　草場は，長官就任の記者会見で，「司法制度の見直しを進める。（来世紀の）陪審・参審制は司法制度の根幹にかかわる問題であり腰を落ちつけて取り組みたい」と述べ，矢口路線を踏襲することを明らかにした。日本の司法が100年を迎え，最高裁で開催された記念式典では，「ここに一世紀，社会とともに裁判所もまた数多くの試練を受けながら近代化，国際化の道を歩んできました。戦後，日本国憲法の制定により大きな変革を遂げ，三権の一翼として重要な責任を担うことになりました。国民の権利を擁護し，法の支配を実現することを使命と思っています。」旨の式辞を述べた（裁時1038号1頁）。ここに「法の支配」とは，最高裁に独特な意味で，「法秩序の維持」を意味した。1995年6月15日―16日に開催された長官所長会同では，特に民事事件について集中審理方式を「さらに進化発展」させていくとして，具体的な点にまで踏み込んだ訓示を行った（裁時1137号1頁）。

　最高裁長官として，成田新法事件に関する1992年7月1日の大法廷判決の裁判長も務めた。憲法21条1項の保障する集会の自由は民主主義社会において十分尊重されるべきだが，公共の福祉により合理的範囲で制限を受ける。また，新東京国際空港の安全確保に関する緊急措置法3条1項1号又は2号に基づく工作物使用禁止命令

は，空港利用者の安全確保，暴力主義的破壊活動を防止し，新空港の設置，管理等の安全を確保するため，高度かつ緊急の必要性があるというべきであり，公共の福祉による合理的制限の範囲内であるから，憲法21条に違反しない。さらに，本行政手続は憲法31条の保障の下にあるが，刑事手続とは異なり行政目的に応じて多種多様で，行政処分の相手方に事前の告知，弁解，防御の機会を与えるかどうかは，行政処分により制限を受ける権利，利益の内容性質，制限の程度，行政処分により達成しようとする公益内容，程度を総合比較して決定されるべきものである。本件の場合，新空港の設置管理等は国家的社会経済的，公益的見地から強く要請され，高度の必要性を有することを考慮すれば，必ずしも相手方に対して事前に告知，弁解，防御の機会を与える規定がなくても憲法31条の法意に反しない。1992年7月1日の大法廷判決によれば，このように判示された。

1993年1月20日の大法廷判決でも裁判長を務めた。1990年2月28日施行の総選挙時の衆議院議員の定数配分規定の下における投票価値の不平等は憲法の選挙権の平等の要求に反する程度に至っていたが，右選挙当時，いまだ憲法上要求される合理的期間内における是正がなされなかったものと断定することはできず，右規定は憲法に違反するものといえないので，本件選挙を無効とすることはできない。同判決によれば，このように判示された。

草場は，最高裁長官を退くにあたって，「組織が生き生きするためには新しい血を入れる必要があるが，資格が要求される裁判官には簡単に行かない」と述べた。

趣味は囲碁で，酒やマージャンは付き合い程度とか。（以上のプロフィールについては，山本祐司『最高裁物語（下巻）』（日本評論社，1994年）317頁以下などを参照）

II ■ この期の最高裁の動き

1993年8月9日，政権党の名をほしいままにしてきた自民党が野党に転落し，細川連立内閣が誕生した。日本の政治状況は与党が野党を圧倒どころか，とっくに野党が逆転勝利していた。にもかかわらず，選挙区のアンバランスが放置され続けたために，自民党の野党転落がここまで遅れただけであった。その責任の一旦は最高裁にあった。

小選挙区比例代表並立制を中核とする政治改革関連法案が国会で成立し，細川政権の大目標である「政治改革」が曲がりなりにも前進したかのようにみえた。「変革の波」は，その後，最高裁にも及ぶことになった。それでは，この波に草場コートはどのように対処したのであろうか。そのキーワードとなったのは，矢口コートが用意した「国

民の司法参加」というプランであった。司法制度改革の内実を「国民の司法参加」に求め，それを着実に一歩一歩実現していくことによって，最高裁に対する国民の信頼を確保するというものであった。1991年，最高裁は，弁護士を裁判官に登用する弁護士任官制度の採用に踏み切った。これも「開かれた裁判所」作りをめざしてのものであった。

　日弁連は，最高裁判事の推薦について，1993年4月から，はじめて公募制に切り替えた。最高裁の了承を得た上であったが，これも最高裁の狙いは最高裁判事の「人事の民主化」にあった。公募第一号の最高裁判事に就任したのは，人権派弁護士として知られた大野正男であった。大野は，最高裁判事として国民審査を受けるにあたって，裁判が力や富や数や縁故によって左右されることなく，すべての人にとって平等な正義のみが支配するよう，そして，裁判の基本的な機能が国民によって理解されるように微力を尽くしたいと記した。

　1994年1月25日には，初めての女性の最高裁判事も誕生した。東大法学部を卒業し，労働省に入り，婦人少年局長を務め，男女雇用機会均等法の基礎を作った高橋久子であった。高橋は，就任にあたって，「最高裁に女性が入るべきだとは思っていましたが，細川首相から打診があった時は『まさか自分とは』とびっくりしました。」「（夫婦別姓論議について）女性の100％近い人が結婚で名前を変え，私自身もその痛みを経験しました」と述べ，夫婦別姓に理解を示したという。

　しかし，これらの「改革」は，いかにも表面的だとの印象を拭えなかった。最高裁が意のままに動かしてきた司法権が，日本国憲法によって独立を保障され，憲法の擁護者と位置づけられながら，国民の信頼を失ってきたのは，何よりも憲法に背を向けた，その判決内容にあったからである。この点については，「変革の時代」にあっても，最高裁の立場は変わることはなかった。それは，草場長官が，1995年の「新年のことば」で，「社会の変化の速度が速くなればなるほど，司法の分野においても，変えるべきものと変えてはならないものを的確に見極める確かな目が一層必要になってきます。」と述べていることからも容易にうかがい知れよう。（山本祐司『最高裁物語（下巻）』（日本評論社，1994年）317頁以下などを参照）

III ■ この期の裁判所関係の動き

　　1990年　2月20日　　草場良一，最高裁長官に就任。
　　　　　　3月23日　　国土庁，地価高騰が全国に波及と発表。

Ⅲ　この期の裁判所関係の動き

	4月 1日	日弁連，刑事弁護センターを開設。
	5月25日	日弁連，司法改革宣言を公表。
	6月 7日	草場長官，長官所長会同で，「裁判官の育成は人間的接触による率直な意見交換を重ねることが基本。処遇面では司法行政上のきめ細かい配慮も大切」等と訓示（裁時1028号1頁）。
	8月29日	政府，中東支援策として10億ドルの支出を決定。（9月14日，30億ドルの追加支援を決定）
	10月 3日	東西ドイツ，国家統一を回復。
	10月16日	法曹三者で司法試験改革に関する基本合意が成立。
	11月22日	サッチャー英首相が辞任。
	11月23日	現憲法下で初の大嘗祭。
	12月13日	最高裁第一小法廷，多摩川水害訴訟で破棄差戻しの判決。
	12月28日	東証大納会で株価が4割値下がり。（バブルがしぼむ）
1991年	1月 1日	草場最高裁長官，「新年のことば」で，制度・運用の改革，人材確保を表明（裁時1041号）。
	1月17日	多国籍軍，イラクを攻撃（湾岸戦争）。（2月27日，終結）
	1月30日	仙台高裁，靖国神社公式参拝に違憲の判決。（確定）
	2月24日	政府，多国籍軍に90億ドルの第三次追加支出を決定。
	4月	最高裁，民事裁判での円卓による審理方式を2裁判所で導入開始。
	4月23日	司法試験法の改正法を公布。（合格者増員等）
	4月23日	最高裁第三小法廷，都議会定数格差3.09は違法と判示。
	4月24日	政府，自衛隊掃海艇のペルシャ湾派遣を決定。
	5月 7日	東京地裁，多国籍軍支援支出の差止め請求訴訟で3兆円を超える手数料納付を提示。
	5月15日	育児休業法を公布。
	5月24日	日弁連，「司法改革に関する宣言・その2」を公表。
	6月 8日	野村証券による損失補填が発覚。
	7月 1日	ワルシャワ条約機構軍が解体。
	7月17日	最高裁事務総局総務局に制度調査室が発足。（司法制度調査・研究のため）
	8月 9日	ソ連でクーデター。
	9月17日	第46回国連総会で南北朝鮮，バルト三国の加盟を承認。

第12代長官　草場良八

	10月18日	法曹三者，弁護士の判検事への定期任官の制度化に合意。
	11月 5日	海部内閣が総辞職。（宮澤喜一を第78代首相に指名）
	11月28日	最高裁第一小法廷，日立残業許否事件につき解雇有効とし上告棄却の判決。
	11月30日	東京地裁など7裁判所で判事の出張費水増し請求が発覚。
	12月16日	最高裁，出張費水増し問題につき最高裁事務総長らを戒告。
	12月25日	ゴルバチョフ・ソ連大統領が辞任。（26日，ソ連邦解体）
1992年	1月21日	韓国政府，従軍慰安婦の真相究明と補償請求を決定。
	2月 7日	EU諸国，欧州統合のマーストリヒト条約に調印。
	2月20日	大阪高裁，国道43号線訴訟で国と阪神高速道路公団に損害賠償を命じる判決。
	3月 2日	国連総会，旧ソ連邦の8ヵ国の国連加盟を承認。
	4月16日	福岡地裁，セクハラは不法行為だとして会社に使用責任を認めて損害賠償を命じる判決。
	4月28日	最高裁第一小法廷，台湾人元日本兵の補償請求を却下する判決。
	6月 1日	外国人登録法の改正法を公布。（永住外国人の指紋押捺を廃止）
	6月19日	国連平和活動維持協力法を公布。
	7月 1日	最高裁大法廷，成田新法の工作物使用禁止規定は合憲と判示。
	7月23日	日弁連最高裁判所裁判官推薦諮問委員会，弁護士からの最高裁判事への選考・推薦手続の根本見直しを決定。
	9月17日	自衛隊のカンボジア派遣部隊第一陣が出発。
	9月22日	最高裁第三小法廷，もんじゅ原発訴訟につき原告適格を広く認めるも本件原発の建設ないし運転の差止め請求を不適法として棄却した原審判断を是認。
	12月 2日	東京高裁，天皇制問題集会の県施設使用禁止は違憲と判示。
	12月 3日	国連安保理事会，ソマリアに多国籍軍派遣を決定。
	12月16日	私的独占の禁止及び公正取引の確保に関する法律の一部改正法を公布。
1993年	1月20日	最高裁大法廷，前回衆議院議員選挙の定数配分は違憲状態にあるとしつつも是正期間内で合憲と判示。
	2月16日	最高裁第三小法廷，箕面忠魂碑訴訟で二審の合憲判決を支持。
	2月25日	最高裁第一小法廷，厚木基地騒音公害訴訟につき国の賠償責任を否定した一，二審判決を破棄差戻し。
	3月16日	最高裁第一小法廷，第一次家永教科書訴訟につき教科書検定制度を合憲・合法とした第二審判決をほぼ踏襲し原告の上告を棄却する判決。

III　この期の裁判所関係の動き

	4月27日	政府，モザンビークPKOに53名の自衛官の派遣を決定。
	6月10日	民事訴訟費用等に関する規則等の一部改正規則を公布。
	6月23日	東京高裁，民法の非嫡出子相続差別は違憲と判示。（確定）
	7月 1日	草場最高裁長官，長官所長会同で，「（刑事裁判のうち）著しい増加が続いている外国人被告事件については，通訳人の確保を含め，事件の適正な処理のための方策を従来にも増して充実させていく必要がある」等と訓示（裁時1101号1頁）。
	7月18日	第40回衆議院議員選挙で自民党が過半数割れ。
	8月 9日	宮澤内閣が総辞職。（細川護熙を第79代首相に指名。自民党が下野）
	10月18日	最高裁刑事局通達「外国人の事件及び通訳の付された事件に関する調査について」を発出。
	11月 2日	岡原元最高裁長官，衆議院政治改革特別委員会で八幡製鉄献金合法判決は政治的配慮の所産だと陳述。
	11月 4日	国連自由権規約委員会，日本政府報告に対する最終見解を発表。（判例における曖昧な「公共の福祉」概念による人権制限や，世論による死刑の根拠づけ等をはじめ，29項目にわたる勧告）
	11月18日	衆議院，政治改革4法案を可決。
	11月19日	環境基本法を公布。
	11月30日	オランダで安楽死法を制定。
	12月10日	最高裁第一小法廷，福岡空港騒音訴訟につき，大法廷判決を踏襲して損害賠償は認めるが差止めと将来分の損害賠償は認めないとした原判決を支持し上告を棄却。
	12月16日	田中角栄元首相が死去。
1994年	1月17日	阪神淡路大震災が発生。
	2月 8日	最高裁第三小法廷，別居が13年余に及び，夫婦間の未成熟の子が間もなく高校を卒業する年齢に達していること，夫の妻に対する離婚に伴う経済的給付も実現が期待できることなどを理由に有責配偶者である夫からされた離婚請求を容認する判決。
	3月11日	公職選挙法，政治資金規正法，政党助成法の改正法を公布。
	3月18日	日弁連，法制審議会民事訴訟法部会により取りまとめられた「民事訴訟手続に関する改正要綱試案」に対する意見書を理事会で採択。（上告制限制度と弁論準備手続の創設に反対）
	3月31日	裁判所職員定員法の改正法を公布。
	3月24日	選挙改革法案が可決成立。（参議院，衆議院の小選挙区比例代表並立制が柱）
	4月 6日	ルワンダで集団虐殺。（約100日間でおよそ100万人が殺害）
	4月26日	中華航空機が名古屋空港で着陸失敗し，264人が死亡。

第12代長官　草場良八

4月28日	細川内閣が総辞職し，羽田孜を第80代首相に指名。（細川内閣に続いて，非自民・非共産の連立政権）
5月16日	児童の権利に関する条約（子どもの権利条約）を公布。
5月20日	国立学校設置法の改正法を公布。
5月27日	日弁連，「司法改革に関する宣言・その3」を公表。
6月	経済同友会，「現代日本社会の病理と処方―個人を生かす社会の実現に向けて」を公表。
6月15日	草場最高裁長官，長官所長会同で，「近年，司法の領域においても，社会の変化に対応し，制度と運用の両面にわたる見直しと改革を進めてきた。」「時代が司法に求める使命を的確に果たすためには，従来の成果の上に安住することなく，改めるべき点は改めていくという姿勢が必要である。」等と訓示（裁時1124号1頁）。
6月24日	警察法の改正法を公布。
6月29日	外国人弁護士による法律事務の取扱いに関する特別措置法の改正法を公布。
6月29日	裁判官の介護休暇に関する法律を公布。
6月29日	電気通信事業及び電波法の改正法を公布。
6月30日	羽田内閣が総辞職。（自民党，社会党，新党さきがけが連立し，村山富市を第81代首相に指名）
7月18日	最高裁第二小法廷，公職選挙法253条の2の規定を合憲と判示。
7月20日	村山首相，自衛隊合憲の所信表明。
8月25日	金沢地裁，志賀原発訴訟につき原発の危険性を認めず，運転差止め請求を棄却する判決。
9月6日	東京地裁，共産党幹部宅盗聴事件民事訴訟につき警官の組織的盗聴を認め，国や警官個人の賠償責任も認める判決。
10月5日	法務省，検察官による取調べ中の暴行行為の続発に対し，当時の上司らを注意処分・戒告処分に。
10月12日	日弁連，「司法試験・法曹養成制度の抜本的改革案大綱」を公表。
10月13日	大江健三郎，ノーベル文学賞を受賞。（文化勲章は辞退）
10月21日	米国，北朝鮮核問題で米朝枠組みに合意。（朝鮮民主主義人民共和国に軽水炉を提供することなどを条件として同国が核開発を放棄することに合意）
11月3日	読売新聞社，前文と11章からなる「憲法改正試案」を発表。
11月7日	裁判官の報酬等に関する法律の改正法を公布。
11月9日	行政改革委員会設置法を公布。
11月18日	自衛隊法の改正法を公布。

III　この期の裁判所関係の動き

11月27日	検察官の報酬等に関する法律の改正法を公布。
11月27日	愛知県西尾市西尾第三中学校の男子生徒がいじめを苦に自殺。（いじめ自殺問題がクローズアップ）
12月20日	最高裁第三小法廷，私立学校内において教職員が組合活動として行ったビラの配布行為が無許可のビラ配布等を禁止する就業規則に違反しないと判示。
12月22日	東京地裁，判事補任官拒否訴訟につき不採用は行政処分とはいえないとして口頭弁論も開かずに訴えを却下。
12月27日	最高裁総務局通達「法廷等の秩序維持に関する法律違反事件等の報告について」を発出。
1995年1月1日	世界貿易機関（WTO）を設立するマラケシュ協定が発効。
1月17日	阪神・淡路大震災が発生。
3月7日	最高裁第三小法廷，関西新空港反対全国総決起集会開催のための市民会館使用許可の申請に対し，市立泉佐野市民会館条例7条1号が使用を許可してはならない事由として定める「公の秩序をみだすおそれがある場合」にあたるとして不許可とした処分は憲法21条，地方自治法244条に違反しないと判示。
3月17日	裁判所職員定員法の改正法を公布。
3月23日	国立学校設置法の改正法を公布。
5月19日	地方分権推進法を公布。
6月9日	最高裁第二小法廷，未熟児網膜症の診療にあたった医療機関に注意義務違反があるとはいえないとした原審の判断に違法があるとし，原審を破棄・差戻しする決定。
6月15日	草場最高裁長官，長官所長会同で，司法試験と法曹養成制度の在り方についても「法曹三者に共通の重大な課題であり，法曹界全体が国民的視野に立って取り組んでいかなければならない。」等と訓示（裁時1148号1頁）
6月16日	優生保護法の改正法を公布。
同日	災害対策基本法，地震災害対策特別措置法を公布。
6月23日	最高裁第二小法廷，厚生大臣が医薬品の副作用による被害の発生を防止するために薬事法上の権限を行使しなかったことにつき，被害を受けた者との関係において国家賠償法1条1項の適用上違法となるものではないと判示。
7月4日	民事行政審議会，登記の申請件数の少ない登記所等の廃止を内容とする答申案をまとめ，法相に提出。（国民へのより充実したサービスの提供に逆行）
7月7日	最高裁第二小法廷，自動車騒音等により被害を受けているとして周辺住民から一般国道等の供用差止め請求がなされた事案につき，右請求を認容すべき違法性があるとはいえないと判示。

第12代長官　草場良八

8月11日	警察庁長官の私的諮問機関の「警察官定員に関する研究会」，警察官の大幅増を緊急提言。
8月15日	村山首相，アジア諸国に対し植民地支配と侵略を謝罪。
8月30日	兵庫銀行が経営破綻。（戦後初の銀行の経営破綻）
9月5日	最高裁第三小法廷，関西電力思想差別事件につき会社に慰謝料支払いを命ずる判決。
9月8日	経済同友会，「規制の撤廃，緩和等に関する要望」を公表。
9月14日	行政改革委員会規制緩和小委員会，法曹人口問題と外国弁護士の受入れに関する規制緩和問題で公開ヒヤリングを実施。
10月6日	東京地裁・大阪地裁，HIV訴訟につき国の責任を認め，被害者の早期救済を求める和解勧告を提示。
10月11日	大阪地裁，在日韓国人元軍属戦後補償訴訟につき，戦傷病者戦没者遺族等援護法が日本の国籍，戸籍がないものを適用対象外としている点は憲法14条に違反する疑いがあるとしつつも，立法裁量論によって原告の請求を棄却。
10月27日	国際機関等に派遣される防衛庁の職員の処遇等に関する法律を公布。
10月30日	東京地裁，オウム真理教事件につき宗教法人法により同教団の解散を命じる決定。
11月	法務省，司法試験合格者増員・修習期間短縮案を提案。
11月1日	新食糧法を施行。（米の販売を原則自由化）

Ⅳ ■ この期の刑事法関係の動き

　刑事法関係では，以下のような動きがみられる。無罪率の低下は底をついた。1991年10月に公布された麻薬特例法によりコントロールド・デリバリーという新しい捜査手法が認知された。松本サリン事件，地下鉄サリン事件が発生した。

1990年	7月20日	最高裁第二小法廷，弘前大学教授夫人殺害事件の冤罪被害者からの国家賠償請求を却下。
	9月28日	最高裁第二小法廷，破防法扇動罪の規定は合憲と判示。
	12月16日	中国民航機ハイジャック事件が発生。
1991年	3月4日	大阪地裁，公職選挙法違反の被告122人に大量無罪判決。
	4月1日	最高裁第一小法廷，少年事件の不処分決定は刑事補償の対象外と判示。
	7月9日	最高裁第三小法廷，若年者との面会制限を定めた監獄法施行規則は無効と判示。

IV この期の刑事法関係の動き

	9月7日	長崎地裁，長崎市長銃撃事件につき有罪判決。(懲役12年)
1992年	2月14日	東京佐川急便事件で東京佐川急便の前社長らを逮捕。
	3月1日	暴力団対策法を施行。
	3月13日	最高裁刑事局，全地裁所長宛てに当番弁護士周知の書簡。
	6月15日	銃刀法及び武器等製造法の一部改正法を公布。
	6月26日	少年保護事件補償法を公布。(少年事件に刑事補償を認める)
	9月28日	東京地検，5億円献金を受領の金丸信前自民党副総裁を略式起訴。(29日，佐藤札幌高検検事長が東京地検の捜査手法を批判する投稿)
	10月1日	当番弁護士制度，全国52単位弁護士会で実施に至る。
	10月30日	検事総長，投稿問題で佐藤検事長に口頭注意。
1993年	1月13日	山形県新庄市立明倫中学校でマット死事件が発生。
	3月26日	後藤田正晴法相，「法相が責任を回避したら国の秩序が揺らぐ」として，3人に死刑を執行。(1989年11月〜1993年3月までの3年余りの間なかった死刑執行を再開)
	3月6日	東京地検，金丸前副総裁を脱税容疑で逮捕。
	3月22日	千葉地裁，強盗殺人の判決公判で減軽規定適用の誤りが見つかり休廷に。(訴訟記録紛失や尋問中の居眠り等，判事がミスを続発)
	3月26日	法務省，3年ぶりに死刑を執行。(11月4日，4人に死刑を執行)
	4月19日	鹿児島地裁，鹿屋夫婦殺人事件で無罪被告人に国家賠償を認容。
	7月27日	最高裁刑事局通達「「交通切符による刑事事件の処理について」の一部改正について」および「「反則金不納付事件の処理について」の一部改正について」を発出。
	11月7日	東京地裁，接見妨害内田事件につき合理的な制限の限度を超えており違法だとして国に損害賠償を命ずる判決。
	11月25日	最高裁第二小法廷，ニュージャパン・ホテル火災事件につき経営者の防火管理責任に基づく業務上過失致死傷罪の成立を認める決定。
	11月29日	法務省，参考人に対して暴行取調べを行った検事を免職にして，特別公務員暴行致傷の容疑で逮捕。(翌30日，特別公務員暴行陵虐致傷罪で起訴)
	12月10日	最高裁第三小法廷，平野町剝製業一家射殺事件につき被告人の上告を棄却。(死刑が確定)
	12月16日	東京地裁，リクルート事件労働省ルートにつき元社長室長の自白調書の信用性に疑問があるとして無罪の判決。
	12月24日	最高裁刑事局通達「法廷等秩序維持等のための警備状況の報告について」を発出。

第12代長官　草場良八

1994年	2月12日	新たな弁護活動を目指す「ミランダの会」が関東の一都二県の弁護士有志により発足。
	2月13日	法制審議会，刑法の現代用語化案を法相に答申。(尊属加重規定といん唖者規定の削除も)
	2月15日	東京地裁，ゼネコン汚職事件茨城県三和町ルートにつきゼネコン汚職で初の有罪判決。
	2月21日	福岡高裁，接見妨害上田国賠訴訟につき国家賠償を認めた原判決を支持。
	2月24日	東京高裁，練馬警官殺人事件につき被告人に死刑判決。
	3月 2日	最高裁第二小法廷，山形明倫中学校マット死事件につき，すでに不処分が確定した少年のアリバイを否定し，家裁で保護処分を受けた少年3人の抗告を棄却した仙台高裁決定を支持。(保護処分が確定)
	3月22日	高松高裁，榎井村事件で再審無罪の判決。
	3月31日	東京高裁，ロス疑惑事件につき三浦被告人に無期懲役，大久保被告人に無罪の判決。
	5月11日	大阪高裁，堺少女殺人事件につき自白調書の信用性を肯定して被告人に逆転有罪判決。
	5月17日	東京地裁，目白母娘強盗殺人事件につき二人の被告人に死刑判決。
	5月25日	名古屋高裁一宮支部，木曽川殺人事件につき被告人に死刑判決。
	6月11日	最高裁第三小法廷，入学選抜試験の答案は刑法159条1項にいう事実証明に関する文書にあたると判示し，被告人の上告を棄却した決定。(有印私文書偽造，同行使罪の成立を認めた原判決を是認)
	6月27日	オウム真理教による松本サリン事件が発生。
	6月29日	更生緊急保護法の改正法を公布。
	6月30日	最高裁第二小法廷，盗犯等の防止及び処分に関する法律1条1項の正当防衛が成立するためには，当該行為が現在の危険を排除する手段として相当性を有するものでなければならないが，ここにいう相当性とは刑法36条1項における侵害に対する防衛手段としての相当性よりも緩やかなものを意味すると判示。
	7月 6日	水戸地裁，同級生殺人事件につき被告人に死刑判決。
	7月 7日	神戸地裁の小林秀雄判事，中国人青年の密入国事件につき，判決公判で本年10月以降は原則として密入国外国人を実刑に処すると宣言。
	7月15日	最高裁第二小法廷，道庁爆破事件につき被告人の上告を棄却。(死刑が確定)
	8月 5日	福徳銀行5億円強奪事件が発生。
	9月 2日	東京地裁，死刑囚「信教の自由」訴訟につき死刑囚と牧師との面会を不許可とした拘置所長の処分を妥当と判示。
	9月14日	住友銀行名古屋支店長射殺事件が発生。

Ⅳ　この期の刑事法関係の動き

同日	東京高裁，熊谷強盗殺人事件につき被告人の控訴を棄却。（一審の死刑判決を支持）
9月29日	東京高裁，3人殺害の群馬妙義山事件につき被告人の控訴を棄却。（一審の死刑判決を支持）
10月14日	山形家裁，明倫中マット死事件につき保護処分取消し請求を棄却。
10月25日	新潟地裁，東京佐川急便新潟ルートにつき前新潟県知事に政治資金規正法違反（虚偽記入）を認める有罪判決。
10月28日	大阪高裁，指紋押捺拒否者逮捕国賠訴訟につき指紋押捺制度には憲法14条違反の疑いがあると指摘し，本件逮捕状の発付及び執行は違法との判決。
10月31日	広島高裁，尾道署警官発砲射殺事件につき正当防衛で無罪とした原判決を破棄し，逆転有罪の判決。
11月 9日	前橋地裁高崎支部，親子3人殺害事件につき被告人に死刑判決。
12月13日	東京地裁，死刑囚面会訴訟につき面会拒否には合理的な理由があるとして原告の請求を棄却。
12月16日	福岡県警福岡南署の署員が家宅捜索令状の請求に際して別事件の女性容疑者から予め取っておいた白紙調書を用いるという事件が発覚。
12月22日	最高裁第一小法廷，重大な事実誤認の疑いが顕著であるとして第二審の無罪判決を破棄・差戻す判決。
1995年 1月27日	東京高裁，葛生事件につき妻殺害のみを認めた原判決を破棄し，母子殺害及び放火ともに全面無罪の判決。（無罪確定）
2月10日	福岡家裁小倉支部，北九州放火焼死事件につき，自白の信用性を否定して少年に不処分の決定。
2月28日	目黒公証人役場事務長拉致監禁致死事件が発生。
3月20日	地下鉄サリン事件が発生。（13人が死亡，5510人が重軽傷）
3月28日	横浜地裁，東海大学安楽死事件につき殺人罪の成立を認め，懲役2年執行猶予2年の有罪判決。（確定）
同日	東京地裁，接見妨害国賠訴訟につき，接見を拒否したのは違法だとして賠償を命ずる判決。
同日	福岡地裁，暴力団対策法は直ちには違憲といえないと判示。（暴対法に初の司法判断）
3月30日	警察庁長官狙撃事件が発生。
4月 4日	名古屋家裁岡崎支部，愛知いじめ自殺事件につき3生徒に少年院送致決定。
4月21日	サリン等による人身被害の防止に関する法律を公布。
4月28日	最高裁総務局通達「押収物等取扱規程の運用について」を発出。
5月 8日	更生保護事業法を公布。

457

第12代長官　草場良八

5月 8日	更生保護事業法の施行及びこれに伴う関係法律の整備等に関する法律を公布。
5月10日	仙台高裁，日産サニー事件の再審請求につき，原審の再審開始決定を取消す決定。
5月12日	銃刀法の改正法を公布。
5月12日	刑法の一部改正法を公布。（刑法の現代用語化と瘖啞者規定・尊属加重規定の削除）
5月16日	オウム真理教の教祖，麻原彰晃こと松本智津夫容疑者を逮捕。
5月19日	精神衛生法の改正法を公布。
5月24日	大阪高裁，出入国管理法違反事件につき，「原則として実刑にする」と発言した上で実刑とした神戸地裁判決を量刑不当だと判示し，執行猶予を付す判決。
6月 1日	刑事訴訟規則の一部改正規則を公布。
6月12日	旭川地裁，盗聴捜査事件につき，過去の犯罪の捜査に限り盗聴しても合憲と判示。
6月20日	東京地裁八王子支部，調布駅南口事件につき本件検察官送致決定は違法，無効だとして被告人に公訴棄却の判決。
6月21日	羽田発函館行きの全日空機857便がハイジャック。
7月17日	最高裁第一小法廷，重大な事実誤認の疑いが顕著であるとして第二審の無罪判決を破棄し差戻す判決。
7月20日	東京高裁，渡辺事件国賠訴訟につき警察官の証言を基に原告の請求を棄却した原判決を支持して控訴を棄却。
8月10日	東京高裁，拘置所取材面会拒否訴訟につき，面会拒否の判断に合理的な根拠があったとして原告の控訴を棄却。
9月 4日	沖縄県で米兵少女暴行事件が発生。
9月 5日	オウム真理教による坂本堤弁護士一家殺害事件で，教団幹部の供述により坂本夫妻の遺体をそれぞれ新潟・富山両県内の山中から発見。（9月10日，長男の遺体も長野県内の山中から発見）
9月 7日	横浜地裁，金融業者夫婦強盗殺人事件につき冤罪を主張した被告人に死刑判決。
9月28日	最高裁第一小法廷，接見妨害国賠請求訴訟につき賠償支払いを命じた原判決を支持。
10月 6日	東京高裁，安中親子三人殺害事件につき原審の死刑判決を支持。
10月21日	沖縄県宜野湾市で沖縄米兵少女暴行事件に抗議の県民総決起大会を開催。

V ■ この期の刑事判例の特徴

1 大法廷判決・決定

草場コートでも，冷戦後の低成長期という時代状況を背景として，大法廷でも小法廷でも，そして，下級審でも重要な判決・決定が数多く出されている。矢口コートを上回るものがあるといっても過言ではない。

■ 適正手続の保障に関するもの

大法廷判決でまず注目されるのは，新東京国際空港の安全の確保に関する緊急措置法3条3項の規定する「立入り」に憲法35条の令状主義の要請が及ぶかどうかについて大法廷の判断を示した**最大判平成4・7・1民集46-5-437**である。次のように判示し，令状主義の要請は及ばないとした。

> 憲法三五条の規定は，本来，主として刑事手続における強制につき，それが司法権による事前の抑制の下に置かれるべきことを保障した趣旨のものであるが，当該手続が刑事責任追及を目的とするものではないとの理由のみで，その手続における一切の強制が当然に右規定による保障の枠外にあると判断することは相当ではない（最高裁昭和四四年（あ）第七三四号同四七年一一月二二日大法廷判決・刑集二六巻九号五五四頁）。しかしながら，行政手続は，刑事手続とその性質においておのずから差異があり，また，行政目的に応じて多種多様であるから，行政手続における強制の一種である立入りにすべて裁判官の令状を要すると解するのは相当ではなく，当該立入りが，公共の福祉の維持という行政目的を達成するため欠くべからざるものであるかどうか，刑事責任追及のための資料収集に直接結び付くものであるかどうか，また，強制の程度，態様が直接的なものであるかどうかなどを総合判断して，裁判官の令状の要否を決めるべきである。……本法（「新東京国際空港の安全の確保に関する緊急措置法」の意—引用者）三条三項は，運輸大臣は，同条一項の禁止命令をした場合において必要があると認めるときは，その職員をして当該工作物に立ち入らせ，又は関係者に質問させることができる旨を規定し，その際に裁判官の令状を要する旨を規定していない。しかし，右立入り等は，同条一項に基づく使用禁止命令が既に発せられている工作物についてその命令の履行を確保するために必要な限度においてのみ認められるものであり，その立入りの必要性は高いこと，右立入りには職員の身分証明書の携帯及び提示が要求されていること（同条四項），右立入り等の権限は犯罪捜査のために認められたものと解釈してはならないと規定され（同条五項），刑事責任追及のための資料収集に直接結び付くものではないこと，強制の

程度，態様が直接的物理的なものではないこと（九条二項）を総合判断すれば，本法三条一，三項は，憲法三五条の法意に反するものとはいえない。……右と同旨の原審の判断は正当であり，原判決に所論の違憲はなく，論旨は採用することができない。

本判決によれば，令状主義の要請が及ばない理由として，①同法3条3項は裁判官の令状を要する旨を規定していないこと，②右立入り等は，同条1項に基づく使用禁止命令が既に発せられている工作物についてその命令の履行を確保するために必要な限度においてのみ認められるものであり，その立入りの必要性は高いこと，③同条5項では，右立入り等の権限は犯罪捜査のために認められたものと解釈してはならないと規定され，刑事責任追及のための資料収集に直接結び付くものではないこと，④強制の程度，態様が直接的物理的なものではないこと（同法9条2項），などが挙げられている。最高裁が令状主義の要請が及ぶかどうかを条文の規定の仕方から形式的に判断していることがうかがえる。

■ 伝聞法則に関するもの

刑事免責に基づく嘱託尋問調書の証拠能力如何に関する**最大判平成7・2・22刑集49-2-1**（ロッキード事件丸紅ルート）も注目される。刑事免責制度を採用するとすれば，明文規定を置くという方法によるべきで，刑訴法に明文規定がない以上，同制度は採用していないというべきだとし，次のように判示し，同尋問調書の証拠能力を認めなかった。

本件嘱託証人尋問調書の証拠能力を肯定した原判決は，是認することができない。その理由は，以下のとおりである。……刑事免責の制度は，自己負罪拒否特権に基づく証言拒否権の行使により犯罪事実の立証に必要な供述を獲得することができないという事態に対処するため，共犯等の関係にある者のうちの一部の者に対して刑事免責を付与することによって自己負罪拒否特権を失わせて供述を強制し，その供述を他の者の有罪を立証する証拠としようとする制度であって，本件証人尋問が嘱託されたアメリカ合衆国においては，一定の許容範囲，手続要件の下に採用され，制定法上確立した制度として機能しているものである。……我が国の憲法が，その刑事手続等に関する諸規定に照らし，このような制度の導入を否定しているものとまでは解されないが，刑訴法は，この制度に関する規定を置いていない。この制度は，前記のような合目的的な制度として機能する反面，犯罪に関係のある者の利害に直接関係し，刑事手続上重要な事項に影響を及ぼす制度であるところからすれば，これを採用するかどうかは，これを必要とする事情の有無，公正な刑事手続の観点からの当否，国民の法感情からみて公正感に合致するかどうかなどの事情を慎重に考慮して決定されるべきものであり，これを採用するのであれ

ば，その対象範囲，手続要件，効果等を明文をもつて規定すべきものと解される。しかし，我が国の刑訴法は，この制度に関する規定を置いていないのであるから，結局，この制度を採用していないものというべきであり，刑事免責を付与して得られた供述を事実認定の証拠とすることは，許容されないものといわざるを得ない。

　アメリカ法的な司法取引をそのままの形で日本法に導入することはできない。かりに導入するとすれば，日本型刑事手続，とりわけ真実発見主義や職権主義などに調和するような形にした上で，規定の新設によって導入することが必要である。最高裁によれば，このように考えられたものであろうか。

2　小法廷判決・決定

■ 捜査に関するもの

　被告人運転車両のエンジンキーを取り上げた行為は職務質問を行うための停止行為として適法か。また，被告人の身体に対する捜索差押許可状の執行が開始されるまでの間，警察官が被告人による運転を阻止し，約6時間半以上も被告人を現場に留め置いた措置は，被告人に対する任意同行を求めるための説得行為として適法といえるか。この点に関して，**最決平成6・9・16刑集48-6-420**は，次のように判示し，前者のエンジンキーを取り上げた行為は職務質問を行うための停止行為として適法といえるが，後者の被告人を約6時間半以上も現場に留め置いた措置は被告人に対する任意同行を求めるための説得行為とはもはやいえず，違法とした。ただし，後者の違法行為についても，その違法の程度はいまだ令状主義の精神を没却するような重大なものとはいえないとした。さらに，同決定によれば，身柄を拘束されていない被疑者を採尿場所へ任意に同行することが事実上不可能であると認められる場合には，強制採尿令状の効力として，採尿に適する最寄りの場所まで被疑者を連行することができ，その際，必要最小限度の有形力を行使することができるものと解するのが相当であるとされている点に注意しなければならない。

　　職務質問を開始した当時，被告人には覚せい剤使用の嫌疑があったほか，幻覚の存在や周囲の状況を正しく認識する能力の減退等覚せい剤中毒をうかがわせる異常な言動が見受けられ，かつ，道路が積雪により滑りやすい状態にあったのに，被告人が自動車を発進させるおそれがあったから，前記の被告人運転車両のエンジンキーを取り上げた行為は，警察官職務執行法二条一項に基づく職務質問を行うため停止させる方法として必要かつ相当な行為であるのみならず，道路交通法六七条三項の規定に基づき交通の危険を防止するため採った必要な応急の措置に当たるということができる。……これに対し，その後被告人の身体に対する捜索差押許可状の執行が開始されるまでの間，警察官が被

第12代長官　草場良八

告人による運転を阻止し，約六時間半以上も被告人を現場に留め置いた措置は，……被告人に対する任意同行を求めるための説得行為としてはその限度を超え，被告人の移動の自由を長時間にわたり奪った点において，任意捜査として許容される範囲を逸脱したものとして違法といわざるを得ない。……しかし，……その違法の程度はいまだ令状主義の精神を没却するような重大なものとはいえない。……身柄を拘束されていない被疑者を採尿場所へ任意に同行することが事実上不可能であると認められる場合には，強制採尿令状の効力として，採尿に適する最寄りの場所まで被疑者を連行することができ，その際，必要最小限度の有形力を行使することができるものと解するのが相当である。けだし，そのように解しないと，強制採尿令状の目的を達することができないだけでなく，このような場合に右令状を発付する裁判官は，連行の当否を含めて審査し，右令状を発付したものとみられるからである。……本件において，被告人を任意に採尿に適する場所まで同行することが事実上不可能であったことは，前記のとおりであり，連行のために必要限度を超えて被疑者を拘束したり有形力を加えたものとはみられない。また，前記病院における強制採尿手続にも，違法を目すべき点は見当たらない。したがって，本件強制採尿手続自体に違法はないというべきである。……以上検討したところによると，……職務質問開始から強制採尿手続に至る一連の手続を全体としてみた場合に，その手続全体を違法と評価し，これによって得られた証拠を被告人の罪証に供することが，違法捜査抑制の見地から相当でないことも認められない。……そうであるとすると，被告人から採尿された尿に関する鑑定書の証拠能力を肯定することができ，これと同旨の原判断は，結論において正当である。

勾留場所の移監に関しても小法廷の判断が示されている。周知のように，刑訴規則では，移監は裁判官の同意を得て検察官が行うこととされているので，裁判官が移監命令を出せるかが永年，争われてきた。この点について，**最決平成7・4・12刑集49-4-609**は，次のように判示し，裁判官は移監命令を出せるとした。ただし，勾留の許否については被疑者は準抗告で争えるが，この移監命令を出すか出さないかは裁判官の裁量であって，それについて被疑者が準抗告で争うことはできないとした。

> 勾留に関する処分を行う裁判官は職権により被疑者又は被告人の勾留場所を変更する旨の移監命令を発することができるものと解すべきところ，本件勾留取消し請求は，その請求の趣旨に照らし，実質は裁判官に右移監命令の職権発動を促すものであることが明らかであり，右請求を却下した原原裁判は右職権を発動しない趣旨でされたものと解されるから，本件勾留取消し請求却下の裁判に対する不服申立ては許されないというべきである。したがって，本件準抗告の申立ては不適法であり，これが適法であることを前提とする本件抗告の申立ても不適法である。

ちなみに，**東京地決昭和45・6・24判時610-100**は，代用監獄の問題性に鑑み，起

訴前勾留であっても代用監獄を勾留場所とすることは例外であるべきだとしたが，本最決平成7・4・12にはそのような発想はみられない。「代用」は必ずしも「例外」を意味しない。被疑者・被告人の申出等を契機として，検察官の意見も聞いたうえで，裁判官が諸事情を勘案して「健全な裁量」によって決めるしかないというのが最高裁の考えであろうか。

■ 令状に関するもの

令状に関しても多くの小法廷判決・決定がみられる。捜索・差押に際して，「差し押えるべき物」に該当しない物を写真撮影する場合，検証令状を要するか。また検証令状なしに行われた写真撮影に対して準抗告を申し立てることができるか。この点に関して，次のように判示したのが**最決平成2・6・27刑集44-4-385**である。

> 所論にかんがみ職権をもって判断すると，原決定の認定によれば，本件においては，裁判官の発付した捜索差押許可状に基づき，司法警察員が申立人方居室において捜索差押をするに際して，右許可状記載の「差し押えるべき物」に該当しない印鑑，ポケット・ティッシュペーパー，電動ひげそり機，洋服ダンス内の背広について写真を撮影したというのであるが，右の写真撮影は，それ自体としては検証としての性質を有すると解されるから，刑訴法四三〇条二項の準抗告の対象となる「押収に関する処分」には当たらないというべきである。したがって，その撮影によって得られたネガ及び写真の廃棄又は申立人への引渡を求める準抗告を申し立てることは不適法であると解するのが相当であるから，これと同旨の原判断は，正当である。

このように，法廷意見は，検証令状を要するかについては判示することなく，本件写真撮影は，それ自体としては検証としての性質を有すると解されるから，刑訴法430条2項の準抗告の対象となる「押収に関する処分」には当たらないという形式論理に基づいて，検証令状なしに行われた写真撮影に対して準抗告を申し立てることはできないとした。ただし，これには，裁判官藤島昭の次のような補足意見が付せられていた点が注目される。

> 検証とは，視覚，聴覚等五感の働きによって物，場所，人等の存在，形状，作用等を認識する作用であり，検証に際して行われる写真撮影は，検証の結果をフィルムに収録する行為といえよう。このような行為を捜査機関が行う場合には原則として令状を必要とする（刑訴法二一八条一項）。したがって，人の住居に立ち入って捜索差押許可状を執行するに際し，あわせてその現場において写真撮影を行うためには，原則として検証許可状が必要となる。……しかし，検証許可状を請求することなく，捜索差押手続の適法性を担保するためその執行状況を写真に撮影し，あるいは，差押物件の証拠価値を保存

するため発見された場所，状態においてその物を写真に撮影することが，捜査の実務上一般的に行われている。このような撮影もまた検証と解されるべきものであるが，捜索差押に付随するため，捜索差押許可状により許容されている行為であると考えられる。……これに対して，本件のように，捜索差押許可状に明記されている物件以外の物を撮影した場合には，捜索差押手続に付随した検証行為とはいえないので，本来は検証許可状を必要とするものであり，その令状なしに写真撮影したことは違法な検証行為といわざるを得ないが，検証について刑訴法四三〇条の準抗告の規定の適用がないことは条文上明らかであって，この点に関する準抗告は現行刑訴法上認められていないものと解するほかない。……もっとも，物の外形のみの写真撮影に止まらず，例えば，捜索差押が行われている現場で捜索差押許可状に明記された物件以外の日記帳の内容を逐一撮影し，収賄先献金先等を記載したメモを撮影するなど，捜査の帰すうに重大な影響を及ぼす可能性のある，あるいは重大事件の捜査の端緒となるような文書の内容等について，検証許可状なくして写真撮影が行われたような場合を考えると，検証には刑訴法四三〇条の準抗告の規定の適用がないということでこのような行為を容認してしまうことは，適正な刑事手続を確保するという観点から問題があるように思われる。……すなわち，このような場合，実質的にみれば，捜査機関が日記帳又はメモを差し押さえてその内容を自由に検討できる状態に置いているのと同じであるから，写真撮影という手段によって実質的に日記帳又はメモが差し押さえられたものと観念し，これを「押収に関する処分」として刑訴法四三〇条の準抗告の対象とし，同法四二六条二項によりネガ及び写真の廃棄又は引渡を命ずることができるとする考え方もあり得よう。……しかしながら，本件の写真撮影は，印鑑等四点の物の外形のみを撮影したものであって，右のような実質上の押収があったか否かを議論するまでもない事案であるから，刑訴法四三〇条の準抗告の対象とならないとした原決定の結論は相当である。

捜査機関が捜索差押令状の発付を受けて，報道機関の保有するビデオテープを差し押さえることができるか。この点については，すでに**最決平成元・1・30刑集43-1-19**（日本テレビ事件）によって適法性の判断基準が示されていた。この基準に従って，次のように判示したのが**最決平成2・7・9刑集44-5-421**（TBS事件）である。

所論は，まず，警視庁高輪警察署派遣警視庁刑事部捜査第四課司法警察員がMに対する傷害，暴力行為等処罰に関する法律違反被疑事件について平成二年五月一六日申立人方においてしたビデオテープの差押は憲法二一条に違反する旨主張する。……そこで検討すると，報道機関の報道の自由は，表現の自由を規定した憲法二一条の保障の下にあり，報道のための取材の自由も，憲法二一条の趣旨に照らし十分尊重されるべきものであること，取材の自由も，何らの制約を受けないものではなく，公正な裁判の実現というような憲法上の要請がある場合には，ある程度の制約を受けることがあることは，い

ずれも博多駅事件決定（最高裁昭和四四年一一月二六日大法廷決定・刑集二三巻一一号一四九〇頁）の判示するところである。そして，その趣旨からすると，公正な刑事裁判を実現するために不可欠である適正迅速な捜査の遂行という要請がある場合にも，同様に，取材の自由がある程度の制約を受ける場合があること，また，このような要請から報道機関の取材結果に対して差押をする場合において，差押の可否を決するに当たっては，捜査の対象である犯罪の性質，内容，軽重等及び差し押さえるべき取材結果の証拠としての価値，ひいては適正迅速な捜査を遂げるための必要性と，取材結果を証拠として押収されることによって報道機関の報道の自由が妨げられる程度及び将来の取材の自由が受ける影響その他諸般の事情を比較衡量すべきであることは，明らかである（最高裁平成元年一月二六日第一小法廷決定・刑集四三巻一号一九頁参照）。……右の見地から本件について検討すると，本件差押は，暴力団組長である被疑者が，組員らと共謀の上債権回収を図るため暴力団事務所において被害者に対し加療約一箇月間を要する傷害を負わせ，かつ，被害者方前において団体の威力を示し共同して被害者を脅迫し，暴力団事務所において団体の威力を示して脅迫したという，軽視することのできない悪質な傷害，暴力行為等処罰に関する法律違反被疑事件の捜査として行われたものである。しかも，本件差押は，被疑者，共犯者の供述が不十分で，関係者の供述も一致せず，傷害事件の重要な部分を確定し難かったため，真相を明らかにする必要上，右の犯行状況等を収録したと推認される本件ビデオテープ（原決定添付目録番号15ないし18）を差し押さえたものであり，右ビデオテープは，事案の全容を解明して犯罪の成否を判断する上で重要な証拠価値を持つものであったと認められる。他方，本件ビデオテープは，すべていわゆるマザーテープであるが，申立人において，差押当時既に放映のための編集を終了し，編集に係るものの放映を済ませていたのであって，本件差押により申立人の受ける不利益は，本件ビデオテープの放映が不可能となって報道の機会が奪われるというものではなかった。また，本件の撮影は，暴力団組長を始め組員の協力を得て行われたものであって，右取材協力者は，本件ビデオテープが放映されることを了承していたのであるから，報道機関たる申立人が右取材協力者のためその身元を秘匿するなど擁護しなければならない利益は，ほとんど存在しない。さらに本件は，撮影開始後複数の組員により暴行が繰り返し行われていることを現認しながら，その撮影を続けたものであって，犯罪者の協力により犯行現場を撮影収録したものといえるが，そのような取材を報道のための取材の自由の一態様として保護しなければならない必要性は疑わしいといわざるを得ない。そうすると，本件差押により，申立人を始め報道機関において，将来本件と同様の方法により取材をすることが仮に困難になるとしても，その不利益はさして考慮に値しない。このような事情を総合すると，本件差押は，適正迅速な捜査の遂行のためやむを得ないものであり，申立人の受ける不利益は，受忍すべきものというべきである。……結局，所論は，博多駅事件決定の趣旨に徴して理由がなく，これと同旨の原決定は正当である。

ここでも，取材の自由を制限する根拠として「適正迅速な捜査の遂行」という要請が挙げられている。博多駅事件決定の挙げた「公正な刑事裁判の実現」という憲法上の要請と同視し得るというのが最高裁の理解である。

最決昭和55・10・23刑集34-5-300（318頁，319頁）は，「犯罪の捜査上真にやむをえない場合と認められる場合」を強制採尿の要件としたが，本件強制採尿は，前後不覚（錯乱）の状態で保護された被告人の意識が回復しないうちになされたもので，被告人は犯行を否認したり，尿の提出を拒否したりはしていないから，「犯罪の捜査上真にやむをえない場合と認められる場合」になされたものとはいえない。この被告人の主張について，小法廷の判断が示されている。**最決平成3・7・16刑集45-6-201**がそれで，次のように判示し，要件を満たす適法なものとした。

> 被告人は，錯乱状態に陥っていて任意の尿の提出が期待できない状況にあったものと認められるのであって，本件被疑事実の重大性，嫌疑の存在，当該証拠の重要性とその取得の必要性，適当な代替手段の不存在等の事情に照らせば，本件強制採尿は，犯罪の捜査上真にやむを得ない場合に実施されたものということができるから，右手続に違法はないとした原判断は正当である。

最判平成5・1・25民集47-1-310も特筆される。次のように判示し，被疑者の近親者が，被疑者のアリバイの存在を理由に，逮捕状の請求，発付における捜査機関又は令状発付裁判官の被疑者が罪を犯したことを疑うに足りる相当な理由があったとする判断の違法性を主張して，国家賠償を請求することは許されないものと解するのが相当であるとした。

> 逮捕状は発付されたが，被疑者が逃亡中のため，逮捕状の執行ができず，逮捕状の更新が繰り返されているにすぎない時点で，被疑者の近親者が，被疑者のアリバイの存在を理由に，逮捕状の請求，発付における捜査機関又は令状発付裁判官の被疑者が罪を犯したことを疑うに足りる相当な理由があったとする判断の違法性を主張して，国家賠償を請求することは許されないものと解するのが相当である。けだし，右の時点において前記の各判断の違法性の有無の審理を裁判所に求めることができるものとすれば，その目的及び性質に照らし密行性が要求される捜査の遂行に重大な支障を来す結果となるのであって，これは現行法制度の予定するところではないといわなければならないからである。右と同旨の見解に立ち，上告人らによる国家賠償の請求は許されないことを理由として，上告人らの本訴請求を棄却すべきものとした原審の判断は，正当として是認することができ，原判決に所論の違法はない。論旨は，違憲をいう点を含め，独自の見解に立つて原審の右判断における法令の解釈適用の誤りをいうものにすぎず，採用することができない。

V この期の刑事判例の特徴

周知のように，**最決昭和57・8・27刑集36-6-726**（330頁）によれば，「逮捕に関する裁判及びこれに基づく処分は，刑訴法四二九条一項各号所定の準抗告の対象となる裁判に含まれないと解するのが相当である」とされており，これと本最判平成5・1・25を併せると，逮捕状の執行については，被逮捕者が事前にも事後にも，かつ刑事手続でも民事手続でも争う道はないということになろう。しかし，それも「捜査の密行性」で正当化し得るというのが最高裁の考えである。

最決平成6・9・8刑集48-6-263も特筆される。A宅を捜索場所とする捜索・差押令状の執行に際しては，A宅に居合わせたBが携帯するボストンバッグの中を捜索することもできるとし，次のように判示した。

> 京都府立中立売警察署の警察官は，被告人の内妻であったAに対する覚せい剤取締法違反被疑事件につき，同女及び被告人が居住するマンションの居室を捜索場所とする捜索差押許可状の発付を受け，平成三年一月二三日，右許可状に基づき右居室の捜索を実施したが，その際，同室に居た被告人が携帯するボストンバッグの中を捜索したというのであって，右のような事実関係の下においては，前記捜索差押許可状に基づき被告人が携帯する右ボストンバッグについても捜索できるものと解するのが相当である。

場所に対する捜索差押令状の効力は，その場所にいる人の身体にも及ぶというのが最高裁の考え方であろう。

■ 接見交通に関するもの

接見交通に関しては，この期においても小法廷判決がみられる。その一つは**最判平成3・5・10民集45-5-919**である。接見指定の方法については捜査機関の合理的な裁量に委ねられており，弁護人等に対する書面（いわゆる接見指定書）の交付による方法も許されるとしつつ，「その方法が著しく合理性を欠き，弁護人等と被疑者との迅速かつ円滑な接見交通が害される結果になるようなときには，それは違法なものとして許されない」とし，次のように詳細に判示し，本件指定方法を違法とした。

> 弁護人又は弁護人を選任することができる者の依頼により弁護人となろうとする者（以下「弁護人等」という。）と被疑者との接見交通権が憲法上の保障に由来するものであることにかんがみれば，刑訴法三九条三項の規定による捜査機関のする接見又は書類若しくは物の授受の日時，場所及び時間の指定は，あくまで必要やむを得ない例外的措置であって，これにより被疑者が防御の準備をする権利を不当に制限することが許されないことはいうまでもない。したがって，捜査機関は，弁護人等から被疑者との接見等の申出があったときは，原則としていつでも接見等の機会を与えなければならないのであり，これを認めると捜査の中断による支障が顕著な場合には，弁護人等と協議してでき

第12代長官　草場良八

る限り速やかな接見等のための日時等を指定し，被疑者が弁護人等と防御の準備をすることができるような措置を採るべきである（最高裁昭和五三年七月一〇日第一小法廷判決・民集三二巻五号八二〇頁）。……そして，右にいう捜査の中断による支障が顕著な場合には，捜査機関が，弁護人等の接見等の申出を受けた時に，現に被疑者を取調べ中であるとか，実況見分，検証等に立ち会わせているというような場合だけでなく，間近い時に右取調べ等をする確実な予定があって，弁護人等の必要とする接見等を認めたのでは，右取調べ等が予定どおり開始できなくなるおそれがある場合も含むものと解すべきである。……右のように，弁護人等の必要とする接見等を認めたのでは捜査機関の現在の取調べ等の進行に支障が生じたり又は間近い時に確実に予定している取調べ等の開始が妨げられるおそれがあることが判明した場合には，捜査機関は，直ちに接見等を認めることなく，弁護人等と協議の上，右取調べ等の終了予定後における接見等の日時等を指定することができるのであるが，その場合でも，弁護人等ができるだけ速やかに接見等を開始することができ，かつ，その目的に応じた合理的な範囲内の時間を確保することができるように配慮すべきである。そのため，弁護人等から接見等の申出を受けた捜査機関は，直ちに，当該被疑者について申出時において現に実施している取調べ等の状況又はそれに間近い時における取調べ等の予定の有無を確認して具体的指定要件の存否を判断し，右合理的な接見等の時間との関連で，弁護人等の申出の日時等を認めることができないときは，改めて接見等の日時等を指定してこれを弁護人等に告知する義務があるというべきである。そして，捜査機関が右日時等を指定する際いかなる方法を採るかは，その合理的裁量にゆだねられているものと解すべきであるから，電話などの口頭による指定をすることはもちろん，弁護人等に対する書面（いわゆる接見指定書）の交付による方法も許されるものというべきであるが，その方法が著しく合理性を欠き，弁護人等と被疑者との迅速かつ円滑な接見交通が害される結果になるようなときには，それは違法なものとして許されないことはいうまでもない。……これを本件についてみるのに，原審の適法に確定した事実関係は次のとおりである。……被上告人は名古屋市内に事務所を有する弁護士であるが，昭和四八年一〇月四日早朝魚津市に向かい，午後零時四〇分ころ魚津警察署に赴き，勾留中の被疑者との接見及び物（小六法，週刊誌各一冊）の授受の申出をしたところ，これを受けた担当警察官は，接見指定書の有無を尋ねて被上告人がそれを持参していないことを確認した後，富山地方検察庁の検察官書上由紀夫に電話をしてその措置につき指示を求めた。……右の電話を受けた同検察官は，同警察官に対し，「接見の指定は指定書を交付してすることになつているから，指定書を取りに来るように伝えてほしい。物の差入れについては，今受け取る必要がないが，弁護人が納得しない場合には，裁判所の接見禁止決定の取消決定が必要である。ともかく指定書を取りに来るように伝えてほしい。」旨を指示したため，同警察官は，被上告人に対し，同検察官の指示として，「富山地方検察庁の書上検事から指定書の交付を受け，これを持参しない限り接見させるわけにはいかない。物の差入れについては，裁判所の

V この期の刑事判例の特徴

接見禁止決定の解除決定を受けない限り受領できない。」旨を伝えた。……これに対して，被上告人は，同警察官に対し，物の授受不許については法の誤解であつて不当である旨，接見指定書の持参要求については，魚津警察署から富山地方検察庁までは往復二時間以上もかかるのであるから，現に取調べを行つていないのであれば指定書なしで会わせるべきである旨再度申入れたが，同警察官は検察官の指示であるとして，これに応じなかつた。その後，同警察官との間に押し問答があつたが，結局，被上告人は，同日午後一時すぎころ，同警察署を退去した。……被上告人が被疑者との接見等の申出をした際，同警察署においては，同日昼すぎころ（前後の事実関係等から，午後一時すぎであることは明らかである。）から当該被疑者の取調べが予定されていたが，現に取調中ではなかつた。取調担当官は，被上告人がやがて指定書を持参して再び接見に来署することを予想して，取調べの中断は好ましくないとの判断の下に，被疑者の取調べを見合わせて待機し，結局，当日は終日取調べを行うことはなかつた。……右事実によると，被上告人が午後零時四〇分ころ接見等の申出をした際，既に午後一時すぎころから当該被疑者の取調べが予定されていたところ，結果的に当日は終日取調べが行われなかつたが，その主な理由は被上告人の接見に伴う取調べの中断を避けることにあつたというのであるから，右接見等の申出時において，それから間近い時に取調べが確実に予定されていたものと評価することができ，したがつて，被上告人の接見等を認めると右の取調べに影響し，捜査の中断による支障が顕著な場合に当たるといえないわけでなく，書上検察官が接見等の日時等を指定する要件が存在するものとして被上告人に対し右の日時等を指定しようとした点はそれ自体違法と断定することはできない。……しかしながら，書上検察官は，魚津警察署の警察官から電話による指示を求められた際，同警察官に被上告人側の希望する接見等の日時等を聴取させるなどして同人との時間調整の必要を判断し，また必要と判断したときでも弁護人等の迅速かつ円滑な接見交通を害しないような方法により接見等の日時等を指定する義務があるところ，こうした点で被上告人と協議する姿勢を示すことなく，ただ一方的に，当時往復に約二時間を要するほど離れている富山地方検察庁に接見指定書を取りに来させてほしい旨を伝言して右接見等の日時等を指定しようとせず，かつ，刑訴法三九条一項により弁護人等に認められている被疑者に対する物の授受について裁判所の接見禁止決定の解除決定を得ない限り認められないとしたものであるから，同検察官の措置は，その指定の方法等において著しく合理性を欠く違法なものであり，これが捜査機関として遵守すべき注意義務に違反するものとして，同検察官に過失があることは明らかである。もっとも，原審の確定した事実によれば，被上告人は，本件接見等の申出前に担当検察官に連絡をとったわけではなく，同検察官の勤務場所から遠く離れた警察署に直接出向いて接見等を申し出たものであり，しかも同警察署において，警察電話による担当検察官との折衝の機会を与えられながらこれに応じなかった等の事情があるというのであるから，こうした諸事情をも考慮すると，被上告人にも弁護人としての対応にいささか欠けるところがあったのではないかと考えら

第12代長官　草場良八

れるので，そのことが弁護人の接見等を求める権利の実現を遅れさせる一因であったことも否定し得ないのであるが，これが被上告人の被侵害利益に対する慰謝料算定の際の一事情になり得るのは格別，右の検察官の過失責任を免ずる事由にはなり得ないというべきである。……そうすると，書上検察官の被上告人に対する被疑者との接見等申出拒否の処分はその職務を行うについてされた違法行為であるとして，上告人が国家賠償法一条一項により被上告人の被った損害を賠償すべき責任があるとした原審の判断は，結論において是認することができる。論旨は，独自の見解に立って原判決を論難するものにすぎず，採用することができない。

本最判平成3・5・10と異なり，当該指定方法を適法とした小法廷決定もみられる。**最判平成3・5・31判時1390-33（若松事件）**がそれである。「著しく合理性を欠き，弁護人等と被疑者との迅速かつ円滑な接見交通が害される結果になるようなもの」ではないとし，次のように判示した。

> 弁護人又は弁護人を選任することができる者の依頼により弁護人となろうとする者（以下「弁護人等」という。）と被疑者との接見交通権が憲法上の保障に由来するものであることにかんがみれば，刑訴法三九条三項の規定による捜査機関のする接見又は書類若しくは物の授受の日時，場所及び時間の指定は，あくまで必要やむを得ない例外的措置であって，右指定に当たっては，被疑者が防御の準備をする権利を不当に制限されることがないように配慮することは当然である。したがって，捜査機関は，弁護人等から被疑者との接見等の申出があったときは，原則としていつでも接見等の機会を与えなければならないのであり，これを認めると捜査の中断による支障が顕著な場合には，弁護人等と協議してできる限り速やかな接見等のための日時等を指定し，被疑者が弁護人等と防御の準備をすることができるような措置を採るべきである（最高裁昭和四九年（オ）第一〇八八号昭和五三年七月一〇日第一小法廷判決・民集三二巻五号八二〇頁）。そして，右にいう捜査の中断による支障が顕著な場合には，捜査機関が，弁護人等の接見等の申出を受けた時に，現に被疑者を取調べ中であるとか，実況見分，検証等に立ち会わせているというような場合だけでなく，間近い時に右取調べ等をする確実な予定があって，弁護人等の必要とする接見等を認めたのでは，右取調べ等が予定どおり開始できなくなるおそれがある場合も含むものと解すべきである。……捜査機関は，弁護人等から被疑者との接見等の申出を受けたときは，速やかに当該被疑者についての取調状況等を調査して，右のような接見等の日時等を指定する要件が存在するか否かを判断し，適切な措置を採るべきであるが，弁護人等から接見等の申出を受けた者が接見等の日時等の指定につき権限のある捜査官（以下「権限のある捜査官」という。）でないため右の判断ができないときは，権限のある捜査官に対し右の申出のあったことを連絡し，その具体的措置について指示を受ける等の手続を採る必要があり，こうした手続を要することによ

り弁護人等が待機することになり又はそれだけ接見が遅れることがあったとしても，それが合理的な範囲内にとどまる限り，許容されているものと解するのが相当である。……これを本件についてみるに，原審の適法に確定した事実によれば，上告人が事前連絡なくして突然午前九時一五分ころ草津警察署に赴き，留置主任官である東谷警務課長に代用監獄に留置中の被疑者との接見の申出をしたところ，同課長が大津警察署に電話をし，捜査主任官である竹田刑事官を通じて当該事件における権限のある捜査官である松本検察官に対し，右接見の申出を伝えて指示を仰ぎ，これを受けた同検察官は，「上告人から検察官に電話するよう伝えてほしい。」旨の指示を竹田刑事官を通じて午前九時四三分ころ東谷課長に電話連絡をしたが，上告人は，既にその約三分前に草津警察署を退去していたというのであるから，原審確定に係るその余の諸事情をも考慮すれば，右接見申出時からその回答までの一連の手続に要した時間（約二八分）は，前記の合理的な範囲内にとどまるものとして許容されるというべきであり，その間，上告人が待機せざるを得なくなり被疑者との接見が遅れたとしても，右東谷課長及び松本検察官の措置が上告人の弁護権等を侵害する違法なものであるとはいえない。これと結論を同じくして被上告人らの責任を否定した原審の判断は，是認することができるので，原判決に所論の違法はなく，右違法のあることを前提とする所論違憲の主張も失当である。論旨は，独自の見解に基づいて原判決を論難するにすぎず，採用することができない。

このような結論の違いは事案の差によるものといえよう。

■ 告発に関するもの

議院証言法6条1項の偽証罪に関して，数個の陳述の一部分について議院等の告発がされた場合，一罪を構成する他の陳述部分についても告発の効力が及ぶか。この点についても，最高裁の判断が示されている。**最判平成4・9・18刑集46-6-355**がそれで，次のように判示し，当然に効力が及ぶとした。

上告趣意第一点のうち，議院証言法六条一項の偽証罪に関する告発の効力の点につき，所論にかんがみ職権により判断する。……記録によれば，全日本空輸株式会社（以下「全日空」という）代表取締役であった被告人は，昭和五一年二月一六日及び同年三月一日，衆議院予算委員会において，全日空における航空機採用の経緯等に関して証人として出頭を求められ，同年六月一八日，同委員会からその証人尋問の際偽証したとして告発されたこと，同委員会の告発状には，右両日にされた，被告人の前任者であるＡとマクダネル・ダグラス社との間に航空機の発注に関するオプションがあったことは知らなかった旨の陳述（以下「Ａオプション関係の陳述」という）は摘示されているが，右二月一六日にされた，全日空がロッキード・エアクラフト社から正式の契約によらないで現金を受領してこれを簿外資金としたことはない旨の陳述（以下「簿外資金関係の陳述」

第12代長官　草場良八

という）は摘示されていないにもかかわらず，検察官はＡオプション関係の陳述のほか簿外資金関係の陳述についても公訴を提起したこと，第一審判決は本件告発の効力は簿外資金関係の陳述についても及ぶものとし，原判決もこれを是認したこと，が認められる。……所論は，本件偽証罪に関する公訴提起の範囲は告発者の明示の意思に従うのが相当であるところ，本件簿外資金関係の陳述部分については，意識して告発状の記載から除外されたものとみるべきであるから，前記委員会の告発がなく，訴訟条件を欠くものとして公訴を棄却すべきであるのに，これを否定した原判決の見解は，刑訴法上の原則にすぎないいわゆる告発不可分の原則を議院証言法に基づく議院等の告発についてまで適用し，国会の自律権を侵害するものである旨主張する。……しかしながら，議院証言法六条一項の偽証罪について同法八条による議院等の告発が訴訟条件とされるのは，議院の自律権能を尊重する趣旨に由来するものであること（最高裁昭和二四年六月一日大法廷判決・刑集三巻七号九〇一頁参照）を考慮に入れても，議院等の告発が右偽証罪の訴訟条件とされることから直ちに告発の効力の及ぶ範囲についてまで議院等の意思に委ねるべきものと解さなければならないものではない。議院証言法が偽証罪を規定した趣旨等に照らせば，偽証罪として一罪を構成すべき事実の一部について告発を受けた場合にも，右一罪を構成すべき事実のうちどの範囲の事実について公訴を提起するかは，検察官の合理的裁量に委ねられ，議院等の告発意思は，その裁量権行使に当たって考慮されるべきものである。そして，議院証言法六条一項の偽証罪については，一個の宣誓に基づき同一の証人尋問の手続においてされた数個の陳述は一罪を構成するものと解されるから（大審院大正四年一二月六日判決・刑録二一輯二〇六八頁，……参照），右の数個の陳述の一部分について議院等の告発がされた場合，一罪を構成する他の陳述部分についても当然に告発の効力が及ぶものと解するのが相当である。……したがつて，本件告発の効力がＡオプション関係の陳述のみならず簿外資金関係の陳述についても及ぶとした原判決は，結論において正当である。

効力は及ぶが，どの範囲の事実について公訴を提起するかは検察官の合理的裁量に委ねられるとされている点には注意が必要であろう。

■ 勾留理由の開示に関するもの

勾留理由開示に関しても，小法廷決定がみられる。本件被告人は，弁護人不在のまま，勾留理由開示の法廷が開廷されたのは手続上に瑕疵があり無効であるとして，勾留理由開示に対する準抗告を申し立てた。これに対して，次のように判示したのが**最決平成5・7・19刑集47-7-3**である。準抗告の申立ては不適法であるとした。

記録によれば，本件は，公訴提起後第一回公判期日前に行われた勾留理由の開示に対し，裁判官において弁護人の選任がないのに開廷し勾留の理由を告知したのは違法であると

して，被告人から準抗告が申し立てられたものである。しかし，勾留理由の開示は，公開の法廷で裁判官が勾留の理由を告げることであるから，その手続においてされる裁判官の行為は，刑訴法四二九条一項二号にいう勾留に関する裁判には当たらないと解するのが相当である。したがって，本件準抗告の申立ては不適法であり，これが適法であることを前提とする本件抗告の申立ても不適法である。

■ 弁護人の選任に関するもの

弁護人の選任に関しても，**最決平成5・10・19刑集47-8-67**がみられる。特別弁護人の選任が許可されるのは公訴提起後に限るとし，次のように判示した。

> 同法（刑事訴訟法の意 - 引用者）三一条一項は，弁護人は弁護士の中から選任しなければならないと規定し，弁護士でない者を弁護人に選任することを一般的に禁止しており，同条二項は，同条一項の一般的禁止の例外として，弁護士でない者を弁護人に選任するいわゆる特別弁護人を選任することができる場合を認めている。同条二項が例外規定であって，同項が「簡易裁判所，家庭裁判所又は地方裁判所においては，裁判所の許可を得たときは」と規定している趣旨，そして，同項ただし書が，地方裁判所において特別弁護人の選任が許可されるのは他に弁護士の中から選任された弁護人がある場合に限るとし，地方裁判所と簡易裁判所及び家庭裁判所との間で選任の要件に区別を設けているところ，捜査中の事件については，右いずれの裁判所に公訴が提起されるかいまだ確定しているとはいえないから，簡易裁判所又は家庭裁判所が特別弁護人の選任を許可した後，地方裁判所に公訴が提起された場合を考えると，他に弁護士の中から選任された弁護人がいない限り，同項ただし書に抵触する事態を招く結果となることなどにかんがみると，特別弁護人の選任が許可されるのは，右各裁判所に公訴が提起された後に限られるものと解するのが相当である。

■ 訴因変更の要否に関するもの

業務上横領の訴因で横領の認定に達した場合，検察官に訴因変更をするかどうかを確かめ，変更したときは形式裁判（免訴判決の言渡し）をし，変更に応じなければ無罪判決を言い渡すべきか。それとも，検察官に訴因変更をするかどうかを確かめることなく，形式裁判（免訴判決の言渡し）をすることができるか。この点に関する小法廷の判断を示したのが**最判平成2・12・7判時1373-143**で，次のように判示し，検察官に訴因変更をするかどうかを確かめることなく，形式裁判（免訴の言渡し）をすることができるとした。

> 職権をもって調査すると，原判決は，業務上横領（刑法二五三条）の事実を認定した第一審判決を破棄した上自判し，横領（同法二五二条一項）の事実を認定して被告人を懲

役八月，三年間執行猶予に処したものであるが，右横領罪の法定刑は懲役五年以下であるから，犯罪行為の終わった時から五年の期間を経過することにより，その公訴時効が完成するものであるところ（刑訴法二五〇条四号），本件につき公訴の提起があったのは，被告人の右犯罪行為後五年二箇月を経過した昭和六一年三月七日であり，原審が横領の事実を認定した以上，右行為については，右公訴の提起の当時既に公訴時効が完成したものと認められる。そうすると，原審としては，第一審判決を破棄して被告人に対して免訴の言渡をすべきであるのに，有罪の言渡をしたのは，法令の適用を誤ったものであり，この誤りは判決に影響を及ぼし，原判決を破棄しなければ著しく正義に反するものと認められるから，刑訴法四一一条一号，四一三条但書，四一四条，四〇四条，三三七条四号により，裁判官全員一致の意見で，主文のとおり判決する。

　もっとも，本判決については，本件は縮小認定の事案であって，最高裁が形式裁判については訴因の拘束力は及ばないという見解を採用したかどうかはいまだ不明だとの有力な批評も存する。

■ 伝聞法則に関するもの

　伝聞法則に関しても注目すべき小法廷判決がみられる。退去強制により母国に強制送還された者の供述についても，刑訴法321条1項2号にいう「国外にいるため公判準備又は公判期日に供述することができないとき」として，証拠能力を認めることができるかどうかが争われたものである。**最判平成7・6・20刑集49-6-741**は，次のように判示し，本件供述については証拠能力を認めても差し支えないとした。

　　同法三二一条一項二号前段は，検察官面前調書について，その供述者が国外にいるため公判準備又は公判期日に供述することができないときは，これを証拠とすることができると規定し，右規定に該当すれば，証拠能力を付与すべきものとしている。しかし，右規定が同法三二〇条の伝聞証拠禁止の例外を定めたものであり，憲法三七条二項が被告人に証人審問権を保障している趣旨にもかんがみると，検察官面前調書が作成され証拠請求されるに至った事情や，供述者が国外にいることになった事由のいかんによっては，その検察官面前調書を常に右規定により証拠能力があるものとして事実認定の証拠とすることができるとすることには疑問の余地がある。……本件の場合，供述者らが国外にいることになった事由は退去強制によるものであるところ，退去強制は，出入国の公正な管理という行政目的を達成するために，入国管理当局が出入国管理及び難民認定法に基づき一定の要件の下に外国人を強制的に国外に退去させる行政処分であるが，同じく国家機関である検察官において当該外国人がいずれ国外に退去させられ公判準備又は公判期日に供述することができなくなることを認識しながら殊更そのような事態を利用しようとした場合はもちろん，裁判官又は裁判所が当該外国人について証人尋問の決定を

V　この期の刑事判例の特徴

しているにもかかわらず強制送還が行われた場合など，当該外国人の検察官面前調書を証拠請求することが手続的正義の観点から公正さを欠くと認められるときは，これを事実認定の証拠とすることが許容されないこともあり得るといわなければならない。……これを本件についてみるに，検察官において供述者らが強制送還され将来公判準備又は公判期日に供述することができなくなるような事態を殊更利用しようとしたとは認められず，また，本件では，前記一三名のタイ国女性と同時期に収容されていた同国女性一名（同じく被告人らの下で就労していた者）について，弁護人の証拠保全請求に基づき裁判官が証人尋問の決定をし，その尋問が行われているのであり，前記一三名のタイ国女性のうち弁護人から証拠保全請求があつた一名については，右請求時に既に強制送還されており，他の一二名の女性については，証拠保全の請求がないまま強制送還されたというのであるから，本件検察官面前調書を証拠請求することが手続的正義の観点から公正さを欠くとは認められないのであって，これを事実認定の証拠とすることが許容されないものとはいえない。……したがって，本件検察官面前調書を刑訴法三二一条一項二号前段に該当する書面として，その証拠能力を認め，これを証拠として採用した第一審の措置を是認した原判断は，結論において正当である。

証拠能力を認める論拠として，強制送還に当って弁護人から証拠保全の請求がなかったという点と並んで，供述者らが強制送還され，将来公判準備又は公判期日に供述することができなくなるような事態を検察官が殊更に利用しようとしたとは認められないという点が挙げられている。これでは，証拠能力が認められない場合は極めて限られるということになろう。

■　違法収集証拠に関するもの

違法収集証拠の排除に関しては，この期も小法廷決定がみられる。

最決平成7・5・30刑集49-5-703は，次のように判示し，違法だが重大な違法ではないとして証拠能力を認めた。

以上の経過に照らして検討すると，警察官が本件自動車内を調べた行為は，被告人の承諾がない限り，職務質問に付随して行う所持品検査として許容される限度を超えたものというべきところ，右行為に対し被告人の任意の承諾はなかったとする原判断に誤りがあるとは認められないから，右行為が違法であることは否定し難いが，警察官は，停止の求めを無視して自動車で逃走するなどの不審な挙動を示した被告人について，覚せい剤の所持又は使用の嫌疑があり，その所持品を検査する必要性，緊急性が認められる状況の下で，覚せい剤の存在する可能性の高い本件自動車内を調べたものであり，また，被告人は，これに対し明示的に異議を唱えるなどの言動を示していないのであって，これらの事情に徴すると，右違法の程度は大きいとはいえない。……次に，本件採尿手続

475

についてみると，右のとおり，警察官が本件自動車内を調べた行為が違法である以上，右行為に基づき発見された覚せい剤の所持を被疑事実とする本件現行犯逮捕手続は違法であり，さらに，本件採尿手続も，右一連の違法な手続によりもたらされた状態を直接利用し，これに引き続いて行われたものであるから，違法性を帯びるといわざるを得ないが，被告人は，その後の警察署への同行には任意に応じており，また，採尿手続自体も，何らの強制も加えられることなく，被告人の自由な意思による応諾に基づいて行われているのであって，前記のとおり，警察官が本件自動車内を調べた行為の違法の程度が大きいとはいえないことをも併せ勘案すると，右採尿手続の違法は，いまだ重大とはいえず，これによってて得られた証拠を被告人の罪証に供することが違法捜査抑制の見地から相当でないとは認められないから，被告人の尿の鑑定書の証拠能力は，これを肯定することができると解するのが相当であり（最高裁昭和五三年九月七日第一小法廷判決・刑集三二巻六号一六七二頁参照），右と同旨に出た原判断は，正当である。

■ 公判手続の停止に関するもの

公判手続の停止に関して，**最決平成5・5・31刑集47-6-1**は，次のように判示し，停止を認めた。

> 右の者に対する強盗殺人，死体遺棄被告事件について，当裁判所は，被告人が心神喪失の状態にあるものと認め，検察官及び弁護人の意見を聴き，刑訴法四一四条，四〇四条，三一四条一項本文により，裁判官全員一致の意見で，次のとおり決定する（本件公判手続を停止する）。

最決平成7・2・28刑集49-2-481も，同様に公判手続の停止を認めたものである。その理由について，次のように判示した。

> 職権により判断するに，刑訴法三一四条一項にいう「心神喪失の状態」とは，訴訟能力，すなわち，被告人としての重要な利害を弁別し，それに従って相当な防御をすることのできる能力を欠く状態をいうと解するのが相当である。……原判決の認定するところによれば，被告人は，耳も聞こえず，言葉も話せず，手話も会得しておらず，文字もほとんど分からないため，通訳人の通訳を介しても，被告人に対して黙秘権を告知することは不可能であり，また，法廷で行われている各訴訟行為の内容を正確に伝達することも困難で，被告人自身，現在置かれている立場を理解しているかも疑問であるというのである。右事実関係によれば，被告人に訴訟能力があることには疑いがあるといわなければならない。そして，このような場合には，裁判所としては，同条四項により医師の意見を聞き，必要に応じ，更にろう（聾）教育の専門家の意見を聴くなどして，被告人の訴訟能力の有無について審理を尽くし，訴訟能力がないと認めるときは，原則として同条一項本文により，公判手続を停止すべきものと解するのが相当であり，これと同旨の

V この期の刑事判例の特徴

原判断は、結局において、正当である。

本決定には、公判停止後の措置についての次のような千種秀夫裁判官の補足意見も付されており、興味深い。

仮に被告人に訴訟能力がないと認めて公判手続を停止した場合におけるその後の措置について付言すると、……その後も訴訟能力が回復しないときは、裁判所としては、検察官の公訴取消しがない限りは公判手続を停止した状態を続けなければならないものではなく、被告人の状態等によっては、手続を最終的に打ち切ることができるものと考えられる。ただ、……手続の最終的打切りについては、事柄の性質上特に慎重を期すべきである。

■ 弁護人の在廷に関するもの

弁護人の在廷に関する**最決平成7・3・27刑集49-3-525**も特筆される。次のように判示し、被告人の責に帰すべき事由により弁護人が在廷しての公判審理ができなくなった場合は、刑訴法289条の必要的弁護制度の保護を受けることはできないとした。

このように、裁判所が弁護人出頭確保のための方策を尽したにもかかわらず、被告人が、弁護人の公判期日への出頭を妨げるなど、弁護人が在廷しての公判審理ができない事態を生じさせ、かつ、その事態を解消することが極めて困難な場合には、当該公判期日については、刑訴法二八九条一項の適用がないものと解するのが相当である。けだし、このような場合、被告人は、もはや必要的弁護制度による保護を受け得ないものというべきであるばかりでなく、実効ある弁護活動も期待できず、このような事態は、被告人の防御の利益の擁護のみならず、適正かつ迅速に公判審理を実現することをも目的とする刑訴法の本来想定しないところだからである。……そうすると、差戻し後の第二次第一審が弁護人の立会いのないまま実質審理を行ったのは、刑訴法二八九条一項に違反するものではないとした原判断は、正当として是認することができる。

■ 準抗告に関するもの

この期においては、前述したように、勾留理由の開示に関する**最決平成5・7・19**や、移監命令に関する**最判平成2・12・7**など、被告人側からの準抗告の訴えを適法な申立とはいえないとして退けた小法廷決定が目につく。次のように判示した**最決平成4・10・13刑集46-7-611**もその一つである。

記録によれば、本件は、司法警察職員のした差押処分が違法として取り消されたため、司法警察員において当該差押物を被差押人に返還したところ、右物件の所有者からこれに対して刑訴法四三〇条二項の押収物の還付に関する処分として準抗告を申し立てたも

477

のである。しかし，同法二二二条一項の準用する同法一二三条一項にいう還付は，押収物について留置の必要がなくなった場合に押収を解いて原状を回復する処分であるのに対し，司法警察員の右行為は，差押処分の取消しにより押収の効果が消滅した後にその占有を移転するものにすぎないから，同法四三〇条二項の準抗告の対象となる押収物の還付に関する処分には当たらないと解するのが相当である。したがって，本件準抗告の申立ては不適法であり，これが適法であることを前提とする本件抗告の申立ても不適法である。

ここでも，刑訴法222条1項の準用する同法123条1項にいう還付は同法430条2項の準抗告の対象となる押収物の還付に関する処分には当らないという形式的な理由によって訴えが退けられている。

■ 上訴の取り下げに関するもの
　死刑判決に対する控訴を精神障害の影響により取り下げた場合について，**最決平成7・6・28刑集49-6-785**は，次のように判示した。

> 死刑判決に対する上訴取下げは，上訴による不服申立ての道を自ら閉ざして死刑判決を確定させるという重大な法律効果を伴うものであるから，死刑判決の言渡しを受けた被告人が，その判決に不服があるのに，死刑判決宣告の衝撃及び公判審理の重圧に伴う精神的苦痛によって拘禁反応等の精神障害を生じ，その影響下において，その苦痛から逃れることを目的として上訴を取り下げた場合には，その上訴取下げは無効と解するのが相当である。けだし，被告人の上訴取下げが有効であるためには，被告人において上訴取下げの意義を理解し，自己の権利を守る能力を有することが必要であると解すべきところ（最高裁昭和二九年……七月三〇日第二小法廷決定・刑集八巻七号一二三一頁参照），右のような状況の下で上訴を取り下げた場合，被告人は，自己の権利を守る能力を著しく制限されていたものというべきだからである。……これを本件についてみるに，前記の経過に照らせば，申立人は，一審の死刑判決に不服があり，無罪となることを希望していたにもかかわらず，右判決の衝撃及び公判審理の重圧に伴う精神的苦痛により，拘禁反応としての「世界で一番強い人」から魔法をかけられ苦しめられているという妄想様観念を生じ，その影響下において，いわば八方ふさがりの状態で，助かる見込みがないと思い詰め，その精神的苦痛から逃れることを目的として，本件控訴取下げに至ったものと認められるのであって，申立人は，本件控訴取下げ時において，自己の権利を守る能力を著しく制限されていたものというべきであるから，本件控訴取下げは無効と認めるのが相当である。……したがつて，本件控訴取下げを有効とした原々決定及びこれを維持した原決定には，刑訴法の解釈を誤った違法があり，これを取り消さなければ著しく正義に反するといわなければならない。

V この期の刑事判例の特徴

■ 再審に関するもの

　再審無罪判決が確定したことから，原有罪判決を言渡した原裁判所及び当該公訴を提起した検察官に対して国家賠償請求訴訟が提起された。これに対する上告審判決が**最判平成2・7・20民集44-5-938**である。裁判所については，「当該裁判官が違法又は不当な目的をもつて裁判をしたなど，裁判官がその付与された権限の趣旨に明らかに背いてこれを行使したものと認め得るような特別の事情がある場合にはじめて右責任が肯定されると解する」とし，また，検察官については，「公訴の提起及び追行時の検察官の心証は，その性質上，判決時における裁判官の心証と異なり，右提起及び追行時における各種の証拠資料を総合勘案して合理的な判断過程により有罪と認められる嫌疑があれば足りるものと解するのが当裁判所の判例である」とした上で，次のように判示し，いずれの請求も退けた。

　　裁判官がした争訟の裁判に上訴等の訴訟法上の救済方法によって是正されるべき瑕疵が存在したとしても，これによって当然に国家賠償法一条一項の規定にいう違法な行為があつたものとして国の損害賠償責任の問題が生ずるものではなく，当該裁判官が違法又は不当な目的をもって裁判をしたなど，裁判官がその付与された権限の趣旨に明らかに背いてこれを行使したものと認め得るような特別の事情がある場合にはじめて右責任が肯定されると解するのが当裁判所の判例（最高裁昭和五三年（オ）第六九号同五七年三月一二日第二小法廷判決・民集三六巻三号三二九頁，昭和五五年（オ）第七九二号同五七年三月一八日第一小法廷判決・裁判集民事一三五号四〇五頁）であるところ，この理は，刑事事件において，上告審で確定した有罪判決が再審で取り消され，無罪判決が確定した場合においても異ならないと解するのが相当である。……これを本件についてみるに，原審の適法に確定した事実関係の下においては，刑事第二審裁判所が上告人Nに対する殺人の公訴事実につき有罪の判決をし，同事件の上告審裁判所がこれを維持した点について国家賠償法一条一項の規定にいう違法な行為があったものと認めることができない。したがって，被上告人の同法一条一項に基づく責任を否定した原審の判断は，正当として是認することができる。所論は，違憲をも主張するが，その実質は単なる法令違背の主張にすぎず，原判決に右違法のないことは前示のとおりである。また，所論引用の判例は，前記判断と異なる解釈をとるものではない。論旨は，独自の見解をもって原判決を論難するものにすぎず，採用することができない。……刑事事件において，無罪の判決が確定したというだけで直ちに検察官の公訴の提起及び追行が国家賠償法一条一項の規定にいう違法な行為となるものではなく，公訴の提起及び追行時の検察官の心証は，その性質上，判決時における裁判官の心証と異なり，右提起及び追行時における各種の証拠資料を総合勘案して合理的な判断過程により有罪と認められる嫌疑があれば足りるものと解するのが当裁判所の判例（最高裁昭和四九年（オ）第四一九号同五三

年一〇月二〇日第二小法廷判決・民集三二巻七号一三六七頁）であるところ，この理は，上告審で確定した有罪判決が再審で取り消され，無罪判決が確定した場合においても異ならないと解するのが相当である。……これを本件についてみるに，原審の適法に確定した事実関係の下においては，検察官が上告人Ｎに対する殺人の公訴事実につき有罪の嫌疑があるとして本件公訴の提起をし，その追行をしたことについて，国家賠償法一条一項の規定にいう違法な行為があったものと認めることができない。したがって，被上告人の同法一条一項に基づく責任を否定した原判決は，その説示において必ずしも適切でないところがあるが，これを是認することができる。論旨は，採用することができない。

　以上のような小法廷判決・決定から看取されることは，最高裁の職権主義的な，それも有罪方向に著しく傾斜した姿勢である。そこでの当事者主義も被告人・弁護人が争わなかったから当該手続に瑕疵はないというような被告人側に不利な形で用いられていることに注意が必要であろう。「疑似当事者主義」と批評される所以である。

3　下級審判決・決定

　下級審判決・決定においても，必罰主義の傾向が認められる。最高裁判例に変更を迫るような意気込みの弱まりが感じられる。接見指定や道交法違反で留置された女子に対する股間検査など，一部を除くと，ほぼ最高裁判例に添って，あるいは，その要件をさらに緩和して事案が処理されている。

■　捜査に関するもの

　捜査に関しても注目すべき下級審判決・決定が数多くみられる。捜査実務を追認したものと，捜査実務に警鐘を鳴らしたものとに分かれる。前者としては**京都地決平成2・10・3判時1375-143**が挙げられる。**最大判昭和44・12・24刑集23-12-1625**（186-187頁＝京都府学連事件）は，撮影される本人の同意がなく，また裁判官の令状がなくても，警察官による個人の容貌等の写真撮影が許容される要件として，「現に犯罪が行われもしくは行われたのち間がないと認められる場合であつて，しかも証拠保全の必要性および緊急性があり，かつその撮影が一般的に許容される限度をこえない相当な方法をもつて行われるとき」を挙げていた。しかし，**東京地判平成元・3・15判時1310-158**（425頁）では，既に行われた犯罪の犯人を特定するためのものということから，「現に犯罪が行われもしくは行われたのち間がないと認められる場合」という要件が外され，代わりに，「被撮影者がその犯罪を行ったことを疑わせる相当な理由がある者に限定される場合」という要件が付け加えられた。本京都地決平成2・10・3も，「最大判昭和44・12・24は同判決が掲げる要件を具備しない限りいかなる場合においても

犯罪捜査のための写真撮影が許されないとする趣旨まで判示したものではない」とした上で，すでに行われた犯罪の犯人特定のための証拠保全を目的とした写真撮影の適法性の要件として，東京地判平成元・3・15と同じく，「その犯罪が社会，公共の安全を確保する上で重大な事案であり，被撮影者がその犯罪を行った犯人であることを疑わせる相当な理由のある者に限定されており，写真撮影によらなければ犯人の特定ができず，かつ，証拠保全の必要性及び緊急性があり，その撮影が社会通念上相当な方法をもって行われているとき」を挙げている。次のように判示し，適法とした。

一般論として，何人といえども，その者の承諾なしにみだりにその容貌，姿態を撮影されない自由を有することは，憲法一三条の趣旨に照らして明らかであるが，個人の有する右自由も，国家権力の行使から無制限に保護されるわけではなく，公共の福祉のためには，必要かつ最小限度の合理的な制限を受けることもまた，同条に照らして明らかである。右の法理に照らすと，いかなる場合に個人の容貌，姿態をその者の承諾なくして撮影することが許容されるかは，具体的事案に即して，その写真撮影がなされた目的，方法，態様，他の代替手段の有無等の捜査機関側の利益と，被撮影者が右の自由を侵害されることによって被る不利益とを，総合的に比較考量して判断されるべきである。そうだとすると，前記最高裁判決が写真撮影の適法性の要件として掲げるところは，一応当該事案における警察官の写真撮影が許容されるための要件を判示したものにすぎず，右の要件を具備しない限りいかなる場合においても犯罪捜査のための写真撮影が許されないとする趣旨まで判示したものではないと考えられる。……ところで，本件写真撮影は，後記のとおり，その目的が昭和六三年七月一日京都大学教養部構内で発生したいわゆるA派構成員といわゆるB派構成員の対立抗争事件（以下「本件対立抗争事件」という。）の犯人の特定と，負傷状況の証拠保全にあったことが認められるが，本件の場合，負傷状況の証拠保全という点については，これを独立してそのための写真撮影の許容される要件を論ずるのは相当でなく，負傷状況が犯人特定の情況的証拠としての意味を有する限度において付随的に参酌すれば足りるものと考えられる。そして，当裁判所は，すでに行われた犯罪の犯人特定のための証拠保全を目的とした写真撮影については，1 その犯罪が社会，公共の安全を確保する上で重大な事案であり，2 被撮影者がその犯罪を行った犯人であることを疑わせる相当な理由のある者に限定されており，3 写真撮影によらなければ犯人の特定ができず，かつ，証拠保全の必要性及び緊急性があり，4 その撮影が社会通念上相当な方法をもって行われているときには，それが被撮影者の承諾なくして行われたとしても，比較考量上，捜査機関による写真撮影が許容される場合にあたり，憲法一三条，三五条に違反しない適法なものとして，その写真の証拠能力が認められると考える。

本判決でも，東京地判平成元・3・15と同様，「被撮影者がその犯罪を行ったこと

を疑わせる相当な理由がある者に限定される場合」という当然の要件も場合によっては緩和される可能性があることが留保されていることに注意しなければならない。

大阪高判平成3・9・11判時1408-128 も、捜査実務を追認したものである。宿泊を伴う取調べについて、旅館における監視状況は留置場に拘束されているのと実質的に何ら変わらないという所論を退けて、次のように判示し、これを違法・不当視することはできないとした。

> 警察としては、……被告人を旅館に宿泊させるのが最良の方法であると判断し、被告人に対し旅館に宿泊するように求めた。被告人もこれを強く拒絶する態度には出ず、警察官三名に伴われて旅館客室（一階）に到り、……警察官から監視されていることは察したものの、前夜眠っていなかったことや当日の農作業で疲れていたことから間もなく眠りに就いた。警察官は交代で二人が屋外から被告人を監視し、もう一人は被告人の部屋とは廊下を隔てた同旅館経営者の家族の居間（ここから被告人の部屋は見えない）で仮眠するなどし、二五日午前七時三〇分ころ警察の車で被告人を水口警察署に同行し、同八時ころから取調を始めた。被告人は前記と同様の弁解を繰り返すほか、不自然な点を追求されると黙秘するという態度に終始していたが、同日午後九時三〇分ころ殺人と死体遺棄の事実を自白するに至り、被告人が案内した死体遺棄現場で同女の死体が発見・確認されたので、警察は同一一時五五分その場で被告人を緊急逮捕した。……殺人、死体遺棄等の罪で起訴され第一審で有罪判決を受けた被告人は、自白調書の採取に至るまでの取調べ手続に違法があったとして、控訴した。……二四日深夜において逮捕手続に踏み切ることに躊躇した警察の判断も十分理解しうるところであり、一般に逮捕の要件が備わっている場合であっても任意の取調べを行うことが許されないわけではなく、ただ、その場合取調べの任意性の確保に慎重な配慮を要するとともに、逮捕取調べの任意性については、（1）で認定したとおりであり、警察は一一月二四日午後五時ころから任意の取調べを開始し、同月二六日午後三時一〇分事件を検察官に送致しているから、右任意の取調べを違法・不当視することはできない。[2]（旅館における監視状況は留置場に拘束されているのと実質的に何ら変わらないという所論—引用者）についても（1）で認定した宿泊時の状況に照らし、所論のように言うことはできない。……本件の緊急逮捕前の一連の取調手続につき任意捜査として許容される限度を超えた違法があるとはいえない。

東京高判平成4・10・15高刑集45-3-85（甲府覚せい剤密売事件）も、次のように判示し、電話傍受は違憲、違法とまでは認められないとした。

> 現在の社会生活において、電話は必要かつ不可欠な通信手段であり、これなくしては社会生活が成り立たないといっても過言ではない。そのような電話の通話内容を通話中の当事者双方に知られずに傍受、録音すること（以下「電話の傍受等」という。）は、憲

法二一条二項の通信の秘密を侵害する行為であり，犯罪捜査のためといえども，原則としてこれが許されないことはいうまでもない。しかしながら，電話による会話が何らの制約も受けないものではないことはもとよりであり（刑訴法二二二条一項，一〇〇条は，捜査官による郵便物及び電信に関する書類の押収を認めている。），犯罪の捜査においては，通信の秘密が侵害されるおそれの程度を考慮しつつ，犯罪の重大性，嫌疑の明白性，証拠方法としての重要性と必要性，他の手段に出る困難性等の状況に照らして，真にやむを得ないと認められる場合には，電話の傍受等を行っても，憲法の保障する通信の秘密を侵害することはないと考えられ，その実施に当たっては，更に憲法三五条及び三一条の法意に従った手続を経て行うことが要請されるが，これらが充たされる限り，電話の傍受等を行うことが憲法上許されないわけではないと解される。すなわち，電話の傍受等がそれ自体として直ちに憲法二一条二項，三五条，三一条等に触れるものではない。……本件についてみると，被疑事実は営利目的による覚せい剤の譲り渡しという重大な犯罪であり，しかも，その犯行は暴力団によって組織的継続的に実行された社会的にゆるがせにできないものであつたこと，被疑事実は，被疑者の氏名こそ特定されていないものの，その嫌疑が明白であったこと，長期間にわたる捜査によっても，覚せい剤の密売の実態を解明し犯人を検挙するに足る証拠を収集することができず，被疑事実について，被疑者を特定し実態を解明する確実な証拠を取得する手段として，他に適当な方法が容易に見付からなかつたこと，本件の電話は，覚せい剤の密売のみに使われる専用電話である疑いが極めて濃厚であり，覚せい剤の密売と関係のない会話が傍受されるおそれはほとんどなかったこと，電話の傍受等は，裁判官が発した検証許可状に基づいて行われたこと，検証許可状は，検証の期間を二日間とした上，時間についてもそれぞれ午後五時から翌日午前零時までと限定し，更に，対象外と思料される通話については，立会人に直ちに関係機器の電源スイッチを切断させるとの条件が付されていたこと，実際の電話の傍受等は右の制限を遵守して行われたことなどが認められ，以上の諸事情を考慮すれば，本件検証許可状及びこれに基づく電話の傍受等は，憲法二一条二項の通信の秘密を侵害するものではないとともに，憲法三五条及び三一条の法意に従った手続がとられたものということができる。……検証という証拠の収集方法は，人の五官の働きによつて対象の存在，内容，状態，性質等を認識して，これを証拠とするものであるから，電話の傍受等は一般にいって検証の対象となり得るものということができるとともに，刑訴法及び刑訴規則を検討しても，電話の傍受等が検証許可状による検証の対象となり得ないとすべき理由も見出し難い。……所論は，電話の通話内容を傍受することは，通話者を特定するための音声の性質や状態の知覚に止まらず，会話の内容を聴取するものであるから，その性質は取調べであって，検証の範囲を超えるものであり，また，電話の傍受が開始される時点ではその対象が存在も特定もしていないから，対象が存在しかつ特定していることを前提とする検証では行い得ない旨主張する。……しかし，電話による人の会話を聞き取り，その意味を認識する行為が検証として行うことが許されない

第12代長官　草場良八

性質のものとは思われない。また、一般の検証においても、開始時に検証の対象が存在しなかつたり特定していなかつたりする場合があり得るだけでなく、本件においては、傍受等をする電話は毎日定時にほぼ覚せい剤の密売のみに使用されており、検証の日時に、検証の対象である覚せい剤取引に関する通話が行われることは確実といって差し支えない状況にあつたと認められ、検証を行うことが不適当なほどにその対象が不明確であったとはいえない。……また、所論は、電話の傍受等をすることは、刑訴法の予定する検証に当たらない旨主張し、その理由として、処分を受ける者に対する令状の事前提示の要件（刑訴法二二二条一項、一一〇条）が充足されず、また、令状執行の一回性の原則に反して一般探索的な処分を認めることになるという。……しかし、刑訴法二二二条一項が準用する同法一一〇条は、同法一一四条の規定と相まって、検証の公正を担保しようとの趣旨に出たものであるから、例外を許さない規定であるとは解されない。本件においては、通話の一方の当事者は客であって誰であるか詳らかでなく、他方の当事者は密売組織の側の電話受付係であって、検証許可状を示せば検証が不能となることが明らかである上、消防署職員二名の立会いを得て執行に及んでいて、手続の公正の担保が一応図られていると認められるから、通話の当事者に検証許可状を示さなかったからといって、本件検証にこれを違法とするほどの瑕疵があるとはいい難い。また、令状の執行が一回しかできないとしても、一定期間にわたる検証が全く許されないとはいえないのはもとより、本件においては、覚せい剤の密売のためほぼ専用されていると認められる電話について、通話の傍受等の期間及び時間を厳しく制限した上、立会人に検証の対象外の通話を排除させることにしていたことなどからすると、通常の令状執行が結果的に一般探索的な意味合いをもつ場合があること以上に、本件における電話の傍受等の検証が一般探索的なものであったとはいえないと思われる。……更に、所論は、本件検証許可状は条件を付しているが、刑訴法上検証に条件を付することができるとの規定はなく、条件を付することが必要であること自体刑訴法上の検証の枠を超えるものであることを示していると主張する。……しかし、令状一般について、濫用的事態の発生を防止するため適切な条件が付し得ないものとは解されないばかりでなく、刑訴法二一八条五項は、人権の侵害にわたるおそれがある検証としての身体検査について、条件を付することを認めており、右規定の趣旨にかんがみれば、同様に人権侵害のおそれがある検証としての電話の傍受等について、刑訴法は条件を付することを禁止まではしていないと解することができる。本件検証許可状に付された条件を違法とすべき理由は見出し難い。……以上検討したところによれば、本件において検証許可状に基づき行われた電話の傍受等は、違憲、違法なものとは認められないから、原判決に所論のような訴訟手続の法令違反はない。

他方、捜査実務に警鐘を鳴らしたものとして、東京高判平成4・9・24高民集45-3-161が注目される。道路交通法違反で現行犯逮捕された被告人を警察の留置場に留置

V この期の刑事判例の特徴

の上，覚せい剤を発見し，覚せい剤事犯の捜査の端緒を得る目的で，下着を脱がせ，生理用品を排出させて股間検査を実施し，その後，便所の戸を開けて排尿をさせた上，その尿を提出させた警察官の行為の適法性が問題となった。この事案について，次のように詳細に判示し，違法とした。

　逮捕は，勾留の前段階における仮の拘束であり，裁判官による聴聞を経ないこと，身柄拘束の理由を開示する制度や準抗告による救済手続がないことからしても，単に留め置かれるにすぎないものであり，その後の手続のため行われるものではなく，短時間で次の手続に移行することが予定されている。このような逮捕の法的性格，被逮捕者の地位からすると，被逮捕者が施設拘禁である勾留と同様な権利の制限を受けるいわれはなく，被逮捕者の処遇につき施設被拘禁者に準じ，監獄法の規定を準用することは許されず，法規の定めない保安管理権に基づく身体検査を認めることはできない。したがって，被逮捕者に対しては警察官職務執行法二条四項による凶器を所持しているかどうかの身体検査が許されるにとどまり，裁判官による令状に基づく場合，自殺や自他傷の具体的な危険が切迫し緊急避難として許される場合や逃走の用に供する物や凶器等を所持する疑いが明らかで，かつ，その方法によらなければ確認しえない場合に限り，その意に反して身体検査を行うことができるにすぎない。……しかし，第一審原告が受けた身体検査は，右凶器の検査等とはまったく異質のものであり，逮捕による身柄拘束を監獄法の適用される施設拘禁と同視したうえ，施設被拘禁者に対するのと同一の定型的な検査を行ったものであって，被逮捕者の法的地位を無視した違法な検査ということができる。まして，下着を脱がせ，生理用品を排出させて実施した裸体検査であり，警察当局の運用指針からもはずれた被逮捕者の権利を著しく侵害する不当なものであった。右のような身体検査は，国内法はもとより昭和五四年八月四日日本政府により批准された国際人権規約（市民的及び政治的権利に関する国際規約）七条の「何人も，拷問又は残虐な，非人道的な若しくは品位を傷つける取扱い若しくは刑罰を受けない。」との規定，一〇条一項の「自由を奪われたすべての者は，人道的にかつ人間の固有の尊厳を尊重して，取り扱われる。」との規定及び一七条一項の「何人も，その私生活，家族，住居若しくは通信に対して恣意的に若しくは不法に干渉され又は名誉及び信用を不法に攻撃されない。」との規定にも明らかに違反している。……また，道路交通法違反で現行犯逮捕された第一審原告が，股間に危険物等を隠している可能性はなかったこと，覚せい剤事犯の特性，特に嫌疑を裏付ける物証の重要性からすると，捜査官が覚せい剤の隠匿場所として女性の陰部を考えたとして不自然でないこと，身体検査の開始前に，第一審原告が警察官から「腕をまくってみろ。」などと言われたことからすると，身体検査にあたった警察官の春日原や増尾らは，覚せい剤を発見し，覚せい剤事犯の捜査の端緒を得る目的で第一審原告に対し股間検査を実施したことが明らかであり，その後の採尿手続も，同一の目的で行われた一連の捜査手続である。したがって，本件身体検査は，覚せい剤

事犯の捜査のため令状主義を潜脱して行われたものであり、違法であることが明らかである。……警察官が第一審原告に対し、覚せい剤事犯の捜査を行う目的を有していたことは、長野県警察本部が、昭和六三年度の重点目標として覚せい剤事犯の取締りを掲げ、同年一月一九日、県警防犯課長会議において、警察本部長が覚せい剤事犯以外の被疑事実による被逮捕者に対しても必ず採尿することを方針として訓示し、当時、各警察署に覚せい剤事犯の検挙数の目標が示され、右訓示に則した特別な捜査体制がとられていたことからも明らかである。……任意捜査においても、その手段方法は相当であることを要し、憲法及び刑訴法の定める令状主義を潜脱するものであってはならず、女子に対する任意の身体検査が許されないこと、女子の採尿が裸に準じる状態を経ることを不可避であることからすれば、女子に対し尿の提出を求めるには、身体検査令状等を発しうるほどの嫌疑の存在を要するものというべきである。……ところで、第一審原告には、覚せい剤使用を疑わせる事情は認められず、覚せい剤使用の嫌疑に基づく捜査を開始する必要性や尿の提出を求める必要性がなかった。第一審原告が暴力団の元幹部の内妻であるからといって、右の嫌疑が生ずるものではなく、捜査官の見込み、「かん」による捜査の開始が許されないことは、犯罪捜査規範が厳に戒めているところである。第一審原告に対する尿の提出の要求は、覚せい剤使用の嫌疑がないにもかかわらず、前示訓示に基づく被逮捕者に無差別に尿の提出を求めるという方針に従ってなされた違法なものである。……覚せい剤事犯の嫌疑以外の事由により身柄を拘束されている者に対し、尿の任意提出を求めるにあたっては、その任意性を担保するためには、覚せい剤使用の嫌疑のあること及び尿の提出拒否権があることを告知することが不可欠である。また、尿を提出させるにあたっては、便所の戸を閉めて排尿させることが任意性確保のための最低限度の保障である。……しかるに、本件において、第一審原告は、無免許運転により逮捕、留置される中で、極度の不安に陥り、捜査官の指示に従わざるを得ない状況に置かれていたものであるところ、捜査官から、覚せい剤検査であること、覚せい剤使用の嫌疑によるものであることのみならず、尿の提出を拒むことができることも一切告げられなかった。第一審原告が無免許運転による逮捕、留置の手続に従わざるを得ない中で、中山や増尾らは、第一審原告の無知に乗じ、逮捕に伴う身体検査の一部であるかのように誤信させて、しかも、第一審原告から便所の戸を閉めるように求められながら、決まりであると虚偽の事実を告げてこれを斥けたうえ、戸を開けたまま、増尾から覗かれるという屈辱的な状態で排尿をさせ、尿を提出させたものであり、右提出が任意性を欠いていたことは明らかである。なお、増尾が便所の戸を開けて排尿をさせたことも、保安の必要性があったためではなく、証拠の確保という捜査目的によるものであった。……そして、前記のとおり、第一審原告は違法な裸体検査を受けさせられており、右検査による心理的苦痛は、そのまま採尿手続に引き継がれており、第一審原告がこれに起因する心理的な圧迫状態にあつたことからしても、任意に尿の提出に応じたものではないことが明らかといえる。……したがって、第一審原告に対する尿の提出手続にあたって、そ

の目的やこれを拒絶できることを告知するなどの積極的な措置がとられていない以上，裸体検査の違法は，そのまま採尿手続に引き継がれ，この点からしても尿の提出手続は違法であつた。……前記のとおり，第一審原告に対し，逮捕から釈放までの間，代用監獄を利用しての違法な身体検査，採尿が行われたものであって，第一審原告に対する身柄拘束はこれを行うための留置であったといわざるをえず，留置の継続によって右違法行為が行われた以上，留置そのものが違法であるというべきである。……第一審原告に対する本件無免許運転に関する捜査は，弁解を録取した際に第一審原告が事実を認め，その身元が確認されたことにより終了しており，無免許運転という事案の性質や第一審原告の身元が確かなことから，第一審原告に逃亡のおそれや罪証隠滅のおそれがなかったことが明らかであり，第一審原告が三六時間も留置されたのは，尿検査による覚せい剤反応の有無を確認するためであり，第一審原告は留置の必要がないのに右違法な捜査のため留置されたもので，右留置は違法である。

本判決では，股間検査及び採尿手続の違法性のみならず，留置自体の違法性も認められている点が注目される。

福岡高判平成5・3・8判タ834-275も，同様の観点から注目される。被告人の投げ捨てたペーパーバッグの中から1キログラムの覚せい剤が出てきた時点で，被告人を覚せい剤所持の現行犯として逮捕する要件を具備していたことから，その後のK子方に対する捜索は刑訴法220条1項に基づく捜索として許容されるとした原判決に対して，弁護人は控訴し，警察官らが転倒した被告人を押さえ込んだときに実質的に被告人を逮捕したというべきであって，K子方は刑訴法220条1項2号にいう「逮捕の現場」に当らず，同女方の捜索をもって現行犯逮捕に伴う捜索であると解することはできず，右捜索は違法であると主張した。これについて，本判決は，次のように判示し，K子方に対する捜索を逮捕に基づく捜索として正当化することはできないとした。

住居等に対する捜索は法益侵害の程度が高いことからすれば，完全な自由意思による承諾があつたかどうかを判断するに当っては，より慎重な態度が必要であると考えられる。そこで，この点を本件についてみると，……寺崎警部らによるK子方の捜索が同女の承諾に基づく適法な捜索であったということはできない。……一方の覚せい剤所持の被疑事実に基づく捜索を利用して，専ら他方の被疑事実の証拠の発見を目的とすることは，令状主義に反し許されないと解すべきである。そうすると，原判決のようにK子方に対する捜索を現行犯逮捕に伴う捜索として正当化することもできないといわざるを得ない。

大阪地判平成6・4・27判時1515-116（西成テレビカメラ事件）も，次のように判示し，本件監視テレビカメラの設置を違法とした。

本件テレビカメラによる監視行為は，主として犯罪の予防を目的とした警ら活動や情報

収集の一手段であり，性質上任意手段に属するから，本件テレビカメラの設置及びその使用は，警察法及び警職法が当然に予定している行為の範疇に属するものであり，特別な根拠規定を要することなく行える。……情報活動の一環としてテレビカメラを利用することは基本的には警察の裁量によるものではあるが，国民の多種多様な権利・利益との関係で，警察権の行使にも自ずから限界があるうえ，テレビカメラによる監視の特質にも配慮すべきであるから，その設置・使用にあたっては，1．目的が正当であること，2．客観的かつ具体的な必要性があること，3．設置状況が妥当であること，4．設置及び使用による効果があること，5．使用方法が相当であることなどが検討されるべきである。そして，具体的な権利・利益の侵害の主張がある場合には，右各要件に留意しつつ，その権利・利益の性質等に応じ，侵害の有無や適法性について個別に検討されることになる。……カメラ5は，K会館自体を監視する目的で現在の位置に移設されたものと解するほかはない。……少なくとも現時点においては，同原告や釜合労が違法行為を行う蓋然性が高いとはいえないし，そのようなおそれがあるとの主張も立証もないから，監視体制を継続する正当な事由が存続しているとはいいがたい。……現時点においては，カメラ5を現在の位置に設置しておくことは，原告A，同B，同C，同D及び同Eとの関係において違法というべきであり，同カメラが前記のズームアップ機能・旋回機能を有しそれらを利用しての監視のおそれが否定できない以上，その撤去を命ずるのが相当である。

本判決で注目されるのは，監視テレビカメラの設置および使用が許容される要件として，①目的が正当であること，②客観的かつ具体的な必要性があること，③設置状況が妥当であること，④設置及び使用による効果があること，⑤使用方法が相当であること，を列挙した上で，本件においては，「現時点においては同原告や釜合労が違法行為を行う蓋然性が高いとはいえない」から，①の「監視体制を継続する正当な事由」が存続しているとは言い難いとしている点である。ただし，本判決が，テレビカメラによる監視行為は，主として犯罪の予防を目的とした警ら活動や情報収集の一手段であり，性質上任意手段に属するから，警察法及び警職法が当然に予定している行為の範疇に属するものであり，特別な根拠規定を要することなく行えるとしている点には留意が必要であろう。

■ 令状に関するもの

令状に関しても多くの下級審判決・決定がみられる。いずれの判決・決定においても，弁護人の主張が退けられている。令状請求についての捜査官の裁量と令状発付についての裁判官等の裁量とを尊重したものであろう。そのうち，逮捕の必要性がないにもかかわらず，必要性があるとして逮捕令状を請求したこと，そして，発付された

逮捕令状に基づいて本件逮捕を行ったことは違法であるという弁護人の主張を退けたのが，**横浜地川崎支判平成2・11・29判時1374-89**である。次のように判示し，本件逮捕を適法とした。

> 被疑者に逃亡のおそれがなく，かつ，罪証隠滅のおそれがない場合，並びに，逃亡又は罪証隠滅のおそれがないとはいえないけれども，犯罪が軽微である等諸般の状況から，身柄を拘束することが，健全な社会の常識に照らし，明らかに不適当と認められるような場合には，逮捕の必要性がないというべきである（刑事訴訟規則一四三条の三）。……ところで，正当な理由がない不出頭が数回繰り返された場合には，通常，逃亡又は罪証隠滅のおそれが推定されると考えられるが，逮捕の必要性を判断するに当たっては，右の点だけではなく，当該事件について認められるその他の事情も総合して判断すべきであると思料する。……そこで，本件について，逮捕の必要性の有無につき検討する。……以上のような……原告の不出頭の状況，態度及び生活環境，支援団体の性格，活動の実態，その他の諸事情を総合すると，……本件外国人登録法違反被疑事件の背景事情，本件犯罪の実質的軽微性等を考慮しても，なお，本件において被告人が逃亡するおそれはまったくなかったとはいえないというべく，また，少なくとも，原告の本件指紋押なつ拒否に至った経緯，具体的状況，動機，共犯者の有無など，未だ不明確な事柄について，……原告が支える会のメンバーなどと共謀して罪証隠滅をはかるおそれがなかったとはいえないといわざるを得ない。……したがって，被告神奈川県の公権力の行使に当たる司法警察職員首藤警部が，裁判官に対し，原告につき，逮捕の必要性があるとして本件逮捕状請求を行った行為には，過失がなかったというべきであり，右令状請求によって発付を得た本件逮捕状に基づく執行（本件逮捕）も適法であったというべきである。

東京高判平成3・3・12判時1385-129も，捜索差押令状の瑕疵等に関して，次のように判示し，採尿手続およびそれに先行する身柄拘束に違法があったとした被告人の主張を退けて，いずれも適法とした。

> 被告人の……挙動は，精神錯乱者を疑わせるに足るものであり，……前記警察官らが被告人を警察官職務執行法三条にいう保護を要する精神錯乱者に当たると判断し，被告人を保護する目的で警察署に同行しようとしたのは相当であり，右同行に際し，前記のような手錠使用を含む実力による制圧手段をとったとしても，同行されることに対する被告人の抵抗の程度，態様が激しかったことを考えれば，前記目的を達成するためにはやむを得ない相当性の範囲内のものであったと認められる。しかして，警察署に到着し，被告人に覚せい剤使用の嫌疑が生じた後も，被告人の表情や言動に異常なところが認められたことからすれば，なお保護の必要性が継続していたということができるから，その間，被告人を補導室内に滞留させた措置をもって違法な監禁行為ということもできない。……つぎに，被告人を病院に連行し，医師をして導尿管で採尿させるまでの一連の

行為は，本件捜索差押許可状の執行として行われたものであるところ，まず，右令状により被告人を病院まで強制的に連行することの適否について考えると，……本件捜索差押許可状が強制的な採尿を許すものである以上，執行に際し必要があれば採尿対象者を採尿に適した場所に強制的に連行することを許す趣旨をも当然に含むものと解するのが相当である。してみると，裁判所が本件令状を発付した時点において被告人に逮捕が可能な程度の覚せい剤取締法違反の嫌疑が認められる本件において，警察官が，本件捜索差押令状を執行するため被告人を警察署から車で三，四分の距離にある甲病院まで強制的に連行したのは適法というべきであるばかりでなく，さらに，その連行の際にとられた手段，方法，並びに連行後被告人を診察台に乗せ動かないように押えるという一連の行為にさしてとられた手段，方法も，被告人の激しい抵抗を排除し，強制採尿の目的を達成するためにやむを得ない相当性の範囲内にとどまるものと認められるから，本件強制採尿に際し警察官らが被告人に対して行った処分が違法，不当であるということはできない。……本件捜索差押許可状には，その執行方法を「医師により医学的に相当な方法で行わしめること」に限定することをもって条件とする旨の記載がなく……，その点において瑕疵あるものといわなければならないが，……実際の採尿も近くの病院で医師の手によって行われていることからすれば，本件の強制採尿が最高裁判例の要請するところを実質的に満たしていることが明らかであるから，本件捜索差押許可令状に上記のような瑕疵があっても，採尿場所に強制連行できるという点をも含め，その効力に影響を来すことがないというべきであり，それによって得られた尿（その検査結果をも含む。）の証拠能力にも疑問をさしはさむ余地はないというべきである。

本判決にみられる，捜索差押許可状が採尿対象者を採尿に適した場所に強制的に連行することを許すという点は，**東京高判平成2・8・29判時1374-136**も同趣旨である。

札幌地決平成3・5・10判タ767-280も，勾留質問に関して，次のように判示し，勾留担当裁判官が本件勾留質問に際して勾留質問の意義や勾留の要件，効果などについて特に具体的な説明をしていなかったこと等から本件勾留手続は違法だとした弁護人の主張を退けて，いずれも適法だとした。

被疑者は，平成三年四月二六日午前五時三五分ころ，札幌市中央区〈住所略〉付近路上を走っていたところを札幌方面中央警察署の警察官に発見され，その後まもなく同署薄野警察官派出所に任意同行を求められて同派出所に赴き，同日午後零時一五分ころ，同警察署において，本件被疑事実に基づいて，通常逮捕されるに至った。捜査当局は，被疑者が外国人であったところから，右逮捕当時から英語の通訳人を介して被疑事実の読み聞けや弁護人選任権を告知するなどしながら被疑者の取調べを続けていたが，被疑者は，早急に弁護士を呼ぶべきことを要求するとともに，捜査官の取調べに対しては，弁護士の立会なしでの応答を拒否し，あるいは被疑事実については当時の記憶が全くない

ので分からないなどという供述を続けていた。そして，被疑者は，同月二七日浅野元広・村岡啓一両弁護士を本件の弁護人として選任した。……その後，検察官は，同月二七日札幌簡易裁判所に被疑者の勾留請求をなし，同月二八日同裁判所で勾留質問が実施されたが，その際，勾留担当裁判官は，同裁判官が選任した英語の通訳人を介して当該手続を進めるとともに，被疑者に対し，勾留質問に先立って黙秘権を告知し，被疑事実を告げ，また被疑者からの質問に対しては，右勾留質問は裁判官が裁判所において実施していることを説明したうえで被疑者の弁解を聴き，立会書記官が勾留質問調書の内容を読み聞けし，被疑者に右調書に署名，指印させ，勾留質問の手続を終了した。……そして，当裁判所の事実調べの結果によれば，同裁判官は，本件勾留質問に際しては，右イで認定した手続以上に勾留質問の意義や勾留の要件，効果などについて特に具体的な説明をしていなかったことが認められるところ，右のような説明をすることは被疑者保護のためにより望ましい措置であることは当然であるけれども，刑事訴訟法六一条，二〇七条によれば，「被疑者の勾留は，被疑者に対し被疑事件を告げこれに関する陳述を聴いた後でなければこれをすることができない。」と定めているにとどまり，前記イで認定した手続が履践されている本件にあっては，所論のような説明をしていなかったからといって，そのことから直ちに本件勾留質問手続が違法になるものと解することはできない。さらに，本件勾留手続において，英文の書類受領書が被疑者に交付されなかった旨主張する点については，そもそも本件においては被疑者に交付すべき勾留関係書類はなかったのであるから，弁護人らの主張は採用することができない。……以上によれば，本件の逮捕，勾留手続には弁護人らの主張するような違法な点があったとは認め難いから，弁護人らの前記主張は理由がない。……次に，弁護人らの前記〔2〕の主張について検討するに，一件記録によって認められる本件の罪質・態様，被疑者の弁解内容及び生活状況等に照らすと，被疑者には罪証を隠滅すると疑うに足りる相当な理由があるものというべきであり，また逃亡すると疑うに足りる相当な理由があり，勾留の必要性も認められるから，弁護人らの右主張も採用できない。……よって，本件勾留取消請求を却下した原裁判は相当であり，所論に鑑み，記録を検討しても他に原裁判が違法であると認むべき事情は存在せず，本件準抗告の申立は理由がないから，刑事訴訟法四三二条，四二六条一項により，主文のとおり決定する。

東京地決平成2・4・10判タ725-243 も，次のように判示し，捜索差押の場所に関する弁護人の異議を退けた。

申立人らは，本件各令状には，捜索の対象として「〇〇社第一ないし第二ビル並びに同社内に在所する者の身体及び所持品」と記載されていることをもつて，捜索差押の対象の特定を欠いた違法な令状であり，これに基づいて行われた本件差押処分も違法であると主張する。しかし，前記のとおり，本件被疑事件は，いわゆる〇〇派所属の多数の者による組織的，計画的かつ密行的犯行であるところ，一件記録によれば，本件捜索の場

第12代長官　草場良八

所である○○社第一ビル及び同第二ビルは，いずれも全体として○○派の活動拠点となっているものであり，しかも，右各ビル内への出入りに際しては，監視役の厳重なチェックが必要であつて，○○派に所属しない者が容易に入ることのできない状況にあつたことが認められ，右事実よりすれば，右各ビル内の全域並びにそのビル内に居合わせた者全員の身体及び所持品に本件被疑事件に関係する証拠品が隠匿所持されている蓋然性が高い状況にあつたと認められる。このような本件の特殊な状況に鑑みると，捜索の対象を前記のごとく定めた本件各令状は，その場所及び対象の特定において欠けるところはないというべきである。

大阪高判平成3・11・6判タ796-264 も，捜索差押令状の執行に関し，次のように詳細に判示した。捜索差押の現場で被疑事実との関連性がないものを選別することなく，捜査機関が現場に存在したフロッピーディスク271枚全部を一括差押えしたのは令状執行の範囲を逸脱したもので違法だとした弁護人の主張を退けて，適法だとした。

捜査機関による差押は，そのままでは記録内容が可視性・可読性を有しないフロッピーディスクを対象とする場合であっても，被疑事実との関連性の有無を確認しないで一般的探索的に広範囲にこれを行うことは，令状主義の趣旨に照らし，原則的には許されず，捜索差押の現場で被疑事実との関連性がないものを選別することが被押収者側の協力等により容易であるならば，これらは差押対象から除外すべきであると解するのが相当である。しかし，その場に存在するフロッピーディスクの一部に被疑事実に関連する記載が含まれていると疑うに足りる合理的な理由があり，かつ，捜索差押の現場で被疑事実との関連性がないものを選別することが容易でなく，選別に長時間を費やす間に，被押収者側から罪証隠滅をされる虞れがあるようなときには，全部のフロッピーディスクを包括的に差し押さえることもやむを得ない措置として許容されると解すべきである。……所論も本件のフロッピーディスク二七一枚の何枚かに被疑事実に関連する事項の記載があると疑うに足りる合理的な事由があったことは争わないところであり，所論の力点は，右多数のフロッピーディスクの中には，市販のアプリケーションソフトないしパソコン通信等で公開されたソフト類などの被疑事実と無関係なフロッピーディスクが大量に存在することも明白であったこと，及びその見分けが極めて容易であったというところにある。……関係証拠によると，○○社関西支社内には当時NEC製PC九八〇一VM二一という機種のパソコンが一台あり，右二七一枚のフロッピーディスクのうち二五〇枚がそのパソコン用のものであり（残りはワープロ専用機用のものであった。）その中には市販のアプリケーションソフトのオリジナルディスクは殆ど含まれておらず，所論がアプリケーションソフトのフロッピーディスクというものの大半は手書きのラベルを貼ったバックアップディスク（コピー）であったこと，アプリケーションソフトのフロッピーディスクは，それがオリジナルディスクであっても，空き容量がある限りデータの書き込みは可能であるし，バックアップディスクであれば，アプリケーションソフ

V この期の刑事判例の特徴

トの一部を削除したりして，データを多く書き込むことも可能であること，前記機種で可能なアプリケーションソフトや公開されたソフトの種類はかなりの多数にのぼっており，しかもそれらは改良を重ねており版（バージョン）を異にするものもあり，捜査官がこれらのソフトの多くにつき直ちに書き込みや改変の有無を判別できるほどの予備知識を持つことは容易ではないこと，フロッピーディスクのラベルと内容を一致させないことや，辞書ファイル等アプリケーションソフトの一部のような名称でデータファイルを保存することも可能であること，データファイルを解読するにはそれを作成するのに用いたアプリケーションソフトが必要な場合もあり，いわゆる外字を利用しているデータファイルの解読には，その外字ファイルが記入されたフロッピーディスクが不可欠であることが認められる。そして，捜査機関としては，パソコンが原判示のような犯罪に使用された疑いがある以上，フロッピーディスクの内容とラベルを一致させていなかったり，ファイル名を書き変えているなどの偽装工作の可能性をも考慮に入れるのは無理もないところである。……関係証拠によると，所論指摘の「エコロジー２」や「FD」というツール（ソフト）を利用すれば，ファイルの種類や内容を直ちにディスプレー画面に表示させることはできるが，これらのツールによっても，かな漢字等の形で判読できるのはテキストファイルだけであり，データファイルであってもその内容が直ちに解読できないものもあることが認められ，わずか一台のパソコンで前記のような偽装工作の可能性にも配慮しつつ二五〇枚ものフロッピーディスクの内容の検討を行うには多大の時間を要することは明らかというべきであり，数時間程度で被疑事実との関連性があるフロッピーディスクのみを容易に選別することが可能であったなどとは到底認めることができない（なお，本件捜索差押当時捜査官がこれらのツールを持参していたか否か明らかでないし，〇〇社側の立会人Ｆは当審証人としてエコロジー２の使用を申入れた旨供述しているが，捜査官側がこのツールにつきどの程度の知識を有していたのかも明らかでない。また，ワープロ専用機用のフロッピーディスクもあり，その解読に要する時間も考慮する必要がある。）。……以上によると，たとえ〇〇社関係者の協力が得られたとしても，捜査機関において納得できるようなフロッピーディスクの選別が現場で可能であったとは認められないが，更に，関係証拠によると，本件捜索差押当日は，警察官らが〇〇社関西支社に赴き，インターホンで捜索に来た旨告げ，直ちにドアを開けるように繰り返し求めたのに，〇〇社関係者（二二名居た）はこれを無視したので，警察官らがエンジンカッターで扉のノブを破壊したがなおも開扉せず，当初から約一八分後になってようやく内部から開扉に応じ，責任者と称するＦに令状を示すと同人は大声でこれを読み上げようとし，警察官らが内部に立ち入ったときは，すでに浴槽などに水溶紙が大量に処分されるなどの大掛りな罪証隠滅工作がなされた形跡があったことが認められるので，捜査機関において，フロッピーディスクに関しても罪証隠滅が行われる可能性を考慮するのは当然であるし（関係証拠によると，フロッピーディスクにプロテクトシールが貼られる前であれば，パソコンのキー操作でも簡単にファイルを消去できる

493

し，フロッピーディスクはその内容が読み取れないように傷つけたりすることも容易であることが認められる。)，○○派の拠点の一つである○○社関西支社でフロッピーディスクの検討に長時間を費やすのは相当ではないと判断したのもそれなりに理解できるところである。……なお，本件フロッピーディスク二七一枚の差押（平成元年七月六日大半は還付）により，○○社側のパソコン等の使用にかなりの支障が生じた可能性もあるが（もっとも，Fの当審証言によると，当時アプリケーションソフトやデータをコピーしたハードディスクがあった可能性もあり，そうだとすると殆ど支障は生じていないと推定される。また，市販のアプリケーションソフトのオリジナルディスクは別に保管していたであろうから，新たに生のフロッピーディスクを入手すればそれらのアプリケーションソフトの使用も可能であったはずである。)，それだけで右差押が違法視されることにはならない（パソコンが捜査機関において容易に入手できない機種であったり，改造されたものであれば，フロッピーディスクと共にパソコン自体の差押も適法と解される。)。また，所論が指摘する捜査機関がフロッピーディスクの内容を改変しても容易に分からないとの点は傾聴に値するが，フロッピーディスクの押収に特有の問題ではなく，他の証拠物についても程度の差はあれいえることであるから，被押収者側にコピーを取らせるなどしないでおこなうフロッピーディスクの押収が一般的に違法であるとはいえないし，本件においては，被押収者側からの罪証隠滅の虞れがあり，かつ捜査機関で実際に改変が行われたとは考えられない（Fの当審証言によっても，不審な点は見当たらなかったとのことである。）から，所論の点を理由に本件フロッピーディスクの差押を違法ということはできない。……以上のとおり，本件捜索差押当時の具体的状況に照らして考えると，捜査機関が現場に存在したフロッピーディスク二七一枚全部を差し押さえたのは，まことにやむを得ない措置であり，その他所論が縷々主張する点を検討しても，この差押を違法ということはできない。したがって，原判決が証拠として用いたフロッピーディスク六枚の証拠能力は，これを是認することができる。……論旨は理由がない。

本大阪高判平成3・11・6で注目されるのは，すべてのフロッピーディスクを包括的に差押えることができる要件として，①その場に存在するフロッピーディスクの一部に被疑事実に関連する記載が含まれていると疑うに足りる合理的な理由があり，かつ，②捜索差押の現場で被疑事実との関連性がないものを選別することが容易でなく，③選別に長時間を費やす間に被押収者側から罪証隠滅をされる虞れがあるようなとき，が挙げられている点である。この要件は，その後，**最決平成10・5・1刑集52-4-275**によって採用されるところとなるからである。この要件の有無の判断に当っては，現場捜査官の現場裁量が尊重されることはいうまでもなかろう。本判決によれば，「パソコンが捜査機関において容易に入手できない機種であったり，改造されたものであ

れば，フロッピーディスクと共にパソコン自体の差押も適法と解される。」とされている点にも注意が必要であろう。

大阪高判平成5・10・7判時1497-134も，捜索差押令状の執行に関するものである。弁護人は，警察官が人の在室を認識しながら合鍵を使用して扉を開け，鎖錠を切断して，室内に立ち入り，捜索差押許可状を事前に呈示することなく捜索差押を実施したのは違法だと主張した。本判決は，これを退けて，次のように判示し，右執行も適法だとした。

　論旨は，要するに，原判示第二について，大阪府堺北警察署の警察官が人の在室を認識しながら合鍵を使用して扉を開け，鎖錠を切断して，室内に立ち入り，捜索差押許可状を事前に呈示することなく捜索差押を実施しているところ，この捜索差押は令状主義の精神を没却するような重大な違法があるというべきで，これにより又はこれに付随する任意提出により取得した覚せい剤などは違法収集証拠として証拠能力がないにもかかわらず，これらを有罪認定の証拠に供した上で，原判示第二の事実を認定した原判決には，訴訟手続の法令違反があり，その違反が判決に影響を及ぼすことは明らかであるというものである。……しかし，関係証拠により認められる本件捜索差押の執行状況を考えると，この点に関する原判決の認定判断はおおむね正当として是認できる。以下，若干付言する。……原判決が認定したところによると，大阪府堺北警察署では，本件捜索場所の実質的借主は被告人であり，けん銃を所持しているとの情報を入手していたこと，薬物犯罪の事案では捜査官が来たことに気付くと覚せい剤などを投棄して証拠を隠滅してしまうことが予想されたため，当日積算電力計が速く回転していたので室内に人がいることが分かったが，前日マンションの管理者に事情を説明して，合鍵を借り受けており，場合によっては鎖錠を切断することもあるとの了承も得ていたことから，入室を強行することとし，合鍵で扉を開け，携行していたクリッパーで鎖錠を切断して，警察官が室内に入ったこと，部屋では被告人が裸で女性と寝ていたこと，被告人から切符（令状の意）を見せろとの要求があったが，警察官は胸をたたきながら「令状はここにあるので後で見せる」旨告げていること，被告人が傍らに置いていたセカンドバッグに手を掛けようとしたが，警察官がそれを制してこのバッグを取上げ，中にけん銃一丁，実包，覚せい剤様のものなどが入っているのを発見したこと，被告人に衣服を着けさせた後捜索差押令状を呈示していること，被告人の面前で覚せい剤予備検査を実施し，被告人を覚せい剤所持の現行犯人として逮捕したこと，などというのであり，関係証拠に照らし，この認定は首肯することができる。そして，このような事情のもとでは，たとえ人の在室が予想されたとしても，合鍵による開扉，鎖錠の切断は，捜索差押の執行についての必要な処分として許されると解され，警察官がこれらの手段を使って室内に立ち入ったことには問題はなく，また，必ずしも捜索差押の開始に先立って捜索差押許可状を被告人に呈示しなかったからといって，それが違法不当であるとは思われない。したがって，

第12代長官　草場良八

　本件捜索差押には，違法は認められず，その際に押収した覚せい剤などを違法収集証拠として証拠能力を排除しなければならない理由も認められない。これと同旨の原判決の判断は相当であり，原判決には所論の訴訟手続の法令違反は認められない。論旨は理由がない。

　本判決で注目されるのは，捜索差押の開始に先立って捜索差押許可状を被告人に呈示しなかったからといって，それが違法，不当であるとは思われないとされている点である。捜査側への強い配慮がうかがえる。

　それは，**大阪高判平成6・4・20高刑集47-1-1**でも同様である。弁護人は，宅急便の配達を装い，被告人を欺罔して玄関を開錠開扉させたうえ，玄関先で捜索差押許可状を示すことなく，数名が一斉に被告人方室内に立ち入り，右令状を呈示する前に直ぐに捜索を開始した本件捜索は違法だと主張した。しかし，本判決は，次のように詳細に判示し，これを適法だとした。

　論旨は要するに，原判示第一および第二の各事実につき，検察官が証拠として請求した原審標目番号五ないし九および八二ないし九二の証拠のうち，ビニール袋入り覚せい剤白色結晶一袋等の証拠物（原審標目番号五，八二ないし八七）は，被告人方で差し押さえられたものであるところ，捜査官は，被告人方を捜索するにあたり，その玄関前で宅急便の配達を装い，被告人を欺罔して玄関を開錠開扉させたうえ，玄関先で捜索差押許可状を示すことなく，数名が一斉に被告人方室内に立ち入り，右令状を提示する前に直ぐに捜索を開始したものであるから，右捜索は，憲法に定められた令状主義に違反しており，それにより得られた右証拠物は違法に収集されたものであり，鑑定書等の書類（同六ないし九，八八ないし九二）は，それに基づいて作成されたものであるから，いずれも証拠能力を有しないにもかかわらず，これを採用して取り調べた原審の訴訟手続きには，判決に影響を及ぼすことが明らかな法令違反があるというのである。……所論にかんがみ，記録および原審で取り調べた証拠を調査し，当審における事実取調べの結果をも併せて検討するに，関係証拠によれば，以下の事実を認めることができる。……大阪府四条畷警察署防犯捜査係長渡辺恭一ら警察官七名は，被告人に対する覚せい剤取締法違反被疑事件につき発付された被告人方の捜索差押許可状を所持して，平成四年八月六日午前八時三〇分ころ被告人方に赴き，その玄関扉が施錠されていたことから，被告人による妨害を避けて被告人方に円滑に入れるよう，チャイムを鳴らし，屋内に向かって「宅急便です」と声を掛けた。これに対し，被告人は，下着姿のまま玄関へ応対に出，扉の覗き穴から外を見ると，私服の警察官の一人が，押収物を入れるための封筒等を入れた段ボール箱を持っていたことから，宅急便の配達人が来たものと信じ，玄関扉の錠をはずして開けたところ，渡辺ら警察官は，直ちに「警察や。切符出とんじゃ」等と言いながら屋内に入った。そして，渡辺は，玄関を入った所にある台所を通り抜け，その

V この期の刑事判例の特徴

次の部屋である四畳半間（被告人方住居のほぼ中央にあたり，全体を見渡せる位置関係にある）まで入り込んでから，同所で，午前八時三五分ころ，被告人に右捜索差押許可状を示し，警察官らは，これを待って被告人方の捜索に取り掛かり，六畳間の本箱内に置かれていたカメラ（原審標目番号八二）の入ったケースの中にビニール袋入り覚せい剤白色結晶一袋（同五は，その鑑定残量），注射筒一本（同八三）および注射針二本（同八四，八五）が白色チリ紙（同八六は，その断片）に包まれて収納されているのを発見し，右結晶につきマルキース試薬による予備試験をしたところ陽性反応があった。そこで，渡辺らは，同日午前九時二分ころ，被告人を覚せい剤所持の現行犯人として逮捕し，右逮捕に伴う処分として，右覚せい剤等を差し押さえ，更にその後，奥の四畳半間の物入れ内から注射器一本（同八七）を発見して差し押さえた。……右のとおり，所論が，令状主義に反して違法に収集されたと主張する証拠物は，現行犯人逮捕に伴う必要な処分として，令状によらずに，差し押さえられ（原審標目番号五，八二ないし八六の証拠）あるいは捜索のうえ差し押さえられた（同八七の証拠）ものであって，捜索差押許可状に基づいて差し押さえられたものではないのであるが，覚せい剤結晶等の証拠物（同五，八二ないし八六）は，捜索差押許可状に基づく捜索により発見されたものであるから，右令状に基づく捜索の適法性について，以下検討する。……刑事訴訟法は，捜査官が，捜索差押許可状に基づき捜索差押をする際は，その処分を受ける者に対し当該令状を示さなければならないと規定しており（二二二条一項，一一〇条），その趣旨は，捜索差押手続きの公正を保持し，執行を受ける者の利益を尊重することにあるから，捜索差押の開始前に，その執行を受ける者の要求の有無にかかわらず，捜査官が令状を示すのが原則であることはいうまでもない。他方，法は，捜索を受ける者に対しても，それなりの受忍的協力的態度に出ることを予定し，かつ，捜査官が，処分を受ける者に直接面と向かい令状を提示できる状況があることを前提にしているものと解される。しかし，現実には，相手方が，受忍的協力的態度をとるどころか，捜査官が捜索差押に来たことを知るや，玄関扉に施錠するなどして，令状を提示する暇も与えず，捜査官が内部に入るまでに，証拠を隠滅して捜索を実効のないものにしてしまうという行為に出ることがないではない。ことに薬物犯罪における捜索差押の対象物件である薬物は，撒き散らして捨てたり，洗面所等で流すなどして，ごく短時間で容易に隠滅することができるものであり，この種犯罪は，証拠隠滅の危険性が極めて大きい点に特色があり，かつ，捜索を受ける者が素直に捜索に応じない場合が少なくないという実情にある。ところで，法は，捜索を受ける者が受忍的協力的態度をとらず，令状を提示できる状況にない場合においては，捜査官に対し令状提示を義務付けている法意に照らし，社会通念上相当な手段方法により，令状を提示することができる状況を作出することを認めていると解され，かつ，執行を円滑，適正に行うために，執行に接着した時点において，執行に必要不可欠な事前の行為をすることを許容しており（一一一条），例えば，住居の扉に施錠するなどして令状執行者の立入りを拒む場合には，立ち入るために必要な限度で，錠をはずし

たり破壊したり，あるいは扉そのものを破壊して，令状の提示ができる場に立ち入ることも許していると解される。所論は，刑事訴訟法一一一条の「必要な処分」も，来訪の趣旨と令状発付の事実を告げて開扉を求め，これに対する明らかな拒絶や罪証隠滅の具体的行為が認められた際に初めて可能となるのであって，当初より虚偽を述べて開扉させたのは違法であると主張する。しかし，一般論として，そのような手順で捜索しても証拠を隠滅される危険性がないときは，所論のいうとおりの手順をとるべきであろうことは論を待たないが，ごく短時間で証拠隠滅ができる薬物犯罪において，捜索に拒否的態度をとるおそれのある相手方であって，その住居の玄関扉等に施錠している場合は，そもそも，正直に来意を告げれば，素直に開扉して捜索に受忍的協力的態度をとってくれるであろうと期待することが初めからできない場合であるし，開扉をめぐっての押し問答等をしている間に，容易に証拠を隠滅される危険性があるから，捜査官側に常に必ず所論のいうような手順をとることを要求するのは相当でない。このような場合，捜査官は，令状の執行処分を受ける者らに証拠隠滅工作に出る余地を与えず，かつ，できるだけ妨害を受けずに円滑に捜索予定の住居内に入って捜索に着手でき，かつ捜索処分を受ける者の権利を損なうことがなるべく少ないような社会的に相当な手段方法をとることが要請され，法は，前同条の「必要な処分」としてこれを許容しているものと解される。……本件は，覚せい剤取締法違反の被疑事実により覚せい剤等の捜索差押を行ったものであるところ，その捜索場所は，当該事件の被疑者である被告人の住居であるうえ，被告人は，覚せい剤事犯の前科二犯を有していることに照らすと，被告人については，警察官が同法違反の疑いで捜索差押に来たことを知れば，直ちに証拠隠滅等の行為に出ることが十分予測される場合であると認められるから，警察官らが，宅急便の配達を装って，玄関扉を開けさせて住居内に立ち入ったという行為は，有形力を行使したものでも，玄関扉の錠ないし扉そのものの破壊のように，住居の所有者や居住者に財産的損害を与えるものでもなく，平和裡に行われた至極穏当なものであって，手段方法において，社会通念上相当性を欠くものとまではいえない。……次に，捜査官は，捜索現場の室内に立ち入る場合，それに先立ち令状を適式に提示する必要があるが，令状の提示にはある程度時間を要するところ，門前や玄関先で捜査官が令状を提示している間でさえも，その隙をみて，奥の室内等捜査官の目の届かぬところで，その処分を受ける者の関係者等が，証拠隠滅行為に出て捜索の目的を達することを困難にすることがあり，そのようなおそれがあるときには，捜索差押の実効を確保するため令状提示前ないしはこれと並行して，処分を受ける者の関係者等の存否および動静の把握等，現場保存的行為や措置を講じることが許されるものと解される。……本件の場合，厳密にみれば，警察官らは，令状の提示前に各室内に立ち入っており，渡辺は，玄関を入ったところにある台所の次の部屋で，住居全体を見渡せる位置にある四畳半間まで入ってから，同所で被告人に捜索差押許可状を示したことが認められるが，渡辺ら警察官は，「警察や。切符出とんじゃ」等と言いながら屋内に入っており，令状による捜索差押のために立ち入ることを告げて

いること，令状を示した時点では，警察官らは，まだ室内に立ち入ったのみで，具体的な捜索活動は開始していなかったこと，同住居内には，被告人のほか，妻や同居人等複数の者がいて，その動静を把握する必要があったことなどの点をも考えると，これら令状提示前の数分間（被告人は，原審公判廷で一，二分間と供述する）になされた警察官らの室内立入りは，捜索活動というよりは，むしろその準備行為ないし現場保存的行為というべきであり，本来の目的である捜索行為そのものは令状提示後に行われていることが明らかであるから，本件において渡辺ら警察官がとった措置は，社会的に許容される範囲内のものと認められる。……従って，本件捜索差押手続きに違法はないから，これにより押収された証拠物（原審標目番号五，八二ないし八七）およびこれに関連して作成された書類（同六ないし九，八八ないし九二）を証拠として採用した原審の訴訟手続きに所論の法令違反はない。論旨は理由がない。

本判決で見逃すことができないのは，令状執行行為を狭義の執行行為とその準備行為ないし現場保存行為とに峻別し，後者については令状の事前呈示は必ずしも必要でないとしている点である。令状執行のための「必要な処分」を拡大解釈している点も問題となろう。

東京高判平成6・5・11高刑集47-2-237も注目される。捜索場所に関して，次のように判示した。

本件捜索差押許可状が被疑者Yに対する被疑事実につき関連場所とみられる「G方居室」を捜索すべき場所として指定するものであることは，所論のとおりである……しかしながら，場所に対する捜索差押許可状の効力は，当該捜索すべき場所に現在する者が当該差し押さえるべき物をその着衣・身体に隠匿所持していると疑うに足りる相当な理由があり，許可状の目的とする差押を有効に実現するためにはその者の着衣・身体を捜索する必要が認められる具体的な状況の下においては，その者の着衣・身体にも及ぶものと解するのが相当である（もとより「捜索」許可状である以上，着衣・身体の捜索に限られ，身体の検査にまで及ばないことはいうまでもない。）。……これを本件についてみるに，まず，前示のとおり，（1）捜査員がG方玄関内に入った際，応対に出た女性二人のうち，若い方の女性（被告人の内妻H）がおろおろした様子で落ち着きがなく，玄関右奥の部屋の方を気にしていたこと，（2）その部屋で発見された被告人は，真冬であるのにトレーナー上下という服装であり，Hも短いパンツをはき，その上に軽くセーターを羽織るという服装であったこと，（3）池田が被告人の氏名を尋ねたところ，Sと答えており，Gが使用する乗用車の登録名義人と一致したこと，（4）Gの妻やHは被告人を「〇〇ちゃん」と呼んでいたことなどの状況から，捜査員は，被告人は一時的な来客ではなく，G方に継続的に同居している者で，Gの輩下であると判断しており，その判断は客観的事実と一致する。……次に，（5）本件は，暴力団関係者による組織的かつ大規模な覚せ

い剤密売事犯の一端をなすものと目され，したがって，関係者による罪証隠滅の虞が高いこと，(6) 本件差押の目的物は「取引メモ，電話番号控帳，覚せい剤の小分け道具」という比較的小さい物で，衣服のポケットなどに容易に隠匿できるものであること，(7) G は捜索差押許可状の被疑事実と関係のある暴力団の幹部であることなどの事情からすれば，本件捜索に際し，同人と前示のような関係にある被告人において，G 方に存在する差押の目的物を隠匿・廃棄しようとする虞は十分に考えられるところである。しかも，(8) 被告人は，最初に発見されたときから両手をトレーナーのズボンのポケットに突っ込んだままという異常な挙動を続けていたのであるから，そのポケット内に本件差押の目的物を隠匿している疑いはきわめて濃厚である。したがって，捜査員において，被告人に対し，ポケットから手を出し，中に入っている物を見せるよう説得したことは，適切な措置と認められる。(9) これに対し，被告人は，「関係ない」などと言って説得に従わず，部屋を出ていく素振りを見せ，捜査員において，部屋に留まるよう両肩を押さえ付けて座らせ，説得を続けたにもかかわらず，なおも激しく抵抗してその場から逃れようとしているのであるから，捜査員の目の届かない所でポケットの中の物を廃棄するなどの行為に出る危険性が顕著に認められる。……以上のような本件の具体的状況の下においては，被告人が本件捜索差押許可状の差押の目的物を所持していると疑うに足りる十分な理由があり，かつ，直ちにその物を確保すべき必要性，緊急性が認められるから，右許可状に基づき，強制力を用いて被告人の着衣・身体を捜索することは適法というべきである。前示のとおり，捜査員らが用いた強制力はかなり手荒なものであるが，それは被告人の抵抗が激しかったことに対応するものであり，抵抗排除に必要な限度を超えるものとは認められない。被告人の両手をポケットから引き抜き，ポケットの中から出てきた小物入れの中身を確認するまでの捜査員の行為に所論の違法はない。

これらによれば，令状主義の内実を他ならぬ令状主義の担い手である裁判所自身が希薄化していっている傾向が窺える。

■ 公訴に関するもの

公訴に関しては**名古屋高判平成6・9・28判時1521-152**がみられる。起訴状に証拠物として取調べ請求した手紙一通に記載された文言と全く同一の文言を用いて脅迫文言を記載したことについて，原審は刑訴法338条4号により公訴棄却としたところ，本判決は，次のように判示し，これを破棄して，原審に差し戻した。

所論は，要するに，原判決は，検察官が，被告人に対する平成六年四月六日付け起訴状に，脅迫罪の公訴事実として，「被告人は，かねてから恨みを抱いていた A，同 B 夫婦らを脅迫しようと企て，平成六年一月二三日ころ，愛知県豊川市内の豊川郵便局ポストから A，同 B 子及び長女 C 子宛に脅迫文言を記載した文書を同県《中略》内の A 方に郵送し，

同月二五日ころ，これを A，同 B 子に受領させ，もって同人らの生命，身体，財産などに危害を加うべきことを通告して同人らを脅迫した」旨記載した際に，「前略」という文言を除いたほかは，証拠物として取調べ請求した手紙一通に記載された文言と全く同一の文言を用いて，脅迫文言を記載したことについて，「その文言は，婉曲暗示的なものではなく，要約することによっても容易に罪となるべき事実を特定することができるものであることが認められる。しかるに，刑事訴訟法二五六条六項は，裁判官に事件につき予断を生ぜしめるおそれのある書類の内容を引用することを禁止しているところ，本件起訴状は，裁判官に対し，同起訴状記載の内容の文書が存在していることを強く印象づけるものであり，予断排除の原則に反して裁判官に事件につき予断を生ぜしめるおそれのある書類の内容を引用した違法なものといわざるを得ない」から，本件公訴提起の手続はその規定に違反したため無効であるとして，刑訴法三三八条四号により公訴を棄却しているが，原判決には同法二五六条六項の解釈，適用を誤った違法があり，不法に公訴を棄却したことが明らかである，というのである。……所論にかんがみ，記録及び証拠物を調査して検討する。……本件起訴状の公訴事実の要旨が前記のとおりであること，同公訴事実中に，被告人が A ら宛に郵送した文書の脅迫文言として，「前略」という部分を除いたほかは，検察官が原審に証拠物として取調べ請求した手紙一通に記載された文言の全文と全く同一の文言が用いられている（ただし，算用数字部分を漢数字に，横書きを縦書きに，各体裁を改めている）ことは認められるが，本件においては，文書の記載内容それ自体が脅迫罪の構成要件に該当する要素である上，その文言も，直截的に A らの生命，身体，財産などに危害を加えることを通告したものではなく，被告人と A らとの間の本件に至るまでの刑事及び民事の各事件などの背景事情を前提とし，文書の記載内容の全体を判読，理解することによって，被告人からの複数の法益に対する危害の通告である趣旨が鮮明になるという意味において，婉曲暗示的類いのものである。……したがって，検察官が，公訴事実中に，「前略」という部分を除いたほかは，原審において証拠物として取調べ請求した手紙一通に記載された文言の全文と全く同一の文言を用いて，脅迫文言を記載したのも，刑訴法二五六条三項に従って，犯罪の方法に関する部分をできる限り具体的に特定しようとしたことによるものであって，本件脅迫の訴因を明示するための方法として不当なものとは認められず，文書を郵送して受領させた旨の記載と併せ，裁判官に対し，起訴状記載の内容の文書が存在していることを事実上強く印象づけることがあるとしても，これをもって同条六項にいう裁判官に事件について予断を生ぜしめるおそれのある書類の内容を引用したものというには当たらない。……原判決は，刑訴法二五六条六項の解釈，適用を誤り，不法に公訴を棄却したものというべきである。……よって，本件控訴は，その理由があるから，刑訴法三九七条一項，三七八条二号により原判決を破棄し，同法三九八条により本件を原裁判所である名古屋地方裁判所に差し戻すこととし，主文のとおり判決する。

予断排除についても，裁判所の認識はこのようなものであった。

■ 勾留場所に関するもの

勾留場所に関しては，**浦和地決平成4・11・10判タ812-260**が注目される。「第一審公判までは，なお相当の日時があるのであって，長期間にわたり，右のような状況下に被告人を置くことには疑問があり，従って，相当性も認められない。」と判示し，職権により，被告人の勾留場所を越谷警察署留置場から浦和拘置支所に変更する旨を決定した。

■ 接見交通に関するもの

接見交通に関しては，この期においても，接見指定を違法とした下級審判決が出されている。**福岡高判平成5・11・16判時1480-82**がそれで，次のように判示した。

> 被疑者の弁護人又は弁護人を選任することができる者の依頼により弁護人となろうとする者（以下「弁護人等」という。）は，当然のことながら，その弁護活動の一環として，何時でも自由に被疑者に面会することができる。その理は，被疑者が任意同行に引き続いて捜査機関から取調べを受けている場合においても，基本的に変わるところはないと解するのが相当であるが，弁護人等は，任意取調べ中の被疑者と直接連絡を取ることができないから，取調べに当たる捜査機関としては，弁護人等から右被疑者に対する面会の申出があった場合には，弁護人等と面会時間の調整が整うなど特段の事情がない限り，取調べを中断して，その旨を被疑者に伝え，被疑者が面会を希望するときは，その実現のための措置を執るべきである。任意捜査の性格上，捜査機関が，社会通念上相当と認められる限度を超えて，被疑者に対する右伝達を遅らせ又は伝達後被疑者の行動の自由に制約を加えたときは，当該捜査機関の行為は，弁護人等の弁護活動を阻害するものとして違法と評され，国家賠償法一条一項の規定による損害賠償の対象となるものと解される。……これを本件についてみるに，被控訴人は，昼休みの時間帯に田川署に赴き，甲野町長との面会を申し出たものであるが，大賀刑事課長からその旨の連絡を受けた田上警部及び現に甲野町長の取調べに当たっていた渕上警部補は，捜査の都合を理由に，右申出があったことを速やかに甲野町長に伝達しないまま取調べを継続し，他方，被控訴人と直接折衝に当たった大賀刑事課長は，具体的な面接時間の調整を図るなど被控訴人の弁護活動に配慮した対応をせず，取調べ中の捜査官からの連絡を待つようにと一方的に通告する態度に終始した。加えて，本件で甲野町長が同行された場所は，被疑者側の誰にも知らされておらず，したがって，被控訴人は，田川署から車で一〇分以上掛かる別の場所で甲野町長の取調べが行われていることを知らないまま，その場で直ちに面会できることを期待して大賀刑事課長と交渉に当たっていたという経緯があり，以上の

ような具体的な状況の下では，大賀刑事課長及び田上警部の行為は，社会通念上相当と認められる限度を超えて弁護人等の弁護活動を阻害した違法があるものと認められる。……また，以上のような事実関係を総合すると，大賀刑事課長及び田上警部は，被控訴人の弁護活動を阻害したことについて過失があったものと認められ，被控訴人は，これによって精神的苦痛を受けたことが認められるところ，右精神的苦痛を慰謝すべき額は，諸般の事情に鑑み，五万円をもって相当と認める。

■ 訴因変更の要否および可否に関するもの

訴因変更の要否および可否に関しても注目すべき下級審判決がみられる。被告人が殺意をもって甲，乙両警察官に対し拳銃一発を発射し，甲を心臓銃創による失血死により死亡させて殺害し，更に同銃弾を乙の左下腿部に命中させたが，乙殺害の目的を遂げなかったとの起訴状の訴因につき，検察官が，釈明等により，甲を狙って発射された銃弾がその身体を貫通して乙に命中したもので乙に対する殺意については錯誤論の適用を前提とするものであることを明らかにした場合において，被告人が乙にも銃弾が命中することを認識認容していたとして殺意を認定するためには，裁判所は，審理の過程で検察官に釈明を求めるなど，この点を争点として顕在化させる措置をとる必要があり，そのような措置等をとることなく，検察官が釈明等により明らかにした訴因と異なる事実（被告人が乙にも銃弾が命中することを認識認容していたこと）について認定判断した原判決には，判決に影響を及ぼすことの明らかな訴訟手続の法令違反があるとして，原判決を破棄した**東京高判平成6・6・6判タ863-291**がそれである。次のように判示した。

> 被告人の乙警部補に対する殺意につき，事実の認識，認容があったとするか，あるいは，事実の認識，認容はなく，錯誤論の適用を前提とするかは，事実関係に差異があることは明らかであり，原裁判所において右のような認定判断するためには，審理の過程で検察官に釈明を求めるなど，事実の認識，認容があったかどうかを争点として顕在化させる措置等がとられる必要があるというべきところ，記録上原審の審理の過程でそのような措置がとられた形跡は認められず，したがって，原判決には，そのような措置等をとることなく，検察官が釈明等により明らかにした訴因と異なる事実について認定判断した，訴訟手続の法令違反があるというべく，この違法が判決に影響を及ぼすことは明らかである。

ちなみに，**最判昭和58・12・13刑集37-10-1581**（360頁，366-368頁＝よど号ハイジャック事件）も，訴因変更までは要求されないとしても，釈明等により争点として顕在化する措置をとるべきであるとしており，本東京高判平成6・6・6もこれに従ったもの

といえよう。もっとも，本判決については，訴因変更が必要であったという理解もありえようが，本判決が，争点の顕在化にとどまり，訴因変更の措置を要求しなかったのは，起訴状の記載上は錯誤論による起訴であることが明白とはいえなかったことなどを考慮したからであろうとの批評も存する。

　また，東京高判平成6・8・2高刑集47-2-282は，次のように判示し，検察官の安易な訴因の不特定に対して警鐘を鳴らした。

　　……公訴提起にあたって，犯罪の日時，場所等が，詳らかでない場合に，本件程度に公訴事実を概括的に記載することは，それが検察官において，起訴当時の証拠に基づきできる限り特定したものであるときは，訴因の特定に欠けるところはないとして許容されるけれども，証拠上これが判明しているときには，これを具体的に記載すべきものであることは自明の理である。……被告人が，本件覚せい剤を使用したという平成六年一月一六日に接着した同月二一日に，捜査官が被告人から任意提出を受け採取した尿中から覚せい剤が検出されたことが明らかである。……ところで，記録を精査しても，以上の被告人及びＣの供述を信用しがたいとする事情は見当たらず，検察官も，同人らの前記供述調書や被告人の供述に基づいて作成された前記捜査報告書を犯行状況，現行再現状況等の立証趣旨で証拠請求しているのであって，原判決も，これをまったく信用しがたいものとは見ていないことは，犯罪の日時，場所を公訴事実とは異なり前記のように認定していることからも窺え，本件は，覚せい剤使用の日時，場所，共謀の有無等が証拠上明らかでない事案とは異なるというべきである。……検察官は，原判示第四の公訴事実について，以上のような証拠に基づき訴因を日時，場所等によって特定することなく，前記のような概括的な記載をもって，被告人を起訴したものであるから，原審としては，検察官に釈明を求め訴因をより具体的に特定させるべきであったといわなければならない。なお，被告人の覚せい剤注射を目撃した旨のＣの前記検察官調書中の供述も一概には排斥し得ず，かつ同調書の立証趣旨は前記のとおり「犯行目撃状況等」とされていたのであるから，前記公訴事実の記載につき，検察官として，同女の目撃したとする被告人の覚せい剤使用を起訴したものと見る余地もない訳ではないところ，これと被告人の供述する覚せい剤使用の事実とは社会的事実として両立し得るもので，併合罪の関係にあるから，本件において原審が検察官に釈明を求め訴因を特定識別することの必要性はいっそう強かったというべきである。しかるに，原審はこれをせず，漫然，前記のように概括的で不特定な事実を認定判示したことが明らかであるから，原審は，訴訟手続の法令違反を冒したものというべきであり，これが判決に影響を及ぼすことが明らかである。したがって，所論についての判断を待つまでもなく，原判決は破棄を免れない。

　他方，この期においては，起訴から約４年経過した二度目の差戻し第一審においてなされた予備的訴因の追加請求について，時期に遅れた訴因変更請求であり，迅速か

つ公正な裁判という法の趣旨に反するという弁護人の主張を排斥した下級審判決もみられる。**大阪地判平成7・2・13判時1564-143**がそれで，交通事故による業務上過失致死の事件について，過失の存否内容が争点となったものである。起訴状記載の訴因は，前方不注視のまま漫然時速50キロメートルで進行した過失により，折から対向してきた被害者運転の自転車を前方約11.9メートルの地点で初めて発見し，急制動等の措置をとったが及ばず衝突させたというものであったが，二度目の差戻審で，裁判所が，被害自転車の視野状況についての検証を行い，前照灯を下向きにして，時速50キロメートルで進行している限り，前方注視を十分に尽くしても，制動距離との関係で，結果回避ができなかった疑いが残ると判断される可能性が排斥できなくなったことから，検察官は，前照灯の範囲内で発見停止できるよう適宜減速するか，又は前照灯を上向きにして進行すべき注意義務を怠ったという過失内容を異にする予備的訴因の追加請求を行った。ただし，この時点で，起訴からすでに約4年4か月が経過していた。これについて，本判決は，次のように判示し，弁護人の主張を退けた。

　裁判所は，検察官から訴因変更の請求があったときは，公訴事実の同一性を害さない限り訴因変更を許さなければならないこととされている（刑事訴訟法三一二条一項）。しかしながら，迅速かつ公正な裁判の要請という観点から，訴訟の経過に鑑み検察官の訴因変更請求が誠実な権利行使と認められず，権利の濫用にあたる場合には，刑事訴訟規則一条に基づき，訴因変更は許されないとすることもありうるものと解される。そして，権利濫用にあたるか否かは，訴因変更が訴訟のどのような段階でなされたかとの点や，審理期間の長短のほか，訴因変更がされることによって被告人側が根本的に立証活動を立て直すことを余儀なくされるなど被告人の防御に実質的に不利益を及ぼすか否かとの点や，審理が遅延することにより迅速な裁判の要請が害されるかなどの点を総合考慮して，事案に即して実質的に判断すべきである。……本件では，二度にわたって破棄差戻しの判決がされ，その第三次第一審の最終段階で，起訴後四年余りを経た時期に，予備的訴因の追加請求がされたものであるが，検察官，弁護人とも，本件訴因の追加後に新たな立証をほとんど必要としなかったものであり，訴因の追加による訴訟の遅延という事情は認められない。また，第二次控訴審は，訴因変更の可能性を指摘した上で原裁判所に差し戻していたのであるから，本件訴因の追加請求を許可したとしても，被告人に対して不当な不意打ちとなるなど被告人の防御に実質的な不利益を及ぼすものではない。……検察官としても，裁判所が平成六年六月一〇日に実施した検証の結果から，その必要を認めて訴因の追加請求をしたものと考えられ，それ以前から訴因変更の機会が与えられており，かつ，その必要があったにもかかわらず，不当にその権利を行使しないで放置していたというような事情は認められない。……したがって，検察官の予備的訴因の追加請求が，権利の濫用にあたるものとは認められないから，弁護人の右主張は

採用できない。

■ 伝聞法則に関するもの

　伝聞法則に関しては，**東京高判平成5・10・21高刑集46-3-271**が注目される。すでに公判期日において証人として尋問を受けた者が，検察官の取調べを受けて証言と異なる供述をし，その旨の供述調書が作成された後，改めて証人として喚問されていたところ，証言前に死亡した本件の場合には，右調書に刑訴法321条1項2号前段を適用することができると判示した。被尋問者が公判で再び証言した場合には同項2号後段の規定により特信情況の存在が要求されるのと比べると，脱法行為という印象を拭えない。

■ 自白法則に関するもの

　東京高判平成3・4・23高刑集44-1-66（松戸OL殺人事件）は，代用監獄における取調べに警鐘を鳴らしたものとして注目される。次のように判示した。

　（一）まず，印西警察署における留置の状況が大きな問題であろう。……被勾留被疑者を警察署に付属する留置場に収容するいわゆる代用監獄は，自白の強要等の行なわれる危険の多い制度であるので，その運用に当たっては，慎重な配慮が必要である。とりわけ，宮田事件のように，目撃者はなく物証に乏しく，その立証が被疑者の自供に依拠せざるをえない場合は一層そうである。本来，被疑者の取調べという犯罪捜査と，代用監獄として被疑者の身柄を留置場に収容する業務とは，同じ警察が行なうにしても，全く別個の業務であり，混同して運用されてはならず，それぞれ別個独立の立場で適正に行なわれることが必要不可欠であり，留置業務が捜査に不当に利用されることがあってはならないのである。……ところが，本件の場合，宮田事件を含む連続殺人事件について自白を得るため，代用監獄として，寂しい新設の印西警察署を選び，たった一人の状態で留置し，しかも，捜査本部の捜査員から看守者を選任して被告人の留置業務に当たらせ，被告人の留置場内での言動の逐一を捜査上の資料として提供させた上，取調べを行なったのである。これは，まさに，捜査員が留置業務に当たり，実質的にも留置業務が捜査の一環として行なわれたもので，留置業務は，その独立性がなく，捜査に不当に利用されたといえる。……したがって，このような留置のあり方は，不当なものであり，代用監獄に身柄を拘束して，自白を強要したとのそしりを免れない。……（二）次に，留置場内での被告人の言動をみると，被告人は，長期間にわたり，このような拘禁状態に置かれた末，宮田事件について厳しい取調べを受けたもので，精神的にも肉体的にも厳しい状態に追い込まれていたといえる。……（三）しかも，被告人に対する取調べの状況をみると，右のような状態にある被告人に対する殆ど連日の取調べから，真摯な反

省に基づいた, 真実を語る自白を得ることが, 果たして可能であったか大いに疑問である。……（四）更に, 被告人の自白の内容をみると, 取調べの都度, あるいは取調べに当たる者により変転していて, まるで一貫性がなく, その供述状況・供述態度からも, その任意性には疑いが消し難いものがある。……以上のような諸点に鑑みると, 宮田事件については, 被告人の「第三期間」及び「第四期間」の自白も, その自白が任意にされたものでない疑いがあるといわざるをえない。

■ 証拠能力に関するもの

証拠能力に関しても注目すべき下級審判決が幾つかみられる。対話者の一方が相手方の同意を得ないでした会話録音の適法性について, その判断枠組みを示した上で, 本件会話録音は適法だとした**東京地判平成2・7・26判時1358-151**もその一つである。次のように判示した。

> 対話者の一方が相手方の同意を得ないでした会話の録音は, それにより録音に同意しなかった対話者の人格権がある程度侵害されるおそれを生じさせることは否定できないが, いわゆる盗聴の場合とは異なり, 対話者は相手方に対する関係では自己の会話を聞かれることを認めており, 会話の秘密性を放棄しその会話内容を相手方の支配下に委ねたものと見得るのであるから, 右会話録音の適法性については, 録音の目的, 対象, 手段方法, 対象となる会話の内容, 会話時の状況等の諸事情を総合し, その手続に著しく不当な点があるか否かを考慮してこれを決めるのが相当である。……そこで, 本件について検討するのに, 前記1（一）及び2（一）記載の事実によれば, 本件録音は, 本件捜索差押の被疑事実である昭和六三年一〇月一六日Ａ方に対する脅迫電話の事実自体ないしこれと密接に関連する他の脅迫電話の事実の捜査を目的として, 右捜索差押の際に警察官と総括立会人である被告人らとの捜索差押に関する会話及びその際の雑談を録音したものである。そして, その会話の際, 被告人は会話の相手が警察官であること及び本件捜索差押の被疑事実が右の脅迫電話の事件であることを認識していた。他方, 警察官は, 被告人の声を録音するため, 被告人に対して話しかけるなどの働きかけをしているものの, その会話は捜索差押の際のものとして特に異常なものとは言えず, また乙野が被告人に対してした被告人の母親の話も虚偽の内容ではない。その他, 警察官が被告人を挑発し, 欺罔ないし偽計を用い, あるいは誘導するなど不当な手段を用いて, 話をするまいとしている被告人に無理に話をさせたというような事情も認められない。……以上の諸事情を総合すれば, 本件録音は, その手続に著しく不当な点は認められず, 適法であると認めることができる。

本判決によれば, 対話者は相手方に対する関係では自己の会話を聞かれることを認めており, 会話の秘密性を放棄しその会話内容を相手方の支配下に委ねたものと見得

るとされている点が注目される。相手方の支配下に委ねたとまで見得るかについては疑問の余地がある。そこから、**千葉地判平成3・3・29判時1384-141**も、次のように判示した。

> 一般に、対話者の一方当事者が相手方の知らないうちに会話を録音しても、対話者との関係では会話の内容を相手方の支配に委ねて秘密性ないしプライバシーを放棄しており、また、他人と会話する以上相手方に対する信頼の誤算による危険は話者が負担すべきであるから、右のような秘密録音は違法ではなく、相手方に対する真偽とモラルの問題に過ぎないという見方もできよう。……しかし、それは、相手方が単に会話の内容を記憶にとどめ、その記憶に基づいて他に漏らす場合に妥当することであって、相手方が機械により正確に録音し、再生し、さらには話者（声質）の同一性の証拠として利用する可能性があることを知っておれば当然拒否することが予想されるところ、その拒否の機会を与えずに秘密録音することが相手方のプライバシーないし人格権を多かれ少なかれ侵害することは否定できず、いわんやこのような録音を刑事裁判の資料とすることは司法の廉潔性の観点からも慎重でなければならない。

問題は捜査機関が対話の相手方の知らないうちにその会話を録音することの適法性である。この点についても、本千葉地判平成3・3・29は、「捜査機関が対話の相手方の知らないうちにその会話を録音することは、原則として違法であり、ただ録音の経緯、内容、目的、必要性、侵害される個人の法益と保護されるべき公共の利益との権衡などを考慮し、具体的状況のもとで相当と認められる限度においてのみ、許容されるべきであると解すべきである。」と判示した。ただし、他方で、同判決が、次のように判示し、本件秘密録音を適法としている点に注意しなければならない。

> 以上の諸事情を総合すれば、被告人を含むC派構成員らが本件犯行を犯したことを疑うに足りる相当な理由がある上、本件録音の全過程に不当な点は認められず、また、被告人の法益を侵害する程度が低いのに比し、電話による脅迫という事件の特質から秘密録音（わが国では、いまだこれに関する明文規定はない。）によらなければ有力証拠の収集が困難であるという公益上の必要性が高度であることなどに鑑みると、例外的に本件秘密録音を相当と認めて許容すべきであると解される。

DNA鑑定の証拠能力に関する**水戸地下妻支判平成4・2・27判時1413-35**も、注目される判決の一つである。2件の強姦致傷被告事件に関連し、いずれの被害者も写真面割帳や面通しにおいて瞬時に被告人を犯人と断定しており、被害者の目撃証言等の信用性は極めて高いといえることに加え、被害者の膣内等から検出された精液の血液型（ABO型）及びDNA型（MCT118型、TNN24型、CMN101型、HLADQα型）

と被告人の血液のそれとを対照すると，いずれも同型であり，各被告事件につきそれぞれ出現頻度が1600万人に1人，7000万人に1人という確率であることが認められることから，本件犯行は被告人によるものであることが認められるとされた。

宇都宮地判平成5・7・7判タ820-177（足利事件）でも，DNA鑑定の証拠能力が認められている。本判決は，弁護人が証拠能力を争ったこともあって，DNA鑑定の基本的原理，分析方法，信頼性などについて詳細に検討を加えたうえ，その証拠能力を肯定しており，同種判例としては特筆される。次のように判示した。

　本件においては，専門的な知識と技術及び経験を持った者によって，適切な方法によりDNA鑑定が行われたと認められるから，右各鑑定結果が記載された平成三年一一月二五日付け及び同年一二月一三日付け各鑑定書に証拠能力を認めることができる。また，右一連の経過において，鑑定結果の信用性に疑問をさしはさむべき事情が窺えないだけでなく，鑑定が適切に行われ，それぞれ別個に行われた検査において同一結果が出たことからみても，DNA型が同一であるとの鑑定結果は信用することができる。さらに，右DNA型の出現頻度に関する判断についてみると，今後より多くのサンプルを分析することにより出現頻度の正確な数値に多少の変動が生ずる可能性があるとしても，先に検討した事情に照らせば，その数値はおおむね信用することができる。……前記同一DNA型などの出現頻度に照らすと，人口一〇万人あたり同一型を持つ者の存在が推定されるだけでなく，地域の閉鎖性の程度等によっても出現頻度が異なる可能性があるのではないかと考えられ……，その意味において同一DNA型出現頻度に関する数値の証明力を具体的な事実認定においていかに評価するかについては慎重を期する必要がある。しかしながら，この点を念頭に置くにせよ，血液型だけでなく，三二五通りという著しい多発型を示すMCT118型が一致したという事実がひとつの重要な間接事実となることは否定できず，これに先に上げた事実をも併せ考慮すると，本件においては被告人と犯行の結びつきを強く推認することができる。……自白内容についてみると，例えば，第一回公判期日において，証拠物であるM1の着衣についての記憶の有無を尋ねられた際に，記憶にある物とない物，あるいはおおむね記憶に残っている物をそれぞれ区別して述べるなど，供述内容は捜査，公判段階を通じて自然であって，格別疑問を差しはさむべき点は認められない。……そうすると，本件犯行を認めた被告人の自白は信用することができ，先に上げた事情とあいまって，被告人がM1の殺害等を行ったと認めることができる。

　本判決によれば，このように，本DNA鑑定などを有力な証拠として有罪判決が下されたが，後に，これが誤判であることが判明し，再審無罪判決が言い渡されたことは改めて詳述するまでもなかろう。

　これに対し，**仙台高判平成5・4・26判タ828-284**では，書面を証拠とすることにつ

いて被告人の同意の有無を確かめず弁護人の同意だけでただちにこれを有罪認定の資料としたことが違法とされた。

■ 違法収集証拠の排除に関するもの

違法収集証拠の排除に関しては，この期においても，多くの下級審判決がみられる。証拠排除を認めたものと認めなかったものとが相半ばしている。

証拠排除を認めたものとしては，**浦和地判平成2・10・12判時1376-24**が挙げられる。「未だ重大な甲事件について逮捕する理由と必要性が十分でないのに，主として右事件について取り調べる目的で，甲事件が存在しなければ通常立件されることがないと思われる軽微な乙事件につき被疑者を逮捕・勾留する場合」も，違法な別件逮捕・勾留として自白の証拠能力が否定される場合に当るとし，本件の別件逮捕・勾留もこれに当るとした。その理由について，次のように判示した。

> 検察官は，いわゆる別件逮捕・勾留として自白の証拠能力が否定されるのは，「未だ重大な甲事件について逮捕する理由と必要性が十分でないため，もっぱら甲事件について取り調べる目的で，逮捕勾留の必要性のない乙事件で逮捕・勾留した場合」（以下，「典型的な別件逮捕・勾留の場合」という。）に限られる旨主張している。……しかし，過去の経験に照らすと，いわゆる別件逮捕・勾留に関する人権侵害の多くは，もし本件に関する取調べの目的がないとすれば，身柄拘束をしてまで取り調べることが通常考えられないような軽微な事件について，主として本件の取調べの目的で身柄を拘束し，本件についての取調べを行うことから生じていることが明らかである。……当裁判所は，違法な別件逮捕・勾留として許されないのは，前記のような典型的な別件逮捕・勾留の場合だけでなく，これには「未だ重大な甲事件について逮捕する理由と必要性が十分でないのに，主として右事件について取り調べる目的で，甲事件が存在しなければ通常立件されることがないと思われる軽微な乙事件につき被疑者を逮捕・勾留する場合」も含まれると解するものである。このような場合の被疑者の逮捕・勾留は，形式的には乙事実に基づくものであるが，実質的には甲事実に基づくものといってよいのであって，……令状主義を実質的に潜脱し，一種の逮捕権の濫用にあたると解される。そして，右のような見解のもとに，本件について検討すると，……本件は，まさに当裁判所の定義による違法な別件逮捕・勾留に該当する場合であるといわなければならない。

浦和地判平成3・3・25判夕760-261も，黙秘権・弁護人選任権の告知は基本的かつ重要な権利であるとし，警察官の右権利不告知及びその後の言動は被告人の警察官に対する供述の任意性を疑わせる重大な事由であるというべきであるとした。次のように判示し，不告知に警笛を鳴らした。

V この期の刑事判例の特徴

確かに，黙秘権の告知がなかったからといって，そのことから直ちに，その後の被疑者の供述の全ての任意性が否定されることにはならないが，被疑者の黙秘権は，憲法三八条一項に由来する刑事訴訟法上の基本的，かつ，重要な権利であるから（同法一九八条二項），これを無視するような取調べが許されないことも当然である。そして，刑訴法は，捜査官による被疑者の取調べの必要と被疑者の右権利の保障の調和を図るため……黙秘権告知を取調官に義務づけたのであって，一般に，右告知が取調べの機会を異にする毎に必要であると解されているのは，そのためである。従って，本件におけるように，警察官による黙秘権告知が，取調べ期間中一度もされなかったと疑われる事案においては，右黙秘権不告知の事実は，取調べにあたる警察官に，被疑者の黙秘権を尊重しようとする基本的態度がなかったことを象徴するものとして，また，黙秘権告知を受けることによる被疑者の心理的圧迫の解放がなかったことを確認させる事情として，供述の任意性判断に重大な影響を及ぼすものといわなければならず，右のような観点からすれば，本件において，被告人が，検察官や裁判官からは黙秘権の告知を受けていることとか，これまでに刑事裁判を受けた経験があり黙秘権の存在を知っていたと認められることなどは，右の結論にさして重大な影響を与えないというべきである。……被疑者の弁護人選任権は，刑訴法三〇条に基づく，やはり基本的，かつ，極めて重要な権利であるが，特に，身体拘束中の被疑者のそれは，憲法三四条によって保障された憲法上の権利であって，最大限に尊重されなければならない。そして，刑訴法は，身柄拘束中の被疑者の弁護人選任権の右のような重要性にかんがみ，捜査官が被疑者を逮捕したり逮捕した被疑者を受け取ったときなどには，その都度必ず被疑者の弁護人選任権がある旨を告知させることとし（二〇三条一項，二〇四条一項），更に，特定の弁護士を知らない被疑者に対しては，弁護士会を指定して弁護人の選任を申し出ることをも認めるとともに，右申出を受けた捜査機関に対し，弁護士会への通知義務を定めるなどして（二〇九条，七八条），被疑者の右権利行使に万一の支障の生じないように配慮しているのである。従って，右権利の告知は，当然のことながら，明確に，かつ，わかり易い表現でされなければならず，いやしくも，被疑者に右権利行使を躊躇させるようなニュアンスを感じさせるものであってはならない。そのような観点からみる限り，Hが被告人に告げたとされる「弁護士は必要ないな。」「いらないな。」などという言葉が，弁護人選任権告知の意味を持ちえないことは明らかであろう。また，捜査官による右権利の不告知は，黙秘権不告知の場合と同様，当該捜査官に被疑者の弁護人選任権を尊重しようとする気持ちがなかったことを推認させる。そして，本件においては，現実にも，被告人の弁護人選任の動きを積極的に妨害するような（またはそう思われても仕方のない）不当な言動があった疑いのあることは，前記……のとおりである。このようにみてくると，被告人に対し，検察官や裁判官からは弁護人選任権の告知があったこと及び被告人が右権利の存在を既に知っていたことを考慮しても，Hら警察官の右権利不告知及びその後の言動は，被告人の警察官に対する供述の任意性を疑わせる重大な事由であるというべきである。……被

告人の供述に現われたＨやＧらの言動の中には, ……明らかに被告人に対する脅迫とみられるものもある上,（被告人が, 母親の信頼を裏切る結果になったことを心苦しく思っていたことは容易に推察されるから, そのような被告人にとって, 母親が更に上尾署まで呼び出されて取調べを受けるという事態は, かなりの心理的重圧であったと思われるし, 更に, 近所の人の取調べをも行われるということは, 堪え難いことであったことであったであろう。), ……母親の言を伝えるものは, 偽計に当たる疑いが強い。……その余の一連の言動は, それが文字通りの意味では, 直ちに脅迫, 偽計にあたらないとしても, 被疑者を不当に落胆させ, また, 事実を認めれば本当に刑を軽くしてもらえるのではないかと思い込ませる効果を有する, 甚だ適切を欠くものであったといわなければならず, 前記脅迫, 偽計とみられるしょうよう行為とあいまち, 供述の任意性に重大な影響を及ぼすというべきである。……確かに, 被告人は, 九月二日の取調べ以降, 警察官に対しても検察官に対しても, 自らの譲受けの事実を否認する供述をしているが, ＡをＢ方に案内したのは, 覚せい剤の譲受けを希望するＡをＢに紹介してやるためであったとする点で, 譲受けの事実の認定上も不利益に働き得る事実を認めたとされているのであり, 右供述が, 前記のような警察官の違法・不当な一連の取調べによって引き出されたものであるから, 右供述と警察官の言動との間には, もとより因果関係の存在を否定することができないというべきである。

大阪高判平成4・2・5高刑集45-1-28も, 強制採尿に至るまでの手続に重大な違法があるとし, 次のように詳細に判示した。

まず, 原判決が本件職務質問を強制力を伴った違法なものと断じた点は優にこれを肯認することができる。……すなわち, 前記イで認定したように, 本件任意同行は, 路上において約三時間三〇分間という甚だ異例ともいえる長時間の職務質問の後に, 鉄柵にしがみつく被告人の手指を引き離し, 二名の警察官が被告人の身体を拘束してパトカーに引き入れたという明確な実力行使を伴うものであった点, 被告人の任意同行拒否の意向が強固なものであったことは, その挙動自体から何人にも明らかになっていたにもかかわらず, ことさらこれを無視したと認められる点及びその時点での被告人の任意同行の必要性としては, 無車検車両についての取調べ, 車両及び積載物についての窃盗の弱い嫌疑, ＪＡＦとの料金トラブルという民事関係のほかは, 被告人の外観挙動から経験的に判断した覚せい剤使用の疑いについての事情聴取の必要と, 他方付近に野次馬等が集まり事情聴取の場所を移動することが望ましかったという程度のものであり, 重大犯罪の嫌疑が濃厚であったとか緊急逮捕の要件が備わっていたというように, ある程度の実力行使が事後的に追認し得る場合にも該当しない点を考慮すると, 原判決が説示するとおり本件の場合の斎藤らの現場における令状によらない実力行使が法的に是認し得るものとは到底考えられない。……次に生野署における証拠収集手続について検討するに, 生野署取調室に被告人が留め置かれるに至ったのは, 前述のとおり違法な任意同行に起因

V この期の刑事判例の特徴

するものであり，しかもその違法は身体の自由という重大な法益を侵害するものであって，それ自体軽視できないといわざるを得ないから，その後の取調べないし事情聴取手続については，警察署における警察官の誠実な説得により，あるいは強制的雰囲気を伴わないように特に配慮した中で，違法な任意同行の事実とは別個に任意の供述をする動機が新たに形成された，というような特段の事情の変化がないかぎり，任意同行における違法性を強く継承するといわざるを得ない。……ところが，被告人は前記認定のとおり，受刑を免れるため，保釈保証金六〇〇万円の没取をもかえりみず逃走中の者であったから，なんとか身元の判明を避け，あるいはそのまま身柄拘束をされる事態を避けたいと考えていたことは，生野署到着後も変わっていたとは認められず，警察官の真剣かつ熱意ある説得に応じる気配を示さなかったことは，斎藤らが被疑者の氏名を「M」という偽名のままで強制採尿令状を請求せざるを得なかったという経過からも明らかである。……そうすると，任意同行に対して長時間かつ徹底的に抵抗した被告人が生野署に到着後，一変して取調べあるいは腕の検分，写真撮影という強制採尿に結びつく証拠収集に任意に協力したということは到底考えられないといわなければならず，違法な任意同行による影響は基本的に遮断されていなかったと考えるのが相当である。……なるほど，原判決が指摘するように，被告人の腕の注射痕の検分と写真撮影それ自体に被告人が物理的に抵抗した形跡はうかがえず，被告人が観念して応じたと考えられるが，これを違法な任意同行の影響が遮断された結果，別個の供述動機が形成されたと評価することはできない。……すなわち，被告人は職務質問の現場で約三時間三〇分にわたり，警察官の説得を拒否し，最後には鉄柵にしがみつき抵抗したにもかかわらず，これを無理にひきはがされて生野署に連行されて取調室に入れられ，さらに一時間余りいかなる説得にも応じないでいたところ，少なくとも四人の警察官が在室するなかで注射痕の検分と撮影を説得されたのであるから，これに対して物理的に抵抗しなかったから自発的なものであったというのはあまりにも部分的，かつ形式的な見方と評せざるを得ない。……そこには暴力を伴った任意同行の影響が遮断されないまま強く残存し，さらに取調室から出ることも不可能な状況下でしかも四人の警察官が在室することにより被告人の任意の意思を抑圧する強制的雰囲気があったと評価するのが自然である。……したがって，被告人の腕の注射痕の検分と写真撮影は，令状を伴わずに行われた強制捜査と同視することができ，これを違法な任意同行と関連を持たない，別個の任意捜査の結果であったとした原判決の判断は到底首肯できない。……また右捜査の結果得られた資料を主たる証拠として発付された強制採尿令状を示し，任意に提出しなければ令状を執行する，と告知することによって得られた被告人の尿が，本来の意味での任意提出の結果とはいえず，むしろ違法な証拠を基礎とする強制採尿令状の直接的影響下にあったと解するのが相当である。……そうすると，被告人の尿に関する鑑定書も，前述のような違法捜査の結果と直接的因果関係が認められる違法収集証拠といわざるを得ない。……次に，違法な捜査の結果である右鑑定書の証拠能力を最終的に否定すべきか否かについてさらに

513

検討する。……本件のような任意同行と引き続く警察署における取調べは，その態様において逮捕状ないし身体検査令状を得ないでその実質的効果を得たに等しく，その結果は人身の自由の直接的侵害であって軽視できないうえ，短時間あるいは偶発的事態ともいえず，また前述のように他の適法手続に転換して解釈することも不可能であるから，本件捜査手続は，結局において令状主義を没却していると評せざるを得ず，その違法性は重大と考えられる。……また職務質問の結果覚せい剤の自己使用事犯が発覚することは少なくないと考えられるところ，その場合に警察官の経験や対象者の外観挙動等から覚せい剤常用者との疑いが濃厚といえるときであっても，令状がなければ強制力を用いることが許されないことはあまりにも明白であり，そうすると本件鑑定書の証拠能力を是認することにより，本件のような行き過ぎた任意同行と警察署における長時間の留置き，その中での注射痕の検分と撮影を結果的に追認することは，違法捜査抑制の見地からも相当とは解されないといわなければならず，以上を総合すると前記鑑定書の証拠能力を肯定することには強い疑問が残るといわざるを得ない。……もっとも，記録によれば，右鑑定書は，原審において弁護人がいったんその取調べについて不同意との意見を述べたが，鑑定書作成者の証人調べの後に同意し，その証拠調べがなされている事実が認められる。……しかしながら，右同意の真意は記録上明らかではないものの，原審弁護人は冒頭から最終弁論に至るまで右鑑定書が違法収集証拠であるとの主張を維持しており，右同意後に裁判所の特段の釈明もなされていないから，右同意が違法収集証拠の主張を放棄する意思のもとに行われたものでないことは明白であり，同意の事実が前述の証拠能力の判断に影響を及ぼすものとは考えられない。……以上検討した結果によれば，右鑑定書の証拠能力を認めた原判決には，訴訟手続の法令違反があり，かつ右鑑定書を除いて被告人の覚せい剤の自己使用を裏付けるに足りる証拠はないから，右訴訟手続の法令違反が判決に影響を及ぼすことは明らかであり，そうすると，原判決は弁護人のその余の論旨（事実誤認及び量刑不当）について判断するまでもなく破棄を免れない。

福岡高判平成7・8・30判タ907-281でも，覚せい剤所持の事件について，覚せい剤等の収集手続に違法があるとされ，証拠排除が認められた。原審では被告人はすべての証拠に同意および異議がない旨を述べて，覚せい剤所持の有罪判決を受けた。しかし，被告人方等に対する本件第一次捜索差押許可状はまったく虚偽，架空の事実を内容とする被告人の供述調書を被疑事実を裏付ける唯一の証拠資料として請求されたもので，この第一次捜索差押許可状の執行により本件覚せい剤を被告人方で発見し，これを証拠として請求され，発付された本件第二次捜索差押許可状により本件覚せい剤が差押えられ，覚せい剤所持で逮捕・勾留され，起訴されたことから，控訴審では被告人は一転して証拠収集手続に違法があるとして，覚せい剤等の証拠能力がない旨を主張した。これについて，次のように判示したのが本福岡高判平成7・8・30である。

V この期の刑事判例の特徴

逮捕状請求の主要証拠である覚せい剤, その差押調書, 鑑定受託書, 鑑定書等がその証拠能力を否定されるべきものであることは前叙のとおりであり, これらを除けば逮捕状の請求が認められなかったことは明らかであるので, 右逮捕状による逮捕は違法であるといわなければならない。そして, 逮捕状請求の主要証拠の収集過程に前記のような警察官の重大な犯罪行為(調書のねつ造等—引用者)による違法がある本件においては, 将来にわたる違法捜査の抑制的見地からして, 逮捕, 勾留中の供述調書は違法に収集された証拠として証拠能力を否定するのが相当である。そうすると, 被告人の勾留中に作成された, ……被告人の検察官及び司法警察員……に対する各供述調書には証拠能力は認められない。

本件においては, 警察官の重大な犯罪行為という違法があることから, 証拠排除が認められたものといえる。そこから, 次のように判示し, 被告人を無罪とした。

原判決挙示の証拠のうち, 本件覚せい剤, 司法警察員作成の差押調書及び福岡県警察科学捜査研究所技術吏員松本光史作成の鑑定書の外には, 被告人の原審公判廷における自白を補強すべき証拠が存在しない本件において, 右各証拠の証拠能力を肯定して, これらの証拠を取り調べた原判決には, 判決に影響を及ぼすことの明らかな訴訟手続の法令違反があるといわなければならない。論旨は理由がある。……よって, その余の控訴趣意に関する判断を省略し, 刑訴法三九七条一項, 三七九条により原判決を破棄し, 同法四〇〇条ただし書により当裁判所において, 更に次のとおり判決する。……本件公訴事実は,「被告人は, 平成六年七月七日ころ, 福岡県筑紫郡〈地番略〉の自宅において, みだりに覚せい剤であるフェニルメチルアミノプロパンの塩酸塩結晶約一・四八九グラムを所持したものである。」というものであるが, 前記のとおり, 原判決挙示の証拠のうち, 本件覚せい剤, 司法警察員作成の差押調書及び福岡県警察科学捜査研究所技術吏員松本光史作成の鑑定書はこれを証拠とすることが許されず, 被告人の原審公判廷における供述, 即ち被告人の右公訴事実に関する自白の外にはこれを補強する証拠が存在せず, 結局, 本件公訴事実は, 犯罪の証明がないことに帰するから, 刑訴法三三六条により被告人に対し無罪の言渡しをすることとし, 主文のとおり判決する。

これに対し, 証拠排除を認めなかったものとしては, **福岡高判平成5・3・8判タ834-275**がある。**最判昭和53・9・7刑集32-6-1672**の判断枠組みに従って, 次のように判示し, 被告人からの証拠排除の主張を退けた。

以上, 検討した結果によれば, K子方の台所流し台の下から発見された覚せい剤二袋及び右覚せい剤を鑑定した鑑定書については, 違法な捜索によって得られた違法収集証拠ないしそれから得られた証拠であるから, 更にその証拠能力について検討するに, 違法に収集された証拠であっても, 当然にその証拠能力が否定されるわけではなく, 証拠物の押収等の手続に, 憲法三五条及びこれを受けた刑訴法二一八条一項等の所期する令状

515

主義の精神を没却するような重大な違法があり，これを証拠として許容することが，将来における違法な捜査の抑制の見地からして相当でないと認められる場合に，初めてその証拠能力が否定されるものと解される（最高裁昭和五三年九月七日第一小法廷判決・刑集三二巻六号一六七二頁参照）。……これを本件についてみると，寺崎警部らによるＫ子方の捜索については，それがＫ子の完全な自由意思に基づく承諾によるとはいえないとしても，外形的には一応同女の承諾を得た上で実施されたものであること，同警部らは，Ｋ子から承諾を得るに当たって有形力を行使したり，脅迫的な言動に及んでいるわけではないこと，しかも，同警部らが事前に得ていた情報は，被告人による大量の覚せい剤所持という重大な犯罪に関するものである上，Ｋ子方の捜索が実施される直前には，既に被告人が持ち出したペーパーバッグの中から約一キログラムの覚せい剤が発見されており，更にＫ子方に覚せい剤が隠匿されている可能性が相当高かったこと，また，本件の経過からすれば，同警部らに令状主義に関する諸規定を潜脱する意図はなかったことが認められ，これら諸般の状況からすれば，Ｋ子方の捜索の違法はいまだ重大なものとはいえず，右手続により得られた証拠を被告人の罪証に供することが違法捜査抑制の見地から相当でないとも認められないから，Ｋ子方の捜索によって発見された覚せい剤等について，その証拠能力を肯認することができると考えられる。……そうすると，本件覚せい剤等の証拠能力を争う所論には賛同できず，論旨は理由がない。

問題は，**大阪高判平成4・1・30高刑集45-1-1**（大阪西成覚せい剤事件）である。原審は，本件手続は任意手段としての職務質問および任意同行の範疇を逸脱した違法なもので，それを利用してなされた本件採尿行為も違法であるとしつつも，本件手続の違法は，令状主義の精神を没却するような重大なものとは認められず，結局尿の鑑定書も含めて本件各証拠の証拠能力を肯定した。被告人からの控訴に対して，本大阪高判平成4・1・30は，次のように判示し，本件採尿手続と密接に関連する鑑定書等の証拠能力を否定した。

被告人に対し，ほとんどその氏名，住所を聞いただけでいきなりパトカーに押し込み西成署に連行しているのである。……警察官2名にパトカーの中に半分ほど押し込まれれば，乗車を拒絶することはほとんど不可能で，それ以上抵抗すれば，それこそ被告人が当公判廷で供述しているように，逆に公務執行妨害等の罪に問われる恐れもあり，被告人の採った措置は半ば諦めの気持ちによるものと認められ，これをもって被告人が任意同行に応じたものとみることはできない。……結局，警察官らが被告人に対する職務質問の方法として西成署に連行する際に採った諸措置は，警職法1条2項，2条3項の規定等に照らして職務質問の方法として許される限度を著しく超え，逮捕行為にも比すべきもので，その違法性は重大である。……被告人は西成署に着いて約2時間後に令状を示されて，渋々尿を提出しているのであり，本件採尿に関しては検察官から被告人の

尿の任意提出書等は一切証拠申請されておらず，かえって被疑者（被告人）の尿の捜索差押調書（検1）が作成されているところからみても，これは尿の捜索差押許可状の執行による採尿と認められる。したがって，本件採尿行為は，違法な連行に引き続き，かつ，これを直接利用してなされたもので，その違法性も重大であるといわなければならない。……その他，全証拠を検討しても，本件強制連行及びこれに引き続いてなされた強制的採尿行為には正当化できるような事情は一切見いだせない。このような態様の捜査について，単にこれを違法と宣言するだけで，その結果得られた証拠の証拠能力を認めることは，本件にみられるような覚せい剤使用事犯に対する捜査方法の常態化……を招くことになり，将来における違法な捜査を抑制するという見地からしても相当でない。……したがって，少なくとも，本件採尿手続と密接に関連する原判示第1関係の鑑定書(検3)，司法警察員作成の捜索差押調書（検1）及び司法巡査作成の捜査報告書（検7，9）の証拠能力は否定せざるを得ない。

このように第1次証拠を証拠排除した本大阪高判平成4・1・30であるが，他方で，第2次証拠の証拠能力については，次のように判示し，証拠能力を認めた。

いわゆる第2次証拠の証拠能力については，結局は，第1次証拠の証拠収集の違法の程度，第2次証拠入手との関連性，第2次証拠の重要性，事件の重大性，捜査機関の意図等を総合的に判断して決すべきであるところ，……本件では，証拠の排除は前記程度に止め，追起訴にかかる証拠物である押収してあるビニール袋入り覚せい剤，逮捕後被告人から任意提出された尿，その鑑定結果並びに被告人の捜査段階の自白調書等の証拠については証拠能力を認めるのが相当である。

違法収集証拠排除法則により第1次証拠を排除したとしても，第2次証拠への波及はできるかぎり抑制的に考えるという姿勢が採用されている。証拠能力を認めた第2次証拠により有罪を言渡し得たので，第1次証拠を証拠排除したといえないこともない。

■ 通訳に関するもの

この期においては，国際化社会の進展を背景にして，通訳に関しても多くの下級審判決・決定が出されている。**札幌地決平成3・5・10判タ767-280**もその一つである。日本語を解さない外国人被疑者の勾留質問手続に当たり，勾留質問の意義や勾留の要件，効果等を通訳人を介して説明しなかったことが憲法31条などに違反するとしてなされた勾留取消請求却下決定に対する準抗告について，本決定は，勾留質問手続に違法はないとして準抗告を棄却した。ただし，勾留質問に当たり，前記の事項についても具体的に説明することが被疑者保護のために望ましいとの趣旨の指摘がなされた。

第12代長官　草場良八

　大阪高判平成3・11・19判時1436-143も，通訳に関するものである。弁護人が，原審で裁判所が選任した通訳人が捜査段階から一貫して通訳している者と同一人物で，事件について予断を有し，判示部分について勝手に取捨選択したり，誤解して通訳しているなどと主張したことから，その主張などを勘案して，次のように判示し，本件を第一審に差し戻した。

　　論旨にはないことであるが，弁護人は当審弁論で原審の通訳に関する問題点を指摘し，その他一審の国選弁護人に関して疑問を投げかけている。重要な問題を含んでいると思われるので若干検討を加えておく。……被告人は当審第四回公判で，特にＣが原審で供述したことが公判調書に記載されていないことが少なからずあると供述している。原審では判決宣告期日以外には，公判廷における審理状況は録音されていない。弁護人は，その唯一残されていた判決宣告期日の録音テープによっても，通訳人は重要な判示部分についての通訳をしておらず，また，判示と異なる意味に通訳しているとして具体的にその部分を指摘し，右のような誤った翻訳がなされた原因について，〔１〕被告人の言語である広東語は方言があり，翻訳するのに容易ではないこと，〔２〕通訳人の日本語の理解力及び広東語の語学力不足，〔３〕判決文の分かりにくさを指摘し，〔４〕そして，本件の最大の問題点として，原審で裁判所が選任した通訳人が捜査段階から一貫して通訳している者と同一人物で，事件について予断を有し，判示部分について勝手に取捨選択したり，誤解して通訳している，と主張している。……さらに，弁護人は，通訳人のＦは，平成元年一月一七日，神戸地方検察庁において英国総領事館の係官が被告人に面接した際にも通訳人として立ち会っているが，日英領事条約第二三条二項には，「領事官は，また，立会人なしで自己が選択する言語で，その国民と面談」することができると定められているところ，通訳人があくまで通訳をするためにその場に立会ったというのであれば問題はないが，証拠によれば，本件通訳人は，後日その面談の内容を検察事務官に供述し，その検察事務官がその聴取内容を報告書に作成している。通訳人も捜査機関も，前記条約の趣旨を全く理解していない，と批判している。……原審の通訳人が捜査段階からの通訳人Ｆであったことは記録上明らかである。ところで，被告人やＣは，中国語の中でも広東語を使用するものである。これに対し，Ｂは広東語も理解できるが，主に北京語を使用している。広東語と北京語の両方に通じた通訳人を確保することは，中国と比較的関係の深い神戸地区においてさえ容易なことではないとみられるのであって，この現実は直視せざるを得ない。捜査段階の通訳人が法廷の通訳人に選任されることは，決して望ましいことではないが，それ自体直ちに不当又は違法であるとまではいえない。しかし，本件ではその通訳の正確性や公平さに疑問が投げかけられているのである。原審で重要な証言又は被告人質問を通訳した内容が録音化されていないため，事後的にその検証ができないというのも問題である。判決宣告状況に関し弁護人の指摘を否定すべきものがなく，これから推して，原審公判における各証言や供述の通訳の正確

性に関しても，一抹の危惧を払拭することができない。加えて，当審提出の検察事務官作成の平成元年一月一七日付け報告書によれば，通訳人Fが被告人と領事館の係官との面接の結果を捜査側の検察事務官に供述している事実も認められる。これが直ちに日英領事条約に違反するとはいえないにしても，通訳人Fの姿勢を暗に示すものといえないではない。したがって，原審の選任した通訳人に関しては，弁護人の批判を免れることができない。……また，被告人は，当審第三回公判において，原審の国選弁護人が高齢で，面接に来たのが平成元年の三月三日の一回だけ，それも通訳人Fを伴って二，三十分程度であり，被告人の弁解をよく聞いてくれなかったとか，法廷の審理中必ずしも熱心でなかったとの不満を述べている。この点に関し，被告人の平成元年八月七日付けの兄Iあての手紙の中に弁護人の能力に言及している部分があるが，前掲兵庫県警察本部警備部外事課長作成の書面では，原文にある「都比我多選更清楚他的能力」を「彼の能力は明晰です。」と訳しているが，これは明らかに誤訳であって，前後の文章からして「彼の能力がどのくらいあるのかについては私よりわかると思います」と訳すべきものである。そして，関係証拠によると，被告人の弁護人は当時九〇歳を超える高齢で，現に原審判決言渡期日には病気静養のため医師の勧告で出頭できかねるとの欠席届けも出ている。被告人が日本の法律にほとんど通じない外国人である上，事案も強盗致死という重大なもので，微妙な問題が含まれていることからすると，審理も相当の困難性が窺われるのであって，原審の国選弁護人の選任については，更に一段の配慮が必要であったといえる。また，原審の弁護人において，十分な接見を通して被告人の弁解を聴取し，反証の方策を講ずるなど積極的な訴訟活動をしておれば，あるいは，本件と異なった訴訟の展開が見られたのではないかと思われる。……本件では，当審で証拠調べを進め前記疑問点を解明することも考えられるが，原審審理上の問題点も考慮すると，この際事件を原裁判所に差戻して必要な証拠調べをし，その上で事案の本質を解明し，共犯者との刑の均衡等も図って適切な裁判をするのが相当である。

英語を介しての取調べの適法性について判断したのが**東京高判平成4・4・8判時1434-140**である。次のように判示し，この取調べによって作成された供述調書の証拠能力を否定すべきいわれはないとした。

　右（1）の所論につき検討するに，我国において国内法として自力執行権を有すると目されている「市民的及び政治的権利に関する国際規約」一四条三項（a），（f）には，外国人は，その刑事上の罪の決定について，「その理解する言語で速やかにかつ詳細にその罪の性質及び理由を告げられること」，「裁判所において使用される言語を理解すること又は話すことができない場合には，無料で通訳の援助を受けること」の保障を受ける権利を有することが謳われているけれども，ここで要請されているのは，「その理解する言語」による告知や通訳であって，所論のように「母国語」によることに限定されるものではない。のみならず，これらの規定は，裁判所による刑事上の罪の決定に関する

ものであって，当然には公訴提起前の被疑者の取調べに適用されるものではなく，他に所論のような権利を保障した国際法上の規定も原則に見当たらない。もとより，捜査官と被疑者との間に言語の疎通がなくては取調べ自体が成り立たないから，特段の規定を俟つまでもなく，通訳を利用することは当然の事理であるが，これを被疑者の母国語に限定すべきいわれは全くないのであって，要は，捜査官と被疑者との意思の疎通が図られれば足りるのである。これを本件についてみるに，被告人は通訳人を介し「その理解する言語」である英語による取調べを受け，任意これに応じて供述しているのであって，右取調べはもとより適法であり，これによって作成された供述調書の証拠能力を否定すべきいわれはない。ちなみに，被告人の司法警察員に対する各供述調書の内容は極めて詳細かつ具体的であり，……しかも，ペルシャ語の通訳を介して録取された検察官に対する供述調書の内容とも符合していることに照らせば，被告人の英語に対する理解力は，ペルシャ語に対するそれとさして遜色がなかったことが窺われる。

東京高判平成4・7・20判時1434-143も，捜査段階の通訳に関するものである。「捜査段階においては，被告人らに対し，不公正かつ不適格な通訳人を介して，極めて不完全なコミュニケーションによる取調べが行われたため，右被告人らの真意は調書上に十分に表現されておらず，このようにして作成された各調書を罪証に供した原判決には，「言語的デュープロセス」（憲法三一条）に違反する訴訟手続の法令違反がある」という所論に対して，次のように判示した。

そこで，これらの点について検討するに，原審記録並びに当審における事実取調べの結果によると，まず，被告人Ａは，母国であるパキスタンでグジュラワラ大学（但し中退）まで進み，出身州の言葉であるパンジャブ語のほか，国語であるウルドゥー語や英語にも通じているほか，日本での滞在が長いため，日本語もある程度理解し，簡単な日常会話程度はこなすに至っていることが認められる。所論も，同被告人に対して英語あるいはウルドゥー語の通訳人を付したことを論難するものではなく（現に，通訳人Ｄあるいは同Ｅの通訳を介して作成された員面調書や検証調書，あるいは実況見分調書については，同意のもとに取調べが行われ，原審法廷通訳人萬宮健策の通訳についても，別段異議や不服は申し立てられていない。），もっぱら英語の通訳人Ｆの通訳人としての適格性や公正さに対する疑問，あるいは不正確さに対する非難に終始しているが，関係証拠によれば，通訳人Ｆは，○○大学法学部を卒業後，警察官を拝命し，昭和六〇年九月，群馬県警察本部刑事部捜査一課で日航機事故の関係での翻訳業務を担当し，その後，同六三年三月からは国際犯罪捜査係として，外国人犯罪を主に取扱い，本件の通訳を担当するまでに約五〇件ほどの通訳に携わり，また，これらの業務の傍ら，オーストラリア人について，週三回二時間の英会話のトレーニングを一年間受けたというのであって，英語の通訳人としての適格性に別段欠けるところはないと認められるし，警察官の身分を

有するとはいえ，本件通訳に当たっては，通訳人として誠実かつ正確に通訳したことが明らかであるから，公正さという点においても，なんら疑問を抱かせるものはないというべきである。……また，内容的な面においても，被告人Aは，原審及当審において，同通訳人の英語は拙劣で，同通訳人の話す英語は一〇パーセント程度しか理解できなかった。自分の分かったところだけを通訳し，文句を言うと黙っていろと言ったり，また，調書を全部訳して聞かせてくれたのではなく，ところどころ抜かしていたのではないかと思う旨供述するが，証人Fの原審証言等の関係証拠によれば，同被告人は，前述のとおり，ある程度日本語を理解し，検察官の取調べにおいても，検察官の話す日本語と通訳人の英語を合わせ聴いて判断し，分からないところは質問するなどして，取調官とのコミュケーションを重ねつつ，事件について詳細に供述していた状況が窺われ，それをまとめた調書を検察官が読み聞かせ，通訳人において逐語的に通訳し，それについては，同被告人から内容が違うといった申立てはなかったことが認められるのであるから，同通訳人の通訳の不正確さによって，同被告人の供述の真意が十分に反映していない供述調書が作成されたことを示す特段の事情は認められないといってよい。また，同被告人も出入国管理及び難民認定法違反事件関係の通訳については，特段の問題があったとは述べていないのであるし，強盗致傷事件についても，外形的事実については，検面調書の記載と公判供述とは大筋において合致しているのであって，右通訳人を介して取調べが円滑に行われたことを示しており，検面調書における供述の具体性からしても，通訳人Fの英語が一〇パーセント程度しか分からなかったということはあり得ないところといってよい。これを否定的に述べる同被告人の供述は，同通訳人が見張りをウォッチングではなく，ウォーキングと訳し，同被告人の指摘で辞書を調べてそれで初めて誤訳に気付いたなどと誇張が多く，到底信用できるものではない。しかも，同被告人自身，原審においては，事件の事実関係に関し，多くの場面について，検面調書に記載されているような供述をしたことを認めているのである。被告人Aに関する所論は採用し難いところである。

　これと同様の考え方が**東京高判平成6・11・1判時1546-139**でも採用されている。通常イロカノ語を使用している被告人に対する被告人質問がすべてタガログ語でなされたために公判審理が適切に行われなかったとする弁護人の主張について，次のように判示し，審理は適切に行われたとした。

　　一般に，捜査及び公判においては，被疑者や被告人が十分に理解できる言語についての適切な通訳人が得られる限り，その言語による通訳人を介した取調べ及び公判審理を行うことが望ましいが，そのような通訳人を得ることが困難な場合等には，被疑者や被告人が理解でき，意思の疎通ができる他の言語により取調べ及び公判審理を行うことも許されるのであって，ただ，その言語の使用によって，取調べや審理に誤りが生ずるよう

第12代長官　草場良八

なことがあってはならず，また被疑者，被告人に対する権利の保障が不十分になる結果を招くようなものであってはならないことはいうまでもない。……ところで，まず，被告人らのタガログ語の能力につき考えるのに，本件においては，被告人らは，いずれもフィリピン共和国イロコス地方の出身であり，通常イロカノ語を使用している。しかしながら，フィリピンでは，タガログ語（厳密にはフィリピノ語）が公用語として用いられ，被告人らも小学校でこれを学んでおり，社会生活上広く使用され，いろいろな場面でこれに触れる機会がある上，被告人Ｂは，タガログ語が使用されるマニラで三年間にわたり働いたこともある。そして，原審の公判における被告人らに対する被告人質問は，すべてタガログ語でされているが，その公判調書速記録には，質問に対応した答えが記録されていて，よく噛み合った内容になっており，問い答えのつながりも滑らかで，いわばよく流れていることが認められる。すなわち，質問の意味が分からなければ，これに答えられなくなり，質問が分からないと言って聞き返すか，その意味を推測して適当に答えるしかなくなるのであるが，後者のような応答であれば，問いと答えとが噛み合わなくなることが頻繁に生ずるはずであるのに，被告人らにつき，いずれもそのような箇所は稀であることが，原審速記録の記載自体から明らかである。加えて，本件の事案の内容は，日常生活の場における比較的単純な行動や心理が問題となるものであり，基本的な語彙で表現することができると考えられるものであって，その叙述のためにとりわけ高度の言語能力を必要とするものとはいいがたい。そして，共謀の有無や各自の役割などの重要な点になると，いろいろな角度から質問がされ，確認を取りながら質問を進め，裁判所もその場で質問を補充するなどして適切な答えを得るように努めていることが認められる。被告人らの話すタガログ語が通訳人に理解できるものであったことも，通訳人が被告人らのタガログ語の供述を格別の苦労もなく通訳している状況から，これを認めることができる。このような審理の状況からして，タガログ語の使用により，意思疎通が困難になったり，被告人としての権利保障が妨げられるような事態には立ち至っていなかったことは明らかといわなければならない。……被告人らのうちでは，被告人Ｂのタガログ語の能力が最も低いように窺われるところ，その原審における供述状況は，確かに答えが比較的短いということはいえるものの，問い答えの流れが混乱するという状況はほとんどなく，通訳された質問内容を理解した上で答えていることを認めることができる。同被告人は，当審において，捜査段階や原審公判では，タガログ語による質問の意味が分からないにもかかわらず，適当に，はい，はいと答えていたと供述しているが，原審速記録によれば，質問に対し否定の答えをしていることも少なくないばかりか，答えたくないと思われる内容の質問に対しては，答えを避けているところから，質問の意味をおおむね理解して答えていることが窺われるのであって，タガログ語による意思疎通に特に支障があったとは認めがたい。なお，イロカノ語の通訳により行われた当審においても，被告人Ｂは，口数が少なく，口ごもるように答えることが目立っているが，イロカノ語の理解は十分できている以上，右のような受け答えは，むしろ同

被告人の性格，表現能力，答えることの当否や結果を思案しながら答えていることなどに起因するものと考えられるのであって，原審でそのような答え方をしているからといって，それをもってタガログ語がよく理解できないことを示すものとはいいがたい。……すなわち，被告人らにつき，タガログ語の理解力が乏しかったとは認められず，所論のように公判審理がタガログ語を介して行われた結果その審理が適切に行われなかったものということはできない。このことは，原審相被告人Ｄ，同Ｅについてもいえる。

■ **事実認定に関するもの**

事実認定に関しても多くの下級審判決がみられる。**東京高判平成3・6・18判タ777-240** もその一つである。被告人の供述によって長期間身元不明とされてきた死体が被害者と確認され，犯行場所と推認されるホテルの室内に遺留された物の状況が判明する等したことが秘密の暴露に当たるとされ，他の情況的事実と総合して犯行と被告人との結びつきが認められた。

択一的認定の是非に関する**東京高判平成4・10・14高刑集45-3-66** もその一つである。強盗の共同正犯と単独犯を択一的に認定した上で，犯情が軽く被告人に利益な共同正犯の事実を基礎に量刑を行うものとすることが最も事案に即した適正な法的解決であり，現行刑訴法の解釈として十分支持され得るものと思われるとし，次のように判示した。

まず，本件において，原判決のような択一的認定が許されるかどうかについて検討する。択一的認定の可否及び限度については種々の見解があり得るが，当裁判所は，少なくとも，前記のような事実関係のもとで，前記のような訴訟経過をたどった本件においては，被告人が「単独で又はＦと共謀の上」原判示強盗を実行したと択一的な認定をすることが許される，そして，この認定をした場合には，単独犯と共同正犯の各事実について具体的な犯情を検討した上，犯情が軽く，被告人に利益と認められる事実を基礎に量刑を行うべきであると考える。本件においては，共同正犯の事実の方が犯情が軽く，被告人に利益と認められるので，この事実を基礎に量刑を行うこととなる。……その理由は，次のとおりである。……原判決が認定した前記一3（一）ないし（四）の各事実は，証拠上極めて明らかであって，右各事実自体については，何らの争いもないところ，これによれば，本件強盗は，被告人がＦと共謀の上実行したか（共同正犯），単独で実行したか（単独犯）のいずれかであって，第三の可能性は存在しないと認められる上（なお，所論は，本件は，Ｆが，心神喪失状態にある被告人を道具として行った犯行である旨主張するが，当時被告人が心神喪失に陥っていたものでないことは，のちに，詳細に説示するとおりである。），両者は，互いに両立し得ない択一関係にあり，訴訟法上は同一の公訴事実に属する。しかも，本件強盗の共同正犯と単独犯とを比較すると，被告人が実

行行為を全て単独で行ったことに変わりはなく，単に，被告人が右犯行についてＦと共謀を遂げていたかどうかに違いがあるにすぎないのである。そして，法的評価の上でも，両者は，基本形式か修正形式かの違いはあるにせよ，同一の犯罪構成要件に該当するものであり，法定刑及び処断刑を異にする余地もない。……このような事案について，強盗の共同正犯と単独犯を択一的に認定することができるものとしても，その量刑が，犯情が軽く，被告人に利益と認められる共同正犯の事実を基礎に行われる限り，共同正犯又は単独犯のいずれかの事実を一義的に認定して被告人を処罰する場合と比べ，実体法の適用上，被告人に不利益を及ぼす余地は全くない。……次に，このような認定を許容することにより，被告人に訴訟手続上の不利益を及ぼすことがないかどうかについて考えると，右択一的認定が許されるとすれば，訴訟手続上，被告人は，強盗の共同正犯と単独犯の双方の事実について防御しなければならなくなり，その分だけ負担が増すことは事実であるが，右負担の増加は，公訴事実を同一にする事実の範囲内において，予備的又は択一的訴因が掲げられた場合と異なるところはなく，刑訴法上当然に予想されたものというべきであって，これをもって，被告人に過大な負担を課すものとはいえない。また，本件のように，強盗の実行行為を全て被告人が行ったとされていてそのこと自体に争いはなく，ただ，被告人と共犯者との共謀の有無につき，両名の各供述が顕著に対立しているにすぎない事案においては，共同正犯の訴因に対し，共同正犯と単独犯の事実を択一的に認定しても，被告人の防御権を実質的に侵害することはないと認められるから，そのような択一的認定をするにあたり，訴因の変更又は追加の手続きを経由する必要はないと解される。……以上のとおり，本件において，原判決のような択一的認定が許されるものとしても，実体法の適用及び訴訟手続上の保障のいずれの点からみても，被告人に不当な不利益を及ぼすものではないことが明らかである。……他方，本件において，被告人が自ら強盗の実行行為の全てを行っていることが明らかであるにもかかわらず，それがＦとの共謀に基づくものであるか否かが判然としないため，結局，強盗の単独犯及びその共同正犯のいずれについても犯罪の証明がないとして，被告人に無罪を言い渡すべきものとするのは，明らかに国民の法感情に背反し，事案の真相を究明して適正な刑罰法令の適用を図る刑訴法の理念にもそぐわないといわなければならない。……また，本件においては，被告人が自ら強盗の実行行為の全てを行った証拠は十分であり，Ｆと右強盗を共謀した証拠は十分でないことからすると，証拠によって認定することができる限度で，強盗の単独犯を認定すべきではないかとも考えられるが，前記のとおり，本件の場合には，強盗の共同正犯の方が単独犯に比べて犯情が軽く，被告人に利益であると認められるのであるから，共同正犯であるかもしれないという合理的疑いがあるにもかかわらず，被告人に不利益な単独犯の事実を認定し，これを基礎に量刑をして被告人を処罰するのは，「疑わしきは被告人の利益に」の原則に反するといわざるを得ないであろう。……以上のように考えると，本件のような場合においては，前記のとおり，強盗の共同正犯と単独犯を択一的に認定した上，犯情が軽く被告人に利益な共

V　この期の刑事判例の特徴

同正犯の事実を基礎に量刑を行うものとすることが、最も事案に即した適正な法的解決であり、現行刑訴法の解釈として、十分支持され得るものと思われる。刑訴法には、択一的認定に関する規定はないけれども、択一的認定が全て直ちに刑訴法の原則に反するとは考えられず、少なくとも本件のような場合には、これが許されると解するのが相当である。

有罪とすることについて合理的な疑いが残らないかについて判断したのが**名古屋地判平成6・3・16判時1509-163**である。次のように判示し、合理的な疑いは残らないとした。

以上一ないし三の状況に鑑みると、動機、被告人の言動、死体切断という犯行態様の何れから考えても、A子殺害の犯人は被告人以外には考えられないばかりでなく、これに後に述べるように本件建物の浴室で発見された肉片がA子のものであることなど本件建物に見られる殺害を推認させる犯罪の痕跡をも合わせ考えると、被告人がA子を殺害したことは、推定の域を越えて、十分に証明されたとして確信をもって認定しうる程度に達していると言える。尚、本件全証拠関係を検討しても、被告人がA子殺害の犯人であることに疑念を抱かせるような情況は皆無であるから、右認定は動かしがたいものであると断定できる。

東京地判平成6・9・22判時1532-28（トリカブト殺人事件）も、有罪とすることについて合理的な疑いが残らないかについて判断したものである。次のように判示し、疑問は残らないとした。

当裁判所は、本件がトリカブト毒とフグ毒を詰めたカプセルをI子に交付し、情を知らないI子を利用してこれを服用させて殺害したという殺人事件であり、カプセルの交付及び服用につき直接証拠がないことから、前述した犯人と被告人とを結び付ける事実について、証拠を検討してきたが、前記第三で認定・説示したとおり、被告人には、犯人としてこれを特定する上で重要な事実をいずれも認めることができるから、被告人がI子を殺害した犯人であることは明らかであって、証拠上、合理的な疑いを容れない程度にまで犯罪の証明がなされたものというべきである。……すなわち、前記第三の二ないし五で検討した間接事実を総合すると、本件犯行の経緯及び犯行状況は、次のようなものであると認められる。……被告人は、かねてより、トリカブト及びフグを購入するに止まらず、これらからトリカブト毒及びフグ毒を抽出・濃縮し、これらの毒物につき動物ないし人体を使って毒性実験を長期間にわたり繰り返し、これを記録し、さらに専門書等で確認して学習ないし研究してきたものであるところ、甲野を退職した後は、定職に就かず、無収入となったが、その一方で、遊蕩三昧の日々を重ねたため、経済的に窮乏し、そのため金員欲しさから、保険金目的の殺人計画を企て、それまで他人に語ってきた自己の虚偽の職業や収入に加えて、新たに食品会社設立という架空の話を作り出し、

話に現実性をもたせるために大阪に新たな事務所と称するマンションを借り，名刺を作り替えるなどして小道具を整え，その上で女性を物色してI子に狙いを定め，苦労して金策しながら，さも資産があるかのように装って，金にものを言わせて同女の歓心を買い，同女を有頂天にさせて結婚を決意させ，二つの毒物を持って大阪に転居したが，経済的にいよいよ行き詰まって早期に金員を手に入れる必要が生じるや，殺害計画を早急に実行に移そうと考え，殺害後の死体の処理が速やかに行われることを考えて，沖縄に仕事があるなどと言って，温暖で医療体制の十分でない離島旅行にI子を誘い，I子との婚姻届を済ませた上で，老後の保障などと称してI子に保険加入の話を始め，食品会社の設立とその経営に参加することに伴って加入すると称して保険に加入する必要を説き，また，これと並行して，旅行先で二つの毒物を詰めたカプセルを服用させて殺害すべく，そのころから，I子のためにカプセルを調合し，これを栄養剤などと称してI子に服用させて同女のカプセルへの警戒心を解き，I子が被告人の言う保険に加入することを決意するや，自ら，次々と保険会社を訪れてそのうち四社との間で死亡保険金の取得に主眼を置いた生命保険にI子を加入させ，自分の仕事を口実に沖縄まで同行すると称してI子のために石垣島旅行の予約を行い，I子の不在を利用してトリカブト毒とフグ毒をマウスに投与して動物実験を行い，これらの毒物を詰めたカプセルを準備・携帯してI子と共に沖縄に渡り，I子と那覇空港で別れるまでの間に，同女に右毒物を詰めたカプセルを交付し，カプセルに右毒物が詰められていることを知らないI子にこれを服用させ，本件犯行に及んだものである。……ところで，本件は，I子を道具として利用する殺人の間接正犯であり，カプセルの交付及び服用につき，直接これを目撃した者が存在せず，証拠調べを尽くした時点においても同様であって，カプセルの交付及び服用の日時，場所及び方法につき，これを詳らかにすることのできない特殊な事情があるところ，被告人とI子の犯行当日の行動に照らして考えると，I子が石垣島に到着した後にカプセルを服用したことを窺わせる証拠は全くないから，服用の終期としては南西航空機が石垣空港に到着するまでの時点であると考えられ，他方，被告人は，I子と共に犯行前日に来沖し，犯行当日の午前一一時四〇分過ぎころまでの間，終始I子と行動を共にしているが，交付されたカプセルが，通常のそれと異なり，トリカブト毒とフグ毒の詰められた特殊なもので，殺害の手段として用いられるものであることを考えると，犯行前日にカプセルを交付したとは考え難く，したがって，犯行当日の朝起床後からI子と別れた午前一一時四〇分過ぎころまでの間に交付したと認めるのが相当である。……以上のとおり，被告人が本件犯行を行ったことは明らかである……。

毛髪鑑定に関する**名古屋高金沢支判平成7・2・9判時1542-26**もみられる。第一審判決は，毛髪鑑定はあくまでも個人識別にあたって有力な補助的役割を果たすものにすぎないとした上で，B鑑定は直ちに採用できないとして，A鑑定を採用し，さらに，当該毛髪鑑定が他の機会に混入した可能性を指摘して，当該毛髪鑑定は犯人と被告人

の同一性を裏付ける物証にはならないとし，他の関係者の供述の信用性も否定して，被告人を無罪とした。これに対し，本高裁判決は，無罪判決を破棄自判し，被告人を有罪とした。そして，毛髪鑑定についても，次のように判示した。

> 毛髪による個人識別は，指紋の場合とは異なり，現在においても，その検査方法，信頼性に関して確立した見解が存しないから，その結果を犯人の同一性の立証に用いる際には，当該鑑定がいかなる手法に依拠してなされたものであるかを慎重に吟味することが必要である。……当裁判所として両鑑定のいずれが信用できると即断することはできない。……しかしながら，右同一性を肯定したB鑑定の結論を前提とすれば，それは，被告人が本件犯行現場にいたことを裏付ける重要な資料であり，当裁判所のこれまでの検討，吟味に対する補強となる。他方，これを否定したA鑑定の結論を前提としても，それは，犯行現場に被告人がいたことを直接裏付ける物証がないことを意味するに止まっている。……したがって，これら二つの毛髪鑑定の結果は，いずれにしても，前述した当裁判所の判断を覆すものではない。

毛髪のDNA型鑑定の信用性に関する**福岡高判7・6・30判時1543-181**も，同じく，同鑑定をもって補助的役割を果たすものにすぎないとし，「以上によると，本件遺留毛髪から被告人のACTP2—VNTRと同一の型をもつDNAが検出された旨の三澤鑑定書には，その信用性を是認することができず，三澤鑑定書をもって，被告人と本件犯行とを結び付ける証拠とすることはできないといわざるを得ない。」と判示した。

■ 量刑に関するもの

量刑に関しては，**浦和地判平成3・9・26判時1410-121**がみられる。次のように判示した。

> 本件の保護手続きが違法であり，採尿手続きにもやや強引なところが見受けられることは既に述べてきたとおりであるが，犯罪捜査のための被疑者が受忍すべき不利益は，刑罰権行使に必要不可欠なものとして法が許容した限度に限定されるべきであり，これを超えて捜査機関が被疑者に不利益を課すならば，それによって被疑者が苦痛を受けた事実自体……が広い意味での「犯行後の状況」にあたり，たとえ被告人が有罪とされる場合であっても，その量刑に相応の影響を及ぼすと考えるべきである。

浦和地判平成元・12・21判タ723-257（442頁）と同旨の裁判例といえよう。

第13代
最高裁長官
三好　達

(1995年11月7日〜1997年10月30日)

MIYOSHI court

13

第13代長官　三好　達

I ■ 長官のプロフィール

　4期連続で東京高裁長官経験者。東京生まれ。海軍兵学校最後の卒業生。海軍兵学校在学中に終戦を迎えた。東京大学法学部を卒業後、司法試験に合格し、1955年に裁判官に任官。各地の裁判官、最高裁事務総局勤務、各地家裁の所長、最高裁首席調査官、東京高裁長官を経て、最高裁判事に就任した。

　村山改造内閣の下で最高裁長官に就任した。草場が退官に先立って、時の首相だった村山富一に会いに官邸を訪ね、後任の最高裁判所長官に三好達を推薦したいと切り出したところ、最高裁判所の判断を尊重すると、草場案があっさり通った。矢口は「社会党が最高裁長官にリベラルな学者を据える可能性」に対して周到に準備していたが、矢口の懸念は杞憂に終わった。

　吉田茂が田中耕太郎に固執し、佐藤栄作がリベラル派の田中二郎を排して保守派の大物石田和外を登用したのと比較すると、村山の判断は、三権分立への配慮はあったかもしれないが、政治的見地からみれば安易な決断であったと一部では批判された。定年まで2年余りの三好判事の起用は「つなぎ人事」の色彩が濃厚であった。司法官僚畑の出身者の間での順送り人事でしかないとの酷評もみられた。

　三好は、長官就任の挨拶では、「(裁判所は)立法・行政よりも先回りして意見を開陳することは原則としてすべきではない。裁判所はオールマイティではない」と述べた。新聞社の就任インタビューでは、陪審・参審制の導入問題について、「最終的な制度採用の是非を決めるのは国民であり、立法であるわけで、それを立案するのは法務省であるわけです。」と話したという。最高裁としては陪審・参審制の導入問題についてイニシャティブをとらないことを明らかにしたもので、姿勢を一挙にトーンダウンさせた。

　三好もまた、前長官の草場と同様、矢口路線の踏襲を明らかにした。たとえば、1996年の「新年のことば」で、次のように述べたからである。

　「我が国の社会は、経済や文化の国際化、経済事情の変動、市民の意識の変遷や多様化などにより、大きく変わりつつあり、このような社会の動きを反映して、複雑かつ深刻に利害の対立する法的紛争が多発し、また、社会の安全を大きく脅かす各種犯罪の発生を見ております。このような状況の下においては、裁判所は、託された事件の適正迅速な処理につき、裁判官をはじめ裁判所職員全員が一丸となって、真しに、かつ、き然として取り組んでいかなければならないことは言うまでもありません。また、それとともに、各種制度やその運用につきましても、時代の要請にこたえるべく

検討を遂げ，改めるべきものは改めていくことが肝要であります。」(裁時1161号1頁)
　長官として，愛媛玉ぐし料訴訟では裁判長を務めた。1997年4月2日の同大法廷判決は，原判決のうち合憲とした部分を破棄し，愛媛県が公金支出した玉ぐし料は，香典など社会的儀礼としての支出とは異なり，靖国神社という特定の宗教団体に対して玉ぐし料を奉納するもので，援助・助長・促進になるとして，憲法20条3項の政教分離と同89条に違反すると判示した。これに対し，三好は長官として異例の反対意見を述べ，「多くの国民の意識では，護国神社は特定の宗教を超えて，国に殉じた人々の慰霊を象徴する標柱」で，合憲だとした。このように，三好は在任中に保守的な判決，意見を多く出したことで知られている。しかし，本人は，「立法には立法裁量，行政には行政裁量があり，その範囲内のことに司法は介入すべきではない」と周囲に語ったという。
　江戸末期の儒学者，佐藤一斎の言葉「心は現在なるを要す」を好んだ。定年退官後は，2001年から保守派の牙城ともいわれる「日本会議」の第3代会長に就き，次のように挨拶した。
　「私共は，我が国をまともな国に引き戻すために，今何をなすべきでしょうか。人々に国家への意識を回復させ，国民としての自覚と誇りを持たせ，そして愛国心を養う。そのため，日本会議の掲げている教育・憲法問題をはじめとする国民運動は，いよいよ重要性を増しております。大きな困難は伴いますが，今行動を起こさなければ，取り返しのつかない事態になってしまうおそれがあります。皆様，私共の誇りある国づくりの国民運動にご協力いただきますよう，心よりお願い申し上げます。」
　三好は，また，靖国神社崇敬者総代にも就いた。三好が日本国憲法をどのようにみていたかは改めて詳述するまでもなかろう。これが憲法の擁護者と期待された最高裁の長官の実像であった。(以上のプロフィールについては，朝日新聞1992年3月26日朝刊「ひと　三好達」，同1993年7月13日朝刊「国民審査待つ最高裁9判事」，同1995年11月8日朝刊「ひと　三好達」，「最高裁判所長官インタビュー（聞き手／NHKチーフアナウンサー山根基代）最高裁判所50周年を迎えて」www.courts.go.jp/vcms_lf/20916001.pdf などを参照)

II ■ この期の最高裁の動き

　三好コートは2年弱と短いものの，前期に発生したオウム真理教の一連の事件や，この期に発生した神戸連続児童殺傷事件など，センセーショナルな事件の発生を背景にして「市民的治安主義」が進展するのに即応して，「国民の信頼」に応えるべく，「市民の敵」，「社会の敵」に対して強硬姿勢を打ち出そうとした観が強い。このような姿

第13代長官　三好　達

勢は最高裁の強い自負にも支えられていた。

　三好長官は，1997年6月24日に最高裁大ホールで開催された最高裁判所50周年記念式典において，これまでの最高裁の歩みについて，次のように自己評価した。

「最高裁判所も，この間，国民とともに着実に歩み続けてきました。最高裁判所は，日本国憲法により違憲審査権を付与され，いわゆる「憲法の番人」として，また，司法権の最高機関として，それぞれの時代において，国政や国民生活に関わる幾多の重要な事項につき的確な判断を下してまいったのでありまして，裁判所もまた，我が国の発展に寄与してきたと自負しているところであります。ここに，職務を尽すいされ，貢献された先人の多大なるご苦労を偲び，深甚なる敬意を表するとともに，関係各位の御理解と御協力に対し，衷心より感謝申し上げる次第であります。」(裁時1198号1頁)

　そして，その上で，今後の最高裁の進むべき道について，次のように述べた。

「裁判所の使命は，具体的事件の適正かつ迅速な解決を通じて，「法の支配」を確立することにあります。二十一世紀を間近に控え，国の内外において，社会経済状況が大きな変動を続ける中で，裁判所に対する国民の期待は，これまでにない高まりに見せており，その需要はますます増大するものと予想されます。……将来を展望しながら，柔軟な思考の下に，制度とその運用の両面にわたり，必要とされる改革，改善を進め，新しい時代の要請に応え得るよう，裁判所をはじめとする司法全体の一層の充実を図っていくことが何よりも，肝要と考えます。」「私どもは，今ここに，新たな半世紀を歩み出していくに当たり，負託された職責の重大際に想いを致し，裁判所の使命を達成するために全力を尽くすべく，決意を新たにするものであります。」(同頁)

　問題は，このような自己評価が，「消極司法」と揶揄されるような厳しい国民・市民の批判を十分に汲み取った上でなされたものかどうかである。否といわざるを得ない。自らの戦争責任，そして戦後責任に向き合う中から司法の将来を展望し続けるという「ドイツ司法改革」にみられるような姿勢は窺えない。三好コートの本質も，それまでと同様に，現体制の肯定であり，たとえ政治色のない庶民が裁判所にすがってきても，「行政を窮地に追い込む判決はすべきでない」というものであった。

　最高裁が「国民とともに着実に歩み続けてきた」というのは事実に合致したものか。それは，これまでの判例史を紐解けば明らかであろう。

　ちなみに，三好が裁判所の使命とした「法の支配」について，伊藤正己は，最高裁判事を辞めた後，最高裁では「法の支配」は「法秩序の維持」という意味で用いられており，公権力が法によって規制されるという「法の支配」の核心的意義については，「残念ながら最高裁の裁判官の意識のうちでも……十分に認識されていない」と嘆いたとされる（法と民主主義355号（2001年）75頁等を参照）。

III ■ この期の裁判所関係の動き

1995年11月 7日	三好達, 最高裁長官に就任。
11月13日	法務省の法曹養成制度改革協議会が意見書を取りまとめる。
11月16日	韓国大検察庁, 盧泰愚前大統領を逮捕。(12月3日, 全斗煥前大統領を逮捕)
11月25日	全国裁判官懇話会を開催。(現職裁判官の参加が100名を割り込む)
12月 5日	最高裁第三小法廷, 女性再婚禁止規定違憲訴訟につき, 立法目的に合理性があるとして上告を棄却。
12月 6日	千葉県香取郡の町立中学校で中学2年の女子生徒がいじめを苦に自殺。(いじめの有無について, 会見での学校当局の発言が二転三転し, 社会問題化)
12月 8日	高速増殖原型炉「もんじゅ」のナトリウム漏洩事故が発生。
12月15日	最高裁第三小法廷, 日本に在留する外国人について指紋押捺制度を定めた外国人登録法14条1項, 18条8号は憲法13条に反しないと判示。
12月18日	東京高裁, 警官暴行国賠訴訟につき, 都に賠償を命ずる判決。
12月25日	東京地裁で東京電力思想差別事件につき, 解決金の支払い, 在職中の従業員の昇進で和解が成立。(19年ぶりに全面解決)
1996年 1月 1日	三好長官,「新年のことば」で,「複雑かつ深刻に利害の対立する法的紛争が多発し, 社会の安全を大きく脅かす各種犯罪の発生を見ている」等と述べる(裁時1161号1頁)。
1月11日	村山内閣が総辞職。(橋本龍太郎を第82代首相に指名。自民党, 社会党, 新党さきがけの2代目の連立政権)
1月26日	熊本地裁, 熊本刑務所信書差止損害賠償訴訟につき, 国に賠償を命ずる判決。
1月31日	地方裁判所及び家庭裁判所支部設置規則の一部改正規則を公布。
2月16日	菅直人厚相, 輸入血液製剤でHIV(エイズウイルス)に感染した血友病患者に厚生省を代表して謝罪。
2月22日	最高裁第一小法廷, 私立中学校の「生徒心得」に男子生徒の頭髪は丸刈りとする等の定めを置く行為が抗告訴訟の対象にあたらないと判示。
2月23日	東京高裁で新潟水俣病第2次訴訟(第1陣)につき和解が成立。
3月14日	薬害エイズ裁判でミドリ十字が責任を認めて謝罪。
3月15日	大阪地裁裁判官会議, 唯一残っていた「部総括選挙制度」を廃止する決議。

第13代長官　三好　達

3月19日	最高裁第三小法廷，牛島税理士訴訟につき，税理士会が政治献金を決定して会員に協力を義務づけるのは思想信条の自由に反するとして，税理士側の逆転勝訴の判決。
3月25日	福岡高裁那覇支部，沖縄基地強制使用代理署名訴訟につき，国側全面勝訴の判決。
3月29日	東京地裁で，患者と家族が国と製薬会社に損害賠償を求めていた東京HIV訴訟につき和解が成立。
4月12日	日米両国政府が沖縄の米軍普天間飛行場を5年ないし7年以内に全面返還すると発表。
4月14日	橋本首相とペリー米国防長官が極東有事の際の米軍への日本の協力を具体化させることで一致。
6月13日	三好最高裁長官，長官所長会同で，「裁判所は，この改正（長年の懸案であった民事訴訟法の改正―引用者）を受けて，その趣旨，目的に沿った適切な手続の運用により，適正で迅速な民事紛争の解決を実現していく責務を負うことになります。」等と訓示（裁時1172号1頁）。
6月14日	私的独占の禁止及び公正取引の確保に関する法律の改正法を公布。
7月 8日	国際司法裁判所，「核兵器の使用・威嚇は一般的には国際法，人道法の原則に反する」とした国連への勧告的意見を発表。（自衛のための使用については判断を回避）
7月15日	民事執行規則の一部改正規則を公布。
7月20日	大阪府堺市の小学校で発生した病原性大腸菌O―157の集団食中毒患者が6031人となった。全国に広がり，死者も23日までに計7人。（31日，厚生省は伝染病に指定）
8月 4日	原子力発電所建設の是非を問う全国初の住民投票が新潟県巻町であり，反対が賛成を上回る。
8月14日	橋本首相，従軍慰安婦問題でフィリピンに謝罪。
8月26日	民事訴訟法の一部改正法を公布。（1998年1月1日，施行）
8月28日	最高裁大法廷，沖縄職務執行命令訴訟につき，日米安保条約を実質合憲とし，知事側の上告を棄却。
8月29日	東京地裁，東京都食糧費公開訴訟につき，全面公開を命ずる判決。
9月 3日	最高裁第三小法廷，県立精神病院に措置入院中の患者が院外散歩中に無断離院をして金員強取の目的で通行人を殺害したことにつき，病院の院長，担当医師，看護士らに無断離院を防止すべき注意義務を尽くさなかった過失があると判示。
9月 9日	東京地裁，韓国・朝鮮人BC級戦犯訴訟につき，救済は立法政策の問題だとして原告らの請求を棄却。
9月10日	国連総会，核爆発を伴うあらゆる核実験を禁止する包括的核実験禁止条約を採択。

534

Ⅲ この期の裁判所関係の動き

9月11日	最高裁大法廷，議院定数是正訴訟につき，1992年の参議院議員選挙の議員定数配分は違憲状態としつつも，なお国会の立法裁量の範囲内にあると判示。
9月20日	法務省，最高裁，日弁連，現行の少年審判の問題点を検討するための定期的な意見交換会を設置することで合意。（日弁連は20年ぶりに参加）
9月24日	福岡高裁那覇支部，自衛隊情報公開訴訟につき，国の控訴を棄却して公開決定を認める判決。
9月26日	母体保護法を施行。
9月28日	民主党の結党大会が開催。
11月	日本，欧州評議会のオブザーバー国に。
11月15日	外務省，規制緩和と行政改革及び競争政策に関する米国政府の日本政府に対する要求書を公表。（外国弁護士に対する規制緩和と弁護士総数の増加を要求）
11月 7日	第2次橋本龍太郎内閣が成立。（3年3ヶ月ぶりの自民党単独内閣で，社民，さきがけは閣外協力へ）
11月21日	阪和銀行が経営破綻。（戦後初めて預金の払い戻し以外の業務停止命令を受ける）
12月 5日	行政改革委員会規制緩和小委員会，法曹人口の大幅増員の早期実現を促す報告書をまとめ，行革委員会に提出。
12月17日	民事訴訟法及び民事訴訟規則の施行に伴う関係規則の整備等に関する規則を公布。
12月24日	敦賀原発2号機で冷却水漏れ事故が発生。
1997年 1月22日	経済同友会，「グローバル化に対応する企業法制の整備を目指して―民間主導の市場経済に向けた法制度と立法・司法の改革」を公表。
2月26日	最高裁裁判官会議，民間委託録音反訳方式の導入と1998年4月以降の速記官の新規養成の停止を決定。
3月13日	最高裁第一小法廷，シベリア抑留者が日本国とソヴィエト社会主義共和国連邦との共同宣言6項後段に定める請求権放棄により受けた損害につき，憲法29条3項に基づいて国に対して補償を請求することはできないと判示。
3月27日	札幌地裁，北海道の二風谷ダム建設をめぐり，アイヌ民族を先住民族と認定し，収用裁決は違法と判決。
3月30日	三井三池鉱が閉山。（124年の歴史に幕）
4月	最高裁，逐語的調書作成方式を導入。（裁判所書記官の新規養成停止）
4月 1日	消費税の税率を3％から5％に引き上げ。
4月 2日	最高裁大法廷，靖国神社に対する愛媛県による玉ぐし料等の公費支出について，二審判決を破棄し，違憲判決。（県に玉ぐし料の返還を命じる）

535

第13代長官　三好　達

4月17日	沖縄の米軍基地用地を使用期限切れ後も合法的に使えるようにする駐留軍用地特別措置法の改正法が成立。
4月17日	韓国大法院，79年の粛軍クーデターと80年の光州事件につき上告を棄却。(全斗煥元大統領の無期懲役，盧泰愚前大統領の懲役17年が確定。12月20日，特赦を発表)
4月25日	日産生命，債務超過により大蔵省から業務停止命令。(戦後初の保険会社の破綻)
5月2日	三好最高裁長官が，憲法施行50周年にあわせた記者会見で，下級審に係属中のオウム真理教の松本智津夫の弁護団に対して，「国選弁護団は12人もいるのだから事件を分担すべきだ」と極めて異例の批判を加え，「報道によれば，普通の被告に比べると言動がかなり特異なようだ」，「まれにみる大型の刑事事件で，訴訟を適正・円滑に進行させられるかどうかは，国民の裁判に対する信頼にもかかわる」等と発言。
6月18日	私的独占及び公正取引の確保に関する法律の改正法を公布。(事業者による一定の国際的協定又は国際的契約に係る届出義務の廃止等)
6月25日	三好最高裁長官，長官所長会同で，「新しい時代に向けて，増大する司法に対する国民の需要に的確にこたえていくためには，直接事件の処理にあたる裁判部門の充実強化を図っていく必要があります。」「本年春には，これからの裁判手続で求められる調書作成体制を整備していくための方策として，逐語録調書の作成方法に関する改革の方針を決定したところであります。」等と訓示（裁時1197号1頁）。
7月14日	少年審判規則の一部改正規則を公布。
7月16日	臓器移植法を公布。(臓器移植の場合に限って「脳死は人の死」とする)
8月31日	最高裁第三小法廷，第3次家永教科書訴訟につき，検定制度自体は合憲としつつ，731部隊関係記述の全文削除を求めた検定意見を違法と認定。(最高裁が検定意見の違法を認めたのは初めて)
9月18日	オスロでの政府間会合で対人地雷全面禁止条約を採択。
9月23日	日米両国政府，新しい日米防衛協力のためのガイドラインに合意。
9月26日	東京高裁，電通過労死訴訟につき，会社の安全配慮義務違反を認め，賠償支払いを命ずる判決。
10月2日	旭川地裁・寺西和史判事補（当時）による「信頼できない盗聴令状審査」と題した投書が朝日新聞「声」欄に掲載。
10月8日	寺西投書に対する東京地裁・田尾判事（当時）の「反論」が朝日新聞「声」欄に掲載。
同日	旭川地裁所長，寺西判事補を注意処分に。
10月28日	法曹三者協議会，司法試験制度と法曹養成制度の改革に関して合意。(司法試験の合格者枠の拡大と司法修習期間の短縮)

Ⅳ ■ この期の刑事法関係の動き

　戦後の刑事訴訟法の歩みを見た場合，1995年以降，現在に至る時期は第4期といってもよい。第4期の何よりの特徴は，「刑事手続に一般の国民の健全な社会常識を直截に反映させうる具体的な仕組みを導入することは，刑事司法に対する国民の信頼を確保し，更にこれを高めていくために，不可欠であると考えられ，このことは司法の国民的基盤を確立するための方策の一環としても重要な意義を有するものと言わなければならない。」(司法制度改革審議会意見書)という観点から，法曹三者の一致協力の下に，刑事司法制度改革が官民総がかりで実施されたことである。

　特徴の第二は，犯罪被害者の保護が大きな政治・社会上の問題となり，もっぱら刑事法に偏る形で被害者保護が図られていることである。犯罪被害者の「要望」に沿う形で重罰化立法が相次いで国会を通過し，刑事訴訟法の目的の一つに犯罪被害者保護が追加されたかの観を呈している。

　特徴の第三は，「敵・味方」刑法の浸透である。これによる刑事法の原理・原則の「ダブル・スタンダード」化が顕著となりつつある。「自己決定・自己責任」で自己の生活を規律し得ない者に対する「法的パターナリズム」の再評価の必要性が強調され，刑事政策と社会政策の融合など，刑事政策による「保護」の強化が推進されている。立法の動きが一層顕著となり，国際化との関係では，1999年には，組織的犯罪の処罰及び犯罪収益の規制等に関する法律（以下「組織的犯罪処罰法」という。)，犯罪捜査のための通信傍受に関する法律（以下「通信傍受法」という。）等からなるいわゆる組織犯罪対策三法が成立した。組織的犯罪処罰法は，一定の組織的犯罪に関する刑の加重，犯罪収益全般に関するマネー・ロンダリングの処罰，犯罪収益の没収・追徴，金融機関による「疑わしい取引」の届出等，組織犯罪捜査に不可欠な規定を整備している。通信傍受法は，限定された犯罪について捜査機関が通信傍受を行うことを可能としたものである。

　特徴の第四は，検察官による調書改ざん事件などにみられるように，「精密司法」のほころびが拡大し，誰の目にも明らかになりつつあるという点である。法務省に「検察の在り方検討会議」が設置されたことからも動揺がうかがえる。誤判問題に対する関心が高まっているのもこの期の特徴である。

　三好コートにおける刑事法関係の動きとしては，次のようなものがみられる。

第13代長官　三好　達

1995年12月 5日	最高裁第一小法廷，覚せい剤の譲渡代金で購入された覚せい剤は「国際的な協力の下に規制薬物に係る不正行為を助長する行為等の防止を図るための麻薬及び向精神薬取締法の特例等に関する法律」にいう「不法収益に由来する財産」にあたると判示。(12月15日，最高裁第三小法廷も同様の判示)
1996年 1月19日	東京地裁，日野OL不倫放火殺人事件につき，被告人に無期懲役の判決。
2月22日	横浜地裁，つくば妻子殺害事件につき，被告人に無期懲役の判決。
2月23日	福岡地裁，保険金殺人事件被疑者拘置請求につき，拘置請求を棄却する決定。
3月 7日	最高裁第二小法廷，沖縄少女暴行事件につき，3人の被告人に懲役6年6月から7年の判決。
3月13日	大阪地検特捜部等，木津信用組合を背任等で捜査。
同日	最高裁刑事局通達「「交通切符による刑事事件の処理について」の一部改正について」，同「「反則金不納付事件の処理について」の一部改正について」を発出。
4月24日	東京地裁，オウム真理教元教組松本被告人の初公判。
7月11日	公安調査庁，公安審査委員会にオウム真理教の解散を請求。
8月29日	東京地検，血友病患者が非加熱の輸入血液製剤によるエイズ感染で死亡した事件で安部英・前帝京大副学長を業務上過失致死容疑で逮捕。(10月4日，元厚生省生物製剤課長を逮捕)
9月12日	福岡高裁那覇支部，沖縄米兵少女暴行事件につき，量刑が重すぎるとした米兵の控訴を棄却。
9月20日	最高裁第二小法廷，名古屋保険金殺人事件につき，一・二審で死刑を言渡された被告人に無期懲役の判決。(最高裁が死刑破棄・無期懲役とするのは1953年以来)
10月 8日	法務省，組織犯罪の取締りの強化を目的とする刑事法の見直しを法制審議会に諮問。(営利目的等略取・誘拐の予備罪新設，不正収益の没収・追徴の強化，組織的殺人，賭博，証拠隠滅等についての刑の引き上げ，重大犯罪の捜査のための通信傍受の合法化等)
10月19日	最高裁第三小法廷，覚せい剤取締法違反事件につき，おとり捜査を理由に証拠排除し，無罪判決。
10月31日	東京高裁，死刑囚書面提出不許可処分取消請求訴訟につき，請求を棄却した原判決を破棄して不許可処分を取り消す判決。
11月18日	最高裁第二小法廷，岩手県教組事件につき，地方公務員法のスト処罰は合憲として上告を棄却。
12月 9日	福岡高裁，芦屋スパイ強要事件につき，スパイ強要の事実を認め，違法・不当行為だとして賠償支払いを命ずる判決。
1997年 1月14日	東京地裁，警視総監公舎爆破未遂事件無罪国賠訴訟につき，軽い容疑で自白を誘う警察官の取調べに違法があったとして都に賠償支払いを命じる判決。(国，警察官，検察官個人に対する請求は棄却)

Ⅳ この期の刑事法関係の動き

1月28日	最高裁第三小法廷，名張毒ぶどう酒事件につき，再審請求を棄却。
3月6日	東京地裁，新宿ホームレス強制排除妨害事件につき，無罪の判決。
3月9日	渋谷・円山町のアパートで東電女性職員の遺体が発見される。(東電 OL 殺人事件)
3月21日	福岡高裁宮崎支部，鹿児島夫婦殺し事件(高隈事件)国賠訴訟につき，取調べ警察官の捜査遂行上の違法に加えて，担当検察官の捜査追行上の違法も認定し，国と鹿児島県に賠償支払いを命じた原判決を支持し，警察官の違法な取調べ等を阻止しなかった検察官の不作為も違法と認定し，賠償額を増額した上で，国等の控訴を棄却。(確定)
3月24日	東京高裁，リクルート裁判で受託収賄罪に問われた藤波孝生・元官房長官に対して一審の無罪判決を破棄し，有罪の判決。(懲役3年執行猶予4年，追徴金4270万円)
4月14日	東京地裁，1989年に発生した幼女連続誘拐殺人事件の宮崎勤被告人に死刑判決。
5月20日	東電 OL 殺人事件で逮捕者。
5月27日	神戸市須磨区で小学6年の男子生徒の切断された頭部が発見。(6月28日，中学3年の男子生徒を殺人・死体遺棄で逮捕。女児4人が相次いで殺傷された事件についても同生徒を殺人・殺人未遂などで再逮捕)
6月6日	暴力団員による不当な行為の防止等に関する法律の改正法を公布。
6月11日	児童福祉法等の改正法を公布。(教護院を児童自立支援施設に改称等)
6月26日	東京高裁，日本共産党幹部宅盗聴事件(神奈川県警盗聴事件)につき，国と県の責任を認めて賠償を命ずる判決。
7月8日	甲府地裁，道交法共同危険行為違反事件につき，ビデオ画像は不鮮明で本人乗車の証拠がないとして無罪判決。
7月29日	松山ホステス殺人事件で指名手配中の被疑者を公訴時効21日前に逮捕。
同日	刑事訴訟規則及び民事訴訟規則の一部改正規則を公布。
8月1日	連続射殺事件の永山則夫死刑囚に死刑執行。
9月12日	東京地裁，城東署覚せい剤事件捏造事件につき，事件をでっち上げた元巡査に有罪判決。
9月18日	最高裁第一小法廷，調布駅南口事件につき，逆送起訴を有効とした高裁判決を破棄し，無効とした地裁判決を支持。
9月24日	東京高裁，神奈川県警警官暴行事件につき，暴行を認定し，一審判決を破棄し，神奈川県に賠償を命ずる判決。
10月21日	罰則の整備のための金融関係法律の一部改正法を公布。
10月30日	最高裁第一小法廷，麻薬特例法4条に基づくいわゆるコントロールド・デリバリーが実施され，配送業者が捜査機関から大麻の存在を知らされ，その監視下において貨物を保税地域から本邦に引き取ったときであっても，右貨物を発送した者らに対して関税法上の禁制品輸入罪の既遂が成立すると判示。

539

第13代長官　三好　達

V ■ この期の刑事判例の特徴

1　大法廷判決・決定

　この期においては，格別の大法廷判決・決定は再びみられなくなる。舞台は再び小法廷に戻る。その小法廷判決・決定も，三好コートの期間が2年と短いために，数はそれほど多くない。それは，下級審判決・決定の場合も同様である。

2　小法廷判決・決定

■ 捜査に関するもの

　捜査に関しては，注目すべき幾つかの小法廷判決・決定がみられる。**最決平成8・1・29刑集50-1-1**（和光大学内ゲバ事件）もその一つである。

　和光大学で発生した内ゲバ事件の犯人と見られるX，Y，Zが逮捕され，凶器準備集合および傷害の罪で起訴されたが，逮捕に至るまでの経過および逮捕後の経過は次のようなものであった。犯行現場から直線距離で約4キロメートル離れた派出所で勤務していた警察官が，本件犯行終了後約1時間を経過した頃，Xが通りかかるのを見付け，その挙動や，小雨の中で傘もささずに着衣を濡らし，靴も泥に汚れている様子を見て，職務質問のために停止するように求めたところ，Xが逃げ出したので，約300メートル追跡して追いつき，その際，Xが腕に籠手を装着しているのを認めた等の事情があったため，Xを本件犯行の準現行犯人として逮捕した。他方，Y，Zについては，本件犯行終了後約1時間40分を経過した頃，犯行現場から直線距離で約4キロメートル離れた路上で，着衣等が泥で汚れている両人を警察官が発見し，職務質問のため停止するよう求めたところ，両人が小走りで逃げ出したので，数十メートル追跡して追いつき，その際，両人の髪がべっとり濡れて，靴は泥まみれであり，Zは顔面に新しい傷跡があり，血の混じった唾を吐いている事情等があったため，両人を本件犯行の準現行犯人として逮捕した。逮捕の際，Xが腕に装着していた籠手と，Y，Zがそれぞれ持っていたバッグ等の所持品は，前者は逮捕場所から約500メートル，後者は約3キロメートル離れた町田警察署において差し押さえられた。被告人側は，本件準現行犯逮捕の適法性と，逮捕場所から離れた場所において刑訴法220条1項2号に基づいて捜索・差押えを行うことの適法性を争った。これについて，本最決平成8・1・29は，次のように判示し，両手続ともに適法であるとした。

本件の事実関係の下では，被告人三名に対する本件各逮捕行為（準現行犯逮捕—引用者）は，いずれも刑訴法二一二条二項二号ないし四号に当たる者が罪を行い終わってから間がないと明らかに認められるときにされたものということができるから，本件各逮捕を適法と認めた原判断は，是認することができる。……本件の事実関係の下では，被告人三名に対する各差押えの手続は，いずれも，逮捕の場で直ちにその実施をすることが適当でなかったため，できる限り速やかに各被告人をその差押えを実施するのに適当な最寄りの場所まで連行した上で行われたものということができ，刑訴法二二〇条一項二号にいう「逮捕の現場」における差押えと同視することができるから，右各差押えの手続を適法と認めた原判断は，是認することができる。

このようにして，「逮捕の現場」の拡大解釈が認められることになった。

この期の小法廷決定には，おとり捜査に関する**最決平成8・10・18LEX/DB28080113**もみられる。被告人は覚せい剤所持の罪で起訴され，第一審で有罪判決を受けた。控訴審では，おとり捜査の可能性が指摘されたが，結論としてはおとり捜査の存在が否定された。そこで被告人が上告した。小法廷の多数意見は被告人側の主張は上告理由に該当しないと判示した。しかし，大野雅夫裁判官，尾崎行信裁判官は次のような反対意見を付し，おとり捜査は存在したとした。

原判決は，Aの行為により被告人の犯意が誘発されていないことのほか，覚せい剤事犯の重大性や捜査の困難等を根拠に，仮におとり捜査があったとしても違法ではないとしているが，原判決の説くところは，おとり捜査を正当化する要件としては十分とはいえない。人を犯罪に誘い込んだおとり捜査は，正義の実現を指向する司法の廉潔性に反するものとして，特別の必要性がない限り許されないと解すべきである。そして，その必要性については，具体的な事件の捜査のために必要か否かを検討すべきであって，原判決のようにある特定の犯罪類型について一般にその捜査が困難であることを理由としてその必要性を肯定すべきではない。もし，そのような一般的必要性によりおとり捜査の適否を決するとすれば，重大な犯罪に関しては無制限におとり捜査を認めることにもなりかねず，憲法，刑事訴訟法の理念に反することとなるからである。……このような見地から本件をみると，おとり捜査の必要性があったとするには重大な疑問がある。すなわち，原判決の認定によれば，捜査機関は，被告人方で約五〇グラムの覚せい剤を目撃したとするAの供述を記載したB刑事の報告書を疎明資料として一一月二〇日被告人方に対する捜索差押許可状の発付を受けて，すでに一月二二日の執行を予定していたというのであるから，特段の事情がない限り，同許可状により被告人方を捜索すれば必要にして十分であったというべきである。捜査機関は，被告人が捜査線上に浮かんだ別件殺人事件のためにその身柄を拘束する目的で，右許可状による執行の不成功を見越し，Aをおとりとして，更に被告人が覚せい剤を所持するように仕向けたのではないかとの

第13代長官　三好　達

疑念を抱かせ，原判決も「K事件の捜査のことも念頭にあったことは否定し難い」と判示している。そして結果的には，被告人が覚せい剤販売に関与した疑いを抱かせる証拠物等が被告人方から押収されたとはいえ，捜査機関は本件令状請求に際し事前に被告人の覚せい剤に対する犯罪的傾向について具体的にどのような資料を有していたのか必ずしも明らかとはいえず，本件記録を検討しても，右のような捜査方法まで用いなければならない必要性を見いだすことはできない。

周知のように，おとり捜査に関しては，**東京高判昭和57・10・15判時1095-155**が適法性の要件として，①犯意誘発型でないこと，②覚せい剤事犯の捜査においてはおとり捜査が必要であること，を挙げていた。本反対意見によれば，「原判決のようにある特定の犯罪類型について一般にその捜査が困難であることを理由としてその必要性を肯定すべきではない」とされている点が注目される。もっとも，多数意見はこのような限定には与していない。

道路交通法67条2項の規定による警察官の呼気検査を拒んだ者を処罰する旨を定めた同法120条1項11号の規定の合憲性についても小法廷の判断が示されている。**最判平成9・1・30刑集51-1-335**がそれで，合憲だとし，次のように判示した。

> 弁護人半田和朗の上告趣意は，道路交通法六七条二項の規定による警察官の呼気検査を拒んだ者を処罰する同法一二〇条一項一一号の規定が憲法三八条一項に違反するというものである。しかしながら，憲法三八条一項は，刑事上責任を問われるおそれのある事項について供述を強要されないことを保障したものと解すべきところ，右検査は，酒気を帯びて車両等を運転することの防止を目的として運転者らから呼気を採取してアルコール保有の程度を調査するものであって，その供述を得ようとするものではないから，右検査を拒んだ者を処罰する右道路交通法の規定は，憲法三八条一項に違反するものではない。このことは，当裁判所の判例（最高裁昭和二七年（あ）第八三八号同三二年二月二〇日大法廷判決・刑集一一巻二号八〇二頁，最高裁昭和四四年（あ）第七三四号同四七年一一月二二日大法廷判決・刑集二六巻九号五五四二頁）の趣旨に徴して明らかである。所論は理由がない。

憲法38条1項をもって「刑事上責任を問われるおそれのある事項について供述を強要されないことを保障したものと解すべき」と限定的に解したところが本判決の特徴である。

■ 違法収集証拠の排除に関するもの

違法収集証拠の排除に関する**最決平成8・10・29刑集50-9-683**も注目される。次のように判示し，証拠排除を認めなかった。

V この期の刑事判例の特徴

警察官が捜索の過程において関係者に暴力を振るうことは許されないことであって，本件における右警察官らの行為は違法なものというほかはない。しかしながら，前記捜索の経緯に照らし本件覚せい剤の証拠能力について考えてみると，右警察官の違法行為は捜索の現場においてなされているが，その暴行の時点は証拠物発見の後であり，被告人の発言に触発されて行われたものであって，証拠物の発見を目的とし捜索に利用するために行われたものとは認められないから，右証拠物を警察官の違法行為の結果収集された証拠として，証拠能力を否定することはできない。……なお，前記手帳についても，警察官がこれを入手するについて所定の手続を経ていないことは事実であるが，この手帳の押収手続に違法があるからといって，その違法が，右手帳の入手に先立ち，これと全く無関係に発見押収された本件覚せい剤の証拠能力にまで影響を及ぼすものということはできない。……また，被告人の尿に関する鑑定書についても，原判決の認定及び記録によれば，被告人は，第一審公判において，警察官から前記暴行を受けた事実をしきりに訴えてはいるものの，尿については，覚せい剤を使用したのは事実であるから，その提出を拒む意思は当初からなかったとして，尿を任意に提出した旨供述していたというのであるから，前記暴行は尿を提出することについての被告人の意思決定に実質的な影響を及ぼさなかったものと認められるのであり，任意提出の手続に何らの違法もない。……そうすると，本件覚せい剤及びその鑑定書並びに被告人が提出した尿の鑑定書の証拠能力はいずれもこれを肯定することができるから，その証拠能力を否定した第一審判決を破棄し，本件を和歌山地方裁判所に差戻した原判決は正当である。

証拠排除をしないための論拠作りに腐心する小法廷の姿が目に浮かぶのは筆者だけではなかろう。

■ 再審に関するもの

再審に関する**最決平成9・1・28刑集51-1-1**（名張毒ぶどう酒殺人事件第5次再審請求審決定）も見逃すことはできない。次のように判示し，再審請求を棄却した原決定を是認した。

所論にかんがみ職権をもって判断するに，所論引用の各証拠が同法四三五条六号にいう「無罪を言い渡すべき明らかな証拠」に当たらないとした原決定の判断は，これを是認することができる。その理由は，以下のとおりである。……以上要するに，本件替栓の表面の傷痕に関する三鑑定は，再審請求後に提出された証拠によって，その証明力が大幅に減殺されたとはいえ，新旧全証拠を総合して検討すると，犯行の機会に関する情況証拠から，申立人が本件犯行を犯したと認めることができ，これに信用性が高いと認められる申立人の自白を総合すれば，確定判決の有罪認定に合理的な疑いを生ずる余地はないというべきであるから，所論引用の各証拠が刑訴法四三五条六号にいう証拠の明白性を欠くとして本件再審請求を棄却すべきものとした原決定の判断は，これを是認する

ことができる。

これによれば，一旦は開かれるかに見えた再審の扉が再び「狭い門」となったことは明らかであろう。

3　下級審判決・決定

■ 捜査に関するもの

いわゆるおとり捜査に関して，**東京高判平成9・4・3東高時報48-1=2-32**は，次のように判示した。

……経緯に照らすと，S某には，Mを介して持ちかけた覚せい剤取引を成就する意思はなかったのであり，右Sの協力を得て，静岡市内の約束の場所に来た密売人を検挙した静岡県警の本件捜査活動が，架空の覚せい剤取引を持ちかけて売手をおびき寄せた，いわゆるおとり捜査であったことは，所論主張のとおりであると認められる。……しかしながら，前記AがMから取引当日午後に一〇〇グラムの覚せい剤の申し込みを受けて数時間のうちに仕入れた状況，申し込みを受けた約一〇〇グラム以外に静岡へ持参した覚せい剤の量，その体裁，これまでの同人の薬物犯罪の前科内容，被告人をはじめ静岡へ同行した者の覚せい剤取締法違反の前歴など，関係証拠から認められる事実関係に徴すると，Aは，かねてよりまとまった量の覚せい剤取引に従事していたもので，本件も日常的な密売活動の一環であったことが窺われるのであり，S某からの申し込みによって密売を思いついたなどというものではないと認められる。したがって，大量の覚せい剤の密売組織の摘発をもくろむ捜査官が，このような者に対する捜査において，本件のような手段を用いたからといって，直ちに違法であるとはいえない。しかも，被告人の場合，右おとり捜査の対象とされた密売目的の覚せい剤に関して刑責を問擬されているのではなく，その検挙の場に居合わせたことがきっかけとなって発覚した，右とは別の覚せい剤の所持及び覚せい剤の使用の刑責が問われているのであって，おとり捜査との関わりは間接的である。したがって，本件おとり捜査の違法を前提とする所論は容れることができない。

「犯意誘発」型か否かという従来の基準に沿いつつも，被告人の前科，前歴などを考慮し，本件おとり捜査を「日常的な密売活動の一環」と位置づけている点が注目される。

また，**札幌高判平成9・5・15判時1636-153**は，従来の強制捜査の枠組みに基づいて電話傍受捜査を違憲，違法ではないとし，次のように判示した。

現代の社会生活において，電話は必要かつ不可欠な通信手段であるところ，電話の当事者双方の同意なく電話傍受等をすることは，憲法二一条二項の通信の秘密を侵害し，憲

法一三条等が保障する個人のプライバシーを侵害する行為であり，たとえ犯罪捜査のためであっても，原則として許されないものである。しかし，通信の秘密や個人のプライバシー尊重といってもそれらは自由権の一つとして自ずと内在的制約があるというべく，電話傍受等が犯罪捜査を進める上での強制処分として絶対に許されないとすべき理由はない。通信の秘密や個人のプライバシーが侵害されるおそれの程度を考慮しつつ，犯罪の重大性，嫌疑の明白性，証拠方法としての重要性及び必要性，他の手段を用いることの困難性等の状況に照らして，真にやむを得ないと認められる場合，すなわち，必要性・相当性が認められる場合には，強制処分として電話傍受等を行うことは，その実施に当たって，憲法一三条・二一条二項・三一条・三五条及び刑訴法一九七条一項・二二二条一項・一一〇条の法意に従った手続の要件（以下「適正手続要件」という）を充たして行う限り，憲法上も法律上も許されてよいと考える。そして，右電話傍受等の際，過去に行われた犯罪のみならず，現に行われており，将来も行われようとしている犯罪についての通話がなされていることが判明したときでも，右犯罪が過去に行われた犯罪と関連があり，かつ，過去に行われた犯罪につき前記の必要性・相当性がなお存在する限り，傍受等を中止することなく継続でき，傍受等によって収集した証拠を犯罪の捜査及び立証に使用できるというべきである。……そこで，右適正手続要件について考えるに，……（1）先ず，電話傍受等の必要性・相当性の判断や電話傍受等の実行における捜査官の恣意を排するためにも，裁判官の発する令状によること……（2）次に，電話傍受等につき，令状裁判官の必要性・相当性の判断，捜査官の傍受等実行における捜査活動の及ぶ範囲を限定・明示し，併せて傍受等実行における捜査官の恣意を排し，誤りや逸脱を防止するためにも，傍受等をする通信設備（電話器・回線等）や通話の内容，傍受等が許される期間が，少なくとも，右目的を果たせる程度に特定されていること……（3）強制処分としての電話傍受等が認められるためには，刑訴法中にその根拠規定が存在することを要するところ，電話傍受等は通話に含まれた情報を五感の一つである聴覚等により認識し，記録するということを中心的な内容とするものであることからすると，性質上「検証」に該当もしくは類するというべきであり，したがって，刑訴法上の検証許可状の請求・発付・執行の手続を践むことの要件が最小限必要である。……所論は，右（3）につき，刑訴法の検証許可状の請求・発付・執行の手続を践むといっても，電話傍受等の場合は令状呈示が始めから考えられず，これでは被傍受者に対する令状呈示の要請を充たさず，令状執行の一回性の原則に反するし，司法が事後的に確認する手続や被傍受者が事後的に救済を求める手続の保障もなく，刑訴法四三〇条によれば，準抗告の対象にもならないなど，適正手続の保障を欠き，強制処分法定主義に反する旨主張する。……しかし，令状の事前呈示そのものは，もともと憲法の令状主義自体の要請ではない上，検証許可状につき執行の際の事前呈示（刑訴法一一〇条）の準用を定めた刑訴法二二二条一項は，検証許可状の執行手続の公正を担保しようとの趣旨に出たものであって，公正の確保に優越する正当な利益があるときや他の方法によって公正

第13代長官　三好　達

が確保できるとき，例外を許さない規定であるとは解されない。例えば，電話を利用した覚せい剤の組織的密売の事犯においては，その速やかな防遏は社会的要請であるところ，通話の一方の当事者は不特定多数の客であって事前呈示はまず不可能であり，他方の当事者は密売組織の構成員である受付担当者であって，これに事前呈示をすれば検証が不能になることが明らかである上，人の看守する建造物での検証においては看守者又はこれに代わるべき者が立ち会うこととされており（刑訴法二二二条一項，一一四条二項），この者が立ち会うことにより一応手続の公正の担保が図られているから，検証許可状が通話当事者に事前に示されないからといって，電話傍受等が違法になるとまではいえない。また，令状の執行が一回しかできないとしても，一定期間にわたる検証が許されないわけではないのみならず，覚せい剤の密売にほぼ専用されている可能性が高い電話について，傍受等の期間及び時間を厳しく制限し，立会人に検証対象外の通話を排除させるなどの条件を付した上で検証許可状を発付することができるのであるから，令状執行の一回性の原則に反するとはいえない。……更に，電話傍受等について，司法が事後的に確認する手続や被傍受者が事後的に救済を求める手続の保障がなく，刑訴法四三〇条の準抗告の対象にもならないことが，所論指摘のとおりであるとしても，これらの手続保障がないからといって，直ちに電話傍受等が違法になるとまではいえない。……所論は，電話の通話を傍受・録音する場合にこの録音体につき編集改竄の可能性があるから，電話傍受等は違憲・違法である旨主張するが，捜査官において録音体を編集改竄する危険性があり，これを完全に防止する有効な対策が見当たらないからといって，必要性・相当性の認められる事案につき前記の適正手続要件を充足する電話傍受等の検証許可状を発付することが違憲・違法と決め付けるのは早計である。具体的事案において，録音体に電話傍受等を違憲・違法とするような編集改竄があったか否かを検討すれば足りるから，所論は採用できない。……所論は，電話傍受等は我が国が批准し，国内法として法律に優先する効力を有する国際人権規約（自由権）一七条に違反する旨主張する。……しかし，右規約が国内法としての効力を有するとの立場に立っても，何人も通信等に対する恣意的又は不法な干渉や名誉等に対する不法な攻撃から法律上保護される旨を規定した同一七条が，組織的な重大犯罪についての捜査上の必要に基づく，前記の要件の下でなされる電話傍受等の場合にまで，被疑者を法律上保護する旨を唱ったものとは解されない上，所論国連の規約人権委員会の解釈は，公式なものとはいえ規約本文とは別であり，条約として批准されたものでもないから，その解釈の如何にかかわらず，右電話傍受等が同条に違反するとの主張は採用できない。……以上によれば，電話傍受等の強制処分が，憲法一三条・二一条二項・三一条・三五条及び刑訴法一九七条一項・二二二条一項・一一〇条に違反するとはいえず，イの主張は理由がない。

　下級審の理解する強制処分法定主義，令状主義というのも，このようなものである。捜査の必要性の前に大幅な後退を示している。

546

V この期の刑事判例の特徴

■ 令状に関するもの

東京高判平成8・3・6高刑集49-1-43は，令状の呈示に関して，次のように判示した。

刑訴法二二二条一項，一一〇条，一一一条一項，一一四条二項は，捜索差押令状は処分を受ける者にこれを示さなければならず，また同令状の執行については錠をはずすなど必要な処分をすることができ，更に同令状の執行をするときは住居主等をこれに立ち会わせなければならない旨規定しているが，これらの規定は，刑事事件につき捜索差押によって証拠を確保すべき要請と捜索差押を受ける者の人権に配慮すべき要請の調和を図る法意に出たものと解される。前記認定事実によれば，警察官は，被疑者方を捜索場所とする捜索差押令状の執行に当たり，被疑事件の内容，差押対象物件の性質，被疑者の前科及び経歴などから証拠の隠滅を懸念し，被疑者を立会人とする予定の下に，来意を告げることなく合鍵で被疑者方へ立入り，直ちに被疑者に令状を呈示した上，被疑者を立会人として具体的な捜索差押活動を開始したものである。右のような捜索差押令状の執行手続は，本件における具体的な事実関係の下においては，捜索差押の実効性を確保するために必要であり，その手段方法も社会通念上相当な範囲内にあるものと認められるから，刑訴法の前記各関係規定の法意に照らし，来意を告げることなく合鍵で被疑者方へ入室した点は，令状執行に必要な処分として許容されるものであり，右のような方法で入室した後に至って令状を呈示し被疑者を執行に立ち会わせた点も，これらの規定に違反するものではなく，もとより刑法一三〇条の罪に該当するものでもない。したがってまた，憲法三五条違反の主張も前提を欠く。

令状呈示の原則の内実が，事前呈示から事後呈示へと変質しつつある。

看護婦が採尿したことの適法性について，**大阪高判平成8・4・5判時1582-147**は，次のように判示し，これを適法だとした。

関係証拠によると，本件捜索差押令状には所論の条件が付されているところ，原判決が説示するとおりの経過で，原判示A看護婦が被告人の尿を採取したことが認められる。これによると，A看護婦は原判示甲野病院において，同病院の日常の医療業務の過程で，医師の指示に基づき多数回カテーテルによる尿採取も行っており，その技術に習熟していたこと，本件当夜，同看護婦は原判示B医師の指示を受け，同病院第3処置室で被告人に対しカテーテルによる本件採尿を実施し，その際B医師は右採尿の現場には立ち会わなかったが，要救の事態に備え，右処置室の廊下を隔てた向かい側の看護婦詰所で待機し臨機の対応をなしうる態勢にあったというのである。右事実関係の下では，本件強制採尿は，前記の本件捜索差押令状記載の条件にいう医師による医学的に相当と認められる方法により採尿がなされた場合に当たると解される，とした原判決の判断は，正当として是認することができる。

第13代長官　三好　達

ここでも令状主義の緩和が認められる。要件を形式的に充たすことは必ずしも必要ではなく，実質的に充たせば足りるとされている。

■ 弁護人の選任に関するもの

同一の国選弁護人に数人の弁護をさせることができる場合である刑事訴訟規則29条5項の「被告人の利害が相反しないとき」に該当するかどうかが争われたのが**名古屋高判平成9・9・29判時1619-41**である。本判決は，該当しないとし，同一の国選弁護人が被告人両名の弁護を担当したことには同規則に反する法令違反があり，この法令違反は判決に影響を及ぼすことが明らかであるとして，次のように判示した。

> このように被告人Aと同Bの言い分には，本件公訴事実のうち最も重要な第三及び第五の各犯行に関し，犯情に影響すると思われる部分について食い違う点が少なからずある（検察官は，右各点はいずれもそれほど重要でない事実にすぎない，と主張するが，前記の本件の特質にかんがみれば，量刑に当たってこれらの点をないがしろにすることはできないというべきである。）。そして，被告人Aの言い分は，同被告人にとってより有利な事情であると同時に，被告人Bにとってはより不利な事情であり，被告人Bの言い分は，同被告人にとってより有利な事情であると同時に被告人Aにとってはより不利な事情という関係にある。したがって，本件被告人両名の弁護人としては，担当する被告人の有利な部分を十分に主張，立証する必要があるが，同一の国選弁護人が被告人両名の弁護を担当していては，右の（1）ないし（6）の各点について，一方の被告人に有利な事情を主張，立証しようとすると，それは他方の被告人にとっては不利な事情になるため，主張，立証すべきか否かの判断に窮することになる。現に，原審弁護人は，右の各点に関する証拠請求をせず，被告人両名の被告人質問の際にも，これらの点の事実を究明するための質問をしなかったばかりか，弁論においても，被告人Aにとって有利な事情としても，あるいは，被告人Bにとって有利な事情としても，これらの点について全く触れなかった。そのため，原判決においても，これらの点について判断を示すことのないまま，被告人両名に対し死刑を言い渡す結果となった。してみると，本件は，被告人両名が一貫して各公訴事実を認め，国選弁護人の選任に関し異議の申立て等がなかったにしても，同一の国選弁護人に数人の弁護をさせることができる場合である，刑訴規則二九条二項の「被告人の利害が相反しないとき」に該当しない，というべきである。それにもかかわらず同一の弁護士を被告人両名の国選弁護人に選任し，これを維持した原審裁判所の措置は右規則に反し，この法令違反は判決に影響を及ぼすことが明らかである。論旨は理由がある。……そして，この破棄理由は被告人Bについても共通に存在する。……そこで，被告人両名のその他の控訴趣意に対する判断を省略し，被告人Aについては刑訴法三九七条一項，三七九条により，被告人Bについては同法四〇一条，三九七条一項，三七九条により，被告人両名について原判決を破棄し，同法

四〇〇条本文により被告人両名に対する本件各被告事件を津地方裁判所に差し戻すこととして，主文のとおり判決する。

■ 公判停止に関するもの

被告人には訴訟能力が欠けるために公判手続を停止すべきであったにもかかわらず，停止することなく有罪判決を言渡した原審の訴訟手続には刑訴法314条1項の適用を誤った違法があるとし，次のように判示した**大阪高判平成7・12・7高刑集48-3-199**も注目される。

> 以上のとおり，前記の各所論はいずれも理由がないが，被告人は，原審当時も現在同様訴訟能力を欠く状態にあったものと認められるので，原審においては刑訴法三一四条一項本文により公判手続を停止すべきであったといわなければならない（同条同項ただし書の場合には該当しないものと認められる。）。……してみると，公判手続を停止することなく有罪判決を言い渡した原審の訴訟手続には，同法三一四条一項の適用を誤った違法があり，この誤りが判決に影響を及ぼすことは明らかである。……よって，控訴趣意中のその余の主張について判断するまでもなく，刑事訴訟法三九七条一項，三七九条により原判決を破棄し，同法四〇〇条本文により本件を原裁判所である京都地方裁判所に差し戻すこととし，主文のとおり判決する。

■ 訴因変更の要否および可否に関するもの

訴因変更の要否に関しても下級審判決がみられる。**大阪地判平成9・8・20判タ995-286**がそれで，訴因変更は不要であるとし，次のように判示した。

> 次の問題となるのは，被告人両名につき，傷害の承継的共同正犯が成立しないかである。これが成立するならば，被告人両名とも，共謀成立に先立つBの頭突き等の暴行についても共同正犯としての罪責を免れないことになる。……ところで，承継的共同正犯の成立範囲については諸説存するところではあるが，当裁判所は，「承継的共同正犯が成立するのは，後行者において，先行者の行為及びこれによって生じた結果を認識・認容するに止まらず，これを自己の犯罪遂行の手段として積極的に利用する意思のもとに，実体法上一罪を構成する先行者の犯罪に途中から共謀加担し，右行為等を現にそのような手段として利用した場合に限られると解する」立場（大阪高裁昭和六二年七月一〇日判決・高刑集四〇巻三号七二〇頁）に賛同するものである。……そこで，このような見地から本件につき検討すると，確かに，後行者たる被告人両名は，先行者たるBが頭突き等の暴行を加えるのを認識・認容していたことが認められるが，それ以上に被告人両名がこれを「自己の犯罪遂行の手段として積極的に利用する意思」を有していたとか，現にそのような手段として利用したとかの事実は本件全証拠によっても認めることはでき

ないから，結局，被告人両名には傷害の承継的共同正犯は成立しないというべきである。……しかし，以上から直ちに，被告人両名は共謀成立後の傷害の結果についてのみ傷害罪の共同正犯に問われると結論することはできない。……けだし，前記のとおり，本件傷害の結果は共謀成立の前後にわたるＢ及び被告人両名の一連の暴行によって生じたことは明らかであるが，それ以上に，これがＢの頭突き等の暴行にのみ起因するものであるのか，それともその後の被告人両名及びＢの暴行にのみ起因するものであるのか，はたまた両者合わさって初めて生じたものであるのかは，本件全証拠によってもこれを確定することはできないからである（なお，前掲関係証拠によれば，甲野の鼻骨骨折はＢの最初の頭突きによって生じた可能性が濃厚であるが，被告人両名もその後甲野の頭部等に多数回足蹴にしており，これらの暴行が右鼻骨骨折の形成に寄与した可能性も否定できないから，右傷害がＢの頭突きのみから生じたとは断定することはできない。）。……そして，一般に，傷害の結果が，全く意思の連絡がない二名以上の者の同一機会における各暴行によって生じたことは明らかであるが，いずれの暴行によって生じたものであるのかは確定することができないという場合には，同時犯の特例として刑法二〇七条により傷害罪の共同正犯として処断されるが，このような事例との対比の上で考えると，本件のように共謀成立の前後にわたる一連の暴行により傷害の結果が発生したことは明らかであるが，共謀成立の前後いずれの暴行により生じたものであるか確定することができないという場合にも，右一連の暴行が同一機会において行われたものである限り，刑法二〇七条が適用され，全体が傷害罪の共同正犯として処断されると解するのが相当である。けだし，右のような場合においても，単独犯の暴行によって傷害が生じたのか，共同正犯の暴行によって傷害が生じたのか不明であるという点で，やはり「その傷害を生じさせた者を知ることができないとき」に当たることにかわりはないと解されるからである。……よって以上により，当裁判所は，被告人両名には，本件傷害の結果につき同時傷害罪が成立し，全体につき傷害罪の共同正犯として処断すべきものと判断した次第である。……（なお，傷害罪の共同正犯の訴因につき，判決で同時傷害罪を認定するためには訴因変更が必要であるか否かは一個の問題であるが〔最高裁昭和二五年一一月三〇日決定・刑集四巻一一号二四五三頁は不要とする〕，本件においては，前記のとおり，当裁判所の認定は共謀の点・暴行の点ともに訴因の範囲内の縮小認定である上，刑法二〇七条の適用の可否については，結審前に争点顕在化の措置を講じて当事者に新たな主張・立証の機会を付与しており，訴因逸脱認定又は不意打ち認定の問題は生じないと考えられるので，当裁判所は，検察官の訴因変更の手続を経ることなく，判示の認定を行った次第である。）。

■ 自白法則に関するもの

相共犯者の供述について，刑訴法321条１項３号の「特信性」の存否などが争われ

た大阪高判平成8・7・16判時1585-157も注目される。本判決は，次のように判示し，「特信性」に欠けるところはないとした。

> 所論は，Aの平成三年八月三一日の供述に関し，同人は，現行犯逮捕された際負傷していたにもかかわらず，十分な睡眠，休養を与えられず，通訳人も付けられないまま，深夜長時間にわたる取調べを受けたものであって，このような取調べによって得られた供述は，違法収集証拠であるばかりか，共犯者である同人の供述は，類型的にも信用性を疑うべきものであることにも照らすと，刑訴法三二一条一項三号の「特に信用すべき情況の下にされた」（以下，「特信性」という。）供述とはいえないとし，また，同人の同年九月一一日の供述については，前記八月三一日の供述内容を前提とした供述であるから，右と同様に特信性がない，などというのである。……しかしながら，Aが連邦捜査官によって逮捕されたのは，現地時間（以下同様）の午後七時半過ぎであったこと，その取調べが翌日の午前零時三六分から四時二分までの深夜に及んだのは，逮捕の際に負傷した同人の治療に時間を費やしたために取調べの開始が遅れ，またオーストラリアの刑事手続上，逮捕した被疑者を合理的時間内に治安判事の前に連行しなければならない事情があったことなどによること，尋問の仕方も穏やかで，適宜休憩を取りつつAの体調に気を配りながら行われたこと，また，通訳人が付せられなかった点についても，取調べにおいて格別意思の疎通に困難を来したとか，同人の防御に不都合を来したことがなかったことなど，本件取調べが強制にわたったり，Aの権利を侵害した事情が窺われないことは，原審の平成六年三月二三日付け決定（以下，「原決定」という。）……が詳細に説示するとおりであって，これを我が国の憲法及び刑訴法の精神に照らしてみても，本件供述録取テープを事実認定の証拠とすることが許容できない事情は窺われない。この点に関して，所論は，Aを合理的時間内に治安判事の前に連行しなければならなかったとしても，連行後に取調べを行えば済むことであるとか，深夜の取調べを前提としたために通訳人を確保できなかったに過ぎない，などとして原決定の説示を論難するのであるが，本件事案の重大性にも照らすと，被疑者の記憶の鮮明なうちに取調べを行うことは必要かつやむを得ない措置であったということができるから，所論は失当である。……そして，Aの平成三年九月一一日の供述を録取したテープ関係も含めて特信性に欠けるところがないことも，原決定……が説示するとおりであって，Aが共犯者であることの一事をもって，右判断が左右されるものではない。

■ 証拠能力に関するもの

DNA鑑定の証拠能力を認めた**東京高判平成8・5・9判時1585-136**もみられる。次のように判示した。

> 原判決は，MCT118法によりDNAの型鑑定はその信頼性が社会一般に完全に承認され

ているとまではいえないが、科学的根拠に基づいており、専門的な知識と技術及び経験を持った者により、適切な方法によって行われる場合には信頼性があり証拠能力を持つとの前提に立ち、本件DNA型鑑定の証拠能力が肯定される所以を説示しているのであり、理由に齟齬があるとは認められない。論旨は理由がない。

地裁のみならず、高裁段階でも、科学的証拠の信用性について高い評価が示されている。科学的証拠が本質的に内包するリスクに対する危惧感は認められない。

この期の下級審判決・決定にあって特筆されるのは、**大阪高判平成8・11・27判時1603-151**である。被告人が公訴事実を否認している場合、検察官請求証拠のうち、被告人の否認の陳述の趣旨を無意味に帰せしめるような内容の証拠については、弁護人のみが関係証拠に同意したとしても、それによって被告人が右証拠に同意したことにはならないと判示した。

■ 違法収集証拠の排除に関するもの

違法収集証拠の排除に関しても、下級審判決がみられる。次のように判示した**広島高松江支判平成9・3・17高検速報（平成9年）2-123**がそれである。ここでも、違法だが令状主義の精神を没却した重大な違法であったとはいえないとして、証拠能力が認められている。下級審の態度が大きく変わったことが窺える。

　本件強制捜索は立会人なしに始められたといわざるを得ず、刑事訴訟法222条1項、114条4項に反し、この点で違法性を帯びるものである（ただし、Nに対する容疑で適法に発付された令状に基づきなされたものであるから、これが憲法35条に違反するとの弁護人の主張は理由がない。）。そして、被告人の現行犯逮捕手続は、右違法な捜索により発見された覚せい剤の所持容疑によるものであるから、右の点の違法性を承継したものである点は否定できない。……本件の採尿手続は、被告人宅の強制捜索差押手続により覚せい剤が発見されたことに起因するものであり、被告人宅の強制捜索差押手続から採尿に至る手続は犯罪捜査のために一連の手続として密接な関係にある。そこで、右採尿手続の適法違法については、採尿手続前の右一連の手続における違法の有無・程度をも十分考慮してこれを判断するのが相当である。そして、そのような判断の結果、採尿手続が違法であると認められる場合でも、それをもって直ちに採取された尿の鑑定嘱託書及び鑑定書の証拠能力が否定されると解すべきでなく、その違法の程度が令状主義の精神を没却するような重大なものであり、右鑑定書等を証拠として許容することが、将来における違法な捜査の抑制の見地からして相当でないと認められるときに、右鑑定書等の証拠能力が否定されるというべきである。……これを本件についてみるに、採尿手続前に行われた前記一連の手続には、……立会人のないまま警察官らが強制捜査を始めていた点及び右違法な捜索により発見された覚せい剤の所持容疑で被告人を現行犯逮捕した

点において違法が存することを考慮すると，これに引き続いて行われた本件採尿手続も違法性を帯びるものと評価せざるを得ない。……しかし，そもそも本件捜索差押は被告人の同棲相手のNに対し適法に発せられた令状に基づくものである。しかも，捜査員らは，覚せい剤発見直後に支配人のAに立会を求め，発見場所と覚せい剤シモン試験の青藍反応を確認させている。とすれば，本件捜索差押から採尿手続に至る手続の違法性は，それによって得られた鑑定書等の証拠能力を否定しなければならないほどに令状主義の精神を没却した重大なものであったとはいえない。……逮捕手続が違法性を帯びているからといって直ちに身柄拘束中に得られた自白の任意性が一律に否定されると解することは相当でない。……被告人の供述調書は，覚せい剤の使用については認めるが，逮捕の理由となった覚せい剤の所持については，本件小物入れの中になぜあったのか身に覚えがないという内容で一貫しており，自白が強制されたものであるとは到底いえず，被告人の供述調書の任意性には合理的疑いを容れない。

第14代
最高裁長官
山口　繁

(1997年10月31日～2002年11月3日)

YAMAGUCHI court
14

第14代長官　山口　繁

I ■ 長官のプロフィール

　裁判官出身。5期連続で高裁長官経験者。兵庫高校，京都大学法学部を卒業し，司法修習生となる。判事補に任官後，民事裁判が専門のキャリア裁判官として全国各地を転々と回った。最高裁民事局第三課長，同第一課長兼第三課長，東京地裁部総括，東京高裁事務局長，最高裁総務局長，甲府地・家裁所長，東京高裁部総括，司法研修所長などを歴任した。最高裁総務局長のとき，全国の簡易裁判所の統廃合を手がけた。福岡高裁長官を経て，最高裁判事に就任した。

　「裁判もサービス。訴訟当事者はお客様でもある。」が山口の持論で，思いやりを意味する「恕」が座右の銘とか。江戸時代など，近代の庶民生活や裁判制度の研究家でもあり，著書に「新井白石と裁判」などがある。酒豪で鳴らし，無芸無趣味で体を動かすのは早朝のラジオ体操くらいと周囲に語ったという。

　第2次橋本改造内閣の下で最高裁長官に就任した。東京高裁長官もしくは大阪高裁長官を経験せずに長官となった例は現在のところ山口が唯一。長官就任の記者会見では，「裁判官である以上，簡裁でも最高裁でも同じ。愚直に取り組み，適正な裁判をしていく」と抱負を語った。就任の翌年の「新年のことば」では，次のように述べ，行革委の「意見書」等を受け売りするかのような時代状況の認識を示した。

　「昨年は，日本国憲法の下で現在の裁判所制度が生まれてから五十周年となる節目の年でありました。この半世紀の間における裁判所を取り巻く情勢の変容には誠に著しいものがあり，市場経済のグローバル化や国民の価値観の多様化が進展する中で，我が国は，今，『自律的な個人を基礎としつつ，より自由かつ公正な社会』への転換を図ろうとしております。このような状況の下で，法的紛争を明徹な手続で解決する司法への期待は，かつてない高まりを見せております。私たちは，こうした期待にこたえ，国民に利用しやすくわかりやすい裁判の実現を目指して，新しい時代に対応できる司法制度の整備に積極的に取り組んでいかなければなりません。」(裁時1209号1頁)

　これには，司法の役割を，公正の「実現」という実体面ではなくして，紛争を「公正に解決する」という形式・手続面にずらしているとの批判もみられた。

　長官として，接見に関する1999年3月24日の大法廷判決のほか，大法廷や小法廷で裁判長を務めた。1998年12月1日の大法廷決定では，裁判所法52条1号にいう「積極的に政治活動をすること」とは，組織的，計画的又は継続的な政治上の活動を能動的に行う行為であって，裁判官の独立及び中立・公正を害するおそれのあるものが該当すると解され，具体的行為の該当性を判断するに当たっては，その行為の内容，そ

の行為の行われるに至った経緯，行われた場所等の客観的な事情のほか，その行為をした裁判官の意図等の主観的な事情をも総合的に考慮して決するのが相当であるとされた。

また，2000年9月6日の小法廷判決では，本件選挙区の選挙人である上告人らが，1998年7月12日に行われた参議院議員選挙の議員定数配分規定が憲法に違反するとして，本件選挙区における選挙の無効を求めた訴訟につき，本件改正後の公職選挙法の本件定数配分規定の下における議員一人当たりの人口の較差および選挙人数の較差の推移にかんがみると，本件選挙当時において本件定数配分規定が憲法に違反するに至っていたものとすることはできないとして，上告が棄却された。

2001年3月30日の小法廷決定では，裁判官である被申立人がその妻の被疑事実について捜査機関から情報の開示を受けた後にした行為が裁判所法49条に該当するとして，裁判官に対して戒告が認められた。

さらに，2002年9月11日の大法廷判決では，国の賠償責任の範囲をきわめて狭く制限している郵便法の規定は違憲とされ，原判決が破棄・差戻された。

山口の任期は5年以上に及んだが，この期は司法制度改革が大きく動いた時期にあたった。退官に際しては，裁判官の不祥事が相次いだ長官生活を振り返って，「降りかかってくる火の粉を振り払うのに専心した」とし，今後の司法界については，「共生の時代における司法のありようを見据えてほしい」と答えた。また，「インフォーマルな解決方式が……国際的な文化摩擦や通商摩擦との関連で，……不公正・不透明だと非難されていることなど，デメリットを伴っていることもまた事実である。」（田中成明『法学入門――法と現代社会』（放送大学教育振興会，2000年）58頁）という見方に対して，「紛争解決も，西欧流の判決中心主義から東アジア流の和解・調停を王道にする方法を考えなければならない」と述べ，裁判外の紛争解決手続（ADR）を重視する認識を示した。（以上のプロフィールについては，最高裁判所HP（転載 http://www.ilc.gr.jp/saikousai/saibankan.html）などを参照）

II ■ この期の最高裁の動き

「戦争の世紀」とも喩えられた20世紀は終わった。次の世紀こそは「希望の世紀」へという期待も高まったが，現実には「失われた20年」の中で社会矛盾が広がり，経済的な格差も広がった。「勝ち組」，「負け組」という言葉が人生を表す文脈で広く使われるようになった。このような混沌とした社会の中で，政府が示した「自己決定」，「自己責任」という指針に最高裁も追従していった。日本国憲法に沿った裁判所に相

第14代長官　山口　繁

応しい「スケールの大きなビジョン」は存在しなかった。
　この期における最高裁の課題は，時代に即応する「大きな裁判所」に向けて施策を推進することであった。「変革の波」は司法制度改革審議会が発足したことで実現に向けて大きく動き出した。最高裁，法務省，日弁連の三者協力の態勢も濃密さを増した。当初は「司法への市民参加」に反対していた最高裁も，「司法への市民参加」が自らの聖域を侵さないものであると分かると，この流れに便乗していった。複雑な社会の中で増大しつつあった国民の不満を，裁判所から「国民」に逸らすためでもあった。裁判所に対する「国民の期待」がしきりに語られた。「司法への市民参加」によって，裁判所の長年の悲願であった事件の迅速処理，とりわけ時間のかかる重大事件の迅速処理に大きな進展が見込まれた。
　この「司法への市民参加」について，一部の弁護士のなかには，弁護士会が戦前，戦時体制に組み込まれていった教訓を指摘する声もあった。しかし，その声も「変革の波」のなかでかき消されていった。
　この期，最高裁は立法と判例の役割を自覚的にとらえ，新自由主義的な立法目的に沿った司法の運用を積極的に図っていった。もっとも，他方で，「戦争責任」「戦後責任」にかかわる重要で力強い下級審判決もみられた。医療者側の民事上の過失責任を認める判決等も目につく。
　山口の最高裁長官在任4年目に当る2001年6月12日，内閣に設置された司法制度改革審議会は，2年間の審議をまとめた最終意見書を総理大臣に提出した。同意見書は，構造改革から行財政改革に至る一連の改革をもって，「過度の事前規制・調整型社会から事後監視・救済型社会への転換を図り，地方分権を推進する中で，肥大化した行政システムを改め，政治部門（国会，内閣）の統治能力の質（戦略性，総合性，機動性）の向上を目指そうとするもの」と位置づけた。そして，「既に触れた一連の諸改革は，ひとり国内的課題に関わるだけでなく，多様な価値観を持つ人々が有意的に共生することのできる自由かつ公正な国際社会の形成に向けて我々がいかに積極的に寄与するかという希求にも関わっている。」と記した。さらに，意見書は，司法制度改革こそはこのような新自由主義による諸改革の「最後のかなめ」であるとし，その成功なくして21世紀社会の展望を開くことが困難であるとした。
　同意見書を受けて，司法制度改革推進法が制定され，2001年12月1日，内閣に司法制度改革推進本部が設置。2002年3月19日，司法制度改革推進計画が閣議決定された。同計画は，民事司法制度の改革，刑事司法制度の改革と国際化への対応について改革の具体的方向を提示するとともに，司法制度を支える体制の充実強化として，弁護士制度の改革，検察官制度の改革，裁判官制度の改革，法曹等の相互交流の在り

方についても，改革の具体的方向を提示した。最後に，計画は，「司法制度の国民的基盤の確立」として，国民の司法参加，国民的基盤の確立のための条件整備（分かりやすい司法の実現,司法教育の充実,司法に関する情報公開の推進）を実施する必要があるとした。

同計画の閣議決定と相前後して，司法制度改革の具体案作りのための各種検討会（労働検討会，司法アクセス検討会，ADR 検討会，仲裁検討会，行政訴訟検討会，裁判員制度・刑事検討会，公的弁護制度検討会，国際化検討会，法曹養成検討会，法曹制度検討会，知的財産訴訟検討会）も審議をスタートさせた。

問題は，アメリカ等からの対日要求を背景にしたこのような政財界の動きに対し，最高裁はどのように対応しようとしたかである。全面的な協力を惜しまないというのが最高裁の基本的なスタンスであった。たとえば，1999年6月17日—18日に開催された長官所長会同で，山口最高裁長官は，司法制度改革に触れ，「今般，司法制度改革審議会が内閣に設置されることになりました。このような時期に，司法制度全般の機能の在り方について，国民的視点に立って検討がなされることは誠に意義深いものと考えます。」「司法制度改革審議会においても，幅広い視点から，実りある議論が行われるように期待し，裁判所としてもできる限り協力してく考えであります。」（裁時1245号1頁）等と訓示したからである。

司法制度改革推進計画が閣議決定された後の2002年6月13日—14日に開催された長官所長会同でも，山口長官は，「司法制度改革審議会の意見が提出され1年が経過しました。この間，内閣に設けられた司法制度改革推進本部を中心に，改革を推進するための体制が整備され，具体的な制度設計に向けた作業が進められてきています。裁判所は，司法運営の主体として，これに協力するとともに，自ら具体化すべき事柄について，積極的に取り組んでいかなければなりません。」（裁時1317号1頁）と訓示した。

「新自由主義」の荒波が司法にどのような影響を及ぼそうとしているのか，そして，それが国民の裁判を受ける権利等にどのような影響を及ぼすかといった視点は少しも感じられない。

注目されるのは，司法制度改革審議会に提示された最高裁の意見書「21世紀の司法制度を考える—司法制度改革に関する裁判所の基本的な考え方」である。法務省による意見書「司法制度の現状と改革の課題」と同様に，司法制度改革が迫られるに至ったことについて自らに非はないという姿勢を貫き通しているからである。意見書で，最高裁は，我が国の司法制度は歴史的，社会的風土の中で独自の法文化が形成され，諸外国と異なる独自の特徴を備えるとして，この独自の特徴として，司法運営に当っては，全国的に統一された制度のもとで，等質な司法サービスを提供し，等しく公平な裁判を実現するという点，そして，裁判における法論理及び事実認定についての精

第14代長官　山口　繁

密さと紛争や事案の解明（真実の発見）のために裁判所が当事者の活動の不足を補う後見的役割を果たしている点を挙げている。しかし，ここでいう「統一性と等質性」が中央集権的司法官僚性による裁判官統制と裁判内容統制を，また，「後見的役割」が職権主義を意味することは改めて詳述するまでもなかろう。両意見書とも，法曹一元制と陪審制の導入にはこれまでの否定的姿勢を変えていない。最高裁の場合は否定的な態度をより強めている。

　上記の2002年6月13日―14日の会同で，山口は，「裁判所にとって特に重要な問題は，裁判官制度にかかわる事柄です。」とした上で，「弁護士任官については，昨年末，日本弁護士連合会との協議が整い，今後これに沿って優れた人材が裁判官への任官を希望することが期待されます。また，判事補に様々な経験を積ませることについても，十分な検討を重ね，何よりも判事補各人が意欲的に取り組めるような魅力あるものにしていく必要があります。」「将来の裁判所の在り方に広く国民の意見に耳を傾けるという観点から，本年2月，各界の有識者からなる「明日の裁判所を考える懇談会」を最高裁判所に設けました。裁判所に対する様々な意見，感想を率直に聞かせていただき，長期的見地に立って，具体的な制度設計や運用に活かせて行きたいと考えています。」（裁時1317号1頁）等と訓示している。司法に対する国民の理解を得るための「国民の司法参加」と，弁護士会との協力関係をより強固なものとするための判弁交流と，判事補研修の強化などによって，国民・市民等からの厳しい「司法」批判を乗り越えようとしていることがうかがえる。その他方で，裁判官の増員問題や裁判所職員の大幅増員等については，相変わらず口を閉ざしている。

　ちなみに，司法制度改革推進計画が掲げた「裁判官制度の改革」の項目は，「供給源の多様化・多元化」，「裁判官の任命手続の見直し」，「裁判官の人事制度の見直し」，「裁判所運営への国民参加」，「最高裁裁判官の選任等の在り方について」である。このうち，「供給源の多様化・多元化」では，「原則としてすべての判事補に裁判官の職務以外の多様な法律専門家としての経験を積ませることを制度的に担保する仕組みを整備することについて，最高裁における検討状況を踏まえた上で検討し，なお必要な場合には，平成15年末までに，所要の措置を講ずる。」「いわゆる弁護士任官の推進について，最高裁及び日弁連における検討状況を踏まえた上で検討し，なお必要な場合には，本部設置期限までに，所要の措置を講ずる。」とされていた。

　山口の訓示はこれを受けたものであるが，憲法の期待する司法像との乖離は大きなものがあった。これらの改革は，官の側の裁量による任官者の任用選択の幅の拡大と，任官者に対する最高裁及び検察庁内における鋳型教育としての「継続教育」の公然正式化を意味するものに他ならなかったからである。司法と国民・市民の距離は埋まる

どころか，ますます広がることになった。司法改革を標榜した官僚司法の温存・強化策がますます増幅，巧妙化しつつあるという感を否めない。

　山口コートでは寺西裁判官懲戒処分事件が発生しているが，同事件で問われたのはむしろ最高裁事務総局を中心に作り上げられてきた裁判官管理体制のほころびであり，「もの言わぬ裁判官」の現実だとの指摘もみられた。

Ⅲ ■ この期の裁判所関係の動き

1997年10月31日		山口繁，最高裁長官に就任。
	11月11日	自民党，「司法制度改革の基本方針」を公表。
	11月17日	最高裁第一小法廷，外国人登録原票の登録事項の確認制度を定めた外国人登録法18条1項1号，11条1項は憲法13条，14条に違反しないと判示。
	12月10日	東京地裁，強制連行され秋田県大館市花岡町の炭鉱で働かされていた中国人が酷使と虐待に堪えかねて1945年6月30日に蜂起したが翌日までに鎮圧され，多くの犠牲者を出した花岡事件につき，証拠調べもせずに原告の請求を棄却。
	12月12日	総理府に設置された行政改革委員会，最終意見書を取りまとめて解散。
	12月19日	精神保健福祉法を公布。（精神保健福祉士の資格等を規定）
1998年 1月 1日		山口最高裁長官，「新年のことば」で，司法試験制度と法曹養成制度の改革にも触れ，「国民の負託にこたえ得る法曹の養成のため，関係機関の協力を得て，新しい司法修習制度の具体的な運用方法を早急に検討する必要があります。」等と挨拶（裁時1209号1頁）
	1月26日	中央省庁等改革大綱を決定。（法制審議会も存置することに）
	2月23日	岡山地裁倉敷支部，川崎製鉄過労自殺事件につき，会社に遺族への賠償支払いを命ずる判決。
	2月24日	政府，司法試験法及び裁判所法の改正法案を閣議決定。（司法修習期間の短縮と論文試験の選択科目の廃止が内容）
	3月 9日	矢口・元最高裁長官，大阪弁護士会有志の招きにより「『法曹一元』の制度と心」と題して講演（自正49巻7号14頁）。（「法曹一元」への可及的移行に期待を表明）
	3月13日	最高裁第二小法廷，国会議員の被選挙権を有する者を日本国民に限っている公職選挙法10条1項は憲法15条，市民的及び政治的権利に関する国連規約25条に違反しないと判示。
	3月20日	最高裁総務局通達「裁判所書記官による速記に関する事務の運用について」及び同「録音反訳方式に関する事務の運用について」を発出。

第14代長官　山口　繁

3月26日	最高裁第一小法廷，酒税法9条1項，10条10号は憲法22条1項に違反しないと判示。
4月18日	仙台地裁・寺西判事補（当時），組織的犯罪対策三法案に反対する東京集会に出席。
4月22日	横浜地裁，横浜教科書訴訟につき，検定制度を合憲としつつ，検定意見の一部に看過しがたい誤りがあり違法だとして国に損害賠償を命ずる判決。
4月27日	山口地裁下関支部，元日本軍「慰安婦」関釜訴訟につき，賠償立法を怠ったことで国に30万円の賠償を命ずる判決。（2001年3月29日，広島高裁，逆転敗訴の判決，最高裁で確定）
5月1日	仙台地裁，政治活動を理由にした同地裁・寺西判事補の懲戒を仙台高裁に対して申立。
5月2日	山口最高裁長官，憲法記念日を前にした記者会見で，法曹三者による少年審判制度のあり方をめぐる協議について「速やかに合意を経て，立法に持っていっていただきたい」等と述べる。
5月6日	司法試験法の一部改正法を公布（衆・参議院両院法務委員会で附帯決議）。（司法修習期間の短縮と論文試験の選択科目の廃止）
5月8日	風俗営業等の規制および業務の適正化等に関する法律の改正法を公布。
5月19日	経団連，「司法制度改革についての意見」を公表。
5月29日	私的独占の禁止及び公正取引の確保に関する法律の改正法を公布。（届出・報告対象の縮減等）
6月16日	自民党，「司法制度改革特別調査会報告―21世紀の司法の確かな指針」を公表。
6月18日	山口最高裁長官，長官所長会同で，「時代の要請を的確に受け止め，これにこたえるに足る適正，迅速な裁判を実現するよう力を尽くしていかなければなりません。」等と訓示（裁時1221号1頁）。
7月17日	最高裁第二小法廷，論評における他人の著作物の引用紹介に適切さを欠く部分があっても全体として正確性を欠くとまではいえないとして右論評に名誉毀損としての違法性があるということはできないと判示。
7月24日	仙台高裁特別部，寺西判事補分限裁判につき，判事補が積極的な政治運動をしたとして戒告処分を決定。
7月30日	橋本内閣が総辞職し，小渕恵三を第84代首相に指名。（最初の小渕内閣だけが自民党単独政権で，その後は自由党，そして公明党との連立政権）
9月29日	東京高裁，在日韓国人元軍属障害年金請求訴訟につき，援護法の適用がないのは立法裁量の問題だとして原告側の控訴を棄却する判決。
10月9日	地球温暖化対策の推進に関する法律を公布。
同日	東京地裁，フィリピン元「慰安婦」訴訟につき，個人には賠償請求権はないとして事実認定をせずに原告らの請求を棄却。

Ⅲ　この期の裁判所関係の動き

10月13日	最高裁第三小法廷，カルテル行為について独禁法違反被告事件において罰金刑が科せられるとともに不当利得返還請求訴訟を提起されている者に対し課徴金の納付を命ずることは憲法39条，29条，31条に違反しないと判示。
11月17日	最高裁第三小法廷，公職選挙法251条の2第1項5号，2項は憲法15条1項，31条に違反しないと判示。
11月19日	国連自由権規約委員会，日本政府宛ての最終見解を発表。
同日	民事執行規則等の一部改正規則，民事保全規則の一部改正規則を公布。
11月20日	日弁連，「司法改革ビジョン―市民に身近で信頼される司法を目指して」を公表。
12月1日	最高裁大法廷，裁判官が積極的に政治運動をすることを禁止する裁判所法52条1号は憲法21条1項に反しない等と判示。
12月2日	最高裁大法廷，寺西判事補を戒告処分とする決定。（5名の裁判官の反対意見）
1999年1月1日	山口最高裁長官，「新年のことば」で，刑事訴訟法にも触れ，「現行の刑事訴訟法・同規則も，施行五十年を迎えました。適正手続，当事者主義などの刑事訴訟の基本原理を我が国刑事司法に根付かせるべく献身された関係各位の御労苦を思う時，感慨ひとしおのものがあります。刑事裁判については，情報通信機を利用した新しい形態の犯罪の登場や，外国人の被害者とする事件の増加が見られるなど，新しい問題も生じており，これからも，刑事訴訟の基本精神にのっとった適切な運用が継続されて行くことが肝要と考えます。」等と挨拶（裁時1233号1頁）。
2月16日	最高裁第三小法廷，司法書士法19条1項，25条1項は憲法22条1項に反しないと判示。
2月17日	神戸地裁で尼崎公害訴訟につき和解が成立。
2月25日	最高裁第一小法廷，医師が肝硬変の患者につき，肝細胞がんを早期に発見するための検査を実施しなかった注意義務違反と患者の右ガンによる死亡との間の因果関係を否定した原審の判断には違法があるとして破棄・差戻しの判決。
3月23日	最高裁第三小法廷，顔面けいれんの根治術である脳神経減圧手術を受けた術後間もなく患者が脳内血腫を生じ，その結果死亡した場合につき，脳内血腫の原因が右手術にあることを否定した原審判断に違法があるとして破棄・差戻しの判決。
3月25日	最高裁第三小法廷，宗教団体等を批判する記事が週刊誌等に掲載された場合において出版社等は信者個々人に対して心の静穏を乱したことを理由とする不法行為責任を負わないと判示。
3月28日	国家公務員倫理規程を公布。
3月29日	大阪地裁，信楽鉄道事故につき，会社の過失を認めて総額5億円の賠償支払いを命ずる判決。

第14代長官　山口　繁

4月22日	最高裁第一小法廷，旧伊王島炭鉱じん肺訴訟につき，会社に総額4億6000万円の賠償を命じた原審を支持。
5月 2日	山口長官，憲法記念日を前にした記者会見で，司法改革について，「ユーザーである国民の視点からみて議論してもらうのは非常に時宜を得ている」と述べる。
5月10日	道路交通法の改正法を公布。
5月12日	消費者契約法を公布。
5月14日	行政機関の保有する情報の公開に関する法律を公布。
5月19日	独禁法の一部改正法を公布。
6月 4日	精神保健及び精神障害者福祉に関する法律の改正法を公布。
6月 9日	司法制度改革審議会設置法の公布。（衆・参議院法務委員会で同法に対する附帯決議）
6月17日	山口最高裁長官，長官所長会同で，司法制度改革に触れ，「今般，司法制度改革審議会が内閣に設置されることになりました。このような時期に，司法制度全般の機能の在り方について，国民的視点に立って検討がなされることは誠に意義深いものと考えます。」「司法制度改革審議会においても，幅広い視点から，実りある議論が行われるように期待し，裁判所としてもできる限り協力してく考えであります。」等と訓示（裁時1245号1頁）。
6月23日	私的独占の禁止及び公正取引の確保に関する法律の適用除外制度の整理等に関する法律を公布。
7月16日	地方分権の推進を図るための関係法律の整備等に関する法律を公布。
7月27日	内閣に「司法制度改革審議会」が発足。
8月13日	政治倫理の確立のための仮名による株取引等の禁止に関する法律を公布。
同日	国家公務員倫理法を公布。
同日	不正アクセス行為の禁止等に関する法律公布。
8月18日	出入国管理及び難民認定法の一部改正法を公布。
9月17日	日本裁判官ネットワークが設立。（開かれた司法の推進と司法機能の充実・強化に寄与することを目的とする裁判官の自主的団体）
9月22日	東京地裁，日中戦争被害国賠訴訟につき，「我が国の占領侵略行為や非人道的行為で多数の中国人民に甚大な戦争被害を及ぼしたことは疑うようのない歴史的事実で，我が国は真剣に謝罪すべきだ」と判示するも，原告の請求を棄却する判決。
10月12日	最高裁第三小法廷，長年にわたり粉じん作業に従事し，じん肺及びこれに合併する肺結核に罹患した労働者の原発性肺がんによる死亡が労働者災害補償保険法にいう業務上の死亡に当るとはいえないと判示。

Ⅲ　この期の裁判所関係の動き

11月10日	最高裁大法廷，公職選挙法が衆議院議員選挙につき採用している小選挙区制，重複立候補制，比例代表制等の合憲性と，衆議院小選挙区選出議員の選挙において候補者届出政党に選挙運動を認める公職選挙法の合憲性について合憲と判示。
11月26日	東京地裁，連合国元日本軍捕虜虐待訴訟につき，ハーグ条約は個人の国に対する損害賠償請求権を認めていないとして原告らの請求を棄却。
11月27日	第17回全国裁判官懇話会が開催され，矢口・元最高裁長官が「司法改革の背景と課題―法と日常生活」と題して講演（判時1698号）。
12月14日	最高裁第三小法廷，青少年健全育成条例ゲーム有害指定事件につき，規制は合理的だとして有害図書指定は憲法違反だとの原告の主張を退ける判決。
12月15日	大阪高裁，滋賀献穀祭違憲訴訟につき，公費支出は違憲と判決。
12月17日	貸金業の規制等に関する法律等の一部改正法を公布。
12月21日	司法制度改革審議会，「論点整理」を公表。
12月22日	民事再生法を公布。
12月26日	「自由で独立した裁判官を求める市民の会」設立記念集会が開催。
2000年 1月 1日	山口最高裁長官「新年のことば」で，司法制度改革にも触れ，「近年，より機能的な司法を構築しようとする動きがほぼ共通に見られ，司法制度の改革は世界の潮流というべき状況にあります。」等と述べた（裁時1257号1頁）。
1月 7日	家事審判規則等の一部改正規則を公布。
1月20日	特定調停手続規則を公布。
1月31日	民事再生規則を公布。
同日	神戸地裁姫路支部，龍野市小学生自殺事件につき，担任教師の体罰と自殺との因果関係を認め，市に損害賠償の支払いを命ずる判決。（体罰と自殺の因果関係を認めた初めての裁判例）
2月 8日	普通地方公共団体に対する国の関与等に関する訴訟規則を公布。
2月10日	裁判所職員倫理審査会規則を公布。
2月29日	最高裁第三小法廷，宗教上の信念からいかなる場合にも輸血を受けることは拒否するとの固い意思を有している患者に対し，医師が他に救命手段がない事態に至った場合には輸血するとの方針を採っていることを説明しないで手術を施行し輸血を行った場合において，右医師の不法行為責任が認められると判示。
3月 7日	中坊公平元日弁連会長，小淵首相の要請に基づき内閣特別顧問に就任。
3月17日	最高裁第二小法廷，民訴法380条1項は憲法32条に違反しないと判示。

第14代長官　山口　繁

3月24日	最高裁第二小法廷，長時間にわたる残業を恒常的に伴う業務に従事していた労働者がうつ病に罹患し自殺した場合に使用者の民法715条に基づく損害賠償責任が肯定されると判示。
4月5日	小渕内閣が総辞職し，森善朗を第85代首相に指名。(自民党，公明党，保守党の連立政権)
4月6日	裁判所職員倫理規則を公布。
4月20日	金沢地裁，石川県警暴行致死賠償訴訟につき，警察官の暴行が事情聴取後の急死の原因だとして賠償の支払いを命ずる判決。(刑事では付審判開始決定)
4月27日	東京高裁，元日本兵恩給訴訟につき，立法裁量論により，日本国籍がないことを理由に恩給を支払わないことは違憲ではないとして原告の控訴を棄却。
5月24日	児童虐待の防止等に関する法律を公布。
5月26日	大阪地裁，裁判官任官拒否国賠訴訟につき，裁量権を逸脱していないとして原告の請求を棄却。
6月9日	駐日米大使館経済部，「司法制度改革審議会に対する米国政府の意見表明」を同審議会に提出。(米国資本の日本市場における営利活動を一層便利なものにしていくためのインフラ整備)
6月14日	山口最高裁長官，長官所長会同で，「時代の変化を反映し，最近，民事再生法等の倒産法制の整備，組織的犯罪への対応や被害者保護に関する刑事関係法規の整備，高齢化社会に伴う成年後見制度の発足等国民生活に直結する重要な立法が行われています。裁判所としては，これらの新たな制度や手続の目的が達せられる様，執務に必要な体制を速やかに整え，その円滑な運用に努めていく必要があります。」等と訓示（裁時1269号1頁）。（最高裁が記者会見を開いて会同の討議内容を初めて公表）
9月6日	最高裁大法廷，公職選挙法14条の別表第三の参議院（選挙区選出）議員定数配分規定につき，憲法に違反するに至っていたとまではいえないと判示。
9月20日	民間司法臨調，緊急提言「責任ある司法制度改革の手順と道筋」を公表。
9月25日	経団連の司法制度改革検討小委員会，「司法制度改革に対する意見（最終報告）」を司法制度改革審議会に提出。
9月22日	最高裁第二小法廷，医師が過失により医療水準にかなった医療を行わなかったことと患者の死亡との間の因果関係の存在は証明されないけれども，右医療が行われていたならば患者がその死亡の時点においてなお生存していた相当程度の可能性の存在が証明される場合には，医師は患者が右可能性を侵害されたことによって被った損害を賠償すべき不法行為責任を負うと判示。
11月8日	東京高裁，JR国労組合員不採用事件につき，組合員の救済を命じた中労委命令を取り消した一審判決を支持し，中労委側の控訴を棄却。(不当労働行為制度の趣旨を実質的に否定)
11月20日	司法制度改革審議会，「中間報告」を公表。

Ⅲ　この期の裁判所関係の動き

11月20日	最高裁第二小法廷，衆議院議員選挙を無効とする判決を求める訴えは，衆議院の解散によって，その法律上の利益を失うと判示。
11月22日	毎日新聞，司法制度改革審議会の「中間報告」について，「改革の焦点である司法官僚制との訣別という点で，物足りなさを残した」と社説で論評。
11月29日	東京高裁で花岡事件につき和解が成立。
11月30日	東京高裁，在日韓国人「慰安婦」訴訟につき，個人の損害賠償請求権を否定し，原告の請求を棄却。（戦後補償訴訟では初めて明確に国際法上の国家責任の発生を認定し，国には軍関係者に対する処罰や被害者救済の義務が生じると判示）
12月6日	ヒトに関するクローン技術等の規制に関する法律を公布。
12月15日	中央省庁等改革の実施に伴う関係規則の整理に関する規則を公布。
12月27日	民事再生規則の一部改正規則を公布。
2001年1月1日	山口最高裁長官，「新年のことば」で，司法制度改革に触れ，「去る6月12日司法制度改革審議会から，2年間に及ぶ審議の結果をとりまとめた最終意見が公表されました。」「司法に携わる者は，最終意見の示す方向を踏まえ，21世紀にふさわしい司法の実現に向けて，努力していくことが必要です。」「裁判制度の面では，国民の司法参加について，刑事裁判手続における裁判員制度が提唱されました。司法に対する国民の理解を深め，その信頼をより強固なものとし，司法制度の基盤を強化していく上で大きな意義を持つものと思われます。」「我が国の司法制度は，審議会でも種々議論されたとおり，多くの見直すべき課題を抱えていますが，法的な紛争につき，真実を解明し，公正に解決するという最も基本的な使命の遂行については，国民の高い信頼を得てきたところであり，この改革もこの信頼を一層深めるためのものでなくてはならないと考えます。」等と述べる（裁時1281号1頁）。
2月14日	最高裁，事務総局内に古川判事事件について調査委員会を設置。
2月19日	少年審判規則等の一部改正規則を公布。
2月23日	仙台高裁秋田支部，秋田県議会文書公開訴訟につき，全面的な公開を言い渡す判決。
2月28日	最高裁事務総局家庭局通達「国選付添人の報酬の支給基準について」を発出。
3月13日	最高裁事務総局家庭局通達「「少年院の運営に関する少年院関係機関との連携について」の一部改正について」，同「短期保護観察に関する保護観察所との連携について」を発出。
3月30日	最高裁大法廷，犯罪の嫌疑を受けた妻のため裁判官として許容される限界を超えた実質的に弁護活動に当る行為をしたことを理由として裁判官を戒告。

第14代長官　山口　繁

4月 1日	松尾浩也・東大名誉教授，法務省特別顧問に就任。（故小野清一郎・東大名誉教授以来）
4月 5日	最高裁第一小法廷，いわゆる在日韓国人の軍人軍属に戦傷病者戦没者遺族等援護法を適用しないことは「日本人の軍人軍属との間に差別状態が生じていたことは否めない」と指摘しつつも，「立法府の裁量を著しく逸脱したものとまでいうことはできない」として憲法14条1項に違反しないと判示。（原告の敗訴が確定）
4月13日	配偶者からの暴力の防止及び被害者の保護に関する法律を公布。
4月26日	最高裁第一小法廷，市立中学校の教諭が校長の発したエックス線検査受診命令に従わなかったことが懲戒事由に該当すると判示。
同日	森内閣が総辞職し，小泉純一郎を第87代首相に指名。（森内閣と同じく，自民党，公明党，保守党の連立政権）
5月11日	熊本地裁，ハンセン病国賠西日本訴訟につき，「らい予防法は遅くとも1960年には違憲状態になっていた」と判示し，国に賠償を命ずる判決。（国が控訴断念して確定したので，国の立法不作為の過失責任を認めた初めての確定判決）
5月29日	最高裁第三小法廷，知事の交際費に係る公文書に記録された個人に対する結婚祝い及び受賞祝に関する情報が京都府情報公開条例所定の非公開事由に該当すると判示。
6月 8日	最高裁第二小法廷，重い外傷の治療を行う医師が講じた細菌感染症に対する予防措置についての注意義務違反を否定した原審の認定判断に違法があると判示。
6月12日	司法制度改革審議会，「最終意見」を内閣総理大臣に提出。
同日	日弁連会長，司法制度改革審議会「最終意見」について，「基本的には日弁連がかねてから目指してきた，市民的基盤に立脚した大きな司法の主張を積極的に取り入れたものとして高く評価する」とした会長声明を発表。
6月14日	山口最高裁長官，長官所長会同で，「司法に携わる者は，最終意見の示す方向を踏まえ，21世紀にふさわしい司法の実現に向けて努力していくことが必要」等と訓辞（裁時1293号1頁）。
7月 4日	民事訴訟法の一部改正法を公布。
7月27日	配偶者暴力に関する保護命令手続規則を公布。
9月 5日	神戸地裁所長，電車内の痴漢行為で大阪高裁に辞表を提出。（6日付で更迭）
9月21日	神戸地検，神戸地裁前所長を起訴猶予に。
9月25日	最高裁第三小法廷，不法残留者を保護の対象としていない生活保護法は憲法25条，14条1項に違反しないと判示。
10月 3日	民事訴訟規則の一部改正規則を公布。
10月10日	最高裁大法廷，神戸地裁前所長を戒告処分に。

Ⅲ この期の裁判所関係の動き

11月16日	最高裁第二小法廷，韓国在住の韓国人である旧軍人の恩給請求権について日韓請求権協定の取決めを受けて恩給法9条1項3号を存置することとしたことは憲法14条に違反しないと判示。
11月16日	司法制度改革推進法を公布。
11月27日	最高裁第三小法廷，乳がんの手術に当り当時医療水準として未確立であった乳房温存療法について医師の知る範囲で説明すべき診療契約上の義務があると判示。
12月 1日	司法制度改革推進本部を設置。
12月14日	最高裁第二小法廷，県議会の食糧費等の支出に係る一切の書類についてされた非公開決定を取り消した原審の判断を違法と判示。
12月18日	最高裁第三小法廷，公文書公開条例の下において個人情報の記録された公文書の公開請求を当該個人がした場合にはそれが個人に関する情報であることを理由に非公開とすることは許されないと判示。
同日	最高裁第三小法廷，候補者届出政党の選挙運動を認める公職選挙法の規定，並びに衆議院議員選挙における重複立候補制および比例代表制等は合憲と判示。
2002年 1月 1日	山口最高裁長官，「新年のことば」で，刑事司法制度改革にも触れ，「刑事司法に関しても，国民の期待にこたえる刑事裁判の実現に向けた改革が必要です。国民が裁判官とともに刑事訴訟手続に関与する制度の導入が提言されていますが，真実の解明という裁判の最も基本的な要請にこたえつつ，司法に対する国民の信頼をより強固なものにする制度の設計がなされるように期待します。」等と述べる（裁時1305号1頁）。
1月29日	最高裁第三小法廷，通信社から配信を受けた記事をそのまま掲載した新聞社につき，その内容を真実と信ずるについて相当の理由があるとはいえないと判示。
1月30日	最高裁，「明日の裁判所を考える懇談会」を設置。
5月 2日	山口長官，憲法記念日を前にした記者会見で，「下級審の裁判官が社会の変化を敏感にとらえて従来の判断を変え，それが最高裁の判例変更につながることが望ましい」と述べる。
5月29日	私的独占の禁止及び公正取引の確保に関する法律の改正法を公布。（罰金の上限の引き上げ等）
6月11日	最高裁第三小法廷，土地収用法71条は憲法29条3項に違反しないと判示。
6月12日	最高裁裁判官会議，司法審意見書に盛り込まれていた下級裁判官の任命手続の見直し，供給源の多様化・多元化を内容とした裁判官制度の改革につき，諮問機関の設置と20名の委員を決定。
6月13日	山口最高裁長官，長官所長会同で，裁判官の不祥事に関して「裁判官のあり方を深刻に検討しなければならないと痛感した」と挨拶（裁時1317号1頁）。

569

第14代長官　山口　繁

7月 9日	最高裁第三小法廷，国又は地方公共団体が専ら行政権の主体として国民に対して行政上の義務の履行を求める訴訟は不適法であると判示。
7月11日	最高裁第三小法廷，県の知事が大嘗祭に参列した行為が憲法20条の政教分離原則に違反しないと判示。
7月16日	最高裁事務総局に設置された「裁判官の人事評価の在り方に関する研究会」，報告書をまとめる。
7月18日	最高裁第一小法廷，いわゆる在日韓国人である旧軍人等の恩給請求権について恩給法9条1項3号を存置することとしたことは憲法14条1項に違反しないと判示。
7月29日	少年審判規則の一部改正規則を公布。
8月23日	最高裁と日弁連，非常勤裁判官制度の創設について合意。
9月 4日	最高裁裁判官会議，裁判官報酬の減額に合意。（戦後初）
9月11日	最高裁大法廷，郵便法の68条，73条の規定のうち，特別送達郵便について郵便業務従事者の軽過失による不法行為に基づき損害が生じた場合に国家賠償法に基づく国の損害責任を免責し，又は制限している部分は憲法17条に違反し，無効と判示。
9月24日	最高裁第三小法廷，末期がんの患者本人にその旨を告知すべきでないと判断した医師が患者の家族にその病状等を告知しなかったことは診療契約に付随する義務に違反すると判示。
同日	最高裁第三小法廷，名誉等の侵害に基づく小説「石に泳ぐ魚」の出版等の差止めを認容。
10月17日	最高裁第一小法廷，日本人と婚姻関係を有するが当該婚姻関係が社会生活上の実質的基礎を失っている在留外国人は出入国管理及び難民認定法別表第二所定の「日本人等の配偶者等」の在留資格を取得する要件を備えているとはいえないと判示。

Ⅳ ■ この期の刑事法関係の動き

　刑事法関係では，以下のような動きがみられる。組織犯罪対策三法（通信傍受法，組織的な犯罪の処罰及び犯罪収益の規制等に関する法律，刑事訴訟法の改正），少年法の改正法が成立している。国際的には，国連で国際刑事裁判所規程が採択されたのが注目される。

1997年12月10日	最高裁第一小法廷，久留米警官発砲事件につき，逃走中の被疑者がタクシーに乗っているところを至近距離から射殺した警官に無罪の判決（決定）。
12月16日	仙台高裁，七ヶ浜ひき逃げ事件につき，被告人が被害者をひいたことが証明できないとして逆転無罪の判決。
1998年 1月21日	東京高裁，千葉刑務所手錠事件につき，裁量権を逸脱し違法だとして国に損害賠償の支払を命ずる判決。

Ⅳ　この期の刑事法関係の動き

2月13日	最高裁第三小法廷，けん銃の譲渡しと譲受けの周旋の意義および同周旋ととけん銃の譲渡し又は譲受けの罪の幇助罪との関係について判示。
2月18日	山形家裁，建造物侵入幇助少年事件につき，少年に不処分の決定。
4月17日	東京地裁，文京区金属バット殺人事件につき，家庭内暴力を繰り返す長男を殺害した父親に懲役3年の実刑判決。
4月24日	最高裁第二小法廷，受刑者の受信した信書及び発信した信書の一部抹消は憲法21条に違反しないと判示。
5月26日	東京地裁，地下鉄サリン事件につき，実行役の被告人に自首を認め無期懲役の判決。
6月24日	東京地裁，厚生省汚職事件につき，前事務次官に2年の懲役（実刑）判決。
7月1日	東京高裁，ロス疑惑刑事事件につき，氏名不詳者と共謀したとして有罪とした原判決を破棄し，保険殺人については無罪の判決。
7月17日	国連総会，国際刑事裁判所ローマ規程を採択。
7月25日	和歌山毒物カレー事件が発生。
9月7日	最高裁第二小法廷，外国人登録法指紋押捺拒否者逮捕事件につき，指紋押捺制度は国際人権規約違反の疑いがあるとした原判決を破棄し，逮捕を適法とする判決。（原告の逆転全面敗訴）
9月17日	最高裁第一小法廷，練馬署警官刺殺事件につき，死刑判決を支持し，被告人の上告を棄却。（死刑が確定）
9月24日	東京地裁，大蔵省接待汚職事件につき，元金融証券検査官室長に有罪判決。（大蔵省も重い責任を負うと指摘）
同日	福岡高裁，嫌疑不十分で不起訴となった弁護士に対する県警の不当捜査を認め，損害賠償の支払いを命ずる判決。
9月29日	仙台高裁秋田支部，郵便局窃盗事件につき，通常の窓口取引だとして逆転無罪の判決。
10月23日	東京地裁，坂本弁護士一家殺害事件につき，オウム真理教の岡崎被告人に自首減免を認めず死刑の判決。
11月2日	最高裁第三小法廷，被告人の行為をもって児童福祉法34条1項6号にいう「児童に淫行をさせる行為」にあたると判示。
11月6日	札幌地裁，集団暴走事件少年再審証拠ビデオ偽造事件につき，証拠隠滅教唆罪の成立を認めて少年に有罪判決。
1999年1月4日	マスメディア，法務省がまとめた「司法制度改革のための検討事項（要旨）」を報道。（終身刑の導入，時効及び恩赦制度の見直し，検察行政の国会に対する説明責任の明確化，起訴・不起訴の明確な法定化，検察審査会の充実・強化，起訴陪審制導入の検討等の項目を含む）
2月17日	最高裁第一小法廷，警察官によるけん銃の発砲を違法と判示。
2月25日	最高裁第二小法廷，死刑囚新聞投稿不許可処分取消訴訟につき，原告側からの上告を棄却。

571

第14代長官　山口　繁

2月26日	最高裁第一小法廷，拘置所長がした死刑確定者の信書発送の不許可処分を適法と判示。
3月10日	最高裁第三小法廷，日産サニー事件再審請求事件につき，再審開始決定を取り消した原審を支持して特別抗告を棄却。
4月14日	光市母子殺害事件が発生。
4月13日	旭川地裁，長期厳正独居違憲訴訟につき，憲法や国際人権規約に違反するとの原告の主張を退け，監獄の規律や秩序を維持するために必要で合理的だと判示。
4月21日	東京地裁，四大証券・第一勧銀総会屋事件につき，総会屋に懲役9月，追徴金7億円の実刑判決。
4月26日	東京高裁，ピース缶爆弾事件偽証訴訟につき，無罪が確定した原告の主張を認め，偽証した元証人に賠償支払いを命ずる判決。（国や都に対する賠償請求は棄却）
5月26日	児童買春，児童ポルノに係る行為等の処罰及び児童の保護等に関する法律を公布。
5月31日	松山地裁，ホステス強盗殺人逃亡事件につき，被告人に無期懲役の判決。
6月9日	大阪地裁，「新潮45」実名報道訴訟につき，少年被告事件の実名・顔写真報道は少年法違反だとして会社に損害賠償の支払いを命ずる判決。
6月14日	福岡地裁，名古屋連続殺人事件につき，被告人に死刑判決。
6月16日	大阪地裁，DV事件につき，暴力を振るった夫に実刑判決。
7月6日	最高裁第三小法廷，銀行支店長による融資の媒介が出資の受入れ，預り金及び金利等の取締りに関する法律の3条が禁止する行為に該当すると判示。
7月21日	青森地裁八戸支部，ストーカー事件につき，被告人に有罪判決。
8月18日	組織犯罪対策三法を公布。（通信傍受法，組織的な犯罪の処罰及び犯罪収益の規制等に関する法律，証人保護のための刑事訴訟法の一部改正）
8月25日	事件記録等保存規程の一部改正規程を公布。
9月28日	最高裁第三小法廷，関税法109条の禁制品輸入罪につき，本件では実行の着手があったと判示。
9月29日	下関通り魔殺人事件が発生。
同日	大阪高裁，甲山事件につき，神戸地裁の第二次第一審無罪判決を支持し，検察官の控訴を棄却する第二次控訴審判決。（検察官の上告断念により無罪が確定。起訴から21年6ヵ月が経過）
10月26日	桶川ストーカー殺人事件が発生。（被害者は事件前に埼玉県警上尾署にストーカーの事実を訴えたが署は対応せず，捜査調書の改竄も判明）
同日	最高裁第三小法廷，名誉毀損の行為者が刑事第一審の判決を資料として事実を摘示した場合につき，上告人は刑法学者で，第一審判決に対して控訴がされ，これが争われていることを知っていたのであるから，右事実を真実と信ずるについて相当の理由があるとはいえないと判示。

Ⅳ　この期の刑事法関係の動き

10月29日	最高裁第一小法廷，リクルート事件につき，国の行政機関が国家公務員の採用に関し民間企業における就職協定の趣旨に沿った適切な対応をするよう尽力することは内閣官房長官の職務権限に属すると判示。
11月13日	東京地裁，大蔵省接待汚職事件につき，キャリア官僚の元証券局総務課課長に有罪判決。（大蔵官僚全員に有罪判決）
11月29日	最高裁第二小法廷，強盗強姦，強盗殺人等被告事件に無期懲役刑を言い渡した控訴審判決につき，いまだ破棄しなければならないほど著しく正義に反するとまでは認められないと判示。
12月 1日	刑事訴訟規則の一部改正規則，犯罪収益に係る保全手続等に関する規則を公布。
12月 4日	栃木リンチ殺人事件が発生。
12月 7日	無差別大量殺人行為を行った団体の規制に関する法律を公布。
12月10日	最高裁第二小法廷，第一審判決の無期懲役の科刑を維持した控訴審判決を量刑不当として破棄。
12月17日	最高裁第三小法廷，旭川覚せい剤捜査電話盗聴事件につき，本件傍受を適法と判示。（通信傍受法成立以前の事件について盗聴による捜査を認めた）
12月25日	大阪地裁，日銀接待汚職事件につき，「ミスター営業局」と呼ばれた元営業局証券課長に有罪判決。
12月16日	最高裁第一小法廷，第一審判決の無期懲役の科刑を維持した控訴審判決には量刑の基礎となる事実に関する認定，評価の誤り又はその疑いが認められるが，いまだ破棄しなければならないほど著しく正義に反するとまでは認められないと判示。
12月21日	最高裁第三小法廷，第一審判決の無期懲役の科刑を維持した控訴審判決につき，いまだ破棄しなければならないほど著しく正義に反するとまでは認められないと判示。
2000年 1月28日	9年2か月に渡る少女の監禁事件（新潟少女監禁事件）が発覚。
1月31日	横浜地裁，神奈川県覚せい剤事件につき，元警部補に執行猶予付き判決。
2月 7日	最高裁第一小法廷，殺人事件の被害者の両親が加害者とされる少年らの親権者に対して提起した草加事件損害賠償訴訟につき，原告の主張を認めた原審を破棄・差戻す判決。（捜査機関等に対する自白に依拠して少年らを殺人等の犯人であるとした認定には経験則違反の違法があると判示）
3月15日	犯罪捜査のための通信傍受に関する規則を公布。
3月22日	最高裁第二小法廷，北海道東北開発公庫（平成11年法律第73号による解散以前のもの）に対し特定企業への融資を紹介あっ旋することは北海道開発庁長官の職務権限に属すると判示。
5月 3日	西鉄バスジャック事件が発生。

第14代長官　山口　繁

5月19日	刑事訴訟法及び検察審査会法の改正法を公布。（証人尋問の際の証人の遮蔽，検察審査会の審査申立権者の範囲の拡大等）
同日	犯罪被害者等の権利利益の保護を図るための刑事手続に附随する措置に関する法律を公布。
5月24日	ストーカー規制法，児童虐待防止法を公布。
5月26日	松山地裁宇和島支部，宇和島5人起訴事件につき，検察官の無罪論告を受けて無罪判決。（捜査官の暴行・脅迫はなかったと判示）
5月29日	横浜地裁，神奈川県警覚せい剤揉み消し事件につき，犯人隠避罪に問われた元県警本部長に有罪判決。
6月1日	宇都宮地裁，栃木リンチ殺人事件につき，主犯少年に無期懲役の判決。
6月6日	東京地裁，オウム真理教地下鉄サリン事件等につき，教団元幹部の被告人に無期懲役の判決。
6月7日	出資の受入れ，預り金及び金利等の取締りに関する法律の一部改正法及び貸金業の規制等に関する法律の一部改正法を公布。
6月20日	道路交通法の改正法を公布。（罰則の強化等）
6月21日	岡山金属バット母親殺害事件が発生。（野球部員の17歳少年が練習中の後輩をバットで殴り，自宅で母親を殺害して逃亡し，後日，秋田県で逮捕）
8月29日	東京高裁，JR埼京線「痴漢」事件につき，被害証言や目撃証言は信用できないとして無罪判決。
8月31日	岡山家裁，岡山金属バット殴打事件につき，少年に特別少年院送致の決定。
9月7日	最高裁第一小法廷，監獄法施行規則121条本文，127条1項本文は憲法13条，32条に反しないと判示。
同日	浦和地裁，桶川女子大生ストーカー殺人事件につき，被害者供述を改竄した元警官三人に対し虚偽有印公文書作成等の罪で有罪判決。
9月12日	東京地裁，ゼネコン汚職事件につき，清水建設元会長ら三人に有罪判決。
9月14日	山口家裁，山口金属バット殺人事件につき，少年に中等少年院送致の決定。
9月18日	東京高裁，京王線・笹塚「痴漢」事件につき，被告人の自白供述は信用できない等として無罪判決。
9月25日	鹿児島家裁，準強制わいせつ事件につき，非行を認定する証拠はないとして，4人の少年に不処分の決定。（第二次差戻し審）
9月27日	刑事訴訟規則の一部改正規則を公布。
9月29日	佐賀家裁，西鉄高速バス乗っ取り事件につき，少年に5年以上の医療少年院送致の決定。
同日	犯罪被害者等の権利利益の保護を図るための刑事手続に附随する措置に関する規則を公布。

Ⅳ この期の刑事法関係の動き

10月26日	東京地裁，東京拘置所手紙制限訴訟につき，拘置所長の裁量権の濫用を認めて賠償の支払いを認める判決。
10月31日	東京地裁，警視庁大井署犯歴漏洩事件につき，元巡査部長に収賄罪の成立を認め，懲役1年10カ月の実刑判決。
11月17日	訪問販売等に関する法律及び割賦販売法の一部改正法を公布。
11月29日	公職にある者等のあっせん行為による利得等の処罰に関する法律を公布。
12月 6日	少年法の改正法を公布。（原則検察官送致の創設等）
12月 8日	東京簡裁，夫婦間暴力事件につき，傷害罪で元夫に罰金刑の有罪判決。
12月11日	新潟地裁，県警幹部交通違反揉み消し事件につき，組織ぐるみの揉み消しを認定し，前交通機動隊長に有罪判決。
12月20日	最高裁第二小法廷，鉄道トンネル内の電力ケーブルの接続工事を施工した業者に対してトンネル内での火災発生の予見可能性を認める。
12月20日	東京高裁，オレンジ共済事件につき，参議院議員に有罪の成立を認め，一審の懲役10年を支持。
12月22日	東京高裁，東京電力OL殺人事件につき逆転有罪の判決。（後に再審無罪判決）
12月28日	福岡地検次席検事による捜査情報漏洩事件が発生。（福岡高裁刑事部判事に対し同判事の配偶者についての捜査情報を漏洩）
12月30日	世田谷一家殺害事件が発生。
2001年 1月29日	東京高裁，栃木リンチ殺人事件につき，リーダー格の少年に対し第一審の無期懲役を支持して少年側の控訴を棄却。
2月 9日	最高裁第三小法廷，捜査機関への申告内容に虚偽が含まれていた事案につき，刑法42条1項の自首が成立すると判示。
2月16日	福岡高裁，捜査情報漏洩事件につき，古川判事の忌避を認める決定。
2月26日	札幌高裁，晴山事件の再審請求につき，請求棄却の決定。
2月27日	東京地裁，警視庁犯歴漏洩事件につき，元警官に有罪判決。
同日	神戸地裁，甲山事件で無罪が確定した者に対し2000万円の刑事補償を支払うように国に命ずる判決。
3月28日	東京地裁，薬害エイズ事件帝京大学ルートにつき，元副学長に無罪の判決。
5月30日	札幌地裁，北海道男児行方不明事件につき，殺人罪に問われた被告人に対し殺意を認定できないとして無罪の判決。
6月20日	道路交通法の一部改正法を公布。
7月 4日	刑法の改正法を公布。（電磁的記録不正作出等の罪の新設等）

第14代長官　山口　繁

7月16日	最高裁第三小法廷，いわゆるパソコンネットのホストコンピュータにわいせつな画像データを記憶，蔵置させ，不特定多数の会員が再生閲覧できるようにした場合，わいせつ物公然陳列罪が成立すると判示。
10月25日	最高裁第一小法廷，刑事未成年者を利用して強盗を行った者につき強盗の間接正犯又は教唆犯ではなく共同正犯が成立すると判示。
11月16日	テロリストによる爆弾使用の防止に関する国際条約の締結に伴う関係法律の整備に関する法律を公布。
12月5日	刑法の改正法を公布。(危険運転致死傷罪の新設)
同日	刑事訴訟法等の一部改正法を公布。
2002年1月22日	最高裁第三小法廷，破産法374条3号にいう「商業帳簿」には，可視性，可読性が確保されている電磁的記録も含まれると判示。
3月	北九州監禁殺人事件が発覚。
4月1日	犯罪収益に係る保全手続等に関する規則の一部改正規則を公布。
5月7日	麻薬原料，向精神薬及び麻薬向精神薬原料を指定する政令の一部改正政令を公布。
6月12日	国際受刑者移送法を公布。
同日	公衆等脅迫目的の犯罪行為のための資金の提供等の処罰に関する法律を公布。
7月26日	公職にある者等のあっせん行為による利得等の処罰に関する法律の改正法を公布。(日本国外で犯した者にも適用等)

V ■ この期の刑事判例の特徴

　山口コートは期間が約3年と短いが，この期でまず目立つのは接見交通に関する大法廷判決である。そのほか，アメリカ同時多発テロ事件の発生などもあって，テロ対策が国内外で問題となるなか，多くの注目すべき小法廷判決・決定もみられる。それは下級審判決・決定でも同様である。

1　大法廷判決・決定

■　接見交通権に関するもの

　接見交通に関する大法廷判決というのは**最大判平成11・3・24民集53-3-514**（安藤・斎藤事件）である。次のように判示し，接見指定についての刑訴法39条3項の規定は憲法34条に違反しないとした。

　憲法は，刑罰権の発動ないし刑罰権発動のための捜査権の行使が国家の権能であることを当然の前提とするものであるから，被疑者と弁護人等との接見交通権が憲法の保障に

V この期の刑事判例の特徴

由来するからといって，これが刑罰権ないし捜査権に絶対的に優先するような性質のものということはできない。そして，捜査権を行使するためには，身体を拘束して被疑者を取り調べる必要が生ずることもあるが，憲法はこのような取調べを否定するものではないから，接見交通権の行使と捜査権の行使との間に合理的な調整を図らなければならない。憲法三四条は，身体の拘束を受けている被疑者に対して弁護人から援助を受ける機会を持つことを保障するという趣旨が実質的に損なわれない限りにおいて，法律に右の調整の規定を設けたことを否定するものではないというべきである。……刑訴法三九条は，……一項において接見交通権を規定する一方，三項本文において，「検察官，検察事務官又は司法警察職員……は，捜査のため必要があるときは，公訴の提起前に限り，第一項の接見又は授受に関し，その日時，場所及び時間を指定することができる。」と規定し，接見交通権の行使につき捜査機関が制限を設けることを認めている。この規定は，刑訴法において身体の拘束を受けている被疑者を取り調べることが認められていること（一九八条一項），被疑者の身体の拘束については刑訴法上最大でも二三日間……という厳格な時間的制約があること（二〇三条から二〇五条まで，二〇八条，二〇八条の二参照）などにかんがみ，被疑者の取調べ等の捜査の必要と接見交通権の行使との調整を図る趣旨で置かれたものである。そして，刑訴法三九条三項ただし書は，「但し，その指定は，被疑者が防禦の準備をする権利を不当に制限するようなものであってはならない。」と規定し，捜査機関のする右の接見等の日時等の指定は飽くまで必要やむを得ない例外的措置であって，被疑者が防御の準備をする権利を不当に制限することは許されない旨を明らかにしている。……このような刑訴法三九条の立法趣旨，内容に照らすと，捜査機関は，弁護人等から被疑者との接見等の申出があったときは，原則としていつでも接見等の機会を与えなければならないのであり，同条三項本文にいう「捜査のため必要があるとき」とは，右接見を認めると取調べの中断等により捜査に顕著な支障が生ずる場合に限られ，右要件が具備され接見等の日時等の指定をする場合には，捜査機関は，弁護人等と協議してできる限り速やかな接見等のための日時等を指定し，被疑者が弁護人等と防御の準備をすることができるような措置を採らなければならないものと解すべきである。そして，弁護人等から接見等の申出を受けた時に，捜査機関が現に被疑者を取調べ中である場合や実況見分，検証等に立ち会わせている場合，また間近い時に右取調べ等をする確実な予定があって，弁護人等の申出に沿った接見等を認めたのでは，右取調べ等が予定どおり開始できなくなるおそれがある場合などは，原則として右にいう取調べの中断等により捜査に顕著な支障が生ずる場合に当たると解すべきである……なお，所論は，憲法三八条一項が何人も自己に不利益な供述を強要されない旨を定めていることを根拠に，逮捕，勾留中の被疑者には捜査機関による取調べを受忍する義務はなく，刑訴法一九八条一項ただし書の規定は，それが逮捕，勾留中の被疑者に対し取調べ受忍義務を定めていると解すると違憲であって，被疑者が望むならいつでも取調べを中断しなければならないから，被疑者の取調べは接見交通権の行使を制限する理

由にはあたらないという。しかし，身体の拘束を受けている被疑者に取調べのために出頭し，滞留する義務があると解することが，直ちに前提となっている被疑者からその意思に反して供述することを拒否する自由を奪うことを意味するものでないことは明らかであるから，この点についての所論は，前提を欠き，採用することはできない。……なお，刑訴法三九条三項本文が被疑者側と対立する関係にある捜査機関に接見等の指定の権限を付与しているとしている点も，刑訴法四三〇条一項及び二項が，捜査機関のした三九条三項の処分に不服がある者は，裁判所にその処分の取消し又は変更を請求することができる旨を定め，捜査機関のする接見等の制限に対し，簡易迅速な司法審査の道を開いていることを考慮すると，そのことによって三九条三項本文が違憲であるということはできない。

この大法廷判決で特筆されるのは，合憲とするその独特な論理展開である。すなわち，①被疑者と弁護人等との接見交通権が憲法の保障に由来するからといって，これが刑罰権ないし捜査権に絶対的に優先するような性質のものということはできない。②刑訴法39条3項の規定は，被疑者の取調べ等の捜査の必要と接見交通権の行使との調整を図る趣旨で置かれたものである。③刑訴法39条の立法趣旨，内容に照らすと，捜査機関は弁護人等から被疑者との接見等の申出があったときは原則としていつでも接見等の機会を与えなければならない。④弁護人等から接見等の申出を受けた時に，捜査機関が現に被疑者を取調べ中である場合や実況見分，検証等に立ち会わせている場合，また間近い時に右取調べ等をする確実な予定があって，弁護人等の申出に沿った接見等を認めたのでは，右取調べ等が予定どおり開始できなくなるおそれがある場合などは，原則として右にいう取調べの中断等により捜査に顕著な支障が生ずる場合に当たると解すべきである。⑤刑訴法430条1項及び2項が，捜査機関のした39条3項の処分に不服がある者は，裁判所にその処分の取消し又は変更を請求することができる旨を定め，捜査機関のする接見等の制限に対し，簡易迅速な司法審査の道を開いている。このような論理展開である。憲法の規定と刑訴法の規定との矛盾を，憲法サイドに添ってではなく，刑訴法サイドに添って埋めるために最高裁が採用する論理展開の典型がここにみられる。

ちなみに，有力な憲法学説では，31条以下の憲法の刑事手続に関する規定は，関連する様々な法的利益を利益衡量した上で帰結されたものであり，それ故，国会による立法も司法による法解釈も，このような憲法上の利益衡量の枠組みを前提にして行われなければならないと説かれている（芦部信喜編『憲法Ⅲ——人権（2）』（有斐閣，1981年）113～114頁等参照）。このような見解によれば，最高裁の解釈は憲法上の利益衡量の枠組みを逸脱しており，違憲・違法ということになろう。

2 小法廷判決・決定

■ 令状に関するもの

　令状主義に関しても，多くの小法廷判決・決定が出されている。いずれの判決・決定においても，被告人側の主張が退けられている。**最決平成10・5・1刑集52-4-275**もその一つである。次のように判示し，内容を確認することなくパソコン，フロッピーディスク等を差し押さえた行為を適法とした。

> 差し押さえられたパソコン，フロッピーディスク等は，本件の組織的背景及び組織的関与を裏付ける情報が記録されている蓋然性が高いと認められた上，申立人らが記録された情報を瞬時に消去するコンピューターソフトを開発しているとの情報もあったことから，捜索差押えの現場で内容を確認することなく差し押さえられたものである。……令状により差し押さえようとするパソコン，フロッピーディスク等の中に被疑事実に関する情報が記録されている蓋然性が認められる場合において，そのような情報が実際に記録されているかをその場で確認していたのでは記録された情報を損壊される危険があるときは，内容を確認することなしに右パソコン，フロッピーディスク等を差し押さえることが許されるものと解される。したがって，前記のような事実関係の認められる本件において，差押え処分を是認した原決定は正当である。

　最判平成10・9・7判時1661-70も，逮捕状発付の要件たる「罪証隠滅のおそれ」を拡大解釈することによって，本件逮捕状の請求および発付を適法とし，次のように判示した。

> 罪証隠滅のおそれについては，被疑事実そのものに関する証拠に限られず，検察官の公訴を提起するかどうかの判断及び裁判官の刑の量定に際して参酌される事情に関する証拠も含めて審査されるべきものである。……司法警察員等においても，逮捕の理由がないか，又は明らかに逮捕の必要がないと判断しながら逮捕状を請求することは許されないというべきである。……本件については被上告人につき逮捕の理由が存したということができる。……本件においては，明らかに逮捕の必要がなかったということはできず，逮捕状の請求及びその発付は，……適法なものであったということができる。

　検証許可状による電話傍受の合憲性に関しても重要な小法廷決定が出されている。**最決平成11・12・16刑集53-9-1327**がそれで，次のように判示し，合憲とした。

> 電話傍受は，通信の秘密を侵害し，ひいては，個人のプライバシーを侵害する強制処分であるが，一定の要件の下では，捜査の手段として憲法上全く許されないものではないと解すべきであって，このことは所論も認めるところである。そして，重大な犯罪に係る被疑事件について，被疑者が罪を犯したと疑うに足りる十分な理由があり，かつ，当

第14代長官　山口　繁

　　該電話により被疑事実に関連する通話の行われる蓋然性があるとともに，電話傍受以外の方法によってはその罪に関する重要かつ必要な証拠を得ることが著しく困難であるなどの事情が存する場合において，電話傍受により侵害される利益の内容，程度を慎重に考慮した上で，なお電話傍受を行うことが犯罪の捜査上真にやむを得ないと認められるときには，法律の定める手続に従ってこれを行うことも憲法上許されると解するのが相当である。……前記の一定の要件を満たす場合に，対象の特定に資する適切な記載がある検証許可状により電話傍受を実施することは，本件当時においても法律上許されていたものと解するのが相当である。……捜査機関において，電話傍受の実施中，傍受すべき通話に該当するかどうかが明らかでない通話について，その判断に必要な限度で，当該通話の傍受をすることは，同法一二九条所定の「必要な処分」に含まれると解し得る。……もっとも，検証許可状による場合，法律は規則上，通話当事者に対する事後通知の措置や通話当事者からの不服申立ては規定されておらず，その点に問題があることは否定し難いが，電話傍受は，これを行うことが犯罪の捜査上真にやむを得ないと認められる場合に限り，かつ，前述のような手続に従うことによって初めて実施され得ることなどを考慮すると，右の点を理由に検証許可状による電話傍受が許されなかったとまで解するのは相当でない。

　下級審の合憲判断が最高裁でも採用されることになった。本決定で注目されるのは，傍受すべき通話に該当するかどうかが明らかでない通話についても，その判断に必要な限度で傍受をすることが許されるとされている点である。強制処分法定主義からみて疑問が残った。そこから，翌年に通信傍受法が新たに制定され，その受け皿規定として刑訴法222条の2が新設された。

　最決平成14・10・4刑集56-8-507も，東京高判平成8・3・6高刑集49-1-43などの下級審判決の蓄積を踏まえて，捜索差押許可状の呈示前の執行も適法とし，次のように判示した。

　　捜索差押許可状の呈示に先立って警察官らがホテル客室のドアをマスターキーで開けて入室した措置は，捜索差押えの実効性を確保するために必要であり，社会通念上相当な態様で行われていると認められるから，刑訴法222条1項，111条1項に基づく処分として許容される。また，同法222条1項，110条による捜索差押許可状の呈示は，手続の公正を担保するとともに，処分を受ける者の人権に配慮する趣旨に出たものであるから，令状の執行に着手する前の呈示を原則とすべきであるが，前記事情の下においては，警察官らが令状の執行に着手して入室した上その直後に呈示を行うことは，法意にもとるものではなく，捜索差押えの実効性を確保するためにやむを得ないところであって，適法というべきである。

V　この期の刑事判例の特徴

このように，最高裁判所自らが令状主義を緩和する傾向が，この期でも認められる。

■ 接見指定に関するもの

接見指定に関しても小法廷判決・決定がみられる。**最判平成12・2・22判時1721-70**（安藤・斎藤事件）も，その一つである。次のように判示した。

> 前記……の（検察官から警察官に対する―引用者）通知が捜査機関の内部的な事務連絡であって，それ自体は弁護人であるA弁護士及び上告人B又は本件被疑者に何ら法的な拘束力を及ぼすものではなく，本件において一般的指定処分がなされたとはいえないとした原審の判断は，正当として是認することができる。そうすると，第一次準抗告決定は，その対象を欠くもので，検察官を拘束する効力を生じないものというべきである。

最判平成12・9・7判時1728-17も，訴訟代理人と受刑者との接見を制限した刑務所長の処分は社会通念上著しく妥当を欠くものとはいえず，所長の裁量権の範囲を逸脱，濫用するものでないと判示した。本件は，徳島刑務所で受刑中に職員から暴行を受けた等として国賠請求訴訟を提起した懲役受刑者とその訴訟代理人である弁護士たち（原告）が，その訴訟準備のためにした接見に対して徳島刑務所長から違法な制限を受けたとして，被告である国に対して国賠請求訴訟を起こしたものである。第一審の徳島地判平成8・3・15判時1597-115は，接見の時間的制限を違法とし，第二審の高松高判平成9・11・25判時1653-117は，接見の時間的制限だけではなく，職員の立会いも違法と判示していた。これに対して，本最判平成12・9・7は，原告のすべての請求を全面的に退けた。

最決平成13・2・7判時1737-148も，その一つである。次のように判示した。

> 同一人につき被告事件の勾留とその余罪である被疑事件の勾留が競合している場合，検察官は，被告事件について防御権の不当な制限にわたらない限り，被告事件についてだけ弁護人に選任された者に対しても，同法三九条三項の接見等の指定権を行使することができるのであるから（最高裁昭和五五年（し）第三九号同年四月二八日第一小法廷決定・刑集三四巻三号一七八頁参照），これと同旨の原判断は相当である。

しかし，これらとは異なる小法廷決定もみられる。**最決平成12・6・13民集54-5-1635**がそれである。初回接見は特に重要であるとした上で，この点に配慮を欠いた本件接見指定には国家賠償法上の違法があり，過失も認められるとし，次のように判示した。

> 弁護人等の申出に沿った接見等を認めたのでは捜査に顕著な支障が生じるときは，捜査機関は，弁護人等と協議の上，接見指定をすることができるのであるが，その場合でも，

その指定は，被疑者が防御の準備をする権利を不当に制限するようなものではあってはならないのであって（刑訴法三九条三項ただし書き），捜査機関は，弁護人等と協議してできる限り速やかな接見等のための日時等を指定し，被疑者が弁護人等と防御の準備をすることができるような措置を採らなければならないものと解すべきである。……とりわけ，弁護人を選任することができる者の依頼により弁護人になろうとする者と被疑者との逮捕直後の初回の接見は，身体を拘束された被疑者にとっては，弁護人の選任を目的とし，かつ，今後捜査機関の取調べを受けるに当たっての助言を得るための最初の機会であって，直ちに弁護人に依頼する権利を与えられなければ抑留又は拘禁されないとする憲法上の保障の出発点をなすものであるから，これを速やかに行うことが被疑者の防御の準備のために特に重要である。したがって，右のような接見の申出を受けた捜査機関としては，前記の接見指定の要件が具備された場合でも，その指定に当たっては，弁護人になろうとするものと協議して，即時又は近接した時点での接見を認めても接見の時間を指定すれば捜査に顕著な支障が生じるのを避けることが可能かを検討し，これが可能なときは，留置施設の管理運営上支障があるなど特段の事情のない限り，犯罪事実の要旨の告知等被疑者の引致後直ちに行うべきものとされている手続及びそれに引き続く指紋採取，写真撮影等所要の手続を終えた後において，たとえ比較的短時間であっても，時間を指定した上で即時又は近接した時点での接見を認めるようにすべきであり，このような場合に，被疑者の取調べを理由として右時点での接見を拒否するような指定をし，被疑者と弁護人になろうとする者との初回の接見の機会を遅らせることは被疑者が防御の準備をする権利を不当に制限するものといわなければならない。……P課長は，上告人Ａと協議する姿勢を示すことなく，午後五時以降も接見指定をしないまま同上告人を待機させた上，午後五時四五分ころに至って一方的に接見の日時を翌日に指定したものであり，他に特段の事情のうかがわれない本件においては，右の措置は，上告人Ｘが防御の準備をする権利を不当に制限したものであって，刑訴法三九条三項に違反するものというべきである。……国家賠償法一条一項にいう違法な行為にもあたるといわざるを得ず，これが捜査機関として遵守すべき注意義務に違反するものとして，同課長に過失があることは明らかである。

■ 訴因の特定に関するもの

訴因の特定に欠けるか否かについても，**最決平成14・7・18刑集56-6-307**がみられる。次のように判示し，訴因の特定として欠けるところはないとした。

所論にかんがみ，原審において検察官が予備的に追加請求して第７回公判期日に許可された第一次予備的訴因の特定について，職権で判断する。……第１次予備的訴因は，「被告人は，単独又はＡ及びＢと共謀の上，平成９年９月30日午後８時30分ころ，福岡市中央区所在のビジネス旅館Ａ２階７号室において，被害者に対し，その頭部等に手段不

明の暴行を加え，頭蓋冠，頭蓋底骨折等の傷害を負わせ，よって，そのころ，同所において，頭蓋冠，頭蓋底骨折に基づく外傷性脳障害又は何らかの傷害により死亡させた。」という傷害致死の訴因であり，単独犯と共同正犯のいずれであるかという点については，択一的に訴因変更請求がされたと解されるものである。……原判決によれば，第1次予備的訴因が追加された当時の証拠関係に照らすと，被害者に致死的な暴行が加えられたことは明らかであるものの，暴行態様や傷害の内容，死因等については十分な供述等が得られず，不明瞭な領域が残っていたというのである。そうすると，第1次予備的訴因は，暴行態様，傷害の内容，死因等の表示が概括的なものであるにとどまるが，検察官において，当時の証拠に基づき，できる限り日時，場所，方法等をもって傷害致死の罪となるべき事実を特定して訴因を明示したものと認められるから，訴因の特定に欠けるところはないというべきである。したがって，これと同旨の原判決の判断は正当である。

■ 訴因変更の要否および可否に関するもの

実行行為者について第一審判決が訴因変更手続を経ずに訴因と異なる認定をしたことに違法はないかについても，小法廷の判断が示されている。**最決平成13・4・11刑集55-3-127**がそれで，次のように判示し，適法とした。

本件のうち殺人事件についてみると，その公訴事実は，当初，「被告人は，Nと共謀の上，昭和63年7月24日ころ，青森市大字○○所在の産業廃棄物最終処分場付近道路に停車中の普通乗用自動車内において，Hに対し，殺意をもってその頭部をベルト様のもので絞めつけ，そのころ窒息死させて殺害した」というものであったが，被告人がNとの共謀の存在と実行行為への関与を否定して，無罪を主張したことから，その点に関する証拠調べが実施されたところ，検察官が第1審係属中に訴因変更を請求したことにより，「被告人は，Nと共謀の上，前同日午後8時ころから午後9時30分ころまでの間，青森市○○2丁目所在の共済会館付近から前記最終処分場に至るまでの間の道路に停車中の普通乗用自動車内において，殺意をもって，被告人が，Hの頸部を絞めつけるなどし，同所付近で窒息死させて殺害した」旨の事実に変更された。この事実につき，第1審裁判所は，審理の結果，「被告人は，Nと共謀の上，前同日午後8時ころから翌25日未明までの間に，青森市内又はその周辺に停車中の自動車内において，N又は被告人あるいはその両名において，扼殺，絞殺又はこれに類する方法でHを殺害した」旨の事実を認定し，罪となるべき事実としてその旨判示した。……まず，以上のような判示が殺人罪に関する罪となるべき事実の判示として十分であるかについて検討する。上記判示は，殺害の日時・場所・方法が概括的なものであるほか，実行行為者が「N又は被告人あるいはその両名」という択一的なものであるにとどまるが，その事件が被告人とNの2名の共謀による犯行であるというのであるから，この程度の判示であっても，殺人罪の構成要件に該当すべき具体的事実を，それが構成要件に該当するかどうかを判定するに足

りる程度に具体的に明らかにしているものというべきであって、罪となるべき事実の判示として不十分とはいえないものと解される。……次に、実行行為者につき第1審判決が訴因変更手続を経ずに訴因と異なる認定をしたことに違法はないかについて検討する。訴因と認定事実とを対比すると、前記のとおり、犯行の態様と結果に実質的な差異がない上、共謀をした共犯者の範囲にも変わりはなく、そのうちのだれが実行行為者であるかという点が異なるのみである。そもそも、殺人罪の共同正犯の訴因としては、その実行行為者がだれであるかが明示されていないからといって、それだけで直ちに訴因の記載として罪となるべき事実の特定に欠けるものとはいえないと考えられるから、訴因において実行行為者が明示された場合にそれと異なる認定をするとしても、審判対象の画定という見地からは、訴因変更が必要となるとはいえないものと解される。とはいえ、実行行為者がだれであるかは、一般的に、被告人の防御にとって重要な事項であるから、当該訴因の成否について争いがある場合等においては、争点の明確化などのため、検察官において実行行為者を明示するのが望ましいということができ、検察官が訴因においてその実行行為者の明示をした以上、判決においてそれと実質的に異なる認定をするには、原則として、訴因変更手続を要するものと解するのが相当である。しかしながら、実行行為者の明示は、前記のとおり訴因の記載として不可欠な事項ではないから、少なくとも、被告人の防御の具体的な状況等の審理の経過に照らし、被告人に不意打ちを与えるものではないと認められ、かつ、判決で認定される事実が訴因に記載された事実と比べて被告人にとってより不利益であるとはいえない場合には、例外的に、訴因変更手続を経ることなく訴因と異なる実行行為者を認定することも違法ではないものと解すべきである。……そこで、本件について検討すると、記録によれば、次のことが認められる。第1審公判においては、当初から、被告人とＮとの間で被害者を殺害する旨の共謀が事前に成立していたか、両名のうち殺害行為を行った者がだれかという点が主要な争点となり、多数回の公判を重ねて証拠調べが行われた。その間、被告人は、Ｎとの共謀も実行行為への関与も否定したが、Ｎは、被告人との共謀を認めて被告人が実行行為を担当した旨証言し、被告人とＮの両名で実行行為を行った旨の被告人の捜査段階における自白調書も取り調べられた。弁護人は、Ｎの証言及び被告人の自白調書の信用性等を争い、特に、Ｎの証言については、自己の責任を被告人に転嫁しようとするものであるなどと主張した。審理の結果、第1審裁判所は、被告人とＮとの間で事前に共謀が成立していたと認め、その点では被告人の主張を排斥したものの、実行行為者については、被告人の主張を一部容れ、検察官の主張した被告人のみが実行行為者である旨を認定するに足りないとし、その結果、実行行為者がＮのみである可能性を含む前記のような択一的認定をするにとどめた。以上によれば、第1審判決の認定は、被告人に不意打ちを与えるものとはいえず、かつ、訴因に比べて被告人にとってより不利益なものとはいえないから、実行行為者につき変更後の訴因で特定された者と異なる認定をするに当たって、更に訴因変更手続を経なかったことが違法であるとはいえない。……したがっ

て，罪となるべき事実の判示に理由不備の違法はなく，訴因変更を経ることなく実行行為者につき択一的認定をしたことに訴訟手続の法令違反はないとした原判決の判断は，いずれも正当である。……また，本件のうち死体遺棄事件及びT方放火事件において，実行行為者の認定が択一的であることなどについても，殺人事件の場合と同様に考えられる。

■ 伝聞法則に関するもの

伝聞法則に関しても，**最決平成12・10・31刑集54-8-735**（角川コカイン密輸入事件）がみられる。日本国政府からアメリカ合衆国政府に対する捜査共助の要請に基づいて作成された本件宣誓供述書は刑訴法321条1項3号にいう「特に信用すべき情況の下にされた供述」にあたるとし，次のように判示した。

原判決の認定によれば，Nの宣誓供述書は，日本国政府からアメリカ合衆国政府に対する捜査共助の要請に基づいて作成されたものであり，アメリカ合衆国に在住するNが，黙秘権の告知を受け，同国の捜査官及び日本の検察官の質問に対して任意に供述し，公証人の面前において，偽証罪の制裁の下で，記載された供述内容が真実であることを言明する旨を記載して署名したものである。このようにして作成された右供述書が刑訴法三二一条一項三号にいう特に信用すべき情況の下にされた供述に当たるとした原判断は，正当として是認することができる。

■ 訴訟能力に関するもの

被告人の訴訟能力に関しても，小法廷判決がみられる。**最判平成10・3・12刑集52-2-17**がそれで，被告人の訴訟能力は認められるとし，次のように判示した。

被告人は，重度の聴覚障害及びこれに伴う二次的精神遅滞により，訴訟能力……が著しく制限されてはいるが，これを欠いているものではなく，弁護人及び通訳人から適切な援助を受け，かつ，裁判所が後見的役割を果たすことにより，これらの能力を治保持していたと認められる。したがって，被告人は，第一審及び原審のいずれの段階においても，刑訴法三一四条一項にいう「心神喪失の状態」にはなかったものと認めるのが相当である。……以上によれば，被告人が第一審段階において訴訟能力を欠く心神喪失状態にあったとした原判決の判断には，刑訴法三一四条一項の解釈適用を誤った違法があり，これを破棄しなければ著しく正義に反するといわなければならない。

■ 証拠能力に関するもの

秘密録音の証拠能力に関しても，小法廷決定が出されている。**最決平成12・7・12刑集54-6-513**（秘密録音）がそれで，次のように判示し，証拠能力を認めた。

第14代長官　山口　繁

本件で証拠として取り調べられた録音テープは，被告人からの詐欺の被害を受けたと考えた者が，被告人の説明内容に不審を抱き，後日の証拠とするため，被告人との会話を録音したものであるところ，このような場合に，一方の当事者が相手方との会話を録音することは，たとえそれが相手方の同意を得ないで行われたものであっても，違法ではなく，右録音テープの証拠能力を争う所論は，理由がない。

秘密録音の証拠能力を認めた**千葉地判平成3・3・29判時1384-141**（508頁）が既に出されていたが，本最決平成12・7・12により，最高裁判所でもそれが認められることになった。

より重要なのは，DNA鑑定の証拠能力を認めた**最決平成12・7・17刑集54-6-550**（足利幼女殺害事件）である。原審，第一審ともにDNA鑑定に証拠能力を認めたところ，被告人がこれを不服として上告を申し立てた。本最決平成12・7・17は，次のように判示した。

なお，本件で証拠の一つとして採用されたいわゆるMCT118DNA型鑑定は，その科学的原理が理論的正確性を有し，具体的な実施の方法も，その技術を習得した者により，科学的に信頼される方法で行われたと認められる。したがって，右鑑定の証拠価値については，その後の科学技術の発展により新たに解明された事項等も加味して慎重に検討されるべきであるが，なお，これを証拠として用いることが許されるとした原判断は相当である。

この上告棄却により被告人の有罪が確定した。この有罪判決については，後に本鑑定が誤りであることが判明し，再審無罪が言渡された。

■ 判決に関するもの

未決拘留日数の算入に関しても小法廷決定がみられる。**最決平成14・6・5判時1786-160**がそれである。第一審判決が未決勾留日数を本刑に全く算入しなかったのは問題だとしつつも，未決勾留日数の算入に関する判断は本来判決裁判所の裁量にかかるものであることから，原判決を破棄しなければ著しく正義に反するとまでは認められないとし，次のように判示した。

改正前の前記条例による本罪の法定刑は五万円以下の罰金又は拘留若しくは科料というものであった。ところが，被告人の未決勾留期間は九三日間，起訴後の勾留期間に限っても七八日間に及んでいるのであり，前記の審理経過に照らすと，このような法定刑の軽微な事件について，身柄拘束の不必要な長期化を避けるための配慮が十分であったとはいえない上，上記未決勾留期間のすべてが本件の審理にとって通常必要な期間であったとも認め難い。そうすると，第一審判決が未決勾留日数を本刑に全く算入しなかった

のは，刑法二一条の趣旨に照らして問題があり，刑の量定に関する判断を誤ったものといわざるを得ないが，未決勾留日数の算入に関する判断は，本来判決裁判所の裁量にかかるものであることなどにかんがみると，上記第一審判決を是認した原判決を破棄しなければ著しく正義に反するとまでは認められない。

■ 無罪判決後の再度の勾留に関するもの

　無罪判決後の再度の勾留を適法としたのが**最決平成12・6・27刑集54-5-461**（東電OL事件）である。次のように判示した。

> 裁判所は，被告人が罪を犯したことを疑うに足りる相当な理由がある場合であって，刑訴法60条1項各号に定める事由（以下「勾留の理由」という。）があり，かつ，その必要性があるときは，同条により，職権で被告人を勾留することができ，その時期には特段の制約がない。したがって，第1審裁判所が犯罪の証明がないことを理由として無罪の判決を言い渡した場合であっても，控訴審裁判所は，記録等の調査により，右無罪判決の検討を経た上でもなお罪を犯したことを疑うに足りる相当な理由があると認めるときは，勾留の理由があり，かつ，控訴審における適正，迅速な審理のためにも勾留の必要性があると認める限り，その審理の段階を問わず，被告人を勾留することができ，所論のいうように新たな証拠の取調べを待たなければならないものではない。また，裁判所は，勾留の理由と必要性の有無の判断において，被告人に対し出入国管理及び難民認定法に基づく退去強制の手続が執られていることを考慮することができると解される。

　ただし，本決定には，遠藤実男裁判官の次のような反対意見が付されていた。

> 私は，多数意見とその見解を異にし，被告人に対する勾留状発付を適法とした原決定には，法令の解釈を誤った違法があり，かつこれを取り消さなければ著しく正義に反すると認められる場合に該当するものと考える。……多数意見は，被告人が罪を犯したことを疑うに足りる相当な理由があり，かつ刑訴法60条1項各号に定める事由とその必要性があるときは，裁判所は，同条により職権で被告人を勾留することができ，その時期には特段の制約がないとした上，右の場合であっても，控訴審裁判所は，右要件を充足する限り，その審理の段階を問わず，被告人を勾留することができるとする。私も，右の前段の判断部分につき特に異論を唱えるものではなく，控訴審裁判所が必要に応じて職権で被告人を勾留し得る場合があることを否定するものではないが，右後段の判断部分については，直ちに賛成することができない。けだし，無罪判決により勾留状の効力が失われるとした刑訴法345条の法意にかんがみると，検察官の控訴に伴い控訴審裁判所が被告人を勾留するに際しての「罪を犯したことを疑うに足りる相当な理由」についての判断基準は，第一審段階に比してより高度なものが求められ，かつこれに連動して，勾留できるという判断が可能になる時期は，おのずから制約されるべきものと考えられ

第14代長官　山口　繁

るからである。……本件勾留は，被告人が不法残留により退去強制を受けることとなったため，被告人が不在のまま審理が進められたとすれば控訴審の実質審理に支障が生ずる恐れがあると考えられたこと，及び控訴審において第一審判決が取り消され，有罪の判決が確定した場合の将来の刑の執行確保の目的を意図して行われた処分であることは疑いの余地がない。……けだし，仮に被告人が不法残留の外国人でなかったとするならば，第1審において無罪判決の宣告を受けた者に対し，たとえその者に住居不定その他の勾留要件が認められたとしても，控訴審裁判所がその実質的審理の開始前に一件記録を検討しただけで勾留するということは，およそあり得なかったと思われるからである。……司法当局としては，その執行を阻止するため無罪判決により勾留状が失効した被告人の身柄を確保すべき法的根拠を有しない。正に法の不備といわざるを得ないが，法の不備による責任を被告人に転嫁することは許されるべきことではない。例えば，一定の要件の下に，この種の不法残留者等に対しては退去強制処分の執行停止を認めることができる旨の規定を設けるなどしてこれに対応することが望まれよう……。……また，勾留は，本来，将来の刑の執行確保を目的として行われるべきものではないが，副次的にそのような一面を有していることは否定しがたいところである。しかし，将来の刑の執行確保の必要性をいうのであれば，犯罪人の引渡し等を内容とする司法共助条約を締結することによってその解決を図るべきが当然であり，このような条約が締結されていないことを理由として，勾留の正当性を裏付けようとすることも許されないものというべきである。

勾留の裁判に対する異議申立てが棄却され，右棄却決定がこれに対する特別抗告も本最決平成12・6・27により棄却されて確定したところ，被告人は同一の論拠に基づき勾留取消し請求を行ったが棄却されたので，特別抗告をした。この特別抗告を棄却したのが**最決平成12・9・27刑集54-7-710**で，次のように判示した。

所論には，本件勾留の裁判自体が違法であるから本件勾留は取り消されるべきであると主張する部分があるが，右の所論と同一の論拠を主張してされた本件勾留の裁判に対する異議申立てが先に棄却され，右棄却決定がこれに対する特別抗告も棄却されて確定しているのであるから，再び右論拠に基づいて本件勾留を違法ということはできない。

■ 再審に関するもの

再審請求に関しても小法廷決定がみられる。その一つが**最決平成10・10・27刑集52-7-363**で，次のように判示し，再審請求を認めなかった原決定の判断は是認できるとした。

所論にかんがみ，職権をもって判断すると，所論引用の各証拠が同法四三五条六号にいう「無罪を言い渡すべき明らかな証拠」に当たらないとした原決定の判断は，これを是

認することができる。その理由は，以下のとおりである。……本件再審請求の対象である第一審判決（以下「確定判決」ともいう。）が認定した強盗殺人，同未遂，現住建造物放火の罪となるべき事実の要旨は，次のとおりである。すなわち，申立人は，Wとの間で，申立人の以前の稼働先である福岡市内のM無線株式会社〇〇店に押し入り宿直員を殺害して金品を強取し同店に放火して犯跡を隠蔽することを計画して，共謀の上，昭和四一年一二月五日午後一〇時ころ，同店営業部事務室において，宿直中のM及びUに対し，玩具のけん銃と登山用ナイフを突き付けるなどして金銭を要求し，これに従おうとしない両名を計画どおり殺害しようと決意して，Mの頭部を小型ハンマーで強打するなどし，その反抗を抑圧して現金合計二二万一〇〇〇円等を強取するとともに，Uの首を電熱器用コードで締め上げ，両名の頭部等を右小型ハンマーで殴打するなどの暴行を加えて両名に瀕死の重傷を負わせた。そして，かねてからの計画どおり，同店（木造瓦葺二階建店舗）に火を放って焼燬し，右宿直員両名を窒息死あるいは焼死させて犯跡を隠蔽しようと企て，Wが同事務室内の棚に積み上げられていた多数の商品カタログ紙を取出して同室内一面にまき散らし，申立人が侵入前から点火されていた同事務室内の石油ストーブを，火炎の部分を覆っていた金属製防護網を取り外した上で，反射鏡が上になり火炎の部分が下になるように足蹴にして横転させ，Wに命じて右ストーブの火炎が同事務室内の机等に燃え移っていることを確認させた上で同人とともにその場から逃走し，よって，Mらが現在する同店を半焼させるなどして焼燬するとともに，Mを前記暴行による高度の脳挫傷及び一酸化炭素中毒によりその場で死亡させて殺害したが，Uに対しては加療約五箇月を要する陥没骨折を伴う前額部，右側頭部の各挫創等の傷害を負わせたにとどまり，殺害するに至らなかった。……申立人は，逮捕直後から右事実を全面的に認め，公判においてもこの自白を維持して，第一審において死刑の宣告を受けた。申立人は，この第一審判決を不服として控訴し，控訴審において，死刑制度の違憲性，心神耗弱，量刑不当等の主張に加え，放火の犯意についても争ったが，第一審判決挙示の証拠により十分これを認めることができるとして，その主張は排斥され，上告も棄却されて，第一審判決が確定した。……本件再審請求においても，申立人が強盗殺人，同未遂の犯行に及んだことには争いがなく，本件再審請求は，前記各犯罪事実のうち，現住建造物放火の点のみを否定し，火災の真の原因は事務室内で燃焼中の石油ストーブ（以下「本件ストーブ」という。）が直立したままの状態で異常燃焼したことによるものであるとして，この点について申立人を無罪とすべき明らかな証拠を新たに発見したと主張するものである。右放火の罪は，確定判決において強盗殺人，同未遂の罪と一個の行為で三個の罪名に触れる観念的競合の関係にあるものとして処断されたものであるところ，このように確定判決において科刑上一罪と認定されたうちの一部の罪について無罪とすべき明らかな証拠を新たに発見した場合は，その罪が最も重い罪ではないときであっても，主文において無罪の言渡しをすべき場合に準じて，刑訴法四三五条六号の再審事由に当たると解するのが相当である。……原決定は，確定判決が放火の

第14代長官　山口　繁

方法に関し燃焼中の本件ストーブを足蹴にして横転させたと認定したことについて，原審における検証調書等によれば，本件ストーブを蹴り付けて横転させようとしても，ストーブは重心が低く設計されているため床面を前方に滑るだけで容易に転倒させることができず，また，所論引用の新たな証拠である大隅誠作成の「東芝KV202石油ストーブ実験結果のまとめ」と題する書面及び原原審における証人乙の尋問調書等によれば，本件ストーブを横転させると裏蓋が開いて給油タンクがストーブ本体から外れてしまい，本件ストーブの発見時のように給油タンクが納まったままの状態で横転させることはできないことから，確定判決の右認定には合理的な疑いを生じたとしている。その上で，原決定は，放火の方法について更に検討を加え，申立人及びWの各自白を含む関係証拠，とりわけ確定判決を言い渡した裁判所に提出されていた福岡県警察技術吏員福山晴夫作成の鑑定書，再審請求後に検察官から提出された同技術吏員海藏寺明治作成の鑑定書二通等によれば，申立人が本件ストーブをその前面下部の扉部分が床面に接するように設置して火を放ったことを認定することができるとし，申立人が本件ストーブを故意に転倒させ，その火を机等に燃え移らせて放火の犯行に及んだことに変わりがないから，無罪を言い渡すべき場合に当たらないと判示し，本件再審請求を棄却している。……記録に徴すれば，原決定の右判断は，結論において正当として是認することができる。すなわち，申立人の自白のほか，共犯者Wの供述，本件ストーブや防護網の発見状況，現場の焼燬状況等を総合すれば，原決定のように本件ストーブを前傾した状態に設置したとまで認定すべきか否かはともかくとしても，申立人及びWが，事務室内にあった燃焼中の本件ストーブを防護網を取り外して移動させ，その火力を利用して室内の机等に燃え移らせるようにして火を放ち，その場から逃走したことは，動かし難いところであるから，申立人に現住建造物放火罪が成立することは明らかである。……所論は，確定判決の判示した放火の具体的方法が実行可能であることについて合理的な疑いを生ずるに至ったのであるから，再審事由に該当すると主張している。しかし，放火の方法のような犯行の態様に関し，詳しく認定判示されたところの一部について新たな証拠等により事実誤認のあることが判明したとしても，そのことにより更に進んで罪となるべき事実の存在そのものに合理的な疑いを生じさせるに至らない限り，刑訴法四三五条六号の再審事由に該当するということはできないと解される。本件においては，確定判決が詳しく認定判示した放火の方法の一部に誤認があるとしても，そのことにより申立人の現住建造物放火の犯行について合理的な疑いを生じさせるものでないことは明らかであるから，所論は採用することができない。……前記福山晴夫作成の鑑定書は，確定判決を言い渡した裁判所の審理中に提出されたが，確定判決にはその標目が示されなかった証拠であり，また，原審における検証調書及び前記海藏寺明治作成の鑑定書は，本件再審請求の後に初めて得られた証拠である。所論は，確定判決に標目が挙示されなかった証拠や再審請求後に提出された証拠を考慮して再審請求を棄却することは許されないと主張する。しかし，刑訴法四三五条六号の再審事由の存否を判断するに際しては，大

隈誠作成の前記書面等の新証拠とその立証命題に関連する他の全証拠とを総合的に評価し，新証拠が確定判決における事実認定について合理的な疑いをいだかせ，その認定を覆すに足りる蓋然性のある証拠（最高裁昭和四六年（し）第六七号同五〇年五月二〇日第一小法廷決定・刑集二九巻五号一七七頁，最高裁昭和四九年（し）第一一八号同五一年一〇月一二日第一小法廷決定・刑集三〇巻九号一六七三頁，最高裁平成五年（し）第四〇号同九年一月二八日第三小法廷決定・刑集五一巻一号一頁参照）であるか否かを判断すべきであり，その総合的評価をするに当たっては，再審請求時に添付された新証拠及び確定判決が挙示した証拠のほか，たとい確定判決が挙示しなかったとしても，その審理中に提出されていた証拠，更には再審請求後の審理において新たに得られた他の証拠をもその検討の対象にすることができるものと解するのが相当である。原決定は，これと同旨の見解の下に，刑訴法四三五条六号の再審事由の存否について判断したものであるから，正当である。……以上のとおり，所論引用の新証拠のほか，再審請求以降において新たに得られた証拠を含む他の全証拠を総合的に評価しても，申立人が放火の犯行に及んだことに合理的な疑いが生じていないことは明らかであるから，所論引用の新証拠が刑訴法四三五条六号にいう証拠の明白性を欠くとして本件再審請求を棄却すべきものとした原決定の判断は，正当であり，是認することができる。

最決平成14・4・8判時1781-160（名張毒ぶどう酒殺人事件第6次再審請求審決定）も，次のように判示し，再審請求を認めなかった原々決定及びこれを是認した原決定の判断は正当であるとした。

　なお，所論は，確定判決の事実認定に供された証拠及び第五次再審請求までに提出された証拠に新証拠であるA作成のノート（以下「Aノート」という。）を加えれば，申立人に一〇分間の犯行機会があったとする確定判決の認定には，合理的な疑いが生じるというので，この点について，職権で判断を加える。……Aは，本件犯行当時所轄の名張警察署長であった者であるが，同人が当時作成したAノートには，Bが捜査官に対して，本件犯行当日，同女が申立人の後を追ってC方を出てから，Dと途中で出会い，共に本件犯行現場の公民館に行ったと述べた旨の記載がある。他方，本件犯行発生直後の捜査段階，確定裁判の公判段階及び再審請求審の審理段階におけるBの供述は，いずれも，C方から申立人の後を追って公民館へ行った後，C方に雑巾を取りに戻り，再びC方から公民館へ向かった時に，途中でDと出会って共に公民館に行ったのであり，それゆえ，BがC方に雑巾を取りに戻るため公民館を出てから再び公民館に到着するまでの約一〇分間，申立人が一人で公民館にいたというものである。これによれば，Aノートの上記記載は，Bの上記供述のうち，同女がC方を出てから途中でDと出会って共に公民館に行ったのが二回目の公民館行きの時であるという点を弾劾する性質を有するものと認められる。しかしながら，Bの上記供述は，本件犯行発生直後の捜査段階から確定裁判の公判段階，再審請求審の審理段階を通じて一貫したものである上，D，E，F等の関

係者の供述とも符合していて，信用性が高いものと認められる。これに対し，Aノートの上記記載は，上記関係者の供述と符合しないものである上，その記載形式からしても，A自身がBから直接聴いたものではなく，捜査の過程で他の捜査官から伝え聞いた情報を記載したもので，その正確性についてB本人に対する確認手続も経ていないと推認されるから，Bの上記供述と比較して証拠価値が乏しいものといわざるを得ない。また，所論が指摘するAノートのその余の記載も，証拠価値が乏しく，Bの上記供述を弾劾するに足りるものとはいえない。このように，新証拠であるAノートを考慮に入れても，Bの上記供述の証明力は，何ら減殺されるものではないというべきである。……以上によれば，Bの上記供述に加えてD等の関係者の供述をもとに，申立人に一〇分間の犯行機会があったとした確定判決の認定には，合理的な疑いが生じる余地はないというべきであるから，その余の点について論じるまでもなく，Aノートが刑訴法四三五条六号にいう「無罪を言い渡すべき明らかな証拠」に当たらないとした原々決定及びこれを是認した原決定の判断は，正当である。

3　下級審判決・決定

■ **捜査に関するもの**

　捜査に関して注目されるのは**東京高判平成14・9・4判時1808-144**（ロザール事件）である。9泊の宿泊を伴った連続10日間の取調べについて，違法は重大であり，違法捜査抑制の見地からしても証拠能力を付与するのは相当ではないとし，次のように判示した。

　本件においては，被告人は，参考人として警察署に任意同行されて以来，警察の影響下から一度も開放されることなく連続して九泊もの宿泊をも余儀なくされた上，一〇日間にもわたり警察官から厳重に監視され，ほぼ外界と隔絶された状態で一日の休みもなく連日長時間の取調べに応じざるを得ない状況に置かれたのであって，事実上の身柄拘束に近い状況にあったこと，そのため被告人は，心身に多大の苦痛を受けたこと，被告人は，上申書を書いた理由について，ずっと取調べを受けていて精神的に参ってしまった，朝から晩まで取調べが続き，殺したんだろうと言い続けられ，耐えられなかった，自分の家に帰してもらえず，電話などすべて駄目で，これ以上何もできないと思ったなどと供述していること，被告人は，当初は捜査に協力する気持ちもあり，取調べに応じていたものと思われるが，このような長期間の宿泊を伴う取調べは予想外のことであって，被告人には宿泊できる可能性のある友人もいたから，被告人は少なくとも三日目以降の宿泊については自ら望んだものでないこと，また，宿泊場所については，警察は被告人に宿泊できる可能性のある友人がいることを把握したのに，真摯な検討を怠り，警察側の用意した宿泊先を指示した事情があること，厳重な監視については，捜査側は被告人に自殺のおそれがあったと説明するが，仮にそのおそれがあったとしても，任意捜査に

おける取調べにおいて本件の程度まで徹底して自由を制約する必要性があるかは疑問であること等の事情を指摘できるのであって，他方，本件は殺人という重大事件であり，前記のように重要参考人として被告人から事情を緊急，詳細に聴取する必要性が極めて高く，また，通訳を介しての取調べであったため時間を要したこと，被告人は自宅に帰れない事情があったことなどの点を考慮するとしても，本件の捜査方法は社会通念に照らしてあまりにも行き過ぎであり，任意捜査の方法としてやむを得なかったものとはいえず，任意捜査として許容される限界を超えた違法なものというべきである。……本件においては，憲法三八条二項，刑訴法三一九条一項にいう自白法則の適用の問題（任意性の判断）もあるが，本件のように手続過程の違法が問題とされる場合には，強制，拷問の有無等の取調方法自体における違法の有無，程度等を個別，具体的に判断（相当な困難を伴う）するのに先行して，違法収集証拠排除法則の適用の可否を検討し，違法の有無・程度，排除の是非を考える方が，判断基準として明確に妥当であると思われる。……本件自白……は違法な捜査手続により獲得された証拠であるところ，本件がいかに殺人という重大事件であって被告人から詳細に事情聴取（取調べ）する必要性が高かったにしても，上記指摘の事情からすれば，事実上の身柄拘束にも近い九泊の宿泊を伴った連続一〇日間の取調べは明らかに行き過ぎであって，違法は重大であり，違法捜査抑制の見地からしても証拠能力を付与するのは相当ではない。本件証拠の証拠能力は否定されるべきであり，収集手続に違法を認めながら重大でないとして証拠能力を認めた原判決は，証拠能力の判断を誤ったものであるといわざるを得ない。

他方，**東京高判平成11・10・22高検速報（平成11年）3105-105**は，おとり捜査に関するものである。知人の暴力団幹部からけん銃の修理を依頼された被告人は，本件けん銃を持ってガンショップの店主Ａ方店舗に赴き，本件けん銃を置いたまま同店舗の外に出たところを，警察官から職務質問を受け，本件けん銃を修理に出したことを認めたので，Ａ方店舗において確認の上，本件けん銃所持の現行犯人として逮捕された。裁判では違法なおとり捜査かどうかが争点となったが，本東京高判平成11・10・22は，この点について，次の旨を判示した。

Ａは被告人が拳銃を持って自己の店舗に来ることについて警察に通報しているばかりでなく，……同人は単なる通報者に止まるものではなく，警察側と密接な連絡を取りつつ，これに協力的な態度をとっているものと認められるのであるが，他方において認められる，暴力団幹部から修理を依頼されてけん銃を預かり所持することは，被告人がＡに本件けん銃の修理に関する問合せの電話連絡をする以前から予定されていたものであること，右電話はＡ側から被告人にかけたものではなく，被告人が任意にＡにかけたものであることなどに照らせば，Ａの誘発行為がなければ被告人に本件けん銃所持の犯意を生じなかったとは到底いえない。……両者（被告人とガンショップの店主―引用者）

第14代長官　山口　繁

の供述は，電話連絡のあった日，両者間のやり取りの内容等につきまったく対立していて，Aが被告人にけん銃を店舗に持ってくるように勧めたか否かに関しては真偽不明といわざるを得ないのであるが，仮に，Aが所論主張のようなことを述べたとしても，拳銃の不具合ないし修理という事柄の性質からすれば，現物を持参しなければ修理の要否や可否を判断しにくいことは確かであるから，被告人からの修理に関する問い合わせに対して，Aがそのように言ったことの故をもってAが被告人にけん銃所持の犯意を新たに生じさせたことにはならず，いずれにしても所論は失当である。

■　令状に関するもの

捜索差押えに関しても注目すべき下級審判決がみられる。**東京地判平成10・2・27判時1637-152**がそれである。具体的差押処分に当っては差押の必要性を厳密に解する必要があるとした上で，本件顧客管理データについては差押えの必要性が認められないとし，次のように判示した。そして，差押えの処分を取り消した。

> 本件会社は，本件被疑事実の容疑者でない上，利用者のプライバシー保護が強く要請される電気通信事業法上の特別第二種電気通信事業者であるから，本件会社に対する捜索差押の適法性を判断するにあたっては，捜索差押の必要性と並んで利用者のプライバシー保護を十分に考慮する必要がある。……そこで，本件捜索差押について検討すると，本件捜索差押許可状の差し押さえるべき物は，前記のとおり包括的であるところ，その記載の適否はともかく，具体的差押処分にあたっては，差押えの必要性を厳密に解する必要がある。本件顧客管理データは，本件会社とインターネットによる通信サービスの契約を結んだ会員のうち，アダルトのジャンルを選択したホームページ開設希望者四二八名の氏名，住所，電話番号等からなるデータであり，差し押さえるべき物のうち「顧客名簿」に該当するものとして差し押さえられたものと認められる。このうち，「morokin」のアカウントを使用して本件ホームページを開設した被疑者に関するものについては，本件被疑事実との関連性，差押えの必要性は明らかであるが，その余の会員に関するデータについては，アダルトホームページの開設希望者に限定したところで，本件被疑事実との関連性を認めがたく，差押えの必要性は認められないというべきである。……本件顧客管理データについては，本件会社が所有権放棄書を提出していることが認められるが，強制処分である捜索差押手続においては，所有権放棄書が提出されたからといって，強制処分が任意処分になるわけではないから，右所有権放棄書の提出により本件顧客管理データの差押えの違法性が治癒されるものではない。……よって，本件準抗告の申立ては理由があるから，本件顧客管理データの差押処分を取り消すこととし，主文（差押え処分取消し―引用者）とおり決定する。

本件捜索差押許可状の差押えるべき物が包括的であったことから，このような判示

がなされたものといえよう。

捜索差押えに際しての写真撮影を違法とした**高松高判平成12・3・31判時1726-130**もみられる。捜索差押えにおいて、住所が記載されたレポート用紙等を撮影した行為を違法と判示した。

広島高判平成11・10・26判時1703-173も、捜索差押許可状の執行に関するものである。捜索差押許可状が到着するまでの間、被告人を、強制採尿をする予定の病院内の駐車場に駐車中の警察車両に乗せたところ、車内の被告人がうめき声を出し、身体をのけぞらしたり、頭を前後左右に動かしたりして暴れたために、同乗していた警察官が被告人の手を押さえるなどして、おとなしくするように言った。その後、捜索差押許可状を所持した警察官が到着したので、同車両内で、被告人に対し、右令状を呈示し、病院で採尿することを告げた上、警察官が被告人をその両脇から抱きかかえるようにして、同病院内に連れていった。弁護人は、捜索差押許可状を呈示するまでの間に被告人に対し行った一連の行為は不当逮捕、監禁等であって、令状主義を逸脱する違法なものであると主張した。これについて、本広島高判平成11・10・26は、次のように判示し、違法は認められないとした。

> 警察官らが、被告人に捜索差押許可状を提示するまでの間に、被告人に対し行った一連の行為は、右令状が到達するまでの約三〇分間、任意に警察車両内に待機することを促した行為であって、緊急かつやむを得ない行為であるというべきである。……警察官らの措置には、弁護人が弁論において主張するような不当逮捕、監禁等の令状主義を逸脱する違法はない。

■ 訴因変更に関するもの

大阪地判平成10・4・16判タ992-283は、結審にさしかかった時点での訴因変更について、次のように判示した。

> 一件記録によれば、被告人Aは、平成六年一一月一九日、強盗傷人罪で通常逮捕され、同月二一日、強盗殺人未遂罪により勾留され、以後、強盗殺人未遂の被疑事実で捜査がなされ、被害者T、被告人Aの取調べ等がなされたこと、検察官は、同年一二月九日、被告人Aを長野地方裁判所上田支部に強盗致傷罪により起訴し、さらに、同月二八日、同支部に窃盗、公務執行妨害、器物損壊罪により追起訴したこと、その後、平成七年一月二六日、検察官から病気を理由に被告人Aの勾留の執行停止の申立てがなされ、同支部裁判官は、同日、勾留執行停止命令をなしたこと、その後、被告人Aは、国立東信病院に収容されたが、翌二七日同病院から逃走し、それ以後所在不明となっていたこと、その後、被告人Aの所在が判明し、被告人Aは、平成八年九月二九日、右逃走後

第14代長官　山口　繁

に犯したとされる窃盗罪で逮捕，勾留され，同年一〇月一六日大津地方裁判所に窃盗罪により起訴され，その後，殺人，死体遺棄罪で逮捕，勾留され，同年一一月一二日大阪地方裁判所に殺人，死体遺棄罪により起訴されたこと，その後，同年一二月二〇日，長野地方裁判所上田支部において，第一回公判が開かれ，強盗致傷，窃盗，公務執行妨害，器物損壊の公訴事実について罪状認否，検察官による証拠の取調べ請求がなされ，右証拠はすべて同意され，取調べがなされた（検察官の立証は一応終了した）こと，その後，大阪地方裁判所に係属中の被告人Aに対する殺人，死体遺棄被告事件に，長野地方裁判所上田支部に係属中の強盗致傷，窃盗，公務執行妨害，器物損壊被告事件と大津地方裁判所に係属中の窃盗被告事件が併合され，これらも併せて審判されることとなり，大阪地方裁判所において，平成九年二月一〇日に第二回公判が開かれ，同期日には，前記上田支部に係属していた強盗致傷等被告事件について公判手続の更新がなされたほか，同公判から同年一〇月二日の第一一回公判までは，主として殺人，死体遺棄被告事件について証拠調べが行われたこと，同年一一月一〇日の第一二回公判において，強盗致傷，窃盗，公務執行妨害，器物損壊被告事件の証拠調べ（被告人質問）がなされ，同日，検察官及び弁護人から，同月二〇日の第一三回公判で証拠調べを終了されたい旨の意思が表明され，これに基づき，当裁判所は，検察官及び弁護人の同意を得て，論告期日として平成一〇年一月一二日を，弁論期日として同年二月二日をそれぞれ指定したこと，第一三回公判には，予定どおりの証拠調べがなされたが，その後，平成九年一二月二六日になって，検察官から，被害状況及び被害感情等を立証するため，強盗致傷の被害者Tの証人尋問を請求したい旨の申入れがあったことから，当裁判所は，検察官及び弁護人の意見を聴取した上，平成一〇年一月一二日の第一四回公判を右証人尋問にあてることとし，あらためて同年二月二日に論告を，同月一九日に弁論をそれぞれ予定することを取り決めたこと，第一四回公判において，予定どおり証人Tの尋問がなされたが，同人の証言内容は，同人の捜査段階における供述とほとんど同一であったこと，そして，かねて検察官及び弁護人と打ち合わせていたとおり，右の論告，弁論期日がそれぞれ指定されたが，右論告期日直前の同年一月二六日，検察官から，本件強盗致傷を強盗殺人未遂に変更する旨の訴因罰条変更請求書が，さらに，翌二七日に意見書がそれぞれ提出されるに至ったこと，これに対し，弁護人は，同月三〇日，訴因変更に対する意見陳述書を提出し，その中で，本件訴因等変更請求は権利の濫用に当たり，許されるべきではない旨主張していること（検察官請求証拠を同意したのは，強盗致傷の事実を前提としたものである旨の主張もしている。）などが認められる。……そこで，右事実を前提として，本件訴因等変更請求の許否について検討するに，右事実によれば，（1）本件は，当初，強盗傷人の嫌疑で捜査が進められ，被告人Aも強盗傷人の被疑事実で通常逮捕されたところ，勾留の段階でいったんは強盗殺人未遂の被疑事実に変更され，その後，同被疑事実で捜査が行われたが，結局，検察官は強盗致傷として起訴し，そのまま審理が進められたこと，（2）長野地方裁判所上田支部における第一回公判で検察官請求の証拠が

596

V この期の刑事判例の特徴

すべて同意されたのも，強盗致傷として起訴されたためであり，仮に強盗殺人未遂として起訴されていたならば，右証拠のすべてが同意されることはなかった可能性があり，本件訴因等変更請求が認められた場合，被告人Ａの防御に実質的な不利益を及ぼすものとみられること，(3)被告人Ａに対する強盗致傷被告事件の審理は，当初の起訴から右訴因等変更請求までに約三年二か月（第一回公判から約一年一か月）が経過し，その間に合計一四回の公判が開かれており，検察官は，これまでの審理経過に照らし，右訴因等の変更請求をする機会があったにもかかわらず，何らこれらの措置を採らず，訴訟終結間近（論告期日直前）になって，右訴因等変更請求をしたこと，(4)検察官が訴因等変更の必要性が生じた根拠とする事実（主として，被告人Ａの本件行為の態様，本件前後の状況，創傷の状況等）は，いずれも平成八年一二月二〇日の第一回公判において，当初の訴因である強盗致傷について，検察官から証拠の取調べ請求がなされ，採用決定を経た後，取り調べられた証拠によりあらわれていたものと内容的には異ならないものであり，犯罪の構成要素について基礎となる証拠及びその評価について変更は認められないことなどを考慮すると，迅速かつ公正な裁判の要請という観点から，本件訴因等変更請求は，誠実な権利の行使とは認められず，権利の濫用に当たるものと解され，刑事訴訟規則一条に反し，許されないというべきである。

■ 証拠の関連性に関するもの

類似事実による犯罪事実の立証に関するものとして，**和歌山地決平成12・12・20判タ1098-101**（和歌山カレー事件）がみられる。「検察官は……〔２〕Ａが昭和六三年五月に中江病院のＣの病室で食事をして腹部症状を発生した経緯，〔３〕被告人のＣに関する言動及び被告人方でのマージャン開催状況等，〔４〕被告人が平成九年一〇月にＡに無断で同人を被保険者とする簡易保険契約を結んでいたこと，〔５〕Ｄに体調不良が生じ死亡した経過……を立証するため，Ａの証人尋問を請求し」たところ，次のように判示した。

　検察官は，〔２〕及び〔５〕の事実によって，本件殺人未遂被告事件の被告人の犯人性を立証しようというのであるが，右殺人未遂被告事件は，保険金取得目的で被告人が砒素を混入した食べ物を被害者に提供して殺害しようとしたという事案であるところ，〔２〕及び〔５〕の事実は，被告人により多額の保険を掛けられている被告人の周辺者が砒素中毒にり患したとされる点で右被告事件と類似する事実である。したがって，検察官の右立証は，起訴されていない類似事実によって起訴にかかる犯罪事実を立証しようとするものであるから，そのような立証は，原則として許されないものである。……しかしながら，類似事実による犯罪事実の立証は，一切許されないものではなく，特殊な手口等により犯罪事実の犯人と被告人との同一性を証明する場合や，犯罪事実につい

第14代長官　山口　繁

ての目的，動機等の主観的要件を証明する場合には，事案の特殊性や審理の状況に鑑み，例外的に認められる場合もあると解される。……もとより，類似事実による犯罪事実の立証が原則として禁止されるのは，このような証拠が自然的関連性はあるものの，類型的に裁判所に対して不当な予断偏見を与え，誤った心証を形成させる危険があるからであり，またこのような立証を検察官に許すことが，争点を混乱させ審理を遅延させたり，被告人に不意打ちを与える危険があるとの理由によるのであるから，例外的にそのような立証を認めるか否かの判断は，そのような目的に反しないか慎重な検討が必要となる。……そこで検討するに，本件殺人未遂被告事件は，保険金取得目的で被告人が砒素を混入した食べ物を被害者に提供して殺害しようとしたという事案であるところ，犯行態様が極めて特異であるばかりか，昭和六二年から平成九年にかけての同種の目的・態様の事件が四件も起訴されている事案であること，不正な保険金取得が半ば継続的にされていたと主張されている事案であること，事案の性格上，直接証拠が得にくく検察官としては必然的に間接事実の積み重ねによらざるを得ない類型の事案であること，被告人が現時点においても詳細な供述をしておらず，検察官としては事件の前後あるいは周辺の間接事実を立証することで被告人の犯人性を立証せざるを得ない事案であること等の特徴を持つ事案である。そしてこれまでの審理で，殺人被告事件では検察官の主たる立証が終わり，殺人未遂被告事件では，捜査段階から自らが被害者となったとされる事件についても黙秘しているCを除く二名，三件分の被害者の証人尋問が終わり，今後は，殺人未遂の被害者等の砒素中毒に関する医師の証人尋問が予定されている段階であり，また詐欺被告事件では証拠関係の多くが同意となっている。……このような特徴を持つ本件において，検察官は，態様や目的が類似若しくは共通し昭和六〇年から昭和六三年にかけて発生した〔2〕及び〔5〕を立証し，他の立証ともあいまって，本件殺人未遂被告事件の犯人性等を立証しようというのであるが，〔5〕はCや被告人の周辺の者が砒素中毒で死亡したことにより被告人らが多額の保険金を取得した最初の事案とされており，また〔2〕は，〔5〕の後，昭和六二年のBに対する殺人未遂事件を経て，昭和六三年にCが砒素中毒になった際に，Cの病室で被告人から提供されたとする食事をCと一緒にし，砒素中毒にり患したとされる事実であるから，いずれの事実も，被告人の犯人性を種々の間接事実の立証によらざるを得ない本件殺人未遂被告事件においては，関連性を有する事実といわざるを得ない。……また，〔2〕や〔5〕等の類似事実の立証と訴訟経済や被告人の不意打ちの関係を検討するに，〔2〕や〔5〕等の類似事実は，検察官が冒頭陳述で述べ，当初から立証予定であることを明らかにしている事実であるから，この類似事実の立証を許すことが被告人の不意打ちになるとは考えにくい。またこれまでの審理経過に照らすと，現時点は，右類似事実の立証を許すのに不適当な時期ではなく，またどの程度の証拠調べが必要となるかは想定できることから，それらの立証により，事案の重大性と比較しても不当なほどの審理の遅延をきたすものとは考えられず，また弁護側の反証がそれほど困難になるとも考えられない。……以上の検討によ

V　この期の刑事判例の特徴

れば，〔2〕や〔5〕の立証は，類似事実による犯罪事実の立証が，例外的に許される場合といわざるを得ない。なお，類似事実による犯罪事実の立証を許すことと，当該類似事実がどの程度犯罪事実を推認させる証明力を有するかは別個の問題であって，後者は，立証された間接事実の評価の問題として，類似事実の立証後に慎重に検討されるべき問題であり，弁護人が主張する類似性の程度等の問題は，この場面において検討すべきものと考える。

同じく和歌山カレー事件に関するものであるが，**和歌山地決平成13・10・10判タ1122-132**（和歌山カレー事件）は，悪性格の立証に関し，次のように判示し，関連性を一部否定した。

> 検察官は，被告人がB生命に勤務していた際に同僚に対し種々の嫌がらせをしていた状況等（甲一七三号証関係）及び被告人がCに少しずつ薬を飲ませて同人を殺すつもりであるなどと繰り返し言っていたこと等（甲一七四号証関係）を立証趣旨として，A（以下「本件証人」という。）の証人尋問を請求する。……本件殺人等事件においては，その動機の有無，内容が争点の一つとなっているところ，検察官が本件立証趣旨で予定している尋問は，被告人の激高性や非常識な人物像に関するものであり，いわゆる悪性格の立証といえる。そこでそのような悪性格の立証が許されるかを検討する。……本件殺人等事件が，年少者を含めて地域住民が集う自治会主催の夏祭りの際に，その夏祭り会場で作られたカレーに亜砒酸が混入され，地域住民に多数の死傷者が出たとされる特異な事件である上，被告人が，事件当日の行動を含めて一切供述をしていないことから，検察官としては，種々の間接事実を積み重ねる立証を行っている。そして，検察官は，本件での性格立証は，あくまでも他の証拠により認められる被告人の犯人性を前提に，被告人が本件殺人事件を引き起こした内心の原因を明らかにするための間接事実の一つである旨主張しており，動機が人の内心の事情であることや，本件殺人等事件の上記特異性等に鑑みれば，検察官の動機の立証が，被告人の性格的側面に立ち入ることは許されないものではなく，むしろ必要な場合であると一応考えられる。……しかしながら，悪性格の立証については，そのような悪性格が要証事実を合理的に推認させる証明力の程度に幅が大きいことや，偏見や憶測を生んで事実認定を誤らせる危険が内在することに加え，動機の有無，内容が，事実上，犯人性の立証につながる側面も否定できないことから，性格立証の必要性やその具体的範囲については，より慎重な検討が必要である。……検察官が，本件立証趣旨で本件証人尋問により具体的に立証しようとする事実関係……は，本件証人が，被告人から「気に入らない同僚に，夜，いたずら電話をする」旨聞いたことがあること，本件証人にも夜中に無言のいたずら電話がかかってきたことがあり，それが被告人からであろうと思っていること，同僚のIDカードを捨てたことがあると被告人から聞いたことがあること，現実にIDカードを紛失した同僚が複数いること，同僚の仕事上の重要書類であるビルを被告人がシュレッダーにかけている場面を

599

見たことがあること及び本件証人として被告人の内心を推測して述べる意見等である。……まず，検察官が立証しようとする上記事実関係は，被告人の性格的側面や常識に欠ける面の立証として意味がないわけではないが，本件殺人等事件の特異性を考えれば，上記で立証される非常識さ等が，本件殺人等事件を引き起こした内心的原因と有意的に結びつくかははなはだ疑問であり，検察官がこれまで立証しようとしてきた他の動機関係の事実に比し，有意的な関連性が乏しいといわざるを得ない。……次に，上記事実関係は，被告人がＢ生命に勤務していた時代の同僚に対する嫌がらせという一定の時期に限定された極めてエピソード的なものである上，これまでの審理経過等に照らせば，被告人の悪性格については，今後の立証は一応予定されていないのである。そうであれば，その言動の背景にまでさかのぼって分析することは難しく，結局は，ある特定の時期の被告人の非常識な側面に関する単発のエピソード的な事実関係が数点立証されるだけ，すなわち，必ずしもその性格の実像を反映しない危険性のあるつまみ食い的な立証となるおそれが大であり，このような立証を許すことは，事実認定に供する意味合いが低いばかりか，不当な証拠評価をするのではないかとの疑念を生むだけといわざるを得ない。……さらに，本件殺人等事件を含む本件各事件の審理は，裁判所が命じた各種亜砒酸の異同識別鑑定及び被告人質問を除けば，検察官，弁護人とも主要な立証，反証をほぼ終えようとしている段階となっている。……以上を総合考慮すれば，本件立証趣旨での本件証人尋問は，上記のとおり，有意的な関連性に乏しいもので，事実認定に対する影響力が乏しく，また性格の実像を反映しない危険性のあるつまみ食い的なものになってしまうおそれがある上，この悪性格の立証を許した場合には，不相当に反対尋問の範囲を広げ，弁護人にもこれに対する積極的な反証を許さざるを得なくなるなど，現在の審理状況からすれば訴訟経済上の大きな問題がある。したがって，現在の審理状況にも照らせば，本件立証趣旨での本件証人尋問は，その必要性に疑問があるばかりか，むしろ弊害の方が大きいというべきである。……以上のとおりであって，本件証人についての本件立証趣旨（甲一七三号証関係）での尋問は必要性がないからこれを認めず，甲一七四号証関係の立証趣旨で本件証人尋問を行うものとする。

■ 証拠能力に関するもの

報道番組を録画したビデオテープの証拠能力に関して，**和歌山地決平成14・3・22判タ1122-131**は，次のように詳細に判示した。本決定も和歌山カレー事件についてのものである。

　報道機関は，憲法21条によって保障された報道の自由を有し，その報道のための取材の自由も，同条の精神に照らし十分尊重されるものである。しかしながら，その報道の自由，取材の自由も，適正な刑事裁判実現のためには一定の制約を受ける場合があり，その制約の当否は，適正な刑事裁判を実現するための必要性と，その制約により取材の自

V この期の刑事判例の特徴

由が妨げられる程度，報道の自由に及ぼす影響の程度を比較考量して決せられるべきである。……そこで，本件について検討するに，本件は，多数の地域住民が被害者となった殺人，殺人未遂という重大事案であるが，本件事件当日の昼ころにガレージで一人で鍋の見張りをしていた被告人が亜砒酸をカレー鍋に投入したとされる事案であって，本件事件当日の被告人の言動が重要な争点となっている。そして，本件各ビデオテープには，本件事件当日の昼ころのガレージでの出来事に関する被告人やＡの供述が録画されているのであるから，本件各ビデオテープに証拠としての価値が認められる。他方，被告人やＡは，報道機関からの取材であることを認識して，自宅内等で報道機関のインタビューに応じており（本件各ビデオテープ中には，その認識の有無が不明確な映像が一部あるが，その部分の証拠能力は後述のとおりである。），その報道に当たり取材源を秘匿しなければならないような状況ではなく，また，本件各ビデオテープの内容は，既に放送されたものであるから，そのような放送内容を刑事裁判において証拠として採用することが，報道の自由を侵害するものではない。……弁護人は，報道機関の報道内容が刑事裁判において証拠となるおそれがあるというのでは，被取材者たる市民は取材に応じなくなり，取材の自由を侵害するばかりか言論の自由までをも後退させる旨主張する。……しかしながら，報道機関が当時事件関係者として被告人夫婦を取材し，その結果を報道した内容が，一定の合理的目的のために利用されることは，報道機関の判断において公にしたものである以上，報道機関において甘受すべきことである。また，取材の自由，言論の自由といえども，他人の名誉やプライバシーを侵害すれば違法となるように，他の憲法上の要請から一定の制約を受けるのは当然であって，適正な刑事裁判の実現という憲法上の要請からの上記のような制約は免れるものではない。……弁護人は，本件各ビデオテープは，報道機関や捜査機関が一定の方向性を持って作成，編集したものであるばかりか，供述者の署名若しくは押印（以下，「署名押印」という。）もなく，供述再現の正確性を担保する方策が採られていないから，証拠として採用することは許されず，被告人の供述については刑事訴訟法三二二条一項の要件を，Ａの供述については刑事訴訟法三二八条の要件を備えていない旨主張する。……そこで，以下，供述再現の正確性の観点から本件各ビデオテープの証拠能力の要件を検討する。……本件各ビデオテープ中の映像は，供述状況の録画であって，映像中の供述内容に意味がある場合であるから，いわば「供述映像」というべきものである。このような供述映像は，映像作成者が作成した供述録取書といえるものであって，映像に映っている状況自体が意味を持ついわゆる「現場映像」とはその法的規制を異にする。……そして，刑事訴訟法が，供述録取書に供述者の署名押印を要求していることに照らせば，このような「供述映像」についても，物としてのビデオテープ自体への署名押印やそれに代わるような代替策が講じられるのが望ましいことはいうまでもない。ことに，ビデオテープは，供述再現の客観性の高さという観点からは，供述録取書よりも供述書に近いのであって，このようなビデオテープという証拠方法に適合した映像内容確認方法が採られていれば，供述映

像の証拠としての価値は高いということができる。……しかしながら，上記のことは，あくまでも供述映像の証拠としての価値を高めるための方法論であって，刑事訴訟法上の証拠能力とは別個の問題というべきである。したがって，本件各ビデオテープが，上記の署名押印やその代替策が採られてないとしても，直ちに刑事訴訟法が予定する「供述録取書」に該当することが否定されるものではなく，供述録取書に該当するか否かは，供述録取書に供述者の署名押印が要求されている趣旨から検討されるべき問題である。……供述録取書の要件とされる署名押印は，録取者が作成した文章について，供述者がその内容に相違ない旨を確認すること，すなわち，録取内容の正確性を担保するためのものである。録取内容の正確性が担保されるが故に，録取者が作成した書面であっても供述者作成の書面と同様に扱われるのである。……このように，署名押印は，供述録取の正確性を担保するためのものであって，供述の証拠化について供述者に処分権を認めたものではないから，他の証拠によって，録取内容が正確であり，供述者の供述であることが認められるのであれば，署名押印がなくても，供述録取書と同様に扱ってよいと解される。……供述録取書は，供述者自らが作成した供述書と異なり，録取責任者の判断で記載すべき供述の取捨選択や供述の要領化が行われること，すなわち供述がある程度編集されることは刑事訴訟法も予定していると考えられる。だからこそ，録取内容の正確性を担保するため，公判廷以外の場面で作成された供述録取書については，原則として，供述者の署名押印が要求されていると解される（刑事訴訟規則三八条三項，六項，三九条二項，刑事訴訟法三二一条一項一号，二号，刑事訴訟法三二二条一項，例外規定としての刑事訴訟規則五二条の五第四項参照）。……そして，供述録取書の署名押印は，そのような録取責任者の判断において供述の取捨選択あるいは要領化という形で編集された供述録取書の内容について，供述のニュアンスを含め，自己の供述内容と相違ない旨確認してなされるものであるから，署名押印がある以上は，仮に供述録取書に，供述したのに記載されていないことやニュアンスの異なる記載があったとしても，そのことをもって，録取内容が不正確であるとされ，刑事訴訟法が規定する供述録取書に該当しなくなるものではなく，その不記載等の有無，程度は，供述録取書に該当することを前提に，供述の信用性，場合によっては供述の任意性の問題として検討されるものである。……これに対し，署名押印がなく，映像上編集されていることが認められる供述映像の場合は，映像上での編集の相当性（再現の正確性）について供述者の了解を経ていないから，供述者の供述であることが認められても，それだけで録取内容の正確性の担保があるとはいえない。したがって，供述録取書といえるためには，編集の相当性（再現の正確性）を担保する事情，すなわち，供述映像中の当該供述が，元々の供述（原供述）と趣旨を異にすることなく録画されているという事情が必要と解される。……上記の点に関し，弁護人は，署名押印の趣旨を，供述録取の正確性の担保に加えて，供述が適法に設定された場所，機会でなされ，かつ，自己の供述が証拠とされることを承認してなされたことを担保する趣旨であるとした上で，本件各ビデオテープについてはそのよう

な担保がされていない旨主張するが，署名押印の趣旨やそれがない供述映像についての要件はいずれも上記のとおりと解すべきであるから，弁護人のこの主張は採用できない。……本件各ビデオテープの基になった報道映像は，報道機関が作成したものである。このような報道機関が作成した映像の場合，作成者が報道機関であることをもって，直ちに編集の相当性（再現の正確性）が担保されているということはできないから，編集の相当性（再現の正確性）についての証拠調べをする必要がある。そして，供述録取書の場合を考えれば明らかなように，通常，編集の相当性（再現の正確性）が争いとなった場合には，その編集者（供述録取者）自身を証人尋問するのが通例であり，最も直截である。しかしながら，報道機関が作成した映像の場合には，取材映像の作成者やその編集者を証人として尋問することは，弁護人が指摘するように，報道機関の協力が得られないことから事実上不可能であって，その通例に沿った審理方法を採ることができないのである。……このような場合，編集の相当性（再現の正確性）に関する前記要件の判断は，必ずしも取材者や編集者の尋問によらなければできないものではないから，まずそれ以外の証拠関係から検討し，その上で取材者や編集者の尋問によらなければ判断できない場合には，その負担を証拠請求者に帰して，当該映像の証拠請求を却下するという審理手法が相当と考える。……そこで，本件において，取材者や編集者の尋問以外に，編集の相当性（再現の正確性）について判断が可能な証拠関係があるか，以下検討する。……そこで，編集の相当性（再現の正確性）を担保するための要件として，供述映像中の当該供述が，元々の供述（原供述）と趣旨を異にすることなく録画されているかを判断することとなるが，ここでは，その判断要素を検討しておく。……編集に相当性（再現の正確性）を欠く場合というのは，結局は，原供述が取捨選択されて，編集後の供述が，原供述の趣旨とは異なる供述となる危険がある場合をいうのであり，そのような危険を類型的にみると，複数の場面の供述を適当に組み合わせることで異なる供述となる場合や供述者に不利益な供述等ある特定の方向の供述を集めることで異なる供述となる場合，供述の一部のみを取上げることで文脈上異なった供述となる場合等が考えられる。……上記のような危険な編集類型を考えると，編集の相当性（再現の正確性）を担保する事情の具体的判断要素としては，〔1〕供述の内容に着目したものとしては，供述者に不利な供述ばかりが集められているか，場面の違う複数の供述が合わされていることを想定できるか，ニュアンスの操作がしやすい供述内容か，編集されていない範囲の供述で読みとれる意味はあるか等が，〔2〕供述の状況に着目したものとして，同一機会の一連の供述か，供述者が積極的に供述しているか，質問者と供述者との関係はどうか，どのような供述態度か等が，〔3〕編集状況に着目したものとして，1カット自体の長さはどうか，編集か所の数（画面の切替り回数）はどうか等が考えられる。……したがって，前記判断にあたっては，上記〔1〕ないし〔3〕のような要素を総合的に検討することとなる。なお，実際のインタビューの際には，本件各ビデオテープに録画されている被告人やAの供述に前後して，種々の供述がなされていることが当然に予想されるが，

当該供述と独立した供述が編集上省略されていても，上記要素から検討して当該供述が趣旨を異にすることなく録画されていると認められるのであれば，前後の供述の省略は，当該供述部分が供述録取書に該当することを妨げるものではなく，当該供述部分が供述録取書に該当することを前提に，種々の証拠法則の観点からの証拠能力の検討やその信用性の検討を行えば足りる。

公訴事実を否認している被告人の同意の有無を確認せず，弁護人の同意のみで書証を証拠採用した裁判所の訴訟手続に関し，刑事訴訟法326条1項にいう「被告人が証拠とすることに同意した書面」に当るかについても高裁の判断が示されている。**福岡高判平成10・2・5判時1642-157**がそれである。書面を証拠とすることについて被告人の同意の有無を確かめず，弁護人の同意だけで直ちにこれを有罪認定の資料としたことを違法と判示した。ちなみに，最決昭和27・12・19刑集6-11-1329は，被告人の同意の有無を確かめずに弁護人の証拠調べ請求に異議がないという旨の答弁だけで直ちにこれを有罪の資料としたことは違法になると判示していた。

■ 違法収集証拠の排除に関するもの

違法収集証拠の排除に関して注目されるのは**東京地決平成12・11・13判タ1067-283**である。被告人に対する旅券不携帯事件および偽造公文書行使事件による逮捕・勾留はいずれももっぱら別件の取調べを目的として行われた違法なものであるから，同事件に関する被告人の自白調書17通はいずれも違法な別件逮捕・勾留期間中またはその影響下に得られたものである。弁護人はこのように主張し，証拠採用について異議を申し立てたところ，本東京地決平成12・11・13は，次のように判示し，一部調書につき証拠採用，一部調書につき証拠採用却下の決定を行った。

> 旅券不携帯事件による逮捕（7月8日―引用者）から勾留期間延長（勾留満期は同月19日―引用者）までの間は，被告人に対する○○事件の取調べは，あくまで旅券不携帯事件及び不法入国事件の取調べに付随し，これと併行して行われている程度にとどまっていたものといえるから，その間の○○事件の取調べに違法があるとはいえない。……（旅券不携帯事件による勾留期間延長（七月三〇日）から偽造公文書行使事件による逮捕（同月二九日）までにおける―引用者）○○事件の取調べは，旅券不携帯事件による逮捕勾留中に許された限度を大きく超えているのに対し，本来主眼となるべき旅券不携帯ないし不法入国事件の捜査は，ほとんど行われない状況にあったというべきであるから，右勾留期間延長以後は，旅券不携帯事件による勾留としての実体を失い，実質上，○○事件を取調べるための身柄拘束となったとみるほかない。したがって，その間の身柄拘束は，令状によらない違法な身柄拘束となったものであり，その間の被告人に対する取

調べも，違法な身柄拘束状態を利用して行われたものとして違法というべきである。……被告人取調べの違法は，憲法及び刑訴法の所期する令状主義の精神を没却するような重大なものであり，かつ，右取調べの結果得られた供述調書を証拠として許容することが，将来における違法な捜査の抑制の見地からも相当でないと認められる以上，右期間中に得られた被告人の供述調書，すなわち，七月二四日付け（乙七号）及び同月二七日付け（乙八号）各警察官調書並びにその間に被告人を同事件に関し現場に引き当たりをして得られた同月二九日付の捜査報告書（甲五〇）の証拠能力はすべて否定されるべきものと解するのが相当である。……（偽造公文書行使事件による逮捕（7月29日）から同事件による起訴（8月9日）までの—引用者）右期間中の〇〇事件についての取調べは，偽造公文書事件の取調べに付随し，これと併行して行われている程度にとどまるといえるから，その間の〇〇事件の取調べ自体に違法があるとはいえない。……しかしながら，右警察官調書が得られた八月六日の取調べは，前判示のように違法と解される身柄拘束（以下「本件違法勾留」という。）が終了してから八日間を経た後のものとはいえ，前認定のとおり，本件違法勾留期間中と同じ田中警部補が行ったものであり，その内容も，被告人が右期間中から〇〇事件の共犯者として供述していたFの人定に関するものであるから，右警部補調書における被告人の供述は，本件違法勾留期間中における違法な取調べの影響下にあり，それまでに得られた被告人の同事件に関する自白と一体をなすものとして，その違法を継承するものと解するほかはない。したがって，右警部補調書（乙九）も，本件違法勾留期間中に得られた二通の各警察官調書（乙七，八）と同様の趣旨において，その証拠能力を欠くものと解するのが相当である。……（偽造公文書行使事件による起訴（8月9日）から××事件による逮捕（8月30日）までにおいて—引用者）前記警察官調書（乙一〇）が作成されたのは，本件違法勾留が終了してから一四日間を経た八月一二日であり，しかも，前認定のとおり，同月一〇日には，〇〇事件の共犯者とされるFが逮捕されたとはいえ，右警察官調書が得られた取調べは，本件違法勾留期間中と同じ田中警部補が行ったものであり，その内容も，事件当日に同事件の現場に最寄りのS駅の改札口でビデオテープに録画された人物から被告人並びに同事件の共犯者とされるF及びGを特定などしたものであるから，右警察官調書における被告人の供述もまた，本件違法勾留期間中における違法な取調べの影響下にあり，それまでに得られた被告人の同事件に関する自白と一体をなすものとして，その違法を継承するものと解されるのである。したがって，右警察官調書（乙一〇）も，本件違法勾留機関中に得られた二通の警察官調書（乙七，八）と同様の趣旨において，その証拠能力を欠くものと解するのが相当である。……（〇〇事件による逮捕（8月30日）から起訴（9月20日）までにおける—引用者）〇〇事件の逮捕状請求及び勾留請求の際には，被告人の同事件への関与を裏付けるべき疎明資料として，被告人の前掲警察官調書四通（乙七ないし一〇）に加え，……各客観証拠が提出されたことがうかがわれるところ，このうち被告人の警察官調書はいずれも，……証拠能力を欠くものではあるが，これら

から独立した右各客観証拠によっても，被告人の同事件への関与を十分裏付けることができる上，同事件の事案の重大性，証拠の収集状況，被告人の供述状況等に照らすと，逮捕勾留の理由及び必要性も十分認められる以上，同事件による逮捕勾留は，本件違法勾留の影響の点を除けば，何ら違法はないというべきである。……〇〇事件による逮捕勾留期間中の取調べに対する本件違法勾留期間中の取調べの影響についてみるに，……被告人と同事件との結び付きを裏付ける客観証拠が順次収集され固められていったことに伴い，その影響が次第に薄らぎ希薄化していったものと認められる。したがって，同事件による逮捕勾留期間中に得られた被告人の供述は，前記各警察官調書（乙七ないし一〇）と一体をなすものとまでは認められず，その違法を継承するとしても，その程度は証拠能力を否定するほどの重大なものとはいえないのである。……〇〇事件による逮捕勾留については，逮捕勾留の蒸し返しにあたるとまではいえないということができる。

また，**福岡地判平成12・6・29判タ1085-308**も，次のように判示し，違法な逮捕・勾留を理由とした供述調書の排除を認めた。ただし，その余の証拠により事実を認定して有罪とした。

被告人は，平成一一年一月二七日，殺人の嫌疑により家宅捜索を受けると共に，筑紫野署に任意出頭し，殺人事件についての事情聴取中に任意提出した尿から覚せい剤成分が検出されたことから，翌二八日未明に覚せい剤使用の事実で通常逮捕され，同月二九日引き続き同署の代用監獄に勾留され，勾留延長を経て満期日である二月一七日，覚せい剤の使用及び所持の各事実で起訴され（以下，右逮捕から右起訴までの身柄拘束を「第一次逮捕・勾留」又は「別件勾留」という。），その後，引き続き，同署の代用監獄に勾留された後，同年三月八日，殺人の事実により通常逮捕され（以下，覚せい剤事件の起訴から殺人の逮捕に至るまでの身柄拘束を，「起訴後勾留」という。），更に，引き続き同署の代用監獄に勾留され，勾留延長を経て満期日である同月三〇日，殺人の事実で起訴された（以下，右逮捕から右起訴までの身柄拘束を「第二次逮捕・勾留」という。）ものである。……当裁判所は，第一次逮捕・勾留自体は適法であったと考えるが，捜査機関がその期間中に当該逮捕・勾留されている事実以外の事実について被疑者を取り調べるという，いわゆる別件勾留中の余罪取調べが許されるか否かは，また別個の問題である。そこで，第一次逮捕・勾留中に行われた殺人事件の取調べが，余罪取調べとして許されるものであったかどうかが検討されなければならない。……第一次逮捕・勾留中に行われた殺人事件の取調べは，余罪取調べの適否に関する前者の見解によれば，余罪取調べとして許される範囲を超えていたとみることができる。そして，別紙のとおり，警察段階における覚せい剤事件の供述調書作成が同年二月一〇日までにすべて終わっていることからすると，同月一一日から一四日までの間，及び同月一六日午後の取調べは，もっぱら殺人事件の取調べに当てられたものと考えられ，これらが戌川弁護士の前記申入れの後であること，五時間余りから七時間余りという比較的長時間の取調べが連日行

V この期の刑事判例の特徴

われていることを併せ考慮すると，少なくとも右の期間は，実質的な強制捜査として行われたものであって，その間の殺人事件の取調べは，令状主義を逸脱したものとして，前記の余罪取調べの適否に関するいずれの見解によっても，その違法性は明らかである。……起訴後勾留中の余罪取調べの限界については，基本的には前記3（二）の別件勾留中の場合と同様に考えてよいが，別件について訴訟当事者の立場になることを考えると，起訴前よりも厳格に，在宅被疑者の場合に準じた形で取調べの適否を判断する必要がある。……これを本件についてみると，別紙の取調時間，供述調書作成の経緯によれば，捜査官は，覚せい剤事件の起訴日である平成一一年二月一七日から殺人の事実で逮捕された同年三月八日の前日までの一九日間の間，取調べ時間は第一次逮捕・勾留の場合と比べて全体的に抑えられているものの，二月二七日，同月二八日及び三月七日の三日間を除き，数時間にわたり，被告人をもっぱら殺人事件について取調べ，とりわけ，覚せい剤事件起訴当日の同年二月一七日から二二日までの間は，第一次逮捕・勾留中の前記違法な取調べに引き続いて，ほぼ連日，四時間前後から六時間前後の取調べを行い，その結果，殺人の故意と実行行為を認めたものを含めて一一通の供述調書が作成されるに至ったものと認められる。この間，捜査官から退去権等の告知がなかったことは，第一次逮捕・勾留の場合と同様である。乙田は，証人尋問において，起訴後は任意捜査であるから，被告人が取調べに応じるのであれば，取り調べても構わないと思っていたが，被告人が取調べを拒否することはなかった旨供述するところ，前記3で認定したとおり，被告人は，戊川弁護士を通じての取調拒否の申出も無視され，覚せい剤事件の取調終了後は，もっぱら殺人事件について違法な取調べを連日受け続け，しかも，覚せい剤事件起訴の前日には同弁護士が弁護人を辞任し，裁判官に拘置所移監の職権発動を求めるなどの法的援助を受ける方途もなかったのであるから，捜査官の取調べを明確に拒否しなかったことをもって，取調べを任意に承諾し，これに応じていたものとみることはできず，むしろ，覚せい剤事件起訴前から引き続きなされた取調べにより，弁解の種が尽きてしまい，ついには自白に至ったものとみるのが最も自然である。……以上によれば，捜査官は，第一次逮捕・勾留に引き続き，起訴後勾留中も，殺人事件について取調受認義務があることを当然の前提として被告人の取調べを行ったものと評価すべきであり，その取調べは，もはや任意捜査の限度を超え，実質的な強制捜査として行われたものであるとともに，令状主義を実質的に潜脱したものといわざるを得ない。したがって，起訴後勾留中に行われた殺人事件の取調べは，前記の余罪取調べの適否に関するいずれの見解によっても，許される余罪取調べの限界を逸脱した違法なものというべきである。……以上検討したとおり，第一次逮捕・勾留中及び起訴後勾留中の殺人事件に関する被告人の取調べは，いずれも許された余罪捜査の限界を超えた違法なものであって，その違法性の程度は重大であり，違法捜査抑制の見地からしても，このような取調べにより得られた供述調書は，憲法三一条，三八条一項，二項の趣旨に照らし，証拠能力を欠くものといわなければならない。なお，本件捜査官には，取調べの違法の認識がなかった

という可能性が高いが，本件における違法の重大性と明白性，弁護士による異議の存在等に照らすと，違法の認識の欠如は右結論を左右するものではない。……そうすると，第二次逮捕・勾留は，右証拠能力を欠く被告人の供述調書を重要な疎明資料として請求された逮捕状・勾留状に基づく身柄拘束であったという点において違法であり，また，これまでに認定した起訴後勾留中の被告人の取調状況等に照らせば，同年三月八日から始まった第二次逮捕・勾留が，実質的には，すでに覚せい剤事件の起訴日である二月一七日から始まっていたと評価し得るのであって，これは，事件単位の原則の下，厳格な身柄拘束期間を定めた刑事訴訟法の趣旨が没却され，結果として令状主義が潜脱されたという点においてもやはり違法であり，第二次逮捕・勾留は，結局，二重の意味において違法である。したがって，その間に作成された被告人の供述調書も証拠能力を欠くものといわざるを得ない。さらに，被告人が殺人事件による勾留中に実施された実況見分の調書二通（甲七〇，七一）は，違法な身柄拘束の状態を利用して作成されたものであるから，証拠能力を有しないと考える。

■ 免訴に関するもの

免訴に関しても，京都地判平成12・2・24判夕1049-332が注目される。本件公訴事実は平成11年8月27日（公訴事実第1）および同年10月11日（公訴事実第2）において痴漢行為を行ったものであるというところ，被告人は常習として同年4月23日に痴漢行為を行ったという事実により，同年10月7日に起訴され，同月12日に茨木簡易裁判所で罰金20万円の略式命令を受け，同年11月6日に確定していた。この略式命令における条例違反行為と本件公訴事実は包括して一個の常習犯を構成すべきであると考えると，本件においては，本件公訴事実と一罪を構成する事実について既に確定した略式命令が存し，本件公訴事実は右略式命令の告知より前になされているので，一罪の一部について確定判決を経たことになるから，刑事訴訟法337条1項に基づき免訴判決を言渡すべきかが裁判では問題となる。これについて，検察官は，一事不再理効の時間的範囲について，裁判所が一事不再理効は起訴時の10月7日以前の行為について発生するという起訴時説を採用されるということであれば，公訴事実第2には，既判力は及ばず，有罪となると主張した。そこで，本京都地判平成12・2・24は，検察官の主張について，次のように判示した。

> 我が国では，刑事訴訟法470条が「略式命令は，正式裁判の請求期間の徒過又はその請求の取下により，確定判決と同一の効力を生じる。」と規定し，明文上確定判決と同一の効力が付与されているのであるから，略式命令について既判力（一事不再理効）が生じることを否定できないものといわざるを得ない。さらに，本件においては，前訴略式命令も被告人の「常習性」が構成要件となっていて，この点について法的見解を加えた

V　この期の刑事判例の特徴

うえで，発せられているのである。したがって，形式面からも実質面からも前訴略式命令に既判力（一事不再理効）を承認しなければならない。……既判力（一事不再理効）が及ぶ時間的範囲は，一定の範囲に限られるべきであるが，これをいかなる時点で画するかは，争いのあるところである（具体的には，起訴時であると解する見解，第一審の弁論終結時と解する見解，第一審判決の言渡時と解する見解……，第一審判決の確定時と解する見解，起訴・判決言渡・確定各時とする見解がある。）。検察官も指摘するとおり，これを起訴時と解すれば，本件公訴事実中第2の犯行事実は，前訴略式命令の起訴後になされた事実であるから，前訴略式命令の既判力（一事不再理効）は及ばないことになる。……しかしながら，……未だ無罪の推定が働いている段階で起訴に右のような警告の効果を認めることには甚だ疑問があるといわざるを得ない。よって，既判力（一事不再理効）の時的限界の基準時を起訴時に求める見解には賛同できない。……以上，略式命令の効力の観点からも，既判力（一事不再理効）の時間的限界の点からも，一つの常習犯として処罰すべき犯罪事実の一部につき確定判決が存在するとみるべき本件においては，確定した前訴略式命令の告知前になされた本件公訴事実には右略式命令の既判力（一事不再理効）が及ぶこととなるから，一罪の一部につき確定判決を経たものとして，刑事訴訟法三三七条一号により被告人に対し免訴の言渡をすることとする。

ただし，このような判決の他方で，弁護人が，本件各犯行については，一罪の一部について既に確定判決があったことになるから，免訴とされるべき旨を主張して控訴したところ，控訴棄却を言渡した**東京高判平成14・3・15判時1817-162**もみられる。

■ 事実認定に関するもの

事実認定に関しても重要な下級審判決がみられる。**東京高判平成10・7・1判時1655-3（ロス疑惑銃撃事件）**も，その一つである。Xに対する殺人の公訴事実について，検察官が訴因として「XとYとの共謀」を掲げ，かつ，Xの共謀の相手方としてはY以外には考えられないとの立証を続けたところ，原審裁判所は，訴因変更手続をとることなく，判決中で，突然これとは異なる「Xと氏名不詳者との共謀」を認定し，Xを有罪とした。この訴訟手続について，本東京高判平成10・7・1は，「判決に影響を及ぼすことの明らかな法令違反があり（刑訴法三七九条），その点で原判決は破棄を免れない。」とした上で，次のように自判し，Xを無罪とした。

　原判決を破棄した上，「氏名不詳者との共謀」の事実等について，この上更に証拠を取り調べる余地があるのであれば，本件を原審に差戻し，そこでより一層の真相解明を期待することも考えられなくはない。しかし，何といっても本件発生後すでに一六年以上（起訴後九年以上）の年月が経過しており，しかも事件の発生地が外国であるため証拠収集上の制約も多く，加えて，検察官は，原審で，Y以外に銃撃犯人がいるとは考えら

第14代長官　山口　繁

れない旨の立証を繰り広げてきた経過があって，今後その点について新たな証拠が現れることはほとんど望み得ない状況にある。そして，本件の核心は，主として取調済みの情況証拠に対する評価とこれに基づく推論過程にあることを勘案すれば，いまさら原審に差し戻すことは適切ではなく，この段階で当審において自判するのが相当と考えられる。……そこで，自判することとするが，検察官がXに対して掲げる殺人の主位的訴因の事実，すなわち銃撃実行者をYとし，同人とXが共謀してYにVを銃撃させたとの事実については，前記のとおり合理的な疑いが残るから，証明不十分としなければならない。……次に，予備的訴因の事実，すなわち，直接の銃撃実行者を不明としたままで，その氏名不詳の銃撃実行者とXが共謀して，その氏名不詳者にVを銃撃させたとの事実について有罪の認定をするためには，本件ではその共謀がXと本件とを結びつける中核的事実であることにかんがみ，その者からどのような弁明や供述等がなされても，Xがその氏名不詳者と共謀して銃撃させたことに間違いがないことを裏付けるに足りるだけの確かな証拠が必要だと考えられる。そこで，Xについてこれをみると，同人の場合には，例えば殴打事件前に共犯者探しともみえる一連の不可解な言動が認められ，その後に発生した殴打事件をめぐる行動には被害者Vの殺害とその保険金取得をねらったとしか思えない加害意思を読み取ることができ，その三か月後に起こった本件との間には犯行態様その他について何やら共通性も見え隠れし，しかも，銃撃事件発生時の現場の状況に関するXの供述，中でも銃撃犯人をグリーンの車で来た二人組の強盗犯である，白いバンには気づかなかったと述べる点には虚偽供述との疑いが強く持たれるなど，Yの場合よりもはるかに強い嫌疑を抱かせる事情が認められることは否定できず，検察官が，少なくともXの犯行関与は間違いがないと主張することにもかなりの程度理由があるといえる。……しかし，他方，Vに引き続いてXもライフル銃で銃撃・被弾している本件の犯行態様からみて，本件は，共犯者抜きには考えられない態様の犯行であることは明らかで，その点がまさに中核的な要証事実となっているところ，検察官がこの者以外には共犯者は考えられないと主張して立証に努めたYについて，原判決は証拠不十分の判断をし，この判断は，関係証拠に照らして，当審においても維持するほかなく，しかもそれ以外には共犯者とおぼしき者が全く見当たらない状況にある。証拠上，共犯者が単に特定されていないというだけではなく，全く解明されていないのである。加えて，日本にいたXにおいて，アメリカにいたと想定するほかない氏名不詳の共犯者を新たに見つけ，その者との間で特に殴打事件後本件発生までの間に銃撃事件について謀議をし，これを完了しておくまでの機会はほとんどなく，かつ，現実に謀議をした痕跡は全く見当たらないこと，Vを連れて渡米した経過にはむしろ犯行計画を否定しているかのような事情が認められること，犯行加担に対する報酬支払いの事実が全くないこと等々の，いずれも共犯者の存在を否定する趣旨の情況事実が多く認められる証拠関係にあること等の周辺事実を含めて総合考慮すると，検察官が主張するような，銃撃犯人は不明でもその氏名不詳者とXとの間に共謀が成立していたこと及びXがその者にVを銃撃させ

たことに間違いはないと推断するに足るだけの確かな証拠は見当たらず，なお合理的な疑いが残るといわざるを得ない。

東京高判平成10・6・8判タ987-301 も，共謀共同正犯に関するものである。検察官が訴因を被告人は「単独で又は通称Kと共謀の上」覚せい剤を所持したという択一的訴因に変更したところ，原判決は，被告人が捜査段階の供述調書でも公判段階の供述でも本件覚せい剤はKの物であり，Kに頼まれて覚せい剤の入っているスポーツバックを預かっていたと供述していたにもかかわらず，変更後の択一的訴因のいずれか一方を認定することなく，その双方を択一的認定の形で罪となるべき事実と認定し，補足説明として，証拠上認められる諸事情を指摘した上，Kなる人物が実在するかどうかについてはいささか疑問の余地があり，仮に実在するとしても，この覚せい剤は被告人単独の所有物である疑いが濃いものと認められると判示した。そこで，被告人は控訴したところ，本東京高判平成10・6・8は，原審には証明されていない事実を認定した事実誤認があるとした。しかし，右の誤認が判決に影響を及ぼすことが明らかであるとはいえないとし，次のように判示し，被告人の控訴を棄却した。

論旨に対する判断に先立って原判決の右の認定事実について職権調査すると，原判決が補足説明として判示するところは，記録に照らして是認することができる。そうすると，原判決は，被告人が自ら本件覚せい剤を所持した点は明白であり，しかも，単独でこれを所持した疑いが濃いが，他方Kと共謀して本件覚せい剤を所持した旨の被告人の供述を完全に排斥することができないとの判断に立ち，被告人が単独で又はKとの共謀の上本件覚せい剤を所持したとの択一的な事実を認定したものと解される。しかしながら，被告人がKと共謀の上これを所持したという事実が証明されていないのにこれを択一的にせよ認定することは，証明されていない事実を認定することに帰して許されないというべきである。これに対し，被告人が本件覚せい剤を所持したことは証拠上明白であって，Kと共謀の上これを所持した疑いがあっても，そう認定することに問題はなく，択一的に認定する必要はなかったのである。のみならず，罪となるべき事実の要件事実を単一では認定することができず，他の要件事実と択一的にのみ認定することができる場合においても，二つの要件事実のいずれかという択一的な形で認定することは，証明されていない要件事実を認定することに帰して原則として許されず，外形上二つの要件事実があってもこれらを包含する上位の要件事実が存在していると認められるような特殊な関係があるため，択一的な形で上位の一つの要件事実が証明されていることになる場合に限り許されるものというべきである。そうすると，原判決には事実誤認があることになるが，本件においては被告人自身が覚せい剤を所持していたことは明白であり，ただ被告人が共謀による所持であると主張していたため共謀の点が念のため付加されたにとどまると解することができるので，右の誤認が判決に影響を及ぼすことが明らかであ

第14代長官　山口　繁

るとはいえない。……次に論旨に対する判断に進むと，被告人は，約四年七箇月の長期間にわたって本邦に不法残留し，覚せい剤を使用し，コカイン約〇・三二三グラム所持し，さらに約七・六一一グラムの覚せい剤を所持していたのであるから，前科がないこと，反省の情，家族の状況等の被告人のために酌むべき諸情状を考慮し，所持した覚せい剤が被告人の所有物でなかったと仮定してこれを考慮しても，原判決の量刑が重過ぎて不当であるとはいえない。また，記録によると，被告人は検挙された時には覚せい剤の入ったバックを自分の物であると警察官に話していたこと，右のバック内に被告人の所有物であるノートや水の入ったボトルが入っていたことからすると，右バックひいては本件覚せい剤が被告人の所有物である疑いが濃いとし，そのような状況下での所持であることを考慮した原判決の措置が不当であるともいえない。論旨は理由がない。

　本判決で注目されるのは，「罪となるべき事実の要件事実を単一では認定することができず，他の要件事実と択一的にのみ認定することができる場合においても，二つの要件事実のいずれかという択一的な形で認定することは，証明されていない要件事実を認定することに帰して原則として許されず，外形上二つの要件事実があってもこれらを包含する上位の要件事実が存在していると認められるような特殊な関係があるため，択一的な形で上位の一つの要件事実が証明されていることになる場合に限り許されるものというべきである」として，厳格証明という観点から，択一的認定が許される場合を限定したことである。

　大阪地判平成12・10・19判時1744-152も注目される。目撃供述には疑問が残るとして，被告人を本件強制わいせつの犯人であるとするにはなお合理的疑いが残るといわざるを得ないとして，次のように判示し，被告人を無罪とした。

　　なるほど，被告人が本件前後に取った行動が不自然なものという余地があり，これに対する被告人の説明も必ずしも説得的であるもの（疑問を氷解するには至らない。）とはいえず，むしろ，実際に痴漢を行った者が取った行動と仮定すれば流れとして自然に理解できること，被告人の供述に信用性に疑問がある点が散見されること（被告人の本件前後の行動に関する説明，被告人が豊中・十三間の電車内でA子を認識していたかに関する供述，A子に手をつかまれたときの状況等），A子自身も被告人を本件強制わいせつの犯人と判断し，そのように判断した相応の理由も供述していること等に照らすと，被告人が本件強制わいせつをなしたとの疑いも強い。……しかしながら，被告人と犯人の結びつけに関する唯一の直接証拠であるA子供述の信用性には，犯人の特定という核心的な部分につき疑義があるのは前述したとおりであり，結局，犯人の特定に関するA子の供述に高度の信用性があるとはいえない上，A子がいったん手を振り払われた後，被告人の手をつかんだ時点では，少なくとも本件電車が十三駅に到着し，本件電車の出入口ドアが開閉しており，降車客など車内には乗客の流れが生じていたとみられること

にかんがみると，A子がその臀部ないし腰部付近にあった犯人の手をいったんつかみ，すぐに振り払われてA子の視界から消えたほんのわずかの時間の間に犯人が逃走し，被告人が，客の流れに押されていったん電車を下りようと振り返るなどしたときに，A子に手をつかまれた可能性もある。これに加え，不自然・不合理と思われる被告人の行動や供述についても，それなりに合理的な説明を加えるのも全く不可能でなく，被告人の供述を信用できないものとして排斥することも困難である。……そうすると，本件の証拠関係のもとでは，被告人と犯人が人違いである可能性がないと断定するには躊躇を感じるところであり，結局，被告人が本件強制わいせつの犯人であるとするには，なお合理的疑いが残るといわざるを得ない。……したがって，被告人が本件強制わいせつ行為をなしたとの証明がないといわざるを得ないので，刑事訴訟法三三六条により，被告人に対し無罪を言い渡すこととし，主文のとおり判決する。

札幌高判平成14・3・19判時1803-147（札幌小4殺害事件）も，次のように判示し，被告人が殺意をもってAを死亡させたと認定するにはなお合理的な疑いが残るとした。

> 本件においては，被告人が何らかの行為によってAを死亡させたこと，その後においても，長期間にわたりAの死体を保管したり，焼損した骨を隠し置いていたこと，昭和六三年当時の任意取調べにおいて本件との関わりをほのめかす言動をしていたことが認められ，このような事情からすれば，状況的に見て，被告人が重大な犯罪によりAを死亡させた疑いが強いということができるが，その反面，Aの死因が特定できない上，Aを死亡させる原因となった実行行為も認定できないこと，被告人が電話でAを呼び出した目的の解明が困難であり，それが身代金目的であったとはいえないこと，被告人にA殺害の明確な動機が認められないこと等に照らすと，被告人が，殺意をもってAを死亡させたと認定するには，なお合理的な疑いが残る。

これら合理的な疑いが残るとした判決の他方で，第一審の無罪判決を破棄自判し，逆転有罪とした高裁判決もみられる。**大阪高判平成12・7・21判時1734-151**もその一つである。原審が，訴因変更の手続がない以上は，検察官が主張する恐喝の動機原因と異なる動機原因を認定することはできないとして，被告人を無罪としたところ，本大阪高判平成12・7・21は，原判決を破棄自判し，次のように判示し，被告人を有罪とした。

> 原審において取り調べられた関係証拠によれば，動機原因の点はともかく，被告人らが，公訴事実記載の日時場所において，同記載の被害者に対し，おおむね同記載のそれに近い暴行脅迫を加えて同記載の財物を交付させた恐喝罪該当の事実を優に肯認することができるところ，原判決は，恐喝行為が，検察官主張の原因によるものか，被告人ら主張の原因によるものかでは，社会的事実としては全く異なるものとなり，訴因変更の手続

きを経ずに被告人らの主張する原因による恐喝罪を認定することは許されないとしているが，恐喝の動機原因は，恐喝罪の構成要件要素ではなく，訴因を特定する上での必要的記載事項でもない。恐喝の動機原因に食い違いが生じても，それだけで社会的事実としての同一性が失われることはなく，それが被告人の防禦に実質的な不利益をもたらすものでない限り，検察官が主張する恐喝の動機原因と異なるそれを認定することについて必ずしも訴因変更の手続を経る必要はない。むろん，恐喝の動機原因が公訴事実に記載された場合には，それと異なる動機原因を認定するには，その点を争点として顕在化させ，被告人に防禦の機会を与えなければならないが，本件では，右のとおりの審理経過からみて，恐喝の動機原因につき充分な防禦活動がなされている上，結局被告人両名が供述するとおりの動機原因を認定することは，情状面においても被告人両名に有利なものであり，被告人両名の防禦に不利益を生じさせるおそれは全くない。また第一四回公判期日における検察官の釈明が，検察官主張の原因が認められなければ処罰意思を放棄する趣旨でないことも明らかである。そうすると，恐喝罪該当の事実が肯認できるのに，それが公訴事実に掲げられた検察官主張の原因によるものとは認められず，検察官に訴因変更請求の意思がないとの理由で無罪の判決をした原判決は，訴因変更の要否についての解釈を誤った訴訟手続の法令違反があり，その誤りが判決に影響を及ぼすことが明らかである。論旨は理由がある。……よって，刑訴法三九七条一項，三七九条により，被告人Aに対する原判決中無罪部分及び被告人Bに対する原判決をいずれも破棄し，同法四〇〇条ただし書を適用して，当裁判所において，さらに次のとおり判決する。……金品の交付を要求し，右Cを前同様に畏怖させ，同日，同市中央区《番地略》所在の株式会社〇〇一階貴金属店「〇〇」において，同人から，クレジットカードでの購入を余儀なくさせたネックレス一本（時価一〇万円相当）の交付を受け，もって，人を恐喝して財物を交付させたものである。

本判決によれば，「恐喝の動機原因は，恐喝罪の構成要件要素ではなく，訴因を特定する上での必要的記載事項でもない。恐喝の動機原因に食い違いが生じても，それだけで社会的事実としての同一性が失われることはなく，それが被告人の防禦に実質的な不利益をもたらすものでない限り，検察官が主張する恐喝の動機原因と異なるそれを認定することについて必ずしも訴因変更の手続を経る必要はない。」とされている点が注目される。

福岡高判平成12・12・26刑集56-6-366も，検察官の主張を容れたものである。原判決は，傷害の事実の限度で有罪と認定し，死体遺棄については，被害者を遺棄した時点において被害者が死亡していたことを認めるに足りる証拠がないとして無罪を言い渡した。しかしながら，これは証拠の評価を誤り，事実を誤認したものであり，その誤認は，判決に影響を及ぼすことが明らかである。被告人が傷害致死及び死体遺棄

の各公訴事実の罪を犯したことは優に認められる。こう検察官は主張し、控訴した。これに対して、本福岡高判平成12・12・26は、次のように判示し、原判決を破棄自判して、傷害致死及び死体遺棄の罪で被告人を有罪とした。

　原判決は、A旅館において、被告人が被害者に加えた暴行態様に関するSの公判供述では、被害者がその頭部に頭蓋冠、頭蓋底骨折を負った経緯について合理的説明が付かないこと、被害者が倒れて動かなくなった状況についてのSの公判供述と被告人の捜査段階における自白が大きく食い違っていること、被害者の右骨折が、同人を前原の山中に運んで遺棄する過程や遺棄後の何らかの事情により生じた可能性も否定できないことなどを指摘して、被害者に対する暴行態様に関するSの公判供述及び被告人の捜査段階の自白に信用性を認めることはできないとし、したがって、被害者がその頭部に頭蓋冠及び頭蓋底の骨折を負うに至った経緯は結局のところ不明と言わざるを得ず、被告人が被害者の顔面を殴打した暴行と被害者の死の結果との間の因果関係を認めることはできないとして、被告人には傷害致死罪は成立せず、右暴行の結果、被害者を一時失神状態に陥らせた限度での傷害の成立を認めるに止め、死体遺棄の点については、被告人らがA旅館七号室にいた時点及び被告人らが被害者を遺棄した時点のいずれにおいても、被害者が死亡していた事実を認めるに足りる証拠はないとして無罪とした。しかし、前記のとおり、被害者が、A旅館において、被告人、T及びSらによって加えられた被害者の顔面等への暴行又は何らかの暴行により、被害者がA旅館又はその近辺の福岡市内において死亡した事実は優に認めることができるのであり、原判決は、被害者に加えられた暴行を、被告人の被害者の顔面等に対する手けんによる殴打に限定し、さらに、死因を頭蓋冠、頭蓋底骨折による外傷性脳障害のみに限定したところに誤りがあるというべきである。他方、被告人らがA旅館から被害者を連れ出す際には同人が死亡したものと認識していたこと、同所から前原の山中の遺棄現場までは相当の距離があり、遺棄現場に到着した時点では、相当の時間が経過していること、その間被害者が息を吹き返したりいびきをかくなどの生存を示す状況は全く存在しないこと、重い被害者を担ぎ上げ急な坂道を相当の距離にわたって上るのであるから、その過程で、被害者が既に死亡していることが体験としても明らかに認められる状況にあったことが認められる以上、原判決が死体遺棄現場において被害者が死亡していたことに疑問が残るとしている点においても、事実を誤認したものといわざるを得ない。……弁護人の所論は、A旅館以外の場所で犯行が行われているとし、これを前提とすれば、被告人の関与はないというのであるが、右のとおり、死体遺棄につき被告人の現場における関与が認められる以上は、A旅館から現場に至る間で被害者の死亡にかかる犯行が行われたことにならざるを得ないことも前示のとおりであるから、仮に、A旅館以外の場所で犯行が行われたとしても、被告人の関与を否定できないばかりか、その場合は、むしろ、被害者をだまして連れ出すなどした上で死亡させたことにならざるを得ないから、被告人の主導による計画的な

殺害に通ずるものというべきである（なお，この場合には第二次予備的訴因の問題になる。）。しかし，そのことを直接うかがわせるような証拠はない上，A旅館以外の場所で行われたことをうかがわせるものとして所論が指摘する事情をもっては，前示のとおり，いまだそのような疑いを抱かせるものとはいえない。また，仮に，原判示のとおり意識不明の状態に陥らせるような暴行が加えられたにすぎないとすれば，頭蓋骨骨折を生ずるような暴行が別に加えられたか，そのような骨折は遺棄後の何らかの偶然により生じたことになるのかのいずれかにならざるを得ないが，意識不明の状態に陥ったのを運び出した上，別の場所で更に致死的な暴行を加えるというのは，途中で生き返ったことを知ったような場合ならともかく，いささか不自然で回りくどい方法であると考えられるから（なお，この場合には，殺意が当然に推定されよう。），そのようなことは考えにくく，したがって，被告人らはその暴行により被害者が死亡したものと認識して運び出していると解するのが相当である。以上によれば，結局，被害者に対する致死的な暴行はA旅館で加えられたものと認めるのが相当である。……Ｓの公判供述及び被告人の自白は，以上のように，少なくとも，被害者に対する致死的な暴行がA旅館で加えられていること，被告人が犯行を主導し主な暴行は被告人が自ら加えていると認められるが，被告人の指示により，ＳもＴも何らかの暴行を加えていること，その後，被害者が死亡しているものと認識して運び出し，車に乗せて，前原の山中まで運び遺棄したことを明らかにするものとして，信用性を認めるに十分である。被告人の自白の信用性は，当審における事実取調べの結果，とりわけ，捜査官の証人尋問及び取調べ状況についての報告書等により更に十分に裏付けられている。ただし，暴行の具体的態様についての供述は，Ｓも被告人も殺人罪や強盗殺人罪に問われあるいはこれに加担しているものとされるのを恐れて必ずしもありのままを述べていない疑いがあるというべきであるから，原判決のように見ることは相当でない。……そうすると，原判決は，結局証拠の評価を誤り事実を誤認したものといわざるを得ない。……以上のとおりであるから，弁護人及び被告人の論旨は理由がないが，検察官の論旨は理由がある。……ただし，前記認定のとおり，傷害致死に関する主位的訴因（平成一〇年一一月二六日付け起訴状記載の公訴事実）については，死因を頭蓋冠，頭蓋底骨折の傷害に基づく外傷性脳障害に限定している点などで証明が十分でなく，結局，当審において追加された第一次予備的訴因に基づき，その訴因の範囲内において，後記第三の犯罪事実第一記載のとおりに認定するのが相当である。

■ 量刑に関するもの

　この期においても，最大判昭和41・7・13刑集20-6-609（129-130頁），最大判昭和42・7・5刑集21-6-748（157-158頁）の判断枠組みに沿って，余罪と量刑に関して下級審の判断が示されている。名古屋高判平成10・1・28高刑集51-1-70がそれで，次の

ように判示した。

　起訴されていない犯罪事実をいわゆる余罪として認定し，実質上これを処罰する趣旨で量刑の資料として考慮することは許されないけれども，単に被告人の性格，経歴及び犯罪の動機，目的，方法等の情状を推知するための資料としてこれを考慮することは適法と解されるが，この理は同一被告人について他の裁判所に起訴されている犯罪事実についても同様と考えられる。……原判決には，客観的にみて，本件公訴事実のほかに，現に他の裁判所に起訴され係属中の職業安定法違反の犯罪事実を認定し，これを実質上処罰する趣旨で被告人に対する刑を量定した違法がある，との非難を免れないものといわなければならない。

　許されない余罪考慮だとされている点が注目される。

第15代
最高裁長官
町田　顕

（2002年11月6日～2006年10月15日）

MACHIDA court
15

第15代長官　町田　顕

Ⅰ ■ 長官のプロフィール

　裁判官出身。6期連続で高裁長官経験者。山口県で生まれ，東京大学法学部を卒業し，司法修習生となる。司法修習生時代の町田は，青法協の会員として活発な活動を行った。判事補任官後も青法協裁判官部会に所属して同期の世話役を引き受けていた。当時を知る法曹関係者はこの頃の町田を「信念の人だった」と評する。敵を作らぬ円満な人柄で，「お月様」の愛称を持つ。

　4年間の東京地・家裁での勤務，そして，3年間の札幌地・家裁室蘭支部での勤務では注目される判決に関与している。私立大学が署名活動などを理由に学生に言い渡した退学処分を無効とした昭和女子大事件判決や，留置場に勾留中の被疑者に対する書籍差し入れ拒否を違法とした判決，従業員の演説内容を理由にした解雇を無効とした王子製紙解雇事件判決，組合の争議行為による取引先への損害賠償責任を負わないとした王子製紙苫小牧工場損害賠償請求事件判決等がそれである。

　その後，最高裁民事局付判事補となる。この時に大きな転機が訪れる。最高裁事務総局が執拗に青法協脱退を迫ったことから，町田を含む青法協所属の局付判事補10名全員がそろって脱退届を提出したからである。翌年には，青法協脱退を拒み続けた宮本康昭判事補が再任拒否された。500名以上の裁判官から抗議の署名が集まったが，町田の署名はなかったとされる。

　3年間の局付生活を終えた町田は，札幌地・家裁判事，札幌高裁判事職務代行として裁判実務に復帰する。札幌高裁時代の判決としては，国鉄職員が勤務時間中に組合活動としてリボンを着用するのは服装規定，職務専念義務に違反するとした国労青函地本リボン闘争事件判決などがある。

　2年後にはまた最高裁事務総局に戻り，その後，約6年半，内閣法制局に出向し参事官を務めた。1年余りの裁判実務を挟んで，またもや最高裁事務総局に戻り，最高裁秘書課長と広報課長を兼務した後，最高裁経理局長を約5年間務めた。その後，4年半程，東京高裁判事（部総括）を務めるが，裁判実務経験はここまで。最高裁判事に就任するまでの間，甲府地・家裁所長，千葉地裁所長，福岡高裁長官，東京高裁長官を歴任し，最高裁判事に就任した。

　「ミスター司法行政」と呼ばれた矢口洪一・最高裁長官（当時）に秘書課長として仕えた。矢口は，裁判所が改革に後ろ向きだと苦言を呈しつつも，「同調するかは別にして，町田君は私の言うことを理解している」と期待を示したという。

　オーソドックスな考え方の持ち主で安定感とバランス感覚があるというのが周囲の

町田評だが，青法協を脱会した頃から判決内容も保守方向へと転回した。札幌高裁時代のものとしては，上述の国労青函地本リボン闘争事件判決などがある。最高裁判事としても，東電OL事件で無罪となったネパール人被告が控訴審での再度の勾留の取消しを求めた特別抗告棄却決定（第一小法廷）では，勾留を認める多数意見に立った。参議院議員定数配分規定無効訴訟の大法廷判決でも請求棄却の多数意見に立った。大分人勧スト訴訟事件では，第一小法廷の裁判長として，処分された教職員組合員137人に対し上告棄却を言い渡した。名張毒ブドウ酒事件の第6次再審請求では，原告請求人からの特別抗告の棄却を決定している。

第1次小泉改造内閣の下で最高裁長官に就任した。最高裁事務総局出身で最高裁事務総長，司法研修所長，最高裁判所首席調査官の3役のうち，一つも経験しないまま最高裁判所長官に就任したのは町田だけである。就任挨拶で，「上ばかり見る『ヒラメ裁判官』はいらない」，「神髄は自分の信念を貫くことにある」と異例の訓示をしたが，説得力に欠けるとの指摘がみられた。司法改革実現へ向けて努力することを表明し，裁判官制度については人事の透明化や弁護士任官の推進が課題だとも述べた。

2006年6月23日，最高裁長官として37年ぶりに日本記者クラブで講演した。テーマは裁判員制度についてであった。（以上のプロフィールについては，最高裁判所HP（転載 http://www.ilc.gr.jp/saikousai/saibankan.html），「徹底研究『町田顕・最高裁長官』」法学セミナー増刊「Causa（カウサ）」2003年3月号38頁以下などを参照）

就任翌年の2003年1月1日，「新年のことば」で，次のように述べた。

「現在，……司法制度改革推進本部を中心に具体的な制度の構築作業の検討が進められています。最高裁判所は，昨年3月，意見書の趣旨にのっとり，改革推進計画を定めましたが，今後，政府の改革推進作業に積極的に協力するとともに，この要綱に明らかにした諸方策の実現に向けて一層の努力を傾注していく所存です。」「裁判所にとって，裁判官制度の一層の充実を図ることは，何よりも重要な課題です。……裁判官の指名をより国民に分りやすいものとし，これに国民の意思を反映させる機関の設置についても，規則制定諮問委員会に幅広い委員の参加を得て検討が進められ，制度の大要が固まりつつあります。」「民事，刑事のすべての第一審訴訟事件を2年以内の間に終局させるという具体的な目標が示され，現在これに向けた立法化の作業が進められています。裁判所としては，すべての制度の検討に当り，これまでの経験を活かし，適正で充実した審理を行いつつ迅速な裁判を実現し，国民からより信頼される司法制度の設計に向けて努力していきたいと考えています。」（裁時1329号1頁）

第15代長官　町田　顯

II ■ この期の最高裁の動き

　最高裁はこの期も引き続き，司法改革を推進していくことになる。裁判員法も成立し，司法の担い手の育成も緒についた。最高裁は膨大な予算を使って裁判員制度を宣伝していった。それと併行して，「自己決定」，「自己責任」の社会に向けた司法システムの整備が一段と推進された。

　最高裁は，司法制度改革審議会意見書の趣旨に則って行われる司法制度改革に関する施策を実施するために必要な措置の内容とその実施時期を明らかにするため，「司法制度改革推進計画要綱～着実な改革推進のためのプログラム～」を策定し，町田コートのスタートに先立つ8ヵ月前の2002年3月20日に公表した。そこで掲げられた，改革の対象となる大項目は，政府の司法制度改革推進計画と同様に，民事司法制度の改革，刑事司法制度の改革，国際化への対応，司法制度を支える人的体制の充実強化（裁判所の人的体制の充実，法曹養成制度の改革，弁護士制度の改革，検察官制度の改革，裁判官制度の改革，法曹等の相互交流の在り方），司法制度の国民的基盤の確立（刑事訴訟手続への新たな参加制度の導入，その他の分野における参加制度の拡充，国民的基盤の確立のための条件整備）等であった。そして，最高裁は司法制度改革推進本部顧問会議において要綱の進捗状況を適宜報告した。町田長官も，2005年の「新年のことば」で，次のような自己評価を示した（裁時1377号1頁）。

　　昨年11月に司法制度改正推進本部の設置期間が終了し，足掛け6年にわたって続けられてきた司法制度改革は，大きな区切りを迎えることになりました。……新たな時代にふさわしい充実した司法を実現するための基本的な枠組みがほぼ出来上がり，この度の制度改革の全容が明らかになったということができます。……法曹養成課程の整備は，今般の改革の大きな課題の一つでしたが，新制度の中核を担う法科大学院での教育が，昨年4月から開始されました。……法科大学院における実務教育を充実させるとともに，司法修習との連携を深め，法曹養成制度全体のレベルを高めていくことが望まれます。……裁判官制度についても，審議会意見の趣旨に沿って，多くの改革が進められてきました。……判事補及び検事の弁護士職務経験に関する法律が成立したことを受けて，昨年6月には，判事補の経験の多様化に関する基本方針が定められ，本年4月から，この基本方針に基づいた外部派遣が開始されることになります。また，昨年から開始された民事調停官，家事調停官制度も次第に実務に定着してきているように思います。……裁判官の人事の面でも，昨年4月から，新たな人事評価制度がスタートしました。既に開始されている下級裁判官指名諮問委員会の活動と相まって，裁判官に対する国民の信頼

II この期の最高裁の動き

を一層強固なものとする機能を果たすものと考えています。……裁判制度に目を受けると，民事訴訟法，刑事訴訟法の改正を始めとして，裁判手続の充実・迅速化を図るための制度が他方面にわたって整備されました。特に，裁判の迅速化に関しては，本年6月ころに第1回の検証結果の公表が予定されており，現在，これに向けた調査・分析作業が進められているところです。……裁判員制度は，昨年5月に法律が制定され，5年以内に施行されることが決まりました。一連の改革の中でも，もっとも広範囲に影響を及ぼすものであり，その円滑な導入に向けて，多角的で入念な準備作業を積み重ねていくことが求められています。……最高裁判所の改革推進計画要綱は，以上に述べた点を始めとして，数多くの具体的な改革課題が掲げられていますが，幸い，その多くの目標については規則制定等の制度化のための作業を終えることができました。

ちなみに，司法試験合格者の大幅増員と，それに伴う弁護士増による弁護士間競争の激化による法的サービスの低廉化への財界等の期待を背景に，2004年4月1日から法科大学院は開校し，2006年5月には第1回の新司法試験も実施された。2006年4月には法テラスも開設され，10月から業務を開始した。この司法支援センターは，弁護活動の在り方，弁護士の在り方，そして，弁護士自治をまとめて，かつ将来にわたって持続的に「改革」し続けるものとして構想された。

今回の「改革」の特徴（問題）は，改革の対象である司法の現状に関して調査に基づく問題点の正確な認識とその原因の解明による改革方向の選択というアプローチがあまりみられず，審議会あるいは検討会の委員の個人的な経験に基づくいわば印象を基に議論される傾向がみられたことである。（笠松健一「司法改革通信の執筆を担当して――裁判員制度と司法支援センターの今後」（法と民主主義401号（2005年）58頁等を参照）

司法改革において何よりも問題とされるべきは，司法の官僚構造と体質であった。求められている司法改革の核心は，裁判及び裁判官の政治経済的権力からの真の独立であった。司法改革の中軸には何よりも国民への司法サービスの充実のための司法容量の拡大が据えられるべきであった。裁判官の数も全体的には圧倒的に不足していた。しかし，今次の司法制度改革が目指したものはそうではなかった。司法を国策と経済の道具とする危険な動向であり，行政への司法的チェックの強化を実質的に放棄するものであった。このような「改革」は，裁判所の人的・物的拡充・強化ではなく，むしろ縮減にならざるを得ない。しかし，最高裁は，「司法の機能を充実し，国民のニーズに応えるための法曹人口を増加させる上で，全般的に考慮すべき事項」の論点についても，議論の中心を「司法試験合格者の増員」とそれに伴う「修習制度の抜本的改革」に限定すべきだと主張して，抜本的な改革を何とかして回避しようとする姿勢を墨守した。

第15代長官　町田　顕

　この期においても，情報公開や医療過誤における医療関係者の法的責任等について積極的な判例が最高裁で出されている。ただし，そこで語られる司法の弱者保護機能の「重視」論も，当面の制度改編攻勢を凌いで司法官僚性を温存していくための道具として便宜的に持ち出されたものに過ぎない点に注意しなければならない。

III ■ この期の裁判所関係の動き

2002年11月 6日	町田顕，最高裁長官に就任。
11月22日	最高裁第二小法廷，国籍法2条1号は憲法14条1項に違反しないと判示。
12月 4日	郵便法の一部改正法律を公布。(違憲判決を受け，国の損害賠償責任を拡大)
12月 6日	法科大学院の教育と司法試験等との連携に関する法律を公布。
12月17日	政府の司法制度改革推進本部事務局，10検討会(労働検討会，司法アクセス検討会，ADR検討会，仲裁検討会，行政訴訟検討会，裁判員・刑事検討会，公的弁護制度検討会，国際化検討会，法曹養成検討会，法曹制度検討会)の設置と各検討会委員名を公表。(法務省と最高裁を主体に各省庁からの出向者で検討会事務局を固める)
2003年 1月 1日	町田最高裁長官，「新年のことば」で，「最高裁判所は，昨年3月，意見書の趣旨にのっとり，改革推進計画を定めましたが，今後，政府の改革推進作業に積極的に協力するとともに，この要綱に明らかにした諸方策の実現に向けて一層の努力を傾注していく所存です。」等と述べる（裁時1329号1頁）。
1月27日	名古屋高裁金沢支部，高速増殖炉「もんじゅ」の設置許可を無効とする判決。
2月19日	民事再生規則等の一部改正規則を公布。
同日	簡易裁判所判事選考規則の一部改正規則を公布。
2月26日	下級裁判所裁判官指名諮問委員会規則を公布。
2月28日	最高裁事務総局総務局通知「総括主任家庭裁判所調査官を置く家庭裁判所及び家庭裁判所支部の指定について」を発出。
3月28日	最高裁第二小法廷，民法900条4号ただし書前段は憲法14条1項に違反しないと判示。
4月 2日	地方裁判所委員会規則，家庭裁判所委員会規則を公布。
4月 9日	司法修習委員会規則を公布。
5月 1日	司法修習委員会が発足。
同日	下級裁判所裁判官指名諮問委員会が発足。

Ⅲ　この期の裁判所関係の動き

5月 9日	法科大学院への裁判官及び検察官その他の一般職の国家公務員の派遣に関する法律を公布。
5月23日	不正競争防止法の一部改正法を公布。
5月30日	個人情報保護法を公布。
6月 6日	戦後はじめて有事法制（有事関連三法）が成立。
6月13日	武力攻撃事態等における我が国の平和と独立並びに国及び国民の安全の確保に関する法律を公布。
同日	インターネット異性紹介事業を利用して児童を誘因する行為の規制等に関する法律を公布。
6月18日	町田最高裁長官，長官所長会同で，「新たな施策を進める上では，その基盤として，裁判官の人事評価制度を整備することが必要です。……適切な評価が行われる仕組みを作っていかなければなりません。」等と述べる（裁時1341号1頁）。
同日	著作権法の一部改正法を公布。
7月 4日	労働基準法の一部改正法を公布。
7月16日	裁判の迅速化に関する法律を公布。
7月25日	司法制度改革のための裁判所法等の改正法を公布。（外国法律事務所弁護士制度の改正等）
7月26日	イラク復興支援特別措置法が成立。
8月	地方裁判所委員会，家庭裁判所委員会が発足。（全国で初めての地裁委員会を札幌で開催，東京でも10月に第一回地裁委員会を開催）
8月25日	住民基本台帳ネットワークが本格稼働。
9月26日	自由党が野党第1党の民主党へ合流。（新たに民主党となる）
10月	鳥インフルエンザ感染が発生。
10月 1日	法科大学院への裁判官及び検察官その他の一般職の国家公務員の派遣に関する法律を公布。
11月11日	最高裁第三小法廷，公務員の職務の遂行に関する情報は公務員個人の私事に関する情報でない限り大阪市公文書公開条例6条2項が非公開情報として定める「個人に関する情報」に当らないと判示。
11月12日	人事訴訟規則を公布。
11月21日	最高裁第二小法廷，公務員の出勤簿に記録された職，氏名，出勤，職務専念義務の免除，欠勤等に関する情報は情報公開条例所定の非開示情報に該当しないと判示。
11月26日	仲裁関係事件手続規則を公布。
11月27日	最高裁第一小法廷，駐留軍用地について使用裁決手続が進行している間の暫定使用を認める駐留軍用地特措法の一部改正法の規定は憲法29条に違反せず，憲法31条の法意にも違反しないと判示。

第15代長官　町田　顕

12月 3日	最高裁判所規則制定諮問委員会規則の一部改正規則を公布。
12月13日	アメリカ軍，フセイン・イラク元大統領を拘束。
12月18日	最高裁第一小法廷，個人に関わりのある情報は原則として広島県公文書公開条例9条2号にいう「個人に関する情報」にあたる等と判示。
12月22日	最高裁第一小法廷，日本国有鉄道改革法は設立委員自身が不当労働行為を行った場合は別として，専ら国鉄が採用候補者の選定及び採用候補者名簿の作成に当たり組合差別をしたという場合には，労働組合法7条の適用上，専ら国鉄，次いで清算事業団にその責任を負わせることとしたものと解さざるを得ず，このような改革法の規定する法律関係の下においては，設立委員ひいては承継法人が同条にいう「使用者」として不当労働行為の責任を負うものではないと解するのが相当であると判示。
2004年 1月 1日	町田最高裁長官，「新年のことば」で，「司法制度改革についても，推進本部設置から3年目を迎え，いよいよ終盤に差し掛かっています。……法制化，規則化の過程を経て基本的な制度の骨格が固まり，運用の開始に向けた準備が始められているものも少なくなく，全体としてみれば，改革推進のための作業は，着実に進められているといってよいと思われます。」等と述べる（裁時1353号1頁）。
同日	民事調停官及び家事調停官規則を施行。
1月 7日	裁判官の人事評価に関する規則を公布。
1月12日	山口県内の養鶏場で鳥インフルエンザが発生。（日本国内では79年ぶり）
1月14日	最高裁大法廷，平成13年7月29日施行の参議院議員選挙当時における参議院（選挙区選出）議員の定数配分規定は憲法に違反しないと判示。
3月 2日	政府，司法改革関連9法案を閣議決定し，国会に上程。（隣接法律職種関連法案，法科大学院創設法案，民事裁判迅速化法案，仲裁法制整備法案，ADR基本法案，裁判員制度および公的弁護士制度創設に関する刑事関連法案等）
3月31日	裁判所職員総合研修所規則，同規程を公布。
4月 1日	法科大学院68校が開設。（1年後に74校に）
4月 1日	新たな裁判官の人事評価制度を施行。
同日	人事訴訟の管轄が家庭裁判所に移管。
同日	東京高裁の知的財産権関係事件の専門部が「知的財産部」に名称変更。
同日	従来の裁判官書記官研修所と家裁調査官研修所を統合し，「裁判所職員総合研修所」を設置。
4月14日	児童虐待の防止等に関する法律の改正法を公布。（定義の明確化等）

Ⅲ　この期の裁判所関係の動き

4月21日	司法委員規則及び参与員規則の一部改正規則を公布
6月 2日	配偶者からの暴力の防止及び被害者の保護に関する法律の改正法を公布。（配偶者からの暴力の定義の拡大等）
同日	総合法律支援法を公布。
6月 5日	年金改革関連二法案が可決・成立。
6月16日	町田最高裁長官，長官所長会同で，「この度の司法制度改革は，概ね今年で立法作業を終え，実施，運用の段階を迎えることになります。多方面で進められてきた諸施策を相互に関連付け，全体としての調和を保ちつつ，長期的に社会に定着させていくことは，正に実務家としての私たちに課せられた責務です。」等と訓示（裁時1365号1頁）。
同日	訴訟代理人報酬等の敗訴者負担を「合意」により制度導入することを内容とする，民事訴訟費用等に関する法律の一部改正法案の成立を見送り。（継続審議に）
6月18日	武力攻撃事態における捕虜等の取扱いに関する法律を公布。
同日	判事補及び検事の弁護士職務経験に関する法律を公布。
6月28日	最高裁第二小法廷，県知事及び県議会議長が即位の礼に参列した行為並びに県議会議長が大嘗祭に参列した行為は憲法20条3項に違反しないと判示。
7月 8日	最高裁第一小法廷，内地人女性の嫡出でない子であって国籍法（昭和25年法律第147号）の施行後に朝鮮人男性により認知された者は平和条約の発効によっても日本国籍を失わないと判示。
7月12日	最高裁第二小法廷，労働組合の組合員は労働委員会に対し使用者が労働組合法7条3項の不当労働行為を行ったことを理由として救済申立てをすることができると判示。
8月 6日	東京高裁内の裁判員裁判の模擬法廷が公開される。
8月 9日	福井県の関西電力美浜原子力発電所で蒸気漏れ事故が発生。
9月	日弁連，裁判官不足の実態をまとめ，国に対し増員を要請。
9月 7日	最高裁第三小法廷，あらかじめ看護婦に対し投与後の経過観察を十分に行うこと等の指示等をすべき注意義務を怠った過失が医師にあると判示。
10月15日	最高裁第二小法廷，水俣病による健康被害の拡大につき，国及び熊本県が損害賠償責任を負うと判示。
10月29日	ローマで欧州憲法条約が締結。
11月 1日	判事補及び検事の弁護士職務経験に関する規則を公布。
11月 3日	司法制度改革推進本部が解散。

第15代長官　町田　顕

11月12日	最高裁第二小法廷，階層的に構成されている暴力団の最上位の組長と下部組織の構成員との間に同暴力団の威力を利用して資金獲得活動に係る事業について民法715条所定の使用者と利用者の関係が成立する等と判示。
11月17日	労働組合法の一部改正法を公布。
11月18日	最高裁第一小法廷，有責配偶者からの離婚請求につき，認容することができないと判示。
11月29日	最高裁第二小法廷，日韓請求権協定の締結後，旧日本軍の軍人軍属等であったが日本国との平和条約により日本国籍を喪失した大韓民国に在住する韓国人に対して何らかの措置を講ずることなく戦傷病者戦没者遺族等援護法附則2項，恩給法9条1項3号を存置したことは憲法14条に違反しない等と判示。
12月 1日	裁判外紛争解決手続の利用の促進に関する法律を公布。
同日	内閣官房に司法制度改革推進室を設置。
12月 3日	児童福祉法の一部改正法を公布。
12月 7日	最高第三小法廷，公職選挙法が衆議院議員選挙につき採用している比例代表制は2003年11月9日に施行された衆議院議員選挙当時，憲法に違反しないと判示。
2005年 1月 1日	町田最高裁長官，「新年のことば」で，「最高裁判所の改革推進計画要綱は，……数多くの具体的な改革課題が掲げられていますが，幸い，その多くの目標については規則制定等の制度化のための作業を終えることができました。」等と述べる（裁時1377号1頁）。
1月11日	労働審判規則を公布。
1月26日	児童の売買，児童買春及び児童ポルノに関する児童の権利に関する条約の選択議定書を公布。（2月24日，日本について発効）
同日	最高裁大法廷，東京都在日韓国人管理職試験受験資格確認訴訟につき，どのような任用制度を構築するかは自治体の裁量に委ねられており，都の管理職は公権力行使などを行う職務への就任が当然の前提とされており，日本国籍を資格要件とするのは合理的な理由による区別で合憲と結論づけた。（15裁判官のうち滝井繁男，泉徳治両裁判官は「受験拒否は違憲」とする反対意見を述べた）
2月16日	京都議定書が発効。
3月31日	裁判所職員定員法の改正法を公布。
4月 1日	知的財産高等裁判所が発足。
4月 1日	民事訴訟法の改正法を施行。
4月 1日	判事補及び検事の弁護士職務経験制度を施行。
5月 1日	北朝鮮，地対艦ミサイルを日本海に向けて発射。（日本海に墜落）
5月 7日	自衛隊の第6次イラク派遣。

III　この期の裁判所関係の動き

5月20日	特定電子メールの送信の適正化等に関する法律の改正法を公布.
5月30日	最高裁第一小法廷, 内閣総理大臣が動力炉・各燃料開発事業団に対してした高速増殖炉「もんじゅ」に係る原子炉設置許可処分が違法, 無効であるとはいえないと判示.
6月1日	海上保安庁の巡視船, 対馬沖の日本海の日本の排他的経済水域で違法操業をしていたと思われる韓国の漁船を拿捕.（乗組員の身柄や船内への立ち入り検査を巡って韓国側と対立）
6月14日	最高裁第三小法廷, 公開請求の対象を公文書と定めている情報公開条例の下において, 実施機関が公開請求に係る公文書に請求者が公開を求めた事項以外の情報が記録されている部分があることなどを理由として当該部分を公開しないことは許されないと判示.
6月16日	最高裁第一小法廷, 日本における加熱血液製剤の製造承認等に関する雑誌記事等の執筆者がその記事等に摘示されている事実を真実であると信じたことには相当の理由があるとして名誉毀損による不法行為の成立を否定.
6月29日	不正競争防止法等の改正法を公布.
9月14日	最高裁大法廷, 公職選挙法附則8項の規定のうち, 在外国民に国政選挙における選挙権の行使を認める制度の対象となる選挙を当分の間両議院の比例代表選出議員の選挙に限定する部分は遅くとも本判決言渡し後に初めて行われる衆議院議員の総選挙又は参議院議員の通常選挙の時点においては憲法15条1項, 3項, 43条1項, 44条ただし書に違反する等と判示.
9月30日	司法試験法及び裁判所法の一部を改正する法律附則第11条第2項に規定する司法修習の修習期間の特例に関する規則を公布.
10月25日	東京地裁, 旧植民地のハンセン病患者が補償を求めた訴訟で, 韓国側患者の訴訟については原告敗訴, 台湾側患者の訴訟については原告勝訴の判決.
10月26日	日米両国政府, 米軍普天間飛行場を米軍キャンプ・シュワブ兵舎地区に一部を海上に突き出す形で建設することで基本合意.
10月27日	アメリカ政府, 米軍横須賀基地に空母キティ・ホークの後継艦としてニミッツ級原子力空母を配備することを発表.
12月8日	最高裁第一小法廷, 拘置所に勾留中の者が脳梗塞を発症し重大な後遺症が残った場合について, 速やかに外部の医療機関へ転送されていたならば重大な後遺症は残らなかった相当程度の可能性の存在が証明されたとはいえないとして国家賠償責任は認められないと判示.
2006年1月1日	町田最高裁長官,「新年のことば」で,「昨年4月知的財産高等裁判所が発足し, この分野の事件を迅速かつ的確に解決するものとして大きな関心を集め, 本年4月からは, 労働審判制度が実施されることになりますが, 関係者との連携を図り, 十分その役割を果たすことが求められています.」等と述べる（裁時1401号1頁）.
1月20日	政府, 米国産牛肉の輸入を再び全面禁止.

第15代長官　町田　顕

1月27日	最高裁第二小法廷，入院患者がメチシリン耐性黄色ブドウ球菌（MRSA）に感染した後に死亡した場合につき，担当医師が早期に抗生剤バンコマイシンを投与しなかったことに過失があるとはいえないとした原審の判断に経験則又は採証法則に反する違法があると判示。
2月23日	司法修習生に関する規則の一部改正規則を公布。
2月24日	最高裁第二小法廷，未成年者が強盗傷人事件を犯した場合につき，親権者に同事件に結びつく監護義務違反があったとは認められないと判示。
3月 1日	最高裁大法廷，旭川市国民健康保険条例の規定が恒常的に生活困窮の状態にある者を保険料の減免の対象としていないことは国民健康保険法77条の委任の範囲を超えるものではなく，憲法25条，14条に違反しない等と判示。
3月17日	最高裁事務総局総務局通達「裁判所が司法行政事務に関して保有する個人情報の取扱いについて」を発出。
3月23日	最高裁第一小法廷，刑務所長が受刑者の新聞社宛ての信書の発信を不許可としたことは国家賠償法1条1項の違法となる等と判示。
3月30日	最高裁第一小法廷，良好な景観に近接する地域内に居住する者が有するその景観の恵沢を享受する利益は法律上保護に値するものと解するのが相当である等と判示。
4月 1日	労働審判制度が施行。
同日	総合法律支援制度（法テラス）の主要部分が施行。
4月18日	最高裁第三小法廷，冠状動脈バイパス手術を受けた患者が術後に腸管壊死となって死亡した場合につき，患者に腸管壊死が発生している可能性が高いと診断し，直ちに開腹手術を施すべき注意義務を怠った過失が担当医師にあると判示。
6月13日	最高裁第三小法廷，原子爆弾被爆者に対する援護に関する法律（平成11年法律率第87号による改正前のもの）による健康管理手当の支給認定を受けた被爆者が国外に居住地を移転した場合，当該被爆者に対する同手当の支給義務は従前支給義務を負っていた最後の旧住地の都道府県が負うものであって，国が負うものではないと判示。
6月16日	最高裁第二小法廷，B型肝炎ウイルスに感染した患者が乳幼児期に受けた集団予防接種等とウイルス感染との間に因果関係を肯定するのが相当と判示。
6月21日	自殺対策基本法を公布。
6月23日	最高裁第二小法廷，内閣総理大臣の地位にある者が靖国神社に参拝した行為によって個人の心情ないし宗教上の感情が害されたとしても，損害賠償の対象となり得るような法的利益の侵害があったとはいえないと判示。

IV　この期の刑事法関係の動き

7月 5日	町田最高裁長官，長官所長会同で，「引き続き充実した司法制度の実現に努めていかなければなりません。」等と訓示（裁時1414号1頁）。
7月14日	日本銀行，5年4か月続けてきたゼロ金利政策の解除を決定。
7月28日	総合法律支援法による国選弁護人契約弁護士に係る費用の額の算定等に関する規則を公布。
8月10日	偽造カード等及び盗難カード等を用いて行われる不正な機械式預貯金払戻し等からの預貯金者の保護等に関する法律を公布。
8月12日	石綿の使用における安全に関する条約を批准。
8月25日	京都大の山中伸弥教授ら，iPS細胞の作成を発表。
9月 4日	最高裁第二小法廷，保存された男性の精子を用いて当該男性の死亡後に行われた人工生殖により女性が懐胎し出産した子と当該男性との間に認知による法律上の親子関係の形成は認められないと判示。
9月14日	最高裁第一小法廷，弁護士に対する業務停止3カ月の懲戒処分は裁量権の逸脱，濫用にあたらないと判示。
9月26日	小泉内閣が総辞職し，安倍晋三を第90代首相に指名。（自民党，公明党の連立政権）。
10月 2日	独立行政法人・日本司法支援センター（法テラス）が業務開始。
10月 4日	最高裁大法廷，公議選挙法14条，別表三の参議院（選挙区選出）議員の定数配分規定は2004年7月11日に施行された参議院議員選挙当時，憲法に反しないと判示。
10月 3日	最高裁第三小法廷，報道関係者である証人は民訴訟法197条1項3号に基づいて取材源に係る証言を拒絶することができると判示。
10月 5日	最高裁第一小法廷，出入国管理及び難民認定法49条3項所定の法務大臣の裁決につき，裁決書が作成されなかったという瑕疵が同裁決及びその後の退去強制命令書発付処分を取り消すべき違法事由にあたらないと判示。
10月 9日	北朝鮮，初の地下核実験に成功したと発表。

IV ■ この期の刑事法関係の動き

　刑事法関係では，以下のような動きがみられる。裁判員法が成立したのが特筆される。代用監獄の恒久化が図られたのも注目される。

2003年 1月14日	最高裁第二小法廷，公務員が請託を受けて公正取引委員会委員長に対し同委員会が調査中の審理事件を告発しないように働きかけることは斡旋収賄罪における職務上相当な行為をさせないように斡旋することにあたると判示。
2月18日	最高裁第二小法廷，特別背任罪の共同正犯の成立を是認。

第15代長官　町田　顯

3月11日	最高裁第三小法廷，販売される商品の品質に対する社会的な信頼は刑法233条にいう「信用」に含まれると判示。
3月12日	最高裁第二小法廷，誤った振込みがあることを知った受取人がその情を秘して預金の払戻しを受けた場合につき詐欺罪の成立を認めた。
4月11日	最高裁第二小法廷，薬物犯罪を遂行する過程において費消・使用されるものとして犯人が他の共犯者から交付を受けた財産は麻薬特例法2条3項にいう「薬物犯罪の犯罪行為により得た財産」にあたらないと判示。
4月14日	最高裁第三小法廷，刑法110条1項にいう「公共の危険」は同法108条及び109条1項に規定する建造物等に対する延焼の危険に限られない等と判示。
4月15日	横浜地裁，横浜事件の第3次再審請求につき，再審開始決定。
5月1日	最高裁第一小法廷，暴力団組長である被告人が自己のボディーガードらのけん銃等の所持につき直接の指示は下していないものの，これを確定的に認識・認容していた上，犯行時にボディーガードらと行動を共にしていたことやボディーガードらに対する地位，立場等を総合考慮して共謀共同正犯の罪責を負うと判示。
6月2日	最高裁第一小法廷，線路沿いの土地を掘削した行為により電汽車往来危険罪にいう「往来の危険」が発生したと判示。
6月4日	特殊解錠用具の所持の禁止等に関する法律を公布。
7月10日	最高裁，新潟少女監禁事件で懲役11年とした原審を破棄自判し，懲役14年を言渡す。（確定）
7月16日	心神喪失者医療観察法を公布。
同日	最高裁第二小法廷，暴行とその現場からの逃走途中に高速道路に侵入して遭遇した交通事故による死亡との間に因果関係があると判示。
7月18日	刑法の改正法を公布。（国外犯処罰規定の整備）
9月18日	麻薬，麻薬原料植物，向精神薬及び麻薬向精神薬原料を指定する政令の一部改正政令を公布。
10月6日	最高裁第二小法廷，正規の国際運転免許証に酷似した文書をその発給権限のない団体の名義で作成した行為が私文書偽造罪にあたると判示。
10月28日	最高裁第三小法廷，薬物犯罪を遂行するために共犯者から交付を受けて使用した航空券の価額を追徴することは違法であるとして，第一審判決中の追徴部分を破棄。
12月2日	武富士盗聴事件で自ら指示を出していたとして同社の会長を逮捕。
12月11日	最高裁第一小法廷，ストーカー行為等の規制等に関する法律2条1項，2項，13条1項は憲法13条，21条1項に違反しないと判示。
12月22日	名古屋刑務所事件を契機に設置された行刑改革会議，提言をまとめる。

Ⅳ　この期の刑事法関係の動き

12月23日	東京地裁，強制執行妨害罪で起訴されていたオウム真理教麻原弁護団主任弁護人の安田好弘弁護人に無罪判決。
2004年 1月20日	最高裁第三小法廷，車ごと海中に転落するように命じて実行させた行為につき，殺人未遂罪の成立を認める。
2月16日	最高裁第二小法廷，科刑意見通りに発付された略式命令に対し検察官がした正式裁判請求を適法と判示。
2月17日	最高裁第二小法廷，暴行による傷害の治療中に治療の効果を減殺する被害者の行動が介在したとしても暴行と傷害の因果関係があると判示。
2月27日	東京地裁，松本智津夫（麻原彰晃）被告人に死刑判決。
4月13日	最高裁第三小法廷，医師法21条にいう死体の「検案」とは医師が死因等を判定するために死体の外表を検査することをいい，当該死体が自己の診療していた患者のものであるか否かは問わないと判示。
4月19日	最高裁第二小法廷，自らは盗聴録音に関与していないとしても電気通信事業法104条1項の罪が成立すると判示。
5月28日	刑事訴訟法の一部改正法を公布。（公判前整理手続の導入等）
同日	裁判員法を公布。（2009年5月21日，施行）
6月2日	配偶者からの暴力の防止及び被害者の保護に関する法律の一部改正法を公布。
6月18日	国際人道法の重大な違反行為の処罰に関する法律を公布。
8月9日	心神喪失者医療観察法による審判の手続等に関する規則を公布。
8月25日	最高裁第三小法廷，公園のベンチの上に置き忘れられた物を領得した行為を窃盗罪にあたると判示。
9月7日	最高裁第三小法廷，代用監獄である警察署に勾留中の被疑者について「接見の指定に関する通知書」を発した検察官が留置担当官から弁護人が接見の申出をしたことの連絡を受けて約40―45分後又は約35分後に接見指定をしない旨の回答をしたことは違法とはいえないと判示。
10月8日	最高裁第二小法廷，在監者の上訴申立てに関する刑訴法366条1項は刑の執行猶予言渡しの取消請求事件についての特別抗告の申立てに類推適用されると判示。
10月19日	最高裁第三小法廷，高速道路上に自車及び他人が運転する自動車を停止させた過失行為と自車が走り去った後に前記自動車に後続車が追突して生じた死傷事故との間に因果関係があると判示。
10月20日	配偶者暴力に関する保護命令手続規則の一部改正規則を公布。
11月8日	最高裁第三小法廷，収賄の共同正犯者が共同して収受した賄賂につき，その総額を均分した金額を各自から追徴することができると判示。

第15代長官　町田　顯

11月30日	最高裁第二小法廷，郵便送達報告書の受領者の押印又は署名欄に他人の氏名を冒書する行為は有印私文書偽造罪を構成すると判示。
12月8日	刑法の改正法を公布。（有期の懲役・禁固の上限引き上げ等）
同日	刑事訴訟法の改正法を公布。（殺人等の死刑にあたる罪の公訴時効期間を15年から25年に延長）
同日	犯罪被害者等基本法を公布。
12月10日	最高裁第二小法廷，窃盗犯人による脅迫が窃盗の機会の継続中に行われたものではないとして事後強盗罪の成立を否定。
12月21日	最高裁第三小法廷，投票を電話により依頼する行為及びそのための要員を確保して候補者の支援組織へ派遣する行為はいずれも選挙運動にあたる等と判示。
2005年 3月10日	東京高裁，横浜事件の第3次再審請求につき，横浜地裁がした再審開始決定に対する検察官の即時抗告を棄却する旨の決定。
3月11日	最高裁第一小法廷，警視庁A警察署地域課に勤務する警察官が同庁B警察署刑事課で捜査中の事件に関して同事件の関係者から現金の供与を受けた行為について収賄罪が成立すると判示。
3月25日	最高裁第三小法廷，被告人の配偶者，直系の親族又は兄弟姉妹は，自ら申し立てた保釈の請求を却下した裁判に対し，刑訴法352条にいう「決定を受けたもの」又は同法429条1項にいう「不服がある者」として抗告又は準抗告を申し立てることができると判示。
4月18日	最高裁第一小法廷，国道を走行中の普通乗用車内におけるけん銃発射行為が銃刀法3条の13，31条のけん銃発射罪にあたると判示。
4月25日	JR福知山線脱線事故が発生。
5月25日	刑事施設及び受刑者の処遇等に関する法律を公布。
6月10日	旅券法および組織的な犯罪の処罰及び犯罪収益の規制等に関する法律の改正法を公布。
6月22日	刑法の改正法を公布。（人身販売罪等の新設等）
同日	刑事訴訟規則の一部改正規則を公布。（公判前整理手続に伴う手続を設ける等）
7月4日	最高裁第二小法廷，入院中の患者を退院させてその生命に具体的な危険を生じさせた上，その親族から患者に対する手当を全面的にゆだねられた者につき，不作為による殺人罪が成立すると判示。
8月10日	偽造カード等及び盗難カード等を用いて行われる不正な機会式預貯金払戻し等からの預貯金者の保護等に関する法律を公布。
8月23日	最高裁第二小法廷，少年法20条による検察官送致決定に対しては特別抗告をすることができないと判示。
11月10日	最高裁第一小法廷，刑事事件の法廷における被疑者の容ぼう等を撮影した行為及びその写真を写真週刊誌に掲載して公表した行為を不法行為法上違法と判示。

IV この期の刑事法関係の動き

11月15日	最高裁第一小法廷，抗がん剤を過剰投与する等して患者を死亡させた医療事故につき，大学付属病院の耳鼻咽喉科長に業務上過失致死罪が成立すると判示。
11月25日	ストーカー行為等の規制に関する法律2条2項にいう「反復してすること」の意義等について判示。
12月6日	最高裁第二小法廷，妻と離婚係争中の夫が妻の監護養育下にある2歳の子を有形力を用いて連れ去った行為につき，未成年者略取罪が成立すると判示。
2006年1月17日	最高裁第三小法廷，公園内の公衆便所の外壁にラッカースプレーでペンキを吹き付け「戦争反対」等と大書した行為が刑法260条前段にいう建造物の「損壊」にあたると判示。
1月23日	最高裁第二小法廷，県立医科大学の教授兼同大学付属病院診療科部長が，教育指導している医師を他の病院へ派遣することにつき，賄賂罪における職務関連性が認められると判示。
1月31日	施行猶予者保護観察法の改正法を公布。
2月14日	最高裁第一小法廷，窃取したクレジットカードのカード番号等の情報をクレジットカード決済代行業者の使用する電子計算機に与えて電子マネーを購入した行為を電子計算機使用詐欺罪に該当すると判示。
2月20日	最高裁第三小法廷，児童買春，児童ポルノに係る行為等の処罰及び児童の保護等に関する法律2条3項各号のいずれかに掲げる姿態を児童にとらせ，これを電磁的記録に係る記録媒体に記録した者が当該電磁的記録を別の記録媒体に記憶させて児童ポルノを製造する行為は同法7条3項の児童ポルノ製造罪に該当すると判示。
3月14日	最高裁第二小法廷，赤色信号を殊更に無視し，対向車線に進出して時速約20kmの速度で普通乗用自動車を運転して交差点に進入しようとしたため右方道路から左折進行してきた自動車と衝突事故を起こし，同車運転手らを負傷させた行為が刑法208条の2第2項後段の危険運転致傷罪に該当すると判示。
3月27日	東京高裁，オウム真理教の被告の裁判で弁護団が控訴趣意書を期限内に提出しなかったとの理由により控訴棄却の決定。（松本智津夫被告人の死刑判決を維持）
3月31日	執行猶予者保護観察法の一部改正法を公布。
5月8日	刑法及び刑事訴訟法の改正法を公布。（窃盗罪等の法定刑に罰金刑を追加等）
5月12日	刑事訴訟規則等の一部改正規則を公布。
5月16日	最高裁第三小法廷，パーソナルコンピューター上のハードディスクに保存されている画像データのバックアップのため児童ポルノであり，わいせつ物である光磁気ディスクを製造，所持した行為につき，児童買春，児童ポルノに係る行為等の処罰及び児童の保護に関する法律7条2項の児童ポルノを販売する目的及び刑法175条後段にいう「販売の目的」があると判示。

第15代長官　町田　顯

5月24日	銃砲刀剣類所持等取締法の改正法を公布。(準空気銃の所持の禁止等)
6月 8日	刑事施設及び受刑者の処遇等に関する法律の改正法を公布。(留置施設への代替収容などについての規定の整備等)
6月20日	最高裁第三小法廷，光市事件につき第一審の無期懲役の科刑を維持した控訴審判決を量刑不当として破棄・差戻す判決。
6月21日	組織的な犯罪の処罰及び犯罪収益の規制等に関する法律の改正法を公布。
同日	犯罪被害財産等による被害回復給付金の支給に関する法律を公布。
7月25日	刑事訴訟規則等の一部改正規則を公布。
8月30日	最高裁第二小法廷，刑法244条1項は内縁の配偶者に適用又は類推適用されないと判示。
9月15日	最高裁，松本智津夫被告人の弁護人側からの特別抗告を棄却。(死刑確定)

V ■ この期の刑事判例の特徴

　町田コートは期間が約4年だが，この期でまず目立つのは審判の対象に関する大法廷判決である。そのほか，有事法制が戦後初めて制定され，有事体制の確立が急がれる中で，多くの注目すべき小法廷判決・決定もみられる。それは下級審判決・決定でも同様である。

1　大法廷判決・決定

■ 審判の対象に関するもの

　審判の対象に関して，最大判平成15・4・23刑集57-4-467は，次のように判示した。

　所有権移転行為について横領罪が成立する以上，先行する抵当権設定行為について横領罪が成立する場合における同罪と後行の所有権移転による横領罪との罪数評価のいかんにかかわらず，検察官は，事案の軽重，立証の難易等諸般の事情を考慮し，先行の抵当権設定行為だけではなく，後行の所有権移転行為をとらえて公訴を提起することができるものと解される。また，そのような公訴の提起を受けた裁判所は，所有権移転の点だけを審判の対象とすべきであり，犯罪の成否を決めるに当たり，売却に先だって横領罪を構成する抵当権設定行為があったかどうかというような訴因外の事情に立ち入って審理判断すべきものではない。このような場合に，被告人に対し，訴因外の犯罪事実を主張し立証することによって訴因とされている事実について犯罪の成否を争うことを許容することは，訴因外の犯罪事実をめぐって，被告人が犯罪成立の証明の，検察官が犯罪不成立の証明を志向するなど，当事者双方に不自然な訴訟活動を行わせることにもなりか

ねず，訴因制度を採る訴訟手続の本旨に沿わないものというべきである。……以上の点は，業務上横領罪についても異なるものではない。……そうすると，本件において，被告人が本件土地1につき本件抵当権①，②を設定し，本件土地2につき本件抵当権③を設定して，それぞれその旨の各登記を了したことを業務上横領罪に問うことの妨げとなるものではない。したがって，本件土地1，2の売却に係る訴因について業務上横領罪の成立を認め，前記（1），（2）の各犯罪事実を認定した第一審判決を是認した原判決の結論は，正当である。

公訴権濫用論に対する厳しい姿勢と軌を一にするもので，検察官の訴追裁量を尊重した判決といえよう。

2　小法廷判決・決定

■ 黙秘権に関するもの

行政手続と黙秘権に関しても小法廷判決がみられる。**最判平成16・4・13刑集58-4-247**がそれで，次のように判示し，医師法21条の届出義務は憲法38条1項に違反しないとした。

　　所論は，死体を検案して異状を認めた医師は，その死因等につき診療行為における業務上過失致死等の罪責を問われるおそれがある場合にも，異状死体に関する医師法21条の届出義務（以下「本件届出義務」という。）を負うとした原判決の判断について，憲法38条1項違反を主張する。……そこで検討すると，本件届出義務は，警察官が犯罪捜査の端緒を得ることを容易にするほか，場合によっては，警察官が緊急に被害の拡大防止措置を講ずるなどして社会防衛を図ることを可能にするという役割をも担った行政手続上の義務と解される。そして，異状死体は，人の死亡を伴う重い犯罪にかかわる可能性があるものであるから，上記のいずれの役割においても本件届出義務の公益上の必要性は高いというべきである。他方，憲法38条1項の法意は，何人も自己が刑事上の責任を問われるおそれのある事項について供述を強要されないことを保障したものと解されるところ（最高裁昭和27年（あ）第838号同32年2月20日大法廷判決・刑集11巻2号802頁参照），本件届出義務は，医師が，死体を検案して死因等に異状があると認めたときは，そのことを警察署に届け出るものであって，これにより，届出人と死体とのかかわり等，犯罪行為を構成する事項の供述までも強制されるものではない。また，医師免許は，人の生命を直接左右する診療行為を行う資格を付与するとともに，それに伴う社会的責務を課するものである。このような本件届出義務の性質，内容・程度及び医師という資格の特質と，本件届出義務に関する前記のような公益上の高度の必要性に照らすと，医師が，同義務の履行により，捜査機関に対し自己の犯罪が発覚する端緒を与えることにもなり得るなどの点で，一定の不利益を負う可能性があっても，それは，医師免許に付随

第15代長官　町田　顕

する合理的根拠のある負担として許容されるものというべきである。……以上によれば,死体を検案して異状を認めた医師が,自己がその死因等につき診療行為における業務上過失致死等の罪責を問われるおそれがある場合にも,本件届出義務を負うとすることは,憲法38条1項に違反するものではないと解するのが相当である。このように解すべきことは,当裁判所大法廷の判例（昭和27年（あ）第4223号同31年7月18日判決・刑集10巻7号1173頁,昭和29年（あ）第277号同31年12月26日判決・刑集10巻12号1769頁,昭和35年（あ）第636号同37年5月2日判決・刑集16巻5号495頁,昭和44年（あ）第734号同47年11月22日判決・刑集26巻9号54頁）の趣旨に徴して明らかである。

■ 捜査に関するもの

捜査に関しても注目すべき小法廷決定がみられる。いずれの決定においても,被告人側の主張が退けられている。**最決平成15・5・26刑集57-5-620**も,次のように判示し,警察官がホテル客室内に立ち入り,客室内の内ドアを押し開け,内玄関と客室の境の敷居上辺りに足を踏み入れ,内ドアが閉められるのを防止した行為を適法とした。

一般に,警察官が警察官職務執行法2条1項に基づき,ホテル客室内の宿泊客に対して職務質問を行うに当たっては,ホテル客室の性格に照らし,宿泊客の意思に反して同室の内部に立ち入ることは,原則として許されないものと解される。……しかしながら,前記の事実経過によれば,被告人は,チェックアウトの予定時刻を過ぎても一向にチェックアウトをせず,ホテル側から問合せを受けても言を左右にして長時間を経過し,その間不可解な言動をしたことから,ホテル責任者に不審に思われ,料金不払,不退去,薬物使用の可能性を理由に110番通報され,警察官が臨場してホテルの責任者から被告人を退去させてほしい旨の要請を受ける事態に至っており,被告人は,もはや通常の宿泊客とはみられない状況になっていた。そして,警察官は,職務質問を実施するに当たり,客室入口において外ドアをたたいて声をかけたが,返事がなかったことから,無施錠の外ドアを開けて内玄関に入ったものであり,その直後に室内に向かって料金支払を督促する来意を告げている。これに対し,被告人は,何ら納得し得る説明をせず,制服姿の警察官に気付くと,いったん開けた内ドアを急に閉めて押さえるという不審な行動に出たものであった。このような状況の推移に照らせば,被告人の行動に接した警察官らが無銭宿泊や薬物使用の疑いを深めるのは,無理からぬところであって,質問を継続し得る状況を確保するため,内ドアを押し開け,内玄関と客室の境の敷居上辺りに足を踏み入れ,内ドアが閉められるのを防止したことは,警察官職務執行法2条1項に基づく職務質問に付随するものとして,適法な措置であったというべきである。本件においては,その直後に警察官らが内ドアの内部にまで立ち入った事実があるが,この立入りは,前記のとおり,被告人による突然の暴行を契機とするものであるから,上記結論を左右するものとは解されない。

V　この期の刑事判例の特徴

おとり捜査に関する**最決平成16・7・12刑集58-5-333**も，本件おとり捜査を適法とし，次のように判示した。

少なくとも，直接の被害者がいない薬物犯罪等の捜査において，通常の捜査方法のみでは当該犯罪の摘発が困難な場合に，機会があれば犯罪を行う意思があると疑われる者を対象におとり捜査を行うことは，刑訴法197条1項に基づく任意捜査として許容されるものと解すべきである。……これを本件についてみると，……他の捜査方法によって証拠を収集し，被告人を検挙することが困難な状況にあり，一方，被告人は既に大麻樹脂の有償譲渡を企図して買手を求めていたのであるから，麻薬取締官が，取引の場所を準備し，被告人に対し大麻樹脂2kgを買受ける意向を示し，被告人が取引の場に大麻樹脂を持参するよう仕向けたとしても，おとり捜査として適法というべきである。したがって，本件の捜査を通じて収集された大麻樹脂を始めとする各証拠の証拠能力を肯定した原判断は，正当として是認できる。

周知のように，**最決平成8・10・18LEX/DB28080113**（541頁）では，次のような反対意見が付されていた。

人を犯罪に誘い込んだおとり捜査は，正義の実現を指向する司法の廉潔性に反するものとして，特別の必要性がない限り許されないと解すべきである。そして，その必要性については，具体的な事件の捜査のために必要か否かを検討すべきであって，原判決のようにある特定の犯罪類型について一般にその捜査が困難であることを理由としてその必要性を肯定すべきではない。もし，そのような一般的必要性によりおとり捜査の適否を決するとすれば，重大な犯罪に関しては無制限におとり捜査を認めることにもなりかねず，憲法，刑事訴訟法の理念に反することとなる……。

しかし，本最決平成16・7・12では，このような反対意見はみられない。特定の犯罪類型について一般にその捜査が困難であることを理由としてその必要性が肯定された。

医師が患者の承諾を得ずに尿を採取し，この尿から違法な薬物の成分を検出し，これを捜査機関に提出した行為に関しても，**最決平成17・7・19判夕1188-251**は，次のように判示し，これを適法とした。

同医師は，緊急患者に対する治療の目的で被告人から尿を採取し採取した尿について薬物検査を行ったものであって，医療上の必要があったと認められるから，たとえ同医師がこれにつき被告人から承諾を得ていたと認められないとしても同医師のした上記行為は医療行為として違法であるとはいえない。……また，医師が，必要な治療又は検査の過程で採取した患者の尿から違法な薬物の成分を検出した場合に，これを捜査機関に通報することは，正当行為として許容されるものであって，医師の守秘義務に違反しない

第15代長官　町田　顕

というべきである。……以上によると，警察官が被告人の尿を入手した過程に違法がないことが明らかであるから，同医師のした上記各行為が違法であることを前提に被告人の尿に関する鑑定書等の証拠能力を否定した所論は，前提を欠き，これらの証拠の証拠能力を肯定した原判断は，正当として是認することができる。

これによれば，無令状の強制採尿も許されるということにもなろう。

■　接見交通に関するもの

接見交通に関しては，この期においても小法廷判決・決定がみられる。**最判平成16・9・7判時1878-88**もその一つである。「（接見を中断させたことについて—引用者）第一審原告の第一審被告人大阪府に対する請求の一部を認容した原審の判断には，判決に影響を及ぼすことが明らかな法令の違反があり，論旨は理由がある。」と判示した。

本判決にも増して注目されるのは，**最決平成17・4・19民集59-3-563**（定者事件）である。次のように判示し，いわゆる面会接見という法に規定のない新たな接見方法を創設した。

検察庁の庁舎内に被疑者が滞在している場合であっても，弁護人等から接見の申出があった時点で，検察官による取調べが開始されるまでに相当の時間があるとき，又は当日の取調べが既に終了しており，勾留場所等へ押送されるまでに相当の時間があるときなど，これに応じても捜査に顕著な支障が生ずるおそれがない場合には，本来，検察官は，上記の申出に応ずべきものである。もっとも，被疑者と弁護人等の接見には，被疑者の逃亡，罪証の隠滅を防止することができ，戒護上の支障が生じないような設備のある部屋等が存在しない場合には，上記の申出を拒否したとしても，これを違法ということはできない。……広島地検の庁舎内には，弁護人等と被疑者との立会人なしの接見を認めても，被疑者の逃亡や罪証の隠滅を防止することができ，戒護上の支障が生じないような設備のある部屋等は存在しないものというべきであるから，青山検事がそのことを理由に被上告人からの接見の申出を拒否したとしても，これを直ちに違法ということはできない。……しかしながら，……検察官が上記の設備のある部屋等が存在しないことを理由として接見の申出を拒否したにもかかわらず，弁護人等がなお検察庁内における即時の接見を求め，即時の接見をする必要性が認められる場合には，検察官は，例えば立会人の居る部屋での短時間の「接見」などのように，いわゆる秘密交通権が十分に保障されないような態様の短時間の「接見」（以下，便宜「面会接見」という。）であってもよいかどうかという点につき，弁護人等の意向を確かめ，弁護人等がそのような面会接見であっても差し支えないとの意向を示したときは，面会接見ができるように特別の配慮をすべき義務があると解するのが相当である。そうすると，……捜査に顕著な支障が生ずる場合は格別，そのような場合でないのに，検察官が，上記のような即時に接

見をする必要性を認められる接見の申出に対し，上記のような特別の配慮をすることを怠り，何らかの措置を執らなかったときは，検察官の当該不作為は違法になると解すべきである。

このように判示し，青山検事が，立会人のいる部屋でのごく短時間の面会接見であっても差し支えないかどうかなどの点について被上告人の意向を確かめることもせずに，被上告人の接見申出に対して何らの配慮もしなかったことは違法であるとした。

ただし，その後，**名古屋高判平成19・7・12判時1997-66**が，「検察庁内のいかなる場所でどのような人の立会いや方法により面会接見を実施するかについては，……これをよく知る検察官に合理的な範囲で裁量権が認められているものと解すべきである。」と判示したことに注意しなければならない。

■ 公訴に関するもの

公訴に関しても，検察官の訴追裁量に配慮した小法廷決定がみられる。**最決平成17・10・12刑集59-8-1425**がそれで，次のように判示し，訴因の特定に欠けるところはないとした。

> （麻薬特例法—引用者）5条違反の罪……は，一定期間内に業として行われた一連の行為を総体として重く処罰することにより，薬物犯罪を広く禁圧することを目的としたものと解される。このような本罪の罪質等に照らせば，4回の覚せい剤譲渡につき，譲渡年月日，譲渡場所，譲渡相手，譲渡量，譲渡代金を記載した別表を添付した上，「被告人は，……多数回にわたり，同市内において，上記A他氏名不詳の多数人に対し，覚せい剤の結晶を覚せい剤として有償で譲り渡し，もって，覚せい剤を譲り渡す行為と薬物を規制薬物として譲り渡す行為を併せてすることを業としたものである。」旨を記載した本件公訴事実は，本罪の訴因の特定として欠けるところはないというべきである。

■ 訴因変更の要否および可否に関するもの

訴因変更の要否に関しても小法廷決定がみられる。被告人は，「前方左右を注視し，進路の安全を確認して進行すべき業務上の注意義務があるのにこれを怠り，前方注視を欠いたまま漫然と進行した」という過失内容で，業務上過失傷害の罪で起訴されたが，第一審は，被告人の前方不注視，進路の安全不確認という過失の証明がないとして，被告人を無罪とした。これに対し，控訴審は，「原審においても，検察官が，旧公訴事実を被告人の過失を適切にとらえた訴因に変更すれば，被告人が有罪となるべきことが明らかであったと考えられるから，これをすることなく，直ちに無罪の判決をしたことには，審理不尽の違法がある。」と判示の上，「進路前方を注視せず，ハン

第15代長官　町田　顕

ドルを右方向に転把して進行した」過失を認定して，被告人を有罪とした。被告人が上告したところ，**最決平成15・2・20判時1820-149**は，上告を棄却したが，第一審判決には審理不尽の違法があるとした原判決の判断は法令の解釈を誤ったものだとし，次のように判示した。

> 原判決が認定した過失は，被告人が「進路前方を注視せず，ハンドルを右方向に転把して進行した」というものであるが，これは，被告人が「進路前方を注視せず，進路の安全を確認しなかった」という検察官の当初の訴因における過失の態様を補充訂正したにとどまるものであって，これを認定するためには，必ずしも訴因変更の手続を経ることを要するものではないというべきである。したがって，上記の過失を認定するためには訴因変更の手続を要するとの前提に立って，第一審裁判所には，検察官に訴因変更を促し又はこれを命ずる義務があり，これをすることなく直ちに無罪の判決をしたことに，判決に影響を及ぼすべき審理不尽の違法があるとした原判決の判断は，法令の解釈を誤ったものといわざるを得ない。

ただし，本最決平成15・2・20によれば，「原判決は，第一審判決に事実誤認があると判断した限りにおいては正当であり，この事実誤認は判決に影響を及ぼすものと解するのが相当であって，いずれにせよ第一審は破棄を免れないものというべきである。したがって，原判決には法令違反があるものの，原判決が第一審判決を破棄して有罪判決を言い渡した結論自体は正当であって，原判決を破棄しなければ著しく正義に反するとは認められない。」とされた。

本決定によれば，検察官の当初の訴因における過失の態様を補充訂正したにとどまる場合，この過失態様を認定するためには訴因変更の手続を経ることを要しないとされている点が注目される。

■　伝聞法則に関するもの

ソウル地方法院に起訴されたＡの同法院の公判廷における供述を記載した本件公判調書の証拠能力について，職権で判断した**最決平成15・11・26刑集57-10-1057**もみられる。次のように判示した。

> 第一審判決及び原判決の認定並びに記録によれば，本件公判調書は，日本国外にいるため公判準備又は公判期日において供述することができないＡの供述を録取したものであり，かつ，本件覚せい剤密輸入の謀議の内容等を証明するのに不可欠な証拠であるところ，同人の上記供述は，自らの意思で任意に供述できるよう手続的保障がされている大韓民国の法令にのっとり，同国の裁判官，検察官及び弁護人が在廷する公開の法廷において，質問に対し陳述を拒否することができる旨告げられた上でされたというもので

ある。……このようにして作成された本件公判調書は，特に信用すべき情況の下にされた供述を録取したものであることが優に認められるから，刑訴法三二一条一項三号により本件公判調書の証拠能力を認めた原判決の判断は正当として是認することができる。

刑訴法321条1項3号により証拠能力が認められている点が注目される。

この期の小法廷決定で最も注目されるのは，**最決平成17・9・27刑集59-7-753**である。痴漢事件において犯行再現写真が掲載された実況見分調書および写真撮影報告書が作成されたところ，第一審裁判所は，弁護人の異議にかかわらず，刑訴法321条3項により，これらを証拠として採用した。そして，第一審判決は，本件両書証をいずれも証拠の標目欄に掲げた。両書証を有罪認定の証拠に供したことが認められる。原判決も，事実誤認の控訴趣意に対し，「証拠によれば，一審判決第一の事実を優に認定することができる」と判示し，本件両書証を含めた証拠を判断の資料にした。被告人側はこれを不服として上告を申し立てた。本最決平成17・9・27は，両書証の証拠能力を否定し，次のように判示した。

> 本件両書証は，捜査官が，被害者や被疑者の供述内容を明確にすることを主たる目的にして，これらの者に被害・犯行状況について再現させた結果を記録したものと認められ，立証趣旨が「被害再現状況」，「犯行再現状況」とされていても，実質においては，再現されたとおりの犯罪事実の存在や要証事実になるものと解される。このような内容の実況見分調書や写真撮影報告書等の証拠能力については，刑訴法三二六条の同意が得られない場合には，同法三二一条三項所定の要件を満たす必要があることはもとより，再現者の供述の録取部分及び写真については，再現者が被告人以外の者である場合には同法三二一条一項二号ないし三号所定の，被告人である場合には同法三二二条一項所定の要件を満たす必要があるというべきである。もっとも，写真については，撮影，現像等の記録の過程が機械的操作によってなされることから前記各要件のうち再現者の署名押印は不要と解される。……本件両書証は，いずれも刑訴法三二一条三項所定の要件は満たしているものの，各再現者の供述録取部分については，いずれも再現者の署名押印を欠くため，その余の要件を検討するまでもなく証拠能力を有しない。また，本件写真撮影報告書中の写真は，記録上被告人が任意に犯行再現を行ったと認められるから，証拠能力を有するが，本件実況見分調書中の写真は，署名押印を除く刑訴法三二一条一項三号所定の要件を満たしていないから，証拠能力を有しない。……そうすると，第一審裁判所の訴訟手続には，上記の証拠能力を欠く部分を含む本件両書証の全体を証拠として採用し，これを有罪認定の証拠としたという点に違法があり，原裁判所の訴訟手続には，そのような証拠を事実誤認の控訴趣意についての判断資料にしたという点に違法があることになる。

ただし，上告自体は棄却されている点に注意しなければならない。

第15代長官　町田　顕

■ 証人尋問に関するもの

　刑訴法157条の3（証人尋問に際しての証人の遮蔽）および同157条の4（ビデオリンク方式による証人尋問）の合憲性に関しても小法廷判決が出されている。**最判平成17・4・14刑集59-3-259**がそれで，合憲とし，次のように判示した。

　　刑訴法一五七条の三は，証人尋問の際に，証人が被告人から見られていることによって圧迫を受け精神の平穏が著しく害される場合があることから，その負担を軽減するために，そのようなおそれがあって相当と認められるときには，裁判所が，被告人と証人との間で，一方から又は相互に相手の状態を認識することができないようにするための措置を採り，同様に，傍聴人と証人との間でも，相互に相手の状態を認識することができないようにするための措置を採ることができる（以下，これらの措置を「遮へい措置」という。）とするものである。また，同法一五七条の四は，いわゆる性犯罪の被害者等の証人尋問について，裁判官及び訴訟関係人の在席する場所において証言を求められることによって証人が受ける精神的圧迫を回避するために，同一構内の別の場所に証人を在席させ，映像と音声の送受信により相手の状態を相互に認識しながら通話することができる方法によって尋問することができる（以下，このような方法を「ビデオリンク方式」という。）とするものである。……証人尋問が公判期日において行われる場合，傍聴人と証人との間で遮へい措置が採られ，あるいはビデオリンク方式によることとされ，さらには，ビデオリンク方式によった上で傍聴人と証人との間で遮へい措置が採られても，審理が公開されていることに変わりはないから，これらの規定は，憲法八二条一項，三七条一項に違反するものではない。……また，証人尋問の際，被告人から証人の状態を認識できなくする遮へい措置が採られた場合，被告人は，証人の姿を見ることはできないけれども，供述を聞くことはでき，自ら尋問することもでき，さらに，この措置は，弁護人が出頭している場合に限り採ることができるのであって，弁護人による証人の供述態度等の観察は妨げられないのであるから，前記のとおりの制度の趣旨にかんがみ，被告人の証人審問権は侵害されていないというべきである。ビデオリンク方式によることとされた場合には，被告人は，映像と音声の送受信を通じてであれ，証人の姿を見ながら供述を聞き，自ら尋問することができるのであるから，被告人の証人審問権は侵害されていないというべきである。さらには，ビデオリンク方式によった上で被告人から証人の状態を認識できなくする遮へい措置が採られても，映像と音声の送受信を通じてであれ，被告人は，証人の供述を聞くことはでき，自ら尋問することもでき，弁護人による証人の供述態度等の観察は妨げられないのであるから，やはり被告人の証人審問権は侵害されていないというべきことは同様である。したがって，刑訴法一五七条の三，一五七条の四は，憲法三七条二項前段に違反するものでもない。……以上のように解すべきことは，当裁判所の判例（最高裁昭和二五年三月一五日大法廷判決・刑集四巻三号三五五頁，……）の趣旨に徴して明らかである。

V　この期の刑事判例の特徴

■　違法収集証拠の排除に関するもの

最決平成15・2・14刑集57-2-121（大津覚せい剤事件）も特筆される。次のように判示し，違法収集証拠の排除を認めた。

> 本件逮捕には，逮捕時に逮捕状の呈示がなく，逮捕状の緊急執行もされていない（逮捕状の緊急執行の手続が執られていないことは，本件の経過から明らかである。）という手続的な違法があるが，それにとどまらず，警察官は，その手続的な違法を糊塗するため，前記のとおり，逮捕状へ虚偽事項を記入し，内容虚偽の捜査報告書を作成し，更には，公判廷において事実と反する証言をしているのであって，本件の経緯全体を通して表れたこのような警察官の態度を総合的に考慮すれば，本件逮捕手続の違法の程度は，令状主義の精神を潜脱し，没却するような重大なものであると評価されてもやむを得ないものといわざるを得ない。そして，このような違法な逮捕に密接に関連する証拠を許容することは，将来における違法捜査抑制の見地からも相当でないと認められるから，その証拠能力を否定すべきである。

手続的な違法を糊塗するため，逮捕状へ虚偽事項を記入し，内容虚偽の捜査報告書を作成し，公判廷においても事実と反する証言をしたという本事案の特性に鑑み，証拠排除が認められたものといえよう。

■　被告人の防御権に関するもの

被告人の防御権に関しては**最判平成17・11・29刑集59-9-1847**がみられる。第一審の第6回公判期日において，被告人は，従前の供述を翻し，殺人の事実を全面的に否認する旨を主張した。第7回公判期日でも，被告人は，共犯者2名と現場に赴いたものの，殺害行為には自らは関与していない旨を供述した。しかし，弁護人は，最終弁論で，被告人の第5回公判期日以前の主張に沿って，被告人が自ら被害者の頸部に巻かれたロープの一端を引っ張った事実を認めた上で，殺意を否認する主張を行った。その後，被告人の最終意見陳述がなされたが，被告人は，殺人，死体遺棄を否認する点については明確には意見を述べず，弁護人の最終弁論に対する不服も述べなかった。第一審裁判所は，弁護人の最終弁論に対して特段の訴訟指揮の措置をとることなく，被告人が殺意を持ってロープの一端を引っ張った事実を認定した。被告人は控訴審では，上記の経過について不服を述べなかったが，上告趣意で，このような最終弁論を放置した第一審の手続には，被告人の防御権および弁護人の選任権を侵害した違法がある旨を主張した。これに対して，本最判平成17・11・29は，次のように判示し，被告人の主張を退けた。

第15代長官　町田　顯

　所論は，本件最終弁論は，被告人の第6回公判期日以降の供述を前提とせず，第5回公判期日までの供述を前提として有罪の主張をするものであるのに，裁判所は，弁護人に更に弁論を尽くさせるなどせず，この主張を放置して結審しているから，第一審の訴訟手続は，被告人の防御権ないし弁護人選任権を侵害する違法なものである旨主張する。……そこで検討すると，なるほど，殺人，死体遺棄の公訴事実について全面的に否認する被告人の第六回公判期日以降の主張，供述と本件最終弁論の基調となる主張には大きな隔たりがみられる。しかし，弁護人は，被告人が捜査段階から被害者の頸部に巻かれたロープの一端を引っ張った旨を具体的，詳細に述べ，第一審公判の終盤に至るまでその供述を維持していたことなどの証拠関係，審理経過を踏まえた上で，その中で被告人に最大限有利な認定がなされることを企図した主張をしたものとみることができる。また，弁護人は，被告人が供述を翻した後の第7回公判期日の供述も信用性の高い部分を含むものであって，十分検討してもらいたい旨を述べたり，被害者の死体が発見されていないという本件の証拠関係に由来する事実認定上の問題点を指摘するなどもしている。なお，被告人本人も，最終意見陳述の段階では，殺人，死体遺棄の公訴事実を否認する点について明確に述べないという態度を取っている上，本件最終弁論に対する不服を述べていない。……以上によれば，第一審の訴訟手続に法令違反があるとは認められない。

　注目されるのは，裁判官上田豊三の次のような補足意見である。

　私は，法廷意見に賛成するものであるが，本件が，弁護人の訴訟活動の在り方という刑事訴訟の根幹に関わる問題を含むものであることなどにかんがみ，次のとおり意見を付加しておきたい。……刑事訴訟法が規定する弁護人の個々の訴訟行為の内容や，そこから導かれる訴訟上の役割，立場等からすれば，弁護人は，被告人の利益のために訴訟活動を行うべき誠実義務を負うと解される。したがって，弁護人が，最終弁論において，被告人が無罪を主張するのに対して有罪の主張をしたり，被告人の主張に比してその刑事責任を重くする方向の主張をした場合には，前記義務に違反し，被告人の防御権ないし実質的な意味での弁護人選任権を侵害するものとして，それ自体が違法とされ，あるいは，それ自体は違法とされなくともそのような主張を放置して結審した裁判所の訴訟手続が違法とされることがあり得ることは否定し難いと思われる。……しかし，弁護人は，他方で，法律専門家（刑訴法三一条一項）ないし裁判所の許可を受けた者（同条二項）として，真実発見を使命とする刑事裁判制度の一翼を担う立場をも有しているものである。また，何をもって被告人の利益とみなすかについては微妙な点もあり，この点についての判断は，第一次的に弁護人にゆだねられると解するのが相当である。さらに，最終弁論は，弁護人の意見表明の手続であって，その主張が，実体判断において裁判所を拘束する性質を有するものではない。……このような点を考慮すると，前記のような違法があるとされるのは，当該主張が，専ら被告人を糾弾する目的でされたとみられるな

ど，当事者主義の訴訟構造の下において検察官と対峙し被告人を防御すべき弁護人の基本的立場と相いれないような場合に限られると解するのが相当である。……本件最終弁論は，証拠関係，審理経過，弁論内容の全体等からみて，被告人の利益を実質的に図る意図があるものと認められ，弁護人の前記基本的立場と相いれないようなものではなく，前記のような違法がないことは明らかというべきである。

　本判決では，このように，弁護人は他方で真実発見を使命とする刑事裁判制度の一翼を担う立場をも有しており，何をもって被告人の利益とみなすかについての判断は第一次的に弁護人に委ねられると解するのが相当であるから，弁護人の最終弁論が違法とされるのは当該主張が専ら被告人を糾弾する目的でされたとみられるなどの場合に限られるとされている点が注目される。

■　量刑に関するもの
　法402条の不利益変更の禁止にいう「重い刑」に当るかどうかが問題となったのが**最決平成18・2・27刑集60-2-240**である。「重い刑」に当らないとし，次のように判示した。

　原判決（懲役1年6月及び罰金7000円等とした第一審判決に対し，懲役1年2月及び罰金1万円等とした控訴院判決—引用者）が「原判決の刑より重い刑」を言い渡したものであるかどうかを判断する上では，各判決の主文を全体として総合的に考えて考慮するのが相当である。……綜合的に考慮すれば，実質上被告人に不利益とはいえず，上記の「原判決の刑より重い刑」に当たらないことは明らかというべきである。

　他方，窃盗罪の法定刑が「10年以下の懲役」から「10年以下の懲役又は50万円以下の罰金」に変更（平成18年5月28日から施行）されたことが刑訴法383条2号の「刑の変更」に当り，同法397条1項により原判決を破棄すべきかどうかが争われたのが**最決平成18・10・10刑集60-8-523**である。次のように判示した。

　このような法改正の内容，趣旨にかんがみると，当該窃盗罪の犯情，第一審判決が併せて認定した刑の変更のない他の犯罪の有無及びその内容等に照らし，上記法改正との関係からは第一審判決の量刑を再検討する余地のないことが明らかである場合には，刑訴法397条1項により破棄すべき「刑の変更」には当らず，第一審判決を破棄する必要はないと解するのが相当である。

■　判決の効力に関するもの
　判決の効力に関しても注目すべき小法廷判決がみられる。**最判平成15・10・7刑集57-9-1002**も，その一つである。原判決は，本件起訴に係る建造物侵入，窃盗の各行

第15代長官　町田　顕

為が確定判決で認定された別の機会における建造物侵入，窃盗の犯行と共に実体的には盗犯等の防止及び処分に関する法律2条の常習特殊窃盗罪として一罪を構成することは否定し得ないとしながら，確定判決前に犯された余罪である本件各行為が単純窃盗罪，建造物侵入罪として起訴された場合には，刑事訴訟法337条1号の「確定判決を経たとき」に当たらないとの判断を示した。これに対し，被告人側は，この判断は同様の事案において「確定判決を経たとき」に当たるとして免訴を言い渡した**高松高判昭和59・1・24判時1136-158（385-386頁）**の先例に相反するものであると主張し，上告した。本最判平成15・10・7は，次のように判示し，原判決を支持した。高松高判昭和59・1・24は変更されるべきだとした。

　　本件引用判例の解釈は，採用することができない。その理由は，以下のとおりである。……常習特殊窃盗罪は，異なる機会に犯された別個の各窃盗行為を常習性の発露という面に着目して一罪としてとらえた上，刑罰を加重する趣旨の罪であって，常習性の発露という面を除けば，その余の面においては，同罪を構成する各窃盗行為相互間に本来的な結び付きはない。したがって，実体的には常習特殊窃盗罪を構成するとみられる窃盗行為についても，検察官は，立証の難易等諸般の事情を考慮し，常習性の発露という面を捨象した上，基本的な犯罪類型である単純窃盗罪として公訴を提起し得ることは，当然である。そして，実体的には常習特殊窃盗罪を構成するとみられる窃盗行為が単純窃盗罪として起訴され，確定判決があった後，確定判決前に犯された余罪の窃盗行為（実体的には確定判決を経由した窃盗行為と共に一つの常習特殊窃盗罪を構成するとみられるもの）が，前同様に単純窃盗罪として起訴された場合には，当該被告事件が確定判決を経たものとみるべきかどうかが，問題になるのである。……この問題は，確定判決を経由した事件（以下「前訴」という。）の訴因及び確定判決後に起訴された確定判決前の行為に関する事件（以下「後訴」という。）の訴因が共に単純窃盗罪である場合において，両訴因間における公訴事実の単一性の有無を判断するに当たり，〔1〕両訴因に記載された事実のみを基礎として両者は併合罪関係にあり一罪を構成しないから公訴事実の単一性はないとすべきか，それとも，〔2〕いずれの訴因の記載内容にもなっていないところの犯行の常習性という要素について証拠により心証形成をし，両者は常習特殊窃盗として包括的一罪を構成するから公訴事実の単一性を肯定できるとして，前訴の確定判決の一事不再理効が後訴にも及ぶとすべきか，という問題であると考えられる。……思うに，訴因制度を採用した現行刑訴法の下においては，少なくとも第一次的には訴因が審判の対象であると解されること，犯罪の証明なしとする無罪の確定判決も一事不再理効を有することに加え，前記のような常習特殊窃盗罪の性質や一罪を構成する行為の一部起訴も適法になし得ることなどにかんがみると，前訴の訴因と後訴の訴因との間の公訴事実の単一性についての判断は，基本的には，前訴及び後訴の各訴因のみを基

V この期の刑事判例の特徴

準としてこれらを比較対照することにより行うのが相当である。本件においては，前訴及び後訴の訴因が共に単純窃盗罪であって，両訴因を通じて常習性の発露という面は全く訴因として訴訟手続に上程されておらず，両訴因の相互関係を検討するに当たり，常習性の発露という要素を考慮すべき契機は存在しないのであるから，ここに常習特殊窃盗罪による一罪という観点を持ち込むことは，相当でないというべきである。そうすると，別個の機会に犯された単純窃盗罪に係る両訴因が公訴事実の単一性を欠くことは明らかであるから，前訴の確定判決による一事不再理効は，後訴には及ばないものといわざるを得ない。……以上の点は，各単純窃盗罪と科刑上一罪の関係にある各建造物侵入罪が併せて起訴された場合についても，異なるものではない。……なお，前訴の訴因が常習特殊窃盗罪又は常習累犯窃盗罪（以下，この両者を併せて「常習窃盗罪」という。）であり，後訴の訴因が余罪の単純窃盗罪である場合や，逆に，前訴の訴因は単純窃盗罪であるが，後訴の訴因が余罪の常習窃盗罪である場合には，両訴因の単純窃盗罪と常習窃盗罪とは一罪を構成するものではないけれども，両訴因の記載の比較のみからでも，両訴因の単純窃盗罪と常習窃盗罪が実体的には常習窃盗罪の一罪ではないかと強くうかがわれるのであるから，訴因自体において一方の単純窃盗罪が他方の常習窃盗罪と実体的に一罪を構成するかどうかにつき検討すべき契機が存在する場合であるとして，単純窃盗罪が常習性の発露として行われたか否かについて付随的に心証形成をし，両訴因間の公訴事実の単一性の有無を判断すべきであるが（最高裁昭和42年（あ）第279号同43年3月29日第2小法廷判決・刑集22巻3号153頁参照），本件は，これと異なり，前訴及び後訴の各訴因が共に単純窃盗罪の場合であるから，前記のとおり，常習性の点につき実体に立ち入って判断するのは相当ではないというべきである。……したがって，刑訴法410条2項により，本件引用判例は，これを変更し，原判決を維持するのを相当と認めるから，所論の判例違反は，結局，原判決破棄の理由にならない。なお，所論は，判例変更に関連して憲法39条違反をいうが，後訴における被告人の本件各行為が行為当時の本件引用判例の下においても犯罪であったことは明らかであるから，所論は前提を欠き，刑訴法405条の上告理由に当たらない。

検察官の訴追裁量に配慮したものといえる。**最決平成16・2・16刑集58-2-124**も注目される。次のように判示した。

上記事情（被告人に前科がないものと誤信し，略式命令を請求し，その科刑意見通り罰金刑が言い渡されたが，その後，被告人に累犯前科を含めて無免許運転を内容とする道交法違反の前科が多数存在する事実が判明するに至ったという事情―引用者）の下においては，検察官が適正な科刑を実現するために正式裁判を請求したことは，適法というべきである。したがって，これと同旨の原判断は，正当である。

日本の刑訴法470条に相当する条項があるにもかかわらず，手続上の「簡略性」に

第15代長官　町田　顯

照らし，重い法条で処罰すべき事実が明らかになれば再訴を許すというドイツの判例にならったものといえよう。もっとも，これに対しては，周知のように，470条の明文に反してまで略式命令の一事不再理効を制限的に解するのが妥当でないという通説からの批判が存する。

■ 上訴に関するもの

　上訴に関しても，一連の小法廷判決・決定がみられる。**最判平成16・2・16刑集58-2-133**も，その一つである。被告人は，第一審判決中，有罪部分（銃刀法違反の事実）について控訴を申し立てたが，検察官は控訴を申し立てなかった。このため，第一審判決中，平成12年8月25日付け起訴状の公訴事実（暴力行為等処罰に関する法律違反の事実）についての無罪部分が確定した。原審において，弁護人は，本件公訴事実と併合罪の関係にあって起訴されていない本件犯罪事実（銃刀法違反の事実）を認定し，有罪の判決をした第一審判決には，刑訴法378条3号後段の「審判の請求を受けない事実について判決をした」違法があるから，破棄を免れないと主張した。原判決は，弁護人の主張を容れるとともに，職権調査の結果によれば，本件公訴事実について被告人を無罪とする旨主文で言い渡していない第一審判決には，法378条3号前段の「審判の請求を受けた事件について判決をしなかった」違法もあると認められる旨判示して，第一審判決中有罪部分を破棄して，本件を第一審裁判所に差し戻した。検察官が上告したところ，本最判平成16・2・16は，原判決を破棄し，平成12年12月15日付け起訴状記載の公訴事実（暴力行為等処罰に関する法律違反の事実）につき被告人を無罪とし，第一審判決が認定した罪となるべき事実につき公訴棄却とした。次のように判示した。

　　訴訟の経過にかんがみると，被告人の控訴申立てを契機として，原審裁判所が，職権により本件公訴事実について調査を加え，同号（刑訴法378条3号—引用者）前段の違法がある旨指摘して第一審判決を破棄するに止まらず，本件公訴事実を有罪とする余地があるものとして第一審裁判所に差し戻し，あるいは自ら有罪の判決をすることは，職権の発動の限界を超えるものであって許されないというべきである。そうすると，本件公訴事実については，第一審判決の無罪の結論に従うほかないのであるから，原審裁判所としては，本件を第一審裁判所に差し戻すのではなく，自判して被告人に対し無罪を言い渡すべきであったといわねばならない。……また，本件犯罪事実（第一審判決が認定した罪となるべき事実—引用者）は，公訴提起がなかったにもかかわらず，第一審裁判所がこれを認定して有罪としたため，上訴申立てに伴い事実上原審に係属するに至ったものであるから，本件犯罪事実については，公訴提起の手続がその規定に違反したため無効である場合に準じて，公訴棄却を言い渡すべきであったといわねばならない。

V　この期の刑事判例の特徴

最決平成18・4・24刑集60-4-409でも，即時抗告の申立てを受理した裁判所が刑訴法375条を類推適用して申立てを自ら棄却した原々決定及びこれを維持した原決定には違法があるとされた。ただし，違法があっても原決定及び原々決定を取り消さなければ著しく正義に反するとまでは認められないとし，次のように判示した。

> 抗告については，控訴に関する刑訴法三七五条に相応した規定がなく，即時抗告の申立てを受理した裁判所が，同条を類推適用してその申立てを自ら棄却することはできないと解すのが相当である。そうすると，同条により原々申立てを棄却した原々決定及びこれを維持した原決定は，法令の解釈適用を誤った違法があるといわざるを得ない。しかしながら，上記のとおり，原々申立ては再審請求棄却決定に対する即時抗告提起期間経過後のものであることが明らかであって，これを抗告裁判所で取り上げても，不適法なものとして棄却を免れないことにかんがみると，前記の違法があっても，原決定及び原々決定を取り消さなければ著しく正義に反するとまでは認められない。

他方，**最決平成17・3・18刑集59-2-38**は，上訴権の存否に関するもので，次のように判示した。

> 被請求人の母親は，刑訴法355条にいう「原審における代理人」に該当せず，本件刑の執行猶予言渡しの取消決定に対して，被請求人のため即時抗告を申し立てる権限はないと解すべきである。……上訴について，弁護士以外の者による委任代理は明文の規定がない以上許すべきでないから，母親のした本件即時抗告の申立ては，この委任に基づくものとしてみても，不適法である。

最決平成18・9・15判時1956-3も注目される。次のように判示した。

> （控訴趣意書の提出が遅れたことについて―引用者）同条（刑訴規則238条―引用者）にいう「やむを得ない事情」があるとは到底認められない。弁護人が申立人と意思疎通ができなかったことは，本件においては，同趣意書の提出の遅延を正当化する理由とはなり得ない。

■ 再審に関するもの

この期においても，本件再審請求を棄却すべきものとした原判断は正当として是認できるとした小法廷決定がみられる。**最決平成17・3・16判時1887-15**がそれで，次のように判示した。

> 所論は，新証拠である大塩達一郎作成の昭和五〇年一二月一五日付け鑑定書（大塩鑑定書），宮川寅雄作成の昭和五一年一月二〇日付け鑑定書（宮川鑑定書），大野晋作成の昭和五一年七月三一日付け鑑定書（大野第二鑑定書），磨野久一作成の昭和五一年一月一

〇日付け鑑定書（磨野第二鑑定書），山下富美代作成の昭和六一年一〇月一日付け意見書（山下意見書），木下信男作成の平成五年三月三日付け意見書（木下第一意見書），神戸光郎作成の平成五年四月一〇日付け鑑定書（神戸第一鑑定書），木下信男作成の平成八年四月一八日付け意見書（木下第二意見書），日比野丈夫作成の昭和六一年八月一日付け鑑定書（日比野鑑定書），宇野義方作成の昭和六一年一〇月三〇日付け鑑定書（宇野鑑定書），大類雅敏作成の昭和六一年一二月五日付け鑑定書（大類鑑定書），江嶋修作ほか作成の昭和六一年一二月一〇日付け意見書（江嶋ほか意見書），戸谷克己作成の平成五年四月七日付け意見書（戸谷意見書）等によれば，脅迫状及びその封筒（浦和地裁昭和三八年押第一一五号の一）の筆跡は申立人のものではないと認められるから，確定判決の認定には合理的な疑いがあるというのである。……弁護人から提出された上記各証拠をすべて併せても，三鑑定の結論を左右するに足りるものではない。もとより，筆跡鑑定は同筆であることの決め手となるまでのものではないが，三鑑定の結論はいずれも脅迫状の作成者が申立人であることの高度の蓋然性を示しており，これを申立人が犯人であることの一つの有力な情況証拠であるとした原決定の判断は正当である。……以上のとおり，所論引用の新証拠のほか，再審請求以降において新たに得られた証拠を含む他の全証拠を総合的に評価しても，申立人が強盗強姦，強盗殺人，死体遺棄，恐喝未遂の各犯行に及んだことに合理的な疑いが生じていないことは明らかである。したがって，所論引用の新証拠について，刑訴法四三五条六号にいう証拠の明白性を欠くか，あるいは，第一次再審請求において同一の論点につき再審事由として主張されて既に判断を経たことにより刑訴法四四七条二項に照らし不適法であるとして，本件再審請求を棄却すべきものとした原判断は，正当として是認できる。

3　下級審判決・決定

この期においても多くの下級審判決・決定が出されている。接見交通に関する一部を除くと，検察官側の主張に沿ったものがほとんどである。

■　捜査に関するもの

捜査に関する下級審判決は多いが，いずれも検察官の主張に沿ったものである。**東京地判平成14・12・27判時1828-161**も，その一つである。警察官らが被告人を病院に連れて行き，同病院の医師が被告人を催眠状態にさせた上でその尿を採取し，翌日，差押許可状に基づいてこの尿が差押えられた場合，この医師による採尿は適法か。これについて判示したのが本判決で，次のように判示し，これを適法とした。

　本件の場合，被告人の言動に自傷他害のおそれが認められる状況下であったのだから，被告人を催眠状態にさせて採尿することもやむを得ない処置であり，しかも，カテーテ

ル等で採尿するという措置自体は医療上の相当な方法と認められるから，本件の指定医が被告人の尿を採取したことも適法である。そうすると，現実に，被告人が自傷他害のおそれのある異常な言動をしていた本件にあっては，警察官は法令に定められた通報をせざるを得ない立場にあるのであるから，たとえ，警察官が医師の診察の過程で採尿することを知っており，その場合，その尿を覚せい剤事犯の証拠として採取したいとの意図が併存していたとしても，そのことから直ちに本件通報が違法になるものとは認められない。

このようにして，医師による無令状の採尿が医療行為として適法とされた。

大阪高判平成15・7・4判時1849-53 も注目される。原告に対する警察官による本件身柄拘束，職務質問および所持品の提示要求，写真撮影を違法としながらも，西宮署への同行については違法性は認められないとし，次のように判示した。

余瀬巡査長らにおいて，職務質問をすること自体は許されるものと解される。……ところが，……余瀬巡査長は被控訴人の右腕をつかんで停止させたにとどまらず，左腕で被控訴人の右腕を抱え，溝田警部補は被控訴人の左後ろに立って右腕を被控訴人の背中から右肩のあたりに回し，左腕を被控訴人の首に回して被控訴人を仰向けに引き倒したものであり，また，余瀬巡査長及び溝田警部補らは被控訴人を引き起こし，余瀬巡査長は被控訴人の右腕から左手で被控訴人のジャンパーの後ろをつかんで，被控訴人を本件支店南側駐車場の北西角の壁際に連れて行ったのである。……このような行為は一時的であったとはいえ，被控訴人の意思を制圧し，事実上の身柄拘束行為であり，被控訴人が本件誘拐事件とまったく無関係であったこと，それに加え指令の内容からも，そもそも被控訴人が被疑者である可能性が大きくはなかったこと，被控訴人が，余瀬巡査長から右腕をつかめられて停止させられたのに対して，逃走したり，抵抗したりするようなことは全くしなかったことに照らすと，到底許されるものではなく，違法な行為であるといわざるを得ない。……樋口巡査長らのした職務質問行為及び所持品検査……の提示要求（以下これらを「本件質問等」という。）は，前記の違法な被控訴人の事実上の身柄拘束に時間的，場所的に接着して行われたものであること，被控訴人に対し，本件質問等をする前に樋口巡査長らは「重大な事件があった。協力してもらえるか。」と言ったにとどまり，前記の事実上の身柄拘束によって被控訴人が受けたと思われる恐怖心を取り去るような言動や措置をとったとのことは本件証拠上認められないこと，被控訴人の傍らには樋口巡査長，余瀬巡査長以外にも数人の警察官が取り囲むようにしていたことを考慮すれば，違法な事実上の身柄拘束行為があった直後のものとして，強要されたのと同視できる違法性があるものというべきである。……そうとすれば，樋口巡査長らのした本件質問等の行為は，警職法二条三項に反する違法な行為であるといわざるを得ない。……そして，前記認定判断によれば，携帯電話の提示要求は，違法であることが明

らかであるから，違法な提示要求によって提示を受けた携帯電話の発着信履歴の確認をすることも違法性を帯びるものといわざるを得ない。……この写真撮影も，前記のとおり，違法な事実上の身柄拘束行為に時間的，場所的に接着した本件心理状態の下でなされたものであること，そもそも指令の内容からも被控訴人が被疑者である可能性は大きくなかったし，本件支店内において被控訴人が抵抗したり逃げようとしたこともなかったので，証拠保全の必要性・緊急性はなかったといえることに照らせば，違法であるといわざるを得ない。……被控訴人は，積極的に西宮署に向かったわけではなかったとしても，捜査用車両へ乗車するまでに既に警察官らの拘束行為に対して抗議していたにもかかわらず，乗車を拒んだとは認められないこと，西宮署において，加地署長らに対して同署への同行自体を抗議したとは窺えないこと，警察官らもこの時点では被控訴人が本県誘拐事件と無関係であるとわかっており，無理強いまでして同行を求める必要性もなかったことに照らすと，被控訴人の意に反して西宮署まで連行したとみることはできない。……したがって，Q警部補らの前記の行為については，違法性は認められない。

これに対し，**大阪高判平成16・10・22判タ1172-311**は，警察署への連行を任意同行の範囲を超えたものとしつつ，警察署における被告人の尿の提出を任意によるものとし，次のように判示した。

> 被告人が「行きたくない」とはっきり述べ，脚を踏ん張ったり，同車（パトカーの意―引用者）の屋根やドアを手でつかんだりして乗せられまいとするのを，腰を押すなどして後部座席に乗り込ませ，両側に警察官一名ずつが座り，「こんなもんは強制じゃないのか」などと文句を言って騒ぐ被告人を無視してパトカーを走行させたことは，全体として，任意同行の限度を超えた被告人の意に反する連行といわざるを得ない。……警察官からの個々の要求に対し，認否の意思表示を明確にしていることが明らかであって，被告人による尿の提出も，……警察官の説得に応じ，自らの意思で行ったものと認めるのが相当である。

重大な違法であったとしても，その違法とされる範囲をできる限り限定しようとの裁判所の姿勢がうかがい知れる。

ビデオ撮影についても，適法とした下級審の民事判決がみられる。**名古屋高判平成17・3・30LEX/DB28100926**は，コンビニエンスストアーにおける防犯ビデオカメラによる店内の撮影，録画に関するもので，適法とし，次のように判示した。

> コンビニエンスストアーにおける防犯ビデオカメラの撮影，録画の違法性は，……目的の相当性，必要性，方法の相当性等を考慮して判断するのが相当と解すべきであり，控訴人のいうように，コンビニエンスストアーにおける防犯ビデオカメラの撮影，録画はプライバシーの権利を侵害するものであって，その違法性が阻却されるか否かは厳密に

V この期の刑事判例の特徴

吟味されなければならないとして，予防目的でのテレビカメラによる録画は特段の事情がない限り許されないと解さなければならない理由はない。……そして，……本件コンビニエンスストアーにおける防犯ビデオカメラによる店内の撮影，録画には，目的の相当性，必要性，方法の相当性が認められる。……したがって，被控訴人が本件ビデオテープを公安三課に提供したことは違法なものとは認められない。

東京地判平成17・6・2判時1930-174も，ビデオ撮影に関するもので，次のように判示し，「現に犯罪が行われ，あるいはそれに準じる場合に行われたものではない」本件撮影も適法とした。

> ビデオカメラ設置当時，被告人が放火犯人であるとは断言できないまでも，その行動に，被告人の周辺の者が被告人を放火犯人ではないかと疑いを抱くだけの不審な点があり，しかも，被告人が放火したことを疑わせるいくつかの情況証拠が存在したことが認められるのであって，被告人が放火を行ったと考えられる合理的な理由があったということができる。……本件ビデオ撮影は，現に犯罪が行われ，あるいはそれに準じる場合に行われたものではないが，上記の状況，方法での撮影が違法であるとはいえず，本件ビデオテープ及びこれに関連する各種報告書は証拠能力を有するものとはいえる。

適法な捜査として許容される要件の一つとして掲げられてきた「現に犯罪が行われ，あるいはそれに準じる場合」という要件が外されている点に注意が必要であろう。

大阪地判平成18・9・13判タ1250-339も注目される。本裁判では，荷送人が宅配便業者に配送を依頼し，業者の運送過程下にある特定の荷物について，警察官がこれを短時間借り出し，内容物の射影を観察するためにこれをエックス線検査にかけたということの適法性が争われた。本大阪地判平成18・9・13は，次のように判示し，これを適法とした。

> 宅配便荷物をエックス線検査にかけると，その射影を見ることにより，内容物の形状や材質について窺い知ることが可能になる。……このような方法は，捜査機関が，運送中の宅配便荷物について，封を開披することなく，〔1〕目視して外観を見分する，〔2〕寸法や重量を測定する，〔3〕荷送伝票の記載を読んで荷送人・荷受人の住所氏名等や内容物として記載された品名を知るなどの方法で調査するのとは性質を異にし，内容物の形状や材質について窺い知ることが可能になるという点で，荷送人・荷受人の私的な領域に一歩踏み込むものである。……荷送人及び荷受人が当該荷物に関し本件のようなエックス線検査が実施されようとしていることを知った場合，これを承諾しないことも予想されるところ，そのような機会を与えずに荷物をエックス線検査にかけることは，その程度はともかくとして，荷送人・荷受人のプライバシー等を侵害するものであることは否定できない。……しかし，本件によるエックス線検査による方法は，その射影に

より内容物の形状や材質を窺い知ることができるだけで，内容物が具体的にどのようなものであるかを特定することは到底不可能である。したがって，この方法が荷送人・荷受人のプライバシー等を侵害するものであるとしても，その程度は極めて軽度のものにとどまる。荷物を開披した上で内容物を見分した場合に荷送人・荷受人のプライバシー等が侵害されるのに比べれば，格段の差があるといわなければならない。……以上によれば，本件のエックス線検査による方法は，刑事訴訟法197条ただし書にいう「強制の処分」に属するものではなく，捜査機関がいわゆる任意捜査として実施しうるものというべきである。……もちろん，任意捜査であっても，荷送人・荷受人のプライバシー等を侵害する可能性があるわけであるから，その捜査方法を用いることが必要であるとされた具体的な状況を検討して，真に相当であると認められる限度においてのみ，これを用いることが許されるものと考える。……本件については，上記の捜査の経過で認定したとおりである。すなわち，捜査官としては，甲野会から覚せい剤を譲り受けたと供述する者がいたことから，覚せい剤取締法違反を嫌疑として，有限会社甲野に対する捜査を開始したのであるが，〔1〕事務所付近の内偵により，事務所に自動車で乗り付けた者に対し，事務所関係者が封筒を渡すことが多数回あり，覚せい剤等の取引を行っているのではないかという疑いが生じ，また，〔2〕覚せい剤事犯に関係した者の口座に，甲野事務所従業員（H）が多額の入金をしていたことから，これは覚せい剤代金の振込みではないかと考えられ，〔3〕覚せい剤営利目的所持で逮捕された者が，「「大阪のB組」に対し，宅配便で覚せい剤を譲渡していた」旨供述し，同人の所持する携帯電話のメモリーに「甲野，B組」と登録されていたことから，有限会社甲野が，宅配便により，覚せい剤を仕入れているのではないかと考えられ，更に，有限会社甲野宛の宅配便を調査したところ，〔4〕同一人と思しき者から，Mなる者に対する宅配便が多数送られていたことがわかったというのである。……これらによれば，有限会社甲野の事務所の関係者が，宅配便により覚せい剤の送付を受けている嫌疑が相当深まっていたということができる。その事実を解明する方法としては，エックス線検査を実施し，その射影から内容物の形状・材質を窺い知り，それが覚せい剤様の物であることが窺われた場合には，更なる捜査（差押等）を行うというのが適切であり，他に有効な方法があったということはできない。また，ある特定の者（N）から有限会社甲野の住所に送られた荷物に限ってエックス線検査を実施し，宛先が「有限会社甲野のM」以外の宅配便で嫌疑となっている覚せい剤様の物が映らなかった後は，「M」宛の宅配便に限ってエックス線検査を実施しているのであって，捜査機関において，検査の対象を極力限定しようとの配慮が見られる。……以上を総合すれば，エックス線検査を実施しようとした時点において，有限会社甲野の事務所関係者らが宅配便による大規模な覚せい剤譲受けに関与しているとの嫌疑があり，エックス線検査の実施による荷送人・荷受人のプライバシー等の侵害の程度がそれほど高くないのに対し，この方法によらなければ，大規模な覚せい剤譲受け事犯の真相を解明し，更なる証拠を収集して，犯人検挙に至るということが困難であ

るという状況下において，本件のエックス線検査が行われたものである。また，その実施方法自体に不相当と思われる点はない。……したがって，本件のエックス線検査による捜査方法は任意捜査として許されるものである。本件において，エックス線検査を実施したことは違法ではないから，これによる証拠が違法収集証拠であり，各証拠の証拠能力を否定するべきであるとする弁護人の主張は理由がない。

ただし，後に，**最決平成21・9・28刑集63-7-868**（X線検査事件）によれば，本件X線検査をもって強制処分であるとされたことに注意しなければならない。

■ 接見交通などに関するもの

接見交通に関しては，この期においても弁護人の主張を容れた下級審の民事判決がみられる。**名古屋高判平成15・12・24LEX/DB28090659**も，その一つである。逮捕・勾留された被疑者のために，身柄拘束中の助言等を記載した文書を差し入れしようとした弁護人の申し入れに対して，文書の授受を禁止した裁判官の措置は憲法34条前段の権利を不当に制限したものであるとして，弁護人から国家賠償請求訴訟が提起された。精神的苦痛に対する慰謝料のみを認めた第一審を不服として，原告が控訴した。これに対し，本名古屋高判平成15・12・24は，「本件裁判官の上記裁判（勾留されている被疑者のために，身柄拘束中の助言等を記載した文書を差し入れようとした弁護人の申し入れに対し，文書の授受を禁止した裁判官の措置—引用者）は，国家賠償法1条1項にいう違法な行為に該当するものといわざるを得ない。そして，本件裁判官の上記裁判について過失があることは明らかである。」とし，次のように判示した。

> 接見交通権が自由であることは刑事手続における大原則であるから，弁護人等と被疑者との文書の授受が，接見等の禁止の有無にかかわらず原則として自由であることは，裁判官として当然知っていなければならない最も基本的な事項の一つである。……また，弁護人等と被疑者との接見交通を刑訴法81条によって禁止することができないことは，法律上，一義的に明白であり，それと異なる解釈の余地はない。……しかるに，本件裁判官は，裁判官としてあってはならないともいうべき基本的な法律の適用の誤りを犯したばかりでなく，……控訴人らから何度も法律の適用の誤りを指摘され，これにより何度も再検討の機会が与えられ，かつ，自らが法律の適用を誤っていることは刑訴法の条文を確認することで極めて容易に知ることができたにもかかわらず，しかるべき検討もせず，憲法の保障に由来する重要な権利である接見交通権を不法に制限したもので，その誤りは極めて重大である。

およそ考えられないことが起きたことから，「特別な事情がある場合」として，裁判官の国賠責任が認められたものといえよう。

第15代長官　町田　顯

　大阪地判平成16・3・9判時1858-79でも，ビデオテープを再生しながらの接見を認めなかった大阪拘置所職員の行為について国賠が認められるかどうかが問題となった。同判決は，国賠を一部認容し，次のように判示した。

> かかる（ビデオテープの—引用者）検査が監獄法施行規則一二七条二項の「必要ナル監護上ノ措置」に該当するものとして，これを適用した池口ないし根元の行為は，その適用上，刑訴法三九条一項が由来するところの憲法三四条前段及び三七条第三項……の趣旨に違反する違憲，違法なものである。

　その理由については，次のように判示した。

> 弁護人が被告人等と直接接見するに当たって持ちこもうとしている書類等の事前検査としては，刑訴法三九条一項及びそれが由来するところの憲法の保障の趣旨に照らし，罪証隠滅ないし逃走の用に直接供される物品ないし収容施設内の規律ないし秩序を著しく乱す物品の持込みの有無について，外形を視認することによって確認したり，書面又は口頭で質問する程度の検査を実施することは格別……，持ち込まれる書類等の内容にまで及ぶ検査については，秘密接見交通権が保障された趣旨を没却する不合理な制限として許されないと解するのが相当である。

　同判決は，**大阪高判平成17・1・25訴月52-10-3069**でも支持された。接見交通に関する裁判所の態度は，捜査に関する態度と対象的である。民事部の判断と刑事部の判断の違いということであろうか。

■ 管轄に関するもの

　スリランカ民主社会主義共和国大使館の事務職員である被告人に対して日本の刑事裁判権が及ぶかどうかについて，**東京地判平成16・11・10判時1893-160**は，次のように判示し，被告人の本件行為に関しては及ぶとした。

> 弁護人は，スリランカ民主社会主義共和国（以下「スリランカ」という。）大使館の事務職員である被告人に対しては，外交関係に関するウィーン条約三八条二項が適用されて，我が国の刑事裁判権が及ばないから，刑事訴訟法三三八条一号により，本件公訴は棄却されるべきである旨主張するので，この点について，以下に検討する。……「外交関係に関するウィーン条約」（以下「本条約」という。）は，昭和三六年四月一八日に外交上の特権及び免除に関する事項等を取り決める目的で採択された条約で，我が国もこれを批准し，昭和三九年七月八日に発効したものである。……ところで，本条約三八条は，その二項で，「外交職員以外の使節団の職員又は個人的使用人であって，接受国の国民であるもの又は接受国内に通常居住しているものは，接受国によって認められている限度まで特権及び免除を享有する。」と規定しており，そのようなものの享有する特

権及び免除については，これを接受国の施策にゆだねているものと解される。ところで，上記二で認定した事実によれば，スリランカ大使館の事務職員である被告人が，同条項にいう「外交職員以外の使節団の職員」であって「接受国の国民であるもの」に該当することは明らかであるところ，東京大学大学院総合文化研究科の小寺彰教授は，上記のような立場のものにつき，我が国において刑事裁判権免除が認められるためには，国内法上，法律等の明文の規定が必要である旨述べており（証人小寺彰に対する当裁判所の尋問調書。以下「小寺証言」という。なお，立命館アジア太平洋大学アジア太平洋学部の薬師寺公夫教授も，後述するとおりの留保を付しながらも，原則的には同趣旨の見解であると解される〈証人薬師寺公夫に対する当裁判所の尋問調書。以下「薬師寺証言」という。〉。），このような見解は，刑事裁判権の及ぶ範囲の明確性という観点からみても，基本的に正当なものと考えられる。……そこで，接受国である我が国において，被告人のような立場のものが行った行為につき刑事裁判権免除が認められているかどうかを検討すると，まず，我が国にそのような刑事裁判権免除を認めた法律又はこれに準ずる明文の定めは一切見当たらない。……この点，弁護人は，従前から，我が国においては，外交職員以外の使節団の職員であって接受国の国民であるものに対しては，「国際慣習法に準拠した慣行」として，外交使節団の公務の遂行に当たって行った行為につき刑事裁判権免除が認められてきており（捜査関係事項照会回答書二通〈甲六，七〉参照），被告人の本件運転行為も，その公務の遂行に当たって行った行為に該当するものであるから，被告人に対しては刑事裁判権免除が認められるべきであり，そのように取り扱うことが，条約や国際法規の遵守を定めた憲法九八条二項の趣旨にもかなう旨主張する。しかしながら，弁護人の上記主張は，まずもって，「国際慣習法に準拠した慣行」なるものの意味自体が必ずしも明らかではないばかりか，本条約三八条二項による刑事裁判権免除がそのような慣行を根拠に認められる理由についても明らかではないが，その点はしばらくおき，外交職員以外の使節団の職員であって接受国の国民であるものに対し刑事裁判権免除を認めることができるか否かに関して，準拠すべき国際慣習法が成立しているかどうかについてみても，関係証拠によれば，否定的な認識が一般であると認められるのであって（すなわち，小寺証言や薬師寺証言によれば，本条約の採択当時，外交職員以外の使節団の職員であって接受国の国民であるものの刑事裁判権免除を含む特権及び免除に関しては，統一的な国際慣習が成立していなかったため，本条約三八条二項のような規定にならざるを得なかったという経緯があり，その後現在まで，この点に関する国際慣習は成立するに至っていないというのである。），そもそも，弁護人の主張するような内容の準拠すべき国際慣習法の存在を肯認することはできず，したがって，そのような内容の「国際慣習法に準拠した慣行」なるものを認める余地もないというべきである。そうすると，たとえ，本条約三八条二項の「接受国によって認められている限度」の意義に関し，我が国の法律等の明文の規定のほか，国際慣習法をも考慮に入れて解釈するとしても，弁護人の上記主張は，その前提において採用し得ないものという

第15代長官　町田　顯

ほかはない。……なお，薬師寺証言によると，外交職員以外の使節団の事務・技術職員であって接受国の国民であるものの行った行為でも，その行為が派遣国の主権的行為に当たるとみられるような場合には，接受国において特権及び免除が認められるとする考え方もあるというのである（もっとも，主として民事裁判権の免除を念頭において述べられたものである。）。しかしながら，薬師寺証言によっても，上記の考え方に従い，そのような行為として接受国において特権及び免除が認められるためには，当該行為が，派遣国の機関（エージェント）としての行為，言い換えれば，派遣国の行為と同視し得るような行為として行われたものであることが必要である旨極めて限定的に解されているのであって，上記二で認定したとおり，本件では，被告人が，スリランカ国土大臣らを宿泊先のホテルに送り届けた後，一人で帰宅する途中であったというのであるから，少なくとも，本件事故当時の被告人の運転行為が，上記の意味での派遣国の主権的行為に該当しないことは明らかである。そうすると，薬師寺証言中の上記の考え方を是認するとした場合でも，被告人の本件運転行為につき刑事裁判権免除を認める余地はない。……以上の次第で，被告人の判示の行為に対しては，我が国の刑事裁判権が及ぶというべきであるから，上記一掲記の弁護人の主張は採用しない。

■ 公訴に関するもの

公訴に関しても**東京高判平成17・12・26判時1918-122**がみられる。児童ポルノ製造罪で有罪とした地裁判決に対して，被告人は控訴した。本件児童ポルノ製造罪と同一被害児童に対する別件淫行罪とは科刑上一罪の関係にあるのに，これを併合罪として，本件児童ポルノ製造罪について管轄を認めた原判決には不法に管轄を認めた違法があり，また，別件淫行罪がすでに家庭裁判所に起訴されているのであるから，地方裁判所に対する本件起訴は二重起訴であり，原判決には不法に公訴を受理した違法があり，さらに，被告人の行為についてのみ併合審理の利益を奪い，合算による不当に重い量刑をした原判決には憲法14条1項違反の違法があるというのがその控訴趣意であった。東京高裁は，原判決には罪となるべき事実の記載に理由不備があるとして原判決を破棄の上，自判して被告人を有罪としたが，被告人の上記主張については，次のように判示した。

> これらの両訴因（児童ポルノ製造罪と淫行罪―引用者）を比較対照してみれば，両訴因が科刑上一罪の関係に立つとは認められないことは明らかである。……かすがい現象を承認すべきかどうかは大きな問題であるが，その当否はおくとして，かかる場合でも，検察官がかすがいに当たる児童淫行罪をあえて訴因に掲げないで，当該児童ポルノ製造罪を地方裁判所に，別件淫行罪を家庭裁判所に起訴する合理的な理由があれば，そのような措置を是認できるというべきである。一般的に言えば，検察官として，当該児童に

対する児童淫行が証拠上明らかに認められるからといって，すべてを起訴すべき義務はないというべきである（最高裁昭和五九年一月二七日第一小法廷決定・刑集三八巻一号一三六頁，最高裁平成一五年四月二三日大法廷判決・刑集五七巻四号四六七頁）。……ただ，そうした場合には，児童ポルノ製造罪と別件淫行罪とが別個の裁判所に起訴されることになるから，所論も指摘するように，併合の利益が失われたり，二重評価の危険性が生じて，被告には必要以上に重罰になる可能性もある。そうすると，裁判所としては，かすがいになる児童淫行罪が起訴されないことにより，必要以上に被告人が量刑上不利益になることは回避すべきである。そこで，児童ポルノ製造罪の量刑に当たっては，別件淫行罪との併合の利益を考慮し，かつ，量刑上の二重評価を防ぐような配慮をすべきである。そう解するのであれば，かすがいに当たる児童淫行罪を起訴しない検察官の措置も十分に認することができる。

　起訴裁量の尊重の上に立って，量刑に際しての然るべき手当ての必要性に言及したもので，注目される。

■ 証拠開示に関するもの

　公判前整理手続の導入に伴って認められた類型証拠の開示の意義に関しても，早速，下級審判決・決定が出されている。そのうち，**広島地判平成18・4・26判時1940-168**は，刑訴法316条の20第1項の主張関連証拠についてのものである。本判決は，第1項の要件を満たさないとして，次のように判示した。

　　弁護人らは，「被告人は，幼児性愛者ではないのであって，本件犯行の前後を通じて，わいせつ目的はなかった」との主張を予定しているところ，本件各証拠は，被告人が女児，女性について普段どのような接し方，性的関係を有していたかということを推測させるものであるところ，一般的にみて，成人女性と健全な関係を有している場合には，幼児性愛者でないと言えるから，弁護人らが予定している上記主張に関連するものであり，刑事訴訟法三一六条の二〇第一項の主張関連証拠に当たる旨主張する。……確かに，被告人に対する平成一七年一二月二一日付け公訴事実第一の犯行（以下「本件犯行」という。）について，被告人が被害児童に対しわいせつ目的を有していたか否かは争点となっている。しかしながら，検察官は，上記わいせつ目的を推認させる具体的事実として，被告人の過去の性癖を主張しているのではなく，被害児童が着用していたブルマー及びパンツを脱がし，被害児童の膣内及び肛門に手指を挿入するなどしてもてあそびながら自慰行為に及び射精し，その結果，被告人の精液が，同児童の肛門部付近及び同児童のパンツに付着したという，本件犯行当時の被告人の具体的な行為を主張しているのであり（検察官の平成一八年三月一〇日付け証明予定事実記載書面第三の一），弁護人らにおいても，被害児童の陰部及び肛門部付近に触れたこと（弁護人らの平成一八年四

第15代長官　町田　顕

月一九日付け予定主張事実記載書面第一の一の（4）），被告人が自慰行為をしたことは認める（弁護人らの平成一八年四月二一日付け証拠調請求書（被告人の精神鑑定及び情状鑑定を求めるもの）第二の一）ところである。そうすると，被告人がわいせつ目的を有していたか否かは，被告人の本件犯行当時の行為からそのわいせつ目的が推認できるのか否かにつきるのであって，被告人が幼児性愛者でなく，あるいは，被告人の日頃の女性関係及び女性に対する態度が良好なものであったというようなことは，特段の事情のない限り，上記の点について弁護人らの防御に資する事情とはならない。……以上によれば，本件各証拠は，わいせつ目的を有していなかったとの弁護人らの主張に関連するとは認められず，あるいは，その関連性の程度は極めて低く，被告人の防御の準備に必要性があるとも認められないから，刑事訴訟法三一六条の二〇第一項の要件を満たさないというべきである。

他方，**大阪高決平成18・6・26判時1940-164**は，刑訴法316条の15第1項に基づく証拠開示の裁定に関する即時抗告審である。

弁護人が，検察官が取調べ請求した13名の供述調書（取調請求調書）の証明力を判断するために，当該供述調書と同一の供述者の他に作成された供述調書全部の開示請求を申し立てたところ，原決定は，開示請求調書に記載された事項は，取調べ請求調書を不同意とされた場合に，その供述調書の供述者が公判廷において証言すると予想される事項とは関連性を有しないことを理由に，重要性を否定し，かつ，開示することによる弊害を認めた。これに対し，弁護人は，取調べ請求調書の証明力を判断するためには，当該供述調書と同一の供述者の他に作成された供述調書が存するのであれば，その内容が，取調べ請求調書が不同意とされた場合に，その供述調書の供述者が公判廷において証言すると予想される事項との関連性の有無にかかわらず，同一の供述者の供述調書全部を検討する必要があるとして，不服を申し立てた。また，弁護人が，開示された検察官作成の捜査報告書添付の取調べ状況報告書中の不開示希望調書の有無および通数欄の開示を求めたところ，原決定は，特段の事情がない限り，重要性は高くないとして，請求を棄却した。弁護人は，原決定は同欄の開示が一般的に弊害があるとしているに等しく，不当であるとして，不服を申し立てた。

本大阪高決平成18・6・26は，いずれの抗告も棄却した。その理由について，次のように判示した。

同条（刑訴法316の15―引用者）第一項本文（いわゆる柱書）によれば，上記類型に該当する証拠は，当然に開示されるというものではなく，特定の検察官請求証拠の証明力を判断するために重要であると認められ，かつ，その重要性の程度その他の被告人の防御の準備のために開示をすることの必要性の程度並びに開示によって生じるおそれのあ

る弊害の内容及び程度を考慮して，相当と認められるとき開示されるものである。……原決定は，開示請求調書を検察官から提示させて，その内容を検討した上で開示請求調書に記載された事項は，その供述者が公判において供述すると予想される事項とは関連性を有しないとして，重要性がないと判断したものであるところ，当裁判所も，開示請求調書を検察官から提示させて，その内容を検討した結果，開示請求調書に記載された事項は，その供述者が公判廷において供述すると予想される事項とは関連性を有しないと認める。……所論は，供述者が公判廷で供述すると予想される事項との関連性の有無にかかわらず，当該供述者の供述調書は全部，証明力を判断するために必要であり重要である旨主張するが，その重要性を判断するために，公判廷で供述すると予想される事項との関連性の有無を考慮するのは当然であって，そのような関連性の有無を考慮すべきでないという所論は採用できない。……取調べ状況報告書が，被告人の供述調書の証明力を判断するために重要であるとしても，そのことから直ちに，取調べ状況報告書のすべての欄を開示すべきであるということにはならない。その開示すべき範囲については，同法条（316条の15—引用者）第一項に掲げられた類型に該当する他の証拠と同様，証明力の判断をする上での必要性の観点から，その重要性の程度その他の被告人の防御の準備のために開示をすることの必要性の程度並びに開示によって生じるおそれのある弊害の内容及び程度を考慮して，相当と認められる部分を開示すべきであると解される。……そして，一般的に考えて，不開示希望調書の有無及び通数の点は，原決定が判示するとおり，不開示希望調書の作成をめぐって，取調官と被疑者との間で取引が存在したなどの特段の事情があり，具体的にその主張がされている場合には，証明力を判断する上での重要性は相当高いといえるが，そのような特段の事情がない場合には，弁護人において，不開示希望調書の有無及び通数を被告人に確認することができることも考えると，その重要性は相対的にみて高いとは言えず，本件においては，特段の事情の存在について弁護人から具体的な主張はない。……不開示希望調書の有無及び通数欄を被告人の防御の準備のために開示することの必要性は，それほど高くないというべきである。……他方，不開示希望調書の有無及び通数欄が開示された場合，原決定が指摘するような一般的な弊害があるといわざるを得ない。……そうすると，不開示希望調書の有無及び通数欄の記載と，被告人の供述調書の証明力との関わりについて，具体的な事情が明らかにされていない本件において，同欄を開示することが相当でないとした原決定の判断は相当である。

大阪高決平成18・10・6判時1945-166も，類型証拠の開示に関するもので，刑訴法316条の15第1項6号に基づく証拠開示の裁定に関する即時抗告審である。弁護人らが開示請求を申し立てた証拠は，B子他4名の関係者および被告人から事情を聴取した結果を記載した捜査官作成の捜査報告書および電話聴取書等の証拠であるが，関係者や被告人等の原供述を聴取した捜査官の供述が「事実の有無に関する供述」として

認められるかが問題になった。原決定は，同規定の類型に該当しないとして，請求を棄却した。これに対し，弁護人らが不服を申し立てた。本大阪高決平成18・10・6は，次のように判示し，抗告を棄却した。

> 本件で開示請求されている捜査報告書等は，……刑訴法三一六条の一四第二号にいうところの同捜査官が作成した「供述書」であって，同法三一六条の一五第一項六号の「被告人以外の者の供述録取書等」に該当する。しかし，同規定では，さらにその「供述録取書等」が「検察官が特定の検察官請求証拠により直接証明しようとする事実の有無に関する供述を内容とするもの」であることが開示すべき類型証拠としての要件となっている。……そうすると，前記規定の「事実の有無に関する供述」とは，その事実があったこと又はなかったことについての供述，すなわち，その事実の有無についての原供述を意味するものと解するのが相当である。そして，本件開示請求に係る証拠において，事件当日の関係者や被告人の行動など，検察官が特定の検察官請求証拠により直接証明しようとする事実の有無について供述するのは関係者や被告人などの原供述者であり，捜査報告書等の供述者である捜査官が供述するのは，それらの原供述を聴取したというものに過ぎない。したがって，前記捜査報告書等は前記事実の有無に関する供述を内容とするものではなく，同法三一六条の一五第一項六号の類型には該当しない。……この点，所論は，「事実の有無に関する供述」とは，事実の有無に関連する供述の意味であって，検察官の証明予定事実の有無についての原供述に限らず，その聴取に係る捜査官の供述もそれに当たる旨主張するが，前記の類型証拠の開示制度の趣旨にかんがみると，所論の解釈は広過ぎ，採用できない。

これらの判決・決定によれば，いずれも弁護人の開示請求が退けられている。316条の14以下の規定が新設され，検察官手持ち証拠の被告人・弁護人への開示範囲が拡大されたが，その運用は依然として裁判官の職権主義的な裁量に委ねられているといえよう。

■ 訴因変更の要否および可否に関するもの

訴因変更の要否および可否に関しても注目すべき下級審判決がみられる。一つは**東京高判平成16・11・15東高時報55-1=12-98**である。変更を認めたことは違法であるとし，次のように判示した。

> 変更後の訴因は，「窃盗するなどした」という被告人の行為内容の特定を欠くものとなり，「など」という表現で示された被告人の行為が上記[２]の窃盗未遂の事実を意味しているのか，何らかの別の行為を意味しているものなのか訴因の記載自体から不明というほかないものとなった。原審がこのような特定を欠く訴因への変更を許可したことは違

法であり，訴訟手続に関する法令に違反したものであって，これが判決に影響を及ぼすことは明らかであるから，原判決は破棄を免れない。

他方，**名古屋高判平成18・6・26判タ1235-350**は，訴因変更を経ないで縮小認定したことを違法としたものである。次のように判示した。

一般に，共同正犯の訴因に対し，幇助犯を認定する場合には，いわゆる縮小認定として，訴因変更の手続を必要としないこともあるといえるが，その認定の変更（ずれ）が，被告人の防御方法につき抜本的な変更を生ぜしめるような場合には，訴因変更手続を経ないまま変更した事実を認定すれば，被告人の防御に実質的な不利益を生じるのであり，訴因変更の手続を経る必要があると解される。以上の解釈は，作為犯を想定してのものであるが，本件は，作為犯である共同正犯の訴因につき，同じく作為犯の幇助犯を認定するという場合とは異なり，作為犯である共同正犯の訴因につき，不作為犯の幇助犯を認定する場合に該当するのであり，更なる検討を要する。この場合，作為犯と不作為犯の両者の行為態様は基本的に異質であり，被告人の防御の重点も，当然に，共謀の存否，作為犯における作為の存否などから，不作為犯における作為義務の存否，作為義務違反の存否などに移行することになると思われる。被告人の防御方法が抜本的に修正を余儀なくされることは明白であり，本件は，訴因変更の手続が必要とされる場合に当たるというべきである。……なお，本件では，原審において，原審弁護人から本件は幇助犯に該当する旨の主張もなされており，具体的には，ある程度の防御権の行使があったことが窺われるが，本件は，前述のように，作為犯である共同正犯の訴因につき，不作為犯の幇助犯を認定する場合に該当し，一般的にいって，防御の観点から訴因変更が必要と解される場合である上，現実にも，審理対象を不作為による幇助犯と明確にしなかったことから，十分な防御活動が展開されなかったように思われる。例えば，原審弁護人は，弁論要旨において，「なにをもって幇助とするか」という表題の下に，「不真正不作為犯の成立要件」，「不真正不作為犯に関する裁判例」，「作為義務の特定」という項目をもうけてそれぞれ論じてはいるが，あくまで一般論を述べるにとどまり，本件について，不作為犯の幇助犯であるとしたときに，それを争う趣旨であるのか，争うとしてどの点について争うのかは明示されていない。更に，「作為義務の特定」の項目においては，幇助犯については，作為義務の内容・発生根拠が特定されなければ本件起訴は訴因不特定により無効である，とも主張しているのである。いずれにしても，原審において，具体的にある程度の防御が行われていたことは，訴因変更手続が必要であるとの前記の判断を左右するものではないと解される。……そうすると，訴因変更手続をしないで，原判示第2の事実を認定した原審の訴訟手続には法令違反があり，その違反が判決に影響を及ぼすことは明らかである。……論旨は理由がある。

本判決によれば，本件は，作為犯である共同正犯の訴因につき，同じく作為犯の幇

第15代長官　町田　顕

助犯を認定するという場合とは異なり，作為犯である共同正犯の訴因につき，不作為犯の幇助犯を認定する場合に該当するのであり，更なる検討を要するとされている点が注目される。

原審が縮小認定し，被告人のみが控訴した場合に，控訴審裁判所が公訴事実どおりの認定をすることが許されるとし，次のように判示した**東京高判平成15・10・16判時1859-158**もみられる。

> 公訴事実のとおりの事実を認定せず，前記のとおり縮小認定した原判決には，判決に影響を及ぼすことが明らかな事実の誤認があるといわざるを得ない。……なお，本件は，被告人のみが控訴しているのに，控訴裁判所である当裁判所が，職権調査により，原判決が認定した犯罪事実よりも被告人に不利益な態様の犯罪事実が認定できるとして，原判決を破棄することができるか，という問題があるので，この点についての見解を示しておく。……第一に，本件においては，単純一罪である傷害につき，原判決が公訴事実の一部を除外して縮小認定したのに対し，当裁判所は公訴事実と同旨の事実を認定できるものとするものである。第二に，本件の事実関係の下においては，暴行の態様と傷害の結果はまさしく不可分であって，原判決が認定した暴行のみでは原判決が認定した傷害の結果の多くを説明できないのみならず（この点は，弁護人が控訴趣意で指摘するとおりである。），公訴事実のとおりの暴行を認定すれば原判決が認定から除外した傷害の事実も当然に認定できることになるのである。第三に，原判決による，傷害の結果についての縮小認定は，傷病名や要加療日数の事実摘示の表現にも反映しない程度のものであり，しかも，原判決のように縮小認定すれば，要加療日数を正確に認定することが困難になるのである。換言すれば，原判決が除外した傷害を加えて初めて，原判示の加療日数が正確なものといえるのである。第四に，検察官としては，本件は兄妹間の重大とまではいえない傷害事件であるところ，原判決も，事実摘示としては，公訴事実とほぼ同様の傷害を認定し，これを被告人の暴行によるものと認めて，被告人を罰金一二万円（求刑同二〇万円）に処したのであるから，その犯罪事実の認定や量刑に若干の不満を覚えたとしても，この判決がそのまま確定するのであれば構わないと判断して，控訴の申立てには及ばなかったものと思われるところ，そのような判断は本件事案にかんがみ首肯し得るものである。第五に，当審において，検察官は，公訴事実のとおりの事実を認めるのが相当であるとして，職権調査を促しており，当裁判所の上記のような判断も被告人にとって不意打ちにはならない。このような諸点にかんがみると，本件のような場合には，職権調査の結果，上記のような理由により原判決を破棄することは許されると解するのが相当である。

必罰主義的な観点から控訴審の役割が捉えられている点が注目される。

V　この期の刑事判例の特徴

■ 証拠能力に関するもの

　この期においても，被告人の同意の有無を確かめることなく，弁護人の同意のもとに検察官請求の書証を同意書証として採用し，取り調べたことを違法と判示した**広島高判平成15・9・2判時1851-155**がみられる。

　福岡地判平成17・5・19判時1903-3は，国際捜査共助により中華人民共和国の当局が作成した供述調書に関して，次のように判示した。

> 本件捜査共助は，国家間の国際礼譲に基づき日本国が中国に任意の捜査協力を要請したもので，その手続は任意捜査の一方法として適法に行われていること，国際捜査共助の手続に基づき日本から捜査協力を要請された外国の捜査機関は，その国の法令に定められた手続に従って証拠収集を行うのであって，日本の法律は適用されないことからすれば，日本の捜査官の違法行為によって得られた証拠の証拠能力を否定する違法収集証拠排除法則が，中国の捜査機関による証拠収集手続に適用されないことは明らかである。……ところで，弁護人は，B及びCに対する取調べ（以下「本件取調べ」という。）が中国の捜査機関によって行われたとしても，それは，日本の捜査機関の依頼により，日本の捜査官が用意した質問事項に基づき，黙秘権の制度的保障のないまま行われていることからすれば，将来にわたってそのような捜査を抑制する必要があるから，本件調書等は違法収集証拠として排除すべきである旨主張する。しかしながら，本件取調べが，日本国からの国際捜査共助に基づくもので，日本の捜査官が予め作成した質問事項に基づいて行われたものであったといっても，本件取調べに立ち会った日本の捜査官が直接B及びCに対して質問することは一切許されていなかったことからすれば，本件取調べをもって日本の捜査官による取調べであったと評価することはできない。そして，元々違法収集証拠排除法則が日本の捜査官による将来の違法捜査を抑制する見地から認められた証拠法則であることから考えると，国際捜査共助により得られた証拠の証拠能力に関しては，証拠の許容性の問題として検討すれば足りると解されるのであって，本件調書等を違法収集証拠として排除すべきであるとする弁護人の主張には賛同できない。……国際捜査共助に基づき，外国の捜査機関がその国の法令に従って適法に証拠収集を行ったとしても，その結果得られた証拠は日本の刑事裁判において使用されることからすれば，その証拠収集手続が日本の法令に照らして違法であると見られる場合には，証拠能力に関する諸規定のほか，刑訴法全体の精神に照らし，その証拠を事実認定の証拠とすることが許容されるかどうかについても検討する必要があると解するのが相当である（最高裁平成七年二月二二日大法廷判決・刑集四九巻二号一頁参照）。そして，元来，国際捜査共助は，外国における証拠収集のための要件や手続が日本におけるそれと異なっていることを当然の前提として成り立つ制度であることを考えると，国際捜査共助によって得られた証拠を日本の刑事裁判において使用することが許容されなくなるのは，外国の捜査機関による証拠収集手続が，刑訴法全体の基本理念に実質的に反してい

第15代長官　町田　顯

ると認められる場合に限られると解するのが相当である。……ところで、この点に関し、弁護人は、中国の刑事訴訟制度においては被疑者の黙秘権が保障されていないことを指摘するところ、確かに、中国刑事訴訟法九三条は、被疑者に真実供述義務を課しており、被疑者の黙秘権を認めていないことが明らかである。しかし、そのことから直ちに本件調書等について証拠の許容性を否定すべきであると解することはできない。なぜなら、被疑者の黙秘権が制度的に保障されていなかったとしても、被疑者の取調べが実質的に供述の自由を保障した上で行われたと認められるのであれば、その取調べを刑訴法の基本理念に実質的に反していると評価するまでの必要はないと解されるからである。したがって、本件調書等について証拠の許容性を判断するに当たっては、本件取調べにおいて、B及びCに対し実質的に供述の自由が保障されていたと評価することができるかどうかについてさらに検討する必要があるところ、本件取調べは、日本国から中国に対する国際捜査共助に基づいて実施されたものであり、実際の取調べの時も日本の捜査官が立ち会っていたこと、また、取調官は、B及びCに対する取調べを開始するに当たっては、取調べに立ち会った日本の捜査官の要請に基づき、B及びCに供述拒否権を告知していること、しかも、B及びCに対する質問内容はあらかじめ日本の捜査官が作成した質問事項に基づいて行われ、B及びCに本件調書等に対する署名及び指印を求めるに当たっても、その内容の正確性についてあらかじめ日本の捜査官が確認していること、そして、B及びCが署名及び指印した本件調書等の原本は、その後中国から日本国に送付されてきたことにかんがみると、本件取調べは、中国の捜査機関がB及びCを中国の刑法に従って処罰するために行ったものでないことは明らかである。また、本件取調べの態様をみても、B及びCに対し、肉体的強制が加えられていないことは明らかである。加えて、本件取調べの開始前にB及びCに対して供述拒否権が告げられていたことのほか、本件調書等はいずれも一問一答の問答形式の体裁で記載されていて、B及びCの言い分がそのまま記載されていると認めることができる上、B及びCが取調官から厳しく追及されたことを窺わせる事情は一切存在せず、本件取調べにおいてB及びCが供述拒否権を奪われるような精神的強制を加えられた形跡も認められない。そうすると、中国刑訴法が制度として被疑者に真実供述義務を課し、黙秘権を否定しているとしても、本件取調べにおいては、B及びCが供述の自由を侵害されたと見るべき事情はないと言うことができるから、本件調書等を作成するための証拠収集手続が刑訴法の基本理念に実質的に反しているとみることはできない。……なお、この点に関して、弁護人は、本件取調べにおいては、B及びCに対し、供述を拒否しても不利益な取扱いをされない権利を保障したことを窺わせる事情がないこと、それまでのB及びCに対する取調べは、真実供述義務を課すなどして供述の自由を侵害する取調べであったことが強く推認されることからすれば、本件取調べにおいてB及びCに対し供述の自由が保障されていたと評価することはできない旨主張する。しかしながら、B及びCは、取調官から、「言いたくないことは言わなくていい」という趣旨の言葉で供述拒否権を告げられており、

V この期の刑事判例の特徴

その趣旨が，供述を拒否しても不利益な取扱いを受けることがないことを保障する意味を含むことは当然である。また，B及びCは，本件取調べを受けるに当たり，それまでの取調べとは異なり，取調官から，日本の捜査官が取調べに立ち会っている旨の説明を受け，供述拒否権を告げられたことに加え，本件取調べを受ける場所が会議室であったことなどの四囲の事情から，本件取調べがそれまでの取調べと明らかに違っていることは当然に理解できたと考えられるのであって，これによれば，本件取調べをもって，それ以前の取調べの影響下にあり，B及びCの供述の自由が保障されていなかったと評価するのは相当でなく，弁護人の主張は採用できない。……次に，弁護人は，中国の刑事訴訟制度においては，被疑者の弁護権の保障が十分でないことを指摘するが，日本においても，被疑者に対する国選弁護人の制度は認められていないこと，また，実際には当番弁護士制度等が整備されているとはいっても，全ての重大事件において，被疑者が私選弁護人を選任するわけではないことに照らすと，中国における被疑者の弁護権のあり方をもって，B及びCに対する本件取調べが刑訴法の基本理念に実質的に反しているとまでは評価できない。……さらに，弁護人は，中国の刑事訴訟制度においては，起訴前に長期の身柄拘束が許されていることを指摘するが，Bは平成一五年（二〇〇三年）八月一九日に遼陽市において，Cは同月二七日に北京市において，いずれも「二〇〇三年六月一九日夜一二時ころ，B，C，Aは，日本国福岡市において〇〇一家四人を殺害し，約四万円を強取した」旨の事実で逮捕されているところ，B及びCは，逮捕当初から概ね逮捕事実を認めていたと認められることからすれば，本件取調べが実施されるまでの間の身柄拘束がB及びCの供述に不当な影響を与えたとは考えられない。したがって，B及びCに対する起訴前の身柄拘束期間が刑訴法と比べて長期にわたっていることをもって，本件取調べが刑訴法の基本理念に実質的に反していると評価することはできない。……以上のとおり，本件調書等については，その証拠収集手続である本件取調べが刑訴法の基本理念に実質的に反するものではなかったと言うことができるから，本件調書等について証拠の許容性を肯認することができる。……中国において，身柄を拘束された上，中国刑法における故意殺人罪，強盗罪及び窃盗罪で遼陽省遼陽市中級人民法院に公訴を提起され，その審理を経た上で，平成一七年一月二四日，Bに対しては故意殺人罪及び強盗罪について無期懲役刑等の，Cに対しては故意殺人罪及び強盗罪について死刑等の各判決が言い渡されていることからすれば，B及びCを当裁判所の証人として召喚することは事実上不可能であるから，本件調書等は，「供述者が」「国外にいるため公判準備又は公判期日において供述することができ」ないときという供述不能の要件を満たすことが明らかである。

■ 違法収集証拠の排除に関するもの

違法収集証拠の排除に関しては，排除を否定したものと排除を認めたものとが存す

第15代長官　町田　顕

る。前者は**東京地判平成15・4・16判時1842-159**で，次のように判示した。

> 逮捕状を取り寄せる努力を怠り，ただちに，緊急執行の手続きで被告人を逮捕した本件逮捕手続は，「急速を要するとき」の要件を満たしておらず，違法とみる余地がある。……しかしながら，西新井警察署の警察官は，被告人の覚せい剤取締法違反罪の前科や被告人の態度，状態等から覚せい剤使用の嫌疑をもち，被告人に尿の任意提出を求めた後，裁判所に被告人の尿の捜索差押許可状の発付を請求し，これが認められて，同日，同許可状が発付されていること，その翌日には，被告人が自発的に排尿して，その尿が同許可状に基づき差し押さえられていること，西新井警察署の警察官はもとよりB警部補ら神奈川県警察の警察官らにも令状主義に関する諸規定を潜脱しようとするまでの意図があったとは認められないことからすると，逮捕の手続は先に述べたとおり違法とみる余地があるけれども，その後に行われた尿の差押手続やそれの鑑定手続が違法となる余地はなく，その結果得られた各証拠についても，その証拠能力を肯定することができるし，仮に，違法といいうる身柄拘束中になされたこれらの手続も違法性を帯びているという前提にたったとしても，その違法の程度は，令状主義の精神を没却するほどの重大なものではないというべきであり，その結果得られた各証拠についても，将来の違法捜査抑制の見地からみて，違法収集証拠としてその証拠能力を否定すべき場合には当たらないといえる。

最高裁判例に添った判示といえる。

これに対し，排除を認めたのが**佐賀地決平成16・9・16判時1947-3**である。連日行われた取調べの下で得られた自白の証拠能力を否定し，検察官からの証拠調べ請求を決定で却下した。本件取調べが開始された10月26日から被告人が本件殺人について自白した11月11日までの17日間において，その取調べはいずれも深夜に及び，うち9日間は翌日の午前零時を超えて行われていたこと（最も遅かったのは11月10日の取調べで，翌11日の午前零時35分まで行われた。）。また，上記の期間中の取調べ時間は，10月28日の9時間を除いて，いずれも10時間を超え（最長は10月27日の15時間21分。），平均でも約12時間35分であったこと。これらの事情が大きく与ったものである。

■ 事実認定に関するもの

事実認定に関しても**大阪高判平成17・6・28判タ1192-186**（和歌山毒カレー事件）がみられる。本件では，本件公訴事実に関する被告人の類似事実を被告人の犯人性推認の根拠の一つに用いたことが問題となった。原審裁判所は，このような検察官の立証を許容し，本件類似事実のうち，乙野豆腐事件とMに対する平成9年11月24日および平成10年3月12日の睡眠薬使用事件は被告人が保険金取得目的で砒素又は睡眠薬を

使用したものであると認定した上で，その認定結果を本件カレー毒物混入事件における被告人の犯人性推認の根拠の一つとして用いた。被告人側は，訴訟手続の法令違反等を主張して控訴を申し立てたが，控訴棄却とされた。その理由について，本**大阪高判平成17・6・28**は，次のように判示した。

> 起訴されていない被告人の犯罪事実を立証することは，裁判所に不当な偏見を与えると共に，争点の混乱を引き起こすおそれもあることから，安易に許されるべきではないが，一切許されないものではなく，特殊な手段，方法による犯罪について，同一ないし類似する態様の他の犯罪事実の立証を通じて被告人の犯人性を立証する場合など，その立証の必要性や合理性が認められ，かつ，事案の性質，審理の状況，被告人の受ける不利益の程度等に照らし相当と認められる場合には，許容されると解するのが相当である。……これを本件についてみると，……検察官の主張立証が許されるのは当然といわなければならない。……本件類似事実から導かれる推論は経験則に基づく合理的なものであって，何ら不当な予断偏見ではない。……もっとも，本件類似事実のうち，乙野及びMに対する各睡眠薬使用事件については，……その立証を許したことの相当性に疑問の余地がないわけではない。しかしながら，……カレー混入事件に関しても，上述した意味でも関連性は否定できず，結局，原審裁判所がその立証を許したことに違法があるとまではいえない。

ここでも，立証を許したことの相当性に疑問の余地がないわけではないが，違法とまではいえないとして検察官の立証活動を許容するという裁判所の必罰主義の傾向がよくみえる。

■ 判決に関するもの

判決に関しても，**東京高判平成17・3・25東高時報56-1=12-30**がみられる。覚せい剤使用罪に係る法定の除外事由の不存在に関して，次のように判示した。

> 所論の指摘する覚せい剤使用罪に係る法定の除外事由の不存在についても，刑訴法335条1項の罪となるべき事実として判決においてこれを積極的に示す必要はなく，その事由が存在する旨の主張があったときに，同条2項にいう法律上犯罪の成立を妨げる理由となる事実の主張として，これに対し判断を示せば足りるものと考えるのが相当である。

判決に費やす裁判官の負担軽減が図られているといえようか。

第16代
最高裁長官
島田仁郎

(2006年10月16日～2008年11月21日)

SHIMADA court
16

第16代長官　島田仁郎

I ■ 長官のプロフィール

　裁判官出身。7期連続で高裁長官経験者。東京都出身で，東京大学法学部を卒業。大学時代，一時は小説家になることも夢見たが，「犯罪を裁くことで，世の中の不幸の種を少しでも減らしたい」と考えて法曹の道を選んだという。司法修習生を経て，判事補に任官。最高裁調査官，最高裁事務総局刑事局第一課長兼第三課長，東京地裁判事（部総括），最高裁事務総局刑事局長兼図書館長，宇都宮地裁所長，浦和地裁所長，東京高裁判事（部総括），司法研修所長，仙台高裁長官，大阪高裁長官を経て，最高裁判事に就任した。

　東京地裁時代には，ロス疑惑事件の審理に携わった。弁護士一家殺害に問われたオウム真理教元幹部への死刑判決では裁判長を務めた。刑事裁判のあり方を裁判員制度は革命的に変えると述べた。「和して同ぜず」を座右の銘とする。趣味は読書で，囲碁は3段の腕前。愛犬の散歩が息抜きで健康法でもあると周囲に語る。

　最高裁判事に就任した際には，「私は，裁判官に任官して以来，おそるおそる裁判に臨むという初心を貫いてきたつもりですが，年を経るにつれて，ますます人が人を裁くことの重さを深く感ずるようになりました」と挨拶した。

　最高裁判事として，旧国鉄の国労に対する不当労働行為についてJRの法的責任を一切否定した法廷意見に対して，JRの責任を肯定する余地を認める反対意見を述べた。小田急線高架訴訟についても，付属道路事業について地権者以外の原告適格を否定した多数意見に対して，地権者以外の原告適格を認める反対意見を述べた。ただし，憲法訴訟への対応では，いずれも多数意見に与した。2005年1月26日の東京都在日韓国人管理職試験受験資格確認訴訟大法廷判決や2006年3月1日の旭川市国保料訴訟大法廷判決では合憲の，また，2005年9月14日の在外邦人選挙権制限違憲訴訟大法廷判決では違憲の立場を採用した。

　多数意見に与するというのは長官に就任してからも同様で，2008年6月4日の国籍法3条1項違憲訴訟大法廷判決では違憲の多数意見に立った。

　安倍内閣の下で最高裁長官に就任した。裁判員制度の導入を2年半後に控え，刑事裁判の現場と司法行政の双方に精通した経験を買われて抜擢された。長官として，「裁判官も同じ生身の人間，国民に裁判を理解してもらえるよう，できるだけ外に出て，自分の言葉で語りかけたい」と抱負を語った。

　長官としての初仕事で，新人の判事補たちに向けて，「裁判官は，人に批判されることが少なく，裸の王様になりやすい。初心を忘れず，謙虚に，人の心の痛みが分か

I 長官のプロフィール

る人になってほしい。」と話した（読売新聞 2006 年 10 月 3 日朝刊「顔　島田仁郎」，朝日新聞同日朝刊「ひと　島田仁郎」などを参照）。また，2008 年の「新年のことば」では，長官として，「我々司法に身を置く者も，新しい社会の情勢に的確に対応し，引き続き機能の充実を図るとともに，一層の工夫と努力をしなければなりません。そのためには，旧来の通念に捉われることなく，時代の要請を正しく汲み取る鋭敏な感性と柔軟な思考を持つことが何より肝要です。今日ほど，斬新な発想と大胆な意識の改革が必要とされる時代はないといっても過言ではないでしょう。」等と述べた（裁時 1449 号 1 頁）。「法の日」を前にした 2008 年 9 月 30 日，日本記者クラブで，2009 年 5 月 1 日にスタートする裁判員制度をテーマに，最高裁事務総長，検事総長，日弁連会長と共同記者会見し，制度導入の意義を再確認する国民へのメッセージを発表した（http://www.jnpc.or.jp/files/opdf/299.pdf#search）。

退官を前にした記者会見で，在任期間を振り返って，「迅速，適正な裁判と，身近で利用しやすい裁判所の実現に向けて努力してきた。両方とも相応に前進したと思う」，「裁判所を定年と言うことで去らねばいけないということには，寂しいような，なんともいえない気持ちを味わっております。それと同時に，重い責任から解放されるという安堵感，ホッとしたような気でもおります」等と述べた。在任期間中に印象に残った事件としては，2008 年 6 月に言渡した国籍法を違憲とした大法廷判決を挙げ，「違憲立法審査権の重みを，身をもって実感した」と語った。2009 年 5 月に始まる裁判員制度については，「生まれてくる赤ちゃんがすくすくと順調に育つことを祈る，親のような思い。順調に定着していくことを心から祈り，見守っていきたい」と期待を込めた。そのうえで「準備はかなり整ってきたが，全く新しい，画期的な制度。一層，理解を得て実施しなければいけない」と訴えた。(http://www.asahi.com/special/080201/TKY200811170303.html)。

定年退官後は，慶応義塾大学法務研究科特別招聘教授，明治大学法科大学院特別招聘教授，東北学院大学大学院法務研究科法実務専攻特任教授に就任した。そのうち，東北学院大教授は 2011 年度をもって退任した。（島田仁郎のプロフィールについては，その他，「最高裁裁判官国民審査判断資料『歴代長官 16 人の横顔』」(http://miso.txt-nifty.com/shinsa/chokan.html)，山口進・宮地ゆう『最高裁の暗闇』(2011 年，朝日新書) 126 頁以下及び 175 頁以下，島田仁郎「法壇から教壇へ」文芸春秋 2009 年 11 月号 83 頁以下，「最高裁裁判官国民審査資料『歴代長官 16 人の横顔』」(http://miso.txt-nifty.com/shinsa/chokan.html) などを参照）

第16代長官　島田仁郎

II ■ この期の最高裁の動き

　裁判員裁判の模擬裁判も各地で行われ，新制度の実施に向けての準備はおおむね整った観がある。最高裁は引き続き司法改革を進めていくことになった。この期においても，裁判員制度の円滑な実施，専門化・複雑化が予想される民事事件への適切な対処，若手裁判官の育成が裁判所の取組むべき重点課題とされている。なかでも，裁判員制度の実施はその影響がより広範に及ぶということから最重要課題とされた。島田長官も，2008年6月18日-19日に開催された長官所長会同において，次のように挨拶した。

　「裁判員制度の実施まで1年足らずとなりました。刑事裁判に広く国民が参加し，裁判官と協働でして審理判断に当る裁判員制度の導入は，刑事司法制度の画期的な改革であるにとどまらず，司法と国民との新たな関係が築かれるという意味で歴史的な意義を有するものです。」「私たちは，裁判員制度を円滑に実施，この制度を通じて司法に対する国民の理解と信頼を一層確かなものにするため，全力を挙げて，準備に取り組んでいかなければなりません。」（裁時1461号1頁）

　問題は，島田らのいう「司法に対する国民の理解と信頼」の意味である。理解と信頼の前提として，国民に対しても「統治客体意識から統治主体意識への転換」が求められていることはいうまでもない。司法制度改革審議会最終意見書は，次のように説いていたからである。

　（構造改革から行財政改革，そして司法改革へと至る―引用者）諸改革は，国民の統治客体意識から統治主体意識への転換を基底的前提とするとともに，そうした転換を促そうとするものである。統治者（お上）としての政府観から脱して，国民自らが統治に重い責任を負い，そうした国民に応える政府への転換である。……司法がその求められている役割をいかんなく遂行するためには，国民の広い支持と理解が必要である。政治改革・行政改革等を通じて政治部門の統治能力の質が向上するに伴い，政治部門の国民に対する説明責任も重くなる。同様に，司法部門も，司法権の独立に意を用いつつも，国民に対する説明責任の要請に応え，国民的基盤を確立しなければならない。司法は，その行動が，国民にとって，見えやすく，分かりやすく，頼りがいのあるものであって，初めてその役割を十全に果たすことができるのである。……他方，国民は，司法の運営に主体的・有意的に参加し，プロフェッションたる法曹との豊かなコミュニケーションの場を形成・維持するように努め，司法を支えていくことが求められる。21世紀のこの国の発展を支える基盤は，究極において，統治主体・権利主体である我々国民一人ひとりの創造的な

活力と自由な個性の展開，そして他者への共感に深く根ざした責任感をおいて他にないのであり，そのことは司法との関係でも妥当することを銘記すべきであろう。

2008年6月18日-19日に開催された長官所長会同でも，協議事項として，「裁判員制度の円滑な導入に向けて重点的に取り組むべき事項」が取り上げられている。興味深いのは，「争点に集中し，公判廷で心証を取ることのできる審理を実現するための具体的な方策について共通認識が形成されておらず，的確な争点設定と，それに基づいた冒頭陳述から論告弁論まで一貫した主張立証といった模擬裁判等による検討の成果が実際の事件における審理に活かされていない，といった指摘がなされた。」（裁時1462号7頁）とされている点である。最高裁等によってむしろ温存化が図られてきた「裁判官の裁判観」を変えることは，最高裁といえども難しいということであろうか。

「これからの若手裁判官の育成について考慮すべき事項」も協議事項として取り上げられている。前年の長官所長会同における総括的議論（裁時1438号3頁）から更に一歩踏み込んで，若手裁判官の主体的・自律的成長にとって重要とされるOJTの具体的な意味合いについて議論されている。最高裁の強い危機意識が窺える。しかし，それがこれまでの「裁判官統制」路線の変更ないし修正を意味するものでなく，その枠内での「主体的・自律的成長」の促進だとすれば，「憲法の番人」たる裁判官の育成にどれほど貢献し得るかは疑問だといえよう。

この期においては，「新時代の刑事司法」が標榜される一方，誤判事件が表面化し，従来の捜査手法や裁判の在り方への疑問が高まっていった。

III ■ この期の裁判所関係の動き

2006年10月16日	島田仁郎，最高裁長官に就任。
10月27日	最高裁第二小法廷，重複立候補制等を定めた衆議院比例代表選出議員の選挙に関する公職選挙法の規定は憲法に違反しないと判示。
11月5日	イラク高等法廷，フセイン元大統領に死刑判決。（12月30日，死刑執行）
11月7日	風俗営業等の規制及び業務の適正化等に関する法律の改正法を公布。
同日	障害者自立支援法を公布。
11月9日	高齢者虐待の防止，高齢者の養護者に対する支援等に関する法律を公布。

第16代長官　島田仁郎

11月14日	最高裁第三小法廷，ポリープ摘出手術を受けた患者が術後に出血性ショックにより死亡した場合につき，担当医が追加輸血などを行わなかったことに過失があるとはいえないとした原審の判断に採証法則に反する違法があると判示。
11月25日	第20回全国裁判官懇話会を開催。（これが最終回）
11月27日	最高裁第二小法廷，消費者契約法9条1号は憲法29条に違反しないと判示。
11月27日	新司法修習（修習期間1年）が開始。
12月20日	貸金業の規制等に関する法律の改正法を公布。（貸金業の登録の強化等）
12月20日	政治資金規正法の改正法を公布。
同日	バリアフリー新法を施行。
12月22日	防衛庁設置法の改正法を公布。（1月9日，防衛省が発足）
同日	教育基本法の改正法を公布。（1947年の施行以来，初めての改正）
2007年 1月 1日	島田最高裁長官，「新年のことば」で，「司法の分野において進められてきた制度の改革は，その多くが実施に移されました。これまでのところいずれも概ね順調に運用され，既に具体的な成果を上げつつあります。」等と述べる（裁時1425号1頁）。
同日	ブルガリアとルーマニア，EUに加盟。（加盟国は27カ国に）
1月25日	最高裁第一小法廷，都道府県による児童福祉法27条1項3号の措置に基づき社会福祉法人の設置運営する児童福祉施設に入所した児童を養育監護する施設の職員等は都道府県の公権力の行使にあたると判示。
2月 2日	最高裁第二小法廷，従業員が特定の労働組合に所属し続けることを義務付ける内容の従業員と使用者との間でされた合意が公序良俗に反し無効で，従業員が合意に違反してした特定組合からの脱退は有効であると判示。
2月 3日	イラク・バグダッドでイラク戦争後，最大の自爆テロが発生。(130人以上が死亡，300人以上が負傷)
2月 5日	中国の海洋調査船，尖閣諸島付近で無断海洋調査。（日本政府の抗議に対し中国政府は同諸島の領有権を主張）
2月 6日	最高裁第三小法廷，原子爆弾被爆者に対する援護に関する法律等に基づき健康管理手当の支給認定を受けた被爆者が出国に伴い支給を打ち切られた健康管理手当の支払を求める訴訟において，被告が地方自治法236条所定の消滅事項を主張することは信義則に反し許されないと判示。
2月27日	最高裁第三小法廷，市立小学校の音楽専科の教諭に対し校長がした入学式の国歌斉唱の際に「君が代」のピアノ伴奏を行うことを内容とする職務上の命令は憲法19条に違反しないと判示。

Ⅲ この期の裁判所関係の動き

3月23日	最高裁第二小法廷，代理出産という民法の想定していない事態が現実に生じている以上，代理出産について法制度としてどう取り扱うかに関しては医学的な観点からの問題，関係者間に生ずることが予想される問題，生まれてくる子の福祉等の諸問題につき医療法制，親子法制の両面にわたる検討が必要であり，立法による速やかな対応が強く望まれると判示。
4月19日	最高裁第一小法廷，独禁法に違反する既往の行為につき排除確保措置を命じた公正取引委員会の審決は同法57条1項及び54条2項に違反するものでないと判示。
4月27日	最高裁第二小法廷，日中戦争の遂行中に生じた中華人民共和国の国民の日本国，日本国民，日本の法人に対する請求権は日中共同声明5項によって裁判上請求する権能を失ったというべきであると判示。
5月18日	日本国憲法の改正手続に関する法律の改正法を公布。（国民承認手続を規定）
5月29日	最高裁第三小法廷，警察本部の支出した捜査費等に係る個人名義の領収書のうち実名とは異なる名義で作成されたものに記載された当該名義人の氏名，住所等は滋賀県情報公開条例6条3号所定の非公開情報にあたると判示。
6月1日	児童虐待の防止等に関する法律及び児童福祉法の改正法を公布。（児童相談所長等の安全確認措置の義務化等）
6月13日	最高裁第一小法廷，衆議院小選挙区選出議員の選挙において候補者届出政党に政見放送その他の選挙運動を認めている公職選挙法の規定は憲法に違反しない等と判示。
6月20日	島田最高裁長官，長官所長会同で，「自由で公正な社会の在りようが模索されている現状にあるといえましょう。このような社会を実現するには，基盤としての法の支配の確立が不可欠であり，その役割を担う司法の重要性が今後ますます増大していくことは疑いのないところです。」等と訓示（裁時1437号1頁）。
同日	道路交通法の改正法を公布。（飲酒運転に対する罰則の強化等）
7月6日	政治資金規正法の改正法を公布。（不動産の所得の制限等）
7月11日	配偶者からの暴力の防止及び被害者の保護に関する法律の改正法を公布。（市町村による基本計画の策定等）
7月29日	参議院選挙で与党大敗。
9月22日	安倍内閣が総辞職。
9月26日	福田康夫を第91代内閣総理大臣に指名。（自民党，公明党の連立政権）
10月9日	最高裁第三小法廷，国民年金法が所定の学生等につき国民年金に強制加入させず，保険料納付義務の免除規定の適用を伴わない任意加入のみを認めるものとした措置等は憲法25条，14条1項に違反しないと判示。
11月7日	貸金業の規制等に関する法律等の一部改正法を公布。

第16代長官　島田仁郎

11月28日	配偶者暴力に関する保護命令手続規則の一部改正規則を公布。
12月 7日	刑事訴訟規則及び犯罪被害者等の保護を図るための刑事手続に附随する措置に関する規則の一部改正規則を公布。
12月13日	最高裁第一小法廷，禁錮以上の刑に処せられた後も約26年11カ月にわたり事実上勤務を続けた郵政事務官につき，国家公務員法76条，38条2号に基づき失職した旨を主張することが信義則に反し，権利の濫用にあたるということはないと判示。
2008年 1月 1日	島田最高裁長官，「新年のことば」で，「我々司法に身を置く者も，新しい社会の情勢に的確に対応し，引き続き機能の充実を図るとともに，国民の信頼が更に高まるよう，一層の工夫と努力をしなければなりません。そのためには，旧来の通念に捉われることなく，時代の要請を正しく汲み取る鋭敏な感性と柔軟な思考をもつことが何より肝要です。今日ほど，斬新な発想と大胆な意識の改革が必要とされる時代はないといっても過言ではないでしょう。」等と述べる（裁時1449号1頁）。
1月11日	新テロ対策特別措置法を可決・成立。（インド洋での海上自衛隊の給油活動を再開するため）
同日	薬害C型肝炎被害者救済法を可決・成立。
2月13日	鳩山邦夫法相，成人年齢を20歳から18歳に引き下げる案を法制審議会に諮問。
2月19日	最高裁第三小法廷，我が国において既に頒布され販売されているわいせつ表現物を税関検査による輸入規制の対象とすることは憲法21条1項に違反しない等と判示。
2月28日	最高裁第一小法廷，生活保護を受けている者が外国への渡航費用を支出した事実等から本来その最低限度の生活の維持のために活用すべき金銭を保有していたことは明らかであるとして，同人のその月の生活扶助の金額を減ずる旨の保護変更決定を適法であると判示。
同日	最高裁第一小法廷，少年Aが少年B及び少年Cから暴行を受けて死亡したことにつき，暴行が行われている現場に居た少年Y1～Y3がAを救護するための措置を執るべき法的義務を負っていたとはいえないと判示。
3月 6日	最高裁，住民基本台帳ネットワークを違憲として提訴された4件の訴訟につき，大阪高裁の違憲判決を棄却するなどし，いずれも住基ネットは合憲との判断を下す。
4月14日	最高裁第一小法廷，上関原子力発電所の建設に反対する住民3名が中国電力への土地所有権移転登記の抹消を求めて訴えた裁判で，二審の広島高裁の判決を支持し，上告を棄却。（原告の敗訴確定）
4月15日	最高裁第三小法廷，弁護士会の設置する人権擁護委員会が受刑者から人権救済の申立てを受けて同委員会所属の弁護士が調査の一環として他の受刑者との接見を申し入れた場合において，これを許さなかった刑務所長の措置に国家賠償法1条1項にいう違法はないと判示。

Ⅲ　この期の裁判所関係の動き

4月17日	名古屋高裁，イラク派遣のうち多国籍軍の武装兵員を戦闘地域であるバグダッドへ空輸する航空自衛隊の空輸活動は武力行使を禁止したイラク特措法2条2項，活動地域を非戦闘地域に限定した同条3項に違反し，憲法9条1項に違反する活動を含んでいることが認められると判示。
6月 4日	最高裁大法廷，結婚していない日本人父とフィリピン人母10組の間に生まれた子ども10人が国に日本国籍の確認を求めた2件の訴訟につき，出生後の国籍取得に両親の婚姻を必要とする国籍法の規定は「遅くとも2003年には規定は合理的理由のない差別を生じさせ，法の下の平等を定めた憲法に反する」と違憲の初判断。(10人全員の日本国籍を確認)
6月18日	島田最高裁長官，長官所長会同で，「裁判員制度の実施まで1年足らずとなりました。刑事裁判に広く国民が参加し，裁判官と協働でして審理判断に当る裁判員制度の導入は，刑事司法制度の画期的な改革であるにとどまらず，司法と国民との新たな関係が築かれるという意味で歴史的な意義を有するものです。」「私たちは，裁判員制度を円滑に実施し，この制度を通じて司法に対する国民の理解と信頼を一層確かなものにするため，全力を挙げて，準備に取り組んでいかなければなりません。」等と訓示(裁時1461号1頁)。
6月24日	最高裁第三小法廷，妄想型統合失調症による幻覚妄想状態の中で幻聴，妄想等に基づいて行為を行った本件のような場合，心神喪失者医療観察法2条2項の対象行為に該当するかどうかの判断は，対象者が幻聴，妄想等により認識した内容に基づいて行うべきでなく，対象者の行為を当時の状況の下で外形的，客観的に考察し，心神喪失の状態にない者が同じ行為を行ったとすれば，主観的要素を含め，対象行為を犯したと評価できる行為と認められるかどうかの観点から行うべきであると判示。
6月27日	佐賀地裁，国営諫早湾干拓事業で有明海の漁場環境が悪化したとして，沿岸4県の漁業者ら約2500人が国に潮受け堤防の撤去や南北排水門の常時開門を求めた訴訟につき，5年間の開門を命じる判決。
7月25日	最高裁第二小法廷，心神喪失者医療観察法33条1項の申立てがあった場合，医療の必要がある対象者について対象行為を行った際の精神障害の改善に伴って同様の行為を行うことなく社会に復帰できるようにする必要を認めながら措置入院等の医療で足りるとして同法42条1項3号の同法による医療を行わない旨の決定をすることは許されないと判示。
8月 8日	北京オリンピックが開幕。(8月24日閉会式)
9月18日	最高裁第三小法廷，広島市暴走族追放条例16条1項1号，17条，19条は憲法21条1項，31条に違反しないと判示。
9月24日	福田内閣が総辞職。(麻生太郎を第92代首相に指名)

第16代長官　島田仁郎

10月30日	国連自由権規約委員会，日本の人権状況に関する第5回審査最終見解を発表。（死刑制度の廃止や従軍慰安婦問題の解決などを勧告したほか，表現の自由の制約を撤廃して自由な意見表明や政治活動が行えるようにするべきだと初めて述べる）
10月31日	航空自衛隊田母神幕僚長，APAホテルグループが募集した懸賞に個人の資格で寄稿した論文で「日本が侵略国家であったなどとは濡れ衣もいいところ」と記載していたことが判明。（防衛大臣により更迭）

Ⅳ ■ この期の刑事法関係の動き

　刑事法関係では，以下のような動きがみられる。犯罪被害者等の権利利益の保護を図るための刑事訴訟法等の一部改正の他，改正少年法の公布などが注目される。誤判事件も表面化してきた。

2006年10月23日	福島県前知事，官製談合事件で逮捕。（同年の11月15日には和歌山県前知事，12月8日には宮崎県前知事が同様の事件で逮捕）
2007年 1月 4日	刑事に関する共助に関する日本国と大韓民国との間の条約を批准。
2月 9日	富山地検，富山氷見事件につき，富山地裁に再審請求。
2月27日	鹿児島地裁，志布志事件につき，被告人12人全員に無罪判決。
3月16日	東京地裁，堀江貴文被告人に懲役2年6月の実刑判決。
3月20日	最高裁第二小法廷，患者を取り間違えて手術をした医療事故に係る業務上過失傷害の事案につき，麻酔科医師には麻酔導入前に患者の同一性確認に十分な手立てを採らず，麻酔導入後患者の同一性に関する疑いが生じた際に確実な確認措置を採らなかった点で過失があると判示。
3月31日	犯罪による収益の移転防止に関する法律を公布。
4月17日	長崎伊藤一長市長，狙撃される。（市長死亡）
5月11日	国際刑事裁判所に対する協力等に関する法律を公布。
同日	放射線を発散させて人の生命等に危機を生じさせる行為等の処罰に関する法律を公布。
5月23日	刑法の改正法を公布。（自動車運転過失致死傷罪の新設等）
5月25日	刑事訴訟規則及び少年審判規則の一部改正規則を公布。
5月30日	裁判員法の改正法を公布。（区分判決制度の新設等）
6月 1日	少年法等の改正法を公布。（触法少年に係る事件の警察官による調査等の新設）
6月15日	更生保護法を公布。

IV　この期の刑事法関係の動き

6月20日	道路交通法の一部改正法を公布。
6月27日	犯罪被害者等の権利利益の保護を図るための刑事訴訟法等の一部改正法を公布。
7月 2日	最高裁第一小法廷，現金自動預払機利用客のカードの暗証番号等を盗撮する目的で営業中の銀行支店出張所へ立ち入ったことについて建造物侵入罪が成立する等と判示。
7月 5日	裁判員の参加する刑事裁判に関する規則を公布。
7月19日	国際刑事裁判所に対する協力の手続に関する規則を公布。
8月10日	最高検，「いわゆる氷見事件及び志布志事件における捜査・公判活動の問題点等について」を公表。
10月10日	富山地裁，富山氷見事件につき，再審無罪判決。
11月 1日	国家公安委員会，「警察捜査における取調べの適正化について」を決定。
11月13日	最高裁第三小法廷，刑法105条の2にいう「威迫」には直接相手と相対する場合に限らず文書を送付する方法による場合が含まれると判示。
11月28日	配偶者暴力に関する保護命令手続規則の一部改正規則を公布。
12月 7日	刑事訴訟規則及び犯罪被害者等の保護を図るための刑事手続に附随する措置に関する規則の一部改正規則を公布。
12月27日	鹿児島県警，「いわゆる志布志事件の無罪判決を受けた再発防止策について」を公表。
2008年 1月 8日	福岡地裁，福岡市東区で幼児3人を死亡させる追突事故を起こした元福岡市職員の被告に対し，危険運転致死罪を適用せず，業務上過失致死罪を適用。(懲役7年6月の判決)
1月21日	警視庁田無警察署，85歳の父親の世話を放棄し市職員の立ち入り検査を拒否したとして43歳の娘を高齢者虐待防止法違反の現行犯で逮捕。(同法違反の逮捕者は全国初)
1月24日	警察庁，「富山事件及び志布志事件における警察捜査の問題点等について」を公表。
同日	警察庁，「警察捜査における取調べ適正化指針」を公表。
同日	京都府警，日本で初めてコンピュータ・ウィルス作成者3名を逮捕。(コンピュータ・ウィルス作成自体を処罰する法律が未整備のためアニメ画像を作者に無断で使用した著作権法違反の容疑で逮捕)
1月30日	日弁連，「『氷見事件』調査報告書」を公表。
3月 1日	警視庁生活安全部保安課，アダルトDVDの審査が不十分だったとして審査機関である日本ビデオ倫理協会審査部長をわいせつ図画頒布幇助容疑で逮捕。

683

第16代長官　島田仁郎

3月 3日	最高裁第二小法廷，HIVに汚染された非加熱血液製剤を投与された患者がエイズを発症して死亡したことにつき，厚生省薬務局製剤課長であった者に対し薬品による危害発生の防止の業務に従事する者として薬務行政上必要かつ十分な対応を図るべき業務を怠った過失があるとして業務上過失致死罪の成立を認める。
同日	南氷洋で反捕鯨団体シーシェパードが日本の捕鯨船日新丸に対し，薬品の入ったボトルを投げるなど攻撃し，4人が軽傷を負う。
3月12日	少年審判規則の一部改正規則を公布。
3月14日	最高裁第二小法廷，横浜事件の第3次再審上告審判決で無罪判決を求めた元被告の上告を棄却。（免訴が確定）
3月21日	最高検，「取調べの録音・録画の試行の検証について」を公表。
4月 3日	警察庁，「取調べにおける一部可視化の試行」を発表。
4月11日	最高裁第二小法廷，自衛隊イラク派遣反対のビラを配るため東京都立川市の自衛隊宿舎に無断で立ち入ったとして住居不法侵入罪に問われ，東京地裁で無罪判決を受けた市民団体のメンバー3名が東京高裁で罰金刑を言渡されたので上告したところ，反戦ビラを配布するため公務員宿舎の共用部分及び敷地に立ち入った者を住居等侵入罪で処罰しても憲法21条1項に反しないとして，上告棄却の判決。（罰金刑が確定）
4月22日	広島高裁，最高裁で差し戻された光市母子殺害事件につき，犯行当時18歳の被告人に死刑判決。
4月25日	最高裁第二小法廷，責任能力判断の前提となる精神障害の有無及び程度等につき，専門家たる精神医学者の鑑定意見等が証拠となっている場合にはこれを採用し得ない合理的な事情が認められるのでない限り，裁判所はその意見を十分に尊重して認定すべきであると判示。
5月21日	裁判員の参加する刑事裁判に関する規則及び刑事訴訟規則の一部改正規則を公布。
6月 8日	少年法の改正法を公布。（被害者等による少年審判の傍聴）
6月24日	最高裁第二小法廷，訴訟関係人のする刑事確定訴訟記録法に基づく保管記録の閲覧請求であっても権利の濫用に当る場合には許されない等と判示。
7月11日	最高裁，下関通り魔殺人事件の被告に対し，一，二審の死刑判決を支持し，上告棄却。（被告人の死刑が確定）
7月14日	東京高裁，布川事件の再審開始決定を支持。
7月20日	国際刑事裁判所に関するローマ規程を批准。
8月 8日	甲府地裁，ストーカー規正法違反の罪に問われた宇都宮地裁判事に対し有罪判決。
10月15日	犯罪収益に係る保全手続等に関する規則の一部改正規則を公布。

10月16日	最高裁第一小法廷，刑法208条の2第2項後段にいう赤色信号を「殊更に無視し」とは，「およそ赤色信号に従う意思のないものをいい，赤色信号であることの確定的な認識がない場合であっても，信号の規制自体に従うつもりがないため，その表示を意に介することなく，たとえ赤色信号であったとしてもこれを無視する意思で進行する行為も，これに含まれると解すべきである」と判示。
10月21日	犯罪被害者等の権利利益の保護を図るための刑事手続に附随する措置に関する規則の一部改正規則を公布。
10月31日	横浜地裁，横浜事件の第4次再審請求につき，再審開始決定。（2009年3月30日，再審第一審の横浜地裁，最高裁判例に沿って免訴判決）
11月 4日	最高裁第三小法廷，組織的な犯罪の処罰及び犯罪収益の規制等に関する法律2条2項にいう「犯罪行為により得た財産」は当該犯罪行為により取得した財産であればよく，その実行に着手する前に取得した前払い代金等であっても後に当該犯罪が成立する限り「犯罪収益」に該当し，その取得につき事実を仮装すれば同法10条1項前段の「犯罪収益等の取得につき事実を仮装した罪」が成立する等と判示。
11月 5日	東京地裁，防衛省装備品調達汚職事件で収賄側の防衛省元事務次官に対し懲役2年6ヶ月，追徴金1250万円の実刑判決。
11月11日	少年審判規則の一部改正規則を公布。
同日	最高裁司法研修所，「市民が審理に参加した一審の結論を裁判官だけの二審もできるだけ尊重すべきだ」とする研究報告書をまとめる。

V ■ この期の刑事判例の特徴

1　大法廷判決・決定

　この期においては格別の大法廷判決・決定はみられない。小法廷判決・決定も，島田コートの期間が2年間と短いためか，証拠開示に関するものを除くと，あまり多くない。これらにおいては，捜査や有罪立証の壁を乗り越えるための令状主義の一層の緩和や情況証拠による有罪認定等が図られており，注目される。それは下級審判決・決定においても同様である。

2　小法廷判決・決定

■ 捜査に関するもの

　捜査に関しては，最決平成20・4・15刑集62-5-1398が注目される。被害者が行方不明になった後に，現金自動預払出機により被害者の口座から多額の現金が引き出さ

れ，あるいは引き出されようとした際の防犯カメラに写っていた人物が被害者とは別人であったことや，被害者宅から多量の血痕が発見されたことから，被害者が凶悪犯の被害にあっている可能性があるとして捜査が進められたが，その過程で，被告人が本件に関わっている疑いが生じ，警察官は，前記防犯カメラに写っていた人物と被告人との同一性を判断するために，被告人の容貌等をビデオ撮影することとし，公道上を歩いている被告人やパチンコ店内の被告人をビデオカメラで撮影した。また，警察官は，被告人およびその妻が自宅付近の公道上にあるごみ集積場に出したゴミ袋を回収し，その中身を警察署内において確認し，前記自動預払出機の防犯カメラに写っていた人物が着用していたものと類似するダウンベスト，腕時計等を発見し，これらを領置した。被告人側は，本件ビデオ撮影は，十分な嫌疑がないにもかかわらず，被告人のプライバシーを侵害して行われた違法な捜査手続であり，また，ダウンベスト，腕時計等の領置手続も，令状もなくその占有を取得し，プライバシーを侵害した違法な捜査手続であるから，本件ビデオ撮影を資料として作成された犯人と被告人の同一性に関する専門家作成の鑑定書等には証拠能力がないのに，これらを証拠として採用した第一審の訴訟手続を是認した原判決は違法であると主張した。

本最決平成20・4・15は，次のように判示し，この主張を退けた。

前記事実関係及び記録によれば，捜査機関において被告人が犯人である疑いを持つ合理的な理由が存在していたものと認められ，かつ，前記各ビデオ撮影は，強盗殺人等事件の捜査に関し，防犯ビデオに写っていた人物の容ぼう，体型等と被告人の容ぼう，体型等との同一性の有無という犯人の特定のための重要な判断に必要な証拠を入手するため，これに必要な限度において，公道上を歩いている被告人の容ぼうなどを撮影し，あるいは不特定多数の客が集まるパチンコ店内において被告人の容ぼう等を撮影したものであり，いずれも，通常，人が他人から容ぼう等を観察されること自体は受忍せざるを得ない場所におけるものである。以上からすれば，これらのビデオ撮影は，捜査目的を達成するため，必要な範囲において，かつ，相当な方法によって行われたものといえ，捜査活動として適法なものであるというべきである。……ダウンベスト等の領置手続についてみると，被告人及びその妻は，これらを入れたごみ袋を不要物として公道上のごみ集積場に排出し，その占有を放棄していたものであって，排出されたごみについては，通常，そのまま収集されて他人にその内容を見られることはないとの期待があるとしても，捜査の必要がある場合には，刑訴法221条により，これを遺留物として領置することができるというべきである。また，市区町村がその処理のためにこれを収集することが予定されているからといって，それは廃棄物の適正な処理のためのものであるから，これを遺留物として領置することが妨げられるものではない。

V この期の刑事判例の特徴

　写真撮影については，**最大判昭和44・12・24刑集23-12-1625**（186-187頁＝京都府学連事件）が適法性の要件として「現に犯罪が行われもしくは行われたのち間がないと認められる場合であつて，しかも証拠保全の必要性および緊急性があり，かつその撮影が一般的許容される限度を超えない相当な方法をもつて行われるとき」を掲げていた。これに対し，**東京地判平成元・3・15判時1310-158**（425頁＝上智大学内ゲバ事件）は，写真撮影は「現に犯罪が行われている場合ないしはこれに準ずる場合に限定されると解すべきではなく，既に行われた犯罪の犯人特定のため容疑者の容ぼう等の写真を撮影することも，その事案が重大であって，被撮影者がその犯罪を行なったことを疑わせる相当な理由のある者に限定される場合で，写真撮影以外の方法では捜査の目的を達することができず，証拠保全の必要性，緊急性があり，かつ，その撮影が相当な方法をもって行われているときには，適法な捜査として許されるものと解すべきである。」と判示した。本最決平成20・4・15はこの考え方を採用したものといえるが，「証拠保全の緊急性」については何ら言及していない点が気になる。

　また，ごみ集積場に捨てられたごみ袋の中の物を警察官等が押収することについて，判例は，従来，捜索差押えと位置づけ，令状主義との整合性という観点から検討を加えてきたといえる。本最決平成20・4・15は，これを大きく転換させ，領置として適法とする道を示した。令状主義との整合性を考える必要がないことから採用されたものといえようか。

■ 令状に関するもの

　最決平成19・2・8刑集61-1-1も注目される。被告人方に対する捜索差押許可状に基づく捜索を実施中，運輸会社から，伝票に依頼主兼受取人として被告人の氏名が記載された荷物が配達され，被告人は玄関でこれを受け取った。警察官らは，被告人に対し，受け取った本件荷物について，その中身を確認したいから自分で開封して欲しいと説得したが，被告人は開封を拒否したので，警察官らは，本件荷物を開封したところ，荷物の中から覚せい剤5袋が発見された。原審は，「捜索許可状に基づく捜索差押の範囲がその許可状を被疑者に示した時点で捜索場所に存在する物に限定されなければならないとすべき明文上の根拠はない。」「執行の途中で被疑者が捜索場所で所持管理するに至った物について捜索差押えを行ったとしても，新たな居住権・管理権の侵害が生じるわけではないから，そこに令状主義逸脱の問題はないというべきである。」として，一連の捜査手続の適法性を認めた。被告人側が上告したので，本最決平成19・2・8は，次のように判示した。

第16代長官　島田仁郎

所論にかんがみ職権で判断する。原判決の認定によれば，警察官が，被告人に対する覚せい剤取締法違反被疑事件につき，捜索場所を被告人方居室等，差し押さえるべき物を覚せい剤等とする捜索差押許可状に基づき，被告人立会いの下に上記居室を捜索中，宅配便の配達員によって被告人あてに配達され，被告人が受領した荷物について，警察官において，これを開封したところ，中から覚せい剤が発見されたため，被告人を覚せい剤所持罪で現行犯逮捕し，逮捕の現場で上記覚せい剤を差し押さえたというのである。所論は，上記許可状の効力は令状呈示後に搬入された物品には及ばない旨主張するが，警察官は，このような荷物についても上記許可状に基づき捜索できるものと解するのが相当であるから，この点に関する原判断は結論において正当である。

本決定によって，「執行の途中で被疑者が捜索場所で所持管理するに至った物について捜索差押えを行ったとしても，新たな居住権・管理権の侵害が生じるわけではないから，そこに令状主義逸脱の問題はないというべきである。」という見解が最高裁段階でも支持されることになった。

■ 公訴に関するもの

公訴時効の成立を否定した**最決平成18・12・13刑集60-10-857**も注目される。次のように判示した。

上記1の事実関係の下では，被告人Bにおいて，現況調査に訪れた執行官に対して虚偽の事実を申し向け，内容虚偽の契約書類を提出した行為は，刑法96条の3第1項の偽計を用いた「公の競売又は入札の公正を害すべき行為」に当たるが，その時点をもって刑訴法253条1項にいう「犯罪行為が終つた時」と解すべきものではなく，上記虚偽の事実の陳述等に基づく競売手続が進行する限り，上記「犯罪行為が終つた時」には至らないものと解するのが相当である。そうすると，上記競売入札妨害罪につき，3年の公訴時効が完成していないことは明らかであるから，同罪につき，公訴時効の成立を否定した原判決の結論は正当である。

■ 裁判の公開に関するもの

被害者保護に関わって新設された被害者特定事項の秘匿（刑訴法290条の2）に基づいて，被害者特定事項を公開の法廷で明らかにしない旨の決定をなすことが憲法の保障する公開裁判を受ける権利を侵害しないか。この点に関しても，**最決平成20・3・5判タ1266-149**は，「同決定が，裁判を非公開で行う旨のものではないことは明らかであって，公開裁判を受ける権利を侵害するものとはいえないから，所論は前提を欠くというべきである。」と判示し，侵害しないとした。

V　この期の刑事判例の特徴

■　刑事確定訴訟記録の閲覧に関するもの

最決平成20・6・24判タ1273-137も注目される。保管記録に係る刑事確定訴訟の被告人であった申立人から当該記録の閲覧請求がなされたが，本最決平成20・6・24は，次のように判示し，閲覧を不許可とした保管検察官の処分を適法とした。

> 本件は，保管記録に係る刑事確定訴訟の被告人であった申立人からの当該記録の閲覧請求であるが，訴訟関係人のする刑事確定訴訟記録法に基づく保管記録の閲覧請求であっても，それが権利の濫用に当たる場合には許されないものというべきである。そして，同法6条の規定に照らすと，関係人の名誉又は生活の平穏を害する行為をする目的でされた閲覧請求は，権利の濫用として許されないと解するのが相当である。……本件保管記録に係る刑事訴訟事件の内容，申立人が本件閲覧請求をするに至った経緯等原審の認定した事実関係にかんがみると，関係者の身上，経歴等プライバシーに関する部分についての閲覧請求は，当該関係者の名誉又は生活の平穏を害する行為をする目的でされたと認められる相当の理由があるものであるから，権利の濫用として許されないというべきである。そうすると，関係者の身上，経歴等プライバシーに関する部分について閲覧を不許可とした保管検察官の処分を是認した原決定は相当である。

保管記録に係る刑事確定訴訟の被告人であった申立人からの当該記録の閲覧請求であっても，関係人の名誉又は生活の平穏を害する行為をする目的でされた場合には，権利の濫用として許されないとされている点が注目される。

■　公訴に関するもの

最決平成18・11・20刑集60-9-696も注目される。原判決が，追加された公訴事実について公訴時効は完成していないとして，第一審判決を破棄した上で自判し，被告人に有罪を言い渡した。被告人が上告したところ，本最決平成18・11・20は，次のように判示し，上告を棄却した。

> 本件出資法5条2項違反の各行為は，個々の制限超過利息受領行為ごとに一罪が成立し，併合罪として処断すべきものであるから（最高裁平成16年（あ）第2723号同17年8月1日第1小法廷決定・刑集59巻6号676頁参照），検察官としては，前記訴因変更に係る事実を認定するには，訴因変更請求ではなく追起訴の手続によるべきであった。しかし，検察官において，訴因変更請求書を裁判所に提出することにより，その請求に係る特定の事実に対する訴追意思を表明したものとみられるから，その時点で刑訴法254条1項に準じて公訴時効の進行が停止すると解するのが相当である。したがって，前記訴因変更請求に係る事実について公訴時効が完成していないとした原判断は結論において正当である。

第16代長官　島田仁郎

追起訴をすべきところ訴因変更という手続をとった検察官の瑕疵が「訴追意思の表明」として治癒されている点が注目される。

■ 証拠開示に関するもの

証拠開示に関しては，この期においても幾つかの小法廷決定がみられる。ただ，前期と異なり，いずれも証拠開示が是認されている。**最決平成18・11・14判タ1222-102**も，その一つである。原々決定は，基本事件の期日間整理手続において，弁護人が開示請求した検察官作成の被告人の取調べ状況報告書42通中，既に開示された部分を除く「被疑者等がその存在及び内容の開示を希望しない旨の意思を表明した被疑者供述調書等」の各記載部分の各証拠の開示を認めた。検察官がこれを不服として特別抗告を行ったところ，原決定は抗告を棄却した。その理由について，次のように判示した。

> 各不開示希望調書欄について，被告人の防御の準備のために当該証拠を開示することの必要性の程度（①）並びに当該証拠によって生じるおそれのある弊害の内容及び程度（②）を考慮し，開示が相当と認められるか否かについて検討すると，①については，弁護人は，被告人の各検察官調書……の証明力を判断するため，身柄拘束中の被告人に係る取調べの客観的状況（日時，場所，調書作成の有無，通数等）を知る必要があり，不開示希望調書欄を含め，開示がなければ，作成された調書の通数その他その取調べの外形的全体像を確認点検できないのであるから，防御の準備のため開示を受ける必要性が認められる。不開示希望調書の有無及び通数は，弁護人が被告人に質せば把握できる可能性が高いことなど，検察官が指摘し，原決定も承認する事情を考慮しても，開示の必要性が失われるものではない。……弁護人は，被告人の特定の供述調書の信用性を争い，その信用性等判断のために身柄拘束中の被告人に係る取調べの客観的状況を知る必要があると主張しているのであるから，本条（いわゆる類型的証拠開示）の必要性の主張としては十分である。②について，検察官は，組織犯罪等では不開示希望をした供述者の保護をはかる必要性は大きく，これが保障できないと，場合によっては供述者の生命，身体に危険が及ぶ深刻な事態も生じかねないが，不開示希望調書がある場合にのみ不開示の扱いをするとすれば，不開示としたことにより不開示希望調書の存在が推認されるから，結局，不開示希望をした供述者の保護を十分にはかることができない。したがって，不開示希望調書制度を維持するためには，原則として，一律に不開示希望調書は不開示とすべきであり，これを開示することによる弊害は大きい，と主張する。しかしながら，不開示希望調書制度を維持するためであるとして，本件で検察官が主張する弊害は，事件の具体的事情にかかわらず一般的に，抽象的に生じるものである。刑訴法316条の15第1項8号は，取調べ状況の記録に関する準則に基づき作成された取調べ状況報告書（不

開示希望調書欄を含む。）について，同条一項の他の証拠と同様，具体的事案において個別的に開示の必要性を判断すべきものと定めているのであるから，このような弊害をもって，一律に前記法条規定の相当性を失わせる事情と解するのは相当ではない。検察官としては，あくまで具体的事件における不開示を相当とする具体的事情を主張しなければならないというべきであるが，本件においては，これがなされていない。原決定が，開示の対象は法文上被告人に係る取調べ状況報告書に限定されていること，本件において，不開示希望調書制度の直接の保護の対象であるとして検察官の主張する被告人自身が開示を求める意思を有していること，弁護人が被告人の真意によらず開示請求しているとする形跡は全くないこと等に徴して，一般的には，あるいは本件具体的事案においても，本件証拠開示を認めることの弊害は少ないと説示するところも，おおむね相当として是認できる。

原決定に対し，検察官が判例違反を理由に特別抗告を申し立てた。しかし，本最決平成18・11・14は，「本件抗告の趣意は，判例違反をいうが，事案を異にする判例を引用するものであって，本件に適切でなく，刑訴法433条の抗告理由に当らない」と判示し，これを棄却した。もっとも，本決定においては，開示による弊害について「検察官としては，あくまで具体的事件における不開示を相当とする具体的事情を主張しなければならない」とした原決定の是非については何ら触れられていない。

最決平成19・12・25刑集61-9-895も注目される。弁護人が証拠開示請求したところ，検察官は，請求に係る取調べメモ等は本件証拠中には存在せず，取調べメモ等は一般に証拠開示の対象となる証拠には該当しないと回答した。これに対して，本最決平成19・12・25は，次のように判示し，証拠開示の対象になり得るとした。

> 警察官が被疑者の取調べを行った場合には，同条（犯罪捜査規範13条―引用者）により備忘録を作成し，これを保管しておくべきものとしているのであるから，取調警察官が，同条に基づき作成した備忘録であって，取調べの経過その他参考となるべき事項が記録され，捜査機関において保管されている書面は，個人的メモの域を超え，捜査機関の公文書ということができる。これに該当する備忘録については，当該事件の公判審理において，当該取調べ状況に関する証拠調べが行われる場合には，証拠開示の対象となり得る。

本最決平成19・12・25は，**最決平成20・6・25刑集62-6-1886**によっても是認されることになった。最決平成20・6・25は，「警察官が捜査の過程で作成し保管するメモが証拠開示命令の対象となるものであるか否かの判断は，裁判所が行うべきものであるから，裁判所は，その判断をするために必要があると認めるときは，検察官に対し，同メモの提示を命ずることができる。」と判示したからである。**最決平成20・9・30刑集62-8-2753**も，同様に，次のように判示した。

第16代長官　島田仁郎

　本件メモは，平野警察官が，警察官としての職務を執行するに際して，その職務の執行のために作成したものであり，その意味で公的な性質を有するものであって，職務上保管しているものというべきである。したがって，本件メモは，本件犯行の捜査の過程で作成され，公務員が職務上保管し，かつ，検察官において入手が容易なものに該当する。……Aの新規供述に関する検察官調書あるいは予定証言の信用性を争う旨の弁護人の主張と本件メモの記載の間には，一定の関連性を認めることができ，弁護人が，その主張に関連する証拠として，本件メモの証拠開示を求める必要性もこれを肯認することができないわけではない。さらに，……これを開示することによって特段の弊害が生ずるおそれがあるものとも認められない。……そうすると，捜査機関において保管されている本件メモの証拠開示を命じた原々決定を是認した原判断は，結論において正当として是認できるものというべきである。

　この取調べメモの証拠開示が弁護人にとって大きな福音になったことは詳述するまでもない。

■ 証拠能力に関するもの

　供述調書への代理署名について，**最決平成18・12・8刑集60-10-837**は，次のように判示した。

　関係証拠によれば，（1）本件検察官調書……は，Nを供述者とするものであるが，末尾には，同調書作成者による「以上のとおり録取して読み聞かせたところ，誤りのないことを申し立てたが，体調不調であると述べ，署名ができない旨申し立てたことから，立会人である供述人の次男のTをして代署させた。」との記載があり，供述者署名欄には，Tが代署したと認められる署名と同人がNの印を押なつしたものと認められる印影があり，その後の立会人欄にTの署名及び押印があること，（2）Nは，脳こうそくで入院し，退院の約1か月半後の自宅療養中に本件検察官調書の作成に応じたものであって，当時自ら署名押印をすることができない状態にあったこと，（3）第1審裁判所は，公判段階においてNが供述不能であったため，刑訴法321条1項2号前段により本件検察官調書を証拠として採用したことが認められる。……供述録取書についての刑訴法321条1項にいう「署名」には，刑訴規則61条の適用があり，代署の場合には，代署した者が代署の理由を記載する必要がある。……しかし，本件検察官調書末尾の上記のような調書作成者による記載を見れば，代署の理由が分かり，また，代署した者は，そのような調書上の記載を見た上で，自己の署名押印をしたものと認められるから，本件検察官調書は，実質上，刑訴規則61条の代署方式を履践したのに等しいということができる。したがって，本件の代署をもって，刑訴法321条1項にいう供述者の「署名」があるのと同視することができるというべきである。……そうすると，押印の点については判断する

までもなく，本件検察官調書は刑訴法321条1項にいう「署名若しくは押印」の要件を満たしていることになる。したがって，これと同旨の原判決の結論は正当として是認することができる。

■ 伝聞法則に関するもの

刑訴法328条により許容される証拠に関しても小法廷判決が出されている。**最判平成18・11・7刑集60-9-561**がそれで，自己矛盾供述に限られないとした**福岡高判昭和24・11・18高刑判特1-295**と相反する判断をした原判決を是認し，328条により許容される証拠は自己矛盾供述に限られるとした。その理由について，次のように判示した。

　記録によれば，(1)第1審において，証人Aの証言の後，弁護人が，消防司令補K作成に係る「聞込み状況書」(以下「本件書証」という。)を証拠請求し，検察官の不同意意見を受けて，刑訴法三二八条による証拠採用を求めたが，第一審裁判所が，提示命令によりその内容を確認した後，同条の書面には当たらないとして請求を却下したこと，(2)本件書証には，上記Kが，上記Aから火災発見時の状況について聞き取ったとされる内容が記載されており，その内容には上記証言の内容とは異なる点が含まれていたこと，(3)本件書証は，聞き取りの相手に記載内容を読み聞かせ，署名・押印を求める形式になっておらず，実際上もそのような手続は取られていないことが認められる。……原判決は，第一審裁判所がした上記証拠請求却下に関する訴訟手続の法令違反の主張に対して，刑訴法三二八条により許容される証拠は，現に証明力を争おうとする供述をした者の当該供述とは矛盾する供述又はこれを記載した書面に限られると解されるところ，本件書証は，上記Kの供述を記載した書面であるから，同条の許容する証拠には当たらないとして，第一審の証拠請求却下を是認する判断をした。……所論は，原判決は，供述の証明力を争う証拠としてであれば刑訴法三二八条によりすべての伝聞証拠が許容される旨の判断を示した福岡高等裁判所昭和二四年(つ)第九〇八号同二四年一一月一八日判決(高刑判決特報一号二九五頁)と相反する判断をしたものである旨主張する。……確かに，所論引用の判例は，刑訴法三二八条が許容する証拠には特に限定がない旨の判断をしたものと解され，これに限定があるとして本件書証は同条で許容する証拠に当たらないとした原判決は，所論引用の判例と相反する判断をしたものというべきである。……しかしながら，刑訴法三二八条は，公判準備又は公判期日における被告人，証人その他の者の供述が，別の機会にしたその者の供述と矛盾する場合に，矛盾する供述をしたこと自体の立証を許すことにより，公判準備又は公判期日におけるその者の供述の信用性の減殺を図ることを許容する趣旨のものであり，別の機会に矛盾する供述をしたという事実の立証については，刑訴法が定める厳格な証明を要する趣旨であると解するのが相当である。……そうすると，刑訴法三二八条により許容される証拠は，信用

性を争う供述をした者のそれと矛盾する内容の供述が，同人の供述書，供述を録取した書面（刑訴法が定める要件を満たすものに限る。），同人の供述を聞いたとする者の公判期日の供述又はこれらと同視し得る証拠の中に現れている部分に限られるというべきである。……本件書証は，前記Aの供述を録取した書面であるが，同書面には同人の署名押印がないから上記の供述を録取した書面に当たらず，これと同視し得る事情もないから，刑訴法三二八条が許容する証拠には当たらないというべきであり，原判決の結論は正当として是認することができる。……したがって，刑訴法四一〇条二項により，所論引用の判例を変更し，原判決を維持するのを相当と認めるから，所論の判例違反は，結局，原判決破棄の理由にならない。

非限定説によれば，結局，実質証拠として利用することになり，伝聞法則がなし崩しにされてしまい，広すぎると考えられたことによるものであろうか。

最決平成20・8・27刑集62-7-2702も注目される。本件非現住建造物放火罪に係る火災の原因に関する「燃焼実験報告書」と題する書面の抄本が，その作成者の証人尋問の後に，刑訴法321条3項により証拠採用されたところ，上記作成者が私人であることが明らかになった。原判決は，本件報告書抄本が，火災原因の調査を多数行ってきた会社において，福岡県消防学校の依頼を受けて燃焼実験を行い，これに基づく考察の結果を報告したものであり，実際に事件を担当した上記作成者は，消防士として15年間の勤務経験があり，通算約20年間にわたって火災原因の調査，判定に携わってきた者であることから，本件報告書抄本は，捜査機関の実況見分に準ずるだけの客観性，業務性が認められ，同項を準用して証拠能力を認めるのが相当であるとした。これに対して，弁護人が上告を申し立てたところ，本最決平成20・8・27刑集62-7-2702は，次のように判示した。

本件報告書抄本のような私人作成の書面に同項（321条3項—引用者）を準用することはできないと解するのが相当である。原判断には，この点において法令の解釈適用に誤りがあるといわざるを得ないが，……結局，本件報告書抄本は，同法三二一条四項の書面に準ずるものとして同項により証拠能力を有するというべきであり，前記各法令違反は，判決に影響を及ぼすものではない。

本件報告書抄本をもって，法321条3項には該当しないとしたものの，同条4項の書面に準ずるものとした点が注目される。

■ 事実認定に関するもの

情況証拠による有罪認定に関しても注目すべき小法廷決定がみられる。**最決平成19・10・16刑集61-7-677**がそれで，次のように判示した。

刑事裁判における有罪の認定に当たっては，合理的な疑いを差し挟む余地のない程度の立証が必要である。ここに合理的な疑いを差し挟む余地がないというのは，反対事実が存在する疑いを全く残さない場合をいうものではなく，抽象的な可能性としては反対事実が存在するとの疑いをいれる余地があっても，健全な社会常識に照らして，その疑いに合理性がないと一般的に判断される場合には，有罪認定を可能とする趣旨である。そして，このことは，直接証拠によって事実認定をすべき場合と，情況証拠によって事実認定をすべき場合とで，何ら異なるところはないというべきである。……本件は，専ら情況証拠により事実認定をすべき事案であるが，原判決が是認する第1審判決は，前記の各情況証拠を総合して，被告人が本件を行ったことにつき，合理的な疑いを差し挟む余地のない程度に証明されたと判断したものであり，同判断は正当であると認められる。

当然の判示といえないこともないが，合理的な疑いを差し挟む余地のない程度に証明されたかどうかの判断は結局，裁判官の自由心証に委ねられる以上，本決定の意義は，立証の難易性に鑑み，情況証拠だけで有罪判決を下すことに道を開いた点に求められるといえようか。

■ 判決に関するもの

検察官が出席しないまま判決宣告がなされたことに関しても小法廷決定がみられる。**最決平成19・6・19刑集61-4-369**は，次のように判示した。

> 第一審判決の（検察官が出席しないまま判決宣告がなされたという—引用者）上記法令違反は，これによって被告人に実質的な利益侵害を生じさせるものではなく，かつ，事実上検察官も直ちに判決を了知しているものと認められるから，原判決は，上記法令解釈を誤った違反はあるものの，いまだこれを破棄しなければ著しく正義に反するものとは認められない。

■ 無罪判決後の再度の勾留に関するもの

無罪判決後の再度の勾留に関する**最決平成19・12・13刑集61-9-843**も特筆される。第一審裁判所が無罪判決を言い渡し，刑訴法345条の規定により勾留状が失効したが，検察官の控訴を受けた控訴裁判所は，職権で，被告人を再度勾留した。弁護人が異議を申し立てたが，棄却されたので，特別抗告をしたところ，本最決平成19・12・13は抗告を棄却した。その理由について，次のように判示した。

> 第1審裁判所において被告人が犯罪の証明のないことを理由として無罪判決を受けた場合であっても，控訴裁判所は，その審理の段階を問わず，職権により，その被告人を勾留することが許され，必ずしも新たな証拠の取調べを必要とするものではないことは，

第16代長官　島田仁郎

当裁判所の判例（最高裁平成……12年6月27日第1小法廷決定・刑集54巻5号461頁）が示すとおりである。しかし、刑訴法345条は、無罪等の一定の裁判の告知があったときには勾留状が失効する旨規定しており、特に、無罪判決があったときには、本来、無罪推定を受けるべき被告人に対し、未確定とはいえ、無罪の判断が示されたという事実を尊重し、それ以上の被告人の拘束を許さないこととしたものと解されるから、被告人が無罪判決を受けた場合においては、同法60条1項にいう「被告人が罪を犯したことを疑うに足りる相当な理由」の有無の判断は、無罪判決の存在を十分に踏まえて慎重になされなければならず、嫌疑の程度としては、第一審段階におけるものよりも強いものが要求されると解するのが相当である。そして、このように解しても、上記判例の趣旨を敷えんする範囲内のものであって、これと抵触するものではないというべきである。……これを本件について見るに、原決定は、記録により、本件無罪判決の存在を十分に踏まえて慎重に検討しても、被告人が、上記起訴にかかる覚せい剤取締法違反等の罪を犯したことを疑うに足りる相当な理由があると認められるとして本件再勾留を是認したものと理解でき、その結論は、相当として是認することができる。

ただし、本決定には、田原睦夫裁判官、近藤崇晴裁判官の補足意見が付されており、注目される。このうち、近藤裁判官の補足意見は次のようなものであった。

12年判例は、第一審裁判所が被告人を無罪とした場合であっても、被告人が罪を犯したことを疑うに足りる相当な理由がある場合であって、刑訴法60条1項各号に定める勾留の理由があり、かつ、その必要性があるときは、同条により職権で被告人を勾留することができ、その時期には特段の制約がないとした。……12年判例のこの説示については、以下のように理解することが可能である。すなわち、1審無罪の被告人を控訴審で勾留する場合であっても、嫌疑、勾留の理由及び勾留の必要性の各要件が満たされれば足りるとの点では、被疑者・被告人の勾留一般と別異のものではなく、また、その各要件が満たされる限りはその時期についても特段の制約がないとしたにとどまるのであって、その抽象的要件の具備の要求から更に進んで、具体的事実に照らして各要件の充足性を判断するに当たってその要求される程度までもが被疑者・被告人の勾留一般と同様のもので足りるとしているわけではない、あるいは、この点については何らの説示もしていない、と。……そして、そうだとすれば、12年判例の事案の具体的事実関係の下において、多数意見は、高度の嫌疑や勾留の強い必要性のあることが要求されるとしても、その時点でこれを充足しているとしたものであり、反対意見は、高度の嫌疑や勾留の強い必要性のあることが要求されるのであって、その時点ではこれを充足していないとしたものであると理解することが可能である。……以上のとおりであるから、本件においても、第1審で本件無罪判決を得た被告人について控訴裁判所が勾留状を発したことについては、その時点（控訴裁判所に訴訟記録が到着した翌日）で高度の嫌疑や勾留の強い必要性の要件を充足していることが要求されたのであって、それは、起訴前あるいは第

一審で審理しているときの勾留について要求されたのと同程度では足りないと解すべきである。……もっとも，記録を検討しても，上記高度の嫌疑や勾留の強い必要性の要件の充足について，本件再勾留の裁判をした控訴裁判所の判断に裁量権の逸脱や濫用があるとまでは認められず，これに対する異議申立を棄却した原決定が違法であるとはいえない。

本決定によれば，机上の議論という性格が強いものの，被告人が無罪判決を受けた場合の再度の勾留においては，勾留の要件が満たされているかどうかの判断は，起訴前あるいは第一審で審理しているときの勾留におけるそれよりも更に厳格なものでなければならないとされている点が注目される。

■ **上訴に関するもの**

控訴申立通知書や公判期日召喚状の付郵便送達が有効かどうかについても小法廷の判断が示されている。**最決平成19・4・9刑集61-3-321**がそれである。第一審裁判所が言い渡した無罪判決に対して，検察官が控訴を申し立て，控訴申立通知書が被告人に送達されたが，被告人は，第一審同様，原裁判所に対しても刑訴規則62条1項の住居等の届出をしなかった。原審裁判所は，被告人が所在不明の状態になったため，平成14年10月以降，被告人に対する公判期日召喚状等を前記飯場に宛てて書留郵便にして送達した。そして，被告人不出頭のまま公判を開き，第一審判決を破棄し，被告人を有罪として懲役1年6月，4年間執行猶予に処する旨の判決を言い渡した。これに対して，被告人は，検察官が行った前記飯場宛ての控訴申立通知書の本件付郵便送達は有効とみることはできないとして上告を申し立てた。本最決平成19・4・9は，次のように判示し，これを棄却した。

被告人は，控訴申立通知書の送達を受けて，検察官が控訴を申し立てたことを承知したのであるから，原審裁判所に対して刑訴規則62条1項の住居，送達受取人等の届出をする義務があった。それにもかかわらず，被告人はこれを怠っていたのであるから，刑訴規則……六三条一項により付郵便送達をすることができたと解される。そして，被告人は，原審裁判所から前記飯場あてに送達された書類を異議なく受領するなどして，同所で送達を受ける意思を原審裁判所に対して表示したものとみることができ，その後，これと異なる意思を表示することなく，自ら所在不明の状態を作出しているのであるから，同所にあてて送付された書類が現実には被告人に届かないとしても，その不利益を被告人が受けるのはやむを得ないというべきである。したがって，原審裁判所が前記飯場にあてて行った付郵便送達は有効と解するのが相当である。

上訴に関して特筆されるのは**最判平成19・4・23裁時1434-9**である。検察官に追加

第16代長官　島田仁郎

立証を促すなどすることなく直ちに判決を言い渡して，第一審判決（有罪）を破棄した上，客観的証拠の存否，内容等について更に審理を尽くさせるため事件を差し戻すこともせずに，犯罪事実が認められないことを前提にして，公訴棄却の自判をした原判決に対して，検察官が上告を申し立てたところ，本最判平成19・4・23は，原判決を破棄し，差し戻した。その理由について，次のように判示した。

> 記録に照らすと，本件では，第1審公判で取り調べられた本件装置の取扱説明書や証人の供述等の証拠により，本件装置による速度測定の正確度につきプラス誤差は生じないことが一応立証されており，被告人側から，これに疑いを入れるような特段の具体的主張，立証は全く示されていない。それにもかかわらず，原判決は，上記のとおり，取扱説明書の記載や証人の供述を根拠付ける客観的資料がないとして，プラス誤差が生じないことについての証明が十分でないと判断したものである。しかし，第1審公判における検察官の立証の程度は上記のとおりであるから，このような場合，原審裁判所において，検察官の立証がなお不十分であると考えるなら，検察官に対して，プラス誤差が生じないことを客観的に裏付ける資料を追加して証拠調べを請求するかどうかにつき釈明を求め，必要に応じその請求を促すなどして，更に審理を尽くした上で判決すべきであった。殊に本件においては，第1審公判で証人がプラス誤差が出ないことを説明資料で確認したと供述している事情があり，原判決もそのことを指摘しているのであるから，少なくともその資料について追加立証を促すことは容易に行い得たはずである。……しかるに，原判決は，検察官に追加立証を促すなどすることなく直ちに判決を言い渡して第1審判決を破棄した上，上記客観的資料の存否，内容等について更に審理を尽くさせるため事件を差し戻すこともせずに，犯罪事実が認められないことを前提として公訴棄却の自判をしたものである。原判決がこのような措置に出た理由として挙げるところは，いずれもその判断を是認する根拠とはなり得ない。……そうすると，原判決は，審理を尽くさず事実を誤認した疑いがあり，破棄しなければ著しく正義に反するものと認められる。……よって，刑訴法411条1号，3号により原判決を破棄し，同法413条本文に従い，上記指摘の点などについて更に審理を尽くさせるため，本件を仙台高等裁判所に差し戻すこととし，裁判官全員一致の意見で，主文のとおり判決する。

最高裁判所が「当事者主義」の意義をどのように考えているかをうかがい知る上で貴重な判決の一つといえよう。

■ 再審に関するもの

いわゆる横浜事件に関する**最決平成20・3・14刑集62-3-185**も注目される。本件再審の第一審が横浜地方裁判所で開始されたところ，同裁判所は，平成18年2月9日，被告人5名をいずれも免訴にする判決を言い渡した。これに対し，弁護人が控訴を申

し立てたところ，原審の東京高判平成19・1・19は，免訴判決に対し，被告人の側から無罪を求めて上訴の申立てをするのは，その利益を欠き，不適法であるとして，旧刑訴法400条により控訴棄却を言い渡した。弁護人が上告を申し立てたところ，本最決平成20・3・14も，次のように判示し，上告を棄却した。

被告人5名を免訴した本件第1審判決は正当である。そして，通常の審判手続において，免訴判決に対して被告人が無罪を主張して上訴できないことは，当裁判所の確定した判例であるところ（前記昭和23年5月26日大法廷判決，最高裁昭和……29年11月10日大法廷判決・刑集8巻11号1816頁，最高裁昭和……30年12月14日大法廷判決・刑集9巻13号2775頁参照），再審の審判手続においても，免訴につき，これと別意に解すべき理由はないから，再審の審判手続においても，免訴判決に対し被告人が無罪を主張して上訴することはできないと解するのが相当である。

本免訴判決に対しては，「今回の再審判決は司法としての反省を率直に語る60年ぶりの好機のはずだったにもかかわらず，裁判所は，すでに治安維持法は廃止されているとの形式論で，有罪か無罪かに踏み込まなかった。過去の誤りをきちんと見つめようとしない現在の裁判所には，どこか危うさが感じられる。」等のコメントも寄せられた。

3　下級審判決・決定

■ 逃亡犯罪人の引き渡しに関するもの

下級審決定では，**東京高決平成20・3・18判時2001-160**がまず目につく。次のように判示し，逃亡犯罪人を引き渡すことができる場合に該当するとした。

上記の者について，平成一八年一一月二〇日，アメリカ合衆国から日本国に対し，別紙記載の引渡犯罪に係る行為を行った逃亡犯罪人として，その引き渡しの請求があり，逃亡犯罪人引渡法（以下「引渡法」という。）に基づき拘禁中であるところ，平成二〇年二月五日，東京高等検察庁検察官から，引き渡すことができる場合に該当するかどうかについて審査の請求がされた。……そこで，一件記録を調査し，逃亡犯罪人であるA，同人を補佐する弁護士山下幸夫及び同新谷桂並びに検察官保坂栄治の各意見を聴いた上，検討することとする。……本件審査請求の手続は，日本国とアメリカ合衆国との間の犯罪人引渡しに関する条約（以下「日米条約」という。）及び引渡法に基づき，適法に行われたことが認められる。……そして，逃亡犯罪人Aが，平成一二年三月七日，請求国であるアメリカ合衆国の連邦地方裁判所の法廷において，別紙記載の引渡犯罪に係る行為を対象とする訴因について，司法取引合意書に基づき有罪答弁を行って受理されたことが認められ，他方，一件記録を調査しても，日米条約及び引渡法が定める逃亡

犯罪人を引き渡してはならない事由に該当するものは認められない。……以下，所論にかんがみ，若干付言する。……所論の一は，本件では，逃亡犯罪人が有罪答弁を行ったことに関する証拠のみを添付して請求されているが，被請求国である日本国では，有罪答弁制度は採用されておらず，自白を唯一の証拠として有罪判決をすることは憲法及び刑事訴訟法で禁じられている。したがって，本件は引渡法二条五号所定の「日本国の法令により逃亡犯罪人に刑罰を科すことができないと認められるとき」に該当し，逃亡犯罪人を引き渡すことはできないという。……しかし，引渡法二条五号は，「引渡犯罪に係る行為が日本国内において行われ，又は引渡犯罪に係る裁判が日本国の裁判所において行われたとした場合」を前提として，いわゆる双罰性の原則を宣明したものにすぎないのであって，請求国において逃亡犯罪人に対して現実にいかなる裁判が行われたかを考慮しなければならないものではない。本件において，逃亡犯罪人がアメリカ合衆国の裁判所で有罪答弁を行ったこと自体は，何ら引渡しを妨げる事由になるわけではない。所論の一は失当である。……次に，所論の二は，引渡法二条六号の除外事由である「請求国の有罪の裁判がある場合」における「有罪の裁判」とは，有罪の確定判決を意味するのであり，逃亡犯罪人が有罪答弁を行って受理されたことでは不十分であって，この概念には含まれないし，また，本件において，逃亡犯罪人Aの行為は請求国において犯罪とはならないから，同条号の「逃亡犯罪人がその引渡犯罪に係る行為を行ったことを疑うに足りる相当な理由がないとき」に該当し，逃亡犯罪人Aを引き渡すことはできないという。……しかし，一件記録中には，平成一二年三月七日に南カリフォルニア地区連邦地方裁判所の法廷にAが出頭して有罪答弁を行った手続の速記録，本件引渡請求のために作成された連邦検事局検事補の宣誓供述書等があり，これらによれば，Aがその引渡犯罪に係る行為を行ったことを疑うに足りる相当な理由があると認めることができる。この点に関する逃亡犯罪人Aの意見等を検討してみても，引渡犯罪に係る行為を行ったことを疑うに足りる相当な理由の存在を否定することはできないのである。……なお，引渡法は，日本国と請求国との法制が異なることを前提に，国際協力を図るものであるところ，アメリカ合衆国の刑事手続においては，量刑手続の前段階として裁判官による裁判のほか，陪審員による評決や本件のような有罪答弁の制度があり，この有罪答弁は，それ自体が有罪の宣告であり，陪審評決同様に終局的なものと解されている。そして，引渡法二条七号には「確定判決」という用語が使われていることとの対比において，これと異なる二条六号の「有罪の裁判」は確定判決に限定されているとはいい難い。また，二条六号が「有罪の裁判がある場合」には「引渡犯罪に係る行為を行ったことを疑うに足りる相当な理由」は不要としていることにかんがみると，ここにいう「有罪の裁判」には本件のような有罪答弁を行って受理された場合も含まれると考えられる。……結局のところ，所論の二は理由がない。……よって，本件は，逃亡犯罪人を引き渡すことができる場合に該当するから，引渡法一〇条一項三号により，主文のとおり決定する。

V　この期の刑事判例の特徴

■ 接見交通に関するもの

　接見交通に関しては，下級審段階でも注目すべき判決が出されている。**名古屋地判平成18・10・27判時1962-133および名古屋高判平成19・7・12判時1997-66**がそれである。

　面会接見においても検察官の立会いは特段の事情がない限り許されず，検察官らを立ち会わせない方途について具体的に検討することもないまま漫然と丙川検事らを立ち会わせた乙山検事の行為は検察官の面会接見についての配慮義務に違反し，また，丙川検事も上記特段の事情の存否を検討，確認することなく本件面会接見に立ち会ったことは上記配慮義務に違反する。このように判示し，名古屋地判平成18・10・27は，原告からの国賠請求を一部認容した。

　一審原告および一審被告がいずれもこれを不服として控訴したが，この控訴審判決が名古屋高判平成19・7・12である。次のように判示し，原判決中，第一審被告敗訴部分を取り消し，第一審原告の請求を棄却した。

　　弁護人等の意向を確かめ，弁護人等がそのような面会接見であっても差し支えないとの意向を示したときは，面会接見ができるように特別の配慮をすべき義務があると解するのが相当である。そして，検察官が現に被疑者を取調べ中である場合や，間近い時に取調べをする確実な予定があって弁護人等の申出に沿った接見を認めたのでは取調べが予定どおり開始できなくなるおそれがある場合など，捜査に顕著な支障が生ずる場合でない限り，検察官が上記接見の申出に対し，上記のような特別の配慮を怠り，何らかの措置を執らなかったときは，検察官の当該不作為は違法になると解すべきである（最高裁平成一七年四月一九日第三小法廷判決・民集五九巻三号五六三頁）。……面会接見は，その性質上その実施場所や方法等において，おのずから一定の制約があるものといわなければならない。そして，それは秘密交通権が十分に保障されないことにつき弁護人の了承を得た上で実施されるものであるから，検察庁内のいかなる場所でどのような人の立会いや方法により面会接見を実施するかについては，上記観点に照らしてこれをよく知る検察官に合理的な範囲で裁量権が認められるものと解すべきである。……以上によれば，本件面会接見の実施について，乙山検事が行った配慮は，面会接見の即時実施の必要や被疑者の罪証隠滅，逃亡及び戒護上の支障の発生を防止する観点に照らして，その実施場所，立会人の人選，人数及び方法等において，その必要性又は合理性が認められず，裁量権の逸脱又は濫用にあたるような特段の事情が認められるとはいえないから，乙山検事において，一審原告に対し面会接見について特別の配慮を怠った違法があるということはできないといわなければならない。

　面会接見については，その実施場所や方法等において，これをよく知る検察官に合

第16代長官　島田仁郎

理的な範囲で裁量権が認められるとされた点が注目される。

■ 証拠開示に関するもの

　証拠開示に関しても注目すべき下級審決定がみられる。刑訴法316条の15第1項に基づく証拠開示の裁定に関する即時抗告審の**東京高決平成18・10・16判時1945-168**がそれである。

　検察官は，弁護人からの類型証拠開示についての求釈明に対し，開示請求に係る証拠のうち，類型証拠に該当するものはすべて開示済みである旨釈明し，更に，一定の証拠の任意開示に応じた上，弁護人の請求書記載の各証拠のうち，「被告人宅付近及びC子宅付近の各居住者並びに甲野幼稚園(被告人の長男及び被害児童が通園していた幼稚園)の園児の母親及び同幼稚園の保母の供述録取書等」及び「同人らに対する聞き込みの結果を記載した捜査報告書等」は刑訴法316条の15第1項6号に該当せず，「検察官請求証人に対する聞き込みの結果を記載した捜査報告書等」は同項5号イに該当せず，また，いずれについても重要性の要件を満たさないとし，その余については，未開示の証拠は存在しない旨の回答をした。これに対して，弁護人は，原審に対し，類型証拠の開示に関する裁定の申立てをし，別紙4に記載された番号第2から第5まで及び第7から第12までの各証拠の開示に関する裁定を求めた。原審は，申立書別紙4の第2から第4まで及び第7から第12までの各証拠については，未開示の証拠は存在しないと認められるとし，同第5の［1］の1から11までの各証拠のうち，被告人宅付近及びC子宅付近の各居住者並びに前記幼稚園児の母親及び前記幼稚園の保母の供述録取書等については，いずれも「検察官が特定の検察官請求証拠により直接証明しようとする事実の有無に関する供述を内容とするもの」ではなく，刑訴法316条の15第1項6号に該当しないとし，同第5の［2］の1から11までの各証拠については，刑訴法316条の15第1項6号にいう供述録取書に該当せず，［3］の各証拠については，未開示の証拠は存在しないと認められるとし，同第5の［4］の2の証拠については，刑訴法316条の15第1項5号イあるいは同項6号にいう供述録取書のいずれにも該当しないなどとして，弁護人の請求を棄却する決定をした。弁護人らは即時抗告を申し立てた。

　本東京高決平成18・10・16は，抗告を棄却した。その理由について，次のように判示した。

　　刑訴法三一六条の一五により開示が予定されている証拠は，基本的には検察官が現に保管している証拠を意味するものと解され，この点はこれまでの証拠開示に関する一般的な実務の解釈・運用と異なるところはない。このことは，刑訴法三一七条の二七第二項

に，裁判所が，被告人側からの開示命令の請求について決定をするに当たり，検察官の保管する証拠であって，裁判所の指定する範囲に属するものの標目を記載した一覧表の提示を求めることができる旨の規定が置かれていることからもうかがうことができる。したがって，被告人側からの請求に対し，検察官が警察から送致を受けていない証拠を改めて送致させるなどした上，これを被告人に開示することは，本条に基づく開示としては本来予定されていないものと解される……。また，本件期日間整理手続における弁護人の証拠開示請求に対する検察官の前記のような具体的な対応状況にかんがみると，本件においては，裁定に関する検察官保管証拠の標目を把握する手段として，検察官に対して一覧表の提示を求める必要性までは認められない。未開示証拠の不存在をいう検察官の回答は，物理的不存在を意味すると判断するのが相当である。……結局，未開示の証拠は存在しないものと認めた原決定は相当であり，審理不尽の違法がある旨の所論は採用できない。……検察官は，被告人とＣ子との共謀を認定するための間接事実として，「Ｃ子が，平素より，被告人に対して非常に気を遣い，被告人の顔色をうかがいながら行動しており，被告人に服従しているような関係であったこと」を主張しており，これを証人Ｄ及び同Ｅ子の各証言により直接立証しようとしている。したがって，所論の指摘する各証拠がこの事実の有無に関する供述を内容とするものであれば，同号の該当性を認め得る。原審は，このような観点から検察官に証拠の提示を命じた上，各証拠が同号の「検察官が特定の検察官請求証拠により直接証明しようとする事実の有無に関する供述を内容とするもの」に該当しないと判断したものと解される。当審において，改めて検察官に証拠の提示を命じ，この点について検討してみたが，当該証拠が同号に該当するものとは認められない。……本件において検察官が立証しようとする事実は，前記公訴事実のとおり，被告人がＣ子と共謀の上，前記日時ころ，被告人方で暴行を加えたか否かであるから，Ｃ子自身がその自宅において平素から被害児童を虐待していた事実に関する証拠は，同号の「検察官が特定の検察官請求証拠により直接証明しようとする事実の有無に関する供述を内容とするもの」には当たらない。……これに対し，所論は，裁判所が提示を求めた上記各証拠の記載内容が，仮に裁判所の目から見て重要性に欠けるようなものであったとしても，弁護人から見れば，被告人とＣ子との共謀及び被告人の実行行為を否定する重要な間接事実となり得ることも十分あり得るところであるから，開示が認められるべきである旨主張する。しかし，所論は，類型証拠開示の要件に係る判断者について，独自の見解に立つものであるというほかはない。原決定は，上記各証拠がそもそも同号の「検察官が特定の検察官請求証拠により証明しようとする事実の有無に関する供述を内容とするもの」に当たらないとの判断を示し，開示の要件のうちいわゆる類型該当性そのものを否定しているのであるから，所論はその点からしても採用できない。……「供述録取書等」が上記のとおり供述者の署名若しくは押印により内容の正確性が担保されているか，機械的正確さによって録取内容の正確性が保障されているものに限られていることをも併せ考慮すると，刑訴法三一六条の一五第一項

第16代長官　島田仁郎

六号の「検察官が特定の検察官請求証拠により証明しようとする事実の有無に関する供述」を内容とする供述書，供述録取書又は上記記録媒体は，供述者が直接体験した事実を記載したものあるいはその供述を録取・記録したものに限られ，同号にいう「供述」には伝聞供述は含まれないと解するのが相当である。このように解することが，後記の「検察官が証人として尋問を請求した者」の供述を警察官が聞き取ったことを内容とする捜査報告書が同項五号の「供述録取等」に該当しないという解釈と整合するものと考える。そうすると，警察官の作成した捜査報告書は，上記のとおり警察官の「供述書」ではあるが，警察官が聞き取った第三者の供述を内容とする捜査報告書は，実質的には第三者の供述を録取した書面であるから，第三者の署名若しくは押印がない以上，同項六号の「供述」を内容とするものとはいえず，同号に該当する証拠と認めることはできない。原決定の解釈に誤りはなく，所論は採用できない。……刑訴法三一六条の一五第一項五号イは証人予定者の供述録取書等を開示対象類型の証拠としているところ，上記捜査報告書は証人予定者の供述書ではないし，証人予定者の署名若しくは押印のある供述書でもないから，「供述録取等」には該当しない。また，上記捜査報告書を警察官の供述書と見ても，（３）で検討したとおり同項六号の該当性を認めることはできない。所論は，原決定は「重要性」の判断をしていないが，仮に裁判所の目から見ても重要性の要件を満たす供述内容が捜査報告書に記載されていた場合，同項五号イ及び六号の「供述記録書等」に該当しないという形式的判断だけでこれらの開示請求を棄却することになれば，弁護人の防御権が著しく侵害されることになるから不当であると主張する。しかし，このような見解は，法に定められた開示の要件自体を否定するに等しいものというほかはない。結局，原決定の解釈に誤りはなく，所論は採用できない。

本決定によれば，類型証拠開示の要件に係る判断者はあくまでも裁判所であるとした上で，刑訴法316条の15により開示が予定されている証拠は基本的には検察官が現に保管している証拠を意味するものと解されるとされ，裁定に関する検察官保管証拠の標目を把握する手段として，検察官に対して一覧表の提示を求める必要性までは認められないとされている点が注目される。

■ 訴因変更の要否および可否に関するもの

この期においては，公判前整理手続を経た後の公判における訴因変更の可否が問題とされ，高裁判決が出されている。**東京高判平成20・11・18高刑集61-4-6**がそれで，次のように判示した。

公判前整理手続を経た後の公判においては，充実した争点整理や審理計画の策定がされた趣旨を没却するような訴因変更請求は許されないものと解される。……本件は，公判前整理手続で争点とされていなかった事項に関し，公判で証人尋問等を行った結果，明

らかとなった事実関係に基づいて，訴因を変更する必要が生じたものであり，仮に検察官の訴因変更請求を許可したとしても，必要となる追加的証拠調べはかなり限定されていて，審理計画を大幅に変更しなければならなくなるようなものではなかったということができる。……そうすると，本件の訴因変更請求は，公判前整理手続における充実した争点整理や審理計画の策定という趣旨を没却するようなものとはいえないし，権利濫用にも当たらないというべきである。検察官の訴因変更請求を許可した原審には，判決に影響を及ぼすことが明らかな訴訟手続の法令違反は認められない。

公判前整理手続で争点とされていなかった事項について，その後の公判審理で明らかになった事実関係に基づいて訴因変更の必要が生じた場合には，訴因変更を認めるべきだとされている点が注目される。検察官サイドに立った判決といえようか。

■ 自白法則に関するもの

行き過ぎた取調べをどう評価すべきか。違法にすると捜査実務に与える影響が大きすぎる。さりとて，放置すると行き過ぎを助長しかねない。この難問に関する下級審判決が，この期においてもみられる。**福岡高判平成19・3・19高検速報**（平成19年）**448**がそれで，あまりにも行き過ぎた取調べが行われたことから，証拠排除を認めたもので，次のように判示した。

(本件取調べはいずれも深夜に及び，うち9日間は翌日の午前零時を超えて行われていたこと，また，実質的に任意の取調べである旨の告知・説明がなされていたとはいえないこと，被告人に自白を迫るような追求的な取調べが執拗になされていたことなどから―引用者)本件取調べは，令状主義を甚だしく潜脱する違法性の高い取調べであり，その間に収集された本件上申書等の証拠は，捜査官側の目的に照らしても，将来における違法捜査抑制の観点からして，証拠から排除すべきものであるというほかなく，これと結論において同旨の原決定に誤りはない。また，上記の諸事情に加え，後記のとおりの11月2日の取調状況等を併せ考慮すると，本件上申書等のうち，少なくとも同日以降に作成されたものについては，任意性にも疑いがあるというべきであり，原決定が……詳細に認定・判示するとおり，本件上申書等は，本件殺人を犯した犯人でなければ供述し得ないような内容は含まれず，迫真性にも乏しいもので，その信用性にも疑問があり，任意性を裏付けるほどの信用性がないことも明らかである。

■ 伝聞法則に関するもの

宣誓供述書が刑訴法321条1項3号の要件を充たし，証拠能力が認められるか。この点について判断を示したのが**東京地判平成19・10・25判時1990-158**である。証拠

能力が認められるとしたが，その理由について，次のように判示した。

  本件宣誓供述書の作成を依頼した捜査共助要請に携わり，本件宣誓供述書の作成に立ち会った警視庁警察官であるDの公判供述によれば，Bはアメリカ合衆国に在住し現在も警察官の職にある者であるが，Dによる我が国における公判への出頭の可否についての照会に対し，Bは，「本件宣誓供述書の内容が本件犯行当時に自分が被告人を取り扱ったすべてであるから日本の裁判に出頭する意思がない。また，現在多忙のために出頭することが不可能である。」旨回答したことが認められる。したがって，Bが本件公判に出頭しないことは確実とみられる。そうすると，供述者が国外にいるために公判期日等において供述することができない場合に当たる。……Bの供述は，同人に対し被告人が本件偽造国際運転免許証を提示して行使した状況に関するものであるから，その供述が偽造国際運転免許証の行使という本件実行行為の証明に欠くことができないものに当たることは明らかである。……Dの公判供述及び本件宣誓供述書の形式，記載内容によれば，本件宣誓供述書は警視庁からの捜査共助要請に基づきアメリカ合衆国連邦検事補Eによって作成されたこと，BはEから偽証罪の制裁の告知を受け，正直かつ任意に供述する旨宣誓した上で，Eからあらかじめ作成された尋問事項に沿って一問一答形式で尋問されたこと，作成された供述書の内容をEが口頭でBに読み聞かせ，さらに同人が自ら閲読して内容に間違いがないことを確認した上で署名したこと，一連の本件宣誓供述書作成の過程に我が国の検察官及びDが立会い，上記の手続が適正かつ正確に行われたことを通訳人を介して確認したことが認められる。このような条約に依拠して我が国の捜査共助要請に基づいてなされた尋問手続の状況等に照らせば，Bの供述は特に信用すべき情況の下でされたものといえる。……よって，本件宣誓供述書は刑訴法三二一条一項三号の要件を充たし，証拠能力が認められる。弁護人の主張は採用できない。

  東京高判平成20・10・16高刑集61-4-1も，刑訴法321条1項2号ないし3号に基づいて証拠能力を認めたことの当否に関するものである。原審が，入国管理当局の退去強制処分を受けたA，B，C，D，EおよびFの捜査官に対する各供述調書について，その証拠能力を認めたところ，弁護人は，訴訟手続の法令違反があると主張して，控訴を申し立てた。

  本東京高判平成20・10・16は，**最判平成7・6・20刑集49-6-741**（466頁）の趣旨を「供述者が国外にいるため，刑訴法321条1項2号ないし3号所定の要件に該当する供述調書であっても，供述者の退去強制によりその証人尋問が実施不能となったことについて，国家機関の側に手続的正義の観点から公正さを欠くところがあって，その程度が著しく，これらの規定をそのまま適用することが公平な裁判の理念に反することとなる場合には，その供述調書を証拠として許容すべきではないという点にある。」と解した上で，A，B，C，DおよびFの各供述調書について，次のように判示した。

V この期の刑事判例の特徴

事後的にみれば，所在尋問をより早期に実施すべきでなかったかなど，再検討を要する課題もあろう。しかし，刑事訴訟を担当した司法関係者及び強制送還を担当した入国管理当局の以上のような対応状況にかんがみると，本件は，Aの強制退去によりその証人尋問が実施不能になったことについて，国家機関の側に手続的正義の観点から公正さを欠くところがあって，その程度が著しく，刑訴法321条1項2号ないし3号をそのまま適用することが公平な裁判の理念に反することとなる場合には，該当しないというべきである。……検察官が本件について，あえて起訴の時期を遅らせたというような証跡はない。そうしてみると，本件は，検察官において，Bほか4名がいずれ国外に退去させられ公判準備又は公判期日に供述することができなくなることを認識しながら殊更そのような事態を利用した場合には該当しないことが明らかである。したがって，刑訴法321条1項2号（前段）ないし3号に基づき，B他4名（及びH）の捜査官に対する各供述調書を証拠として採用した原審裁判所の決定に誤りはない。

本判決によれば，刑訴法321条1項2号ないし3号を適用できない場合というのは極めて限られることになろう。

■ 証拠調べに関するもの

公判前整理手続後の証拠調べ請求に対しても，下級審判決がみられる。**名古屋高金沢支判平成20・6・5判夕1275-342**がそれである。

弁護人が，公判前整理手続において類型証拠の開示請求により得た甲野及び乙山の各捜査段階の供述調書について，弾劾証拠としての取調べを請求したところ，原審は，これを却下した。「本件においては弁護人らが甲野及び乙山の各証言を弾劾する機会は十分にあったというべきであり，このような場合に，当然のごとく証人尋問終了後に証人の捜査段階での供述調書を弾劾証拠として請求してこれを取り調べることは，充実した公判審理を継続的，計画的かつ迅速に行うという公判前整理手続が設けられた趣旨（刑事訴訟法316条の2第1項）に反するものというべきであり，刑事訴訟法316条の32第1項の「やむを得ない事由」があるということはできない。」というのがその理由であった。これに対し，弁護人は，法316条の32第1項所定の「やむを得ない事由」及び同条2項の解釈を誤った訴訟手続の法令違反があり，これが判決に影響を及ぼすことは明らかであるとして控訴を申し立てた。

本名古屋高金沢支判平成20・6・5は控訴を棄却したが，原審が本弾劾証拠の証拠請求を棄却したことについては，次のように判示し，これを違法とした。

原審裁判所の同法328条の証拠請求に対する採否について検討すると，甲野の供述調書……の（当該—引用者）供述部分は，本件の事実認定に関して重要な事項に当る上，そ

の矛盾も明らかであって，弁護人が，これを同法328条の証拠として請求する以上，供述調書の当該部分については，これを証拠採用した上，最終的な評議において，慎重に供述の信用性を判断する際に用いるべきものといえる。……結局，原審裁判所の同法328条の証拠決定は，以上のような重要事項に関する明らかな自己矛盾供述をも採用しなかった点において，その裁量権を逸脱した違法があるといわざるを得ない。

もっとも，同判決によれば，この違法は判決に影響を及ぼさないとされた。「充実した公判審理を継続的，計画的かつ迅速に行う」という公判前整理手続が設けられた趣旨が一部で行き過ぎを招いている現状に対して警鐘を鳴らしたものといえないか。

■ 違法収集証拠の排除に関するもの

東京高判平成19・9・18判タ1342-54は，次のように詳細に判示し，証拠排除を認めた原判決を支持した。

事実経過をもとに判断すると，原判決が説示するとおり，被告人車両を停止させ，職務質問を開始したことに違法はなく，また，無免許運転及び飲酒運転の嫌疑は解消したものの，深夜の時間帯であること，被告人車両の車種，被告人らの風体から暴力団構成員と疑われたこと，被告人車両のカーテンやスモークフィルムの状況，さらに被告人らが所持品検査を拒否したこと，被告人に薬物事犯の前科があること等から，被告人らが違法な薬物を所持しているのではないかと疑ったことについては，一応の合理性が認められるのであり，被告人らも当初は渋々ながらもそれを受け入れる姿勢を示していたことにも照らせば，警察官らが職務質問を続行し，所持品検査に応じるよう説得したこと，その後，被告人らを本件現場に合理的な時間内留め置いたことについても違法なところはなかったものということができる。しかしながら，本件の職務質問等はあくまでも任意捜査として行われたものであり，合理的な時間内に，協力が得られなければ，打ち切らざるを得ない性質のものであった。しかるに，その後の職務質問等は長時間に及び，被告人が耐えきれずに被告人車両を動かそうとした午前5時29分の時点においては，すでに約3時間半もの時間が経過していた。警察官らはこの間被告人車両を事実上移動することが不可能な状態に置いて，ずっと被告人らを本件現場に留め置いていたものである。このように被告人らの留め置きが長時間に及んだのは，警察官らが所持品検査に応じるように説得を続けていたことによるが，その間，被告人らは所持品検査を拒否し続けている上，当初より，帰らせてほしい旨繰り返し要求していたものであり，被告人らの所持品検査を拒否し立ち去りを求める意思は明確であって，それ以上警察官らが説得を続けたとしても被告人らが任意に所持品検査に応じる見込みはなく，被告人らを留め置き職務質問を継続する必要性は乏しかったといえる。犯罪の嫌疑については前記のような程度のものであって，格別強い嫌疑があったわけではなく，むしろ，令状請求に耐

えられるようなものでなかったことは，午前3時15分ころの時点で令状請求の可否を判断するために臨場した担当捜査員が，直ちに令状請求をすることは困難との判断をしていることによっても明らかである。担当捜査員によって令状による強制捜査が困難と判断されたこの段階では，それ以上，被告人らを留め置く理由も必要性もなかったものと思われる。この時点以降において特段事情の変化がなかったことは明らかであるから，少なくとも，被告人らが帰らせてほしい旨を繰り返し要求するようになった午前4時ころには，警察官らは所持品検査の説得を断念して，被告人車両を立ち去らせるべきであり，被告人らが繰り返し立ち去りたいとの意思を明示していることを無視して，被告人車両の移動を許さず，被告人らを本件現場に留め置いて職務質問を継続したのは，明らかに任意捜査の限界を超えた違法な職務執行であったといわざるを得ない。したがって，一色警察官の職務の執行を適法な職務の執行といえないとした原判決の判断は正当として是認することができる。……その他所論がるる指摘する点を検討しても，警察官らの職務の執行が，任意捜査の限界を超えた違法なものであったとの判断は動かない。……本件において，被告人らを留め置いた状況等については，前記第1の2の（2）のとおりである。すでに検討したとおり，被告人らの留め置きは約三時間半もの長時間に及んでいるところ，もともと，被告人らの犯罪の嫌疑はそれほど強いものではなく，車内検査の必要性及び緊急性も高くはなかったこと，令状の発付が得られる見込みも乏しかったこと，他方，被告人らの対応の仕方からみて，被告人らが任意に被告人車両の所持品検査に応じる見込みはほとんどなく，長時間の留め置きを継続するだけの必要性に乏しかったこと，被告人らは当初は渋々ながら職務質問に応じる意向を示していたものの，その後は，警察官らに対し繰り返しその場から立ち去ることを求めていたこと，被告人車両の移動を禁じるべき特段の事情も認められなかったこと，以上の事実が認められる。そうすると，当初車両の停止を求め，職務質問を開始した時点においては警察官の行為は適法であったといえることを考慮しても，被告人らを長時間にわたって留め置き職務質問を続行したことは，被告人に所持品検査に応じさせるための説得としては明らかにその限度を超え，任意捜査としての限界を超えて違法であったといわざるを得ない。……そして，前記のとおり，被告人やEらが被告人車両内で寝たような素振りを示すや，警察官らは，複数の者が多数回にわたり懐中電灯を点滅させて被告人車両内や被告人らの顔面を照らしたり，助手席や運転席の窓を拳等で小刻みに叩き続けるなどという行動をとったのであるが，これは，それ自体，穏当を欠く行為というべきであるが，原判決が指摘するように，被告人らをいたずらに刺激し公務執行妨害を引き起こすことを意図した挑発行為と受け取られても仕方がないものというべきである（所論は，上記のような警察官らの行為は，説得行為を無視する被告人らに対して警察官らとの会話に応じさせようとする苦肉の策であって，挑発行為であるとした原判決の認定は誤りであるというのであるが，午前三時，四時という深夜の時間帯でもあったことからすれば，そのような行動は，職務質問に応じる気持ちがないことを表明している被告人らにとっ

て圧迫感や不快感を感じさせる以外の何物でもなく，明らかに被告人らの反感を招くものであって，相手方を説得するために有効適切な手段であるとは到底考えられない。これらの点を踏まえて，原判決が，そのような警察官らの行為について，半ば挑発ととらえ，被告人らが公務執行妨害を引き起こすことを意図していたとの疑いを招きかねない行為であって，令状主義の精神からも問題があると判断したことは相当である。)。……以上のような諸事情に加え，そのほかに長時間にわたる被告人らの留め置き行為等の措置を特段正当化できるような事情が見当たらないことをも考慮すると，本件違法捜査が警察官において職務熱心の余りなされたものであったとしても，将来の違法捜査抑制の見地から見逃すことができないと考えられ，その違法の程度は大きいといわざるを得ない。……この公務執行妨害罪については，一色警察官を含む警察官らの職務執行の適法性，公務執行妨害罪に該当する暴行の有無，いずれの面からも疑問があり，犯罪が成立しないことは，すでに説示したとおりであるが，本件現行犯逮捕手続に至る経過等に照らせば，同罪により被告人を現行犯逮捕した手続についても，違法な手続であったということができる。そして，原判決も指摘するように，一色警察官が，そのままではドアミラーが自分に接触することを認識しながら，あえて右腕に力を入れて接触するに任せた疑いを払拭することができないこと，被告人が被告人車両を前進させた行為は公務執行妨害罪に該当する暴行と評価できるようなものではなく，警察官らにおいて現行犯逮捕ができる状況にないことは優に判断できたと思われること等にも照らせば，その違法の程度もやはり大きいといわなくてはならない……。……以上の検討を踏まえて，本件一連の手続の違法及びその程度を検討するが，被告人車両を現場へ留め置いた措置等が違法でありその違法の程度が大きいこと，被告人を本件公務執行妨害罪により現行犯逮捕した手続についても違法であり，その違法の程度も大きいこと，以上については，すでに説示したとおりである。……そして，これら一連の経過を全体としてみるとき，警察官らの行動は，そもそも強制処分ができない状況であったにもかかわらず，夜間約三時間半の長時間にわたって被告人らを留め置き，何度もそこから立ち去りたいとの要請を受けたにもかかわらず車両の移動を許さず，延々と被告人車両の中を見せるように説得し続け，被告人らがそれに耐えられなくなって，車を発進しようとしたところをなおも阻止した上，公務執行妨害罪に当たるとして現行犯逮捕し，強制処分として車両の捜索を行った，以上のように概観することができる。警察官らの主観的な意図はともかくとして，令状主義を潜脱した結果となっていることはどうしても否めない。以上の点に加えて，後記のように，警察官らにおいて令状主義を潜脱する意図がなかったとは必ずしもいい難いこと，また，本件が警察官らにおいて法の執行方法の選択ないし捜査の手順を誤ったに過ぎないような場合でもないこと等にも照らせば，本件一連の手続の違法の程度は令状主義の精神を没却するような重大なものであったといわざるを得ない。……以上の次第であり，被告人の現行犯逮捕に至るまでの手続は，一体として違法であり，その違法の程度は令状主義の精神を没却するような重大なものであったといわざる

を得ない。そして，このような違法な手続に密接に関連する証拠を許容することは将来における違法捜査抑制の見地からも相当でないと認められるのであって，その証拠能力を否定すべきである。そして，本件大麻等が，押収された経過は，前記のとおりであり，一色警察官らは，この逮捕に伴う捜索により，被告人車両の後部トランクルームから本件大麻を発見し，本件大麻を所持していたことを被疑事実とする大麻取締法違反の罪で被告人をさらに現行犯逮捕した上，これに伴う捜索差押手続により本件大麻を押収したのである。本件大麻等は，上記の重大な違法があると判断される手続と明らかに密接な関連を有する証拠である。したがって，本件大麻等の証拠能力を否定した原判決の判断は，正当として是認することができ，原判決には判決に影響を及ぼすことが明らかな訴訟手続の法令違反は認められない。

強制処分ができない状況であったにもかかわらず，夜間約3時間半の長時間にわたって被告人らを留め置き，何度もそこから立ち去りたいとの要請を受けたにもかかわらず車両の移動を許さず，延々と被告人車両の中を見せるように説得し続け，被告人らがそれに耐えられなくなって，車を発進しようとしたところをなおも阻止した上，被告人らをいたずらに刺激し公務執行妨害を引き起こすことを意図した挑発行為と受け取られても仕方がない行為をわざと行い，無理矢理，被告人らを公務執行妨害罪で現行犯逮捕したことなど，著しい違法性が認められる。このような本事案の特性に鑑み，証拠排除が認められたものといえよう。

第17代
最高裁長官
竹崎博允

(2008年11月22日～現在)

TAKESAKI court
17

第17代長官　竹崎博允

I ■ 長官のプロフィール

　裁判官出身で，東京高裁長官経験者。8期連続で高裁長官経験者が最高裁長官を占める。岡山県で生まれ，東京大学法学部を卒業し，司法修習生を経て，判事補に任官。主に刑事裁判畑を歩む。コロンビア大学ロースクールに留学の経験ももつ。

　刑事裁判官としては，東京地裁時代にオウム裁判も担当した。教団幹部に，「事件の存否についてすら話ができないのはどうしてか」と迫る一幕もあった。

　最高裁事務総局勤務が長く，司法行政経験が豊富である。東京地裁判事補，東京地裁判事，司法研修所教官，最高裁総務局第二課長兼第三課長，同総務局第一課長兼制度調査室長，東京地裁判事，東京高裁事務局長，東京高裁判事，同判事（部総括），最高裁経理局長，最高裁事務総長，名古屋高裁長官，東京高裁長官などを歴任した。

　麻生内閣の下で最高裁長官に就任した。島田仁郎らが強く推した。最高裁判事を経験せずに就任した最高裁長官は横田喜三郎以来48年ぶりである。異例の人事であった。竹崎の任期は2014年7月7日までになる見込み。

　1988年に，当時の矢口洪一最高裁長官の命を受け，特別研究員としてアメリカに派遣された。陪審制度の研究が目的であった。しかし，竹崎がまとめた帰国後の報告書は陪審制度を徹底的に批判するものであった。竹崎は当初，裁判員制度にも反対していたとされるが，裁判員法の成立後は裁判員制度を利用することで司法に対する国民の信頼をつなぎとめようと考えるようになったという。

　最高裁事務総長時代，事務総局の幹部用にまとめた非公開の覚書において，竹崎は，「刑事裁判は，今後ますます複雑な力学の中に置かれる。被害者サイドの声がさらに強まり，被告人の利益との調整はこれまで以上に深刻になる。キャリア裁判官による詳細な判決だけで国民の信頼をつなぎとめていけるかという問題が必ず生じる」，「あらゆる領域において透明性と国民に対する説明責任が強く求められるようになった。」との予測を示した。

　前任の最高裁長官の島田仁郎は，2008年11月17日の自身の退任記者会見において，竹崎を評して，「彼を思うと坂本龍馬が浮かぶ。先を見通す力が抜群に優れている。」と述べた。島田は，「長年の慣行よりもこの際，裁判所にとって一番最適任の人を選びたいという気持ちがありますし，諸般の状況，情勢を考えますと，今ここで，彼の出番であるという風に思ったわけです」（http://www.47news.jp/CN/200811/CN2008111701000610.html）とも語った。ある刑事裁判官も，「日本の裁判官は，先例を研究してバランスを取る能力はあるが，先が見えない時にどう考えるかは苦手。竹崎長

官は珍しく，乱世に先を見通す能力がある。」と評したという。

　今回の長官人事のタイミングには政局が影響したとみる向きも少なくない。異例の人事の理由として「裁判員制度の推進役だから」といわれることも多い。竹崎自身は，この見方に今も抵抗感を隠さないという。

　竹崎は，2008年11月25日の就任記者会見で，最高裁判事を経ずに長官に就任したことから，小法廷での審理にも関与したいと述べた。現に，2008年3月9日の福島県青少年保護育成条例違反被告事件第二小法廷判決では，裁判長として，上告棄却を言い渡した。また，2011年11月16日の大法廷判決でも，裁判長として，裁判員制度について，「憲法上，国民の司法参加が禁じられていると解すべき理由はない」として合憲とした。2011年3月23日の大法廷判決でも，衆議院議員選挙区画定審議会設置法3条及び公職選挙法13条1項，別表一の各規定を違憲とする原告の請求を棄却した多数意見に与した。

　長官就任に当って，「多くの意見を公平に聴くためには，常に『健全な懐疑心』を持っていることが必要であると考えている。その上で最終的な判断は『人間社会の普遍的な原理』に従って行いたい。」と抱負を語った。翌年の「新年のことば」では，「21世紀にふさわしい司法制度の確立を目指して，この10年近くの間，司法制度全般にわたって改革が進められてきました。しかし，時代の動きには更に急なものがあり，現在，我が国のみならず，世界的な規模で，大きな社会，経済情勢の変動が相次いでおり，この流れは，近々司法部門にも及んでくることが予想されます。裁判所としては，このような時代の変化を考慮しつつ，司法制度改革で提起された課題を着実に実施していくことが必要であると思います。」と述べた。（裁時1473号1頁）

　趣味は園芸と音楽鑑賞。歴史，ノンフィクション，自然科学等のジャンルの本も好むという。酒は飲まず，1日60本だったたばこもやめたとか。（以上のプロフィールについては，山口進・宮地ゆう『最高裁の暗闇』（2011年，朝日新聞出版）224頁以下，最高裁判所HP（http://www.courts.go.jp/saikosai/about/saibankan/takesaki/index.html）などを参照）

II ■ この期の最高裁の動き

　この期の政治の動きで特筆されるのは，2009年の衆院選で野党民主党が圧勝して非自民を中心とする民主党政権が誕生し，一時期の例外を除いて長期与党であった自民党が本格的に下野することになったという点である。日本政治史上，初めて国政選挙で野党が圧倒的民意を得て政権交代した例となった。これを受けて，竹崎最高裁長官も，2010年の「新年のことば」で，政権交代に触れ，「我が国でも，昨年夏の総選

第17代長官　竹崎博允

挙によって大きな政治的な変化が生まれ，現在，新しい政権のもとで，新たな社会システムの構築に向けて努力が続けられています。司法は，もとより政治の在り方と直接関わるものではありませんが，このような社会的条件の変化に伴って生じる様々な法的問題に対しては，適切に対応していかなければなりません。」と述べた（裁時1497号1頁）。

　もっとも，「新しい世紀にふさわしい司法制度の確立」を目指して続けられてきた司法制度改革は，その最大の課題である裁判員制度が，竹崎の最高裁長官就任に先立つ2008年5月から実施されていた。最高裁はこれまで以上に裁判員制度の定着を目指していくことになった。裁判員制度の実施は「司法制度改革の仕上げ」ともいうべきもので，竹崎によれば，「成熟した民主社会における国民の司法参加の試みとして，新たな時代の司法の始まりということができると思います。」と評された（同頁）。最高裁がこの「変革の時代」にあって竹崎を抜擢した所以であろう。

　これにより司法制度改革は一応の区切りを迎えることになった。竹崎長官も，前述の2010年の「新年のことば」で，「幸い，司法制度改革を通じて司法の態勢強化が進められてきましたが，その結果に安住することなく，時代の要請に細心の注意を払い，これに適切に対処できるよう努力を続けていくことが必要であると思います。」と述べ，余裕を示した。新しい表装の下で，日本刑事司法の「岩盤」，とりわけ，その核心たる職権主義は一層強化された観がある。

　しかし，新しい表装には，すでに「ほころび」が見え始めている。前期から表面してきた誤判事件や捜査機関の不祥事が頻発しているからである。現行刑事訴訟法が戦時刑事特別法を温存したことに加え，最高裁判例がこの温存を支えてきたことは，これまで詳しくみてきたとおりである。

　もっとも，刑事事件の事実認定には注目すべき動きも見られる。最高裁が有罪を破棄した事例において，刑事を専門とする裁判官が反対意見に回ることも多くなったからである。補足意見も増加している。

　しかし，誤判事件については，「個別の事件についてはコメントしない」というのが最高裁の基本的な立場である。独自の検証はみられない。誤判事件の検証には最高裁自身が現在の状況を作ってきたという「自覚的反省」が不可欠であるが，最高裁はこのような現実から逃避しているかのようにもみえる。そのような中で築かれる「新しい時代の司法」とはいかなるものであろうか。国民は，最高裁の「責任逃避」を期待しているのだろうか。最高裁が歴史に目を閉ざして，日々の仕事に粛々と励むことをよしとしているのだろうか。最高裁のいう「国民の期待」がそのような内容の乏しいものだとすれば，その「国民の期待」に応えようとする最高裁の努力も同じく「虚

を追う」ものにならないのであろうか。しかし，最高裁にはこのような砂上の楼閣に対する危機感が感じられない。最高裁は依然として自家撞着を続けているかのように見受けられる。

　この期においては，従来からの「裁判員制度を適切に運営し，国民の間に着実に定着させていくために，今後重点的に取り組むべき事項」及び「法曹人口の増加等の構造的要因に基づく将来の民事訴訟の量的・質的変化を見据えて，その適切な処理を図るために，今から検討を始めるべき事項」に加えて，新たに，「裁判の第一線を担う職員の職業意識を高め，職場の活性化を図るための方策」及び「創設60周年を迎えた家庭裁判所の家事審判事件処理の在り方について検討すべき課題」が重点課題とされている（裁時1510号6頁，同1558号3頁等を参照）。

　このうち，「職場の活性化を図るための方策」では，裁判官の中で圧倒的な多数を占める中堅裁判官（右陪席クラス）に焦点を当て，その士気を向上させ，活力を保持させるための方策が問題とされ，「関係機関との協議会や裁判所内部に設けられた各種委員会において実質的なリーダーの役割を委ねるなど，組織運営の場面での活躍の機会を提供すること」等の意見が披露されている。裁判官についても「統治客体意識から統治主体意識への転換」が求められている。裁判官会議等を形骸化してきたツケが回ってきたといえないこともない。

　他方，「家事審判事件処理の在り方」では，家庭を取り巻く状況や国民意識の著しい変化が問題とされ，当事者の要望に応えるためには「家事事件の司法的機能の強化を検討していく必要があり，当事者と家庭裁判所との関係についても，当事者に一定の主体的役割を果たさせた上で，家庭裁判所が後見的・福祉的見地から適切な裁量権を行使する必要がある」等の意見が寄せられている。「司法福祉」の名の下に，家事審判についても「自己決定・自己責任の原則」に従って迅速に事件処理を図っていくという姿勢がうかがえる。

　書記官事務の在り方も重要協議事項とされ，時間をかけて共通認識を形成していく必要があることが確認されている。裁判員制度の実施についても協議されているが，全体として書面への依存が高まっている傾向が指摘され，その結果の一つとして，審理が分かりやすかったとする裁判員等経験者の比率が減少していることが問題とされている。

　この期も，引き続いて，医療過誤における医療関係者の法的責任等や情報公開について積極的な判例が出されている。

第17代長官　竹崎博允

III ■ この期の裁判所関係の動き

2008年11月25日	竹崎博允，最高裁長官に就任。
11月4日	バラク・オバマ，アメリカ合衆国大統領選挙で第44代大統領に当選。
12月12日	労働基準法の一部改正法を公布。
12月16日	最高裁，司法修習生のうち101人が卒業試験を不合格になったと発表。
12月26日	裁判所職員再就職等監視委員会規則を公布。
2009年1月1日	竹崎最高裁長官，「新年のことば」で，「裁判所としては，このような時代の変化を考慮しつつ，司法制度改革で提起された課題を着実に実施していくことが必要であると思います。」等と述べた（裁時1473号1頁）。
1月15日	最高裁第一小法廷，情報公開訴訟において不開示文書につき被告に受忍義務を負わせて検証を行うことは，原告が立会権を放棄するなどしたとしても許されず，そのために被告に当該文書の提示を命ずることも許されないと判示。
3月9日	竹崎長官，最高裁第二小法廷で判決の言渡し。
3月13日	政府，海賊対策のために自衛隊法に基づく海上警備活動で海上自衛隊をソマリア沖へ派遣することを決定。
3月27日	最高裁第二小法廷，手術中に全身麻酔と局所麻酔の併用による心停止が原因で患者が死亡した場合において麻酔医には全身麻酔薬と局所麻酔薬の投与量を調整すべき注意義務を怠った過失があり，同過失と死亡との間に因果関係が認められると判示。
4月5日	朝鮮民主主義共和国，日本の東北地方の太平洋上に向けてミサイル発射実験。
4月24日	外国等に対する我が国の民事裁判権に関する法律を公布。
4月28日	最高裁第三小法廷，小学校の男子講師の行為を「体罰」とした原審を覆して「教育的指導の範囲内」と判断し，国家賠償法上違法とはいえないと判示。
5月11日	小沢一郎・民主党代表，代表職を辞職する意思を表明。
5月21日	裁判員法を施行。
6月17日	竹崎最高裁長官，長官所長会同で，「私たちは，改めて司法の役割とそれを担う者の責務を自覚して，自らを律し，真摯な執務姿勢を堅持して，裁判の運営に邁進し，また，その改善に努めていかなければなりません。」等と訓示。（裁時1485号1頁）
6月30日	最高裁第三小法廷，特別抗告の理由とされた憲法違反の主張が実質的には法令違反の主張に過ぎない場合であっても原裁判所は特別抗告を却下することはできないと判示。

Ⅲ　この期の裁判所関係の動き

7月15日	住民基本台帳の一部改正法を公布。
同日	出入国管理及び難民認定法及び日本国との平和条約に基づき日本の国籍を離脱した者等の出入国管理に関する特例法の一部改正等法を公布。
9月16日	麻生内閣が総辞職し，鳩山由紀夫を第93代首相に指名。（民主党，社民党，国民新党の連立政権。自民党が再び下野）
9月30日	最高裁大法廷，選挙制度の仕組みを見直すことの必要性に言及するも，公職選挙法14条，別表三の参議院（選挙区選出）議員の議院定数配分規定は2007年7月29日施行の参議院議員通常選挙当時，憲法14条1項に違反していたとはいえない等と判示。
10月23日	最高裁第二小法廷，市町村立中学校の教諭が生徒に与えた損害を国家賠償法1条1項，3条1項に従い賠償した都道府県は同条2項に基づきその全額を当該中学校を設置する市町村に対して請求することができると判示。
10月30日	司法修習生の修習資金の貸与等に関する規則を公布。
11月5日	九州電力玄海原発にて国内初のプルサーマルによる発電を開始。
11月20日	外務省の日米密約調査において核兵器の持ち込み密約の根拠をなす文書である「討議記録」の存在を裏付ける日本側文書を発見。
11月21日	鳥越俊太郎，日本裁判官ネットワーク創立10周年記念大会で「えん罪と裁判官」と題して講演。
11月30日	中小企業等金融円滑化法，肝炎対策基本法を可決成立。
12月10日	最高裁第一小法廷，学校による生徒募集の際に説明，宣伝された教育内容や指導方法の一部が変更され，これが実施されなくなったことが親の期待，信頼を損なう違法なものとして不法行為を構成すると判示。
2010年1月1日	竹崎最高裁長官，「新年のことば」で，「幸い，司法制度改革を通じて司法の態勢強化が進められてきましたが，その結果に安住することなく，時代の要請に細心の注意を払い，これに適切に対処できるよう努力を続けていくことが必要であると思います。」等と述べる（裁時1497号1頁）。
1月20日	最高裁大法廷，北海道砂川市の神社をめぐる政教分離訴訟につき，市側の土地無償の供与を違憲と判断。
1月26日	最高裁第三小法廷，当直の看護師らが抑制具のミトンを用いて入院中の患者の両上肢をベッドに拘束した行為は診療契約上の義務に違反せず，不法行為法上違法ともいえないと判示。
2月5日	政治主導確立法案を閣議決定。
同日	地震被災のハイチへPKOとして陸上自衛隊を派遣へ。
2月24日	民事執行規則の一部改正規則を公布。

第17代長官　竹崎博允

2月25日	最高裁第一小法廷，私立学校の教職員の評価・育成制度に基づき作成された文書に記載された個々の教職員の目標や評価等に関する情報は茨木市情報公開条例7条6号柱書き及び同号エ所定の非公開情報にあたると判示。
3月29日	水俣病訴訟で原告と政府が和解合意。
3月31日	公立高等学校に係る授業料の不徴収及び高等学校等就学支援金の支給に関する法律（高校無償化法）が成立。
4月7日	司法修習生に関する規則の一部改正規則を公布。
4月23日	事業仕分け第2弾が開始。
5月2日	竹崎最高裁長官，記者会見で，裁判員裁判の判決が起訴数の4分の1程度にとどまっていることに鑑み裁判員制度の迅速審理を希望し，「刑事裁判の仕組みの中に，DNA鑑定など最新の科学知識を取り込んでいく必要がある」等と述べる。
5月18日	東国原宮崎県知事，口蹄疫で非常事態宣言。
5月30日	社民党，連立政権を離脱。
6月4日	鳩山内閣が総辞職し，菅直人を第94代首相に指名。（民主党，国民新党の連立政権）
6月9日	竹崎最高裁長官，長官所長会同で，「従来の運用を漫然と踏襲するだけでなく，自らが新たに実務を創り上げていくという気概をもって，日々の事件に取り組む姿勢が強く求められます。変動の著しい今日，すべての裁判官が，様々な課題について，自由な雰囲気の中で，闊達に意見を交換し，議論を深めていくことが必要です。」等と訓示（裁時1509号1頁）。
7月22日	最高裁第一小法廷，神社の鎮座2100年を記念する大祭に係る諸事業の奉賛を目的とする団体の発会式に地元の市長が出席して祝辞を述べた行為は憲法20条3項に違反しないと判示。
8月4日	最高裁第二小法廷，子の父親が母親らに対し子の引渡し等を求める人身保護請求事件につき，人身保護法11条1項に基づく決定によるのではなく，審問手続を経た上で判決により判断を示すべきであると判示。
9月13日	中国漁船衝突事件で船長以外の乗組員14人が帰国。（24日，船長釈放）
11月30日	最高裁第一小法廷，明石海峡の北側航路外で西に向かう甲船と東に向かう乙船が衝突した事故につき，海技士である甲船の船長を戒告とした高等海難審判庁の裁決は適法であると判示。
12月15日	菅首相，諫早判決につき上告を断念。
2011年1月1日	竹崎長官，「新年のことば」で，「私たちは，ここ十年来……司法の機能の充実，強化に努めてきましたが，今後とも，時代の変化に的確に対応し，国民の期待と信頼に応え得るよう努力していかなければなりません。」等と述べる（裁時1521号1頁）。

Ⅲ　この期の裁判所関係の動き

1月18日	最高裁第三小法廷，在外日本人向けのテレビ番組転送サービスに対し違法の判決。
1月20日	中国，2010年のGDP成長率を公表。（日本を抜き世界第2位に）
1月21日	宮崎の養鶏場で鳥インフルエンザを確認。
1月27日	米S&P社が日本の長期国債格付けを「AA」から「AA－」に引下げ。
同日	最高裁，第二次嘉手納基地爆音訴訟につき原告の上告を棄却。
1月28日	福岡高裁，第22回参議院議員選挙での「一票の格差」をめぐる訴訟で3件目の違憲判決。（大阪高裁は違憲状態の判断）
1月31日	フロリダ州のアメリカ連邦地裁，医療保険改革法に違憲の判断。
3月11日	東日本大震災（東北地方太平洋沖地震，M9.0）が発生。（最高裁長官公邸も被害）
3月12日	東京電力福島第一原子力発電所1号機建屋で水素爆発。（20km圏内に退避指示）
3月19日	多国籍軍，リビアへの軍事介入を開始。
3月23日	最高裁大法廷，2009年夏の衆議院選挙につき，「一票の格差」を違憲状態と判断。
4月12日	東京電力福島第一原発事故の国際評価，最高値のレベル7に引上げ。
4月28日	最高裁第一小法廷，通信社が配信記事の摘示事実を真実と信じるについて相当の理由があれば，配信記事を掲載した新聞社は少なくとも通信社と報道主体としての一体性があるといえる場合には特段の事情がない限り名誉毀損の責任を負わないと判示。
5月 1日	米軍，国際テロ組織アル・カイダの最高指導者ビンラディンを殺害。
5月 2日	竹崎長官，記者会見で，「司法も復興のため最大限の努力をする」と表明し，あわせて，裁判員裁判で書面の量が増えてきたことを問題視し，「いつも『口頭で，分かりやすい審理を』という原点に返るべき」等と述べる。
5月 2日	民事訴訟法及び民事保全法の一部改正法を公布。
同日	地域の自主性及び自立性を高めるための改革の推進を図るための関係法律の整備に関する法律を公布。
5月25日	航空法の一部改正法を公布。
同日	家事事件手続法を公布。
同日	非訟事件手続法及び家事事件手続法の施行に伴う関係法律の整備等に関する法律を公布。
5月30日	最高裁第二小法廷，公立学校の校長が同校の教諭に対し卒業式における国歌斉唱に際し国旗に向かって起立し国歌を斉唱することを命じた職務命令は憲法19条に違反しないと判示。

第17代長官　竹崎博允

5月31日	最高裁大法廷，最高裁長官が裁判員制度の実施に係る司法行政事務に関与したからといって同制度の立法適合性を争点とする事件について不公平な裁判をする虞があるということはできないと判示。
6月 3日	民法の一部改正法を公布。（親権の停止制度を新設）
6月 9日	竹崎最高裁長官，長官所長会同で，東日本大震災についても触れ，「関係機関と連携を深め，情報把握に努めるとともに，様々な事態に対処しうるよう検討しておくことが必要です。」等と挨拶（裁時1533号1頁）。
6月21日	2014年までの普天間基地の移設を断念する日米共同声明。
6月22日	特定非営利活動促進法の一部改正法を公布。
同日	介護サービスの基盤強化のための介護保険法等の一部改正法を公布。
6月24日	東日本大震災復興基本法を公布。
同日	障害者虐待の防止，障害者の養護者に対する支援等に関する法律を公布。
7月15日	最高裁第二小法廷，消費者契約法10条は憲法29条に違反しないと判示。
同日	最高裁第二小法廷，弁護士であるテレビ番組の出演者が光市母子殺害事件弁護団の弁護活動は弁護士の懲戒事由に当たるとして上記弁護団を構成する弁護士らに対して懲戒請求をするよう呼び掛けた行為について上記出演者に損害賠償を求めていた訴訟につき，不法行為法上違法とはいえないと判示し，原告側の逆転敗訴の判決。
7月22日	予防接種法及び新型インフルエンザ予防接種による健康被害の救済等に関する特別措置法の一部改正法を公布。
8月 5日	障害者基本法の一部改正法を公布。（司法手続における配慮等について規定）
8月23日	米ムーディーズ，日本国債の格付けを「Aa2」から「Aa3」に1段階引下げ。
8月26日	再生エネ特別措置法，特例公債法，放射線物質特措法が可決成立。
8月30日	石綿による健康被害の救済に関する法律の一部改正法を公布。
同日	地域の自主性及び自立性を高めるための改革の推進を図るための関係法律の整備に関する法律を公布。
同日	「平成二十三年三月十一日に発生した東北地方太平洋沖地震に伴う原子力発電所の事故により放出された放射性物質による環境の汚染への対処に関する特別措置法」を公布。
9月 2日	菅内閣が総辞職し，野田佳彦を第95代首相に指名。（民主党，国民新党の連立政権）
9月21日	大王製紙，元会長の不正貸付金問題で特別調査委員会を設置。

III　この期の裁判所関係の動き

10月2日	最高裁第三小法廷，混合診療は健康保険法86条所定の保険外併用療養費の支払要件を満たさない場合には保険診療に相当する診療部分についても保険給付を行うことはできないと判示。
10月7日	東京電力福島原子力発電所事故調査委員会法を公布。
10月26日	EU首脳会議，財政危機に対応するための包括策に合意。
10月31日	政府・日本銀行，単独為替介入（8兆円前後）を実施。
11月1日	オリンパス，不正経理問題で第三者委員会を設置。
11月11日	野田首相，TPP交渉への参加に向けた協議入りを表明。
11月16日	最高裁大法廷，裁判員制度は憲法31条，32条，37条1項，76条1項に違反しない等と判示。
12月16日	特定B型肝炎ウイルス感染者給付金等の支給に関する特別措置法を公布。
12月17日	北朝鮮の金正日総書記，死去。
12月18日	米軍，イラク撤退を完了。（8年戦争に幕）
2012年1月1日	竹崎最高裁長官，「新年のことば」で，「自白事件を中心として裁判員裁判下で必要とされる口頭主義，直接主義の理念から離れた運用が広がりつつあることは深刻な問題」と述べた上，原子力発電所の事故にも触れ，「司法の立場からも，このような状況を踏まえ必要な情報を把握し，法的観点からの検討を進めておくことが必要であります。」等と述べた（裁時1545号1頁）。
1月13日	最高裁大法廷，裁判員制度による裁判を受けるかどうかについての選択権が認められていないからといって同制度が憲法32条，37条に違反するわけではないと判示。
1月16日	最高裁第一小法廷，日の丸・君が代をめぐる処分取消し訴訟につき，停職処分2人のうちの1人と減給処分の1人について「裁量権の逸脱・濫用」を理由に処分を取り消し，戒告処分の168人と停職処分の1人については裁量の範囲内で違法ではないと判示。
3月5日	警視庁，首都直下型地震のような大規模災害が発生した場合の交通規制を改正することを発表。
3月23日	最高裁第二小法廷，インターネット上のウエブサイトに記事を掲載した行為が名誉毀損の不法行為を構成すると判示。
4月2日	最高裁第二小法廷，生活保護法による保護の基準（昭和38年厚生省告示第158号）の改定が違法であるとした原審の判断には違法があると判示。
4月19日	福島第一原子力発電所の1〜4号機を正式に廃止。
4月23日	最高裁第二小法廷，住民訴訟の係属中にその請求に係る市の損害賠償請求権を放棄する旨の市議会の議決が違法であるとした原審の判断には違法があると判示。
5月5日	北海道電力泊発電所の原子力発電をすべて運転停止。（日本のすべての原発が稼働停止）

第17代長官　竹崎博允

6月13日	竹崎長官，長官所長会同で，裁判所書記官の職務についても触れ，「他の多くの職種との連携を図りつつ，庁全体として最も合理的に事務が遂行されるよう検討を重ねていくことが重要です。」等と挨拶（裁時1557号1頁）。
6月17日	政府，大飯原子力発電所3，4号機の再稼働を決定。
7月9日	出入国管理法改正に伴う新しい在留管理制度が施行。（これまでの外国人登録制度を廃止）
7月31日	国，東電の筆頭株主に。
8月6日	東京電力，福島第1原子力発電所事故直後から記録していた社内のTV会議映像の一部を公開。
8月10日	消費税の改正案が参議院で可決・成立。
8月15日	香港の活動家らが尖閣諸島の魚釣島に上陸。
8月22日	野田首相，首相官邸で脱原発を求める市民団体のメンバーと初めて面会。
同日	消費者基本法の一部改正法，公的年金制度の財政基盤及び最低保障機能の強化等のための国民年金法等の一部改正法，被用者年金制度の一元化等を図るための厚生年金保険法等の一部改正法，社会保障制度改革推進法などを公布。
8月29日	カネミ油症救済法が成立。
9月1日	東京電力，家庭向け電気料金を値上げ。
9月5日	海上保安庁法及び領海等における外国船舶の航行に関する法律の一部改正法を公布。
同日	裁判所職員定員法の一部改正法を公布。
9月8日	第189回通常国会閉会。（法案成立率は66％で戦後5番目の低さ）
9月11日	日本政府，尖閣諸島の魚釣島，南小島，北小島につき地権者と売買契約を交わして国有化。（20億5千万円）
9月12日	移植に用いる造血幹細胞の適切な提供の推進に関する法律を公布。
同日	2013年度の各省からの概算要求総額102兆円に上り過去最大の規模に。
同日	日本の65歳以上の人口が3074万人の過去最多に。
9月18日	甲府地裁，本件道路工事請負契約の代金支払として被告の山梨県南都留郡忍野村長が発した支出命令は私法上無効な契約に関してなされたもので違法な財務会計行為にあたるとし，被告に対し当該行為の相手方である株式会社F，株式会社G及び株式会社Hに対する不当利得返還請求をするよう求める住民ら請求は認められると判示。
9月19日	原子力規制委員会が発足。

9月21日	札幌高裁，2003年の台風10号通過時に沙流川が氾濫して浸水被害を受けた日高町富川北地区の住民らが国において河川事業所職員を樋門から退避させる際に樋門閉鎖の指示を怠った違法行為があるなどと主張して国に対し国家賠償法に基づき財産的損害の賠償や慰謝料等の支払を求めた事案につき，請求の一部を認容した原審の判断を相当として国の控訴を棄却。
同日	オスプレイが普天間基地に配備。
同日	著作権法の改正法が可決成立。
10月 2日	甲府地裁，被告の運営するリハビリテーション施設で介護職に従事していた職員が自殺により死亡したことにつき損害賠償を認める判決。
10月 4日	名古屋高裁，控訴人が被控訴人の管理する流水プールで逆飛込みをして頸髄損傷等の傷害を負った事故につき，控訴人の損害賠償請求を棄却した原判決を相当とし，控訴人の控訴を棄却。
10月 8日	京都大学の山中伸弥教授，ノーベル生理学・医学賞を受賞と決定。
10月19日	在日米軍全米兵に夜間外出禁止令。
10月24日	厚生労働省，生活保護受給者が7月の時点で約212万人となったと発表。（過去最高を記録）
10月30日	横浜地裁，児童相談書の職員が誤ってアレルギー源を含む食物を食べさせたため同所に一時保護された幼児が死亡したとして被告横浜市に対し国賠法1条1項に基づく損害賠償と遅延損害金を請求したことにつき請求を一部認容する判決。
11月30日	長野地裁，長野県教育委員会によって教職員として採用されていた原告が酒気帯び運転を非違行為として長野県教育委員会から懲戒免職処分を言い渡されたので取消し処分を求めたのに対し，本件処分は社会観念上著しく妥当を欠き裁量権を濫用したもので違法であるとして懲戒免職処分を取消す判決。
12月10日	原子力規制委員会，敦賀原子力発電所の地下に活断層がある可能性が高いと発表。
12月12日	北朝鮮，ミサイルの発射実験。（破壊措置命令を解除）
12月16日	第46回衆議院選挙で，野党の自民党が圧勝。（単独で絶対安定数を確保）
12月26日	野田内閣が総辞職。（安倍晋三を再び首相に指名）

Ⅳ ■ この期の刑事法関係の動き

　刑事法関係では，以下のような動きがみられる。捜査官に新たな武器を付与しようとする動きが目につく。情報処理の高度化等に対処するための刑法等の一部を改正する法律が制定された（2011年6月17日。公布は6月24日。施行は罰則整備に係る部分については

第17代長官　竹崎博允

一部を除き平成23年7月14日に，手続法整備に係る部分については公布の日から起算して1年を超えない範囲内において政令で定める日）。すなわち，インターネットを使ったサイバー犯罪を取り締まるためのコンピューターウイルスの作成，配布の罪を新設した改正刑法等が共産，社民両党を除く各党の賛成で可決・成立した（2011年6月17日。政府は法整備を受け，コンピューター犯罪での国際的な捜査協力を定めた「サイバー犯罪条約」締結に向け手続を進める方針を表明）。さらに，警察庁「捜査手段，取調べの高度化を図るための研究会最終報告」（平成24年2月）では，DNA型データベースの拡充，通信傍受の拡大，会話傍受，身分仮装捜査，量刑減免制度，王冠証人制度，司法取引，刑事免責，証人を保護するための制度，被疑者・被告人の虚偽供述の処罰化，黙秘に対する推定，等の実施に向けた問題提起が行なわれた。そのほか，政府は，2010年の新防衛計画大綱に基づき，秘密保全法案を国会に上程する動きもみせている。

　なお，竹崎最高裁長官は，誤判問題の社会問題化を背景に，2010年6月9日—10日に開催された長官所長会同で，再審無罪に触れ，「最近，長期間服役した人に対し，科学的証拠を検討し，再審で無罪の言い渡しがされました。私たちは，改めて刑事裁判における事実認定の重要性を確認し，中でも科学的証拠の意義，機能について，速やかな検討を行い，その結果を広く刑事司法全般の運用に生かしていけるよう努めなければなりません。」と述べた（裁時1509号1頁）。

2008年11月29日		福岡市などで「裁判員裁判は憲法違反」の市民集会を開催。
	12月9日	大分県弁護士会，裁判員裁判で逐語録作成を求める声明。
	12月10日	最高裁，裁判員制度を検証する懇談会を設置することを発表。
	12月12日	最高裁，釧路地裁で被害者参加が許可されたことを発表。（全国第1号）
2009年	1月14日	中央大学教授刺殺事件が発生。
	同日	東京地検特捜部，西松建設元副社長ら4人を外為法違反容疑で逮捕。
	1月23日	東京地裁で被害者参加制度に基づいて，1件は被害者が被告人質問，もう1件は遺族が求刑や量刑に意見を述べる形で公判に初参加。
	3月3日	東京地検特捜部，準大手ゼネコンの西松建設による政界トンネル政治献金疑惑で小沢一郎代表の第一公設秘書，西松建設前社長らを政治資金規正法違反容疑で逮捕。
	3月9日	最高裁第二小法廷，有害図書類の「販売の業務に従事する者と客とが直接対面する方法によらずに販売を行うことができる設備を有する機器」への収納を禁止し，その違反を処罰する福島県青少年健全育成条例21条1項，34条2項，35条の規定は憲法21条1項，22条1項，31条に違反しないと判示。

Ⅳ　この期の刑事法関係の動き

3月16日	最高裁第三小法廷，防衛庁調達本部副部長などの職にあった被告人が職務中に私企業の幹部から請託を受けて職務上不正な行為をし，その後まもなく防衛庁を退職し上記私企業の関連会社の非常勤の顧問として受け入れられ，顧問料として金員の供与を受けた本件事実関係の下では被告人に上記顧問としての実態がまったくなかったとはいえないとしても同金員は上記不正な行為と対価関係があり，事後収賄罪が成立すると判示。
3月18日	名古屋地裁，2007年8月に発生した闇サイト事件で被告3名のうち2名に死刑，1名に無期懲役の判決。
3月26日	最高裁第一小法廷，被告人が健康上の理由で行う深夜路上でのサイクリングに際し専ら防御用として催涙スプレーをズボンのポケット内に入れて隠匿携帯した等の本件事実関係の下では同スプレー携帯は社会通念上相当な行為であり，軽犯罪1条2号にいう「正当な理由」によるものであったと判示。
4月14日	最高裁第三小法廷，満員電車内の痴漢事件につき，有罪の原判決及び第一審判決を破棄し，被告人が強制わいせつ行為を行ったと断定することに合理的な疑いが残るとして無罪の判決。
4月21日	最高裁，1998年7月に発生した和歌山毒物カレー殺人事件の被告人上告を棄却。（死刑が確定）
4月24日	道路交通法の一部改正法を公布。
5月15日	福岡高裁，2006年に福岡市東区で発生した飲酒運転事故で，一審判決を破棄し，危険運転致死罪を適用。（懲役20年の判決）
5月21日	裁判員制度が施行。
6月4日	東京高検，足利事件の受刑者につき刑の執行停止及び釈放措置を執ることを決定。（17年ぶりに千葉刑務所から釈放）
6月14日	大阪地検，村木厚生労働省局長を虚偽有印公文書作成罪等の疑いで逮捕。
6月23日	東京高裁，足利事件に再審開始決定。
7月4日	大阪地検，村木元局長を虚偽有印公文書作成罪等により起訴。
7月7日	宮崎地裁，準強制わいせつ罪に問われた福岡高裁宮崎支部の元判事に有罪判決。
8月3日	東京地裁で裁判員による初めての刑事裁判。（同月6日，求刑懲役16年に対し懲役15年の判決）
9月15日	最高裁第二小法廷，補助金等に係る予算の執行の適正化に関する法律29条1項違反の罪は不正の手段と因果関係のある受交付額について成立すると判示。
10月28日	法相，殺人などの凶悪・重大な事件の公訴時効の見直しなどを法制審議会臨時総会に諮問。
同日	福岡地裁に飯塚事件の再審請求。

第17代長官　竹崎博允

11月30日	最高裁第二小法廷，分譲マンションの各住戸のドアポストに政党の活動報告等を記載したビラ等を投かんする目的で同マンションの玄関ホールの奥にあるドアを開けて7階から3階までの廊下等に同マンションの管理組合の意思に反して立ち入った行為について刑法130条前段の罪が成立するとし，同罪に問うことは憲法21条に違反しないと判示。
12月 5日	銃刀法の一部改正法を公布。
12月 7日	最高裁第三小法廷，医師である被告人が，気管支喘息の重積発作により入院し昏睡状態にあった被害者から気道確保のため挿入されていた器官内チューブを抜管する行為は，被害者の回復可能性や余命について的確な判断を下せる状況になく，また回復を諦めた家族からの気管内チューブ抜管の要請も被害者の病状等について適切な情報を伝えられた上でされたものではないなどの事情の下では，法律上許容される治療中止には当たらないと判示。
12月 7日	最高裁第一小法廷，人工の砂浜の砂層内に発生し成長していた空洞の上を移動中の被害者がその重みによる空洞の崩壊のため生じた陥没孔に転落し埋没した事故につき，砂浜の管理等の業務に従事していた者に予見可能性が認められると判示。
12月14日	最高裁第二小法廷，布川事件の再審開始決定を支持。
2010年 1月15日	東京地検，民主党・小沢幹事長の資金管理団体「陸山会」の土地購入問題で石川衆院議員らを逮捕。
1月17日	神戸第二検察審査会，明石花火大会歩道橋事故について起訴議決を公表。
2月 4日	横浜地裁，横浜事件の元被告人5名に対して請求通り約4700万円を交付する決定。
2月24日	法制審議会，公訴時効の見直しを答申。
3月15日	最高裁第一小法廷，インターネットの個人利用者による表現行為につき，行為者が摘示した事実を真実であると誤信したことについて相当の理由があるとはいえないとして名誉毀損罪の成立が認められると判示。
3月26日	宇都宮地裁，足利事件で再審無罪判決。（確定）
3月26日	神戸第一検察審査会，JR福知山脱線事故につき，歴代社長3人に対する起訴議決を公表。
4月 1日	最高検，「いわゆる足利事件における捜査・公判活動の問題点等について」を公表。
同日	警察庁，「足利事件における警察捜査の問題点等について」を公表。
4月 6日	最高裁，名張事件につき，異議審の再審開始取消し決定を取消し，名古屋高裁に差戻す決定。
4月28日	刑事訴訟法の改正法を公布・施行。（人を死亡させた罪で死刑に当る罪については公訴時効を廃止）

Ⅳ　この期の刑事法関係の動き

5月21日	東京地検，民主党・小沢幹事長について政治資金規正法違反事件で2度目の不起訴判断。
5月31日	最高裁第一小法廷，花火大会が実施された公園と最寄り駅とを結ぶ歩道橋で多数の参集者が折り重なって転倒して死傷者が発生した事故につき，雑踏警備に関し現場において警察官を指揮する立場にあった警察署地域官及び現場において警備員を統括する立場にあった警備会社支社長に業務上過失致死傷罪が成立すると判示。
7月28日	千葉景子法相，民主党政権交代後初の死刑を執行。
9月 8日	尖閣諸島沖の中国漁船衝突事件につき，中国人の船長を公務執行妨害の疑いで逮捕。
9月21日	朝日新聞，大阪地検特捜部の証拠改竄問題を報道。
同日	最高検，大阪地検特捜部検事を証拠隠滅の疑いで逮捕。
9月24日	那覇地検，尖閣諸島沖の中国漁船衝突事件につき，中国人の船長を釈放。（会見で「わが国国民への影響と今後の日中関係を考慮」したと異例の言明）
9月30日	東京地検，民主党・小沢元幹事長につき政治資金規正法違反事件で再び不起訴処分に。
10月 1日	最高検，大阪地検特捜部の前部長と前副部長を犯人隠避の疑いで逮捕。
10月 4日	東京第五検察審査会，陸山会事件につき起訴議決を公表。
10月11日	最高検，元検事を証拠隠滅罪で大阪地裁に起訴。（同日懲戒免職）
同日	最高検，「国民におわび」の声明。
10月21日	最高検，大阪地検特捜部前部長と前副部長を犯人隠避罪で起訴（同日懲戒免職）。
10月26日	最高裁第一小法廷，航空機の異常接近事故につき，便名を言い間違えて降下の管制指示をした実地訓練中の航空管制官及びこれを是正しなかった指導監督者である航空管制官の両名に業務上重過失傷害罪が成立すると判示。
11月10日	検察庁，「検察の在り方検討会議」を設置。
12月24日	最高検，「いわゆる厚労省元局長無罪事件における捜査・公判活動の問題点等について」を公表。
2011年 1月 4日	土浦ホームセンター中学生刺傷事件が発生。
1月10日	目黒夫婦殺傷事件が発生。
1月21日	東京地検，尖閣諸島中国漁船衝突事件の映像を流出させた元・海上保安官に起訴猶予処分。
1月31日	小沢一郎・民主党元代表を検察審査会の議決に基づいて強制起訴。（国会議員の強制起訴は初）
3月24日	東京地裁，秋葉原連続無差別殺傷事件の被告人に死刑判決。

第17代長官　竹崎博允

3月31日	検察の在り方検討会議，提言「検察の再生に向けて」を公表。
4月12日	大阪地裁，大阪地検特捜部元検事に実刑判決（確定）。
4月28日	犯罪による収益の移転防止に関する法律の一部改正法を公布。
5月11日	横浜地裁，2008年2月に発生した海上自衛隊イージス艦「あたご」と漁船の衝突事件につき，業務上過失致死罪に問われた海上自衛隊の3等海佐2名に無罪判決。
5月12日	立川6億円強奪事件が発生。
5月24日	水戸地裁土浦支部，1967年茨城県利根町で発生した強盗殺人事件（布川事件）の再審公判で被告人2人に無罪判決。（無罪が確定）
6月11日	木更津女子大生死体遺棄事件が発生。
6月24日	法情報の高度化等に対処するための刑法等の一部改正法を公布。（ウイルス作成罪等を規定）
6月29日	法制審議会，新時代の刑事司法制度特別部会を設置。
7月5日	小樽市資産家女性殺害事件が発生。
7月14日	大阪一斗缶バラバラ殺人事件が発生。
7月21日	那覇検察審査会，尖閣諸島沖中国漁船衝突事件につき起訴議決を公表。
7月25日	最高裁第二小法廷，強姦被告事件につき，被害者とされた者の供述を全面的に信用した第一審及び原審の認定を是認できないと判示。
8月31日	渋谷ライブハウス放火殺人未遂事件が発生。
9月10日	午後，大阪地裁，郵便割引制度に関係した偽の証明書発行事件で虚偽有印公文書作成・同行使罪に問われた厚生労働省の元局長の村木厚子被告人に対して無罪の判決。
10月31日	最高裁大法廷，刑法208条の2第1項前段の「アルコールの影響により正常な運転が困難な状態」の意義につき，アルコールの影響により前方を注視してそこにある危険を的確に把握して対処することができない状態もこれにあたると判示。
11月16日	最高裁大法廷，裁判員制度は憲法31条，32条，37条1項，76条1項に違反しない等と判示。
11月21日	オウム真理教事件の全公判が終了。（死刑確定13人，無期懲役確定5人）
11月30日	名古屋高裁金沢支部，福井女子中学生殺人事件につき再審開始決定。
2012年 1月 1日	警視庁，一連のオウム真理教事件のうち，公証人役場事務長逮捕監禁致死事件実行容疑などに問われて逃亡中であった被疑者を出頭先の警視庁丸の内警察署にて逮捕。
1月11日	神戸地裁，JR福知山脱線事故につきJR西日本の前社長に無罪判決。
同日	広島刑務所中国人受刑者脱獄事件が発生。

Ⅳ　この期の刑事法関係の動き

1月13日	最高裁大法廷，裁判員制度による裁判を受けるかどうかについての選択権が認められていないからといって同制度が憲法32条，37条に違反するわけではないと判示。
1月16日	最高裁第一小法廷，岩手県洋野町での母子殺害事件につき被告人の上告を棄却。（死刑が確定）
1月26日	神戸地検，乗客106人が死亡した2005年（平成17年）4月のJR福知山線脱線事故で業務上過失致死傷罪に問われたJR西日本の山崎正夫前社長（68）を無罪とした神戸地裁判決につき，控訴しないと正式に発表。（無罪が確定）
2月2日	警察庁，地下鉄サリン事件の特別指名手配犯の懸賞金を1000万円（上限）に引き上げることを発表。
2月16日	東京地検，オリンパスの粉飾決算事件につき，金融商品取引法違反で前社長ら旧経営陣3人と指南役とされる4人を逮捕。
2月20日	刑事訴訟規則の一部改正規則を公布。（記録命令付き差押えその他，電磁的記録に係る記録媒体に関する新たな証拠収集方法について必要な事項を規定）
同日	最高裁第一小法廷，光市母子殺人事件につき，2008年の広島高裁での差戻二審の死刑判決を支持し，被告人の上告を棄却。（死刑が確定）
2月23日	警察庁，「捜査手段，取調べの高度化を図るための研究会最終報告」公表。（警察庁，「最終報告」を受け，DNS型記録データベースを拡充する方針を決定）
2月27日	日弁連，小川法相に対し「死刑制度の廃止について全社会的議論を開始し，死刑の執行を停止するとともに，死刑えん罪の事件を未然に防ぐ措置を直ちに講じることを求める要望書」を提出。
3月15日	大阪地裁，2002年に発生した大阪平野母子殺害事件の差戻し審判決で，被告に逆転無罪判決。
3月23日	証券取引等監視委員会，AIJ投資顧問による企業年金資産消失問題につき金融商品取引法違反を理由として強制捜査に着手。
3月29日	東京，広島，福岡の各拘置所において，それぞれ1名に対し死刑が執行。（1年8ヵ月ぶりに死刑執行を再開）
同日	警視庁，「捜査手法，取調べの高度化を図るための研究会最終報告」の提言を受け，可視化の範囲を拡大と発表。
3月30日	大阪地裁，大阪地検特捜部前部長と前副部長に執行猶予付有罪判決。（即日控訴）
4月11日	東京高裁，英国人女性殺人事件につき，無期懲役とした第一審の東京地裁判決を支持し，被告人の控訴を棄却。
4月13日	さいたま地裁，2009年に発生した結婚詐欺・連続不審死事件につき被告人に死刑判決。
4月23日	千葉県警本部，ストーカー殺人捜査を巡り幹部20人の処分を発表。
4月26日	東京地裁，政治資金規正法違反の罪に問われた小沢一郎・元民主党代表に無罪判決。

第17代長官　竹崎博允

4月29日	関越自動車道高速バス居眠り運転事故が発生。
5月10日	ロート製薬のテレビCMに韓国人女優が起用されたことへの抗議活動により活動家4人が強要罪の容疑で逮捕。
5月25日	名古屋高裁，名張毒ぶどう酒事件第7次再審請求につき，検察側の異議申立てを認定し，請求棄却の決定。
6月以降	日本各地で遠隔操作ウイルス事件が発生。
6月3日	地下鉄サリン事件の特別指名手配犯を逮捕。
6月7日	東京高裁，東電OL事件につき再審開始決定。
6月15日	地下鉄サリン事件の特別指名手配犯を逮捕。
6月18日	最高裁第三小法廷，「プライバシー部分を除く」としてされた刑事確定訴訟記録法に基づく判決所の閲覧請求を全部不許可とした保管検察官の処分等を取り消す。
7月25日	福岡県警，暴力団に捜査情報を漏らして見返りに金銭を受け取った疑いで警部補を収賄罪で逮捕。
7月26日	暴力団対策法改正法が衆院で可決成立。
7月31日	東京高裁，東電OL事件の異議審で検察側の異議を棄却。
8月15日	香港活動家尖閣諸島上陸事件が発生。（総計14人を現行犯逮捕）
9月2日	六本木ロアビル集団暴行殺人事件が発生。
9月24日	オウム真理教の全捜査，完全に終了。
9月12日	東京高裁，秋葉原無差別殺人事件につき被告人の控訴を棄却する判決。（9月25日，最高裁に上告）
9月18日	最高裁第三小法，刑訴法448条2項による刑の執行停止決定は同法419条の裁判所のした決定であり，不服申立てを許さないとする特別の規定も存しないから同条による抗告をすることができるものと解するのが相当であると判示。
9月27日	野田政権下では3回目の死刑執行。（2012年では7人に執行）
10月2日	松山地裁，松山タクシー強盗致傷事件につき，犯行当時17歳の被告人に懲役3年以上5年以下の判決。
10月9日	最高裁第二小法廷，成年後見人が業務上占有する成年被後見人所有の財物を横領した場合において成年後見人と成年被後見人との間に刑法244条1項所定の親族関係があっても同条項を準用して刑法上の処罰を免除することができないことはもとより量刑に当たりこの関係を酌むべき事情として考慮するのも相当ではないと判示。
同日	さいたま地裁，訴因変更後の本件公訴事実中覚せい剤営利目的輸入及び関税法違反の点につき被告人を無罪とする判決。

Ⅳ　この期の刑事法関係の動き

10月10日	静岡地裁，妻の母を殺害した被告人に，「被告人の妻が母親を殺害されたにもかかわらずなお被告人を許し被告人の更生に協力しようとしている」こと等を認め，改善更生の可能性がないとはいえないとして懲役15年の判決。
10月12日	長野県警，署長ら21人の処分を発表。
10月19日	最高裁第二小法廷，死刑制度が憲法13条，31条，36条に違反しないことは当裁判所の判例（最高裁昭和23年3月12日大法廷判決など）とするところであると判示。
同日	横浜地裁，神奈川県迷惑行為防止条例違反被告事件につき，痴漢行為をしていない被告人の供述には少なからず疑問があるが，他に被告人が公訴事実のような痴漢行為をしたことを認めるに足る証拠もないとして無罪の判決。
10月20日	JR博多駅で通り魔事件が発生。（6人が切りつけられる）
10月23日	最高裁第三小法廷，2001年と2005年に起きた群馬3人射殺事件につき，元山口組組長からの上告を棄却。（死刑判決が確定）
10月26日	最高裁第三小法廷，保釈許可の裁判に対する準抗告の決定に対する特別抗告につき，本件事案の性質や証拠関係，先行事件の審理経過，被告人の身上等に照らすと保証金額を75万円とし，本件の被害者及びその関係者との接触禁止などの条件を付した上で被告人の保釈を許可した原々審の裁判はその裁量の範囲を逸脱したものとはいえず不当ともいえないから，これを取り消して保釈請求を却下した原決定には刑訴法90条の解釈適用を誤った違法があるとして原決定を取消す決定。
10月30日	愛知県春日井市で起きた脱法ハーブによる運転で女子高生を死亡させた交通事故につき危険運転致死傷罪で初起訴。
11月6日	最高裁第二小法廷，傷害罪の共同正犯の成立範囲について職権で判断し，被告人の共謀加担前に相被告人らが既に生じさせていた傷害結果を含めて被告人に傷害罪の共同正犯の成立を認めた原判決には法令違反があると判示。
11月7日	東京高裁，東電OL事件につき再審無罪判決。（検察は上告権を放棄し，無罪判決が直ちに確定）
11月14日	山口県周防大島町の瀬戸内海で修学旅行中の高校生を乗せた旅客船「銀河」が座礁。
11月22日	愛知県豊川市の豊川信用金庫支店で人質5人を取る立てこもり事件が発生。（翌日，監禁容疑で逮捕）
12月2日	中央自動車道笹子トンネル上り線（東京方面）で崩落事故。（9人が死亡）
同日	兵庫県尼崎市の連続死体遺棄事件で逮捕された容疑者が兵庫県警察本部の留置場で死亡しているのを発見。

第17代長官　竹崎博允

12月7日　最高裁第二小法廷，世田谷ビラ配布国家公務員法違反事件につき，被告人の本件配布行為は私人の行為というべきで本件罰則規定の構成要件に該当しないというべきところ，第一審判決及び原判決は被告人の本件配布行為が国家公務員法102条1項の政治的行為に該当するとしたもので破棄するのが相当であると判示し，被告人に無罪の判決。

V ■ この期の刑事判例の特徴

1　大法廷判決・決定

　この期においても格別の大法廷判決・決定はみられない。唯一，裁判員裁判に関するものが注目される。主な舞台は小法廷であるが，数はそれほど多くはない。下級審でもそれは同様である。

■　裁判員裁判に関するもの
　裁判員裁判は憲法に反しないか。この点に関して判断を示したのが**最大判平成23・11・16刑集65-8-1285**である。合憲としたが，その理由について，次のように判示した。
　（1）憲法に国民の司法参加を認める旨の規定が置かれていないことは，所論が指摘するとおりである。しかしながら，明文の規定が置かれていないことが，直ちに国民の司法参加の禁止を意味するものではない。憲法上，刑事裁判に国民の司法参加が許容されているか否かという刑事司法の基本に関わる問題は，憲法が採用する統治の基本原理や刑事裁判の諸原則，憲法制定当時の歴史的状況を含めた憲法制定の経緯及び憲法の関連規定の文理を総合的に検討して判断されるべき事柄である。……（2）裁判は，証拠に基づいて事実を明らかにし，これに法を適用することによって，人の権利義務を最終的に確定する国の作用であり，取り分け，刑事裁判は，人の生命すら奪うことのある強大な国権の行使である。そのため，多くの近代民主主義国家において，それぞれの歴史を通じて，刑事裁判権の行使が適切に行われるよう種々の原則が確立されてきた。基本的人権の保障を重視した憲法では，特に31条から39条において，適正手続の保障，裁判を受ける権利，令状主義，公平な裁判所の迅速な公開裁判を受ける権利，証人審問権及び証人喚問権，弁護人依頼権，自己負罪拒否の特権，強制による自白の排除，刑罰不遡及の原則，一事不再理など，適正な刑事裁判を実現するための諸原則を定めており，そのほとんどは，各国の刑事裁判の歴史を通じて確立されてきた普遍的な原理ともいうべきものである。刑事裁判を行うに当たっては，これらの諸原則が厳格に遵守されなけれ

ばならず，それには高度の法的専門性が要求される。憲法は，これらの諸原則を規定し，かつ，三権分立の原則の下に，「第6章　司法」において，裁判官の職権行使の独立と身分保障について周到な規定を設けている。こうした点を総合考慮すると，憲法は，刑事裁判の基本的な担い手として裁判官を想定していると考えられる。……（3）他方，歴史的，国際的な視点から見ると，欧米諸国においては，上記のような手続の保障とともに，18世紀から20世紀前半にかけて，民主主義の発展に伴い，国民が直接司法に参加することにより裁判の国民的基盤を強化し，その正統性を確保しようとする流れが広がり，憲法制定当時の20世紀半ばには，欧米の民主主義国家の多くにおいて陪審制か参審制が採用されていた。我が国でも，大日本帝国憲法（以下「旧憲法」という。）の下，大正12年に陪審法が制定され，昭和3年から480件余りの刑事事件について陪審裁判が実施され，戦時下の昭和18年に停止された状況にあった。……憲法は，その前文において，あらゆる国家の行為は，国民の厳粛な信託によるものであるとする国民主権の原理を宣言した。上記のような時代背景とこの基本原理の下で，司法権の内容を具体的に定めるに当たっては，国民の司法参加が許容されるか否かについても関心が払われていた。すなわち，旧憲法では，24条において「日本臣民ハ法律ニ定メタル裁判官ノ裁判ヲ受クルノ権ヲ奪ハルヽコトナシ」と規定されていたが，憲法では，32条において「何人も，裁判所において裁判を受ける権利を奪はれない。」と規定され，憲法37条1項においては「すべて刑事事件においては，被告人は，公平な裁判所の迅速な公開裁判を受ける権利を有する。」と規定されており，「裁判官による裁判」から「裁判所における裁判」へと表現が改められた。また，憲法は，「第6章　司法」において，最高裁判所と異なり，下級裁判所については，裁判官のみで構成される旨を明示した規定を置いていない。憲法制定過程についての関係資料によれば，憲法のこうした文理面から，憲法制定当時の政府部内では，陪審制や参審制を採用することも可能であると解されていたことが認められる。こうした理解は，枢密院の審査委員会において提示され，さらに，憲法制定議会においても，米国型の陪審制導入について問われた憲法改正担当の国務大臣から，「陪審問題の点については，憲法に特別の規定はないが，民主政治の趣旨に則り，必要な規定は法律で定められ，現在の制度を完備することは憲法の毫も嫌っているところではない。」旨の見解が示され，この点について特に異論が示されることなく，憲法が可決成立するに至っている。憲法と同時に施行された裁判所法が，3条3項において「この法律の規定は，刑事について，別に法律で陪審の制度を設けることを妨げない。」と規定しているのも，こうした経緯に符合するものである。憲法の制定に際しては，我が国において停止中とはいえ現に陪審制が存在していたことや，刑事裁判に関する諸規定が主に米国の刑事司法を念頭において検討されたこと等から，議論が陪審制を中心として行われているが，以上のような憲法制定過程を見ても，ヨーロッパの国々で行われていた参審制を排除する趣旨は認められない。……刑事裁判に国民が参加して民主的基盤の強化を図ることと，憲法の定める人権の保障を全うしつつ，証拠に基づいて事実を明らか

第17代長官　竹崎博允

にし，個人の権利と社会の秩序を確保するという刑事裁判の使命を果たすこととは，決して相容れないものではなく，このことは，陪審制又は参審制を有する欧米諸国の経験に照らしても，基本的に了解し得るところである。……（4）そうすると，国民の司法参加と適正な刑事裁判を実現するための諸原則とは，十分調和させることが可能であり，憲法上国民の司法参加がおよそ禁じられていると解すべき理由はなく，国民の司法参加に係る制度の合憲性は，具体的に設けられた制度が，適正な刑事裁判を実現するための諸原則に抵触するか否かによって決せられるべきものである。換言すれば，憲法は，一般的には国民の司法参加を許容しており，これを採用する場合には，上記の諸原則が確保されている限り，陪審制とするか参審制とするかを含め，その内容を立法政策に委ねていると解されるのである。……裁判員裁判の仕組みを考慮すれば，公平な「裁判所」における法と証拠に基づく適正な裁判が行われること（憲法31条，32条，37条1項）は制度的に十分保障されている上，裁判官は刑事裁判の基本的な担い手とされているものと認められ，憲法が定める刑事裁判の諸原則を確保する上での支障はないということができる。

また，竹崎長官が裁判員制度実施にかかる司法行政に関与したことが忌避事由に該当するかについて，**最大判平成23・5・31刑集65-4-373**は，次のように判示した。

所論は，要するに，竹崎裁判官は，〔1〕昭和63年に陪参審制度の研究のため渡米しており，また，〔2〕最高裁判所長官就任後，裁判員の参加する刑事裁判に関する法律の施行を推進するために裁判員制度を説明するパンフレット等の配布を許すとともに，〔3〕憲法記念日に際して裁判員制度を肯定するような発言をしていること等に照らし，裁判員制度の憲法適合性を争点とする本件について，刑訴法21条1項にいう「不公平な裁判をする虞」があるというのである。……しかし，所論〔1〕が指摘する渡米研究の点は，国民の司法参加に関する一般的な調査研究をしたというものにすぎない。……また，所論〔2〕が指摘するパンフレット等の配布に係る点は，最高裁判所長官である同裁判官が，国会において制定された法律に基づく裁判員制度について，その実施の任に当たる最高裁判所の司法行政事務を総括する立場において，司法行政事務として関与したものであり，所論〔3〕が指摘する憲法記念日に際しての発言も，同じ立場において，同制度の実施に関し，司法行政事務として現状認識や見通し及び意見を述べたものである。最高裁判所長官は，最高裁判所において事件を審理裁判する職責に加えて，上記のような司法行政事務の職責をも併せ有しているのであって（裁判所法一二条一項参照），こうした司法行政事務に関与することも，法律上当然に予定されているところであるから，そのゆえに事件を審理裁判する職責に差し支えが生ずるものと解すべき根拠はない。もとより，上記のような司法行政事務への関与は，具体的事件との関係で裁判員制度の憲法上の適否について法的見解を示したものではないことも明らかである。……その他

所論に鑑み検討しても，竹崎裁判官が本件につき刑訴法21条1項にいう「不公平な裁判をする虞」があるものということはできない。

司法行政事務に関与することの故に事件を審理裁判する職責に差し支えが生ずるものと解すべき根拠はないと一蹴されている点は，最高裁の考え方を知る上で興味深い。

2 小法廷判決・決定

■ 令状に関するもの

令状に関して注目されるのは，X線検査に関する**最決平成21・9・28刑集63-7-868**（**X線検査事件**）である。荷送人が宅配便業者に配送を依頼し，業者の運送過程下にある特定の荷物について，警察官がこれを短時間借り出し，内容物の射影を観察するためにこれをエックス線検査にかけたところ，**大阪地判平成18・9・13判タ1250-339**（655-657頁）は，これを適法とした。控訴審の原審も，宅配業者の承諾を得て行っている上，検査対象も限定的であったこと等に照らすと，本件X線照射は任意処分として許容される限度にあったとして被告人の有罪を認定した。これに対して，被告人側は，「本件X線検査は，任意捜査の範囲を超えた違法なものであり，本件において事実認定の用に供された覚せい剤及び覚せい剤原料は，同検査により得られた射影の写真に基づき取得された捜索差押許可状により得られたものであるから，違法収集証拠として排除されなければならない」と主張して，上告を申し立てた。本最決平成21・9・28は，X線検査の違法性に関しては，次のように判示し，弁護人の主張を認めた。

> 本件エックス線検査は，荷受人の依頼に基づき宅配便業者の運送過程下にある荷物について，捜査機関が，捜査目的を達成するため，荷送人や荷受人の承諾を得ることなく，これに外部からエックス線を照射して内容物の射影を観察したものであるが，その射影によって荷物の内容物の形状や材質をうかがい知ることができる上，内容物によってはその品目等を相当程度具体的に特定することも可能であって，荷送人や荷受人の内容物に対するプライバシー等を大きく侵害するものであるから，検証としての性質を有する強制処分に当るものと解される。そして，本件エックス線検査については検証許可状の発付を得ることが可能だったのであって，検証許可状によることなくこれを行った本件エックス線検査は，違法であるといわざるを得ない。

ただし，本決定で重要なのは，違法としたその先で，「その証拠収集過程に重大な違法があるとまではいえず，そのほか，これらの証拠の重要性等諸般の事情を総合すると，その証拠能力を肯定することができると解するのが相当である。」とされた点である。X線検査の結果が有罪認定に果たす上での大きな証明力に照らして，これを

第17代長官　竹崎博允

強制処分とする一方で，証拠排除は認めなかったものである。

■ 勾留に関するもの

　無罪判決が出た後の控訴審における勾留については，この期においても小法廷の判断が示されている。**最決平成23・10・5判時2135-143**がそれで，次のように判示した。

> 第一審裁判所が犯罪の証明がないことを理由として無罪の言渡しをした場合であっても，控訴審裁判所は，第一審裁判所の判決の内容，取り分け無罪とした理由及び関係証拠を検討した結果，なお罪を犯したことを疑うに足りる相当な理由があり，かつ，刑訴法三四五条の趣旨及び控訴審が事後審査審であることを考慮しても，勾留の理由及び必要性が認められるときは，その審理の段階を問わず，被告人を勾留することができるというべきである（最高裁平成一二年……六月二七日第一小法廷決定・刑集五四巻五号四六一頁，最高裁平成一九年……一二月一三日第三小法廷決定・刑集六一巻九号八四三頁参照）。以上のような観点から見て，被告人に対して犯罪の証明がないことを理由に無罪を言い渡した第一審判決を十分に踏まえても，なお被告人が罪を犯したことを疑うに足りる相当な理由があり，勾留の理由及び必要性も認められるとして本件勾留を是認した原決定に所論の違法はない。

　従前の最高裁判例によったものであるが，**最決平成12・6・27刑集54-5-461**（587-588頁＝東電OL事件）および**最決平成19・12・13刑集61-9-843**（695-697頁）を参照とされていることからみて，明示的ではないが，被告人が無罪判決を受けた場合の再度の勾留においては，勾留の要件が満たされているかどうかの判断は，起訴前あるいは第一審で審理しているときの勾留におけるそれよりも更に厳格なものでなければならないという部分も踏襲されているとみるべきであろう。

■ 公訴に関するもの

　公訴時効に関しても，「犯人が国外にある間は，それが一時的な海外渡航による場合であっても，刑訴法255条1項により公訴時効はその進行を停止すると解されるから，被告人につき公訴時効は完成しておらず，これを前提とする原判決の判断に誤りはない。」と判示した**最決平成21・10・20刑集63-8-1052**がみられる。

　重要なのは，**最決平成22・11・25民集64-8-1951**である。検察審査会の起訴議決に関する不服申立に関して，次のように判示した。

> 検察審査会法41条の6第1項所定の検察審査会による起訴をすべき旨の議決は，刑事訴訟手続における公訴提起（同法41条の10第1項）の前提となる手続であって，その適否は，刑事訴訟手続において判断されるべきものであり，行政事件訴訟を提起して争う

ことはできず，これを本案とする行政事件訴訟法25条2項の執行停止の申立てをすることもできない。したがって，上記議決の効力の停止を求める本件申立ては，不適法として却下を免れない。

本決定によれば，検察審査会による起訴議決の適否は行政事件訴訟で争うことはできず，刑事訴訟手続において判断されるべきであるとされた結果，起訴議決についても広範な訴追裁量権の保障が事実上及ぶことになった。

■ 裁判員裁判に関するもの

裁判員裁判が憲法に反しないかに関しても，前期に引き続き，小法廷判決がみられる。最大判平成23・11・16刑集65-8-1285（734-736頁）がそれで，合憲とし，次のように判示した。

裁判員裁判の仕組みを考慮すれば，公平な「裁判所」における法と証拠に基づく適正な裁判が行われること（憲法31条，32条，37条1項）は制度的に十分保障されている上，裁判官は刑事裁判の基本的な担い手とされているものと認められ，憲法が定める刑事裁判の諸原則を確保する上での支障はないということができる。

■ 公訴に関するもの

一罪の一部起訴に関しても最決平成21・7・21刑集63-6-762がみられる。被告人が公訴事実を認めたことなどから，第一審判決は訴因どおりの事実を認定した。しかし，被告人は，原審において，第一審で取り調べた被告人の供述調書に現われていた事実を援用して，訴因のうち4件の窃盗については，被告人が実行行為の一部を行ったものの，他に共謀共同正犯の責めを負うべき共犯者がおり，被告人は単独犯ではないから，第一審判決には事実誤認があると主張した。原判決は，2件の窃盗については，被告人が実行行為の全部を行ったこと，そして，他に実行行為を行っていない共謀共同正犯者が存在することが認められるとしたが，検察官が被告人を単独犯として起訴した以上，その訴因の範囲内で単独犯と認定することは許されるとして，第一審判決には事実誤認はないとした。これに対し，被告人は，実行行為の全部を一人で行っていても，他に共謀共同正犯者が存在する以上は，被告人に対しては共同正犯を認定すべきであり，原判決には事実誤認があるとして上告を申し立てた。本最決平成21・7・21は，上告を棄却したが，その理由について，次のように判示した。

検察官において共謀共同正犯の存在に言及することなく，被告人が当該犯罪を行ったとの訴因で公訴を提起した場合において，被告人1人の行為により犯罪構成要件のすべて

が満たされたと認められるときは，他に共謀共同正犯者が存在するとしてもその犯罪の証明の成否は左右されないから，裁判所は訴因どおりに犯罪事実を認定することが許されると解するのが相当である。

検察官の訴追裁量権を最大限に尊重するという裁判所の不動の姿勢がここでも顔をみせている。

■ 訴因の特定に関するもの

訴因の特定に関しても注目すべき小法廷決定がみられる。**最決平成22・3・17刑集64-2-111**がそれである。街頭募金詐欺の事案について，原審が，一連の詐欺を包括一罪として認定したところ，弁護人が上告した。本最決平成22・3・17は，次のように判示し，上告を棄却した。

罪となるべき事実は，募金に応じた多数人を被害者とした上，被告人の行った募金の方法，その方法により募金を行った期間，場所及びこれにより得た総金額を摘示することをもってその特定に欠けるところはないというべきである。

ここでも，訴追裁量権に対する強い配慮がみられる。

■ 伝聞法則に関するもの

被害再現調書の証拠能力に関しても**最決平成23・9・14刑集65-6-949**がみられる。電車内の痴漢行為（強制わいせつ）で起訴がなされたところ，第一審第三回公判期日において，被害者の証人尋問が実施された。検察官は，痴漢被害の具体的状況，痴漢犯人を捕まえた際の具体的状況，犯人と被告人との同一性等について尋問を行い，動作を交えた証言を得た後，被害状況等を明確にするために必要であるとして，捜査段階で撮影していた被害再現写真を示して質問することの許可を求めた。弁護人は，その際，写真によって証言のどの部分が明確になるかということが分るよう質問することを求めたが，写真を示すこと自体には反対せず，裁判官は被害再現写真を示して被害者質問を行うことを許可した。上記公判終了後，裁判所は，尋問に用いられた写真の写しを被害者証人尋問調書の末尾に添付する措置をとったが，添付することに同意するかどうかを当事者に明示的に確認していない。その後も，これらの写真を証拠として採用することはされていない。第一審判決は，主として被害者の証言により，被告人の電車内での強制わいせつ行為を認定した。

これに対し，原判決は，本件被害再現写真は，供述を明確にするに止まらず，犯行当時の状況に関して，独自の証明力を持つものであり，独立した証拠として扱うかど

V　この期の刑事判例の特徴

うかを明確にすることなく，これを漫然と調書に添付することは，当該写真の証拠としての位置付けに疑義を招くおそれがあって相当ではないとした上で，第一審判決が，写真を独立の証拠として扱い，実質判断に用いたというような事情は認められず，また，被害者供述は，上記写真の調書添付に左右されず十分信用に値するものであるから，第一審の措置に判決に影響を及ぼすような訴訟手続の法令違反はないとした。

弁護人は，検察官が示した被害再現写真は伝聞法則の例外の要件を具備せず，証拠として採用することができない証拠であって，このような写真を尋問に用いて記録の一部とすることは，伝聞証拠について厳格な要件を定めていることを潜脱する違法な措置であり，これが事実認定に影響を及ぼすことは明らかであると主張して，上告を申し立てた。本最決平成23・9・14は，上告を棄却したが，その理由について，次のように判示した。

　　被害再現写真を示すことは証言内容を視覚的に明確化するためであって，証人に不当な影響を与えるものであったとはいえないから，第1審裁判所が，刑訴法規則199条の12を根拠に被害再現写真を示して尋問することを許可したことに違法はない。……第1審裁判所が，証言の経過，内容を明らかにするため，証人に示した写真を刑訴規則49条に基づいて証人尋問調書に添付したことは適切な措置であったというべきである。この措置は，訴訟記録に添付された被害再現写真を独立した証拠として扱う趣旨のものではないから，この措置を決するに当たり，当事者の同意が必要であるといえない。……本件において証人に示した被害再現写真は，独立した証拠として採用されたものでないから，証言内容を離れて写真自体から事実認定を行うことはできないが，本件証人は証人尋問中に示された被害再現写真の内容を実質的に引用しながら上記のとおり証言しているのであって，引用された限度において被害再現写真の内容は証言の一部となっていると認められるから，そのような証言全体を事実認定の用に供することができるというべきである。このことは被害再現写真を独立した供述証拠として取り扱うものではないから，伝聞証拠に関する刑訴法の規定を潜脱するものではない。……本件において被害再現写真を示して尋問を行うことを許可し，その写真を訴訟記録に添付した上で，被害再現写真の内容がその一部となっている証言を事実認定の用に供した第1審の訴訟手続きは正当であるから，伝聞法則に関する法令違反の論旨を採用しなかった原判決は結論において是認できる。

伝聞法則に対する最高裁の姿勢が窺い知れて興味深い。本決定によれば，被害再現写真の内容は証言の一部になっていると認められるから，そのような証言全体を事実認定の用に供することができるというべきであるが，それは被害再現写真を独立した供述証拠として取り扱うものではないから，伝聞証拠に関する刑訴法の規定を潜脱す

るものではないとされているからである。このようにして，本決定によれば，被害者の公判供述を媒介にして被害再現写真を実質証拠として採用することに道が開かれることになった。この期の特筆される小法廷決定の一つとしえよう。

　国際捜査共助に関しても小法廷判決がみられる。**最判平成23・10・20刑集65-7-999**は，次のように判示した。

> 本件は，中華人民共和国（以下「中国」という。）から日本に留学してきた被告人が，（1）中国人の共犯者らと共謀の上，来日直後の中国人留学生の居室に押し入り，中国人留学生2人から現金等を強取した住居侵入，強盗，（2）中国人の共犯者らと共謀の上，日本語学校の校舎内に侵入して，現金等を盗んだ建造物侵入，窃盗，（3）中国人の共犯者らと共謀の上，中国人留学生の居室に侵入して，現金等を盗んだ住居侵入，窃盗，（4）中国人の共犯者と共謀の上，他の中国人になりすまして，電器店から携帯電話機1台等をだまし取った詐欺，（5）中国人の共犯者らと共謀の上，被害者方に押し入り，同人方の一家全員を殺害して金品を強取するとともに，その死体を海中に投棄して犯跡を隠ぺいすることを企て，一家4人を殺害してこれを実行した住居侵入，強盗殺人，死体遺棄，（6）交際していた中国人女性に対し，暴行を加えて負傷させた傷害の事案である。……前記（5）の事実については，中国の捜査官が同国において身柄を拘束されていた共犯者であるW及びYを取り調べ，その供述を録取した両名の供述調書等が被告人の第一審公判において採用されているが，所論は，上記供述調書等について，その取調べは供述の自由が保障された状態でなされたものではないなどとして，証拠能力ないし証拠としての許容性がないという。そこで検討するに，上記供述調書等は，国際捜査共助に基づいて作成されたものであり，前記（5）の犯罪事実の証明に欠くことができないものといえるところ，日本の捜査機関から中国の捜査機関に対し両名の取調べの方法等に関する要請があり，取調べに際しては，両名に対し黙秘権が実質的に告知され，また，取調べの間，両名に対して肉体的，精神的強制が加えられた形跡はないなどの原判決及びその是認する第一審判決の認定する本件の具体的事実関係を前提とすれば，上記供述調書等を刑訴法321条1項3号により採用した第一審の措置を是認した原判断に誤りはない。

　このようにして，国際捜査共助により中華人民共和国の当局が作成した供述調書の証拠能力を認めた**福岡地判平成17・5・19判時1903-3**（667-669頁）の判断が，最高裁でも是認されることになった。

■ 裁判所の釈明義務に関するもの

　裁判所の釈明義務に関しても**最判平成21・10・16刑集63-8-937**がみられる。強制わいせつ致死，殺人等について起訴がなされたが，公判前整理手続では，犯行場所が

「A荘201号室の被告人方室内」か「A荘1階の階段付近」かが主要な争点の一つとされた。第一審において，検察官は，本件犯行場所について，「A荘201号室の被告人方において」から「A荘及びその付近において」へと訴因変更を請求し，裁判所はこれを許可した。第一審は，被告人に対し無期懲役を宣告し，罪となるべき事実において，本件犯行場所を，変更後の訴因どおり「A荘及びその付近」であると認定した。当事者双方が控訴したところ，控訴審は，第一審判決を破棄し，本件を差し戻した。弁護人らは，被告人の検察官調書について，検察官の証拠調べ請求を却下した第一審裁判所の手続は相当であるにもかかわらず，原判決は，これらの調書が強制わいせつ致死，殺人の犯行場所を確定するため取調べの必要性が高く，検察官及び弁護人にその任意性について主張，立証の機会を与えないまま証拠調べ請求を却下したことに訴訟手続の法令違反があるとした点において，法令解釈を誤ったものであるとして，上告を申し立てた。本最判平成21・10・16は，原判決を破棄・差戻したが，その理由について，次のように判示した。

> 検察官が立証趣旨としていない事項について，検察官の被告人質問における発問内容にまで着目して検察官調書の内容やその証明力を推測して，先に述べたような釈明をしたり任意性立証の機会を付与したりするなどの措置を採るべき義務が第一審裁判所にあるとまでいうことはできない。そして，証拠の採否は，事実裁判所の合理的裁量に属する事項であるところ，本件訴訟の経過に照らせば，被告人の供述調書以外の犯罪事実に関する証拠を取り調べ，被告人質問を実施して一定の心証を形成していた第一審裁判所が，本件検察官調書の上記立証趣旨や検察官の意見を考慮し，任意性に関する証拠調べを行ってまで，本件検察官調書を取り調べることを考慮する必要はないと判断し，その取調べ請求を却下したとしても，直ちにこのような第一審の訴訟手続に違法があったということはできない。……本件検察官調書の取調べに関し，第一審裁判所に釈明義務を認め，検察官に対し，任意性立証の機会を与えなかったことが審理不尽であるとして第一審判決を破棄し，本件を第一審裁判所に差し戻した原判決は，第一次的に第一審裁判所の合理的裁量にゆだねられた証拠の採否について，当事者からの主張もないのに，前記審理不尽の違法を認めた点において，刑訴法294条，379条，起訴規則208条の解釈適用を誤った違法があり，これが判決に影響を及ぼすことは明らかであって，原判決を破棄しなければ著しく正義に反するものと認められる。

本判決によれば，当然のこととはいえ，証拠の採否は第一次的には第一審裁判所の合理的裁量に委ねられているとされている点が注目される。

第17代長官　竹崎博允

■　保釈に関するもの

　保釈に関しても**最決平成22・7・2判タ1331-93**がみられる。第一審は，本件保釈請求を却下したが，原審は，裁量により被告人の保釈を認めなかった原裁判は相当とは認められないとして，保釈を認めた。これに対して，検察官は，本件が悪質な凶暴事件であること，被告人は凶暴性が高いこと，公判前整理手続が終了しつつあっても罪証隠滅のおそれがあること，証人らが被告人を威怖していることなどを理由に，特別抗告を申し立てた。本最決平成22・7・2は抗告を棄却したが，その理由について，次のように判示した。

　　裁量により保釈を許可した原決定には，本件勾留に係る公訴事実とされた犯罪事実の性質等に照らせば，所論が指摘するような問題点もないとはいえないが，いまだ刑訴法411条を準用すべきものとまでは認められない。

　また，**最決平成22・12・20刑集64-8-1356**は，保釈保証金の没取に関して，次のように判示した。

　　本件請求は，第1審において懲役刑の実刑判決を受けた後保釈されていた者が，控訴棄却判決を受けた後，判決確定までの間に逃亡していたとして，検察官において刑訴法96条3項の適用ないし準用により保釈保証金の没取を求めるものである。……記録によれば，被請求人は，大阪地方裁判所において詐欺被告事件につき懲役2年6月の判決を受けた後，控訴する一方，保釈許可決定を受けて釈放されたが，平成22年1月29日大阪高等裁判所において控訴棄却判決を受けたこと，同判決に対して上告したが，控訴棄却判決後の保釈請求が却下された後も勾留のための呼出しに応じず，同年3月5日頃から所在不明となっていたこと，同年7月20日に身柄を確保されて収容されると，同月21日に上告を取り下げ，その収容中に判決が確定して刑の執行が開始されたことが認められる。……刑訴法96条3項は，その文理及び趣旨に照らすと，禁錮以上の実刑判決が確定した後に逃亡等が行われることを保釈保証金没取の制裁の予告の下に防止し，刑の確実な執行を担保することを目的とする規定であるから，保釈された者が実刑判決を受け，その判決が確定するまでの間に逃亡等を行ったとしても，判決確定までにそれが解消され，判決確定後の時期において逃亡等の事実がない場合には，同項の適用ないし準用により保釈保証金を没取することはできないと解するのが相当である。

■　事実認定に関するもの

　事実認定に関しては，三つの小法廷判決が注目される。一つは**最判平成21・4・14刑集63-4-331**である。第一審判決は，電車内で痴漢被害を受けたとする女性Vの供述の信用性を認め，公訴事実と同旨の犯罪事実を認定し，被告人を懲役1年10月に

処した。原判決も，第一審判決の事実認定を是認して，被告人からの控訴を棄却した。しかし，本最判平成21・4・14は，破棄自判し，被告人を無罪とした。そして，その理由について，次のように判示した。

　同駅までにVが受けたという痴漢被害に関する供述の信用性にはなお疑いをいれる余地がある。そうすると，その後にVが受けたという公訴事実記載の痴漢被害に関する供述の信用性についても疑いをいれる余地があることは否定しがたいのであって，Vの供述の信用性を全面的に肯定した第一審判決及び原判決の判断は，必要とされる慎重さを欠くものというべきであり，これを是認することはできない。被告人が公訴事実記載の犯行を行ったと断定するについては，なお合理的な疑いが残るというべきである。

最判平成23・7・25判時2132-134 も，同種の事件に関し，次のように判示し，原判決を破棄，自判した。

　本件公訴事実のうち，暴行，脅迫及び姦淫行為の点を基礎付ける客観的な証拠は存しない。そうすると，上記事実を基礎付ける証拠としては，Aの供述があるのみであるから，その信用性判断は特に慎重に行う必要がある。Aは，午後七時一〇分頃，人通りもある駅前付近の歩道上で，被告人から付近にカラオケの店が所在するかを聞かれ，それに答えるなどの会話をしている途中で突然「ついてこないと殺すぞ。」と言われ，服の袖をつかまれ，被告人が手を放した後も，本件ビルの階段入口まで被告人の後ろをついて行ったと供述する。しかし，その時間帯は人通りもあり，そこから近くに交番もあり，駐車場の係員もいて，逃げたり助けを求めることが容易にできる状況であり，そのことはAも分かっていたと認められるにもかかわらず，叫んだり，助けを呼ぶこともなく，また，本件現場に至るまで物理的に拘束されていたわけでもないのに，逃げ出したりもしていない。これらのことからすると，「恐怖で頭が真っ白になり，変に逃げたら殺されると思って逃げることができなかった。」というAの供述があることを考慮しても，Aが逃げ出すこともなく，上記のような脅迫等を受けて言われるがままに被告人の後ろを歩いてついて行ったとするAの供述内容は，不自然であって容易には信じ難い。また，Aは，本件現場で無理矢理姦淫される直前に，被告人やAのいる1m50cm程度のすぐ後ろを制服姿の警備員が通ったが，涙を流している自分と目が合ったので，この状況を理解してくれると思い，それ以上のことはしなかったと供述している。しかし，当時の状況が，Aが声を出して積極的に助けを求めることさえ不可能なものであるかは疑問であり，強姦が正に行われようとしているのであれば，Aのこのような対応は不自然というほかなく，この供述内容も容易に信じ難い。……以上によれば，Aは，被告人に対して抵抗することが著しく困難な状況に陥っていたといえるかは疑問であり，Aのいうような脅迫等があったとすることには疑義がある。……次に，姦淫の有無については，Aは，20cm余りの身長差のある被告人に右脚を被告人の左手で持ち上げられた不安定な体勢

で，立ったまま無理矢理姦淫された旨供述するが，これは，わずかな抵抗をしさえすればこれを拒むことができる態様であるし，このような体勢においては被告人による姦淫が不可能ではないにしても容易でなく，姦淫が行われたこと自体疑わしいところである。加えて，そのように供述するにもかかわらず，本件当日深夜に採取されたＡの膣液からは，姦淫の客観的証拠になり得る人精液の混在は認められなかったし，膣等に傷ができているなどの無理矢理姦淫されたとするＡの供述の裏付けになり得る事実も認められなかった。このほか，Ａがコンビニエンスストアのゴミ箱に捨てたと供述する破れたパンティストッキングは，直後の捜査によっても発見されていない。さらに，Ａは，破れたパンティストッキングを捨てた後，当初は，コンビニエンスストアで新たにパンティストッキングのみを購入したとしていたのを，その後，コンビニエンスストアでのレジの記録からこれに符合する購入が認められないとなると，第１審では何かを一緒に購入したかもしれないとして，レジの記録に沿うよう供述を変化させ，原審では飲物を買ったような記憶があるとしており，供述内容に変遷が見られる。このように，姦淫行為に関する一連のＡの供述は，不自然さを免れず，姦淫行為があったとすることには疑義がある。……他方，被告人は，三万円の現金をチラシにはさんでＡに見せながら，報酬の支払を条件にその同意を得て，本件現場にＡと一緒に行き，手淫をしてもらって射精をしたなどと供述しているところ，その供述内容と同様の……事実が存すること，被告人は，日頃からそのような行為にしばしば及んでいた旨供述するところ，被告人の携帯電話中に保存されていた写真の中には，そうした機会に撮影されたと見られるものが相当数存することなどの事情を併せ考慮すると，本件に関する被告人の供述はたやすく排斥できない。……原判決の事実認定の当否の審査は，前記のとおり，論理則，経験則等に照らして不合理といえるかどうかの観点から行うべきところ，第一審判決及び原判決が判示する点を考慮しても，上記のような諸事情があるにもかかわらず，これについて適切に考察することなく，全面的にＡの供述を信用できるとした第一審判決及び原判決の判断は，経験則に照らして不合理であり，是認することができない。したがって，被告人が本件公訴事実記載の犯行を行ったと断定するについては，なお合理的な疑いが残るというべきであり，本件公訴事実について有罪とするには，犯罪の証明が十分でないものといわざるを得ない。

最判平成22・4・27刑集64-3-233 も，原判決を破棄差し戻している。息子の妻及びその夫婦の長男を息子宅内で殺害し，その後，同室内で放火したという殺人，現住建造物等放火の事実で起訴された被告人に対し，第一審は，ほぼ公訴事実と同じ事実を認定し，被告人を無期懲役に処した。これに対し，被告人は，訴訟手続の法令違反，事実誤認を理由に控訴し，検察官は量刑不当を理由に控訴した。原判決は，被告人の控訴趣意のうち，司法警察員に対する供述調書には任意性がなく，これを採用した第一審の措置には訴訟手続の法令違反があることは認めつつも，事実誤認の主張につい

ては，第一審判決の判断は概ね正当であり，同供述調書を排除しても，第一審判決が異なったものとなった蓋然性はないのであるから，この訴訟手続の法令違反は判決に影響を及ぼすことの明らかなものといえないとした。その上で，検察官の主張する量刑不当の控訴趣意には理由があるとして，第一審判決を破棄し，第一審判決が認定した罪となるべき事実を前提に，被告人に死刑を言い渡した。しかし，本最判平成22・4・27は原判決を破棄し差し戻した。その理由について，次のように判示した。

> 状況証拠によって事実認定すべき場合であっても，直接証拠によって事実認定する場合と比べて立証の程度に差があるわけではないが……，直接証拠がないのであるから，状況証拠によって認められる間接事実中に，被告人が犯人でないとしたならば合理的に説明することができない（あるいは，少なくとも説明が極めて困難である）事実関係が含まれていることを要するものというべきである。ところが，本件において認定された間接事実は，以下のとおり，この点を満たすものとは認められず，第1審及び原審において十分な審理が尽くされたとはいい難い。

これらの小法廷判決では，いずれも高裁の安易な有罪の事実認定に警鐘が鳴らされている。必罰主義の傾向が強い最高裁であっても警鐘を鳴らさなければならない程，下級審裁判官の事実認定に安易な部分が目につくということであろうか。

■ 上訴に関するもの

上訴に関しては，**最判平成21・7・14刑集63-6-623**が注目される。次のように判示し，刑訴法403条の2第1項は憲法32条に違反しないとした。

> 刑訴法403条の2第1項は，上記のような即決裁判手続の制度を実効あらしめるため，被告人に対する手続保障と科刑の制限を前提に，同手続による判決において示された罪となるべき事実の誤認を理由とする控訴の申立てを制限しているものと解されるから，同規定については，相応の合理的な理由があるというべきである。……そうすると，刑訴法403条の2第1項が，憲法32条に違反するものでないことは，当裁判所の前記各大法廷判例の趣旨に徴して明らかであって，所論は理由がない……。

上告審における訴訟条件の認定に関して，**最決平成23・10・26刑集65-7-1107**は，次のように判示した。

> 記録によれば，1，2審における審理の経過等は以下のとおりである。……被告人は，覚せい剤を外国から本邦に持ち込んだ上，税関の旅具検査場を通過しようとした行為について，当初，覚せい剤取締法違反の罪（営利目的輸入）で起訴され，その後，関税法違反の罪（輸入してはならない貨物の輸入未遂）の訴因が追加されて審理され，両訴因

について有罪とする第1審判決が言い渡された。被告人は，これを不服として控訴を申し立てたが，控訴を棄却する旨の原判決が言い渡された。この間，1，2審では，上記関税法違反の罪について，告発の存在に関する証拠は提出されなかった。……本件関税法違反の罪は，同法140条所定の告発をまって論ずべきものとされているから，訴訟条件である告発の存在を確認しないまま審理，判決した1，2審の訴訟手続にはその調査を怠った法令違反があるといわざるを得ない。……しかしながら，記録によれば，原判決後，本件関税法違反の事件を告発した告発書の謄本を含む関係証拠が検察官から原審に提出され，被告人の上告申立てを受けて原審から当審に送付された記録中には，これら関係証拠がつづられており，上記謄本の写しは，当審から弁護人に送付された。……訴訟条件である告発の存在については，当審において，証拠調手続によることなく，適宜の方法で認定することができるものと解されるところ，以上のような事情の下においては，記録中の上記謄本により，上記訴因の追加に先立って，本件関税法違反の罪について同法140条所定の告発があったことを認めることができる。そうすると，1，2審が告発について調査を怠ったという上記の法令違反は，結局，判決に影響を及ぼすべきものとはいえないことに帰する。

訴訟条件である告発の存在については，証拠調べ手続によることなく，適宜の方法で認定することができるとされている点が注目される。

■ 上訴審の構造に関するもの

上訴審の構造に関して，すでに前掲・**最判平成21・4・14刑集63-4-331**（744頁）は，「当審における事実誤認の主張に関する審査は，当審が法律審であることを原則としていることにかんがみ，原判決の認定が論理則，経験則等に照らして不合理といえるかどうかの観点から行うべき」と判示していた。それでは，控訴審の性格はどう考えるべきであろうか。第一審に裁判員裁判制度が導入されたために，この点が改めて問われることになった。**最判平成24・2・13判時2145-9**は，次のように判示した。

> 刑訴法は控訴審の性格を原則として事後審としており，控訴審は，第一審と同じ立場で事件そのものを審理するのではなく，当事者の訴訟活動を基礎として形成された第一審判決を対象とし，これに事後的な審査を加えるべきものである。第一審において，直接主義・口頭主義の原則が採られ，争点に関する証人を直接調べ，その際の証言態度等も踏まえて供述の信用性が判断され，それらを総合して事実認定が行われることが予定されていることに鑑みると，控訴審における事実誤認の審査は，第一審判決が行った証拠の信用性評価や証拠の総合判断が論理則，経験則等に照らして不合理といえるかという観点から行うべきものであって，刑訴法三八二条の事実誤認とは，第一審判決の事実認定が論理則，経験則等に照らして不合理であることをいうものと解するのが相当である。

したがって，控訴審が第一審判決に事実誤認があるというためには，第一審判決の事実認定が論理則，経験則等に照らして不合理であることを具体的に示すことが必要であるというべきである。このことは，裁判員制度の導入を契機として，第一審において直接主義・口頭主義が徹底された状況においては，より強く妥当する。……上記のとおり，第一審判決は，検察官主張の間接事実〔１〕ないし〔４〕は被告人に違法薬物の認識があったと推認するに足りず，また，間接事実〔５〕はその認識をうかがわせるものではあるが，違法薬物の認識を否定する被告人の弁解にはそれを裏付ける事情が存在し，その信用性を否定することができないとして，被告人を無罪としたものである。……第一審判決は，これらの間接事実を個別に検討するのみで，間接事実を総合することによって被告人の違法薬物の認識が認められるかどうかについて明示していないが，各間接事実が被告人の違法薬物の認識を証明する力が弱いことを示していることに照らすと，これらを総合してもなお違法薬物の認識があったと推認するに足りないと判断したものと解される。……したがって，本件においては，上記のような判断を示して被告人を無罪とした第一審判決に論理則，経験則等に照らして不合理な点があることを具体的に示さなければ，事実誤認があるということはできない。

控訴審が第一審判決に事実誤認があるというためには，第一審判決の事実認定が論理則，経験則等に照らして不合理であることを具体的に示すことが必要であるというべきで，このことは，裁判員制度の導入を契機として，第一審において直接主義・口頭主義が徹底された状況においては，より強く妥当するとされている点が注目される。控訴の大部分は，第一審の有罪判決に対して被告人・弁護人側が行う場合だからである。ちなみに，控訴審の性格については，事後審とする判例に対して，学説では続審という理解も有力であったが，裁判員裁判制度の導入を契機として，学説でも事後審論への回帰がみられるといえよう。

■ 訴訟費用に関するもの

刑事施設に収容され刑の執行が開始された後の保釈保証金の没取についても，小法廷決定がみられる。**最決平成21・12・9刑集63-11-2907**がそれで，次のように判示し，没取ができるとした。

> 刑訴法96条3項は，保釈された者について，禁錮以上の実刑判決が確定した後，逃亡等の所定の事由が生じた場合には，検察官の請求により，保証金の全部又は一部を没取しなければならない旨規定しているが，この規定は，保釈保証金没取の制裁の予告の下，これによって逃亡等を防止するとともに，保釈された者が逃亡等をした場合には，上記制裁を科することにより，刑の確実な執行を担保する趣旨のものである。このような制度の趣旨にかんがみると，保釈された者について，同項所定の事由が認められる場合に

は，刑事施設に収容され刑の執行が開始された後であっても，保釈保証金を没取することができると解するのが相当である。これと同旨の原決定は正当である。

■ 非常上告に関するもの

公訴棄却すべきであったにもかかわらず，公訴事実通り有罪を認定し，略式命令を出したところ，被告人が，略式命令確定後に本邦を出国し，非常上告申立て時において再入国していなかった。この場合，検事総長は最高裁判所に非常上告をすることができるか。これについて判断を示したのが**最判平成22・7・22刑集64-5-819**で，次のように判示した。

被告人は，原略式命令確定後に本邦を出国し非常上告申立て時において再入国していないことが認められるが，非常上告制度の目的等に照らすと，このような場合においても，検事総長は最高裁判所に非常上告をすることができる。

■ 再審に関するもの

再審に関しても小法廷決定がみられる。**最決平成21・9・29刑集63-7-919**もその一つで，次のように判示した。

再審請求人により選任された弁護人が，再審請求のための記録確認を目的として，当該再審請求がされた刑事被告人事件に係る保管記録の閲覧を請求した場合には，同弁護人は，法4条2項ただし書きにいう「閲覧につき正当な理由があると認められる者」に該当するというべきであり，保管検察官は，同項5号の事由の有無にかかわらず，保管記録を閲覧させなければならない。そうすると，原裁判所は，本件閲覧不許可処分を取り消し，本件記録部分を申立人に閲覧させるよう命ずる裁判をすべきだったのであり，原決定には決定に影響を及ぼすべき法令の解釈適用の誤りがあって，これを取り消さなければ著しく正義に反するものと認められる。

最決平成22・4・5判タ1331-83（名張毒ぶどう酒事件第7次再審請求特別抗告審決定）も注目される。原審は，提出された新証拠をいずれも刑訴法435条6号にいう「無罪を言い渡すべき明らかな証拠を新たに発見したとき」に当たらないとしたが，本最決平成22・4・5は，これを破棄し，差し戻したからである。その理由について，次のように判示した。

原決定が，本件毒物はニッカリンTであり，トリエチルプロホスフェートもその成分として含まれていたけれども，三重県衛生研究所の試験によっては，それを検出することができなかったと考えることも十分に可能であると判断したのは，科学的知見に基づく

検討をしたとはいえず，その推論過程に誤りがある疑いがあり，いまだ事実は解明されていないのであって，審理が尽くされているとはいえない。これが原決定に影響を及ぼすことは明らかであり，原決定を取り消さなければ著しく正義に反するものと認められる。

3　下級審判決・決定

■ 捜査に関するもの

捜査に関しては，この期も注目される下級審判決がみられる。**東京高判平成21・7・1判タ1314-302**もその一つである。原判決が，一部の捜査手続の違法を認めつつ，本件鑑定書の証拠能力を認め，被告人を有罪にしたところ，弁護人は控訴を申し立てた。本東京高判平成21・7・1は控訴を棄却し，本件取調室内での留め置きの適法性について，次のように判示した。

> 本件では，強制採尿令状請求に伴って被告人を留め置く必要性・緊急性は解消されていなかったのであり，他方，留め置いた時間も前記の程度にとどまっていた上，被告人を留め置くために警察官が行使した有形力の態様も前記の程度にとどまっていて，同時に，場所的な行動の自由が制約されている以外には，被告人の自由の制限は最小限度にとどまっていたと見ることができる。……そして，捜査官は令状主義に則った手続を履践すべく，令状請求していたのであって，もとより令状主義を潜脱する意図などなかったと見ることができる。……そうすると，本件における強制手続への移行段階における留め置きも，強制採尿令状の執行に向けて対象者の所在確保を主たる目的として行われたものであって，いまだ任意捜査として許容される範囲を逸脱したものとまでは見られないものであったと認めるのが相当である。

捜査実務への強い配慮がうかがえる。

それは，**東京高判平成22・6・7LEX/DB25463687**においても同様である。「警察官らの行為は説得行為の域を出るものとはいえず，時間的にも，本件の経緯に照らし，不当に長時間にわたるものとはいえない。また，警察官らが，救急車に同乗し，診察室に入って被告人の動静を監視したことも，職務質問を継続し，証拠隠滅を防止する目的によるものとして相当性を欠くものとはいえない。」と判示した。

東京高判平成22・11・8高刑集63-3-4も，職務質問の開始から捜索差押許可状（強制採尿令状）が被告人に呈示されるまで，被告人を職務質問の現場に約4時間にわたり留め置いた行為について，次のように判示した。

> 本件におけるこのような留め置きの適法性を判断するに当たっては，午後4時30分ころ，B巡査部長が，被告人から任意で尿の提出を受けることを断念し，捜索差押許可状（強

第17代長官　竹崎博允

制採尿令状。以下「強制採尿令状」ともいう。）請求の手続に取りかかっていることに留意しなければならない。すなわち、強制採尿令状の請求に取りかかったということは、捜査機関において同令状の請求が可能であると判断し得る程度に犯罪の嫌疑が濃くなったことを物語るものであり、その判断に誤りがなければ、いずれ同令状が発付されることになるのであって、いわばその時点を分水嶺として、強制手続への移行段階に至ったと見るべきものである。したがって、依然として任意捜査であることに変わりはないけれども、そこには、それ以前の純粋に任意捜査として行われている段階とは、性質的に異なるものがあるとしなければならない。……そこで、以上のような観点に立って、まず、純粋に任意捜査として行われている段階について検討すると、B巡査部長らが被告人に対して職務質問を開始した経緯や、被告人の挙動、腕の注射痕の存在等から尿の任意提出を求めたことには何ら違法な点はない。そして、注射痕の理由や尿の任意提出に応じられないとする理由が、いずれも虚偽を含む納得し得ないものであったことや、後に警察署に出頭して尿を任意提出するとの被告人の言辞も信用できないとして、午後4時30分ころの時点で強制採尿令状の請求に取りかかったことも、前記の原判決が認定する事情の下では、当然の成り行きであって、妥当な判断というべきである。そして、この間の時間は約40分間であって、警察官から特に問題とされるような物理力の行使があったようなことも、被告人自身述べていない。これらに照らすと、この間の留め置きは、警察官らの求めに応じて被告人が任意に職務質問の現場に留まったものと見るべきであるから、そこには何ら違法、不当な点は認められない。……次に、午後4時30分ころ以降強制採尿令状の執行までの段階について検討すると、同令状を請求するためには、予め採尿を行う医師を確保することが前提となり、かつ、同令状の発付を受けた後、所定の時間内に当該医師の許に被疑者を連行する必要もある。したがって、令状執行の対象である被疑者の所在確保の必要性には非常に高いものがあるから、強制採尿令状請求が行われていること自体を被疑者に伝えることが条件となるが、純粋な任意捜査の場合に比し、相当程度強くその場に止まるよう被疑者に求めることも許されると解される。これを本件について見ると、午後4時30分ころに、被告人に対して、強制採尿令状の請求をする旨告げた上、B巡査部長は同令状請求準備のために警察署に戻り、午後7時ころ東京簡易裁判所裁判官に対し同令状の請求をして、午後7時35分同令状が発付され、午後7時51分、留め置き現場において、これを被告人に示して執行が開始されているが、上記準備行為から強制採尿令状が発付されるまでの留め置きは約3時間5分、同令状執行までは約3時間21分かかっているものの、手続の所要時間として、特に著しく長いとまでは認められない。また、この間の留め置きの態様を見ると、前記C巡査部長ら警察官が駐車している被告人車両のすぐそばにいる被告人と約4、5メートル距離を置いて被告人を取り巻いたり、被告人が同車両に乗り込んだ後は、1、2メートル離れて同車両の周囲に位置し、さらに同車両の約2.5メートル手前に警察車両を駐車させ、午後5時35分ころからは、被告人車両の約10メートル後方にも別の警察車両を停め、その間、

被告人からの「まだか。」などとの問い掛けに対して，「待ってろよ。」と答えるなどして，被告人を留め置いたというものであるが，このような経緯の中で，警察官が被告人に対し，その立ち去りを防ごうと身体を押さえつけたり，引っ張ったりするなどの物理力を行使した形跡はなく，被告人の供述によっても，せいぜい被告人の腕に警察官が腕を回すようにして触れ，それを被告人が振り払うようにしたという程度であったというのである。そして，その間に，被告人は，被告人車両内で携帯電話で通話をしたり，たばこを吸ったりしながら待機していたというのであって，この段階において，被告人の意思を直接的に抑圧するような行為等はなされておらず，駐車車両や警察官が被告人及び被告人車両を一定の距離を置きつつ取り囲んだ状態を保っていたことも，上記のように，強制採尿令状の請求手続が進行中であり，その対象者である被告人の所在確保の要請が非常に高まっている段階にあったことを考慮すると，そのために必要な最小限度のものにとどまっていると評価できるものである。加えて，警察官らは，令状主義の要請を満たすべく，現に，強制採尿令状請求手続を進めていたのであるから，捜査機関に，令状主義の趣旨を潜脱しようとの意図があったとは認められない。

捜査官が令状請求の手続に取りかかれば，その時点を分水嶺として，強制手続への移行段階に至ったとみるべきである。したがって，依然として任意捜査であることに変わりはないが，そこには，それ以前の純粋に任意捜査として行われている段階とは，性質的に異なるものがあり，純粋な任意捜査の場合に比し，相当程度強くその場に止まるよう被疑者に求めることも許されると解されるとされている点が注目される。ここでも，強制処分法定主義についての新たな「法創造」がみられる。

これらの判決と異なり，捜査実務に警鐘を鳴らした下級審判決もみられる。おとり捜査に関する**福岡高判平成23・2・3判タ1372-101**がそれで，次のように判示した。

> 本件は，本件強盗計画に関与し，これを通報した被控訴人が，佐賀警察署により，捜査協力として同計画どおり共犯者と合流して被害者宅まで共犯者を連れて行くということをさせられた上，身柄拘束までされたほか，虚偽の報道発表がされた結果誤った新聞報道がされ，精神的苦痛を被ったとして，控訴人に対し，国家賠償法1条1項に基づき，損害賠償金330万円……及びこれに対する上記新聞報道がされた日である平成19年7月30日から支払済みまで民法所定の年5分の割合による遅延損害金の支払を求めた事案である。……警察は，個人の生命，身体及び財産の保護に任じ，犯罪の予防及び鎮圧等に当たることをもってその責務とするところ（警察法2条1項），警察官が，犯意を喪失して警察に犯罪計画を申告した者（以下，単に「協力者」ともいう。）に対して当該犯罪計画の実行又は続行を要請してこれに着手させることは，実質的に当該犯罪行為を教唆し犯罪を作出するものであるから，それが犯罪の予防及び鎮圧等にとって必要であり，かつ，ほかに採り得る方法がないという場合でない限り，警察官としての職務上の義務

に反するものというべきである。……他方，協力者は，犯意を喪失して，犯罪を予防し鎮圧すべき警察に犯罪計画を申告しているのであるから，警察官がそのような協力者に対して当該犯罪計画の実行又は続行を要請してこれに着手させることは，協力者の側から執拗にこれを申し出るなどしたために警察官においてやむを得ず行ったなどの特段の事情がない限り，犯意を喪失した協力者が犯罪をするよう翻意させられないという利益を不当に損なうものといわなければならない。そして，上記警察法の趣旨及び刑事法規が法益侵害の抑止を目的としていることなどにかんがみると，協力者の上記利益は，法的保護に値する人格的利益であると解するのが相当である。……したがって，警察官が，その職務上の義務に反し，協力者に対して当該犯罪計画の実行又は続行を要請してこれに着手させたときは，上記特段の事情がない限り，協力者の上記人格的利益を侵害するものとして国家賠償法上違法となるというべきである。……これを本件についてみるに，被控訴人は，警察に本件強盗計画を申告し，自首したものであって，7月28日の本件強盗計画に係る強盗行為（予備行為を含む。）を行う意思はなかった（犯意を喪失した）ものである。しかるに，本件の捜査官は，被控訴人に対して本件強盗計画の続行（本件捜査協力）を要請してこれに着手させたものである。そして，警察は，被控訴人からの事情聴取等により被害者宅を特定していたのであるから，被害者方を警備することなどにより7月28日の本件犯行を阻止することができた（控訴人は，本件捜査には緊急性があった旨主張するが，この点からして失当である。）。また，警察は，その後も，被害者宅の警備を継続しつつ，被控訴人を更に取り調べるなどして共犯者についての捜査を進めることで本件強盗計画に基づく犯行を抑止しつつ共犯者を検挙することができたものと考えられる。したがって，被控訴人に対して本件捜査協力を要請してこれに着手させることが犯罪の予防及び鎮圧等にとって必要であったということはできないから，本件の捜査官は，警察官としての職務上の義務に反したものというべきである。……そして，本件全証拠によっても，協力者である被控訴人の側から執拗に本件強盗計画の続行を申し出るなどしたために本件の捜査官においてやむを得ず行ったなどの特段の事情を認めるに足りない。……以上によれば，本件の捜査官は，その職務上の義務に反して被控訴人の前記人格的利益を違法に侵害したものというべきであり，控訴人は，国家賠償法1条1項に基づき，本件の捜査官の上記行為によって被控訴人が被った損害を賠償する責任を負うものである。……なお，控訴人は，本件の捜査官が被控訴人に対して本件捜査協力を要請したことが違法であるというためには，少なくともそれが刑事訴訟法上の違法な捜査方法であることを要するなどと主張する。しかし，警察官が協力者に対して当該犯罪計画の実行又は続行を要請してこれに着手させることが違法となる根拠は，前判示のとおり，犯罪の予防及び鎮圧等に当たることをもってその責務とする警察が，実質的に犯罪行為を教唆し犯罪を作出するところ（刑罰法規が法益侵害の抑止を目的としているのに，捜査機関がその法益侵害を惹起，助長する活動を行うというところ）にあるのであり，刑事訴訟法に違反するか否かを論じるまでもない。控訴人の上記主張はいず

■ 自己負罪拒否特権に関するもの

東京高判平成22・11・1判タ1367-251は，次のように判示し，黙秘権を侵害して得られた警察官調書を証拠排除した。

検討するに，被告人の警察官調書……は，原判示第3の放火事件が発生した6月12日の翌日に，同事件の捜査のために，被告人を参考人として事情聴取をして作成された供述録取書であるが，捜査機関は，連続放火犯人の容疑者の一人として6月4日から被告人の尾行をしていたのであり，被告人を6月13日に参考人として事情聴取した際，原判示第3の放火事件について被告人の立件を視野に入れて被告人を捜査対象としていたとみざるを得ないが，この警察官調書については，捜査機関が，被告人に黙秘権を告げず，参考人として事情聴取し，しかも放火発生時の被告人の行動などに関して，被告人に不利益な事実の承認を録取した書面を作成したものであるから，この警察官調書は，黙秘権を実質的に侵害して作成した違法があるといわざるを得ず，被告人に不利益な事実の承認があるからといって，これを刑訴法322条1項により証拠として採用して取り調べ，被告人の有罪認定の証拠として用いることは，許されないといわなければならない。したがって，弁護人から不同意，任意性を争うとの証拠意見が述べられているこの警察官調書について，検察官からの刑訴法322条1項による取調べ請求に対し，弁護人が異議がないと述べても，原審が，これを証拠として採用して取り調べ，原判決の（証拠の標目）欄に掲げて，原判示第3の事実について，被告人の有罪認定の証拠として用いたのは違法であるといわなければならない。

ただし，最終的には排除した調書以外の証拠でも公訴事実が認められるとした。

■ 接見交通に関するもの

接見交通に関しては，福岡高判平成23・7・1判時2127-9が注目される。次のように判示した。

当裁判所も，刑訴法三九条一項所定の秘密交通権は，憲法三四条の保障に由来するものであり，同条にいう「立会人なくして」との文言は，接見に際して捜査機関が立ち会ってはならないということを意味するにとどまらず，弁護人等の固有権として，接見終了後においても，接見内容を知られない権利を保障したものであると解するのが相当であること，他方で，憲法が刑罰権の発動ないし刑罰権発動のための捜査権の行使が国家の権能であることを当然の前提としていることに照らし，被疑者等と弁護人等との接見交通権は，刑罰権ないし捜査権に絶対的に優先するような性質のものとはいえないこと，しかしながら，捜査機関は，刑訴法三九条一項の趣旨を尊重し，被疑者等が有効かつ適

第17代長官　竹崎博允

切な弁護人等の援助を受ける機会を確保するという同項の趣旨を損なうような接見内容の聴取を控えるべき注意義務を負っているといえ，捜査機関がこれに反して接見内容の聴取を行った場合，捜査機関の接見内容の聴取行為は国賠法上違法となると解すべきであること，また，起訴後も，検察官は，公判において，証拠調べ請求や被告人質問等の職務行為をするに当たり，被疑者等が有効かつ適切な弁護人等の援助を受ける機会を確保するという同項の趣旨を損なわないようにすべき注意義務を負っており，これに違反して職務行為を行った場合に，当該職務行為は，国賠法上違法となると解すべきであることについては，原判決と同様の見解を有するものである。……これに対し，控訴人は，最高裁平成一一年判決（平成11年3月24日大法廷判決—引用者）は，法律で調整規定を設けることを許容したにとどまり，接見交通権も適正な法律による調整に服するという意味で無制限ではないが，法律による調整以外の制約は受けないというべきであるところ，刑訴法三九条三項は，接見における「日時・場所・時間」という接見の機会について限界を定めているにすぎず，接見内容そのものについては何ら制限を認めていないのであるから，接見交通権にも「内在的制約」があることを理由に，捜査機関が接見内容を聴取することは到底許されないというべきであるし，高見・岡本国賠判決も，検察官側における聴取の必要性等がいかなるものであっても，秘密交通権を侵害する行為は当然に禁止することを宣言しており，原判決の判断枠組みは，同判決とも整合しないと主張する。……しかしながら，刑訴法上，被疑者の取調べは，被疑者の弁解，主張を含む供述を聴取して犯罪の嫌疑を明らかにし，起訴，不起訴を決定し，また，その後の公判手続を含めて，刑罰法令を適正に適用するために不可欠なものと位置づけられており，捜査機関は，被疑者から当該事件の詳細を聴取することはもちろんのこと，供述内容の真偽を明らかにするために，その供述の信用性を十分に吟味することが必要となるところ，被疑者等がある時点でそれまでそれなりに一貫していた供述を突然に翻して相反する供述をするに至ったり，あるいは従前から何度も供述を変転，変遷させ，かつ，その変転，変遷の理由が必ずしも合理的とは認められない場合などにおいて，取調べに当たっている捜査官が被疑者等に対しその供述を変えた理由等について聴き出そうとするのは，捜査官として当然であり，また職責でもあるから，こうした際に，被疑者等の供述が弁護人等との接見内容に及ぶことはままあり得ることであって，その限度において，捜査権の行使が秘密交通権の保障と抵触することは，事実としては承認せざるを得ないところである……。……そして，そのような場合に，被疑者等が有効かつ適切な弁護人等の援助を受ける機会を確保するという刑訴法三九条一項の趣旨を損なうことにならない限りにおいて，捜査機関が被疑者等から接見内容に係る供述を聴取したことが，直ちに国賠法上違法となると断ずることは相当でないといわなければならない。それゆえ，接見交通権については，刑訴法三九条三項本文に定める制限事項（日時・場所・時間）による調整しか許されないとして，捜査権の行使と秘密交通権の保障とが抵触する場合において，一切調整の余地を認めない控訴人の主張は採用することができない。……ま

V この期の刑事判例の特徴

た，高見・岡本国賠判決が，「被拘禁者とその弁護人との間の接見において，仮に訴追機関や収容施設側が重大な関心をもつと考えられる被拘禁者側からの罪証隠滅の希望や示唆，さらには被拘禁者の心情の著しい変化等の内容にわたる可能性があったとしても，それを理由に右の接見についての秘密交通権自体を否定することは法的にはできないというべきである。」と説示していることは，控訴人の指摘するとおりであるが，秘密交通権の行使と捜査権の行使が抵触する場面における制約ないし調整を一切許容しない趣旨であるとまで解することはできないから，高見・岡本国賠判決をもって，被疑者等と弁護人との接見交通権の行使が捜査権の行使に優先するとの根拠にする控訴人の主張もまた採用することができない。……もとより，被疑者等と弁護人等との接見交通権は，身体を拘束された被疑者等が弁護人等の援助を受けることができるための刑事手続上最も重要な基本的権利に属するものであるとともに，弁護人等にとって，その固有権の最も重要なもののひとつであるから，捜査権の行使と秘密交通権の保障とを調整するに際しては，秘密交通権の保障を最大限尊重すべきであり，被疑者等と弁護人等との自由な意思疎通ないし情報伝達に萎縮的効果を及ぼすことのないよう留意することが肝要であって，刑訴法三九条一項の趣旨を損なうことになるか否かについても，かかる観点から慎重に判断すべきものといわなければならない。……また，一般に法的知識に乏しく，あるいは逮捕，勾留等捜査官憲による身柄拘束を体験したことがなく，時には捜査官と勾留担当裁判官や弁護人との区別も正確に認識できない被疑者等に対し，唯一の後ろ盾といってよい弁護人の援助を受ける機会を実質的に確保する目的で，秘密交通権を弁護人等の固有権と位置づけている以上，取調べの際に被疑者等が自発的に接見内容を供述したとしても，そのことをもって，弁護人固有の秘密交通権を保護する必要性が低減したということはできないというべきである。……したがって，捜査機関は，被疑者等が弁護人等との接見内容の供述を始めた場合に，漫然と接見内容の供述を聞き続けたり，さらに関連する接見内容について質問したりすることは，刑訴法三九条一項の趣旨を損なうおそれがあるから，原則としてさし控えるべきであって，弁護人との接見内容については話す必要がないことを告知するなどして，被疑者等と弁護人等との秘密交通権に配慮すべき法的義務を負っているものと解するのが相当である。……捜査機関は，事案の真相を明らかにし，刑罰法令を適正かつ迅速に適用実現するために，捜査権の行使として，被疑者等の取調べを行うところ，被疑者等から当該事件の詳細を聴取することはもちろん，供述内容の真偽を明らかにするために，供述に変遷がある場合には，その理由を吟味することが重要となることは，前記イでも述べたとおりである。そして，被疑者等の供述の信用性を判断するに当たって，当該被疑者等の捜査機関以外の者に対する供述が判断材料となることは，一般的に承認されており，当該供述が弁護人等との接見の際になされたものであっても例外ではないが，上記のとおり，捜査機関は，刑訴法三九条一項の趣旨を損なうような接見内容の聴取を控えるべき義務を負っているから，原則として，弁護人等との接見における供述について聴取することは禁止されているとい

うべきである。……本件において，高崎弁護士は，接見の際の本件被疑者の供述の一部を報道機関に対して公表しているところ，秘密交通権保障の趣旨は，接見内容が捜査機関に知られることによって，被疑者等と弁護人等との自由な意思疎通が萎縮し，被疑者等が有効かつ適切な助言を得られなくなることがないようにするためであり，被疑者等と弁護人等との意思疎通の過程全体が秘密交通権の対象となるというべきであるから，高崎弁護士が報道機関に対し，本件被疑者の供述の一部を公表したからといって，供述過程を含む秘密交通権が放棄されたとは到底認めることができない。しかしながら，一方，本件被疑者が高崎弁護士との接見の際に同弁護士に対し，「被害者が死んだと思い放置した」と供述した事実それ自体については，前記報道機関に対する公表をもって，秘密性が消失したものといわざるを得ない（このように解すると，弁護人等が被疑者等の供述を報道機関に公表することにつき，萎縮的効果が生じることも考えられるが，報道機関への情報開示は，法律の専門家である弁護人等において，その方法や範囲を慎重に取捨選択することができるのであるから，報道機関への情報開示が防御権行使の一環であるとしても，被疑者等の防御権保障の根幹をなす接見交通権と同様の保障が及ぶものではない。）。……原判決の認定事実及び甲野太郎作成の陳述書……によれば，甲野検事は本件新聞記事に接し，取調べにおいて被害者が生きているとわかって放置した旨供述していた本件被疑者が，弁護人に対しては，これと異なる供述をしていることを知って，本件被疑者の供述の信用性をより慎重に判断する必要があると考え（なお，甲野検事は，従前の数回にわたる取調べの中で，本件被疑者が知的レベル，理解力，表現力の点でそれほど高くなく，性格も気弱であることを十分に認識していた。），本件被疑者に対し「（弁護人に対して）被害者が死んだと思った」旨の供述をしたことがあるのかどうかを尋ねたこと，すると本件被疑者がこれを認めたことから，その理由を尋ねたところ，本件被疑者は罪が重くなると思ったため，弁護人に対しては虚偽の説明をしたと答えたこと，甲野検事は，殺意を認めると罪が重くなることは弁護人から言われてわかったことか，もともと知っていたことかを確認したところ，本件被疑者は，控訴人からも生きている人間を放置した方が罪が重くなるといわれたが，控訴人から言われる前からそのことはわかっていたと答えたこと，さらに，甲野検事は，本件被疑者に対し，「死んだと思った」旨の供述が虚偽であることを弁護人に対して伝えているかを確認したことが認められる。……甲野検事において，本件被疑者に対し，本件被疑者が高崎弁護士に「（被害者が）死んだと思った」と供述した事実の有無を確認した点は，当該事実につき既に秘密性が消失していることに照らし，接見交通権に萎縮的効果を及ぼすおそれはなく，弁護人に対して捜査機関に対する供述と異なる供述をした理由を尋ねた点についても，本件被疑者が接見内容に関わる回答をする可能性はあるものの，本件被疑者とその弁護人との間の意思疎通の内容を尋ねたわけではなく，その意味では接見内容と無関係に供述が変遷した理由を尋ねたにすぎないとみてよいから，直ちに刑訴法39条1項の趣旨を損なうとまではいえないものと解される。……しかしながら，甲野検事が，さ

V この期の刑事判例の特徴

らに，本件被疑者に対し，殺意を認めると罪が重くなることは弁護人から言われてわかったことか，もともと知っていたことかを確認した点，「死んだと思った」旨の供述が虚偽であることを弁護人に対して伝えているか否かを確認した点については，未だ秘密性が消失していない本件被疑者と弁護人との間の情報交換の内容を尋ねるものであり，本件被疑者と弁護人との意思疎通の過程を聴取したものにほかならず，被疑者等と弁護人等との自由な意思疎通ないし情報伝達に萎縮的効果を及ぼすおそれがあるというべきであるから，甲野検事は，刑訴法39条1項の趣旨を損なうような聴取を控えるべき注意義務に違反したといわざるを得ず，本件聴取行為は，国賠法上違法となるというべきである。

本判決によれば，このように，捜査機関は刑訴法39条1項の趣旨を損なうような接見内容の聴取を控えるべき注意義務を負っており，また，検察官は公判において証拠調べ請求や被告人質問等の職務行為をするに当たり刑訴法39条1項の趣旨を損なわないようにすべき注意義務を負っており，これに違反して職務行為を行った場合，当該職務行為は国賠法上違法となると解すべきであるとした上で，甲野検事による本件聴取行為は国賠法上違法になるとされており，特筆される。

■ 裁判員の選任手続に関するもの

裁判員の選任手続後に行われる説明及び宣誓の手続に検察官および弁護人を立ち会わせなかったことの当否について，**大阪高判平成23・1・26LEX/DB25470117**は，次のように判示した。

所論は，原審の裁判員等選任手続において，抽選により裁判員6名及び補充裁判員3名が選任された後，別室で行われる裁判員裁判法39条が定める上記説明及び宣誓の手続に原審弁護人が出席するため同行しようとしたところ，裁判長は，検察官及び弁護人にはそれらの手続への出席を認めない旨述べてその出席を拒んだ旨主張するところ，記録上，そのようなやり取りがあったのかどうかは不明であるが，原審第2回公判期日における原審弁護人の異議及びこれに対する検察官及び原審の対応等に照らせば，細かい経緯はともかく，原審において，原審が上記説明及び宣誓の手続に原審弁護人が出席することを拒み，そのため原審弁護人がそれらの手続に出席できなかったという事実があったことはうかがわれる。そして，裁判員等に対する上記説明及び宣誓の手続の意義や，裁判員裁判法40条が，同法「32条から前条（39条）までに定めるもののほか，裁判員等選任手続に関し必要な事項は，最高裁判所規則で定める」と規定していること，さらには，裁判員の参加する刑事裁判に関する規則（以下「裁判員裁判規則」という）26条1項11号が，裁判員等選任手続調書には「裁判員又は補充裁判員が宣誓を拒んだこと及びその理由」を記載しなければならない旨定めていることなどにも照らせば，上記説明及び宣誓の手続は裁判員等選任手続の一部を構成するものであることが明らかであり，原審が

第17代長官　竹崎博允

所論指摘のような措置をしたのだとすれば，それは，裁判員等選任手続は検察官及び弁護人が出席して行うものとする旨定める裁判員裁判法32条1項に違反するものといわざるを得ない。……しかし，上記説明や宣誓の手続は，裁判員等を選任する旨の決定のされた後に行われるものであり，通常は，具体的な裁判員等の選任に影響を及ぼすものではないこと，検察官及び弁護人は，上記説明及び宣誓の手続において特に有意な訴訟行為をなすことはできないと解されること，上記説明は，裁判員裁判規則36条が定める事項についてなされる定型的なものであって，裁判体によって差異の生じるべき性質のものではなく，また，宣誓が適式に行われたかどうかは，記録中の裁判員等の宣誓書などからもうかがわれることなどを考慮すれば，上記の違法は，裁判員等選任手続の有効性に影響を及ぼすほどのものではないというべきである。また，仮に，検察官及び弁護人が上記説明及び宣誓の手続に出席していたとしても，そのことにより原審が原判決と異なる結論に至った蓋然性があるとはいえないから，上記の違法は，判決に影響を及ぼすことが明らかなものともいえない。

違法だが形式的な違法にとどまるという論法がここでも用いられている。

■　伝聞法則に関するもの

刑訴法321条1項1号の書面の意義に関しても，下級審判決がみられる。**東京高判平成21・12・1東高時報60-1=12-232**がそれで，次のように判示した。

Bの身柄の釈放及び国外退去については特段の問題はないものの，Aの身柄の釈放については，C検事らの説明内容に問題がなくはないが，その結果XがⅤ国外退去させられ，被告人の公判手続において供述することができなくなるという事態を不当に利用しようとしたものとはいえないし，他にそうした不当な意図があったことをうかがわせるような事情も認められない。したがって，B及びAの本件各調書について，刑訴法321条1項1号または2号前段によって証拠採用した原審の判断は相当であり，これらの書証の証拠能力に問題はないが，両名の供述内容については，上記のような経緯によって反対尋問を経ていないのであるから，その信用性については十分に検討すべきことはいうまでもないところである。

他方で，証拠の許容性について，一定の制約を課した判決もみられる。**東京高判平成22・5・27高刑集63-1-8**は，次のように判示した。

刑訴法321条1項2号前段に供述者が公判準備若しくは公判期日において供述することのできないときとしてその事由を掲記しているのは，その供述者を裁判所において証人として尋問することを妨げるべき障害事由を示したもので，これと同様又はそれ以上の事由の存する場合において検察官調書に証拠能力を認めることを妨げるものではないか

V　この期の刑事判例の特徴

ら，証人が証言を拒絶した場合にも，同号前段によりその検察官調書を採用することができる（最高裁昭和……27年4月9日大法廷判決・刑集6巻4号584頁）。しかし，同号前段の供述不能の要件は，証人尋問が不可能又は困難なため例外的に伝聞証拠を用いる必要性を基礎付けるものであるから，一時的な供述不能では足りず，その状態が相当程度継続して存続しなければならないと解される。証人が証言を拒絶した場合についてみると，その証言拒絶の決意が固く，期日を改めたり，尋問場所や方法を配慮したりしても，翻意して証言する見通しが少ないときに，供述不能の要件を満たすといえる。もちろん，期日を改め，期間を置けば証言が得られる見込みがあるとしても，他方で迅速な裁判の要請も考慮する必要があり，事案の内容，証人の重要性，審理計画に与える影響，証言拒絶の理由及び態度等を総合考慮して，供述不能といえるかを判断するべきである。……以上を前提に本件についてみると，Ａは，自らの刑事裁判が係属中であり，弁護人と相談した結果，現時点では証言を拒絶したい，としているにすぎず，他方で，被害者の遺族の立場を考えると，自分としては証言したいという気持ちがあるとまで述べているのであって，自らの刑事裁判の審理が進み，弁護人の了解が得られれば，合理的な期間内に証言拒絶の理由は解消し，証言する見込みが高かったと認められる。……なお，原判決は，Ａ自身の公判が終了した後に証言する意思がある旨を明確にしていないことを供述不能の理由の1つとしている。しかし，供述不能に関する立証責任は検察官にあるのであって，Ａの証言意思，裏返せば証言拒絶意思が明確でないというならば，その点について立証を促すべきである。……原審は，本件を公判前整理手続に付し，あらかじめ争点及び証拠を整理した上，第8回公判前整理手続期日で審理予定を定め，平成21年4月22日から同年6月19日までの間に合計7回の公判期日を指定している。しかし，第6回公判前整理手続調書によると，検察官は，同期日において，Ａの取調べ状況等に関する捜査報告書（謄本，原審甲42）及びＡとその弁護人との接見状況等に関する回答書（謄本，同甲43）を請求したのは，Ａが全く証言しない可能性を考慮してのことである旨釈明している。原審においても，この時点でＡの証言拒絶を想定し得たはずである。そうであれば，検察官に対して，Ａの証言拒絶が見込まれる理由につき求釈明し，Ａの審理予定を確認するなどした上，Ａが証言を拒絶する可能性が低い時期を見極めて，柔軟に対応することができるような審理予定を定めるべきであったのに，原審はそのような措置を講じることなく，審理予定を定めている。……本件が殺人，死体遺棄という重大事案であること，被告人が犯行を全面的に否認していること，Ａは共犯者とされる極めて重要な証人であることなどを考え併せると，このような公判前整理手続の経過がありながら，Ａが前記のような理由で一時的に証言を拒絶したからといって，直ちに前記の各検察官調書を刑訴法321条1項2号前段により採用し，有罪認定の用に供した原審及び原判決には訴訟手続の法令違反がある。

　刑訴法321条1項2号前段にいう「供述不能」は一時的な供述不能では足りず，そ

第17代長官　竹崎博允

の状態が相当程度継続して存続しなければならないとされている点が注目される。

■ 違法収集証拠の排除に関するもの

　この期においても，違法収集証拠の排除に関して，注目すべき下級審判決がみられる。原審が弁護人の違法収集証拠の主張を退けたので，弁護人が控訴を申し立てたところ，**東京高判平成22・1・26判タ1326-280**は，次のように判示した。

> 原判決には，違法収集証拠に当たるか否かを判断する上で前提となる現行犯逮捕の違法性の存否，程度を考慮に入れないとする点において誤っており，ひいては証拠能力の判断を誤った訴訟手続の法令違反がある。そして，被告人の腔内細胞の鑑定結果を除く他の証拠によっては被告人が本件の犯人であると認めるに十分でないから，その違法は判決に影響を及ぼすことは明らかである。

東京地決平成23・3・15判時2114-140も，次のように判示して，証拠排除を認めた。

> 被告人の失禁について本件警察官らの措置に違法な点はないが，職務質問の現場等で警察官が被告人にトイレを我慢するように言ったために被告人が失禁したのは事実である。その被告人に対して，G警察官は，尿の提出に応じなければ，再び失禁することになるという心理的圧迫を加えて，違法に提出を迫った。さらに，本件警察官らは，留置施設の収容まで時間があったことから，体調不良の被告人に対し，その体調に配慮した措置をとらないまま，未明の取調室に五時間余りも待機させるという，違法な取扱いをした。最後に，F警察官は，G警察官の取調べによって上記のような心理的圧迫を受けていた被告人に対し，やはり体調不良に対する配慮もないまま，強制採尿令状の審査を先取りする発言も交えて違法に尿の提出を迫り，その承諾を得た。……このように，本件採尿までのG警察官の取調べ，被告人の取調室待機，F警察官の説得という捜査手続や取扱いはそれぞれ違法なものであった。本件採尿手続に関与した警察官らは，これらの違法な捜査手続，取扱いによる影響の累積によって，被告人をして，自己の意思に基づいて尿の提出に応じるかどうか判断することを著しく困難にし，最終的にこれを承諾するに至らせたものである。この一連の捜査過程には令状主義の精神を没却する重大な違法があり，違法捜査抑制の見地からも，その結果得られた尿に係る本件鑑定書等の証拠能力を否定すべきである（なお，それぞれの違法な手続，取扱いは必ずしも各警察官が明確な意思連絡のもとに行ったものではないが，そのことを理由に証拠能力を肯定すべきではない。）。

■ 事実認定に関するもの

　東京高判平成23・3・29判タ1354-250は，事実認定のうち，前科立証に関して，次のように判示した。

原審の公判前整理手続において，検察官は，まず，前刑放火における被告人の行動傾向の特徴として，11件行われた犯行のすべてにおいて，主たる動機が，窃盗を試みて欲するような金品が得られなかったことに対する腹立ちを解消するためにあり，そのすべてにおいて，灯油を撒布して火を点け，灯油を入れた容器を現場に投棄している上，そのうち10件は，侵入した室内に放火したもので，残り1件は，侵入しようとした住居の戸外から住居内に向けて放火したものであり，また，11件のうち7件において，犯行現場付近にあったストーブの一部分にある灯油を撒布しており，その7件のうち3件において，ストーブの灯油カートリッジを取出して，その中の灯油を撒布しているなどと主張している。検察官は，次に，本件放火は，窃盗行為と併存して行われている上，その犯人の行動傾向の特徴として，石油ストーブのカートリッジを取り出して，その中の灯油をカーペットに撒布して火を放っていると主張している。その上で，検察官は，両者の手口はかなり共通しており，前刑放火に関する証拠には，被告人と犯人との同一性の立証について関連性が認められると主張している。……これに対し，原審弁護人は，被告人が前刑放火と同様の動機に基づいて本件放火を行ったことを立証するのは，被告人の前科によって被告人の悪性格を立証するものであり，不当な偏見等をもたらしやすく，判断を誤らせるおそれがあるから，関連性がなく，許されないと主張したが，検察官が主張している，前刑放火の動機やその犯行の手段方法，本件放火の手段方法の各内容自体については，特段争ってはいない。実際，原審の公判で取り調べられた証拠によれば，本件放火の手段方法については，検察官の主張するとおりの事実が認められ，また，情状の立証に限って取り調べられた前記前科の判決書謄本によれば，前刑放火が，「いずれも，車上狙いや空き巣を敢行しようとしたものの，思ったように現金を手に入れることができなかったり，狙った室内に入ることができなかったことなどに腹を立て，そのうっぷん晴らしのため，」行われたと摘示されており，その犯行の手段方法についても，検察官の主張するとおりであることがうかがわれる。……以上に照らすと，前刑放火の大半（10件）と本件放火は，侵入した居室内において灯油を撒布して行われるという，その犯行の手段方法に類似性があると認められる。そのような手段方法で放火をすることは，住宅への放火という類型の一部分に限定される上，前刑放火においては，そのような手段方法が繰り返され，その行動傾向が固着化していると認められ，それらが，本件放火との間の犯行の手段方法についての類似性をより特徴的なものにしているということができる。……さらに，前刑放火のいずれもが，窃盗を試みて欲するような金品が得られなかったことに対する腹立ちを解消することを主な動機としており，そのうっぷん晴らしのために他人の住宅への放火を繰り返すという，窃盗から放火の犯行に至る契機の点で，前刑放火における行動傾向が固着化していると認められる。他方，本件放火と接着した時間帯に，被告人がその犯行場所に侵入して窃盗を行ったことについては争いがなく，同窃盗の被害品は500円硬貨2枚とカップ麺1個にとどまっており，被告人を満足させるものであったとはうかがわれないことからして，その腹いせに被告人が本

件放火に及んだ可能性が考えられる。そうすると，前刑放火と本件放火とは，窃盗から放火の犯行に至る契機の点においても，類似性があると認められる。そして，この点に関する前刑放火での行動傾向が固着化していることが，その類似性をより特徴的なものにしているということができる。……このように，前刑放火と本件放火との間には，犯行に至る契機，犯行の手段方法において，いずれも特徴的な類似性があると認められることにかんがみると，前記前科関係の各証拠のうち犯行に至る契機，犯行の手段方法に関するものは，前刑放火の犯人と本件放火の犯人が同一である蓋然性を合理的に推認させるということができるから，その同一性を立証するための証拠として，関連性があると認められる。

前科関係の各証拠のうち犯行に至る契機，犯行の手段方法に関するものをもって被告人と本件放火の犯人との同一性を立証するための証拠とすることが許容されている点が注目される。

■ 裁判員裁判における評議に関するもの

裁判員裁判において，検察官が法改正前の法定刑に基づいて求刑すべきところ，誤って法改正後の法定刑に基づいて求刑したところ，**高松高判平成22・11・18高刑集63-3-10**は，次のように判示した。

本件の訴訟手続をみるに，本件は，裁判員の参加する刑事裁判に関する法律2条1項による裁判員の参加する合議体により審理されたいわゆる裁判員裁判であるところ，検察官は，論告において，「強盗強姦の法定刑：無期懲役又は7年〜20年の懲役　法律で定まる刑の範囲：無期懲役又は7年〜20年の懲役」であるとして，被告人に有利な事情を十分考慮しても，その刑事責任は重いとして，懲役12年を求刑しており，改正前の刑法12条1項を適用した本来の法定刑（無期懲役又は7年以上15年以下の有期懲役刑）とは異なる誤った法定刑を前提に論告，求刑を行っているが，この部分につき，原審裁判所が，訴訟手続中に訂正させず，また，原判決中でその部分が誤りである旨指摘せず，上記のとおり改正前の刑法を適用する旨明示していないところをみると，合議体を構成する裁判官が，適用すべき改正前の強盗強姦罪の法定刑を誤解していた可能性のある裁判員らに対し，正確な法定刑の教示をせずに評議が行われたものと推認され，これは，刑事訴訟法379条にいう訴訟手続に法令の違反がある場合に該当すると言わざるを得ない。……そこで，以下，これらの瑕疵が判決に影響を及ぼすことが明らかであるか否かについて検討するに，これらは結局，原審の裁判員の参加する合議体，とりわけその構成する裁判員らが，訴訟手続中に正しい法定刑を教示された上で，合議体において検討しても，本件と同じ量刑評議となるか否かによって決せられるべきものと解する。……そして，そのような観点から原判決を具体的に検討すると，その量刑の理由において，

本件犯行が計画的で危険かつ卑劣な犯行であり、被害者の人格を無視した身勝手なもので、被害者の苦痛も重大で被害者や遺族が厳重処罰を求めるのは当然である上、被告人には強盗致傷、強姦致傷を含む罪による服役前科があるなど、規範意識の欠如が相当根深いことなどから、「法定刑の最下限である懲役7年よりも重い刑期が妥当である」旨指摘していること、被告人が本件犯行の捜査に協力しており、服役して罪を償う覚悟を示していることや、被告人なりに反省を深めてきていること、さらには当初から確実に強盗や強姦をする意図を有していたわけではなかったことなどを考慮し、同種事案の量刑をも併せ考えると、「検察官の求刑する懲役12年はやや重きに過ぎる」旨指摘していること、最終的に、被告人の年齢や家族環境をも考慮して、被告人を懲役9年に処すると結論づけていること、原判決は、無期懲役刑や15年を超える有期懲役刑に処する可能性について何ら言及していないことが認められる。……そうすると、原判決は、「法定刑の最下限である懲役7年よりも重い刑期が妥当である」とは判示するものの、実際には、その懲役7年を基準として量刑の評議をしていることがうかがわれ（法定刑の最下限が懲役7年であることは改正前後で何ら変更はない。）、実際にこれに接近した懲役9年と量刑している（これが適切な刑期の範囲内にあることは明らかである。）。また、法改正により法定刑の有期懲役刑の上限が15年から20年に変更になり、これに伴って処断刑も変更になるものの、原判決を見る限り、無期懲役刑や15年を超える有期懲役刑に処する可能性については考慮した形跡がない上、誤った前提に基づく検察官の求刑について、重きに過ぎるとしてこれを排斥しており、求刑を基準として量刑の評議をしたとも考えられない。……これらを総合的に考慮すると、原審の裁判員の参加する合議体、とりわけその構成する裁判員らが、正しい法定刑を教示されて、これに従って合議体において検討したとしても、本件と同じ評議がなされ、同じ量刑となった蓋然性が極めて高いといえる。……そうすると、上記の訴訟手続の法令違反及び法令適用の誤りは、いずれも、判決に影響を及ぼすことが明らかであるとは言えない。

誤った法定刑に基づく求刑の量刑に与える影響は裁判員の参加する合議体の場合の方がより強いものが考えられるということから、具体的な影響の有無が詳しく検討されたものといえようか。

■ 上訴に関するもの

裁判員裁判についての上訴に関しても、注目すべき判決が出されている。次のように判示した**東京高判平成22・5・26判タ1345-249**がそれである。

当審における事実取調べの結果によれば、原判決の直後に、被害女性やその父親が依然として厳罰を希望し、その宥恕を得たものではないが、両親の助力を得て、弁護人を介し、本件〔1〕の被害女性との間で180万円の賠償金を支払って示談が成立した事実が

認められる。裁判員制度の導入は、量刑についても、国民の健全な社会常識に根差した感覚を反映させ、判決の納得性をより一層高めることを目的としているところ、事後審査審である控訴審に裁判員が構成員として加わっていないことを考えると、上記目的を達成するためには、情状に関する証拠も原則として第一審でその評価を受けるべきものであり、その意味で、これまで以上に第一審中心の審理が行われることが要請されているというべきである。そのような観点からすると、原判決後の示談の成立を直ちに被告人に有利な事情とすることは、このような第一審中心主義にもとることにもなりかねず、したがって、その経緯等については、慎重に見る必要があるところ、当審における関係証拠から認められる被害女性やその父親と弁護人との交渉の経過、すなわち、原判決に先立って協議が持たれていたものの、その時点では、金額を含む内容について、なお合意に至らなかったという事情に照らすと、上記の賠償金の支払と示談の成立が原判決後になったことには、やむを得ないものがあったと認められ、被告人側において、殊更に成立を引き延ばそうとしたなどの作為的なものは全くうかがえないから、この示談の成立は被告人にとって有利な事情として取り扱われるべきものである。そして、被告人に対するそのほかの有利な事情を併せ考え、量刑要素として、被告人の反省態度等と並んで他の被害女性との示談を重視していると解される原判決の説示に照らすと、本件〔1〕の被害者との間の上記示談が原判決の時点で存在したとすれば、上記量刑より短期の懲役刑が言い渡されたものと考えられるから、原判決の上記量刑は、それが相当であることを前提としても、現時点では重過ぎるに至ったというべきであり、原判決を破棄しなければ明らかに正義に反する。

原判決後の示談の成立を直ちに被告人に有利な事情とすることは第一審中心主義にもとることにもなりかねず、その経緯等については、慎重にみる必要があるが、原判決が量刑要素として示談を重視していることに鑑みると、原判決後に示談がなされたことから原判決の量刑は控訴審においては重すぎるに至ったというべきで、破棄しなければ正義に反するとされている点が注目される。

■ **再審に関するもの**

死刑確定者と再審請求の弁護人との接見について、**広島地判平成23・3・23判時2117-45**は、次のように判示した。

刑訴法は、再審請求の弁護人については、四四〇条で弁護人選任権と選任の効力についての特例を定めるのみであり、その地位については文言上明らかではない。……原告らは、この点につき、刑訴法総則の弁護に関する規定の一つである三九条一項の準用を主張する。……しかし、再審の請求から決定までの手続は、既に判決が確定した後のものであるから、一般の被告事件の審判手続とは全く別個のものであり、手続の主体は有罪

V この期の刑事判例の特徴

の確定判決を受けた者であって被告人ではない。その意味で，この段階の手続は，検察官と被告人とが対立する当事者として存在する一般の公判手続とはその性格を異にし，当事者主義の構造をとっていない。……このような再審請求手続の性格を踏まえれば，「被告人又は被疑者」との文言から明らかなように通常の捜査手続又は公判手続を前提とする規定である刑訴法三九条一項が，この場面において直ちに準用されるものとは解されない。……再審開始決定が確定していない死刑確定者である原告甲野と弁護人である原告武井及び原告Ⅰについては秘密交通権が保障されるものとまでは認められないとしても，刑事収容施設法一二一条は，刑事施設の長は，死刑確定者の面会につき，刑事施設の職員を当該面会に立ち会わせることを原則とする一方で，死刑確定者の訴訟の準備その他の正当な利益の保護のため職員の立会いをさせないことを適当と認める事情がある場合において，相当と認めるときは，立会いを省略できる旨を定めている。そして，同条ただし書に基づいて立会いをしないこととするか否かについては，死刑確定者の正当な利益の保護する必要性と，死刑確定者の心情の安定や，死刑の執行に至るまでの間社会から厳重に隔離してその身柄を確保すること，当該刑事施設内の規律及び秩序を維持すること等の必要性を比較考量して判断することが当然に予定されているといえるから，その判断は，刑事施設の長の裁量に委ねられていると解される。したがって，刑事施設の長のこの判断については，その基礎とされた重要な事実に誤認があること等により判断の基礎を欠くことになる場合，又は事実に対する評価が明らかに合理性を欠くとか判断の過程において考慮すべき事情を考慮していないこと等によりその内容が社会通念に照らして著しく妥当性を欠くものと認められる場合に限り，裁量権の範囲を逸脱し又は濫用したものとなり，かつ，上記判断に当たり職務上通常尽くすべき注意義務が尽くされていないと認められる場合に限り，国家賠償法上も違法であるとの評価を受けるというべきである。……上記で認定した事実経過によれば，原告武井及び原告石口は，本件第一面会の際に立会いなしでの面会を求め，広島拘置所の矯正処遇官から拒絶されたため，原告甲野が作成した弁護人選任届を示すなどして更に立会いなしでの面会を強く求めるなどの経緯があったのであり，また，死刑確定者から選任された弁護人が再審請求の準備のために拘置所職員の立会いなしで面会し，所要の打合せをすることの必要性は論を俟たず，このような利益は例えそれが憲法から直ちに導かれる権利とまではいえないにしても，拘置所長が裁量権を行使する上での判断において十分尊重され保護されるべきである。したがって，本件第一面会から一定の時間（約二か月半）が経過し，その間に必要な調査，検討を行うことができたと認められる本件においては，広島拘置所長は，本件第二面会の時点においては，立会いを省略することが相当とは認められない具体的事情のない限り，立会いを省略するとの判断をすべきであったのに，このような具体的事情もないのに立会いを省略するとの判断をせず，結果的に立会いなしでの面会を認めなかった場合には，そのような判断は，その基礎となる重要な事実を欠くか又はその内容が社会通念に照らし著しく妥当性を欠くというべきであり，かつ，そのよう

な場合には特段の事情のない限り職務上通常尽くすべき注意義務を尽くしているともいえないので，国家賠償法上も違法との評価を受けるというべきである。……そこで，本件において，広島拘置所長が立会いを省略することが相当でないと判断するに足りる具体的事情があったか否かにつき検討するに，本件第二面会時点までの原告甲野に対する統括矯正官の面接内容や原告石口への手紙等の内容に照らすと，原告甲野が再審請求を望みながらも（「素直な意見としてはやってほしいですが」（2）エ（エ）），これまでも多大な迷惑をかけた弁護士への更なる迷惑とならないか，報道で騒がれて娘に影響しないか，延命手段ととらえられないか（（2）エ（ウ）参照），再審請求をしても棄却されるのではないか（（2）エ（エ）参照）などと考え，「再審については，連休中に色々と考えて，次にお会いした時にお話したいと思います」との記述（（2）エ（イ））からもうかがわれるように迷いを見せている状況であることが認められ，確かに，原告甲野は，特に延命手段ととらえられることを恐れて，再審手続を進める確固たる意思を持っていたとまでは認められない。しかし，少なくとも，原告甲野の心情については，「面接中，多弁で喋り出したら止まりにくいところが見受けられた」（（2）ア（ア）），「面接実施当初は，苛立った動静が認められ，本職が話をしようとしても遮ってしゃべり続ける状況が認められた」（（2）ア（イ））などの記載が見られるが，後者については「最終的には，笑顔を見せ，「また，お世話になります。よろしくお願いします」と述べて落ち着きが見受けられた」（（2）ア（イ））ともされており，これらの記載と原告甲野の原告武井及び原告石口への信頼感の強さ（（2）ア（イ），《証拠略》）を通じてみれば，原告甲野の心情が，弁護士である原告武井及び原告石口との立会いなしの面会に耐えられない程度に不安定であったとは認め難い。……なお，被告は，原告甲野が「二月毎に死刑執行が行われており，四月が自分と思っている。」などと述べたこと（（2）ア（イ））を指摘するが，これを受けて行われた職権面接においては，「執行のニュースを，昨日ラジオで知りました。知っている人も居ました。執行については，何時きても覚悟しており，いさぎよく受けるつもりです。」（（2）ア（イ））とも述べており，これらの記載を全体としてみれば，原告甲野の心情不安定を示すものとは認められない。……また，被告は，原告武井が「今，死刑のペースが早いからね。」と発言したことを指摘し，これに沿う面接表の記載があるが（（2）エ（ア）），仮に，原告武井の発言がこのとおりであったとしても，これに対して原告甲野は，「そうですね。ワシももうすぐかのともおもいましてね（笑）。」と笑いながら応じているものであり，やはり原告甲野の心情不安定は認め難い。……また，原告甲野が，再審請求を望みながらも迷いも見せているとの点については，このような状況にあるからといって，再審請求の弁護人との面会につき立会いを省略することにより刑事施設の規律及び秩序を害する結果を生ずるおそれがあるとは認められないし，逆に，再審請求をすることの利害得失や再審開始決定の可能性などに関する原告甲野の迷いについては，それこそ原告甲野の心配する延命のための手段と受け取られる恐れのない立会いなしの状態で弁護人である原告武井及び原告石口と

面会し，胸襟を開いて相談することにより解消すべき問題というべきである。そして，本件の全記録によっても，原告甲野に自殺及び逃亡などの保安事故が生じるおそれがあったことを伺わせる具体的な事情は見当たらないのであり，このような事情を総合すると，立会いを省略することを相当としないと判断するに足りる具体的事情はなかったものと認めるのが相当である。そして，既に述べた本件第一面会の経緯や，本件第一面会から本件第二面会までの時間的間隔等を併せ考えると，広島拘置所長の本件第二面会の際の判断は，判断の基礎となる重要な事実を欠くか又はその内容が社会通念に照らして著しく妥当性を欠くものであり，かつ，職務上通常尽くすべき注意義務を尽くした上でのものともいえないというべきである。……以上によれば，本件第二面会に職員の立会いを付した広島拘置所長の判断は，国家賠償法上違法の評価を受けるものである。……また，本件第三面会までの経過として認定した事実によれば，上記で述べたと同様の理由により，本件第三面会において職員の立会いを省略しなかった広島拘置所長の判断も国家賠償法上違法の評価を受けるというべきである。

本判決によれば，死刑確定者と再審請求の弁護人との接見について刑事収容施設法121条但書に基づいて立会いをしないこととするか否かについては刑事施設の長の裁量に委ねられていると解されるとしつつも，本件第二面会の時点においては，広島拘置所長は，立会いを省略することが相当とは認められない具体的事情のない限り，立会いを省略するとの判断をすべきであったとし，本件第二面会については，立会いを省略することを相当としないと判断するに足りる具体的事情はなかったものと認めるのが相当であるから，国家賠償法上違法の評価を受けるものであるとされており，挙証責任を施設側に負わせている点が注目される。

再審無罪判決や再審開始決定が相次いだというのも，この期の特色である。足利事件の再審無罪判決（宇都宮地判平成22・3・26判時2084-159），布川事件の再審無罪判決（水戸地土浦支判平成23・5・24LEX/DB25471410），福井事件の再審開始決定（名古屋高金沢支決平成23・11・30LEX/DB25473601）などがそれである。また，名張事件では差戻し異議審（名古屋高決平成24・5・25LEX/DB25481164）が再審開始を取り消したが，今後，最高裁がどのように判断するかが注目される。

なお，前掲・広島地判平成23・3・23によれば，「再審の請求から決定までの手続は，既に判決が確定した後のものであるから，一般の被告事件の審判手続とは全く別個のものであり，手続の主体は有罪の確定判決を受けた者であって被告人ではない。その意味で，この段階の手続は，検察官と被告人とが対立する当事者として存在する一般の公判手続とはその性格を異にし，当事者主義の構造をとっていない。」とされている。それが誤判を是正する責任が司法の側にあるということを少しも意味しないことは改

めて詳述するまでもなかろう。上記の再審開始決定や再審無罪判決においても，恩恵的な色彩はまだまだ強い。再審無罪判決を契機として，司法が自らの責任で誤判原因を解明し，再発防止策を講ずるということもなされていない。過去の過ちを教訓として未来に活かすというのは刑事手続の歴史である。日本の刑事手続においてはそのような歴史は未だ確立されていないといえようか。

あとがき

　民事と異なって，立場に互換性の乏しい刑事の場合には，立場による認識，評価の違いは殊更のものがある。この違いをいくら強調しても強調し過ぎるということはない。犯罪と刑罰を「加害者」の立場で考えるのと「被害者」の立場で考えるのとでは，その認識，評価はまったく異なったものとなる。第三者の立場も考えられ得るが，多くの場合は「加害者」よりは「被害者」の立場に親和性を示す。「加害者」になる可能性よりは「被害者」になる可能性の方が高いと信じられているからである。
　刑事手続についても，この立場による違いは認められる。捜査官・訴追官の立場，容疑者・被告人＝弁護人の立場，裁判官の立場によって，刑事手続の意義も異なったものとなる。たとえば，日本国憲法の保障する「迅速裁判」の意義も，裁判官や検察官からみた場合のそれと，被告人＝弁護人の立場からみたそれとでは，大きく異なったものとなる。両者が対立することもときにはある。
　この立場による違いは，同じ担い手であっても，その担い手がどのような価値観に立脚するかによって更なる影響を受ける。検察官は積極的実体的真実主義に立脚するのに対して，被告人＝弁護人は消極的実体的真実主義に立脚する。このように図式化することは，多くの場合，あながち的外れではなかろう。問題は裁判官である。同じく裁判官であっても，積極的実体的真実主義に立脚する場合と消極的実体的真実主義に立脚する場合とが想定され得るからである。どちらの価値観に立脚するかによって，刑事手続の意義も大きく異なってくる。裁判官と検察官の関係，あるいは裁判官と被告人＝弁護人の関係も異なったものとなる。裁判官（裁判所）の職権主義の意義も，それが向かうベクトルは異なったものとなる。現行刑事訴訟法の基本原理の一つとされる当事者主義の意義も，これによって大きく左右されることになる。積極的実体的真実主義に立脚すれば，裁判官が検察官の有罪立証活動に対して後見的役割を果たすのは当然だということになろうか。これに対して，消極的実体的真実主義に立脚すれば，それは妥当ではないということになろう。
　裁判官（裁判所）は，被告人＝弁護人の主張を退ける場合には，その理由として職権主義をもちだすが，被告人＝弁護人に不利益ないし負担を強いる場合には，その理由として当事者主義を援用する。このようにしばしば指摘されているが，このような裁判官（裁判所）の行動様式も積極的実体的真実主義に基づくものといえよう。消極

的実体的真実主義による場合は，上記の指摘のうち「被告人＝弁護人」は「検察官」に置き換えられることになろう。

　控訴審が事後審だという事後審論も，第一審の有罪判決に対して被告人＝弁護人が控訴する場合と，無罪判決に対して検察官が控訴する場合とでは，その意味するところはまったく異なってくる。

　問題は，このような立場による違いを放置し，レッセ・フェイルに任せた場合，どうなるかである。刑事手続はルールなき闘争の場となり，弱肉強食の世界が現出しかねない。かつてそうであったように，野蛮と残虐が支配する場に逆戻りすることになりかねない。いかなる立場の者であったとしても，共に守らなければならない「共通のルール」，「共通の尺度」が「文明」の発達の中で育まれた所以である。この「共通のルール」，「共通の尺度」においては，他の立場にも増して，被疑者・被告人＝弁護人の立場に対して意が注がれる。それが歴史的教訓であり，正義と人道性に合致することだとされる。

　日本国憲法は，諸外国の憲法にも増して，この「共通のルール」，「共通の尺度」について詳細に規定している。国家権力によって最も破られた経験をもつが故に，「法の支配」を刑事手続に及ぼすことに腐心している。そして，この「共通のルール」，「共通の尺度」を擁護する役割を「憲法の番人」と自負する裁判所に与えている。

　それでは，日本国憲法下の裁判所は，「共通のルール」，「共通の尺度」を擁護するという，日本国憲法から与えられた，この役割を忠実に履行してきたのであろうか。最高裁判所も「法の支配」をしばしば口にする。しかし，最高裁判所のいう「法の支配」が「公共の秩序」と同義語だとすれば，最高裁判所が擁護してきたのは「法の支配」ではなく「公共の秩序」だということになろう。本書が詳しく考察した「刑事判例の史的展開」からみえてくるものとは，一体，どのようなものなのであろうか。

　日本の刑事手続が絶望的であるとまではいわないにしても，治療，それもかなりの治療が必要な重い状態にあることは誰しもが認めるところであろう。多種多様な治療方法が提唱されているが，我田引水的な診断はむしろ治療の妨げとなる。正しい診断なくして正しい治療は行い得ない。そして，正しい診断には正しい検査が欠かせない。本書がそのための一助にもなり得たとすれば，何よりの幸いである。

2013年6月

内田　博文

判例索引

■ 1947.8.4〜1950.3.2　三淵忠彦
　最大判昭和23年2月6日刑集2-2-17……*015*
　最大判昭和23年2月6日刑集2-2-23……*019*
　最判昭和23年2月27日刑集2-2-120……*023*
　最判昭和23年3月9日刑集2-3-140………*025*
　最大判昭和23年3月10日刑集2-3-175
　　………………………………………*019-020*
　最判昭和23年4月17日刑集2-4-364……*021*
　最大判昭和23年5月26日刑集2-5-511……*010*
　最大判昭和23年5月26日刑集2-6-529……*012*
　最大判昭和23年6月23日刑集2-7-734……*013*
　最大判昭和23年6月23日刑集2-7-715……*015*
　最大判昭和23年7月14日刑集2-8-846……*012*
　最大判昭和23年7月14日刑集2-8-872……*018*
　最大判昭和23年7月14日刑集2-8-876……*017*
　最大判昭和23年7月19日刑集2-8-944
　　………………………………………*015-016*
　最大判昭和23年7月29日刑集2-9-1012
　　………………………………………*016-017*
　最判昭和23年8月5日刑集2-9-1123……*024*
　最大判昭和23年8月11日裁判集刑事3-595………………………………………*014*
　最判昭和23年10月30日刑集2-11-1435…*020*
　最大判昭和23年12月1日刑集2-13-1679
　　………………………………………………*018*
　最判昭和23年12月14日刑集2-13-1751
　　………………………………………*020-021*
　最判昭和23年12月16日刑集2-13-1816…*025*
　最大判昭和23年12月24日刑集2-14-1883
　　………………………………………*021-022*
　最大判昭和23年12月27日刑集2-14-1934………………………………………*018-019*
　最大判昭和23年12月27日刑集2-14-1944…………………………………………*014*
　最大判昭和24年2月9日刑集3-2-130……*013*
　最大判昭和24年2月9日刑集3-2-146……*012*
　最判昭和24年2月10日刑集3-2-155……*025*
　最大判昭和24年2月22日刑集3-2-221……*026*
　最大判昭和24年4月6日刑集3-4-445……*017*
　最判昭和24年4月7日刑集3-4-489………*023*
　最判昭和24年4月14日刑集3-4-530……*022*
　最判昭和24年4月30日刑集3-5-691
　　………………………………………*023-024*
　最大判昭和24年5月18日刑集3-6-789……*013*
　最大判昭和24年5月18日刑集3-6-734
　　………………………………………*017-018*
　最大判昭和24年6月13日刑集3-7-974……*010*
　最判昭和24年7月19日刑集3-8-1348……*024*
　最大判昭和24年11月2日刑集3-11-1737
　　………………………………………………*011*
　福岡高判昭和24年11月18日高刑判特1-295………………………………………*693-694*
　最大判昭和24年11月30日刑集3-11-1857…………………………………………*011*
　最判昭和24年12月12日裁判集刑事15-349………………………………………*024*
　東京高判昭和25年1月14日高刑集3-1-5
　　………………………………………………*026*
　最大判昭和25年2月1日刑集4-2-100
　　………………………………………*011-012*

■ 1950.3.3〜1960.10.24　田中耕太郎
　最大判昭和25年4月12日刑集4-4-535……*040*
　高松高判昭和25年5月3日高判特報10-160………………………………………*113*
　最大判昭和25年6月7日刑集4-6-966……*041*
　最決昭和25年6月17日刑集4-6-1013……*060*
　東京地判昭和25年8月11日刑集9-8-1378………………………………………*109*
　最判昭和25年9月19日刑集4-9-1695……*087*
　最判昭和25年9月21日刑集4-9-1728……*060*
　最大判昭和25年9月27日刑集4-9-1805…*051*
　最大決昭和25年10月4日刑集4-10-1866
　　………………………………………………*047*
　最大判昭和25年10月11日刑集4-10-2000…………………………………………*045*
　最大判昭和25年10月25日刑集4-10-2166…………………………………………*040*

773

最大判昭和25年11月8日刑集4-11-2221
　………………………………………051
最判昭和25年11月17日刑集4-11-2328…087
最判昭和25年11月21日刑集4-11-2359…084
最大判昭和25年11月29日刑集4-11-
　2402……………………………………046
名古屋高判昭和25年12月25日高判特報
　14-115（告訴に関するもの）…………097
東京高判昭和26年3月13日高刑集4-6-
　569……………………………………097-098
最判昭和26年4月5日刑集5-5-809………078
最決昭和26年4月13日刑集5-5-902……091
最判昭和26年6月15日刑集5-7-1277……060
最判昭和26年6月28日刑集5-7-1303……061
最判昭和26年7月6日刑集5-8-1408……093
札幌高判函館支判昭和26年7月30日高刑
　集4-7-936………………………………107-108
最大判昭和26年8月1日刑集5-9-1684
　……………………………045, 049-051
最判昭和26年9月6日刑集5-10-1901……089
横浜地判昭和26年10月17日刑集8-11-
　1722……………………………………094
東京高判昭和26年11月26日高刑集4-13
　-1933……………………………………094
最判昭和26年12月18日刑集5-13-2527…056
東京高判昭和26年12月28日高判特報25
　-141……………………………………101
東京高判昭和26年3月13日高刑集4-6-
　569……………………………………097-098
最大判昭和27年3月5日刑集6-3-351（起
　訴状一本主義）…………………………039
最大判昭和27年3月19日刑集6-3-502……038
最判昭和27年4月9日刑集6-4-584
　……………………………………047-048
最判昭和27年5月6日刑集6-5-736………078
大阪高判昭和27年7月18日高刑集5-7-
　1170……………………………………108-109
最大判昭和27年8月6日刑集6-8-974（石
　井記者事件）……………………………048
大阪高判昭和27年9月16日高刑集5-10-
　1695……………………………………111-113
最決昭和27年10月30日刑集6-9-1122……061
東京高判昭和27年11月15日高刑集5-12
　-2201……………………………………109-111

最大判昭和27年11月19日刑集6-10-
　1217……………………………………052
最決昭和27年12月11日刑集6-11-1297
　……………………………………078-079
最決昭和28年2月17日刑集7-2-237……082
最判昭和28年2月19日刑集7-2-305……079
東京高判昭和28年2月21日高刑集6-1-
　143……………………………………100
最決昭和28年3月5日刑集7-3-482（おと
　り捜査）…………………………………054
最決昭和28年3月5日刑集7-3-443………062
最決昭和28年3月20日刑集7-3-597（管
　轄）………………………………………055
最大判昭和28年4月1日刑集7-4-713……043
最決昭和28年5月8日刑集7-5-965………062
最判昭和28年5月29日刑集7-5-1158
　……………………………………062-063
最判昭和28年7月10日刑集7-7-1474
　……………………………………076-077
東京高決昭和28年7月17日判時9-3（十
　日町事件）………………………………095-096
福岡高判昭和28年8月21日高刑集6-8-
　1070……………………………………107
最決昭和28年9月30日刑集7-9-1868……063
最決昭和28年10月6日刑集7-10-1888…058
最判昭和28年10月9日刑集7-10-1904…077
最判昭和28年10月15日刑集7-10-1934…079
最判昭和28年10月27日刑集7-10-1971
　……………………………………075-076
最判昭和28年11月10日刑集7-11-2089
　……………………………………063-064
札幌高判昭和28年11月19日高刑集6-12
　-1730……………………………………098
最決昭和28年11月20日刑集7-11-2275…064
最決昭和28年11月27日刑集7-11-2294
　（二俣事件）……………………………058-059
最大判昭和28年12月9日刑集7-12-2415
　（二重起訴）……………………………038-039
東京高判昭和28年12月14日特報39-221
　……………………………………113
最判昭和28年12月15日刑集7-12-2444…087
最判昭和29年1月21日刑集8-1-71…064-065
最決昭和29年2月26日刑集8-2-198……059
最判昭和29年3月2日刑集8-3-217………065

福岡高判昭和29年3月10日高判特報26-
　71··· *106*
最判昭和29年4月15日刑集8-4-471
　··· *079-080*
最判昭和29年5月14日刑集8-5-676········ *065*
最決昭和29年7月14日刑集8-7-1100
　··· *065-066*
最決昭和29年7月15日刑集8-7-1137··· *053*
最決昭和29年7月29日刑集8-7-1217··· *080*
最判昭和29年7月30日刑集8-7-1231··· *059*
最判昭和29年8月20日刑集8-8-1249······ *066*
最判昭和29年8月24日刑集8-8-1426······ *067*
最判昭和29年9月7日刑集8-9-1447······· *068*
最決昭和29年9月8日刑集8-9-1471······· *069*
最判昭和29年9月24日刑集8-9-1534······ *084*
最決昭和29年10月19日刑集8-10-1610
　··· *092-093*
最判昭和29年11月5日刑集8-11-1715····· *054*
最判昭和29年11月25日刑集8-11-1888··· *080*
最判昭和29年12月17日刑集8-13-2147··· *069*
最決昭和29年12月27日刑集8-13-2435
　（職務質問）······························· *053*
最判昭和30年1月11日刑集9-1-14········· *080*
最判昭和30年1月14日刑集9-1-52（訴訟
　費用）··· *091-092*
広島高判昭和30年1月26日高刑集8-1-
　31··· *113*
最判昭和30年2月15日刑集9-2-282······· *088*
最判昭和30年3月25日刑集9-3-519······· *056*
最大判昭和30年4月6日刑集9-4-663（帝
　銀事件）································ *037, 045-046*
東京高判昭和30年4月23日高刑集8-4-
　522（審判の対象）······················· *098-099*
最大判昭和30年6月1日刑集9-7-1103
　（占領下犯罪の起訴）·················· *039*
最大判昭和30年6月22日刑集9-8-1189
　（三鷹事件）································· *046*
大阪高判昭和30年7月15日高裁特報2-
　15-782··· *107*
高松高判昭和30年10月11日高裁特報2-
　21-1103······································· *109*
仙台高判昭和30年10月13日高裁特報2-
　19-998··· *093-094*
最決昭和30年10月19日刑集9-11-2268··· *069*

最決昭和30年11月1日刑集9-12-2353
　（告訴）······································· *056*
最決昭和30年11月22日刑集9-12-2484
　··· *054-055*
最決昭和30年11月29日刑集9-12-2524··· *075*
最判昭和30年12月9日刑集9-13-2699····· *082*
最大判昭和30年12月14日刑集9-13-
　2760（緊急逮捕の合憲性）············· *037*
最決昭和30年12月26日刑集9-14-2996
　··· *088-089*
最判昭和30年12月26日刑集9-14-3011··· *089*
最判昭和31年3月30日刑集10-3-422······ *089*
東京高判昭和31年2月22日高刑集9-1-
　103··· *103*
最判昭和31年3月13日刑集10-3-345······ *338*
最判昭和31年3月30日刑集10-3-422······ *089*
最判昭和31年4月12日刑集10-4-540······ *058*
大阪高判昭和31年4月26日高刑集9-4-
　373··· *101-103*
最判昭和31年6月26日刑集10-6-874······ *086*
最判昭和31年7月17日刑集10-8-1193····· *080*
最判昭和31年7月18日刑集10-7-1147
　··· *089-091*
最決昭和31年10月25日刑集10-10-1439
　··· *037, 053*
最判昭和31年12月13日刑集10-12-1633
　··· *091*
最大決昭和31年12月24日刑集10-12-
　1692··· *049*
最大判昭和31年12月26日刑集10-12-
　1746··· *042*
最判昭和32年1月22日刑集11-1-103
　··· *080-081*
最判昭和32年2月20日刑集11-2-802····· *042*
東京高決昭和32年3月12日判夕69-86····· *114*
最判昭和32年5月24日刑集11-5-1540····· *056*
最判昭和32年5月28日刑集11-5-1548
　（緊急逮捕）································ *053-054*
最大判昭和32年7月17日刑集11-7-1842
　··· *044-045*
最判昭和32年7月19日刑集11-7-1882
　（八丈島事件）····························· *077-078*
最判昭和32年7月25日刑集11-7-2025····· *083*
最判昭和32年9月26日刑集11-9-2376····· *059*

最決昭和32年9月30日刑集11-9-2403……*081*
最判昭和32年10月8日刑集11-10-2487
　………………………………………*069-070*
最決昭和32年11月2日刑集11-12-3047…*081*
最判昭和33年1月23日刑集12-1-34（訴
　因の特定）………………………*056-057*
最判昭和33年2月13日刑集12-2-218
　………………………………………*083-084*
最大決昭和33年2月17日刑集12-2-253
　（北海タイムズ事件）………*041-042, 407*
最判昭和33年2月21日刑集12-2-288（帝
　国化学工業事件）………………*073-074*
最大決昭和33年2月26日刑集12-2-316
　………………………………………*048-049*
最判昭和33年3月17日刑集12-4-581……*073*
最決昭和33年5月6日刑集12-7-1327
　………………………………………*084-085*
最判昭和33年5月20日刑集12-7-1398
　（予断排除）…………………………*057*
最判昭和33年5月20日刑集12-7-1416……*070*
最判昭和33年5月24日刑集12-8-1535
　（現在地の意義）……………………*055*
最大判昭和33年5月28日刑集12-8-1718
　（練馬事件判決）……………………*047*
東京高判昭和33年5月31日高刑集11-5-
　257……………………………………*097*
東京地決昭和33年6月12日一審刑集1・
　追録2367……………………………*096-097*
最判昭和33年7月22日刑集12-12-2712…*087*
最大決昭和33年7月29日刑集12-12-
　2776…………………………………*038*
最大判昭和33年10月15日刑集12-14-
　3291…………………………………*040-041*
最大判昭和34年8月10日刑集13-9-1419
　（松川事件第一次上告審）…………*051*
最判昭和34年12月11日刑集13-13-3195
　………………………………………*070-071*
最決昭和34年12月26日刑集13-13-3372
　………………………………………*085*
最決昭和35年2月9日判時219-34………*085*
最判昭和35年2月11日刑集14-2-126……*072*
最判昭和35年2月27日刑集14-2-206……*091*
最判昭和35年3月4日刑集14-3-288……*076*
最決昭和35年3月24日刑集14-4-462……*075*

東京高判昭和35年4月21日高刑集13-4-
　271（冒頭陳述）……………………*099-100*
大阪高判昭和35年5月26日下刑集2-5=6
　-676…………………………………*104-106*
最判昭和35年7月15日刑集14-9-1152
　………………………………………*072-073*
最判昭和35年9月8日刑集14-11-1437……*082*
最決昭和35年9月9日刑集14-11-1477……*085*

■1960.10.25～1966.8.5　横田喜三郎
最決昭和35年11月15日刑集14-13-1677
　………………………………………*132*
最判昭和35年12月23日刑集14-14-2213
　………………………………………*131-132*
最判昭和36年3月9日刑集15-3-500……*137*
東京地決昭和36年4月26日下刑集3-3=4
　-393…………………………………*149*
最判昭和36年5月26日刑集15-5-893……*137*
最大判昭和36年6月7日刑集15-6-915
　………………………………………*120-121*
最判昭和36年6月13日刑集15-6-961
　………………………………………*133-134*
最決昭和36年11月21日刑集15-10-1764
　………………………………………*130*
最判昭和37年2月22日刑集16-2-203……*139*
秋田地判昭和37年4月24日判タ131-166
　………………………………………*148*
最大判昭和37年5月2日刑集16-5-495
　………………………………………*124-125*
最決昭和37年6月26日判時313-22（告
　訴）……………………………………*131*
最判昭和37年7月3日民集16-7-1408
　………………………………………*130-131*
最大判昭和37年11月28日刑集16-11-
　1633（白山丸事件）………………*126-127*
最大判昭和37年11月28日刑集16-11-
　1577…………………………………*123-124*
岐阜地決昭和38年6月1日下刑集5-5=6-
　635…………………………………*149-150*
大阪高判昭和38年9月6日高刑集16-7-
　526…………………………………*140-143*
最判昭和38年9月13日刑集17-8-1703……*135*
最判昭和38年10月17日刑集17-10-1795
　（白鳥事件）………………………*137-139*

東京地判昭和38年11月28日下民集14-
　11-2336・・・・・・・・・・・・・・・・・・・・・・・・・・・*151*
東京地判昭和38年12月21日下刑集5-11
　=12-1184・・・・・・・・・・・・・・・・・・・・・・・・・*146*
最決昭和39年6月1日刑集18-5-177
　・・・・・・・・・・・・・・・・・・・・・・・・・・・・・・・・・*135-136*
東京地決昭和39年10月15日下刑集6-9=
　10-1185・・・・・・・・・・・・・・・・・・・・・・・・・・*144*
千葉地決昭和39年11月25日下刑集6-11
　=12-1584・・・・・・・・・・・・・・・・・・・・・・・・・*152*
津地判昭和39年12月23日下刑集6-11=
　12-1426（名張事件第一審）・・・・・・・・・*149*
大森簡判昭和40年4月5日下刑集7-4-
　596・・・・・・・・・・・・・・・・・・・・・・・・・・・・・・*146*
最決昭和40年4月21日刑集19-3-166
　・・・・・・・・・・・・・・・・・・・・・・・・・・・・・・・・・*132-133*
静岡地判昭和40年4月22日下刑集7-4-
　623・・・・・・・・・・・・・・・・・・・・・・・・・・・*148-149*
最大判昭和40年4月28日刑集19-3-240
　・・・・・・・・・・・・・・・・・・・・・・・・・・・・・・・・・*125-126*
最大判昭和40年4月28日刑集19-3-270
　・・・・・・・・・・・・・・・・・・・・・・・・・・・・・・・・・*128-129*
東京高判昭和40年7月8日高刑集18-5-
　491・・・・・・・・・・・・・・・・・・・・・・・・・・・*144-145*
大阪高判昭和40年8月26日下刑集7-8-
　1563・・・・・・・・・・・・・・・・・・・・・・・・・・*146-147*
最大決昭和40年9月29日刑集19-6-749
　・・・・・・・・・・・・・・・・・・・・・・・・・・・・・・・・・*127-128*
大阪高判昭和40年11月8日下刑集7-11-
　1947・・・・・・・・・・・・・・・・・・・・・・・・・・・・・*144*
最決昭和40年12月24日刑集19-9-827
　・・・・・・・・・・・・・・・・・・・・・・・・・・・・・・・・・*134-135*
最決昭和40年12月24日刑集19-9-829・・・*134*
最決昭和41年2月21日判時450-60（科学
　的証拠）・・・・・・・・・・・・・・・・・・・・・・・・・・*139*
最判昭和41年4月21日刑集20-4-275・・・・・・*132*
最決昭和41年6月10日刑集20-5-365・・・・・・*135*
東京高判昭和41年6月28日判タ195-125
　・・・・・・・・・・・・・・・・・・・・・・・・・・・・・・・・・・・*140*
東京高決昭和41年6月30日高刑集19-4-
　447・・・・・・・・・・・・・・・・・・・・・・・・・・・*147-148*
最判昭和41年7月1日刑集20-6-537
　・・・・・・・・・・・・・・・・・・・・・・・・・・・・・・・・・*136-137*
最大判昭和41年7月13日刑集20-6-609
　・・・・・・・・・・・・・・・・・・・・・・・・・・・・・・・・・*129-130*
最判昭和41年7月21日刑集20-6-696（ウ
　イプラッシュ傷害事件）・・・・・・・・・・・・・・*132*
最判昭和41年7月26日刑集20-6-711・・・・・・*134*

■1960.8.6～1969.1.10　横田正俊

東京高判昭和41年9月30日高刑集19-6-
　683・・・・・・・・・・・・・・・・・・・・・・・・・・・*174-175*
山口地萩支判昭和41年10月19日下刑集
　8-10-1368・・・・・・・・・・・・・・・・・・・・・*171-172*
佐賀地判昭和41年11月19日下刑集8-11
　-1489・・・・・・・・・・・・・・・・・・・・・・・・・*168-171*
最決昭和41年11月22日刑集20-9-1035
　・・・・・・・・・・・・・・・・・・・・・・・・・・・・・・・・・*162-163*
最判昭和41年12月9日刑集20-10-1107・・・*163*
横浜地決昭和42年2月2日下刑集9-2-
　161・・・・・・・・・・・・・・・・・・・・・・・・・・・・・・*164*
福岡高決昭和42年3月24日高刑集20-2-
　114・・・・・・・・・・・・・・・・・・・・・・・・・・・・・・*165*
最判昭和42年5月25日刑集21-4-705・・・・・・*163*
最大判昭和42年7月5日刑集21-6-748
　・・・・・・・・・・・・・・・・・・・・・・・・・・・・・・・・・*157-158*
東京高判昭和42年7月26日高刑集20-4-
　471・・・・・・・・・・・・・・・・・・・・・・・・・・・*173-174*
最判昭和42年8月31日刑集21-7-879
　・・・・・・・・・・・・・・・・・・・・・・・・・・・・・・・・・*160-161*
大阪高判昭和42年9月28日高刑集20-5-
　611・・・・・・・・・・・・・・・・・・・・・・・・・・・*172-173*
最判昭和42年12月21日刑集21-10-1476
　・・・・・・・・・・・・・・・・・・・・・・・・・・・・・・・・・・・*161*
最決昭和43年2月8日刑集22-2-55・・・*161-162*
最判昭和43年3月29日刑集22-3-153
　・・・・・・・・・・・・・・・・・・・・・・・・・・・・・・・・・*158-159*
神戸地決昭和43年7月9日判時531-89・・・・・*160*
大阪地判昭和43年9月20日判タ228-229
　・・・・・・・・・・・・・・・・・・・・・・・・・・・・・・・・・*166-167*
横浜地小田原支決昭和43年10月9日下
　刑集10-10-1030・・・・・・・・・・・・・・・・・・・*171*
最判昭和43年10月25日刑集22-11-961
　（八海事件）・・・・・・・・・・・・・・・・・・・・・・・*162*
最決昭和43年11月26日刑集22-12-1352
　・・・・・・・・・・・・・・・・・・・・・・・・・・・・・・・・・*159-160*
大阪高判昭和43年12月9日判時574-83
　・・・・・・・・・・・・・・・・・・・・・・・・・・・・・・・・・*167-168*

■1969.1.11～1973.5.19　石田和外
仙台高判昭和44年2月18日判時561-87
　………………………………………221-222
最決昭和44年3月18日刑集23-3-153(国
　学院大学映研フィルム事件)…………191
最決昭和44年4月25日刑集23-4-248……194
最決昭和44年4月25日刑集23-4-275
　…………………………………………195-196
大阪地判昭和44年5月1日判タ240-291…209
金沢地尾支判昭和44年6月3日判月1-6-
　657………………………………………232
札幌高決昭和44年6月18日判時558-14…235
東京高判昭和44年6月20日高刑集22-3-
　352………………………………………210
最決昭和44年7月14日刑集23-8-1057……204
最決昭和44年9月4日刑集23-9-1085……402
最決昭和44年10月2日刑集23-10-1199……192
京都地決昭和44年11月5日判時629-103
　…………………………………………213
鳥取地決昭和44年11月6日判時591-104
　…………………………………………220
最大決昭和44年11月26日刑集23-11-
　1490(博多駅事件)…………185-186,406
最決昭和44年12月4日刑集23-12-1546
　…………………………………………202-203
最判昭和44年12月5日刑集23-12-1583
　…………………………………………191-192
東京地判昭和44年12月16日判時579-29
　…………………………………………213
最大判昭和44年12月24日刑集23-12-
　1625(京都府学連事件)……186-187,404
東京地判昭和45年2月26日判月2-2-137
　(東京麻布放火事件)………………228-229
東京地決昭和45年3月7日判時588-35……223
東京地決昭和45年3月9日判時589-28……220
最判昭和45年6月19日刑集24-6-299
　…………………………………………208-209
東京地決昭和45年6月24日判時610-100
　…………………………………………462
最判昭和45年7月2日刑集24-7-412……194
宮崎地決昭和45年7月24日刑月2-7-783
　…………………………………………224-225
最判昭和45年7月28日刑集24-7-569……201
最決昭和45年9月24日刑集24-10-1399…206

東京高判昭和45年10月21日高刑集23-4
　-749……………………………………210-212
最決昭和45年11月25日刑集24-12-1670
　…………………………………………202
東京高判昭和45年12月3日判月2-12-
　1257……………………………………222-223
東京高判昭和46年3月8日高刑集24-1-
　183………………………………………212
最大決昭和46年3月24日刑集25-2-293
　(新島ミサイル事件)………………189-190
最判昭和46年4月27日刑集25-3-534……164
福岡地小倉支判昭和46年6月16日刑月3
　-6-783…………………………………216-219
最判昭和46年6月22日刑集25-4-588
　…………………………………………197-198
札幌高決昭和46年7月16日判時637-3……235
大阪地判昭和46年9月9日判時662-101
　…………………………………………232-233
東京高判昭和46年10月20日判時657-93
　…………………………………………223-224
大阪地決昭和46年12月7日判時675-112
　…………………………………………219-220
仙台高判昭和47年1月25日刑月4-1-14
　…………………………………………229-232
最判昭和47年3月9日刑集26-2-102(大
　信実業事件)…………………………206-208
東京高判昭和47年3月27日高刑集25-1-
　42(江戸川区バッタ撒き賭博事件)……223
東京地判昭和47年4月4日判時665-103…219
最判昭和47年5月30日民集26-4-826(公
　訴時効の起算点，裁判の効力)
　…………………………………………192-193,205
最判昭和47年6月2日刑集26-5-317
　…………………………………………203-204
最判昭和47年6月15日刑集26-5-341……205
最大決昭和47年7月1日刑集26-6-355……187
最決昭和47年7月25日刑集26-6-366
　…………………………………………198-201
京都地決昭和47年8月17日判時688-105
　…………………………………………225
東京高判昭和47年10月13日刑月4-10-
　1651……………………………………212-213
最大判昭和47年11月22日刑集26-9-554
　(川崎民商事件)………………………185

大阪高決昭和47年11月30日高刑集25-6
　-914……………………………*233-235*
東京地決昭和47年12月1日刑月4-12-
　2030……………………………………*220*
札幌高判昭和47年12月19日判タ289-
　295………………………………*225-226*
最大判昭和47年12月20日刑集26-10-
　631（高田事件）………………*187-189*
旭川地決昭和48年2月3日刑月5-2-166
　（旭川土木作業員殺人事件）……*213-214*
最判昭和48年3月15日刑集27-2-128（公
　訴棄却）…………………………*193-194*
最決昭和48年4月12日判時703-12……*196*
大阪地決昭和48年4月16日判時710-112
　……………………………………*226-227*
浦和地決昭和48年4月21日刑月5-4-874
　……………………………………*214-216*

■1973.5.21～1976.5.24　村上朝一（ともかず）
最判昭和48年7月20日刑集27-7-1322……*245*
最決昭和48年10月8日刑集27-9-1415
　……………………………………*243-244*
京都地決昭和48年12月11日刑月5-12-
　1679……………………………*254-255*
最判昭和48年12月13日判時725-104……*248*
東京高判昭和49年2月15日判時742-142
　……………………………………………*260*
最決昭和49年3月13日刑集28-2-1………*249*
大阪高判昭和49年3月29日高刑集27-1-
　84…………………………………………*255*
最決昭和49年4月1日刑集28-3-17………*244*
東京地判昭和49年4月2日判時739-131
　……………………………………*263-264*
札幌地判昭和49年4月19日判時757-97
　……………………………………*266-267*
大阪地判昭和49年5月2日刑月6-5-583…*264*
福岡高那覇支判昭和49年5月13日判時
　763-110……………………………………*260*
仙台地決昭和49年5月16日判タ319-300
　……………………………………*251-252*
最判昭和49年5月31日判時745-104……*245*
大阪高判昭和49年7月18日判時755-118
　……………………………………………*258*
東京簡判昭和49年9月20日刑月6-9-971

　……………………………………*250-251*
東京高判昭和49年9月30日刑月6-9-960
　……………………………………………*252*
大阪高判昭和49年11月5日判タ329-290
　……………………………………………*258*
東京高判昭和49年11月26日高刑集27-7
　-653……………………………………*253*
東京地決昭和49年12月9日判時763-16
　（富士高校放火事件証拠決定）………*260*
最判昭和50年1月21日刑集29-1-1………*247*
東京地決昭和50年1月29日刑月7-1-63
　……………………………………*258-259*
福岡高判昭和50年3月11日刑月7-3-143
　……………………………………*253-254*
最決昭和50年4月3日刑集29-4-132……*242*
最決昭和50年5月20日刑集29-5-177（白
　鳥決定）…………………………*249-250*
最決昭和50年5月30日刑集29-5-360……*249*
神戸地判昭和50年5月30日判時789-74…*256*
大阪高判昭和50年7月15日判時798-102
　……………………………………………*254*
最判昭和50年8月6日刑集29-7-393
　……………………………………*245-247*
大阪高判昭和50年8月27日高刑集28-3-
　321………………………………*264-266*
大阪高判昭和50年8月27日高刑集28-3-
　310………………………………*257-258*
東京地判昭和50年11月7日判時811-118
　……………………………………………*261*
大阪高判昭和50年11月19日判時813-
　102………………………………*262-263*
最判昭和51年2月19日裁判集刑事199-
　251………………………………*248-249*
最決昭和51年3月16日刑集30-2-187
　…………………………*242-243, 296, 334*
福岡高那覇支判昭和51年4月5日判タ
　345-321（沖縄ゼネスト事件）……*256-257*
大阪地判昭和51年4月17日判タ341-331
　……………………………………………*259*

■1976.5.25～1977.8.25　藤林益三
最決昭和51年10月12日刑集30-9-1673
　（財田川事件）……………………*280-281*
最判昭和51年10月28日刑集30-9-1859

779

｜……………………277-278
最判昭和51年11月4日刑集30-10-1887
　…………………………278-280
最判昭和51年11月18日判時837-104
　…………………………273-276
大阪高決昭和52年3月17日判時850-13
　…………………………282-285
福岡高判昭和52年5月30日判時861-125
　…………………………288-290
東京高判昭和52年6月14日高刑集30-3-341（チッソ水俣病川本事件）……285-288
大阪高判昭和52年6月28日刑月9-5=6-334
　………………………………290
大阪高判昭和52年6月28日判タ357-337
　………………………………263
名古屋高金沢支判昭和52年6月30日判時878-118…………………………282
最決昭和52年8月9日刑集31-5-821（狭山事件）…………………276-277

■1977.8.26～1979.3.31　岡原昌男
東京高判昭和52年12月20日高刑集30-4-423…………………………306-307
最決昭和53年2月16日刑集32-1-47……299
最決昭和53年2月28日刑集32-1-83……302
最決昭和53年3月6日刑集32-2-218
　……………………299-300, 411
東京高判昭和53年3月29日判時892-29（富士高校放火事件）…………309
千葉地決昭和53年5月8日判タ362-193
　…………………………305-306
最判昭和53年6月20日刑集32-4-670（米子銀行事件）………………295-297
東京地決昭和53年6月29日判時893-8……307
最判昭和53年7月10日民集32-5-820（杉山事件）…………………297-299
最決昭和53年9月4日刑集32-6-1077
　…………………………302-303
最判昭和53年9月7日刑集32-6-1672（大阪覚せい剤事件）
　………300-301, 345, 348, 376, 515
東京地決昭和53年9月21日判時904-14（ロッキード事件）…………308
最決昭和53年9月22日刑集32-6-1774……297

最判昭和53年10月20日民集32-7-1367…304
東京高判昭和53年11月15日高刑集31-3-265…………………………304-305
東京地決昭和53年12月20日刑月10-11=12-1514（ロッキード事件丸紅ルート）………………………308
東京高判昭和54年2月7日判時940-138
　…………………………308-309
名古屋高判昭和54年2月14日判タ383-156…………………………309

■1979.4.2～1982.9.30　服部高顯
最決昭和54年6月29日刑集33-4-389……330
東京高判昭和54年7月9日判時948-126
　…………………………330-331
最判昭和54年7月24日刑集33-5-416（4・28沖縄デー事件）………325
富山地決昭和54年7月26日判時946-137
　………………………………336
東京高判昭和54年8月14日刑月11-7=8-787…………………………345-346
最決昭和54年10月16日刑集33-6-633……324
函館地決昭和55年1月9日刑月12-1=2-50…………………………331-332
東京高判昭和55年2月1日判時960-8……344
広島高松江支判昭和55年2月4日判時963-3…………………………338-340
最判昭和55年2月7日刑集34-2-15……323
最決昭和55年3月4日刑集34-3-89……322
東京地決昭和55年3月26日判時968-28……346
最決昭和55年4月28日刑集34-3-178……320
最決昭和55年5月12日刑集34-3-185……320
東京地決昭和55年8月13日判時972-136
　…………………………336-337
最決昭和55年9月22日刑集34-5-272
　…………………………317-318
最決昭和55年10月23日刑集34-5-300
　…………………………318, 319
最決昭和55年11月18日刑集34-6-421……319
最決昭和55年12月4日刑集34-7-499
　…………………………329-330
最決昭和55年12月17日刑集34-7-672（チッソ川本事件）……………321
東京地決昭和56年1月22日判時992-3……341

最決昭和56年4月25日刑集35-3-116(吉田町覚せい剤事件)……………… *322*
福井地判昭和56年6月10日刑月13-6=7-461……………… *333-334*
最判昭和56年6月26日刑集35-4-426(赤崎町長選挙違反事件)……………… *321-322*
東京高判昭和56年6月29日判時1020-136……………… *343-344*
最決昭和56年7月14日刑集35-5-497……………… *320-321*
東京地決昭和56年11月18日判時1027-3……………… *346*
最決昭和56年11月20日刑集35-8-797……………… *324-325*
大阪高判昭和56年11月24日判タ464-170……………… *341*
広島高判昭和56年11月26日判時1047-162……………… *347-350*
松江地判昭和57年2月2日判時1051-162……………… *344-345*
大阪高判昭和57年3月16日判時1046-146……………… *342*
最決昭和57年5月25日判時1046-15(千葉大チフス菌事件)……………… *326-329*
広島高判昭和57年5月25日判タ476-232……………… *335-336*
最決昭和57年8月27日刑集36-6-726…… *330*
東京高判昭和57年9月7日高刑集35-2-126……………… *342-343*
大阪高判昭和57年9月27日判タ481-146……………… *337-338*

■1982.10.1～1985.11.3　寺田治郎
東京高判昭和57年10月15日判時1095-155(おとり捜査)……………… *369-370, 542*
東京高判昭和58年1月27日判時1097-146……………… *377-378*
最判昭和58年2月24日判時1070-5…… *364-366*
東京高判昭和58年3月29日刑月15-3-247……………… *372-373*
浦和地決昭和58年5月4日判時1101-139……………… *374-375*
最決昭和58年5月6日刑集37-4-375…… *368*
札幌高判昭和58年5月24日高刑集36-2-67……………… *383-384*
最判昭和58年5月27日刑集37-4-474…… *361*
最決昭和58年6月30日刑集37-5-592…… *362*
最判昭和58年7月12日刑集37-6-791……………… *362-363*
東京高判昭和58年7月13日高刑集36-2-86……………… *378-381*
熊本地八代支判昭和58年7月15日判時1090-21(免田事件)……………… *386*
最判昭和58年9月6日刑集37-7-930(日大闘争事件)……………… *358-359*
東京地判昭和58年9月30日判時1091-159……………… *373*
東京高判昭和58年10月20日高刑集36-3-285……………… *371-372*
最判昭和58年12月13日刑集37-10-1581(よど号ハイジャック事件)……………… *360, 366-368*
最決昭和58年12月19日刑集37-10-1753……………… *364*
札幌高判昭和58年12月26日判時1111-143……………… *375-376*
高松高判昭和59年1月24日判時1136-158……………… *385-386, 648*
最決昭和59年1月27日刑集38-1-136…… *360*
最決昭和59年2月13日刑集38-3-295……………… *357-358*
最決昭和59年2月29日刑集38-3-479(高輪グリーンマンション事件)…… *356-357*
高松地判昭和59年3月12日判時1107-13(財田川事件)……………… *386-387*
大阪高判昭和59年4月19日高刑集37-1-98(神戸まつり事件)……………… *376-377*
東京高判昭和59年4月27日高刑集37-2-153(ロッキード事件小佐野ルート)… *383*
仙台地判昭和59年7月11日判時1127-34(松山事件)……………… *387-388*
大阪高判昭和59年9月19日判タ548-282……………… *384-385*
最決昭和59年9月20日刑集38-9-2810…… *369*
最決昭和59年12月21日刑集38-12-3071(新宿騒乱事件)……………… *364*
大阪高判昭和60年3月19日判タ562-197……………… *382*

東京高判昭和60年10月18日刑月17-10-927……………………………370-371

■1985.11.5〜1990.2.19　矢口洪一
最決昭和60年11月29日刑集39-7-532
………………………………419-420
東京高判昭和60年12月13日刑月17-12-1208(日石・土田邸事件)………438-439
仙台高判昭和60年12月16日判時1195-153………………………………427
大阪高判昭和60年12月18日判時1201-93…………………………………422
最判昭和61年2月14日刑集40-1-48
………………………………403-404
最決昭和61年3月3日刑集40-2-175
………………………………413-414
東京地判昭和61年3月12日判時1229-160……………………………427-428
札幌高判昭和61年3月24日高刑集39-1-8………………………………439-440
最判昭和61年4月25日刑集40-3-215……415
福岡高判昭和61年4月28日刑月18-4-294(鹿児島夫婦殺し事件)…………432
最決昭和61年10月28日刑集40-6-509……421
東京高判昭和62年1月28日判時1228-136……………………………441-442
最決昭和62年3月3日刑集41-2-60(臭気選別)…………………………414-415
東京地判昭和62年3月24日判時1233-155…………………………………426
名古屋高判昭和62年9月7日判タ653-228……………………………440-441
最決昭和62年10月30日刑集41-7-309……419
岡山地判昭和62年11月12日判時1255-39………………………………437-438
東京地判昭和62年11月25日判時1261-138…………………………………423
最判昭和62年12月3日刑集41-8-323
………………………………411-412
東京地判昭和62年12月16日判時1275-35…………………………………430
東京高判昭和62年12月16日判タ667-269……………………………433-434
東京高判昭和62年12月24日判時1270-57(富士高校放火事件国賠訴訟)………432
最大決昭和63年2月17日刑集42-2-299
……………………………396,402-403
大阪高判昭和63年2月17日高刑集41-1-62…………………………………434-436
最決昭和63年2月29日刑集42-2-314(熊本水俣病事件)…………………409-410
東京高判昭和63年4月1日判時1278-152(山谷テレビカメラ監視事件)…………424
大阪高判昭和63年4月22日高刑集41-1-123………………………………425-426
最決昭和63年9月16日刑集42-7-1051
………………………………415-417
最決昭和63年10月24日刑集42-8-1079…410
最決昭和63年10月25日刑集42-8-1100…411
東京高判昭和63年11月10日東高時報39-9=12-36……………………430-431
最決平成1年1月23日判時1301-155……412
最決平成1年1月30日刑集43-1-19(日本テレビ事件)…………406-407,464
静岡地判平成1年1月31日判時1316-21(島田事件)……………………442-443
最大判平成1年3月8日民集43-2-89(レペタ訴訟)…………………396,397-402
東京地判平成1年3月15日判時1310-158(上智大学内ゲバ事件)………………425
最判平成1年4月21日裁判集刑事251-697(遠藤事件)…………………………412
最決平成1年5月1日刑集43-5-323
……………………………191,421-422
東京高判平成1年6月1日判タ709-272
………………………………429-430
最判平成1年6月22日刑集43-6-427(山中事件)……………………412-413
最判平成1年6月29日民集43-6-664……408
最決平成1年7月4日刑集43-7-581(平塚事件)……………………417-419
最決平成1年9月26日判時1357-147
………………………………404-405
最決平成1年10月26日判時1331-145(板橋事件)…………………………413
大阪高判平成1年11月10日判タ729-249
………………………………431-432
浦和地判平成1年12月21日判タ723-257

··· *442*
大阪高判平成2年2月6日判タ741-238······ *423*
最決平成2年2月16日判時1340-145······· *407*

■1990.2.20〜1995.11.7　草場良八
東京地決平成2年4月10日判タ725-243
　·· *491-492*
最決平成2年6月27日刑集44-4-385
　·· *463-464*
最決平成2年7月9日刑集44-5-421(TBS
　事件)·· *464-465*
最判平成2年7月20日民集44-5-938
　·· *479-480*
東京地判平成2年7月26日判時1358-151
　·· *507*
東京高判平成2年8月29日判時1374-136
　·· *490-491*
京都地決平成2年10月3日判時1375-143
　·· *480-481*
浦和地判平成2年10月12日判時1376-24
　·· *510*
横浜地川崎支判平成2年11月29日判時
　1374-89··· *489*
最判平成2年12月7日判時1373-143
　·· *473-474*
東京高判平成3年3月12日判時1385-129
　·· *489-490*
浦和地判平成3年3月25日判タ760-261
　頁·· *510-512*
千葉地判平成3年3月29日判時1384-141
　·· *508*
東京高判平成3年4月23日高刑集44-1-
　66(松戸OL殺人事件)·················· *506-507*
最判平成3年5月10日民集45-5-919
　·· *467-470*
札幌地決平成3年5月10日判タ767-280
　·· *490-491, 517*
最判平成3年5月31日判時1390-33(若松
　事件)·· *470-471*
東京高判平成3年6月18日判タ777-240··· *523*
最決平成3年7月16日刑集45-6-201······ *466*
大阪高判平成3年9月11日判時1408-128
　·· *482*
浦和地判平成3年9月26日判時1410-121

··· *527*
大阪高判平成3年11月6日判タ796-264
　·· *492-494*
大阪高判平成3年11月19日判時1436-
　143·· *518-519*
大阪高判平成4年1月30日高刑集45-1-1
　(大阪西成覚せい剤事件)·········· *516-517*
大阪高判平成4年2月5日高刑集45-1-28
　·· *512-514*
水戸地下妻支判平成4年2月27日判時
　1413-35(DNA鑑定)····················· *508*
東京高判平成4年4月8日判時1434-140
　·· *519-520*
最大判平成4年7月1日民集46-5-437
　·· *459-460*
東京高判平成4年7月20日判時1434-143
　·· *520-521*
最判平成4年9月18日刑集46-6-355
　·· *471-472*
東京高判平成4年9月24日高民集45-3-
　161·· *484-487*
最決平成4年10月13日刑集46-7-611
　·· *477-478*
東京高判平成4年10月14日高刑集45-3-
　66·· *523-525*
東京高判平成4年10月15日高刑集45-3-
　85(甲府覚せい剤密売事件)······ *482-484*
浦和地決平成4年11月10日判タ812-260
　·· *502*
最判平成5年1月25日民集47-1-310······· *466*
福岡高判平成5年3月8日判タ834-275
　·· *487, 515-516*
仙台高判平成5年4月26日判タ828-284··· *509*
最決平成5年5月31日刑集47-6-1········· *476*
宇都宮地判平成5年7月7日判タ820-177
　(足利事件)······································ *509*
最決平成5年7月19日刑集47-7-3······ *472-473*
大阪高判平成5年10月7日判時1497-134
　·· *495-496*
最決平成5年10月19日刑集47-8-67······· *473*
東京高判平成5年10月21日高刑集46-3-
　271··· *506*
福岡高判平成5年11月16日判時1480-82
　·· *502-503*

名古屋地判平成6年3月16日判時1509-
　163‥‥‥‥‥‥‥‥‥‥‥‥‥‥‥525
大阪高判平成6年4月20日高刑集47-1-1
　‥‥‥‥‥‥‥‥‥‥‥‥‥‥496-499
大阪地判平成6年4月27日判時1515-116
　(西成テレビカメラ事件)‥‥‥487-488
東京高判平成6年5月11日高刑集47-2-
　237‥‥‥‥‥‥‥‥‥‥‥‥‥499-500
東京高判平成6年6月6日判タ863-291‥‥503
東京高判平成6年8月2日高刑集47-2-
　282‥‥‥‥‥‥‥‥‥‥‥‥‥‥‥504
最決平成6年9月8日刑集48-6-263‥‥‥‥467
最決平成6年9月16日刑集48-6-420
　‥‥‥‥‥‥‥‥‥‥‥‥‥‥‥461-462
東京地判平成6年9月22日判時1532-28
　(トリカブト殺人事件)‥‥‥‥525-526
名古屋高判平成6年9月28日判時1521-
　152‥‥‥‥‥‥‥‥‥‥‥‥‥500-501
東京高判平成6年11月1日判時1546-139
　‥‥‥‥‥‥‥‥‥‥‥‥‥‥‥521-523
名古屋高金沢支判平成7年2月9日判時
　1542-26‥‥‥‥‥‥‥‥‥‥‥526-527
大阪地判平成7年2月13日判時1564-143
　‥‥‥‥‥‥‥‥‥‥‥‥‥‥‥‥‥505
最大判平成7年2月22日刑集49-2-1
　(ロッキード事件丸紅ルート)‥‥460-461
最決平成7年2月28日刑集49-2-481
　‥‥‥‥‥‥‥‥‥‥‥‥‥‥‥476-477
最決平成7年3月27日刑集49-3-525‥‥‥477
最決平成7年4月12日刑集49-4-609‥‥‥462
最決平成7年5月30日刑集49-5-703
　‥‥‥‥‥‥‥‥‥‥‥‥‥‥‥475-476
最判平成7年6月20日刑集49-6-741
　‥‥‥‥‥‥‥‥‥‥‥‥‥‥‥474-475
最決平成7年6月28日刑集49-6-785‥‥‥478
福岡高判平成7年6月30日判時1543-181
　‥‥‥‥‥‥‥‥‥‥‥‥‥‥‥‥‥527
福岡高判平成7年8月30日判タ907-281
　‥‥‥‥‥‥‥‥‥‥‥‥‥‥‥514-515

■1995.11.7～1997.10.30　三好達(とおる)
大阪高判平成7年12月7日高刑集48-3-
　199‥‥‥‥‥‥‥‥‥‥‥‥‥‥‥549
最決平成8年1月29日刑集50-1-1(和光

大学内ゲバ事件)‥‥‥‥‥‥‥540-541
東京高判平成8年3月6日高刑集49-1-43
　‥‥‥‥‥‥‥‥‥‥‥‥‥‥‥‥‥547
大阪高判平成8年4月5日判時1582-147‥‥547
東京高判平成8年5月9日判時1585-136
　‥‥‥‥‥‥‥‥‥‥‥‥‥‥‥551-552
大阪高判平成8年7月16日判時1585-157
　‥‥‥‥‥‥‥‥‥‥‥‥‥‥‥‥‥551
最決平成8年10月18日LEX/DB28080113
　(おとり捜査)‥‥‥‥‥‥541-542, 639
最決平成8年10月29日刑集50-9-683
　‥‥‥‥‥‥‥‥‥‥‥‥‥‥‥542-543
大阪高判平成8年11月27日判時1603-
　151‥‥‥‥‥‥‥‥‥‥‥‥‥‥‥552
最決平成9年1月28日刑集51-1-1(名張
　毒ぶどう酒殺人事件第5次再審請求
　審決定)‥‥‥‥‥‥‥‥‥‥‥543-544
最判平成9年1月30日刑集51-1-335‥‥‥542
広島高松江支判平成9年3月17日高検速
　報(平成9年)2-123‥‥‥‥‥‥552-553
東京高判平成9年4月3日東高時報48-
　1=2-32‥‥‥‥‥‥‥‥‥‥‥‥‥544
札幌高判平成9年5月15日判時1636-153
　‥‥‥‥‥‥‥‥‥‥‥‥‥‥‥544-546
大阪地判平成9年8月20日判タ995-286
　‥‥‥‥‥‥‥‥‥‥‥‥‥‥‥549-550
名古屋高判平成9年9月29日判時1619-
　41‥‥‥‥‥‥‥‥‥‥‥‥‥‥548-549

■1997.10.31～2002.11.3　山口繁
名古屋高判平成10年1月28日高刑集51-
　1-70‥‥‥‥‥‥‥‥‥‥‥‥‥616-617
福岡高判平成10年2月5日判時1642-157
　‥‥‥‥‥‥‥‥‥‥‥‥‥‥‥‥‥604
東京地判平成10年2月27日判時1637-
　152‥‥‥‥‥‥‥‥‥‥‥‥‥‥‥594
最判平成10年3月12日刑集52-2-17‥‥‥585
大阪地判平成10年4月16日判タ992-283
　‥‥‥‥‥‥‥‥‥‥‥‥‥‥‥595-597
最決平成10年5月1日刑集52-4-275‥‥‥579
東京高判平成10年6月8日判タ987-301
　‥‥‥‥‥‥‥‥‥‥‥‥‥‥‥611-612
東京高判平成10年7月1日判時1655-3
　(ロス疑惑銃撃事件)‥‥‥‥‥609-611

判例索引

最判平成10年9月7日判時1661-70·········579
最決平成10年10月27日刑集52-7-363
　················588-591
最大判平成11年3月24日民集53-3-514
　（安藤・斎藤事件）···············576-578
東京高判平成11年10月22日高検速報
　（平成11年）3105―105（おとり捜査）
　················593-594
広島高判平成11年10月26日判時1703-
　173················595
最決平成11年12月16日刑集53-9-1327
　················579-580
最判平成12年2月22日判時1721-70（安
　藤・斎藤事件）···············581
京都地判平成12年2月24日判タ1049-
　332················608-609
高松高判平成12年3月31日判時1726-
　130················595
最決平成12年6月13日民集54-5-1635
　················581-582
最決平成12年6月27日刑集54-5-461（東
　電OL事件）·······587-588, 738
福岡地判平成12年6月29日判タ1085-
　308················606-608
最決平成12年7月12日刑集54-6-513（秘
　密録音）················585-586
最決平成12年7月17日刑集54-6-550（足
　利幼女殺害事件）··············586
大阪高判平成12年7月21日判時1734-
　151················613-614
最判平成12年9月7日判時1728-17·········581
最決平成12年9月27日刑集54-7-710·········588
大阪地判平成12年10月19日判時1744-
　152················612-613
最決平成12年10月31日刑集54-8-735
　（角川コカイン密輸入事件）·········585
東京地決平成12年11月13日判タ1067-
　283················604-606
和歌山地決平成12年12月20日判タ1098
　-101（和歌山カレー事件）·········597-599
福岡高判平成12年12月26日刑集56-6-
　366················614-616
最決平成13年2月7日判時1737-148·········581
最決平成13年4月11日刑集55-3-127
　················583-585
和歌山地決平成13年10月10日判タ1122
　-132（和歌山カレー事件）·········599-600
東京高判平成14年3月15日判時1817-
　162················609
札幌高判平成14年3月19日判時1803-
　147（札幌小4殺害事件）·········613
和歌山地決平成14年3月22日判タ1122-
　131················600-604
最決平成14年4月8日判時1781-160（名
　張毒ぶどう酒殺人事件第6次再審請
　求審決定）················591-592
最決平成14年6月5日判時1786-160
　················586-587
最決平成14年7月18日刑集56-6-307（訴
　因の特定）················582-583
東京高判平成14年9月4日判時1808-144
　（ロザール事件）··············592-593
最決平成14年10月4日刑集56-8-507·········580

■2002.11.6～2006.10.15　町田顯

東京地判平成14年12月27日判時1828-
　161················652-653
最決平成15年2月14日刑集57-2-121（大
　津覚せい剤事件）··············645
最決平成15年2月20日判時1820-149·········642
東京地判平成15年4月16日判時1842-
　159················670
最大判平成15年4月23日刑集57-4-467
　················636-637
最決平成15年5月26日刑集57-5-620·········638
大阪高判平成15年7月4日判時1849-53
　················653-654
広島高判平成15年9月2日判時1851-155
　················667
最判平成15年10月7日刑集57-9-1002
　················647-649
東京高判平成15年10月16日判時1859-
　158················666
最決平成15年11月26日刑集57-10-1057
　················642-643
名古屋高判平成15年12月24日LEX/
　DB28090659················657
最決平成16年2月16日刑集58-2-124·········649

785

最判平成16年2月16日刑集58-2-133……*650*
大阪地判平成16年3月9日判時1858-79…*658*
最判平成16年4月13日刑集58-4-247
　　……………………………………*637-638*
最決平成16年7月12日刑集58-5-333……*639*
最判平成16年9月7日判時1878-88…*640-641*
佐賀地決平成16年9月16日判時1947-3…*670*
大阪高判平成16年10月22日判タ1172-
　　311………………………………………*654*
東京地判平成16年11月10日判時1893-
　　160…………………………………*658-660*
東京高判平成16年11月15日東高時報55
　　-1=12-98……………………………*664-665*
最決平成17年3月16日判時1887-15
　　……………………………………*651-652*
最決平成17年3月18日刑集59-2-38……*651*
東京高判平成17年3月25日東高時報56-
　　1=12-30…………………………………*671*
名古屋高判平成17年3月30日LEX/
　　DB28100926……………………*654-655*
最判平成17年4月14日刑集59-3-259……*644*
最決平成17年4月19日民集59-3-563(定
　　者事件)………………………………*640*
福岡地判平成17年5月19日判時1903-3
　　……………………………………*667-669*
東京地判平成17年6月2日判時1930-174
　　………………………………………*655*
大阪高判平成17年6月28日判タ1192-
　　186(和歌山毒カレー事件)………*670-671*
最決平成17年7月19日判タ1188-251
　　……………………………………*639-640*
最決平成17年9月27日刑集59-7-753……*643*
最決平成17年10月12日刑集59-8-1425……*641*
最判平成17年11月29日刑集59-9-1847
　　……………………………………*645-647*
東京高判平成17年12月26日判時1918-
　　122…………………………………*660-661*
最決平成18年2月27日刑集60-2-240……*647*
最決平成18年4月24日刑集60-4-409……*651*
広島地判平成18年4月26日判時1940-
　　168…………………………………*661-662*
大阪高決平成18年6月26日判時1940-
　　164…………………………………*662-663*
名古屋高判平成18年6月26日判タ1235-
　　350………………………………………*665*
大阪地判平成18年9月13日判タ1250-
　　339…………………………………*655-657*
最決平成18年9月15日判時1956-3………*651*
大阪高決平成18年10月6日判時1945-
　　166…………………………………*663-664*
最決平成18年10月10日刑集60-8-523……*647*

■2006.10.16〜2008.11.21　島田仁郎

東京高決平成18年10月16日判時1945-
　　168…………………………………*702-704*
名古屋地判平成18年10月27日判時1962
　　-133……………………………………*701*
最判平成18年11月7日刑集60-9-561
　　……………………………………*693-694*
最決平成18年11月14日判タ1222-102
　　……………………………………*690-691*
最決平成18年11月20日刑集60-9-696……*689*
最決平成18年12月8日刑集60-10-837……*692*
最決平成18年12月13日刑集60-10-857……*688*
最決平成19年2月8日刑集61-1-1……*687-688*
福岡高判平成19年3月19日高検速報(平
　　成19年)448………………………………*705*
最決平成19年4月9日刑集61-3-321………*697*
最決平成19年4月23日裁時1434-9…*697-698*
最決平成19年6月19日刑集61-4-369……*695*
名古屋高判平成19年7月12日判時1997-
　　66………………………………*641, 701*
東京高判平成19年9月18日判タ1342-54
　　……………………………………*708-711*
最決平成19年10月16日刑集61-7-677
　　……………………………………*694-695*
東京地判平成19年10月25日判時1990-
　　158…………………………………*705-706*
最決平成19年12月13日刑集61-9-843
　　……………………………*695-697, 738*
最決平成19年12月25日刑集61-9-895……*691*
最決平成20年3月5日判タ1266-149………*688*
最決平成20年3月14日刑集62-3-185
　　……………………………………*698-699*
東京高決平成20年3月18日判時2001-
　　160…………………………………*699-700*
最決平成20年4月15日刑集62-5-1398
　　……………………………*685-686, 687*

786

名古屋高金沢支判平成20年6月5日判タ
　1275-342……………………………707-708
最決平成20年6月24日判タ1273-137……689
最決平成20年6月25日刑集62-6-1886……691
最決平成20年8月27日刑集62-7-2702……694
最決平成20年9月30日刑集62-8-2753
　…………………………………………691-692
東京高判平成20年10月16日高刑集61-4
　-1…………………………………………706-707
東京高判平成20年11月18日高刑集61-4
　-6…………………………………………704-705

■2008.11.25～　竹崎博允
最判平成21年4月14日刑集63-4-331
　…………………………………744-745, 748
東京高判平成21年7月1日判タ1314-302
　……………………………………………………751
最判平成21年7月14日刑集63-6-623……747
最決平成21年7月21日刑集63-6-762（一
　罪の一部起訴）………………………739-740
最決平成21年9月28日刑集63-7-868（X
　線検査事件）…………………………737-738
最判平成21年9月29日刑集63-7-919……750
最判平成21年10月16日刑集63-8-937
　…………………………………………742-743
最決平成21年10月20日刑集63-8-1052……738
東京高判平成21年12月1日東高時報60-
　1=12-232………………………………………760
最決平成21年12月9日刑集63-11-2907
　…………………………………………749-750
東京高判平成22年1月26日判タ1326-
　280…………………………………………………762
最決平成22年3月17日刑集64-2-111……740
宇都宮地判平成22年3月26日判時2084
　号159頁……………………………………769
最決平成22年4月5日判タ1331-83（名張
　ぶどう酒事件第7次再審請求特別抗
　告審決定）……………………………750-751
最判平成22年4月27日刑集64-3-233
　…………………………………………746-747
東京高判平成22年5月26日判タ1345-
　249……………………………………765-766
東京高判平成22年5月27日高刑集63-1-
　8………………………………………760-761

東京高判平成22年6月7日LEX/
　DB25463687……………………………751
最決平成22年7月2日判タ1331-93………744
最判平成22年7月22日刑集64-5-819……750
東京高判平成22年11月1日判タ1367-
　251…………………………………………755
東京高判平成22年11月8日高刑集63-3-
　4…………………………………………751-753
高松高判平成22年11月18日高刑集63-3
　-10………………………………………764-765
最決平成22年11月25日民集64-8-1951
　…………………………………………738-739
最決平成22年12月20日刑集64-8-1356……744
大阪高判平成23年1月26日LEX/
　DB25470117……………………………759-760
福岡高判平成23年2月3日判タ1372-101
　…………………………………………753-755
東京地決平成23年3月15日判時2114-
　140…………………………………………762
広島地判平成23年3月23日判時2117-45
　…………………………………………766-769
東京高判平成23年3月29日判タ1354-
　250……………………………………762-764
水戸地土浦支判平成23年5月24日LEX/
　DB25471410……………………………769
最大判平成23年5月31日刑集65-4-373
　…………………………………………736-737
福岡高判平成23年7月1日判時2127-9
　…………………………………………755-759
最判平成23年7月25日判時2132-134
　…………………………………………745-746
最決平成23年9月14日刑集65-6-949
　…………………………………………740-741
最決平成23年10月5日判時2135-143……738
最決平成23年10月20日刑集65-7-999……742
最決平成23年10月26日刑集65-7-1107
　…………………………………………747-748
最大判平成23年11月16日刑集65-8-
　1285…………………………………734-736, 739
名古屋高金沢支決平成23年11月30日
　LEX/DB25473601………………………769
最判平成24年2月13日判時2145-9……748-749
名古屋高決平成24年5月25日LEX/
　DB25481164……………………………769

■著者紹介

内田 博文（うちだ・ひろふみ）
　　　1946年生．京都大学大学院法学研究科修士課程修了
　　　現在，神戸学院大学法科大学院教授／九州大学名誉教授

〔主要業績〕
　　　『刑法学における歴史研究の意義と方法』（九州大学出版会，1997年）
　　　『ハンセン病　検証会議の記録』（明石書店，2006年）
　　　『求められる人権救済法制の論点』（解放出版社，2006年）
　　　『日本刑法学の歩みと課題』（日本評論社，2008年）
　　　『刑法各論講義〔第4版〕』（有斐閣，2010年／共著）
　　　『福岡事件』（現代人文社，2012年／単編）
　　　『転落自白』（日本評論社，2012年／共編）
　　　『市民と刑事法〔第3版〕』（日本評論社，2012年／共編）
　　　『現代刑法入門〔第3版〕』（有斐閣，2012年／共著）

Horitsu Bunka Sha

刑事判例の史的展開

2013年7月25日　初版第1刷発行

著　者　　内　田　博　文
発行者　　田　靡　純　子
発行所　　株式会社　法律文化社
　　　　　〒603-8053
　　　　　京都市北区上賀茂岩ヶ垣内町71
　　　　　電話 075(791)7131　FAX 075(721)8400
　　　　　http://www.hou-bun.com/

＊乱丁など不良本がありましたら，ご連絡ください．
　お取り替えいたします．

印刷：共同印刷工業㈱／製本：㈱藤沢製本
装幀：家田幸奈
ISBN978-4-589-03534-9

©2013 Hirofumi Uchida Printed in Japan

JCOPY　＜(社)出版者著作権管理機構　委託出版物＞

本書の無断複写は著作権法上での例外を除き禁じられています．複写される
場合は，そのつど事前に，(社)出版者著作権管理機構（電話 03-3513-6969,
FAX 03-3513-6979, e-mail: info@jcopy.or.jp）の許諾を得てください．

内田博文編
歴史に学ぶ刑事訴訟法
A5判・310頁・2940円

判例のもつ問題・射程・意義を歴史的，憲法理念的視点から検証することで，あるべき法解釈にむけての課題を提示。既存の理論を批判的に考察することで，新たな課題を発見・分析・解決する思考法を涵養する。

浅田和茂・葛野尋之・後藤 昭・髙田昭正・中川孝博編集委員
福井厚先生古稀祝賀論文集
改革期の刑事法理論
A5判・568頁・14700円

「未決拘禁制度改革の理論」を中心に，「刑事訴訟法・警察法」「刑法・刑事政策」にも目配りし，刑事司法改革を総合的に考察。裁判員裁判を機に激動する実務を踏まえ，新時代の刑事法理論の来し方行く末を批判的に論じる。

前野育三先生古稀祝賀論文集刊行委員会編
前野育三先生古稀祝賀論文集
刑事政策学の体系
A5判・552頁・12600円

「犯罪者の処遇と人権」「少年刑事政策」「現代社会と犯罪」の三部構成からなり，刑事被収容者処遇法や刑事施設民営化など，伝統的問題を新しい動きを含めて論じる。今日の刑事政策学の基本テーマを網羅した26論文を収載。

佐伯千仭著
刑事法と人権感覚
―ひとつの回顧と展望―
A5判・376頁・7350円

刑事法学の泰斗・佐伯千仭博士の理論と実践の集大成。人間に対するあたたかい理解と刑法における謙抑主義の思想に裏うちされた先生の刑事法学を展開。論考・講演・座談会をモニュメント的にまとめ，その人となりを映し出す。

村井敏邦・後藤貞人編
被告人の事情／弁護人の主張
―裁判員になるあなたへ―
A5判・210頁・2520円

第一線で活躍する刑事弁護人のケース報告に研究者・元裁判官がそれぞれの立場からコメントを加える。刑事裁判の現実をつぶさに論じることで裁判員になるあなたに問いかける。なぜ〈悪い人〉を弁護するのか。刑事弁護の本質を学ぶ入門書。

斉藤豊治編
大災害と犯罪
A5判・230頁・3045円

3・11を含む大震災や海外の大災害と犯罪，原発や企業犯罪等について，学際的な知見から体系的に整理。災害の類型×時間的変化×犯罪の類型という定式から，大災害後の犯罪現象について考察し，その特徴をあきらかにする。

――法律文化社――

表示価格は定価(税込価格)です